春園의 光復論: 獨立新聞

金源模

慶北 安東 출생
고려대학교 사학과를 졸업하고 고려대학교 대학원에서 문학석사 · 문학박사 학위를 받았다. 미국 포틀랜드 주립대 대학원에서 한미관계사를 전공하였으며, 단국대학교 사학과 교수를 역임했다. 현재 단국대학교 명예교수이다. 제21회 치암학술상 수상(2004)
주요 저서로는 『近代韓美交涉史』, 『韓美修交百年史』, 『美國史研究序說』, 『東西文化交流史』, 『近代韓國外交史年表』, 『百年前의 韓國』, 『사진으로 본 韓國의 百年』, 『알렌의 日記』, 『近代韓美關係史』, 『韓美修交史』, 『태극기의 연혁』, 『東西洋文化史』, 『한미 외교관계 100년사』, 『開化期韓美交涉關係史』, 『영마루의 구름 : 春園 李光洙의 親日과 民族保存論』 등이 있다.

춘원의 광복론 : 獨立新聞

지은이 _ 김 원 모
펴낸이 _ 장 호 성
펴낸곳 _ 단국대학교출판부
등 록 _ 1968.2.27 : No. 제03-00095호
주 소 _ 경기도 용인시 수지구 죽전동 126번지
전 화 _ 031-8005-2405 팩 스 _ 031-8005-2406

2009년 5월 10일 초판 인쇄
2009년 5월 15일 초판 발행

인 쇄 _ 네오프린텍

[값 35,000원]

Published by Dankook University Press

Printed in Korea

ISBN 978-89-7092-409-0 93800

春園의 光復論 : 獨立新聞

김 원 모

단국대학교출판부

머 리 말

<춘원의 모놀로그>
대답하라
너는 대한독립을 위하여
무엇을 하나뇨
없거든 오늘부터 하나를 택하라
저 길 잃은 민족에게 빛을 보여 주소서
상해 독립신문사에서(1920)

이광수가 독립신문사 사장이 되어 언론과의 인연을 맺게 된 것은 미주 신한민보 주필(1914)에 임명되면서부터 비롯되고 있다. 제1차 세계대전 발발로 유럽행 길이 막혀 미주행이 좌절되자, 1914년 대한인정교보(치타) 주필에 취임, 신문 제작을 주도했고, 1919년 2월 상해 망명 후에는 신한청년당에 가입해서, '신한청년' 주필이 되어 잡지를 발행했다.

춘원이 상해에서 언론에 관여하게 된 것은 독립신보(獨立新報) 제작에 참여하면서부터 비롯된다. '독립신보'는 활판인쇄가 아니고 등사판신문으로 1919년 3월 28일 창간호를 발행했다. 김홍서(金弘敍)가 주필이고, 백남칠(白南七)·배동선(裵東宣)·이광수(李光洙)·김성근(金聲根) 등이 참여하면서 제10호(4. 11)까지 발행했다. 독립신문 전신이다. 상해 임정은 1919년 7월 17일 국제연맹에 제출할 '한일관계자료집'을 편찬하기 위하여 임시사료편찬회를 설치하면서 이광수를 편찬주임에 임명했다. 이광수는 국제연맹에 제출할 '國際聯盟 提出 韓日關係史料集' 전 4권을 편찬한 것이다. 이광수는 한일관계사료집 편찬을 주관하면서부터 독립신문 창간준비에 돌입했다. 이리하여 마침내 1919년 8월 21일 '독립' 창간호가 발행되었다.

춘원은 조동호(趙東祜)와 둘이서 독립신문 창간호를 준비했다. "나는 그동안에 독립신문사를 지키면서 독립운동 사료편찬회의 일을 보았다. 독립신문은 처음에는 조동호와 둘이서 창간하였으나 조동호는 곧 그만두고 주요한과 나와 둘이서 하게 되었다. 주요한은 동경 제일고등학교 학생이다가 기미년 여름에 학교를 버리고 상해로 왔다. 그는 나와 같이 독립신문사 속에 살면서 글도 쓰고 편집도 하고 중국 명절이 되어서 중국인 직공들이 쉬일 때에는 손수 문선(文選)과 정판(整版)도 하였다. 그는 무엇이나 잘 하고 무슨 일에나 정성을 들였다."[1)]

독립신문사 사장 겸 편집국장에 이광수, 영업부장에 이영렬(李英烈), 출판부장에 주요한(朱耀翰), 기자에 차이석(車利錫)·박현환(朴賢煥)·김여제(金輿濟) 등으로 진용을 갖추고 출범했다. 초창기 신문사 인쇄시설비는 전적으로 미주 안창호가 전담했다. "독립신문은 어렵지 않게 발행되었다. 조동호의 고심으로 국문 자모(字母)도 되고 미주 국민회의 송금으로 자금도 조달되었다. 그러나 문제는 거두들의 회합이었다."[2)] 미주 대한인국민회 중앙총회장 안창호가 상해에 도착하기는 1919년 5월초이다. 안창호는 미주 동포가 헌금한 거액의 독립자금을 휴대하고 상해에 와서 임정 청사 임대료 및 독립신문 창간 자금에 투입하였다. 인쇄시설 비용 및 삼일인쇄소 임대 등 창간 당시의 모든 비용은 안창호가 독담하였다.

드디어 독립신문은 1919년 8월 21일 창간호가 발행되었다. 독립

---

1) 春園 李光洙, 『나의 告白』(春秋社, 1948), p.130.
2) 李光洙(島山紀念事業會), 『島山安昌浩』(太極書館, 1947), p.124.

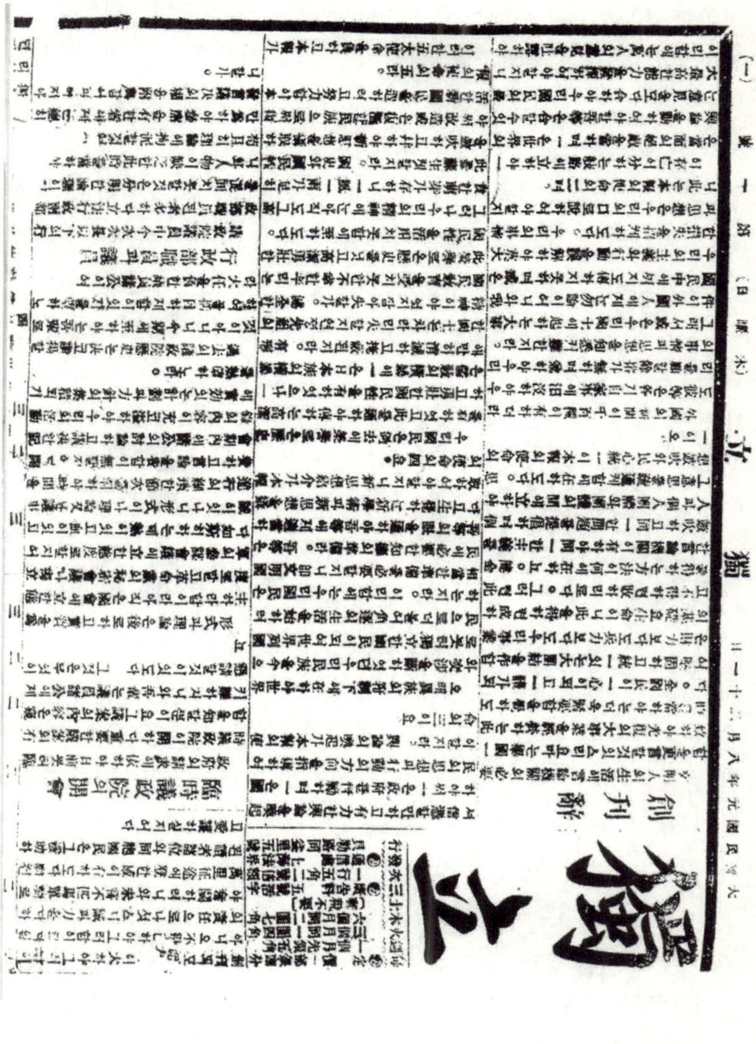

獨立

創刊辭

臨時議政院의 開會

독립신문 창간호(1919. 8. 21). 창간호 제호(題號)는 '獨立', 제22호(1919. 10. 25)부터는 '獨立新聞'으로 바꾸었는데, 이광수의 친필 제호이다. 창간사에서 "국사와 국민성을 고취하고 아울러 신사상을 섭취하여 개조 혹은 부활한 민족으로서 부활한 신국민을 만들 것"임을 선명하고 있다.

신문은 대한민국 임시정부의 기관지로 출범하였다. 임정의 법령, 인사, 포고문, 국무회의와 임시의정원의 기사를 상세히 보도하였다. 독립신문은 창간사에서 사상고취와 민심 통일, 우리의 사정과 사상은 우리의 입으로 설파하기, 여론의 환기, 신사상 소개, 국사와 국민성 고취, 민족개조 등 5대 사명(使命)을 표방하고 발행하기 시작하였다. 독립운동의 이론적 근거를 제시하면서 임정 활동을 소개하고, 국내의 독립운동 소식을 전하였다. 일제의 한국 통치와 중국침략의 현황을 비판하고 있다. 춘원은 독립신문의 주의를 다음과 같이 정의하고 있다. "어떤 이는 본지의 논조(論調)에 대하여 그 너무 개방적이요 사실보고주의(事實報告主義)임을 논란하고 있다. 이는 비밀의 누설되기를 두려워하며 국민을 고동(鼓動)하는 힘이 적을 것을 우려함일지니 우리들은 그 충고의 진정을 양해하노라. 우리들도 비밀의 필요를 아노라. 혹 논자보다 더 잘 알리라. 그러나 적(敵)의 눈을 가리기를 위하여 동포의 눈을 가리는 우(愚)를 배우지 아니하리라. 또 동포를 격려할 필요를 아노라. 그러나 사실을 과장하거나 한갓 허장성세의 논(論)으로 동포를 기망하는 죄를 짓지 아니하리라. 본보의 창간호에 이미 성언(聲言)함과 같이 본보는 어디 까지든지 참되리라, 온건하리라. 허위나 과장이나 논(論)을 위한 논, 문(文)을 위한 문은 우리들의 결코 취하지 아니할 것이다."[3)]

독립신문은 5호 활자로 6단 조판 4면으로 발행했다. 주 3회(화·목·토) 발행했다. 독립신문은 창간 당시 2,000부를 인쇄하여 상해 일원에 500~600부, 나머지는 미주·만주·아령·국내 등지에 보급했다. 특히 임정은 국내와의 연락 및 정보통신을 위하여 연통제(聯通制)를 실시하고, 또 1919년 9월 25일 교통부(交通部) 안동지부(安東支部) 사무국장에 홍성익(洪成益)을 임명, 이를 통해 국

---

3) 『獨立新聞』 제24호(1919. 11. 1), '本報의 主義'

내로 독립신문을 보급했을 뿐 아니라 군자금을 수봉(收捧)한 것이다. 이 안동교통지국은 아일랜드계 영국인 쇼우(G. L. Show)가 경영하는 이륭양행(怡隆洋行) 건물 2층에 설치해서 국내와의 모든 연락망 구축의 총본산이 되었다.

독립신문은 창간호부터 제21호(1919. 10. 16)까지는 '獨立'이란 제호(題號)로 발행하다가 제22호(10. 25)부터는 제호를 '獨立新聞'으로 발행하였다. 특히 '獨立新聞'이란 제호는 춘원의 친필휘호로 추정되고 있다. 창간당시에는 안창호가 창간준비 자금을 전담했지만 신문을 발행하면서부터 재정문제가 심각해졌다. 임정 재무부에서 독립신문사에 두 차례 1,100원을 지급한 것이 전부이다. 사장이하 전 직원이 무료봉사이다. 춘원은 주요한과 함께 같은 침대에서 기거하면서 자취생활을 하는 극도의 열악한 환경에서 신문을 제작하다보니 병이 날 수밖에 없었다. 1920년 2월에 재정난 타개를 위하여 주식회사 형태로 전환을 시도했다. 안창호가 발기위원장, 이동휘가 찬성위원장으로 주당 500원, 200주식을 모집하여 총자본금 10만원을 확보한다는 계획을 수립했다. 그러나 이도 계획에만 그쳤을 뿐 소기의 성과를 거두지 못했다. 동년 5월에는 안창호·김승학(金承學)·이영렬·신우현(申禹鉉)·장기초(張基礎) 등의 노력으로 증자해서 독립신문사를 합자회사로 전환하려고 시도했지만 이것마저 여의치 않아 신문사 경영은 더욱 어려워졌다.

이리하여 독립신문사는 특단의 조치로 독립신문 구독료를 선금으로 내지 않으면 신문배달을 끊겠다고 했다. 특고(特告)에서 "이번 본사 사무 정리상 금후 본보 발송은 일체 선금이 아니면 수응(酬應)치 못하게 되었사오니 구독을 원하시는 이는 좌기 수개조를 명기하고 선금을 첨부하여 청구하기를 바라나이다. 독립신문사 영업부." 이어 사고(社告)를 통해 "기명(記名) 등은 작년 8월 21일에 독립신문을 창간한 후로 애국 여러 동포의 정신과 후원으로 간신히 금일까지 지탱하였사오나 신문대금 4만여 원은 원래 한 푼도 수입되지 못하고, 또 적립한 자본이 없음에 유지할 수 없는지라 이로부터 우리 독립운동이 더욱 일이 많아질 때를 당하여 더 확장은 할지언정 보도 및 선전기관은 하루도 궐(闕)할 수 없사온데, 기명 등은 사력(死力)을 다하였사오나 이제는 애국동포 제위에게 읍원(泣願)할 길밖에 없사오니 동포여, 다소를 불구하고 독립신문을 도우소서. 대한민국 2년 2월 일, 독립신문사장 이광수, 영업부장 이영렬, 출판부장 주요한."[4] 이리하여 독립신문은 원래 주 3회 발행하다가 부득이 경비 절약을 위하여 제75호(1920. 5. 11)부터는 주 2회(화・토)로 발행하지 않을 수 없었다.

그리피스(W. E. Griffis)의 '은둔의 나라 한국'(Corea: The Hermit Nation, 1882)은 1882년 10월에 초판본이 간행된 이래 일본에게 유리한 왜곡된 역사 서술에도 불구하고 모든 구미인에게 한국을 이해하는데 교과서적인 길잡이가 되었다. 이 책은 1904년에 이르기까지 7판을 발행할 정도로 널리 읽힌, 영문으로 된 최초의 한국사이다. 그리피스의 왜곡된 역사 서술 두 가지를 들면, 첫째, 고대 일본의 삼한지배설(三韓支配說)을 주장했다. 둘째, 1884년 갑신정변(甲申政變)은 일본이 한반도 지배권(征韓論)을 확립하기 위하여 개화파를 선동하여 일으킨 구테타인데도, 청나라가 조선의 개화운동을 방해하기 위하여 정변을 일으켰다고 왜곡 서술하고 있다.[5]

상해 프랑스 조계 한 구석에서 대한민국임시정부를 세워, 독립신문을 발행하고 있는 이광수로서는 그리피스의 '은둔의 나라 한국' 8판을 간행한다는 소식을 듣고, 왜곡된 역사 서술을 바로 잡아 한국의 정체성을 세계에 알리는데 호기라고 인식하고 그리피스에 영문 편지를 작성, 발송한 것이다. 임시사료편찬회 주임 이광수는

---

4) 『獨立新聞』 제72호(1920. 5. 1), 特告 및 社告.
5) 김원모, 「조선의 문호는 왜 굳게 닫혀 있는가-그리피스 "은둔의 나라, 한국"」, 『한국인』(1988. 7), pp.43~47.

'국제연맹제출한일관계사료집'(1919. 8) 전 4권을 편찬했고, 박은식(朴殷植)은 편찬위원은 아니지만, 편찬회에서 수집한 자료를 이용, '한국독립운동지혈사'(1920)를 간행했다. 이광수는 상기 두 책자와 함께 8판에 대한 기대감과 독립에의 염원을 담은 영문편지(1920. 6. 23)[6]를 박은식・이광수 공동명의로 발송했다.

이광수는 영문편지를 발송하자마자 '적수공권'을 발표했다. 여기서 "일본 통치 거절과 납세 거부"를 선언하고 있다. "일본 통치의 거절은 민족 의사를 발표하는 실제요. 납세의 거절은 통치거절의 가장 중요한 것 중의 하나이다. 희생적 정신과 견인불발의 용기로써 너 한 사람부터 적에게 한 푼의 세금을 납부함을 거절하여 민족적 의무를 이행하고 동포의 원혼을 위로하며 적의 간사한 속임수(詭計)를 타파 할지어다."[7]

춘원의 '적수공권'이 발표되자마자 상해주재 일본영사는 독립신문이 일본 통치를 거부하는 혁명적 항일 논조를 펴고 있다면서 독립신문 제호(題號)를 문제 삼아 대한민국 임시정부와 독립신문사를 관할하고 있는 프랑스 영사에게 독립신문 봉쇄조치를 강력히 촉구했다. 이에 프랑스 영사는 일본 영사의 요구를 받아들여 마침내 독립신문 정간조치를 단행했다. 이리하여 독립신문은 제86호(1920. 6. 24)를 발행하고 나서 장장 6개월간 신문을 발행하지 못했다. 그러나 안창호의 끈질긴 속간교섭 끝에 제87호(1920. 12. 20)를 발행했다.

프랑스 조계는 독립신문 봉쇄조치를 단행함에 1920년 6월 24일

---

6) 『문학사상』(2008. 11), pp.21~27. 「1920년, 임정사료편찬위원 박은식・이광수가 '독립과 문화보존에 대한 염원'을 담아 쓴 영문 편지 발굴(김윤식)」. Eun Sic Park・Kwang Soo Lie to Dr. W. E. Griffis, Shanghai, China, June 23, 1920.
이 영문 편지는 미국 헛거스 대학 도서관에 소장되어 있는데, 김종철 교수(서울대)가 발굴했다.

7) 『獨立新聞』(제85호 1920. 6. 22), 赤手空拳.

안창호는 여운형을 대동하고 프랑스 영사를 방문, 항의했다. 그러나 프랑스 영사는 일본영사의 강요로 부득이한 조치라고 해명했다. 이에 인쇄기계 등을 다른 나라 조계로 이전해서 신문을 발행하지 않을 수 없었다.[8)]

이광수는 1921년 4월초에 도산의 만류를 뿌리치고 귀국했다. “이리하여 나는 ‘國民皆業, 國民皆學, 國民皆兵’이라는 긴 글 한 편을 지어 독립신문에 실리고는 그 신문사에서 손을 떼고 국내로 뛰어 들어오기로 결심하였다. 나는 이 뜻을 안도산에게 고하였으나, 그는 반대하고 나더러 미국으로 가라고 하였다. 도산은 내가 국내에 들어가는 것이 민족운동자로서의 명성을 떨어뜨리는 길이라고 말하였다. 명성을 돌아볼 것이 아니나 명성이 떨어지면 민중이 따르지 아니하므로 일을 할 수 없으니 그러므로 명성은 아낄 것이라고 도산은 간곡하게 말하였다. 그러나 나는 내 명성이라는 것을 그다지 대단한 것으로 생각지 아니하였고, 조그마한 내 명성을 아낀다는 것도 한 사특한 생각이라고 결론하고 도산 모르게 귀국할 결심을 하였다.”[9)]

춘원이 귀국함에 따라 독립신문사는 선장 잃은 함정마냥 침체해지기 시작했다. 게다가 상해 일본 총영사관 당국은 독립신문을 아예 폐간시키기 위하여 프랑스 조계당국에게 폐쇄조치를 교섭했다. 이에 프랑스 조계당국은 1921년 6월 9일 “독립신문은 과격주의 서류를 인간하였다”는 혐의로 독립신문사 폐쇄를 명했다. 이리하여 제110호(1921. 8. 15)를 발행하고 장기 휴간하지 않을 수 없었다. 이로부터 이영렬이 신문사를 그만두고 김승학(金承學·金希山)이 독립신문사와 삼일인쇄소(三一印刷所)를 인수하여 휴간한 지 두 달 만에 독립신문 제111호(1921. 10. 5)를 낼 수 있었다.

---

8) 주요한 편저, 『安島山全書』(흥사단 출판부, 1999), pp.940~941, 島山日記(1920. 6. 24·25).

9) 『나의 告白』, pp.139~140.

춘원은 독립신문 창간호부터 제101호(1921. 4. 2)에 이르기까지 시가, 논설문(사설), 한국독립운동사, 인터뷰·연설문, 시사단평, 개조론, 역술(譯述)에 이르는 전 분야를 집필하고 있다. "李光洙, 春園, 長白山人, 天才, 春, 一記者, 송아지, 송[10]"이란 이름으로 발표했다. 논설문(사설)은 춘원이 거의 독점집필하고 있다. 독립신문의 모든 기사는 띄어 쓰지 않고 연속문장으로 조판하고 있다. 이는 지면을 절약하는 점도 고려한 듯하다. 일본을 적국(敵國) 왜(倭), 일본천황을 왜황(倭皇), 동경을 적경(敵京)이라 표기하면서 일본을 적대국(敵對國)으로 규정하고 있다. 미국을 일본식 미국(米國)이 아니라 미국(美國)이라 표기하는 등 주체성을 강조했다.

춘원의 문체는 의고체(擬古體)문장과 현대식 문장이 혼효(混淆)하고 있다. 예를 들면, "半島內에서만 偉大할 뿐 不啻라 引하여는 東亞全局이..."를 "반도 안에서만 위대할 뿐더러 나아가서는 동아 전국이"로 번역·윤문했다. 접인(摺引: 끌어들임), 요뇌(橈腦: 머리가 어지러움), 언위(言爲: 말함), 초출(迢出: 특출), 고사(古楂: 고목등걸), 통량(通亮: 양해함), 취회(聚會: 모아들임), "적립한 자본이 없음에 유지가 말유(末由)하온지라"에서의 말유(末由: 할 수 없음) 등 한한대사전(漢韓大辭典)에도 등재되어 있지 않은 한자어를 쓰고 있다. 한국어의 고어로는 모도아(모아), 모도다(모으다), 가론(이른바, 가로되), 다못(다만), 무디(무더기), 멱서리(짚으로 만든 그릇),

---

10) 김윤식, 『이광수와 그의 시대』 I, p.709; 崔埈, 「大韓民國臨時政府의 言論活動」, 『韓國史學』 10(국사편찬위원회, 1981), p.171; 鄭晋錫, 「상해판 獨立新聞에 관한 연구」, 『汕耘史學』 4(1990), p.141. 여기서 김윤식과 최준은 '송아지'는 주요한(朱耀翰)의 호가 송아(頌兒)이기 때문에 주요한의 필명이라고 비정한데 반해 정진석은 춘원으로 고증했다. 춘원은 독립신문에 '송아지'라는 필명으로 '부인 해방문제에 관하여'를 13회 연재했을 뿐더러 기타 수필 시가에도 송아지라는 필명으로 발표했다. 뿐더러 '시사단평'과 시가에는 주요한은 그의 이름을 따서 '耀'라 표기했고, 춘원은 '송'이라고 구별하고 있었다.

두던(두덩, 둔덕), 안해(아내), 입설(입술, 口舌) 등이다.

춘원은 한국어 고유어를 보전유지하려는 노력을 경주했음을 확인할 수 있다. 가령 미쁨(信: 믿음성)이란 낱말이다. 이는 미쁘다(믿음성이 있다)라는 형용사에서 유래한 명사이다. 3·1운동 이후 일제는 소위 문치주의를 표방하면서 사이토를 조선총독에 임명했다. 당시 블라디보스토크(海蔘威)에 망명 중인 강우규(姜宇奎)가 신임총독 사이토(齋藤實)의 부임 소식을 듣고 급거 서울로 잠입, 1919년 9월 2일 서울역에서 사이토가 탄 마차에 폭탄을 던져 제2의 안중근 의거를 결행했으나, 사이토 암살은 실패하고, 신문기자 수행원 등 37명이 중경상을 입은 총독암살사건이 발생하였다. 동아일보는 사이토의 조선총독 부임을 부정적으로 논조를 펴자, 사이토는 자신을 죽이려는 암살음모와 결부, 이에 대한 보복으로 처음으로 동아일보를 무기 정간시켰다. 이때 춘원은 사이토의 이같은 횡포를 고발하였다. "1920년 4월 1일 동아일보가 창간되니 필법이 삼엄정직(森嚴正直)하여 춘추(春秋)의 대의(大義)를 천명함에 거국 남녀 일치 환영하여 비단 국수적(國粹的) 신문이라 모두 경세(警世)의 종(鐘)임을 상찬하더니 '퍄라쑤즌' 왜(倭)총독에게 반년이 못되어 강제로 정간되다."11) 여기서 '퍄라궂은'은 '괴퍅(乖愎)스럽다'를 의미하는 형용사이다. 즉 성미가 너그럽지 못하고 걸핏하면 성을 내는 기질을 표현하는 한국어 고유의 낱말이다. 지금은 사어(死語)가 되었지만 춘원은 사이토의 기질을 이렇게 '퍄라궂은'이라 표기하고 있다. 이상 '미쁨'(명사)과 '퍄라궂은'(형용사)12)은 전통적 한국어 고유어임에도 불구하고 사어(死語)취급을 하고 있다.

---

11) 『獨立新聞』 제89호(1920. 1. 1), '過去一年間 우리의 獨立運動'

12) '미쁨'(명사)은 우리말큰사전에 등재되어 있으나 국어대사전에는 없다. '퍄라궂은'(형용사)은 국어대사전(이희승)과 우리말큰사전(한글학회)에 모두 누락되어 있다.

독립신문사 사장 이광수는 '독립신문총서'를 발간하기로 기획했다. 이리하여 1920년 5월 '독립신문총서제1'로 "내다니엘 페퍼著, 金輿濟 譯, 韓國獨立運動의 眞相"을 발간했다. 춘원은 창간호부터 집필·발표해온 논설을 단행본으로 발간할 예정이었다. 그래서

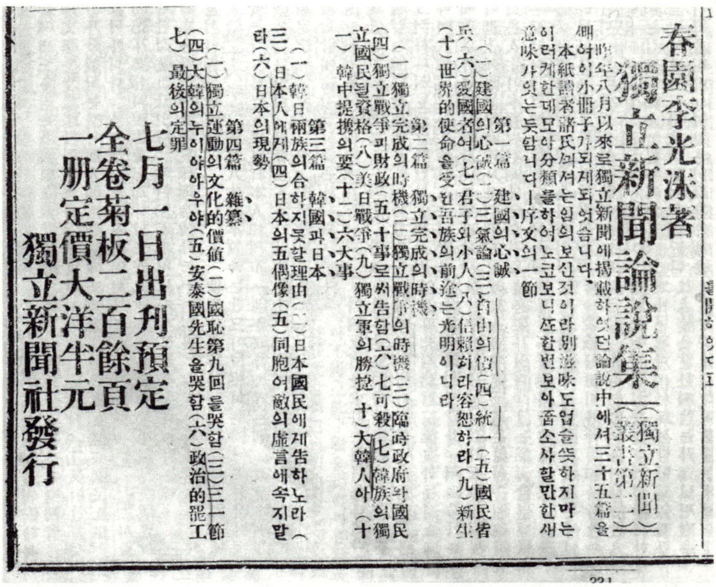

春園李光洙著
獨立新聞論說集 (獨立新聞叢書第二)

昨年八月以來로獨立新聞에揭載하엿던論說中에서三十五篇을冊하여이小冊子가되게되엿습니다、本紙讀者諸氏에서는임의보신것이라別滋味도업슬뜻하지마는이러케한데모아分類를하여노코보니또한번보아줌소사할만한새意味가잇는듯합니다 ― 序文의一節

第一篇 建國의心誠、
(一)建國의心誠(二)三氣論(三)自由의信(四)統一(五)國民皆兵(六)愛國者여(七)君子와小人(八)信賴하라容恕하라(九)新生(十)世界的使命을受한吾族의前途는光明이니라

第二篇 獨立完成의時機、
(一)獨立完成의時機(二)獨立戰爭의時機(三)臨時政府와國民(四)獨立戰爭과財政(五)十事로써告함(六)七可殺(七)韓族의獨立國民될資格(八)美日戰爭(九)獨立軍의勝捷(十)大韓人아(十一)韓中提携의要(十二)六大事

第三篇 韓國과日本、
(一)韓日兩族의合하지못할理由(二)日本國民에게告하노라(三)日本人에게(四)日本의五偶像(五)同胞여敵의虛言에속지말라(六)日本의現勢

第四篇 雜纂、
(一)獨立運動의文化的價値(二)國恥第九回를哭함(三)三一節(四)大韓의누이야아우야(五)安泰國先生을哭함(六)政治的罷工(七)最後의定罪

七月一日出刊預定
全卷菊板二百餘頁
一冊定價大洋半元
獨立新聞社發行

'독립신문논설집' 광고(제83호 1920. 6. 10).

독립신문에 발표한 논설 35편을 모아 '독립신문 총서 제2'로 7월 1일 출간 예정이라고 광고하고 있다. 이광수는 '은자의 나라 한국'의 저자 그리피스에 독립과 문화보존에 대한 염원을 담은 영문 편지(1920. 6. 23)를 보내고, 이어 '일본 통치 거부론'(제85호 1920. 6. 22)을 발표하였다. 이는 일본에 대한 선전포고나 다름없다. 이에 상해 주재 일본 영사는 대한민국 임시정부와 독립신문사를 관할하고 있는 프랑스 영사에게 독립신문 폐간 조치를 강력히 촉구하였다. 이에 프랑스 영사는 정간 조치를 단행하였다. 독립신문은 86호(1920. 6. 24)를 발행하고, 장장 6개월간 신문을 발행하지 못하였다. 안창호의 복간 교섭에 의해 87호(1920. 12. 18)를 발행하였다. '독립신문논설집'은 이같은 일제의 언론 탄압에 의해 발간이 중단되었다.

1920년 6월 "春園李光洙著 獨立新聞論說集"을 독립신문 총서 제2로 발행한다고 광고문을 내었다. "작년 8월 이래로 독립신문에 게재하였던 논설 중에서 35편을 빼내어 이 소책자가 되게 되었습니다. 본지 독자 제씨께서는 이미 보신 것이라 별자미도 없을 듯하지마는 이렇게 한데 모아 분류를 하여놓고 보니 또한번 보아 줍소사 할 만한 새 의미가 있는 듯합니다. - 서문의 일절."[13] 이렇게 광고까지 내고서도 춘원의 '논설집'은 끝내 발간되지 못했다.

이에 편자는 춘원이 발표한 전 분야의 글을 모아 7편으로 편집하여 '춘원의 광복론'(제1~101호, 1919. 8. 21~1921. 4. 2)이란 이름으로 발간하게 되었다.

이에 편자는 다음 사항에 유의하여 편찬 작업을 수행하였다.

1. 원문에는 문맥상의 단락 없이 띄어쓰지 않고 문장을 연달아 조판하고 있다. 그러나 편자는 문단(文段)을 나누고 띄어쓰기를 하였다.
2. 의고체(擬古體) 문장을 현대말로 번역하였다.
3. 개화기 한문(漢文) 구투식 문장을 원문 손상 없이 한글로 번역하였다.
4. 만연체(蔓衍體) 문장을 간결체(簡潔體) 문장으로 윤문(潤文)하였다.
5. 오·탈자(誤脫字)를 바로 잡았다.
6. 이해를 돕기 위하여 역사적 사항에 대한 역주(譯註)를 달았다.

춘원의 키워드는 절대독립과 조국광복이다. 절대독립이란 "자국

---

13) 『獨立新聞』 제83호(1920. 6. 10), 春園李光洙 著, 獨立新聞論說集(獨立新聞叢書第二) 七月一日 出刊預定.

의 국호(國號)를 가지고 자국의 국기(태극기)를 달고, 자국의 입법기관이 제정한 법률하에 자국의 국민으로서 행정 및 사법기관하에서 이민족(異民族)의 용훼(容喙)함을 불허하고 국가적 생활을 경영함을 일컬음이니, 이 이상의 독립도 없고 이하의 독립도 없는 것이다."[14] 라고 정의하고 있다. 따라서 강탈당한 국호와 국기를 되찾는 것이 '조국광복'이다. 조국광복의 영광을 실현하는 유일한 수단·방법은 오로지 대일혈전(對日血戰)뿐이라고 강조하고 있다.

2008년 8월 21일 上海 獨立新聞 창간 89주년을 맞이하여
東草 雲虛堂 山房 金源模

---

14) 『獨立新聞』 제31호(1919. 12. 2), 絶對獨立.

차 례

제1편 詩 歌

제2편 論說文(社說)

제3편 韓國 獨立運動史

제4편 인터뷰·演說文

제5편 時事短評

제6편 改造論

제7편 譯 述

제1편 詩　歌

1. 大韓民國 臨時政府 成立祝賀文: 祝賀歌

이번 시위운동 시에 반포된 것이다.

10년의 노예생활을 벗어나서 오늘날에 다시 독립 대한의 국민이 되었도다. 이제 이승만(李承晩) 박사 대통령으로 선거되고 국무총리 이동휘(李東輝)씨 이하 평소 국민의 숭앙하던 지도자로 통일내각이 성립되도다. 우리 국민은 다시 이민족의 노예가 아니오. 또한 다시 부패한 전제정부의 노예도 아니오. 독립한 민주국의 자유민이다. 우리 환희를 무엇으로 표하랴. 3천리 대한강산에 태극기를 날리고, 2천만 민중의 소리를 합하여 만세를 부르리라. 오직 신성한 국토 - 아직 적의 점령하에 있으니 2천만 자유민아 일어나 자유의 전쟁을 싸울지어다.

祝賀歌

자유민아 소리쳐서 만세를 불러라
(1) 대한민국 임시정부 만세 불러라
대통령 국무총리 각부 총장과
국제연맹 여러 특사 만세 불러라

후렴 대한민국 임시정부 만세

우리 이미 이민족의 노예 아니오
(2) 또한 전제정치하의 백성 아니라
독립국 민주정치 자유민이니
동포여 소리쳐서 만세 불러라

자유민아 일어나라 마지막까지
(3) 3천리 신성(神聖) 국토 광복(光復)하도록
개선식 독립연(獨立宴)의 날이 가깝다
동포여 용감하게 일어나거라
(제28호 1919. 11. 15)

2. 太極旗

(一)
삼각산(三角山) 마루에, 새벽빛 비췰 제
네 보았냐 보아, 그리던 태극기를
네가 보았나냐, 죽은 줄 알았던
우리 태극기를, 오늘 다시 보았네
자유의 바람에, 태극기 날리네
이천만(二千萬) 동포야, 만세를 불러라
다시 산 태극기를 위해, 만세 만세
다시 산 대한국(大韓國)

(二)
붉은 빛 푸른 빛, 둥글게 엉키어
태극을 이뤘네, 피와 힘 자유 평등
엉키어 이뤘네, 우리 태극일세
건삼련(乾三連) 감중련(坎中連)
곤삼절(坤三絶) 이중절(離中絶)
동서남북 상하, 천하에 떨치라
태극기 영광이, 세계에 빛나게
국민아 소리를 모도다(모으다), 만세 만세

(三)
대한국 만만세, 갑옷을 입혀라
방패를 들어라, 늙은이 젊은이
머시마나 가시나, 하나이 되어라
태극기 지켜라, 귀하고 귀한 국기
왼 세계 백성이, 다 모여들어도
우리의 태극기, 건드리지 못하리
대한 사람들아 일어나, 나가 나가
태극기를 지켜, 대한 나라 지켜
(제30호 1919. 11. 27)

3. 가는 해 오는 해(송아지)

하늘 우헤(위에) 푸른 촉대(燭臺)가
또 하나 넘어진다
그 때에 꿈 같은 나의 한 해가
또 다시 과거(過去)의 막(幕) 속에 없어진다

나를 울린 해!
나를 기쁘게 한 해!
네 속에서 새로 난 나라들
네 안에서 다시 산 민족(民族)들
너는 인류(人類)에게 새 희망(希望)을
온 세계(世界)에 새 싸움을
역사(歷史) 우에 새 궤도(軌道)를 주었다

거기서 부활(復活)한 나의 조국(祖國)
거기서 잠을 깬 나의 민족(民族)
만일 네가 아니왔다면
나에게 그같은 눈물이
나에게 그같은 웃음이
또한 아니왔을 터이다

하늘 우에 밝은 별이
또 하난 생(生)겨 난다
그때에 뜻 깊은 나의 한 해
또 다시 새벽 빛을 비췬다

반갑고나 새해
눈물겨운 새해
운명이 가져온 너
앞길이 막막(漠漠)한 너의 길
네게는 모단(모진) 바람이
네게는 모단 악운(惡運)이
한없이 쌔웨(씌워)있다

네게서 무엇을 구(求)할까
기쁨을 구(求)하랴 슬픔을 구(求)하랴
만일(萬一) 네가 아니 오면
나에게 기쁨이 없으리라
그러나 또 네가 아니 오면
나에게 슬픔도 아니올 것을

아아 只今(지금) 나의 祖國(조국)은
危難中(위난중)에 떨고 있다
새롭고 낡다는 區別(구별)도
눈물도 기쁨도 다 떠나가라
다만 榮光(영광)의 勝利(승리)여 네 앞에
나의 붉은 피로 뿌릴 날을 기다리라
(제34호 1920. 1. 1)

4. 病中吟 四首

진중(陣中)에 병이 드니 그리도 애닯고나
나라에 허(許)한 몸이 죽은들 서러우랴만
산같이 쌓인 저 일을 쉬어 어이 하리오

천애(天涯)의 객창한금(客窓寒衾) 병들어 홀로 누어
기나긴 겨울밤을 신음으로 새단 말까
국사(國事)야 국사라더라마는 눈물겨워 하노라

반야(半夜)에 홀로 앉아 무지러진 붓을 들어
피 섞어 눈물 섞어 한 편 글을 쓰고 나니
어디서 기적일성(汽笛一聲)이 날 새다 하더라

토탄(塗炭)에 우는 어린네 아우와 누이
피 묻은 동지(同志)들을 보는다 못보는다
요마한 괴로움이야 일러 무삼 하리오(민국 2년 1월 20일 새벽)
(제41호 1920. 1. 31)

5. 獨立軍歌(其一)

나아가세 독립군(獨立軍)아 어서 나가세
기다리던 독립전쟁(獨立戰爭) 돌아 왔다네
이때를 기다리고 십년 동안에
갈았던 날랜 칼을 시험할 날이
나아가세 대한민국 독립군사(獨立軍士)야
자유독립광복(自由獨立光復)할 날 오늘이로다
정의의 태극깃발 날리는 곳에
적(敵)의 군세(軍勢) 낙엽같이 스러지리라

보느냐 반만년 피로 지킨 땅
오랑캐 말발굽에 밟히는 모양
듣느냐 2천만 단조(檀祖)의 혈손(血孫)
원수(怨讐)의 칼 아래서 우짖는 소리
양만춘(楊萬春) 을지문덕(乙支文德) 피를 받았고
이순신(李舜臣) 임경업(林慶業)의 후손 아니냐
나라 위핸 목숨을 터럭과 같이
싸우던 네 조상의 후손 아니냐

탄환(彈丸)이 빗발같이 퍼붓더라도
창(槍)과 칼이 네 앞길을 가로 막아도
대한의 용장(勇壯)한 독립군사(獨立軍士)야
나아가고 나아가고 다시 나가라
최후의 네 핏방울 떨어지는 날
최후의 네 살점이 떨어지는 날

네 그리던 조상나라 다시 살리라
네 그리던 자유 꽃이 다시 피리라

독립군의 백만용사(百萬勇士) 달리는 곳에
압록강(鴨綠江) 어별(魚鼈)들이 다리를 놓고
독립군의 붉은 피가 내뿜는 때에
백두산(白頭山) 굳은 바위 길을 열리라
독립군의 날랜 칼이 비끼는 날에
현해탄(玄海灘) 푸른 물이 핏빛이 되고
독립군의 벽력(霹靂)같은 고함(鼓喊) 소리에
부사산(富士山) 솟은 봉(峯)이 무너지노나

나아가세 독립군아 한 호령(號令) 밑에
질풍(疾風)같이 물결같이 달려 나가세
하나님의 도우심이 우리에 있고
조상의 신령(神靈) 오셔 인도하리니
원수(怨讐) 군세(軍勢) 산과 같고 구름 같아도
우리 발에 티끌같이 흩어지리니
영광의 최후 승리 우리 것이니
독립군아 질풍같이 달려 나가세

하늘은 맑았도다 땅은 열렸네
영광의 독립군기(獨立軍旗) 높이 날리네
수풀 같은 창과 칼에 임리(淋漓)한 것은
십년원한(十年怨恨) 씻어내던 핏줄기로세
빛은 낡고 헤어진 우리 군복(軍服)은
장백산(長白山) 낭림산(狼林山)을 장구(長驅)한 표(標)요

우레같이 몰려오는 만세 소리는
한양성(漢陽城) 대승리(大勝利)의 개선가(凱旋歌)로다
(제47호 1920. 2. 17)

6. 三月 초하루

거룩할사 기꺼울사 三月 초하루
서른세분 이름 두어 독립선언서
대한국은 독립국(獨立國) 민족은 자유라고
높이 외치던 三月 초하루

탑(塔)골 공원 오후 두 시 三月 초하루
벽력같은 대한독립 만세소리가
二千萬(이천만) 대한국민의 가슴에 울려
三千里(삼천리) 진동하던 三月 초하루

三一節

삼월(三月) 초하룻날 우리나라 다시 산 날
한양성(漢陽城) 만세(萬歲)소리 삼천리(三千里)에 울리던 날
강산(江山)아 입을 열어라 독립만세(獨立萬歲)

삼월 초하룻날 의인(義人)의 피 흐르던 날
이 피가 흘러들어 금(金)과 옥(玉)이 되옵거든
삼천리 자유(自由)의 강산을 꾸미고져
(제49호 1920. 3. 1)

7. 즐김 노래(송아지)

동무들아, 이날을 기억(記憶)하느냐
피와 꽃과 눈물로서, 너의 조국(祖國)이 다시 산 날
이날에, 이천만(二千萬)의 소리가
물결 같이 움직였다
이날에, 삼천리(三千里) 산(山)과 벌이
기쁨으로 떨었다, 오오 이날에
이 크고 거룩한 날에
너의 가슴은 끓어오르고
붉은 두 빰은 눈물로 빛났다

동무들아, 이 날을 기억(記憶)하느냐
빛 검은 주검의 옷을 버리고
수난자(受難者)의 불세례를 받던 날
이날에, 너의 부모(父母), 동생, 어린 것
피 뿌려 거룩한 싸움의 선구(先驅)를 지었다
이날에, 너희 불붙는 정열(情熱)의 심장(心臟)이
악(惡)한 적(敵)의 총칼 앞에 백열(白熱) 되었다
오오 이날에, 이 장엄(莊嚴)과 아픔의 날에
내뿜던 성결(聖潔)한 감격(感激)의 피가
흑암(黑暗)한 동아(東亞)에 횃불을 들었다

동무들아, 기억하느냐, 이 날을
방황(彷徨)의 광야(曠野), 어둠의 골짝에서
비통(悲痛)한 고난(苦難)의 영광(榮光)으로 뛰어나간 날

즐기세, 이날을
이날에 네 조국(祖國)이 부르던
놀[15] 뛰는 젊은 피의 노래로
즐기세, 이 날을
불붙는 자유(自由)의 제단(祭壇) 위에
존귀(尊貴)한 맹서(盟誓)의 제물(祭物)을 드려서
오오 이날을
조국(祖國)과 함께 즐기세, 생명(生命)의
자유(自由)의, 기쁨의, 노래 불러서
가시의 길을 나갈 때에도
고난(苦難)의 못가에 넘어질 때도
조국(祖國)과 함께 즐기세, 자유(自由)의
위대(偉大)한 노래 불러서, 이날을
(제49호 1920. 3. 1)

8. 서름(설움)에 있는 벗에게(송아지)

벗이여
哀痛(애통)의 눈물을 거두기 前(전)에 먼저
그대 눈물의 뜻을 깨달으라
벗이여 그대가 아느냐
그대, 한 사람의 慟哭(통곡)하는 울음이
온 大韓(대한) 사람의 목을 메는 울음임을
그대 가슴을 쓰리게하는 서름(설움)이
그대와 피가 같은 모든 무리의 사모친 서름(설움)임을

15) 바다의 사나운 큰 물결.

또 그대가 詛呪(저주)하는 社會(사회)와 世上(세상)이
불상(불쌍)한 그대 民族(민족)이 다같이 詛呪(저주)하는 世上(세상)임을
아아 벗이여
哀痛(애통)의 눈물을 거두기 前(전)에 먼저
그대 눈물의 참뜻을 깨달으라
사랑하는 벗이여, 그때야 말로
그대는 그대 自身(자신)과 그대 民族(민족)을 爲(위)하여
슬픔과 아픔의 눈물로 慟哭(통곡)할 지어다
그리고 倍加(배가)하는 勇氣(용기)와 決心(결심)으로
그 뜨거운 눈물을 가다듬을 지어다
(제75호 1920. 5. 11)

9. 三千의 怨魂

이년시월지변(二年十月之變)에16)
무도(無道)한 왜병(倭兵)의 손에
타 죽고 맞아 죽은 三千의 원혼(怨魂)아
너의 시체(屍體)를 묻어줄 이도 없고나
너희게 무슨 죄(罪) 있으랴
망국백성(亡國百姓)으로 태어난 죄(罪)
못난 조상(祖上)네의 끼친 얼(孼)을 받아
원통(寃痛)코 참혹(慘酷)한 이 꼴이로고나
무엇으로 너희를 위로하나

16) 1920년 10월 일본 군경이 훈춘(琿春)에서의 마적(馬賊)습격사건을 구실로 간도(間島)지방의 한국 독립군 단체를 급습, 3천 명의 독립군을 학살한 사변.

아아 가엾은 삼천(三千)의 원혼(怨魂)아
눈물인들 무엇하며 슬픈 노랜들
너희의 원한(寃恨)을 어이 할것가
원혼(怨魂)아! 원혼(怨魂)아!
소리가 되어 외치고 피비가 되어
꿈꾸는 동포(同胞)네의 가슴에 뿌려라
너희 피로 적신 땅에
태극기(太極旗)를 세우랴고
(제87호 1920. 12. 18)

10. 저 바람 소리

저 바람 소리!
장백산(長白山) 밑에는 불지를 말어라
집 잃고 헐벗은 오십만(五十萬) 동포는
어이 하란 말이냐
저 바람 소리!
인왕산(仁王山) 밑에는 불지를 말어라
철창(鐵窓)에 잠 못 이룬 국사(國士)네의 눈물은
어이하란 말이냐
저 바람 소리!
만주(滿洲)의 벌에는 불지를 말어라
눈 속으로 쫓기는 가련한 용사들은
어이 하란 말이냐
저 바람 소리!
강남(江南)의 잎 떨린 버들을 흔드니
피눈물에 느끼는 나의 가슴은

어이하란 말이냐
(제87호 1920. 12. 18)

11. 間島 同胞의 慘狀

불쌍한 간도동포(間島同胞)들
삼천명(三千名)이나 죽고
수십년(數十年) 피땀 흘려 지은 집
벌어들인 양식(糧食)도 다 잃어버렸다
척설(尺雪)이 쌓인 이 치운(추운) 겨울에
어떻게나 살아들 가나
멍히 보고도 도와줄 힘이 없는 몸
속절없이 가슴만 아프다
아아 힘!
왜 네게 힘이 없었던고
내게도 없었던고
아아 왜 너와 내게 힘이 없었던고
나라도 잃고
기름진 고원(故園)의 복지(福地)를 떠나
삭북(朔北)에 살 길을 찾던
그 둥지조차 잃어버렸고나
오늘밤은 강남(江南)도 추운데
장백산(長白山) 모진 바람이야
오죽이나 추우랴
아아 생각히는 간도(間島)의 동포(同胞)들
(제87호 1920. 12. 18)

12. 元旦三曲

대통령(大統領) 오시도다 우리의 원수(元首)시니
국민아 맘을 묶어 예물(禮物)로 드리옵고
잔 들어 새해의 복을 비옵고져 하노라

새해 새해라니 무슨 해만 여기는다
합(合)하면 흥(興)할 해오 분(分)하면 망(亡)할 해니
국민(國民)아 새해 인사를 '합(合)합시다' 하여라
나라 일 나라 일 하니 무슨 일만 여기는다
저마다 돈을 내고 재조(才操) 내어 힘을 모을
국민(國民)아 새해 축원(祝願)을 '모읍시다' 하여라

(제89호 1921. 1. 1)

13. 大統領 歡迎

국민아, 우리 임시대통령(臨時大統領) 이승만(李承晩) 각하 - 상해(上海)에 오시도다.
우리는 무슨 말로 우리의 원수(元首)를 환영하랴.
우리 민국의 첫 원수를 우리 고강(故疆)의 서울에서 맞지 못하는 비애(悲哀)를 무슨 말로 표(表)하랴.
국민아, 통곡을 말고 희망으로 이 결심을 하자, 우리의 원수, 우리의 지도자, 우리의 대통령을 따라 광복(光復)의 대업(大業)을 완성하기에 일심(一心)하자, 합력하자.
그는 우리 대원수(大元帥)시니 독립군인(獨立軍人) 되는 국민아 우리는 그의 지도에 순종하자, 그의 명령에 복종하자, 죽든지 살

듣지, 괴롭거나 즐겁거나 우리는 우리의 생명을 그의 호령(號令) 밑에 바치자.
진실로 우리 대통령을 환영할 때에 우리가 그에게 바칠 것은 화관(花冠)도 아니오 송가(頌歌)도 아니라 오직 우리의 생명이니.
우리의 생명이 갖은 존경과, 지식과, 기능과, 심성(心誠)을 다 그에게 드리고 마침내 그가 '나오너라' 하고 전장(戰場)으로 부르실 때엣 일제히 '네'하고 나서자.
민국삼년 원단(民國三年元旦)에 국민아 일심(一心)으로
'우리 대통령 이승만 각하 만세'를 높이 부르자.

(제89호 1921. 1. 1)

14. 새해 노래

새해여 이 새해는
봄비 부어 푸른 엄(움) 돋고
봄바람에 꽃이 피듯
이천만의 가슴마다
따뜻한 사랑을 피게 하소서

새해여 이 새해에
첨(처음) 새는 날은 더 밝으며
첨 돋는 해 더 빛나셔
삼천리 골골마다
광명으로 채우게 하소서

새해여 이 새해를
맞는 정성 더 뜨겁고

뜨겁고도 기운차서
또 오는 새해 맞을 때는
더 기쁜 노래 부르게 하소서
(제89호 1921. 1. 1)

15. 光復祈禱會에서(春園)

하나님이시어
불쌍한 이의 발원(發願)을 들어주신다는
하나님이시어

잃어버린 나라
그 안에 우짖는 가엾은 동포(同胞)를
건져 주소서

늦도록 바쁜 일에 피곤한 몸을
겨울 새벽 닭의 소리에 일으켜
인적(人跡)없는 길로 당신의 집을 찾아 갑니다

망명(亡命)의 이역(異域), 길치인 오막살이 거물은 불빛에
말없이 모여 앉은 남녀(男女)의 얼굴을 봅시오
사향(思鄕)과 우국(憂國)의 눈물에 붉은 눈들을 봅시오

푹 수그린 고개
멀리, 땅 밑에서 오는듯한 떨리는 기도(祈禱)의 소리
검은 바람같이 윈(온) 방안으로 휙 도는 구슬픈 느낌

「지아비를 잃은 아내, 아들딸을 잃은 어머니
주여, 그네의 피눈물을 씻어주시고
소원을 이뤄주소셔」 - 아아 이 진정의 발원

무덤에 한 발을 놓은 팔순(八旬)이 넘은 할머니
철도 나지 아니한 어린 아해(兒孩), 규중(閨中)에 깊이 자란 처녀(處女)들까지
'하나님이시어' 부르는 그네의 부르는 소리를 들읍시오

가장 낮은 땅의 한 모퉁이에서 부르짖는
이 불쌍한 무리의 기도가 번제(燔祭)의 내와 같이
구름을 지나 별을 지나 당신의 보좌(寶座)로 오르게 합시오[17)]
(제94호 1921. 2. 17)

---

17) 1921년 2월 10일부터 16일까지 상해에 거주하는 한국 天道敎·大倧敎·耶蘇敎(기독교) 등 각 교파 신도들이 한 자리에 모여 합동 기도회를 개최했는데, 춘원은 이 기도회에 참석한 후 이 같은 단장(斷腸)의 애국시를 발표했다. 공교롭게도 춘원의 애인 허영숙(許英肅)이 2월 16일 상해에 내도했는데, 춘원은 도산 안창호(安昌浩)의 만류를 뿌리치고 문장보국(文章報國)을 다짐하면서 귀국을 결심했다.

제2편 論說文(社說)

1. 獨立新聞 創刊辭

문명인의 생활에 언론기관의 필요함을 다시 말할 것 있으리오마는 거국일치하여 광복의 대사업을 경영하는 이때를 당하여는 더욱 긴요함을 깨닫게 하도다. 전 국민이 한 마음이 되고 한 몸이 되어 견고하고 통일 있는 대단결을 이룩함은 재력보다도 병력보다도 우리 사업의 기초요 생명이니 이를 얻으면 이룩하고 얻지 못하면 실패하리로다. 그러면 이를 얻는 방법이 어디에 있나뇨. 건전한 언론기관이 있어야 동일한 주의(主義)를 고취하고 동일한 문제를 제창하며, 개인과 개인 단체와 단체의 사이에 서서 그 의사를 소통케 함에 있도다. 사상고취와 민심통일이 본보의 사명(使命)의 첫 번째이다.

외국의 신문이 천백종이 있다 하더라도 그들은 각기 자기 일(自家事)에 골몰하여 우리를 돌아볼 여유가 없으며, 아울러 우리의 사정과 사상을 자상히 알리기 어려운지라. 그래서 혹은 우리 국토에서 일어나는 대사건이 외국인에게는 물론이거니와 우리 국민 중에 까지도 전하지 못하며, 혹은 우리의 주의와 행동을 오해하여 막대한 손실을 초래케 하도다. 우리의 사정과 사상은 우리의 입으로 설명하여야 할지니 이는 본보의 사명의 두 번째이다.

이 존망이 나뉘는 기로에 서서 하나는 당면의 절대적(絶對敵)을 당하며, 하나는 세계의 여론을 움직여야 할 우리들은 합할 수 있는 의견을 모두 합하여 우리 국민의 최대 최고의 능력을 발휘하여야 할지니, 이리함에는 만인의 의견을 토로케 해서 신빙할 만하고 유력한 여론을 환기함으로써 하나는 정부를 독려하며, 하나는 국민의 사상과 행동의 방향을 지도하여야 할지라. 여론의 환기가 본보의 사명의 세 번째이다.

오랫동안 이족(異族)의 겸제하(箝制下)에 있어서 세계와 교섭을 끊었던 우리 민족은 지금으로부터 독립한 국민이 되어 세계 열국민(列國民)으로 더불어 각축(角逐)의 생활을 시작하려 하는지라. 이리함에는 우리 국민은 상당한 준비를 필요할지니, 즉 문명국민에 필요한 지덕(知德)의 준비라. 우리들은 우리들의 눈을 통하여 우리들에게 적당하다고 생각하는 신학술과 신사상을 섭취하여야 할지니 신사상 소개가 본보의 사명의 네 번째이다.

우리 국민은 과거에 영예로운 역사를 가졌고, 이를 통하여 전하는 고결하고 용장(勇壯)한 국민성을 가졌으나, 하나는 유교(儒敎)의 횡포에 하나는 일본족의 횡포에 많이 소멸하고 엄폐(掩蔽)된지라. 유형(有形)한 국토는 차라리 잃을지언정 선조의 정신이야 어찌 차마 잃을 것인가. 건전한 국민교육을 받지 못한 불행한 우리는 이 영예로운 역사를 잊고 고결(高潔) 용장한 국민성을 활용하지 못함에 이르렀도다. 그러나 우리의 정신에는 아직도 그 고귀한 맹아(萌芽)가 존재하니 일풍일우(一風一雨)가 족히 이를 소생케 할지라. 국사(國史)와 국민성(國民性)을 고취하고 아울러 신사상을 섭취함으로써 개조 혹은 부활한 민족으로서 부활한 신국민을 만들려고 노력함이 본보의 사명의 다섯 번째이다.

이러한 5대 사명을 짊어지고 본보가 창간되도다. 능력이 커서 그러함이 아니요, 부득이하여 그러함이로다. 이미 책임으로 나섰으니 정성과 힘을 다하여 분투하려니와 미상불 필마단기로 만리정도(萬里征途)에 오른 감이 있도다. 원컨대 독자제위와 동포 국민은 그 원조하고 애호할지어다. (제1호 1919. 8. 21)

2. 所謂 朝鮮總督의 任命

이달 13일 동경전(東京電)은 소위 신 조선총독의 임명을 전하다.

그리고 각 신문은 조선총독 해군대장 사이토 마코토(齋藤實)[1]가 비록 해군대장이나 해군대장이 아니오, 정치가임과 군벌주의자가 아니오, 관후한 자임을 역설하다가 예비역인 사이토를 현역으로 부활시킴을 보고 놀라서 어찌할 바를 몰라 낭패(周章狼狽)하도다.

일본인의 생각에 한인이 일본에게 불복함은 총독이 무관이요 경찰이 헌병인 연고로 생각하나, 한인의 사상을 단순하다고 조소하는 일본인이야말로 한인에게 조소받을 단순한 자로다.

일본인은 유치한 여자들이 흔히 하는 모양으로 저 혼자 남의 심사를 추단하고, 기실은 남의 의사에 반하는 행동을 하다가 남이 불만하여 하면 발연(勃然)히 낯빛을 변하여 남에게 성을 내고 원망하는 성벽이 있나니, 한인의 불복의 원인을 일개 총독이나 헌병제도로 돌리는 것도 실로 일본인의 이 같은 심리에서 나온 것이다.

우리의 사상으로 보면 총독의 문무(文武)와 경찰의 여하는 거의 안중에도 두지 않는 바니, 우리가 일본을 반항함은 일본인은 이민족이라 하는 절대하고 유일한 이유가 있는 까닭이다. 문관은 말고 일본 황제가 친히 오더라도 우리의 반대는 터럭 끝만큼도 변함이 없을 것이다.

조선 안에 일본인의 관리가 다 나가고 총독 한 사람만 남는다 하더라도, 총독까지 다 나가고 명의(名義)만 일본의 영토라 하더라도 자유의 사상에 각성된 우리 민족성은 결코 이를 참지 못할 것이다.

혹은 조선인 본위를 운운하고, 혹은 참정권 혹은 자치를 운운하나, 운운하는 것은 그들의 자유이오, 우리들에게는 마이동풍이다. 일본이여, 어린아이를 달래는 수단으로 한인을 열복(悅服)케 하려

---

1) 齋藤實(1858~1936) 제3대 조선총독. 3·1운동 직후 하세가와(長谷川好道)의 후임으로 부임, 헌병경찰을 폐지하는 등 '무단정치'로부터 '문화정치'로 전환했다. 그 결과 동아일보·조선일보 등 민족지 발간을 허용함으로써 한국민족의 민심을 무마했다.

는 헛된 수고를 그칠지어다. 천박한 이해관계와 가증한 위협과 사기수단으로 한인을 농락해 보려는 도로(徒勞)를 그칠지어다. 만일 한인에게 대하여 진실로 성의가 있거든, 더구나 한인을 통치하려는 탈부(奪父)의 바람(望)을 포기할지어다. 그리하고 한인의 유일한 희망이오 의사는 독립이요 자유임을 알지어다.

日本의 半醒

성결한 우리 국민의 부르짖음과 피의 힘은 작은 일을 성취했다고 자기오만(小成自傲))의 독한 술에 취한 일본을 각성의 상태로 인도하였도다. 3천리 한국 땅은 일본인의 놀이터요, 2천만의 한국 민족은 일본인의 쓰기 좋은 노예로만 믿었던 것이 불가함을 이제야 깨닫고, 혀 끝만일지라도 '한일인무차별(韓日人無差別)', '한인의 한토(韓土)'를 설하게 되었나니 실로 일본인으로는 대각성이요 대진보다.

만일 재래의 압박을 하루라도 더 계속하였던들 한국 민족의 원한은 더욱 격렬함에 이르러 조만간 더욱 격렬한 복수를 당하였을 것을, 반이라도 전비(前非)를 회개한 것이 반이라도 전비를 멸하리로다.

그러나 언제나 한인에게 대한 악정(惡政)이 죄라함을 자각한 일본은 안팎(內外)에 대하여 점잖지 못한 거짓말과 음모를 가지고 반만이라도 영토욕(領土慾)과 정복욕을 만족히 하려고하는 미련과 치기(稚氣)를 한 번 내어던지고, 한국을 합병한 것이 죄장(罪障)의 근본임을 쾌오(快悟)하여 전성(全醒)의 역(域)에 들어갈까.

조금 더 다량의 한인의 선혈을 요하나뇨. 구태여 사양치 아니하거니와 가만히 구원한 일본의 장래를 위하여 아시아 및 세계 인류의 평화와 행복을 위하여 일본인의 천려강욕(淺慮强慾)함을 애석하노라. (제2호 1919. 8. 26)

3. 國恥 제9회를 맞함

경술년(庚戌年) 8월 29일. 반만년의 자유민의 역사가 단절되고, 사기와 무력으로 2천만 신성민족이 일본의 노예로 된 날. 우리 부여(夫餘)민족에게 생활의 방법과 문자와 도덕과 제도를 받아 혈거준동(穴居蠢動)하던 야만의 영역을 벗어난 은혜를 항상 원수로써 갑기를 국시(國是)로 하는 일본의 최후요 또 최철저한 보은(報恩)을 감행한 날. 선조의 피로 지킨 고강(故疆)이 식민지가 되고, 당당하던 제국의 국토가 북해도(北海道), 대만(臺灣), 사할린(樺太)의 다음에 가는 일소지방(一小地方)이 된 날. 단군(檀君)을 버리고 신무천황(神武天皇)을 우리 조종(祖宗)이라 부르고, 반만년 동안 우리 민족의 정신과 사상을 담고 전하는 국어를 선어(鮮語)라 하고, 인연도 없는 일어를 국어라고 칭하게 된 날. 마음에는 없으면서도 헌병의 위협을 못 이겨 일장기(日章旗)를 달고 천황폐하의 만세를 부르게 된 날. 2천만의 피가 끓고 가슴이 찢어지는 날. 골수에 사무친 이 원한은 수십대(代)를 경과하여도 감하지 아니할 그러한 원통한 날.

그날부터 지금까지에 3,285일을 경과하다. 3,285일의 낮과 밤. 낮에는 자유를 생각하고 밤에는 독립을 꿈꾸면서 8회의 기념일을 보내다 노예 된 자의 신세(身世)라, 주인의 정복자적 쾌락을 만족케 하기위하여 통곡할 날에 만세를 부르지 아니치 못하였다. '언제나, 언제나'가 2천만이 이를 갈면서 외우는 주문(呪文)이러라.

속박과 압박과 모욕과 원한의 9년간. 자유와 행복과 안심을 전혀 잃은 암흑하고 신산(辛酸)한 3,285일. 우리 민족은 손발이 묶이고 혀를 끊긴 포로가 되어 대일본 천황의 대리인 자의 구타와 타매(唾罵)와 조롱을 인수(忍受)하고, 웃으라하면 웃고 절하라하면

절하다.

9년. 중화혁명[2]이 일어나 한족(漢族)이 3백년 이래의 만족(滿族)의 기반을 벗어나다. 세계대전이 일어나고 종식하였다. 제정 러시아가 와해하고 공화정부가 또 와해하고, 인류사상에 초창인 과격파 정부가 수립하고 성하고 쇠하다. 천일(天日)을 동으로 굴릴 듯하던 대독일제국이 와해하고, 만승의 유렴(維廉) 폐하가 초부(樵夫)로 화하다.[3] 유럽 최고 제국인 오스트리아가 와해하다. 2천년 유리(流離)하던 이스라엘 족속이 시온 성으로 모여들었다. 무슨 나라이 건설되고 무슨 나라이 독립하다. 대한강산 3천리에 인욕(忍辱)하던 2천만 중생(衆生)이 일제히 외치는 자유의 규호(叫號)에 일본이 전율하고 세계가 경동(驚動)하다. 아아 원통하고 암흑하던 9년간. 다사하고 의미 많은 9년간.

그러나 원수의 혹독한 채찍 밑에 우리 민족은 그가 희망하고 계획한 바와는 정반대의 방향으로 자각하고 진보하고 준비하다. 동화정책(同化政策)은 우리 민족에게 강렬한 민족적 의식을 일으키게 하였고, 소위 불령선인(不逞鮮人) 취체(取締)와 애국자 박멸책인 여러 대사건은 우리 민족에게 애국자니 표준과 그에게 대한 숭앙의 정을 강렬케 하다. 내지인(內地人)이라고 부르지 아니치 못할 때마다 자유를 생각하고, 천황의 은택을 감사하기를 강제될 때마다 일본에게 대한 원한이 커지도다.

아아, 만감이 교진(交臻)하는 이 날이여, 저주받고 기억될 이 날이여, 신성한 고강(故疆)을 적의 점령하에 두고, 이 날을 당함이 이로써 최종이 될지어다. (제3호 1919. 8. 29)

---

2) 신해혁명(辛亥革命)(1911-1912) 손문(孫文) 등이 청조를 타도하고 중화민국을 수립함.

3) 1918년 11월 독일에 키일(Kiel)폭동이 일어나고, 빌헬름 2세는 네덜란드로 망명 독일제국은 붕괴했다.

4. 政府 改造案에 對하여

지난 8월 28일에 임시헌법 개정안 및 임시정부 개조안이 국무원(國務院)으로부터 의정원(議政院)에 제출되다. 4월 11일 발포의 10개조의 임시헌장은 원래 입국(立國)의 강령(綱領)을 보임에 불과하니, 이는 헌법의 체재(體裁)를 갖춘 임시헌법의 제정을 예상한 것이 분명한지라. 이번의 임시헌법은 명의는 개정이라 하더라도 기실은 10개조의 부연이니, 그 내용 여하는 별문제거니와 개정안 그것은 자연히 나올 것이다. 이론도 없거니와 임시정부 개조안에 대하여는 일반 여론은 물론이오 의정원 안에도 시비의 의론이 분분한 듯하도다.

이제 국무원 제출의 임시정부 개조안을 보건대,

一. 제도를 변경하여 총리제를 통령제(統領制)로 할 것

二. 조직을 확장하여 행정 6부를 7부 1국으로 할 것

이라 하여 국무원의 의사는 한성(漢城)에서 발표된 임시정부의 제도와 동일하게 한 후에 집정관(執政官) 총재를 대통령으로 개정하고, 대통령 이승만(李承晩) 박사 이하의 전부(全部) 국무원은 한성 발표의 인원대로 선임하는 형식을 취함으로써 세상에 발표된 2개 정부를 하나로 하려함에 있는듯하다. 그럴진대 법리론(法理論)으로 보아 여러 가지 복잡한 이론(異論)을 발생할지나, 안창호(安昌浩) 대리총리의 말과 같이 이것이 현금에 있어서 민족의 정치적 통일의 가장 좋은 길이라 하면, 우리들도 실제를 위하여 노성(勞成)하는 바거니와 안 대리총리의 의정원에서 행한 설명에 약간 모호한 점이 없지 않으니, 즉 씨의 언중에 "한성발표의 임시정부를 승인한다"는 구절이 있다는 것이다. 만일 승인함이라하면 의정원에 대하여 관제의 개혁과 대통령 및 기타 국무원의 개선을

요구할 필요가 없으니, 아마 씨의 말의 진의는 한성의 정부를 정신적으로 승인하여 상해의 정부를 개조하되 한성의 정부와 동일한 제도와 인원이 되게 하자는 뜻이듯 하도다.

만일 우리들의 해석이 그 진상이라 하면 '승인'과 '개조'의 질이 다른 양 개념의 조화를 얻을 수 있으니, 즉 2가 아니오 오직 1이라 하는 실(實)을 표하기 위하여 두 가지 모양으로 발표된 정부를 하나로 하되, 정신적으로는 한성의 정부를 승인하고, 형식적으로는 상해의 정부를 개조함으로써 한성의 정(精)과 상해의 육(肉)으로써 통일정부를 산출함이라고 해석하리라.

그러나 이에 대하여 일종의 불만이 있으니, 즉 아직도 지상공문(紙上空文)의 경역을 벗어나지 못함이라. 과거에도 이동휘(李東輝) 총리 및 안·김 양 총장외에 4총장은 출석함이 없었으니, 이번의 개조에는 공문(空文)이 되지 말고 각부 총장의 승인을 먼저 얻은 후에 임명하여 국무원 전체가 실무를 집행하도록 하지 못함이라.

그러나 국무원은 어찌하여 먼저 임시헌법을 통과케 한 후에 이승만 박사를 대통령으로 선거하기를 제안하고, 이동휘 참령을 국무총리로 동의하기를 청구하는 순서를 취하지 아니 하였나뇨. 그리하였다면 양해하기도 용이하였고, 절차도 분명할 뻔하였도다. (제4호 1919. 9. 2)

5. 韓日 兩族의 合하지 못할 理由(1)

이번 독립운동을 무력으로 일시 제압할 줄 믿는 일본은 급작스럽게 종래의 태도를 변하여 가장 한인을 애호하는 듯한 모양을 짓도다. 일본의 각 신문지 등도 요사이에는 필법을 갑자기 변하여 한인을 수천 년 이래로 상애상의(相愛相依)하던 동포인 듯이 말하며, 하라(原敬)[4] 총리는 한일인 무차별일 것과 조선은 결코 식민지가 아니라, 조선인 통치는 조선인 본위(本位)라 하는 등 확연대오(廓然大悟)의 맹세를 발표하였다. 그리하고 부(部)를 국(局)으로 고치며, 도장관을 도지사(道知事)로 하며, 헌병보조원의 지위를 조장(曹長)까지 높이며, 헌병의 일부분을 순사로 분장하는 등 천박한 2,3의 개조로써 한인에게 대하여 정당한 처치(處置)를 함이라고 자긍하고 있도다.

생각컨대 일본은 청일·러일 양차 전쟁의 승리와 이번 제1차 세계대전에 일약 5강대국의 반열에 참여함으로써 그의 특성인 교만 더욱 증장하여, 그 융성이 영원하리라고 자신하더니, 문득 대전 중에 일본이 연합국에게 대하여 범한 배신적 죄악이 폭로되어 세계의 일본에게 대한 증오와 불신임의 공기가 농후하며, 자기 집 가축으로 확신하였던 한인이 일본에게는 가장 의외로 조직적 대활동을 개시하여, 10년간 일본이 세계에 거짓 선전한 한민(韓民)의 열복(悅服)과 조선통치의 성공이라던 분식(粉飾)이 여지없이 박락(剝落)하였을 뿐더러, 10년 전의 의병 학살과 30년 이래 잇달아 실행하던 대만인(臺灣人)학살의 구투(舊套)를 오늘날의 독립운동에 실행하여 수만의 한인을 살상하고, 그밖에도 문명의 한 조각이라도 가지고 있는 국민은 차마 행하지 못할 폭행을 일본국가의 명의로 행하여 전 세계의 신임을 잃고, 한편 4억의 중화인에게 근저 깊고 조직적인 배척을 받아 일본은 이제 사면초가(四面楚歌)의 고립의 지경에 빠진지라. 일본은 이해타산상으로 보더라도 표면만으로나마 전비(前非)를 고치는 모습을 나타내어 세계의 신임을 회복할 필요가 있을지라. 이번 소위 조선통치개혁도 이같은 혼담(魂膽)에서 나왔으려니와 이것이 혹 세계인의 이목은 다소간 현혹하는 결과를 얻을지 모르더라도 한족에게 대하여서는 아무 효력도 주지 못할 것은 일전 본 지상에 우리가 이미 성언한 바다. 일본의

---

4) 하라 다카시(原敬, 1856~1921) 주한일본공사(1896. 7. 7~10. 4) 역임함.

이번의 개혁에 전술한 동기를 제한 외에 한족을 위해서는 하등 성의도 인정하기 불가능하니, 대개 만일 일본에게 다소의 성의가 있다하면 마땅히 한족의 의사를 존중하는 표적(表跡)이 있어야할 것이거늘 그렇지 못하여 만사를 자기네의 임의대로 행하였도다.

그러나 이는 이론으로 말함이오. 일본의 성의 불성의와 선정(善政)이오 악정임은 우리가 전연 관여할 바 아니니, 파리 주재 우리 대표(金奎植)의 성언한 한족의 싸우려함은 일본인과 평등권을 얻으려함이 아니요, 오직 독립을 위함이니 일본이 한국을 자기나라의 일부분으로 보유하기를 주장하는 동안 결코 극동에는 평화가 없으리라 함은 실로 한족의 의사를 가장 간명직절(簡明直截)하게 설명한 것이다. 그러므로 우리는 일본의 소위 조선통치개혁안에 대하여는 시비를 논할 필요가 가능하도다. 그러나 일본인이 한족을 동화(同化)할 수 있다고 미신(迷信)함에 대하여 우리들 자신의 입으로 그 능·불가능(能不可能)을 논증하여, 일변 일본의 미몽(迷夢)을 깨뜨리고, 일변 일부 인사의 의혹을 타파함을 극히 필요한 일이라고 자신하노니, 이것이 본론을 초하는 까닭이다.

이와 유사한 예가 있으니 즉 1809년 러시아가 핀란드 공국(芬蘭公國)을 합병할 때에[5] 공약으로써 주민에게 허여한 화폐제조·우편전신 등 특권을 1899년에 칙령으로써 전부 박탈하고, 순 러시아화(化)하기를 실시하므로 당시 학자 간에 비난이 있었으나, 결국 국가의 생존 발달상 필요에 응하여 주민의 물외포기(物桅拋棄) 또는 정지케 함도 있다하고 그 비난을 배제하였도다. 그런즉 인류의 고유 원권(原權)을 박멸한 제국주의 무장시대 즉 강권자 만능시대의 소위 국제법의 횡포 여하를 규지하기 어렵지 않을 것이오, 따라서 이들 문제가 종전 국제법의 보호를 받기 불가능함도 상상하기 어렵지 않도다. 그러할진대 이 문제를 해결함에 일대 활로를

5) 1809년 스웨덴, 러시아에 핀란드를 할양함.

얻은 것이 즉 국제연맹이다. 일본이 우리에게 공약한 합병조약 제6, 7조는 확실히 우리의 생존을 탈취하였고, 10년간 불법정치가 명백히 우리를 박멸하였으니, 이와 같은 무인조폭행(無人造暴行)은 국제연맹이 이를 경정(更正)함에 유일한 의무라 할 것이다. 그러나 이번 조직되는 연맹으로 인하여 해결의 활로를 얻은 이상은 본 문제는 전부가 을항(乙項)문제에 부속하여 낙착할 것은 터럭 끝만큼도 의심할 여지가 없도다.

을항 경우에는 독일과 화의를 체결함에 정당범위를 벗어나고, 세계 전반 문제에 간여하여 종전 국제법상 원칙 되는 국가 내정불간섭의 절대 난관을 돌파하고, 개인 또는 국가의 정당한 주장요구에 대하여 공평히 이를 심판키 위하여 국가단체의 관념을 포기하고, 민족적 단체로써 국제연맹을 조직하는 이상은 우리의 생존과 발달에 장해되는 모든 기반(羈絆)을 이탈하고 자유 생활하겠다. 즉 일본정부 밑에서 생존치 아니하고 자립하겠다 하는 민족결의에 그 근거를 둔 요구는 능히 한일간 불법 체결한 전체 사실에 섭(涉)하여 심리(審理)를 받을 것은 물론이다. 그런즉 그 요구의 형식을 어떻게 할까, 즉 "한국을 완전한 독립국으로 승인하기를 요구함"의 일선(一線)될 뿐이니 추호도 주저치 말고 단도직입으로 대무대에 등단할 것이다. 이미 우리의 요구가 국제연맹 정신에 근거를 한 이상은 결코 합병조약 폐기를 주장할 필요가 없도다. 즉 이는 간단명료한 전기 요구의 내용사실에 속한 이유됨에 불과하며, 을(乙) 제2항 경우에는 어떠한가. 이것 역시 절대적 폐기수속을 필요로 하지 않으니 이미 일본은 5강국의 일원으로 국제연맹 조직의 중요분자된 이상은 연맹회의 결재는, 즉 일본국 주권의 일부 작용이다. 그런즉 우리의 전기 요구를 승인한다 가정하면 이로 인하여 합병조약은 자연 소멸될 것이다. 어떤 것이오 체약국(締約國)이 명시 또는 묵시로써 현행조약과 양립(兩立)치 못할 신조약을 체결할 때에는 전 조약은 이로 인하여 소멸될 것이오, 권리국과 의무국이 합병될 경우에는 종전 양국간에 체결된 일체 조약은 이로 인하여 '조약혼동(條約混同)' 전부 소멸될 것이니 요컨대 우리의 독립을 승인하는 경우에는 하등의 의사표시가 없었더라도 한일간 종전 관계는 전부 경신될 것은 물론이다.

그러므로 한마디 보탤 것은 전기 단순히 독립을 요구할 때에는 우리가 합병조약을 표면상 승인하는 불이익의 결과가 생길듯하나, 이상 소설(所說)과 같이 폐기의 이유가 심히 박약할 뿐 아니라 이것이 전기 요구에 대한 선결문제가 되지 아니하는 이상은 결코 이에 구애할 필요가 없을 것이다.

완전하고도 충실

이상의 대체적 핵석을 반복 고사(考査)할 때는 우리의 출발점을 색출하기 어렵지 않으니, 즉 나는 을설을 취하여 정면으로 조약폐기의 요구가 전연 부당하다 하노라. 이와 같은 구차한 문제를 제출하여 판단을 받을 의무가 없을 뿐 아니라 도리어 불이익이 있을지언정 결코 하등 가치가 없도다. 그러나 내가 을설을 취하는 동시에 우리의 처우(處遇)의 사실을 갑(甲) 제2항의 설과 같이 조건적 해석으로써 국제연맹으로 하여금 근본적으로 이를 경신케 하도록 요구의 내용사실의 완전과 충실을 도모하여야할 것이로다. 바라건대 연구계 제군의 만일의 참고에 이바지가 있었으면 다행일가 한다. (제5호 1919. 9. 4)

한일 양족의 합하지 못할 이유(2)

일본인은 아무쪼록 한족(韓族)을 지배할 구실을 얻기 위하여 한일 양족의 동문동종(同文同種)임을 역설하며, 심지어 이 양족은 고대로부터 밀접, 떨어지지 못할 관계가 있다 하며, 우매강욕(愚昧強

慾)하고 양심이 마비된 그들은 고대로부터 한족은 일본족에게 지배를 받는 경향이 있다 하여 합병은 2천년 이래의 숙제를 해결함이라고 장담하도다. 이는 우리 독립선언서에도 말하는 바거니와 천박한 정복자적 쾌락을 취하려하는 미견(迷見)에서 나온 것이다.

한일 양 민족이 동일한 민족이라 함은 민족의 정의(定義)를 알지 못하는 자의 말이다. 혹 종족과 민족과의 판이한 양 개념을 혼동하여 자기에게 유리하도록 말함일지나, 한일 양 민족이 같은 몽고족이라 하면, 이 같은 의미로 보아 양 민족이 동일한 종족이라고 칭할 수 있을지나, 공동한 역사와 언어를 가진 것 외에 "우리는 동일한 민족이다" 한 민족적 의식의 존재를 필요로 하는 민족이라는 견지에서 보면, 아무리 견강부회와 아전인수에 능한 일인이라도 한일 양족을 동일한 민족이라고 일컬을 면피(面皮)가 없을 것이다. 만일 동일한 몽고족이라는 근거로 한일 양 민족의 동화(同化)의 가능을 설(說)할진대 몽고족(蒙古族)·한족(漢族)은 물론이오, 멀리 터키족·헝가리족·핀란드족까지도 동화하여 한 민족이 될 수 있을지요. 또 만일 동일한 한자(漢字)를 사용함을 근거로 같은 글(同文)이라 하여 동화가 가능하다 하면, 한일 양족의 동화보다 중국과 일본(漢日) 양족의 동화가 더욱 용이할 지오. 동일한 알파벳을 사용하는 구미의 여러 민족은 모두 동화하여 한 민족을 이룰 것이다.

또 만일 한일 양국이 일위대수(一葦帶水)임을 동화의 한 조건이라 하면, 육지로 상접한 불·독·러·이 등 여러 민족은 더욱 동화하기가 용이할지오. 자고로 밀접한 역사적 관계가 있음으로써 동화의 조건이 된다하면 한족은 일본족에게보다 한족(漢族)에게 동화할 가능성이 더욱 많을지오. 그리스와 로마·영·불·독 등은 더구나 동화하기 용이할지라. 또 만일 일본민족은 한민족보다 근대문화를 하루라도 먼저 받아들인 장점이 있고, 일비(一臂)의 강점이 있으므로 동화의 조건이 된다하면 세계의 열약(劣弱)한 민족은 모두 우강(優强)한 민족에게 동화되고 말 것이며, 또 만일 일본인이 철면피하게 자칭함과 같이 일황이 한민족을 일본민족과 같이 사랑하고, 일본인이 한인은 동포와 같이 한다함으로써 동화의 조건이 된다하면 일본민족은 견마(犬馬)와 같이 자기에 이익을 주는 이민족에게 동화될 것을 자백함이오. 민족적 의식과 민족적 긍지와 신성한 역사의 전통을 무시하는 것이다. 일본은 과연 어떠한 근거로써 한일 양족의 동화를 주장하나뇨.

이론으로만 두 개의 이민족의 동화가 불가능할 뿐더러 유사 이래로 일찍이 이민족 동화의 실례(實例)가 없을 뿐더러 이와 반대로 동화정책이 동화하려던 양 민족에게 참혹한 해를 가하고, 실패한 실례만 역사에 충만하였으며, 특히 오늘날은 동화라는 거짓 이름하에 폭력으로 억압되었던 민족이 분리하고 해방되는 시대이다. 일본은 감히 역사의 방향을 역전하려는가. 하물며 한일 양족 간에는 이하에 논할 특수한 조화치 못할 이유가 있다 함이리오. (제6호 1919. 9. 6)

한일 양족의 합하지 못할 이유(3)

역사와 민족의식

역사의 전설로 보건대 일본민족은 우리나라로부터 유입한 듯 하며, 더욱이 일본의 숭신(崇神)천황의 경성(京城)이 한족(韓族)의 식민지인 돈하(敦賀)이던 것과 한족이 배를 타고 일본에 들어가서 일본왕이 되었다 함을 보던지, 소위 나라조(奈良朝)의 서울이던 '나라(奈良)'(일본음에 '나라')가 신라어(新羅語)임과, 기타 '고오리(郡)' '무라(村)' 등의 지방제도의 명칭이 신라어에서 나왔고, 그들 소위 신공황후(神功皇后)는 한인의 여자로 구주(九州)의 적(賊)을 토멸한 후에 본가(本家)인 고국 신라에 조근(朝覲)함과, 조근하였을 때에 신라왕실에서 우악한 대우로 그를 영접하여 일본민족이 아직까지 못 보았던 여러 가지 진품(珍品)을 하사하였음을 보던지, 또 3국시대의 백제국(百濟國)이 마치 어린 아이를 부액(扶腋)하듯이 일본민족에게 모든 방면의 문화를 전수하여 생식혈거(生食穴居)하던 야만족이던 일본민족으로 하여금 제법 상당한 문화를 가지게 하였음을 보더라도 고대에 있어서는 우리 한족은 일본족을 우리 민족의 한 분가(分家)로 본 듯 하며, 아울러 상술한 전설과 및 숭신천황 및 신공황후의 예로 보더라도 일본황실은 십중팔구는 우리 한족의 피인 듯하도다. 기타 3국으로부터 혹은 식민(植民)으로 혹 이주(移住)로 고등한 문화를 지니고 일본에 유입한 자가 다수이니, 현금의 일본인에게도 응당 수백만의 한족의 후예가 있을 것이다. 그렇다고 한일 양 민족을 같은 민족이라 할까.

한족은 4,200여 년의 독립한 국민으로의 기록을 가지고 특수한 언어와 습관을 가지고 있고, 우리는 한족이라 하는 강렬한 민족적 의식이 있으며, 일본민족도 역시 이러한 것이다. 만일 한족이 일본족에게 동화할 가능성이 있다 하면, 동일한 논리로 일본족도 한족에게 동화할 가능성이 있을 것이다. 만일 오늘날 양족이 처지를 바꾸어 한족이 신문화를 일본보다 하루 먼저 받아들인 장점이 있다고 하고, 한족이 일본민족더러 동화(同化)하라 하면 일본족이 과연 신무천황(神武天皇)을 버리고 그 자긍하는 야마토 민족이라는 명칭과 '야마토 다마시'(大和魂)를 버리고 단군(檀君)을 일본족의 조선(祖先)이라 하며, 대한민족을 자기네의 명칭이라 하여 영광으로 여길까.

자만심과 배타성이 강하기로 저명한 일본민족이 다행히 한족의 처지에 서있었던들 동화라는 '동(同)'자만 들어도 참지 못 하였을 것이다. 만일 동경에 한족의 총독을 둔다하면 적어도 10년간에 열

사람은 암살하였을 지요, 한족이 일본 안으로 횡행하면서 단군을 일본족의 선조라고 하고, 일본족은 고래로 한족의 지배를 받은 민족이니 2천년 못되는 야만된 역사를 버리고 반만년의 문화의 역사를 가진 한족에게 동화하라 한다면 애국심을 자랑하는 일본인은 반드시 그 잘 쓰는 창과 단도로 수백천의 한인을 암살하고, 한족의 궤휼포악(詭譎暴惡)함을 원한 하였으리라. 어찌 이토(伊藤博文)·사이토(齋藤實) 두 사람의 저격뿐이었으리오.

일본인의 욕망대로 하면 한족이 속히 자기의 역사와 언어를 잊어버리고 속히 속히 일본인이 되었으면 좋으련만, 일본인이 한족의 역사를 멸하려 할수록 국어를 멸하려 할수록 한족의 이에 대한 애착심은 더욱 자격(刺激)되며, 일본이 동족이라고 역설할수록 일본은 이민족이다 한족의 원수다 하는 관념이 더욱 강하게 되지 아니 하나뇨.

설혹 일본이 애써 견강부회와 역사의 위조 등의 수단으로 동화의 신통한 구실을 얻는다 하더라도 한족의 역사와 국어와 및 민족적 의식은 영원히 타파하지 못하리라. (제8호 1919. 9. 13)

6. 안 총장의 대리 대통령 사퇴

이승만 박사를 임시 대통령으로 선거한 의정원은 안창호 씨를 '대통령 대리'로 선정하니 이는 헌법 제16조 "대통령이 유고할 시는 국무총리가 이를 대리하고, 국무총리가 유고할 시는 임시 의정원에서 대리를 선정함이다"라는 조항에 의함이다.

워싱턴에 있으면서 외교의 균형에 당한 이 대통령을 유고라고 해석함이 합당할까. 또 이를 유고라 하더라도 모처에 있어서 아직 부임치 아니한 이동휘 국무총리를 유고라고 해석함이 합당할까 하는 것이 선결문제이다. 이에 대하여는 이론이 없지 아니할지나 그러나 이 헌법을 통과한 의정원 자신이 헌법을 통과한 다음날에 한 헌법의 해석이니 오늘에 있어서는 이 이상의 유력한 해석을 얻을 수 없으리라.

만일 이 해석이 정당하다 하여 임시 대통령 대리의 필요가 있다 하면 안창호 씨를 선정한 의정원의 행동은 극히 정당한 일이다. 여기에 3종의 이유가 있으니 즉 비록 헌법에 대통령 대리의 자격을 국무원에만 한하지 아니하였다 하더라도 가급적으로는 국무원(國務員)임이 편할지니 이것이 이유의 하나요. 안창호 씨는 종래로 국무총리 대리의 직에 있어서 사실상 원수(元首)의 직분을 행하였으니 이것이 이유의 둘째요. 최후에 인물로 보더라도 씨를 제하고 다시 적임자를 구하기 어려울지니 의정원이 2표를 제외하고 거의 전원일치로 씨에게 투표함은 실로 진정한 애국의 성의에서 나왔고, 터럭 끝만큼이나 다른 뜻이 없으며 일반의 여론이 또한 의정원의 의향에 찬동하는 것이다. 씨의 사의(辭意)를 들은 의정원이 분노의 정을 발함도 무리가 아니며 혹 씨로써 책임을 회피하는 자라하며 용기가 결핍한 자라 함도 있을 만한 비평이로다.

그러나 머리를 돌려 안창호 씨의 심사를 추측하건대 또한 난처치 아니함이 아니다. 나는 씨의 과거의 심사와 행동의 선악을 판단할 지식이 없거니와 일부 유력한 인사간에 씨를 지방열(地方熱)이 있는 자, 야심이 있는 자, 자기의 의사에만 고집하여 남의 의견을 포용하는 아량이 결핍한 자라는 비평을 받고 있으며, 그 중에도 지방열과 야심은 마치 씨의 현저한 특색인 듯이 고취하도다. 씨가 처음 상해에 옴에 일부 상해의 인사도 역시 이런 종류의 사상을 품었음은 사실이니, 이래로 3개월 간에 상해 인사 중에는 씨에게 대한 이 같은 오해가 얼음 녹듯이 풀렸거니와 아직 언론기관의 불비와 통신의 불편으로 하여 상해와 기타 각지 인사 간에는 의사의 유통이 완전치 못하므로 각지 인사의 씨에게 대한 양해가 반드시 상해 인사의 그것과 동일하다 하기 어려운 것이다. 만일 안창호 씨가 정부개조를 주창하여 이 박사를 대통령으로 추천한 후에 자기가 몸소 대통령 대리가 되면 세상의 오해도 없지 아니할지니, 모처럼 국민의 통일을 위하여 막대한 희생과 노력으로써 이룩한 사업이 일부 국민의 상술한 반감으로 하여 수포로 돌아갈까 외구(畏懼)함이 아마 씨의 심사일 것이다. 의정원의 씨의 사직을 분노함도 나라를 위함이오, 씨의 사직을 고집함도 또한 나라를 위함이다. 우리는 의정원과 씨와 및 전 국민이 오직 나라만 위하여 일치 협력함으로써 생과 사와 자유와 노예가 분기되는 이 아슬아슬한 국민적 위기를 건지도록 노력하기를 빌 뿐이로다. (제7호 1919. 9. 9)

7. 爆發彈事件에 대하여

9월 2일 남대문에서 어떤 한인이 사이토(齋藤實)에게 폭발탄을 던진 사실(姜宇奎의 총독암살사건)이 보도됨에 일본의 관변 및 신문은 굉장히 경악과 분노와 공포를 표하도다. '한인의 우매(愚昧)', '불령선인(不逞鮮人)의 망동(妄動)' 등 일인의 즐겨 사용하는 신사롭지 못한 언구가 신문의 전면을 채우고, 으레 이 사건의 책임을 우리 정부에 돌리도다. 그리하고 으레 이는 소수 재외 불령도배(不逞徒輩)의 의사요, 내지(內地)에 있는 한인은 일본의 시정개혁에 만족하는 줄 '믿는다' 하여 스스로 '안심하려' 하는 일본인이야말로 가소·가련하도다.

우리가 이러한 난폭한 행동을 찬성하지 아니함은 3월 1일의 '공약 3장' 이래로 여러 번 성명한 바요, 아울러 실행한 바다. 3월 1일 이래로 4월 중순의 일병(日兵)의 대만행에 이르기까지 50일도 안 되어 한인의 일병의 손에 학살된 자 6,300여 인임에도 불구하고,

일인의 사망자는 2인에 불과함을 보더라도 한인이 어떻게 이 공약을 엄수하고, 일본의 폭행에 대하여 어떻게 은인(隱忍)하였음을 알 수 있다. 일본은 한인에게 온갖 무기를 빼앗았음으로써 안심할지나 우리들은 이미 일본의 언론압박의 금지를 뚫고 우리의 진정을 세계에 발표할 길을 열었나니, 오늘 이후에도 일본이 오히려 한족의 의사를 무시하고 한국을 일본의 일부분으로 주장할진대, 2천만 한인의 가슴 속에 갈무리하였던 2천만의 비수와 폭발탄은 점차로 일본 및 일본인에게 향하리라. 아직 우리는 대살육의 참상을 아무쪼록 피하고 평화로운 해결로써 한일 양족의 구원한 행복을 구할 모양으로 은인하게 일본의 반성을 고대하거니와, 상당한 시기에 이르도록 일본이 조선통치를 운운하기를 그치지 아니하면 우리는 2월 8일 동경에서부터 예고한 최후행동에 착수하리라.[6] 그러나 아직 그 시기가 아님을 앎으로 한참 더 일본의 반성과 세계의 여론을 움직이기에 전력을 다하려 할 때에 문득 이러한 폭발탄사건이 일어남은 우리도 일본인과 함께 의외로 하고 경악하는 바다.

그러나 수만의 경관과 정탐과 학살의 모든 무기를 소유한 일본으로도 금하지 못하는 바를 멀리 해외에 있는 우리들의 힘으로 어찌 금하랴. 오직 3월 1일 이래 일어날 수십 차 수백 차의 폭발탄사건을 전력으로 방지한 것이 우리인 줄을 기억할지어다. 아무리 일본이라도 지금 한족의 민심이 소수의 매국노와 정탐(偵探)을 제외하고는 전부 일본을 떠난 줄을 확실히 알지니, 병력과 경찰력을 증가함이 이를 확증함이 아니리오. 만일 우리가 한 마디로, 다만 한 마디로 일본인의 학살을 선언하는 날, 2천만의 민중은 30만의 적을 학살하는 최후행동을 취할지니 불행하면 이러한 날을 볼 수

---

6) 2·8선언서(이광수)에서 "일본이 만일 우리 민족의 정당한 요구에 불응할진대 우리 민족은 일본에 대하여 영원의 혈전(血戰)을 선(宣)하리라"

도 있을 것이다.

독립과 자유를 규호(叫號)하다가 다대한 뜨거운 피를 흘린 민족에게 일황(日皇)이 분에 없는 조칙을 발하며, 하세가와(長谷川好道)[7]라는 일개 적장을 대신하여 사이토란 일개 적장이 올 때에 어찌 한족의 분개함이 전보다 격렬치 아니하리오. 한족의 요구는 오직 독립이니 총독정치의 개량도 아니오, 참정권도 아니오, 자치도 아니라. 13도(道) 2백여 군(郡), 4백여 회의 시위운동에 6백여 만 한인이 규호한 것이 오직 독립이 아니냐. 2,3의 송병준(宋秉畯)일파의 매국노 이외에 어느 한인이 총독정치개선을 요구하였으며, 박승빈(朴勝彬) 등 5,6인의 회뢰(賄賂) 받은 자 외에 어느 한인이 자치를 요구하였더냐. 한족은 일찍 한족의 이름으로 총독정치의 개선이나 일인의 소위 일선 무차별(日鮮 無差別)이나 기타의 선정을 요구한 일이 없었고, 백번 천번 소리쳐 규호한 것은 오직 한국의 독립뿐이다. 그러므로 이번의 개혁이 비록 이상적 개혁이라 하더라도, 사이토가 비록 한족을 위하여 일생을 바치는 진인(眞人)이라 하더라도 이는 우리들의 관지(關知)할 바 아니다. 그러하거늘 미야께(三宅雄二郎)[8] 같은 일인 중의 우수한 사람까지도 "조선인이 구하는 것은 독립도 아니오, 평등도 아니오, 오직 선정(善政)뿐이라"하는 이러한 한족을 모욕하는 어리석은 말을 내뱉고, 또 이 같은 어리석은 말을 동경의 일류 대신문지가 마치 하늘에서 내려온 복음과 같이 다투어 게재하도다.

한족의 10년간 울적한 비분은 3월 1일에 그 일단을 발하였고, 3

7) 하세가와 요시미찌(長谷川好道, 1850~1924). 1905년 을사조약이 체결되자 한국주차군사령관으로 부임했고, 임시 통감대리가 되었고, 제2대 조선총독(1915~1919)으로 1919년 3·1운동의 책임을 지고 물러날 때까지 가혹한 무단통치를 강행했다.

8) 미야께는 미야께 세쓰레이(三宅雪嶺, 1860~1945)이다. 평론가. 특히 일본정부의 구화주의(毆化主義)에 대하여 일본주의를 주창하면서 평론활동을 펼쳤다.

월 1일 이래로 울적한 비분과 적개심은 10년간에 쌓인 것보다 더욱 격렬할지오. 이번의 총독정치개혁은 이전의 무엇보다도 한족을 분격케 하였나니, 대개 한족이 일치로 표시한 의사를 전연히 무시한 까닭이다.

이처럼 분격한 민심은 도저히 다른 수단으로 진정치 못하리니 일인의 말과 같이 금후에 수십 수백의 폭발탄사건이 일어날 것은 추측하기 어렵지 않다. 비록 정부와 기타 독립운동의 중심 간부가 시기상조라는 이유로 힘써 이러한 행동을 제어하려 하더라도 무수한 작은 단체와 개인의 비밀한 행동을 무엇으로 금하리오. 하물며 내지(內地) 및 해외에서 오는 통신을 보건대 정부 외교 편중의 완만한 태도를 비난하고, 속히 최후 행동에 착수하기를 간절히 원함이리오.

시사신보(時事新報)에 의거하건대 사이토가 창덕궁에 입내(入內)할 때에 한인은 한 걸음도 집 밖에 나옴을 금하고, 경위하는 순사는 모두 돌아 서서 한인의 주택의 문호(門戶)에만 주의하였다 하니 이런 추태는 실로 일본의 한국에 대한 관계와 상태를 유감없이 폭로한 것이다. 장차 한토(韓土)에는 전무후무한 계엄령이 일본 신총독의 분노한 입으로서 발하려니와, 또 3천인의 일인 순사를 한국으로 수입하여 가가호호의 한인을 검속(檢束)하려니와, 이로써 2천만의 가슴 속에 품었던 비수(匕首)와 폭탄을 방어할 수 있을까.

일본이 만일 삼천리 한국 땅에 학살의 대참극이 일어나기를 원하지 아니하거든, 2천만 민족의 격렬하고 영원한 적개심을 도발하여 양족의 영원한 불행을 초래하지 아니하려거든, 그 야심과 일시적 이욕(利慾)과 체면과 치기를 버리고 허심탄회하게 반성 한번, 발분 한번 하여 쾌히 한족의 요구를 들을지어다. 이것이 피차의 행복이니라. (제9호 1919. 9. 16)

8. 日本國民에게 告하노라(1)

대한민국 원년 3월 1일에 우리 민족이 독립을 선언하고, 거국일치로 평화적 시위운동을 행함으로부터 이미 6개월이 지난지라. 우리 민족은 촌철의 무기도 없이 오직 만세를 외침으로써 우리들의 독립을 요구하는 의지를 표시할 뿐이거늘 귀국 정부는 정의와 인도를 무시하고, 오직 자가(自家)의 허위된 공명(功名)을 비호하여 2천만 민족을 폭압하던 죄악을 엄폐하기에만 급급하여 절제 없이 경찰과 무력을 사용하여 우리들 지도자인 지사를 폭도라는 누명하(陋名下)에 포박하고, 투옥하고, 악형하며, 평화로써 자유를 부르짖는 양민에게 총질하고 창으로 찌르고 구타하여 2만 여의 사상자 6만 여의 피포자(被捕者)를 내었고, 심지어 무구(無垢)한 처녀를 모욕하며, 어린 아이를 학살하여 평화롭던 2천만 민중의 열혈을 불같은 적개심으로 끓이게 하고, 진압이라는 미명을 탐하여 방방곡곡이 총과 창으로 무장한 군대와 경찰(兵警)을 배치하여 행인을 검문검색하며, 야반에 민가에 침입하여 나체의 남녀를 길가로 끌어내어 참지 못할 모욕과 구타를 가하며, 국내의 여행조차 여행권을 요하는 등 전무후무한 강압정책을 사용하여 3천리 강산을 비린내 나는 피(腥血)의 공포하에 신음케 하며, 일본국민과 세계에 대하여는 혹은 사실을 은폐하고 날조하여 우리 민족을 참무(讒誣)하기에 급급하니, 우리들도 이목이 있고 정신이 있고 열혈이 있는 자라 어찌 귀국 정부의 포학잔인(暴虐殘忍) 불의허위(不義虛僞)한 심사와 행위에 절치액완(切齒扼腕)하지 아니하리오. 이러한 가증가한(可憎可恨)한 사실은 정부에게 기망(欺罔)되는 일본국민을 제외하고는 세계가 주지하는 바라, 어찌 한 사람의 손으로 천하의 눈을 가릴 수 있으랴. 가까이는 중화인민의 배일(排日)과 멀리는 구미 여러 나라 국민의 배일에 실로 귀국정부가 우리 국민에게 대한 행동이 중요한 한 원인을 만듦도 모르는 자는 오직 일본국민뿐인가 하노라.

사기와 폭력으로 행한 우리 민족의 철천의 원한인 한일합병도 잠깐 말 말고, 합병 후 10년 이래 귀국정부가 우리 민족에게 행한 포학도 말 말고, 3월 1일 이래로 귀국정부의 잔인불의한 행동이 우리 2천만 민중의 골수에 찍힌 원한과 적개심만 하여도, 수세기를 경과하기 전에는 소멸할 수 없을 것이다. 만일 귀국이 대학살을 실행하여 우리 민족을 섬멸하면 그만이거니와 그렇지 않고 다만 귀정부의 소위 불령선인(不逞鮮人)을 감옥에 가두며, 유위(有爲)한 학생의 머리를 난타하여 두뇌에 고장을 일으키게 하려는 수단으로는 우리 민족을 영원히 강압하기 불가능한 일이다. 귀국정부의 보기에 우리 민족은 극히 열물(劣物)하고 우준(愚蠢)하여 한 칼의 위협에 용이하게 습복(慴伏)할 듯하거니와 우리들은 실로 귀국보다 두 배나 구원한 문화와 역사를 가진 민족이다. 비록 일시 쇠약하였다 하더라도 귀국의 울흥(蔚興)에 강렬한 자격(刺激)을 받고, 세계를 풍미하는 자유의 사상에 민족정신의 새로운 불꽃(光焰)을 얻은 우리 2천만 민중이 결코 이민족의 통치하에 만족할 수 없음이 분명치 아니하뇨. 발연(勃然)히 흥기하는 민심은 오랜 옛날 민지(古昔民智)가 미개한 전제시대에 있어서도 억압하기 불가능하거늘 하물며 오늘날이리오.

귀국 정부가 우월한 무력만을 믿고 강압만 일삼는다면 2천만 각성된 민족의 치열한 적개심을 도발하여 마침내 한일 양 민족으로 하여금 영원히 융화치 못할 구수(仇讐)를 이루리니, 이는 오직 양 민족의 불행일 뿐더러 실로 세계 인류의 불행일 것이다. 일본이라고 항상 강한 무력이 계속하라는 법이 있으랴. 50년 이래의 일본의 성운(盛運)이 비록 위대한 것이라 하더라도 이미 원근 이웃 나라의 민족의 증오를 받음이 극렬하니, 오직 강력만 믿고 개전(改悛)함이 없으면 어찌 제2의 독일이 아니 되기를 보장하리오. 이미 우리들은 일본 국내에 정치적 경제적 모든 위험사조가 팽배(澎湃)함을 알았고, 시베리아 출정병사가 과격파의 사상에 침침연(浸浸然)히 감화되는 사실을 들은 것이다. 비록 우리 민족에게 귀국의 무력을 저항할 만한 무비(武備)가 없다 하더라도 귀국이 여전히 우리들의 의사를 무시하고 우리들에게 참지 못할 수욕(羞辱)을 가할진대 우리들은 능히 혹은 중화(中華)와 단결하며, 혹은 과격파와 연맹하여 귀국의 복심의 질병을 만들어 줄 것이오. 혹은 울분이 맺혔던 적개심이 폭발하는 날 반도 2천만은 일어나 반도 안에 있는 귀국민의 학살폭거에 나옴이 없으리라고도 단언하기 불가능하도다. (제10호 1919. 9. 18)

일본 국민에게 고하노라(2)

우리 민족이 정의로써 나의 고유한 자유를 부르짖되 귀국은 우리 민족을 멸시하기를 소나 말과 같이 하나니, 우리들이 만일 평화로 우리들의 목적을 달성하지 못하는 날, 가능한 온갖 수단을 사용하여 잔인·불의·교만한 원적(怨敵)인 귀국에 대함이 차라리 당연한 인성(人性)의 소위가 아니리오. 우리들의 은인(隱忍)함이 실로 이미 그 도를 지났도다. 우리들은 우리들의 지사(志士)가 귀국의 관리에게 모욕당함을 목격하였고, 우리들의 부로(父老)와 형제와 자매가 귀국의 병사와 경관과 소방대와 사복한 인민의 총과 창과 몽둥이와 갈고리에 피를 흘림을 목격하였고, 우리들의 촌락과 교회와 학교에 불을 지르며, 깊은 밤에 우리들의 가정에 침입하여 우리들의 처녀(妻女)를 나체로 하여 길바닥으로 끌어내어 세워 놓고 조롱하고 구타함을 목격하였고, 우리들의 귀애하는 자녀가 귀국의 헌병대와 경찰서에서 참혹한 악형을 당하여 혹은 깨어진 머리, 부러진 다리, 피 묻은 옷으로 돌아옴을 목격하였고, 심지어 부녀자의 음부(陰部)를 불로 지지며 음모(陰毛)를 뽑는 등 짐승 같은 짓거리의 증좌(證左)를 목격하였으며, 만여 명 우리 민족의 학살을 위하여는 일언반사(一言半辭)의 애도의 말도 없으면서 한두 사람의 폭행 난병(亂兵)의 사상은 큰 일 난 것처럼 고취하며, 무고한 양민을 학살한 다수의 난병에게는 아무 제재도 없었음을 목격한 우리들은 이미 참는 것도 그 도를 지났도다. 그러하거늘 귀국민은 아직도 인도적 자각을 내지 않고 도리어 귀국 정부의 행동을 승인하여 언론문장에 우리 민족을 모욕하는 언사가 충만함을 보니, 이는 귀국 정부가 사건의 진상을 귀 국민에게 은폐 혹은 개조함에도 연유할지나, 천인(天人)이 공분하는 이같은 큰 죄악을 듣고도 꿈적도 하지 아니함은 실로 우리들로 하여금 귀국민의 양심의 존재를 의심케 할 뿐더러 눈앞의 작은 이욕(利慾)에 연연하여 민족구원의 대계를 도모하는 원려를 결핍한 것이 아닌가 의심케 하도다. 근래 귀 국민 중 일부 식자간에 다소 우리나라에 대한 총독부 정치의 결함을 논하는 자도 있는 모양이나, 아직도 영토욕과 정복자의 과긍(誇矜)을 버리지 못하고, 문관총독·헌병제도의 폐지 등으로써 일시를 호도하려 하며, 가토(加藤高明)남작[9] 기타의 조선자치론(朝鮮自治論)을 창도하는 자도 있거니와 하나도 우리 국민의 의사를 무시하지 않음이 없도다. 우리들의 불평은 실로 무관총독정치도 아니오, 헌병제도도 아니오, 오직 이민족의 기반(羈絆)에 있음이며, 따라서 우리들의 요구는 문관총독제도도 아니오, 참정권도 아니오, 자치제(自治制)도 아니오, 오직 하나인 자주독립이다. 이 자주독립의 목적을 달성하는 날까지 우리들은 규호(叫號)할

9) 가토 다카아키(加藤高明, 1860~1926) 1894년 주영특명전권공사에 부임, 英日提携·對露强硬策을 주장했다. 1900년 제4차 伊藤內閣 외상으로 영일동맹을 추진, 성사했다(1902. 1. 30).

지오, 전투할지오, 최후의 한 사람까지 죽기를 아끼지 아니할 것이다. 2만 명 우리 국민의 선혈이 아직도 이 목적을 달성하기에 부족하다 하면 20만이 있고, 20만도 부족하다 하면 2백만 2천만의 뜨거운 피와 생명이 있는지라. 우리들의 민족적 자부심으로 보거나 정치적 경제적 및 사회적 생존과 발전의 자유로 보거나, 우리들은 생명으로써 우리들의 독립을 맹세코 도모(誓圖)하여야 할지니, 이러한 사활의 대문제를 위하여는 우리들은 우리들의 자유의 강탈자를 대하기에 마침내 수단과 방법을 택할 여유가 없으리로다.

우리 2천만 민족은 이미 대한민국의 자유민이오, 우리들을 지배하는 정부는 즉 우리 대한민국의 임시정부이니, 일본이 폭력으로써 우리들을 포로로 함은 가능할지라도 영원히 다시 우리들을 일본의 신부민(新附民)으로 만들지 못할 것이다. 우리들은 함부로 이웃 나라의 국민을 적대하려 함이 아니나 이웃 나라가 만일 그 불의와 잔학을 고치지 않을진대 필경 끓는 피로써 상견(相見)할 수밖에 없도다.

우리들은 귀국의 군벌과 관료가 반드시 귀국민의 의사를 대표하는 자가 아님을 아노라. 그러므로 이에 몇 마디 말을 하겠으니 원컨대 귀국은 작게는 한일 양 민족의 구원한 이해와, 크게는 세계 인류의 자유와 평화를 위하여 귀정부를 편달하여 당연하고 공정한 해결의 길을 취하여 비참한 유혈의 비극을 미연에 방지하고, 서로 이웃한 민족의 영원한 우애와 행복을 도모케 할지어다. (제11호 1919. 9. 20)

9. 李東輝 국무총리를 환영함

개조된 신내각의 국무총리 이동휘 선생이 수륙만리에 안온(安

穩)히 도착하심을 다시 축하하노라.

4월 11일 대한민국 임시정부가 성립됨으로부터 국무총리 이승만(李承晩)박사는 미주 워싱턴에, 내무총장 안창호(安昌浩)씨는 샌프란시스코(桑港)에, 외무총장 김규식(金奎植) 씨는 파리에 주재하고, 당시 군무총장이던 이동휘 씨와 교통총장 문창법(文昌範) 및 재무총장 최재형(崔在亨) 양씨는 시베리아에 있었고, 임시정부 소재지인 상해(上海)에는 겨우 법무총장 이시영(李始榮) 씨가 있을 뿐이라가 안 내무총장이 상해에 도착하기 며칠 전에 이 법무총장은 상해를 떠나고, 안 내무총장은 여전히 단신으로 국무총리 대리의 직을 띠고 각부 차장으로 더불어 만기(萬機)를 총람(總攬)하더니, 안씨는 국민통일의 제1책으로 제3의회에 내각개조안을 제출하여 쾌히 종래의 내각을 희생하고 4월 16일 한성(漢城)국민대회 발포의 정부대로 개조함에 성공하여 이승만 박사는 이미 임시대통령의 직에 취임하였고,[10] 국무총리 이동휘 씨도 또한 시베리아로부터 돌아와서 일간에 국무총리의 직에 취임할 것이오. 또 이 국무총리를 따라서 신규식(申圭植) 법무·문창범 교통 양 총장도 며칠 안으로 취임하리라 하며, 기타 이동녕(李東寧)내무·박용만(朴容萬)외무·노백린(盧伯麟)군무 등 여러 총장도 하루 속히 취임할 확실한 희망이 있다하니, 그리되면 우리 국민의 지도자는 수주 전 안창호 씨의 말과 같이 머지않아 한 자리에 모이게 될지요. 따라서 내외 각지의 전 국민의 민심도 일제히 우리 임시정부로 집중되고 통일되어 거국일치 완전 통일의 명(名)과 실(實)이 상부(相副)할 것이다. 대통일의 첫 걸음으로 보아 이 국무총리를 환영함이 그 하나요.

이로부터 임시정부는 안과 밖에 대하여 불면불휴(不眠不休)로 심성(心誠)과 정력을 다 기울이는 대활동을 개시하여야할 위기를

10) 安昌浩는 임시정부개조안을 제출, 총리제를 대통령제로 개조, 채택 통과시켰다. 上海 臨時政府·漢城政府를 통합하여 단일정부를 발족했다. 1919년 9월 11일 임시헌법 개정을 공포, 신내각을 성립했다.

당하여 사실상으로 대통령을 대리하여 전 국가를 대표하고 통솔할 국무총리가 전도의 간난을 결코 사양치 않고 감연히 일신을 바쳐 난국의 대임을 담당하려 하니 이것이 이 총리를 환영하는 두 번째 이유이다.

마지막으로 이상의 두 가지 이유보다 더 중요한 한 가지 이유는 이 총리의 정치적 수완도 아니요, 뭇 사람의 입에 오르내리는 명예도 아니요, 오직 그의 인격이다. 우리 국민은 영원히 다시 구한국에 있던 바와 같은 부패한 관료의 정부를 추대하지 아니할 것이니, 그들 부패한 귀족들은 전제군주의 곤룡포(袞龍袍) 안에 숨어서 망국의 악정을 실시함으로써 다만 국가만 망하게 할 뿐 아니오, 일본에게 한족의 독립자치의 능력이 없다는 참무(讒誣)의 구실을 주게 되었도다.

그러하거늘 건국 초에 국무총리 이동휘 씨는 원래 평민의 출신으로 독립분투한 자의 전형적 인물일 뿐더러 그의 청교도적 청순고결한 인격, 그의 열화 같은 애국심, 그의 부귀도 탐내지 않고 위무(威武)에도 굴하지 않는 송죽 같은 절개, 그의 애인하사(愛人下士: 백성을 사랑하고 선비에게 자기 몸을 낮춤)하는 타고난 겸손의 덕, 그의 때와 장소를 가리지 않고 항상 조국과 동포를 위하여 쉬지 않고 활동하는 충성, 그의 농부와 같이 소박하되 왕후(王侯)와 같이 헌앙한 기우(氣宇), 한번 뜻을 결정하면 물불을 가리지 않고, 한번 옳은 것이라 결단하면 생명을 홍모(鴻毛)와 같이 여기는 용기는 족히 새로 국민생활에 들어가려하는 대한민족의 지도자 되기에 마땅할 것이다.

이것을 찬사로 알지 말지어다. 씨를 오래 사귄 자라면 누구나 이를 해득할지니, 그는 집도 없고 처자도 모르고 20년 이래의 생애가 오직 하나님과 조국을 위한 것뿐이다. 그의 반백의 수염과 점점 늙어가는 얼굴의 주름이 어찌 중요히 여겼겠는가. 명예를 위함이냐, 재산을 위함이냐, 가정의 낙을 위함이냐. 동서로 표류하며 천애만리(天涯萬里)에 외로운 나그네가 되어 생각함도 나라, 행함도 나라, 노래함도 나라, 곡(哭)함도 나라이다. 2천만아 우리 진정한 국사(國士)의 앞에 허리를 굽힐지어다.

그와 더불어, 그의 명령을 따라서 괴롭거나 즐겁거나 죽거나 살거나 광복의 대사업을 이룩할지어다. (제12호 1919. 9. 23)

10. 承認·改造辯

어떤 사람이 묻기를, 어찌하여 한성 발표의 정부를 그냥 승인하여 상해에 있었던 정부와 의정원을 해산하는 절차를 취하지 아니하고, 의정원(議政院)이 상해정부(上海政府)를 개조하여 한성정부(漢城政府)와 동일하게 하는 절차를 취하였나뇨. 러시아 영토의 국민의회(國民議會)는 일체를 희생하고 자진 해산을 약속하지 아니하였나뇨.

이에 대답하기를, 상해에서 개조의 절차를 취함이나 시베리아의 승인의 절차를 취함이나 형식에는 다소의 차이가 있다 하더라도 정신은 동일하니, 즉 한성 조직의 정부를 추대하여 내외의 대통일을 완성하려함이다. 그러나 상해에서는 단순히 승인의 절차를 취하기 불가능한 사정이 있었으니, 즉 지금토록 내외에 대하여 국가의 주권을 행사하던 상해의 임시의정원과 임시정부가 일단 해산하면 종래의 주권이 일단 중절(中絶)되어 종래의 국가적 행동이 전부 무효로 돌아갈 것이다. 그러므로 하는 수 없이 상해의 정부를 개조하여 한성의 정부와 동일하게 하는 형식을 취함이니, 정신은 오직 한성정부를 승인함이다. 한성의 국민대회의 조직한 정부를 시베리아의 국민의회가 승인하였고, 상해의 의정원(議政院)이 또한 법리상(法理上) 부득이한 절차인 개조라는 형식 이외에는 노동국을 노동부로 개정하자던 안(案)까지도 소멸되고, 무조건으로 승인하였으며, 상항(桑港)의 '대한인 국민회'는 이번 독립운동에 본국에 버금가는 대활동을 하였으므로 국가대사에 유력한 언권(言權)을 가졌음에도 불구하고 자기는 참의(參議)도 아니하였건마는 큰일을 위하여 충성으로써 공의(公議)에 순종하나니, 세쇄(細瑣)한 절차나 자구의 해석에 구애하여 다시 이론을 주창함은 불가하지 아니 하뇨.

어떤 사람이 또 묻기를, 이미 한성정부를 승인할진대 신내각의 각원이 취회(聚會)하고 신국회가 성립되기 전에 임시헌법을 제정 발포함은 무슨 까닭인가.

이에 대답하기를, 이미 이러한 개조의 절차를 취하여 총리제를 대통령제로, 8부제를 9부제로 하려하고, 4월 11일의 임시헌장(臨時憲章)에 이에 관한 조항이 없으니, 우선 헌법의 개정이 없었고, 무엇으로 개조의 절차를 취하리오. 또 이미 이러한 헌법을 개정하면 1장 2장만 할 수도 없고, 3,4장만 할 수도 없나니, 어찌할 도리가 없으므로 전체를 개정하여야 할 것이다. 이 문제에 대한 정부 및 의정원의 태도에는 한 점의 사의(私意)나 불공정함이 없었던 것이다.

어떤 사람이 또 묻기를, 듣자니 상해정부의 특사로 시베리아 국민의회에 파송되었던 현순(玄楯)·김성겸(金聖謙) 양씨의 성명한 바는, 상해의 임시정부와 임시의정원을 전부 희생하고 무조건으로 한성 발포의 정부를 승인함이라 하여 국민의회도 기쁘게 응낙하고, 완전한 통일을 맹세하였나니, 만일 국민의회가 개조라는 절차를 불긍(不肯)하면 어찌할 것인가. 대답하기를, 개조는 오직 법률상 형식상의 용어에 불과하니 이는 실로 법리상 주권의 단절을 불허하는 부득이한 절차에서 나온 것이다. 비록 개조하더라도 그 동기, 정신, 및 결과는 완전한 무조건의 승인이 아니뇨. 만일 임시정부와 임시의정원이 개조의 절차를 취함이 없이 자진 해산하였다하면 국민의회가 개조의 절차를 행하였어야 할 것이다. 이제 다행히 내외가 공히 승인하는 통일정부가 완전히 형체를 갖추었으니 소이(小異)를 버리고 대동(大同)으로 나아가서 전 국민 일치로 대이상을 향하여 육력(戮力)하사이다. (제13호 1919. 9. 25)

11. 愛國者여

네가 애국자여든 내 말을 들으라. 무엇이뇨. 가로되 참될지어다, 미쁠지어다. 그리하고 오직 일만 위할지어다. 아아 네가 만일 애국자여든 내 말을 들을지어다.

애국자여! 권모와 술수를 그칠지어다. 뉘가 너만 한 권모와 술수를 아니 가졌으랴. 더구나 일본인은 너보다 백배 천배의 권모술수(權謀術數)를 가졌나니 네 권모술수를 뉘게 다 쓰려 하나뇨.

오직 네 동포에게나 쓰려 하나뇨. 한국을 망한 자 누구뇨. 광무황제(光武皇帝)의 권모술수, 이완용(李完用)·송병준(宋秉畯)의 권모술수가 아니뇨. 서북학회(西北學會)[11]의 권모술수, 대한협회(大韓協會)[12]의 권모술수, 누구누구 하는 지사의 권모술수는 오직 국민으로 하여금 신뢰할 바를 모르게 하여 국민의 통일을 저해할 뿐이 아니었나뇨. 만일 아직도 권모술수를 버리지 아니하고 암실(暗室)의 붕당(朋黨)과 양면낭심(羊面狼心)으로 일삼으면 국가는 망하리라, 민족은 멸하리라.

애국자여! 시의(猜疑)와 곡해(曲解)를 버릴지어다. 남의 말과 행동을 에누리하여 보지 말고 더욱 자기의 언어와 행동을 솔직하게

---

11) 西北學會. 1908년 西又學會와 漢北學會가 합동하여 조직된 학회로서 표면상 취지는 학술·문화·교육의 보급에 있었지만, 기실은 주권회복에 두었다.

12) 大韓協會. 大韓自强會의 후신으로 발족, 일종 계몽운동단체의 하나이나, 을사조약 늑약을 계기로 민족주의 운동을 전개하였다.

성실하게 하여 사람으로 하여금 해석하기 어렵게 하며, 아울러 여러 갈래의 해석이 있지 않도록 할지어다. 어찌하여 남의 언위(言爲)를 반드시 측면으로 이면으로 해석하고야 만족하나뇨. 세상이 악한지라 정면으로 솔직하게 언위하며, 정면으로 솔직하게 남의 언위를 해석하는 자를 어리석다 하고, 그렇지 않고 남의 언위를 측면으로 배면(背面)으로 거꾸로 뒤집어 해석하는 자를 책사(策士)라 하며 지자(智者)라 하도다. 그들은 무엇이나 남의 언위면 한사코 결점을 찾아내고(吹毛覓疵), 한사코 악의로 해석하려 하나니 이는 실로 충성된 인사의 가슴이 찢어질 한사(恨事)로다. 애국자여, 네 만일 나라를 사랑하거든 시의와 곡해를 버릴지어다.

애국자여! 야심을 버릴지어다. 야심이란 무엇이뇨. 자기가 한 일이 아니면 비방하고 자기가 참예(參預)하지 못하였으면 악사(惡事)라 하며, 자기가 표면에 나서서 이름을 드날리지 못할진대 차라리 물러나서 백안(白眼)으로 세사(世事)를 냉정하게 평하는 심술을 이름이니, 애국자여, 이 더러운 심술을 버릴지어다. 뉘가 한 일이든지 좋은 일이면 찬성하고, 설혹 자기의 의견에 맞지 않는다 하더라도 그 일을 한 그도 애국의 충성으로 한 것임을 서량(恕諒)할지어다. 이름 없는 워싱턴, 무명의 윌슨이 되기를 감수할지어다. 나랏일(國事)일진대 무엇이나 다 할지어다. 결코 뒤로 몰며 무책임한 언사를 농하여 인심을 교란(攪亂)함이 없을지어다. 너의 구하는 바(所求)가 국가의 독립에 있나뇨, 일신 일당의 사리사명(私利私名)에 한(限)하나뇨. 불공정한 야심과 음모를 갈무리한 자는 천벌을 두려워하여 전율할지어다. 애국자여든 네가 야심을 버릴지어다.

애국자여! 소이(小異: 조금 다름)를 버리고 대동(大同)으로 나아가 만인이 하나이 될지어다. 영웅인 체 정치가인 체 각각 자기의 부하를 거느리고 한쪽 지방에 웅거하여 천하를 비예(睥睨)하는 삼국지식(三國志式) 시대착오의 소극(笑劇)을 연출하지 말지어다. 죄송커니와 지금 우리가운데 무슨 그리 엄청난 영웅이 있으리오. 제군이 각각 영웅이 되려하기 보다 한데 합하여야 함이 이로울 것이다. 애국자여, 각각 더러운 소인지심(小人之心)을 버리고 야반에 양심에 비추어 자기보다 우승한 자여든 숭배하고 복종하고, 자기가 얼마큼 양보해서 합할 일이거든 남자답게 양보하여 제군의 의무를 다 할지요. 결코 10년 전까지 경성 정동(貞洞) 근방에서 하던 추태를 연출하지 말지어다.

애국자여, 제군은 어리석으뇨. 나는 말하지 아니 하리라. 제군은 악하뇨. 나는 말하지 아니하리라. 제군은 애국심이 없나뇨. 나는 말하지 아니하리라. 죄송커니와 제군은 두뇌에 예로부터 악습을 아직 제거하지 못하고, 우리 민족의 처지를 분명히 자각하는 밝음이 없나니라. 아아 애국자여! (제14호 1919. 9. 27)

12. 戰爭의 時機

남대문 밖 폭탄의 한 소리에 천하 무수한 군중의 웅심(雄心)을 약동하니 은자(隱者)는 곧 나타나고, 그렇지 않은 자는 곧 일어나서 칼 든 사람 작탄(炸彈) 든 사람 전후 잇달아 한번 죽음에 충의가 자재함을 각오하며, 한 몸으로 천만의 통분을 씻기 위하여 분기하는 청년건아여! 매번 급(急)할 때에는 느즈러짐(緩)을 생각하며, 시기의 적의함을 말하라. 나는 제군의 활약이 시기상조임을 말함이 아니오, 모사(謀事)마다 나오라 함이 아니나, 광복의 대업을 경륜하는 우리는 작은 것(小)으로 큰 것(大)을 잃고자 아니하노니, 우리가 무력으로써 최후의 해결을 얻고자할 때에 적은 성산(成算)이나마 준비는 없지 못할 것이다. 날로 조국의 형제부모가 적에게 독육(毒戮)을 당함을 볼 때에 하루라도 지체하리요마는 지금부터라도 원만한 행동으로 나와 최후의 승리로써 조국의 부로(父老)를 위로코자 함이 아닌가. 우리는 이미 허위나마 정의며 인도를 표준하여 국제연맹까지 그 끝을 보려는 우리다. 만일 오늘이라도 최후에까지 무력으로 우리의 주의(主義)를 철저히 한다면 우리 정부에서도 벌써 선전의 포고를 발하였을지며, 계엄령을 발포하였을 것이다. 정부에서는 무능한 외교만 앉아서 믿고 있다하나 사실은 그렇지 않을지라. 우리가 공지하는 바와 같이 한편으로 무능한 외교이나마 계속하며, 전력을 군사에 총집중(總注集)하는 바다.

그러나 민국이 건설 된지 아직 얼마 안 되지만 용의(用意)가 주도(周到)치 못하고, 그 결과를 나타내지 못하므로 "정부는 무능하다"고 날로 독촉하는 공함(公函)이 내도(來到)하는 듯 하외다. 그러므로 정부에서는 속히 각원들과 다 같이 제군과 전진하여 희생한다 하외다. 날마다 어디서 무슨 사건이 일어났다 할 때에 우리들에게 피와 살이 뛰는(血躍肉踴) 바나, 우리는 오늘부터는 이미 민국정부를 창설하고, 더 의미 있는 활동을 하려는 우리가 아닌가. 그러면 일을 속히 하려다가 도리어 이루지 못하며(欲速不達), 나뉘어지면(部分) 패멸(敗滅)이나, 곧 속하다 함이 아니요, 나뉘어지라 함이 아니다. 정부의 선전포고로 몇 개 연대라도 대동적(大同的) 활약이 못되는 까닭에 기자도 감히 이 붓을 놓고자 함이다. 준비에 어찌 쓰지 못함을 한하며, 축예(畜銳)에 어찌 움직이지 못함을 걱정하리오. 이미 보도된 바와 같이 안도현(安圖縣)에 사건이 발생하였다는 보도를 접할 때에 기쁘지 아니함은 아니나, 장차 날고자 함에 큰 날개를 손상치 아니할까 하는 근심과 걱정이 있다 하외다. 만일 이와 같이 풍운이 급변하게 되면 외인(外人)은 무슨 대준비나 있는가 하여 허실(虛實)을 탐문할지오. 일인의 경계는 더욱 혹심하여 교통상 불편에도 큰 해가 있을 뿐더러 후에 대거(大擧)에도 더욱 간난을 줄지니, 칼 든 여러 형제여, 그 기회가 곧 있나니 부족한 것을 보완하라. 겉으로 우리는 국제연맹을 믿는 체하며,

적에게 허를 보임이 병가(兵家)에서 말함이 아닌가. 만일 우리의 준비와 시기가 이미 성숙하였다 하면 기자의 얕은 소견으로도 벌써 주전론(主戰論)을 성명하여 현 정부의 태만을 문책하였을지며, 청년의 용진(勇進)을 고무하였을 지라오. 오직 제군의 원만한 사려에 붙이고자 하며, 절대 비밀의 시기문제에 이르러서는 당국에서도 상당한 상확(商確)이 있으려니와 출동하려는 제군도 이미 생각하는 바 아닌가.

애국용사의 감사적(敢死的) 행동을, 그 정신은 찬양할지라도 한 개인 혹은 일개 단체가 각각 임의로 행동을 취한다하면 다만 계란으로 바위를 치는 것 같은 꾸짖음이 있을 뿐더러 또한 국민의 불통일 부절제를 폭로함일지니, 인내하면서 폭풍전야의 정적을 지니고, 가능한 준비를 이룩하였다가 한번 명령하에 만군(萬軍)이 움직이는 계략을 사용하여야 할 것이다. (제15호 1919. 9. 30)

13. 中樞院의 覺醒

일본 신문지상의 보도를 보면, 지난번 사이토가 중추원 고문 및 찬의(讚議)를 집합하여 시국에 대한 의향 및 총독정치에 대한 희망을 청취할세 일동은 불온한 사상과 무리한 희망조건을 제출하여 의론이 소연(騷然)하였다 하며, 이 운동은 전원(全院) 일치라 하였고, 또 중추원 고문 및 찬의 등은 곳에 따라 비밀히 회집하여 무슨 획책을 하는 중이므로 당국은 경계를 엄히 하며, 선후책에 부심하는 중이라 하였으니, 그 소위 불온한 사상과 무리한 희망조건이란 무엇인지, 그 내용은 아직 알 수 없거니와, 이미 김윤식(金允植)·이용직(李容稙) 제씨의 실례로 보던지 불온이라 무리라 경계하는 어구로 보던지, 또 자고로 귀족 중에 특히 중추원 찬의 중에 은밀히 애국심을 지닌 몇 사람이 있었던 것을 보던지 이것이 독립운동에 관계된 문제임은 물론이다.

비록 중추원 일파가 본래 무기력한 구 관료라 하더라도 과거 10년간에 일인에게 받은 멸시와 고통은 그네도 역시 감각하였을 것이다. 팽배하는 세계의 신사조와 전 민족의 자유정신은 아무리 수구적이요 감수성이 둔한 그네에게도 파급하였을 것이다. 3월 1일 독립운동 이래의 동포의 절규와 일인의 동포에게 대한 잔학에는 그네도 피를 끓였을 것이다. 또 한갓 소리만 크다가 실(實)은 없는 일본의 소위 조선통치개혁이라는 것을 볼 때에 그네도 역시 일본의 오직 이기적이요 불성실하고 한족을 초개(草芥)로 보는 가증한 진의를 보았으리라. 그네도 한족이다. 비록 적의 녹작(祿爵)을 받고 일시 매국적(賣國賊)의 추명(醜名)을 가졌다 하더라도 번연(翻然)히 개오(改悟)하여 대한민국의 국민인 의무를 다하면 다만 그들의 영광일 뿐더러 실로 우리 국민에게는 잃었던 양을 다시 찾은 희열이 있을 것이다. 하물며 그들의 분기(奮起)가 일본에게는 가장 아픈 대타격임에리오.

그러나 풍설을 듣건대, 혹은 그들이 복벽(復辟: 왕조를 다시 일으킴)을 운동한다 하며, 혹은 합병전의 원상회복을 운동한다 하니, 만일 이와 같이 한다하면 그들은 한 가지 죄에서 나와서 다른 한 가지 죄로 들어감이니, 이는 우리 운동 및 그들 자신을 위하여 심히 한심할 바다. 나는 이것이 일종의 풍설에 불과하기를 희망하거니와, 또한 그들의 과거의 행위와 심사를 회상하건대 이 같은 행동을 함도 용혹무괴(容或無怪)다. 어째서 그러한가.

그들은 원래 부패한 가문 출신 관료로 오직 정권의 쟁탈과 일신의 영화만을 도모하던 자이니, 아직 대다수의 그들은 신사상의 세례나 애국심의 약동을 받지 못한 자다. 그 하나는 전 국민의 대결심 대활동에 충동되고, 또 하나는 장래의 자가(自家)의 세력을 보장・유지(保維)하기 위하여 독립운동을 일으킴이오. 생명과 재산을 희생할 용기가 결핍한 그들은 감히 절대독립을 규호하지 못하고, 합병전의 원상회복이라는 미온적 태도를 취함이며, 또 민주공화제는 그들 귀족으로 자처하던 자들에게는 일종의 공포일지니, 다시 조선왕조의 황실을 추대하여 곤룡포(袞龍袍) 그늘에서 과거의 영화를 유지하려 함이라는 설도 전혀 근거가 없지 않다. 그러나 아직 그러한 사실이 드러난 것이 없으니 구태여 남의 행동을 악의로 해석하려 하지 아니하거니와 한 마디 말로써 세인(世人)의 해석하는 바를 고하여 중추원 여러분의 삼성(三省)을 청함도 부질없는 짓은 아닌가 하노라.

만일 중추원 여러분의 독립운동이 진실로 성의에서 나온 것이라 하면, 국내 수천 명의 적의 관리된 동포에게도 다대한 좋은 영향이 있을지니, 나는 전국 관리의 동맹휴직의 보도가 머지않아 벽력같이 도달할 줄을 확신하며, 아울러 적의 관리된 여러분의 일대 용단을 촉구하노라. (제16호 1919. 10. 2)

14. 建國의 心誠

지아비의 병을 고치기 위하여 산천기도(山川祈禱)하러 가는 아내의 심성. 목욕 재계(齋戒)하고 분향단좌(焚香端坐)하여 털끝만치의 사념(邪念)이 마음 가운데로 들어오기를 두려워하는 심성. 화염 중에 서서 주(主)에게 최후의 기도를 드리는 순교자의 심성. 2천만 동족에게 자유를 주며 천만대 후손의 복락과 번영을 위하여 신국가를 건설하려는 국사(國士)의 심성. 오직 정결, 오직 근신, 오직 정의, 오직 충성, 오직 정직. 음모, 궤휼(詭譎), 시기, 허영, 쟁투를 추호도 허하지 못하는 그러한 심성.

만세의 국기(國基)에 한 점의 오예(汚穢)를 허하지 말지어다. 억만대의 자손에게 한 점의 불의를 남기지 말지어다. 미국인의 선조가 그네의 자손에게 전한 국가는 세계 현재의 여러 나라 중에 가장 성결(聖潔)하니라. 그러나 대한민족의 독립선언서가 미국의 독립선언서보다 더욱 성결하고 위대한 정신의 발로임과 같이 대한의 국가로 미국보다 더욱 성결하고 위대한 국가를 이룩하게 할지어다.

우리의 운동은 오직 일본에게 대한 독립일뿐만이 아니오. 실로 과거의 죄악 된 사상과 생활에 대한 근본적 혁명이라야 하리니, 일본과 같이 악한 국가 안에서 우리 민족의 성결·위대한 이상을 발휘할 수 없다함이 또한 우리의 독립운동의 심각한 이유의 하나일지니라. 그러므로 대한민국으로 하여금 정의의 집(宅)이 되게 하고, 자유와 평등의 둥지가 되게 하여 세계 인류에게 하늘의 복락을 보여주는 시온의 성지가 되게 할지어다. 또다시 전제, 군벌, 계급, 빈천, 음모, 사기, 시기, 쟁투, 허위로 한 걸음도 3천리의 성지를 더럽힘이 없게 할지어다.

우리 독립운동의 위기가 어디에 있느냐. 혹은 인재의 결핍에 있다 하리라, 금전의 부족에 있다 하리라, 혹은 일본의 강력에 있다 하며, 또 혹은 세계의 무정(無情)에 있다 하리라. 그러나 우리는 우리의 위기는 이것에도 아니오, 저것에도 아니오, 오직 우리의 심성(心誠) 여하에 있다 하노라.

혹 우리 국사(國士) 중에는 일시의 기승기공(奇勝奇功)을 걸어(博) 보기 위하여 동포에게 대해서나 혹은 외인(外人)에게 대하여 부정당한 언위(言爲)를 짐짓 하려하는 유혹도 볼지니, 이것이 우리 독립운동에 큰 위기요, 혹은 일본의 완전 자치(自治)나 합병 전의 원상회복이라는 미끼로 우리로 어떤 부분을 유혹하리니, 이는 더 큰 위기요. 혹은 성공의 속(速)하지 못함을 비관하고 자포자기하여 무질서한 과격행동으로 나오리라는 유혹이 오리니, 이는 더욱 큰 위기요. 또 혹은 실망과 낙담의 유혹이 임하리니, 이것은 최대의 위기이다. 예수가 광야의 한 유혹을 이긴 것은 실로 우리의 장래를 명시한 것이다. 기아에 임하였으되 결코 정도를 벗어나서 돌로 떡을 만드는 권모를 행하지 아니하였고, 몸이 미천(微賤)에 처하여 천하를 증제(拯濟)할 경륜을 베풀 길이 없으되, 결코 마귀에게 절하는 궤휼(詭譎)로써 천하의 정권을 잡지 아니하였고, 자기가 하늘의 아들인지 아닌지, 즉 하늘이 자기를 도와주는지 아닌지를 시험코자 하여 지붕에서 뛰어내려도 다치지 아니하는 요행을 구하지 아니 하였나니, 이러한 모든 유혹을 이겨내어 정의와 심성으로써 죽기까지 노력한 것이다. 마침내 세계 인류를 건져(拯濟)내어 천국을 건설한 것이다. 우리의 이상이 이미 단순히 이족의 기반을 벗어나는 것만이 아니요, 벗어남으로써 정의와 자유의 신국가를 건설함에 있을진대 모든 유혹을 다 이기고 철저하게 우리의 이상을 달성하기까지 분투하여야할 것이다. 우리에게도 안에 대해서나 밖에 대해서나 오직 암실(暗室) 중에서 자기의 양심에 대하여서나, 오직 정(正)이오, 오직 의(義)인 동시에 우리의 주의 주장을 관철하기까지는 고식(姑息)도 없고, 타협도 없고, 자포자기도 없고, 더구나 낙심도 상담(喪膽)도 없으리니, 우리는 신성한 국가와 자손의 자유복락을 위하여 순교자의 심성과 태도와 용기와 인내로 분투할 뿐이다.

아아 대한의 국사여! 오직 성결하고 위대한 국가를 건설할지어다. (第17호 1919. 10. 4)

15. 外交와 軍事

외교와 군사행동, 또는 외교냐 군사행동이냐 하는 것이 3월 1일 이래의 우리의 중심문제이다. 혹은 외교를 주로 한다하고, 혹은 군사행동을 주로 한다 하며, 또 혹은 외교와 군사행동을 병행하여야 한다하여 의론이 같지 아니하였나니, 일반의 해석을 의거하건대 시베리아의 국민의회(國民議會)와 길림성(吉林省)의 군정사(軍政司)는 군사행동을 위주로 한 것이요, 상해에 있는 임시정부는 외교를 위주로 한 것이다. 외교와 군사행동에 대한 국민의 태도를 살피건대 말할 것도 없이 양자의 병행을 이상으로 하거니와 만일 일경일중(一輕一重)의 구별이 있다 하면 평화회의 종말까지는 외교설이 주가 될 것이다.

그러나 우리는 우리에게 동정하는 외국인사에게 군사행동이 불이익하다는 충고를 자주 들었을 뿐더러 주변의 형세와 우리의 실력이 아직 포화(砲火)로써 일본과 상대할 정도에 이르지 못한 것이다. 만일 우리에게 1사단만 움직일 실력이 있다 하면 우리도 쾌히 한번 싸움을 시도하기를 주장하려니와, 그렇지 못한 처지에 한갓 전쟁을 규호함은 다만 일시 듣는 사람에게 천박한 만족을 주고, 적으로 하여금 경계를 더욱 엄중히 하여 우리들 행동을 더욱 불편케 할 뿐이다. 비록 수백 수천의 죽음을 무릅쓰고 싸울 병사가 대오(隊伍)를 정비하여 일본군과 대항한다 하더라도 이것은 실로 계란으로 바위를 치는 격이다. 귀중한 인재를 잃는 것 외에 무슨 이득이 있겠는가. 우리들이 최후 행동으로 일본에게 대하여 전단(戰端)을 열 방법에는 두 가지가 있으니, 하나는 대국(大局)의 변화로 우리들에게 참전할 기회가 도래하게 함이요, 하나는 일본인의 학살운동이다. 지금이라도 우리 민족의 애국심과 단합력은 한번 명령하에 족히 전국의 적을 소탕할 줄을 확신하거니와, 이것은 인도(人道)에 불허할 뿐더러 또한 우리들에게 이익도 아니다. 그렇지 아니하고도 우리들에게는 독립의 기회와 자신이 있거늘 왜 구태여 조급한 행동을 하랴. 군사행동을 준비함에도 그 기초되는 것은 외교의 승리이다. 능히 외채(外債)를 얻어서 군비에 충당할 수도 있고, 제3국의 후원을 얻을 수도 있지 아니한가. 그러면 외교의 방식은 어떠할까.

자고로 우리 정부의 외교는 심히 국한하여 평화회의에 참렬(參列)한 각국 대표와 및 미국에 한한 듯하도다. 이로부터 외교의 방침을 일변하고 아울러 외교의 길을 확장할 필요가 있도다.

국제연맹회의는 우리들에게 가장 가까운 기회이다. 마침 그 회기가 천연됨은 우리들을 위하여 막대한 행운이니, 회기를 명년 2월이라 가정한다면 이제부터 3,4개월간 부리나케 각국 및 각 민족에게 대하여 활발한 선전운동을 개시함으로써 필승을 기할 준비를 이룩해야 할 것이다. 현금 국제연맹 가입국이 47개국이라 하고, 각국은 대소를 물론하고 한 표를 가질 뿐이라 하며, 전원 3분의 2의 동의로 한 나라가 연맹에 가입할 수 있다하니, 32개국의 동의만 얻으면 우리 대한민국은 완전한 독립국의 자격으로 국제연맹의 일원이 되어 국제연맹 규약의 옹호를 받을 수 있을 것이다.

아무리 정의라 하더라도 앉아서 성공을 기약하기 불가능하니, 이 같은 여론정치의 시대에 처해서는 선전(宣傳)은 가장 필요한 것이다. 실로 천재일시(千載一時)요. 또 앞날(餘日)이 얼마 남지 아니한 긴급한 기회이니 우리들은 있는 온 힘과 인재를 집중하여 이 사업에 참여하여야 할 것이다.

지금 우리 민족의 인도를 기초로 한 문화와 통일에 대한 세계의 신용이 절대로 필요한 때를 당하여 암살이나 부분적 전쟁이나 불통일의 행동을 함은 실로 자살적 행동이라 할 수밖에 없도다.

원컨대 우리들의 두령(頭領) 여러분들께서는 쇄소(瑣小)한 예문(禮文)이나 감정에 구애되어 대사를 그르치게 함이 없을지어다. (제19호 1919. 10. 11)

16. 雙十節 所感

지난 10월 10일은 쌍십절이라 하여 중화민국의 제8회 탄생일이다. 상해의 중화인은 열광적으로 축의를 표하다. 찬란한 국기와 제등(提燈)과 열성의 만세 소리. 이것이 다만 민국의 성립을 축하하는 환희를 표할 뿐일까. 5색기를 흔들며 중화민국의 만세를 열렬히 부르는 소년소녀의 손으로 뿌리는 종잇조각에는 무엇이라 쓰여 있는가. 이르기를 '만중일심저제일화(萬衆一心抵制日貨: 만 백성은 한 마음으로 일본 제품을 배척하자)' 또 이르기를 '구제국적환아청도(驅除國賊還我青島: 나라의 역적을 몰아내고 우리의 청도를 환수하자)' 또 이르기를 '동포경성국가위의(同胞警醒國家危矣: 동포여 국가가 위기에 처해 있음을 깨우치자).'이다. 이들 문자가 무엇을 가리키느냐. 우리는 7월 4일의 미국 독립기념일을 보았고, 7월 14일의 프랑스 공화절(共和節)을 보았으며, 이제 중화민국의 쌍십절을 보도다. 다 비슷한 경절(慶節)이면서 어찌하여 미국·프랑스의 경절에 환희와 희망이 양양함에 반하여 중화의 경절에는 비분과 우구(憂懼)의 공기가 창일(漲溢)하였는가.

'만인이 한 마음으로 일화를 배척하자', '나라의 역적을 내쫓고 우리의 청도를 돌려받자', '동포여 국가가 위태롭게 되었다고 깨우치는 바이다.' 이들 세 구절 중에 중화인민이 쌍십절을 환락(歡樂)치 못하는 원인의 전부가 함유되도다. 4억의 중심(衆心)으로 국민이 통일되지 못함과 국적(國賊)이 도량(跳梁)하여 경국(經國)의 추요(樞要) 인물 중에 애국 진성(眞誠)의 인사를 결함과 국민적 자각과 식견이 없음과 이것이 중화 부진(不振)의 원인이 아니고 무엇이랴.

중화의 4억 인은 하나의 종족은 형성한다 할지언정 아직 하나의 국민이라 일컫기 어려우니, 국민의 각 구성원이 각각 자기의 이해에만 몰두하여 국가 전체의 휴척(休戚)이 안중에 없을 뿐더러 지방에 따라, 문벌에 따라, 당파를 따라 몇 백 몇 천의 소국가 소국민을 형성하고 있다. 남북 정부가 있으며, 단기서(段祺瑞)[13]·서수쟁(徐樹錚)[14]이 있으며, 안복부(安福部)가 있으며, 장작림(張作霖)[15]·장경요(張敬堯)[16]가 있으며, 남(南)정부 중에도 손문(孫文)이 있으며, 잠춘훤(岑春煊)이 있어서 각기 한개의 기치를 세워서 마치 전국시대를 재현한 듯 함으로써 안으로는 국민의 귀취(歸趣)할 바를 미혹(迷惑)케 하고, 밖으로는 탐욕한 강적의 이용을 받게 되니, 현하의 중국의 상태로는 만중(萬衆)이 일심하고도 오히려 열국과 병립하기 어렵거든, 하물며 이렇게 백으로 나뉘고 만으로 찢어지고야 수모(羞侮)와 패망을 면하려한들 얻을 수 있으리오. '만중일심저제일화'라 하나 '저제일화' 따위는 기실 말지말(末之末)이라, 차라리 '만중일심'하여 기울어가는 국가를 붙들기를 절규할지어다.

무통일 다음에 중국을 망케 하는 것은 국적(國賊)의 도량이다. 신해혁명(辛亥革命)은 만청(滿淸)에 대한 혁명이었도다. 이민족의 지배하에서 벗어남이 축하할 만하지 아니함이 아니나, 악습과 악인에 대한 혁명은 그 보다 더욱 중요한 것이니, 만일 중화민족이 만족(滿族)에게 대한 혁명으로써 만족하고, 동족이면서 이민족 이

---

13) 段祺瑞(1864~1936). 북양군벌(北洋軍閥)의 장로. 중화민국이 수립됨에 육군총장 국무총리가 되어 원세개(袁世凱)의 독재권 확립에 협력했으나, 제3혁명으로 원세개의 제제(帝制)에 반대했다. 원의 사망 후 국무총리에 취임, 노골적으로 친일책을 채택, 데라우치(寺內) 내각은 단기서 원조책을 취했다.

14) 徐樹錚(1880~1925). 중화민국 수립 후 단기서 내각시 민당(民黨)을 결성 총통부와 대립했다. 이어 안복부(安福部)를 결성, 외몽고의 실지회복을 시도했으나 실패했다. 1925년 풍옥상(馮玉祥) 부하에게 총살되었다.

15) 張作霖(1875~1928). 만주 봉천(奉天)군벌. 청일전쟁에 참전했고, 러일전쟁 때에는 친일 마적인 만주의군(滿洲義軍)의 활동에 암묵의 원조를 제공했다.

16) 안직전쟁(安直戰爭, 1920. 7). 중국 북양군벌내의 안휘파(安徽派, 段祺瑞)와 직예파(直隸派, 曹錕·吳佩孚)간의 전쟁. 직예파는 봉천파와 결탁, 영미의 지지와 국민의 반일감정을 믿고 안복파(徐樹錚)를 중심으로한 安徽派와 당면의 적으로 대립 항쟁했다.

상의 독해를 끼치는 국적에게 대하여 근본적 대혁명을 성취하지 못하는 이상 4억의 중화민족은 항상 제2의 이민족의 노예가 될 위험 중에 존재한다 할 것이다. 일본이 제 아무리 흉독한 야심을 갈무리하고, 간교한 수단을 농한들 이것에 창귀(倀鬼)를 만드는 국적이 없을진대 무슨 두려움이 있으리오. 그러나 중화의 국적은 다만 일본의 창귀가 되는 자만 아니니, 혹은 사병(私兵)을 포옹하여 중앙정부를 위협하며, 혹은 사리(私利)를 위하여 사당(私黨)을 세우며, 혹은 국가를 위하여 공헌할 능력이 있는 자로 짐짓 초연한 태도를 취하여 백안(白眼)으로 시사(時事)만 냉정히 평하며, 혹은 음모와 반간(反間)을 농하여 대국(大局)을 요란(擾亂)하는 자 등은 모두 국적이니, 이와 같이 애국의 가면을 쓴 자의 흉독은 도리어 일본의 창귀로 자처하는 국적의 흉독 보다 더욱 심한 것이다.

중국인이 장종상(章宗祥)[17]·조여림(曹汝霖)만 국적이라 절규하고 무지한 독군배(督軍輩)와 모리(謀利)·어명자류(漁名者類)를 간과함은 실로 우리의 이해하지 못할 바이다.

그러나 국민의 불통일과 국적의 도량보다 더욱 가공가려(可恐可慮)하며, 또 국가를 패망하는 만악의 근원되는 것은 국민이 심각한 자각과 문명국민의 합당한 지능과 식견을 결함이니, 오늘날의 국가, 더구나 민주국가는 고등한 교육과 국민적 훈련을 거친 국민을 가지지 아니하고는 존재하기 불가능한 것이다. 중화민국에도 수십의 박사와 교수와 수천수만의 구미 유학생이 있건만 4억의 무교육한 인민의 대해(大海) 중에는 물방울(滴水)만도 못할 것이니, 만일 진실로 중화민국의 국기(國基)를 태산반석 위에 올리려면 국민교육에 전력을 다하여야 할 것이다. 3백만의 유해무익한 군인을 양성하는 대신에 3백만의 소학교 교사를 양성하고, 나타(懶惰)와 음모의 소굴인 전국 무수의 병영(兵營)에 칠판을 걸도록 할지어다.

---

17) 章宗祥(1879~?). 친일파로서 1919년 5·4운동을 공격했다.

3백만의 병사는 중화민국을 망하는 것 밖에 못하되, 3백만의 소학생은 족히 중화민국을 붙들어 주리라.

우리의 처지로 어느 겨를에 남에게 충고하랴마는 이는 남에게 하는 충고가 아니오, 또한 나의 반성이며, 나의 동포에게 대한 뜨거운 피눈물의 소리인가 하노라.

아아 사람이 깨어나고 하늘이 도와주어 하루라도 속히 아시아양 민국이 3·1절·쌍십절을 완전한 환희와 양양한 희망으로 축하할 날이 임하기를 기도하노라. (제20호 1919. 10. 14)

17. 창생을 어찌 할꼬(奈蒼生何)

오호 창천(蒼天)아, 네 한족을 화(禍)되게 하려느냐. 또는 장차 대임(大任)을 내리려 하심에 난감한 고난을 내리심이냐. 만일 그러할진대 이 보다 더한 고난을 내린들 무엇을 한하랴, 원망하랴. 옛날 야곱(約百)에게 내리던 재앙을 다 내리고, 그 보다 더한 재앙을 더 내리더라도 감수하리다. 오직 오는 천만대 자손의 자유와 안락을 약속할진대 2천만의 생명을 온통이라도 성결한 제단에 바치니 무엇을 사랑(愛)하랴 무엇을 아끼랴(惜).

3월 1일 이래로 적의 정인(挺刃)아래 죽은 자 얼마며, 상한 자 얼마며, 궁흉극악(窮凶極惡)한 적리(敵吏)의 가혹한 형벌하에 겨우 잔천(殘喘)을 보전하면서 옥중에 신음하는 부로(父老)는 얼마며, 형제는 얼마며, 자매는 얼마냐. 집에 남겨둔 그네의 부모와 처자는 얼마냐. 게다가 수십 년 이래의 큰 가뭄으로 오곡이 고사하여 부로휴유(扶老携幼)하고 산과 들에 초근목피를 캐 모으는 참경(慘境)에 처해 있고, 또 근일의 보도에 의거하건대 콜레라(虎列刺)는 가을바람을 타고 더욱 창궐하여 전국 내 8천여의 환자가 발생했다 하며, 또 10월에 들어서는 일인은 나뭇잎이 움직여도 독립군인줄 알도록 신경이 과민하여 1주일 안에 경성에서만 2천여의 동포가 포박되어 전신 피투성이로 적의 병영으로 끌려갔다고 보도하고 있도다.

일기가 점점 한랭하여 가는데 의식과 의지할 곳(怙恃)을 잃어버린 수십만의 동포는 어떻게나 살아 갈려는가. 한번 죽을 기회와 장소를 얻으려고 표연히 고국을 떠나 만주의 광야에 방황하는 수만의 청년은 장차 어떠할런가.

적은 한족을 억압하고 구타하고 죽이기 위하여 수원(水原)의 난병의 동류를 날로 한토(韓土)안에 수입하며, 다수의 황백(黃白, 돈)을 뿌려서 한인으로 하여금 한인을 참혹하게 살해하는 골육(骨肉)의 계략에 부심하도다. 적의 속셈은 날로 악해지고 적의 수단은 때가 갈수록 독해지니, 오호라 창천아 언제까지 이 불의를 용허(容許)하려느냐.

삼천리강산에 수운(愁雲)이 암담하고 2천만 심령에 비분이 울울하도다.

살아가랴 죽으랴, 웃으랴 통곡하랴, 취하랴 미치랴. 생리적으로 도덕적으로나 정신적으로나 한족은 지금 일대층(一大層) 위기에 임하였도다. 혹 첩첩의 견디기 어려운 고통에 자포자기의 생각이 일어날 우려도 있으니, 혹은 도덕적으로 타락하여 부화음일(浮華淫佚)에 흐를지오. 혹은 적개심을 능히 제어하지 못하여 일인 대학살의 의거에 나올지오. 혹은 과격한 사상에 물들어 사회의 대붕괴를 가져올지니 이리되면 한족의 전도는 아주 암흑해질 것이다. 온갖 고통과 갖은 시험을 다 당하되 대주의(大主義) 대이상(大理想)을 위하여는 태연부동하는 용기와 인내를 보여야 비로소 한족은 신생한 대국민의 영예를 얻게 될 것이다.

아아 창천아, 한족을 복되게 할지어다. 광명의 전도를 보일지어다. 야곱의 고난도 사양할 바 아니며, 예수의 고통도 사양할 바 아니니, 우리는 오직 경건한 순교자의 태도로 무쌍한 인내와 용기로 이를 당하리라.

오호 창천아. (제21호 1919. 10. 16)

18. 臨時政府와 國民

10년간 이민족의 통치를 받았던 우리 민족이 다시 우리 민족 자신의 정부를 가지게 됨이 어떠한 행복이며 어떠한 영광이뇨. 비록 아직 우리 국토를 광복하지 못하고, 아직 세계 각국에게서 독립의 승인을 받지 못하였다 하더라도, 비록 아직 우리 임시정부를 우리 서울에 안치(安置)하지 못하고 외국의 영토 안에 우접(寓接)하였다 하더라도 우리 민족의 희망과 정신의 초점이오, 우리 국가의 발육의 맹아며, 우리 천만대 대한민족의 자유의 독립과 안복(安福)과 번영의 근원이다. 3월 1일 이래의 우리 민족의 혈성(血誠)은 임시정부의 건설에 있었고, 금후에 우리 민족의 육력(戮力)은 임시정부의 옹호와 이 정부를 우리 서울로 들어감에 있도다. 아아, 2천만 남녀의 충성의 대상이 임시정부요, 진로의 목표가 임시정부로다.

그러나 우리 2천만 남녀가 임시정부를 숭봉(崇奉)하고, 피와 생명으로써 이를 옹호함은 결코 대통령 국무총리 이하 정부 각원(閣員)의 자연인을 위하여 그리함이 아니요, 우리 국가의 주권의 소재인 정부 그것을 위하여 그러함이다. 이승만 대통령, 이동휘 국무총리 이하 각 총장 및 총판(總辦)이 어느 것이 우리 민족의 숭앙경배하는 인물이 아니리요마는, 그러하더라도 정부라는 기관에 비하면 그들은 그리 중요한 것이 아니다. 정부라는 기관은 민국 원년 2년으로 천년만년에 이르기까지 무궁하게 전할 우리 대한 민족의 자유와 독립이오, 생명일 신기(神器)로되 그 각원되는 자연인은 일시 이 신기의 위탁을 받은 국민의 피용인(被傭人)이다. 그러므로 우리 2천만이 마음과 정성과 힘과 생명을 합하여 봉대(奉

戴)하고, 옹호할 것은 실로 정부라는 신기니, 김가(金哥)가 대통령이 되고, 이가가 대통령이 됨으로써 우리들의 마음을 한둘(一二)할 바 아니다.

건국초의 국가가 대개 그러한 모양으로 아직 우리 임시정부는 인민이 건설하고 공고하게 하는 중이니, 정부가 국민을 보호할 때가 아니요, 인민이 정부를 보호할 때다. 인민은 정부라는 기관을 통하여 안으로 국민에게와, 밖으로 세계 각국에게 그 의사를 발표할 뿐이니, 이미 성립한 국가의 정부와 같이 인민이 그에게 아직 보호를 청할 때가 아니오, 장차 우리들 및 우리들의 후손이 그의 안전한 보호를 받기 위하여 우선 정부의 발육을 보호함이 마치 장차 안전한 주택을 삼기 위하여 우선 가옥을 건축함과 같도다.

이로부터 만일 2천만 남녀가 마음을 하나로 하여 우리 정부를 숭경(崇敬)하고 옹호할진대 날이 가고 달이 갈수록 우리 정부의 실력과 위신은 더욱 증가할지니, 4월에 우리 정부가 처음 성립됨에 적(敵)은 다만 어린 아이 놀음이라고 조소로써 대할 뿐이러니, 불과 4개월간에 내외의 국민의 신임이 점점 두터워져감에, 적은 혹 밀사를 파견하여 의사의 소통을 구하며, 혹 감언이설로 타협의 길을 강구하다가 우리 정부 당국자의 "대한민족의 요구는 유일이니 그것은 즉 '절대독립'이다. 우리들은 국민의 위탁을 받았음에 독립승인에 관한 조약 이외에 일본과 교섭할 아무 사건도 필요도 없도다" 하고 강경히 거절함에 적은 마침내 온갖 궤계(詭計)와 음모수단으로써 우리 정부를 박멸하려 하나니, 이것과 및 세계의 언론계에 대한민국 임시정부 운운의 문자가 빈번하게 출현하며, 특히 미국에 있는 우리 이승만 대통령 서재필(徐載弼) 대사 등의 대활동 대환영은 실로 우리 정부의 위신이 날로 진보함과 국민의 신임과 옹호가 정부로 하여금 어떻게 점점 유력하게 되게 함을 보이는 큰 사실이다. 2천만이 전부 신임하고 옹호하는 우리 정부를 적이 능히 파멸할 수 있으리라고 동포 여러분은 상상하겠느냐. 적이 그러한 망상을 가졌다 하면 우리들은 코웃음으로써 이를 대우하리라.

우리들이 일어나 3천리 성역에서 적추(敵醜)를 쫓아내기까지 우리들의 용감과 인내와 지혜와 활동이 마침내 열국(列國)의 승인을 획득하기까지 일본인은 우리 정부를 핍박하려니와 일본인의 핍박에 정비례하여 우리 2천만 남녀의 애국심은 더욱 격발(激發)될지니, 우리 정부의 실력과 위신은 적의 핍박 아래에서 더욱 생장하고 공고할 것이다.

몽매하던 우리들은 일본인에 허락하여 전 대한제국의 정부를 파멸케 했다. 그러나 각성한 우리들은 전 세계가 다 힘을 합하더라도 다시 영원히 대한민국의 정부를 건드림을 허락하지 아니하리라. 수백만의 끓는 피로 속(贖)한 우리 주권을 꿈엔들 다시 노칠 줄이야 있으랴. 일본은 말 말고 미국이나 영국이나 프랑스나 세계 어느 나라 어느 민족을 물론하고, 공중의 별과 하늘의 천사라도 우리의 정부를 감히 건드리는 자면 대한민족 천대 만대의 적이라 하여 생명으로 싸우리니, 결단코 용대(容貸)함이 없으리라.

개선가와 자유의 춤과 노래로써 우리 정부가 서울로 갈 날이 혹 수개월 후이리라, 혹 1년 후며 2년 후이리라. 그동안 적(敵)은 온갖 간계와 핍박을 다 하리라. 비록 우리 정부의 위치가 변하고 또 변하여 혹은 태평양 혹은 대서양 저편에 가는 한이 있다 하더라도, 우리 대한민족의 주권의 소재는 오직 우리 임시정부이니, 우리들은 냉소로써 적의 필사의 간계교책(奸計狡策)의 무효함을 방관하리라.

혹 정부가 국내에 있지 아니하고 외국에 있음으로써 흠(欠)잡는 동포가 없지 아니하거니와 이는 결코 당국(當局)하는 자연인의 위험을 염려하여 구태여 안전지대를 택함이 아니라, 첫째, 국기(國旗)로써 대표한 정부의 신성한 기관과 독립운동에 관한 신성하고 기밀한 서류를 적의 유린에 맡기지 아니하려함과, 중임(重任)을 띤 당국자 여러분이 일망타진으로 적의 포로 되기를 피함과, 대외행동과 회의 인쇄 등 대내행동의 자유를 보유하려 함이니, 서울(京城)을 회복하는 날까지 정부는 항상 안전한 지대에 있어야할 것이 마치 이번의 강화조약까지 벨기에 정부가 프랑스 안에 있었음과 같은 것이다. 동포여, 회상하라. 벨기에가 강력한 독일의 점령하에 들어가고, 벨기에의 군주와 그 정부가 프랑스로 피란하였을 때에 그 기사를 읽었던 동포 여러분은 벨기에의 오늘이 있으리라고 생각이나 하였을까. 연합군이 날로 패하고 독일군이 날로 승리하여 파리에 포탄을 비 내리듯 퍼부을 때에 여러분은 더구나 벨기에의 운명을 비관하였으리라. 그러나 3년이 못되어 정의는 마침내 강력을 이겼도다.

프랑스의 한쪽 향촌에 피란하였던 벨기에의 정부는 다시 개선가를 부르며 브뤼셀 서울로 들어갔고, 흉노(凶奴)의 포학하에 신음하던 벨기에에는 지금 자유의 봄바람이 부는도다. 당시 벨기에가 독일에 친부(親附)치 아니함을 후회하던 약노자(弱老者)들은 매국적(賣國賊)으로 몸과 머리가 두 동강이 났고, 늠렬(凜烈)한 기상으로 자유를 위하여 피를 흘린 애국자의 무덤에는 전국의 감사와 찬양의 눈물로 적신 화환으로 빛나지 아니 했던가.

아아 대한 동포여, 멀지 아니한 자유의 희망 중에서 용감하고 인내하고 활동할지어다. 항상 부를지어다. 대한민국 만세를, 정부 만세를. (제22호 1919. 10. 25)

19. 獨立完成 時機

"언제나 독립이 되나", "언제 저 왜놈들이 다 가나" 하는 것이 우리 2천만 남녀 동포의 밤낮으로 기망(企望)하고 축원하는 바다.

일찍이 평화회의를 희망하였고, 지금은 국제연맹을 희망하며, 혹은 미일(美日)의 교전을 생각하고, 혹은 일본 자신의 혁명적 파멸을 생각하며, 혹 수십만 대군이 압록강 두만강으로 질풍같이 좇아 들어와 죽음보다도 더 괴로운 압제(壓制)와 수모(羞侮)의 주인인 이민족(日本)을 말끔히 축출하기를 고대하도다. 다 헛된 생각은 아닐지니 다 있을 만한 일이오, 희망할 만한 일이다. 적은 자기가 5대 강국의 말석을 더럽혔다 하여 국제연맹을 믿지 못할 것과, 미국을 신뢰할 수 없다는 것을 우리 민족에게 선전하거니와, 적 자신도 한국 독립문제에 관하여 국제연맹과 미국을 공구(恐懼)함은 그 공구 아니 하노라 하는 중언부언(重言復言)이 힘 있게 증명하는 바니, 국제연맹 제1회를 우리 독립완성의 기회로 앎은 충분한 이유와 근거가 있는 일이다.

그러므로 임시정부는 지난 6월부터 국제연맹 대책수립에 전력을 다하여 일변 한일관계사료 독립운동사료 및 일본의 점령과 한족과의 관계를 조사하여 대부분을 완성하여 이미 각국어로 번역하는 중이며, 일변 국제연맹회에 제출할 조건을 연구결정하고, 일변 파리·런던·제네바·워싱턴·필라델피아·뉴욕·샌프란시스코·상해 등지에 선전국(宣傳局)을 설치하여 독립운동의 진상을 선전하며, 이로부터 중앙 유럽, 호주(濠洲), 일본 등지에도 대대적 선전운동을 일으키리라 하니, 미국 상원에 여러 번 제출되었고, 또 방금 상원의원 스펜서 씨의 손으로 제출된 '한국독립원조안', 미국 각 교파의 '한국독립원조 결의', 전(全) 버지니아 주 인민의 한국독립 승인 및 원조청원서, 각 계급의 명사로 조직된 한국독립후원회 등은 실로 이 같은 선전운동의 반향이오. 머지않아 국제연맹회에 대한 우리 운동의 기초가 될 것이다.

이때를 당하여 우리 국민이 더욱 결속하여 독립의 의사를 확고히 하고, 독립이 유일한 민족적 요구임을 발표함으로써 일변 정부를 후원하며, 일변 세계의 여론을 환기하면 비로소 국제연맹이 우리들의 목적을 달성할 기회 되기에 충분할 것이다. 일본이 그 강대함을 자긍하거니와 이것은 한국 안에서나 하는 소리요, 세계의 한복판에 내세우면 아직도 젖비린내 나는 아이이다. 게다가 가증한 야심과 교만한 심술을 갈무리하여 각국의 빈척(擯斥)을 받으니, 이번 파리 평화회의에서 캐롤라인 군도(Caroline Islands)·마셜 군도(Marshall Islands)와 청도(青島, 膠州灣입구 항구도시)문제 등 사욕(私慾)에 관한 것 외에 한 마디 말도 내지 못하고, 후작이니 백작이니 하여 일본 안에서는 일류 정치가로 자처하던 자가 중국의 일개 소년논객의 앞에 고개를 숙이고 꼬리를 내리는(면저수미, 俛低首尾) 추태를 연출하여 파리주재 일본인 기자들로 하여금 거의 분사(憤死)케 한 일본이다.

이러한 미약한 일본을 5대강국의 하나에 더하게 됨은 국제연맹의 기초를 만들기에 황인종을 참여케 하려는 윌슨 씨 등의 고충에서 나옴이오, 결코 일본이 그 지위에 합당하여서 그러함이 아님은 공연한 비밀이다. 일본으로 하여금 황인종을 대표케 하는 황인종도 가련하거니와 이렇게 남의 덕에 얻어 붙은 5대강국의 하나인 일본이 국제연맹을 좌우한다 하면 뉘가 냉소치 아니 하리오. 이번 경성의 강연회에서 모 일본 중장이 "국제연맹도 그 집행위원은 5대강국이 각 1인, 모든 약소국에서 4인인즉, 5대강국의 하나인 제국(일제)의 의사를 무시하고 조선의 독립을 승인하는 일은 없으리라" 운운한 호어(豪語)는 진실로 안식(眼識)있는 자의 실소를 금치 못하게 하도다.

또 미일전쟁도 상상치 못할 바는 아니니, 새로 캐롤라인 군도와 마셜군도(南洋群島)를 얻은 일본이 양양자득(揚揚自得)하여 이들 섬의 보호를 빙자하고 거대한 해군을 주둔함으로써 미 본토와 필리핀과의 연락과 태평양을 위협한다든지, 또 현재에도 그러하거니와 장차 더욱 격렬하여질 중국의 이권에 대한 미일의 경쟁이라든지, 시베리아 문제 같은 것은 혹은 단독으로 혹은 연락착종(連絡錯綜)하여 넉넉히 양국 전기(戰機)의 원인이 되리니, 한국 독립문제만은 미일전쟁의 원인이 아니 된다 하더라도 위에서 말한 여러 원인의 하나 혹은 둘과 합하여는 넉넉히 전쟁발발 원인이 될 가능성이 있다는 것이다.

적(敵)은 미국이 유럽전(제1차 세계전쟁)에 참전한 것도 벨기에를 위함도 아니오, 정의와 인도를 위함도 아니다. 오직 사욕을 위함이니, 아무 이해관계 없는 한국을 위하여 이렇게 탐욕한 미국이 피를 흘릴 리가 만무하다하고, 자기 마음으로 남의 마음을 촌탁(忖度)함으로써 우리들을 기망하고 위협하니 식자의 실소를 감당치 못하는 바이다. 전쟁의 동기는 비록 이해관계에서 나온다 하더라도 미국이 참전 후에는 확실히 각국이 가급적 정의와 인도를 목적하였거늘, 천견다욕(淺見多慾)한 일본인은 구태여 이것을 악의로 해석함으로써 한족을 속이느라고 스스로 속는 것도 민소(憫笑)함을 마지못하리로다.

또 적은 중언부언하되 민족자결주의는 아모(아무) 정의 인도의 관념에서 나옴이 아니요, 독일·오스트리아 양국을 피폐케 하기 위하여 윌슨이 꾸며낸 간계라 하니 우론사설(愚論社說)도 이에 이르러는 당연매연(瞠然呆然: 바보처럼 놀라서 멍하니 보는 꼴)함을 금할 수 없도다. 민족자결주의의 결과는 비록 독·오의 피폐를 가져왔다 하더라도, 그렇다고 해서 그 동기까지 사곡(邪曲)하다 함은 너무 악해곡해(惡解曲解)함이 아니더냐. 이는 일본인 아니고는 불가능한 악해곡해일지니, 우리 독립운동을 혹은 일부 불령도(不逞徒)의 선동이라 하며, 혹은 미국 선교사의 선동이라 하며, 혹 무지몽매하여 하는 망동이라는 것과 동일한 심리에서 나온 것이라고 했다.

그러나 우리들이 일어난 것은 민족자결주의에 의존함도 아니요, 평화회의나 국제연맹이나 미일전쟁을 믿고 일어남도 아니니, 우리들은 10년 간 축적한 울분과 실력과 자유를 동경하는 열렬한 민족적 요구로 말래야 말수 없고, 누르려도 누를 수 없어서 일어난 것이다.

민족자결을 제창함은 그 어구가 우리들의 의사를 발표하기에 가장 적당함을 원인함이오, 평화회의 국제연맹 미일전쟁을 운운함은 그것이 다 우리들의 목적을 달성할 기회의 하나됨에 원인함이니, 민족자결주의나 평화회의나 국제연맹이 있기 때문에 일어난 것이다. 일어나려할 때에 그것이 마침 한 자극과 한 기회를 공급하였을 뿐이다. 어떻게 주위의 사정이 변하더라도 우리들의 독립과 자유를 요구하는 정신은 변함이 없이 이 목적을 달성하기 까지 부절불식(不絶不息)하고, 모든 기회와 모든 수단을 다 이용할 것이다.

만일 오는 국제연맹에 실패하면 또 오는 국제연맹이 있고, 또 오는 국제연맹이 있으면, 적의 원하는 바와 같이 아주 국제연맹이 성립되지 아니한다 하더라도 우리들의 목적은 변할 리가 없도다.

1년에 못하면 2년에, 그도 못하면 3년 4내지 10년을 가더라도 2천만이 다 죽기까지는 맹세코 기필코 우리 신성한 국토 안에서 우리들을 노예로 하는 원수의 이민족을 축출치 아니하고는 말지 아니하리라함이 2천만 대한민족의 결심인줄 알고 적은 전율할지어다.

세계의 대세는 단예(端倪: 추측하여 알음)할 새 없이 변하도다. 과거 10년간의 대국(大局)의 변화를 보라. 그보다도 과거 5년간의 대국의 변화를 보라. 국가의 강대를 믿을 수 없도다. 러시아를 보라, 독일을 보고, 오스트리아를 보라. 특히 일본 안의 노동운동과 육해군인의 혁명사상의 침염(浸染)을 보라. 작년과 금년의 변화가 어떠했는가를 보고, 아울러 금년과 명년, 그보다도 이번 달과 다음 달과의 변화가 어떠할 것인가를 상상해 보라. 동포여, 오직 뜻을 굳건히, 용감하고 인내할지어다. 독립의 완성은 오직 시일문제이니 그 기회는 연달아 올지오, 민족의 단결이 날로 견고하여 갈수록 성공의 날은 날로 접근하리라. (제24호 1919. 11. 1)

20. 敵의 虛僞

일본인의 허위를 누군들 모르랴. 하물며 백번 천번 일본인에게 속은 우리 한족이리오. 아아, 가증한 허위의 화체(化體)인 일본이여.

요사이 적의 신문에는 우리 임시정부 중에 무슨 큰 알력이 있는 듯이 전하도다. 다소의 교지(狡智)를 가진 일본인이라 아주 사실답게 분식(粉飾)하는 모양이 더욱 가증하도다. 독립운동의 최고 간부에 처한 우리 지도자가 만일 금수가 아닐진대 이런 시국에 처하여 무슨 알력이나 결렬의 행동을 감행하랴. 만일 그러한 일이 있다 하면 적이 그러한 보도를 전하기 전에 애국남아의 철권(鐵拳)이 이미 그러한 매국적(賣國賊)의 두뇌를 분쇄하였을 것이다. 임시정부의 내부에 만일 적이 전하는 바와 같은 알력이나 결렬이 존재한다 하면 그를 먼저 폭로하고, 먼저 공격할 자는 본보이니, 대개 본보는 대한의 독립운동과 천만대 상전(相傳)할 임시정부를 위하여 견마(犬馬)의 힘을 다하려니와, 결코 당쟁이나 사리사정(私利私情)을 위하는 어떤 자연인을 위하여 변호함이 없으리라. 대통령보다도 국무총리보다도 전 내각이나 전부 지도자보다도 귀중한 것은 국가요 국민이니, 국가와 국민에게 해를 끼치는 언행을 하는 자는 다 국적(國賊)이다. 우리들의 애국의 열혈로 움직이는 필봉(筆鋒)은 추호도 용대(容貸)함이 없이 그러한 무리를 성토하고 죽이리라.

3월 1일 이전은 차치물론(且置勿論)하고라도 3월 1일 이후로 적이 우리 국민에게 대하여 허위의 선전을 하는 제목이 있었으니,

즉 임시정부에 신뢰치 못할 것, 외국의 동정과 원조에 신뢰치 못할 것, 세계는 금후도 제국주의의 무대일지니 한국이 독립한다 하더라도 미국에게 병탄(倂呑)함이 될 것, 일본의 전비(前非)를 자각하여 지금 이후로는 한족을 우대할 것, 일본의 병력은 세계에 으뜸이니 만일 한족이 끝내 일본에 반항하면 일본은 강대한 무력으로 한족을 억압할 것 등이오. 외국에 대하여는 한족은 극히 유치하다는 것, 독립을 꾀하는 자는 극소수의 소위 불령선인(不逞鮮人)이오, 다수는 일본에게 열복(悅服)한다는 것 등이다. 그러므로 경성일보(京城日報)·매일신보(每日申報)를 위주하여 적의 각 신문에는 임시정부의 행동을 보도하되, 모든 양호한 것은 다 버리고, 조금이라도 좋지 않은 일이 있으면 호랑이 새끼나 얻은 듯이 이를 침소봉대(針小棒大)하여 전하며, 구미의 여론 중에서도 한둘의 친일파의 회뢰(賄賂) 받은 논조만 전하여 백방으로 우리 국민을 낙심케 하려 하나니, 적으로서는 이는 할 만한 일이다. 우리에게 해되는 것 이(利)되는 것을 택하지 않고 사실과 진실만을 보도하는 우리 독립신문(獨立新聞)을 적이 미워함도 적으로서는 마땅히 할 일이다.

적은 본보를 압박하고자 하여 백방 교지(狡智)를 사용할지나, 국민의 동정이 본보에 있는 동안 적의 노력은 수포로 돌아 갈지요. 우리들의 적이 본보 일에 음해하는 꼴을 민소(憫笑)로써 대우할 뿐이리라.

적은 자기를 위하여 허위의 보도로써 그들의 적인 우리 국민을 기망하려 함이 용혹무괴(容或無怪)하거니와 그들 매일신보의 편집실에서 불과 15원 20원에 매수된 아이들의 어리석고 못난 민원식(閔元植)[18] 등 금수의 광규난후(狂叫亂吼)는 실로 한족의 체면을

18) 閔元植(?~1921) 친일파. 1908년 친일파 거두 李址鎔과 함께 大韓實業協會를 조직해고, 1920년 신일본주의를 표방하는 國民協會를 조직하면서 時事新聞을 발행, 민족지 東亞日報에 대항했다.

손상함이 크다 할 것이다. 비록 우리들이 폭력의 행위를 증오하거니와, 이와 같은 도배(徒輩)에게는 하루라도 빨리 천주(天誅)를 가하여써 어두귀면(魚頭鬼面)의 큰 개 작은 개로 하여금 죄를 깨닫게 할지어다. 만일 그러한 논징(論懲:징계를 논함)이 없으면 적(敵)은 많은 박지패륜(薄志悖倫)의 무리를 사양(飼養)하여 더욱 민심을 고혹(蠱惑)하는 간계를 쓰게 될 것이다.

건망(健忘)하는 국민이여, 적의 허위를 삼갈지어다. (제25호 1919. 11. 4)

21. 財産家에게

20년 이래로 지은 우리 재산가의 죄악은 5적·7적의 매국적의 죄악과 다름이 없도다. 물론 전부 그러함은 아니거니와 국민의 용서를 받을 자는 샛별과 같이 드물도다. 만일 그들이 20년 전부터 교육·산업·출판사업 기타 공익사업에 노력하였던들, 혹 망국의 치욕을 아니 당하기도 하였으리라. 국치 10년 이래로라도 그들이 광복의 모든 준비에 노력하였던들, 3월 1일 이래로라도 그들이 마땅히 다해야할 의무를 다하였던들, 우리 운동은 더욱 순경(順境)으로 진행하여 더욱 위대한 효과를 거두었으리라. 그러나 어리석고 악한 그들은 가증한 이기욕의 노예가 되어 적의 손과 발바닥을 핥아 자기의 한때의 안전을 보전하려 하도다.

동포가 피를 바치고 육신을 바칠 때 그들은 적의 담장 안에 숨어서 호주미색(好酒美色)으로 불의의 쾌락을 탐하며, 혹 위험을 무릅쓰고 애국금(愛國金)을 청구하는 지사를 적의 경찰에 내어주며, 혹 가재(家財)를 가지고 적국으로 도망가며, 혹 짐짓 적에게 친부(親附)하는 태도를 보여서 음탕한 계집(淫女)과 같이 적의 환소(歡笑)를 사려하도다. 가난한 집의 부녀자가 머리를 잘라서 국비(國

費)에 충당할 때 그들은 적장을 공궤(供饋)하기 위하여 소를 잡고 양을 잡아 삶도다.

아아, 가련하고 우매한 재산가여. 너희들은 언제까지나 적의 보호하에서 안전하게 지내려 하나뇨. 너희들의 짐승 같은 목숨을 끊을 자는 오직 적의 칼뿐이라 하나뇨. 광복 후의 논죄는 잠깐만 말고, 오늘 저녁의 너희와 너희들의 처녀(妻女)의 생명의 안전을 누가 담보하더냐. 2천만 뜨거운 피가 끓어오르는 증오의 시선은 이미 너희들의 지방 많은 일신에 집주(集注)하였도다. 다만 그 증오와 저주의 기운만 말하여도 족히 너희의 집터를 쑥밭으로 만들리라. 하물며 무수한 서릿발 선 칼과 무수한 폭탄이 이미 너희들의 베게머리 몇 걸음 땅에 숨었음에리오. 서릿발 선 칼과 폭탄은 적들에게만 가할 것인 줄로 잘못 생각하지 말지어다. 차라리 너희들의 머리 위에 가할 날은 멀고, 너희들의 머리 위에 가할 날은 가까우리라. 우선 국내의 개 같은 적(賊)을 일소하여 국민에게 추향(趨向)할 바를 명시한 후에야 적들의 소탕에 착수하리라.

귀중하고 유용한 국가의 재산을 너희들과 같은 짐승 떼의 수중에 맡겨둔다면 국가에 유해무익(有害無益)할 뿐더러 도리어 적의 힘을 보태어줄 뿐이니 차라리 너희들의 머리를 자르고, 너희들의 재산을 빼앗아 충량한 국민에게 나누어 주리라. 너희들은 이미 공익을 생각한 적이 없었고, 독립운동을 보조한 적이 없었으며, 대학살 대흉년 대악역(大惡疫)으로 곤궁한 지경에 빠진 동포를 구제한 적이 없었도다. 천하에 죽여야 할 악인이 있다 하면 너희들을 두고 누구이겠는가. 만일 너희들이 국가에 보익(補益)됨이 있다 하면 아직 그 존재를 허락하려니와 전과 같이 사욕(私慾)에만 급급하여 감히 적에게 아부하며, 민족적 대운동을 방해할진대 너희들은 너희들의 애석(愛惜)하는 가산(家産)과 더불어 분쇄되어 버리리라.

너희들을 분쇄할 자 어찌 폭발탄과 육혈포와 화승(火繩)뿐이리오. 너희들의 계급의 수천 배 되는 소작인(小作人) 노동자들의 가난한 동포는 언제든지 너희들의 무서운 적이 되리라. 사회공산주의의 사상은 지금 전 세계를 풍미하나니 러시아를 보고 독일을 보라. 너희들이 만일 러시아 독일의 재산가들이 당한 참경(慘境)을 면하려할진대 속히 회개하고 각성하여 대의를 따라, 적을 배반하고 국민의 친우가 될지어다. 국민으로 더불어 독립의 대운동에 육력(戮力)하고, 적의 포악한 학살과 흉년과 악역(惡疫)의 고통에 허덕이는 동포를 구제하기에 착수할지어다. 그렇게 하는 날 지금 너희들을 죽이려는 이 붓을 돌려 잡아 너희들을 찬양하고 감사하리라. 그러나 여전히 분(憤)을 고치지 않을진대 이 붓은 다시 움직여 너희들을 섬멸하지 않을 수 없으리라. (제26호 1919. 11. 8)

22. 日本의 五偶像, 韓國問題에 대한

베이컨[19]은 인류에게 4우상이 있어서 진리를 찾지 못하고, 미신(迷信)과 오해에 빠지는 것이라고 갈파하여 세계 학술계에 하나의 신기원(新紀元)을 그었던(劃) 것이다.

나는 말하기를 일본은 우리나라에 관하여 사상(思想)하고 행동할 때에 다섯 가지 우상의 절제를 받아 미신과 오해가 생겨난 것이라 한다.

첫째는 우승(優勝)의 우상이니 일본은 스스로 생각하기에 세계에 최우승한 민족중의 하나이다. 영국이 인도를 정복할진대, 미국이 필리핀을, 프랑스가 베트남(安南)을 정복할진대, 자기가 한국과

---

19) 베이컨(Roger Bacon, 1214~1294). 영국 스콜라 철학자. 철학의 부흥을 위하서 미신을 타파하고, 스콜라 철학의 사변적 학풍에 반대하여 관찰과 실험적 방법인 경험을 도입, 경험과학(Scientia experimentalis)을 확립, 자연과학의 근대화에 기여했다.

중국을 정복하지 못하랴 하는 우상이니, 이는 일본이 과거 50년간의 행운 중에서 얻은 우상이다. 이 우상을 얻으면서 부터는 일본은 심히 거오(倨傲)하고 자대(自大)하여, 전에는 폐하려던 불완전한 것까지도 자기 것이면 존숭(尊崇)하려는 경향이 생겼나니, 그 잘난 일어(日語)로 한어(韓語)를 대신하려 하며, 그 잘난 도덕과 습관으로 한족의 도덕과 습관을 대신하려 하며, 그 잘난 일본인으로 한인의 통치를 대신하려 하는 등이 다 이러한 우상의 미신에서 나온 것이다. 생각해 보라. 일본이 가진 모든 것 중에 서양을 흉내낸 몇 가지 외에 세계가 칭찬할 만한 것이 무엇이뇨. 후지산(富士山)? 매음녀? 기모노(着物)와 나막신(下駄, 게다)?

둘째는 열등(劣等)한 우상이니, 한족은 자기보다 극히 열등한 민족인지라 자기가 지배하지 아니하면 살아갈 수 없다 함을 이름이니, 이는 일본의 건망성(健忘性)과 배은성(背恩性)을 표함이다. 혈거생식(穴居生食)의 일본인에게 문명생활의 모든 방식(法方)을 가르쳐준 자가 누구이뇨. 신문명을 하루 먼저 받아들인 장점이 있고, 병력과 사기술이 남보다 우승함을 빙자하여 괘씸하게도 선진국 국민이오, 문화의 은인에게 열등민족이라 식민지의 신부민(新附民)이라는 등 버릇없는 명칭을 가하였도다.

셋째는 동화(同化)의 우상이니 자기는 우승하고 한족은 열등함으로써 열등하되 역사를 망각하고 국민성을 소실(消失)하도록 열등함으로써 한족을 영구히 일본 민족의 노예로 화할 수 있다 함을 이름이니, 금년 2월 28일까지 그들이 세계에 대하여 장담한 것이오, 아직도 완명(頑冥)한 도배의 주창하는 것이다.

넷째는 권력(權力)의 우상이니 비록 한족이 자기의 동화정책에 열복(悅服)하지 아니한다 하더라도, 헌병과 악형(惡刑)과 군대와 겸제(箝制)로써 영구히 억압할 수 있으리라고 미신함을 이름이니, 육혈포 한개 칼 하나 없이한 한족을 도마 위의 생선으로 확신하고 있다. 그래서 이번 독립운동에도 하세가와(長谷川好道)가 곧 이 우상의 신탁(神託)을 청한 것이다.

맨 나중은 필요(必要)의 우상이니 한국을 합병함도 일본 존립의 필요조건이오. 영구히 한국을 영유함도 일본 존립의 필요조건이라 함이니, 합병 당시에는 말하되 한국이 러시아나 청국의 손에 들어가면, 일본의 독립이 위협되리라 하다가도 가상적(假想敵)인 러·청 양국의 근심거리가 없어진 오늘날에는 핑계에 궁하여 미국의 야심을 의심하노라고 둘러대고 있다. 미국이 한국을 수중에 넣을 야심이 있다 하면 뉘가 곧이듣겠는가. 이는 미국이 인자하다 함이 아니오, 정치상으로나 경제상으로나 미국이 한국에 대하여 야심을 둘 필요가 없다는 것이다.

이 다섯 가지 우상에 유치한 신흥국민이 빠지기 쉬운 영토의 욕망이라는 유혹이 합하여, 구태여 한국을 자기의 수중에서 아니 내어 놓으려고 애를 쓰는 것이다. (제27호 1919. 11. 11)

23. 日本人에게(1)

장내(牆內)의 敵보다 친의(親誼)의 이웃(隣)

일본인의 이기욕으로 보건대 한국을 영원히 자기의 손아귀에 쥐고 싶으리라. 어찌 한국뿐이리오. 전 세계는 못하여도 전 아시아는 자기의 주머니 속 물건으로 만들고 싶으리라. 일본이 천장 만장 혓바닥을 놀려 자기의 제국주의적 야심이 없다고 변명한다 하더라도 뉘 있어서 이것을 믿으랴. 일본뿐 아니라 고래로 인류사상에는 혹은 천하의 통일, 혹은 권력의 무한한 신장을 몽상하던 개인과 민족이 많이 있거니와, 일찍이 그 공을 이룩한 자 없었고, 모두 비참한 말로를 취하였나니, 알렉산더 대왕이 그러했고, 로마가 그러하고, 나폴레옹이 그러하고, 독일이 그러하도다. 이러한 야심을 품는 자는 다 일시의 성운(盛運)에 취하여 자기의 운과 힘을 과신함에서 나온 것이니, 과거 반세기간에 이름 없는 일개 반개족(半開族)으로서 일약 세계 5대 강국의 하나가 된 일본은 확실히 자기의 운과 힘을 과신하여 앞차의 복철(覆轍)을 본받을 위기에 있도다.

실로 일본이 한국을 영유하려 함은 너무 너무 과분한 욕망이다.

아직 한족(韓族)이 신문명에 각성하지 못하고 장야몽(長夜夢)에 취하였을 때인지라, 소수 군벌주의자로 대표되었던 일본의 사기와 궤계(詭計)와 무력하에 일시 합병의 치욕을 당하였거니와, 일단 한족에게 민족적 자각이 생기는 날 일본이 족히 며칠이나 그들을 억압할 듯싶으냐. 만일 경응연간(慶應年間, 明治維新 직전의 시기)이나 명치(明治)초년에 영국이나 미국이 일본을 합병하였던들, 손쉽게 합병되었으리라. 최초에는 동맹이라 칭하고, 다음에는 일시 외교권을 위탁한다 하고, 다음에는 국민개병주의(國民皆兵主義)의 징병제도를 실시하기 위하여 용병(傭兵)제도를 폐지한다 하여 군대를 해산하고, 민간의 무기를 깡그리 압수하여 국민에게서 반항할 모든 능력을 박탈한 후에, 소수의 우리가 내세운 당국자를 유혹하고 위협하여 합병조약이라는 한 장 종이에 5,6인의 도장을 찍게 함으로써 만사를 끝냈던 일본이 한국을 합병하던 수단을 영국이나 미국이 민지(民智)가 아직 미개한 일본에게 실시하였던들, 일본도 오늘날의 한국의 통한을 당하였으리라. 실로 일본이 한국을 합병함은 우의를 이용한 배신적 행동이니, 마치 안심하고 내 품에 안기라 한 후에 칼을 목에 들이대는 것과 같도다.

합병되는 날 한족의 뇌리에 번개 불 같이 지나간 것은 '속았구나' 함이오. 이래 10년간 한족의 심중에 쌓이고 쌓인 것은 '언제나 이 원수를' 함이라. 10년간 가만히 있음을 보고 어떤 일본인은 한족이 일본에 열복(悅服)함이라 떠벌였고, 어떤 외국인은 한족은 독립을 위하여 분기할 정신도 용기도 없다 하였거니와 수중에 촌철

이 없고, 적이 인격이나 식견이 족히 인민의 지도자 될 만한 자에게는 헌병과 밀정으로써 밤낮으로 그 행동을 감시하며, 절대적으로 집회 결사와 언론출판을 금지하는 고압(高壓) 밑에 있다가, 10년 만에 비로소 분기한 것도 실로 이적(異蹟)이라 할지니, 혹 총독정치의 개량이라든지 일본의 통치하에 있어서 다소의 민권을 신장하기를 목적하였다 하면, 그 동안에도 다소의 의사표시도 있었으려니와, 이러한 것은 일찍 우리들의 안중에 둔 적이 없었고, 일어나면 독립을 위하여 일어나리라 하여 도리어 민심을 격동하기 위해서는 일본의 정치의 더욱 가혹하기를 희망하였나니, 과거 10년간에 우리들의 공구(恐懼)는 일본의 악정에 있지 아니하고, 일본의 선정이 일부 동포의 독립의 결심을 이완케 함에 있는 것이다.

또 혹 어떤 일본인은 칭하되 합병 당시에도 인심이 평온하였고, 합병 후에도 아무 반항이 없다가 10년 후의 오늘날에 이러한 독립운동이 일어났음은 필시 총독정치가 민원(民怨)을 사서 앙갚음을 받음과 외인의 선동에 의함이라 하나, 합병 당시에 언제 인심이 평온하였으며, 합병 후에 어느 달 어느 날에 반항적 운동이 없었더냐. 보호조약에서 합병조약에 이르기까지의 3년간에 혹은 강도라는, 혹은 살인이라는, 혹은 폭도라는, 혹은 저 유명한 보안법 위반이라는, 혹은 이름 없이 학살된 자 투옥된 자 유배된 자가 얼마나 되는가. 폭도라는 이름으로 죽인 자도 10만에 달한다 하도다. 합병 후에도 양기탁사건(梁起鐸事件:105인 사건), 안명근사건(安明根事件:데라우치 암살음모사건), 윤치호사건(尹致昊事件), 광복단사건(光復團事件) 등 소위 강도, 모살 미수, 보안법위반 등 사건이 백으로써 셈할지니, 만일 언론기관이 있어서 이러한 사건의 진상을 세상에 발표할 자유가 있었던들, 벌써 5,6년 전에 또는 10년 전에 이미 일본인 및 세계는 오늘날 한족의 의사를 이해하는 이만한 이해를 할 수 있었으리라. 그러나 조선총독부는 혹 천만인중 한두

개 총독 송덕비문이나 아첨을 위하는 동화론자(同化論者) 등을 굉장한 대사실인 듯이 붓과 혓바닥으로 모든 편의와 능력을 다 사용하여 광포(廣佈)하였으되, 일본에 반대되는 한인의 행동은 그것이 어떻게 중대한 의의를 가진 것이라도 암중(暗中)에 묻어버리거나, 혹은 묻어버릴 수 없이 된 경우가 되면 절도나 강간 같은 일개 무의미한 사건으로 가장하여 세상에 발표할 뿐이니, 신문기사와 조선총독부의 보고만으로써 한족의 상태를 판단하는 일본인이 한족의 열복(悅服)이라든지, 한족의 무정신·무기력을 믿음도 무리는 아닐 것이다. 요컨대 일본의 십 수 명 위정자는 5천만의 일본인 및 전 세계에 대하여 한국의 상태를 기망한 것이오. 한족은 마치 유폐된 자와 같아서 유폐한 자가 임의로 만들어낸 의사로써 자기의 의사에 대신하지 않을 수 없는 슬픈 지경에 이르렀도다.

그러하다가 제1차 세계대전이 종결되어 말로만이라도 강권(强權)이 파쇄되어 소수 지배자의 편의를 위하여 임의로 만들어내는 소위 인민의 의사보다도 인민 자신의 진정한 의사를 세계가 존중한다는 소위 민족자결주의라는 설이 나왔으며, 한족은 이에 일어나 "지금까지 강제로써 우리를 지배하던 일본이 세계에 대하여 광언(廣言)한 한족의 상태나 의사는 다 허위이다. 한국을 일본에 합병한 것은 결코 한족의 의사가 아니며, 합병된 후에도 한족은 일찍 일본에 열복한 일이 없었나니, 한족의 의사는 오직 절대독립이다"함을 절규하여 선언할 필요와 기회를 자각하여 3월 1일의 독립선언이 있었고, 인하여 전국 각 지방에 독립시위운동이 있었던 것이니, 실로 유사 이래로 이만큼 전국에 걸쳐 전 민족이 일치한 민족의사의 표시는 이로써 효시(嚆矢)가 되리라. 이리하여 3월 4월 두 달 동안에 6만의 투옥자와 6,300의 총과 창에 죽은 자와 6백호의 가옥이 불에 타버렸고, 4월 이후로도 혹은 악형에 못 이겨 죽은 자, 혹은 시위운동 당시에 학살되는 자가 거의 없었던 날이 없었으며, 90도(度)의 불법 태형(笞刑)의 여독으로, 혹은 1주일 혹 십수일 안에 죽은 자의 수도 9월말까지에 조사된 자 3천에 달한다 하도다. 그러면서도 한족의 활동과 용기는 재접재려(再接再厲: 다시 사나워짐)하여 저지할 바를 알지 못하나니, 대개 한족의 요구는 오직 절대독립이 있을 뿐이다.

이러하거늘 일본은 아직도 한족의 의사를 알아차리지 못하고, 혹은 알면서도 멸시하고, 여전히 동화정책을 운운하며, 여전히 조선통치책을 운운하나니, 이는 나의 소위 일본의 5대 우상(偶像)의 소치(所致)이다. 일본족은 우승하다, 한족은 열등하다, 그러니까 동화(同化)시킬 수가 있다, 만일 동화가 아니 되면 강압할 권력이 있다, 한족이 비록 독립을 요구하더라도 한국의 영유는 일본의 존립상 필요한 일이라 하는 5대 우상의 소치이다. 나는 이 5대 우상 즉 일본의 한국에 대한 5대 미신(迷信) 및 오해에 대하여 뒷날 상세히 논함이 있겠기에 여기 반복하지 아니 하거니와 변론의 편의상 여기에 다만 그 결론만 들어 보겠다.

일본의 성운(盛運)이 구원하기를 희망하고, 그 실력이 날로 충실하기를 백열(柏悅)의 정으로써 송축하거니와, 자기보다 역사가 배나 구원하며, 과거의 문화와 번영에 대한 회억(回憶)이 자기보다 배나 십 배나 풍부하고 강렬하며, 현재의 경우에도 단결력과 애국심과 문화의 소화 및 창조의 정신력이 자기와 큰 차이가 없으며, 인구로도 세계의 대민족의 하나로 손꼽을 만할 뿐더러 이미 독립의 일치한 의사와 견고한 결심을 세계에 발표한 한족을 강압하고 통치하기에는 일본은 너무 약하리라. 한국을 영유함이 일본의 존립상 절대로 필요하다는 일본의 미신이 비록 정당하다 하더라도, 한족은 결코 이웃 나라의 필요를 위하여 희생될 아무 의무도 없을 뿐더러 정의와 인도를 주창하기 시작하는 일본도 자기를 위하여 2천만을 희생하기를 사양치 아니한다는 말을 아마 차마 하지 못하리라. 하물며 냉정히 생각해보면 한국을 강제로 영유(領有)함이 결코 일본존립의 필요조건이 아닐 뿐더러 도리어 일본의 대륙정책과 및 한국에 있는 일본 신민(臣民)의 생명 및 재산과 일본의 존립 자신에 대하여 큰 위협이 되고, 복심(腹心)의 질환이 되는 것이다. 청컨대 나로 하여금 그 이유를 진술케 하라. (제28호 1919. 11. 15)

일본인에게(2)

담장 안의 적보다 친의의 이웃

일본이 처음 한국을 합병하던 이유의 가장 중심 되는 것은 첫째, 러시아의 세력에 대비함과 둘째, 한국으로써 일본의 대륙경영의 접족점(接足點)을 삼으려함이니, 한국의 부원개발(富源開發)이라든지 이민이라든지 하는 것은 실로 제2차적 욕망에 불과하다. 그러나 러시아는 이미 제국주의적 야심도 없을 뿐더러 실력도 없이 되었고, 중국(청)도 역시 그러하니 이제 와서는 동양의 평화를 교란할 자는 오직 일본이 있을 뿐이오, 다시 러시아도 없고 청나라도 없도다. "일본의 안전을 위협"하는 세력은 이미 아시아에서 소멸되었나니, "자존(自存)의 필요상 한국을 합병"하여야 할 이유도 따라서 소멸되었도다.

다음에 대륙경영의 접족점 되는 점으로 보건대 일본이 정치적으로 만주나 몽고를 영유할 의사가 있다 하면 이는 한국을 영유하려함과 다름없는 공상적 야심일 것이다. 한족(漢族)도 한족(韓族)이나 다름없는 소멸치 못할 국민성이 있는 이외에 만주는 장래 열국의 이해관계의 충돌점이 될 우려가 있음이니, 그럴진대 열국은 결코 일본으로 하여금 임의로 만주를 처분하기를 허락하지 아니할 것이다. 산동(山東)이 일본의 영유됨을 불허한다 하면 그와 같은 모양의 이유로 만한(滿漢)도 일본의 영유됨을 불허할 지니, 일본의 과거의 야심과 정책은 어찌하였든지 앞으로는 일본의 대륙경영은 경제적 발전에 한하지 아니치 못할 것이다. 이것이 실로 세계의 대세니 결코 일본이 무력으로 어찌하지 못할 강제적 성질을 지닌 것이다. 이렇게 일본의 대륙경영의 목적이 오직 경제적 발전에 한할진대 한국의 독립은 이에 대하여 아무 화해(禍害)를 미칠 것이 없을 뿐더러 도리어 일본이 한족(韓族)과 친의의 관계를 유지함이 대륙정책의 시행에 큰 이익이 될 것이다. 만일 한일 양국 간에 친의의 관계가 성립된다하면 일본인은 한국 안에서 자유로 상공업을 경영할 것이다. 또 일본의 물화를 만주로 수송하기에 자유로 한국의 철도를 이용할 수 있을 지니, 어느 점으로 보든지 한국의 독립은 일본의 경제적 대륙발전에 아무 장애도 될 이유가 없도다.

이상 두 가지 이유 이외에 일본은 한국으로 농민의 이주지 및 상공업의 독점시장을 삼을 의사가 있는 모양이나, 한국은 보통 일본인이 상상하는 바와 같이 인구가 희박하고, 미개간지(未開墾地)가 많은 야만의 국토가 아니라, 한족 자신도 경작할 지면(地面)이 부족하여 산판간석(山坂干潟: 멧갓 · 개펄)까지 개간하고도 오히려 부족하여 이미 백만에 가까운 인구가 서북간도(西北間島)로 이주하였고, 또 지금도 매년 수만 명씩 만주로 유출하나니, 일본농민의 이주는 즉 한인의 축출을 의미하는 것임에 일본의 이민정책은 일본의 양심으로도 용허할 바 아닐 뿐더러 한족의 자존상 용인치 못할 바며, 또 한국을 일본의 상공업의 시장으로 보는 것도 지금까지와 같이 일본인이 자신의 이익만 위하여 한족의 상공업 발전을 직접 혹은 간접으로 압박하는 정책은 도저히 한족의 용인하지 못할 바다. 그러나 영국이나 미국의 세력을 끌어들임으로써 일본을 견제하는 등 정책은 한국이 한국 자신을 위하여서도 취할 바가 아닌즉 일본인은 적당한 조건하에 한국의 원료를 사용할 수도 있고, 상공 등의 기업권을 향유할 수도 있나니, 이것이 결코 한국을 영유하여야할 필요조건이 될 것은 아니다.

이상은 한국의 독립이 결코 일본의 존립에 화해(禍害)를 미치지 아니할 것을 말함이거니와 만일 일본이 어디까지든지 한국의 독립을 승인하지 아니하고, 무력으로써 한국의 영유를 고집한다 하면 어떠한 결과가 발생할까.

첫째, 한국 안의 독립운동은 일본이 한국의 독립을 승인하는 날까지 계속할지요, 또 그러하기를 희망하고 노력할지며, 그리하면 일본도 역시 그 포학한 수단을 계속할지니, 이리하여 원인은 결과가 되고 결과는 다시 원인이 되어 무한한 연쇄의 독립운동이 일어나는 동안에 한족의 피는 더욱 많이 흐를 것이다. 따라서 한족의 일본에 대한 적개심은 날로 격렬의 도를 더할지며, 그리되면 한국 안에 있는 40만 일본인은 항상 생명과 재산에 대한 위험을 느낄지니, 벌써부터 벽지(僻地)의 일본인이 도회지로 퇴각함이 무엇을 의미함이냐. 아직도 한족의 마음속에 평화적 해결의 희망이 있는지라, 오직 평화적 운동을 계속하거니와 만일 적개심이 극도에 달하여 "왜놈이어든 다 죽여라" 하는 일종 변태심리 충동이 2천만에게 일어나는 날 그날의 참상을 뉘라 알며 뉘라 막을 수 있으리오. 설사 일본이 병력으로 한족을 일어나는 대로 학살하여 일시의 진압을 할 수 있다 하더라도 한족의 일본에게 대한 원한은 영원히 소멸되지 못할 지경에 달하리니 이것이 일본의 이익일까.

둘째, 남북 만주에 있는 한인이 만일 사생을 결단하는 태도를 취하여 만주 안의 일본의 사업과 인민을 위협하려면 극히 용이한 일이다. 또 중국의 군대와 마적과 맺어서 일본에게 해를 미칠 것도 극히 용이한 일이니, 혹은 폭탄으로 혹은 돌멩이로 철로도 파괴할 수 있고, 시가지도 파괴할 수 있는 것이며,

셋째, 일본의 신문이 자주 보도하는 바 - 아마 허전(虛傳)일지나 - 와 같이 한인의 자객이 일본 각지에 횡행함도 장차는 상상할 일이다. 일본 안에도 수만의 한인 노동자가 있을 뿐더러 한인으로서 일본 안에 들어가기는 극히 쉬운 일이니, 이도 한족의 적개심에 정비례하여 증가할 위험일지며,

넷째, 중국 미국 기타 외국에 있는 한인의 반(反)일본적 선전도 결코 일본에 대하여 조금도 유리할 것이 없고, 또 그 해가 결코 적지 아니하리니, 특히 중국에 대한 한인의 선전은 일본에게 현저한 손해를 더할 것이다.

나는 정의나 인도를 말하지 아니하리라. 일본 민족의 도덕적 인도적 가치의 향상도 말하지 아니하리라. 오직 한국의 영유가 결코 일본의 존립의 필요조건이 아니오, 한국의 독립이 도리어 일본의 원대한 장래에 유익이 될 것을 역설을 할 뿐이니, 일본에게 원대한 안광(眼光)과 관굉(寬宏)한 도량을 가진 정치가가 있는가 없는가. (제29호 1919. 11. 20)

24. 君子와 小人

사람을 너무 믿다가 해됨이 있나니 고래로 인인군자(仁人君子) 중에 혹 그러한 일이 있었던 것이다. 카이사르는 브루투스의 손에 죽고, 예수는 유다의 손에 죽었나니, 카시우스(브루투스)는 카이사르의 신임하던 동지요, 유다는 예수의 친애하던 제자이다. 전 심성(心誠)을 다 바쳐서 믿었던 자에게 배반을 당함은 아마 인생의 최대한 비극이요 가장 원통한 일이리라. 그러나 사람을 믿다가 해를 당하는 것은 대개는 인인군자의 일이니, 대개 사람을 믿음은 인인군자 아니고는 능히 하지 못할 일이다.

소인의 여러 본색(本色) 중에 가장 큰 본색은 사람을 의심함이

니, 소인은 사람을 의심함으로써 이(利)를 보고 또한 사람을 의심함으로써 해를 보나니라. 만인과 만사를 대할 때에 결코 일을 정면으로써 보지 아니하고 이면으로 측면으로 횡해(横解)하고 곡해(曲解)하고, 고개를 갸웃 갸웃 천만 가지로 추측해보고 의심해보는 것이 소인의 본색이니, 이를 소인은 스스로 현명함이라 하나니라. 국가가 흥할 때에는 국민에게 군자의 성품(性品)이 있어서 서로 동지나 동포를 신임함이 많으되, 국가가 망할 때에는 국민에게 소인의 성품이 있어서 서로 동지나 동포를 호의(狐疑)하고 묘의(猫疑)하고 서의(鼠疑)하여 시의의 눈만 빤짝거리나니라. 군자가 모이므로 서로 믿고 믿음으로 단합이 견고하고, 단합이 견고하므로 대사가 이루어지나니, 이것이 흥하는 자의 일이요. 소인이 모이므로 서로 의심하고, 서로 의심하므로 단합력이 박약하고, 단합력이 박약하므로 대사가 결렬하나니 망하는 자의 일이니라.

소인은 만사만인을 바라볼 때에 그의 결점만 먼저 찾나니, 취모멱자(吹毛覓疵)는 항상 영리한 소인의 장기(長技)이다. 그러므로 소인의 용모에 항상 불평의 색이 있고, 소인의 언어에 항상 불평의 어조가 있나니, 소인의 언어를 들으면 세상에는 완인(完人)이 없고 선사(善事)가 없나니라. 그는 즐겨 사람의 결점과 약점을 끄집어내어 현미경 밑에 천배 만 배로 확대하여 세인의 앞에 제공하고, 스스로 그 형안(炯眼)됨을 자랑하나니, 마치 어떤 사람의 신체중에서 부스럼 있는 곳만 끄집어내어 들고 길바닥에 서서 큰 소리로 외치되 "오호라, 이 사람은 전신이 부스럼으로 이루어졌도다" 함과 같으니, 만일 이 같은 대성질호(大聲疾呼)를 듣는 인민이 우매할진대 "아아, 선생이여 과연 그러하도다" 하고 수희감읍(隨喜感泣)한다. 어찌 사람뿐이리오. 사물에 관하여서도 그 중에 흠(欠)된 점만 적출(摘出)하여 오호라, 이 사물은 흠뿐이로다 하고, 간혹 우국의 뜨거운 눈물을 섞어 이를 공격하나니라. 그에게는 사람이나 사물의 광명한 반면(半面)을 보는 힘이 부족하고, 또 간혹 보더라도 그 광명한 면은 그에게 아무 흥미를 주지 아니하도다. 구더기가 맑은 공기와 맑은 물을 다 버리고 뒷간 밑 썩은 똥 속에 들끓는 것과 같이 소인은 오직 사람이나 사물의 암흑면만 즐겨하나니 대개 그는 암흑의 아들인 것이다. 그러므로 이러한 사람의 언사는 매양 사람에게 전율을 주고, 갈등을 주고 불평을 주나니, 세상의 불행사 중에 대부분은 이러한 사람의 조작인 것이다.

세상에 더러운 것을 집어내려면 무한히 많고, 우리 독립운동 중에도, 또는 독립운동에 참여하는 사람 중에도 흠을 끄집어내려면 무한히 많을 것이다. 그러나 세상에는 그와 반면에 좋은 일도 무한히 많을지니, 왜 구태여 좋은 것은 다 내어버리고 좋지 못한 것만 찾으며, 사람들의 공적과 선행은 못 본체 하고, 만인이 다 면치 못할 흠점(欠點)만 적출하여 세상을 소요케 하느뇨. 미인을 앞에 놓고 왜 그의 불그레한 뺨과 말긋말긋 웃음을 띤 눈이며, 얌전한 태도는 아니 보고, 그의 뱃속에 있는 똥과 겨드랑과 발바닥에 있는 흠만 집어내 놓고 얼굴을 찡그리나뇨. 군자의 입에는 항상 칭송이 있으되 소인의 혀에는 항상 질욕(叱辱)과 저주(咀呪)가 있도다. 소인의 유일한 쾌락은 사람이나 사물을 흠담(欠談: 흠구덕)하고 공격함이니, 또한 불행히 세상 불완전한 인류 중에는 이것을 듣기 좋아하는 자도 있도다.

군자는 길사(吉事)를 좋아하고 흉사(凶事)를 싫어하되, 소인은 그 독한 눈을 돌려 흉사의 재료를 구하나니, 침소(針小)한 그 무엇을 얻으면 침을 바르고 흙을 묻히고 온갖 수단을 다하여 커다란 사건을 만들어 세상에 내어놓고 "오호라, 국가의 대사라" 하여 세상을 경등하는 것이다. 잔디 잎 끝에도 전우주가 축사(縮寫)되었나니 무슨 일이든지 집어 들고 어떤 독단적 대전제에 맞춰 풀어 내려가면 국가의 대사, 천하의 대사, 우주의 대사 아닐 것이 무엇이리오. 아무 준비 없던 세인은 그 교묘한 논리에 현혹하여 장구를 치고 춤을 추어 이에 화(和)하도다.

건설보다 파괴는 용이하고, 화합케 하는 것보다 이간(離間)케 함은 용이하나니, 부조(父祖)가 수십 년 간의 노력으로 일구어 놓은 가산(家産)을 그 아들이 하루아침에 탕진하며, 위인의 일생 심혈을 다하여 얻은 화합을 간인(奸人)의 세치 혀끝으로 능히 파괴하는 것이다. 사업이 용이하기 때문에 소인은 항상 파괴의 방면에 흥미를 두어 악마적 쾌미를 만족하려 하나니, 소인의 언행은 어디까지든지 소극적이요 음성적(陰性的)이다. 남이 애써 건설할 때에는 손가락 하나 까딱하지 않고, 가만히 냉관(冷觀)하다가 바야흐로 그 건설이 성공되는 순간이면 독사와 같이 뛰어나와 그 양단삼단(兩端三端)의 독설(毒舌)을 놀리어 그 건설이 소리를 내고 쓰러지는 것을 보면서 회심(會心)의 미소를 짓나니 실로 인인군자의 심장을 토막으로 끊어놓을 바다.

아아, 내 어찌 이러한 말을 내었던고. 그러나 또한 아니하지 못할 말이로다. 차마 더 하랴. 이만하고 말리라. (제30호 1919. 11. 27)

25. 開天慶節의 感言

음력 10월 3일은 우리 대한민족의 첫 조상이신 천제단군(天帝檀君)의 개천경절이다. 오늘에 우리 2천만 형제자매가 다 신성광명한 충의의 피로써 부도(不道)한 악마를 배척하고, 독립만세의 기틀을 건축하려함은 실로 우리 첫 조상의 유전하신 영혼의 위력으로 활동함이니, 우리들이 이 날을 당하여 더욱 홍은(鴻恩)을 기념하고 송축함을 말지 아니할 지로다.

무릇 세계 민족이 다 그 육체와 영혼이 첫 조상의 유전으로 인식하고, 그 첫 조상은 천제가 출생한 바로 인식하는 것은 대동적

(大同的) 사상이다. 중국의 옛 경전(古經)에는 상제(上帝)가 충(衷, 마음)을 하민(下民)에 내렸다 하니 충은 영(靈)을 가리킴이요. 인도 석전(釋典)에는 인도 사종(四種)[20]이 다 범천(梵天)[21]으로부터 생겨났다하니, 그 대범천왕(大梵天王)은 상제를 칭함이요. 유대 고기(古紀)에는 천주(天主)가 6일의 공으로써 천지만물을 조성함에 흙을 빚어 사람을 만드니 남자는 아담(亞當)이오 여자는 이브(夏娃: 하와)라 하였으며, 기타 각 종족의 세기(世紀)도 이와 같은 것이 많고, 또 그 정신이 영원히 마멸치 않는 위력이 있도다. 만일 그 민족의 첫 조상이 아무 종족으로 분파한 자라 하거나, 아무 지방으로 천사(遷徙)한 자라 하는 이는 자존(自尊)의 사상이 부족하여 다른 민족에게 동화와 굴복되기가 쉬우리라.

우리 대한민족 첫 조상의 역사로 말하건대 4천3백여 년을 지내어 오는 오늘까지 남녀 생산은 삼신(三神)의 점지라 하며, 10세 이전에 지식이 유치하여 위험에 떨어질 염려가 있는 것도 삼신이 보호하신다 하니, 삼신은 환인(桓因) 환웅(桓雄) 단군(檀君)이시다. 환인은 하늘에 계신 상제시오, 환웅은 강세(降世)하신 신인(神人)이오, 단군은 건국하신 임금이시니, 삼신이 실로 한 몸(一體)이신 고로 우리 고사(古史)에 천제강우단수(天帝降于檀樹)라 하였도다. 그후에 북부여왕(北扶餘王) 해모수(解慕漱)가 천제의 아들이라 칭하며, 고구려 시조 주몽왕(朱蒙王)이 천제의 아들이라, 단군의 아들이라 칭하며, 부여국상 아란불(扶餘國相 阿蘭弗)이 꿈에 천제의 말을 받았다 하며, 가락국(駕洛國) 시조 김수로(金首露)는 천제의 명령을 받은 바라 하며, 신라(新羅) 위인 김유신(金庾信)은 33천(天)의 한 아들이라 하였으니, 이는 우리 민족의 자존하는 사상에

---

20) 카스트(Caste)제도. 인도의 신분제도. 브라만(승려), 크샤트리아(귀족), 바이샤(평민), 수드라(노예).

21) 梵天王. 바라문교(婆羅門教)의 교조인 조화의 신. 우주만물의 창조신으로서 사바(娑婆)세계를 주재함.

3제일 원소(原素)가 되어 다른 민족에게 동화와 굴복이 되지 않는 자격이 있는 바로다.

정교(政敎)의 대강(大綱)으로 말하면 상고시대에 무위이치(無爲而治: 아무 작용 없어도 저절로 다스려짐)하고, 불언이신(不言而信: 아무 말 없어도 믿을 수 있음)하는 성신(聖神)의 덕화(德化)를 추측하고, 명칭하기 불가능하나 단순히 교화로써 말할진대 삼신이 사람의 생산을 주재하신다 함이 각 종교의 이상과 부합하지 않음이 없으니, 경교(景敎)[22]에는 천주가 만물을 창조하고 사람의 영혼을 부여한다고 하였으며(神人兩性說), 불교에는 천주의 이름은 석제환인(釋帝桓因)이니 절리천(切利天)에 거(居)하여 이 세계를 주치(主治)한다 하였으며, 유교(儒敎)에는 천강생민(天降生民)이라 천위조화지주재(天爲造化之主宰: 하늘이 조화를 주재한다)라 하였으니, 이를 종합하여 보면 근본적으로 대치(大致)가 상사(相似)한 것이오.

우리 민족의 육체와 영혼이 다 천제초조(天帝初祖)의 부여하신 바로 유전됨을 가히 자신할지며, 그 시대의 정사(政事)로 말하면 오사(五事)가 있었으니, 주곡(主穀)과 주명(主命)과 주형(主刑)과 주질(主疾)과 병주선악(病主善惡)이라 하며, 인간 361사(事)를 주치(主治)라 하였으니, 그 현묘한 오지(奧旨)와 광대한 범위를 창졸간에 연석(演釋)하기 불가능한 고로 이에 절략(節略)하거니와 다만 우리 형제자매를 위하여 기축(祈祝)하고 면려(勉勵)할 것은 우리

---

22) 네스토리우스교(Nestorianism, 景敎). 431년 에베소 공회에서 그리스도의 신인양성설(神人兩性說)을 주장하고, 성모 마리아의 신모설(神母說, 神性)을 부정한다는 이유로 당시 동방교회의 안디옥파에 속한 콘스탄티노플 교부 네스토리우스(Nestorius)를 이단자로 정죄, 파문했다. 네스토리우스교는 635(唐 太宗 貞觀 9)년 당에 전파, 동방기독교로 약 250년간 존속했지만 토착화에 실패, 자멸하고 말았다. 대진경교유행중국비(大秦景教流行中國碑, 781)가 서안(西安) 비림(碑林)에 보관되어 있다.

첫 조상의 유전하신 영혼을 존중히 여겨 독립지위에 고상한 자격을 극복함이 필요할지며, 또 우리 동지가 8년 전부터 이 상해에 여우(旅寓)하여 해마다 개천절과 어천절(御天節)의 경축을 거행하여 기념 불망하기로 서로 권면한 바 있었더니, 오늘에 우리 의정원과 임시정부가 이곳에서 설립되어 국민의 신앙과 외국의 교제가 점차 진보되는 것이 실로 우리 첫 조상의 말없이 은미하게 도우심(默佑陰騭·묵우음즐: 하늘이 넌지시 사람을 도움)이 있을 줄로 생각하노라. (제30호 1919. 11. 27)

26. 絶對獨立

국가의 독립에 무슨 절대독립 상대독립의 구별이 있으리오. 독립이라 하면 이미 그 자신 절대성을 내포한 것이다. 그런데 국인(國人) 중에 3월 이래로 절대독립이란 어구를 자주 듣게 됨은 웬일이냐. 그 원유(原由)를 생각하건대 이번 평화회의에서 독립될 민족 중에 체코슬로바키아나 폴란드와 같이 완전한 독립권을 획득한 나라도 있고, 이스라엘(猶太國) 기타와 같이 국제연맹이나 국제연맹에서 지정된 제3국의 위임통치하에서 독립의 명의를 얻은 나라도 있음이니, 국인이 절대독립을 주장함은 실로 이 위임통치하의 독립을 부인하기 위한 것이다.

지난 4월에 임시정부에서 당시 국무총리이던 이승만 박사에게와 파리 특사 김규식(金奎植)씨에게 보낸 전문 중에 "국민의 요구는 오직 절대독립에 있다"는 구절이 삽입됨이 아마 그 남상(濫觴)일 것이다. 그러나 우리 독립운동은 이미 분명히 절대독립을 표방하였고, 우리 중에 아무도 위임통치하의 독립을 주장하는 이가 없은즉 절대독립이라는 말은 거의 소용이 없이 되었다 할 것이다.

그러나 일부 인사 중에는 절대독립이라는 말을 자치(自治)에 대하는 말 같이 오인하는 듯하도다. 독립이라 하면 자국의 국호(國號)를 가지고, 자국의 국기를 달고, 자국의 입법기관이 제정한 법률하에 자국의 국민으로써 행정 및 사법기관하에서 이민족의 용훼(容喙)함을 불허하고, 국가적 생활을 경영함을 일컬음이니, 이 이상의 독립도 없고, 이하의 독립도 없는 것이다. 저 일본의 국호와 국기하에서 오직 내정(內政)만 우리(이것도 한국 안에 거주하는 일본인까지 합하여)의 의회가 참여하는 자치와는 비할 바도 아니다. 지금 소수의 적의 주구(走狗)를 제외하고는 전 국민이 일치하여 독립을 규호하나니, 이 독립의 규호는 결코 이하의 무엇으로 만족하려는 에누리의 고가(高價)의 요구가 아니오, 실로 액면 그대로의 독립의 요구이며, 또 아무 대용물(代用物)이나 교환을 허락하지 못할 유일하고도 절대적 요구이다. 이만한 것은 전 국민이 다 아는 바이며, 특히 독립운동에 종사하는 자의 너무나 잘 아는 바요, 또 독립 이외 또는 이하의 요구를 하는 자가 우리 운동의 적(敵)일 것도 너무 잘 아는 바다. 그러하거늘 근래에 절대독립이라는 말을 무슨 신발명이나 되는 듯이 연방(連放) 사용하여 동지의 공격을 일삼는 자가 혹 있음은 어찌된 일이냐.

독립운동의 중요인물 중에 독립운동의 방식에 관하여 여러 가지의 의견이 있을 것은 면치 못할 일이며, 또 그것이 해될 것은 아니다. 혹은 독립운동의 유일한 방법은 혈전(血戰)뿐이라 하여 닥치는 대로 집어 들고 방금이라도 나가 싸우기를 주장하고, 혹은 해외의 선전을 성히 하여 세계의 여론과 동정에 호소함으로써 제1차 이하의 국제연맹회의에서 수평(輸平, 和好)을 결정하기를 주장하며, 같은 주전파(主戰派) 중에도 혹 준비를 충분히 하고 시기를 기다려서 일대 결전을 행하기를 주장하고, 혹 당장에 폭탄이나 단총이나 닥치는 대로 들고 적을 학살하기를 주장하며, 선전론자 중에는 혹은 구미에 대한 선전만을 주장하는 이도 있고, 혹은 일본에 대한 선전을 중요시하는 자도 있으며, 또 혹은 청년의 교육, 민족의 개조, 산업의 장려로써 독립운동 건설운동의 주지(主旨)를 삼으려는 자도 있나니, 독립운동자 중에는 이상의 어느 한 가지의 주장을 가졌을 것이다. 그러나 이는 독립이라는 종지(宗旨)와 목적에 관한 의견의 차이가 아니오, 오직 그 방법에 관한 의견의 차이니, 이러한 의견의 차이는 결코 서로 배제할 바도 아니오, 공격할 바도 아니다. 혹 각각 자가의 주장을 붓이나 혀로써 선전하여 동지자를 많이 구함은 당연히 할 일이로되, 자가의 주장과 다른 주장이라 하여 남을 배제함은 이유도 없을 뿐더러 당치도 아니한 일이다.

가령 이번 여운형(呂運亨) 씨 도일(渡日)문제로 보더라도 결코 독립 비독립의 문제가 아니오, 그 방법의 문제이니, 말하자면 여 씨 등은 일본인에게 대한 선전을 필요하게 보는지라 이번의 도일을 단행한 것이다. 여 씨 등의 도일을 반대하는 자는 일본인에게 대한 선전을 불필요하게 보는지라 반대함일지니, 여 씨 등을 공격하려 할진대 먼저 여 씨 등이 독립이라는 우리 운동의 주지에 위반되는 무슨 언행의 증거가 필요할 것이다.

절대독립이라는 말을 과거에 난신적자(亂臣賊子)라는 말과 같이 남용하여 자기 주견에만 위반되는 이가 있으면, 곧 곡(曲)한 논리를 이용하여 절대독립의 종지나 민의에 위반된다는 이유하에 국적(國賊)을 만들려함은 결코 절대독립을 요구하는 자의 행동이 아니다.

사람마다 자기의 의견이 있으며, 또 각개인의 의견을 충분히 활용케 함이 그 사회나 국가의 이익이니, 만일 자기의 의견만이 정당하다 하여 자기의 의사에 위반되는 자를 "성토하고 주륙(誅戮)하려함은 조선왕조 당년의 노소론(老少論)의 당쟁하던 버릇이다." 그러므로 독립이라는 주지를 같이하는 동지의 행동이어든 그 방법의 차이로 하여 공연히 세상을 요란하며, 동지의 명예를 손상하는 등 언사를 농하지 아니함이 가할지니라. (제31호 1919. 12. 2)

27. 信賴하라 容恕하라

사생영욕(死生榮辱)을 같이할 동지들끼리 벌할 자를 벌하고, 상줄 자를 상주고, 정의의 소재를 분명히 하고, 정법(政法)의 기강을 엄숙히 함은 치국(治國)의 요도(要道)리라.

그러나 한 가지 공으로써 백 가지 죄를 속(贖)하며, 온정으로써 작은 허물을 용서함도 또한 치국의 요도리라. 너무 관대함이 기강을 해이케 하는 폐도 있으려니와 너무 엄함이 기강을 가혹하게 하는 폐는 더욱 심하리라.

관엄(寬嚴)이 그 의(宜)를 얻음이 치국의 이상이려니와 이는 어려운 일 중에도 어려운 일이니, 지나치게 엄하기론 차라리 지나치게 관대한 것만 못하리라. 특별히 비상한 시기를 당하여 다수의 인민의 열복(悅服)을 요하고, 다수의 인재의 내집(來集)을 요할 경우에는 항상 엄중보다 관대를 많이 하고 벌보다 상을 많이 함이 가할 것이다.

지금 우리의 경우는 바로 이러한 것이니 전 국민의 열복도 얻어야 하겠고, 다수 인재의 내집도 구하여야 할 것이다. 그러할 뿐더러 현재의 경우에서는 오는 자는 관작(官爵)이나 황금이 나의 보수를 구하려함이 아니요, 오직 애국의 열성을 발하여 기능과 생명과 황금을 가지고 고난과 위험 중으로 용감히 들어옴이니, 이렇게 들어오는 자를 영접할 방법은 오직 감사와 찬송과 뜨거운 눈물과 형제의 애정으로써 포옹함일 것이다. 아아, 가정을 버리고 재산을 버리고 모든 고난과 위험이 자기의 생명을 위협하는 줄 분명히 알면서 몸을 바쳐 독립운동의 막하에 들어오는 남녀동포의 그 의기와 애국심만 하여도 뜨거운 눈물로써 감사할 만하지 않겠는가.

하물며 그네는 봉급이나 명예의 보수도 구함이 없이 각기 정성과 힘을 다하여 독립운동을 위하여 분주하나니, 비록 이것이 국민된 자의 마땅히 행할 의무라 하더라도 당행(當行)의 의무를 자각하지도 이행하지도 못하는 수천수만 중에서 솔선하여 이를 자각하고 실행하는 한 사실만 하여도 찬송할 만하지 아니한가. 만일 그네가 아니한다고 뉘가 책하고, 벌할 바가 아니거늘 자원하여 이러한 고난과 위험을 당하는 한 사실만 하여도 감사할 만하지 아니한가.

혹은 중요한 통신이나 서류를 지니고 위험한 곳에 왕래하며, 혹은 낮에는 숨었다가 밤에만 다니므로 검극(劍戟)의 사이로 출입하면서 동포를 격려하고 시위운동을 획책하며, 혹은 등사판(謄寫版)을 지고 다니고, 혹은 지하의 냉실에서 활자를 골라 국민을 경성(警醒)하는 인쇄에 종사하며, 혹은 내외인을 방문하여 세치 혀로써 대한의 독립을 주장하며, 혹은 적의 횡포한 창검 끝에 동포의 찔려 쓰러지는 것을 보면서도 대한독립의 만세를 절규하며, 혹은 국민의 위임을 불사하고 밤낮으로 대업(大業)진행의 획책에 초려하는 등 어느 것이나 무슨 보수를 바라거나 누구의 명령을 기다려 하는 것이겠는가. 오직 찬송하고 오직 감사할 바 아닌가.

사람은 누군들 허물이 없으리오(人孰無過). 일하여가는 동안에는 과실도 있으리라. 혹은 능력이 부족함도 있으리라. 혹 게으름(怠惰)도 있을지오, 혹 부정한 행위를 함도 있으리라. 그러나 현재의 우리의 처지에 할일은 그네를 벌함보다 성토함 보다 질시함보다 냉소하고 타매(唾罵)함보다 그네에게 정의(正義)로써 충고하고 정의(情誼)로써 용서함일지며, 그리하여도 듣지 아니하여 부득이 그네를 동지 중에서 제명할 때에도 증오로써 함보다 비통으로써 할 것이며, 성토로써 함보다 침묵과 비밀의 가운데서 함으로써 그로 하여금 회개하고 복귀할 기회를 얻게 함이 마땅할 것이다.

만일 한번 그를 공중에게 성토하여 버리면 그는 영원히 복귀할 길을 잃을 것이 아닌가. 더구나 동지로 한번 허한 이상, 특별히 국가의 대사를 위하여 동지로 허한 이상, 비록 눈물을 뿌리고 마속(馬謖)을 참하는 경우가 있다 하더라도 천이나 만 중에 하나일 것이다.

일반적으로 말하면 영구히 관호(寬護)하고 용서함이 일로 보던지 인정으로 보던지 합당한 일일 것이다. 만일 한 가지 죄로써 어제 저녁의 동지를 오늘 아침에 '주륙(誅戮)'한다 하면 어찌 동지를 믿고 의지하리오. 또 한 번 죄를 지었던 동지라도 회개의 눈물로써 복귀할 때에는 반가운 포옹으로써 영접할지며, 비록 과거의 동지가 아니라 할지라도 무릇 대한민족으로서 독립운동에 참여하기 위하여 오는 자면 두 팔을 벌리고 반갑게 영접할 것이다. 한번 영접한 후에는 추호의 차별이 없을 것이니, 지금토록 적의 관리로 있던 이도 가하고 정탐(偵探)으로 있던 이도 가하리라.

원래 단군의 혈손으로서 대한민국의 독립을 주장하고 나서는 이는 모두 우리의 동지이니, 거기 무슨 후박(厚薄)의 차별이 있으리오. 만일 적의 관리나 다른 적의 수하(手下)가 되었던 것을 혐의하면 10년간 적국의 민적에 등록하고 적의 지배를 받던 2천만은 모두 매국적이다. 어느 것이 용서치 못할 죄인이 아니리오. 그러나 한번 독립을 선언하고 독립만세를 부른 후에는 모두 신성한 대한민국의 국민이니, 적의 차별대우에 절치액완(切齒扼腕)하던 우리가 다시 꿈에나 우리 중에 차별이나 계급을 세울 이유가 있으리오. 대한의 독립을 주장하는 자는 동지인 것이다.

이 비상한 시기에 처하여 우리의 할 일은 동지가 서로 형제의 의(誼)를 맺어 서로 권하고 서로 사랑하고 서로 용서하고 서로 협조하여 생사와 영욕을 같이하기를 결심함과 바다와 같은 도량으로써 새로 오는 동지를 환영하고 신뢰함이니, 우리로 하여금 신뢰하고 용서하다가 실패하는 자가 되게 할지언정 시의하고 서로 배제(排擠)하는 무리가 되게 말지어다. (제32호 1919. 12. 25)

28. 戰爭의 해(年)

본지 신년호에 게재한 안도산(安島山)의 축사의 제목이 '신년은 전쟁의 해'이오. 그 중에 씨는 "우리가 오래 기다리던 독립전쟁의 시기(時機)는 금년인가 하오. 독립전쟁의 해가 이른 것을 기뻐하오." 하여 독립전쟁의 시기가 성숙하였음을 말하고, 다시 "우리 국민은 일치하여 전쟁의 준비에 전력하기를 바라오." 하여 시기는 성숙하였으나 준비가 요긴할 것을 말하였소. 그리고 준비가 요긴할 이유로 대규모로 준비 있게 통일 있게 독립전쟁다운 전쟁을 할 것이오. 남이 폭도라 비도(匪徒)라 할 소부분적 행동이 불가함을 말하였소.

또 1월 3일 상해 대한민단(大韓民團) 신년축하회 석상에서 행한 '우리 국민의 행할 6대사'라는 씨의 연설 중에 군사에 관한 부분에도 같은 모양의 의미를 부연하였소.

나는 책임 있는 우리 당국자의 입으로서 금년은 독립전쟁의 해라는 단언을 들은 것을 기뻐하오. 1월 3일의 그의 연설은 결코 그의 개인의 의사만이 아니오, 임시정부의 독립운동책의 비공식적 발표라고 추정할 이유가 있소. 원년 말에 대정(大政)방침의 구체안이 국무회의를 통과하였다 함과, 군사·외교·교육·사법·재정·통일 등 6대항목이 씨의 연설의 내용인 것을 보아 알 것이오. 그러면 금년이 독립전쟁의 시기인 것과 독립전쟁의 진행방침도 이미 당국의 방촌(方寸) 중에 확정된 것이 분명하오. 대부분 비밀을 요할 일이라 문외한의 규지(窺知)할 바 아니거니와 안 씨의 연설에 드러난 바를 추측하건대, 각지의 민단(民團)을 통하여 의용병을 모집할 것과, 각처에 산재한 대한제국시대의 군인 및 의병을 연락하고, 사계(斯界)의 중요한 인물을 모처로 회동하여 전쟁의 구체적 책략을 의정할 것 등은 이미 착수한 듯하며, 군사공채(軍事公債)의 모집도 북미를 중심으로 하여 각처에서 비밀히 진행하는 모양이오.

그러고 보면 아직 공식으로 발표한 것은 없으나 우리 임시정부가 금년 안에 독립전쟁을 선언할 것은 이미 정한 것이오, 확정인 사실인 듯하오.

원년 3월 1일 이래로 우리 국민은 평화의 수단으로 가능한 거의 모든 운동을 실행하였으나, 적은 점점 더 완폭(頑暴)하여갈 뿐이니 이제 취할 바는 오직 예정적 최후행동인 전쟁밖에 없소. 나는 오직 우리의 준비 없음을 염려하였더니 우리 정부에 이미 이와 같은 성행(成行)이 있을진대 다만 환희하고 용약(勇躍)할 뿐이오.

씨의 독립전쟁의 주요한 조건으로 국민개병(皆兵)주의 국민개납(皆納)주의 및 통일을 들었소. '산에서나 들에서나' 대한의 남녀는 다 병법을 배우자고 절규하고, 또 대규모의 전쟁을 하기 위하여 군비조달의 근본방침을 각인이 빠지지 말고 매일 2전 3전씩이라도 내는데 있다 하였소. 그리고 통일적 행동을 위하여서는 "대한의 장사(壯士)야, 네가 혼자 힘으로 일본을 당할 듯싶으냐. 네가 만일 독립전쟁을 하려 하거든 이동휘(李東輝)의 명령에 복종하라" 하였소.

그리고 씨는 외교를 함도 역시 독립전쟁의 준비를 위함이라 하여 모든 운동을 독립전쟁에 집중하였소. 여기서 나는 한 결론과 한 단안을 얻었소. 즉 임시정부의 독립운동 방침은 이미 전쟁으로 결정된 것이라 함이오. 3·1선언서 공약의 제3장의 시대가 목첩(目睫)에 박두하였소.

집필하는 중에 안 총판(安總辦)의 담화 필기가 왔소(전호소재). 그것을 보니 더욱 씨의 연설이 정부의 방침의 정신이오, 대강령(大綱領)인 줄을 확실히 알 것이오.

그런즉 씨의 연설은 일종 비공식적 동원령이라 할 수 있나니 나는 불원간 공식의 동원령과 선전포고가 내리기를 기대하오.

그러나 국민이여, 그 날을 기다리리까. 우리 정부의 방침이 이미 전쟁으로 확정하였은즉, 우리는 각각 한 명령하에 총동원을 행할 준비가 있어야 할 것이외다. 그 준비란 무엇이오. 안 총판의 말을 빌리건대 저마다 돈을 내고, 저마다 군인이 되고, 전 국민이 정부의 명령하로 집중함이외다.

국민이여, 방황하지 말고 정부로 더불어 마음을 결정합시다. 우리의 할 일은 오직 혈전(血戰)이 있을 뿐이라고. 그리하되 불통일하게 하지 말고 일령지하(一令之下)에 조직적 통일적으로 전쟁다운 전쟁을 하여 죽음이나 자유냐의 하나를 취하자고.

아아! 상제(上帝)여, 역대 조종의 영(靈)이여, 우리의 국민과 정부를 책려(策勵)하여 우리의 가장 신성한 대업을 이루도록 하여 주시옵소서. 그네로 하여금 준순(逡巡)함이 없이 낙심함이 없이 오직 용기와 피와 죽음으로써 끝까지 나가지 아니치 못하게 하여 주시옵소서. (제38호 1920. 1. 17)

29. 本國 同胞여 十事로써 告함

본국 동포의 고초를 잘 아노라. 다수의 희생과 흉년과 악역(惡疫)과 적의 포학과 심중의 고통과 초려(焦慮)와. 그러나 동포여, 하늘이 우리에게 약속한 날이 멀지 아니할 줄을 믿고, 희망과 용기로써 끝까지 인내할지어다. 이에 나는 특히 본국에서 적의 횡포하에 있는 동포에게 십사(十事)로써 고하노라.

第一事 獨立의 盟誓

독립하겠다는 맹세를 굳게 하라. 죽을지언정 일본을 반도에서 내어 쫓고, 대한민국의 독립을 완성치 아니하고는 말지 아니하기를 다시금 맹세하라. 아침에 맹세하고, 저녁에 맹세하고, '대한독립' 네 글자를 주문(呪文)같이 염불(念佛)같이 외우라. 이리하면 용기가 나고, 희망이 나고, 강력(剛力)이 나리라. 그리하고 금명간에 혹은 이번 달이나 다음 달에나 선전이 포고될 때에 저마다 한 목숨을 들고 독립군으로 나갈 각오와 준비를 가지라.

第二事 오직 獨立

적에게 속지 말라. 적은 악마와 같이 교활하고 독사와 같이 궤휼(詭譎)하니라. 적은 고래로 우리에게 대하여 신의를 보인 일이 없나니, 적에게는 절대로 신의가 없느니라. 적은 감언과 이설로 우리를 속여 우리를 노예화 하였도다. 이제 다시 감언이설(甘言利說)로 우리를 속여 우리의 노예를 영구케 하려 하나니 동포여 속지 말지어다. 사이토(齋藤實)가 무슨 말을 하거나, 하라(原敬)나 가인(嘉仁)이 무슨 맹약(盟約)을 하거나, 모두 악마와 독사의 궤휼이니 속지 말지어다. 혹은 평등으로 속일지나 우리로써 천황을 만들겠나뇨. 혹은 자치(自治)로 속일지나 자치도 적의 노예임은 일반이니라. 가인(嘉仁)이 소거백마(素車白馬: 적에게 항복함)로 우리 대본영(大本營)에 목숨을 빌기까지 적의 말을 믿지 말지어다. 그리하고 적이 무슨 말을 하던지 "가거라, 우리는 독립국민이다" 하고 외칠지어다.

第三事 國民皆業

하나이 하나씩 대한의 독립을 위하여 무슨 일이나 하라. 혹 기밀의 통신을 함도 일이오. 독립운동에 관한 선전을 함도 일이오. 혹 적의 매(鷹)나 개가 된 악류(惡類)를 징계하거나 적괴(敵魁)를 죽이며, 적의 영조물을 파괴함도 일이오. 독립전쟁의 준비를 만들기 위하여 적의 군정(軍情)을 정탐함도 일이오. 그날에 예비하기 위하여 충용한 동지를 규합하여 정신을 단속하며, 무예를 익히는 것도 일이오. 독립전쟁의 군비를 마련하기 위하여 정부의 공채(公債)를 팔며, 애국금(愛國金)을 수합함도 일이다. 남이야 알거나 모르거나, 일이야 크거나 작거나, 대한의 남녀는 대한의 독립을 위하여 무슨 일이나 하나씩 잡으라.

第四事 敵을 排斥하라

적에게 이익 될 일을 말지어다. 적의 명령에 복종치 말며, 적의 공채(公債)를 사지 말며, 적의 물화를 사지 말며, 적에게 생활의 필수품을 팔지 말며, 특히 적에게 한 뼘의 땅도 팔지 말며, 적과 교제도 말지어다. 이는 적에게 가장 큰 고통이오 손실이니, 동포제위는 이리함으로써 독립군 직분의 일부를 다함인 줄 알고 힘써 행할지어다.

第五事 國民皆納

독립전쟁에는 금전이 필요하도다. 동포여, 매일 먹는 것과 쓰는 것의 10분의 1을 절약하여 저축하였다가 독립군비를 위하여 바칠지어다. 2천만인이 각각 1원씩만 내어도 2천만원이니, 2천만원은 우리의 독립을 사기에 족할 것이다. 부자를 바라지 말고 저마다 독립을 바라거든 낼지어다. 이웃으로 하여금 내게 할지어다.

第六事 國士 遺族保護

독립운동에 희생이된 여러 국사와 및 그의 유족을 구제하고 위로할지어다. 이는 마땅한 일이니라. 장차 국가의 감사와 포상이 있으려니와 그의 붕우와 이웃이 그와 및 그의 유족에게 열렬한 정신적 감사와 물질적 구조를 들일지어다. 또 독립을 위하여 분주하는 애국자로 하여금 후고(後顧)의 염려가 없게 할지어다. 만일 의사의 자녀가 기한(飢寒)에 운다 하면 이것이 국민의 수치가 아니냐.

第七事 各 團體 愛護

각 단체를 도우라. 광복 사업을 목적으로 하는 각 단체를 존경하고 원조하라. 그에게 활동할 자금을 주며, 편의를 주며, 기도를 주며, 신체를 주라. 새로 많은 단체를 조직하려고만 말고 기성한 단체를 유지하고 발전케 하도록 힘을 쓰라. 어느 단체의 주의의 가부를 알려 하거든 그 단체의 정부에 대한 충성을 보라.

第八事 久遠한 戰爭의 決心

일시 동포에게 천박한 만족을 주기 위하여 독립의 완성이 용이한 듯이, 확실한 듯이, 하루 만에 될 듯이 말하지 말라. 이는 동포를 속임일 뿐더러 동포에게 낙심을 줌이니라.

독립의 완성이 어찌 용이하리오. 많은 노력과 많은 생명을 들이지 아니하고 어찌 되리오. 독립운동의 제1기가 겨우 지나가고 장차 제2기가 오려하나니 이 제2기야말로 우리 독립운동의 본론이요 중심이다. 이미 평화운동의 시기가 지나고 혈전의 시기가 도래하였나니, 이 시기의 기간은 제1기보다 길 것과, 그 곤란과 희생은 더욱 거대할 것과, 따라서 이 시기에 우리 국민의 발하여야할 애국의 열성과 용기와 인내는 더욱 배가(倍加)하여야 할지니, 한갓 일시의 자위(自慰)를 위하여 독립운동을 용이하고 간단한 것으로 알지 말라.

第九事 政府를 信任

정부를 신임하고 각 단체나 개인이 개인의 지력과 금력과 모든 것을 정부로 집중케 하라. 교통이 불편하고 적의 방해가 심하여 정부의 행동을 국내 동포가 알기 어려우려니와 정부 당국 여러 분은 우리 민의를 대표하여 독립전쟁의 준비로 밤낮으로 정진함을 믿으라.

그러나 이는 독립운동을 전혀 정부에만 일임하라 함은 아니니 당국 여러 분은 비록 초군(超群)한 영걸(英傑)이라 하더라도 국가대사를 소수인의 지력이나 금력으로 능히 하기 불가능한즉, 전 국민 중에 우수한 인물은 아무쪼록 본부로 집중하여 국(局)에 당하게 하고, 그렇지 못하더라도 사자(使者)나 통신으로 의견을 제출할지며, 또 금전으로써 정부의 활동의 자금을 공급케 하여야 할지며, 최종에 정부가 한번 명령을 내리거든 2천만이 한 몸으로 이에 복종하여야 할지니, 국민은 정부에 대하여 의견과 재정을 내놓을 때에는 주권자요, 정부의 명령에 대하여 복종할 때에는 인민임을 밝히 알아야하며, 또 독립운동은 국민 전체가 할 일이오, 결코 정부에만 맡기고 '찾아 주시오'하고 의뢰할 것이 아님을 각오하여야 할 것이다.

第十事 獨立의 確信

우리 독립의 확실함을 확신할지어다. 저도 확신하고 남에게도 확신을 주도록 할지어다. 우리의 독립은 오직 시간문제이니, 우리 국민의 결심문제이니, 우리 국민에게 '독립 아니면 죽음'[23]이라는 결심만 확고하면 독립은 오직 금년이나 명년의 일임을 확신할지어다. 대개 금후의 독립운동은 오직 혈전(血戰) 뿐임을 알게 하라. (제41호 1920. 1. 31)

30. 自由 平等의 由來(1)[24]

인류가 원시시대에 여하한 생활을 하였는지 오늘에 이르러는 다만 그 유물이나 골편(骨片)들을 가지고 억측할 뿐이다. 그런고로 물론 적확하다고 말할 수 없고, 신체의 구조가 원후(猿猴)와 흡사함으로써 추측할진대 인류도 최초에 상당한 단체를 조직하고, 그 중에 한 사람을 추대하여 주장(主將)을 삼고 무상(無上)한 권위를 행사케 하며, 그 나머지는 다 절대 복종하던 것 같으니, 지금이라도 야만인 부락에 그 실례가 있으니, 각 번사(蕃社)에 추장(酋長)

---

23) 여기서 춘원은 아메리카 독립전쟁 때인 1775년 3월 23일 페트릭 헨리(Patrick Henry)가 "나에게 자유를 달라 아니면 죽음을 달라(Give me liberty, or give me death)"를 본받아 독립 아니면 죽음뿐이라고 역설하고 있다.

24) '자유 평등의 유래'는 제1회분이 제40호에 게재되었으나 40호가 결호되어 제41호부터 (1)로 표기했다.

한 사람이 있어서 무성권위(無上權威)를 점유하고, 그 나머지는 절대적으로 그 명령을 복종하나니, 공혹(恐或) 원시시대의 상태가 그대로 계속된 듯 하며, 인류의 단체생활은 그 출발점으로부터 이미 계급형(階級型)에 속함이 명료하도다.

야만부락의 추장이 그 부하에 대하여 무상의 권위를 행하되, 사호(些毫)라도 자기를 거역하는 자는 당장에 참살함이 있으니, 이와 같은 행동이 너무 무리한 것 같으나 추장이 항상 무상의 권위를 가짐은, 적과 전투할 때에 자기의 단체를 강장(强壯)케 할 필요가 있기 때문이다. 원류(猿類)나 인류가 다 유치할 때에는 근력(筋力)이 약하고 지혜가 부족하여 타(他)의 보호를 받지 않고는 도저히 생존치 못하다가, 청년도 되며 장년도 될지라도 오히려 세상의 경험이 불충분하여 적을 대하여 접응(接應)하는 수단이 뜻과 같이 못한 것이다. 그런고로 이와 같은 동물의 단체는 반드시 가장 노련(最老鍊)한 자를 주장으로 삼고, 그 지도를 준(遵)하여 진퇴하는 것이 제일 득책(得策)이오. 전쟁에 한숙(嫺熟)치 못한 자들이 각각 자의로 행동하여 전체의 통일을 결함케 함은 실책이다. 그런고로 만사를 다 주장에게 위임하고, 그 지휘를 준봉(遵奉)하면 전 단체가 일치 행동하므로 심히 강대한 능력을 발휘하는 것이다. 그러므로 전시를 당하여는 지휘자의 명령을 절대 복종함이 제일 필요하니, 그 명령의 이유 여하를 무를 것도 없거니와 평시에는 그 명령에 복종치 아니한다 하기도 두뇌의 변별(辨別)이 곤란한 고로, 자연히 주장된 자는 무상의 권위를 점유하고, 또 출생 후의 경험을 얻음에 따라 점차 지혜가 증장하는 신경계통이 갖춘 동물로 단체생활을 영위하면 반드시 계급형을 채용하는 것이다.

소단체에는 지휘자 한 사람으로 족히 일을 처리할 수 있으되, 단체가 점점 커지면 지휘자 한 사람으로는 직접 전체를 지휘할 수 없으므로, 추장의 부하에서 가장 유력하며 경험이 섬부(贍富)한 자를 택하여 그 일부의 지휘를 위임하며, 그 단체가 증대함에 따라 이러한 소지휘자가 증식(增殖)하나니, 그런고로 이와 같은 계급형의 단체가 증대할수록 약간의 지휘자와 피지휘자의 두 계급으로 구분되며, 지휘하는 계급 중에도 또 다소의 구별이 생겨서 최상위자는 무상의 권위를 행사하며, 최하위자는 절대 복종만 하고, 그 중간위(中間位)에 있는 자는 상(上)에 대하여는 절대 복종하고, 하(下)에 향하여는 역시 무상의 권위를 행사하는 것이오.

계급제도가 이와 같이 발달한 단체들이 서로 전쟁하면 그 승산인즉, 반드시 복종하는 성질이 우승한 편에 있으며, 복종성이 발달된 단체는 상급자를 위하여 자기의 성명(性命)을 버릴 정신이 왕성하여, 그 단체의 인수(人數)가 몇 십만이든지 거개(擧皆) 한 마음이오. 이러한 성질이 박약한 단체는 인수가 1만이면 그 마음이 역시 1만이다. 그런고로 양자가 상대하여 싸우면 그 승패는 최초부터 가히 판단할 것이다. 그런고로 계급형의 단체가 개장(開仗: 전쟁)하는 시에는 모든 조건 중에 복종성이 제1위를 점하는 자는 반드시 승리를 획득하며, 또 이러한 전쟁을 여러 번 경과하면 자연도태의 동작으로 말미암아 복종성이 점점 양성되어 필경 완전한 지위에 이르게 된다.

인류의 단체생활이 최초부터 계급형에 속한지라. 그런고로 다소 복종성이 최초부터 구유(具有)하였으나, 그 이후 단체 간의 격렬한 경쟁이 장구히 계속되므로 복종성도 심히 발달되며, 계급제도와 복종성은 체(體)와 용(用)의 구별에 불과하니, 계급제도가 없으면 복종성을 행할 수 없고, 복종성이 없으면 계급제도가 성립할 수 없나니, 즉 복종성과 계급제도가 항상 서로 수반(隨伴)하는 고로 복종성이 극도로 발달되면, 계급제도도 엄격한 지경에 이른다. 지금 인류의 복종성이 여하한 정도까지 발달되었는지 그 실례를 들어 보기로 한다. 우리의 목전에 무수히 있으며, 그 특징을 말하면 인위(人爲)의 계급을 무엇보다도 더 귀중히 여기며, 상위에 있는 자를 신(神)과같이 숭배하여 상위에 있는 자가 포상을 주면, 이를 무상의 광영으로 인정하며, 전가(傳家)의 보물로 알고 자자손손에게 유전하며, 다만 재상자(在上者)가 하위자(下位者)를 향하여 '수고(劬勞)하였다' 하는 위로의 한 마디라도 지극히 희열하여 동료를 향하여 과긍(誇矜)하나니, 모 영국인의 이야기를 들은즉 그의 붕우가 영국 빅토리아 여왕과 악수한 일이 있었는데, 그후에는 결코 그의 오른 손을 씻지 아니하였다 하니 이와 같은 행동은 복종성이 발달된 사회에 종종 있었으니, 일본에서도 그 천황이 열람한 서적이면 천람(天覽)이라 태람(台覽)이라 하여 간판이나 광고문에 대서특필하여 무상의 광영으로 알고 있으며, 심지어 공작이 매입한 물품이면 이를 역시 무쌍의 광영으로 알고 광고문에도 등재하며, 또 일찍이 일본 관백(關白)들의 출렵(出獵)할 시에 혹 세수하던 우물이 있으면, 곧바로 사적명승이 되나니, 이와 같은 실례가 다 계급제도의 특징이오, 복종성이 노골적으로 발현(發現)된 바이다.

이상에 말한 바와 같이 인류의 복종성은 고석(古昔)에 인류의 단체가 크지 아니하고 그 수가 많던 시대에 단체 간의 생존경쟁으로 좇아 생겨난 자연도태의 결과로 인하여 점차 발달된 것이거니와, 이렇게 자연도태가 무한히 계속하면 인류의 복종성도 역시 무한히 진보함으로써 단체의 통일을 보전하며, 각 개인이 출생하면서부터 복종과 계급의 관념이 뇌수(腦髓)에 통투(通透)하여 자유라든지 평등이라든지 하는 것은 몽상에도 비치지 아니할 것이다.

(제41호 1920. 1. 31)

자유 평등의 유래(2)

인류는 다른 단체동물보다 특수한 기능이 있어서 각종 기계를 사용함으로써 경쟁이 충분히 진행하고, 따라서 자연도태(自然淘汰)도 중단의 상태에 이르렀고, 또 단체생활을 영위하는 동물은 인류 이외에 많으나, 단체가 단체로 더불어 전쟁할 시에는 기계를 사용하는 자는 인류 이외에는 절무(絶無)한 것이다. 그런고로 인류와 다른 동물이 서로 발달함에 따라 현저한 차이가 생긴 것이다. 원래 단체는 모든 조건이 다 상적(相敵)한 경우에는 큰 편이 강함은 정리(定理)이다. 그런고로 중과부적(衆寡不敵)이라는 말은 이 같은 경우에 사용하는 소이(所以)로, 단체와 단체가 서로 경쟁하는 경우에는 아무쪼록 자기 단체를 크게 함이 득책이로되, 기계를 사용할 줄 모르는 동물로는 단체의 성대(成大)하는 범위가 자연히 제한되어 그 범위 이상을 초월할 수 없음은 그 단체가 지나치게 성대하면 각 부분 간에 연락이 곤란하여 능히 전체의 통일을 이루지 못하고, 전투상에 불리할 우려가 있다. 그런고로 인류도 야매(野昧)한 시대에는 기계가 유치하여 단체의 범위는 추장의 규성(叫聲)을 들을 만한 곳 이내와 그 지휘장(指揮杖)이 보일 만한 곳 이내로 제한이 되며, 그 이상이 되면 명령을 전달하기 곤란하며, 전체의 진퇴에 장애가 있는 고로 야매한 사람은 소번사(小蕃社)가 다수 병립(並立)할 뿐이오, 국가라 할 만한 것은 되지 못한다.

그러나 인지가 발달되어 통신과 운수에도 점차 교묘한 기계를 쓸 수 있는 고로 단체는 여하히 성대(成大)할지라도 사호(些毫)도 불편을 느끼지 아니하며, 특히 근세에는 과학이 발달하며 그 이용이 성행하여 전신 전화로 명령을 내리고, 기차 자동차로 병량(兵糧)을 운수하는 시대가 되어서는 단체가 커짐으로써 구애될 것은 결코 없다. 인류의 단체는 다른 동물단체와 달라서 무제한으로 성대(成大)할 수 있고, 단체가 커질수록 단체 간의 경쟁하는 승패가 심히 지연하여, 설혹 일부분이 패할지라도 전부가 다 멸할 리가 없고, 그 나머지는 상속불면(相續不變)하고, 또 자녀를 낳음으로써 단체로 단위를 삼던 자연도태가 조금도 행치 못하게 되며, 자연도태의 동작이 중지되면 그때까지 자연도태로 양성되었던 성질이 퇴화함은 전 생물계를 통하여 불가동(不可動)의 법칙이다.

단체 간의 생존경쟁이 성행할 시에는 단체로써 단위를 삼는 자연도태가 간단 없이 행함으로써 단체생활에 최요(最要)한 성질이 점점 발달하여 협력 일치하여 계급형 단체의 실(實)을 거둘 만한 복종성을 충실케 하나니, 그런고로 인류단체가 작을 시에 서로 싸우면 복종성의 발달이 그치지 않지만, 단체가 지나치게 성대하여 자연도태가 중단되는 날에는 그 성질이 퇴화되고, 복종성이 어느 정도까지 퇴화되면 그 때부터야 자유와 평등의 사상이 나타나니, 가령 칠야(漆夜)가 점점 명석(明晳)할 시에는 그 암흑함이 감하는 분량만큼 광명이 증가함과 같이 복종과 계급의 사상이 희박하여가도록 자유와 평등의 관념이 더 명확해지는 것이다. 그런고로 암흑이 감한다 함과 광명이 증가한다 함은 용어는 다르나 사실은 동일함과 같이 자유·평등의 사상이 실현한다 함과 복종·계급의 성질이 소멸한다 함은 사실은 동일하나 언어만 다를 따름이다.

인간이 조리(條理)를 사색할 시에는 각기 자기의 자유로 논리하는 것 같으나 실로 그 결론을 보면, 인간은 천생으로 무의식적으로 자가(自家)에 성립된 것은 복종성이니, 복종성이 발달된 시대에는 인간은 여하한 의론을 창도하든지 그 결론인즉, 상계급자에게 절대 복종하라 함이 인류의 취할 유일한 도리에 귀착하였고, 누구든지 이를 들으면 그러한 것으로 생각하고, 불가하다고 여기지 아니한다. 그러나 복종성이 어느 정도까지 퇴화하면서 두뇌의 세미한 구조까지 몇 분간 변화한 고로 이와 같은 의론은 도저히 승인치 아니하며, 고래의 계급제도가 매우 불합리한 줄로 생각하며, 그도 인간이오, 나도 인간인데 어찌 그는 상위(上位)에

서서 권위를 들날리고, 나는 하위에 있어서 꼭 복종할 이유가 무엇이뇨 하여 도저히 용납하지 아니하며, 만일 이와 같은 불합리한 상태하에 생존할진대 오히려 생존치 아니함이 낫다 하여 가로대 "자유를 주든지 죽음을 주든지" 하라는 규성(叫聲)이 일어난 것이다.

대개 사물의 관찰법이 이와 같이 변화하면 그 후에는 증전(曾前)에 복종성으로 건립된 계급제도가 철두철미로 불합리한 줄로 생각하여, 이 제도를 파괴치 아니하고는 인류의 행복을 얻지 못할 줄로 믿고서 지금까지 상계급에 있는 자를 대하여 격렬히 반항하는 자가 점차 증가하나니, 이와 같은 시기에 이르러서는 단체 전부가 일치 협력하기는 도저히 어렵고, 인지의 발달을 따라 인류경쟁의 대부분은 지식경쟁이 된 것이다. 그런고로 적의 단체에게 지지 아니하려면 우리 단체의 각 구성원의 지식을 증진하지 아니할 수 없고, 지식을 증진하는 데는 교육이 필요하고, 교육이 진취하면 각각 자기가 사물을 타산(打算)하는 힘이 자연히 증가하는 고로 사물을 대할 때마다 그 이유를 추구(追究)하여 문득 이유에 맞지 아니하면 결코 만족히 여기지 아니하니, 그런고로 단체로 단위를 삼던 자연도태가 단절하므로 협력일치의 성질이 퇴화되고, 천생으로 구유(具有)하였던 복종성의 분량이 감축하였고, 또 지식이 진보하여 매사를 이유를 듣지 않고는 승인하지 아니하는 성질이 증진하는 결과에 이르고 만다. 고래의 계급제도에 대하여 반항이 점점 왕성하나니, 그런고로 자고이래로 자유의 규성(叫聲)이 시작되기는 그 문명이 어떠한 점에 도달한 때가 아니면 못하나니, 야만인의 사이에는 자유의 규성이 없고, 일찍 문명이 진보한 민족이라야 일찍 자유를 규호(叫號)하고, 더디게 문명이 진보한 민족이면 더디게 자유를 규호하고, 문명이 진보하지 못하였으면 자유를 규호하지 못한 것이다. (제42호 1920. 2. 3)

자유 평등의 유래(3)

인류는 다른 동물과 달리 복종성이 퇴화됨으로써 계급제도를 반항함이 일층 격렬하며, 또 특수한 사정으로는 매사에 반드시 기계를 사용하는 동시에 사유재산이라는 구별이 생겨 대차(貸借)로 취리(取利)하는 것이 시작되고, 또 물건으로써 교역하는 불편을 피하기 위하여 화폐를 주조하면서부터 물가를 화폐로 표준하니, 물가의 비싸고 헐함을 이용하여 싼 값으로 사서 비싼 값으로 파는 무천매귀(貿賤賣貴)하는 전문 상고(商賈)의 직업이 생긴 것이다.

대저 문명이 미흡하고 기계가 조말(粗末)할 시에는 대차취리와 무천매귀하여 치부하는 자가 있으나, 문제까지 되지 아니하되 기계가 점점 정교함에 이르고, 물가가 등귀하므로 말미암아 빈부의 차가 점차로 현격함에 이른다. 만약 노동을 많이 하는 자가 많은 이익을 얻고, 노동을 적게 하는 자가 적은 이익을 얻는다면 각인(各人)의 득리(得利)한 것의 차가 심하지 아니하기 때문에 누구든지 불평하다고 외치는 자가 없을 것이로되, 유일(遊逸)하면서 막대한 금전을 저축하는 자와 종일 구로(劬勞)하되 그날의 아침저녁 끼니(饔飧 · 옹손)를 계속하지 못하는 자가 동일한 사회에 인접하여 거주하면, 부의 분배가 극히 불공평함을 주목하며, 더욱 자본가의 치부는 다 노동자의 손으로 이룩함이거늘 도리어 노동자의 임은(賃銀)인즉, 극소액을 줌으로써 학대하고 자본가는 그 이익 전부를 농단함에, 이 같은 행위를 노동자에게 속한 것을 표절(剽竊)하는 것으로 간주하고, 일각도 용서치 않고, 동지의 도당을 규합하여 자본주에게 이익분배를 강요하나니, 이는 문명국에서 끊임없이 일어나는 동맹파업이다. 이와 같은 투쟁이 자본주와 노동자 사이에 격렬히 일어나는데, 증전(曾前) 상계급에 있는 자와 자본주가 서로 악수하여 계급제도 방어에 진췌(盡悴)하고, 하계급에 있는 자와 노동자가 서로 결합하여 그 다수를 믿고 맹렬히 공격하니 동일한 단체의 내부에는 양부로 나뉘어졌고, 조정하여 전일 상태로 회복됨은 도저히 용이치 아니하다.

문명이 진보함에 따라 빈부의 차가 현격하여 그 쟁투가 격렬하게 된 원인인즉, 기계의 발달됨이로되 그 이상 원인인즉, 단체를 단위로 삼던 자연도태가 중단되고 단체생활에 필요한 성질이 퇴화함이니, 즉 단체생활에 필요한 일치협력이라는 성질이 퇴화한 것이다. 만일 일치협력의 성질이 충분히 발달하면 설혹 빈부의 차가 생길지라도 부자가 자기의 재산을 단체에 제공할 것 같으면 별로 문제될 것이 없으되, 인류의 사용하는 기계가 너무 정묘하고, 단체는 과도히 크고, 단체로 단위를 삼던 자연도태가 중절(中絶)됨으로써 복종성이 감퇴하여 오늘날 문명한 인종 중에는 그 흔적을 남길 뿐이다. 일치협력의 성질이 감소하였고, 아울러 빈부의 현격이 심하며 사회제도의 불비점이 목전에 있은즉, 자유·평등을 요구하는 개조사상이 점점 왕성한 것이다.

그러한데 여하한 성질이든지 돌연히 나타나고 돌연히 사라지는 것이 아니요, 처음에는 미약한 것이 점차 발달하여 완전한 것이 되고, 사라지는 것도 역시 그리하여 작은 부분이 쇠퇴하다가 마침내 전체가 소멸하고 만다. 그런고로 복종성의 일명(一名)은 계급적 정신이 노예근성의 감퇴함과 그 반대근성 즉 자유·평등의 정신이 증가함이 일조일석에 격변함이 아니다. 그런고로 인류의 노예근성이 퇴화하고 자유사상이 발생할 최초에는 소수의 사상가가 출현하여 그 사업을 창개(創開)하고, 점차로 신사상가가 증가하되 최초에 신사상가가 출현할 시에는 사회에서 박해를 받아 겨우 박멸하는 비운(否運)을 당하되 신사상가의 증가함에 따라 신사상을 실현하게 되는 것이다.

금일˙문명국의 사상계를 보건대 갑국과 을국의 차이는 신사상자의 다소로 말미암아 생기는 차별 정도뿐이며, 구(舊)사상자와 신(新)사상자가 한 방에 거하여 각기 그들의 의사를 발표하는데, 각양 상이점이 있어서 상호 충돌하여 각양의 쟁투를 야기하나니, 가령 한편에 귀족폐지론을 주창하며, 다른 한편에는 정이품(正二品)되는 아무개로써 회원을 모집하는 간판의 준적(準的)을 삼으며, 또 한편에서는 우상에게 예배하지 말라 하는 목사가 있는데, 다른 한편에서는 신사(神社)에 참배하라는 미신자도 있으며, 또 한편에서는 공작(公爵)이든지 사족(士族)이든지 일 있으면 자기가 친히 올 것이라 하고, 다른 한편에서는 모 남작각하의 친필이라 하여 귀중히 보관하니, 금일 사상계는 실로 혼돈상태에 있은즉, 장래에 여하히 처결될는지 불안의 감념(感念)이 아무개의 두뇌에서든지 존재하도다. (제43호 1920. 2. 5)

31. 同胞여 敵의 虛言에 속지 말라, 日人은 虛言과 狡詐의 化身

근래의 적의 신문지에는 임시정부의 쇠운, 독립운동 내부의 결렬 등의 기사가 보이도다. 이는 실로 금시초문이니 적의 가증하고도 졸렬한 궁책(窮策)이오 또 간책이라, 일소(一笑)에 부칠 것이거니와 또 우리의 진상을 모르는 자에게는 다소의 오해가 일어나기도 쉬울 것이다.

적의 신문에는 지난 해 이동휘(李東輝) 총리가 시베리아로부터 임시정부 소재지에 내도하였을 시에 즉시 '믿을 만한 보도'로 임시정부 내부에는 결렬이 발생했다. 이동휘는 급진당이요 북방파가 되고, 안창호(安昌浩)는 온화파요 친미당이 되어 분쟁하는 중인즉, 머지않아 임시정부는 몰락하리라 하다가 그 '믿을 만한 보도'가 임시정부 소재지에 달하기도 전에 이 총리와 기타 각 총장은 취임하였고, 그 후에도 적은 임시정부가 봉쇄되었다, 해산되었다 하는 '믿을 만한 보도'와 포고문을 각처에 산포하다가 여운형(呂運亨) 씨가 동경에 감에 임시정부 외무차장이라하여 자가당착의 '믿을 만한 보도'를 하였을 뿐더러 '해산'된 임시정부의 활동이 날로 활발함에 또 임시정부의 쇠운이니 내부의 결렬이니 하는 요언(妖言)을 주출(做出)하여 믿을 만한 보도를 들리게 되었다.

적의 일류신문지인 대판매일(大阪每日)과 동경일일(東京日日)에 여운형 씨는 동경에 갔다 온 후로 '번연(翻然)히 개오(改悟)하여' 임시정부 외무차장의 직과 민단장 및 학무감의 직을 사직하고, 일개 노동자가 되었다. 이것도 임시정부 쇠운의 일단이라 하는 '믿을 만한 보도'에 이르러는 분반(噴飯)의 역(域)을 일으켜 매연자실(呆然自失)하지 아니치 못하리로다. 여 씨는 동경 가기 2개월 전에 이미 외무차장의 직을 사임하였고, 동경서 돌아온 후에도 아직까지 민단장의 직을 사면(辭免)한 일이 없으며, 학무감이라는 직명은 '믿을 만한 보도'에서 처음 듣는 말이다. 이 '믿을 만한 보도'를 게재한 대판매일 특파원 히라가와(平川)가 여 씨를 방문하여 여 씨의 태도를 물을 때에 여 씨가 "변하지요, 나만 아니라 전 한인이 다 변하리다. 과거 1년간은 평화로운 수단으로만 싸웠지만 1920년부터는 혈전(血戰)이 있을 뿐이오" 한 것은 실로 통쾌하게 적의 '믿을 만한 보도'를 조소한 말이다.

10여년 이래로 적이 세계에 대하여 한족이 일본의 정치에 열복(悅服)하였다고 양언(揚言)한 것은 잠깐 말 말고, 작년 3월 이래로 대한 전국에 독립을 절규하는 시위운동이 편행(遍行)한 후에도 적은 교활하게 독립운동은 일부 소수 불령도(不逞徒)의 소위(所爲)요, 다수 한족은 여전히 일본의 덕정(德政)에 열복한다고 양언하였고, 지금도 독립운동은 일부인의 소위라 하도다.

대저 양심이 마비하고 천박한 사욕의 만족에 급급한 적은 한국

안에 다수의 병경(兵警)과 기관지 있음을 이용하여 아무쪼록 진실을 숨기고 거짓을 만들며, 우리 민족의 선을 숨기고 악을 드러냄으로써 우리 민족의 정신을 타락케 하여 독립운동을 방해하려 하나니, 그 심사의 가증가오(可憎可惡)함이야 말해 무엇하리요마는 그 책(策)이 아희적(兒戱的)이오, 졸렬함도 '세계 일등국'의 소위로는 민소(憫笑)할만 하도다.

이류 삼류의 나쁜 신문기자는 말 말고 소위 일본의 수뇌인물이라는 정치가 종교가 및 기타 지식계급에도 공정한 심사와 정의의 관념을 가진 자 거의 드물도다. 가쓰라(桂太郎)・이토(伊藤博文)・데라우치(寺內正毅)등의 탐욕무신(貪慾無信)하고 정의롭지 못한 것은 다시 제시할 필요도 없지마는, 일본정치가 중에 인격의 인사로 명성이 있다는 도코나미(床次竹二郎)[25] 내무대신의 귀족원에서 행한 여씨사건(呂氏事件)에[26] 대한 답변은 그 사람의 양심의 존재를 의심케 하는 것이다. "어찌하여 여운형으로 하여금 동경의 중앙에서 독립을 선전케 하였느냐" 하는 질문에 대하여 도코나미는 여 씨와 직접 회견・담화하였음에도 불구하고, 당시에 3인 이상의 증인이 있었음에도 불구하고, 또 그 속기록이 있었음에도 불구하고, 또 여 씨의 제국호텔의 연설이 일본의 각 신문지에 게재되었음에도 불구하고, 여 씨가 자치나 운동한 듯이 말하며, 또 고가(古賀) 척식국장관이 작년 7월경부터 목사 무라카미(村上唯吉)・기무라(木村淸松)・후지다(藤田九皐)등을 통하여 거의 4개월간이나 여러 가지 조건으로(張德秀를 방면함도 그 조건의 하나)

---

25) 도코나미 다케지로(床次竹二郎, 1866~1935). 原敬・高橋是淸 양 내각의 內相 역임.

26) 呂運亨의 日本行. 고가(古賀) 척식국장관이 여운형을 초청했다. 상해주재 목사 후지다(藤田九皐)의 권유에 응하여 1919년 11월 14일 일본행을 단행했다. 통역으로 張德秀를 대동하고, 동경에서 일본 정치 지도자들에게 한국독립의 당위성을 역설하고 돌아왔다.

여 씨를 청한 것은 고가의 발한 서간 전보 기타의 증거가 자재(自在)할 뿐더러 여 씨 출발 전에 상해의 서양인 기자 기타 중요 인사의 회집한 석상에서 고가의 대표 후지다가 성명한 바이거늘 도코나미는 번질번질하게 여 씨가 먼저 동경에 가기를 운동한 듯이 말하니, 도코나미 같은 자는 과연 전혀 양심을 상실한 일본 정치가의 좋은 대표이다.

일본인은 종교가까지도 신임하기 어려운 허식무신자류(虛飾無信者流)이니, 작년 7월경 조합교회 목사 무라카미란 자가 상해에 와서 서양인을 통하여 백방으로 우리 인사를 회견하려 할 시에 마침 그 서양인의 집에서 여운형 씨와 상봉하여 성언하되 "나는 일본의 대(對) 귀국책(貴國策)에 반대하노라. 나의 이 행동은 일본의 한국 안에서 한 부정한 행동을 발포하려 함이니, 나를 군의 동지로 믿으라" 하더니, 그 혀뿌리가 마르기도 전에 수주일 후 대판매일신문 지상에 자기는 육군성의 촉탁으로 상해 불령선인(不逞鮮人)의 내정(內情)을 정탐하러 갔던 길이라 하여 별별 망담패설(妄談悖說)을 미친 개 짓듯 하였으며, 한국 안 일본 조합교회 목사 와다세(渡瀨常吉)도 목사라 함은 명의요 부업뿐이요, 10년 이래의 그의 정업(正業)은 적 총독부의 주구(走狗)가 되어 한국 인사의 사상과 내정(內情)을 정탐함임은 그를 아는 동포들이 다 같이 아는 바이거니와, 이번 여운형 씨 등의 동경행에 더욱 분명히 와다세가 일본정부의 괴뢰(傀儡)임을 알았나니, 저 선우순(鮮于錞)·유일선(柳一宣) 등은 실로 종교라는 가면을 쓴 고등형사로 적의 창귀(倀鬼)가 된 자이다.

이렇게 일본인은 그 정치가나 군인은 가히 논할 것도 없거니와 주(主)의 이름을 모른다는 목사까지도 허언과 교사(狡詐)와 무신의 결정(結晶)임이 마치 구미호(九尾狐)와 같도다.

일본의 국제적 신의에 관하여서는 다시 논할 바도 없거니와 국인(國人)은 실례를 멀리 구하지 말고 병자수호조약(朝日條規, 1876)에서 경술합병에 이르는 35년간에 우리나라에 대한 행동과 과거 수년간 서쪽 이웃나라(西隣)의 중국에 대한 행동을 보아 알 것이다.

그러하거늘 적은 우리 독립운동을 저희(沮戱)하기 위하여 근래에 각종 근거 없는 요설(妖說)을 주출(做出)하여, 혹은 국민의 의혹을 일으키려하며, 혹은 우리 운동의 중심인물 간에 반간(反間)을 놓으며, 혹은 한중의 친선을 해치려 하도다. 적의 반간이나 요설에 미혹할 국민이야 있으리오마는 밤낮으로 적의 선전 중에 싸여있는 본국 동포는 "일본은 우리의 원적(怨敵)이다. 일본인은 허언과 교사의 인종이다" 하는 관념을 마음 가운데 깊이 새김이 가할 것이다. (제42호 1920. 2. 2)

32. 七可殺

우리의 적이 누구누구냐. 전시의 적에게는 사형이 있을 뿐이다. 과거 1년간 우리는 그들에게 회개의 기회를 주었나니, 1년의 기간은 그들에게 과분의 은전(恩典)이다. 이미 은전의 기간이 다하였도다. 동포여, 용감한 애국자여, 주저할 것 없이 죽일 자는 죽이고, 불태울 것은 태울지어다. 그들은 양심이 없는 금수이니, 짐승의 흉악한 자에게는 죽음밖에 줄 것이 없다.

생명을 죽임이 어찌 본의리오. 저 짐승 같은 한 목숨으로 하여 국가가 큰 해를 받는다 할진대 아니 죽이고 어찌 하리오. 이제 우리의 죽여야 할 적을 헤아려 보자.

一. 敵魁를 可殺

적이라 하면 물론 일본인이다. 전쟁이 개시되면 마땅히 죽일 자를 알려니와 우선 개전 전에 죽일 적괴가 있나니, 즉 소위 총독·

정무총감 등은 물론이오, 무릇 한국독립에 강경히 반대의 의견을 토하는 적의 유력한 인물과 내외에 대하여 우리 독립운동 및 우리 지도자를 비훼(誹毁)하는 정치가·학자·신문기자·종교가 등의 불령일인(不逞日人) 등과 및 독립운동 이래로 가장 우리 동포를 학대하던 적의 헌병 경관 등이다.

二. 賣國賊을 可殺

이완용(李完用)·송병준(宋秉畯) 등은 아직 그냥 두고, 한인으로 새 한국의 독립을 반대하고 적의 국기 밑에 있기를 주장하는 흉적 등이니 민원식(閔元植)·선우순(鮮于錞)·유일선(柳一宣) 및 협성구락부(協成俱樂部) 등의 추류(醜類)이다.

三. 倀鬼를 可殺

혹은 고등정탐(高等偵探) 혹은 그냥 형사로 우리 독립운동의 비밀을 적에게 밀고하거나, 우리 지사를 체포하며, 동포를 구타하는 추류들이니, 선우갑(鮮于甲)·김태석(金泰錫)·김극일(金極一)과 같은 흉적이다. 특히 중요한 비밀을 적에게 밀고하거나, 중요한 인사를 체포한 자에게는 반드시 즉시 복수를 하여야 할지니, 이는 동지에게 대한 의무일 뿐더러 이들 적류(賊類)를 징계하는 가장 유력한 수단이다. 이와 같은 죄악을 범한 악한은 천애지각(天涯地角) 어디로 가더라도 죽음의 저주를 도피하지 못하도록 함이 애국자의 의무이다.

四. 親日의 富豪를 可殺

일시 자기의 재산의 안전을 도모하기 위하여 적과 내통하여 그의 병경(兵警)의 보호를 받거나, 혹 일신의 안전을 탐하여 적국으로 도주하거나, 누차 권유하되 독립운동에 헌금하기를 불긍(不肯)하거나, 특히 헌금을 권유하는 지사를 적에게 밀고한 자는 용천(龍川)의 최가와 철원(鐵原)의 고가(高哥)와 같이 그 집을 불태우고 그의 목숨을 끊음으로써 동류를 징계하여야 할 것이다.

五. 敵의 官吏된 者를 可殺

적의 관리된 자로 독립운동 여러 단체의 퇴직권유가 3차 이상에 달하되, 개오(改悟)할 줄 모르는 자와 적의 수하가 되어 독립운동을 비훼(誹毁)하거나 국민의 애국심과 용기를 감손(減損)케 하는 자와 및 적의 위세를 믿고 일반 동포를 압박하는 자.

六. 不良輩를 可殺

부언(浮言)과 낭설을 전파하여 독립운동을 해하거나 민심을 현혹케 하는 자, 혹은 독립운동자로 모칭(冒稱)하고 동포의 애국의연금을 횡령한 자, 중요한 사명을 띠고 파견된 자로서 혹은 변심하거나 혹은 겁나(怯懦)하여 기간 안에 사명을 완수하지 못한 자, 혹 중요한 비밀을 누설하거나 동지에게 대한 신의를 배반한 자, 동지간에 반간(反間)을 놓은 자.

七. 謀反者를 可殺

대한의 독립을 위하여 사생을 상약(相約)한 동지로서 중도에 뜻을 변하여 독립운동에 위반되는 행동을 하는 자는 가장 먼저 죽일 것이며, 사당(私黨)을 심어서 헛되이 정부를 비훼·반항함으로써 독립운동에 장애가 되게 하는 자도 죽여야 한다.

아아, 우리는 이렇게 상서롭지 못한 일을 하지 아니치 못하게 되었도다. 그러나 적은 한결같이 완악(頑惡)하여 온갖 교사(巧詐)와 궤휼을 사용(肆用)하며, 국내의 적류가 또한 창궐하여 도저히 화평한 수단으로 그 악을 막을(防杜) 수 없다. 적은 수만의 군대와 경찰과 창귀와 수천 칸의 감옥으로 우리 운동을 방해하며, 우리 동지를 능욕하고 구속하나니, 우리에게 아직 군대와 경찰과 감옥이 없음에 저 악류를 저제(抵制)할 방법은 오직 단총과 비수와 폭탄이 있을 뿐이다. 우리는 일찍 이러한 난폭한 행동을 취하지 말기를 극력 동포에게 권유하였거니와, 적의 횡포가 이에 이름에 우리는 더 인내할 수 없도다. 아아, 우리로 하여금 이 같은 언동을 하게 함이 과연 누구의 책임인가.

내 몇 번이나 적의 개오를 권하고 동포 중의 적(賊)의 반성을 구하였던고. 그러나 너희는 우리의 지성과 혈루(血淚)의 충언을 무시하였도다. 이제 네가 받기에 합당한 것은 오직 죽음뿐이다.

경고하노라. 적괴와 적(賊)이여, 혈전(血戰)의 선언이 내리기 전에 이미 너희의 신변에는 죽음의 저주가 따르리라. (제43호 1920. 2. 5)

33. 獨立戰爭과 財政, 國民皆納主義의 實行(安昌浩)

안창호 씨는 그 대연설 중에 우리 국민의 경제적 관념의 결핍함을 논하고, “독립운동 개시이래로 죽자 죽자하기만 하고 자금에 대하여서는 별로 고려(顧慮)하지 아니한 듯하오” 하여 3월 1일에나 또 임시정부 성립시에나 재정의 준비를 소홀히 하였음을 통한(痛恨)하고, 지금도 우리 국민은 ‘죽자 죽자’ 하기만 하고, 재정에 관하여는 심히 냉담한 것을 지적하고 경고하였소.

무슨 사업에나 필요한 것은 인물과 재전(財錢)이니, 두 가지 중에 어느 것이 없어도 그 사업은 아니 될 것이오. 하물며 강포한 적을 물리치고 망하였던 국가를 재건하려 하는 절세(絶世)의 대사업인 독립운동에야 다수의 인재와 거액의 재전이 필요할 것이야 말해 무엇 하겠소. 그러므로 우리 운동이 성공되려면 국내 국외의 인재란 인재는 다 나서야 되고, 나서더라도 한 기치하(旗幟下)에 한 조직 안으로 다 모여 들어야 할 것이며, 우리 국민의 재력이란 재력은 다 나와야 하고, 나오더라도 한 기치 밑, 한 조직 안으로 다 모여 들어야 할 것이오.

아무리 우리 국민 중에 인재가 많다 하더라도 아니 나서는 인재는 소용이 없고, 나서는 인재는 많다 하더라도 통일한 조직 안으로 아니 모여드는 인재는 도리어 대사가 방해가 될 것이오. 이와 같이 우리 국민에게 아무리 재력이 크다 하더라도 독립운동을 위하여 아니 내는 재력은 없으나 다름없고, 내더라도 통일한 조직 안으로 들어오지 않는 재력은 도리어 독립운동에 방해가 될 뿐이오. 왜? 통일을 방해하는 인재가 재력을 얻어 더욱 통일을 방해하겠는 고로.

그러므로 나는 단언하고 절규하오. 대한의 독립운동이 성공이 될 것일진대 대한의 모든 인재는 임시정부의 인재명부에 등록되어야 하고, 모든 재력은 임시정부 재무부의 금고에 들어와야 한다고.

인재는 근래에 임시정부의 명부로 많이 들어오는 모양이오. 그러나 아직도 어느 곳에 한 무리, 어느 곳에 한 무리 각각 기치를 세우고 모여 있어서, 각기 자가(自家)로 인재와 재력을 집중하려하는 애국자가 없지 아니하오. 가탄할 일이오. 그네도 애국자요, 독립운동을 하는 지사인 것을 나는 허(許)하오. 그러나 적더라도 그네는 우리의 때와 장소를 분변치 못하고, 나아갈 정로(正路)를 잃었다는 책망은 면치 못하리라 하오.

다행인 것은 각처에 군정부(軍政府) 혹은 군정사(軍政司) 등 이름으로 독립국가적 기관을 버리고, 각각 자가를 중심으로 하려던 것은 이미 다 없어지고, 이제는 혼일(渾一)하게 임시정부 밑으로 모여든 일이오. 그러나 불행한 것은 아직도 인재와 재력을 전혀 중앙기관으로 집중하여야 한다는 자각이 부족함이오. 그러나 현재의 인심의 경향과 사세의 추이로 판단하건대 머지않아 인재는 전부 집중하리라고 확신하오. 만일 재력이 집중되어 중앙정부의 경영하는 사업이 점차 활기를 드러내게 되면 인재의 집중은 더욱 촉진되리라 하오.

그러고 본즉 현재의 중심문제는 재력의 집중이오.

독립운동 개시이래로 임시정부는 항상 재정이 곤란한 중에서 금일에 이르렀소. 지금토록 본국으로서 나온 재력은 실로 미약하오. 동포여, 각각 자문하시고 친지에게 물어보시오. 독립을 위하여 재력을 바친 자가 몇 사람이나 되는가. 3월 이래로 동포 여러분은 만세를 부르고, 위험한 모든 행동을 하고, 혹은 적에게 생명을 잃고 흉악한 악형을 당하였소. 무론 이것은 거룩한 애국적 행동이오, 유력한 독립운동이었소. 그러나 동포여, 1원 2원의 금전을 남모르게 내는 것이 거기서 나(내)리지 않는 애국적 행위요 유력한 독립운동인 줄을 모르셨습니다.

지금 우리는 독립전쟁을 유일한 길로 작정하였소. 금년 안에는 조만간 독립전쟁이 개시될 것은 기정한 사실이오. 그러면 우리는 대포와 소총도 준비하여야 하고, 비행기 비행선도 준비하여야 하고, 수십만의 군인이 1년간 계속할 군량이라도 준비하여야 할지니, 재력이 많으면 많이 준비되어 크게 오래게 전쟁할 수 있거니와, 적으면 적게 준비되어 크게 오래게 전쟁할 수 없을 것이외다.

가령 20만의 군인을 무장하여 1개년 간 전선에 나서게 한다 하여도 1억 원 이상의 군비를 요할지니, 우리 국민에게 만일 확실히 독립의 결심이 있고, 성의가 있다 하면 다만 이 1억원의 군비를 부담할 의무가 있을 뿐더러, 그 자리에서 이것을 판출(辦出)할 결심과 실행이 있어야 할 것이오.

혹 외채(外債)를 말하리다. 무론 외채는 필요하지요. 본국이 적의 점령하에 있는 동안 외채는 절대로 필요하지마는 외채를 얻는 데는 우리 정부의 대외신용이 필요하고, 정부가 대외신용을 얻는데 표(標)나는 국민의 신뢰가 필요하며, 표나는 신뢰 중에 가장 표나는 신뢰는 정부의 공채응모와 애국의연금의 액수일 것이오. 만일 정부의 발행하는 공채가 1억 원이라 가정하고, 지금 처지에 있어서 그 5분의 1 즉 2천만 원만 응모된다 하면 나머지 8천만 원의 외채는 용이하게 얻을 것이오. 만일 우리 국민의 구취(鳩聚)한 재력으로 전쟁을 개시하여 2개월만 계속하더라도 수억의 외채라도 얻을 수 있을 것이오.

지금 세계의 우리 국민에게 대한 동정은 과거의 벨기에와 같소. 특히 미국의 동정은 그 이상이라 할 수 있소. 일전 모 각원이 미국 유력한 신문기자로 동아의 정세를 시찰하기 위하여 특파되어 온 모씨(아직 성명은 비밀)에게 미국의 한국에 대한 태도를 물었을 때에, 그 대답에 미국의 한국에 대한 동정은 극도에 달하였다 할지니, 이는 일반 인민뿐더러 상하 양원과 정부까지 그러하다. 기회만 있으면 적극적으로 원조할 결심이라 한 것을 보아도 알 것이오. 또 미국의 어떤 재산가(아직 성명은 비밀)는 좀 더 형세를 관망하여 국채에 응모하기를 우리 정부의 대표자에게 성명한 것을 보아도 알 것이외다.

그러면 그 기회란 무엇이며 그 관망한다는 형세란 무엇인가. 일찍 내가 유력한 미국인을 대하여 산동(山東)문제로 만일 중일이 개전한다 하면 미국은 재력과 병력으로 이를 원조하겠는가 함에, 그는 '왜'하고 가장 의외인 듯이 "중국에는 인구도 많고 재력도 많으니, 그 인구가 많이 죽고 재력도 다하는 날 미국은 원조할 의무가 생길 것이다" 하고 벨기에를 원조한 것도 그가 정의로운 목적을 위하여 많은 생명을 희생하고도 그 목적을 달성하지 못함을 봄에, 미국은 피와 생명으로써 원조하지 아니치 못할 인도적 의무를 자각함이라 하였소.

그러므로 우리 국민이 다른 나라의 돈과 피의 원조를 받을 '기회'와 '형세'는 즉 우리가 낼 수 있는 재력을 다 내고, 흘릴 수 있는 피를 다 흘린 뒤일 것이오. 가능하면 우리는 우리 조국의 독립을 위하여 일푼일리(一分一厘)의 남의 원조도 받기를 원하지 않노니, 우리 독립은 우리의 힘이라 어찌하여 구차히 남의 원조를 빌겠소마는, 우리가 우리의 전 재력과 전 생명력을 다하여 혈전(血

戰)할 때에 의기 있는 세계 동포가 우리를 원조하거나, 우리가 그에게 원조를 청함은 인류공존의 정의상 당연한 일이라 하오.

그러므로 우리는 우선 국민개납주의를 실행하여 혹은 공채응모로 혹은 애국의연으로 낼 수 있는 재력을 다 내어 독립의 혈전을 개시하여야 하겠소. 대한국민은 비록 일전일원금(一錢一圓金)이라도 다 낼 의무가 있소. 그것이 몇 푼 되랴 하지마는 2천만이 1원씩만 내어도 2천만 원이 될 것이오. 2천만이 매일 1전씩만 저축하여도 1개월에는 6백만 원이 될 것이니, 이는 천도교(天道敎)에서 일찍부터 동미(銅米)라 하여 실행한 방법이오, 실행하여 성공한 방법이외다.

국내외에 있는 각 단체는 즉시 이 방법을 행하며, 이를 목적으로 각면(面) 각리(里)에 신동맹을 조직하여 하루라도 속히 이 방법이 전 국민에 실행되어야할 것이오.

혹 큰소리하는 이는 이러한 방법을 멸시하여 언제 그것으로 돈이 되느냐 하여 재산가를 끌기만 일삼지마는, 안창호(安昌浩) 씨의 성언한 바와 같이 이것이야말로 우리 재정의 근본책일 것이오. 이 국민개납주의야말로 이것이 되면 우리 사업은 성공되고, 그렇지 못하면 우리 사업은 실패될 것이오.

지금 이후로 우리에게 가장 중요한 사업은 국민개납주의의 실행이니, 전쟁 개시 전에는 개전의 준비로, 전쟁 개시 후에 지구(持久)의 준비로.

우리에게는 강대한 후원이 있소. 세계의 여론과 동정의 후원도 있거니와 금력과 병력의 후원이 있소. 우리는 결코 외롭지 아니하고 약하지 아니하니, 고약(孤弱)한 자는 도리어 적 일본이오. 동포여, 최선의 노력을 다하여 후원이 들어올 '기회'와 '형세'를 지읍시다. (제44호 1920. 2. 7)

34. 世界的 使命을 受한 我族의 前途는 光明이니라

동포여, 한숨을 그치고 근심으로 미간(眉間)을 찌푸리기를 버리라. 우리의 전도(前途)는 광명이니라. 다만 주먹을 불끈 쥐어 책상을 벼락같이 때리면서 "나는 하리라!" 하라. 그러면 우리의 희망하는 바는 이룰 지니라.

여러분 중에 만일 터럭 끝만치라도 우리의 전도에 대한 의심이 있거든 버리고, 낙심이 있거든 버리라. 이는 자살의 비수(匕首)이니, 이런 사상을 가진 동안 우리의 희망은 결코 달함이 없으리라. 성공은 오직 희망하는 자, 일하는 자에게는 반드시 오고, 그에게만 반드시 오는 상(賞)이니라.

우리의 희망은 결코 헛된 희망이 아니며 또 적은 희망이 아니다. 우리의 희망은 확실한 근거가 있고, 이유가 있는 희망이며, 우리의 희망은 신성한 의미가 있고, 원대한 가치가 있는 희망이니 청컨대 내 말을 들으라.

아마 동포의 희망과 용기와 확신을 빼앗는 것은 적(敵)의 강대함일지니, 여러분은 마음속에 생각하되 "일본은 5대 강국의 하나다. 그는 국제연맹 집행위원의 하나이다. 그에게는 강대한 육해군이 있다. 그런데 우리에게는 국제연맹에 발언권도 없고, 강대한 육해군도 없다" 하여 국제연맹에서 언론으로 다투더라도 승산이 없고, 혈전(血戰)으로써 다투더라도 승산이 없음을 근심하여 애국의 뜻이 강한 자는 실망자포(失望自暴)에 빠지고, 애국의 뜻이 약하고 일신일가(一身一家)의 일시적 안전만 구하는 자는 차라리 적에게 복종하리라 할 것이다.

천견근안(淺見近眼)으로 볼 때에 이는 과연 그럴듯한 사상이다. 과연 적에게는 국제상의 지위가 있고 여론으로 위대한 선전기관이 있으며, 병력으로는 위대한 육해군이 있나니, 만일 선전기관의 위대함이 여론에 승리를 얻는 유일한 조건이 되고, 병력의 강대함이 전쟁에 승리를 얻는 유일한 조건이 된다하면 현재의 지위로는 우리는 도저히 적을 이기지 못하리라. 그러나 여론의 승리는 반드시 발언수의 다과(多寡)에 인하는 것은 아니니, 다수의 사람과 금력을 사용하여 다수의 발언을 하는 자에게 일시적 승리는 있다 하더라도 세계는 그렇게 오래 허위된 선전에 속는 자가 아니다.

처음에 우리 독립운동이 일어났을 때에 적의 각국에 산재한 수백인의 외교관을 이용하며, 무수한 황백(黃白, 돈)을 뿌려서 다수의 보도신문을 이용하여 한국의 독립운동은 독립운동이 아님과, 얼마 후에는 독립운동이라 하더라도 소수 불령무뢰배(不逞無賴輩)의 야심적 행동에 불과하고, 다수 한인은 일본 천황의 덕정(德政)에 열복감읍(悅服感泣)함과, 독립운동은 벌써 진압되었고, 그 진압하는 수단은 극히 공명정대하여 사소의 폭행도 없었음을 극구 선전할 때에, 우리는 소수의 인물과 소액의 금전으로 우리들의 진상을 선전함에 불과하였건마는, 오늘날 세계에 뉘라서 우리 운동을 이해(利害)와 계급을 초월한 전 민족 일치의 독립운동이라고 아니하는 자 있으며, 뉘라서 작년 이래의 일본의 우리 독립운동에 대한 만행을 믿지 아니하는 자 있겠는가. 여론의 최후 승리는 결코 말이 많음에 있지 아니하고 말의 참되고 바른데 있는 것이다.

우리는 이미 세계의 여론상으로는 쾌히 일본을 정복하였나니, 일본의 5천만의 한 몸이 도무지 입이 되어도 우리들의 요구와 행동의 정대(正大)하고, 일본의 야심과 행동의 부정패려(不正悖戾)하다는 세계적 단안을 전복하지 못할지니, 일본인 된 자는 그 의회라는 한담장(閒談場)에서나 광조란폐(狂噪亂吠)할 뿐이다.

그러나 완명탐욕(頑冥貪慾)한 적(敵)들은 정의의 여론에 움직이지 아니 할 것을 이미 보였나니, 이번 적의 의회의 언론을 보더라도 비록 조삼모사(朝三暮四)의 우론과 당리와 사견(私見)에서 나오는 곡론치론(曲論稚論)이나, 일찍 일정한 주의·주견이 있음은 아니라 하더라도, 아직도 조선의 통치를 운운하며 심지어 사이토(齋藤實) 한 무리의 정책까지 완만하다 하는 자조차 있나니, 우자와 악인을 개오케 하는 데는 오직 눈에 불이 번쩍 나는 통봉(痛棒)이 있을 뿐이다. 우리가 과거 1년간의 평화적 수단을 포기하고 단연히 혈전의 결심을 하게 된 것은 진실로 이를 위한 것이다.

이에 적은 전쟁일진대 승리는 나의 것이다 하며 어떤 동포는 전쟁으로 어떻게 강적을 이기랴 하도다. 작전의 기밀은 나 같은 문외한의 규지할 바 아니거니와 내가 생각하기에 우리가 취할 전술은 2기로 나눌 수 있을지니, 제1기는 퇴영기(退嬰期)요, 제2기는 진공기(進攻期)라 아래에 설명하리라.

적은 지금 우리 독립군의 침입을 방어하노라고 압록·두만의 국경에 거의 전부 산병선(散兵線)을 만들어 러시아령과 서북 간도(間島)에 다수의 밀탐(密探)을 놓아 우리의 군사적 활동을 미연에 방두(防杜)해 볼까 하고 가련한 정력을 다 쓰는 모양이나, 우리 독립전쟁이 일어난 것도 작년 3월 1일에 독립이 선언될 때와 같으리니, 독립군이 오는 것은 하늘도 아니요 땅도 아니요, 동쪽도 서쪽도 남쪽도 북쪽도 아니리라. 난데없는 일진광풍이 산야로 도는 듯 마는 듯 패연(沛然)한 소낙비가 천지에 가득함과 같으리니, 그때에 적은 향할 길과 응할 바를 모르리라. 시베리아와 서북 간도에서는 러시아나 중국에서 무기의 공급을 받아서 대오정연하게 압록강의 철교를 건너오려니와, 국내 각처 방방곡곡에서 봉기할 독립군에게 정예한 무기를 공급할 자는 우선 일본이니, 적은 동경과 대판(大阪)의 포병공창(工廠)에서 제조한 탄환이 자기의 가슴을 관통할 줄은 예료(豫料)치 못하였으리라.

적이 매 면(面)마다 왜경 3인씩을 배치한다 하니 이는 실로 감사한 일이다. 이리하므로 적으로 보는 기회가 드물고 따라서 적이 어떻게 흉포하고 탐욕하고, 그러고도 미련한 줄을 몰라 적개심과 경멸심을 발할 기회를 얻지 못하던 동포도 이제는 그 기회를 얻었으니, 적에게는 의외의 대손실이요, 우리에게는 의외의 대이익이다. 이 역시 우리 독립전쟁의 우연한 한 준비라 할 것이다.

우리 독립전쟁의 개막은 작년의 만세운동과 같으리니 오늘에 한 곳을 공격하고는 퇴영(退嬰)하고, 명일에 한 곳을 공격하고는 퇴영하여 오직 지구(持久)로써 적에게 손해를 가할지니, 이에 잠깐 임진왜란을 한번 반복하게 될 것이다. 한 사람을 죽임에 한 사람의 무기를 얻고, 한 곳을 습격함에 한 곳의 무기를 얻어서 1,2개월 안에 용산·나남(羅南)·평양·대구 등 대도회를 제외한 전부를 점령할 수 있을 것이다. 이때에 서북 국경으로부터 정제(整齊)한 군대가 온갖 문명의 이기를 휴대하고 장구(長驅) 돌진하리니, 이에 순전한 피동적 퇴영적 전략이 변하여 전쟁은 점점 활기를 띨 것이다. 그러나 우리의 전쟁의 요결(要訣)은 지구이니, 이로써 적의 사기를 저상(沮喪)케 하고 경제적 부담을 무겁게 하며, 아울러 일본의 혁명사상을 조장케 하여 마침내 일본으로 하여금 한국을 포기케 하거나, 그렇지 아니면 제국주의적인 현재의 일본의 일본 국가를 파괴하고, 새로 건설되는 일본국가로 하여금 호의로 우리의 독립을 승인케 하거나 양자 중 하나를 도출케 할 것이다.

근시안적으로 보면 일본인은 혁명을 일으키기에는 너무 현 국가(천황과 군벌과 재벌의 일본)에 대한 애국심이 강렬하고, 주의를 위하여 싸우기에는 일본인은 너무 이기적이요 타산적이라 할 것이다. 그러나 일본인의 현 국가 및 사회제도에 대한 맹종적 시대는 이미 다시 돌아오지 못할 데로 경과하여 버리고, 이제는 일본국민은 비판적 태도로 그들의 국가와 사회를 관찰하게 되었을 뿐더러 지금까지 관찰 비판한 결과로 현재 일본의 국가조직 사회조직 및 경제조직에 대하여 부인(否認)의 단안을 내린다는 것은 일본의 청년운동, 노동운동, 사회주의운동 및 기타 제반 개조운동에서 그 거체(巨體)의 편린(片鱗)을 분명히 규지할지며, 또 이들 운동이 가속도적으로 격렬의 도를 가함은 일본의 보도신문이 분명히 전하는 바다. 만일 현재의 일본의 국가조직 및 그 정책에 대하여 죽자고 이를 옹호할 자가 있다 하면 이는 소수의 군벌 관료 및 재벌뿐일지니, 원래 이들 벌족(閥族)의 능력은 그 자신에게 존재한 것이 아니요, 기성한 제도를 이용하여 경찰과 육해군의 지휘권을 그 수중에 장악함에 있는 것이다. 그러므로 일단 육해군이 그 명령에 복종하기를 거절하는 날은 곧 그들의 몰락하는 날이오, 동시에 현재의 일본의 국가의 해체되는 날일지니, 러시아와 독일의 불의의 혁명이 이 같은 좋은 실례이다.

그런데 만일 한국의 독립전쟁이 오래끌면(가령 1년만 계속한다 하여도) 그리하고 한국에 대한 출병 또 출병으로 군비의 액수와 생명의 희생이 점점 불어나면, 또 한국 안에 존재한 30만의 일인이 생업에 종사할 수가 없이 되면, 마침내 일본군인의 횡포는 유가(愈加)하여 한인의 적개심은 유격(愈激)하여 한국 안에 존재한 일인의 생명과 재산이 시시각각으로 위험을 당하게 되면, 다수의 한인 결사대가 한국 안에는 전장이라 물론이거니와 일본 내지에까지 들어가 폭탄과 단총과 방화(放火)로 일본의 안녕을 파괴하게 되면, 그리하면 일본 인민이 이는 한국을 영유하려는 일본의 야심에 인한 것인 줄을 자각하면, 인민의 요구를 무시하고 완명한 벌족들이 그냥 한국에 대한 전쟁을 계속한다 하면, 이리되면 일본인은 바로 그 타산적 이기심이 동기가 되어 오래 잠연(潛燃)하던 대혁명의 맹염(猛焰)이 비로소 폭발할 기운(機運)을 당할지니, 이리하여 우리는 최후의 승리를 얻을 것이다.

생각하라, 우리는 우리의 자유를 위하여 우리의 국토를 위하여 한사코 싸우기를 결심도 하고, 지구(持久)도 하려니와 일본 인민이 무슨 그리 우리에게 큰 원혐(怨嫌)이 있으며, 또 자기네에 큰 이해 관계가 있어서 백골을 한국 땅 들판에 쏘이게(曝) 하리오. 시베리아의 출병도 지금 일본 인민의 반감을 일으켜 증병하려던 계획도 일본 내 여론의 반대로 중지의 상태에 있지 아니한가.

혁명은 이제는 하늘의 명령이요 세계적 정신이다. 일본을 혁명케 할 자는 이 세계적 정신이며, 영국인이나 미국인이나, 신사상 신이상을 회포한 자와 특히 러시아인과 중국인은 모두 일본의 혁명에 참여하고 찬성할 자이다. 그러나 이 세계적 대정신을 대표하여 일본에게 열혈의 세례를 줄 자는 실로 우리 대한민족이니, 그러므로 우리의 혈전(血戰)은 다만 우리의 당연하고 신성한 독립의 완성만 위함일 뿐더러 실로 일본을 위하고 세계를 위하여 하는 신성한 하늘의 명명(明命)이다. 이는 이미 우리 독립선언이 발표한 바이다.

이러한지라, 우리가 독립전쟁을 일으킴에 세계에 대하여 원조를 청할 권리도 있고, 또 세계는 우리의 청구에 응하여 원조를 제공할 의무도 있나니, 미국과 중국과 러시아가 우리에게 원조를 약속함은 당연한 일이다. "오등이 자에 분기하도다. 양심이 우리와 동존(同存)하며, 진리가 우리와 병진(竝進)하는도다…천백세 조령(祖靈)이 오등을 음우(陰佑)하며, 전 세계 기운이 오등을 외호하나니 착수가 곧 성공이라 다만 전두의 광명으로만 맥진(驀進)할 따름인저…"

대한 등포여, 모든 의혹과 근심을 버리고 확신과 용기를 내일지어다. 그리하여 있는 금력(金力)을 다 모으고 있는 생명을 다 바쳐 속히 결전할 준비를 할지어다. 우리의 혈전이 개시되는 날 재력과 군수품과 인물과 생명의 후원이 사방으로부터 답지하리라.

아아, 유사 이래로 처음 세계적 대사명을 받아 실행하려는 대한

민족아, 기뻐 뛰며 춤출지어다. 너희의 전도는 오직 광명이니라. (제45호 1920. 2. 12)

35. 國民皆兵, 大韓人아 軍籍에 入하라

임시정부는 내외 각지에 18세 이상 남자의 군적등록을 명하여 지금 진행 중이다. ○○재류(在留) 동포는 이미 거의 전부 등록을 완성하였다.

임시헌법에 전 국민의 병역의 의무를 규정하였으나 아직은 강제징병을 실행치 아니하고, 의용병제도를 취할 작정이며, 의용병 지원자는 갑을 양종으로 나누어 갑종은 매일 1시간 이상, 을종은 매주 2시간 이상 군사교련을 받을 자이니, 을종이라 함은 독립운동의 다른 부문의 사무에 복무하거나, 또는 현재의 생업을 전폐하기 어려운 자를 지칭한 것이다.

중국과 러시아령 각지와 미주령에 재주(在住)하는 동포는 물론이오, 각 연통부(聯通府)[27]를 통하여 내지(內地)에 까지 의용병 등록이 시행될지니, 그 상세한 내용은 비밀이라 규지하기 어렵거니와 이동휘 총리의 담화에 의거하건대 의용병 등록은 전 속력으로 진행되고 있다. 해외에는 적당한 처소에 훈련기관의 설치도 준비중이라 하며, 또 현금 대한제국시대의 장교와 사졸과 및 의병도 조사 성책(成冊)중인즉, 예정수의 모집완료를 기하여 머지않아 군대편제에 착수하리라 한다.

내지의 군인에 대하여 아직 정식의 훈련을 가하기 불가능하나

27) 연통부(聯通府) · 임시정부 내무총장 안창호(安昌浩)가 1919년 7월 10일 지방행정제도로 연통부를 조직, 공포했다. 국내외 국민 간에 독립의지를 상통하고 구국사업의 완성을 기하여 연통제를 실시한 바, 극비에 속한 지하조직이다.

성책과 서약을 작성하였다가 곧 동원령에 응하여 일어나게 할 것이다. 우리 군의 장차 취하려는 전략도 재래의 통상 전술이 아닐터인즉, 응모군인에게는 각각 그 전략의 정신을 고취하리라.

이 우리의 전략은 통상 전술이 아니라는 말은 크게 의미 있는 말이니 우리의 전쟁의 주요한 승세와 책략이 이에 있다 할 것이다.

大韓人아 速히 軍籍에 着名하라

대한인아, 이제는 오래 기다리던 독립전쟁의 시기(時機)가 도래하였도다. 우리 국민의 결심이 독립전쟁에 있고, 일본의 완악(頑惡)이 독립전쟁을 요구하고, 세계의 여론과 정의가 독립전쟁을 요구하도다. 독립전쟁은 우리들의 양심의 명명(明命)이며, 천백세 조선(祖先)의 명명이며, 세계의 정의와 자유와 인도의 명명이며, 억만대 가애(可愛)로운 후손의 요구이며, 사악을 죄하고 정선(正善)을 창(彰)하는 상천(上天)의 명명이다. 대한인아, 네가 이 요구를 포기하고, 이 명명을 거역하려느냐.

2천만 충의 남녀가 다 독립의 군인이 되며, 정의를 사랑하는 세계의 우방이 독립의 후원이 되며, 황천(皇天)과 조선(祖先)의 영혼이 독립의 후원이 되나니, 대한인아, 네가 이 호기를 버리겠는가.

네가 자유와 충의의 열혈을 뿌려 불의와 압제의 적을 물리치고, 영광의 독립국민이 될 때에 황천과 조령(祖靈)은 너에게 상줄 것이오, 세계의 우방은 너를 존경할지요, 억만세 자손은 자유를 즐기면서 너를 흠모하고 너를 감사할 것이다. 대한인아, 너는 이 길을 취하려느냐, 또는 비겁과 무기력으로 노예의 수치를 후세에 남기려느냐.

너는 용감하던 부여·고구려인의 자손이 아니냐. 너는 살수(薩水) 한번 싸움에 수군(隋軍) 백만을 멸하고, 안시성두(安市城頭)에 당(唐) 태종(太宗)을 패주케 한 조선(祖先)의 자손이 아니냐. 너의 조선은 임진왜란에 8년의 대혈전으로 국가와 자유를 사수하던 조선이 아니냐. 너는 이를 기억하느냐 아니하느냐.

너는 마땅히 죽어야 할 때에 죽지 못한 자들이 아니냐. 을사조약 때에 민충정공(閔忠正公, 閔泳煥)으로 더불어 죽었어야 옳았고, 경술국치(庚戌國恥) 때에 여러 순국지사로 더불어 죽었어야 옳았고, 3월 1일에 가련한 너의 누이가 적에게 두 팔을 찍힐 때에, 너의 선도자요 통솔자인 수령과 애국지사가 적에게 모욕을 당할 때에 죽었어야 옳았고, 너의 가련한 어린 제매(弟妹)가 악마 같은 적들에게 원입골수(怨入骨髓)하는 악형과 수욕(羞辱)을 당하고, 절치통곡할 때에 죽었어야 옳았나니, 대한인아, 죽을 데 죽지 못한 그 목숨을 위하여 부로(父老)와 형제와 자매의 저 참상을 보면서, 밥이 넘어가나느냐, 물이 넘어가느냐.

대한인아, 너는 3월 1일에 대한의 독립국임과 대한인의 자유민임을 황천과 조령과 세계의 앞에 선언하고, 최후의 1인까지 최후의 일각까지 이를 위하여 분투하기로 공약하지 아니 하였는가. 너는 감히 이 선언과 이 공약을 한 거짓말과 휴지로 만들려 하는가. 그리하여 영세무궁토록 신용치 못할 천한 종자(種子)를 만들려 하는가.

대한인아, 그것을 백번 생각해 보더라도 너희의 나갈 길은 오직 혈전(血戰)이로다. 혈전이로다. 혈전뿐이로다. 대한인아, 너의 나갈 길은 오직 혈전이로다.

대한인아, 황천이 너를 부르고, 조령이 너를 부르고, 세계가 너를 부르고, 옥중의 동포가 너를 부르고, 순국의 원혼이 너를 부르고, 억만세 후손이 너를 부르고, 너의 자유요 너의 생명인 국가가 너를 부르고, 네가 밟고 있는 대한의 강토(疆土)가, 네가 보는 대한의 산천이, 네가 사람일진대 너의 양심이, 너를 부른다. "대한인아 나와 군인이 되라" 하는 그네의 부르는 소리가 네가 가는 곳마다, 산에나 들에나 바다에나 침실에나 꿈속에서나, 네게 들리리라.

대한인아, 군적(軍籍)의 등록을 맡은 국가의 사자(使者)가 네 집에 이를 때에 너는 어찌 하려느냐. 충의로운 애국자인 너는 두 팔을 들어 만세를 부르고 기쁘게 네 이름을 독립군적에 두리라.

元來 우리 國民은 皆兵이었었다

우리 시조 한배검(檀君)은 국민에게 용전하라는 성훈(聖訓)을 내리셨고, 한족(漢族)의 부여 및 삼한(三韓)시대의 우리 조선(祖先)을 평하여 군자라 하면서도 '강용선전(剛勇善戰)'이라 하였으며, 한족(漢族)이 고대에 우리 민족을 호칭하던 '이(夷)'자라는 글자는 종대종궁(從大從弓)이라 하여 큰 활을 휴대한 용사라는 뜻이며, 부여(扶餘)시대에는 남자들은 평상시요 침식 시에도 좌우(座右)에 갑주와 무기를 갖추어 두고 국가의 소명(召命)을 기다렸나니, 오직 우리 민족은 저 흉녕(凶獰)한 일본과 같이 불의(不義)의 군사(師)와 침략의 전쟁을 아니 하였을 뿐이오, 국가와 자유를 위하여는 국민이 다 강병용졸이었던 것이다.

특히 3국시대에 들어 와서는 고구려·백제·신라 3국이 다 서로 비슷한 국민개병주의의 징병제도를 채용하였나니, 국사(國史)에 의거하건대 17세 이상의 남자는 다 군적에 등록하여 3년간 군대의 훈련을 받고, 2년(미상) 간 변방에 수자리(戍役)를 복무한 후에 각자의 생업으로 돌아가되 일단 유사시에는 곧 동원령에 의하여 일제히 병영에 들어가나니 근대 모든 나라의 징병제도와 유사하다.

당시부터 천여 년을 격하는 우리는 다시 조국과 자유와 세계의 평화를 위하여 우리 선조의 유풍(遺風)을 취하나니, 또한 기이한 인연이오, 용약할 쾌사라 하리로다.

네가 대한인이냐? 그러하거든 선조의 유열(遺烈)을 지키어 용약하여 대한의 독립군인이 되되, 남에서 북까지 동에서 서까지 한 사람도 빠짐이 없게 하라.

決心과 勇氣와 服從은 獨立軍人의 生命이라

대한의 독립군아, 너는 결심하라. 굳게 결심하고, 맹세코 결심하라. 나는 대한의 독립군이니 독립을 완성하기 까지, 또는 열혈로써 신성한 대한의 강토를 물들이기까지 싸우리라고 결심하고, 맹세하라. 지거나 이기거나, 살거나 죽거나, 끝까지 싸우리라. 하나라도 더 적을 죽이고 적에게 손해를 주어 대한독립의 기초에 한줌 흙이 되리라는 결심을 굳게 하고 굳게 하라.

대한의 독립군아, 너는 용기를 가지라. 코끝에 포탄이 폭발하여도 눈도 깜빡 아니하는 용기, 동료의 시체를 타고 넘고, 타고 넘어 자기가 최후의 한 사람이 되기까지 태극기(太極旗)를 높이 들고 적진 가운데로 돌관(突貫)하는 용기, 가슴에 폭탄을 품고 적장이나 적영(敵營)을 분쇄하되, 자기의 몸까지 분쇄하는 용기…이러한 용기는 다 너의 조선에게 있었던 것이니, 이는 결코 그네의 육체와 같이 분묘에 간 것이 아니요, 너희의 혈액 중에 흐르나니 흔들기만 하면 너희 중에 부활하리라.

대한의 독립군아, 너희는 자유를 얻기 위하나니, 그러므로 우선 복종하라. 복종은 자유의 어머니이니, 독립전쟁의 기간에 국민이 정부의, 군인이 장관(將官)의 명령에 절대로 복종하여 2천만 일심일체로 싸우지 아니 하고는 너희에게는 영원히 자유가 없으리라. 과거의 너희 조선이 수군(隋軍)에 대하여, 당군(唐軍)에 대하여, 이리하였나니, 너희는 오늘에 이리함이 마땅하니라.

지난번 제1차 세계 대전에 영국이, 미국이, 벨기에가, 체코가 이리하였나니 너희도 이리함이 마땅하니라.

二千萬의 是日의 祈禱

하나님이여, 이 날에 2천만 대한 동포에게 조국의 독립과 정의와 자유를 위하여 혈전(血戰)할 결심을 주시고, 이 날에 일어나 신성한 독립군의 군적에 이름을 두게 하옵시며, 일찍 2천만의 조선이 가졌던 의기와 용기가 이 날에 부활하게 하시며,

일찍 미국의 의군(義軍)에게 내리시던 음호(陰護)를 대한의 독립군에게 내리시옵소서.

이 날에 드리는 우리의 열혈(熱血)의 번제(燔祭)가 당신의 보좌(寶座)에 올라 우리의 모든 죄구(罪咎)를 용서하시게 하고, 괴로운 벌(罰)에서 나와 천부(天賦)의 자유와 복락(福樂)을 누리게 하시옵소서.

이 날에! 2천만이 부활의 고통을 시작하는 이 날에!

軍務部 布告(제1호)

충용한 대한의 남녀여, 혈전의 때, 광복(光復)의 추(秋)가 내도하였도다. 너도 나아가고 나도 나아갈지어다. 정의를 위하여, 자유를 위하여, 민족을 위하여, 철과 피로써 조국을 살릴 때가 이때가 아닌가.

혼(魂) 있고 피 있는 대한의 남녀여, 선조를 위하여 후손을 위하여, 무도한 왜적에게 학살을 당하는 너의 부모 형제자매를 위하여 최후의 희생을 바칠 때가 이때가 아닌가.

신성한 민족인 대한의 남녀여, 4천여 년의 조국을 하루아침에 섬 오랑캐(島夷: 일본)의 야심에 충(充)한 이래로 과거 10년간 가장 가혹한 압박을 받아도 가장 치욕된 고통을 당하여도 오직 피눈물을 머금고 구차히 천한 목숨을 투생(偸生)함은 피차 오늘을 기다림이 아닌가.

반만년 역사의 권위를 장(仗)하여, 2천만 민족의 의용을 합하여, 20세기 오늘의 시대적 요구에 응하여 인도(人道)를 부르며 나아갈

때에 무엇이 두려우며 무엇을 근심할까. 네 앞에 독립이오, 내 앞에 자유뿐이로다.

그런데 우리의 충용과 우리의 피와 우리의 신성과 우리의 권위로서 나아가 싸우려면, 싸워서 승리하려면, 무기를 말하느니보다 자금을 논하느니보다 제일의 급선무는 전투의 기초인 군인의 양성과 군대의 편성이다.

이것이 과연 우리의 정당한 요구요, 필연한 사실이요, 완전한 자각이라 하면 주저하지 말고 고려(顧慮)말고 하루바삐 너도 나와 대한민국의 군인이 되며, 나도 나가 대한민국의 군인이 되어 2천만 남녀는 한 사람까지 조직적으로 통일적으로 광복군(光復軍) 되기를 서심단행(誓心斷行) 할지어다.

大韓民國 2년 1월 軍務總長 盧伯麟 (제46호 1920. 2. 14)

36. 獨立軍 勝捷(天才)

우리 독립군 2천이 길림(吉林)으로 길을 빌려 적진을 깨뜨리고 적을 죽이기 3백, 적이 패주하기 4백이다. 그리하고 그 획득품은 다수에 달하였으리라고. 아지 못게라, 기회가 이미 무르익었느냐, 힘이 이미 갖추었느냐. 다시 아지 못게라, 우리는 기회의 성숙함을 앉아서 기다리겠느냐, 나아가 기회의 성숙하기를 촉성하겠느냐. 기회가 이미 성숙하므로 나오라 하면, 나는 그 기회가 빨리 옴을 축하하노라. 나아가서 기회의 성숙함을 재촉함이라 하면, 나는 또한 그 용기를 감탄하고 그 전도를 축하하노라.

불은 이미 댕기었도다. 이 불이 혹은 성냥갑에 붙는 불보다 낫지 못하리라. 남이 보기에는 길가에 던지어 풀떡거리는 담뱃불만치도 못 보이리라. 그러나 이 불은 반도강산을 애국의 뜨거운 피로 태우고 동쪽 변방 동수(東陲)의 작은 섬나라(일본)를 복수의 맹염(猛焰)으로 태울 불이다. 그뿐이랴, 이 불은 아시아의 노대국(老大國)을 각성의 열화(烈火)로 태울 불이며, 이 불은 센 강변에서, 영불 도버해협에서 부어내리던 화약 불을 흑룡강반(黑龍江畔), 조선해협에 쏟아지게 할 그 불이다.

아아, 어찌 이 불이 반도강산에서 왜적만 태울 불이랴. 이 불이 댕기는 곳에 모든 추악과 모든 해독, 모든 부육(腐肉)이 남지 못하리라. 이 불이 가는 곳에 새로운 나라가 있을지요, 새로운 사회가 있을지요, 새로운 생활이 있고, 새로운 정치가 있으리라. 이 불이 가는 곳에 새로운 대한민족이 있고, 새로운 중화민족이 있고, 새로운 일본족, 새로운 아시아가 있으리라. 아아, 이 불은 동아(東亞)의 쌓이고 쌓인 구폐(舊弊)를 모조리 사라버리는 정화(淨火)로다.

누가 이것을 과언이라 하느냐. 태평을 꿈꾸는 자여, 눈을 들어 바라보라. 삭풍이 맹렬한 시베리아 광야에 새로운 서광이 비침을 깨닫지 못하느냐. 적설이 첩첩한 중국 평원에 새로 뿜는 화산을 못 보느냐. 북경(北京)의 괴뢰정부(傀儡政府)의 전복은 눈앞에 있고, 연해주(沿海州)의 일본군과 러시아 혁명정부의 적위군(赤衛軍) 간에 대충돌이 발생할 것은 명약관화한 사실이다. 제국주의, 금권주의, 있다하는 모든 낡은 것을 대표하는 일본의 군벌과 북경의 목우정치(木偶政治). 자유주의, 해방주의, 온갖 새로움을 대표하는 시베리아의 혁명가, 청년중국의 신정신. 불안한 생활과 자유사조의 침입으로 격동하기 쉬운 일본의 피압박 계급을 움직였도다.

만일 일본으로 며칠만 더 무익한 증병(增兵)을 꿈꿀 때는 그들 소위 '제국의 충량'은 한 사람도 남기지 않고 시베리아 벌판에 그 피를 흘리고 그 뼈를 묻으리라. 만일 하루만 더 늦게 북경의 마취 정객이 잠자는 때는 그들의 노수(老首)는 혁명에 심취한 중국 청년의 붉은 손아래 부서지리라.

이 모든 형세를 폭발시킬 도화선은 이미 죄다 장치된 화약에 전기를 끌어다 붙이는 손은 오직 대한인의 피니라, 오직 대한 청년의 피니라. 그러므로 우리는 감히 말하노니 2천의 독립군의 승첩은 동 아시아의 대혁명의 개시를 선언하는 경종이라 하노라.

이미 불은 댕기었도다. 독립전쟁의 제1기는 임박하였도다. 폭풍우의 선구가 지평선을 스치고 가도다. "충용한 대한의 남녀여, 혈전의 때, 광복의 추(秋)가 도래하였도다. 너도 나아가고 나도 나아갈지라. 정의를 위하여, 자유를 위하여, 민족을 위하여, 철과 피로써 조국을 살릴 때가 이때가 아닌가(軍務部 布告)."

독립전쟁의 제1보에 우리에게 돌아온 이 승리는 즉 독립전쟁의 전도를 점치는 승리요, 동아 대혁명의 성공을 축하하는 승리이로다. 승리를 축하할 자는 나오라. 승리를 향하여 돌진할 자는 나오라. (제47호 1920. 2. 17)

37. 婦人과 獨立運動

3월 1일에 왼 손에 태극기, 오른 손에 독립선언서로 시위행렬의 선두에 서서 돌진하던 한 처녀는 적의 칼에 양 손을 끊기었다. 이것이 이번 독립운동의 첫 피다. 대한독립을 위한 첫 피는 대한 여자에게서 흘렀다.

그로부터 대한의 여자는 독립운동의 모든 부문에 빠짐이 없었다. 비밀문서의 인쇄, 등사, 배포와 통신의 대부분은 여자의 손으로 되었다. 작년 2월 동경과 상해로부터 표연히 졸던 고국에 돌아온 몇몇 여성 애국자는 부산에서 의주까지, 목포에서 함흥까지 날아다니며, 4천 년간 침묵하였던 대한의 1천만 여성에게 조국을 위하여 일어날 때가 당도하였음을 고하였고, 일단 대한독립 만세성이 일어남에 그네는 분연히 심규(深閨)의 문을 박차고 태극기를 두르고 나섰다.

그네는 옥에 가고, 악형을 당하고, 중죄의 선고를 받았다. 그네의 피와 눈물로 대한독립을 부르짖는 소리는 천만의 대한 남자를 분기케 하고, 세계에 대하여 대한민족의 의기를 고성으로 자랑하기에 족하였다.

처음에 남자의 운동을 따라서 일어난 그네는 점점 자기네의 실력과 지위를 자각하게 되어 “우리는 남자의 부속물이 아니오, 독립한 인격이다”함을 사실로 증명하게 되었다. 그네는 여성국민으로 국가에 대한 의무를 자해(自解)하여 여러 가지 결사(結社)를 만들었다. 이번에 이름난 애국부인회(愛國婦人會)는 아마 대한부인이 조직한 최초요 최대의 정치적 결사일 것이다. 이러한 정치적 결사를 얼마나 조직적으로 얼마나 유력하게 운전할까 하는 것은 현재 대한부인의 능력을 시험하는 문제지마는.

하란사(河蘭史) 김경희(金敬喜)같은 인물은 죽었고, 김마리아 황애시덕(黃愛施德) 같은 이는 적의 포로가 되었다. 이것은 대한부인계에 큰 손실이지마는 나는 무명한 중에 다수의 인물이 활동함을 믿고, 또 방금 발육 중에 있는 준재(俊才)가 무수할 것을 축원한다.

부인네는 그 혼인기념의 지환(指環)을 빼고, 비녀를 빼고, 머리를 베었다. 그네는 부채(扇子)를 팔고, 떡을 팔고, 바느질품을 팔았다. 손에 재산권을 가지지 못한 그네는 자기네로 가능한 온갖 수단을 다하여 애써 독립을 만회하려 한다.

지금 상해에 있는 30여 명의 부인은 거의 일각의 한가한 틈도 없이 활동한다.

그네는 대개 여학교 출신으로 작년 3월 이래로 국내에서 활동하다가 수개월의 옥중생활을 치르고 온 이들이다. 한 달 전 대륙보(大陸報)에 김연실(金蓮實) 씨의 옥중에서 악형 당하던 고백이 났거니와 우리나라에 뜻있는 여자들은 다 그러한 고난을 당한다고 봄이 마땅할 것이다.

상해에 있는 그네는 애국부인회를 조직하였다. 그네는 돈을 모도와 독립운동에 관한 사진첩 수천 부를 발행하여 서양과 한인(漢人)방면에 배포하였고, 또 장차는 태극기와 기타 대한의 독립운동을 연상할 만한 기념품을 만들어 널리 세계의 동정하는 인사에게 보내려 하며, 혹은 조사의 직임을 맡아 독립운동사료와 선전재료의 수집에 종사하며, 혹은 재무부의 수세원(收稅員)이 되어 세금을 거두며, 혹은 군무부의 의용병 권유원이 되며, 혹은 학교의 교사가 되며, 혹은 적십자회의 간호부가 되어 독립전쟁의 준비를 하는 등, 상해에 있는 남자로는 아무 사무 없이 우유(優遊)하는 자가 있다 하더라도 여자로는 한 사람도 그러한 자가 없다.

이번 우리 독립운동에 자랑할 것이 많은 중 아마 우리 여자의 활동은 가장 자랑할 것의 하나일 것이다. 원컨대 1천만 여성이 다 각성하고 궐기하여 신대한 건설에 각각 응분의 힘을 낼지어다. 그리고 이것은 전혀 신교육을 받은 선각자의 장중(掌中)에 있는 것이니, 선각자 된 여자들은 자기의 책임의 중대함을 자각하여서 일각이라도 인격과 지식의 수양을 소홀히 하여서는 아니 된다. 지금이 급한 때일수록 바쁜 때일수록. (제47호 1920. 2. 17)

38. 敵魁의 橫說竪說

「조선동요(朝鮮動搖)의 유인(誘因)」이라는 제목으로 사이토(齋藤實)의 담화인데, 대판매일(大阪每日)에 게재한 그대로 번역한 것이니, 적이 얼마나 우리 사정에 암매(暗昧)하고, 우리를 압시(壓視)하고, 탐욕한가를 보라.

조선 소요(騷擾)의 이면에 기독교 선교사의 선전이 있었던 것은 명료한 사실이다. 그중 가장 악성인 자는 경성 세브란스(世富蘭偲)

의학교의 스코필드[28]라는 사람인데, 나는 조선에 착임(着任)하기 전 동경에서 미즈노(水野錬太郞)[29] 정무총감과 함께 그 사람과 면담하였는데, 그는 극히 맹렬한 의견을 토하며, 그 사상은 항상 조선인을 부조(扶助)하여 일본정부에 반항케 하라고 한다. 나에게 대하여서도 일본정부는 예기(藝妓)와 같은 추업부(醜業婦)를 가지고 조선의 식민정책이라 하지마는 그 실황은 실로 산비(酸鼻)의 광경을 정(呈)하니, 그 방면의 구제책은 여하한가. 또 신총독은 자치정(自治政)을 선포한다 하니 민선(民選)으로 하는가? 등 극히 엄혹한 질문을 쏟아내며, 맹렬한 독립선전(獨立宣傳)을 하는 위험인물로, 같은 외국인 선교사 안에도 그의 행동에 대하여 이맛살을 찌푸리는 자 적지 않다. 그는 독립선전의 배경에 있는 중견인물의 한 사람이다. 나는 기독교에 대하여 하등의 은원(恩怨)도 가지지 아니하나, 각지의 조선인 교도에게 독립의 기도(祈禱)를 선전하는 일에 대하여서는 스스로 당국(當局)인 태도를 언명치 아니치 못할 것이다. 이번 조선에 있는 기독교 선교사에 대하여 그 내용을 적발한 것은 한쪽으로는 그들에게 선전(宣戰)을 포고한 일이 되나, 나는 결코 그것을 공포(恐怖)치 아니하며, 될 수 있는 대로 이에 의거하여 그들과 제휴하여 조선인 선도의 실을 거두리라 생각한다. 이강(李堈)공 전하의 납치사건[30]은 최근 소요의 가장 중대한 것인데,

---

28) 스코필드(Frank W. Schofield, 石好必, 1888~1970). 1916년 세브란스 의학전문학교 세균학 교수. 3·1운동이 일어나자, 교직을 버리고 독립운동에 적극 가담, 일제의 포악상을 세계 각국으로 선전했다. 그 결과 총독부 당국으로부터 강제 출국을 당해, 캐나다에서 대학 교수로 재직했다. 1959년 대한민국 정부수립 10주년에 초청되어 한국에서 영주하다가 여생을 마친 친한파이다.

29) 미즈노 렌타로우(水野錬太郞, 1868~1949). 寺內 내각의 內相, 朝鮮總督府 政務總監을 역임했다.

30) 義親王의 脫出事件. 3·1운동을 계기로 연금생활을 계속하던 의친왕 李堈공은 측근에게 외국으로 탈출할 뜻을 밝혀 왔다. 이에 애국투사들은 이강공을 상해로 탈출시켜 그를 옹립, 국권회복운동을 벌이기 위

전하의 행동은 관방(觀方: 보는 사람)에 의하여서는 범행적으로도 보이나, 우선 자주적 행동이 아니오, 단지 돈을 욕구하는 오류에 불과하다. 대동단(大同團)[31]이라 칭하는 불령한(不逞漢) 등이 그 약점을 잡고 교묘히 이용한 것이다. 그러나 통치상 간난(艱難)한 것은 조선 안의 반항기분보다도 이 기회를 엿보고 인민을 소동케 하는 국외의 불령단(不逞團)이니, 지난 안동현(安東縣)에서 포박된 전협(全協)과 같이 국경방면에 출몰하는 일단과 같은 무리들이다. 이미 그 거괴(巨魁)라 칭하는 자 10여 명을 체포하였으나, 그들의 처분에 대하여서도 적지 않게 초려(焦慮)하며, 상해에 소위 가정부(假政府: 임시정부)와 국경 방면에 있는 단체가 다 불령하지마는 그 종류는 두 가지가 있다. 이번에 의친왕(義親王) 전하를 추대한 상해의 일단은 조선의 독립을 세계사조에 의하여 국외로부터 획책하여 전하와 같은 유명한 인사를 협박하여, 국외에 대하여 "이와 같이 고귀하신 이도 이미 일본정부에 대하여 깊은 원한을 품고 있으니, 다른 동포도 속히 조국의 독립을 기(期)치 아니하면 아니 되겠다고" 운운하며, 국경방면에 있는 자는 의친왕 전하라 일컫지 않고, 조선에 대한 고귀의 인사를 만주 방면에 납거(拉去)하여 공화적 제국(共和的帝國)이라고 칭하는 한 국가라도 건설하려고 기획한 것이다. 여하간 어느 것이든지 일본정부에 대하여는 불온한

하여 탈출 모의를 한 결과, 의친왕은 종자 김삼복(金三福)을 대동하고 마침내 1919년 11월 9일 삼엄한 경계망을 뚫고 경성역을 출발, 열차편으로 11월 11일에 만주 안동(安東)역에 무사히 도착했다. 그러나 현지 일본 경찰은 안동역에서 의친왕과 동행자 정남용(鄭南用)을 발견하고 서울로 연행함으로써 탈출계획은 무산되고 말았다.

31) 大同團. 일찍이 一進會의 총무로 부평군수를 역임한 전협(全協)이 1919년 10월 상해에 이르러 임시정부를 방문하고 귀국, 전 일진회원 최익환(崔益煥)과 모의하여 대동단을 조직했는데, 설립 후 일차적인 사업은 의친왕 이강공을 상해로 탈출케 하는 거사를 단행하는 것이었다. 이는 의친왕을 임시정부에 가담케 함으로써 독립운동에 대한 내외의 관심을 환기하기 위한 거사이다.

운동이다. 우리는 이 조선 인민을 위하여 정치하는 것과 그들이 조선 장래를 생각하는 그 근본적 정신에 대하여서는 일치한 점이 있는 고로, 만약 그들이 총독정치의 정신을 양해하여 당국의 의지를 받아들일 가능성이 있고 보면, 나는 크게 그들의 말을 듣고서 상호 양해를 얻으려고 생각하는 바이다. 원컨대 국내 조선인 동요의 유인(誘因)이 국외 불령단(不逞團) 및 외국 일부 선교사 등의 선전에 있는 고로, 먼저 그들에 대한 조치를 행함이 급무이다. 나는 불령단의 포박과 함께 선교사 등에 대하여 특히 우리들의 입장을 언명하였다. 이 태도를 선전(宣戰)이라고 간주하여도 상관이 없다.

오늘까지 그들이 독립소요의 선전(宣傳)을 행한 사실은 흘경(吃驚: 깜짝 놀람)할 만한 수에 오르게 되었다. 또한 금일까지 체포된 불령한의 안에도 진실로 우국하는 적심(赤心)을 말하는 자가 있다면, 노력하여 나는 경청할 것이다. 지난 번 학생소요에 감(鑑)하여 이번 학제(學制)의 개제(改制)를 행한 일도, 혹은 총독부의 고권(估券)[32]에 관한 모습으로 보일런지도 알 수 없으나, 그들의 요구의 이유 있는 것을 알겠으므로 곧바로 채용할 것이오. 다른 통치상에도 그들의 의견이 도리에 합당하면 결코 거절하지 아니할 것이다. 그리하여 상호의 원만한 이해를 희망하지 아니하면 금일의 착종한 시국의 구치(救治)는 행치 못할 것이다. 그들의 마음을 알지 못하고 정치에 임하면 지난날과 같이 백주에 공연히 대도시의 한가운데서 독립선전(獨立宣傳)을 행하는 위험한 결과를 초래할 것이다. 나는 이곳에 부임 이래 노력하여 그들과 접촉하여 그 의지의 소재한 점을 들었는데, 일본 내지에서 교육을 받은 자중에는 좋게 나의 진의와 방침을 양해하고 있다. 이러하지마는 아직 불령(不逞)을 감행하는 자에 대해서는 단연한 처분을 쓸 밖에 다른 도리가 없다. (제47호 1920. 2. 17)

32) 고권(估券). 토지의 소유권을 증명하는 문서로서 고유권한이라는 뜻.

39. 新 生

“회개(悔改)하라 천국이 가까이 오니라”

“다시 나지 아니한 자는 천국을 보지 못하리라”

회개하라, 대한인아! 노예에서 나와서 자유에, 어리석음에서 지혜에, 천함에서 존귀에, 가난에서 부유로 나오려거든 대한인아, 회개할지어다!

썩은 재목으로 다시 집을 지으랴. 백 번 지어도 백 번 무너질 뿐이니, 한번 무너질 때마다 그 무너짐이 더욱 심하리라. 그리하여 마침내 영원히 다시 일어나지 못하게 되리라.

대한인아, 너는 망국하던 백성이니, 망국하던 백성으로 능히 흥국(興國)하는 백성이 되리라 하는가. 하늘의 도우심으로 되며, 세계의 도움으로 되며, 요행으로 되며, 자연히 되리라 하는가. 너의 나라를 망한 것이 하늘이라고 하지 말고, 운수(運數)라고도 하지 말고, 우리를 노예로 한 일본이라고도 하지 말고, 우리의 노예 됨을 묵인한 열국(列國)이라고도 하지 말라. 대한을 망한 것은 오직 너희 대한인의 죄임을 깊이 깨닫고, 이 죄를 아프게 회개하기 전에는 다시 네 국가의 자유가 오리라고 망상하지 말지어다. 1년을 회개치 아니하면 1년을 노예의 철쇄(鐵鎖)와 철편(鐵鞭)이 네 위에 있고, 10년을 회개치 아니하면 10년을 네 위에 있으리라. 눈물을 흘리고 가슴을 두드려 회개할지어다.

10년간 적에게 우마(牛馬)같은 학대를 받고도 회개할 줄을 모르며, 3월 이래로 수만의 형제와 자매가 피를 흘리되 회개할 줄을 모르는가. 너희의 추악한 죄악이 혈액에 충만하고, 심신의 조직 안에 침윤하여 지옥의 열화(烈火)로 살과 뼈가 모두 불타버리기 전에는 소멸할 수 없다 하는가. 이사야 · 예레미아 등 여러 선지자의 열화 같은 절규를 들은 체 만체하고, 마침내 수천 년간 천애(天涯)에 유리(流離)하는 망국민이 되었던 유태인이 되고야 말려는가. 대한인아!

이번의 독립운동으로 과거의 죄를 속(贖)하였다고 생각하지 말라. 이번의 열국의 동정과 칭찬으로 대한인의 과거의 누명을 깨끗이 씻어내고, 세계의 신임과 동정을 얻었다고 생각하지 말라. 이렇게 생각함은 과히 주제넘은 일이오, 겸하여 자살적 망상이니, 대한인의 추악한 죄장(罪障)은 더욱 쌓였을 뿐이오, 쌓일 뿐이며, 세계에 대한 대한인의 누명과 불신용은 여전한 줄 알고, 더욱 회개하고 편달할지어다.

대한인아, 스스로 생각할지어다. 너희가 문명한 신국민이 되기에 적당한 자격이 있는가. 네게 그만한 도덕이, 그만한 지식이, 그만한 부력(富力)이, 그만한 충성이, 그만한 용기가, 그만한 순결한 애국심과 단결력이, 그만한 신의가 있다고 자신하는가. 5백년 이래의 악정(惡政)과 부패에서 얻은 허위와 공론(空論)과 교사(巧詐)와 무신(無信)과 시기와 질투와 나타(懶惰)와 무기력과 이기심을 쾌히 버렸다고 자신하는가. 이것을 아니 버리고도 노예의 수욕(羞辱)에서 벗어나 자유의 영광에 들어가리라고 생각하는가.

죄로는 병인(病人)이오, 유치하기로는 어린 아이인 대한인아! 광복과 새로 세울 대사업을 병인과 어린 아이로 능히 하리라 하는가. 죄를 회개하여 건전하게 되고, 정신을 수련하여 힘을 얻으라. 개인으로 '힘'을 얻고, 단체로 '힘'을 얻고, 민족으로 '힘'을 얻어야 하리니, 대한인의 부활과 번영은 대한인의 '힘'에 있고, 대한인의 '힘'은 대한인의 회개에서 그 근원이 발할지니, 회개 없는 대한인에게는 영원히 자유의 구원이 없으리라. 회개의 눈물과 희망의 빛은 동시에 같은 근원에서 발하는 것이니라.

대한인아, 회개하라, 다시 나라. 그리하고 신랑을 기다리는 처녀와 같이 각각 정결(淨潔)의 촛불을 준비하여 오는 신국가와 신시대를 맞으라. (제48호 1920. 2. 26)

40. 三一節[33]

기미년(己未年) 3월 1일, 대한의 독립을 선언한 날. 그날의 오후 2시, 탑골공원에서 처음 대한독립 만세 소리가 일어난 때. 이날 부활의 날, 이 때 부활의 때.

반만년 역사가, 대한의 국명(國名)이, 세계의 기억 중에 대한 민족의 존재가 오래 통곡의 눈물 속에 잠겼던 태극기와 함께 대한민족의 자유가, 이 모든 우리의 귀한 것이, 생명과 같이 귀한 것이 이날에 부활하였도다.

이날에 독립선언서에 서명한 민족 대표 33현(賢), 이날에 팔을 벌리고 하늘을 우러러 대한독립의 첫 만세를 부른 충용한 형제와 자매. 이날에 태극기를 두르고 자유를 외치다가 피를 흘린 이에게 영원한 감사와 영광이 있을 지어다!

이러한 충용한 형제와 자매를 가진 대한인과 및 그 천만대 자손에게 영원한 자유와 번영이 있을 지어다!

이날에 일월과 같이 밝게, 벽력과 같이 크게, 3천리의 강산에 울어난 위대한 독립선언서의 이상과 의기가 속히 실현되고, 영원히 빛날 지어다!

2천만의 대한인과 및 그 천만대 자손이 영원히 이 귀중한 선언서를 외우고, 또 외우며 낮이나 밤이나(晝晝夜夜) 시시각각으로 그

---

33) 조선총독부 기관지 '매일신보'만 있고 당시 국내에는 한국어 민족지가 전무한 상태에서 춘원은 삼일절(三一節)이란 역사용어를 처음 제정·사용했다.

속에 표현된 이상과 약속을 몸받아(體) 실현하기를 충실히, 민면(黽勉)히 할 지어다!

이날에 부른 독립만세 소리가 한번 울고 스러지는 우레와 같이 말고, 개벽의 첫날부터 천지의 마지막 날까지 영원히 울리는 대해의 파도 소리와 같을 지어다!

이날에 맺은 공약 3장의 피로 맺은 굳은 언약을 대한인아, 잊지 말지어다! 건망(健忘)의 대한인, 반복(反覆: 언행을 자주 고침)하는 대한인으로, 또 한 번 세계에 대하여 큰 거짓말 하는 자가 되지 말고, 그 건망과 반복의 악을 3월 1일의 충의의 열혈로 다 씻어버리고, 신성한 이 "최후의 1인까지, 최후의 일각까지"의 맹약을 끝까지 이행케 할 지어다!

허위, 공론, 교사, 반복(反覆), 겁나(怯懦), 시기, 이기, 분쟁, 나타(懶惰) 등 대한인의 개인적, 종족적 모든 죄악을 이날에 흘린 팔찍힌 처녀의 정결한 열혈로 씻어버리고 태워 버리고, 실(實)과 행(行)과 충(忠)과 의(義)와 신(信)과 용(勇)과 애(愛)와 상조상권(相助相勸)하며 상화상합(相和相合)함으로, 신국민, 신자유민 되기에 합당한 거듭 태어난 국민이 될 지어다!

첫 돌, 금년 3월 1일에 대한의 형제와 자매로 하여금 기미년 3월 1일을 묵상케 하고, 과거 1년간에 매 맞은 자, 죽은 자, 피 흘린 자, 옥중에서 악형을 당하는 자, 국가를 위하여 지아비를 잃은 과부, 자녀를 잃은 부로(父老), 부모를 잃은 고아를 생각게 할지어다. 그리하고 작년에 아니 죽은 생명은 금년에 희생하기 위함인 줄을 자각하여 가재(家財)를 기울여 독립 군비를 장만하며, 일신을 바쳐 독립군인이 됨으로써 명년의 오늘에는 신생한 대한강산 3천리 방방곡곡에 개선과 독립을 축하하는 만세 소리가 천지를 진동케 할 지어다!

아아, 3월 1일! 억천만세 무궁토록 자유 대한의 탄생한 성스런

날로 이날을 억천만 한국 땅 자녀의 만세 소리로 채우게 할 지어다! (제49호 1920. 3. 1)

41. 此際를 當하여 在外同胞에게 警告하노라

一. 合하여 一心하자

재외 동포의 수효는 전부 2백만 미만이라 하더라도 한데 합치면 대한 전 민족의 10분의 1을 점령하지요. 또 2백만은 결코 적은 수가 아니라, 합하면 족히 한 국가라도 건설할지니, 과거에 이미 합하였던들 우리의 독립은 이미 완성하였을 것이다. 이제부터 한데 합하더라도 2백만의 대단결, 대군대는 동아(東亞)에 처하여 당할 자가 없으리라.

그러나 기억하라. 이는 한데 합한 뒤에 일인 것을. 합함이 없으면 2백만이 아니라 2천만 2억이라도 아무 힘이 없으리니, 4억의 한인(漢人)이 그 8분의 1되는 5천만의 일본인에게 수모(受侮)함을 보라. 재외 동포 제위에게 만일 진정으로 애국심이 있고, 진정으로 독립을 기원하는 충성이 있다 하면 반드시 합하기를 힘쓰리니, 무비(武備) 없는 2천만으로 5대 강국의 하나이라 칭하는 일본의 5천만을 대적하려하니 합하여야 하고, 만일 재외 동포 2백만이 죽기를 맹세하고 광복의 뜻이 있어서 본국 동포야 응하거나 말거나 조국을 광복하리라 한다 하면 2백만으로써 그 25배나 되는 5천만을 대적하려 함이니, 더욱 합하여야 하리로다.

생각하라, 러시아령 동포가 50만이라 하여도 이 50만의 지력(知力)과 금력과 혈력(血力)만으로 족히 조국을 광복하리라 하는가. 북간도의 동포가 1백만이라 하고, 서간도의 동포가 1백만이라 하더라도, 그네 각개의 지력과 금력과 혈력으로 족히 광복의 대사업을 성취하리라 하는가.

아아 동포여, 2백만이 온통 합심이 되어도 어렵거든, 2천만이 온통 합심이 되어도 어렵거든, 그 속에서 갑을(甲乙)로 갈리고, 병정(丙丁)으로 나누어진다 하면 무슨 일이 되리오.

망국 10년에 합하지 못한 여러분을 보니 애국심이 없다 하노라. 독립선언 후 1년에 합하지 못한 것을 보니 애국심이 없다 하노라. 금후에도 합하지 못한다 하면 재외한인(在外韓人) 2백만은 영원한 노예의 저주를 받으리라.

二. 왜 합하지 못 하였던고

왜 합하지 못하였는가. 내 바른 소리 하리라. 양심이 있는 자여든 성내지 말고 통곡하고 회개할지어다.

1. 국민의 정도의 유치함.

2. 효웅(梟雄: 사납고 용맹한 영웅)의 횡행(橫行)함.

이 두 가지가 재외 동포의 통일되지 못한, 못하는, 믿고 못할 근본적 원인이니, 국민의 교양 정도가 유치하므로 자유의 의사도 시세(時勢)를 관찰하여 사리를 공정하게 판단할 능력이 없이, 혹은 지인(知人), 혹은 동향인, 혹은 교언영색(巧言令色)하는 자, 혹은 선입(先入)한 자의 말만 신빙하여 장님 한 사람이 뭇 장님을 이끄는 비참한 상태를 현출(現出)하고 있다.

국민의 이 약점 되는 심리를 이용하여 교사·어리·조명지배(巧詐漁利釣名之輩: 거짓을 꾸며 어부지리로 명예를 구하는 무리)가 양피낭심(羊皮狼心)으로, 혹은 편지(片紙)정책으로, 혹은 유언(流言)정책으로, 혹은 사기수단으로, 국민을 고혹(蠱惑)하여 무수한 부정한 작은 집단을 만드나니, 가련한 것은 이러한 효웅을 맹종한 순박한 국민이다. 그네는 "이것이 애국인줄 광복운동인줄" 맹신하고, 금력과 정력을 다하여 도리어 국가의 대사에는 해를 끼치면서 간악한 도배의 명리욕(名利慾)의 희생이 되도다.

러시아령(俄領) 동포를 귀일(歸一) 못 하게하는 자가 누구며, 서북간도의 동포를 현혹케 하는 자가 누구며, 미주(美洲) 동포를 분열케 하는 자가 누군가. 불과 열 손가락을 꼽을 만한 소수 악도간당(惡徒奸黨)의 소위(所爲)이다. 아아, 동포에게 무슨 허물이 있으리오.

三. 自己를 내세워 統一을 妨害하는 자는 賊이다.

나는 이러한 도배를 악도라 하노라, 간당이라 하노라. 그네는 무론 살인범도 아니오, 강도범도 아니오, 국법에 저촉할 만한 사기취재범(詐欺取財犯)도 아니다. 그네는 입에 애국을 주창하며, 일상의 상투어로도 죽기로 맹세하고 광복을 운운하며, 일부 동포에게는 지사라 선생이라 영웅이라는 칭호까지 듣는 어른들이다. 그러하거늘 나는 왜 그네를 악도라 간당이라 하는가.

그네는 국민을 고혹하였도다. 국민을 현란(眩亂)하여 통일을 방해하고 독립운동을 방해하였도다. 이것이 악도요 간당이 아니고 무엇인가. 이것이 매국적(賣國賊)과 적탐(敵探)이 아니고 무엇인가. 이제 나로 하여금 그 증거를 들게 하라.

제일 큰 증거는 중국·러시아 양 영토에 근 2백만 동포가 통일되지 못함이니, 러시아령은 러시아령끼리, 북간도는 북간도, 서간도는 서간도끼리도 통일되지 못하고, 각기 한 지방 안에 수다한 단체가 병립하여 길항반목(拮抗反目)하며, 더욱 그 중에 어떠한 자는 정부를 중심으로 하고 정경대원(正經大原: 바른 길과 큰 원칙)을 버리고 매사에 역행하기를 일삼고 있다.

제2는 과거 10년간에도 2백만의 동포를 선도하여 독립사업의 준비를 이룩함이 없고, 헛된 사업과 불의한 분쟁에 동포의 정성과 금력만 소모하였으며, 독립운동 개시 후에도 여전하여 별로 이뤄놓은 사업이나 사업의 준비가 없나니, 그대들은 인심을 단합하였는가, 재정을 적립하였는가, 군대를 양성하였는가, 또는 그네에게 정당한 지도를 해주었는가.

四. 北美 同胞의 模範

저 북미에 있는 동포는 인구가 1천에 달하지 못하되 대한인국민회 중앙총회[34]라는 통일되고 완전한 단체를 조직하여 과거에도 많은 활동을 하였거니와, 특히 3월 1일 이래로 빈한한 동포들임에도 불구하고 10여만 원의 금전을 갹출하였고, 그러면서도 중앙정부에 대하여 털끝만큼도 반항하거나, 자기 의견을 내세우려는 태도를 보지 못하니 실로 감사할만하고 모범할 만 하도다. 그네는 돈을 내면 독립운동을 위하여 쓰고, 글을 쓰면 동포에게 애국심을 고취하거나, 외인(外人)에게 본국의 사정을 소개하는 것을 썼나니, 거기에 비해 저들(간당)은 제 돈을 내면 따로 한 기치(旗幟)를 세우거나 사복(私腹)을 채우는데 쓰고, 글을 쓰면 성토문이나 질문서니 하여 국인(國人)끼리 서로 무해(誣害)하고, 동포의 정신을 현혹하는 자와 천양지차(天壤之差)가 있도다.

불행히 구한국시대의 협잡 분경군식(紛競軍式: 분쟁을 일삼는 패거리) 애국지사가 국외 각처에 횡행하여 과거에도 우리 대사업에 막대한 화해(禍害)를 주었고, 아직까지도 독사와 악마와 같이 각지에 잠복하여 대사업의 진행을 방해하나니, 그들은 실로 적이 기른 개 이상의 화해를 주고 있다. 이완용(李完用)·민원식(閔元植) 무리는 국인(國人)이 모두 죽여야 할 적탐(敵探)으로 밝히 아는 바다. 그 해가 심히 경미하되 애국의 가면을 쓴 자의 해는 국인을 기망하는 위험이 더욱 크도다.

---

34) 大韓人國民會 中央總會(The Central Council of The Korean National Association). 島山 安昌浩가 1912년 11월 8일 북미 지방총회 李大爲·朴容萬·金洪均, 하와이 지방총회 尹炳求 朴相夏 鄭元明, 시베리아 지방총회 김병종·유주규·홍신언, 만주리아 지방총회(대리) 안창호·姜永韶·洪焉 등의 각 지방총회 대표들이 한자리에 모여 대한인국민회 중앙총회를 발족, 재외 한인의 총본부 역할을 수행했다.

五. 近來 奸徒의 陰謀가 又開하다

근래에도 상해·북경 등지로서 무수한 암실(暗室)의 사신(私信)이 러시아령 서북간도 및 미주 하와이 등지로 날아드는 모양이며, 그 사신이 날아드는 대로 통일이 있던 곳에는 통일이 깨어지려하고, 통일이 되려던 곳에도 분열이 심하여 가는 경향이 있다. 러시아령의 동포는 근래 점점 인심이 통일되어 중앙정부의 기치하에서 광복의 대사업을 무도(務圖)하려는 조짐이 보이더니, 그 저주받을 암실의 사신이 또 인심을 혹란(惑亂)하는 모양이다. 서북 간도도 많이 통일되는 모양이더니, 역시 근래에 상해·북경 등지의 암실의 사신의 화재(禍災)를 받는다 하도다. 그들 간도(奸徒)의 상투어는 "상해정부는 신임할 수 없다. 혈전을 하여야 되겠는데 정부에도 혈전의 준비가 없다. 그런데 내게는 이 의사가 있으니, 금전이나 인물이나 정부의 밑으로 가지 말고, 내 밑으로 오너라" 함이니, 간당이 으레 하는 모양으로 국민의 생존론적(生存論的, 원문에는 生戰論) 심리를 교사(巧詐)히 이용하여 일이 이룩되면 건국의 영웅이 되고, 패하더라도 수중에 들어온 금전과 명예야 갈 데 있으랴 하는 가증가민(可憎可憫)한 심사로 이러함이라.

六. 光復事業은 英雄의 것 아니오 人民의 것이라

지금 건국 영웅의 시대는 아니로다. 광복사업은 한두 사람의 영웅의 사업이 아니오, 대한인민의 사업이로다. 영웅이 되려는 자는 물러갈지어다. 너는 일인과 같이 우리들의 적이니라. 나(我)를 세우지 아니하고 국가라는 기관의 한 역부(役夫)가 되려는 자야말로 우리들의 요구하는 인물이니, 국가에 복종하려 함은 선(善)이로되 내게 복종하라 하는 자는 적(賊)이니라.

七. 善惡 判斷의 標準

재외 2백만 동포여! 정신 차려 간배(奸輩)에 속지 않도록 할지어다. 선악과 정사(正邪)를 분명히 가릴지어다. 다수의 대마(大魔) 소마(小魔)가 여러분의 신변에 얼기설기 얽혀(纏綿) 여러분의 순결한 애국심과 재전(財錢)을 빼앗으려하나니, 분명한 판단을 가질지어다. 내 이제 판단의 표준 몇 가지를 드리리니,

1. 합하기를 주장하는 자와 분열하기를 주장하는 자와,
2. 수단이라 하여 거짓말 하는 자와 정직하게 참말 하는 자와,
3. 정부라는 국민의 공기(公器)를 봉대(奉戴)하는 자와 자기 개인을 중심으로 내어세우려 하는 자와,
4. 국가의 이름으로 준비 있고 통일 있는 전쟁을 하려는 자와, 자기가 중심이 되어 한패공(漢沛公) 초패왕적(楚霸王的) 기공(奇功)을 세우려는 자와,

이런 것 중에 어느 것이 선(善)이오 정(正)이오, 어느 것이 사(邪)요 악(惡)인가.

아아, 동포여, 지금 이 위기일발의 추(秋)로다. 지금 합하여야 하고, 지금 준비하여야 하고, 지금 진로를 정하여야 하나니, 동포여, 지금이 위급의 추로다. 언제까지나 간도·악당의 흉계에 빠져 내부의 분쟁으로만 일삼으려 하는가. 깰지어다, 깨어서 모든 사심(私心)을 버리고 오직 광복의 대사업을 위하는 명지(明智)와 적성(赤誠)으로 선악과 정사의 판단을 분명히 하고, 선과 정을 향하여 용왕직전(勇往直前)할지어다. 국가의 운명이 여러분에게 달렸나니라. (제52호 1920. 3. 11)

42. 婦人解放問題에 關하여(1) (송아지)

근세의 부인 해방문제는 해결의 길이 열린듯하면서도 아직 그 전도가 심히 요원하다. 장구한 세월과 많은 희생을 허비한 유럽의 부인도 그 완전한 해방의 목적을 달하기까지는 아직도 수세기의 분투를 요할 것이다. 하물며 가까운 과거까지 남자계급의 지배하에서, 노예라 하기보다, 노예 이하의 대우를 받던 동양부인의 해방

이리요. 그 전도에는 무수한 장애와 무한의 곤란이 있을 것이 자명하다. 한 걸음 더 좁혀 우리나라의 부인문제를 돌아보건대, 암흑한 광야에 아직 한줄기 광명도 비침이 없음에, 침침하고 서늘함이 비길 데 없음과 같다.

그러나 우리는 지금 모든 파괴와 건설의 제일보에 선 자라, 우리의 독립은 결코 일본의 지배하에서만 탈출함이 아니요, 모든 압제하는 자와 모든 속박하던 것에서 탈출함이 아니면 안 될 것이다. 그러므로 내가 이 글을 쓰는 연고는 장차 일어나려는 파란광풍에 한 개 돌을 던지는 시험이니, 이것이 동기가 되어 부인해방 문제에 흥미를 가지는 자가 한 사람만 많아져도 나의 목적은 달한 것이다.

인류의 역사는 해방의 역사다. 인류의 자유의식의 발달을 가리켜 인류의 퇴화라 하여 추장(酋長)제도하의 극단한 원시적 계급제도를 찬양하는 생물학자도 없지 않으나, 과연 그것이 인류의 진화인지 퇴화인지는 모르나, 하여간 유사 이래 인류의 기록은, 그 중에도 근세 수세기에 걸친 유럽문화의 도정은 모두 해방에서 해방으로 전개하여가는 고투의 연속이다. 최근에 이르러는 해방이란 말이 인생의 모든 문제에 밀착한 관계를 가지지 않음이 없으니, '사상의 해방'을 비롯하여 '민중의 해방', '노예의 해방', '노동자의 해방' 또는 오늘 우리 민족이 목표로 하고 나아가는 '민족의 해방'. 지금 여기 논하고자 하는 '부인의 해방' 등 그 이름은 민족자결, 참정운동, 노동운동, 사회혁명 등 각종으로 부를지라도, 인류의 '더 완전'하고 '더 철저적'인 해방을 요구하는 정신에 이르러는 다름이 없다.

'해방의 정신'은 인류진화 도정에 아무리 억제하려야 할 수 없는 가장 절실한 요구니, 이 요구는 인류해방의 제일성을 발한 15세기의 사상혁명으로 인하여 점차로 농후한 색채를 띠게 되었다. 즉 해방의 요구가 사상해방을 일으키고 사상해방이 성취됨에 따라 해방의 요구가 더 극렬하게 된 것이다.

'참 자유'는 마음속에 있음과 같이 '참 해방'은 마음속 해방에 있다. 그러므로 마음의 해방의 하나인 사상혁명의 영향이, 그 후 수 세기간의 온갖 해방운동의 원동력이 됨은 자연의 이치다. 그러는 동시에 그 모든 해방운동의 치열한 화염이, 사상해방을 완성하는 데 위대한 힘이 된 것도 사실이다. 사실상 오늘날 사상의 자유가 절대로 보증되느냐 하면 의문이다. 금일의 전제계급의 독수하에는 조금이라도 '진보적 경향'을 가진 사상은 '질서유지'의 미명 아래 그 발표권까지라도 삭탈되는 현상이다. 그러므로 우리가 통상 부르는 '물질상 해방'은 이 '정신상 해방'과 서로 원인이 되고 결과가 되어 양자가 합하여 인류해방의 대조류를 형성하게 되나니, 우리가 지금 논하고자 하는 '부인해방'도 또한 이 조류의 중대한 일부를 짓는 문제이다.

혹은 심령상 해방으로 인류의 최대급무라 하여 또는 최종목적이라 하여, 사회적 혁명과 물질상 해방을 단순히 부정하는 자 있으나, 물질상 해방 없이 심령상 해방이 없고, 심령상 혁명을 결한 물질상 해방이 불가능함은 마치 사상혁명과의 관계와 같다. 그러므로 금일 우리는 이 부인의 해방을 요구함은 전 인류해방의 대업(大業)을 성취하는 도정(道程)으로 함이니, 곧 부인의 해방을 제한 것 외에 심령상 혁명이라 함은 전혀 무의미함을 아는 까닭이다.
(제52호 1920. 3. 11)

부인 해방문제에 관하여(2)

부인 해방의 원유(原由)를 알고자 하면 먼저 '해방' 그것의 유래를 살펴볼 필요가 있겠다. 인류의 해방은 혁명의 형태로 나타난

급발적(急發的) 변동과 그 후를 잇는 완진적(緩進的) 진전의 두 가지로 보겠는데, 그 혁명적 해방의 역사를 근대 서양사 중에 고찰하면 금일까지에 대개 세 가지로 나눌 수 있다. 첫째는 사상혁명, 둘째는 정치혁명, 셋째는 경제혁명이다.

중세기 2백년의 암흑시대를 깨뜨리고 절대적인 교황권(敎皇權)과, 질식할 듯한 사상압박에서 벗어난 이탈리아의 문예부흥(르네상스)과 독일의 종교개혁은 사상혁명의 첫 소리이다. 이에서 일어난 자유 연구의 활발한 기운은 내려와 프랑스 사상계에 계몽문학을 발흥케 하고, 또 그 결과가 맺혀서는 정치혁명의 전형인 프랑스 대혁명을 이루었다.

그러나 문예부흥 당시에 자유 연구를 고창하여 교황권을 반항하던 예술가 등의 뇌리에도 부인에 관하여는 아무런 생각을 내어보지도 못하였다. 썩 내려와 프랑스 혁명 당시의 혁명가나 계몽사상가까지라도 부인에 관한 정견(定見)을 가진 자가 없었을 뿐더러 심지어 스스로 자유사상가로 자처하는 자가 부인을 단순히 남자의 완롱물(玩弄物)로 보아, 부인이 정치에 참여하는 것을 불쾌히 생각하였다. 이 사상은 근대주의자의 제일인자라는 루소의 사상 중에까지 보였다. 이에 관하여는 다음 항에 상론하고자 한다.

프랑스 대혁명에 이어 온 혁명은 경제적 혁명이니 몇 해 전의 러시아·독일 혁명이 이것이다. 러·독 혁명에 이르러서는 부인문제는 시세의 영향과 이론의 근저를 따라 제도상으로 거의 완전한 해결을 얻었다 할 수 있다. 금일 러·독 양국에는 정치상이나 경제상이나 부인은 남자와 꼭 같은 권리를 향유한다는 것이다.

사상적 혁명을 거쳤다고 사상적 자유가 완성된 것은 아님과 같이 정치혁명이나 경제혁명이 일어났다고 인류가, 혹은 국민이 정치적 자유와 경제적 자유를 절대적으로 향유하게 된 것은 아니다. 사상혁명이 15세기에 시작되어 현금에 이르러 그치지 않을 뿐 아니라 더욱 그 세력이 크게 됨과 같이 18세기에 일어난 정치혁명도 금일에까지 그 진전을 그치지 않으며, 경제혁명과 같은 것은 그 전도가 요원하여 급히 단예(端倪)할 수 없을 것이다.

사상혁명으로 해방을 얻는 자는 학술과 사상에 투신하는 지식계급이었음과 같이 정치혁명으로 해방을 입은 자는 각국의 상민계급이다. 그러나 부인은 이 두 가지 해방에 다 끼지 못하였다. 경제혁명으로 말미암아 해방을 얻은 계급은 제4계급 즉 노농병(勞農兵) 계급이다. 이 해방에도 부인이 그 은택(恩澤)을 받을는지는 지금 속단을 불허한다. 왜 그러냐 하면 혁명정치하에 있는 현금 러·독 양국의 부인의 지위는 어느 때 또 반동이 생길는지, 혹은 점차로 다시 구관습의 타력(惰力)으로 열하(劣下)한 지위로 떨어지게 될는지 알 수 없다. 이상 양국을 제외한 각국 부인계를 관찰하면, 누구나 지금 경제혁명이 세계에 봉기한다 하더라도 부인 노동자의 지위는 남자에 비하여 등한될 것은 명백히 예지할 수 있다. 그러므로 바로 지금의 형세가 이대로 진전된다 하면, 다음에 올 혁명은 '성적혁명(性的革命)' 즉 부인의 해방을 유혈로써 해결할 그런 대폭발이 될지도 모르겠다.

장차 올 성적혁명에 있어서 부인이 남자벌(男子閥)에 대항하여 빨리 얻지(捷得) 않으면 안 될 그 무엇은, 즉 사상의 전환, 정치상 자유, 경제상 독립의 세 가지를 일환(一丸)으로 한 절대적 남녀평등일 것이다. 마치 세계의 문화에 멀리 뒤떨어진 한족(韓族)이 민족적 독립과 아울러 사상·정치, 경제상 해방을 일시에 단행치 않을 수 없음과 같이, 장구한 세월을 남자벌의 압박하에 신음하던 부인은 장차 올 대혁명에, 이미 남자벌의 사회가 경과한 혁명의 세례를 일시에 성수(成遂)치 않으면 안 되겠다. 이러므로 부인해방문제는 정치적 자유나, 경제조직 전복(轉覆)에 관한 문제와 비교하여 결코 뒤지지 않는 대문제를 이루는 것이다. (제53호 1920. 3. 13)

부인 해방문제에 관하여(3)

부인해방은 그 해결의 난이(難易)로 보아, 그 문제의 경향으로 보아, 가장 중대하고 지난한 문제를 이루었다. 이러한 형세를 일으킨 중요한 요소는 무엇인가.

1. 수효의 위력

현금 생존 중의 인류가 16억이라 하면 그 절반인 8억은 부인이요, 장래에 어떠한 증감이 있더라도 부인과 남자의 수효는 대략 상반(相半)할 것이다. (생물학자가 꿈꾸는 中性時代와 같은 것은 아직 논외로 하고) 그러므로 남자와 동수 되는, 혹은 동수 이상 되는 그 많은 수효에 단결의 힘이 가할 때, 어떻게 남자벌(男子閥)의 세력이 크고 압박이 심하더라도 양성(兩性)전쟁에 있어서 이를 완전히 압도하기는 도저히 불가능할 것인즉, 수효의 위력이 얼마나 함을 볼 수 있다.

2. 부인의 자각

남자벌의 가장 두려워하고 싫어하는 것은 부인의 자각과 자각에 따라 생기는 실력과 단결력이다. 과거 수십 세기 간에도 부인의 수효의 비례가 지금보다 적었음은 아니로되 부인문제가 발생도 안 되었고, 더군다나 현금과 같은 맹렬한 세력을 이루지 못함은 부인의 자각이 없었기 때문이다. 남자벌의 사회가 부인의 자각을 심히 기피하면서도 약간의 정도까지 각성의 기회를 주었고 그 결과로 도리어 부인에게 지식의 무기를 주어 남자벌의 안전을 위협함에 이르러 주장낭패(周章狼狽: 놀라서 어찌할 바를 모름)함은 마치 일인(日人)이 우리 민족에게 얼마 안 되는(少許) 교육을 베푼 까닭에 이번 독립운동에 그 소수의 학생 및 지식계급이 중심이 됨과 방불하다. 남자벌의 사회가 부인의 각성을 일변으로 두려워하면서 일변으로는 '상당한 정도'의 (바꾸어 말하면 남자벌의 권위를 손상치 않으리 만큼의) 교육과 자각의 기회를 주지 아니치 못하는 이유가 있다.

3. 근대 생활이 부인의 활동을 절대로 요구함

부인을 영원히 자가(自家)의 완롱물(노리개)을 삼으려는 남자벌의 사회가, 얼마 안 된 부인의 자각을 요구함은 부인의 활동이 현대생활에 궐(闕)치 못할 지위를 점령한 까닭이다. 다시 말하면 남자가 부인을 사회상으로 자기의 완롱물을 삼는다든지, 생산력의 부족을 보충하기 위하여 부인의 조력(助力)을 구한다든지, 여하간 부인을 전연 무지(無智)의 경지에 두고는 만사에 자가의 만족과 편의를 꾀할 수 없으므로 부인의 교육을 싫어하면서도 도모함이니, 초기의 부인교육기관은 대개 이런 요구에서 나왔다. 부인교육을 확장할까, 그러면 남자벌의 권력이 위태하다. 부인을 전연 암매(暗昧)로 방축(放逐)할까, 그러면 사회생활상에 견디지 못할 불편을 피치 못하겠다. 이 양자 간에 끼인 남자벌의 사회는 이 모순과 당착에 고민 중이다. 1세기 전까지라도 부인이 대학에 입학함을 일대 변사(變事)와 같이 떠들던 것과 같은 것은 이 모순의 결과이다.

부인의 힘이 사회생활상 불가결의 것임은 무슨 까닭인가. 종래의 부인논자는 언뜻하면 '양성의 조리(調利)'라든가 '어머니의 책임' 즉 인류의 생식상 중요한 책임을 맡는 부인의 본능을 가지고 부인의 지위를 확립하고자 하였으나, 과연 이뿐으로 부인의 지위를 설명하기에 족할까. 만일 그렇다 하면 이상과 같은 부인의 특권은 현대에만 있는 것이 아닌즉 부인해방의 절규는 이미 수십 세기 전부터 있었을 것 아닌가. 산업상에 부인의 힘이 근세 수세기에 이르러 드러나게 증진함은 가장 주목할 만한 바이다. 산업에 공헌하는 부인의 지위가 확고하면 할수록 부인해방의 소리는 더

커감은 더욱 주목할 만한 일이다. 근대 산업의 발달이 이같이 성대치 못하고 따라서 부인의 노력을 요구함이 이같이 광대치 못하였던들 부인해방의 소리는 아직도 몇 세기 간 암흑 속에 묻혀 있었을는지 모르겠다. 유럽대전은 부인의 노력을 더욱 요구하였고 그 결과로 금후의 부인문제는 해결의 길이 더욱 속하게 됨은 세인이 다 아는 바이다.

4. 부인해방은 가장 합리적

최후에 들고자 하는 가장 중요한 요소는 즉 정의와 부정의, 합리와 불합리의 문제이다. 부인해방은 부정의에 대한 정의의 확립이요, 부자연의 상태를 자연하게 광정(匡正)함이다. 가장 불합리한 노예의 지위에서 부인을 해방함은 부인에게 대하여 정의됨과 같이 남자에게도 정의니, 정의는 언제든지 최후의 승리자이다. (제54호 1920. 3. 16)

부인 해방문제에 관하여(4)

고대문명의 어떤 시대에 부인중심시대가 있어서, 부인이 경제상 실권과 가장(家長)의 실권을 가졌었다 한다. 지금도 태평양상 어떤 도서 중에, 혹은 북미주 산간 민족(아메리카 인디언) 중에는 이 태고의 모계제도가 전하여온다 한다. 우리나라에도 제주도나, 다도해 근방 어떤 섬 중에는 부인의 노력(勞力)이 남자를 누른다 한다. 이에 관하여 좀 더 역사적으로 상고하여 보자.

바호펜[35]의 연구에 의하면, 역사, 전설, 풍습 등의 재료에서 옛날에 모계제도(母系制度)가 있었음이 확실하다.

북미의 휴론 족 이러쿼이(Iroquois Indian) 족은 10 내지 20 내

---

35) 바호펜(J. J. Bachofen, 1815~1887). 스위스 인류학자로서 고대 세계에는 여성이 지배했다는 고대 모권제(母權制) 사회를 연구했다.

외의 가족이 큰 집에 공서(共棲)하는데, 그 일문(一門)에는 그 중 최연장자의 조모에게 지휘권이 있다. 농사는 전혀 부인의 일이요, 남자는 약간 부조할 뿐이다. 토지의 이용 추수 분배 등은 부인의 전권에 속하고, 남자는 얼렵(漁獵)과 전쟁에 종사한다. 결혼은 부인 가장이 지명하고 신랑이 신부의 집에 든다. 그러므로 여권이 심히 우세하여 선전강화(宣戰講和)의 권리는 부인에게 있다. 와이안도트 족의 가장회의는 44명의 부인과 11명의 남자로 구성되었다.

태평양에 있는 마리아나 군도 신서란(新西蘭), 남미의 페루 족 중에도 이와 대동소이한 풍속이 있어, 부인이 중요한 노동에 종사하므로 그 지위가 우월하다. 이에 반하여 부인이 생산상 중요한 노동에 종사하지 않는 위치 섬이나 통가 섬 등지에서는 부인의 지위가 극히 낮고 심한 학대를 당한다.

토지의 정주와 농업 목축의 발달은 인구의 증식을 일층 빠르게 하고, 어렵으로 생계를 삼을 필요가 감소하여졌다. 또 기구의 발달과 용법의 숙련을 따라 상업이 일어났다. 이로 말미암아 부인이 생산에 종사하는 풍습이 없어지고 가사(家事)에만 전심하게 되니 비로소 부인의 지위가 떨어지기 시작하였다. 이는 전혀 경제적 변천에 의할 뿐이요 감정적 추이(推移)는 아니다. 남존여비의 사상이 생긴 것은 경제적 지위의 전도(顚倒)가 생긴 결과뿐이다. 근대에 이르기까지 경제 상태는 단지 부인에게 불리할 뿐만 아니라 그 불리의 도가 점점 더 커가서 수천 년간 부인은 입법 및 제도를 이룬 계급(즉 사회의 지배계급)에서는 전연 세력이 없었다.

이상 말한 바를 보면 문명의 진보가 도리어 부인의 지위를 타락케 한 것이 된다. 이에 관하여 관찰의 방면을 넓혀 보자.

<유태교와 부인> 유태 정교도(正敎徒)의 기도문 중에 남자는 신께 대하여 자신을 여자로 만들지 않으심을 감사하고, 여자는 신

의 뜻대로 여자 됨을 감사한다는 구절이 있다. 서력기원 당시의 헤브라이 학자의 신조에 의하면 부인은 더러운 것이니 성스럽고 선한 것은 아무것도 근접하기를 피해야만 한다. 그 이유는 남자를 유혹한 것이 여자가 아닌가. 신은 남자로 하여금 여자의 머리를 삼는다 하지 아니하였는가(창세기)라는 것이다. 당시처럼 부인의 지위가 낮고 천한 시대는 다시 없겠다.

<그리스 시대의 부인의 지위> 고대 그리스인이 인정상으로나 도덕관념으로나 현대인보다 열등하였다고는 볼 수 없다. 그러나 당시의 유명한 철학자 간에서라도 부인에게 대하여 조그마한 경의도 품지 아니했다. 그 중에도 아내에게 대하여 그러하였다. 소크라테스가 자기 처를 친구에게 빌려 준(貸與) 것은 유명한 이야기요, 아리스토텔레스도 이 노예제도를 변호하였다.

<로마 문명과 부인> 로마법은 유럽의 모범법률로 현금까지 전하는 것이다. 그런데 2천 년 전 당시의 로마제국시대는 부인의 지위가 최저에 빠졌다. (제55호 1920. 3. 18)

부인 해방문제에 관하여(5)

<영국 습관법상의 부인의 지위> 영국의 관습법은 로마법과 달라 독립발달된 것이나, 부인의 지위의 열하(劣下)함은 대동소이다. 부부는 법률상으로 한 사람인데, 그 한 사람이라 함은 남편을 가리킴이니, 바꾸어 생각하면 결혼과 동시에 부인의 존재는 소멸되고 만다.

<봉건제도(封建制度)와 부인> 로마제국이 붕괴하여 노예제도가 쇠잔하고 봉건시대가 왔다. 봉건제도의 2대 특징은 농노(農奴)제도와 무단(武斷)의 풍기(風氣)였다. 부인에게 대하여는 두 가지 특징이 다 불리한 것뿐이다. 농노제도하에 가장 신음하는 자는 농민의

처자들이었다. 농노가 아무리 근작(勤作)을 하고 역작(力作)을 할지라도 그 수확은 거의 다 영주(領主)의 손에 들어가므로 도저히 경제적 독립은 구할 수 없었다. 그 중에도 전야(田野)의 많은 일은 거의 다 부녀의 손에 되었다. 그러나 농민계급은 남녀를 물론하고 일평생 비참한, 사람답지 않은 생활에 침륜(沈淪)하였다. 상류계급에서도 부인은 자신이 농노를 소유하지 못하므로 경제적 독립은 꿈도 꾸지 못하였다. 간략하게 말하면, 농노제도는 노예제도의 한 변형에 불과하고 이로 인하여 상하를 물론하고 부인의 지위는 비참하였다. 부인은 물론 상업에 종사함을 허락하지 아니했다. 하비(下婢) 노릇 이외에는 미혼부인의 직업의 길은 전혀 없었다. 그 결과 몇 백천의 처녀가 부랑생활과 매음생활에 빠졌다. 15,6 양 세기는 매음의 전성시대였다.

하류 부인의 생활이 이같이 비참할 때에, 상류부인도 물질적 역경에는 처하지 않았으나, 그 노예적 지위에는 다름이 없었다. 봉건제도의 무단적 기풍으로 생긴 기사도(騎士道)라는 것은 소위 "약한 자를 도와주고 강한 자를 누른다(抑强扶弱)"는 낭만적 기풍에 의하여 부인을 후하게 대접(優遇)한다는 노예의 지위에 속박할 뿐이요, 결코 부인의 존엄과 독립을 조성치는 못하였다. 당시의 상류생활을 묘사한 글을 보면, 얼른 생각에 무상(無上)한 평화행복과, 끊임없는 연애의 축연(祝宴)같이 보이나, 자세히 관찰하면 다만 음미(淫靡)의 풍이 미만하였을 뿐이다. 이 시대의 도덕상태가 얼마나 부인과 남자의 존위(尊威)를 상하였는가는 리히텐슈타인 후(侯)가 총첩(寵妾)의 목욕한 물을 마셨다는 이야기에 나타나 있다. 더 심한 것을 말하면 카롤루스 5세가 어떤 도시를 방문하였을 때 시민은 나체의 처녀를 보내어 환영하였다고 한다.

부인이 아무 사회상이나 정치상 권리가 없는 시대의 도덕은 이같은 물건이었다. '여자다운 여자'라 함은 결코 이와 같은 음풍의 노예를 가리킴이 아닐 것이다. 건전한 감성을 가진 자는 일반지식이 발달된 현대의 부인과 이 시대의 음탕한 부인과 어느 것이 더 '여자다운 여자'인지 판단할 수 있겠다. 또 어느 시대가 더 부인의 존엄과 남자의 존엄을 해치지 않는가를.

<산업혁명과 부인> 근대에 이르러 증기, 전기, 기계의 발명으로 인한 생산력의 대증가와 신대륙 신항로 발견에 따른 상업의 발달은 산업상에 일대 혁명을 이루었다. 이 혁명의 결과로 사회는 두 가지 큰 계급으로 분열되었다. 자본가의 계급과 노동자의 계급이다. 노동자는 농노의 멍에를 벗어나 자유의 몸이 되었지마는, 자유경쟁의 결과 헛되이 자본가의 치부만 이루었을 뿐이지, 노동자의 가난은 이전 노예시대보다 더 참혹한 지경에 이르렀다. 이러한 경제조직이 부인의 지위에 위대한 변동을 주었다. 노예제도, 봉건제도를 통하여 아무 경제상 요소가 되지 못하던 부인이 신제도 밑에서는 팽대(膨大)한 생산을 성취하기 위하여 부인 노력(勞力)의 착취가 필요하게 되었다. 이 목적을 달성하기 위하여는 부인에게 경제적 자유를 허여치 않을 수 없었다. 계약의 자유가 없이 노력을 무제한으로 빨아낼 수 없다. 부인에게 소유권을 주지 않고는 대규모의 부인노동을 일으킬 수 없었다. 부인은 감금되었던 가정의 뇌옥(牢獄)에서 다시 실사회의 무대에 올랐다. 부인이 경제적으로 불가결의 요소가 되고, 따라서 억지로라도 부인의 사회상 자유를 인정치 않으면 안 될 시대에 처하여 부인 해방문제가 일어남은 자연의 세(勢)라 하겠다. 그러나 아직까지도 남자벌(男子閥)의 사회는 부인의 본무가 위선적(僞善的)인 아유(阿諛)와 궤배(跪拜)를 받는데 있다 하고, 부녀의 유일한 직책은 돈 모으기에 골몰한 남자의 이마주름이나 쓰다듬어 주는데 있다고 생각한다. 그리하고 이것이 부인에게 대하여 모욕이 될 뿐만 아니라 남자 자신의 위엄을 얼마나 손상하는지를 깨닫지 못한다. (제56호 1920. 3. 20)

부인 해방문제에 관하여(6)

이상 서양사상의 부인의 지위의 변천을 약술하였거니와, 현대생활과 부인의 지위를 논하기 전에, 다시 돌아가 동양 역사상의 부인의 지위를 고찰하자.

<불교(佛敎)와 부인> 불교사상은 수천 년 이래로 조선, 중국, 일본의 사상을 지배하여 온 것인데, 불교의 부인관(婦人觀)이 여자를 부정(不淨)하다 하여 여자의 성불(成佛)은 불가능이라 함에는 고래로 동서의 종교사상과 그 규(規)를 같이한 것이다.

여자의 성불이 불가능이라는 설은 후에 이르러 파괴되었지마는, 그래도 여자는 남자보다 몇 배의 공덕을 쌓아야 된다하는 사상은 남존여비의 관념을 민중의 마음에 뿌리 깊게 박혔다.

<유교(儒敎)와 부인> 유교의 부인의 지위도 가련한 것의 하나이었다. 소위 삼종지도(三從之道)라 하여 여자는 처음에는 아버지에, 다음에는 지아비에게, 지아비가 죽으면 아들에게, 일생 남자에게 복종의 생활을 영위함이 그 본분이라 하였다. 그리하고 남녀칠세부동석의 사상은 부인을 가정의 뇌옥에 감금하는 데만 효과가 있었다. 유교의 의식과 예도(禮道)는 언제든지 남자(父, 夫, 子)에게 두텁고, 여자(母, 婦, 女)에게 박함이 원칙이었다.

이상 두 가지 사상은 여러 천년을 내려오는 동안에 거의 적대할 자 없는 폭위(暴威)를 뽐내었다. 수십 세기 간 몇 천만의 부인이 그 포학 아래 신음하였다. 그 수십 세기 간 부인의 반항운동이 도무지 없었음은 사회의 책임이었는가. 부인 자신의 책임이었는가.

<국사상(國史上) 부인의 지위> 우리나라 역사상에 부인의 지위는 어떠하였는가. 부여(夫餘)시대 혹 그 이전시대의 일은 지금 상고할 재료가 없거니와 삼국시대에 있어서 논하면, 진덕(眞德)·선

덕(善德) 양 여왕이 신라조(新羅朝)에 있었음과 같은 것은 적어도 동양사상에는 예가 없는 일이다. 기생의 제도가 발생되었음은 사실(史實)에 있는 바다. 현금의 창기(娼妓)제도와는 딴판이었을 것도 증명할 수 있다. 불교 전성시대인 고려조에 일반 부인에게 대한 존경의 관념이 낙하(落下)하였을 것은 사실이오, 조선조의 유교숭상은 부인의 경우를 비참한 뇌옥생활로 빠뜨렸다. 김부식(金富軾) 일파가 존명(尊明)사상의 결과로 국사를 편찬하여 우리 민족의 역사상에 중대한 죄인이 됨은 지금 누구든지 인정하는 바인데, 그들이 신라 왕 중에서 전기 선덕·진덕 양 여왕을 삭제함과 같은 것은 죄악 중에 대죄악이라 하겠다. 5백년 이래의 강제결혼제도, 축첩제도, 창기제도, 기타 부인의 자유를 속박하고 부인을 남자의 폭위 아래에 굴종케 한 모든 악습관의 원인과 유래는 종종 들 수 있겠거니와, 그 근본을 소고(溯考)하건대 남존여비의 유교사상의 해독이 그 모든 참극하에 복재(伏在)한 것을 볼 수 있다. 얼마나 많은 '정녀·열녀(貞女·烈女)'가 불륜한 남편의 학대하에 비참한 일생을 지냈는가. 얼마나 많은 청춘과부가 가혹한 사회제도로 인하여 눈물과 겨울의 일생을 보냈는가. 얼마나 많은 순결한 처녀가 강제결혼, 매매결혼의 결과 생전 지옥의 생활을 영위하였는가. 이로 인하여 사회의 퇴폐(頹廢)가 얼마나 심하였는가. 얼마나 살풍경하였는가. 다 말할 지면도 없거니와 말 하고자도 아니한다.

근년 우리나라에 행하는 여자교육은 부인해방의 근본적 해결과는 아무 관계가 없는 것 같다. 여자를 교육하는 것은 남자의 이익을 위하여 하는 것이오, 여자교육에서 여자가 얻는 것은, 결혼조건에 만족을 줄 만한 굴종적(屈從的) 미덕이 아니면 가정에서 시어머니 시중드는 데나 사용될 2,3의 가사적(家事的) 지식에 불과하다. 여자교육의 의의가 이에서 지나지 못한다하면, 흥행(興行)에 부려먹기 위하여 원마(猿馬)에게 재조(才操)를 배워 주는 것이나 다름이 무엇이랴.

이 교육방침은 중국에나 일본에나 다름없이 시행되는 것이다. 그리하고 이러한 교육제도에 가장 만족하는 자가 남자는 물론이거니와 부인 중에도(그 중에도 교육가, 사상가로 자처하는 자 중에) 많은 수효에 달함은 통탄치 아니치 못할 일이다. (제57호 1920. 3. 23)

부인 해방문제에 관하여(7)

<기독교와 부인> 봉건제도 시대와 혁명 이후시대를 통하여 유럽 문명의 주축은 기독교문명이다. 그러니까 당시의 사회제도와 부인의 관계를 보면 기독교의 대(對)부인관념이 어떠하였던 것을 알 수 있다. 물론 예수의 친히 전한 말 중에는 부인은 남자에게 복종하라거나 남자보다 낮은 것이라 한 것은 없다. 그러나 이를 조술(祖述)한 바울 이하의 각 신학자와 로마교의 신부(神父)들처럼 부인을 능멸한 자는 다시없겠다. 만일 신부 등의 소견대로만 사회가 발달되었던들 금일만큼 한 가정제도도 발생되지 않고 부인이란 부인은 다 수도원에 방축되었으리라. 신교(新敎)의 종지(宗旨)로는 별로 부녀를 모시(侮視)한 것은 없다하나, 또 종교개혁 이후로 기독교 안에 부인의 지위가 향상된 것도 사실이나, 아직까지도 부인 목사라든가 부인감독이란 말을 듣지 못하였다.

기독교가 조선에 들어온 후 부인의 해방에 대하여 위대한 공을 주효하였음을 우리는 부인치 아니하나, 이는 기독교 교리의 공이라기보다 서양 선교사가 서양의 사회제도를 표준삼고 조선의 낡은 제도를 파괴하기에 힘쓴 결과라 하겠다. 그러나 그 해방도 일부에만 그치고, 그들이 득의(得意)로 설하던 교리와 풍속개선의 소리도 5백년 이래의 유교사상에 압박되어 마침내(3행 해독불가)… 조선에 들어온 기독교가 남녀에 대하여 철벽을 쌓았다. 그렇다고 이

시대에 남녀와 부인을 따로 대접한다 함은 부인을 하대(下待)한다는 말과 다를 바 없다.(이상은 '五'의 말미에 들어갈 것이다)

이로부터 필자는 부인문제의 발생과 그 현황을 관찰하여 보려한다.

근세의 부인문제는 두 가지로 구별할 수 있다. 즉 여권운동과 부인 노동문제이다. 여권운동이라 함은 18세기 중엽에 그 근원을 발한 여자교육 및 직업의 자유와 참정권 획득운동을 가리킴이오, 부인 노동문제는 19세기말에 시작한 직업 있는 부인의 해방운동을 가리킴이니 남자 노동자문제와 밀접한 관계가 있다.

여권운동이 고고(呱呱)의 소리를 발한 것은 프랑스 대혁명시대이었다. 그러나 당시 사상계의 주축은 물론 남자벌(男子閥)의 고루(固陋)사상으로 대표되었었다. 근대주의자의 제일인자라 칭하는 루소까지라도 부인을 남자의 부속품으로 보는 등의 관념을 벗어나지 못함은 전술하였거니와, 그는 가로되 "여자는 남자에게 복종하고, 이를 즐겁게 하기 위하여 났다. 그런고로 될 수 있는 대로 남자의 쾌감을 채움이 그 의무다…여자는 항상 우리 남자에게 소용 있고, 우리로 사랑케 하고, 유년시대에는 우리를 가르치고, 성인한 뒤에는 우리를 도와주고 우리를 위로하고, 즐겁게 하여야 할 것이다. 이것이 모든 시대를 통하여 여자의 의무요, 여자는 이 목적을 위하여 교육할 것이다."

당시 진보사상의 중심이라던 청도파(靑韜派)의 여문사(女文士) 중에서도 "영구히 일개 남자의 지배를 받을 여자에게는 항상 불평과 불만을 참는 공부를 하여야 하겠다."고 하였다. 젊은 부인이 학문을 배우는 것은 큰 수치라 하였다. 18세기의 유럽은 부인교육을 다만 결혼시장에서 흥정 잘 되기 위하여 저급한 남자의 저급한 취미에 아유(阿諛)하는 것을 가르치는 것으로 알았다. 그 결과는 허식·위선을 생명으로 하는 귀부인이나 돼지같이 하여 젖먹이는 밖에 아무것도 모르는 가정노예, 소위 현처양모의 전성을 이루었다.

이 교육방침은 현대까지 잔존하지만은 이에 대한 반항의 소리는 18세기 중엽의 프랑스 혁명사상가의 입으로 시작된 후, 점점 그 소리가 커지며 그 효과도 차례로 나타났다.

프랑스 혁명 당시의 급진적인 자유평등논자가 대개는 남자의 자유평등에만 한하였음은 괴이한 일이었다. 그 중에서 당당하게 부인의 자유평등을 고창한 자는 남자 중에는 철학자 호르바하와 혁명가 코노들세를 들 수 있고, 부인 중에는 구우주 양, 로란, 스타엘 부인 등이 있었다. 혹자는 부인교육의 해방을 절규하고(당시는 식물학을 배우는 것도 여자답지 못하다 하여 금하였다) 혹자는 부인의 참정권을 요구하였다. 또는 청원단과 시위대를 조직하여 군집활동도 시작하였다. 혁명의 뒤를 이은 것은 나폴레옹의 무단정치였다. 나폴레옹의 무인 상당의 야비한 부인관과 야만된 나폴레옹 법전제정에 의하여 부인운동은 온전히 질식되고 부인은 남자의 사유물인 노예의 지위에 다시 떨어졌다. (제59호 1920. 3. 30)

부인 해방문제에 관하여(8)

영국의 부인해방의 첫 소리는 프랑스와 달라 부인 자신에게서 발하였다. 영국 부인해방론의 선구는 메리, 월스튼 클레프트를 들겠다. 메리의 유명한 '여권론'이 출판된 것은 1792년 즉 그가 32세 때다. 당시는 바야흐로 프랑스 대혁명의 뒤를 이어 영국이나 대륙을 물론하고 혁명사상과 반동사상의 충돌이 격심하던 때다. 메리의 '여권론'이 출간됨에 영 본국은 물론이요 대륙에까지 찬반양론이 봉기하여 메리는 일시 논란의 초점이 되었다. 지금 그 내용을 보건대 남녀의 평등을 주창하여 여자의 굴종의 폐해를 서술하고 양성의 합동교육, 여자 직업의 확장을 요구하며 부인에게 참정권을 줄 필요가 있다고 주장했다. 오늘로 보면 이런 사상이 별로 기이하지 않으나 130년 전 봉건제도의 유풍이 아직도 횡행하는 시대에 앉아서 이 같은 진보사상이 어떤 반향을 주었을는지 상상할 수 있다.

영국에 부인 참정권운동이 구체적으로 시작되기는 이에서 한하여 백년 후이었다. 1867년에 철학자 존 스튜어트 밀이 국회의원 선거법개정 시에 부인 참정안을 제출하였으나 패하고 말았다. 1870년에는 야곱 브라이트가 또 같은 안을 제출하여 부결된 후로 여러 번의 제의가 다 부결되었는데, 1884년에는 윌리엄 우탈이 다시 제출하여 여러 신문지 등은 한 붓으로 찬동하였으나 노 정치가 글래드스턴의 반대로 패하였다.

지금 영국의 부인들이 목표로 하고 분투하는 것은 이하 몇 가지를 들 수 있다.

1. 직업문제. 결혼의 기회가 적어서 노처녀가 많아지는 동시에 종래 남자만 하던 직업의 범위를 부인에게도 개방할 것
2. 교육문제. 남자와 꼭 같이 부인에게도 교육을 받을 기회와 편의를 주라 하는 것
3. 법률문제. 법률상의 여자의 지위는 남자보다 멀리 떨어졌다. 이를 개정하여 동등권을 달라 함이니 이것이 부인참정권 요구의 직접원인이다.

이상 열거한 것도 현금에 있어서 보면 일종 사회정책에 불과하니 즉 현존의 사회 상태에까지 부인의 지위를 끌어올림에 불과하며 그 이상의 아무 것도 없다.

영국 부인 참정권운동은 급진, 점진의 양파가 있다. 전자는 1903년 벙커스트 부인이 조직한 부인사회정치동맹이니 혹 대대적 시위운동을 행하고 의회를 위협하며 투옥되면 기아동맹으로 관헌을 괴롭게 하였다. 점진파로는 포셋트 부인의 거느리는 부인참정권동맹이니 금일에는 전자를 무단파, 후자를 언론파라 칭한다. 양파는 누차 충돌할 듯 하였으나 포셋트 여사의 식견과 의량(意量)이 양파

의 협조를 유지케 하였다. 무단파는 종종 폭렬탄과 지뢰 등의 사용까지 시험한 일이 있다.

반동적 동맹도 일어났다. 부인 참정반대동맹이 1908년 이래로 2개가 출현하였다. 이 반대파의 출현이 전기 양파의 충돌을 완화하였다. 처음에 참정반대로 출현한 부인중 저명한 3명은 도리어 참정운동에 투신하여 지금에 이른 일도 있다.

최근의 전보에 의하면 부인의 선거권을 인정하는 법안이 상의원을 통과하였다 한다. 이로 인하여 영국 부인의 반수 6백만이 선거권을 얻었다. 그러나 나이는 물론 불철저한 것이었다. 부인 참정론자의 개척할 전도는 아직도 요원하다. 게다가 시세는 일보를 더 전진하여 참정권 획득의 운동은 노동자 해방의 운동으로 변한다. 정치적 해방의 범위는 치자계급의 남녀평등이란 계제(階梯)를 넘어서 부인 노동자와 남자 노동자의 합력으로 치자계급의 속박을 벗어나자 함에 이르렀다. 이것으로만 진정의 부인해방이 완성될 것을 세계가 깨달은 중이다.

영국의 부인 참정론자의 승리는 치자계급에 있는 소수 부인에게 약간의 권리를 주었다. 그러나 피치자계급에 있는 노동부인의 지위에는 아무 상관이 없는 것이다. 그러므로 구미 각국과 같이 영국의 부인운동도 한 승리를 얻은 금일 중요한 전기에 섰다. (제60호 1920. 4. 1)

부인 해방문제에 관하여(9)

미국의 부인 해방운동은 독립운동 당시 1787년 필라델피아 헌법제정회의에 대하여 시민선거권을 요구한 것이 처음이다. 이 요구는 불행히 실패되고 세간의 반감만 샀다. 그후 부인의 활동이 왕성되기는 유명한 노예폐지운동 시대였다. 그러나 당시까지라도 부인이 연단에 서서 연설하는 것은 대괴사로 알았다. 1848년에 스탄튼[36] 부인 등은 동지를 규합하여 미국 독립선언을 모방하여 부인독립선언 18개조를 발표했다. 이는 또 야유와 조소의 표적이 되었다. 그러나 미국 부인은 조금도 굴하지 않고 분투한 결과 금일은 곳곳에 부인선거권협회가 있다. 전국 노동조합 등과 대학생 등은 거의 다 부인선거권 찬성의 결의를 발표하였다. 미국 부인운동자의 주장은 어디 있느냐 하면 "미국 헌법의 정신을 철저히 하라"함에 있다. 미국 헌법에는 부인에게 선거권을 불허한다는 구절이 없다.

미국 독립선언에 이르기를

1. 만인은 평등하게 지음을 받았다.
2. 만인은 조물주에게서 빼앗지 못할 권리를 받았나니, 그 권리 중에는 생명, 자유, 행복을 추구할 권리가 있다.
3. 정부는 이들의 권리를 확보하기 위하여 사람 사이에 조직된 것이니, 그 피치자의 동의를 얻어야만 정당한 권리가 생김은 자명의 진리라 하노라. 정부는 이들의 권리를 주는 것이 아니요, 인민이 가진 권리를 보장하기 위하여 조직된 것이다. 그런즉 인민의 권리인 선거권은 정부가 인민에게 줄 것도 못되고 빼앗을 것도 못된다. 독립선언의 어느 곳에 인민의 반수 즉 남자만의 동의를 가지면 정부의 행동이 합법 된다고 써 있느냐 함이다.

작년 5월 21일에 부인선거권에 관한 헌법수정안이 미국 하원을 통과하고 동 6월 4일에는 상원을 통과하였다. 왜 부인참정권에 헌법수정이 필요한가 하면 미국의 법률은 각주가 각각 자유로 제정하므로 미국 각주에 일시에 완전한 부인선거권을 실시케 하려면

---

36) 스탄튼(Elizabeth Stanton, 1815~1902). 아메리카 부인 참정권운동 지도자. 노예폐지론자 스탄튼(H. B. Stanton)과 결혼, 1848년 뉴욕에서 아메리카 최초의 부인참정권운동회의를 개최하였고, 전국 부인참정권협회 회장을 맡았다. 스탄튼은 남편과 함께 '부인참정권의 역사'(The History of woman suffrage) 3권을 저술했다.

반드시 헌법수정이 있어야 함이다. 상하 양원을 통과한 수정안은 48주 중 4분의 3의 비준이 있어야 한다. 그러나 이 48주 중 37주는 정도의 차이는 있으나 다 일부의 부인참정권을 인정하므로 대개는 성립실시가 되리라 한다. 이에 인하여 선거권을 얻은 부인은 2천5백만 명이다. 최근의 전보에 의하면 동 헌법수정안은 워싱턴주를 통과하였는데, 이제 1개주만 통과되면 전국의 4분의 3이 통과되어야 실시됨에 이르리라 하였다.

프랑스의 부인해방운동은 대혁명 당시에 일어났음을 전에 약간 언급하였거니와 1851년에 남녀 평등선거권운동이 일어나서 부인 2명이 감금된 일이 있었다. 그후 부인문제는 점차로 발달되어 1868년에는 파리의 대학이 부인에게 해방되어, 1898년에는 871명, 1907년에는 2,500명의 부인대학생이 있었다. 작년 5월 20일에 대의원은 지방자치단체의 선거권을 부인에게 주는 안을 통과하였다. 국회의원의 선거·피선거권을 얻기까지는 프랑스의 자매는 더욱 분투를 요구한다.

독일은 군국주의의 결과로 현모양처의 나라였다. 비스마르크의 야만정치하에 부인운동은 질식의 상태에 있었다. 그러나 대전 후 혁명이 발발함에 부인의 선거·피선거권을 동시에 인정하였다. 이번 총선거에는 36명의 부인 대의사가 당선되었다.

러시아의 부인문제는 오늘에는 논할 필요가 없으리만큼 승리를 얻었다. 러시아에는 부인참정권운동의 역사가 없다. 그들은 참정권을 건너뛰어 더 철저적인 지보(地步: 지위)에 나아갔다. 이는 아래에 기술하고자 한다. (제61호 1920. 4. 3)

부인 해방문제에 관하여(10)

일본의 참정운동도 10여 년의 역사가 있으나 그리 활발하지 못하다. 지금부터 14년 전인가 지식계급의 일부 부인이 유럽 부인운동을 모방하여 참정운동을 시험하였으나 세간의 조소와 묵살하에 자멸하고 말았다. 그 후 여학교 출신의 젊은 부인네가 청도(靑蹈)라는 결사를 두어 가지고 널리 부인해방에 관한 선전과 연구를 시도하였으나 그 중 많은 동지가 낭만파 문학에 귀의하여 정치운동에서 발을 빼는 동시에 혹은 가정으로 혹은 연애생활로 퇴귀하고 그 운동은 자연 소멸되고 말았다. 그 후 계속하여 쉬지 않고 언론과 실행으로 부인문제를 위하여 활동하는 사람 중에는 여사야품자(與謝野品子), 산천국강(山川菊江), 산전(山田)와까 등이 있는데, 그 중에도 산천국강(山川菊江) 같은 자는 철저적인 사회혁명적 부인관을 토하여 세인을 경동시키고 있다. 그 외에 소위 부인론자라는 것은 엘렌 케이류(流)의 반동사상을 조술(祖述)하여 우열(愚劣)한 '모성부활'의 퇴영적 주장을 일삼는 자가 많다. 이번 의회에 여자의 정치운동 금지법 철폐안이 청원되었으나 해산으로 인하여 소멸되었다. 그 외에 일본의 부인운동이라고 표면에 나타난 것은 별로 없다. 다만 유럽 대전의 영향이 얼마나 컸던지 그렇게 불활발하던 일본 부인계도 작금 양년 이래로 갑자기 활기를 띠고 있는 양상이다.

기타 유럽 각국의 부인 참정운동의 현황을 아래에 약술하면,

이탈리아로 부터는 "이탈리아 의원에서 수상 닛치 씨는 성명하여 이르기를 신법령에 의하여 1천1백만의 부인이 선거권을 얻었으니 이 수는 남자 유권자 수를 능가한다"하는 전보가 최근에 보인다.

화란(和蘭) 하원도 작년 5월에 부인 선거안을 가결하였다. 상원도 물론 통과하리라 한다.

스웨덴(瑞典)에는 여권운동이 일어난 지 이미 오래여서 1864년 이래로 유산부인은 지방 선거권을 가졌다. 1902년에 사회주의자 린트하겐 씨가 부인 선거권안을 제출하여 하원은 만장일치로 통과

하였으나 상원에서 패하였다. 작년 5월 24일에 비로소 부인 참정권안이 상하원을 통과하니 이도 대전의 영향이다.

벨기에는 사회발달이 속한 나라이지만은 전후에 전사자의 유족에게만 부인선거권을 줌으로 비난이 많다.

덴마크 스위스 등도 오래부터 부인참정권이 점차로 인정되어 현금은 거의 완전한 부인보통선거가 실시된다. 사회혁명을 일으킨 오스트리아 헝가리 제국은 물론이요 신흥국인 폴란드 핀란드 체코 등도 역시 그렇다.

이상의 소술한 바를 상고하면 현금 문명 제국에는 이미 부인참정운동은 거의 성공되었다 하여도 무방함을 볼 수 있다. 참정운동이 이같이 신속히 성공된 원인은 이번 전란을 꼽을 수밖에 없다. 전란으로 인하여 전쟁 전보다 더욱 부인의 활동과 조력의 필요가 많아졌다. 많은 남자 전문이던 직업이 부인의 손에 들어갔다. 동시에 부인의 식견도 넓어졌고 사회의 부인문제에 대한 자각도 통절하게 되었다. 많은 문제가 무슨 대사건, 대변동에 따라 해결의 길이 열리기 쉬운 법이다. 부인운동도 이 예에 빠지지 않았다.

이같이 부인참정운동이 대전의 결과로 성공을 주효하는 동시에 부인문제는 그 범위를 일보 더 넓혀 부인노동문제에 세인의 주의를 이끌게 되었다. 이는 온통 자연한 추세이나 즉 지금까지의 여권운동은 중류계급 유산계급인 소수의 이익옹호운동에 불과하고 자본의 독수에 참롱(慘弄)되는 대다수 노동부인의 운명과는 별로 관계가 없었다. 그러므로 부인노동문제 및 노동부인문제가 금후의 사회문제의 대부분을 점하게 되었나니 이는 단순한 정치상 운동이 아니오, 또한 사회제도상 대문제이다. 사회혁명을 단행한 러·독 부인의 지위를 보면 알 것이다.

이 형세를 조금이라도 깨달은 동양 부인(한·중·일을 물론하고) 중에는 참정운동을 목표하고 새로 일어나는 개인 혹 단체가 많으나 필자는 동양 부인이 참정운동을 뛰어넘어 일시에 근본적 부인문제 해결인 노동운동으로 향함이 얼마나 이익 되고 합리한가를 설명하기 위하여 곧 노동부인운동을 소개하고자 한다. (제62호 1920. 4. 8)

부인 해방문제에 관하여(11)

대전란을 기획(期劃)으로 삼아 모든 사회문제가 신면목을 가지게 됨에 따라 부인문제도 일전기를 지으니 즉 부인노동문제이다. 부인노동문제를 엄밀히 해석하면 두 가지 의의를 발견할 수 있으니, 하나는 부인노동문제 - 즉 부인이 노동시장에 출현함에 대한 가부론과 노동부인문제 - 즉 이미 노동자 계급에 투신한 부인의 운명과 처분문제이다. 전자의 범위를 좀더 넓히면 종래로 가정에 칩폐(蟄閉)되었던 부인이 사회의 표면에 현출함이 옳은가 그른가의 문제가 될지니, 부인 선거권 및 피선거권운동이 각 문명국에서 이미 거의 다 승리를 얻은 금일 부인의 사회활동 또는 노동시장에 투신함을 불가라는 반동론은 거의 일고(一顧)의 가치도 없다 하노라. 그러나 잠깐 머물러 소극론자의 설을 반박하건대 먼저 부인 취직반대론자의 이유로 하는 바는 가정의 파괴와 여자의 생애유린이다. 이는 주로 중산계급 귀족계급의 공상론자들의 설이니, 이런 설자(說者) 가운데는 부인도 많다. 엘렌 케이[37]의 '모성부활(母性

37) 엘렌 케이(Ellen K. S. Key, 1849~1926). 스웨덴의 여성해방론자. 그녀는 부인문제에 흥미를 가지고 여성해방론자의 기관지에 여성해방을 주장하는 글을 발표하면서 부인문제에 관한 저술활동을 전개했다. 특히 그녀는 기독교적 결혼관을 비판하면서 자유연애에 의한 결혼과 자유이혼의 정당성을 주장, 근대적 연애론을 완성한 것이다. 춘원이 첫 부인과 이혼하고 허영숙과 결혼함으로써 한국 최초의 자유연애 결혼자가 된 것도 바로 케이의 영향을 받은 것으로 보인다.

復活)'운운도 이 범위를 나가지 못한다. 그들의 설점(說點)은 언제까지든지 부인을 온실의 꽃으로 가정뇌옥에 가두어두고자 함이나 그러나 금일의 가정이 여자의 천국만치 생각하는 자의 이론에서 경제적 위기의 대조류가 침범하여 가정제도의 썩은 기둥이 문어지기 시작한다 또 비참한 여공(女工)생활이 청년 여자의 정신 및 육체를 파괴함을 이유로 하여 여자취직의 불가를 역설하나 이는 마치 더럽히는 것이 두려워서 옷을 못 입음과 같으니 일생을 가정노예로 마치는 귀족부인들의 생각으로는 자신의 무미한 가정적 생활이 비참한 여공생활보다 몇 백배 우승한 줄로 잘못 상상하기가 쉽다. 어떤 청년 여자가 비참한 공장생활로 아까운 청춘을 파괴하고 귀중한 일생을 실각케 하기를 좋아 하리오 하거늘 연년세세 공장의 철문으로 흡수되는 청년 야자의 수효가 점점 늘어 감은 무슨 연고인가. 중류 이상 부인의 배부른 눈으로 그 이유가 보일 까닭이 없겠다.

둘째로 부인취직 반대론자의 드는 이유는 노동시장의 타락이다. 노동시장의 법칙으로 피고용인이 많을수록 임금은 저하하는 법이다. 허다한 여공이 해마다 노동시장으로 유입하는 결과 남자 노동자가 여러 해 동안의 유혈과 분투로 획득하였던 임금표준을 하루아침에 타락케 하였다. 많은 여공이 남공(男工)의 동맹파업 파괴에 자본가의 이용한바 된 것은 노동운동사상 자주 보는 사실이다. 즉 다시 말하면 남녀 공인(工人)의 경쟁이 자본가로 하여금 어부의 이(利)를 얻게 함이다. 이에 담력이 작은 소극론자들은 낭패하여 여자를 노동시장에서 빼다가 다시 구 뇌옥(牢獄) 속에 집어넣으려는 시험을 하게 되었다. 그러나 큰 바다로 흐르는 물을 어찌 사람의 손으로 막으리오. 이디까지든지 열등한 임금으로 될 수 있는 대로 많은 생산품을 산출하기를 밤낮으로 궁리하는 도적적(盜賊的) 자본가의 흡혈(吸血)수단과 생활의 불안정이 유치한 경제상

압박은 노동노예의 격증을 결과하여, 따라서 그 소용돌이(渦卷)가 부인의 발밑까지 미쳐 그칠 날이 없는 것 같다. 그리하여 소극론자의 애호(哀號)와 노력은 착착 사실의 앞에 거꾸러지고 말았다. 그리하고 경제 조직상에 대수술을 요할 이 시대가 눈앞에 박두하였다.

이제야 노동 부인문제는 전혀 노동문제의 성질을 띠게 되니 즉 남자 대 여자의 관계를 떠나서 노동자 대 자본가의 쟁투가 된 것이다. 이것이 먼저 필자가 들어본 양의(兩意)의 부인문제 중의 후자에 속한 것이다. 그런즉 금후의 부인문제는 남자벌(男子閥)의 사회에 대한 부인계급의 해방이 아니라, 자본계급에 대한 노동계급의 반항을 의미하나니, 그러므로 노동계급에서는 남녀 동권(同權)이 필요할 뿐만 아니라 일보 나아가서 남녀 양자의 완전한 일치단결이 필요하다. 혁명의 수단으로 현 제도를 전복함에도 남녀 일치가 최급무며 조합운동으로 현 제도의 개혁을 도모함에도 완전한 남녀협동을 요구한다. 따라서 노동운동의 시대에 있어서는 남녀평등의 요구는 이론과 실제가 한결같이 실현될 뿐 아니라 그 이상의 일보를 나아가게 되었다. 그리하여 세계의 노동계급은 그의 위대한 최후 결승점을 도달하기 위하여 상술과 같은 남녀 일치단결의 방향으로 용진하는 중이다. (제63호 1920. 4. 10)

부인 해방문제에 관하여(12)

노동문제의 해결책은 사회혁명과 조합운동의 양자에 있다. 러·독 혁명이 전자에 속하고, 영·프·미 등의 노동운동이 후자에 속한다. 부인 노동문제 해결도 역시 이 두 가지 방법에서 지나갈 것이 없다.

사회혁명을 일으킨 러·독 양국에는 부인문제라는 말이 의미가 없으리만큼 철저적인 승리를 얻었다. 러시아 노농(勞農)내각에는 알렉산드라, 콜론타이 여사(보건대신) 이외 2명의 부인대신이 있다. 콜론타이 여사는 보건대신의 임무로 아기 어머니와 유아의 보호에 당하는 외에 볼셰비키의 최고정책에 참여한다. 그는 동 정부의 중요한 임명을 띠고 서구에 사행한 일도 있다. 그는 가장 극단적인 볼셰비키의 대표자이다. 그에게 면접한 사람의 담화에 가로되, "콜론타이 여사는 40이 될까 말까한 좋은 인상을 주는 부인이다. 총명하고 교양 있고 변설이 빼어난 그는 아무리 보아도 천연하고 담백하여 세계 중에 가장 부인다운 부인, 너무 부인답다 할만한 부인이었다. 그 후 스몰니 구제원에서 만났을 때는 그는 헌 옷을 입고 일을 하던데, 그때는 그리 자태 있지는 않으나, 보기에 늠름하고 의연하여 옛 조각의 군신(軍神)을 상상케 하는 여장부였다 운운."

그는 후에 사정으로 인하여 사직하였으나 그의 사회적 활동은 그치지 않는다. 내각뿐 아니라 지방의 행정위원회 노병(勞兵)대표회 기타 모든 사회기관에 많은 부인이 없어서는 안 될 중대한 임무에 복종한다. 부인의 경제적 독립에 관하여서는 생산의 완전한 공유를 목표로 한 이 나라에서는 또한 문제가 되지 않는다. 임부(姙婦)와 유아에 관하여는 특별한 주의를 가한다. 임부는 출산 전후 6주간(약 2개월) 노동을 면제하고 자금을 부급하며 특별수용소를 두어 의약을 공급하고, 산모적 지식을 가르친다. 유아 및 소년을 위하여는 허다한 양육소가 있어 수만의 아동을 양육하는데 그 안에는 양육, 교육 등 여러 부와 유락처(遊樂處), 운동장, 병원 등의 설비가 있다. 장성하면 학교에 보내고 만 17세에 이르면 자영(自營)케 한다. 이로 인하여 부인의 가정 노고는 감소되고 아동의 교육은 심히 완전하게 되었다.

독일에서는 혁명 후에 36명의 부인 대의사가 선출된 것은 기술하였거니와 그 파벌을 보건대, 가장 보수적인 국민당에 6명, 카톨릭당에 4명(그 중에는 뮌헨 노동조합 간사 체틀러 양도 있는데 이는 사회당 색채를 많이 띠었다) 민주당의 5인 중에는 상점원인 쁘랜너 부인 외에 교장 여의 등이 있다. 사회당 다수파(온화)의 18명 중에는 대개 노동조합위원, 사회당 지부 간사 등이 있다. 사회당의 소수파(급진)의 2명은 다 노동자 출신이니 즉 로레, 악네스 여사 및 루이세, 체츠 여사이다. 여자의 일은 '교당과 부엌과 아이'라 하던 독일이 카이저의 몰락과 동시에 일전하여 구미 중 최다수의 부인 대의사가 배출됨은 쾌한 일이다. 더욱이나 노동계급 출신 혹은 노동운동에 참가한 부인이 다수를 점함은 더 의미 있는 일이다. 급진파 수령 립크네히트와 함께 참살된 로사, 룩셈부르크 여사의 생전의 활동은 세인의 기억에 남아 있다.

사회혁명의 성공은 부인으로 하여금 남자의 사유 및 경제노예의 두 가지 지위에서 일약 해방되게 하였다. 이는 명백히 부인의 승리이다. 반세기 이래의 노동부인조합운동도 이와 같은 목적으로 분투를 계속하여 왔다. (제64호 1920. 4. 13)

부인 해방문제에 관하여(13)

영국 부인 노동자가 조합에 참가한 효시는 1788년 레이세스테의 수방공(手紡工)의 참가다. 1833년에는 글래스고의 방직공이 남녀 동급(同給)운동을 하여 성공했다. 영국 남공(男工)은 처음에 여공(女工)을 배척하였으나 점차로 남녀 합동이 도리어 이익 됨을 깨달아 일치행동을 취한 후로 좋은 결과를 얻었다. 현금 영국 안에 있는 부인만의 노종조합은 '부인 노동자 전국연합회'의 이름 밑에 집중되었는데 이 회의 회원이 2만2천이다.

미국의 부인 노동운동은 1825년 재봉여공조합 총파업에서 비롯되고 있다. 1881년에 나이트 회가 조직되니 이는 부인의 권리를 옹호하는 회라 그 밑에서 최초의 각종 여공조합이 발생하였다. 현금은 만국 노동당에 부인당원이 대단히 많다.

독일에서는 노동운동이 영국보다 곤란하였다. 1870년에 지식계급 부인의 주선으로 수공조합이 생기었다. 1890년에 '노동조합 중앙위원회대회'에서 부인위원을 임명한 때로부터 남녀공의 적시(敵視)상태가 없어졌다. 이상 3국 이외에도 유럽 각국의 예를 보면, 이제는 남녀 경쟁시대 혹은 질시(嫉視)시대가 지나가고 완전한 남녀공의 일치행동으로 향하는 중인 것이 분명하다. 전쟁 후에 독·불 등 나라에서 남녀공의 직업 경쟁이란 것이 생긴 것은 사실이나 진정한 노동계급의 이해로 보면, 물론 쟁투를 버리고 일치행동으로 고용주와 대항함이 득책이요, 또 장차 그렇게 됨이 자연의 추세다.

노동조합운동이 부인문제에 어떻게 관계됨을 상술하고자 하면 그 범위가 심히 넓어 지면과 시간이 허락지 않을 뿐 아니라 취집(聚集)된 재료도 손에 없고, 또 원래 본고를 시작한 본의도 아니므로 필자는 이에 붓을 머물고 결론에 들어가고자 한다.

이상에 서술한 바에 의하여 구미 각국에 있는 부인 해방운동의 역사와 현황과 이상(理想)의 윤곽을 알 수 있으리라 한다. 즉 구미 각국에서는 부인 참정운동은 이미 형식상으로는 승리를 첩득(捷得)하였다 하여도 가하겠고, 새 시대에 나타나는 신부인운동은 전자의 것과는 전혀 면목을 일신한 노동문제의 성질을 띤 것을 보겠다. 따라서 노동부인의 최후 승리는 일반적으로 제4계급의 승리에 포함된 것이라 하겠다. 그리하고 그 최후의 목적을 달할 도경(途徑)은 노동자의 자각과 단결이니 그의 자각은 교육과 대우개선에 의하여 성취될지오, 공고한 단합은 노동계급 안의 조합운동과 외계(外界)의 압박이 이를 조성할 것이다. 만일 그 진로에 불합리한 방해가 있을 때에는 혁명의 폭발을 볼 것이다.

눈을 돌리어 한국의 부인계를 보면 과거에나 현재에는 터럭 끝만큼도 활발한 운동이 없었다. 그 원인을 한마디로 말하면 일반 문화정도의 유치로 돌리겠으나 또 그 이면에는 2,3의 이유가 존재한다 할 수 있다.

첫째는 유교사상이니 삼종지도(三從之道)가 이것이다. 5백년 이래의 전통적 사상은 그리 쉽게 깨질 것이 못된다. 둘째는 기독교 사상이니, 이에 관하여는 위에서 잠깐 논한 일이 있다. 기독교의 유입이 부인의 인격을 향상케 하는데 약간의 효과가 있었으나 불철저의 감이 없지 않았다. 그 결과가 오늘날의 교회학교의 고식적인 여자 교육책을 취하게 했다. 더욱 우스운 것은 교회학교의 남녀 별학(別學)이다. 셋째 이유로 들 것은 생활의 핍박이 그리 심하지 않았음이니, 한국 부인이 가정에서 나와 호구(糊口)를 위하여 노동시장에 나옴이 늦었으므로 그만큼 부인의 각성의 기회도 늦은 것이다.

한국 부인은 이제 새로운 출발점에 섰다. 부인해방의 절규가 1천만 흰옷 입은 한국 부인의 입으로도 발하게 되었다. 그러나 그네의 가진 전통과 환경이 다름에 따라 그들의 행할 전도와 취할 방침이 다를 것이다.

앞차의 바퀴를 감하여 가장 현명한 진로를 취함은 후진자의 이익이다. 우리는 과연 어떻게 하여 구미의 경과한 자본주의의 참극을 피하고 일약하여 최고 문명의 수평선에 도달할 수 있을까. 이 문제에 대한 부인의 사명(使命) 여하. 또 부인운동자의 태도 여하. 또는 부인운동자의 태도 여하.

독립운동에 부인의 활동이 비범한 것은 우리가 다 승인하는 바다. 이로 인하여 부인의 지위가 사회적으로 향상된 것도 사실이다. 독립운동과 같은 민족적 대사업은 오직 부인문제 뿐 아니라 모든 사회문제의 해결을 재촉하는 큰 기회라 할 수 있나니, 유럽 대전란이 이미 그러하였고, 장차 올 사회주의 국가에서는 제4계급의 남녀문제가 아무 곤란 없이 해결될 것도 또 이 예로 들겠다. 그러면 이 독립운동에 있어서 많은 애국부인과 그 단체 및 부인운동자의 어떠한 활동으로 인하여 장차 올 신국가에서 어떠한 지위를 획득할 수 있을까. 작년 가을 임시의정원이 헌법을 제정(制訂)할 때에 당시 정부위원 모씨는 헌법 중에 남녀평등의 문자를 삽입치 아니함은 삽입함이 도리어 평등의 의미를 해함이라 하여 주의(主義)로는 절대적 평등을 지지한다 하였으며, 임시정부 성립 이래로 모든 기회에 부인의 선거·피선거권을 승인하여 왔다. 독립운동이 성공되어 신사회가 성립되는 날 부인은 능히 이 권리를 유지할 수 있을까. 그리하려하면 지금부터 어떠한 종류의 노력과 분투가 필요한가.

나는 만연(漫然)히 허다한 의문을 제출함에 그치려 한다. 혹자는 이를 가리켜 어리석고 못난 사람(癡人)의 우언(愚言)이라 하여 일고(一顧)에도 부치지 않으리라. 그러나 또한 "자유 없는 곳, 이가 곧 나의 고향이라" 절규한 페인[38]과 같이 나아와서 전 인류의 경제적 자유라는 위대한 결승점을 바라보면서 필자와 함께 '치인(癡人)'이라는 영광의 칭호를 감사히 받고 이상에 많고 많은 의문의 답변을 찾으러 전진할 자도 또한 없지 않을 줄 믿노라! (제65호 1920. 4. 15)

43. 三氣論(義氣·根氣·勇氣)

遠大한 建國事業의 要件

대한인아, 우리의 경영하는 사업이 얼마나 멀고 큰가를 먼저 깨

38) 토마스 페인(Thomas Paine, 1737~1809). 그는 상식(Common Sense, 1776)을 저술, 영국의 식민지 지배로부터 독립을 주창하여 독립전쟁을 촉발했다.

달을지어다.

4,5세기 간 우리는 원대한 사업을 잊었더라

대한인은 과거 4,5세기 간 원대한 사업을 경영하고 실행하여 본 일이 없었도다. 그네는 눈앞의 작은 이익과 고식(姑息)으로 생활하여 왔도다. 그러므로 그네는 원대한 사업의 의미와 재미를 모르도다. 그러므로 독립운동을 개시한지 불과 1년에 벌써 놀라서 어찌할 바를 모르고(周章) 조급하고 피곤하고 낙백(落魄)하도다. 아아 대한인아, 우리의 경영하는 사업이 얼마나 원대한가를 먼저 깨달을지어다.

남북 만리의 만주 평야와 3천리 반도강산을 파고 뚫고, 들판을 개간하던 조상은 원대한 사업을 알았던 것이다. 지금 우리가 걷고 있는 도로를 처음 만들고, 논밭을 처음 개간하며, 경성·평양의 대성루(大城壘)를 건축한 조선(祖先)도 원대한 사업을 알았던 것이다.

임진왜란(1592)에 8년의 혈전, 수백만의 희생으로 조국의 독립과 자유를 보전한 때까지도 우리는 원대한 사업을 알았지마는, 그로부터 몇 해도 못 되어 병자호란(丙子胡亂, 1636)에 일시의 안전을 도모하여 남한산성(南漢山城)밑에서 '성하의 맹'[39]을 서약할 때에 벌써 우리 민족은 원대한 사업을 모르게 되었던 것이다. 그네는 일시 다대한 희생이 있기를 두려워하고, 수백 년 간 자손에게 노예의 치욕을 주며, 신성한 역사에 만년에 씻지 못할 오점을 끼치는 줄을 몰랐던 것이다.

이로부터 우리에게는 원대한 사업이 없었나니, 개인으로 10년의 계획을 세운 자도 드물고, 국가도 백년의 계획을 세운 일도 없었

---

39) 병자호란(丙子胡亂, 1636). 청 태종이 친히 10만 대군을 이끌고 내침, 인조(仁祖)는 삼전도(三田渡)에서 청 태종에 항복, 이른바 '城下의 盟'을 체결했다. 청에 군신(君臣)의 예를 지킨다는 것, 명의 연호(年號)를 버리고 청의 연호를 사용한다는 것 등 맹약했다.

던 것이다. 10년 후의 홍수를 염려하기보다 눈앞의 작은 이익에 급급하여 산야의 삼림은 이발하듯이 모두 베어졌고, 10년 후의 국가의 참담한 운명을 우구(憂懼)하기보다 눈앞의 구안(苟安)을 탐하여 여러 가지 매국적 조약을 체결하고, 한번 죽음으로써 국가를 빈위(瀕危)에서 부지(扶持)하려는 기백이 없었던 것이다.

독립운동에도 원대한 계획이 없었더라

이리하다가 국치 후 광복을 도모한다는 지사들 까지도 원대한 계획을 세울 줄 모르고 주장조급(周章躁急)하여 눈앞의 소사소명(小事小名)에만 급급하고, 광복운동의 기초되는 인재의 양성과 자금의 축적하는 등 5년이나 10년의 시일을 허비할 사업은 착수할 줄도 몰랐던 것이다. 다수의 인재를 길러서 동지를 삼으려 하기보다 감언이설로나 심하면 사기수단으로라도 일시 다수의 붕당(朋黨)을 만들기에 힘썼고, 장래 일대 결전을 위하여 자금을 장만하고, 군대를 양성하기보다 아무러한 수단으로든지 몇 천원의 돈을 긁고, 당장 있는 포수나 의병을 모와 일시의 설분(雪憤)이나 하기를 힘썼던 것이다.

3월 1일 독립운동을 개시한 뒤로부터도 다수의 단체나 개인은 그저 조급하여 자포자기적 고식적 수단만 취하려하고, 원대한 계획을 세우는 자 거의 드무니, 슬프다, 이러한 인민으로 무슨 대사업을 성취하리오. 나는 그 애국심의 반짝하고 꺼지고 마는 불꽃이 되기를 두려워하노라. 지금 곧 독립이 되었으면 좋겠는가. 우리는 조금도 고생을 말고 천상으로서 신병(神兵)이 내려와 적을 토멸하여 주면 좋겠는가.

우리의 사업은 원대하다, 원대하므로 곤란하다

대한인아, 우리의 경영하는 사업은 원대한 사업이니라. “동포가 옥중에 고초를 당하는데,” “하나씩이라도 어서 나가서 죽어야지” 하고 책상을 두드리며 우짖는 아녀자의 풍(風)을 버리라. 이것으로 일이 되지 아니하리니, 너희의 눈물이 적에게 무슨 상관이 있으며, 너희의 한숨이 독립에 무슨 상관이 있으랴. 적을 물리치려거든 우는 것보다 적을 물리칠 힘과 일을 준비하여야 하고, 독립을 하려거든 한숨을 짓기보다 독립의 기초에 흙 한 짐을 저 나르라. 이것이 옳으니라.

대한인아, 우리의 사업은 원대한 사업이니 뒷산에 솔 씨를 심어 동량(棟樑)을 만들리라는 기백을 가질 것이오, 결코 그 해에 자란 수수깡으로 큰 집을 지으려 하지 말지어다. 아니 나가겠다고 악을 부리는 일본인을 내어 쫓기가 어찌하여 용이한 일이며, 망국한 부패한 빈약한 인민으로 고등한 신국가를 건설하기가 어찌 용이한 일이랴. 둘 중에 한 가지만 해도 인생에 가장 어려운 사업이거니 하물며 일시에 두 가지 일을 다 하자하니 어찌 난중난사(難中難事)가 아니랴. 돈도 무척 많이 들어야 하겠고, 애도 무척 많이 쓰고, 사람도 무척 많이 죽고, 세월도 무척 많이 허비하여야 하리니, 3월 1일 이래 동포 제위는 각각 몇 푼이나 돈을 내었으며, 얼마나 애를 썼으며, 우리 민족의 피는 몇 방울이나 흘렸는가.

독립을 광복하고는 건설하여, 우리의 일생은 고투와 희생이라

지금 독립을 운동하고 신국가 건설의 사업에 간참(干參)하는 형제여 자매여, 그대네는 당대에 만년의 대계를 성취하고, 당대에 이 큰 복을 맛보려 하는가. 아예 이러한 천단(淺短)하고 조급한 생각을 버릴지어다. 이것은 우리의 용장(勇壯)하던 조상도 아니 가지던 바요, 금일 세계에 힘 있는 모든 국민도 아니 가지는 바다.

일본인을 축출(逐出)하고 독립권을 회복하기는 혹 2,3년 안에 있으려니와 그것으로써 우리의 사업이 완성된 것이 아니라, 도리어 시작된 것이니, 진실로 일본에서 독립하는 것은 우리 민족의 원대한 사업의 입문(入門) 첫 걸음이다.

대한인아, 독립이 귀한 것인가. 우리는 을미년에 마관조약[40]의

결과로 독립을 얻지 아니하였던가. 그 후에 우리나라는 대한제국(大韓帝國)이라 칭하였고, 외교도 있고, 사법도 있고, 경찰도 있고, 군대도 있지 아니하였던가. 그런데 왜 그것을 지키지 못하고 원수에게 빼앗겼는가. 오직 힘이 없었음이로다. 국가를 보전할 힘이 없었던 것이다.

그러므로 우리가 독립을 광복한 후에는 완전한 국가를 조직하고, 그 국가를 보전·발달하도록 큰 힘을 준비하여야 하리니, 이것이 없으면 백번 독립을 하더라도 보전키 어려울 것이다. 그러므로 현재 광복사업에 헌신하는 우리들의 고투는 일본인을 축출함으로써 끝나는 것이 아니요, 도리어 시작할 것이니, 우리들은 우리들의 일생에 행복의 보수를 바라지 못할 것을 자각하여야 할 것이다. 다만 일본인을 축출하는 사업만 하여도 여간 많은 피와 세월을 허비할 것이 아니니, 동포여, 우리의 일생은 오직 희생이요 고투인 것을 자각할지어다.

그러면 우리는 당대에 맛보지 못할 행복을 위하여, 우리 당대에 완성하지 못할 대사업을 위하여, 애를 쓰고 피를 흘리는 자이니, 이것을 생각하면 우리의 전도는 너무 암담하고 삭막하지 아니한가. 차라리 세계 어느 구석에 이 몸을 숨겨 후손이야 잘살든 못살든 내 일신이나 안락하게 하는 편이 득책이 아닐까.

의(義)로 일어나서 의의 사업을, 의의 방법으로 의의 기초에

이에 의기(義氣)가 필요하도다. 우리를 위하여 산야를 개척하여 주고, 문화를 빚어내어준 조상을 위하여, 이민족(그야 선하거나 악하거나)의 지배하(그야 행복되거나 불행하거나)에서 노예의 치욕에 울부짖는 2천만 같은 피 같은 문자(同血同文)의 민족을 위하여, 자유를 부르짖고, 먼저 적의 손에 희생이 된 가애(可愛)로운 형제

40) 시모노세키 조약(下關條約, 馬關條約). 1895년 4월 17일에 청·일간 체결된 조약 제1조에 "청은 조선국의 완전무결한 자주독립국임을 확인한다." 라고 조선의 자주독립을 공인하고 있다.

와 자매를 위하여, 지금 철모르고 장난하는 자녀와, 금후에 뒷대(後代)를 이을 천만대 자손의 자유와 행복을 위하여, 내야 괴롭든지 즐겁든지, 내야 죽든지 살든지, 결과를 내 눈으로 보든지 말든지, 비록 일의 성불성(成不成)조차 미리 내다볼(逆睹: 예견) 수 없다 하더라도, 분연히 일어나 재산을 다 내고 힘을 다하고 생명을 다하여 나의 의무에 대답하리라는 의기가 필요하도다. 나는 자손의 자유와 행복의 씨가 되리라. 내가 땅에 썩어 움이 돋아 나오고, 이삭이 익어 자손으로 하여금 그 추수를 즐기게 하리라. 씨는 못되더라도 거름이나 되리라. 내가 거름이 되어 뒤에 떨어지는 씨를 쉬이 자라게 하리라. 거름은 못되더라도 거름을 지고 가는 소라도 되리라, 하는 의기가 필요하도다.

독립운동이나 건국사업을 자기 개인의 이해타산으로 할 수 있는 것일까. 과연 과거의 갑신정변(1884)이래의 애국운동의 다수가 이에서 나온 것이다. 자기 일개인, 혹은 일개 단체의 사람의 권력욕 명리욕의 충동으로, 금점꾼(金店軍)이 금광을 찾으러 정향(定向) 없이 산야를 발섭(跋涉)하는 모양으로, 국가의 부강을 찾으려하고, 독립을 찾으려 하였으며, 혹 순정(純正)한 의기에서 나온 자라도 그 방법은 역시 금점꾼의 방법인 것이다.

의기가 동기가 아닌지라, 불의의 일을 짐짓 행하며, 원형이정(元亨利貞)의 정도(正道)를 취하지 아니하고 요행과 기승(奇勝)을 바라는 것이다. 정당한 준비와 노력을 하기보다 권모라 칭하고 술수라 칭하여 사기에 가깝고 협잡에 가까운 수단을 취하였나니, 동포가 그 결과가 어찌 되었는가.

의 아닌 기초 위에 의로운 사업을 쌓을 수 있을까. 엉겅퀴에서 포도를 딸 수가 있을까.

이번 독립운동에도 사람은 각자 자기의 이해를 타산하여 제각기 영웅이 되고, 중심이 되려하며, 일에는 매양 요행과 술수를 일삼는

다 하면 영광의 독립이 성공될까. 혹 미국을 설득하고, 러시아를 농락하며, 부자를 속이고 동포를 현혹함으로써 독립의 아름다운 열매를 얻을 수 있을까. 말지어다. 우리는 과거 우리 조선(祖先)의 실패의 역사를 보았도다. 다시 이기(利己)를 일삼지 말고, 권모와 술수를 일삼지 말지어다. 우리로 하여금 국가사를 함에 자기와 및 민족 당대의 이해를 타산하지 말고, 안으로 국민에게나 밖으로 세계에게나, 평화로운 운동을 하든지, 전쟁을 하든지, 금전을 모으거나, 군인을 모으거나, 인심을 격려하거나, 오직 정(正)으로 오직 진(眞)으로 오직 성(誠)으로 오직 의(義)로 하게 할지어다.

부패한 세대에서도 착한 지자(智者)들은 냉소하리라, "너는 오활(迂闊)한 썩은 선비의 말을 그치게 하라"고. 그러나 나는 용감히 밝은 대답을 하리라. "독립운동을 실패케 하고, 자손만대에 면키 어려운 화해(禍害)와 치욕을 끼칠 자가 너와 같은 부패한 지자라"고.

의(義)만큼 더 강한 것은 없느니라. 이해타산으로 일어난 자는 이를 주어도 그치고, 큰 해를 주어도 그치리니, 그는 믿을 수 없는 지사요 애국자다. 오직 의기로 일어난 자라야 이익이 되거나 해가 되거나, 살거나 죽거나, 최후의 목적을 달하기까지 매진하리니, 대한인아, 너희는 이(利)로 일어나겠느냐, 의(義)로 일어나겠느냐.

의로 일어났으니, 백절불굴하는 근기를 가지라.

의로 일어났거든 마땅히 근기(根氣)를 가졌으리라. 독립을 도모하는 것이 최상의 의무로 자각하고 일어난 자야 곤란하다고 중지하며, 실패가 있다고 낙심하며, 성공이 더디다고 뜻을 변하랴. 성공하여도 '할일'이요 실패하여도 '할일'이며, 빨리 하거나 더디게 하거나, 희생이 크거나 작거나, '할일'이거니 무슨 낙심이나 변절이 있으리오. 만일 그러한 자가 있거든 물러갈지어다. 그렇지 아니한 자여든 그저 꾸준히 용왕매진(勇往邁進)할지어다. 죽든지 살든지, 5년이 되든지 10년이 되든지, 우리의 사업은 자손만대에 전할 원대한 사업인줄 알고.

의를 위하여 생명을 바쳤나니, 외겁(畏怯)함이 없는 용기를 가지라.

이러한 의기와 근기를 가진 자는 응당 어떠한 곤란이나 강적이라도 두려워 겁내지 아니할 용기를 가졌으리라. 의를 위하여 일어났고, 몸이 가루가 되고 백년이 천년이 되더라도 기어코 이 의무를 행하리라는 결심을 가진 자에게 무슨 외겁(畏怯)함이 있으리오. 생명을 바쳤거니 옥엔들 못가며, 천창만검지중(千槍萬劍之中)엔들 못 가랴. '할 일'이면 한다. 백 번이라도 천 번이라도 더욱 용기 있게 한다.

이러한 용기를 가지면 무슨 일이 아니 되리요. "돈이 있어야 하겠다", "그러면 있게 하자" 이에 돈이 있도다. 적의 경계 밑에서 여차 여차한 활동을 하여야 하겠다. 그러면 하자. 비행기를 탈자가 있어야 하겠다. 그러면 배우자. 무엇이나 할일이 있거든 말하라. 내 하마. 독립을 위하여 적과 혈전(血戰)을 해야 되겠다. 그러면 하자…이러한 용기 앞에서 "나아가 공격함에 어떠한 강한 자도 꺾지 못하며, 물러나 일을 함에 무슨 일이든 성공하지 못하랴."

동포여, 우리의 경영하는 사업은 이렇게 멀고 큰 사업이다. 이를 성공할 자 오직 의기와 근기와 용기니, 여러분은 이 3기(氣)를 가졌는가. 이에 삼기론(三氣論) 1편을 지어 독립과 자유를 부르짖는 대한의 동포에게 드리노라. (제53호 1920. 3. 13)

44. 議政院 議員에게, 諸君은 獨立運動의 謀士가 되라

의정원이 개회된 지 이미 2순(旬)이 지내였도다. 그동안 제군은 무엇을 의논하였는가. '하노라' '하나이다' 문제로 2일, 정원수 부족 문제로 2일, 유경환(柳璟煥)문제[41]로 4일, 적 신문지에 정부의 비

41) 유경환(柳璟煥, 1892~1956). 1919년 상해임시정부 의정원의원(경상도)으로 선임되어, 동년 7월 재무위원회 위원으로 활동했다. 특히 1920년

밀누설 문제로 2일, 그 나머지는 매일 몇 시간씩 사면청원(辭免請願), 새로 들어온 신의원 자격심사 등으로 소비되고, 나머지는 종잡을 수 없는 우문졸문(愚問拙問)과 일본 중의원식(衆議院式) 야지(야유 일본어)와 대구(對句)로 소비되고, 진정 독립운동에 관계된 사건이라고 처리된 것은 정부의 잠행법례(暫行法例) 및 공채관리국조례(公債管理局條例)의 사후 승낙안이 있을 뿐이오, 50명 의원의 지낭(智囊)으로서 나온 안이라고는 임시정무 조사위원회안이라는, 무엇이 될지 알 수 없는 1안이 있을 뿐이다.

아아 50명이, 독립운동에 헌신한다는 50명이, 국민을 대표하여 독립운동의 진행방침을 토의한다는 50명이, 2순 동안의 회의에서 해놓은 일이 참말 없도다. 들을 만한 시원한 말조차 없도다! 모 의원이 "이게 무엇이오, 총을 메고 나갑시다" 하고 분개한 것도 당연한 일이로다.

비록 현재의 부득이한 사정에 의하여 의원을 선거하는 방법이 아직 전 국민의 의사를 대표할만하지 못하다 하더라도 지금은 경제정책이나 사회정책이나 국민의 권리와 의무문제나, 전 국민 또는 일부분 국민의 이해(利害)를 토의하는 시기(時機)가 아니므로, 아무러한 방법으로 선거된 의원이든지 다만 독립운동의 좋은 방침만 열성으로 잘 토의하면, 투표를 아니 한 전 국민이라도 다 그네를 자기네의 대표로 인정할 시기다. 누가 선거방법의 불완전하다고 의정원의 국민대표성을 논란하리오.

임시의정원은 임시정부로 더불어 대한민국 만년의 기초요, 상징이다. 그러므로 임시의정원 의원이 항상 염두에 둘 바는 자기가 민국 성립초의 입법부 의원이 되는 영광을 가짐과 및 자기에게 독립운동을 가장 유력하게 진행할 방침을 의정(議定)하는 중대한 책

3월 8일 임시정부 의정원 의원으로서 민의를 존중하는 임시정부의 새로운 건설을 위하여 2천만 민족은 궐기하라는 글을 발표한 후 3월 18일 일본 영사관 경찰에 검거되었다.

임을 가짐이니, 만일 이를 잊어버리고 함부로 가는 자는 대죄악을 범함이라 할지니, 대개 그는 2천만의 흘린 피를 더럽힐 것이다.

지금 제군의 할일은 적의 의회와 같이 사소한 문제의 질문으로 정부나 괴롭게 하며, 형식적 절차로 시일을 허송할 것이 아니요. 오직 어찌하면 독립운동을 가장 유력하게 하여갈까, 즉 어찌하면 내외 민심을 통일 격려하고, 어찌하면 독립운동에 필요한 재정을 모으며, 어찌하면 독립전쟁의 준비를 잘 하고, 어찌하면 내외에 대한 선전을 잘 행할까. 지금 세계의 대세는 어떠한가. 어떠한 정책으로 이에 대응하며, 내외의 민심은 어떠한가. 어떠한 계책으로 이에 대처할까, 하는 것을 궁리하고 토의하고 성안(成案)하여 정부로 하여금 실시케 할 것이 아닌가 - 이것이 제군의 신성한 직무요 또 유일한 직무가 아닌가.

그런데 '하노라', '하나이다'가 독립운동에 무슨 상관이 있으며, 의원 자신은 정부에게 아무 방침도 준 것이 없이 정부의 언사나 시설에 대하여 심장적구(尋章摘句: 남의 글귀를 따서 글을 지음)하고 취모멱자(吹毛覓疵: 남의 허물만 들추어 냄)하는 무수한 질문이 독립운동에 무슨 관계가 있는가. 대사(大事)를 앞두고 있는데 소사(小事)는 응당 잊어버릴지니, 대개 대사에 해될까 염려되기 때문이다. 그런데 과거 2순 이래의 의정원은 소사를 위하여 대사를 잊어버린 모양이 되었도다. 묻노니 제군에게 대사가 무엇인지 알아보는 식견이 없는가. 있으면서도 짐짓 대사를 그르치기 위하여 이러함인가. 제군이여, 재삼사량(再三思量)할지어다. (제55호 1920. 3. 18)

45. 美日戰爭

미일전쟁설이 시작된 지 이미 10여 년을 경과하였다. 그간에 구주전란(제1차 세계대전)의 발발로 인하여 일시 미주의 배일열(排日熱)이 종식된듯하였으나 이는 미국 인민과 정부가 대독(對獨) 군사행동을 취하는 사세상(事勢上) 일시 그 소리를 숨긴 것이다. 대전 종결과 동시에 배일열이 전보다 더 맹렬하게 일어날 것은 우리가 상상하는 바이다. 과연 재작년(1918) 11월에 휴전조약이 성립되고, 베르사유에서 강화회의가 개최됨에 예기(豫期)한 바와 같이 미·일 양국 간에 암투와 충돌이 일어났다. 화의(和議)중 산동(山東)문제에 이르러는 양국 간에 갈등이 정점에 달하여 미국의 태도 여하에 의하여는 일본은 화의에서 탈퇴하리라고까지 전하고 있다. 급기야 화약이 조인되고, 그 비준안이 미국 상원에 제출됨에 공화·민주 양당 간에 대논전을 야기하여 지금까지 비준안의 통과가 요원할 뿐 아니라, 산동문제에 관한 보류안 수정안이 출현하게 되었다.

이번의 보도에 의하건대 전번에 "산동문제에 관하여 중·일 양국 간에 분쟁이 있을 때는 미국정부는 행동의 자유를 보류한다." 하였던 공화당 수령 러치 씨의 보류안이 '중일(中日)' 두 글자를 삭제하고 통과되었다 한다. 그 결과로 보류의 범위가 심히 광범하여 미국은 산동문제에 관하여는 어떠한 국가를 향하여서라도 항의를 제기할 권리를 가지게 될 것이다. 산동문제와 전후하여 봉기한 배일열은 태평양문제, 중국문제, 이민문제, 시베리아 문제, 한국문제 등으로 인하여 그 세(勢)를 돋우어 마침내 미일전쟁설이 다시 일어나게 되었다. 그러면 과연 미일개전(美日開戰)은 가능한 일에 속한 일일까.

전쟁의 원인으로 감정적 증오와 이해상 충돌의 양자를 들 수가 있으나, 미일간의 감정상 충돌은 우리들이 너무 여러 번 설(說)한 것이므로 여기 논급하지 않고, 다만 이해상 충돌로 보아 미일간의 위기가 복재(伏在)함을 먼저 기술하겠다.

미일 양국 간에 가장 중요한 이해관계를 짓는 것은 다시 말할 것 없이 태평양과 중국문제이다. 전란의 결과로 세계 강국이 다 지극한 피폐에 빠질 때에 홀로 부강을 이룬 자는 미국과 일본 두 나라이다. 그리하고 두 나라가 그 상업상의 패권을 다툴 지점은 태평양상을 놓고 다시없다. 그런즉 태평양상의 양국 충돌은 피하려야 피할 수 없는 사실이다. 화약(和約)이 성립된 결과 일본이 태평양상의 구 독일령 군도(남양군도)[42]를 획득케 됨에 이로 인하여 다대한 위협을 느끼는 자는 호주와 미국이라 하겠다. 이에 미국은 태평양 무역보호의 필요상 태평양함대를 확장하여 일본의 세력과 대항하지 않을 수 없게 되었다. 필리핀 제도의 독립이 지연됨도 미국의 일본에 대한 의구(疑懼)가 제거되지 않는데 기인한 것이다. 일본측 입장에서 관찰하건대, 신영토인 캐롤라인·마셜 양 군도 간에 잠재한 미국령 괌도는 일본의 태평양 발전상에 멸시하지 못할 장애가 되며, 일본이 태평양상 실권을 획득하기 위하여는 필리핀 군도를 탐내어 침을 흘리지(垂涎) 않을 수 없는 것이다.

미국으로는 필리핀 군도를 일본의 손에 넣으면, 태평양 무역의 사명(死命)을 옥죄는 결과를 이룰 것이다. 그러한즉 태평양상의 양국 국면(局面)은 거의 해결하지 못할 난점에 도달하였으므로 차제에 단연히 신국면 타개의 길에 나올 필요가 있으니, 이것이 개전을 피치 못할 한 이유이다.

중국 이권문제에 관하여서도 같은 모양의 단안을 내릴 수가 있다. 전란 당시에 각국이 중국을 돌아볼 여력이 없는 틈을 타서 이권의 독점의 재미를 본 일본은 전쟁 종식 후에도 의연히 중국의 상권을 독점하고자 하여 문호개방(門戶開放)에 암연(暗然)히 반대

---

42) 미크로네시아(南洋群島, Micronesia). 서 태평양 필리핀 동쪽에 널리 퍼져있는 군도. 1899년 이전에 스페인령, 제1차 전쟁 이전까지는 독일령, 제1차 대전 종전부터 제2차 세계대전까지 일본의 위임통치령으로 되었다가 일본이 패전함에 현재 미국의 신탁통치령이 되었음.

의 기치를 세운 것이다. 이로 인하여 가장 타격을 받은 자는 미국이다. 그런고로 평화조약 체결 며칠이 지나지 못하여 이미 중국평원에 미·일의 충돌이 격렬히 일어났다.

작년 여름부터 지금까지 계속해온 일화배척(日貨排斥)운동을 일인이 주목하여 그 배후에 미국이 있다고 세인(世人)을 믿게 하려 하며, 스스로도 그렇게 믿음은 당연한 감정의 발로라 하겠다. 현재 만몽(滿蒙)은 고사하고, 혹은 산동(山東)에 혹은 장강(長江)연안에 혹은 복건(福建)에 세력부식과 이권독점에 급급함은 일인의 상태이다. 그러나 일본으로서 이 이권독점을 성취하고자 할진대 미국을 방축(放逐)하지 않으면 안 되겠고, 미국 또한 그 상권을 잃지 않으려 할진대 일본을 배척하지 않을 수 없을 것이다. 이도 또한 개전의 불가피한 한 이유이다.

그다음에는 캘리포니아(加州)의 배일(排日)을 들 수 있다. 가주의 배일은 그 연혁(沿革)이 심히 장구하나, 요컨대 가주에 있는 일본이민의 이수(異數, 보통이 아닌 특별한 예우)의 발달이 백인간의 공포와 시원(猜怨)의 감정을 도발하여 생긴 것이다. 전란후의 형세에 의하면 가주에 있는 일인의 심사는 전혀 일본인의 그림자를 가주에서 축출하고자 함에 있는 듯 하리만큼 배일의 형식이 철저적이요 가혹하다.

이는 백인으로는 생존상 부득이한 행동이라고 할는지 모르거니와 이로 인하여 일인의 감정을 격발한 것이 심히 크다. 미국의 일본 이민제한은 일변하여 일인축출정책으로 되어 간다. 이 형세는 가주 뿐 아니라 또 지금에는 전 미국에 미만하였으니, 그 위에 가하여 하스트계의 황색신문의 굉장한 세력이 배일의 형세를 날로 기른다. 이대로 진행하면 몇 해 안에서 미주에 이식(利殖)된 일본인은 말끔히 방축(放逐)될 운명에 조우할는지 모르니, 이는 일본의 사활문제이다. 개전을 피치 못할 또 하나의 이유이다. 그 밖에 시베리아의 충돌을 들 수 있겠다.

혹자는 논하기를, 만일 미일이 개전한다 하면 일본에게 도저히 승산이 없으니, 개전은 불가능이라 한다. 개전이 불가능이라 함은 다시 말하면 개전하기만 하면 일본은 멸망에 빠질 것이라 함이니 잠시 이 논자의 설을 들어보자.

가로되, 미일이 개전하면 일본의 산업은 파멸에 이르리니, 일본의 대외무역의 5분의 1을 점하는 고객은 즉 미국임과, 일본의 방적업(紡績業)은 전혀 미국의 양질인 면화공급에 의존하는 까닭이다. 또 미일이 개전하면 일본은 국제상 비상한 곤경에 처하리니, 하나는 동맹국인 영국의 우의를 잃을 것이오,[43] 하나는 중국에서 열국의 공동배척을 받아 일본의 세력이 구축(驅逐)됨에 이를 것이다. 또 미일이 개전한다 하면 일본의 빈약한 재정과 인구로 도저히 미국의 부력과 인구를 저당(抵當)하지 못할 것이며, 일본이 유럽 열강의 재정상 원조를 얻으리라고는 지금 상상할 수 없다. 또 미일이 개전된다 하더라도 2,500 해리(海里)나 떨어진 미주까지에 군대의 수송이 불가능하며, 기타 석탄·음료수의 공급이 곤란하며, 설사 군대수송이 가능하다 하더라도 미국 연해에는 잠수함(潛航艇) 기타의 방어공사가 충족하여 군대상륙은 지극히 곤란하다.

그밖에 일본은 미국의 해군력과 항공력을 어떻게 방어할까. 공중방어가 부족하고 건축이 불완전한 동경·대판 등 시가는 일격하

43) 제1차 영일동맹(1902. 1. 30)에서는 러시아의 남하세력에 공동 대응하기 위하여 “한·청 양국에서의 영·일 양국의 이익을 공동으로 보전한다.” 고 했고, 제2차 영일동맹(1905. 8. 12)에서는 “일본국은 한국에서 정사상 군사상 및 경제상의 탁절한 이익을 가진다.”라고 명문화하면서 영국은 한반도에서의 일본의 보호국 수립을 승인하고 있다. 러일전쟁 전승으로 일본은 미국과의 문호개방(Open Door Policy) 정책 준수 공약을 깨뜨리고 만주를 점령, 한반도와 만주에서의 영·미 양 세력을 내쫓고 경제적 상업적 이권을 독점했다. 춘원은 여기서 미일 전쟁(태평양 전쟁) 발발을 예언하고 있다.

에 회신(灰燼)이 될 것이 아닌가. 이상이 불능개전론자(不能開戰論者)의 설이다.

그러하나, 일본 민족의 가진 국가옹호의 정신(잘못된 국민적 쇼비니즘)은 자못 치열하여 일시의 혈기는 개전도 불사한다는 특수한 민족심리를 결코 무시하지 못할 것이며, 일본의 해마다 증가하는 인구는 광대한 식민지를 요구하나니, 식민정책의 충돌 혹은 이에 대한 압박과 방해는 국민의 사생(死生)에 관계되는지라. 세(勢)의 취(趣)하는 곳에 나아가도 죽고 물러나도 죽는다 함에는 차라리 한번 싸움(一戰)을 불사하는 수도 있으며, 다시 일본관료 혹은 군벌의 처지로서 보건대는, 날로 험악하여가는 민심을 밖으로 향하게 할 필요가 있다 하여 이때에 승패를 돌아보지 않고 외전(外戰)을 개시함이 그들 일신상에는 이익이 됨과, 그들의 자기 나라의 육군력을 과신하는 망상에서 발하여 정부에 개전을 촉구할는지도 모른다.

그런즉 이상의 모든 조건을 종합하건대, 일본 안의 사회혁명이 돌발한다면 모르거니와, 현금의 형세대로 진보한다 하면 미일의 개전은 길어도 수년 안에 짧으면 몇 달 안에 있으리라 단정할 수 있나니, 이 위급한 형세에 대한 면밀한 연구와 충분한 준비를 쉬지 않음이 이 시대에 처한 우리 민족의 임무라 하리로다. (제56호 1920. 3. 20)

46. 다시 國民皆兵에 對하여

지난 20일 ○○에서 국민군(國民軍) 편성식(編成式)이 있었다. 수효는 2백 미만이라 하더라도 ○○거류민 5백 중에서 2백이라 함은 거의 장정의 전부라 할지니 또한 장하다 하리로다.

서간도에서도, 북간도에서도, 아령(俄領)에서도, 은밀한 중에 날로 국민군의 모집이 진행하는 중이오, 장차 국내 각지에서도 동일한 사업이 진행하리라. 이리하여 독립전쟁의 계획은 구체적으로 착착 진행하도다.

○○국민군 편성식 석상에서 이동휘(李東輝) 국무총리는 "금년 내에 혈전을 선포할 것은 결정된 사실이다" 하여 대한민국도 금년 안에 독립전쟁을 개시할 것을 명언(明言)하고, 이에 대한 국민의 결심을 요구하여 소이(小異)를 버리고 대동(大同)을 성취하여, 2천만 국민이 한 마음 한 몸이 되기를 역설하였도다.

그렇도다. 우리의 나갈 길은 오직 혈전이 있을 뿐이로다. 우리는 살아야 하리니, 살려면 살기를 방해하는 적을 제거하여야 할 것이다. 그런데 과거 1년간 우리는 전쟁 아닌 온갖 수단을 다 사용하였건마는 적은 개전(改悛)하는 빛이 있기는커녕 경찰을 증가하여 포박(捕縛)과 악형을 사행(肆行)하여 더욱 우리에게 대하여 완악(頑惡)하게 됨을 보이도다.

이제 우리가 앉아 있으랴. 앉아 있으면 다시 일어나지도 못하리니, 우리에게는 배수(背水)의 일전(一戰)이 있을 뿐이오. 그리하려면 전 국민이 일심일체가 되어 육탄혈연(肉彈血煙)으로 적에게 용장한 대통봉(大痛棒)을 가함이로다.

같은 장소에서 임시의정원(臨時議政院) 손정도(孫貞道) 의장은 "과거의 평화적 운동이 위효(偉效)를 주효한 것도 사실이지마는 최후의 목적은 오직 혈전으로야만 달성할 것이다 … 우리 민족의 천년의 원수요 정의의 적 되는 일본을 퇴치(退治)함은 오직 우리의 혈전에 달렸다" 함은 아마 우리 전 국민의 자자 구구히 동감하는 바일 것이다.

이렇게 이 총리와 손 의장의 간단한 말이 우리 국민의 진로를 도파(道破)하였나니, 즉 "우리의 나갈 길은 오직 혈전뿐이다, 그리고 혈전의 시기(時機)는 금년이라 함"이다. 국민아, 기억하라, 혈전이 우리의 유일한 진로임을.

그러므로 우리 장정은 남녀를 물론하고 군적에 등록하여야 할 것이다. 등록한 날로부터 군인의 정신을 배양하고, 군인의 생활을 연습하여야 하리니, 혈전이 거짓말이 되게 하고 국민개병이 식사(飾辭)가 되지 말게 하라. 지금 우리 민족의 사활을 판정하는 지두(地頭)이니 이 운명의 판정은 오직 국민군의 성적 여하에 달렸도다.

안창호(安昌浩) 노동국 총판은 ○○국민군 편성식에서 “우리는 10년 동안 언제 독립의 의전(義戰)을 위하여 독립군을 소집할까 하고 고대하였더니, 오늘을 보았다” 하고, “기쁜 것은 서북 간도와 아령에서도 과거부터도 힘썼지마는 현재에 국민군의 편성이 진행하는 중이며, 국내에서도 은밀하게 편성하는 중이다” 하여, “우리 민족은 해내에 있거나 해외에 있거나, 이제는 독립의 혈전이라는 동일한 목적으로 분기하였으니, 우리 목적은 실현된 것이다. 최후의 승리가 우리의 목전에 보인다” 하였소.

과연 천 년간 나약(懦弱)에 졸던 대한민족이 이렇게 일제히 용장한 독립의 혈전을 위하여 용감히 분기할 정신을 가지게 된 것은 실로 대변천이니, 족히 우리 민족에게 부활 중에 생기가 홍할 수 있음을 실증할 것이다. 작년 3월 1일 이래의 의거도 외국인에게는 “한족에게 저만한 용기와 의기와 근기가 있었던가?” 하고 경악의 눈을 뜨게 하였거니와 우리 민족의 의기와 용기가 이렇게 일시에 격발(激發)됨은 우리 자신도 그윽이 놀라는 바다. 원래 용장한 조선(祖先)의 피를 받은 자로서 노예의 10년 수치와 세계의 대세에 눈이 뜨고, 과거의 용장하고 충렬한 국사(國士)들의 열혈의 피가 끓어 1천년 졸던 대한혼(大韓魂)이 화염을 발함이로다.

그러나 국민이여, 더욱 자성하고 더욱 편달할지어다. 모든 죄악과 모든 결점 악습을 다 씻어버리고, 청정한 정신과 신체, 충의와 용감으로 찬 정신과 신체가 되어 독립과 자유를 구하는 신성 번제단(燔祭壇)에 제물이 될지어다.

독립군인 2천만 국민아, 너희는 을지문덕(乙支文德) 이충무공(李忠武公)의 충렬한 정신을 가질지어다. 패하고 일어나고, 또 패하더라도 다시 일어나, 1년이나 2년이나, 10년이 되고 20년이 되더라도, 변치 않고 굴치 않고 최후의 승리를 얻기까지 나아가고 또 나아가는 내구력(耐久力)을 가질지어다. 무엇보다도 우선 대한인 끼리 합하고 뭉치고 한 덩어리가 되며, 국민군이라는 이름 밑에 통일이 되고 단단(團團)한 단결이 되자. 러시아의 원조도 오고 중국의 원조도 오고 미국의 원조도 오려니와 그 근본은 오직 대한인끼리 한 덩어리 국민군이 됨이니라. (제57호 1920. 3. 23)

47. 世界大戰이 오리라

파리의 강화회의가[44] 실패로 끝난 표징이 점점 창명(彰明)하여지도다. 중국은 마침내 첨자(簽字, 署名)를 거절한 대로 있고, 미국의 상원은 다시 산동(山東)보류안을 통과하여 언제 강화조약의 비준이 될는지, 또는 아주 안 될는지 모르며, 이탈리아와 체코슬로바키아도 아드리아해 문제로 불만한 중에 있으며, 독일은 그 조약을 이행하리라 말리라 하여 아직 방향을 정한 바 없도다.

따라서 그 조약의 일부분인 국제연맹도 완성될는지 말는지, 된다 하여도 미국의 참가는 심히 의문이며, 기타 각국도 참가는 주

---

44) 파리 평화회의(1919~1920) 패전국은 참석하지 않고 영·프·이·미·일 등 5개국에 의해 진행되었으나, 일본이 유럽문제 무관심으로 탈퇴하고, 이탈리아도 피우메(Fiume) 문제(이탈리아 영유권)로 철수함에 따라 영국의 로이드 조지, 미국의 윌슨, 프랑스의 클레망소의 3거두에 의해 진행됐다. 윌슨이 주장했던 무병합·무배상의 원칙이 관철되지 못해서 패전 동맹국 측에 가혹한 제재가 가해졌다. 또 국제연맹이 성립되어, 소위 베르사유 체제가 개시됐다.

장하면서도 아직도 의문의 눈으로 이를 보도다.

이리하여 강화조약이 조인된 지 이미 10개월이 가까운데, 휴전의 결과로 생긴 것 외에는, 또 몇 개 미완성품의 신국가가 생긴 것 외에는, 세계의 질서를 정제(整齊)한 것 외에 아무 효과가 없도다. 다만 효과가 없을 뿐더러 새로운 세계대전-과거의 구미대전 말고 이번에는 정말 세계대전-을 초래하는 동기가 되고 선동이 되었도다. 내말을 들으라.

이 강화조약이 오는 세계대전의 동기가 되는 원인은 다섯 가지이다.

1) 과거의 대전을 일으킨 책임자가 소위 상류계급, 즉 제왕, 귀족, 군벌 및 재산가 계급인 것.
2) 대전 중에 희생이 된 자는 대전의 개시에 아무 참여권이 없던 무산 인민계급(농부, 노동자)인 것.
3) 대전의 결과로 전승국이나 패전국이나 생활의 개선은 별로 없고, 배전의 고통을 받는 것은 대전 중에 가장 많은 희생을 한 무산 인민계급뿐이오, 자기네가 대전은 개시하고도 아픈 희생은 별로 아니 바치던 소위 상류계급은 더욱 부귀하게 되고 더욱 번영하는 것.
4) 민족자결주의로 본지(本旨)를 삼는다 칭하면서 기실 강화회의나 국제연맹은 몇개 강대국의 이기적 기관이 되어 다수 피압박 민족의 분개를 일으키는 것.
5) 강화회의 자신이 국제적으로 보면 강대국의 독천장(獨擅場)이오, 각국의 사회적으로 보면 소위 상류계급의 독무대라는 것.

이리하여 한번 민족자결주의의 소리를 들은 무수한 피압박민족들은 최후의 목적인 자주독립을 얻는 날까지 결코 분투를 그치지 아니하리니, 저 아일랜드를 보고, 인도를 보고, 이집트를 필리핀을 보고, 또 한국을 보라. 그뿐이랴. 이번에 새로 독립을 얻은 체코슬로바키아, 폴란드, 핀란드 등 나라는 다시 그 독립을 위협하는 자와 대항하여 싸울 것이다. 소위 위임통치하의 독립을 얻은 소아시아(Asia Minor)의 여러 나라와 태평양 중의 군도는 그 위임통치를 벗어나기 위하여 싸울지며, 세계 인류의 4분의 1을 점한 중화 인민은 이미 상실한 이권과 명예를 회복하려고 싸우고 있는 중이며, 또 장차도 싸울 것이다. 생각해보라, 세계의 대전이 목첩(目睫)에 박두하지 아니하였는가. 이것이 세계대전의 한 방면이다.[45)]

또 지난번 파리회의는 명색은 각국의 대표를 망라하였다 하였으나 소위 4대강국 5대강국의 전횡장(專橫場)이 되었으며, 명색은 세계개조(世界改造)의 이상과 주의를 실현함이라 하였으나, 기실은 4대강국 5대강국의 전리품 분배회의였으니, 민족자결주의를 적용함도 주의 자체를 위한 것보다 자기네의 이익을 위함이오, 위임통치의 배당도 정의를 표준으로 한 것보다 강대국 간의 이권의 쟁탈에 불과하다.

이에 독일 오스트리아 등의 가혹한 요구를 강박 받은 패전국은 물론이거니와 벨기에·스웨덴·노르웨이·중국 등 여러 나라는 정당한 요구조차 관철치 못해 원한을 품었나니, 그네의 여러 강대국에 대한 증오는 언제나 기회를 기다려 폭발할지니, 이것이 세계대전의 두 번째 방면인 것이다.

그러나 이 모든 것보다 더 중대한 한 방면이 있으니 그것은 곧 계급전쟁이다.

지난번 대전에 전쟁을 일으킨 계급, 전쟁에 희생이 된 계급, 전

---

45) 베르사유 조약(1919. 6. 28). 독일의 식민지를 모두 박탈하고, 알자스와 로렌을 프랑스에 반환하며, 북 실레스비히를 덴마크에 반환하고, 기타 서 독일의 일부를 벨기에에 주고, 민족자결 원칙에 따라 헝가리, 체코슬로바키아, 유고슬라비아, 폴란드, 핀란드, 에스토니아, 라트비아, 리투아니아가 오스트리아-헝가리 제국과 러시아 제국의 해체 과정에서 독립하였다.

쟁으로 이익을 얻은 계급이 분명히 알려졌고, 이로부터 추리하여 고래로 인류사회에는 치자계급·부자계급과 피치자계급·빈자계급이 있었음과, 항상 다수의 피치자 분자와 평시에는 그네의 노역(勞役)과 전시에는 그네의 생명으로 극소수인 치자·부자의 음일(淫逸)한 안락을 공급하여 왔음과, 및 그러하는 것이 가장 불합리, 부정의 할 뿐더러, 이는 다수의 피치자·빈자의 우약(愚弱)한 과실임을 분명히 자각하였고, 아울러 교육의 보급으로 하여 소수의 치자·부자계급이 다수의 피치자·빈자계급을 억압하기 가능하던 유일한 비결이던 지력과 단결력을 얻은 것이다.

각국의 노동단체의 발달(노동단체라 하면 최초에는 임금노동자만 포함하였으나, 지금은 점점 교원·관리 기타 월급생활 하는 자를 포함하게 됨)과, 러시아의 농민단체의 발달은 실로 오는 세계대전의 화(禍)의 중심인 계급전쟁의 주력(主力)이 될지니, 러시아의 노농(勞農)정부는 세계 노농정부의 선구요 모범이다.

현금 사회공산주의의 사상은 요원의 불길 같이 전 지구를 풍미하며, 러시아 소비에트의 맹렬한 선전의 손이 세계 어느 나라 어느 성시(城市)에 아니 간데 없나니.[46] 매일 신문지상에 전하는 구미의 동맹파공(同盟罷工)과, 각종의 시위운동은 다만 폭풍전야의 나뭇잎이 한번 떨리어 움직이는 것이니, 이 전동(顫動)은 결코 헛됨이 없을지니, 또 그 뒤를 따르는 저기압의 본체가 멀리 있다 하더라도 태평양이나 대서양의 범위안의 일이다.

문화의 정도가 형수(逈殊)한 동아(東亞)에도 이 대혁명의 사상이 시시각각으로 침윤하여 일본과 같이 가장 통일이 견고한 국가

---

46) 프롤레타리아 혁명(1905~1917). 1917년 2월혁명으로 제정 러시아를 붕괴시키고 임시공화정부를 성립했고, 동년 10월혁명으로 볼세비키 정권이 출범했다. 레닌과 트로츠키에 의한 소위 사회주의 사회가 건설되었다. 그 결과 1917년 11월 7일 노동자 농민의 사회주의 다민족 국가 '소비에트 사회주의 공화국 연방(소련)'이 수립되었다.

도 지금 그 기초가 동요하여 틈이 트이고 흙이 부서지는 소리가 들리며, 중국도 배일(排日)과 북경정부 전복을 목적으로 하고 일어난 각종 단체가 불과 1년 안에 그 본질이 변화하여 사회주의적 색채가 농후하게 되어, 만일 무기와 군비만 얻으면 일전(一戰)을 결하려는 결심을 가지게 되도다. 일본의 인민이 역시 이러한 상태에 있나니, 이에 현존한 일본 국가제도에 대하여 일본민족을 포함한 동아 3민족의 전투가 가깝다(在邇)할 것이다. 이것은 미·일 충돌이 점점 확실하여 감을 따라 더욱 확실하여지리니 이리하여, 오는 세계대전의 초막은 동아에서 열려 마침내 세계의 모든 제국주의 자본주의적 국가를 파괴해 버리고야 말지니, 이것이 구세계의 대심판일이오, 신천신지(新天新地)의 생일이 되리라. (제57호 1920. 3. 23)

48. 大韓人아 大韓의 獨立은 全民族의 一心團結과 必死的努力을 要求한다

우리의 사업

우리의 사업이 무엇인가. 2천만을 적의 노예에서 끌어내어 자유의 국민이 되게 함이며, 다 무너진 옛 성터(舊墟)에다 찬란한 신국가를 건설하려 함이로다. 아아, 얼마나 크며 얼마나 어려운 사업인가.

첫째, 적을 정복하여야 하고, 둘째, 신국가의 건설을 완성하여야 하리니, 국민아, 네 사업이 무엇인지, 또 그것이 얼마나 크고 어려운 사업인 것을 자각할지어다!

우리의 적

우리의 적은 얼마나 크냐. 일본은 우리 보다 땅의 넓이가 배나 되고, 인구가 배나 되고, 비록 이미 근저는 동요하기 시작하였다 하더라도 조직적 국가가 있고, 훈련 받은 육해군이 있고, 수십억의 국부(國富)와, 수만의 인재가 있으며, 게다가 한국을 영원히 자기의 영유(領有)로 하려는 야심이 있도다. 적은 아직도 동화정책(同化政策)을 운운하며, 독립운동의 진압을 목적하도다.

대한인아, 네 적이 얼마나 강대하고 포학한 자인 것을 자각할지어다.

우리의 실력

그런데 이 강대하고 포학한 적을 정복하고, 이 위대하고 곤란한 건국적 사업을 완성하려는 우리의 실력이 어떠한가. 국민아, 자각할지어다.

1) 인재(人材). 우리의 현존한 인재가 얼마나 되나. 과거 10년간 국내에서 적의 경영인 법률전수학교, 의학전문학교, 공업전문학교, 농림학교 등 4개 유치한 전문교육을 받은 자가 대략 1천 명, 동포 및 기독교 교회의 경영인 각종 전문학교의 출신이 대략 5백 명, 일본 유학생으로서 전문 정도의 학교를 나온 자를 10년간 매년 평균 30인치고 3백 명, 기타 외국유학으로 전문 정도 이상 학교를 나온 자를 많이 잡아 50명, 이상 합계 1,850명.

다음에는 전문 정도 이상 학교의 출신이 아니면서도 독학자습으로 그만한 학력을 얻은 자를 5백 명이라고 가정하면, 우리 민족 2천만 중에 전문 정도 이상의 학식을 가졌다고 볼 자가 총수 2,350명. 대략 전 인구 매 만인에 1인이다.

만일 1개 전문가(학식으로나 기술로나)라 할 만한 자를 통계하기로 하고 법률·정치·공업·군사·경제·교육·실업, 기타 각 부문의 학자와 기술가를 쳐보자. 그것은 말 말고라도 각국의 어학과 국정(國情)에 통한 자를 골라보자.

2) 재산. 우리 민족의 총재산은 얼마나 되는지 모르지만은 그네의 소유한 금전 - 당장 독립운동에 운용(運用)할 수 있는 재산인 금전이 얼마나 있나.

13도의 통화인 조선은행권(朝鮮銀行券)이 총액 1억6백만 원(元)(그 중에 또 어느 가량은 중국 영토에 적용되다). 그 반액 가량은 국내에 있는 30만 일본인의 수중에 있고, 나머지 약 반액을 적의 관금(官金)이라 하면, 2천만 대한민족의 수중에 있는 조선은행권은 대략 2천5백만원 가량일 것이니, 전 인구 매인 평균이 1원25전이다. 게다가 적(敵)은 역둔토(驛屯土)를 매하(賣下)하네, 무엇을 하네 하여 우리 민족의 수중에서 될 수 있는 대로 통화를 말리려 하도다.

또 해외에 있는 동포의 수를 2백만이라고 가정하고, 그네를 본국에 있는 동포보다 2배나 은부(殷富)하다고 가정하여 매인 평균 2원50전의 통화를 가졌다 하여도 총계 5백만원이니, 만일 이상의 가정적 통계에 무슨 의미가 있다 하면, 현금 우리 민족 전체의 수중에 있는 금전을 온통 털어 모아야 금화(金貨) 삼천만원(三千萬元) 내외에 불과할 것이다.

우리가 독립운동에 사용함을 얻을 금전은 실로 이 3천만 원뿐이니, 기타의 부동산이나 또는 끌어내지 못할 재산이야 암만 있은들 무엇 하리오.

3) 병력. 구 대한제국 시대의 장교로서 현재에 능력 있는 자를 많이 쳐서 3천 명, 일본에 교육 받고 일본군대에 현재하는 사관(士官) 30명, 러시아 군대에 장교로 있는 자 약 ○○○명, ○○에서 교육 받은 자 약 ○○○명, 이상 사관 이상 합계 ○○○60명.

병졸로는 러시아군에 따라 실전의 경험이 있는 자 약 ○천 명, 대한제국 시대에 군사교련을 받은 자로서 현재 병역(兵役)을 감당할 자를 1천 명, 의병으로 경험 있는 이를 ○천 명, 이상 합계 약 ○만 명.

이러고 본즉 우리 2천만이 있는 돈을 다 내고, 현재에 있는 군인을 다 내어야 겨우 ○사단의 병력을 1년간 전선에 세울 수 있게 될 것이다.

4) 애국자. 2천만이 다 애국자요 독립을 바라는 자일지나 백절불굴하고, 괴롭거나 즐겁거나, 살거나 죽거나, 독립을 위하여 끝까지 나아갈 가능성이 특히 많은 자를 생각하면 기독교 교인이 30만, 천도교 교인이 백만, 천주교 교인이 50만, 청년 남녀학생이 5만, 기타 각 애국단체에 속한 자를 백만이라 하면 영원한 독립당원(獨立黨員)이 대략 3백만.

5) 장정(壯丁). 내외 합하여 전 인구를 2천만이라 하고, 그중에 반수를 여자라 하고 나머지 1천만에서 매 5인에 1장정을 얻는다 하면 총수 2백만. 그 중에서 약자, 병자 등을 제외하고 군인 될 만한 장정을 백만이라 가정하고.

국민아, 이것이 비록 무슨 기초 확실한 계산이 아니오, 일종 가설에 불과하지만은 우리의 실력은 대개 이에 근사하다. 2천만이 다 일심단결이 되어야 우리는 비로소 이만한 실력일망정 발할 것이니, 혹은 2에 혹은 3에 갈린다든지, 전 국민이 각기 필사의 노력을 다하지 아니하면 그 결과가 어떠하랴. 러시아 땅 하나만이라도 얼마나 한 힘을 내며, 서간도나 북간도 하나만이라도 얼마나 한 힘을 내랴. 우리가 현재 일심일체가 되어 전인력(全人力), 전금력(全金力), 전성력(全誠力), 전혈력(全血力)을 다 모아야 가히 우리의 목적한 사업을 경영할 것이다. 족히 국제연맹도 이용하며, 미일전쟁이나 러일전쟁도 이용할 것이다.

국민아, 우리 흥망이 오직 일심단결과 필사적 노력의 여하에 달렸나니, 회개하고, 각오하고, 발분(發憤)할지어다. (제58호 1920. 3. 25)

49. 美國 上院의 韓國獨立 承認案

이달 24일 착 워싱턴 전보는 미국 상원에서 의원 토마스·슐츠양씨의 손으로 영·일 양국으로 하여금 한국 및 아일랜드의 독립을 승인하게 하고, 그 양국을 국제연맹에 가입케 하자는 결의안이 제출되었다 하며, 또 일본 신문지의 보도에 의거하건대 그전에 한국, 아일랜드, 인도, 이집트, 필리핀 등을 전부 해방하자는 조문을 강화조약에 삽입하자는 수정안이 상원에 제출되었다가 54표 대 22표로 부결되고, 제2안인 토마스·숄츠 안은 토의를 연기하였다 하도다.

나는 물론 이 제2안의 통과를 기대하는 자가 아니니, 이 안은 아마 십중팔구는 부결되리라. 그러나 이에 대하여 주의할 것은 한국 독립문제가 점점 더 세계의 관심을 끌어 마침내 약소국 한국의 독립승인안이 22표라도 얻은 것이다. 이는 결코 사소한 사실이 아니니 머지않은 장래의 대사실(大事實)을 예시(豫示)하는 것이라 할 것이다.

회상해 보라. 국치 10년 이래로 언제 한국문제가 세계의 여론에 오르내렸던가. 일본의 여론에 조차 별로 오른 일이 없었고, 한국과 한족이라는 명칭은 다만 사학자의 필기장에나 희미하게 기억된 명칭에 불과하였다. 또 작년 3월 1일 한국이 독립을 선언하고, 임시정부를 조직하고, 파리에 특사를 파견할 때에 세계에 누가 주의하였던가. 다만 한 지방 인민의 무슨 작은 불평에 대한 하나의 소요로만 여겼던 것이다. 실로 우리의 운동을 독립운동이라고 적(敵)이나 세계가 부르게 된 것은 작년 5월 이후, 즉 독립선언 후 만 2개월을 지난 후이다. 우리의 독립운동이 전 민족적 운동인 줄을 적도 승인하고, 세계도 명지(明知)하게 된 것은 실로 그로부터 6개월, 3월 1일로부터 8개월, 수만의 사상자를 낸 11월, 미국 상원에 제1차로 한국 독립승인안이 제출되던 때이며, 당시에는 스펜서·노리스 같은 유력자의 안(案)도 거의 유야무야(有耶無耶)한 사이에 부결되어 버렸던 것이다. 아아, 생각해 보라. 우리의 운동을 독립운동이라고 적과 세계에 알리게 하고, 또 이 독립운동은 일부분의 것이 아니오, 전 민족적 운동인 줄을 적이나 세계로 하여금 명확하게 알게 하기에 얼마나한 노력과 희생을 요하였던가. 또 그렇게 하는 것만 하여도 얼마나 위대한 사업이었던가.

적은 한족을 영원히 노예로 할 수 있다고 확신하였고, 세계는 한족이 영원히 일본의 노예가 되리라고 확신하여, 한국 독립문제는 일찍 적이나 세계의 몽상에도 일어난 적이 없었던 것이다. 그러하던 것이 적은 한족은 영원히 노예로 할 수 없다 하게 되고, 세계는 한족이 마침내 일본의 기반을 벗어나고야 말리라 하게 되었나니, 이것이 창상지변(滄桑之變)이 아니며, 위대한 사업이 아니고 무엇인가.

다만 이제 한국이 독립을 완성하기에 필요한 것은 내부의 결속과 지구적 계속이니, 정부가 결속하고, 각 단체가 결속하고, 다시 정부와 각 단체가 결속하고, 다시 정부와 각 단체와 전 국민의 개인이 결속하여 일심일체가 되어 머리될 자는 머리가 되고, 몸통(肢體)이 될 자는 몸통이 되어 서로 제 직분을 지키면서 서로 협조하여 일치하게, 유력하게, 지구(持久)하게, 이미 정한 '진행방침'을 한걸음 한걸음 덤비지 말고, 쉬지도 말고, 착착 진행하여서 최후의 독립전쟁에 이르고 다시 최후의 승리에 이를 것이니, 이리하면 또 이리하여야 하늘과 조령(祖靈)의 명조음호(冥助陰護)가 우리에게 있고, 세계의 동정과 응원이 우리에게 있을 것이다.

만일 3월 1일이 없었던들 우리 민족의 독립의 의사가 표시되지 못하였을 것이다. 만일 그 후 2개월의 시위운동의 계속이 없었던들 적과 세계로 하여금 우리의 운동이 독립운동인 줄을 표시하지 못하였을 것이다. 만일 그때에 운동을 중지하고 6개월의 분투와 희생이 없었던들 우리의 독립운동이 전 민족적 운동이라는 것을 세계에 알려 미국 상원에 한국 독립승인안이 제출되지 못하였을 것이다. 또 만일 그때에 곧 중지하고 다시 계속함이 없었던들 이번의 독립승인안도 없었으리니, 그러므로 이제 만일 우리의 독립운동을 중지하거나, 전만 못하게 한다 하면 다시 세계에 한국 독립문제가 오를 기회가 없어 세계의 동정과 원조는 영원히 가버리고 말려니와, 만일 더욱 분투하여, 더욱 결속하여, 전 민족이 통일되고, 군대가 준비되고, 금전이 모이고, 정부의 각 기능이 활기 있게 활동되며, 납세거절, 관공리 퇴직, 매국노(賣國奴) 징치(懲治), 일장기(日章旗) 게양거절 등 독립운동을 진행하면, 세계의 우리에게 대한 동정은 더욱 심후(深厚)의 도(度)를 가할지며, 마침내 세계의 변국(變局)을 편승하여 대혈전을 선포하는 날 세계의 동정과 원조는 흡연(翕然)히 우리에게로 집중될 것이다.

동포여, 이번 미국 상원의 한국독립안을 경시하지 말지어다. 또 그것이 부결된다고 비관도 말지어다. 한 방울 두 방울 떨어지며 말며 하는 것은 미구(未久)에 큰 비가 패연(沛然)히 내릴 조짐이니, 우리의 흘리는 땀 한 방울 피 한 방울은 결코 낭비됨이 없이 창공에 올라 독립의 큰 비를 양성(釀成)하는 구름이 되고 바람이 되는 것이다. 용장(勇壯)한 대한인아, 희망으로써 맥진(驀進)할지어다. (제59호 1920. 3. 30)

50. 獨立戰爭의 時機, 이에 必要한 準備

“금년 안에 독립전쟁이 일어나는가”하고 “진정으로 일어나는가” 하는 편지도 오고 질문도 하고 있다. 며칠 전 의정원에서도 “금년에 선전(宣戰)할 예정(預定)이냐” 하는 모 의원의 질문에 대하여 김 군무차장은 “마음 같아서는 오늘이라도 선전하고 싶다. 시기는 비밀이다” 하였다.

아령(俄領)이나 서북 간도(間島)의 동포는 정부가 왜 속히 선전을 아니 하느냐, 이렇게 더딜(遲緩)진대 우리는 정부의 명령을 기다리지 아니하고 자유로 혈전을 개시하겠다 하며, 본국의 동포들은 왜 어서 독립군이 들어오지 아니하느냐, 어찌하여 우리를 일각이라도 속히 적의 수중에서 구출하지 아니 하는가 하는 것이다.

2천만이 이미 혈전으로 뜻을 결정하고 정부가 또한 혈전의 뜻과 방침을 결정하였나니, 그러면 혈전이 개시될 시기는 언제인가. 이번 달인가, 다음 달인가, 또는 금년인가, 명년인가.

혈전의 시기는 그 준비의 완성하는 날이다. 그리고 그 준비의 완성이 금년 안에 있게 하자.

아무리 본국 동포가 적의 포학(暴虐)중에 어육(魚肉)이 된다 하더라도, 아무리 2천만인이 혈전의 결심을 가졌다 하더라도, 아무리 당장에 뛰어나가고 싶더라도 준비가 없으면 어찌 하리오. 비록 정부가 금년 안으로 선전할 결심이 있다 하더라도 준비가 없으면 십년 백년 후까지라도 선전되지 못할 것이다. 만일 준비야 있거나 없거나 첫 결심대로 이번 달이나 다음 달에 선전한다 하더라도 그 결과는 가히 알 것이 아닌가.

전쟁이 무엇인데 준비도 없이 되리오. 그러므로 국민이여, 만일 진실로 여러분이 독립전을 원하거든 준비할지어다. 또 만일 진실로 금년 안에 개전하기를 원하거든 더욱 급속히 하여 금년 안에 준비가 완성하도록 육력(戮力)할지어다. 정부가 무슨 신통한 술법으로 어디서 신병(神兵)을 불러올 것도 아니요, 또 나뭇잎 풀잎으로 금전을 만들어낼 것도 아니니, 군병(軍兵)이 될 자도 우리 국민이오, 군비를 판출(辦出)할 자도 우리 국민이다. 우리가 생명을 모으고 금전을 모으고 열성과 의사를 모아서 정부에 제공하기 전에 정부가 무엇을 하리까.

그러면 그 준비란 무엇인가. 또 그 정도는 얼마나 한가.

1) 민심의 통일. 강대한 국가로도 전쟁과 같은 대사를 경영할 때에는 민심의 통일을 위주하나니, 지난번 전쟁에서 영·미가 어떻게 이를 위하여 힘썼는가. 정부는 정부로, 단체는 단체로, 신문

잡지·연설·출판 등 온갖 수단으로 선전(宣傳)을 역행(力行)하며, 인민은 또 인민으로, 혹은 개인적 선전으로, 혹은 그 나라의 원수(元首)를 경앙찬송(敬仰讚頌)함으로, 스스로도 현재 전력(全力)으로 발동하는 국가의 대의사(大意思)에 자기도 화(和)하려하며, 남도 화케 하려 하였고, 언론출판의 자유가 완전하던 나라에서도 전시를 한하여 현재 발동되는 국가의 의사에 위배하는 자를 억압금지하기를 허락하였나니 하물며 우리이리오.

정부와 각 단체는 동일한 주지하(主旨下)에서 내외 동포에게 대선전을 행하여 민심의 통일을 구함으로써 2천만의 정(情)과 뜻과 힘이 전부 독립전쟁의 한 점으로 집합케 하여야 하나니, 이 선전(宣傳)사업이야말로 우리가 할 모든 사업의 기초이다. 세금의 수봉(收捧)과, 징병과, 조직적으로 모든 독립운동의 계획을 실행하는 데는 최선의 선전으로써 최선하게 내외의 민심을 통일함이 근본이 아니고 무엇이겠는가.

2) 국민군(國民軍)의 편성. 혈전이라 하더라도 2천만의 남부노유(男婦老幼)가 몽둥이 식칼로 싸울 것이 아니니, 만일 그렇게 싸운다 하면 이는 시료(詩料)로나 재미있을 것이오, 사실로 실현되지 못할 일이다. 비록 우리의 전략의 일부분이 원시시대의 출몰법(出沒法)을 이용할 것이라 하더라도 그 역시 군적(軍籍)에 성책(成冊)되고, 정신적 및 병법적으로 상당한 훈련을 받은 군인임을 요할지니, 그러므로 가급적 다수의 장정을 가급적 단시일에 성책케 하여 상당한 훈련을 가하고 군대를 편성하여야 할 것이다.

3) 인재의 집중. 다음에는 인재의 집중이니 군사 전문가와 장교될 인물을 정부로 집중하여 군대편제와 작전계획에 종사케 하여야 할 것이다.

4) 재력. 가능한 대로 재력을 중앙정부로 집중하여 제1기 군사행동의 준비를 하도록 하여야 할 것이다.

5) 대외 원조. 아무리 대언장담(大言壯談)한다 할지라도 우리가 최후의 승리를 얻으려면 외국의 원조가 절대로 필요하니 그 원조는 즉 ① 여론의 원조요. ② 군비 및 군수품의 원조요. ③ 전문가의 원조요. ④ 정치적 혹은 외교적 원조요. ⑤ 병력적 원조이다.

첫째, 세계가 우리의 전쟁을 의전(義戰)이라 하여 그 동정이 우리에게로 집중하여야 하나니, 이것이 우스운 듯하나 기실은 승리의 제일 요건이오, 또 기타의 원조의 근본이다. 그러므로 유력한 대외선전(對外宣傳)은 어느 때를 막론하고 특히 혈전을 하려는 우리에게 절대로 필요한 것이다.

그것이 혹 미국이든지, 중국이든지, 러시아든지, 또는 그 3국이 다 될는지 모르거니와 우리에게 군비 군수품 및 군사전문가를 제공하여 줄 후원을 얻는 것은 절대로 필요하며, 또 상당한 시기에 외교적 및 군사적 후원을 얻는 것도 필요한 일이니, 우리는 여러 가지 방면으로 이 모든 것을 얻도록 진력하여야 하려니와, 대저 일본의 적, 일본을 증오하는 여러 나라와 여러 민족은 모두 우리의 편인즉, 미국, 호주, 러시아, 중국 등 모든 나라는 용이히 우리의 편을 삼을 수 있다. 아울러 미・일, 러・일의 과계가 날로 험악하여 언제 대파열(大破裂)이 생길지도 알 수 없을 뿐더러, 또 우리의 혈전이 즉시 이 대파열의 원인이 되기도 쉬운 일이니, 우리가 우리의 내부의 결속(結束)을 공고히 하고, 대외선전을 지혜롭게 하면 외국의 원조를 얻기는 극히 용이한 일이며, 또 외국으로 하여금 우리의 원조를 청하게 하기도 극히 용이한 일이니, 대개 미국이나 러시아나 중국이 우리나라를 원조한다 함은 우리나라를 위하여 하는 것보다 자기네를 위하여 일본을 제거하는데 한 방편이 되는 까닭이다.

이상 말한 것이 우리의 이른바 독립전쟁의 준비니, 이것이 상당히 되는 날이 곧 선전(宣戰)의 날이다. 이 날이 금년 안에 있기 위하여 우리는 전력을 다하는 중인즉, 내외의 동포여, 경성(警醒)하고 육력(戮力)할지어다. (제60호 1920. 4. 1)

51. 俄領 同胞에게

동포여, 우리가 지금 무슨 일을 하는가. 강하고 포학한 원수에게 대하여 독립운동을 하는 중이 아니냐. 이때에 우리 민족의 할 일은 오직 화협(和協)과 일치다. 2천만이 일심동체가 되어 적을 대하더라도 오히려 부족함이 있으려든 하물며 내부에 쟁투가 있고 결렬이 있고서야 어찌 소망의 목적을 달성하기를 기대하리오. 영국이나 미국 같은 대국도 대전의 시기(時機)를 당하여는 평소에 적과 같이 상쟁(相爭)하던 각 정당도 모든 당파적 이해와 감정을 다 버리고, 일심일체가 되어 난국에 처한 정부를 옹호하고 복종하였던 것이다.

동포여, 화협과 일치의 앞에는 모든 것을 다 희생하사이다. 지금은 시비나 형식상의 이론으로 세월을 허비할 때가 아니니, 비록 임시정부 당국자나 임시의정원에 무슨 과실이 있더라도 그것이 독립운동을 방해하는 일만 아니어든 용서함이 가하지 아니한가.

승인(承認)이라 하면 어떠하며, 개조(改造)라 하면 어떠한가. 승인이라도 대한민국의 정부요, 개조라도 대한민국의 정부며, 승인이라 하여도 이 각원(閣員)이오, 개조라 하여도 그 각원인바에 구태여 이미 정한 사실을 다시 변경할 필요가 어디 있겠는가.

적은 일이라도 한번 작정한 것을 자주 변함이 불가하거든 하물며 국가대사를 지극히 중대한 이유가 있기 전에 어찌 가볍게 변개(變改)하리오. 한번 변개할 때마다 우리 민심은 불안하게 되고, 대외의 신용은 박약하게 될지니, 민심이 불안하게 되고 신용이 박약하게 될수록 우리의 목적을 달성할 날은 점점 멀어지지 아니한가.

우리 독립운동에 관하여 발언권을 가진 이는 러시아(俄領) 동포뿐 아니다. 실로 우리 독립운동의 주체요 중심은 본국에 있는 2천만 동포이니, 해외에 교류(僑留)하는 동포는 만사에 본국 동포를 표준으로 함이 정당할 것이다. 그런데 본국 동포가 재외(在外)동포에게 신뢰하고 희망하는 것은 오직 화협일치(和協一致)하여 하루라도 속히 그네를 적의 압박 밑에서 해탈(解脫)케 함이오, 결코 승인·개조 같은 작은 절차를 위하여 상지상대(相持相對)함이 아닐 것이다.

이미 우리 국민이 선거한 우리의 두령들에게 만사를 신뢰하고 위탁하였고, 본국 동포가 또한 우리 정부를 신임하는 뜻을 10월 31일 이래로 전국 각지의 임시정부 성립 축하시위운동을 보겠으며, 재외 동포 중에도 이의를 고집하는 이는 오직 아령 동포뿐이니, 동포여, 대국(大局)을 위하여 관홍(寬弘)한 도량(度量)을 가질지어다.

한번 냉정히 여러분이 여러분의 주견(主見)을 고집한 결과를 상상해 보라.

본편은 작년 11월경에 써 두었던 것이다. 그 후에 이런 말을 할 필요가 없이 만사가 무사히 되어 오므로 본고를 광저(筐底)에 망치(忘置)하였더니, 또 일부인사가 일어나서 인쇄물을 배포함으로써 국민의회(國民議會)의 부활을 운운하는지라, 이것이 아령동포 다수의 의사가 아닌 줄은 알거니와, 그렇더라도 이 협화일치를 필요로 하는 시기를 당하여는 심히 민탄(悶嘆)한 일이다. 이에 버렸던 원고를 수록함으로써 동포의 반성을 구하노라. (제61호 1920. 4. 3)

52. 공포시대 올 것인가(恐怖時代現出乎)

이번 독립운동이 일어날 즈음에 우리 민족의 이번 운동은 완전한 문명적 시위운동이니, 오직 최후의 한 사람, 최후의 일각까지 민족의 정당한 의사를 발표할 뿐이오, 조금도 과격의 행동이 없으리라 함은 우리 민족의 대표들의 누차 성명한 바이다. 공약삼장(公約三章)에까지 명문(明文)으로 게재되었으며, 또 그동안 우리 민족이 천편일률로 확수(確守)하여온 것이다. 이로 인하여 서양인은 우리 민족의 운동을 '수동적 반항'이란 명사로 형용하였고, 적들도 이번 48지사의 소위 예심종결서 중에서 이를 승인한 바다. 그러하거늘 적의 우리 독립운동에 대한 대책은 잔인과 포학을 극하여 세계의 목전에서 인도적 대죄악을 저지름으로써 마침내 우리 민족의 열화와 같은 분노와 열국(列國)의 비난을 동시에 받았던 것이다.

더욱 이와 같은 잔인무도한 악행의 무리 중에는 조국을 반역하는 가석(可惜)한 우리 동포의 그림자가 있었음을 우리는 더욱 통분히 여겼던 것이다. 그러나 우리는 냉정한 두뇌로써 일의 정리(正理)를 가지고 격월(激越)하는 동포를 억제하고, 적과 및 적에게 친부(親附)하는 국적(國賊)에게 그 개전(改悛)을 권하고, 그 반성을 촉구하였던 것이다. 임시정부의 어떤 각료가 작년 가을에 대륙보(大陸報) 기자에게 대하여 "우리는 그동안 과격한 행동을 제어(制御)하기에 우리 머리의 절반을 썼노라" 하였음은 결코 과장이 아니었던 것이다. 그러하거늘 이미 그렇게 긴 시간을 참았거늘, 적과 및 적에게 친부하는 자는 의연(依然) 개전의 빛이 없다. 한두 명의 면장(面長)이 분연(奮然)히 그 직책을 버린 것 외에는 우리가 발한 경고와 충고가 다 무효로 돌아갔다. 적은 표면으로 소위 개량을 주장하면서 우리 민족의 세업(世業)인 국토를 그냥 점거할 뿐만 아니라 잔인포학의 독수로써 우리 민족의 씨를 없이 하려 하도다.

적에게 아유(阿諛)하는 쥐새끼 같은 무리들은 하늘 무서운 줄 모르고 내외로 횡행하고 있다. 어찌 이에서 더 참으리요. 이에서 더 참지 못한다고 누가 감히 우리 민족을 책하리오. 아아 슬프도다, 3천리 강토는 화하여 공포의 암굴(暗窟)을 만들려 하고 있다.

근래 도착한 본사 특별통신에 의거하건대, 평안북도 방면에서 적과 및 적에게 친부하는 자(관리 및 偵探輩)의 참살을 당하는 자 날로 많다 한다. 의주(義州) 왜탐(倭探) 김명옥(金明玉)을 비롯하여 선천군(宣川郡) 태산면(台山面) 김병준(金炳駿) 숙질 양인은 단총 몇 방에 참사되고, 신의주 왜탐 고세현(高世賢), 의주 왜수의(倭獸醫) 모씨 등도 같은 운명을 당하였다. 의주 지방에서 극악의 악명 높고 지난번에 안동(安東) 간부를 궤계(詭計)로 착거(捉去)해간 김극일(金極一)이란 자는, 혹은 총살되었다 하고, 혹은 행방불명되었다 하며, 선천 이북으로는 면소의 십중팔구는 비어 있고, 동 군청에는 출석인이 군수 한 사람이라 하며, 정탐을 직업으로 하는 자 중에 아직 생존한 자는 야순(夜巡)은 감행하지 못하고, 낮에도 4,5인이 작반(作伴)하여 전전긍긍의 태도로 다닌다 한다. 모 방면의 소식에 의하면 만일 형세가 이대로 천이(遷移)되면 불원간에 전국이 이러한 공포시대를 현출하여 처참한 바람이 한반도를 덮으리라 한다.

아아, 10년 이래의 원한은 제쳐놓고 과거 1년간의 우리 민족이 받은 곤욕과 고통만 하여도 이가 시리도다. 적은 어떻게 동포의 살을 베고 뼈를 부셨는가. 무고한 어린 애의 참살을 당한 자 얼마며, 우리의 아름다운 촌락과 신성한 교회당의 파괴된 것은 얼마인가. 얼마나 많은 남녀 청년의 두뇌와 육체가 적의 고형하(拷刑下)에 파멸되었는가. 얼마나 많은 남자와 여자의 인격과 인권과 정조와 건강과 감정이 손상되고 유린되었는가. 이에서 더 참으려느냐. 참으려야 참을 수 없도다.

우리 손은 이미 피로 물들었노라. 창천아, 우리는 사후의 지부(地府)의 형벌을 견딜망정 이 원수는 더 두지 못하겠노라. 세계여,

네가 바른 눈을 가졌거든 공포시대 현출의 책임자가 누군지를 바로 알리라.

아아, 우리의 손은 이미 피로 물들었노라. 우리는 이에서 더 참을 수 없노라. (제63호 1920. 4. 10)

53. 아아 安泰國 先生

어떠한 하늘의 경륜(經綸)이 이에 이름인지 우리는 엊그제 밤 8시에 우리의 가장 경애하는 인도자(引導者)의 한 사람인 안태국 선생의 부보(訃報)를 불행히 접하였도다. 이 보도를 접한 우리는 다만 망연자실하여 붓을 던지고 도연(徒然)히 탁상을 치며 하늘을 우러러 탄성을 발할 뿐이로다. 묻노니 하늘아, 선생을 우리에게서 빼앗아 간 것은 뜻이 있어서 그러함인가, 없어서 그러함인가.

신민회(新民會), 청년학우회(青年學友會)의 영수로 무너져가는 국가와 죽음에 빠진 민족을 구원하는 원대한 이상을 세우고, 애쓰고, 분투하시던 선생. 국치(國恥) 이후로 적들의 독수 아래 모든 동지가 이산하고, 모든 경영이 하루아침에 회신(灰燼)이 되었으되, 10년이 한결같이 그 주의를 변치 않고, 그 맹약을 저버리시지 않은 선생. 명석한 두뇌와 으쓱(歆然)한 의기로 적의 법정에 서서 강경 예민한 답변으로 적의 심담(心膽)을 서늘케 하던 선생. 우리는 이러한 인격과 이러한 주의를 가진 선생을 사모하고 공경하였으며, 또 이런 의미로 선생의 장서(長逝)를 애석하고 통탄함이로다. 그러나 어찌 그뿐이랴.

전하는 바에 의하건대 선생이 ○○에 이른 후, 임시정부는 특히 선생을 러시아 중국의 양 영토에 거주하는 동포에게 파견할 특사로 내정한지 오래였었다 한다(선생이 이미 없으신 후인 오늘날은 이를 발표하여도 무방할 줄 아노라) 지금 독립운동의 중대한 전기에 임하여 족히 러·중 양 영토의 동포의 민심을 통합하여 최후의 대목적인 ○○을 향하여 일치 진취케 하는 어려운 사업을 맡아하고, 또 능히 성공할 이는 오직 선생의 인격과 중망(衆望)과 혈성이 아니고는 없을 것이다. 아아 그러하거늘, 이같이 중대한 사명을 가지신 선생은 정(正)히 사명을 위하여 떠나시려는 마당에 병마로 인하여 마침내 그 사명을 다하시지 못하고 영원히 이별하였던 것이다.

선생을 믿고 바라던 우리도 아프고 비분함을 이기지 못하겠거든 하물며 몸소 이를 성수(成遂)치 못하고 명목(瞑目)하시는 선생의 흉중이야 과연 어떠하였으랴. 선생이 하루아침에 병석에 누우심에 일반 동포는 선생의 쾌유를 갈망하고 축원하기를 마지않았었다. 이제 선생은 가고 다시없으니 우리는 장차 무엇을 바라고 무엇을 빌리오. 오직 "하늘을 우러러 탄성을 발할 뿐이로다."

그러나 우리는 낙담과 실망의 앞에는 오직 패망이 있음을 아노니, 우리는 쓸데없는 탄성으로만 선생을 보내지 말고, 선생의 서거로써 우리의 결심과 각오를 배가함이 진정으로 선생을 조상하는 본의이다. 또 선생의 속마음(本懷)도 거기 있으리라 하며, 또한 선생의 유지를 계승하여 그 원대한 이상을 목표하여 나아가는 우리 동지자는 선생의 돌아가심을 기회로 하여 정력과 용기를 합하여 선생이 이룩하지 못하신 우리 민족 전도의 대업과 죽음으로써 결심함이 우리의 충성스러운 의리요, 또한 즐거이 할 본무라 할 것이다.(총망중에 이 단편을 초하여 선생의 영전에 바친다). (제64호 1920. 4. 13)

54. 安泰國 先生을 哭함

4월 11일 오후 7시 반 대한의 충성된 애국자 동오(東吾) 안태국 선생47)은 영광스러운 대한의 독립 - 그의 생명이던 대한의 독립 - 자나 깨나 생각하고 소원하던 대한의 독립의 완성을 보지 못하고 상해 중국 홍십자회(紅十字會) 총의원(總醫院) 16호 병실에서 갑자기(溘然) 세상을 떠나셨던 것이다.

상해에 있는 모든 동포가 충정(衷情)으로 애도의 뜻을 표하는 것 - 이 국무총리가 방성대곡하신 것 - 이 글을 읽고 이 말을 듣는 내외의 동포가 모두 이 급한 시기에 충성스러운 지도자를 잃은 것을 곡하는 것 - 내가 지금 눈물에 붓을 적셔 이 글을 쓰는 것 다 합당한 일이로다. 우리의 애도는 황제가 죽은 것을 애도하는 애도도, 권력자가 죽은 것을 애도하는 애도도 아니라, 친애하는 형제, 많이 믿던 지도자, 성실하고 애석하던 동지자의 죽음을 애도하는 애도이니, 우리의 애도의 눈물은 심저에서 끓어오르는 뜨거운 눈물이다. 가장(假裝)함이 없고 과장함이 없는 애도로다.

왜? 선생은 권력을 가진 이도 아니다. 금력을 가진 이도 아니다. 학식이 초월하거나 풍운을 일으키고 거두어들이는 소위 수완을 가진 이도 아니다. 그는 그다지 명성이 혁혁하고 위광이 늠름한 이도 아니며, 그는 또한 다수의 부하를 인솔한 두령도 아니다. 그는 일개의 순연(純然)한 포의(布衣)다. 그에게는 권력이나 금력이나, 붕당(朋黨)이나, 명리(名利)에 관한 아무 야심도 없는 청렴하고 욕심없는(恬淡) 일개 포의다.

그는 과연 우리나라의 최대한 정치적 비밀결사이던 신민회의 중심인물의 한 사람이었었고, 진정한 국민개조의 자각으로 일어났던

---

47) 安泰國(1874~1920). 평남 中和郡 출신으로 일찍이 평양 大成學校 교장으로 新民會에 가담, 青年學友會를 조직하여 국권회복운동을 전개했다. 국치후 林蚩正·梁起鐸·金九 등과 회합, 西間島에 독립기지를 건설하기 위하여 이주동포 모집을 담당했다. 1911년 신민회가 총독암살을 기도했다는 구실로 신민회를 탄압, 안태국은 체포되어 옥고를 치른 후 출옥, 상해로 탈출하여 임시정부에 가담했다.

(합병의 상설(霜雪)에 맹아(萌芽)로 고사하였거니와) 청년학우회의 발기인(항용 세상에 있는 발기인 말고 철저한 주의와 경륜과 실행을 구비한)의 한 사람이었고, 또 따라서 소위 총독암살음모사건이란 것에 중심인물의 한 사람이었나니, 이것이 어찌 우리 지사 안동오(安東吾) 선생의 역사를 빛낼 이력이 아니리오.

세상의 지사네가 모두 헛되고 거짓된 목적을 세우고, 헛되고 거짓된 수단으로 헛되고 거짓되게 말하고 행동할 때에 민족 만년의 대계는 실력(지식과 덕성과 단결과 인재의 양성과 실업의 발전 등)을 기초로 한 민족의 개조에 있다 하여, 일변 신민회로써 전국내 애국자의 단결과 교육 및 실업학교의 설치를 실행하며, 일변 청년학우회로써 유용한 인재 - 국민의 중추가 될 인재의 양성 및 단결에 힘쓰던 그 식견과 공덕도 탄복할 바이다. 이것은 비록 선생 개인의 사업이 아니오, 여러 동지(현재 혹은 정부에서 혹은 野에서 독립운동의 간부가 된 李東輝총리, 李東寧내무, 李始榮재무, 安昌浩 노동국총판 등 제명사)의 합력의 사업이라도 선생이 그 중에서 가장 중요한 노력을 한 것은 그 동지 제씨가 공인하는 바다.

그러나 내가 이에 가장 선생을 경모하고, 따라서 가장 선생의 별세를 애도하는 것은 이상의 모든 공적에 있지 아니하고 다른 한 가지 점에 있나니, 이 한 가지 점이야말로 과거 우리 지사 간에서 구하기 어려운 특점(特點)인 것이다. 또 현재 및 미래의 우리 애국자의 모범이 될 점이며, 따라서 선생을 우리 중에서 잃는 것이 가장 애통한 점이다. 그 한 가지 점이란 무엇인가.

"10년이 하루 같이 동지와의 맹약을 변치 않음"이다. 늘 "믿을 만한 사람", "신의의 사람"으로 있었던 것이다.

아아, 그때에 - 15년 전에, 또는 10년 전에 얼마나 애국자가 많고 지사가 많았던가. 얼마나 통곡하는 자가 많고, 당장 죽으러 나가자는 자가 많았던가. 그러나 그네가 다 지금 어디로 갔는가.

또 그때에 - 15년 전에, 10년 전에 동지와 맹약을 맺은 자가 얼마나 되었는가. 무슨 회, 무슨 단체는 말할 것도 없고, 혹은 산중에서, 혹은 하늘을 가리키며, 해와 달과 신명(神明)을 가리키며 뜻을 같이하고, 죽음을 같이하고 살기를 같이하자고, 철석같이 맹약한 자가 몇 천백이었을지나, 그들이 지금 어디 있는가. 혹은 죽은 자도 있으리라. 혹은 적에게 매수도 당하였으리라. 혹은 소위 낙심도 하였고, 혹은 남의 바람에나 날뛰다가 형상도 냄새도 없이 스러지며, 또 혹은 고생과 불편을 견디지 못하여 은퇴도 하였으리라. 이러한 무신(無信), 무성(無誠), 박지(薄志), 냉정한 중에서 혹은 옥중의 고초, 혹은 천애(天涯)의 유리(流離), 혹은 시국의 비관, 혹은 동포의 냉락(冷落) 등 온갖 곤란을 무릅쓰고 10년을 하루 같이 애국자의 초지를 관철한 자가 몇 사람인가. 선생은 실로 이러한 귀한 인물 중에 한 사람이로다.

합병 당시에 모든 동지들이 다 시국의 어그러짐을 깨닫고, 혹은 장래를 준비하려 하여, 혹은 일신의 안전을 도모하여 나라를 떠날 때 선생은 태연히 "나까지 떠나면 국내의 모든 경영을 어찌하랴" (이는 안도산(安島山)을 향하여 하신 말씀) 하여 국내에 잔류하다가 마침내 보안법 위반과 연달아 소위 총독암살음모사건에 걸리어 6,7년간 차가운 감옥에서의 고초를 겪었고, 경무총감부(警務總監部)의 악형에 모두 혹은 동지를 연루케 하며, 혹은 있는 말 없는 말을 집어대어 사건을 더욱 착종(錯綜)케, 화해(禍害)를 더욱 광범케 하며, 혹은 비읍애걸(悲泣哀乞)의 추태를 적의 면전에서 나타낼 때에 태연히 국사(國士)의 태도를 불변하고, 화를 동지에게 미치지 아니한 용장한 소수 국사 중의 한 사람이다.

지금토록 애국자로는 불변하면서도 천지에 맹약한 서약을 폐기하고, 각기 자기의 이해와 편의를 향하여 달아나는 당시의 동지들 중에 운명(殞命)의 순간까지 그 서약을 사수한 귀한 국사 중의 한 사람이다. 아아 신의의 사람, 충성의 사람, 우리 중에 이러한 국사가 몇 사람이나 남았으며, 현재의 청년들 중에는 몇 사람이나 되는가.

이번 상해에 오자마자 정부가 그에게 중아령(中俄領)의 동포 통일에 관한 절충의 대임을 위탁함에 선생은 "국가의 명령이면 무엇이나"라 하여 신체의 쇠약함도 돌보지 않고 곧 등정(登程)하려 하였다 하며, 또 선생의 인격은 정부 당국이나 중국 러시아 영토의 인사나 모두 신임하는 바인 것은 정부가 선생이 상해에 온지 얼마 안 되어 이 같은 대임을 위임함과 북간도의 각파 대표자가 공히 선생의 행동을 환영하고, 그의 성공을 확신하며, 아울러 그를 위하여 전력으로 원조하기를 쾌락한 것을 보아서 알 것이다.

아아, 선생은 가시도다. 하늘이 내리신 애국자, 신의 있는 사람, 충성 있는 사람, 절개 있는 사람으로, 우리 국민의 뚜렷한 모범이 되는 선생은 가시도다. 가신 이를 위하여 통곡함이 무슨 이익 됨이 있으랴. 원컨대 대한의 남녀 중에서 선생의 성행(性行)을 본받는 애국자가 많이 나기만 바라노라. (제65호 1920. 4. 15)

55. 韓中 提携의 要

(一) 공동의 적

일본이 한국의 적인 것은 분명하외다. 일본은 한족(韓族)을 노예로 하고, 한족의 생업을 박탈하고, 한족의 자녀를 구타하고 학살하나니, 한족이 자가(自家)의 생존을 도모하려면 일본을 한국 땅에서 축출하는 것 밖에 다른 도리가 없소. 그러므로 한족은 이겨도 싸워야 하고 패하여도 싸워야 한다. 살거나 죽거나 우리의 생존을 방해하는 일본에게 대하여 일전(一戰)을 결(決)할 길밖에 없소.

그러나 중화민족 제군이여, 일본은 한국만의 적일까요? 중국의 적은 아닐까요? 나는 일본이 한국의 적 됨과 같은 정도로 중국의 적이라 하오. 내 말하리다. 그 적 되는 이유를.

1) 구미 열강의 세력을 중국에 끌어들인 자가 누구인가요? 중국의 약점을 세계에 폭로하여 열강으로 하여금 중국은 무주물(無主物)이다, 마구 뜯어 먹을 것이다 하게 한 자가 누구인가요? 일본이외다. 일본이 갑오년(1894년 청일전쟁) 중국에 향하여 전쟁을 도발함으로써 중국의 약점이 세계에 폭로된 것이외다.

2) 중국의 영토를 가장 많이 잠식한 자가 누구인가요? 일본이외다. 대만(臺灣)은 물론이요, 남만주(南滿洲), 산동(山東), 내몽고(內蒙古)는 이미 일본의 영토이다. 영국의 홍콩(香港)·위해위(威海衛)[48]같은 것은 비교도 못할 것이다. 일본이 현재 영유한 중국의 국토는 일본 자체의 두 배나 됩니다.

3) 중국의 이권을 가장 많이, 또 가장 정당하지 못한 수단으로 강탈한 자가 누구인가요? 일본이다. 21개조 요구[49], 군사협정[50]

---

48) 홍콩(香港). 아편전쟁(1840~1842) 결과 남경조약(南京條約, 1842. 8)으로 홍콩은 영국에 할양되어 영국의 직할 식민지가 되었다.
위해위(威海衛). 중국 산동반도 동부 끝 발해만 입구의 항구도시로서 1894년 일본군이 점령했으며, 제정 러시아가 남진정책의 일환으로 대련(大連)·여순(旅順)을 조차하자, 영국은 이에 대항하기 위하여 1898년 위해위를 영국의 조차지(租借地)로 지배했으나, 1930년 중국에 반환했다.

49) 산동문제(山東問題). 청일전쟁 후 3국간섭(러·독·프)으로 러시아가 산동반도를 조차하기로 했으나, 1897년 11월 독일이 선교사 학살사건을 구실로 산동반도를 점령했고, 1899년 청도(靑島)를 조차지로 경영하기 시작했다. 제1차 세계대전 중 일본군은 산동반도 서남단에 위치한 교주만(膠州灣) 조차지를 무단 점령하면서, 일본은 1915년 1월 종래 독일이 보유하고 있던 모든 권익계승을 요구하는 이른바 '21개조'를 중국에 요구함으로써 중일 간 외교적 분쟁이 야기했다. 일본은 21개조에서 장차 독일과의 협정에서 얻게 될 일체 권익을 중국이 인정한다면 교주만을 중국에 반환하겠다고 제의했지만, 중국은 독일이 가진 권익 전부를 무조건 회수해야 한다고 주장했다. 이로 인해 배일운

같은 것은 누구나 잘 아는 것이지만은 20년 이래 중·일 양국 간에 맺은 조약이 어느 것이 일본이 강제로 중국의 이권을 박탈하던 기록이 아닌가요.

4) 중국의 악류(惡流, 親日派)를 선동하고 원조하여 중국의 통일과 혁신을 방해하는 자 누구인가요? 일본이다. 일본은 일찍 원세개(袁世凱)를 선동하여 반역을 행케 하였고,[51] 단기서(段祺瑞)[52] 서수쟁(徐樹錚)[53] 조여림(曹汝霖)[54] 등을 도와 현재에 중국을 망케 하려 합니다. 그 수억만 원의 차관이 어느 것이 중국을

동(排日運動)이 거세게 일어났다.

50) 일화군사협정(日華軍事協定). 1918년 5월 16일 日華 陸軍共同防敵軍事協定을 조인했고, 5월 19일 日華 海軍共同防敵軍事協定을 조인했다. 이 조약협정에 의해 일본은 군통수권 일부를 이양 받았다.

51) 원세개(袁世凱, 1859~1916). 원세개는 1913년 3월 20일 의회 다수인 국민당(國民黨)이 정당내각을 조직할까 두려워 그 추진자인 송교인(宋教仁)을 암살하고, 5국(일·영·러·독·불)차관단으로부터 2,500만 파운드를 얻어 제2혁명 쿠데타를 일으켜 10월 대총통이 되었다. 1915년 일본의 대화(對華) 21개조를 수락함으로써 친일적 정책에 힘입어 마침내 제제(帝制)운동을 일으켜, 황제에 즉위했으나, 반제토원(反帝討袁)의 기세에 밀려 1916년 6월 분사하고 말았다.

52) 단기서(段祺瑞, 1865~1936). 원래 원세개(袁世凱)의 참모총장이었으나, 제제(帝制)운동에 반대했다. 1917년 데라우치(寺內正毅) 내각의 원단(援段)정책에 힘입어 정계복귀, 1918년 5월 일화군사협정을 체결, 통수권 일부를 일본군에 매도하는 등 친일정책으로 이른바 친일적 단기서 집정정부(執政政府)를 출범했다. 그러나 1919년 학생 민중의 반단배일(反段排日)운동으로 은퇴했다.

53) 서수쟁(徐樹錚, 1880~1925). 1916년 단기서(段祺瑞)내각의 국무원 비서장으로서 친일정권의 핵심 안휘파(安徽派)의 참모총장이 되어 안직전쟁(安直戰爭)에서 직예파(直隷派)에 패해 일본공사관으로 피신했다. 1925년 풍옥상(馮玉祥)의 부하에 의해 친일매국노로 암살되고 말았다.

54) 조여림(曹汝霖, 1871~?). 1915년 일본의 대중(對中) 21개조 요구 협상시 중국측 위원으로 참석, 일본의 요구조건을 수락하는 등 친일적인 정책을 강행했다. 1918년에는 대일 차관 교섭에 성공, 단기서 내각의 입지를 강화했지만, 1919년 5·4 배일 학생시위운동이 확산됨에 친일적 매국노로 규탄, 파면되었다.

해하고 국적(國賊)의 사복(私腹)을 살찌우는데 유용(流用)된 것이 아닙니까. 만일 일본의 이 간악수단이 없었던들 중국의 국적(國賊)계급은 이미 몰락하고, 건전한 신정부와 신제도가 성립되었을 것이다.

5) 가장 중국을 멸시하고 중국인을 모욕하며, 세계에 대하여 중국인의 악명을 선전하는 자가 누구입니까. 일본이다. 대련(大連)에 가보시요. 봉천(奉天, 瀋陽)에 가보고, 산동성(山東省)에 가보고, 중국의 수도되는 북경(北京)에 가보시요. 일본인이 어떻게 중국인을 개나 말로 대우하는가. 어떻게 무례한 언사를 농하고 어떻게 발길로 차고 때리며, 일본에 있는 중국 유학생이 어떻게 일본인에게 참지 못할 모욕을 당하는가. 도리어 한인(韓人)은 중국인처럼 모욕은 아니 당합니다.

일본인은 중국인을 최열등, 최야만이라고 자기네도 조소하고 자녀에게 그렇게 가르칩니다. 작년 이래로 각지에서 일어나서 몸도 집도 잊고 생명을 걸고 분투하는 애국적 학생단체의 행동을[55] 일본의 신문지는 우준비루(愚蠢鄙陋)한 악도(惡徒)의 망동이라 합니다. 중국인이여, 제군에게 응당 절치액완(切齒扼腕)할 적개심이 화염같이 일어날 줄 믿습니다.

6) 이상 모든 것보다도 장래에 중국의 통일과 혁신을 방해하고, 중국 영토와 경제적 이권을 잠식하여 마침내 북경에다가 총독부

---

55) 오사운동(五四運動, 1919. 5. 4). 제1차 세계대전 초기에 독일로부터 산동반도(山東半島)를 빼앗은 일본은 원세개(袁世凱)정부에 대해서 21개조 요구를 강요하여 승낙 받았다. 때마침 1919년 4월말 베르사유 강화회담에서 독일 권익의 반환을 주장하는 중국 대표의 요구가 거부되자, 국내 여론은 배일(排日)감정으로 폭발하기에 이르렀다. 드디어 북경 대학생 단체는 5월 4일 21개조 조약의 책임 위원인 조여림(曹汝霖)집을 급습, 조여림과 그 집에 있었던 주일공사 장종상(章宗祥)을 구타했다. 배일 학생시위운동을 계기로 배일적 반제국주의 투쟁은 전국적으로 확산되었다.

(總督府)를 설치하고야 말려는 자가 누구인가요. 일본이다. 중국 동포여, 영국이나 미국이나, 프랑스나 독일이나 러시아나, 기타 세계 모든 나라 중에는 중국을 적대(敵對)하려는 자가 하나도 없고, 도리어 친선을 구할 뿐이니, 온 지구상에 중국의 목덜미에 비수를 겨눈 자는 현재에는 오직 일본뿐이외다.

중국은 통일을 하려하든지, 혁신을 하려하든지(이 두 가지는 중국의 생명인데), 또 영토와 이권을 보전하고 자유로 부강, 발전을 하려하든지 일본의 야심과 강포(强暴)를 제거하기 전에는 영원히 불가능한 것이다.

이러한 이유로 보아 나는 일본은 한국만의 적이 아니요, 중국에게도 유일하고 또 가장 독한 적이라 하오. 즉 일본은 한·중 양국의 공동한 적이라 하는 것이외다.

(二) 지금 이 공동의 적을 제거할 시기라

일본이 한·일 양국의 공동한 적이니까 만일 양국이 지혜롭다 하면 이것을 공동으로 하여 최좌(摧挫: 좌절)하여야 할 것이다.

작년 이래로 중국은 일본이 중국의 적임을 자각하여 각지에 애국적 단체가 일어나 일화배척(日貨排斥)을 제창하였던 것이다. 대단히 흠모합니다. 그러나 중국의 동포여, 이러한 수단만으로 족히 일본을 거꾸러뜨리리라고 생각합니까. 과거 1년간 일화를 배척한 결과로 과연 일본의 상공업자에게 적지 않은 손해를 주었겠지요. 그럼 일본 전 국가로 보면 그것이 큰 바다의 한 방울 물이 아닐까요. 과연 일본은 과거 1년간의 손해가 두려워서 중국에 대한 정책을 얼마나 개선하였습니까. 그 개선한 결과가 매국적 군벌파에게 1,200만원의 신차관을 주었을 뿐 아닙니까. 그것이 마치 "너희는 암만 일화를 배척하더라도 우리에게는 너희 국가를 망케 할 재력이 충분하다"하고 조소하는 것 같소이다.

일본의 해를 구제(驅除)할 방법은 하나뿐이요 유일이니, 즉 군국주의 침략주의적 현존의 일본 국가에게 치명적 대통봉(大痛棒)을 가해서 일본으로 하여금 정의와 인도상의 신국가를 건설케 하거나, 그렇지 아니하면 일본으로 하여금 다시 그 아니꼬운 야심을 부리지 못하고, 회개근신(悔改謹愼)하도록 하여줌이니, 이리하는 방법은 오직 일대 결전이 있을 뿐이다. 일본의 생명은 그 군대이니, 그것을 타파함은 시랑(豺狼)의 발톱과 이빨을 뽑아버리는 것과 같은 것이다.

그러면 한·중 양국이 제휴하면 족히 이 목적을 달성할 수 있을까. 또 그러하다 하면 그 결전의 시기는 언제인가. 나는 확신으로써 명백히 말하리다. “한·중 양국이 합하면 이 목적을 달성할 수 있다. 그러고 결전의 시기는 지금이다 - 금년 안이다”고. 내 그 이유를 말하리다.

1) 미·일 관계의 험악이니 미국이 강화조약 중 산동문제의 보류와, 국제연맹 규약 제10조의 보류를 단행함이 무엇을 의미하며, 시베리아에서 물러난 군대와, 유럽전선으로서 돌아오던 군대의 다수를 필리핀에 주둔하며, 함대를 증병(增兵)하고, 전 국민에게 강제로 군사교련을 실시하려함이 무엇을 의미함인가. 기회만 있으면 제2 독일이오, 아시아 대륙 및 태평양상에서 미국 이권의 위협을 하는 일본을 응징하려 함이 아니고, 누구를 대적하려 함이리오.

2) 호주는 지금 일본을 유일한 가상적으로 보아 일변 함대를 신설하면 온갖 방법으로 일본을 응징하여야 할 것을 주장하지 아니합니까.

3) 러시아의 최대의 구적(仇敵)이 누구인가요. 골차크(Kolchak)을 도와 러시아의 통일을 방해하고 수십만의 러시아인의 피를 흘리게 한 자가 누구며, 시베리아에 연합군을 끌어들일 때 솔선한 자, 연합군에 가장 다수의 군대를 파견하여 횡포를 자행한 자, 남

이 다 철퇴하는데도 아직도 철퇴치 아니하고 음해하는 자, 러시아인의 사회주의의 가장 강적 되는 자가 누구인가요. 일본이다. 모든 러시아 사람더러 물어보시오. 기회만 얻으면 현존의 일본국가를 파멸한다고 맹세치 아니하는가.

4) 이상 모든 것보다도 한국의 2천만은 죽음으로써 국수(國讐)와 민수(民讐)를 쾌설(快雪)하고, 독립과 자유를 회복할 양으로 금년 안에 일대 혈전을 선포하려고 결정하고, 지금 한국 내외의 한족 간에는 성화(星火)같이 국민군을 편성하는 중이다.

5) 이것도 대단히 중요한 것이니 즉 일본 국내에 현존 국가에 대한 혁명기운이 팽배(澎湃)함이다. 연달아 일어나는 대규모의 동맹파공(同盟罷工), 물가등귀에 따르는 중류계급의 사상의 과격화, 시베리아 파견군과 러시아 과격계통의 선전(宣傳)에 감염된 일본군대내의 불온한 공기, 점점 혁명화 하여가는 보통선거운동, 이것이 다 무엇을 의미합니까.

아아, 좋은 시기입니다. 과연 다시 오지 않을 좋은 기회이다. 이야말로 착수가 곧 성공일지니, 우리가 한번 혈전을 선포하는 날, 세계가 다 우리의 후원이 될 것이다. 일본의 인민과 군대까지 간접으로 우리의 후원이 되어 저 군국주의적 침략주의의 현존 일본국가를 타파할지니, 이는 다만 한·중 양국의 영원한 화근을 제거함일 뿐더러 실로 세계의 평화를 위하여, 또 일본 국민 자신을 위하여 영원한 화근을 제거함일 것이외다.

(三) 韓·中 兩國의 提携하는 方法

양국의 제휴하는 방법은 여러 가지 있을지나 그 중요한 것은

1) 각 단체와 중요인물의 접근

2) 공동 작전

3) 한국은 피를 내고, 중국은 철(鐵)을 냄이니,

1)은 말할 필요도 없이 자명한 일이오, 2)는 다시 2종으로 나눌 수 있을지니, 첫째는 중국의 국가와 국민이 한국의 독립운동에 대하여 여러 가지 편의를 제공하는 것이다. 둘째는 한국군대로 하여금 중국 경내(境內)에서 작전의 근거를 얻게 하며, 아울러 가능하면 연합군을 편성함이다.

그러나 가장 시초될 가장 중요한 것은 한국은 피를 내고 중국은 철을 냄이니, 한족(韓族)은 이미 죽음을 결(決)하고 배수의 전쟁을 결정하였은즉, 그네에게 군기와 군비(軍費)만 공급하면 50만에 가까운 결사의 장정을 얻을 것이다. 지금 한족은 그 재산 전부를 그 국토와 함께 일본의 장악중에 두고, 어찌할 길이 없은즉, 불가불 독립군비는 외국에서 빌려야 할 것이다. 한국은 러시아에서 군기를 얻고, 미국에서 군비를 얻으리라. 그러나 이는 전쟁이 상당한 기간 계속한 뒤의 일이니, 전쟁을 개시하기에 필요하는 자금은 적을 공동히 하는 중국에 기대하여야 할 것이다.

중국 동포여, 한국의 독립이 즉 중국의 화근을 끊는 것인 줄을 아시오. 그사이에 독립한 한국을 두고는 일본은 다시 중국에 대하여 전과 같은 야심을 부리지 못할 것이오. 한국의 독립전쟁을 치르고 난 일본은 다시 그러한 힘이 없어지리라.

중국 동포여, 한국독립의 성공의 속불속(速不速)이 여러분에게 달렸고, 동시에 중국의 화근을 제거하고 못함이 여러분에게 달렸나니, 한국인은 한국을 위하여, 중국인은 중국을 위하여 서로 굳게 제휴합시다.

중국 동포여, 내 피를 내노니, 그대 철을 내소서. 한국은 결코 여러분의 금전을 거저 달라함이 아니오. 독립 후에 본리(本利) 아울러 환보(還報)할 작정으로 잠깐 빌려 달라 함이외다. (제66호 1920. 4. 17)

56. 獨立運動의 文化的 價値

근대 유럽 역사상에는 문화운동이 먼저 일어나고 정치운동이 이에 계승하였다. 15세기의 르네상스(문예부흥), 16세기의 종교개혁을 거친 후에야 18세기의 프랑스 대혁명이 일어났다. 대혁명이 일어나기 전, 프랑스에는 루소·볼테르의 계몽문학이 크게 진작하였다.

오늘날 우리가 그 와중(渦中)에 있는 동 아시아의 민중운동은 먼저 정치운동에 그 근원을 발하여 문화운동이 그 뒤를 계승하였다(통상 문화운동이라 하면 정치운동도 포함되겠거니와 여기서 가리키는 것은 정치적 색채를 띠지 않는 사상운동 계몽운동을 말한다).

명치유신(明治維新) 민권확장을 비롯하여 문예전성(자연주의 운동)을 거쳐서 사상운동에 이른 일본도 이 예에 빠지지 않았고, 청조(淸朝)전복, 남북 계쟁(係爭)의 시기(時機)에서 점차로 사회혁명의 기운으로 향하는 중국도 역시 그러하다.

우리나라의 정치운동(1884년 甲申政變)은 김옥균(金玉均) 일파의 유신운동에 그 근원을 발하여 보호시대(을사조약 이후의 통감부, 1905~1910)까지 있었던 신민회(新民會) 모모 학회 등의 결사(結社) 등은 그 목적이 직접으로 정치에 있었다(표면은 그렇지 않다고 칭하고 또는 그렇게 의식도 하였겠지마는). 그러나 우리 민족의 근대사 중 가장 활발하고 또 민족적인 정치운동이라 하면, 물론 작년 3월에 일어나서 지금까지 우리가 종사하는 독립운동을 꼽을 것이다.

독립운동이 일어남은 무론 민중의 자각의 결과라 할지나 인과관계는 반복하여 독립운동의 발기(勃起)가 또한 민중에게 위대한 자각과 자극을 주었을 것은 당연의 이치이다. 이를 사실로 보더라도 독립운동의 영향은 다만 우리 민족의 뇌리뿐만 아니라 국경을 넘어 다른 국민의 심성을 흔들었다 할지니, 대저 중국 국민의, 그 중에도 학생계급의 가슴에 적지 않은 반향을 일으키게 하였다. 작년 여름부터 발기한 중국의 배일(排日)운동, 문화운동의 도화선(직접이라 할 수 없다 하더라도 간접으로라도)이 된 것은 한국 독립운동이다. 작년 여름 이래로 운동의 중심인 학생단체가 채용해 오는 파업·시위정책은 거의 작년 봄 우리 민족의 시위운동에서 암시를 얻은 것이다.

다음에 우리 민족의 운동이 영향을 미친 곳은 일본의 민중이라 할진대 그 밖에 혹은 대만(臺灣), 혹은 멀리 베트남(安南) 등지에까지 미쳤다.

독립운동으로 인하여 자각과 결심과 희망을 얻은 한족(韓族)은 과연 어떤 방향을 향하여 눈을 떴는가. 첫째는 신문·잡지의 족출(簇出)이다. 작년 이래로 비밀 출판물로 독립운동의 직접기관이 되는 신문류의 수는 계산밖에 두고라도 내외를 합하여 새로 생긴 신문 잡지가 수십 종에 달하겠다. 적의 가혹한 출판법 및 출판취체 밑에서도 그러하니 조금만 더 출판의 자유를 가졌던들 신간의 출판물은 넉넉히 수백 종에 달하였으리라 한다. 그 내용에 관하여는 여기 논하기를 피하거니와 어떤 냉평가(冷評家)가 이를 조소하고 매도한다 하더라도 이 유행성인 신문·잡지열(雜誌熱)이 결코 문화사상에 의미 없는 것은 아니라 하겠으되, 그 내용에 관하여도 현재 별로 볼 것이 없다 하나 암중(暗中)에서 더듬어 구하는 일종의 동경적(憧憬的) 기백이 있었음은 부인치 못하리라.

다음에 현저한 것은 기업열 회사열이니, 작금 양 년 간에 회사의 신설되는 상황이 마치 15,6년 전에 사립학교 왕성하듯 하는 감이 있다. 더욱이나 이번에 소위 '회사령'이 철폐된 후로는 더욱 성할 줄 안다. 이도 또한 적의 그같은 압박과 차별대우 하에서 이같이 일어남을 보건대, 그 저류를 흐르는 조류가 얼마큼 왕성함을 알겠다. 이상 두 가지 외에도 더 들 수 있거니와 그중 눈에 나타나는 것은 먼저 이 둘을 지적하겠다. 이런 운동이 직접으로 정치적 색채를 띤 것은 아니지마는 그것이 민중의 자각에 기인하고, 민족적인 문화운동이라는 견지로 보면 독립운동과 밀접한 관계가 있다 할 것이다.

근대의 유럽이 정치적 변동에 앞서 항상 민중의 계몽운동 및 일반적 문화운동이 있었던 그 예를 지금 시대에 처한 우리들이 그대로 본받을 필요는 없다 하더라도, 적어도 정치적 운동은 민중의 자각이라는 것과 병진(竝進)하지 아니치 못할 것이다. 그렇지 않을 때에는 대만혁명(對滿革命)[56]의 성공이 일반 한족(漢族)에게는 별로이 큰 이익·행복을 주지 못함과 같은 비희극(悲喜劇)을 현출할는지 누가 알겠는가. 그러므로 민중생활의 향상과 민족의 실력(물질·정신 쌍방의)의 충실이 곧 독립운동의 근본책이라 단언하노니, 이 점으로 보아 우리 민족의 독립운동은 미국의 그것과 판이하다 하겠다.

독립운동은 문화사상에 이와 같은 중대한 의의를 가졌고, 또 문화운동이 독립운동과 이와 같이 밀접한 관계가 있다. 더욱이나 독립운동의 영향은 한반도 안에서만 위대할 뿐더러 나아가서는 동아시아 전 국면에(더 넓게 말하자면 세계 문화사상에) 미침이 적지 않다.

그런고로 이런 견지에서 우리는 우리의 운동의 범위가 그처럼 광대하고, 또 장구할 것을 생각하므로 일시의 실패와 곤경에 실족(失足)하지 않고, 불같은 용기와 백절불굴의 지구력을 가지고 전진할 수 있다 하노라. (제68호 1920. 4. 22)

56) 신해혁명(辛亥革命, 1911~1912). 만주족(滿洲族)의 청조(淸朝)를 타도하고 한족(漢族)에 의한 중화민국을 수립한 혁명.

57. 政治的 罷工

아일랜드(愛蘭) 독립당은 영국 의회에 아일랜드 자치안이 제출되는 시기를 편승하여 아일랜드 전도에 걸쳐 대정치적 파공운동 및 직접 행동에 호소하는 반항운동을 일으켰다.[57] 이번에 일어난 전도파업(全島罷業)은 그 형세가 심히 맹렬하여 일용 상품점을 제외하고는 전부 파업하였다 하며, 그 결과로 아일랜드 총독은 완화수단을 취하지 않을 수 없게 되었다 한다. 허다히 체포되었던 정치범인은 옥중에서 기아(饑餓)동맹을 일으킴으로써 모두 석방되었다(기아동맹이라는 것은 영국 부인운동자가 창시한 전술인데 영국 법률에 옥중에서 재감인(在監人)이 신체가 쇠약하여지면 석방한다는 명문(明文)이 있으므로 이를 이용하여 절식(絶食)으로 관헌을 위협한다는 것이다).

원래 동맹파공은 노동자와 자본가의 투쟁에 사용되는 것이니, 근대의 특산물이다. 이것이 정치문제에 이용되기는 극히 최근의 일이다. 이를 가리켜 소극적 반항이라 하고, 혹은 평화적 전쟁이라

---

57) 아일랜드 독립전쟁. 17세기 크롬웰이 아일랜드를 정복 지배하면서 토지를 몰수하자 아일랜드 농민은 빈농으로 전락하였고, 이에 따라 외래 부재지주에 대한 항쟁이 끊임없이 전개되어 왔었다. 이리하여 아일랜드 자치문제(Irish Home Rule)가 발생했는데, 아일랜드 북부 얼스터 지방주민은 영국합병을 원한데 반하여 신페인(Sinn Fein)당은 완전 독립을 주장, 양자 간 날카롭게 대립했다. 1912년 얼스터 지방의 격렬한 반대에도 불구하고 아일랜드 자치법안이 성립되었지만, 제1차 세계대전 발발로 말미암아 실시가 연기되기에 이르렀다. 1916년 4월 24일 이른바 부활절 봉기가 발생했다. 완전 독립을 주장하는 신페인당과 사회혁명을 지향하는 노동조합이 공동으로 독일의 무기 공여를 믿고 독립전쟁을 일으켰지만 실패했다. 그 뒤 신페인당은 독립을 요구, 1921년 마침내 아일랜드 자유국이 성립되었다.

칭하니, 서양에서는 아일랜드·이집트 등의 피압박 국민이 정부에 반항키 위하여 이를 이용하였었다. 정치문제 해결책으로 사용된 소극적 반항을 양자로 나눌 수 있으니, 하나는 이번에 아일랜드가 취한 전국파공과 같은 것, 즉 압제자의 행정, 경찰의 조직을 붕괴하기 위하여 전연 생업에 종사하기를 거절하여 행정상 경제상 직접 손실과 질서파괴를 도모함이오. 다른 하나는 단지 시위운동에 불과한 것이니, 이번 중국 학생연합회가 전국 학생이 1주일간 동맹휴학(總罷課)을 선언하고 실시함과 같은 것이다.

우리는 이미 일본에 대하여 도전한 이상 우리 민족의 취할 바 최후 수단은 이미 여러 차례 말한 바와 같이 독립전쟁의 한 길이 있을 뿐이다. 그러나 이 독립전쟁이라 함은 비단 무기와 탄약으로 승부를 결정하는 적극적 전투를 가리킴이 아니라, 이상에서 서술한바 평화적 수단에 의하는 소극적 전투를 포함한다 하리니, 이는 우리들이 과거 1년간 계속하여 온 것이요, 또 장래에도(정식의 선전포고가 발포된 이후이라도) 계속될 것이요, 또 그 효과가 결코 무력적 전쟁에 지지 않을 것이다.

작년 3월 1일에 독립선언서가 발표되고, 서울을 비롯하여 전국 각지에 대시위운동이 발발된 이래로 서울·평양 기타 도시에서는 길게는 2개월로 짧아도 수십일 간의 동맹철시(同盟撤市)를 단행하여 적의 심담(心膽)을 서늘케 하였으며, 지방에 따라서는 철저한 일인 배척, 일화배척(日貨排斥)으로 일본 거민(居民)을 전부 철퇴케 하기도 하였다.

이에 계속하여 적을 곤란케 한 것은 관리퇴직이니, 이로 인하여 적의 경찰기관과 행정기관에 대지장을 주었다. 이 운동이 철저해 질수록 적에게 타격을 줌이 크고, 끝내는 적을 구축까지 할 수 있으리라. 생각해 보라, 한반도 안에 한사람의 한인경관, 정탐통역이 없고, 한사람의 군수·서기가 없으면 적의 행정과 경찰은 어떻게 되겠는가. 또 나아가서 적에게 물건을 파는 자, 적에게 물건을 사는 자가 하나도 없으면, 2천만이 다 적과 교제를 끊으면, 2천만이 다 적에게 세금을 아니 바치면, 그리하여 적의 기차가 빈차(空車)가 되게 하고, 적의 공장이 녹슬게 되면, 반도 안에 적은 무엇을 먹고 살며 무엇으로 한인을 지배하여 갈 것이겠는가.

먼저 적의 행정 경찰기관이 넘어지고, 다음에 적의 경제세력이 쇠약하면 적은 마침내 군대의 무력을 믿을 것은 한길(一途) 밖에 없어지리니, 그때야말로 3천리가 전장으로 변하는 때요, 그때야말로 내외 상응하여 적극적 작전을 시도할 때이다. 과거 1년간 임시정부가 반도 안에서 획책한 것의 절반은 전혀 이 평화적 전쟁에 있었으니, 혹은 납세거절을 효유(曉諭)하며, 혹은 관리퇴직을 권고하는 등의 일이 다 이에 속한 것이다. 이 같은 계획이 혹 어떤 지방에서는 성공하고 어떤 지방에서는 실패하였다.

물론 이 정치적 파공을 대대적으로 결행함에는 다대한 곤란이 있으리니, 금력과 인력의 부족 됨은 물론이거니와 먼저는 이를 전국적으로 일시에 보편적으로 실행함이 난점이다. 또는 장구한 시간을 지속하기가 심히 어려울 것이다. 보편적으로 철저적으로 이를 결행키 어려움에 따라 그 효과도 또한 시원치 못하리라. 그러나 우리는 부분적인 파공이 효과가 적다고 이를 그만 두겠는가. 지속할 힘이 없다 하여 해보지도 않으려 하는가. 아니다. 우리는 우리의 가능한 범위 안에서 우리의 기력이 다하는 그날까지 사력을 다할지니, 이를 결행함에는 총도 칼도 탄약도 들지 않고, 다만 결심과 용기가 필요할 뿐이다. 또한 우리가 의리로라도 이를 하지 아니치 못하리니, 우리의 처자를 살해하는 자에게 어찌 세금을 납부하며, 우리 형제를 노예시하는 자의 관리가 되어 어찌 편안히 지내리오. 효과가 많지 아니하리라 하여 이를 포기함은 잘못이다. 적은 효과라도 전연 없는 것보다 나을 것이다.

단순한 머리를 가진 자는 말하기를 "우리는 이미 혈전을 성명하였거늘 구구히 평화수단을 운운하리오" 하는 이도 있지만, 이는 너무나 단순한 말이다. 적과 선전(宣戰)을 한 뒤에 적화(敵貨)를 배척하지 않고, 적인(敵人)을 배척하지 않으면, 어느 때에 이를 하리오. 국내에서는 의연히 적의 세력이 절대적이오. 적의 경제력과 권력이 횡행하는 형세에 있으면서, 능히 국외 1,2만의 군대가 압록강을 건너 서리라고 하겠는가. 진정한 일화배척과 일인배척의 필요는 금일 이후로 더욱 필요하며, 독립전쟁이 가까우면 가까울수록 이 평화운동은 더욱 맹렬함을 요하고 있다.

그리하고 전국에 걸치는 정치적 대파공은 먼저 1군 1촌부터 시작할지오, 일개단체 일개인부터 시작할지니, 전국 관리가 다 퇴직하기를 기다리기 전에 먼저 스스로 퇴직하여 그 동기를 만들어야 가능하며, 전 도시가 일화배척을 동맹하는 날이 있게 하려면 먼저 자기의 한 상점에서부터 모든 일화(日貨)를 구출(驅出)할 지니라. 피가 있고 눈물이 있는 대한 남아야, 네게 탄약이 없고 장검이 없을지언정 이것을 결행할 만한 용기와 의기야 없겠는가. (제69호 1920. 4. 24)

58. 五月 一日 略史

5월 1일은 1890년 이래 각국 노동단체의 기념일로 지정되어 최초 미국의 노동단체가 이 날을 기하고 8시간 노동요구의 대시위를 행한 것으로 시작되어, 다음에는 영미 대륙을 통해서 전 노동계급 공동적 축제일이 된 날이다.

이 운동은 누차 노동조건의 개선을 양언(揚言)하면서 이를 실행치 않는 정부의 불성실한 태도와, 누차 소송하였으나 효과가 없어 절망한 나머지 오로지 자기 자신의 노력에 의하여 그 목적을 실행하려 야기한 것이다. 환언하면 일체의 타력본원(他力本願: 타인에 의지하여 일을 성취하려는 것)을 배제하고 자본가에게 대하여 직접 요구적 행동으로 인하여 예정한 효과를 수득(收得)하려 한 것이다.

1885년 11월부터 12월에 이르기까지 거의 동시에 개최된 노동나이트회와 미국 노동동맹회 대회는 8시간 노동제의 운동을 성행할 일과, 전국 노동자는 그 다음해 5월 1일을 기하여 그들 고용주에게 8시간 노동을 요구할 일과, 만약 요구를 거절하는 동시에는 단연 동맹파업을 결행하기로 결의하고, 이 운동은 그 후 다음해 5월 1일에 이르기까지 격렬히 계속되었다.

이 결과로 5월 1일이 임박하기 전에 투구를 벗은 고용주도 적지 않아 그들은 4월 중순 이후 전과 같은 임금으로 8시간 노동을 실행함에 이르게 되었다.

5월 1일이 됨에 전 미국에 있어서 생산 직업에 종사하는 노동자는 일제히 일을 중지하고, 합력 합성(合聲)하여 다음과 같은 창가를 하면서 광장과 시가를 누볐다.

금일 이후로는, 한 노동자라도
8시간 이상의 노동은 하지 말라!
노동 8시간!
휴식 8시간!
교육 8시간!

이 결과는 가히 놀라울 바이다. 5월 1일 이후 겨우 며칠 사이에 12만5천 명의 노동자는 8시간제 운동에 성공하고, 다시 1개월 후에는 이상 인수(人數)에 20만 명이 증가하였다.

이와 같이 1886년 5월제(五月祭)는 미국 노동자의 대승리로 끝났다. 이후에는 5월제가 영원히 북미 전체의 노동기념일이 되었다.

각국 노동계급은 5월제의 수확을 기뻐하는 동시에 이로 인하여 그들이 바친 비참한 희생을 조상하지 않을 수 없었다.

1886년에 미국 최초 5월제에 의하여 연초(煙草)직공 및 귀화(歸化) 독일인의 인쇄직공은 8시간 노동을 획득하고, 가구직공은 9시간 노동에 타협되고, 그 목수(木手)는 7개 도시에서 8시간, 84개 도시에서 9시간 노동을 실현했다.

시카고의 노동자는 가장 강경하여 8시간 노동을 얻은 자는 막대한 수에 달하나, 불행히 그 목적을 달성하지 못한 약 4만 명의 노동자는 잇달아 동맹파업을 행하였다. 그러나 혹 고용주들은 부근 지방으로부터 스트라이크 깨뜨리는 노동자를 사용하여 파업의 행동을 방어하는 사실이 있었다. 그리하여 5월 3일 아침부터 약 7천 내지 1만의 파업직공이 시카고시 굴지의 대건물 맥커믹 농구제조회사 공장 앞에 군집하여 스트라이크를 강행, 그들을 매도했다.

별안간 어떠한 이유가 없었는데 기마경관대가 출현하여 불문곡직하고 군중에게 향하여 단총을 겨누었다. 군중은 경악하면서 격노로 돌변하여 약 15분간을 격투한 후 쌍방이 다 무수한 사상자를 내었다.

다음날 아침 노동자의 기관지 되는 '알람(Alarm)', '아르바이테르 차이퉁크(Arbeiter Zeitung)' 두 신문은 붓을 들어 한 가지로 관헌의 포학상을 힐책하고, 계급전(階級戰)의 도래를 부르짖으며 노동계급의 분기(奮起)를 촉구하였다.

그 결과로 다음날 헤이 마켓 광장에서 약 1만5천의 노동자가 참집하고 연단으로 꾸민 차 위에서는 시카고 일류 웅변가가 열변을 토하였으며, '아르바이테르 차이퉁크'의 주필 스파이스, '알람' 주필 파손 등 인물도 동참했다.

경관들은 낮 동안에는 손을 쓰지 아니하고 다만 관망하더니, 과연 일몰 후에는 연발총을 휴대한 150명 경찰대가 나타나서 군중을 당장에 몰살하려 몰려올 때, 어디에서 던진 폭렬탄(爆裂彈)은 장차 습격하려 하는 경관대 가운데로 굉음을 내며 폭발하여 약 20명의 경관이 즉사하였다.

이 같은 소동이 일어나자 앞장선 경관 1대가 겁을 먹고 있었을 때 후방으로부터 수많은 경관대가 홀연히 돌진하여 군중을 발길로 걷어차며 해산했다. 맨주먹의 민중은 무장한 경관대와 극력 전투하였으나, 필경 퇴각함에 이르렀고, 경관 측에서는 4명의 사망자과 20명의 부상자를 내었으나, 노동자 측의 사상자는 도저히 그 수효를 알 수 없게 되었다.

소요 후 수일간에 검거된 자는 그 수가 수백에 달하나 '아르바이테르 차이퉁크'지와 같은 것은 주필을 비롯하여 기자 인쇄직공 사원 등은 남김없이 체포되었으며, 그중 중죄범인으로 인정된 인물은 파손 · 스파이트 · 피셔 · 엥겔 등 이하 총 8명이었다.

다음해 1887년 11월, 위의 4명은 드디어 폭탄을 던진 죄를 입고, 형장의 이슬로 사라지게 되었다. 이제 한 죄수는 형장에 나아가기 전에 자살을 행하고, 3인은 감형되어 7년의 옥고로 신음하였다.

1893년, 일리노이 주지사는 비상한 곤란을 감수하면서 이상 사건을 정사(精査)하여 나중에 8명에 관한 무죄확증을 얻은 고로 생존한 3명은 석방되었다. 그리하고 그 은명(恩命)의 전문에 그는 사건을 담당한 판검사와 배심관과 경관이 다 수회(收賄)한 결과, 공모하고 사실을 날조하고, 배심관의 평결은 '명령에 의하여' 일한 사실을 지적하였던 것이다.

1906년 이래 8시간 노동은 이미 이론의 역(域)을 벗어나서 실행단계에 이르렀다. 5월제를 기하여 양 대륙에 실행된 여러 해 동안의 대시위운동은 의회를 압박하여 노동조건개선을 수행하게 하였고, 또 선거권 그것보다도 더 다대한 효력이 있었다. 또 이 운동에 의하여 노동자가 직접 이익을 획득한 예도 매거(枚擧)키 불가능하며, 또 관헌의 압박이 심하여 소요가 격렬하였던 지방은 그만치

성적은 일층 볼만할 바 있었다.

오늘날 서양의 5월 1일 운동은 이미 그 최초 목적을 성취한 것과 같다. 그러나 5월 1일 운동은 아직 그 사명을 다 마쳤다고는 할 수 없나니, 전 세계의 노동계급은 용사 떼칸의 말과 같이 '만인의 자유'가 완전히 실현되는 최후 날까지 어디까지나 용감하게, 어디까지 열렬하게나 5월 1일의 전쟁을 연속하여야 할 것이다. (제72호 1920. 5. 1)

59. 最後의 定罪, 李垠의 娶仇女

금일부터 영친왕(英親王)이라고 존칭하기를 폐하리라. 영친왕이던 이은은 애비 없고 나라 없는 금수인고로.

죄악 많은 조선조의 역사는 금일로써 영원히 정죄함을 받았도다. 광무황제의 시기(時機)를 얻은 붕어와 의친왕(義親王)의 희한한 의거[58]는 전 국민에게 다대한 감동을 주어 5백년 과거의 무한한 죄악을 용서하고 몰락의 그들을 위하여 한 움큼의 동정의 눈물을 뿌리게 하더니, 아아, 이미 지나간 일이다. 적자(賊子) 이은으로

58) 의친왕의 탈출사건. 의친왕 이강(李堈, 1877~1955)은 고종의 다섯째 왕자로서 배일(排日)사상이 투철했다. 1895년 을미사변이 발생했을 때 의친왕은 언더우드 사랑방에 은거하면서 경복궁에 유수(幽囚)생활하고 있는 부왕을 구출하고자 정동구락부의 국왕구출작전(春生門事件, 1895. 11. 28)에 가담하기도 했다. 1919년 3·1 독립운동이 발생하자 대동단(大同團) 전협(全協)·최익환(崔益煥) 등이 의친왕을 옹립, 국권회복운동을 일으킬 것을 기도했다. 평소에도 의친왕은 국외탈출을 결행하려 했지만, 일본 경찰의 포위망에 갇혀 뜻을 이루지 못했다. 마침내 1919년 11월 9일 상복차림으로 변장하고 종복 김삼복(金三福)을 동반 서울을 탈출 상해망명을 기도했으나, 11월 11일 안동(安東)역에서 동행자 정남용(鄭南用)과 함께 일본경찰에 체포되어 서울로 압송되고 말았다. 이어 상해탈출 기도에 연루된 이재호(李在浩)·동창률(董昌律)·정운복(鄭雲復) 등도 일망타진되고 말았다.

하여 조선왕조는 영원한 정죄와 저주를 받았던 것이다.

대한 민족의 최대의 구수(仇讎)가 누구인가. 하늘도 아니요 땅도 아니요, 실로 5백년의 조선왕조이다. 입국의 초부터 명(明)에 대하여 신사(臣事)함으로써 민족의 영예를 더럽히고, 중화를 존중하는 사상을 중심으로 하는 '글을 숭상하고 무를 버리는(崇文偃武)' 정책을 여행하여 자가(自家)의 만년을 도모하려다가 민기(民氣)를 소멸(銷滅)하고 국력을 조잔(凋殘)하여 임진의 왜란의 참화를 초래하고, 병자호란에도 국민이 죽음으로써 국위를 보전하려 하는 충의의 기백이 있었음에도 불구하고 자가의 안전을 도모하여 남한산성 밑에서 '성하의 맹'을 체결하여 두 번째 민족에게 노예의 수치를 가했던 것이다. 이래로 혹은 당쟁을 조장하며, 간사한 무리를 기용하고 충의롭고 유위한 선비를 죽여서 정치가 문란하고, 산업은 퇴락하며, 탐관오리와 공사를 빙자하여 사리(私利)를 취하는(憑公營私) 무리가 국내에 편만하여 백성을 더할 수 없이 약하고 어리석고 가난하고 악하게 한 뒤에 마침내 을사의 치욕과 경술의 욕을 당하여 이에 반만년 연면하던 역사를 단절하고, 2천만 신성민족에게 섬 오랑캐(島蠻)의 노예의 고통을 맛보게 하였던 것이다. 아아, 이것이 조선왕조 28대 5백여 년의 죄악이 아니고 무엇인가. 이를 생각할 때에 현재 독립의 광복을 위하여 피를 흘리는 우리들은 분하여 이를 갈지 않을 수 없다.

역대 조선왕조 중에도 가장 죄악이 큰 자는 대원왕(大院王: 대원군) 명성후(明成后) 기타 다수의 적류(賊類)에게 둘러싸였던 광무제 시대이니, 일본이 총명하게 세계의 대세를 간파하고 번연(翻然)히 명치의 유신을 단행할 때에 쇄국양이(鎖國攘夷)와 천주학 박멸의 어리석고 흉한 정책으로 국가중흥의 기회를 잃은 자는 대원왕이다. 마관조약(馬關條約, 1895. 4. 17)의 결과로 독립제국의 승인을 얻은 후에도 음일(淫佚)을 일삼고 간녕(奸佞)의 무리를 좌우에 두고 국력의 충실을 등한히 하고, 외세를 끌어들인 것은 광무제와 명성후의 죄이다. 김옥균(金玉均) 일파의 개진운동(開進運動), 독립협회의 유지(維持)운동을 뉘가 박멸하였는가.

우리 민족의 피와 땀으로 된 역사의 모든 광영과, 찬란한 문화의 집적과 우수한 국민성과, 모든 부력과, 지식과, 원기(元氣)가 다 이씨(李氏)의 수중에서 소진하였다. 얼마나 많은 충신의 피, 애국자의 눈물, 영웅의 한이 이 씨의 종묘를 에워싸고 통곡하였던가.

기왕 지은 죄는 어찌할 도리가 없더라도 경술 8월 29일에 왜 광무와 융희가 한번 죽음으로써 그네의 조상이 그리도 숭배하던 명(明) 숭정(崇禎)의 뒤라도 따르지 못하고 수욕(羞辱)의 누명(陋命)을 구차히 보존하였으며, 그는 못하였더라도 민국 원년 3월 1일에 왜 그네 조상의 희생이 된 인민으로 더불어 독립만세를 부르고 적의 흉한 칼날에 순국하지 못하였으며, 그는 못하였다 하더라도 이전 대한제국 황태자로 하여금, 2천만 민족이 적의 칼에 피를 흘리며 조국의 광복을 위하여 분투하는 한창 중간에, 나라의 원수요 임금의 원수요 아비의 원수인 왜주(倭主)의 일족인 여자 아이와 불의의 혼인을 못하게 하지 못하였던가.

이은이 이등적(伊藤賊)에게 적의 서울로 끌리어 갈 때에는 12세의 유년이다. 동포는 그가 인질로 잡혀감을 슬퍼하였거니와 지금은 이미 25,6세의 성년이니 그를 지각이 부족한 아이라 하여 용서할 수 없도다. 구국일보(救國日報)는 분개하여 이르되 “아비가 죽음에 통애(慟哀)할 줄을 모르고 형(의친왕)이 잡힘에 통비(慟悲)할 줄을 모르고, 이제 원수에게 장가드니 이은은 그 금수로다”라 하였다.

아아, 그는 과연 금수로다. 금수가 아니고야 어찌 차마 그 부황과 모후를 시(弑)하고 그 황위를 찬탈하고 그의 동족을 잔해(殘害)하는 원수의 여자를, 그의 2천만 형제와 자매가 조국을 위하여 혈전하는 이 날에 장가(娶)갈 심장이 생기리오.

5백년 이 씨의 죄악은 이은에 이르러 그 극에 달하였다. 영원한 정죄와 저주의 도장을 찍은 것이다. (제74호 1920. 5. 8)

60. 崔在亨 先生 以下 四義士를 哭함

4월초, 적군이 시베리아의 소왕영(蘇王營)을 점령한 때에 다수의 동포가 적에게 생금(生擒)됨은 이미 보도되었거니와,59) 그 중에서 전 재무총장 최재형60) 기타 4명은 4월 중순에 마침내 무도한 적

59) 소일(蘇日)간 소왕영(蘇王營) 전투. 1917년 러시아 혁명이 발발하자, 일본은 1918년 8월 혁명저지를 위한 국제간섭군의 1원으로 일본군 11개사단 17만5천 명의 병력을 시베리아에 파견, 소련 볼셰비키 적로군(赤露軍) 간 전쟁이 발발, 적로군이 패배하고, 1920년 4월 5-6일, 일본군은 불령선인(不逞鮮人)토벌 명목으로 연해주 블라디보스토크의 신한촌(新韓村)을 무자비하게 공략, 신문사 및 한인 사택을 불태우며 한인 380명을 체포하였고, 니콜리스크에도 한인 51명을 체포했다.

60) 최재형(崔在亨, 1858~1920). 러시아 이름은 최 뾰뜨르 세메노비치이다. 함북 경원(慶源) 출신으로 연해주로 이주, 노우기에프스키(煙秋)에 정착했다. 최재형은 러시아군에 우육류(牛肉類) 군납 용달상을 경영, 거부가 되었다. 러일전쟁이 발발하자 러시아군 해군소위로 통역장교로 발탁되어 종군했다. 이를 계기로 최재형은 러시아 적로군으로부터 무기를 공급받아 간도관리사 이범윤(李範允)의 사포대(私砲隊, 의병부대)에 공급함으로써 한국 독립군의 무장 항일운동에 크게 기여했다. 최봉준(崔鳳俊)이 해조신문(海潮新聞)을 발간하자, 최재형은 대동공보(大同共報)를 창설 사장에 취임, 계몽 항일독립사상을 고취했다. 1919년 상해 임시정부가 수립, 최재형을 초대 재무총장에 추대했으나 사양했다. 임정은 1919년 7월 10일 국무원령 제1호로 연통제(聯通制)를 공포하고, 시베리아 특히 연해주 신한촌 사회에 연통제 실시를 추진하기 위하여 총판에 최재형을, 부총판에 김치보(金致甫)를 임명했다. 1918년 8월 일본군이 투입되자 최재형은 일본군에 대항하기 위하여 유격대인 파르티잔을 조직 연해주 해방운동을 전개했다. 일본군은 1920년 4월 불령선인(不逞鮮人)토벌이란 명목으로 파르티잔 토벌작전을 전개했으니, 이를 '4월참변'이라 한다. 최재형은 해삼위(海蔘威)에서 체포되어

에게 포살(砲殺)되었다.

적은 그 포살의 이유로 그들은 원래 배일선인(排日鮮人)의 거괴(巨魁)로 소왕영 전투시에 과격파군에 가담하여 일군을 사격하였으며, 또 헌병대가 모처로 호송하는 도중에 도주를 기도하여 폭행을 하므로 부득이 포살함이라 했다. 왜노(倭奴)의 심장을 잘 아는 이는 누구나 이 둔사(遁辭)의 허위됨을 추측하려니와, 그 인물과 당시의 경우를 보아 더욱 이것이 한쪽 귀를 가리고 방울을 훔치는(一掩耳盜鈴) 격의 한 교지(狡智)임을 알 것이다.

보라. 최재형 선생은 이미 육순의 노인이오, 같이 액(厄)을 당한 김이직(金理直) 씨는 당지에 가족을 두고 상업을 경영하던 역시 노성(老成)한 이며, 기타 두 사람도 그러하여 졸연히 무기를 잡고 전투에 참가할 인물이 아니다. 그네가 다수의 독립군을 규합하여 대사를 거사할 모의를 하였다면 용혹무괴(容或無怪)거니와, 남의 전쟁에 섞여 직접으로 적을 사격하였다 함은 실로 당치 아니한 거짓말이며, 또 호송 중에 4씨가 도주를 기도하여 적에게 폭행을 가하였다 하니 이 역시 상상치 못할 일이다.

첫째, 4씨가 10여 일간 적의 헌병대에 구류되었으니, 그동안에 무한한 악형을 네 사람에게 가하여 거의 운신도 어렵게 되었을 터일 뿐더러, 또 4씨를 호송할 시에는 반드시 수족을 묶고 다수의 병정이 호위하였을 터인즉, 도주를 기도하기도 극히 어려운 일이겠거늘, 하물며 무엇으로 무장한 적에게 대하여 폭행을 가할 수 있으리오. 더욱이 이들 4씨는 구차히 도주를 기도할 그러한 인격자가 아님도 그네를 아는 이의 다 일컫는 바이다.

생각컨대 적은 포박하였던 300여 명의 동포를 처치할 일을 할 수 없어서 다 석방하다가 그 중에서 가장 중요한 인물인 4씨[61]에

총살된 것이다.

61) 이때 일본 헌병대에 총살된 한국 독립군 블라디보스토크 한인 지도자 4명은 최재형(崔在亨)·김이직(金理直)·엄주필(嚴柱弼)·황경섭(黃

게 대하여 그들의 관용수단인 항복을 권하다가, 그래도 듣지 아니함에 마침내 포살의 참형을 가했던 것이다. 아아, 최재형 선생 이하 네 분 의사는 위무(威武)에도 굴하지 아니하고 의를 위하여 죽음을 홍모(鴻毛)와 같이 보고 용장히 옛날 박제상(朴堤上)[62]의 꽃다운 뒤를 따르셨도다.

듣건대 적은 근래 일종의 신정책을 세워 독립운동으로 잡힌 동포에게 "잘못하였으니 이후에는 일본의 신민(臣民)으로 충성을 다하리라"를 다짐을 강청하여 이에 순응하는 자이면 석방함으로써 감옥의 부족에 대처한다 하며, 또 저번 4월초 해삼위(海蔘威)·소왕영 등 시베리아 각지 사변에 잡힌 동포에게 대하여서도 이 정책을 이용하여 일부 박지약행(薄志弱行)의 동포가 적의 앞에서 조국에 대한 절개를 잃었다는 것이다. 아아, 그러한 중에서 최재형 이하 네 분 의사는 "내 몸을 죽이라, 내 조국에 대한 정신은 범치 못하리라"는 장렬한 의기로 천추만세에 국사(國士)의 한 모범을 보여 주었다.

아아, 구차히 생명을 아껴 원적(怨敵)의 앞에서 조국을 부인하고, 골똘(營營)히 나머지 목숨(殘喘)을 보존하는 자여, 의사의 영전에 통곡하고 참회할지어다. 일시의 권도(權道)라고 핑계를 말라. 일신을 위하는 권도가 매양 불의가 되나니 무릇 잠시라도 조국을 모른다 하는 자는 이완용·송병준의 류(類)이다.

마침 전 국민이 뜻이 약하여지고 적의 감언의 유혹과 포악한 위압에 흔들리기 쉬운 이때를 당하여 네 분 의사의 순절은 실로 전 국민에 대한 벽력같은 천성(天聲)의 훈계라 하리니, 네 분의 죽음 - 또한 그 때를 얻음이라 할지라. 의사의 영혼은 그 명목(瞑目)하

景燮) 등 4명이다.

62) 박제상(朴堤上). 신라(新羅) 충신 박제상은 417년 일본에 볼모로 잡혀 있는 왕제 미사흔(未斯欣)을 신라로 탈출케 하고 일본군에게 체포되어 목도(木島)에 유배되었다가 살해되었다.

실 지어다.

그러나 이 다사하고 인물이 결핍한 우리 민족으로서 이제 또 네 분의 수령(首領)을 잃음은 실로 통곡할 손실이다. 특히 최재형 선생은 비록 이미 재무총장의 직에서 물러나 직접 우리 운동의 중심 인물이 아니라 하더라도, 선생은 50년 이래 시베리아 동포의 지도자요 신임 받은 수령이다. 시베리아 동포에게 이주의 편의와 생활방도(生途)를 지시하며, 자치체(自治體)의 조직과 교육을 장려하는 등 선생은 실로 시베리아 동포의 대은인이다.

선생과 친숙한 이의 담화에 의거하건대 선생은 용의과감(勇毅果敢)의 인물이며, 자기를 희생하여 동족을 구제하려는 애국적 의협적 열혈(熱血)이 충일(充溢)하는 인격자요, 겸하여 성실로써 사람과 일을 접하여 민중의 신뢰와 존경을 받았던 분이다. 선생의 이번의 죽음이 비록 선생의 인격을 완성함이라 하더라도 우리는 시베리아 50만 동포를 위하여, 및 우리의 전도의 대사업을 위하여 선생과 같은 대인물을 잃었음을 통석하고, 아울러 우리 의인의 생명을 범한 불의·무도·잔인·야만한 왜적(倭敵)에게 한 번 더 절치의 저주를 보내노라.

아아, 대한 동포여! 적은 다시 우리의 의인 네 분의 피를 흘렸도다. 15년 이래에 적의 흉한 칼에 흐른 우리 의인의 피가 얼마인가. 우리 수령과 형제와 자매의 피가 얼마인가. 한밤중에 귀를 기우릴지어다. 한강의 물과 같이 많은 의인의 피가 지하에서 애곡(哀哭)함을 들으리라, 규호(叫號)함을 들으리라. 아아, 동포여! 제군은 무엇으로 이 애곡하는 의인의 피를 위로하려는가. (제76호 1920. 5. 15)

61. 赤手空拳 獨立運動進行方針 私見(1)(송아지)

우리는 먼저 '정치적 파공(罷工)'이란 짧은 글을 초하여, 우리가 과거 1년간 취하여 오고 또 장래 적극적 전쟁의 시기가 가까울수록 더욱 꽉 잡(堅執)고 나아가야 될 소극적 전쟁의 가치와 효과를 약간 논한 바 있었다. 이제 붓을 다시 들어 이를 상론하고자 하는 까닭(所以)은 국민으로 하여금 무의식적 행동에서 나아와 그의 의사와 행동을 조직적인 일정한 계획하에 귀일케 하는데 한 가지 보탬이 될까 함이다. 이를 '독립운동 진행방침 사견'이라 명제(命題)한 까닭은 우리의 의견이 반드시 임시정부의 의견을 대표한 것이 못 된다는 뜻이다. 그러나 그 대부분은 정부의 소견과 그리 틀림이 없으리라는 자신이 없는 바는 아니다.

어떻게 하면 독립을 완성할까. 이것이 현재 우리의 머리를 썩이며 생명을 희생하는 최후의 목표다. 이를 달성하기 위하여는 생명과 금력의 희생은 제쳐 놓고 그 방침을 연구하고 획책하는 것만도 많은 시간과 많은 노력이 필요할지니, 이 계획을 기재한 비밀서류가 천권도 가하고 만권도 가하며, 임시정부 각원 이하로 각 지방, 각 방면 집사자가 달과 해를 두고 주야로 분주하여도 미진하겠는데, 금일 우리의 형세로는, 우리의 시간과 우리의 금력과 우리의 인재로는, 실로 망양의 탄식(望洋之歎: 어떤 일에 자기 힘이 미치지 못할 때의 탄식)을 금하지 못하겠다. 이번의 독립운동이 개시된 지 만 1년에, 아직까지 우리는 독립운동의 전도에 대한 명석한 단안도 듣지 못하였고, 철저적인 근본방침이 국민의 두뇌의 공통적으로 공명하는 것이 있음을 보지 못하였다.

'독립' 두 글자가 국민의 공통의사임은 한 점의 의혹이 없거니와, '어떻게 하면 독립이 될까'하는 실지에 관하여는 국민의 의사가 아직까지도 안개 속에 방황하는 상태를 면할 수 없는 것 같다.

임시정부의 대정(大政)방침은 이미 그 골자를 완성하였더라 하더라도, 또 각 지방의 단체는 정부라는 명칭하에 혹은 즐거이, 혹은 할 수 없이 귀일하는 형식을 취하였더라 하더라도, 아직껏 정부의 의사는 국민에게 통치 못하고 국민의 의사는 정부에 통치 못하는 한이 없지 못하여 정부의 계획도 책상위에 쌓일 뿐이다. 국민과 아무 관계가 없다 할 지경이다. 급급간난(急急艱難)의 중요한 시기에 있어서 단체와 단체 간에, 개인과 개인 간에 혹은 법리를 논하고 혹은 완급을 다투어 국민이 향할 바를 모르고, 1년이란 귀중한 시간에 민족운동의 대조류가 촌보도 나아가지 못하는 궁경에 처했던 것이다. 뜻있는 자의 가슴이 터지고 기가 막힐 일이 아닌가. 정부를, 단체를 책함은 가혹하다. 그 책임이 우리 일반 국민에게 있지 않을까. 지난 겨울에 행한 안창호 총판의 '육대사'라든지 임시의정원에서 행한 이동휘 총리의 '시정연설'을 읽을 때에 뜻이 있고 머리가 있는 자는 능히 우리 민족의 운동의 전도와 그 방침을 해득(解得)하였으리라 한다. 그러나 어디 이를 해득하고자한 자며 연구하고자 하는 자가 있었던가.

국내의 국민은 다만 하루가 여삼추로 국외의 희소식이 오기만 기다릴 뿐이다. 정부의 계획과 민족의 진로에 대한 명확한 의식을 가지고 거국일치하여 또는 정부의 주지(主旨)를 체득(體得)하여, 민족사활의 대업을 성수할 결심과 각오가 부족하였다. 설사 결심이 있더라도 각오가 부족하고, 각오가 있더라도 인도자(引導者)는 인도자의, 피도자(被導者)는 피도자의 식견과 역량이 너무도 부족하였다. 해외 2백만의 동포는 '싸우자, 죽자' '어서 나가 피를 흘리자'하여 일시적 혈기로 짧은 견해를 고집하여 원대한 방략(方略)을 돌아봄이 없고, 심지어는 허장성세로 일을 일삼는다는 혹평에 흐르는 땀이 온몸에 가득할 형편일 뿐이다. 진정한 우국지사의 장탄식을 금하지 못할 일이다.

이상 말한 바에 인하여 독자 제군은 우리를 가리켜 비관론자라 하고 약자배의 말이라 하여 배척하거나 일소에 붙일지 모르나, 또 분개할지 모른다. 그러나 우리의 확신하는 바는 먼저 우리는 국민과 더불어 금일의 우리 민족의 처한 경우와 가진 능력과 하여온 실적을 철저적으로 연구하고, 연구의 결과 이해함으로써 장래의 우리의 진로를 확정하여 우리의 힘이 가능한 안에서, 우리의 도달할 범위 안에서, 실제적인 계획과 사업을 만듦이 우리의 최상의무라 하는 것이다. 우리도 공상적인 허세와 천견적(淺見的) 낙관으로 일시의 만족을 사고 갈채를 받을 수완을 알지 못함이 아니로되 이는 스스로 속임이 클 뿐이니 진정으로 국가를 위하는 자의 차마 못할 일이라 한다.

동포여, 조국, 자유라는 추상관념으로 분기하는 열혈적 애국심에서 더 귀중한 물건이 없음을 아노라. 그러나 간난과 위기에 임하여 백절불굴의 침용(沈勇)으로 고름(選)에는 먼저 자기의 역량과 처지에 대한 통절한 자각이 있고, 따라서 앞길에 대한 명확한 판단과 신념이 있어야 하리니, 이것이 우리의 본고를 초함에 먼저 세인의 소위 '비관설'을 쓰는 까닭이다.

동포여, 진정으로 나라를 위하고 민족을 사랑하는 동포여, 냉정한 머리로써 우리의 말을 들으라.

국민아, 진정으로 독립과 자유를 사모하는 국민아, 너의 처지와 너의 갈 길을 밝히 살피고, 함께 깨달아 무의식적 행동과 불통일적 행동에서 벗어나라. (제82호 1920. 6. 5)

적수공권, 독립운동 진행방침 사견(2)

독립운동의 최후 목표가 독립임은 명백하다. 그리하고 독립을 달성하는 최종 수단은 무력적 해결 즉 독립전쟁이니, 독립운동의 최종은 독립전쟁임도 분명하다. 과연 역사의 어느 페이지를 보더라도 무력적 해결을 아니 가지고 어떤 민족이 어떤 민족의 기반하에서 벗어남을 못 보겠다. 미국이 그렇고, 벨기에가 그렇고, 그리스가 그렇고, 체코, 폴란드 등 이번 파리 평화회에서 독립의 승인 받은 모든 나라가 다 그러하다. 필리핀이 장래에 새로운 예를 열는지 모르거니와 이는 예외 중에 예외이다. 과거 어느 시대를 물론하고 피정복민족이 정복민족의 압제를 벗어나려면 반드시 무기를 잡고 일어났다. 그리하여 혹은 일거에 혹은 칠전팔도(七顚八倒)의 고통을 경과한 뒤에 그 목적을 달성하였다.

현재 우리 민족의 형세도 또한 이러한 경로를 지나지 않고 성공하지 못할 것은 분명하니, 즉 일본의 집착심은 그만큼 강렬하고, 우리 민족의 결심도 또한 그만큼 강인하다. 그러면 무엇을 가리켜 독립전쟁이라 할까. 또 어떠한 독립전쟁은 우리가 능히 할 만한 독립전쟁인가. 수십의 결사대와 수백의 탄약으로 적의 주재소나 병영을 기습함도 독립전쟁이라 할 수 있고, 돌과 낫과 죽창으로 적을 살육함도 독립전쟁이라 하려면 할지니, 그러면 과거 10수 년간의 의병활동도 독립전쟁이요, 작년 이래의 만세운동의 일부도 독립전쟁이다. 이러한 독립전쟁은 남아프리카의 토인이 영국인에게, 북미의 토인이 백인에게, 기타 백인종에게 점령된 미개지의 토민(土民)이 과거 누백년 이래로 하여오는 독립전쟁이다.

물론 우리에게는 그들 토인배보다 좀 더 개화된 민족적 의식과 사상적 배경이 있다 할지나, 그 외형인즉, 그 결과인즉 그들 토인의 무의식적 행동과 다름이 없었다 하겠다. 우리 일반이 금일에 있어서 대책전적(大策戰的) 독립전쟁을 몽상함도 이것을 관찰한 결과가 아닌가. 그러면 독립전쟁다운 독립전쟁은 무엇을 가리킴일까. 또 이것이 언제 오겠는가. 이에 관하여서는 본론에 관계가 적지 않은 문제이지마는 우리는 잠깐 이를 두어두고자 한다. 왜 그러냐 하면, 이 문제는 심히 델리게이트 하여 필자 붓이 함부로 뗌을 불허하는 까닭이다. 다만 우리가 여기 단정하는 바는 우리가 몽상하는 독립전쟁은 기어코 오고야 말리라 함이니, 대한독립으로서 만일 성취될 것일진대, 대한민족으로서 '자유가 아니면 죽음'이라는 결심을 가진 국민일진대, 대대적 독립전쟁은 숙명적 사실이라 하여도 무방하겠다. 그러나 필연적으로 올 이 독립전쟁의 시기 문제에 이르러서는 우리의 견해는 제군의 것과 판이한 바가 있으리라 한다.

그러면 독립전쟁을 될 수 있는대로 빨리, 따라서 우리 독립완성을 될 수 있는대로 빨리 오게 하자면 필요한 일이 둘이 있으니, 하나는 전쟁의 준비요, 하나는 평화적 전쟁이다. 전쟁의 준비에 관하여도 우리는 제군과 견해를 달리함이 있다고 자처하노라. 그러나 우리는 이도 잠깐 두어두고 다만 '독립운동 진행방침'이라 작은 제목의 책임상, 이 전쟁의 준비라는 것이 독립운동 진행방침의 절반을 점한다 함을 한마디 말로 할 따름이다. 붓을 재촉하여 아무것도 가진 것이 없다는 '적수공권'의 본론에 들어가려 한다.

평화적 전쟁이라 하는 말은 우리의 의사를 충분히 표현하지 못하고 있다. 우리의 말하는 '평화적 전쟁'은 즉 '정치파공'을 이름이요, '적수공권의 전쟁'을 말함이다. 그 최후 목표는 절대적인 '통치거절'이요, 그 수단에 이르러는 작년 이래의 만세운동 즉 단순한 시위적 운동에서 한 걸음 나아간 반항적 행동과 폭행을 말함이다. 이러한 의미의 평화적 전쟁은 독립전쟁의 시기를 재촉함에 필요하고, 독립전쟁의 준비에도 필요하고, 독립전쟁의 시기 안에서 더욱 필요한 것이니, 이것이 우리가 하지 않으면 안 될 것이요, 현재에는 우리의 할 일의 대부분을 짓는 것이다.

평화적 전쟁의 구체적 방침은 통치거절에 있고 일인배척에 있으니, 다시 더 자세히 말하면 일인의 사법, 행정, 경찰 각 기관을 파괴 거역, 혹은 기피하며, 일인의 사교기관, 경제기관의 문란 궤멸을 의미함이다. 이 수단에서 나온 것, 혹은 '관리퇴직'이 되고, '일화배척'이 되고, '일어배척' '관청기피', '납세거절', '동맹파공'이 되며, '시위운동', '철시(撤市)'가 다 거기 포함되며, 또 반대로 '국사·국어보존' 등이 될 것이다. 그리하고 그 중에 가장 중대한 것은 '관리의 퇴직'과 '납세의 거절'이다.

우리는 이러한 무기를 가졌다. 가져도 위대한 무기를 가졌다. '적수공권'아, '적수공권'을 비웃는 자야, '적수공권'을 탄하는 자야, 나에게 의기와 용기가 있노라. 일편단심이 있노라. 우리의 무기는 이것 밖에 없다. 그리고 이로써 족하다.

〈의견을 구함〉

기자는 본고를 초하면서 독자 제군 중에 기자와 견해를 같이 아니하는 이가 많을 것을 예상합니다. 찬부에 불구하고 솔직한 의견을 보내주시면 상호 연구의 자료가 될까 하노니, 위기에 임한 시국은 우리로 하여금 묵과를 불허하는 줄 압니다. (제83호 1920. 6. 10)

적수공권, 독립운동 진행방침 사견(3)

이미 적수공권으로써 일어났고 또 장차도 적수공권으로 나감이 있을 뿐이다. 그런즉 적수공권으로 이길 길을 연구하지 아니치 못하겠다.

그러면 그 길이 무엇인가. 가로되 일본의 통치를 거절하라. 거절하되 근본적으로 거절하라. "최후의 한 사람까지 최후의 일각까지 우리 민족의 정당한 의사를 쾌히 발표하라." 이것이 최후 승리의 길이다. 적수공권으로 승리를 취하는 유일한 길이다. 싸크라멘토삐 주필 맥클래취 씨는 한국 독립운동을 평한 끝에 "한인은 민족자결주의가 즉시 한국에도 적용될 줄 알고, 그들이 독립의 의사만 발표하면 일본은 할 수 없이 내어놓으리라고 오신(誤信)하였다." 했다. 그러나 이것이 '오신'일까. 과연 민족자결주의가 '즉시' 한국에 적용될 줄 안 것은 오신이었다. 만일 그렇게 믿은 자가 있었다면 이는 그의 무지(無智)에 인함이다. 만일 그렇게 선전한 자가 있다하면 이는 스스로 속이는 자이다. 우리는 전에 한 번도 이렇게 말한 일이 없었다. 이렇게 믿은 일도 없다. 그러나 우리는 확신하노니 민족자결은 언제까지든지 한족에게 적용될 날이 있으리라. 세계의 대세가 이를 예언한다. 한족의 결심이 이를 재촉한다. 이것은 오신이 아니다. 확실히 오신이 아니다. 견인지구(堅引持久), 최후의 일각까지 나아가는 아래 "일본은 할 수 없이 내어놓을 날이 오지 않고는 못 배기리라."

민족의 정당한 의사를 쾌히 발표함에는 그 의사 발표에 실지(實地)가 있어야 한다. 이것이 즉 일본의 통치거절이다. 시위운동도 그 하나이겠다 - 그러나 이는 글자와 같이(문자 그대로) 시위뿐이다. 실제상의 자결은 통치의 배척에 있다. 이것을 실시케 함에는 선전과 징계의 두 가지 방법이 있겠고, 이 운동으로써 최후의 승리를 얻자면 의기(義氣)와 인내가 필요하다. 이하 항을 나누어 논하여 보자.

납세의 거절

대한민국의 국민 된 자는 한 사람도 적에게 납세하지 말라. 대한 민족의 한 사람 된 자로서, 대한인의 피가 있고 생각이 있는 자로서, 적에게 한 푼의 세금이라도 바칠 리가 없으며, 바칠 의무도, 염치도, 용기도 없으리라. 이것이 통치거절의 가장 중요한 것 중의 하나이다. 대한인아, 네가 납세를 거절치 아니치 못할 이유가 있다.

1. 너는 이미 대한민국의 국민이니 적에게 납세할 의무가 없다. 너는 이미 두 손을 들어 '독립만세'를 불렀고, 너희 양심에 스스로 일본을 벗어나 자유 된 민국의 백성 됨을 원하고 허락하였다. 네 양심이 독립과 자유를 원할진대 너는 차마 한 푼의 돈을 적의 징

수리(徵收吏)의 손에 주지 못하리라. 네 양심이 이미 민국의 백성됨을 허하였을진대 적에게 납세함은 반역행위임을 자책할지니라. 대의를 아는 대한인아.

2. 대한인아, 너와 피를 같이한 형제가 적의 칼 아래 상하고 죽음을 못 보았는가. 너의 적(敵)은 니콜라예프스크 항(아무르 항·러시아 하바로프스크 주)에서 수십의 동포를 죽였다. 그 전쟁도 피치 않으리만큼 국민이 비등함을 보라. 맹산(孟山)에서 학살을 당한 53명의 혼이 부르짖는다. 정주(定州)와 사천(砂川)에서 몰살을 당한 3백 명의 소리를 못 듣는가. 수원(水原)에서 소살(燒殺)을 당한 40명, 그 아름답던 촌락은 다 불타고 다섯 살 유아는 적의 거친 손아래 두 다리가 찢기어 죽었다. 너의 이웃 동리 친척이 현재 이 시간에도 악형의 고초를 당하는 자가 얼마인가. 너가 의리를 아나니 응당 적의 관리와 말을 주고받을(接語) 염치도 없으리라. 하물며 적에게 세금을 바치랴.

3. 너의 바치는 세납(稅納)의 대부분이 무엇에 쓰이는지 아는가. 네 자식을 교육함인가. 네 생활을 보호함인가. 너의 바치는 몇 원의 금전이 도리어 너를 베이는 칼의 제조비가 되고, 너를 가두는 감옥의 확장비가 되는 줄 모르는가. 네가 하루 더 세납을 바치는 날은 네 목숨이 하루 더 줄게 되는 날이 되는 것이다. 적은 너의 피를 빨은 세납으로 군대를 늘리고 경찰을 확장하며, 헌병을 증치(增置)하고 정탐을 기르기에 급급한다. 너는 세금을 바침으로 네 형과 아우, 처자를 학살하는 공모자가 되고, 스스로 목매는 자 되는 줄을 알라.

4. 특히 노예로 살자고 하는 비열배(卑劣輩)에게 고하노니, 네가 살 듯싶은가. 구구한 재산을 보호하려 적국으로 가려던 최 모는 한 방 포성 아래 쾌살되었던 것이다. 용기가 없는 자여, 신변에 위협이 임박한 뒤에야만 의무를 상기하는가. 이는 너무나 비열하다.

이상 네 가지 중에 어느 하나로 인하여서라도 너는 적에게 납세를 거절치 아니치 못할 것이다. 적에 강제 집행을 당할지언정 결코 납세의 형식을 취하지 말라. 이리할 때는 적에게 재정상 혼란을 주는 것도 크려니와 이로써 민족자결의 기세가 크게 떨치리니, 먼저 너 한 사람이 납세치 않고 한 마을이, 한 군이, 이리하여 적어도 한 도(道)가 다 납세를 거절하는 날은 족히 써 우리에게 위대한 감촉을 줄뿐만 아니라, 적에게는 손을 댈 수 없는 대문제 꺼리가 될 것이며, 따라서 세계의 이목을 경동케 하리니, 이가 "우리의 정당한 의사를 쾌히 발표함의 실제가 아니고 무엇이겠는가."

일본 통치의 거절은 민족의사를 발표하는 실제이다. 납세의 거절은 통치거절의 가장 중요한 것 중의 하나이다. 희생적 정신과 견인불발의 용기로써 너 한 사람부터 적에게 한 푼의 세금을 바치는 것을 거절하여 민족적 의무를 이행하고 동포의 원혼을 위로하며 적의 궤계(詭計)를 타파할지어다. (제85호 1920. 6. 22)

적수공권, 독립운동 진행방침 사견(4)

관리의 퇴직

관리의 총동맹퇴직은 납세의 거절과 함께 일본 통치거절의 가장 중요한 것이다. 아일랜드에서 선출된 영국 국회의원 70명이 동맹결석함으로써 아일랜드 민족의 요구와 결심을 나타내온 것은 우리의 이목에 새롭다. 국회의원을 가지지 못한 우리 민족은 관리의 동맹퇴직으로써 민족의 의사와 결심을 나타낼 수밖에 없다. 반도 안의 적 관청에서 한인의 씨가 없게 하라. 한 사람의 서기가, 참사가, 지사가, 경관이, 보조원이, 통역이 없게 하라. 이렇게 함이 마땅하다. 이렇게 할 때에 적은 황겁하리라. 세계는 놀라리라.

적의 관리로서 감작(甘作)하는 동포여, 제군은 무엇을 못하여

2천년 원수(怨讐)와 의기(義氣)를 꺾고 조국에 대하여 반역무도의 죄인이 되려하는가. 어찌하여 금일에 이르도록 개과치 못하는가. 내 그 까닭을 말하리라.

한 마디로 말하면 제군은 너무 겁나(怯懦)하였다. 비열하였다. 제군에게 한 사람씩 물으면 누구나 다 진정으로 적의 관리 창귀(倀鬼)되기를 즐거워함이 아니라 할 줄 안다. 혹은 적의 핍박이 두려워서 혹은 생활의 곤란으로 인하여서 일시적으로 적의 수하(手下)가 되었다 하리라. 그 중에 더 어리석은 자는 이리하여 적의 마음을 사서 가면하(假面下)에 사업의 편의를 얻기 위함이라 칭하리라. 그리고 가장 어리석은 자 중에는 사환열(仕宦熱: 벼슬 욕심)이라던가 세력을 위하여 그리한 자도 있으리라. 그러나 일언이폐지(一言以蔽之)하건대 모두 의기가 용기가 없었던 것이다. 제군이 아무리 스스로 변명할지라도 제군이 일단 적의 관청의 문턱을 밟는 날 대한 사람인 제군의 정신은 소멸되었고, 제군은 살아 있으되 죽은 몸이 되었던 것이다.

스스로 속이고 또 속는 제군아, 제군의 마음속은 과연 이렇지 아니한가. 스스로 생각할지어다. 그러나 다시 말하노니 우리는 아무리 하여도 제군의 심사는 알 수 없노라.

스스로 구하여 노예 중의 노예가 되려는 자들아. 제군의 조선(祖先)은 제군과 같이 의를 모르는 자 아니었다. 가족을 맡기고 달군 쇠로 지지어 죽음에 이르되 왜(倭)의 신(臣) 되기를 거절하던 박제상(朴堤上)은 실로 제군의 조상인 것이다. 말로(末路)에 임한 고려의 사직을 위하여 선죽교에서 의혈을 뿌린 정포은(鄭圃隱)은 실로 제군의 조선이었다. 백제가 망함에 궁신(宮臣)이 하나도 남기지 않고 나라에 순(殉)하였던 것이다. 조선(祖先)뿐이랴. 제군의 형제도 그대와 같이 겁 많고 비열하지 않다. 나라가 망할 때에 자결·순국한 이, 이번 독립운동이 일어남에 분연히 왜의 벼슬을 버린 이의 수가 얼마나 많았던가. 제군이 만일 제군의 자칭하는 바와 같이 아직도 약간의 정신이 살아있다 하면, 적더라도 광무제(光武帝)가 자결하였을 때에 죽어야 옳았고, 독립선언이 발표될 때에, 너의 부모형제가 자유를 위하여 맞고 피를 흘릴 때에, 너의 동포가 피눈물로써, 대의로써 권할 때에 단연히 왜에게서 떠남이 당연하였던 것이다. 그러하거늘 아직까지도 의연히 적의 관명(官名)을 이마에 붙이고도 부끄러운 줄을 모르며, 심지어 동포를 음해하며 곤욕하기를 왜 보다 더하는 자까지 있으니 그 심사는 참말로 알 수 없다. 과연 그런 자를 칭하여 개새끼라 하거니와 이도 너무 지나치다. 개도 때로는 충의를 아나니라. 제군이 적의 수하에 있어서 받는 천대와 학대는 우리가 누누이 기술하지 아니해도 제군은 스스로 잘 알 것이다.

비겁한 자여, 일신의 안전일망정 도모하려거든 창귀 노릇을 그만 둘지어다. 너의 믿고 바라는 왜의 칼이 백인가 천인가. 이미 나의 충고와 권유를 불긍하다가 징벌을 받은 창귀의 이름을 들어보랴. 의주(義州)에 김명옥(金明沃), 김극일(金極一), 윤치경(尹致景), 안주(安州)에 오광운(吳光雲), 의주에 박세직(朴世稷), 백세직(白世稷), 창성(昌城)에 김창일(金昌一), 선천(宣川)에 김병준(金炳駿) 숙질, 이만하여도 치가 떨리리라. 제군아 우리는 다시 한 번 피눈물로써 충고하노니 이때에 단연히 퇴직할지어다. 말하되 "나는 대한인이니 왜의 관리됨을 불긍(不肯)한다"는 당당한 이유로 말할지어다.

이러할 때에만 일치한 민족적 대결심이 중외(中外)에 선명될 것이다. 따라서 너의 부모처자가 주야로 기구(祈求)하고, 이를 위하여 생명을 바치는 자유의 날이 날로 가까우리라. 그러함과 동시에 대대로 씻지 못할 너의 머리위의 누명도 씻을 기회가 있으리라.

순사, 보조원, 밀탐, 군수, 면장, 서기, 이것이 소위 조선인 관리의 거의 전부이다. 이미 평북 일대에는 면장·서기·군수 등의 퇴직으로 인하여 적의 행정은 대지장이 일어나고 있다. 이 형세를 넓혀 경찰기관, 사법기관에 까지 미칠 것이다. 또 한 도에 미치고 한 지방에 미치면 마침내 전국에 미칠 것이다. 이러함에는 충고와 권면을 먼저 쓸 것이다. 재삼에 안 들으면 위협과 폭력으로써 징계할 따름이다. 또 퇴직을 하되 혹 몇 개 면, 몇 개 군, 또는 전시, 전군의 각 성원(署員) 등이 일치하여 동맹퇴직 해야 한다.

독립의 성취를 의심하는 자여, 너의 의심 그것이 독립성취의 장애가 되는 줄 모르는가. 의심을 버리라. 그리하고 전 국민이 불발(不拔)하는 독립의 확신을 가지고 나아갈 때에는 최후의 승리는 오직 적수공권인 우리에게 오고야말 것을 깨달으라. (제86호 1920. 6. 24)

62. 本報 續刊에 臨하여(一記者)

우리는 본보의 속간을 위하여 다시 붓을 잡았나이다. 본보가 지난 6월 하순에 불행히 정간의 액운을 당한 후로 속간의 뜻을 게을리 하지 아니하였으나, 온갖 사정과 이유로 인하여 그 뜻을 이루지 못함이 금일에 이르렀음은 실로 유감천만이로소이다. 여러분의 고대하시는 열망과 우리들의 맡은 책무를 저버리지 않기 위하여 본보의 속간을 단행하는 금일, 금일부터는 본보가 온갖 재액(災厄)을 모두 소제(消除)하고, 가장 평온한 행운 중에서 건체(蹇滯: 머뭇거림) 없는 건강한 발걸음으로써 쾌활히 전진하기를 애독자 여러분과 더불어 한 가지로 깊이 빌고 바라는 바로소이다.

거꾸러졌다 다시 일어나는 우리는 우리의 성의와 및 재능을 어디까지든지 본보에 공헌하려 하는 바, 여기서 쫓으면 더기(고원의 평평한 땅)로 가고, 산에서 쫓으면 물로 가면서라도, 1주일에 1호를 못 내면 한 달에 1호를 내고, 한 달에 1호를 못 내면 1년에 1

호를 내면서라도, 이 사람이 못하면 저 사람에게 인계하고, 저 사람 당대에 못하면 그 후대에 전승하여서라도 계속하여 우리의 독립이 완성하기까지 또는 독립완성 후 영원까지 오직 본보의 수명을 연장할 뿐이로소이다.

본보의 주의(主義)가 가련한 우리 민족으로 더불어 그 사활의 운명을 같이 하려하는 동시에 그의 사명은 독립을 절규함에 있고, 그의 정신은 자유를 옹호함에 있나니, 애독자 제언(諸彦)은 응당 심각한 동감이 있을 것이다. 오직 본보의 수명을 길게 함과 그 사명을 이룩케 함이 우리 몇 개 집사자(執事者)에게만 있음이 아니요, 일반 동포에게 있으며, 그 중에도 더욱 본보를 애독하는 여러 분에게 있다 하나이다.

적은 지금 발악이 그 극에 달하여 온갖 흉포(凶暴)로써 우리 민족을 아주 섬멸하고야 말려할세, 우리는 지금 이러한 중에서 탈출하여 우리의 행운을 만회하려 하는 이때에 우리가 순간에나 태홀(怠忽: 게으름)하며 방심할 바이리오. 금후의 승리는 오직 견인불발(堅忍不拔)하여 최후의 결승점에 도달하는 자에게 돌아갈 것이다. 우리가 작년 3월 이래에 시작한 일 중에 하나이라도 가볍게 보아 물러설 것이 없나니, 본보가 천겁만난(千劫萬難)을 배제하고, 맹연(猛然)히 재기하는 까닭(所以)도 실로 여기에 있음이로소이다.

우리의 그 경우가 이미 이러한즉 우리는 적을 패멸(敗滅)하기 전에는 말지 않으리라는 굳은 결심으로 싸우는 자는 그냥 싸우고, 일하는 자는 그냥 일하여 전진하는 것만 있고, 물러남이 없으면 적은 필경 항복하고야말 날이 멀지 않을 줄을 믿나이다. (제87호 1920. 12. 18)

63. 本報 百號에 至하여

본보의 발행이 오늘에 100호에 이르렀다. 백이란 수가 그리 많지는 아니하나 본보가 100호에 이르기까지 너무 간고(艱苦)하였으므로 이 백이란 숫자를 스스로 경미(輕微)하게 볼 수 없도다.

재작년 8월 21일에 제1호를 창간한 이래 오늘 제100호에 이르기까지 가장 기구한 3개성상을 열력(閱歷)하는 동안 정간의 겁운(劫運: 액을 당한 운수)을 당함이 이미 3회에 이르고, 각종 부득이한 사정으로 인하여 지간(遲刊)의 경우를 당함은 거의 번번이었던 것이다.

이러한 험난한 도정(道程)을 지내온 본보가 이제 100호에 이르게 되었으니 어찌 일고(一顧)의 가치가 없다 하리오. 본보가 오늘에 이른 것에 대하여 이를 경행(慶幸)이라 할진대 차라리 본보를 창간한 이래 - 붓을 잡으며 일에 임한 여러 선배(지금의 필자는 후계자이므로: 춘원의 귀국으로 후계자 주요한이 집필한 것으로 추정된다)의 고심초려(苦心焦慮)하였음을 치하하며, 아울러 본보를 애독하시는 제언(諸彦)에게 감사하는 바이다.

본보의 전정(前程)이 또 백이요 천이며 만이니, 이러한 장원(長遠)한 도정(途程)을 과도(過渡)할 본보로서 이러한 일을 떠맡은 우리의 결속이나 아울러 동정의 눈물이 많은 제사(諸士)의 원조가 아니면 어찌 그 예기(預期)한 사명을 성수하리오.

그러므로 우리는 이제 본보가 100호에 이르게 된 것을 계기로 하여 한 번 더 우리의 결심을 확호(確乎)히 하며, 과거의 경험을 거울삼아 앞에 닥친 모든 장해(障害)를 배제하고, 그침 없이 전진하려 할세, 청컨대 제언은 본보를 애호함에 마음을 인색히 마소서. 그리하는 동시에 본보로써 우리 독립운동의 한 공적 기관답게 응용하소서. 아무 편증(偏憎)할 바 없고, 아무 편애(偏愛)할 바 없으며, 아무 기시(岐視)할 바 없고, 아무 의기(疑忌)할 바 없나니, 본보가 어느 개인의 사영(私營)이나 전유(專有)가 아님을 잊지 마소서.

만일 어느 사람의 일언일사(一言一事)가 우리 독립운동에 대하여 10분의 보익(補益)이 있다 하면 비록 추요(芻蕘: 고루하고 촌스러운 말)라도 이를 버리지 않고 환영할지며, 그의 일동일지(一動一止)가 우리 광복대업에 대하여 반점의 장해가 된다하면 친소(親疎)나 증애(憎愛)가 없이 이를 용납지 않고 제거할지니, 이것이 이 본보의 가장 독특한 사명이라 자부하는 바, 제군은 그 본보로 더불어 장래를 함께 하실 지어다. (제100호 1921. 3. 26)

64. 國民皆業[63](天才)

우리가 이 말을 들은지 오랩니다. 들을수록 그 뜻은 더욱 깊어가고 그 진정한 가치는 더욱 나타나는 듯합니다.

국민이란 국가와 사회에 대한 의무를 이행할 만한 자격과 능력을 가진 사람을 가리킵니다. 업(業)을 아니 가지고서 어떻게 국민된 의무를 다할 수 있겠습니까. 그러면 업을 아니가진 사람은 국민이라 칭하지 못하겠습니다. 이 의미로 보아서 '국민개업'이란 말은 차라리 모순된다 합니다. 그러나 이 말이 오늘날 세상에서는, 더군다나 우리 이 사회에서는 모순이 아니 됩니다.

독립한 인격을 유지·발전할 뿐더러 사회 능률상에 기여할 능력이 있는 활동은 다 업이라 칭하겠지요. 그런고로 나의 말하는 업은 '도적'과 '구걸'은 빼어놓은 업입니다. 업은 결코 개인의 물질적 활동과 보수만 의미하지 아니하고, 도덕적으로 개인의 성격을 지배하는 것입니다. 사회봉사의 정신이 근대 시민주의의 표어임이 이를 가리킵니다. 국가능률의 낭비를 방비하기 위하여 세계 모든 나라가 교육으로, 사회정책으로, 또는 민족적 양심에 호소하여 백

---

63) 독립신문사 사장 이광수는 1919년 8월 21일 '독립신문' 창간호를 발간한 이래 1921년 4월 2일 제101호에 마지막 논설문 '국민개업(천재)'을 발표한 후 4월 초에 귀국했다. 춘원은 이 논설문에서 경어체로 서술했다.

가지로 힘씁니다. 더군다나 독립운동의 큰 사업을 앞에 둔 우리이겠습니까.

국민개업의 큰 적이 둘 있습니다. 하나는 착오된 민족적 양심이오, 하나는 민족적 양심의 결핍 혹은 마비입니다. 애국은 입과 종이로만 하는 것인 줄 아는 것, 애국은 암살과 탄환으로만 하는 줄 아는 것들은 다 착오된 민족적 양심의 발로라 하겠습니다. 그러나 이것은 아직도 구(救)하기 쉬운 병이겠지요.

게으름(至於懶惰)에 이르고, 겁많고 나약함(怯懦)과 허위와 허영과 기타 다른 괴악(怪惡)한 습관성의 노예가 되어, 민족적 양심이 아주 결핍하거나 마비된 자에는 어떠한 약이 쓸데가 있을는지요. 오늘날 내외지(內外地)에 있는 대소 창귀(倀鬼), 적에게 아유하는 자로 시작하여 안일을 도모하는 부호배, 주색에 빠져있는 청년, 또는 허위허명(虛位虛名)을 다투며 이간과 음모를 일삼고 있는 소위 정객에 이르기까지 어느 것이 국민능률에 손해를 끼치지 않는 자가 아닙니까. 착오된 민족적 양심에서 생기는 손실과, 민족적 양심의 마비로서 생기는 손해를 타산하면, 우리의 독립운동의 진보가 더디다고 괴이히 여길 것이 없다 합니다. 국민개업의 부르짖음은 하루에도 몇 번을 하여야 하겠습니다.

가까운 데로 보더라도 오늘 우리가 한탄하고 가석히 여기는 모든 우리의 불평(不平)과 자포자기와 음모가 다 업 없는 데서 생기는 것이 아닙니까. 저마다 저 할 일이 있고, 제각기 거기 힘을 다하면 불평이나 비관이 생길 까닭도 없고 생길 사이도 없겠습니다.

한 나라의 정사(政事)가 어떤 특수계급의 힘만 안 되는 것과 꼭 같이 우리 독립운동은 어떤 특수한 사람의 힘으로 아니 되겠습니다. 반드시 국민 전체의 운동이라야 하겠습니다. 국민 전체로 독립운동을 진행하자면 유일한 방법이 개인이 스스로 자기업에 충실히 하는 것이 올시다. 만세운동이 침식(寢熄)하였다고 독립운동이 없어졌다고 하겠습니까. 만일 일시적 흥분상태가 자꾸 계속된다 하면 그것이 도리어 크게 위험한 일이겠습니다. 보시오. 농촌의 퇴폐(頹廢)와 풍교(風敎)의 문란, 경제의 파산들이 지금 목도하는 결과가 아닙니까. 국민의 전정(前程)을 생각하던지 독립운동의 장래를 보던지, 금일이야말로 우리가 목소리를 다하여 국민개업을 크게 부르짖을 때라 합니다.

독립만세 소리가 아무리 크더라도 전국의 농촌과 학교와 공장과 상부(商埠)가 비는 날 우리 국민은 파산할 것이오, 독립만세를 부르는 그 정신이 흘러 학교와 농촌과 공장과 상부가 될 때에 우리의 독립운동은 성공하겠습니다.

국민이여, 자유와 행복의 생활을 원하거든, 국가와 민족에 대한 책임을 자각하거든 스스로의 업을 택하시오. 택하거든 거기 충성을 다하시오. 국민이여, 우리의 독립운동으로 하여금 지구(持久)하고 성공하는 독립운동이 되게 하려거든, 독립전쟁을 하려거든, 임시정부를 유지하려거든, 업을 가지시오. 그 업에 충성하시오. 그대가 그대 업에 충성하는 것이 국민 된 자격을 다하는 것입니다. 독립군 된 의무를 다하는 것입니다. "너도 일하고 나도 일하여 대한의 남자와 여자는 하나도 빠지지 말고 일하자."

일하되 대한의 국민 된, 대한의 독립군 된 의무와 책임을 자각하여서 하자. 이러한 자각을 가지고 학생은 학교에서, 농부는 전야(田野)에서, 공인(工人)은 공장에서, 상인은 상부에서, 쉬지 말고 게으르지 말고 나아가자 - 언제든지 독립운동을 배경삼아, 중심삼아. (제101호 1921. 4. 2)

65. 敵의 官公吏된 者여 곧 退職하라

지난번 우리 광복군영(光復軍營)으로부터 수제(首題)와 같은 경고문(警告文)을 발하였는 바, 그 전문은 다음과 같다.

대한인아, 의(義)를 아는 대한인아, 적의 관리가 되지 말라.

대한인아, 네가 대한인으로서 적의 주구(走狗)가 되었거든 오늘에 분연(奮然)히 그 더러움에서 떠날지어다.

一. 대한의 정신

네가 대한의 피를 받았으니 응당 대한의 정신을 가졌으리라. 네가 진실로 대한의 정신을 가졌을진대 어찌 차마 조국과 동족을 적에게 파나뇨.

二. 의기와 용기

네가 대한의 피를 받았으니 응당 의기(義氣)와 용기가 있으리라. 네가 실로 의기롭고 용감한 자일진대 어찌 구차스럽게(苟符) 구복(口腹)을 위하여 대의(大義)를 멸하랴.

三. 조선(祖先)의 의혈

불로 지져 죽음에 이르되 적신(敵臣)이 되지 아니한 너의 조상, 사직(社稷)이 망함에 순사(殉死)한 너의 조상이 너를 부른다. 네가 실로 이러한 대한의 피를 받았을진대 응당 육신을 죽이고라도 정신을 살리리라.

四. 동포의 규호(叫號)

3백년 전에, 10년 전에 조국을 위하여 무참히 왜적(倭敵)에게 어육(魚肉)된 무수의 혼이 너를 부른다. 독립운동에 죽고 상한 너의 동족이, 현금 옥중에서 맞고 죽을 너의 누이가 아우가 너를 부른다. 네가 대한 사람이니 응당 자나깨나 귀에 그 소리를 못 잊으리라.

五. 독립의 값

네가 노예에서 벗어나려나뇨. 독립국민이 되려나뇨. 그러하건대 오늘로 결연(決然)히 퇴직하라. 자유와 독립이 너에게 값을 요구한다.

六. 일신의 안전

네가 복락(福樂)과 안전을 구하나뇨. 그러하건대 오늘에 단연히 퇴직하라. 네의 양심과 가책과 네 받는 하대(下待)와 천역(賤役)에 무엇이 그리 복이 되나뇨. 또 네가 이 충고를 듣지 아니할 때에 네가 믿는 왜의 칼이 능히 네 일신의 안전을 보장할듯 싶으냐. 네가 자유와 충의의 열혈을 뿌려 불의와 압제의 적을 물리치고 영광의 독립 국민이 될 때에 황천(皇天)과 조령(祖靈)은 너를 상(賞)할지오. 세계의 우방은 너를 존경할지오. 억만세 자손은 자유를 즐기며 너를 사모하고 너를 감사할지라. 대한인아 너는 이 길을 취하려나뇨. 또는 비겁과 무기력으로 노예의 수치를 후세에 남기려나뇨.

너는 용감하던 부여(扶餘) 고구려인의 자손이 아니뇨. 너는 살수(薩水) 일전(一戰, 622)에 수군(隨軍) 백만을 멸하고 안시성두(安市城頭)에 당태종(唐太宗)을 패주케한 선조의 자손이 아니뇨. 너의 조선은 임진왜란에 8년의 대혈전으로 국가와 자유를 사수하던 선조가 아니뇨. 너는 이를 기억하나뇨, 아니하나뇨.

너는 마땅히 죽어야 할 때 죽지 못한 자들이 아니뇨. 을사조약 때에 민충정(閔忠正)으로 더불어 죽었어야 옳았고, 경술국치 때에 여러 순국지사로 더불어 죽었어야 옳았고, 3월 1일에 가련한 너의 누이가 적에게 두 팔을 찍힐 때에, 너의 선도자(先導者)요 통솔자인 수령과 애국지사가 적에게 모욕을 당할 때에 죽었어야 옳았고, 너의 가련한 어린 제자(弟姊)가 악마 같은 적들에게 원입골수(怨入骨髓)하는 악형과 수욕(羞辱)을 당하고 절치통곡할 때에 죽었어야 옳았나니, 대한인아 죽을 제 죽지 못한 그 목숨을 위하여 부로(父老)와 형제와 제매의 저 참상을 보면서 밥이 넘어가나뇨, 물이 넘어가나뇨.

대한인아 내 의와 정성으로 권하노니 의와 정성으로써 받으라 그리할 때에 국민은 너에게 감사와 찬양으로 따라 하리라.

(제94호 1921. 2. 17)

제3편 韓國 獨立運動史

1. 講和會議에 提出한 請願書 全文

우리 강화회의 특사 김규식(金奎植) 씨가 우리 민족과 국가를 대표하여 파리(巴黎) 강화회의에 제출한 청원서의 전문.[1)]

강화회의에 대한 민족 및 국가의 요구

강화회의가 1910년 한일합병조약을 취소 혹은 폐기하여 한국으로 하여금 일본의 기반하에서 벗어나 독립국을 재건케 하기로 대한 민족 및 국가는 이를 요구함.

청원서(請願書)

대한 민족 및 국가는 이에 일본의 기반을 벗어나 독립국을 재건하기를 청원하노라.

근백(謹白)

1. 대한 민족은 일정한 국민적 생활과 문화를 가진 4천2백여년의 역사적 국민으로 아시아의 중요한 일 국가를 형성한 것이다. 과거 4천 2백여 년간 대한국(大韓國)은 독립국가를 유지하였도다.

승인(承認)을 거친 대한 독립

2. 일본·미합중국·영제국 기타 열국은 한국과 체결한 수호 및 통상조약 중에 한국의 영구적 독립과 주권을 승인하였다.

1882년 5월 22일 경성(제물포)에서 체결된 한미조약[2)]에 명확히

---

1) 상해 대한민국 임시정부 수립(1919. 4. 13) 직전 김규식(金奎植)은 한국 독립청원서를 작성, 파리 강화회의에 제출한 것이다. 정부 수립전이기에 개인 명의로 제출하는 것은 외교관례상 어긋나기 때문에 신한청년당(新韓靑年黨)을 조직, 신한청년당 대표라는 명의로 제출한 것이다.

2) 1882년 5월 22일 체결된 한미조약 제1조에 "미합중국 대통령과 조선

기재하여 가로되, "만일 양국 중 1국이 타국에게 불공평 혹 압제적인 행위를 받을 시에 해당국이 타 1국에게 그 사정을 호소하거든 타 1국은 양국 간의 우의를 표하기 위하여 유리한 해결을 얻도록 진력(盡力)할 일"이라 하였으며.

1895년 4월 17일 하관조약(下關條約)[3]에 있어서는 일본은 중국(淸國)에게 "한국의 완전한 독립과 자유를 인증"하기를 요구하였고, 또한 1902년 1월 30일 제1차 영일동맹[4]에도 일본과 영국은 한국의 독립을 승인하였으며, 최후에 1904년 한일공수동맹(한일의정서)에 일본은 한국의 독립과 영토 보전을 담보하였다.[5]

한국 독립의 국제적 지위

3. 이상의 조약은 단지 한국의 독립을 인증(認證)·담보(擔保)함에 그치지 않고 국제적 원칙과 공인(公認)에 의하여 성립된 것인즉 어느 단독국가가 이를 침범할 시에는 열강은 간섭하지 않을 수 없는 것이다.

일본의 한국 독립 침범

4. 이와 같은 독립의 침해가 일본의 손(手)으로 범행되니, 일본은 사기와 폭력으로 1910년 8월 29일에 한일합병조약을 체결하고,

---

국왕, 각기 국민과 신민(t臣民) 간에는 영원히 화평우호가 존속할 것이다. 만약 제3국이 체약국(締約國)에 대해 불공경모(不公輕侮)하는 일이 발생하면 일차 조지(照知)를 거친 뒤에 반드시 서로 도와주고 거중조정(必須相助 從中善爲調處, good offices)함으로써 원만한 협약을 이룩하고 그 우의를 표시한다."

3) 1895년 4월 17일 체결된 시모노세끼조약(下關條約, 馬關) 제1조에 "청국은 조선국의 완전무결한 자주독립국임을 확인한다."

4) 제1차 영일동맹(1902. 1. 30) 제1조에 "영·일 양국은 한·청 양국의 독립을 승인한다."

5) 韓日 兩國盟約(韓日 攻守同盟, 1894. 8. 26) 제1조에 "이 맹약은 청국병(兵)을 조선국의 국경 밖으로 철퇴시켜 조선국의 자주독립을 공고히 하고 한일 양국의 이익을 증진함을 목적으로 함" 특히 韓日議定書(1904. 2. 23) 제3조에 "대일본제국 정부는 대한제국의 독립 및 영토보전을 확실히 보증함"이라 명문화하고 있다.

한황(韓皇)으로 하여금 “전 한국의 통치권을 일본 황제에게 완전차영원(完全且永遠)히 양도(讓渡)”하게 하며, 1천5백만 이상의 민족을 일본의 손아래(手下)에 두었던 것이다.

한국 인민의 반항

5. 이와 같이 한국의 주권을 침범하며 한국으로써 일본의 영토를 만듦에 대하여 한국 국민은 강경히 반항하였으며 또한 반항을 계속하는 중에 있다.

6. 이와 같은 반항은 날로 증가하고 강렬하게 되나니 이는 일본의 통치방법이 점차로 잔학(殘虐)에 들어가기 때문이다. 그 잔학과 압박의 참상은 실로 프러시아가 폴란드에 행한 것보다 더욱 참혹하도다. (주석 생략 역자)

일본은 명의상으로만 아니라 실지상(實地上)으로 한국을 그의 군현(郡縣)으로 만들려 하는도다. 이 정책을 실시할 시에 가장 심한 잔학적 수단을 사용하여 한인 중의 애국주의자의 멸망을 도모하나니, 즉 애국심과 국어(國語)와 역사의 영예를 박멸하기 위하여 두 가지 기관, 즉 재산 및 교육을 제압함. (1행 판독불가)

일인 관리하의 한국 재산 및 교육

7. 어떤 종류의 과학이라도 일정한 정도를 초월하여 데라우치(寺內正毅) 총독의 의사로 ‘위험사상’의 명목을 띠면, 결코 한인에게 교수하기를 허락하지 않고 혹 교수할 기회가 있더라도 비상한 압박을 가하며, 한국 학생의 구미 유학은 절대로 금지하며, 심지어 학비 송금(付送)까지 거절하고 있다.

8. 한국 부호는 강제로 일인 지배인을 두게 하여 재산과 가산을 관리케 하며, 또 일인이 설시(設施)한 은행에서 예금을 환출(還出)할 경우에는 금액사용의 필요와 목적을 증거하기 전에는 불가능하다.

일본과 야소교회(耶蘇教會)

9. 일본 관헌. 그 중에서도 특히 경찰관리는 한국 안 기독교 선교사업을 낙망과 실패에 함입(陷入)하려 하나니 이는 기독교가 그

들의 이익에 반함이다.

기독교를 적대시하지 아니치 못하는 일본의 한국 통치방법은 과연 여하한 방법이었겠는가. 그 잔인·포학은 능히 추상할 수 있으리라.

일인의 한국관(韓國觀)

10. 일본 관헌은 한국의 '개량(改良)'을 말하나 기억을 요하는 사실은 각종 개량의 가치가 없는 것은 아니다. 이러한 개량은 유적(流謫) 식민지에 있어서도 볼 수 있는 것이며(한국 교회 핍박 - 뉴욕), 또 이러한 개량은 한인에게 과(課)한 중세(重稅)로 일인의 이익과 행복을 위함이니, 단지 한국을 일인의 환영하는 식민지를 만들 뿐이다.

11. 일본은 한국의 종주국(宗主國)의 지위에서, 더 명확히 말하면 사리적(私利的) 정책으로 통치하였던 것이다. 한마리 가축 혹은 노예를 부리는 것같이 자신의 이익 외에는 타인의 가족질서를 무시한 것이다.

세계를 물시(勿視)하는 일본

12. 이상에 서술한 직접적 이유 외에도, 한국을 노예상태에서 구하여 합병조약을 취소할 이유는, 즉 세계의 가장 필요한 관계, 특별히 프랑스의 동양 이권, 영·미 양국의 아시아·태평양에 있는 이권문제로 인하여 생기는 것이다.

13. 상업과 무역에 관하여 일본은 외국인의 근거를 파괴하고 제반 이권을 일본 상민에게 양도케 하려 하나니, 이는 대(對)한국통상조약에 규정한 외국인의 이권을 물시(勿視)하는 것이다.

이와 같은 정책은 일본이 다년간 계속하여 오는 바다. 과거의 일본 역사를 보아도 배외(排外)풍조가 심한 바, 현금에 있어서도 일본의 여론은 원동(遠東)에 있는 서양인의 세력범위를 격퇴하려고 소위 동양의 먼로주의[6]를 적용 한다 칭하고 있다는 것이다.

일본의 대륙정책

14. 일본의 대륙정책은 실로 장구한 일본의 정치상 계획이다. 이미 한국합병의 사실이 있음에 영·미·불 열국은 이를 관과(觀過)치 못할 것이다.

일본을 제외한 세계에 대하여 더욱 영·미·불 등 열국에 대하여 위험함은 일본의 무제한 대륙정책의 실행이다. 이 정책의 주안(主眼)은 근거지로 한반도를 정복하여 이로 시작하여 중국의 인력(人力)·경제를 관할함이요. 또한 태평양의 권리를 독점하여 미합중국 및 호주에 끝없는 이민을 보냄에 있는 것이다.

대륙책(大陸策) 실현

15. 일본의 대륙정책 중 이미 실현된 것은 다음과 같다.

갑. 일본이 2대 전쟁을 거쳐 동양의 최강대국이 되었으니 마치 프로이센이 보불전쟁[7]에서 승리하여 유럽의 최무력국(最武力國)이 된 것과 같다.

을. 일본은 한국을 합병하였다.(1행 판독불가)

병. 남만주와 동몽고(東蒙古)에 중국세력을 배척하고 일본관헌의 세력을 부식하고 있다.

정. '정치상 필요'를 빙자하고 중국을 잠식할세, 그 인력과 경제력을 철주(掣肘)하며, 제반 정책이 병합 전 대(對)한국 정책과 동일하다.

무. 적도(赤道) 이북에 있는 태평양 군도(群島)를 할거(轄據)함에 이르러서는 일본은 이로 인하여 2천 영리(英里)를 호주(濠洲)로 근접하였고, 또한 일본함대가 태평양의 제해권(制海權)을 점유할

---

6) 먼로주의(Monroe Doctrine, 1823. 12. 2). 미국의 외교정책. 미국의 먼로 대통령은 유럽 열강의 아메리카 대륙에 대한 간섭을 배격하는 정책을 선언했다.

7) 프로이센-프랑스 전쟁(普佛戰爭, 1870~1871). 이 전쟁에서 파리를 점령, 독일을 통일했다. 프랑스는 알자스로렌을 독일에 넘겨주고, 프로이센 왕 빌헬름1세는 베르사유 궁전에서 독일제국을 선포했다.

근거지를 얻은 것이다.

한국 독립운동

16. 한국 국민이 한일합병에 반대하며, 일황(日皇)의 파견한 관헌의 압제적 통치에 대한 반항은 이번에 일어난 한국 독립운동에 표현되었던 것이다.

3월 1일 하오 1시에 대한 민족과 국가는 독립을 선언했다. 이 선언은 3백만 명의 대한독립단(大韓獨立團)이 국내 및 중국·시베리아·하와이·미주에 있는 1천8백70만의 의사와 소망을 대표하여 선포한 것이다. 이 선언에 가로되, "민족의 항구 여일한 자유발전을 위하여 이를 주장함이며, 인류적 양심의 발로에 기인한 세계개조(世界改造)의 대기운(大氣運)에 순응병진하기 위하여 이를 제기함이니, 구래의 억울(抑鬱)을 선창(宣暢)하려면, 시하의 고통을 파탈하려면, 장래의 위협을 삼제(芟除)하려면, 가련한 자손에게 고치적(苦恥的) 재산을 유여(遺與)치 않으려면 최대급무가 민족적 독립을 확실케 함"이라 하였던 것이다.

독립운동의 진상

17. 한국 특사의 접수한 해저전신은 혁명운동의 진행과 독립을 위하여 진력한다는 소식을 전하고 있다. 한국 독립단에서 발송한 전보가 상해를 경유하여 내착한 바, 그 일부는 다음과 같다. "우리는 3월 26일에 경성에서 가장 성대한 시위운동을 행하였고, 태극기가 한산(漢山, 漢城 즉 서울) 위에 높이 떴으며, 체포된 자 2백명, 좌우편에 사상자가 있음. 삼남(三南)지방에 시위운동이 날로 성하며, 시베리아·만주에도 독립운동이 일어나고 있음.

대한민국

18. 이 전신은 또한 대한민국 임시정부가 조직됨을 보도한 것이다. 해 정부는 대통령, 부통령, 국무총리, 내무·재무·법무·군무 각 총장으로 조직된 것이다. 해 각료 중에는 박영효(朴泳孝)·이승만(李承晩)·안창호(安昌浩)·이동휘(李東輝) 제씨를 포함하고 있

다. 박영효 씨는 한국 급진당의 영수로서 갑신유신(甲申維新, 甲申政變, 1884)의 수동자(首動者)요, 합병전에 내부대신을 경력하였다. 이승만 씨는 하버드 대학 문학사, 프린스턴 대학 철학박사로, 1894년 이래로 독립협회(獨立協會)의 인도자(引導者)로, 일인의 박해를 받았다. 안창호 씨는 신민회(新民會)의 창설자요, 1905년 이래로 청년 애국당의 수령이 되어 현금은 미주 대한인국민회 중앙총회장이다. 이동휘 씨는 대한제국 육군참령(陸軍參領)으로 시베리아와 만주에 있는 저명한 인도자이니, 씨도 일찍 일본 관헌의 박해를 받았던 것이다. (이 단은 후에 변경되다 역자)

일본의 압박수단

19. 4월 10일 착 전보에 이르기를, 3월 1일부터 금일까지 독립시위운동은 계속되고 전국이 일시에 일어나고 있음. 우리 대표자는 무력에 의하지 않고 연설과 선언으로 진행할 뿐이다. 여자의 활동이 극렬(劇烈)하며 원수의 공장 상점에서 고용하는 한인은 파공(罷工) 중이다. 교회학교 상점이 다 철시(撤門)하였고 남녀 3만2천명이 피수(被囚)하였다. 중상자 노유(老幼) 합하여 10만 명이다. 통신기관은 단절되고 있다. 원수는 잔포(殘暴)한 행동을 취하며 선교사들은 사실의 진상을 세계에 반포 중이다.

4월 11일 착 전보에는 다시 일본의 만행을 보도하였으니 전문에 이르되, "일본은 살육을 시작하며, 3월 28일 경성에서 3시간 시위운동을 행할 때 무장 없는 한인 1천 명을 일병이 참살하였으며, 인민을 사격하고 쇠갈고리(鐵鉤)로 찌르는 등의 참혹한 행동이 한국 전체에 진행되며, 예배당 학교 가택 등이 수색을 당하였고, 부인을 발가벗겨놓고 태장(笞杖)으로 구타하되 인도자(引導者)의 가족에게 더욱 심하며, 미결수에게 대하여 악형을 행하며, 중상자에게 의사의 수술을 금하며, 우리는 최종 한 사람까지 자유를 위하여 전쟁하기로 결심하였노라. 상제(上帝)의 보우(保佑)를 믿노라."

미주와 유럽 각 신문계에 발표된 보도를 일일이 기재할 수 없거니와 '런던 타임스'에 기재된 동경전(東京電)으로라도 족하리니, 동지 17일호의 '한국의 권리'라는 제목 하에 다음과 같이 말하고 있다. "이 독립운동은 한인의 일치행동 됨을 인정치 않을 자 없으며, 일본정부의 증병(增兵) 방책은 여론의 흥분을 초치할 따름이다. 현금의 여론에 의하면 군국주의를 한국에서 퇴치하고 민정부(民政府)를 설시함이 가합하다 함은 불가피한 사실이다. '동경일일(東京日日)'은 독립운동의 원인을 민족자결주의와 선교사의 선동이라 하였고, '보지(報知)'는 한국 정치제도의 개량을 극설(極說)하였으며, 다른 신문 잡지에 한인이 열등민족이 아님을 논한 문서가 많도다."

합병조약 폐기

20. 대한민족은 1910년 8월 22일에 체결된 합병조약을 영원히 폐기하기를 요구하는 바, 그 이유는 설명서에 상세하거니와 대략 다음과 같다.

갑. 합병조약은 사기와 폭력으로 체결된 것인 고로 비록 한국황제가 1천5백여만의 인민과 4천2백년의 독립적 주권을 가진 국가를 일본 황제에게 양도할 권리가 있다하더라도 이는 국제공법을 무시한 것이며(勿視), 이에 위반되는 행위를 범한 것이다.

을. 대한 민족 및 국가는 한황(韓皇)의 이와 같은 합병조약 체결권을 부인하며, 짐승이 아닌 우리는 우리의 승낙여하의 존중함을 아는 동시에 이에 대하여 승낙을 주지 않은 것이다.

병. 합병조약은 일본정부와 한국 간의 조약 및 기타 열강 간의 조약 중에 있는 주권과 영토의 보전을 침해하여 국제공법을 직접 범한 것이다.

정. 한국과 일본 및 타국 간에, 혹은 일본이 중국 · 러시아 · 영국과 체결한 조약 중에 한국의 독립주권을 인증하였으며, 한국의 영토보전을 담보하였으며, 혹 모종 조약 중에는 한국의 독립을 승인하는 동시에 열강 간에 사용되는 원칙에 의하여 여하한 단독국가, 특별히 일본이 해 조약을 현재 평화회와 같은 국제대회에 제출하여 개정하기 전에 이를 침범하지 못 하며, 한국의 독립을 침손(侵損)하지 못 한다고 규정하였던 것이다.

무. 현금 강화회의는 윌슨 대통령의 14개조에 의하여 열국 간 관계를 조정하고자 하는 중이다. 1918년 1월 8일 대통령이 국회에서 낭독한 해 교서(敎書) 중에는 명확히 운하여 가로되, "모든 민족 및 국민은 강약(强弱)을 불문하고 타 민족 간에 자유와 평화의 권리를 향유하며, 안녕을 받음에 공평한 기회를 줌이 국제상 갈등을 해결하는 원칙"이라 하였던 것이다.

일본은 연합국의 하나로 이 14개조의 실행을 약속함에도 불구하고 일황의 정부는 이를 침범하며, 한국의 주권을 기대할 뿐더러 그 의사를 거역하여 병력을 사용하나니, 그런고로 강화회의와 합병조약을 취소 혹은 폐기함은 한국의 권리요 책임이라 함이다.

기. 국제공법에 의하여 우리는 획득할 만한 권리와 제 국민의 고통을 호소하는 신원칙에 의하여 1세기 간의 압박 분할하에 있는 폴란드를 부활하고 반세기간 독일의 압박을 받은 알자스[8]만을 회복시킨 정의의 원칙을 한국에도 적용한다 하면 우리는 족히 한국의 회복을 요구할 권리를 가진 것이다. 일본은 10년간 한국을 병탄(倂呑)하여 왔으며, 일본은 전쟁이 시작됨에 중앙 유럽 여러 나라와 동맹코자 하였으니, 이는 일본 위정가의 특별 주의하는 연합인 것이다. 그런고로 강화회의는 한국을 이 무단정치하에 방치함이 불가한 것이다. 프랑스 전장에서 수백만의 군사가 정의를 위하여 순사(殉死)한 원칙에 위반된 것이다.

---

8) 알자스 로렌(Alsace-Lorraine). 1871년 보불전쟁 이래 독일에 할양되어 지배를 받다가 1919년 베르사유 조약으로 프랑스에 귀속되었다.

대한민국 임시정부의 명의와 책임으로 한국 국내 및 중국·시베리아·하와이·미합중국·멕시코에 재류하는 1천8백70만 명의 대표로, 정의를 위하여 러·독 단독 강화 전에 동부전선에서 참전한 5천 명의 한인의 명의로, 이 모든 것을 통합하여 대한 민족 및 국민의 대표로, 신한청년당(新韓靑年黨) 정식 대표의 한 사람 김규식의 서명으로 제출함.

대한민국 임시정부·신한청년당·대한인국민회 기타 각 단체의 대표자 김규식 (서명)

1919년 4월 한국 파리 특사
강화회의 앞

(1행 판독 불가)

몇 개월에 하등 개혁이 필요하다는 생각이(몇 자 판독불가) 다행히 소동을 병력으로써 진정하였으나 그것이 완전할는지 모르겠고, 당국에서도 물론 상당한 연구가 있을지나 국외(局外)의 눈에 접촉하는 것에 의하면 아주 명백히 정한 것이 없고, 양 3일 전에도 신정부라 하는 정당의 정객이 하라(原敬) 수상을 방문하여 다른 시국의 의론이 있었다 하나 조선 문제에 이르러는 아무 토론이 없었다 하니 그래도 천하 정당이라 하면서 조선 문제를 등한히 함은 실로 놀랄 일이다.

조선과 일본과의 수천여년의 관계를 설하여 가지고 조선인에게 호소하면 하등 해결의 길이 있을 것이라 하여 극히 낙관설을 창도하는 자도 있었으나, 그와 동시에 일본인도 수천년 이래 한일 역사에 의하여 반성을 구할 필요가 있다. 일인은 조선인의 언론을 듣지 아니하고 한갓 그들을 만매(漫罵)하기만 하니 우리는 다 들을 사실이다. 이번 소동은 비상한 대사건이라 반성과 연구는 아니하며, 한갓 매도할 뿐 아니라 물론 그들은 폭란(暴亂)하였으니 매도함도 좋으나 나는 반성하는 소리는 듣지 못 하였노라.

최근의 문제는 곧 수원사건(水原事件)이다. 외인의 직접 목도한 기사도 있으며, 우리도 우인(友人)에게 진정한 보도를 접수하였다. 이번 동란에 유감이나 일인의 야만성을 표함이 적지 않다(不尠). 물론 조선인도 참혹히 순경과 헌병을 살해함에 대하여는 책할 점이 많으나 금번 강력한 동란에 소방부(消防夫)를 사용하였으며, 경찰서에 포착된 조선인에게 길가 잡화옥점(雜貨屋) 점원 등이 야구방망이로 구타하여도 순·헌(巡·憲)은 일향 묻지도 아니하였다 한다. 일인은 다분 야만성을 발함은 외인이 이미 말한 바나 일인의 양심에 호소하여 묵시(默視)할 수 없으며 또한 인도문제의 가치가 있다. (제1호 1919. 8. 21)

2. 韓國 獨立運動史(1)

발 단

미주 재류 대한인국민회에서는 파리 평화회의에 한족대표를 파견하려다가 여행권 문제로 중지하다.

1918년 11월 하순에 미국 대통령 윌슨(威爾遜)씨가 근동의 대세를 조사하기 위하여 크레인(Charles Crane) 특사를 파견하니 씨는 대통령의 심복이라, 상해에 도착함에 신한청년당(新韓青年黨)[9] 당원 여운형(呂運亨) 군이 씨를 방문하고 한국사정을 역진(歷陳)한

---

9) 신한청년당. 1919년 1월 상해에서 조직되었다. 이사장에 徐丙浩, 이사 呂運亨 金九 鮮于爀 李光洙 韓鎭敎 韓元昌 金順愛 安定根 趙東祜 등이고, 단원이 50명이다. 미국 대통령 윌슨의 사절 크레인이 상해에 내도, 연설함에 여운형이 그 연설을 듣고 王廷庭의 소개로 크레인을 방문하고, 한국독립을 원조해줄 것을 요청하면서, 파리에 민족대표를 파견하겠다는 뜻을 밝혔다. 대표로 金奎植을 발탁했는데 개인 자격으로 보내면 국제관례로 보아 파견할 조건이 못되므로 신한청년당을 조직한 것이다.

후 미국 대통령에게 바칠 서류 1편을 전하다.

동경사건(2·8 독립선언)

1918년 12월 28일에 일본 재류 한국 유학생이 웅변회로 동경에 회집하였는데 학생 중 1인은 석상에서 자치론(自治論)을 주장하다가 500여 명의 회중에게 대공격 대반박을 받았다. 명칭은 웅변회이나 그 실은 이번 한국독립운동의 한 단계이다.

다음 날 29일 6시에 계속하여 간다(神田)구 우리 기독교 청년회관안에 웅변회를 개최한다면서 서춘(徐椿), 최근우(崔謹愚), 이종근(李琮根) 제군의 독립운동 개시에 관한 열변이 있었고, 회중은 미우(眉宇)에 비창(悲悵)과 결심의 색이 충일하게 되었다.

인하여 실행 전권위원 10인을 선거하니 최팔용(崔八鏞), 김도연(金度演), 김철수(金喆壽), 송계백(宋繼白), 전영택(田榮澤), 윤창석(尹昌錫), 이종근(李琮根), 서춘(徐椿), 최근우(崔謹愚), 백관수(白寬洙) 등 제군이다.[10] 최팔용·김도연·김철수·송계백·백관수 등 5인이 불찬성이라 하고 사퇴하니, 이는 일탐(日探, 일본정보원)의 이목을 임시로 속이려 함이나, 이런 내실(內實)을 알지 못하는 회중은 비국민이라 심하게 꾸짖으며(熱罵) 심지어 구타를 가함도 있었다. 다음 날에 다시 회합하기로 기하고 산회하니 때는 상오 3시이다.

다음 날 정각에 다시 회집하니 회중이 500명이다. 토의가 진행되려할 때에 일경 40여 명이 회장에 돌입하여 강제로 회중을 해산하고, 12인을 체포하여 경시청(警視廳)에 하룻밤 구류한 후 조롱비

10) 전권위원 중 田榮澤이 사임하니, 이광수·김상덕을 추가로 보선함으로써 2·8선언서에 서명한 대표자는 모두 11명이 되었다. 이광수가 기초한 '2·8 선언서' 朝鮮青年獨立團 대표자는 "崔八鏞·金度演·李光洙·金喆壽·白寬洙·尹昌錫·李琮根·宋繼白·崔謹愚·金尙德·徐椿" 등 11명이다.

소(嘲弄鼻笑)하면서 석방했다.

실행위원들은 이로부터 경계가 심히 엄하여 한 걸음도 나오면 반드시 미행(尾行)이 따르되, 사퇴한 제군에게는 예기(預期)한 바와 같이 주의가 적어졌다. 앞서 사퇴한 5인은 일변 진행방책을 연구하며, 선언서와 결의문을 기초하고, 일변 단원을 규합하여 후기를 기대하였으나, 대회를 열기가 극히 어려움으로 우선 광무황제 망곡회(望哭會)를 열기로 한 후 순순히 산회했다.

光武帝 崩御

1919년 1월 22일에 선제폐하(先帝陛下)가 졸연 승하(昇遐)하시니, 수운(愁雲)이 반도에 가득한 가운데 세간에는 이상한 풍설이 나돌아 민심이 흉흉하였다. 혹은 말하기를 일본이 헤이그(海牙)의 전례가 다시 발생하면,11) 10년 적악(積惡)이 발로될까 두려워 시비(侍婢)에게 회뢰(賄賂)를 행하고, 어선(御膳: 수라)에 독약을 섞게 해서 음독하고 돌아가셨다(시비 중 두 사람은 남은 어선을 맛보고 돌연 변사했다 함)하며, 혹은 말하기를 영친왕(英親王)전하와 일본 이본궁(梨本宮) 여왕과의 결혼을 염기(厭忌)하사 일인의 엄혹한 겸제하(箝制下)에 어떻게 할 수는 없고, 앙앙불락(怏怏不樂)한 나머지 음독자살하셨다고 한다. 이로 인하여 일반 민심이 극히 격앙분등(激昻奮騰)하니, 반도 안에 완전히 가득 찬 것은 쓸쓸(肅肅)한 살기와 쌀쌀(颯颯)한 슬픈 바람이다.

新韓青年黨

2월 1일에 신한청년당 여운형(呂運亨), 김규식(金奎植), 김철(金澈), 선우혁(鮮于爀), 한진교(韓鎭教), 장덕수(張德秀), 신석우(申錫雨), 서병호(徐丙浩) 제군이 상해에 회집하였다가 김규식 군은 파

11) 해아밀사사건(海牙密使事件). 1907년 6월 李相卨 李儁 李瑋鍾 등 3인을 네덜란드 헤이그에서 개최되는 만국평화회의에 파견, 을사보호조약은 황제의 뜻이 아님을 역설했다. 일본은 그 책임을 물어 고종황제를 강제 퇴위시키고, 군대해산을 단행했다.

리로, 장덕수 군은 일본으로, 여운형 군은 아령(俄領)으로 출발하고, 김철, 선우혁, 서병호 3씨는 내지(內地)로 향발하니, 정적(靜寂)하던(표면상) 한토(韓土) 3천리에 장차 일대 풍운이 일어날 조짐이 있었다. (제2호 1919. 8. 26)

한국 독립운동사(2)

東京宣言(2·8 독립선언)

1919년 2월 8일 오후 1시에 동경 조선기독교 청년회관에 한국 유학생이 한 대회를 개최하니 명칭은 학우회(學友會) 임원총선거회이다. 미증유의 대회를 이룩하니 회중이 6백, 회장에는 입추의 여지가 없었다. 이윽고 최팔용 군이 등단하여 오열하는 음성으로 선언서와 결의문을 낭독하니,[12] 만장이 숙연하였다. 최 군은 큰 소리(勵聲) 한번 지르면서 "이 선언서에는 우선 책임자의 서명이 있을 필요가 있어서 위원 등이 서명하였거니와 제군도 일제히 서명하는 의사를 표시하여 적으로 하여금 소수니 일부이니 하는 관용어로 우리들을 무시하는 구실이 없게 하라" 하고 이에 준비하였던 종이쪽지를 배부하여 손가락 끝의 피(鮮血)를 내어 서명했다.

최 군은 다시 우리들은 평화를 사랑하는 자라 평화로 가능한 모든 수단을 먼저 사용한 후에 최후의 수단을 취할지니, 이러한 의미로 보아 일본 의회에 독립을 요구하는 청원서를 제출함이 필요한 줄로 인식한다 하고, 이 청원서를 낭독한 후 만장일치로 가결하였다. 수명의 열렬한 연설이 있은 후에,

1. 죽음으로써 민족의 자유를 회복할 것.
2. 목적을 달성하기까지 학업을 중단하고 각각 임무에 진췌(盡

---

12) 『二八獨立運動』, p.44에는 白寬洙가 선언서를 낭독하고, 金度演이 결의문을 읽었다고 되어 있다.

悴)할 것. 이상 두 가지 사항을 의결하니, 때는 오후 4시이다. 장차 산회하고 청원서를 휴대하고 의회로 향하려할세 문득 일본 경부(警部) 수명이 80명의 순사를 인솔하고, 내도하여 박승(縛繩: 오라)으로 선언서 서명자를 포박하려 하거늘, 일동이 그 불법을 힐책하니, 80여 명 경관이 일제히 칼을 빼어들고 30명에게 치상(致傷)했다. 마침내 60여 명이 서신전서(西神田署)로 압송되었다가, 절반은 다음날 아침에 석방되고, 29명은 검사국(檢事局)으로 인월(引越)되었다.

당시 유학생의 숙소는 전부 수색을 당하고 매인에게 형사 1인의 미행(尾行)이 있어서 지우(知友) 상호간 방문도 극히 어렵게 되었다. 그러나 돈독히 결심한 청년 혈사(血士)들은 그만한 일에 굽힐(屈撓) 자 아니라, 12일 오전에 다시 회집하여 개회하고, 수금(囚禁)된 동료의 석방을 청구할 것과 전번 회의의 선언과 결의를 실행하여 목적을 관철할 것을 의론할세, 30명의 일경이 유리창을 깨뜨리고 돌입하여 25명을 포박하고 해산을 강박하므로 부득이 산회했다.

東京學生 再接

이에 학생 일동은 통분을 이기지 못하여 바로 그날에 히비야(日比谷)공원 음악당에 다시 회집하니, 회중이 400명이다. 이달(李達) 이하 학생들은 열렬한 웅변으로 일본의 조선에 대한 불법을 논하고, 이번 조선청년독립단(朝鮮靑年獨立團)의 정당한 요구에 대한 불법을 통격(痛擊)할세, 문득 천전(千田) 경시(警視)가 100여 명의 순사를 이끌고 와서 50여 명을 포박하고, 강제로 산회시켰다. 2월 8일에 체포된 60여 명 중 김상덕 · 최팔용 · 김도연 · 백관수 · 윤창석 · 송계백 · 서춘 · 이종근 등 9인은 방청을 불허하고 재판한 결과 출판법 위반이라 하고, 최팔용 · 서춘 양군은 1개년, 기타는 9개월, 혹 6개월, 혹 3개월의 금고(禁錮)에 처했다. (제3호, 1919. 8. 29)

한국 독립운동사(3)

3월 1일 - 신성한 날

3월 1일, 10년 전 8월 29일 그날을 우리 한족의 과거 반만년 사상에 일대 통수(痛羞)한 날이라 하면, 10년 후 3월 1일 오늘은 우리 한족의 미래영겁(未來永劫)에 가장 자랑(矜誇)할 날이다. 2월 1일에 상해에 회집하였다가 중대한 임무(重件)를 각기 띠고 사방 각처로 분파된 신한청년당(新韓靑年黨) 당원들은, 일변 파리 평화회의에 한족대표의 참가를 모의하며, 일변 일본·아령(俄領)·만주 등지에 재류하는 각 한인단체와 연락을 취하고, 일변 내지(內地)의 기독교·천도교·유림(儒林)·불교 기타 각 사회단체의 두뇌(頭腦)와 밀의를 서로 교환하니, 충의 강개지사들이 이를 보고 책(策)을 운(運)함이 의논함이 없어도 의견이 같으며(不謀而同) 닥치는 곳 마다 상응(觸處相應)하게 되었다.

大示威運動

3월 1일 오후 2시에 경성을 비롯하여 개성 평양 진남포 선천 의주 안주 원산 함흥 대구 각 도회에서 수천 수만의 군중이 일시 회집하여 공식으로 한국의 독립을 선언하고, 선언서류를 살포하며, 축하 만세를 열창하니, 이것이 이른바 청천벽력이라 일본 관헌도 일시는 어떻게 해야 할지(所措)를 알 수 없었다.

이번 독립운동의 지휘자인 국민대표 손병희(孫秉熙) 이하 32인은 도덕 충의와 문장·언론에 일세 명류(名流)이다. 종교계 교육계 기타 각 사회단체를 지배하는 중진이니, 2순(旬)전부터 경성에 밀회하여 비책(秘策)을 계획하였다.

운동개시의 정각을 지나서는 대표 2인이 총독을 방문하고, "금일 우리들의 의거는 경성 1부(府)에 국한함이 아니라 전국 대도회와 외지(外地) 한인 재류 각처에서 일제히 일어남이니, 무단히 잔학을 난가(亂加)하여 감정을 상함이 없게 하라" 하고 선언서를 제정(提呈)했다. 기타 2인을 제외한 나머지 29인은 태화관(泰華館)에 모여 축배를 들고 난후 총독부에 전화하여 처분을 기다린다 함에, 총독부에서는 자동차를 보내어 전원 서대문 감옥으로 수감(入禁)시켰다.

이로부터 300여군(餘郡)이 향응 쟁기(爭起)하여 곳곳마다 시위운동이 연일 끊일 사이 없이 일어나고, 만세 소리가 밤마다 그치지 아니하였다. 배타적 감정에 일주(逸走)치 말라는 공약이 있을 뿐더러 촌철(寸鐵)이 없는 한인들은 처음부터 일인에게 저항치 않기로 결심하여 구타하면 매를 맞고, 찌르면 상하고, 쏘면 죽음으로써 전연히 공의(公義)의 심판을 상제(上帝)께 맡기고, 오직 1) 한국독립선언, 2) 선언서류 전포(傳布), 3) 독립축하 만세, 이것 뿐이로되, 그들 일본정부에서는 군대를 크게 발하여 무참히 참살포격(斬殺砲擊)하므로 경성(京城) 어떤 통신원의 보고에 의하여 상해 영자보(英字報)에 기재된 것을 보건대, 3월 1일부터 4월 1일까지의 사상자 및 피체포자의 수가 아래와 같다.

1. 총에 칼에 단총에 즉사자 3,750명.

2. 중상으로 인하여 사망한 자 4,600명.

3. 체포된 자 2만 명 이상(구금 중 사망자 다수 있으나 탐지할 길 없음). (제4호 1919. 9. 2)

한국 독립운동사(4)

俄領事件, 漢城政府

아령에 있는 한인은 국민의회(國民議會)를 조직하고 3월 17일에 선언서를 발포하였다.

원래 3월 23일 한성에 각도의 국민대표 - 회집하여 임시정부를 조직 발포하니, 그 각원은 다음과 같다.

臨時政府 閣員(漢城政府)

執政官 總裁	李承晩
國務總理	李東輝(暉)
外務部 總長	朴容萬
內務部 總長	李東寧(暉)
軍務部 總長	盧伯麟
財務部 總長	李始榮
法務部 總長	申圭植
學務部 總長	金奎植
交通部 總長	文昌範
勞動局 總辦	安昌浩
參謀部 總長	柳東說(悅)
參謀部 次長	李世榮
評政官	趙鼎九 朴殷植 玄尙健 韓南洙 孫晉衡 申采浩 鄭良弼 玄楯 孫貞道 鄭鉉湜 金晉鏞 曺成煥 李圭豊 朴景鍾 朴瓚翊 李範允(元) 李奎甲 尹海(解)

※괄호 한자는 誤記

臨時議政院

이에 앞서 한인 정치객들은 많이 상해에 회집하여 '독립임시사무소(獨立臨時事務所)'를 프랑스 조계(法界)에 설치하고, 독립운동의 진행을 계획하여 왔다. 4월 11일에 각 지방 대표회를 개최하고, 임시의정원을 설치하였다. 지난날에 선포된 관제(官制)를 개정하여 집정관을 폐지하고, 헌법을 다소 개정하여 국무원(國務員)을 내지 본부(한성정부)와 합의 선거 반포하니,

國務總理　李承晩
內務總長　安昌浩
外務總長　金奎植
法務總長　李始榮
財務總長　崔在亨
軍務總長　李東輝(暉)
交通總長　文昌範

이라 임시정부를 상해에 설치하고, 정부성립을 중외(中外)에 공포하였다. (제5호 1919. 9. 4)

한국 독립운동사(5)

費府大會(미주 필라델피아)

4월 14일에 미주 포와(布哇, 하와이) 한인 자유대회가 미국 독립의 요람인 필라델피아에서 개최되어 3일간 계속되었다. 서재필(徐載弼) 씨가 의장의 직무를 맡았다. 이로부터 우리 이승만 국무총리는 워싱턴에 사무소를 두고 외교에 종사한 것이다. 또한 미국인들 간에 한국 독립원조회가 성립되어 우리 독립운동을 원조중이라 한다.

講和會議

5월 12일에 특사 김규식(金奎植)은 파리 강화회의에 청원서를 제출하였는데, 이 청원서는 청원과 비록(備錄) 양부로 나누어 한일합병조약 폐지와 한국의 절대독립 승인을 주장했던 것이다. 이 청

원서를 접수한 각국 대표는 간절한 회답을 우리 특사에게 보냈다.

臨時政府의 活動

5월 25일에 내무총장 안창호(安昌浩)가 미주로부터 상해에 와서 국무총리 대리를 겸무하니, 임시정부의 색채가 이로부터 활기를 띠게 되었다.

임시정부는 여기에 있어서 재무방침에 가장 노력을 가하여, 일변으로 공채(公債) 모집을 계획하며, 일변으로 애국금(愛國金) 수금(收金)에 힘을 기울이며, 얼마의 성공을 거두었으며, 파리에 있어서는 강화회의의 대세(大勢) 독일의 조인으로 이미 결정하므로 정부는 즉시 오는 10월 개최되리라는 국제연맹에 대한 활동을 개시하여, 김규식·서재필·이승만 3명을 대표로 선정하며, 동회 참가권을 획득하리라 한다.

임시정부는 또한 국민의 통일에 전력을 가하여 러·중·미령(美領)에 교섭이 빈번하고, 각 지방에 산재한 두령의 집합을 기하였으니, 성공의 날이 가까이 올지며, 이미 정신상으로 통일된 우리 민족의 행동이 외형상으로도 일치 단합의 실을 거둘 날이 머지않을 것이다.

8월 5일 임시정부는 임시위원제(臨時委員制)를 폐하여 차장제(次長制)를 채용하였다. 과거와 현재 및 장래에 있어서 임시정부의 사업은 가장 희망이 양양한 외관(外觀)이 있다 할 것이다.

國內運動

한편 국내의 상황을 보건대 3월 1일 독립운동을 시작한 후 4개월간 적인(敵人)의 포학과 만행을 굳게 참고 견디면서(堅忍) 평화적 운동을 강경히 계속한지라, 7월에 들어와서 표면상 초식(稍息)의 상태를 보이나, 내면의 화세(火勢)는 더욱 뜨거워지거늘 적들은 그 표면상 침식(沈息)만 보고 크게 기뻐하였다.

독립운동이 일어난 지 지금까지 7개월을 보낸지라, 해내외에 있는 2천만 한족은 결사로써 절대독립을 위하여 노력중이다.

이로써 독립운동사의 일단락을 삼음. 작자는 사무의 번잡으로 인하여 사실의 선택 및 배열에 스스로 불만한 점이 많다. 다만 이번 독립운동에 관한 사료의 하나로 볼 수 있다 하면 작자의 노력은 무효로 가지 않음이라 하노라. (제8호 1919. 9. 13)

3. 韓日合併 顚末

祖國을 亡한 자 果然 누구인가, 愛國烈士 殉國의 발자취

러일전쟁(日俄戰)

1904년 2월에 러·일 양국이 선전하자, 일본 공사 하야시(林權助)는 병력을 빙자하고 우리 조정에 압박하여 한일동맹 전약(專約) 6조[13]를 늑정(勒定)하니, 이는 일본이 한국의 권리를 공공연히 침해한 시초이다. 이로부터 각종의 침해가 잇따르니, 1905년 4월에 통신합동조관(通信合同條款)[14]이 체결되어 우리 통신기관을 일인이 장악하게 되고, 동년 8월에 항행조관(航行條款)[15]이 협약되어 일인의 선박은 자유로이 한국의 연해 및 내하(內河)에 통행하게 되며, 앞서의 의정조약에 의하여 군사상 필요지점이라 하고 부산,

---

13) 韓日議定書(1904. 2. 23). 외무대신 李址鎔과 특명전권공사 林權助간에 체결되었음. 제3조에 "대한제국의 독립과 영토보전을 확실히 확증할 것." 제4조에 "군략상 필요한 지점을 수시 사용할 수 있다" 라고 되어 있다.

14) 通信管理協定書(1905. 4. 1). 외무대신 李夏榮과 특명전권공사 林權助 사이에 체결되었는데, 제1조에 "한국의 전신 우편 및 전화사업(궁내부 전속의 전화 제외) 관리를 일본에 위탁한다."

15) 韓國沿海 及 內河의 航行에 關한 約定書(1905. 8. 13). 외무대신 李夏榮과 특명전권공사 林權助간 체결되었는데, 제1조에 "일본국 선박은 무역의 목적으로 한국 연해 및 내하를 항행할 수 있다."고 명문화하고 있다.

마산, 진주, 목포, 인천, 진남포, 원산, 성진, 압록강 및 연해 각처에 포대(砲臺)를 견축(堅築)하게 되었다.

러일전쟁이 종식을 고하고 1905년 9월에 미국 포츠머스에서 러·일 강화회의를 열세, 일본은 이전의 조약을 위배하고, 한국의 강화회의 참가를 불허하였다. 당 회의에서 체결된 조약중 제2조에 "러시아 황제는 일본이 한국의 정치 군사 및 경제상의 대하여 각 우월권이 있음을 승인하며, 차후에 일본이 한국정부로 더불어 공동 필요로 인정하고 한국 요정(要政)을 설시(設施)하며, 한인의 거동을 지도함에 급(及)하여 러시아는 장애가 되지 아니함…"이라 하니 이는 일본이 한국의 자주권 무시를 세계의 공안(公眼)에 공시한 것이다.

五條約

1905년 11월 10일에 일본 특파대사 이토(伊藤博文)가 한성에 도착하여 폐현하고, 일황(日皇)의 친서를 제정하였다. 동 15일에 다시 폐현하고 상주하여 가로되, "일전에 외신(外臣)이 제정하온 친서는 이미 감촉(鑑燭)하셨으려니와 대동아 평화의 유지와 한일 양국의 보존은 본 4건의 조약을 체결함이 아니면 불가하다" 하고, 약건 4조(約件四條)를 올렸다.

제1조 일본국 정부는 동경 외무성(外務省)을 경유하여 금후 한국에 관한 외교관계 및 사무는 전연 자행(自行)하여 감리(監理)하고 지휘함이 가함. 일본의 외교대표자 및 영사는 재외 한국 신민 및 이익을 보호함.

제2조 일본국 정부는 한국과 타국 간 현존 조약의 완전 실행을 담임하며, 한국정부는 지금에 일본정부의 중개를 거치지 아니하고는 국제적 실질상의 하등 조약이나 약속을 체결치 못함.

제3조 일본정부는 그 대표자로 하여금 한국 황제폐하의 궐하에 있어서 통감(統監) 1명을 두게 하고, 통감은 경성에 주재하여 황제

폐하에게 친알(親謁하는 권리를 얻어가지며, 일본정부는 한국 각 항구 시장 및 기타 필요로 인정하는 지방에는 이사관(理事官)을 두고, 이사관은 통감 권리하에 있으며, 종래 한국 일본 영사에게 속한 일체 직권을 집행하며, 본 협약 조관의 완전 실행을 위하여 필요한 일체 사무를 장리(掌理)함.

제4조 일본 및 한국 간 현존 조약 및 약속은 본 조약과 저촉되는 것을 제외하고는 총히 그 효력을 계속함이다.

상(고종)이 조약을 열람하고 나서, 이는 짐이 독단할 바 아니오. 정부대신이 또한 천행(擅行)할 바 아니라, 짐가(朕家) 조종(祖宗)의 입국규모(立國規模)에 대사를 만나면 정부 대소 관료와 원임대신으로부터 초야 유림(儒林)의 여론까지 순방(詢訪)을 실행(悉行)한 후에라야 방가시행(方可施行)한다 하시고 사절한 것이다.

17일에 대사 이토와 대장 하세가와(長谷川好道) 등이 병정의 옹위 속에 입궐하여 사방에 일본군을 배치하고, 여러 대신에게 4조의 인준을 강박하였다. 참정대신 한규설(韓圭卨)이 죽기를 기약하고 항거함에 여러 대신의 의논이 모두 거부라 하였으나, 유독 이완용(李完用)이 '준허(依施 · 의시: 임금이 청원을 허가 함)를 고치는 설'(改准許說)을 내자, 3,4 대신이 이에 찬동하여 "일본정부는 한국 황실의 안녕과 존엄과 유지를 보증한다"는 1조를 추가하고 압인(참정대신 1인을 제외한)되니, 이것이 소위 을사오조약(일명 보호조약)이다.

참정 한규설은 비록 목숨을 걸고 거절하였으나, 위(位) 수규(首揆, 영의정)에 있어서 행동거지(擧措)를 당할 수 없어서 구두로 의원면관(免官)하고, 5적을 만구분매(萬口憤罵)하였다. 외무대신 박제순(朴齊純), 학부대신 이완용(李完用), 내무대신 이지용(李址鎔), 군부대신 이근택(李根澤), 농상공부대신 권중현(權重顯) 등 5적은 이토가 병사를 파견하여 그들의 사제(私第)와 출입을 옹호하며, 늑약을 대서특필하여 「是日也放聲大哭」 1편과 공히 밀포(密布)한 황성신문은 압수봉쇄되고, 사장 장지연(張志淵)은 즉시 수금(囚禁)되며, 시종무관장 민영환(閔泳煥), 원임 의정대신 조병세(趙秉世), 참판 홍만식(洪萬植), 경연관 송병선(宋秉璿)과 이상철(李相哲), 김봉학(金奉學) 등은 자살순국하고, 유생 최재학(崔在學) 등과 대관 심상훈(沈相薰) 등은 반대당으로 뇌수(牢囚)되었다.16)

海牙 密使

1907년 6월 5일에 화란 헤이그에서 만국평화회를 개최하였다. 각국 위원이 의안을 각각 제출할세 한국 위원 3인이 돌연히 나타나니, 즉 한국 밀사인 전 의정부 참찬 이상설(李相卨), 평리원(平理院) 검사 이준(李儁)과 주아(駐俄)공사관원 이위종(李瑋鍾)이다. 이에 앞서 이상설·이준 등이 밀칙(密勅)을 받고, 4월 20일에 경성을 출발하여 러시아 서울에 도착한 후, 이위종을 만나고 동행하여 헤이그에 도착하였다. 3인은 영·미·불 각국 위원을 역방하고 회의 참석을 요구하며, 화란 정부에 대하여 을사조약은 한국 황제의 윤준(允準)이 없었은즉 한국의 외교권은 의연 상존함을 설명하였다.

7월 5일에 이상설 등은 평화회의에 나아가 공사(控詞: 청원서)를

---

16) 민영환(1861~1905)은 을사조약이 체결되자 조병세와 백관을 인솔, 궁궐에 나아가 이를 반대하다가 일본 헌병의 강제해산으로 실패한 후 유서 3통을 남기고 자결했다. 조병세(1827~1905)는 을사 5적의 처형을 주장하면서 을사조약 무효를 연소(聯疏)하다가 일본군에 강제 해산되어 표훈원(表勳院)에서 유소(遺疏)와 각국 공영사 및 동포에 보내는 유서를 남기고 자결했다. 홍만식(1842~1905)은 을사조약이 체결되자 이에 분격, 음독 자결했다. 송병선(1836~1905)은 을사조약이 체결되자 시정개혁과 일본에 대한 경계를 상소하다가 일본 헌병에 강제 연행, 고향으로 추방되자 음독 자결했다. 이상철(?~1905)은 학부주사로서 을사조약 강제 체결에 항의, 음독 자결했다. 김봉학(1871~1905)은 시위대 3대대 2중대 상등병으로서 을사조약 체결로 군대해산이 되자, 원흉 이토를 죽이기로 계획하였는데, 마침내 비밀이 누설되어 실패하게 됨에 12월 2일 음독 자결했다.

제정하였다. 각국 위원은 이러한 공사를 접견하고 그 고충은 양해하나, 공식상으로 처리할 수 없어서 끝내 이를 퇴각하고 말았다. 이준은 낙망한 나머지 분한 피를 토하여 뿌리고 죽고, 이상설·이위종은 미국으로 달려간 것이다.

韓國 皇帝 禪位

상술한 밀사사건으로 인하여 일본의 물의(物議)가 시끄러우니, '한국황제 폐위론'(廢韓皇論)도 있고, '한국황제로 하여금 친히 일본에 건너가 사죄케 하는 논의'(使韓皇親渡日本謝罪論)도 있었다. 이토는 여러 대신을 인견하고 배약무신(背約無信)을 책망하며, 장차 큰 일이 발발할 것을 암시하고, 일본정부에서는 외무대신 하야시 타다스(林董)가 특명을 띠고 한국에 건너온다는 공식 전보가 있었다. 7월 6일부터 각의와 어전회의를 열고, 선후책임을 토구(討究)하였으나, 대세에 부득이하여 이토의 요구같이 7월 18일에 선위의 조(詔)가 내리니 이는 광무 11년이요 융희 원년(1907)이다.

丁未 七條約

양위 이미 행함에 이토는 다시 말하기를 이번 일은 한국 조정대신의 뜻에 연유함이니, 이로써 족히 일본을 책망하지 못할 것이라고 하고, 하야시로 더불어 7조약을 의결하여 신황제 순종에게 요구하니, 이것이 곧 정미칠조약이다.[17]

제1조 한국정부는 시정개선에 관하여 통감의 지휘를 받을 것.

제2조 한국정부는 법령제정과 중요 행정상 처분에 대하여 통감의 승인을 예경(預經)할 것.

제3조 한국의 사법사무와 보통 행정사무를 각기 구별할 것.

제4조 한국의 고등 관리 임면(任免)은 통감의 동의를 얻어서 행할 것.

제5조 한국정부는 통감이 추천한 일본인으로써 한국관리에 임명할 것.

---

17) 韓日新協約(丁未七條約, 1907. 7. 24) 내각총리대신 李完用과 통감 이토간에 체결된 것으로, 한국의 내정에 관한 모든 국권(國權)을 통감에 넘겨주고, 통감의 절대권을 승인하고 있다.

제6조 한국정부는 통감의 동의가 아니면 외국인을 관리로 용빙(傭聘)치 못할 것.

제7조 명치 37년 8월 22일 조인한 한일협약[18] 제1항을 폐지할 것.

7월 24일에 이완용·송병준·이병무(李秉武) 등이 중명전(重明殿)에 들어가 신황제 폐하께 배알하고, 진주(陳奏)한 후 양국 전권위원이 통감부에서 만나 조인하였다.

伊藤 擊斃(격폐)

계속하여 이토는 신황제 폐하께 협박하여 군대 해산령을 내리게 함에 참령 박승환(朴昇煥)은 발분 순국하고, 정교 민긍호(閔肯鎬)는 의려(義旅·의병)를 일으켜 전사했다.[19]

1909년 10월 26일에 우리 의사 안중근(安重根)이 하얼빈 역에서 이토를 쾌살(快殺)했다. 이로부터 일본 조정에는 대한(對韓) 강경책이 점차 위급의 경지에 이르러 마침내 한국이 명실공히 멸망의 지경에 이르게 되니, 즉 한일합병이 그것이다. 당시 일본 수상 가쓰라(桂太郎)와 육군대신 데라우치(寺內正毅)는 합병을 의결하고, 데라우치가 통감으로 부임하니, 때는 1910년 7월이다.

合 倂

그때 일본 동경에 큰 홍수가 발생했다. 이완용(李完用)이 8월 16일에 통감저(統監邸)에서 동경 수재(水災) 위문을 갔더니, 데라우치가 합병안을 제시하고, 반복 설명하는지라, 이완용은 수긍하고 돌아왔다. 8월 20일에 이완용 등이 '한국을 양도한다는 조칙'(讓韓

---

18) 韓日外國人顧問傭聘에 關한 協定書(한일협약, 1904. 8. 22).

19) 박승환(朴昇煥, 1869~1907). 1907년 7월 고종이 강제 퇴위당할 때 복위운동을 펴려다 황제에게 해가 미칠까봐 중지했다. 이어 8월 1일 군대해산이 단행되자 시위연대 제1대대장 참령 박승환은 자결했다.

민긍호(閔肯鎬). 정미7조약 후 군대해산에 분격, 의병을 일으켜 제천 의병대장 이강년(李康秊)과 함께 충주를 공략하여 왜병을 죽였다. 이인영(李麟榮)이 양주에서 의병을 일으키자 이에 가담, 관동군 창의대장이 되어 1백여 차례 전공을 세운 뒤 치악산 전투에서 전사했다.

國詔)을 거짓으로 꾸며 만들어서(矯造), 황후 숙부인 시종원경 윤덕영(尹德榮)에게 주면서 황제에 압새(押璽)를 강요했다. 폐하께서는 길게 한숨짓고 불윤(不允)하시고, 황후께서는 땅에 엎드려 통곡하시는지라 윤덕영은 무안해 하며 물러났다가, 폐하의 취침하심을 틈타서 어새(御璽)를 훔쳐 날인하여 이완용에게 건네주었다. 이에 합병조약이 성립되니, 반만년 우리 한족의 정치사상에 일대 오점이로다.

韓日 合併條款

제1조 한국 황제폐하는 한국 전부와 일체 통치권에 관하여 완전하고도 영구히 일본국 황제에게 양여함.

제2조 일본국 황제는 전조에 게재한 양여를 수락하고, 또 한국을 일본제국에 병합함을 승낙함.

제3조 일본국 황제는 한국 황제, 태황제, 황태자 및 그 후비(后妃), 후예에게 대하여 각기 지위에 응하여 상당한 존칭, 위엄 및 명예를 향유케 하고, 또 이를 보지(保持)함에 충분한 세비(歲費)를 공급함.

제4조 일본국 황제는 전조 이외의 한국 황족 및 그 후예에게 대하여 각기 상당한 명예와 대우를 향유케 하고, 또 그 필요한 자금을 공급함.

제5조 일본국 황제는 특히 한인의 훈공(勳功)을 표창하기 위하여 적당하다고 인정하는 자에게는 영작(榮爵)과 은금(恩金)을 수여함.

제6조 일본정부는 전기 병합의 결과로써 전연 한국의 시설을 담임하고, 동지 시행법규를 준수하며, 그 신체 및 재산에 대하여 충분한 보호를 해주고, 또 복리 증진을 도모함.

제7조 일본국 정부는 성의 충실로써 신제도를 존중하며, 한인의 상당한 자격이 있고 사정의 용허(容許)하는 자에게 한하여 제국관리에 등용함.

제8조 본 조약은 일본국 황제와 한국 황제의 재가를 거쳐 공포한 날로부터 시행함.

상기 조약을 8월 29일에 발포하고, 통감부(統監府)를 개칭하여 조선총독부(朝鮮總督府)라 하다(1910. 8. 26). (제3호 1919. 8. 29)

4. 安昌浩 總長의 代理 大統領 辭退

이승만(李承晩) 박사를 임시대통령으로 선거한[20] 의정원(議政院)은 안창호 씨를 대통령 대리로 선정하니, 이는 헌법 제16조 대통령이 유고할 시는 국무총리가 이를 대리하고, 국무총리가 유고할 시에는 임시 의정원에서 대리를 선정함이라는 조항에 의함이다.

워싱턴에 있어서 외교를 담당하고 있는 이 대통령을 유고라고 해석함이 합당할까. 또 이를 유고라 하더라도 모처에 있어서 아직 부임치 아니한 이 국무총리를 유고라고 해석함이 합당할까 하는 것이 선결문제이다. 이에 대하여는 이론(異論)이 없지 않을지나, 그러나 이런 헌치(憲治)를 통과한 의정원 자신이 헌법을 통과한 다음 날에 한 헌법의 해석이니, 금일에 있어서는 이것 이상의 유력한 해석을 얻을 수 없으리라.

만일 이 해석이 정당하다 하여 임시 대통령 대리의 필요가 있다 하면 안창호 씨를 선정한 의정원의 행동은 극히 정당한 일이다. 여기에는 세 가지 이유가 있으니, 즉 비록 헌법에 대통령 대리의 자격을 국무원(國務員)에만 한하지 아니하였다 하더라도 가급적으로는 국무원임이 편할지니, 이것이 그 이유의 첫 번째이다. 안창호 씨는 종래로 국무총리 대리의 직에 있어서 사실상 원수(元首)의

---

20) 1919년 9월 6일 임시 의정원 대통령 선거회에서 국무총리 이승만 박사를 무효 1표를 제외하고 전원 일치로 임시 대통령으로 선출했다.

직을 행하였으니, 이것이 그 이유의 두 번째이다. 최후에 인물로 보더라도 씨를 제외하고 다시 적임자를 구하기 어려울지니, 의정원이 2표를 제한 것 외에는 거의 전원 일치로 씨에게 투표함은 실로 진정한 애국의 성의에서 나온 것이고, 털끝만큼도 다른 뜻이 없으며, 일반의 여론이 또한 의정원의 의향에 찬동하는지라, 씨의 사의(辭意)를 들은 의정원이 분노의 정을 발함도 무리가 아니며, 혹 씨로써 책임을 회피하는 자라하며, 용기가 결핍한 자라 함도 있을 만한 비평이다.

그러나 머리를 돌려 안창호 씨의 심사를 추측하건대, 또한 난처하지 않음이 아니다. 나는 씨의 과거의 심사와 행동의 선악을 판단할 지식이 없거니와, 일부 유력한 인사 간에 씨를 지방열(地方熱)이 있는 자, 야심이 있는 자, 자기의 의사에만 고집하여 남의 의견을 포용하는 아량이 결핍한 자라는 비평을 받고 있으며, 그중에도 지방열과 야심은 마치 씨의 현저한 특색인 듯이 고취하고 있다.

씨가 처음 상해에 옴에 일부 상해의 인사도 역시 이 같은 종류의 사상을 품고 있었음은 사실이니, 이래 3개월이 경과하는 동안에 상해 인사 중에는 씨에게 대한 이 같은 종류의 오해가 얼음 녹듯 스러졌거니와, 아직 언론기관의 불비와 통신의 불편으로 하여 상해와 기타 각지 인사 간에는 의사의 유통이 완전하지 못하므로, 각지 인사의 씨에게 대한 양해가 반드시 상해 인사의 그것과 동일하다고 하기 어려운 것이다. 만일 안창호 씨가 정부개조를 주창하여 이 박사를 대통령으로 추천한 후에 자기가 몸소 대통령 대리가 되면 세상의 오해도 없지 않을지니, 모처럼 국민의 통일을 위하여 막대한 희생과 노력으로써 이룩한 사업이 일부 국민의 상술한 반감(反憾)으로 하여 수포로 돌아갈까 외구(畏懼)함이 아마 씨의 심사일 것이다. 의정원의 씨의 사직을 분노함도 나라를 위함이다. 씨의 사직을 고집함도 또한 나라를 위함이다. 우리들은 의정원과 씨와 및 전 국민이 오직 나라만 위하여 일치 협력함으로써 생과 사와 자유와 노예가 분기(分岐)되는 이 아슬아슬한 국민적 위기를 구제하도록 노력하기를 빌 뿐이다. (제7호 1919. 9. 9)

5. 李東輝 總理의 動靜

그저께 9월 21일 일요일 맑음. 초추의 좋은 일기라 본사의 고난파(高蘭坡) 군과 더불어 아침 9시에 서가회(徐家匯) 국무총리 이동휘(李東輝) 선생을 방문하였다. 연일 음산한 비와 기후불순으로 유명한 상해도 가을 한철은 천고풍청월명(天高風淸月明)하여 다소 반도의 낙원을 연연하는 여정(旅情)을 위로하기에 족하다.

명함을 통하고 관내에 들어가니 방금 이 총리, 안창호(安昌浩) 총판, 손정도(孫貞道) 의장, 민국의 3거성(巨星)이 회의하는 중이다. 기자는 중요한 담화에 방해됨을 미안히 여겨 이웃 방에서 기다리기 십수분. 언제 보나 미소하는 안 총판이 나와 총리의 진찰 중임을 말함에, 지금 들어간 한 서양인이 의사인 줄을 알게 되었다. 기자는 안 총판을 향하여 이 총리의 담화를 들으러온 뜻을 고함에, 안 총판은 “선생은 본래 생각하는 것은 다 말하는 성격이니까 무슨 말이나 다 하리라. 지어서 침묵을 지킨다든지 하는 것은 선생의 차마 하지 못하는 일이니, 이렇게 개방적이요 솔직함이 선생의 성격의 특징이라” 하였다.

이윽고 이 총리가 욕실로서 들어 왔다. 실내에는 선생과 동행한 김립(金立) 남공선(南公善) 양씨와 내방한 장건상(張建相) 씨가 있었다. 4,5분이 지나서 이 총리는 욕실로부터 나와 기립하고 있는 일동을 향하여 은근히 예하고 “안 되었소. 다 앉으시지요. 지금 진찰을 받고 목욕을 하였소” 하였다.

“원로에 얼마나 괴로우십니까” 하는 장건상 씨의 위문에 대하여는 간단하게 다소 관북(關北) 사투리로 "괴로울 것이 있소. 편안히 왔는데?" 하였다. 이 군무차장이 오고, 남형우(南亨祐)가 오고, 기타 몇 분의 방문객이 있었다. 일동의 시선은 신 총리인 노장군의 일동일정에 집중하였다. 그 형형한 안중으로서, 그 바싹 다문 입에서 어떠한 큰 광선과 큰 화염을 토할는가. 2천만의 운명, 2천만의 자유와 행복을 담은 선생의 몸이여, 강건하실지어다. 하는 묵도(默禱)로 후일을 기약하고 사퇴할 제 문밖에는 아직도 방문객이 끊이지 않았다.

李 總理의 談片

국무총리 이동휘 씨는 상해에 온 이후로 아직도 구체적 의견의 발표가 없었으나, 씨는 어떤 유력한 각료에게 말하기를,

"나는 한번 몸을 국가에 바쳐 그 직임(職任)에 취임하면, 광복사업을 완성하기까지 생명으로써 진췌(盡悴)하리라. 나의 동료인 제 각원이 종속히 일당에 취회(聚會)하여 나와 결심과 노력을 같이 하기를 희망하고, 또 그러할 줄 확신하노라. 나는 급속히 각처에 산재한 제 각원을 청하기에 힘쓰리라…"

이 총리는 말을 계속하기를,

"각원뿐 아니라 내외에 산재한 유력한 인물이 모두 한 곳에 회합하여 위태하고 중대한 민족적 운동을 위하여 동심협력하기를 바라노라. 우리의 소유한 인재와 금전을 집중함이 아니고 어찌 난국을 벗어나 소기의 성공을 기대하리오 하고 다시 말을 돌려, 만일의 경우에 처할 길을 설명하기를, 성공은 우리들의 일치하여 기대하고 확신하는 바이거니와, 설혹 만일의 차질로 인하여 우리 민국이 열국의 승인을 얻지 못하거나, 또는 속히 국토를 적의 손에서 회복하지 못하는 일이 있다 하더라도 대한민국의 독립국가임에는 하등 상관이 없으니, 어떠한 곤란 어떠한 희생이 있더라도 임시정부의 근기(根基)를 공고케 하여 마침내 국토를 광복하고, 열국의

승인을 얻도록 육력(戮力)하여야 할 것은 전 국민의 일치하게 각오한 바요, 또 결심한 바이니, 나와 동심동의(同心同意)인가 하노라…” (제12호 1919. 9. 23)

6. 李承晩 大統領, 日本의 野心을 論하다

우리 이 대통령은 최근 일본의 대한(對韓) 및 대(對)시베리아 정책에 대하여 다음과 같은 비평을 내렸다고 중미(中美)신문사 워싱턴 통신은 이를 보도했다.

대한공화국(大韓共和國) 대통령 이 박사는 주미 일본대사관이 일본정부가 새로 사이토(齋藤實)를 조선총독으로, 미즈노(水野錬太郎)를 동 정무총감으로 임명함을, 또 가토(加藤恒忠)를 대사로 삼아 시베리아에 출장시킴을 발표함에 대하여 평론을 가하여 말하되, 이같은 종류의 신문은 한국에는 조금(些毫)도 관계없고, 도리어 일본이 원동(遠東)을 공제(控制: 억눌러 단속함)하려는 야심을 미국인과 세계의 앞에 폭로할 뿐이라 하였다.

이 박사의 말에 이르기를, 이것은 일본이 시베리아에 침입하는 제2보이다. 제1보는 다수 군대를 시베리아에 주둔케 할세, 일등급의 장관(將官) 곧 연합 각국의 시베리아에 있는 어떤 장관보다 초월되는 사령관으로 통솔케 하여, 각국 군대로 하여금 부득이 다 일본의 관할에 들어가게 한 것이다. 지금 또다시 가토를 대사로 삼아 서방(西方)에 부임케 하니, 미국 인민은 이에 대하여 응당히 다대한 각오를 가질 것이다. 우리들 대한인은 일본과 서로 접근하므로 일본이 원동을 제뇌(制牢)하여 전 세계에 미치려는 야심을 벌써부터 간파하였던 것이다.

일본은 이미 대한을 얻었고, 또 산동(山東)을 얻었고, 지금까지 만주(滿洲)를 점령하여 재빨리(駸駸然) 시베리아에 들어가니, 이것들은 다 미국의 대위해(大危害)로 이전에 독일이 미국을 위해함과 다르지 않다. 일본이 일차 시베리아를 공제하면, 곧 뒤따라 점령하여 자기 소유로 만들 것이다. 이를 미루어보아 만주·산동도 또 그러할 것이다. 다시 말하자면 대한이 모두 전철(前轍)의 감(鑑)이니, 미국은 불가불 속히 각오함으로써 이를 저지할 것이다. 지금 이 소식은 조금도 의미를 가지지 못하고 다만 일본이 또 대한에 한 총독, 한 총감을 계속 임명함이요, 결코 군정(軍政)을 취소하고 민정을 설시함은 아니다. 외교수단으로 사람의 이목을 가리려함에 불과하다. 우리 대한인은 완전한 독립을 얻지 아니하면, 물론 여하한 것이라도 다 만족하지 못하리라. 대한인은 일본인이 개혁으로써 함을 불요하고, 이에 독립을 요구하나니, 우리 대한은 일찍이 입국한 지 4천년이라 어찌 스스로 정치하지 못하리까. 대한인은 결코 어떤 다른 나라의 괴뢰(傀儡)가 되어 시험을 받게 해서 세계통일하려는 야심을 촉성하기를 원치 아니 하노라 운운…. (제13호 1919. 9. 25)

7. 六頭領의 聚會

지난 6월부터 전 내무총장 안창호(安昌浩) 씨가 국무총리 대리가 되어 단독으로 여러 차장을 인솔하고 국정(國政)을 총람(總攬)하다가 한성정부(漢城政府) 추대 후에 세인의 다소의 우구(憂懼)에 반하여 이동휘(李東輝) 국무총리가 먼저 도착했고, 이래 몇 주간에 신규식(申圭植) 법무총장, 문창범(文昌範) 교통총장, 이동녕(李東寧) 내무총장, 이시영(李始榮) 재무총장의 순서로 순차 내도하여 이미 우리 민족의 6두령이 일당에 취회하였으니, 이는 다만 독립운동 발생 후의 성사(盛事)일 뿐더러 실로 국치 이래의 성사라 할 것이다.

이 대통령과 김규식(金奎植) 학무총장은 미국에서 외교에 앙장

(鞅掌: 번거롭고 바쁨)하는 중이오, 박용만(朴容萬) 외무총장 및 노백린(盧伯麟) 군무총장도 머지않아 내회하리라 하니, 이에 우리 국민이 밤낮으로 갈망하던 두령 전부의 궐기를 보게 되었다. 이에 더하여 승인개조(承認改造) 문제로 다소 의견의 어긋남이 있었던 것도 국가의 대사라는 무상명령(無上命令)과 여러 두령의 의사소통으로 이미 구름이 흩어지고 안개가 걷히듯(雲散霧消)하여, 이 총리 이하 각부 총장이 연메(連袂: 행동을 같이함)하여 며칠 안으로 취임 시무하리라 하니 얼마나 환희하며 얼마나 행복하겠는가. 지금부터 전보다 열배 백배 자신과 실력을 가지고 안과 밖에 대하여 우리 독립운동의 발걸음을 나아가게 할 것이다. 국민아, 소리를 가즉이 하여 만세를 부르고, 정성을 하나로 하여 감연히 난국의 대임을 담당하고 나서는 우리 두령 제씨에게 감사할지어다.

혹 국민은 프랑스 관헌이 상해에 있는 우리 대한민국 임시정부 가옥의 폐쇄를 명하였다는 보도를 보고 자못 경악하고 비분하였을지나, 독립운동이나 혁명운동에 이만한 일은 당연히 있을 줄로 예기(豫期)한 것이다. 적이 백방으로 우리들을 섬멸하려는 간계의 하나에 불과하나니, 이만한 일로 우리들의 사업에 타격이 될 리도 없고, 우리들의 정신에 동요가 생길 리도 없는 것이다.

8월 이래로 적의 전력(全力)은 우리 임시정부의 박멸에 집주(集注)하였나니, 혹은 참무(讒誣)로 혹은 간계로 혹은 감언이설로 우리 정부의 전복을 도모할지나, 우리들도 역시 전 심력 전 생명을 다하여 우리 정부를 옹호할지니, 이제부터는 더욱 적과 우리들의 씨름이다. 우리들이 패하면 우리 민족에게는 영원한 멸망이 있고, 적이 패하면 우리 민족에게는 영원한 자유와 복락과 영광이 있을지니, 이 길고 힘든 씨름에 필승을 기할 것이 우리들의 피로 쓴 서약이 아니겠는가.

이러할 때를 당하여 이제 여러 두령의 취회를 보니 어찌 기뻐

축하(欣賀)할 바 아니리요. 방금 미국 상원에는 우리 독립문제가 토의되는 중이다. 제네바의 25개국의 사회당 대회에서는 우리 독립을 승인하는 결의를 통과하였으며, 날이 가고 달이 지나 우리 독립운동의 진상이 세계에 드러내서 밝힐(彰明)수록 전 인류의 동정은 우리 대한민족에게 집중되고 있다. 나아가면 살아나고, 물러나면 멸망할 이러한 지경에 큰 임무를 담당한 여러 두령의 책임은 실로 무겁고, 그네에게 향한 전 국민의 기대(期望)는 실로 큰 것이다. 이로부터 두령 제씨는 한 마음이 되고 한 몸이 되어 한번 죽음으로써 나라에 보답할 결심을 가질 것이다. 전 국민은 여러 두령을 절대로 신임하여 그 명령과 지휘대로 일심일체로 활동하여 최후에 대목적을 달성하는 날까지 용왕매진(勇往邁進)할 대각오를 가져야 할 것이다.

임무가 중대하고 갈 길이 험난한 여러 두령에게 항상 건강과 화협(和協)과 지혜와 용기가 있을지어다. (제23호 1919. 10. 28)

8. 大韓獨立軍 歡迎趣旨書

본서는 본국 각지에서 정밀한 5호 활자 활판인쇄로 반포된 취지서의 전문이다.

우리 대한민족은 대한독립을 세계에 선언한 이래로 정의와 자유에 기초하여 전 민족 일치의 동작으로 우리 선언의 권위를 정중히 발휘하는데, 적(敵)은 일향 회개치 않고 야만적 무력으로 우리 민족의 생명 재산을 박탈하며, 우리 정부의 위권(威權)을 침해하여 세계의 공안(公眼)을 사기(詐欺)하여 동양평화를 교란하니, 반만년 문화의 국가와 2천만의 자주민족으로 어찌 이민족(異民族)의 겸제(箝制)를 받아 자손만대의 안녕을 잃으리오.

10년 치욕은 와신상담(臥薪嘗膽)이 괴롭고, 삼장약법(三章約法: 3·1 선언서)은 위광이 혁혁하니, 인검의갑(仁劍義甲)은 요마(妖魔)의 분침(氛祲·요악스런 기운)을 소청(掃淸)함에 결코 용서(容貸)가 없다. 슬프다, 조국의 광복을 기도하여 10년간 해외의 망명포종(逋踵: 망명)으로 황원정도(荒原絶島)에 풍찬노숙하며, 포검논담(抱劍論膽)하던 몇 백만의 청년건아는 지금에 하늘의 명명(明命)을 순응하여 평화와 인도의 대의를 극명할 목적으로 부득이 적에게 향하여 최후의 의거에 이르리라. 장하도다. 우리 독립군의 이번 거사는 세계평화의 정로를 밟아 민족자존의 정확을 회복함이니, 하늘을 우러러 부끄러움이 없고, 땅을 굽어보아 사람에 부끄럽지 않도다. 일어섬에 어떤 적이 있으며, 나아감에 무슨 강자가 있으랴.

북쪽 대륙의 칼 빛(北陸劍光)은 2천만 생명의 광선이 아닌가. 재내 동포여, 이를 환영함이 우리의 목적이오, 이를 호원(護援)함이 우리의 의무요, 이에 희생함이 곧 자손만대의 안녕행복이로다. 천하 어느 물건이 능히 이것을 억제하겠는가. 2천만 각개의 대소 단결을 통일·조합하여 본단을 조직하고, 이에 3대강령을 들어 세계에 선명하노라.

三大綱領

1. 정의, 인도, 생존, 자유, 존영을 위하여 대한독립을 완성할 것.
2. 애국정신과 국민의무에 기초하여 우리 독립군을 환영 원조할 것.
3. 생명 재산을 공헌하여 최후 1인까지 최후 1각까지 우리의 주장과 행동을 광명·정대하게 할 것.

決議事項

1. 3대 강령을 몸으로 실현(體現)하여 독립군 환영에 관한 준비를 완성할 것.
2. 필요에 응하여 어느 때든지 지정 장소에 단원을 소집할 것.
3. 우리 정부 군사부(軍事部)의 명령에 의하여 군정(軍政) 및 기타

의 사무를 실행할 것.

대한민국 원년 10월

大韓獨立軍 歡迎團

이상의 취지서와 동시에 도착한 서류 중에는 대한독립군단 입단서가 있으니, 같은 모양의 활판인쇄로 되어 있다. 이 서약서에 의하면 다음과 같은 3개조의 입단조건이 있다.

1. 조국정신과 국민의무에 기초하여 조선민족의 안녕 자유를 회복할 것.
2. 우리 정부 명령과 본단 결의사건을 결사 복종할 것.
3. 생명 재산을 공히 헌납하여 독립군 환영에 관한 준비에 복무할 것. (제23호 1919. 10. 28)

9. 村上의 奔走

지난 여름에 상해에 와서 곳곳에서 한인을 중상하는 망사(妄辭)를 농하던 일본 총독부의 주구인 목사 무라카미(村上雄吉)는 9월 27일에 장춘(長春)에 도착하여 장춘 취인소(取引所) 2층루에서 연설회를 개최하고, 당지 일본 영사 이하 한일인 30여 명의 회중에게 향하여 '일선인 동화(日鮮人 同化)' 라는 문제로 대요 다음과 같이 씨부렁거렸다고 한다.(원문에는 村上唯吉로 오기되어 있다.)

1. 유태인이 예수의 전도에 불복함으로 결국은 유태국이 망했던 것과 같은 모양으로 일본 정치에 불복하면 조선이 망하리라는 암시.
2. 소위 '민족자결주의'는 유럽에 한한 문제이오, 동양에는 무관이니, 미국에서 한국 독립을 원조할 까닭이 없고, 또 안창호(安昌浩)·이승만(李承晩)·김규식(金奎植)·서재필(徐載弼)·이동휘(李東輝) 등은 다 미국인의 두뇌를 가진 자들이다.
3. 조선독립은 아직 시기가 오지 않았으니, 소요 말고 일본인과 상

호 협조하여 백인을 배척 아니 하여서는 안 된다.

4. 이토(伊藤博文)・데라우치(寺內正毅)・하세가와(長谷川好道) 등이 무단정치를 시행하여 한인에게 악감정을 끼침으로써 이번 소요가 발생하였으나, 신임 사이토(齋藤實) 총독은 문치(文治)를 주로 하나니, 그 증거는 상하 계급도 부활시키고, 공동묘지제도도 폐지하고, 학교도 증설하였다.
5. 상해 가정부(假政府: 임시정부)는 장래가 없다. 당지 한인은 그들의 말을 일소(一笑)에 부치고 있다. (제23호 1919. 10. 28)

10. 西間島의 韓人

만여호의 서간도 동포는 여하히 활동하는가. 해당 지방시찰위원의 보고는 다음과 같다.

一. 韓族會[21)]

유하현(柳河縣) 해룡현(海龍縣) 통화현(通化縣) 흥경현(興京縣) 임강현(臨江縣) 집안현(輯安縣) 환인현(桓仁縣) 각지에 주거하는 우리 한족이 만여호인데, 6,7년 전에 부민회(扶民團), 자신계(自新契), 교육계(敎育會)의 3단체가 성립되어 각기 자치를 실행하고, 교육을 면려하여 기회를 기다리던 중, 작년 가을에 대동단합 문제가 일어났으나 어떤 사정으로 인하여 유안(留案)되었다가, 지난 음력 정월에 상기 3단체의 주요인물이 다시 집회 토의 중, 내지의

21) 한족회(韓族會, 西間島). 경학사(耕學社)의 후신격으로 조직되었던 부민단이 3・1운동을 계기로 발전적으로 해체되고 한족회가 성립되었는데, 재만 한인의 자치정부 형태로 결성, 자치행정을 시행했다. 한족회의 중앙총장에 이탁(李沰), 서무부장에 김동삼(金東三), 학무부장에 윤기섭(尹琦燮), 재무부장에 안동원(安東源), 법무부장에 이진산(李震山) 등이다.

독립선언의 보도가 오므로 피차 상집(相執)하던 조건을 서로 양보하고, 완전히 단합한 후 명칭을 한족회라 하여 전(專)혀 자치를 주로하며, 시사연구부를 설치하고 시세(時勢)를 공구(攻究)하며, ○○○를 조직하고, ○○에 용력(用力)하였다. 우선 ○○○○차로 파원(派員)이 발정(發程)하였으며, 우리의 요구하는 모험 청년은 얼마라도 공급하기 가능하다.

二. 獨立團

본단은 한일합병 전후에 의병 수령이던 이석태(李錫泰) 씨 부하 3,4천 명이 금년 봄의 독립운동을 이용하여 ○○○ 씨를 총단장으로 추대하고 조직하였다.

한족회가 조직되지 아니한 각 지방 동포에게 청연(請捐)하여 내지로부터 가는 청년 7,8백 명을 ○○으로 인도하여 ○○○○○에 들어가게 하고, 수삭 전부터는 유림측 향약계(鄕約契)와 합하여 경영이 크게 변하였으나, 재정은 곤란중이다.

三. 强立團

이 단체는 부일(附日)단체인데, 독립운동 이전에는 아무 세력이 없는 소위 제우교(濟愚敎, 崔濟愚를 교조로하는 교)이러니, 독립단이 각처에 일어나 의연금을 모집함을 기회삼아 대대적으로 동지를 모집하는데, 연조(捐助)를 낸 한인을 유세하여 연금을 도로 찾아주마 하고 가입케 하며, 혹 내왕하는 한인을 위협으로 참가하라 하여 횡포의 자행이 많다가, 현재는 중국 경찰의 취체로 인하여 기축(氣縮)한 모양이다. (제24호 1919. 11. 1)

11. 朝鮮獨立에 對한 感想의 大要(7월 10일)

이 글은 옥중에 계신 우리 대표자가 일인 검사총장의 요구에 응하여 저술한 것 중의 하나인데, 비밀리에 옥 밖으로 송출한 단편을 집합한 것이다.

一. 개 론

자유는 만유의 생명이요. 평화는 인생의 행복이니, 그런고로 자유가 없는 사람은 죽은 시체와 같고, 평화가 없는 자는 가장 고통이 큰 자이다. 압박을 받는 자의 주위의 공기는 무덤으로 화하고, 쟁탈을 일삼는 자의 경애(境涯)는 지옥이 되나니, 우주만유의 이상적 최고 행복의 실재는 곧 자유와 평화이다. 그런고로 자유를 얻기 위하여는 생명을 홍모시(鴻毛視)하고, 평화를 보존하기 위하여는 희생을 단 엿(甘飴) 맛보듯 하나니, 이는 인생의 권리인 동시에 또한 의무일 것이다. 그러나 자유의 공례(公例)는 남의 자유를 침해하지 아니 함으로 한계를 삼나니, 침략적(侵掠的) 자유는 몰평화(沒平和)의 야만적 자유가 되며, 평화의 정신은 평등에 있나니, 평등은 자유의 상적(相敵)을 일컫고 있다. 그런고로 위압적 평화는 굴욕이 될 뿐이니 참된 자유는 반드시 평화를 보장하고 참된 평화는 반드시 자유를 동반할 것이다. 자유여, 평화여, 전 인류의 요구일 것이다.

그러나 인류의 지식은 점진적이므로 초매(草昧)로부터 문명에, 쟁탈로부터 평화에 이름은 역사적 사실로 증명하기 족하도다. 인류 진화의 범위는 개인적으로 가족, 가족적으로부터 부락(部落), 부락적으로부터 국가, 국가적으로부터 세계, 세계적으로부터 우주적 주의(主義)에 이르도록 순차로 진보함이니, 부락주의(部落主義) 이상은 초매시대의 떨어지는 모래먼지(落沙塵)에 속한지라, 회수(回首)의 감회를 도우는 것 밖에 논술할 필요가 없도다.

행인지 불행인지 18세기 이후의 국가주의는 실로 전 세계를 풍미하여 뛰어올라 달림(騰奔)의 절정에 제국주의와 그 실행의 손끝(手端), 즉 군국주의를 산출함에 이르러서야, 소위 우승열패 약육강식의 학설은 가장 참되고 변함없는 금과옥조로 인식되어, 살벌

강탈(殺伐强奪)의 국가 혹 민족적 전쟁은 자못 그칠 날이 없어서, 혹 몇 천 년의 역사국(歷史國)을 폐허(丘墟)로 만들었으며, 혹 몇 십 몇 백만의 생명을 희생하는 일이 지구를 둘러 봐도 없는 곳이 없나니, 전 세계를 대표할 만한 군국주의는 서양에 독일이 있고, 동양에 일본이 있었던 것이다. 그러나 소위 강자 즉 침략국(侵掠國)은 군함과 철포만 많으면 자국의 야심·찬욕(餐慾, 먹는 욕심)을 채우기 위하여 불인도(不人道) 멸정의(蔑正義)의 쟁탈을 자행하면서도 그 이유를 설명함에는 세계 혹 국부(局部)의 평화를 위한다든지 쟁탈의 목적물 즉 피침략자의 행복을 위한다든지 하는 등 스스로 속이고(自欺), 남을 속이는(欺人) 식의 망어(妄語)를 농하여 엄연히 정의의 천사국으로 자거(自居)하나니, 예컨대 일본이 폭력으로 조선을 합병하고, 2천만 민족을 노예로 학대하면서도, 조선을 합병함은 동양평화를 위함이며, 조선민족의 안녕 행복을 위함이라 운운함이 이것이다.

오호라, 약자는 예부터 약자가 없으며, 강자는 끝없이 계속되는 강자가 없나니, 대운(大運)이 그 수레바퀴를 굴리는 때에는 복수적 전쟁은 반드시 침략적 전쟁의 발꿈치를 따라 일어날지니, 침략은 전쟁을 유치하는 일이라, 어찌 평화를 위하는 침략이 있으며, 또한 어찌 자국 몇 천 년의 역사는 다른 나라 침략의 칼에 단절되고, 몇 백 천만의 민족은 외인(外人)의 학대 밑에 노예가 되고, 우마(牛馬)가 되면서 이를 행복으로 인정할 자가 있으리오. 어느 민족을 물론하고 문명정도의 차이는 있을지나 혈성(血性)이 없는 민족은 없나니, 혈성을 갖춘 민족이 어찌 영구히 남의 노예를 감작(甘作)하여 독립자존을 도모하지 아니하리오. 그런고로 군국주의 즉 침략주의는 인류의 행복을 희생하는 악마일 뿐이었으니, 이와 같은 국국주의가 천양무궁(天壤無窮)의 운명을 보장하리까. 이론보다 사실(이하 불명).

오호라, '칼'이 어찌 만능이며 '힘'이 어찌 승리리오. 정의가 있고 인도가 있도다. 침략(侵掠) 또 침략, 극악 참극(慘極)의 군국주의는 독일로써 최종막을 연출치 아니하였는가. 피야 살이야 귀곡신수(鬼哭神愁)의 제1차 세계대전은 대략 1천만의 사상자를 내고 몇 십억의 금전을 모두 다 써버린 후에, 정의 인도를 표방하는 기치 하에서 강화조약을 성립하게 되었다. 그러나 군국주의의 종극(終極)도 실로 색채를 장엄히 함에 유감이 없었다. 전 세계를 유린하려는 사욕을 채우기 위하여 고심초사 30년의 준비로 몇 백만의 건아를 수백 마일의 전선에 세우고, 철기(鐵騎)와 비선(飛船)을 편치(鞭馳)하여 좌충우돌 동분서격(東奔西擊) 개전 3개월 안에 파리를 함락했다. 마음속 스스로 기약했던 카이저의 성언(聲言)은 일시의 장절(壯絶)을 극하였던 것이다. 그러나 그것도 군국주의적 결별의 마지막 곡(曲)일 뿐이며, 이상과 성언뿐만 아니라 작전계획의 사실도 탁월하여 휴전을 개의하던 날까지 연합국측 병마의 족적은 독일 국경의 한 발짝 땅을 넘지 못하였으니, 항공기는 공중에서, 잠항정은 바다에서, 자동포는 육지에서, 각각 그 묘(妙)를 극하여 실전의 작략(作略)에 현란한 색채를 발하였던 것이다. 그러나 그것도 군국주의적 낙조의 반사일 뿐이다. 아아 슬프도다. 억만 인민의 위에 군림하고 세계 일괄의 웅도를 스스로 기약하여 세계에 대하여 선전을 포고하고, 백전백승의 기개를 가지고, 신인가 인간인가의 사이에서 종횡자재(縱橫自在)하던 독일황제가 하루아침에 자기 생명의 신으로 인정하던 '칼'을 풀고, 우량낙척(踽涼落拓: 쓸쓸하고 불우한 역경에 빠짐) 천애윤락(天涯淪落: 끝없이 영락함)의 네덜란드(和蘭) 벽지에 남은 목숨을 보존함은 어느 정도의 돌변인가. 이것은 곧 카이저의 실패 뿐 아니라 군국주의의 실패이니, 일세의 쾌사를 느끼는 동시에 그 사람을 위해서는 한 줄기의 동정을 금치 못하리로다.

그러나 연합국측도 독일의 군국주의를 타파한다 성언하였으나, 그 수단방법의 실용은 역시 군국주의의 유물인 군함 철포 등의 살인도구이니, 이는 오랑캐(蠻夷)로 오랑캐를 공략함이니 무슨 구별이 있으리오. 독일의 실패가 연합국의 전승이 아닌즉, 수다한 강약국(强弱國)의 합치한 병력으로 5년간의 지구전에 독일을 제승(制勝)치 못함은, 이는 또한 연합국측 준(準)군국주의의 실패가 아닌가. 그러면 연합국측의 대포가 강함이 아니요, 독일의 칼이 짧음이 아니거늘 전쟁의 종극(終極)을 고함은 무슨 연고인가. 가로되, 정의 인도의 승리요, 군국주의의 실패라고. 그러면 정의 인도 즉 평화의 신은 연합국의 손을 빌어 독일의 군국주의를 타파하였던가. 가로되 아니라고. 정의 인도 즉 평화의 신은 독일 인민의 손을 빌어 세계의 군국주의를 타파함이니, 곧 전쟁 중 독일혁명이 이것이다. 독일혁명(1918. 11)은 사회당의 손으로 일어났은즉, 그 유래가 오래고, 또한 러시아혁명의 자극을 받은 바가 있으나, 통괄적으로 하면, 전쟁의 고초를 느껴서 군국주의의 그름(非)을 통절히 각오한 고로 담소종용(談笑從容)하는 사이에서 전쟁을 스스로 파하고, 노도경랑(怒濤鯨浪)의 군국주의를 발휘하려던 칼을 눕히고 군국주의의 자살을 수행하고, 공화혁명의 성공을 거두어 평화적 신운명을 개척함인즉, 연합국은 그 틈을 타서 어부의 이익을 얻은 것이다.

이번 전쟁의 종극에 대하여는 연합국의 승리일 뿐 아니라 또한 독일의 승리라 할 것이다. 왜 그럴까요. 이번 전쟁에 독일이 고주일척(孤注一擲: 모든 것을 걸고 승부를 결정함)의 최후 일전을 결할지라도 승부를 가히 알지 못할 것이다. 가사 독일이 일시의 승리를 얻는다 할지라도 연합국의 복수전쟁이 한 번 일어나고 두 번 일어나서 독일의 멸망을 보지 아니하면 군사를 해산할 날이 없을 것이다. 그런고로 독일은 전패(戰敗)치 않을 수 없을 뿐 아니라 전승이라도 할 만한 경우에 있어서도 단연히 굴욕적 휴전조약을 승낙하고, 강화를 청함은 곧 기회를 보아 제승(制勝)하기 위함인 것이다. 강화회의에 대하여도 가급적 굴욕적 조약에는 무조건으로 승낙함을 추지(推知)하기 어렵지 않다(3월 1일 이후의 외계소식은 알수 없음). 그러면 현금(現今) 주의로 보면 독일의 실패라 할지나 원시적(遠視的)으로 보면, 독일의 승리라 할 것이다.

슬프다, 광고(曠古) 미증유의 유럽 대전쟁과 기괴 불가사의(不可思議)의 독일의 혁명[22]은 19세기 이전의 군국주의 침략주의의 전별회(餞別會)가 되는 동시에, 20세기 이후의 정의 인도적 평화주의의 개막이 되어 카이저의 실패가 군국주의적 각국의 머리 위에 통봉(痛棒)을 내리치고, 윌슨의 강화 기초조건이 각 영토의 고목 등걸(古楂)에 봄기운을 전함에, 침략국의 압박 하에서 신음하던 민족은 등공(騰空)의 기(氣)와 결하(決河)의 세(勢)로 독립자결을 위하여 분투하게 되었으니, 폴란드의 독립이 그것이며, 체코슬로바키아의 독립이 그것이며, 아일랜드의 독립선언이 그것이며, 인도의 독립운동이 그것이며, 필리핀의 독립경영이 그것이며, 조선의 독립선언이 그것이다(3월 1일까지 상태). 각 민족의 독립자결은 자존성(自存性)의 본능이며, 세계의 대세이며, 우주 신명(神明)의 찬동이며, 전 인류 미래 행복의 원천이다. 누가 이것을 막으리오.

二. 조선 독립선언 동기

일본이 조선을 병합한 후로 자존성이 풍부한 조선인의 사위(四圍)에 접촉되는 일은 하나도 독립을 상기케 아니하는 일이 없었다. 그러나 최근의 동기로 말하면 대략 세 가지로 나눌 수 있다.

1. 조선 민족의 실력

일본이 조선의 민의를 무시하고 암약(闇弱)한 주권자를 기능(欺

22) 독일 11월 혁명(1918. 11). 1918년 11월 3일 적기(赤旗)를 게양한 수병의 반란에 이어, 전쟁의 종식과 황제의 퇴위를 요구하는 병사와 노동자의 운동이 확산되고, 11월 7일 황제는 퇴위되고 바이에른 공화국 성립을 선언했다.

凌)하며, 몇몇 소인배의 당국자를 우롱하여 합병의 폭거를 강행한 후로부터 조선민족은 수치를 품고 치욕을 참는 동시에 또한 울분을 발하고 뜻을 장려하여 정신을 쇄신하고, 기운을 함양하며, 어제의 잘못을 고치고 새로운 선(善)을 도모하며, 일본의 기염(忌厭)을 불구하고 외국에 유학한 자도 실로 수만에 달한즉, 위로는 상해에 독립정부가 있어서 각 방면으로 장려원조하면, 만사의 문명에 유감없이 날을 꾀하여 진보할 것이다. 국가는 반드시 물질상의 문명이 일일이 완비한 후에 비로소 독립함이 아니다. 독립할 만한 자존(自存)의 기운과 정신상의 준비만 있으면 족하니, 문명의 형식을 물질상에 발휘함은 힘을 맞아들여 대나무를 깨뜨리는 것과 같을지니, 무슨 어려운 일이 있으리까. 일본인은 매번 조선의 물질문명이 부족한 것으로 이야깃거리(話柄)를 만드나, 조선인을 우매케 하고 야비케 하고자 하는 학정과 열등교육을 폐하지 아니하면, 문명의 실현할 날은 없을지니, 이것이 어찌 조선인의 소질이 부족함이리오. 조선인은 당당한 독립국민의 역사의 전통이 있을 뿐 아니라 현세 문명에 병치(並置)할 만한 실력을 가지고 있다.

2. 세계 대세의 변천

20세기 초두로부터 전 인류의 사상계는 점점 향신(向新)의 색채를 띠고 있어서 전쟁의 참화를 싫어하고, 평화의 행복을 즐겨하여, 각국 군비의 제한 혹 전폐의 설도 있으며, 만국연합의 최고재판소를 설치하고, 절대적 재판권을 부여하여 국제적 문제를 재결하여 전쟁을 미연에 방지하자는 설도 있고, 그 밖에 세계적 연방설(聯邦說)과 세계적 공화설(共和說) 등은 실로 금조선성(禽噪蟬聲)과 같이 많으니, 이는 다 세계적 평화를 촉진하는 선성(先聲)이다. 소위 제국주의적 정치가의 눈으로 보면 일소에 부칠지나, 사실의 실현은 시간문제일 뿐이다. 최근에 세계 사상계에 통절한 실물교훈을 내린 것은 곧 제1차 세계대전과 러시아혁명과 독일혁명이 그것이다. 세계 대세에 대하여는 상술한 바가 있은즉, 중복을 피하나 일언이폐지하면 현재로부터 미래의 대세는 침략주의의 멸망, 자존적 평화주의의 승리가 될 것이다.

3. 민족자결(民族自決) 조건

미국 대통령 윌슨 씨는 대독(對獨) 강화 기초조건 즉 14개 조건을 제출하는 중에 국제연맹 민족자결의 조건이 있는데, 영·불·일과 기타 각국이 내용으로는 이미 국제연맹에 찬동하였은즉, 국제연맹의 본령(本領) 즉 평화의 근본해결인 민족자결에 대하여는 물론 찬동할지니, 각국이 찬동의 의사를 표한 이상에는 국제연맹과 민족자결은 윌슨 한 사람의 사언(私言)이 아니라 세계의 공언(公言)이며, 희망의 조건이 아니라 이미 이룩한 조건이며, 또 연합국측에서 폴란드의 독립을 찬성하고, 체코슬로바키아의 독립을 위하여는 거액의 군비와 많은 희생을 불고하고, 영하 30도 내외의 한열(寒熱)을 배제하고 병마를 시베리아로 출병함에는 미·일의 행동이 가장 현저하였은즉, 이는 민족자결을 사실상으로 원조한 것이다. 민족자결주의 완성의 표상이니 어찌 축하할 바가 아니리까.

三. 朝鮮 獨立宣言 理由

오호라, 나라를 잃은 지 10개 성상을 지내고 독립을 선언한 민족이 독립선언의 이유를 설명함에 이르러서는 실로 침통(沈痛)과 자괴(自愧)를 금치 못하리로다. 독립의 이유는 이를 네 가지로 나눌 수 있다.

1. 민족 자존성(自存性)

길짐승과 날짐승이 같은 무리가 아니고, 날짐승은 곤충과 같은 무리가 못되며, 동일한 길짐승이로되 기린과 여우와 삵은 그 서식처가 다르고, 동일한 날짐승이로되 홍곡(鴻鵠)과 연작(燕雀)은 그 뜻이 아주 다르고, 동일한 곤충이로되 교룡(蛟龍)과 지렁이(蚯蚓)는 좋아하는 바가 각기 다르며, 같은 종류의 동물 중에도 개미와

벌(蟻蜂)은 자기 무리가 아니면 절대로 배척하여 한 곳에 같이 살지 아니하나니, 이것은 유정물(有情物)의 자존성에서 나온 것이니, 이는 반드시 이해득실을 교계(較計)하여 다른 무리의 침략(侵掠)을 배척할 뿐만 아이라, 다른 무리가 자기 무리에 대하여 복리를 가한다 하여도 또한 이것을 배척하나니, 이는 배타성이 주체가 되어 그러한 것이다. 자군자애(自群自愛)하여 자존을 영위하는 고로 자존의 반면에는 자연히 배타가 있나니, 이 배타라 함은 자존의 범위 안에 드는 타의 간섭을 방어함이다. 자존의 범위를 초과하여 타를 배척함은 아니니, 자존의 범위를 초월하여 타를 배척함은 배타가 아니요 침략인 까닭이다.

인류도 이와 같이 민족자존성이 있는 고로 유색인종 무색인종 사이에 각각 자존성이 있고, 같은 인종 중에도 각 민족의 자존성이 있으므로 도저히 동화(同化)되지 못하나니, 예컨대 중국 전폭은 한 나라를 형성하였으나, 민족적 경쟁은 실로 극렬(劇烈)했던 것이다. 최근의 사실로만 말하여도 청조(淸朝)의 멸망은 정치적 혁명의 피상(皮相)이 있으나, 실은 한만(漢滿) 양족의 쟁탈이며, 티베트족(西藏族)이나 몽고족(蒙古族)이나 각각 자존을 몽상하여 기회만 있으면 요단(鬧端)을 야기하며, 그밖에 영국의 아일랜드·인도에 대한 동화정책이나, 러시아의 폴란드에 대한 동화정책이나, 기타 각국의 영토에 대한 동화정책은 하나도 수포로 돌아가지 아니함이 없었다. 그러한즉 자기 민족이 다른 민족의 간섭을 받지 아니하려 함은 인류가 통유(通有)한 본성이니, 이것에 대하여는 타물(他物)이 이를 방알(防遏)치 못할 뿐 아니라 자기 민족이 스스로 자기 민족의 자존성을 억제하고자 하여도 불가능이다. 이 자존성은 항상 탄력성을 가지고 있어서 팽창의 한도와 독립자존의 완선(完善)에 이르지 아니하면 그치지 아니하나니, 조선의 독립을 가히 더디게 하지 못할 것이다.

2. 조국(祖國) 사상

월조(越鳥)는 남쪽 가지를 생각하고, 호마(胡馬)는 북풍에 울부짖어 목쉬나니, 이는 그 근본을 잊지 아니한 것이다. 동물도 오히려 그러하거든 항차 만물의 영장인 인간이 어찌 그 근본을 잊으리오. 그 근본을 잊지 못함은 인위(人爲)가 아니다. 천성인 동시에 또한 만유의 미덕이다. 그런고로 인류는 그 근본을 잊지 아니할 뿐 아니라 잊고자 하여도 잊지 못하나니, 반만년의 역사국이 다만 군함과 철포의 수가 적음으로써 타인의 유린을 당하여 역사가 단절됨에 이르렀으니, 누가 이를 참겠으며, 누가 이를 잊으리까. 나라를 잃은 후 왕왕 수운처우(愁雲凄雨)의 중에 역대 조선(祖先)의 호읍(號泣)을 보고, 한밤중 첫 새벽 사이에 우주 신명(神明)의 가책(呵責)을 듣나니, 이것을 가히 참으면 무엇을 가히 참지 못하리오. 조선의 독립을 가히 늦추지 못할 것이다.

3. 自由主義(自存主義와 逈別)

인생의 목적을 철학적으로 해석하려면 각설이 분쟁하여 일정한 정의(定義)를 내리기 어렵다. 인생 생활의 목적은 참된 자유에 있나니, 자유가 없는 생활이 무슨 의미가 있으며, 무슨 쾌락이 있으리오. 자유를 얻기 위하여는 무슨 대가도 아끼지 아니하나니, 곧 목숨을 걸고라도 잃지 아니할 것이다. 일본이 조선을 합병한 후로 압박 또 압박, 일정일동(一靜一動) 일어일묵(一語一默)에 압박을 가하여 자유의 생활은 털끝 하나만큼도 없은즉, 혈성(血性)이 없는 타성의 물건(惰力物)이 아닌 바에야 어찌 이를 참겠는가. 한 사람이 자유를 잃어도 천양(天壤)의 화기(和氣)를 손상할지니, 어찌 2천만인의 자유를 말살함이 이와 같이 심하리오. 조선의 독립을 가히 늦추지 못하리로다.

4. 對世界의 義務

민족의 자결은 세계 평화의 근본해결이다. 민족자결주의가 성립되지 못하면 어떻게 국제연맹을 체결하여 평화를 보지할지라도 구경(究竟)에는 수포로 돌아갈 것이다. 왜 그럴까요. 민족자결이 성립되지 못하면 어느 때라도 병액화란(兵厄禍亂)하여 전쟁이 연속할지니, 조선민족이 어찌 세계의 책임을 면하리까. 그런고로 조선민족의 독립자결은 세계의 평화를 위함이오, 또 동양평화에 대하여는 실로 중요한 관건이 되나니, 일본이 조선을 합병함은 조선자체에 대한 이익 즉 조선민족을 내쫓아(放逐)내고, 일본민족을 이식코자 할뿐 아니라 만몽(滿蒙)에 이를 물들이고, 한 걸음 더 나아가 중국대륙을 몽상함이니, 일본의 야심은 모두 다 보는 바와 같다. 중국을 경영함에는 조선을 제외하고 다른 길을 빌릴 도리가 없는 고로 침략정책상 조선을 유일의 생명으로 인정함이니, 조선의 독립은 곧 동양 평화가 될 것이다. 조선의 독립을 가히 늦추지 못할 것이다.

四 朝鮮總督政治에 對하여

일본이 조선을 합병한 후 조선에 대한 시정방침은 '무력압박' 네 글자로 대표하기 족하다. 그런고로 전후 총독 데라우치(寺內)·하세가와(長谷川)로 말하면, 정치적 학식이 없는 일개의 군인이다. 조선총독정치는 일괄하여 말하면 헌병정치이니, 환언하면 군도(軍刀)정치요, 철포(鐵砲)정치이다. 군인의 특징을 발휘하여 군도정치를 행함에는 자못 유감이 없었다. 그런고로 조선인은 헌병 모자의 그림자만 보아도 독사와 맹호를 보는 것같이 기피하고, 어떤 일이든지 총독정치에 접촉할 적마다 자연히 5천년 역사의 조국을 회상(懷想)하며, 2천만 민족의 자유를 묵소(默訴)하면서 사람이 보지 못하는 곳에서 눈물에 피를 반이나 섞어 흘리나니, 이는 곧 합병 10년간 조선 2천만 민족의 생활이다. 오호라, 일본인이 진실로 인심(人心)이 있다면 이를 행하고도 그 꿈이 편할까. 또한 종교와 교육은 인류 생활에 대하여 특별하고도 중요한 일이다. 어느 나라라도 종교의 자유를 허락하지 않은 나라는 없거늘 조선에는 소위 종교령(宗敎令)을 발포하여 신앙의 자유를 구속하고, 교육으로 말하면 일신적(一神的) 교육을 실시함은 물론 과학의 교과서도 자의적 언어에 불과하며, 기타 조선에 대한 학정은 매거할 겨를이 없을 뿐 아니라 매거할 필요도 없다. 그러나 조선인은 이와 같은 학정하에서 노예 되고 우마(牛馬)되면서 10년간에 털끝만큼의 반동도 일으키지 아니하고, 안도부감(安堵俯瞰)하였으니, 이는 사위(四圍)의 압력 중에 있어서 반동의 불가능도 물론이나, 조선인은 실로 총독정치를 중요시하여 반동을 일으키고자하는 사상도 없었던 것이다. 왜 그럴까요. 총독정치 이상의 합병의 근본문제가 있었기 때문이니, 환언하면 어느 때라도 합병을 깨뜨리고 독립자존을 보전하리라 함이 2천만 민족의 뇌리에 상주불멸(常住不滅)하는 정신인고로 총독정치는 얼마나 극악하여도 이에는 보복의 원독(怨毒)을 가할 리가 없고, 여하히 완선(完善)한 정치를 행할지라도 또한 감사의 의사를 표할 리가 없나니, 총독정치는 지엽의 문제로 인식하는 까닭이다.

五. 朝鮮獨立의 自信

이번 조선독립은 국가를 창설함이 아니요, 고유의 독립국이 일시 치욕을 겪고 복구하는 독립인 국가의 요소 즉 토지·인민정치의 조선 자체에 대하여는 만사가 구비하여 여유작작(綽綽有餘)하니 췌언(贅言)할 필요가 없고, 각국의 승인에 대하여는 원래로 조선 대 각국의 국제적 교제는 친선을 보존하여 좋은 감정을 유지할 뿐 아니라, 더군다나 '개론'에서 진술한 바와 같이 정의·인도·평화·민족자결의 신시대인즉, 조선독립을 낙종(樂從)할 뿐 아니라 원조할지니, 다만 문제는 일본의 승인 여부에 있다. 그러나 일본도 승인을 지의(持疑)치 아니할 줄로 생각한다.

대개 인류의 사상은 시대에 따라 변천되나니, 사상의 변천을 따라 사실도 변천이 있음은 물론이다. 인간은 실리만 위하는 자가 아니요, 또한 명예를 존중히 하나니, 침략주의 즉 균리(均利)주의 시대에 있어서는 타국을 침략함이 물론 실리를 위함이나, 또한 동감발양(同感發揚)의 명예를 위하는 방면도 많다. 그러나 평화 즉 도덕주의 시대에 있어서는 민족자결을 찬동하면 약소국을 원조함이 영광을 발휘하는 명예가 되는 동시에 또한 천혜신복(天惠神福)의 실리를 얻을 것이다. 만일 일본이 의연히 침략주의를 계속하여 조선독립을 부인하면, 이는 동양 또는 세계적 평화를 교란함이니, 놀랍게도 미·일 혹 중·일 전쟁을 위시하여 세계적 연합전쟁을 재연할는지도 알지 못할지니, 그리하면 일본에 대해 담임할 자는 혹 영국일는지(영일동맹의 관계뿐 아니라 英領문제로).

이것도 의문이라 말한다면 어찌 실패를 면하리오. 제2의 독일을 연출함에 불과할지니, 일본의 '칼'을 독일에 비하면 어느 것이 길고 어느 것이 짧으리오. 일본인도 스스로 자기 칼이 짧음을 수긍하리라. 그러면 현금의 구업(久業)에 역행치 못할 것은 명료치 아니한가. 또 일본이 몽상하는 조선민족을 방축하고 일본민족을 이식하려는 식민(殖民)정책도 절대 불가능하다. 대중(對中)경영도 중국 자체의 반동 뿐 아니라 각국에서도 긍정할 리가 절무(絶無)한즉, 식민정책으로든지 조선을 대중(對中) 경영상 가도(假道)로 이용하려는 정책이 모두 수포로 돌아갈지니, 무엇이 아깝다고 승인을 불긍하리까. 일본이 광달(廣達)한 금도로 조선독립을 우선 승인하고, 일본인의 구두선(口頭禪)을 만드는 중일친선을 진정으로 발휘하면 동양평화의 맹주국은 일본을 버리고 어느 나라에 있으리까. 그러하면 20세기 초두에 세계적으로 백천년 미래의 평화 행복을 위하여 복음을 전하는 천사국(天使國)은 서반구에는 미국이 있고, 동반구에는 일본이 있을지니, 하등의 영예리오. 동양인의 안색을 더욱 빛냄이 과연 어떠하리까.

또 일본이 조선독립을 우선 승인하면 조선인은 일본에 대하여 합병의 구원(舊怨)을 잊고 보감(保感)의 뜻을 표할뿐 아니라 조선의 문명이 일본에 미치지 못함은 사실인즉, 독립한 후에 문명을 수입하려면 일본을 버리고 어느 나라를 취하리까. 왜 그럴까요. 서양문명을 직수입함은 절대 불가능한 일은 아니나, 도로가 요원하여 내왕이 불편할 뿐 아니라 언어 문자상이나 경제상이나 곤란한 일이 많고, 일본으로 말하면 부산해협이 불과 10여 시간의 항정(航程)이다. 조선인의 일본어 일본문을 해득하는 자가 많은즉, 문명을 일본으로부터 수입하기는 들인 힘은 적으나 공은 많을 지니(事半功培), 그러하면 한·일의 친선은 실로 교칠(膠漆)과 같을 것이다. 동양평화에 대하여 하등의 청복(淸福)이 되리오. 일본인은 결코 세계대세에 반하여 자기 손상을 초래하는 침략주의를 계속하는 우거(愚擧)로 나오지 아니하고, 동양 평화의 우이(牛耳)를 잡기 위하여 조선독립을 수선(首先)하여 승인하리라 하노라.

가령 이번에 일본이 조선독립을 부인하고 현상유지가 된다 하여도 인심은 물과 같아서 점점 더욱 방비하고 더욱 결심하게 되나니, 조선의 독립은 산위에서 굴러 내리는 둥근 돌과 같아서 목적지에 이르지 아니하면 그 세력이 그치지 아니할지니, 조선독립은 적의 문제뿐이다. 가사 조선독립이 10년 후에 있다하면 그동안의 일본 대 조선의 소득은 얼마나 될까. 물질상 이익 즉 재리(財利)로 말하면 수지 불상상(不相償: 서로 배상하지 못함)을 생하여 일본 국고에 보용(補用)함은 용이한 사업이 아닌즉, 그리하면 일본인의 조선에 있는 관공리 및 기타 월급생활하는 자의 봉급뿐일지니, 노력(勞力)과 자본을 보상하면 순이익은 실로 근소할 것이다. 그동안 일본인의 식민은 귀국하지 아니하면 국적을 옮겨 조선민으로 화하는 것 외에 다른 길이 없을지니, 그리하면 10년 동안의 얼마 되지 않은 재리를 탐하여 세계적 평화의 기운을 상하고 2천만 민족의 고통을 가함이 어찌 국가의 불행이 아니리오.

오호라, 일본인은 기억할 것이다. 청일전쟁 후의 마관(馬關)조약과 러일전쟁 후의 포츠머스조약 중에 조선독립의 보장을 주장함은 하등의 의협(義俠)이며, 그 양 조약의 먹물 흔적이 마르기도 전에 절개와 지조를 변개하여 궤계(詭計)와 폭력으로 조선의 독립을 유린함은 하등의 배신인가. 지나간 일은 그만 두고, 앞으로의 일을 충고할 것이다. 평화의 일념(一念)이 족히 천지의 정상(禎祥: 경사스럽고 복스러운 징조)을 양성(釀成)하나니 일본인은 힘쓸지어다.
(제25호 1919. 11. 4)

12. 愛國心의 化身 金敬喜 女史의 生涯와 臨終

"만일 내가 명일 죽지 않고 적의 옥중에 들어가거든 이 성경을 들여주소서… 나는 독립을 못보고 죽으니 후일에 독립이 완성되는 날 내 무덤에 그 뜻을 고하라… 나는 죽어서도 대한독립의 만세를 부르리라"

신한청년당(新韓靑年黨)의 추도회에서

김순애(金順愛) 씨는 고 김경희 씨의 생애에 관하여,

…내가 작년 2월 하순에 김규식(金奎植) 씨 출발의 보(報)를 띠고 평양에 도착하여 김경희 씨 댁에 유숙함은 씨가 숙아(宿痾)로 와석하였을 때이다. 이 병은 연전 씨가 숭의(崇義)여학교 교사로 있을 때에 지리를 교수하다가 하얼빈의 조(條)에 이르러 이곳이 안중근(安重根)의사의 우리나라의 원수(邦讐) 이토(伊藤博文)를 쾌살한 곳임을 설명하고 독립 후에는 이곳에 안 의사의 동상을 세우자는 말을 하였다는 혐의가 그 다음해에 발각되어 적 경찰서에 감금되어 수주간 악형을 받았을 때부터 시작된 병이다. 신열이 높아짐을 불구하고 나를 위하여 성 내외로 돌아다니며 다수의 동지를

소개하였다.

2월 28일 - 그 다음날 오후 2시에는 독립선언이 있었는데, 그는 그 모친과 나와 동석하였다가 품속으로부터 작은 성경 한권을 내어 모친께 드리며, 내가 명일 외출하여 집에 돌아오지 아니하더라도 염려 마소서. 만일 내가 명일 죽지 않고 적의 옥중에 들어가거든 이 성경을 들여 주소서, 할 때에 그 모친과 나는 체읍(涕泣)하였다. 나는 감격하여 상해로 돌아오려던 계획을 중지하고, 씨와 사생을 같이 하려 하였으나 씨는 나에게 상해로 가서 일자리를 잡음이 당연하다고 강권하였다.

그후 씨는 상해로 왔다. 몸이 심히 쇠약하여 매우 침울하게 되고 다소 비관도 하는 모양이나, 국사(國事)에 대하여는 일찍이 방심하거나 비관한 일이 없었다. 당시 나는 안창호(安昌浩) 총판에게 씨의 요양을 의논함에 안 총판은 그 인격을 알므로 쾌락하였으나, 씨는 지금이 요양할 때가 아니라 하고 고집하여 병구를 이끌고 금전(독립자금)모집의 임무를 띠고 본국으로 향하였다.

나는 아무리 돈을 많이 들여서라도 이 아까운 인물을 구원하자, 지금 잘 요양을 시켰다가 독립 후에라도 일꾼을 만들자 하였다. 나는 국내 국외의 우리 여자를 많이 보았으되 김경희 씨만한 인격과 식견과 열성을 가진 자는 오직 한사람뿐인 것을 보았던 것이다. 그러하거늘 이제는 그를 잃었도다.

김경희 씨가 지난 가을에 상해를 떠나 본국으로 향할 때에 자기는 다시 나오지 못할 것을 각오하였던지 유언 비슷하게 나를 향하여 "합해야 한다 후사를 부탁하노라"할 때에는 비장한 결심이 미우(眉宇)에 드러났던 것이다.

평양 부근에 당도하여서는 그 병든 몸이 30여리를 걸어갔다 하며, 후에 그 친우에게 듣건대 씨는 혼자 무거운 걸음을 옮기면서 이렇게 생각하고 울었다고 - 내가 이렇게 애를 쓰면 우리 민족을 건질까. 이렇게 애를 쓰는 것을 누구나 알아줄까. 내가 이렇게 애를 쓰면 그 결과가 오는 날을 볼까.

그리고 운명하기 바로 전날 그 집에 늘 다니던 형사가 온 것을 씨는 수분간이나 성난 눈초리로 응시함에 그 형사가 나가면서 집 식구에게 90년은 더 살겠소 하더라고.

바로 임종에 씨는 마지막으로 입을 열어 베갯머리에서 우는 노모와 동지를 대하여, 나는 독립을 못보고 죽으니 후일에 독립이 완성되는 날 내 무덤에 그 뜻을 고하라. 나는 죽어서도 대한독립의 만세를 부르리라, 하고 명목(瞑目)하였다고.

또 씨는 수십의 여자동지로 광복을 목적한 비밀결사를 조직하여 혹은 수공품을 만들어 팔며, 혹 방학 시에 부채와 떡을 팔아 5,6년간에 5,6백원의 저금을 하였고, 또 다수 애국 여자를 양성하였다.

김경희 씨의 백형은 미국에 유학하여 모 대학을 졸업하였고, 다음 동생은 북경(北京)에 유학중이며, 다음 동생은 경도(京都)에 유학하다가 금년에 독감으로 일찍 별세하고 가정에는 노부모가 있다.

김순애 씨는 오열하여 한참 말이 막혔다가 맺는말로, "김경희 씨는 애국심의 화신이다. 그는 32년의 일생을 순결한 처녀로 지내었나니 이는 국가에 대하여 사랑 전부를 바치려 한 것이다." (제46호 1920. 2. 14)

13. 費府에서 徐載弼이 國務總理에게

대한민국 임시정부 국무총리 李東輝 閣下

각하의 11월 25일에 보내신 간독(懇篤)한 글월은 기쁘게 받았습니다. 또한 임시정부의 중요한 각원 여러분이 ○○로 취회(聚會)하여 융화적으로 질서 있게 정무(政務)를 집행한다는 말씀 듣고 축하합니다.

이승만(李承晩)박사가 재외하시는 동안은 각하는 사실상 정부의 두령이올시다. 그러므로 저는 진정으로 각하의 동지와 및 전 한국 동포가 모두 각하의 지휘명령하에서 일심단결로 강경(强勁)히 우리의 적을 대항하며 대업에 진췌(盡悴)하기를 바라는 바올시다. 물론 여러 가지 곤란신고(困難辛苦)도 많을 줄로 짐작하옵니다. 그러나 뜻이 있는 사람은 끝내 목적을 달성한다는(有志者事竟成) 말과 같이 만일 우리와 우리 지도자에게 진정으로 뜻이 있다면 우리의 대업은 기어이 성취하고야말 줄 아옵니다.

각하의 힘쓰실 제일 급선무는 전 동포로 하여금 통일적 행동이 필요함과 따라서 각개인의 단독적 행동보다 단체적 노력이 더욱 유효함을 절실히 해득(解得)케 함이올시다. 그러므로 정부의 기관을 더욱 완전케 하며 더욱더욱 진정한 애국정신을 고취하여 우리 민족을 희망의 길로 인도함이 각하의 직책이요 아울러 특권이올시다. 이리하면 머지않아 모든 것이 다 잘 성취될 줄 믿습니다. 금력(金力)의 부족으로 인하여 과거 우리의 경영하는 일은 속효(速效)를 보지 못하였습니다. 그러나 우리는 온갖 기회를 이용하며 온갖 금력과 온갖 인력을 다 허비하여서도 기어이 우리의 목적을 도달하지 아니하면 아니 되겠습니다.

과거 9개월 동안 우리 동포의 표현한 정신과 기상은 참으로 탄복할만하며 참으로 세계에 자랑할 만합니다. 저들의 단결력과 기민은 참으로 칭송할 만합니다. 멀리 해외에 있는 우리들도 본국 동포가 독립자유를 위하여 여하히 수다한 생명을 희생하였는지 다 기억하는 바이올시다. 우리들도 우리의 요구가 정정당당한 줄을 자각하오며, 또한 우리가 독립자유를 향유함이 조금도 부당함이 없음을 확신하는 바이올시다. 그러므로 우리들도 전력을 다하여 일치협력함이 우리의 본분이오 의무인줄 아옵니다.

현금 저는 미국인에게 본국의 사정을 소개하며 필설(筆舌)로써 분투를 계속하는 중이올시다. 우리가 우리의 이 의로운 싸움을 꾸준히 계속만 하여가면 필경에는 멀더라도 수년 안에 한국에 대변동이 생길 줄 확신하는 바이올시다. 우리는 한국을 세계에 널리 소개하지 아니하면 아니 되겠습니다. 우리는 우리의 능력의 여하를 세계에 알릴 필요가 있습니다. 동시에 우리는 더욱더욱 백절불요(百折不撓)하는 정신과 기상으로 나아가지 아니하면 아니 되겠습니다.

만일 세계가 진정으로 우리의 진정(眞情)을 이해하게 되는 날에는 세계 각국인은 누구나 다 우리의 국권광복(國權匡復)의 대업에 원조를 아니 할 자가 없을 줄 아옵니다. 그러므로 우리는 더욱더욱 일심협력하지 아니하면 아니 되겠습니다.

수시(隨時) 기후만안(氣候萬安)하시기 비옵고.

민국 원년(1919) 12월 24일 在美國 費府(필라델피아) 宣傳部 主宰 徐載弼[23] (제49호 1920. 3. 1)

14. 上海의 三一節

아침 일찍 시내 동포는 집집마다 태극기를 달고, 국무원 및 의

---

23) 비부(필라델피아) 선전부란 한국통신부를 말한다. 1919년 3·1운동이 발발하자 서재필은 필라델피아에서 4월 14일 제1회 한인대표자대회(First Korean Congress)를 개최했다. 이는 1774년 9월 아메리카 13 식민지 대표가 필라델피아 독립기념관에 모여 영국의 식민지 지배로부터 독립을 협의하기 위하여 개최한 제1회 대륙회의(First Continental Congress)를 본떠 일본의 식민지 지배로부터 독립을 성취하기 위하여 제1회 한인대표자대회를 개최한 것이다. 3일간 한인대회를 개최한 후 서재필을 외교고문으로 선임하고 필라델피아에 통신부(通信部)를 설치했다. 이리하여 서재필은 이승만의 워싱턴 구미위원부와는 별도로 독자적인 대미선전을 위해 한국통신부(The Korean Information Bureau)를 설치, 한국평론(Korea Review)을 월보로 발간한 것이다.

정원의 축하식과 대극장 안에서의 성대장엄한 민단(民團)주최의 대축하식과 그 후의 자동차 시위운동, 열성과 뜨거운 눈물로 지킨 첫 번째 국경일에 동포의 결심은 더욱 굳어지다.

3월 1일. 우리나라의 독립과 민족의 자유를 선언한 3월 1일. 2천만 대한인은 간곳마다 있는 곳마다, 천년 후 만년 후까지 자자손손이 열성과 환희로써 지켜 축하할 3월 1일. 상해에 있는 대한의 자녀들은 어떻게 이 날을 지켰는가.

早朝의 上海市內

3월 1일 오전 6시경부터 상해시내의 한인의 주택가에는 부활한 태극 국기가 휘날리기 시작하였다. 바로 밤새기를 기다리기가 어려웠던 것 같다.

가장 한인이 많이 거류하는 법계(法界, 프랑스 조계)의 명덕리(明德里) 보강리(寶康里) 및 하비로(霞飛路) 일대에는 여기저기 태극기(太極旗)가 날리고 있었다. 혹 개인으로 한인(漢人)의 2층을 빌어 살고 있는 이들도 다 국기를 달아 이 날을 경축하였다. 아마 법계 일대만 하여도 4,50은 될 것이니, 상해 시내에 이렇게 대한의 국기가 날린 것은 이번이 처음이다.

이날에 비로소 세계 각국인이 모여 사는 상해 한복판에서 "우리는 대한인이다" 하는 표를 보였다. 매 일요일과 경절(慶節)에 영·불·미의 국기가 가가호호에 날릴 때에 우리는 얼마나 그것을 부러워하였던가.

동포들은 아이들까지도 며칠 전부터 이 신성한 국경일의 준비를 하여 어제에 이르러서야 명절기분이 되었었다.

날은 흐렸으나 중춘(仲春)일기에 그렇지 않아도 심신이 자못 상쾌하거늘, 문전가두에 빛나는 태극기가 가벼운 바람을 타고 펄펄 날리는 것을 볼 때에 대한인의 감격이야 얼마나 하였으랴.

아직 촌척도 회복하지 못한 고강(故疆), 지금 옥중에 계신 형제와 자매 - 모두 생각하면 가슴이 터질듯 하지마는, 천만대에 기념할 우리 민족의 부활일인 오늘 하루를 무한히 기쁘게 축하하자, 놀자.

臨時政府 및 議政院의 祝賀

임시정부는 개원중인 임시의정원과 함께 3월 1일 독립선언 기념 축하식은 의정원 회의장 안에서 거행하였다. 이동휘(李東輝) 국무총리 이하 이동녕(李東寧) 내무, 이시영(李始榮) 재무, 신규식(申圭植) 법무, 안창호(安昌浩) 노동국총판, 김 교통대리와 기타 정부 직원 일동이 출석하고, 의정원 의원 ○○○○학생을 합하여 내회자(來會者) 총 80여 명이다.

오전 10시 이 국무총리 사회로 애국가를 합창하고, 국기에 향하여 최경례를 행한 후, 이 국무총리는 다음과 같은 식사를 행하였다.

"작년 금일은 반만년 역사의 권위와 2천만 민족의 성충을 합하여 우리 민족의 대표 33인이 독립을 선언한 날이다. 오늘에 임시정부와 임시의정원이 합하여 대한민국 국기 앞에서 이날을 축하함은 역사상 가장 광영 되는 일이다. 그러나 우리의 선도자 33인과 몇 만의 충의남녀는 아직도 철창 안에서 신음하는데, 우리는 몸이 평안한 자리에 있어서 오히려 희생의 정신이 희박하고, 독립선언 1주년이 되는 오늘까지 우리는 촌토척지(寸土尺地)도 광복하지 못하므로, 이같은 식을 외국인의 집에서 거행하니, 이것이 우리의 2대 유감이다. 이를 생각함에 나는 진실로 가슴이 아프도다." 하고 오열하면서, "광복의 책임을 진 제군은 이날에 크게 맹세하고 굳게 합하여 명년 이날은 이와 같이 유감 되는 날이 되게 하지말기를 바라노라." 하였다.

손정도(孫貞道) 의정원 의장의 축사에,

금일은 유사 이래 처음 되는 수욕(羞辱)을 당한 우리가 역사의 권위와 민족의 충성(衷誠)을 합하여 세계에 독립을 선언한 제1회 기념일이다. 지난 1년간의 우리의 정의와 인도를 위한 혈전, 거기 발현된 대한민족의 용기는 포악한 적의 간담을 서늘케 하고, 세계에 일대 경이(驚異)를 주었던 것이다. 금일은 실로 영원히 기념할 날이다. 원컨대 충의남녀들이 적의 총검하에 피를 뿌림과 지사의 철창 안에서 고초를 당함이 얼마인가. 우리는 마땅히 공약을 준수하여 최후의 1인까지 최후의 1각까지 분투함으로써 적에게 정의의 소재를 알게 할 것이다.

다음에 ○○○○학생 일동이 웅혼(雄渾)하고도 비분을 띤 음성으로, 독립군가 '나가나가 싸우러 나가'를 합창함에, 비상히 흥분된 회중은 전신에 전율을 느끼고, 얼굴에 나타난 결심의 표정은 독립전쟁의 장래를 축하하였다. 이 국무총리의 발성으로 대한민국 만세를 3창하고 혼화리(渾和裏)에 폐회하였다.

盛大莊嚴한 民團主催의 大祝賀會

대극장 안에 7백 명 대한의 자녀가 혈루(血淚)의 감격으로

오후 2시 상해 및 인근지에 교류(僑留)하는 동포는 정안사로(靜安寺路) 올림픽 대극장으로 회집한다. 입구에서는 회중(會衆)에게 태극기 수기(手旗) 1류(旒)씩을 주어 장내는 마치 태극기 바다로 변했다. 회중은 이 태극기를 반드시 머리 위에 높이 들었다.

정청(政廳)의 좌석은 다 찼다. 2층 외빈석에도 한인(漢人) 서양인 백여 명이 참석하였다. 그 중에는 영문 대륙보(大陸報), 구국일보(救國日報), 기타의 신문기자도 있었다.

무대의 장식은 극히 숭엄하다. 배경에 대형 국기를 교차하고, 그 위에는 '大韓獨立宣言紀念'이라고 금자(金字)로 대서한 홍초폭(紅綃幅)을 가로로 붙이고, 그와 직각으로 역시 붉은 비단 금글씨로 대서한 '獨立萬歲'의 축(軸)을 걸었으며, 무대의 동쪽 끝에 한・영・미,

서쪽 끝에는 한・중・불의 국기를 각각 삼각으로 교차하여 친선의 뜻을 표하고, 천장에는 적국기(日章旗)를 제외한 만국기로 장식되었다.

이윽고 무대 서쪽 벽문으로서 이 총리를 선도로 이 내무, 신 법무 양 총장, 김가진(金嘉鎭)옹, 이시영(李始榮) 재무총장, 박은식(朴殷植)옹, 손 의정원 의장, 현순(玄楯)씨의 순서로 들어와, 동서 양쪽 열에 나누어 팔자형으로 열석하였다.

사회자인 상해 대한민단장(大韓民團長) 여운형(呂運亨)씨가 개식을 선언함에 회장은 자는 듯이 정숙하여지고, 군악대의 '동해물과'를 맞추어 일제히 애국가를 부르며, 금일의 식 중에 가장 감격 많은 상기식(上旗式)이 시작되었다.

상기식이라 함은 미리 무대의 정면 음악대 지휘대상에 세운 홍초로 감은 깃대 끝에 약 12,3척 평방의 태극기를 다는 것이니, 깃대(旗竿)끝 도르래를 통하여 긴 줄을 매어 이 총리의 선도로 각 총장(이때에 안 총판이 들어온다) 및 김가진・박은식 양 국노(國老)가 줄을 당기고, 각 단체의 대표로 김원경(金元慶)・안정근(安定根)・이광수(李光洙)・신익희(申翼熙)・선우혁(鮮于爀) 제씨가 기를 받들어 애국가를 부르는 가운데 점점 천천히 태극기가 잡아당기는 줄을 따라 깃대로 올라갈 제, 처음에 기의 한끝이 보이고, 다음에 1괘(一卦)가 보이고, 다음에 태극의 일부가 번쩍 보일 제 회중의 애국가 부르는 소리는 오열하고, 700명 대한의 자녀의 두 뺨에는 뜨거운 눈물이 흥건히 흘러내렸다. 애국가가 다 끝나고, 태극기가 깃대의 정상에 다 오를 때 회중 중에서 방성하는 곡성이 일어나고, 따라서 한숨짓는 소리가 장내에 차서 형언할 수 없는 비장한 광경을 이루었다.

일동은 피눈물로 오열하면서 국기를 향하여 최경례를 행한 후 여운형 씨는,

우리 민족이 노예 된지가 벌써 10년이외다. 우리보다 먼저 옥에 가고 생명을 바치신 여러 지사들과 2천만의 남녀가 대한의 독립을 선언한지도 이미 1주년이 되었다. 나는 나라를 떠난 이래 7년간 혹 7월 4일(미국 독립기념일)이나, 10월 10일(雙十節이라 하여 중국혁명 기념일)을 당하여 남의 즐거운 경축에 참석할 때에 얼마나 눈물를 흘렸을까요. 우리도 지금은 10년간 못 보던 저 국기를 다시 달고, 10년간 못 불렀던 저 애국가를 다시 부르게 되었습니다. 동포여, 여러분은 저기 올라간 저 국기를 다시 땅에 떨어지게 하시렵니까(이때에 회중의 울음소리는 가장 커지고 있다). 한번 높이 단 이 기를 영원히 빛나게 합시다. 아직 우리의 할 일은 많소. 아직 우리는 한 치의 강토도 광복하지 못하였소. 아마 오늘 이 순간에도 본국에서는 죽는 동포가 있는지 모릅니다. 그이들을 생각하고, 다 회개들 하시오. 그래서 한번 올라간 저 국기가 다시 땅에 떨어지지 말게 하시오. 이리하여 우리 애국자의 영혼을 위로하려 하거든 여기 모인 우리 자녀들이 하나가 됩시다. 아무 것도 섞이지 아니한 일심단결이 됩시다.

상기시(上旗時)에 울음을 발한 회중은 여 씨의 말에 이르러 비장한 감격이 극도에 달하여 참석한 외빈까지도 흐느껴 울지 않을 수 없었다. 다음에 일동이 기립한 후 현순 씨의 독립선언서 낭독이 있었고, 이화숙(李華淑)씨의 독창과 몇 차례의 식장의 촬영이 있은 후, 이 국무총리는 축사를 행했다.

나의 사랑하는 여러 형제여 자매여, 오늘은 10년간 적의 압박을 겪고 암흑 중에 있다가 작년 3월 1일에 우리 수령 손병희(孫秉熙) 선생 이하 33인이 우리의 역사를 다시 빛내게 한 1주년 기념일이외다. 그동안 우리 국민은 각기 생명과 재력과 지력(知力)을 바쳐 힘썼지만은 지금 저 국기 아래에서 우리는 할 말이 없습니다. 우리는 남의 혁명과 달라 처음에는 과거 1년간 오직 평화주의로만 진행하였지만은 금일에는 맹연(猛然)히 방침을 변할 필요가 있나니, 이제부터 우리는 2천만이 최후의 한사람까지 대한의 독립과 자유를 위하여 싸워야 하겠고, 그리 아니하는 자는 대한인이 아니라 하겠소. 우리는 이 국기 밑에서 금년에는 혈전(血戰)을 단행하기를 작정합시다.

이어 이동녕 내무총장은,

이 기쁜 날에 우리는 어떻게 할까. 남이 하는 것과 같이 웃고 노래할까. 33인은 지금도 옥중에 계시게 하니 우리의 책임이 아닌가. 국기를 아직 우리 국토에 꽂지 못하였으니, 우리의 죄가 아닙니까. 우리는 금일에 작정하고 피차에 다 공상과 공담(空談)을 버리고, 있는 힘을 내어놓읍시다. 의사를 내시고, 힘을 내시오. 돈을 내시오. 그리하여 한 덩어리가 되어 다음번 기념은 우리 국토에 국기를 꽂고 축하하기로 결심합시다.

이 사이에 4부 합창이 있고, 안창호 노동국총판이 축사를 행했다.

이날 우리 흉중에는 비희(悲喜)를 분간치 못할 일종 비상한 감상이 있소. 이 비상한 날에 비상한 감상이 있는 동시에 비상한 결심이 있어야. 과거 10년 동안 대한 민족은 이날 하루를 얻기 위하여 비상히 분투하였고, 일본은 우리로 이날 하루를 못 얻게 하기 위하여 분투하였소. 그러나 일본의 분투는 실패되고, 우리의 분투는 성공되어 천만대에 기억할 이날을 우리가 알게 되고 세계가 알게 되었소. 이날은 가장 신성한 날이오. 자유와 평등과 정의의 생일이니, 진실로 상제(上帝)가 허하신 날이오. 이날은 한두 개인이 작정한 것이 아니요, 2천만이 하였고, 다만 소리로만 한 것이 아니요. 순결한 남녀의 피로 작정한 날, 값 많고 신성한 날이오. 우리는 10년을 싸워 이날을 얻었지만은 이날이 있은 후 1년 동안에 무엇을 하였습니까.

과거 1년간 일인은 이날을 무효로 돌아가게 하려했고, 우리는 이날을 유효(有效)케 하려고 싸워 왔소. 그리하고 세계는 이 싸움에 주목하고 있소. 일인의 최대문제는 이날을 무효로 돌아가게 함이오. 우리의 최대의무는 이날을 영원히 유효케 함이외다. 이날 - 우리나 일본이나 세계가 다 큰 문제를 삼는 이 비상한 날에 우리는 비상한 결심을 지을 필요가 있소. 가로되, 기어코 이날을 유효케 하자. 그리하기 위하여 우리는 작년 3월 1일에 가졌던 정신을 변치 말고 잊지 말자 함이오. 그날에 우리는 명예나 생명이나 재산을 다 불고(不顧)하고 일하자 죽자 하였소. 그날에 우리 민족은 우리 대표 33인의 인격이나 실력도 불계(不計)하고 오직 부모와 같이 여겼소. 그날에 우리에게는 의심도 시기도 없고, 오직 서로 사랑하여 한 덩어리가 되었소. 그날에 일인의 강포(强暴)도 무서워아니하고 최후의 한사람까지 최후의 일각까지 나아가자고 맹세하였소. 동포여, 이날을 유효케 하려거든 그날을 기억하시오. 이 정신을 통틀어 말하면 여러분은 우리 대통령 이승만과 우리 국무총리 이동휘 밑에 통일되어 가인(嘉仁, 大正)을 목표로 싸우자 함이오. 우리가 전쟁을 하네 외교를 하네 하지만은 우리의 지체(肢體)가 상쟁하고야 무엇이 되겠소. 금일에 우리의 작정할 것은 이미 우리 민족의 작정한 두 영수를 떠받들고 나아감이오.

이로부터 내빈의 축사가 개시되어 중국인 이인걸(李人傑) 씨는 진정으로 금일을 축하하는 뜻과 과거에도 양국의 관계는 밀접하였지만은 금일의 처지가 일본을 공동의 적으로 하고, 자유와 평등의 신국가를 건설하려하는 점으로 서로 같다고 하면서,

그런즉 귀아(貴我) 양국이 힘을 합하여 일합시다. 한국을 부강하게 하는 것은 한국민의 책임이지요. 중국을 부강하게 하는 것은 중국민의 책임이지요. 그러나 양국의 공동의 적을 넘어뜨리고 양국을 부강케 하는 것은 양국민 연대(連帶)의 책임이라 하오(갈채) 하고 국민이 일심일체가 되어 정의로만 싸우면 최후의 승리를 기필코 이루리라. 제군의 앞에는 일본이라는 홍해(紅海)가 있소. 그러나 제군이여, 일본의 강대함을 보지 말고 제군자신의 강함을 보시오. 강약이 경쟁하면 강자가 이기는 것은 정리요. 그런데 의로운 자는 강자의 재력이나 병력이 강함이 아니니, 이것을 꺽을 칼이 있소. 가장 강한 자는 정의와 인도로 행하는 자이니, 대개 정의와 인도를 꺾을 칼이 없음이외다. 귀국이나 우리나라의 문제는 세계의 문제요, 정의와 인도의 문제이니, 끝까지 나가면 우리가 이기리다. 그러나 우리 양국의 일은 우리 양국의 책임이니, 우리의 강력으로 빚을 것이외다. 우리의 강력은 즉 정의의 힘이외다. 독일의 카이저를 보고 러시아의 니콜라이를 보시오. 당시에 누가 그네를 두려워하지 아니 하였으리요. 지금에야 무엇이 있는가. 우리는 정의로 싸웁시다. 우리는 이길지니 대한민국의 만세 소리가 하늘에까지 미치리다(갈채).

이에 사회자의 주창으로 만세 3창과 하기식이 있고, 중국 남녀 학생의 무예가 있었다. 그네는 이날을 위하여 특히 출연함이니 일

동은 많은 흥미와 감사로써 관상(觀賞)하고, 식을 폐하니 오후 4시 반이다. 요량한 군악에 태극기를 두르고 만세를 불렀다.

雨中의 行進

자동차 위에서 펄펄 날리는 태극기와 만세 소리가 영국 조계 대마로(大馬路)와 황포탄(黃浦灘)으로

요량한 악대 소리를 뒤에 두고 장외로 나옴에 음침하던 하늘은 가랑비로 변하였다. 손마다 태극기를 든 군중은 감회를 이기지 못함인지 잠시 문전에 정체하더니, ○○○○학생을 중심으로 한 1대의 행렬은 서서히 정안사로(靜安寺路) 전차 길을 따라 대마로를 향하고, 앞으로 나아간다. 군중은 다 비를 무릅쓰고 장사(長蛇)와 같이 나아가는 엄숙한 행렬의 후미가 꺾인 길을 다 돌아 보이지 않게 될 즈음에야 회중은 겨우 삼삼오오 흩어지기 시작 하는데, 길가와 차위에 한 바람에 펄펄 휘날리는 태극기가 끊임없이 이어지며, 혹은 사사로이 연회를 베풀어 벗을 청하는 이, 오늘밤 한밤을 여하히 즐겁게 지낼까하고 사사로이 수군거리면서 집을 향하는 이, 우인을 끌고 축배를 들기 위하여 채관(菜館)으로 향하는 이, 형형색색으로 동서로 노닐었다. 그러는 중에 1대는 수대의 자동차에 나누어 타고 국기를 높이 달고서 벽력같은 만세 소리로 하비로(霞飛路)를 질주하고, 서장로(西藏路)를 거쳐 영국 조계 대마로로 나와 '독립만세'를 더욱 고창하며, 황포탄 방면으로 나와 일인의 시가인 홍구(虹口) 방면으로 돌진하여 밤늦게까지 시위를 계속하였는데, 러시아인은 '우라'를 부르고, 영미인은 모자를 두르며, 중국인은 박수로 환영하는데, 일인은 비슬비슬 보기만 하였다고 한다.

밤에는 외빈 초대회가 있어서 또한 성회를 이루었다. 귀관(歸館)할 즈음에 비바람이 더욱 심하더니 집에 당도함에 봄비에 젖어 물이 흐르는 태극기가 암중에 찬 바람을 맞아 펄펄 날리는 모양은 유심히 뵈어, 사람으로 하여금 향수가 스스로 일어나게 했다. 적의

독한 발톱 아래에서 이날을 맞는 모든 본국 동포에게 영광의 승리가 있을 것이다.

三月一日 雜觀

3월 1일. 제1회 기념일. 기다리고 기다리던 이날. 이곳 있는 한인사회는 온통 명절기분으로 맞았다. 가가호호마다 국기를 단 것은 물론이거니와 모씨는 중국인 2층을 빌어가지고 있으면서 양국 국기를 교차하여 하이칼라라고 평판이 자자하다. 또 사관(士官)들이 유숙하는 모처에는 초롱에 태극을 그리고 장식을 가하여 제일 교묘하다고 한다.

민단사무소에 축하식이 있다는 소문을 주어들은 일본 모 신문기자가 사진반을 데리고 불이 나게 달려와 보니 회중은 이미 올림픽 극장으로 향한 후라 동 기자, 창황 중에 정안사로(靜安寺路) 소리만 듣고 동로 중국인 경영인 우원(愚園)으로 달려가 보니 사람의 그림자라곤 없는지라 입맛만 쩍쩍 다셨다 한다.

기록할 만한 미담이 하나 있다. 모모 양씨가 식장준비를 하노라고 큰 태극기를 메고 가는데, 어떤 중국학생 3명이 오다가 기를 보고, 홀연히 모자를 벗으며 최경례를 하므로, 가지고 가던 양씨는 심히 감촉되어 감사의 뜻을 3인에게 표하였다 한다.

식이 반을 넘어 축사에 들어가서 이인걸(李人傑) 군의 연설을 번역하는 백영엽(白永燁)군의 통역은 유창하여 청중에게 감동을 주었는데, 그 번역어가 굉장하다. “강권을 믿는 자를 누를 칼은 있나니라! 자본을 믿는 자를 누를 칼은 있나니라. 그러나 정의를 믿는 자를 누를 칼은 없을 지니라” 운운.

식이 끝나고 여흥에 들어가 중국 무술반의 검무가 대갈채 박수를 받았는데, 학무총장 김규식(金奎植) 씨 자제(금년 9세)가 성히 맞불을 놓아 가로되 “일본놈 죽여라. 겁내지 말고 나가라”에 만장이 홍소(哄笑). 이 도련님 평소에도 어지간히 어른 뒤에 떨어지지 않는 걸.

식장에서 돌아오는 길에 소학생 몇이 탄 인력거 위에 태극기가 좌우로 날리는 것이 볼만 하였다. 웬 일본여자 셋이 마주 오다가 앞뒤에서 태극기를 두르고 이것 보라는 듯이 떠드는 것을 만나 마음색 좋지 못한 얼굴로 비슬비슬 달아나는 것은 더욱 볼만하였다. 홍구 방면으로 나간 자동차대가 1대의 중국인 장난꾼을 뒤에 달고 횡행하는 것을 미운 듯이, 할 수 없고나 하고 보고 서있는 일인의 형상도 볼 만한 것의 하나였다. (제50호 1920. 3. 4)

15. 咸興 獨立運動 實記(1)

단기 4252년(1919) 봄 3월. 3천리 방방곡곡이 자유만세를 규호(叫號)할 제에 사랑하는 우리 함흥동포는 이 같은 희생을 조국에 바쳤다.

一. 준비운동

작년 1월 전도(全道)의 독립운동이 장차 폭발되려 할 때에 경성 연희(延禧)학교 학생 최순탁(崔淳鐸) 씨는 당시 함흥에 있으면서 병을 요양하던 오륜환(吳倫煥) 씨에게 글을 보내어 독립운동에 관한 전후사를 기술하고, 상경을 촉구하였으나, 병으로 인하여 상경하지 못하였더니, 얼마 안 되어 최씨가 함흥으로 내려가서 양씨 서로 만나보고, 신사(紳士), 교회, 청년회 등을 연락하여 운동의 획책을 시작하였다.

상업가 중에는 한영호(韓泳鎬)·오명근(吳明根)·이명식(李明植)·홍기진(洪基鎭) 제씨와 변호사 허(許)씨가 참가키를 허락하고, 소위 신사들은 냉소만 하였다. 천도교인들은 중앙총부의 명령대로 하겠다하고, 예수교회에서는 신창리(新昌里)회당 목사 전계은(全啓殷)의 반대와 그 나머지 고령 장로들이 오히려 유예미결한 것을 제외하고는 전부 흔쾌히 찬성하였다.

영생(永生)중학교, 관립인 고등보통학교, 농림학교도 일치 행동하기로 약속하고, 영생여학교 학생들은 교장의 만류도 듣지 않고, "여자도 우리 대한의 한 분자인 이상 대한인의 의무를 다하여야하겠다" 하여 분기하였다.

각 방면의 연락이 이룩됨에 2월 22일 독립운동 간부회로 10여인이 신창리 주배희(朱培熙) 씨 집에 집합하여 금전운동과 경성 본부에 인원 파견 등사(等事)를 결의하니, 영생여학교 모 여교사는 자기의 1개월 월급 40원을 의연하고, 기타 몇 10원, 몇 원을 합하여 즉석에서 백여 원이 연출되었다.

상기인들은 다시 2월 27일 밤에 신창리 ○○에 모여서 3월 3일 시위운동의 집행순서를 작정하였다. 일변 국기를 제작하며, 일변 선언서를 가지러 원산(元山)으로 사람을 보냈다. 이날 영생중학교 교감 김창제(金昶濟)에게 참석을 청하였더니 거절을 당하였다. 아아, 옛날의 지사가 하루아침에 왜놈의 개로 변할 줄 누가 뜻하였으랴.

二. 당일의 광경

3월 2일(일요일) 밤 신창리 회당에서 김두석(金斗錫) 씨의 '마귀를 격퇴하라'는 제목으로 강도(講道)가 있었다. 청중은 평시보다 배나 더 많았다. 예배 중 왜놈 개(倭犬) 김창제가 일어나서 기도하는 체하고, 운동 전후 비밀을 발표하니, 교우들은 "이것이 무슨 기도냐" 하여 분개하고, 참석하였던 적탐(敵探)은 퇴장하였다. 경찰대는 벌써 회당문을 수비하고 있었다. 그러나 암야인 고로 포착하지는 못하고 김창제만 데리고 가더니, 즉시 왜경은 김창제와 함께 영생중학교에 가서 학적부, 명부록으로 인명 및 주소를 알아내고, 이날 밤 2시부터 포착을 시작하여 관계인의 다수가 체포된 것이다. 이에 천도교인 전부가 활동하여 그날 밤에 전성(全城) 만여가에 선언서를 나누어 배포했다.

다음날 아침 3월 3일 왜경은 학생모를 쓴 자는 다 잡으라 하였다. 그때까지 왜경은 이를 학생만의 운동으로 인식했기 때문에 아침 일찍 학생들은 선언서를 분포하려고 나섰다가 빼앗겼다. 학생의 포착된 자 600명에 달했다.

상오 10시에 구 서문도(西門道) 십자로상에 무려 수천 명이 회집하고 있었다. 60여세의 예수교인 이명봉(李明鳳) 씨는 태극기를 들고 선두에 서있었다. 군중의 입은 열렸다. 독립과 자유를 부르짖는 만세 소리는 우레 같이 벽력같이 산하를 움직인다. 오명근 씨는 불과 같은 열변을 토할세, 무장한 왜경은 군중가운데로 침입하여 다수인을 포착하는지라, 용감한 독립군들은 넘어지면서도, 잡혀가면서도, 맞으면서도, 더욱 만세를 높이 외치고 잡혀가는 것을 본 군중은 더욱 분노하여 경찰서에 압도(壓到)함에 왜경들은 어찌할 줄을 모르고 소방대는 펌프로 물을 뿜어대기 시작했다.

당일은 전시(全市)가 폐점하였고, 학교는 전부 휴학하였다. 왜경은 서내(署內)만으로는 포착한 인원을 다 수용할 수 없으므로 왜 학교를 차용하였다. 학생들은 하루 종일 굶었는지라 갇힌 안에서 일제히 만세를 부르며 소요하니, 선언서를 가지지 아니하였던 학생들은 전부 석방되었다.

각 관립학교 학생들은 그 교장의 소개로 중요인물 외에는 대개 해방되었다. 처음에 이번의 운동을 다만 학생들의 거동으로 알았던 그들 왜경은 다시 학생은 복종할 따름이오, 그 주동은 신사(紳士)라고 생각한 모양이다. (제56호 1920. 3. 20)

함흥 독립운동 실기(2)

二. 당일의 광경(속)

시민의 극렬한 시위운동은 시작했다. 제1차는 상민(商民) 주동으로 정거장 대로변에서, 제2차는 농림학교 학생 주동으로 시장변에서 행하다가 다 해산을 당했다. 이때 예수교인 노인 최학성(崔學聲) 씨와 3,4인의 학생이 중상을 입었다. 제3차로 상민·학생 연합하여 구 서문통 대로에서 모여 경찰서를 파괴하려 하고 대오를 지어 진행하는 중 무장한 순사 및 소방대와 충돌하여 다수한 사상자를 내고 말았다. 제4차는 여자계의 시위와 각 여학교 학생 및 자혜의원(慈惠醫院) 간호부들은 중하리(中荷里) 예배당에서부터 행진을 시작할세, 한손에 태극기, 한손에 손수건을 들고, 구 남문통에 이름에 무장한 헌병 순사 및 소방대의 폭행을 당하여, 혹은 머리가 깨지고, 혹은 귀가 떨어지고, 혹은 복부와 등 뒤를 중상하였다. 난타를 당한 여자들의 의상은 산산이 찢어지고, 참가한 여자는 전부가 체포되었다.

인민의 분노는 더욱 높았다. 고등보통학교 농림학교 기타 각 학교 학생과 상민 일동은 더욱 극렬하게 제5차 시위운동을 행했다. 구 남문통 대로에 집합한 군중은 왜 경찰서를 분쇄하고야 말 기세로 대오를 정제하고 정정당당하게 진행 중 십자로에 이르러서야 또 헌병 소방대와 충돌하였다. 잔악한 적은 그 칼과 창으로 함부로 사용하여 십자대로 큰 길에는 우리 용사의 흘린 붉은 피로 물들었다. 다수의 부상자는 길 위에 누었다. 2명은 이미 정신을 잃었다. 군중의 슬피 우는 소리는 만세 소리와 함께 천지를 움직이는 듯하다.

자택에서 이 소식을 들은 캐나다 선교사 마구례(馬具禮)씨(씨의 부인은 여학교 교장)는 분노를 참지 못하고 현장에 달려가 이 참상을 보고 느껴 울었다. 한 왜경이 와서 “이 폭동이 귀하의 신상에 위험하니 피하라” 함에 씨는 크게 노하면서 “이놈들아 나 보는 앞에서 한번 이같이 때려라. 네가 사람이면 미친개에게도 이같이 못하리라.” 그 자리에서 슬피 울던 오륜환 씨는 곧 마구례 씨에게 가서 이 운동의 해외선전을 의뢰함에 씨는 그때 일본 요코하마(横濱)에 체류하던 캐나다 시찰단에 한국에 오기를 전보하였다. 미국정부에 처음으로 보고를 하고 여론을 일으킨 캐나다 시찰단이 이것이다.

유치장에 갇힌 남녀학생들은 서로 누이 오라버니 하여 동거동식하며 애국가를 합창한다. 2명의 중상자중 1인은 변응관(邊應觀) 씨요, 1인은 모 형사의 동생이다. 평소에 적의 수족이 되어 동포에게 몹쓸 놈 소리 듣던 씨도 그 동생이 적에게 맞아 혼도(昏倒)하였다는 말을 듣고 찼던 칼을 떼어 던지며 큰 소리로 외치기를, "이놈들아 나는 순사노릇 안하겠다. 나도 내 아우와 함께 독립만세를 부르겠다" 하고 물러나왔다. 양씨는 그후 치료하여 다행히 소생하였다.

영생중학교 직원 전부가 체포되었으나, 왜놈 개 김창제는 분주히 경찰서로 출입하고 있었다. 천도교에서는 당일 성내 교구실에 각 촌의 교인을 집합하여 운동하려 하였으나, 적에게 기밀이 발각되어 교통을 적절히 단절하고 인민의 성내외 출입을 금함으로써 계획이 실패로 돌아갔다.

생쥐와 같은 적들은 황겁하여 일개 흉기를 가지지 아니하고 오직 정의 인도를 부르짖는 우리 독립군을 총검으로 위협하려 했다. 이날 하오 4시부터 적의 군대는 속사포를 가지고 골목마다 서있었다. 일몰 전에는 2인도 같이 다니지 못하게 하고, 일몰 후에는 전혀 통행을 금했다. 거리에 들리는 소리는 다만 적의 나막신(게다) 끄는 소리뿐이다. 아아, 함흥 성내가 이미 적의 칼날 아래 습복(慴伏)하였는가? 아니라 용장한 우리 독립군은 명일사(明日事)를 준비하기에 여념이 없었다.

적의 상점은 전부 폐쇄하고 적의 관공서 및 은행 등은 우리 독립군이 방화하리라 하여 소방대를 준비하였다. 적의 여인 등은 근

친한 국인(國人)의 집에 와서 한복을 입고 떨고 있으며, 남자들은 적의 병영(兵營)에 가서 보호를 청하였다. (제57호 1920. 3. 23)

함흥 독립운동 실기(3)

三. 그후의 정황

군중의 입에서는 아직 만세소리가 그치지 아니하였다. 상리(上里)에서 만세소리가 울려온다. 이를 들은 적경과 군대는 그리로 달려간다. 그러나 적의 무리가 상리에 이르렀을 때에는 군종은 이미 헤어지고 하서리(荷西里)에서 또 우레 같은 만세소리가 들린다. 이리하여 하동리(荷東里), 동양리(東陽里), 성내에서 그칠 새 없이 만세를 불렀으나 적의 무리는 오직 달려갔다 달려왔다 할뿐이다.

적중(敵衆)은 악이 날 대로 났다. 구타와 포착을 할 대로 하였다. 인민들은 그의 자제가 식사 때에 들어오지만 아니하면 또 붙잡혀갔거니 한다. 노상에는 두 사람도 함께 다닐 수 없다. 옆구리에 손도 넣고 다니지 못한다. 그러나 간부(幹部)에서 발행하는 신문은 여전히 전하여 준다.

교통차단을 당한 상민들은 제1차에 5일간, 제2차에 3일간을 동맹철시(同盟撤市)하고, 교통차단을 해제하지 아니하면 운동에 참가하겠다고 선언하였다.

3월 5일에는 소위 도장관 이규완(李圭完) 이하 적의 관리들이 학생에게 소위 설유(說諭)를 하려고 유치장에 있는 학생 전부를 함흥군청으로 옮겨 갈세 길가의 관광자들이 만세를 불러주며 행렬을 지어 보조정정(步調正整)하게 걸어가는 학생들은 의기당당하다. 설유를 마친 후 학생들은 외변(外邊)의 암호에 맞추어 일시에 만세를 높이 불렀다. 적중(敵衆)의 간계는 한갓 낭패하였을 뿐이었다. 부형의 연서로 해방되던 당일 및 그 후에 적에게 체포되어 이번 운동의 주동자로 1년 이상 3년까지의 복역을 당하는 인사는 42인이다. 이에 성명을 기록하건대, "한영호(韓泳鎬), 오명근(吳明根), 이영식(李永植), 홍기진(洪基鎭), 김광표(金光杓), 김두석(金斗錫), 조영신(趙永信), 박성호(朴聖浩), 유승경(劉昇經), 최영학(崔永學), 조동훈(趙東燻), 김모학(金莫鶴), 이영화(李永華), 최순탁(崔淳鐸), 이근재(李根在), 최명학(崔明鶴), 이진봉(李辰鳳), 주배희(朱培熙), 서홍집(徐弘集), 윤준덕(尹駿德), 이순기(李舜基)" 등이요 그 밖에는 학생들이다.

四. 外村의 運動

1) 본궁(本宮). 함흥에서 남쪽 10리 되는 본궁은 이태조(李太祖)의 본향이다. 곳곳에 시위운동이 맹렬한데 오직 이곳만 고요히 있으랴 하고 오륜환(吳倫煥), 김윤환(金允煥), 김대희(金大禧), 박연섭(朴連燮) 등이 주모하여 이태조의 궁전 안에서 3월 10일 밤에 독립축하식을 거행했다.

이날 밤에 회집한 자 1천여 인이다. 궁전 내외문과 묘문(廟門)을 활짝 열고 안팎에 등촉이 휘황하다. 8시에 식을 시작하여 축문(祝文)을 낭독하고 김윤환의 연설이 있은 후에 만세를 3창했다.

식을 마치고 대중은 노상에 나와 시위행진을 할세, 선두에 문석빈(文錫彬)이 도복(道服)을 입고 큰 등을 들고 간다. 행렬을 마치고 김윤환, 김대희, 문석빈, 박도련(朴道連)등 4인은 적경 주재소에 가서 이번 시위운동의 사실을 설명하였다. 며칠 후에 그들은 모두 붙잡혀 갔다.

2) 지경(地境). 함흥에서 서쪽 30리 되는 곳인데 시장이 있는 큰 마을이다. 이곳의 유지 청년 및 상민들은 먼저 당지 주재소에 있는 한인 순사들을 권유하여 상업자본금을 주기로 하고 전부 사퇴케 한 후에 하루 장날(市日)에 동맹 파시(罷市)하고 대시위운동을 행했다. 그래서 인민의 부상자는 없었으나 그 후 주모자는 다 붙

잡혀 갔다.

3) 오로촌(五老村). 함흥에서 북쪽으로 30리이다. 시장과 적경(敵警)의 주재소와 헌병대가 있는 큰 마을이다. 하루 장날에 청년 및 상인들이 시위운동을 행했다. 적경 및 헌병의 폭행으로 다수가 중상을 입고 주동자는 붙잡혀 갔다. (제60호 1920. 4. 1)

16. 大政方針 質問

의정원 의원 이유필(李裕弼) 씨 이하 5인이 국무원(國務員)에 제출한 질문내용.

1. 독립운동에 관한 계획이 여하오. 가장 중점을 기울이는 방침, 소요의 시간, 소요의 경비 및 재원의 여하를 듣고자 원함.
2. 인민은 금년 안으로 독립전쟁의 개시되기를 절망함. 이에 대한 정부의 의사는 여하오. 만일 전쟁의사가 있다 하면 그 계획의 대강(소요의 兵員, 소요의 군비 무기 탄약의 준비, 모병 및 장병 훈련의 방법)을 듣기 원함.
3. 외무총장 박용만(朴容萬)과 군무총장 노백린(盧伯麟)이 아직까지 취임하지 못한 이유는 여하오. 만일 상당한 이유 없이 취임치 아니하였다 하면 정부는 그 면관을 단행하고, 후임을 속히 선정함으로써 가장 중요한 외교 및 군사상 행정의 결함을 보완할 의사가 있는가 없는가 명백한 대답을 구함.
4. 현상(現狀)에 감(鑑)하여 학무·법무 및 교통에 관한 사무는 당분간 내무총장에게 위탁함이 경비 절약상 필요할 줄로 인정함. 이에 대한 정부의 의견이 여하오.
5. 소위 조선총독부에서는 국유지 중 1만 정보(町步)를 대금 4백만 원에 우리 인민에게 방매(放賣)하여, 일변 우리의 국유지를 감소함과 동시에 우리 국민의 현금을 흡수하여 우리의 경제를 곤란

케 하려하니 정부의 그 대책이 여하오.

6. 민원식(閔元植) · 선우순(鮮于錞)은 자치운동을 표방하고 적의 의회에 대하여 참정권의 부여를 청원하였으니, 이는 우리 민족에 대수치요, 우리 독립운동에 대악마다. 그런데 정부는 이들에 대하여 여하한 처치도 아니함은 그 이유가 어디에 있는가.
7. 내지에는 모 단원 모 회원이라 자칭(藉稱)하고, 군자 전비의 명목을 붙여 부호에게 금전을 강청하는 자, 종종 있으므로 부호들은 소조(所措)를 알지 못하여 자못 곤란하다 하니, 이는 정부의 위신상 및 재정상에 미치는 영향이 막대할 줄로 사료함. 정부는 이러한 사실들을 인찰(認察)하였는가. 그 방지책이 여하오.
8. 정부 청구에 의하여 대통령에게 위탁 발행케 한 5백만 원의 공채사건은 그동안 발행하였는가. 만일 발행하였으면 그 공채의 명칭, 발행 연월일, 발행고 액면의 구별 및 그 액수, 관리방법, 발매한 성적(원년 12월 말일까지의 발매고)을 듣기 원함.
9. 독립공채(獨立公債)는 발행하였는가. 만일 발행하였으면 발행 연월일, 발행고, 발매 예상고, 발매할 계획이 여하오. 그 가운데 계획에 대하여는 구체적 답변을 요함.
10. 원년도(1919) 인구세(人口稅)의 징수 성적이 여하오. 2년 2월 말일까지의 조정액과 수납고를 지방별(내지에는 도별로 외지에는 국별로) 답시(答示)함을 요함.
11. 본년도 인구세의 징수계획과 징수 예상고가 여하오.
12. 애국금(愛國金)의 수합(收合) 성적이 여하오. 임용한 수합위원 수, 수합위원의 여비액, 애국금 상납자의 인원수, 2년 2월 말일까지의 수합고를 지방별(내지에는 도별로, 외지에는 국별로)로 답변함을 구함.
13. 재무부의 총세입 세출과 각부의 회계는 여하히 검사 감독하는가.

14. 헌법상 기관인 회계검사원(會計檢査院)을 설치하지 아니한 이유가 여하오.
15. 본년도 예산 편성을 완료하였는가.
16. 전년도 결산의 승낙요구안을 제출치 아니함은 여하한 이유인가.

대한민국 2년 3월 16일
상기 질문자 임시의정원 의원

이유필(李裕弼)·이영근(李渶根)·윤기섭(尹琦燮)·김홍서(金弘敍)·이진산(李震山) (제56호 1920. 3. 20)

17. 大統領의 來到를 促하는 決議案

17명 의원의 연서로 의정원에 제출되다.

이유필(李裕弼)·윤현진(尹顯振) 등 17명의 의원은 다음과 같은 제의안을 의정원 본회의에 제출하였다. 이 안은 제출자만으로도 출석의원의 반수가 넘음으로 통과는 의심할 바 없다.

本文

임시의정원은 임시 대통령 이승만(李承晩) 박사를 향후 2개월 이내로 임시정부에 오게 함을 제의함.

理由

신국가 건설의 벽두에 내외 인심의 통일이 미흡하고 만반의 정무가 부진함은 우리의 유감으로 생각하는 바이다. 전 민족의 사명을 부담하고 광복의 대업을 충성(充成)하려는 우리 정부의 여러 수뇌는 의당 한 곳에 취합하여 국가 건설의 대계를 확립하고, 만반의 국무를 기민하게 집행하여 전 국민이 정부의 주의·방침 하에 일치하게 행동하고, 원만히 진행함이 바로 지금의 최우선 급무이다. 임시대통령은 국가의 원수로 원지에 오래 살고 있어서 국무를 친히 수행하지 못하므로 많은 지장과 체섭(滯涉)이 있었던 것이다. 그러나 이는 다 중대한 외교의 관계였으나, 지금에는 외교의 사무도 점진하고, 또 김규식(金奎植) 대사와 서재필(徐載弼) 박사가 그 충(衝)에 당하였은즉, 임시대통령은 위 사무를 위 양씨에게 위탁 전행(專行)케 함에도 별영향이 없을 것이다. 정부의 만기(萬機) 정무를 수습·정돈하여 현 불가피의 독립혈전(獨立血戰)을 개시하려면 임시대통령이 임시정부에 친임(親任)함이 필요한 까닭(所以)이다.

대한민국 2년 3월 19일

제의자 의원: 이유필(李裕弼), 윤현진(尹顯振), 김태연(金泰淵), 이영근(李渶根), 계봉우(桂奉瑀), 김홍서(金弘敍), 이춘숙(李春塾), 오륜환(吳倫煥), 왕삼덕(王三德), 이진산(李震山), 박선(朴宣), 이규홍(李圭洪), 이원익(李元益), 유정근(兪政根), 신익희(申翼熙), 윤기섭(尹琦燮), 김병조(金秉祚) (제57호 1920. 3. 23)

18. 楚山通信

연통제(聯通制)는 원만히 실시되어 갑니다. 애국금 모집은 소위 재산가라는 자들이 적의 창귀(倀鬼)가 되었으므로 그중 극악한 자 몇 개를 없애버리지 아니하고는 소기를 이루기 어렵습니다.

일반 인민은 연맹회를 바라지 아니합니다. 다만 압록강 해빙 전에 우리 선언서의 공약 3장에 서언(誓言)한 최후의 수단을 일으키기를 주야로 고대하며 소업(所業)에 성의가 없어서 의식이 곤란합니다.

적경의 폭행은 날로 심하여 해만 떨어지면 곤봉을 휴대하고 거성(距城) 4,50리 밖으로 나아가 민가마다 돌입하여 안방 사랑방 곡간 할 것 없이 틈틈이 뒤지는 모양은 실로 목불인견이 오며, 더욱 강변의 인민은 압록강을 수비하기에 적경에게 당하는 고초는 형언하기 어렵습니다. 그러나 일시 적의 강박으로 압록강을 수비할지라도 강 저편에서 무슨 거조(擧措)가 번듯 보이기만 하면 적들은 젊은 동포들의 손에서 때려질 것입니다.

적경은 각 촌리를 주야 횡행하면서 양민을 도박범으로 빙자하고 매일 평균 12,3인씩을 체포하여다가 난타하여 거의 죽을 지경에 이른 후에 도박범으로 기소하여 한사람 평균 20원, 30원의 벌금을 징수합니다. 이리하여 매월 근 만원의 돈이 소위 벌금이란 이름으로 적의 주머니 속으로 들어갑니다. 적의 악형에 건강을 상한 동포는 다시 생활난에 들어가야 합니다.

독립선언 전에는 불과 3개월의 복역을 당할 사건도 지금은 5,6개월의 역형(役刑)에 처합니다. 도이(島夷: 일본경찰)의 심장을 이에서 알 수 있습니다.

초산군 예수교회 목사 송윤진(宋潤鎭) 씨의 장자가 병으로 적의 경영하는 초산 자혜병원에 입원하였는데, 처음에는 치료를 잘 해주더니 송 목사가 평양 감옥에서 나온 후 이 병원에 가서 병을 치료함에 노심(勞心)함을 치사함에 적은 비로소 송 목사의 아들인 줄을 알고 요리조리 핑계만 하면서 병치료를 아니하여 병은 점점 중태에 빠짐으로 부득이 3백 리를 격한 강계(江界) 제중의원(濟衆醫院)으로 옮겼다 합니다. 도이의 심장은 또 이에서 알 수 있습니다.

왕년 윤갑병(尹甲柄)의 사환이던 부랑자 박오봉(朴梧鳳)은 지난해 윤의 주선으로 소위 군 참사가 된 후 그가 젠체하고 요두전목(搖頭轉目)하는 꼴은 차마 못 보겠습니다. 적의 수족이 되어 독립운동에 많은 방해를 끼치며 적의 신용을 얻으려고 적수(赤手)인 제가 남의 돈을 꾸어서 면사무소 신축에 백원, 운해(雲海), 신도장(新島場) 적경 주재소 건축에 각 백원 도합 3백원을 기부하여 적에게 신사 칭호를 듣고 의기양양하여 인민에게 기부를 강청합니다. 인민은 배일(排日)의 혐의를 면하기 위하여 부득이 울면서 눈물로서 돈을 냅니다. 가가호호에서 이들 건축목재를 판출하기에 비상한 곤란을 당합니다. 박오봉 같은 자는 천주(天誅)가 나리기 전에 인주(人誅)가 있어야 하겠습니다.

면장 김병균(金秉均)이란 자도 역시 박오봉과 같은 매로 죽일 자입니다. 적에게 계란 몇 개 바치고 면장을 한 후 더 칭찬을 받으려고 시탄(柴炭), 마량(馬糧), 계란 등을 열심히 인민을 괴롭게 하여 갔다 바치고는 차나 한잔 얻어먹으면 제가 잘 난체 합니다. 대안(對岸) 독립단에서 회개하라고 누차 협박장을 발하였으나 오히려 점점 적에게 가 알랑거리며 그 서면(書面)까지 갔다 보였다 합니다. 전국에 이따위 짐승 같은 무리가 얼마나 있는지 어서 박멸하여야 하겠습니다.

초산 적서(敵署)의 소위 순사 최기증(崔基曾), 김이환(金彛煥), 김석병(金錫炳)과 적 헌병대의 소위 헌병 보군조(補軍曹) 서광명(徐光明) 등은 지난 해 독립시위운동 시에 독립군을 총살하고 동포에게 갖은 학행을 한 자라, 아직도 목숨이 붙어 있어 주야 민간에 횡행하면서 왜노(倭奴) 이상의 악행을 합니다. 전 초산 인민이 어서 위네 놈의 머리를 암살대 제공(諸公)의 손으로 벨 것을 고대하는데 제공은 초산 동포를 돌아보지 아니하려는가. 10년간 적의 녹을 먹었다 하여 독립군에게 대항함으로써 보은의 길을 삼는 짐승 같은 무리만도 못한 그들은 하루라도 그 명을 연장시킴은 민족의 수치입니다.

본군 천도교 교구장 이덕흡(李德洽, 51) 씨는 지난해 4월 적에게 체포되었다가 12월에 출옥하였는데 곧 병을 얻어 지난 음력 정월에 서거하고, 홍종빈(洪鍾彬, 58) 씨는 10여 성상을 조국광복을 위하여 분투한 지사라 지난 3월 이래로 더욱 진췌하더니 일전 서거

하였습니다. (제62호 1920. 4. 8)

19. 慈城 獨立運動記(平北)

一. (1919)

민국 원년(1919) 2월에 일본 수도 동경유학생의 혈전을 선언한 소식이 오고, 얼마 안 되어 국내 각지에서 시위운동이 날마다 일어나고 있다는 보도가 전해지자, 인심의 긴장이 비상할 때에 간도(間島)방면에서 선언서 6백 장이 내도한 것이다. 여연면(閭延面) 중강동(中江洞) 김병일(金炳鎰)·김병현(金炳賢) 양씨의 주동으로 태극기를 다수 제작하여 가지고 보통학교 훈도 전근·부임일을 기하여 생도들의 전송하고 돌아오는 길에 시내 청년 백여 명과 함께 태극기를 두르며 만세를 부르니, 전 시민이 향응하여 남녀 5백여 명이 기뻐서 춤추었다(手舞足蹈) 하였다.

때는 음력 2월 23일이라 이 불의의 사변에 황겁한 적은 헌병보조원 등이 전부 출동하여 진압을 시도하였으나, 인민의 만세 소리는 더욱 높은지라 부득이 적의 경찰은 수비대에 원조를 청하여 사면 포위하고, 22인을 포착하였다. 22인중 1인은 무죄 방면되고, 김홍순(金興淳) 씨 등 14인은 태(笞) 90에 처하고, 김종선(金宗善)·박윤무(朴允茂) 양씨는 징역 1년, 김병현·김병일·김원하(金原河) 3씨는 1년 반의 판결을 받아 지금 복역하는 중이다.

장토면(長土面)은 각동 일치로 크게 거사코자 하다가 미수에 그쳤고, 호하동(湖下洞)에서는 전석하(田碩河)·황원흡(黃元洽)·엄승봉(嚴承奉) 제씨의 주동으로 3월 10일 상련막(喪輦幕) 수선 시에 작업하던 군중이 일시에 대소 태극기를 휘날리면서 만세를 높이 외침에, 수업하던 학생 40여 명이 응하여 함께 산이 떠나가도록 만세를 불렀다. 적에게 12인이 체포되었는데, 전석하 씨는 9개월 징역에 복역하고, 그밖에 제씨는 태 90을 당하였다. 포박된 독립군이 읍내를 통과할세 올해 17,8세의 방길선(方吉善)은 좇아나가 만세를 부르다가 체포되어 1주일간 악형을 당하였다. 음 3월 20일에 보통학교 생도 백여 명이 시위운동을 행하고, 수십 명이 체포되었다. 천도교인과 그밖에 유력자들이 획책하여 중강(中江)에서 대시위운동을 하려다가 적의 탐정에 걸려 미수로 끝났다.

상술한 바와 같이 군내 각처에서 독립운동이 일어나는 일면으로 적의 관공서의 직원이 되었던 자가 다수 퇴직하여 적에게 막대한 타격을 주었다. 장토면 직원 일동, 장성동(長城洞) 주재 보조원 전부, 그밖에 전 군내에 퇴직한 자 보조원 5인, 면서기 3인, 영림창(營林廠) 사무원 1인, 측후소(測候所) 사무원 1인, 우편국 사무원 1인이다. 이들 퇴직한 제씨들 중에는 서간도(西間島) 각 기관으로 돌아가 광복사업에 헌신하는 자 많으므로 적은 애가 타서 독사의 피찬 눈을 좌우로 두르며 수색, 정탐, 체포, 고형(拷刑)을 마음대로 하였으나, 민심은 이로 말미암아 더욱 굳어졌다.

음 6월경에 천도교에서 장래 운동의 자금으로 의연금을 수합한 일이 발각되어 전 군내에 연루자 김치하(金致河) 씨 외 6인이 체포되어, 옥중에서 김치하·박문화(朴文華) 양씨는 서거했다.

김치하 씨는 66세라, 천도교에 입교한 후 민속개량과 국가광복을 자기 임무로 삼아 내외의 명망이 높았더니, 이 사건으로 체포되어 적의 참혹한 악형을 당하고, 6개월을 옥중에 있는 동안 형독(刑毒)과 감기가 함께 와서 음 12월에 드디어 영면하였다. 박문화 씨도 천도교의 독신자(篤信者)로 광복사업에 다대한 공헌이 있었더니, 병든 채 체포되어 한 달 넘게 옥중에서 신음하다가 마침내 장서하였다. 나이는 50여 세이다.

二. (1920)

금년 5월 상순에 장토면 토성동(土城洞)에서 아동 수십명이 시위운동을 하였다. 수십명 아동이 열을 지어 태극기를 두르며 만세를 부르면서 적 헌병대 앞으로 행진하여 가니 헌병 보조원 수명이 이들을 붙들었다. 아동 중의 주동자는 소리를 높여, "너희는 대한의 국민이 아니며 단조(檀祖)의 혈손이 아니냐. 속히 회개치 아니하면 천벌을 당할 날이 머지 아니하리라"고 책망함에 비록 적의 사냥하는 매와 개가 된 저들도 더 폭행을 하지 못하였다. 주재소 소장 무라다(村田)란 자가 나와서 엄형을 가하겠다 위협함에, 아동들은 격노하여 "날더러 죄인이라고 벌을 당하라 할진대, 인도에 어그러진 일을 하는 너부터 형벌을 받으라"하고 와락 달려들어 무라다의 옷깃을 잡고 놓지 않는다. 적은 사람의 이목을 위하여 그리하였던지 형(刑)을 가하지 아니하고 그대로 석방했다. 이 어린 아이들의 행동은 나이를 몇 배나 더 먹고 키가 몇 배나 더 큰 '어른'들에게 부끄러움을 주었다.

이와 같이 각지에서 운동이 계속하여 일어남에 청년의 열혈은 뛰어 한번 죽음으로써 국가에 갚으려했다. 혈전(血戰)을 준비하는 기관을 찾은 것이다. 이때 김병호(金炳鎬) 씨는 다수 청년을 모아 독립단(獨立團)으로 보내고, 이익현(李益鉉) 씨가 임강시(臨江市)에 있었는데, 평북(平北) 강계(江界)·자성(慈城)·후창(厚昌) 3군에 연락하여 3개월간에 청년 4배여 명이 독립단에 입단했다.

호하동(湖下洞) 헌병보조원 심용무(沈用武) 씨는 국치 후 중국으로 건너가 동포를 위하여 많은 공헌이 있었는데, 몇해 전 고향으로 돌아와서 생활이 곤궁하여 헌병보조원이 되었으나, 배일(排日)의 생각은 항상 떠나지 아니하였고, 작년 3월 독립운동이 일어난 후 다시 만주로 건너와 동지를 규합하여 대사를 도모하더니, 불행히 지난 음 12월에 서거하였다. 이후의 사정은 다시 쓰리라.
(第66호 1920. 4. 17)

20. 在美洲 獨立援助會 現況

이승만·서재필 양 박사의 활동 기타

미주에 있는 한국독립원조회의 활동에 대하여 최근 도착한 잡지를 참고하여 개황을 기술하겠다.

필라델피아(費府) 독립원조회는 최초의 총회를 개최하고, 행정위원 11명을 선거하고 그 규약을 정했다. 캔자스시티에서도 동회가 조직되었는데, 동지 대학신문상에 다음과 같은 기사가 게재되었다.

우리는 한국독립운동에 관하여 많이 들었으나 이 지방에서 무엇을 하는지 못 들었다. 이번에 본시에서 한국을 동정하는 인사들이 원조회를 조직한 것은 본시 인사가 정의와 자유를 위하여 압박된 한민족(韓民族)을 위하여 동정을 표한 시초이다. 이를 기회로 하여 본시 및 부근에 있는 학생들은 초대회를 개최하였다. 원조회는 제1장로교회 목사 아이쎄트 씨를 회장으로 선거했다. 서재필 박사가 참석하고, 파리 특사였던 김규식(金奎植) 씨는 다른 같은 일로 참석하지 못했다(중략). 본교에서도 교장 및 교수 학생이 다수 참석했다.

서재필 박사는 지난 화요일에 한국독립운동에 과한 흥미 있는 연설을 하였다(하략). 시카고 동 회에서는 위원 조직을 완성하였는데, 회장은 상원의원 바버 씨이다. 콜럼버스 동 회에서도 위원 선거를 마쳤는데 회장은 하우스튼 박사이다. 맨스필드와 알라이엔쓰에서 헐버트(Homer B. Hulbert, 訖法)박사가 연설한 곳에 원조회가 조직되고 다음과 같은 결의를 통과했다.

이 유

1. 일본의 한국·만주·중국에 대한 침략은 극도에 달하여 이제

미국이 묵과하면, 이는 비인도 혹은 겁나(怯懦)를 의미한다.

2. 해 지방에 있는 미국 인민의 권리는 발밑에 유린되고, 정당한 사업은 폭력으로 방해받고 있다.
3. 한국인은 기독교도 여부를 물론하고 때리고 태우고 총과 칼과 창에 죽는, 형언하지 못할 박해를 받고 있다.
4. 한국 안의 무고한 유아와 부녀는 일인의 손아래 말하지 못할 모욕을 당하고 있다.
5. 일인이 온갖 수단으로 한국 안에 기독교와 기독교도의 영향을 제거하며 박멸하여 미국의 선교사업을 전복하려 함이 명백하다.
6. 한국 인민은 광명정대하게 그들이 이와 같은 상태하에서 생활하기 불가능함을 선포하고 이를 배척하기로 선언하였다.

결 의

이상 모든 이유에 의하여 이에 회집한 맨스필드의 시민들은 결의하노라.

1. 우리는 기독교적 세계의 감정을 교란하는 이와 같은 행동에 항의함.
2. 우리는 한국 인민의 독립요구에 찬동하며, 정의는 독립 이외의 것으로 획득치 못할 것임을 믿고 있음.
3. 우리는 미국 정부로 하여금 일본에게 외교상 혹은 경제상의 압박을 가하여 한국 안의 일본의 학정(虐政)을 완전히 방지하며, 한인의 목적을 달성하게 하는 동시에 한국에서의 미국 선교사업의 방해를 저지케 하기를 기함.
4. 이 결의문을 미국 대통령, 국무장관, 상원 외교위원회, 오하이오 선출 상원 의원 및 동주 선출 하원의원 및 각 언론기관에 보냄. 이상.

뉴벅 시에서도 최근에 동 회가 조직되고, 결의문을 통과하였는데, “한국인으로 하여금 스스로 원하는 정부를 세우는 운동을 원조하기를…” 운운이라 하였다.

1월 20일에 이승만 박사와 버크 씨가 보스턴 대학에서 연설회를 개최한 바 있다.

필라델피아 선전부의 감독 하에 발간되는 영문잡지 ‘한국평론’(Korea Review)은 이미 14호에 달하였으며, ‘어린 순난자(殉難者)’, ‘대한정신’ 등의 영문 소책자도 발간되어 환영을 받고 있다. (제66호 1920. 4. 17)

21. 海蔘威 事件

요사이 도착한 전보에 의하면, 블라디보스토크(海蔘威)가 일본군의 손에 점령되어 각 관공서에 적기(赤旗)가 없어지고 일장기가 날리며, 해항(海港)의 전권이 일본군의 손에 드는 동시에, 해항 임시정부는 일본군과 협약을 규정하여 일본인 재산의 안전과 한인(韓人)의 독립운동 압박을 약속하였다 한다. 생각컨대 이는 일본군이 완전히 해항을 점거한 후 강박으로써 동 정부로 하여금 이 협약에 조인케 함인 듯하므로 우리는 먼저 그 실효 유무에 의문을 붙이지 않을 수 없다.

뱀같이 눈 밝은 일본군은 이 형세를 벌써 관찰하고 마침내 폭력으로써 협정된 동 협약을 또한 폭력으로써 실행에 옮기기 위하여, 정예한 군대를 만주로부터 연해주(沿海州) 지방으로 이송하며, 중동철로(中東鐵路, 이는 러시아 정부가 중국에 환부하기로 성명한 것)의 일부를 점거하는 동시에, 적극적 행동으로 나와 해삼위 및 소왕영(蘇王營)에 있는 혁명군(赤露軍)을 불의에 공격하여 이를 퇴산(退散)시켰다. 이 여파를 받은 한인은 일본군의 수하에 다수 참살되고, 포박되었을 뿐더러 한인의 부락은 불타버리고, 한인 학교와 기타의 건물이 파괴되는 동시에 동 지방의 한인의 독립운동은 전에 없는 곤경에 빠진 듯하다.

또 다른 보도에 의하면, 일본군은 이미 치타 저편에서 러시아 혁명군과 전투를 개시하였다 하며, 중동로(中東路)에서 체코 군과도 충돌되어 문제를 야기하고 있다.

일본군은 일단 점령한 해삼위를 쉽사리 내놓지 않을 형세이다. 러시아 혁명군과 체코군의 일본군에 대한 반감은 극도에 달하였으나, 간단없이 집중되는 일본군의 세력을 반항할 힘이 부족하며, 중국 군대 또한 전의가 없으며, 일반 민중의 일본군에 대한 감정도 이번 일본군의 당돌한 행동으로 인하여 격동되었으리라 하나, 또한 일본군에게 선제(先制)된 바 되어 수족을 움직이지 못하는 형편이다. 열국의 간섭이 없는 동안, 일본군은 이제부터 약간의 기간 동 시베리아의 전권을 장악하고 있을 터이오, 또 나아가서 영구 점유할 음모를 꾀할 것이 분명하다. 그리하고 일본군의 이번의 행동은 그 원인을 찾기 어려우나, 그중 중요한 동기가 한인의 독립운동을 방지하기 위함임도 의문의 여지가 없다.

이와 같은 형세는 우리들이 이미 예기하던 것으로, 미국 군사의 철퇴 후, 혹은 일본의 소위 '철병(撤兵)성명'이 발표된 후, 즉시 이런 형세의 현출을 우려하였던 바인즉, 오늘에 이르러 그리 경동할 것은 아니나, 여하간 이와 같은 형세가 금후 장시간 계속된다 하면 우리의 운동에는 다소간 불이익을 면치 못할 것이다.

더욱이나 그곳에 있는 한인의 근거지인 신한촌(新韓村)이 일본군의 손에 돌아가고, 거의 전멸의 상태에 있다 함과 같은 보도는 우리로 하여금 심히 우려의 감을 일으키게 하는 것이다. 만일 이것이 사실이라 하면, 해당 지방의 동포의 고난 받는 참상은 차마 생각만 하여도 이가 시리거니와 일반 민심에 영향됨도 적지 않으리라 한다. 그러나 돌이켜 생각컨대 극동의 형세가 분규함은 - 적어도 신국면(新局面)을 전개함은 - 우리의 가장 기다리는 바로, 일시 일본군의 폭위(暴威)가 극동을 덮을 것은, 장차 올 대파열의 전제라 할지니, 우리의 운동에 절호한 기회는 점점 가까워진다 할 수 있을 것이다.

다른 나라의 혼란을 원함은 점잖지 못하다 할지나, 노골적으로 말하면 시베리아 및 만주의 형세불온은 도리어 우리의 환영하는 바라 하리로다. 그 과정으로 일시 동 지방의 한인이 일인의 독수에 들어감도 어찌할 도리가 없을 지니, 우리는 하는 일 없이 가만히 이 형세에 대하여 우려 탄식할 것이 아니라, 일시의 희생을 굳게 참아야 다음번에 올 큰 변동에 대하여 충분한 각오와 준비를 걷지 말며, 또는 한걸음 나아가서 신국면 전개의 도화선을 만들기를 꾀할지니, 끊임없는 노력의 앞에는 순풍도 올 날이 있을 것이다. 또 노력함으로 인하여 비관을 물리치고 굳게 참는 용기를 얻을 수 있을 것이다. (제67호 1920. 4. 20)

22. 美洲通信, 軍團學校에 關하여

(전략) 군무총장 노백린(盧伯麟) 각하의 지휘 하에 우리 재미한인 청년들은 군단학교를 설립하고, 전술 및 비행술과 무선전신학을 공부하기 시작한 지 이미 3일이 지났습니다. 독립전쟁에 비행대와 무선전신대를 편성하려 하는 것이 우리들의 목적이다.

이 군단학교는 재미 동포들이 극히 찬성할 뿐더러 서양인의 동정도 비상하다. 실업가 김종림(金鐘林) 씨는 미화 2만 달러를 연보(捐補)하고, 토지 40에이커를 운동장으로 기부하였고, 백인의 연조(捐助)도 있었던 것이다. 캘리포니아주에서는 해 주청(州廳)에 속한 관립학교 일개를 빌려주었으며, 각 영자신문도 많이 동정합니다.

동포들은 이 군단에 전력하기 때문에 중앙정부의 수입이 적어질까 하는 염려도 있었으나, 금반 군단에 연금(捐金)한 제씨는 다 애국금을 이미 바친 후요, 따로 저축하였던 중에서 몇 푼을 베어낸 것이다.

작년 3월 독립운동을 비롯한 후 멀리 미주에 있는 우리 청년들은 공부도 못하고 자못 번민하는 중에 있었습니다. 그러나 비행대와 무선전신이 독립전쟁에 없어서 아니 되는 것입니다. 또 지금에 이러한 기관이 설립되었은즉, 이를 학습하여 후일 독립전쟁의 한 부분을 담당함은 재미 청년의 책임이라고 생각합니다. 그래서 나도 시카고에 있다가 군무총장의 부름을 받아 이곳에 왔습니다.

교사도 백인 중 상당한 사람이다. 수삭 후에 백인 비행학교에서 필업(畢業)할 10여 인의 청년도 모두 이 군단으로 와서 더욱 기술을 숙련케 하며, 신입학생의 교수에 조력할 터이외다.

동포여, 기필코 비행·무선전신 양대는 우리 재미 청년들이 담당할 것입니다. (제67호 1920. 4. 20)

23. 大韓 軍政署 略史와 및 軍政署 總裁의 申請書

본문은 본년 3월 군정서의 대표로 임시정부에 특파되어온 김성(金星)씨가 본사에 보내온 것이다. 단 지면관계로 그 전문을 게재치 못하며, 군정서 총재 서일(徐一)[24]로부터 국무총리에 송달한

---

24) 서일(徐一, 1881~1921). 호는 백포(白圃) 함북 경원(慶源) 출신으로서 경술 국치 후 만주 북간도로 건너가 왕청현(汪淸縣)에 정착하면서 무장 독립군 육성에 진력했다. 서일은 대종교(大倧教, 교주 羅喆)에 귀의, 대종교 정신으로 군사교육을 실시했다. 서일은 무오(戊午)독립선언(1918)의 39인중 한 사람으로 가담하는 등 의병항쟁에 앞장섰다. 마침내 1911년 3월 중광단(重光團)을 조직, 단장으로서 군사교육을 강화하더니, 1919년 이를 정의단(正義團)으로 개칭했고, 1919년 12월 이를

신청서도 그 대부분을 생략치 아니치 못한 것을 부언해 둔다.

대한군정서 소재지에는 광복을 목적으로 하는 단체가 수십에 달한다 하고, 또 이들 단체는 각각 자기 당만을 옳다고 하여 충돌이 자주 발생한다 하며, 그중 군정서 대 국민회(國民會)의 관계가 더욱 불미하다 함은 본사에서 누차 직접 통신에 접한 바이다. 이 중대한 시국에 처하여 만일 사리사욕을 탐하여 대사에 지장을 주는 자가 있다 하면 국민은 단정코 묵과치 못할 것이다. 본사는 아직 누가 잘하고 누가 잘못인지 단언치 아니하고, 국민으로부터 그들에게 엄정한 감시를 가하기를 게을리 말아야 할 것이다.

기원 4244(1911)년 3월에 중광단(重光團)을 조직하고, 동지를 규합하여 복국(復國)을 도모할세 우선 정신교육에 진력하였다. 민국 원년(1919) 3월에 독립을 선언한 후에 정의단(正義團)으로 개칭하고 취지서와 강령을 발포하며 단원을 증모하였다.

일민보(一民報)와 신국보(新國報)를 순국문으로 발간하여 민간에 배포함으로써 국민의 독립사상을 공고히 하되, 본단 취지에 기초하여 독립의 대가는 오직 혈전(血戰)뿐이란 정신을 더욱 고동(鼓動)시켰던 것이다.

민국 원년 8월에 군정회(軍政會)를 조직하였다. 이때 정의단의 세력은 5개분단과 70여의 지단을 설치하고 있었다. 군사지식의 양성과 무기구입이 본회의 목적인 바 이를 실행함에는 첫째로 금전이라, 그런고로 군자금을 모집했던 것이다.

10월에 군정부(軍政府)를 설립, 집행기관으로 실제에 착수했다. 12월에 임시정부 국무원 제205호에 의하여 대한군정서(大韓軍政

발전적으로 해체, 대한군정서(大韓軍政署)를 조직, 김좌진(金佐鎭)을 초빙, 총사령관으로 추대하고 자신은 총재가 되어, 러시아로 건너가서 체코군과 러시아 적로군으로부터 다량의 무기를 구입함으로써 1920년 10월 청산리(靑山里) 대첩을 거두었다.

署)라고 개칭하여 승인받은 군사기관이 되었다.

현시 지방에는 경신(警信) 분국을 두고, 그 밑에 과(課)를 각기 설치함으로써 경찰 및 통신사무를 처리케 하였다.

현시 상황은 군대편성과 군사교육과 무기구입에 이미 착수한 것도 있고, 착수하기로 준비하는 것도 있으며, 군정서에 향응하는 인민 및 지방은 혈전할 의사가 더욱 긴장하고 있다.

내지(內地)와 아령(俄領) 방면에도 분(分)기관을 둠으로써 상응케 하였다.

군정서 중요 직원

총재	서일(徐一)
부총재	○○○
庶務部長	○○○
財務部長	○　○
司令部長	○○○[25]

對 孔敎會 關係

당초에 이규(李珪)·김성극(金星極)·강수희(姜受禧) 등 공교(孔敎, 儒敎)를 믿는 자들이 입단했으나(하략), 그 후에 이규와 강수희는 길림(吉林)으로 달아나 정안립(鄭安立)을 도우다가 실패하고는 다시 오지 아니하였고, 김성극은 정의단(正義團)에서 보황주의(保皇主義)를 쓰지 않는다 하여 주무자 34인을 왜 영사관에 밀보한 사실이 발각되어 출단(黜團)처분을 당하고는 그만 암지로 야행하면서 대한광복단(大韓光復團)을 조직하였다.

이들 3인의 퇴출로 인하여 분열이라거나 공교회와 분립하였다고 보는 사람은, 이는 자기의 뇌조직과 마음 동작이 틀려서 그러함이

---

25) 대한군정서는 총재 서일만 이름을 밝히고 나머지는 비밀보장을 위해 익명으로 했다.

다. 지금 군정서 직원과 서원 및 군인 중에는 각 교인이 많다. 그러나 독립사업을 하려는 군정서이지, 종교사업을 위하는 군정서가 아닌 줄은 아마 다 알 것이며, 민족적 독립운동에 종교를 기론(岐論)함은 아마 적어도 탈선이라고 할밖에 없다.

對 國民會 關係

간도(間島)는 여러 단체가 있으므로 인민도 그 단체의 주의와 행동을 살펴서 복종하고 있다. 그러므로 군정서를 좋게 여기는 자는 군정서에, 국민회를 좋게 여기는 자는 국민회에 응하게 된 것이다. 동일한 독립에 대하여 금전을 내는 것도 그 용도도 보거니와 자기가 향응하는 그 단체에 내어놓는 관례가 되고 있다.

국민회에서는 독립에 해되든 말든, 회란 자체가 발전되기를 원함인지는 모르거니와, 정의단은 대종교(大倧敎) 교인만이 하되 더욱 4,5인에 불과하다. 이제는 분열되었다. 종교의 명예를 요한다, 개인의 명예만 취한다 하여, 혹은 문자로 혹은 구두로 백계(百計)를 다하여 방해하며(중략), 이에 대하여는 본서는 그저 침묵의 태도를 취하여 다만 해당 회(會)의 사업을 사랑하는 진성(眞誠)으로써 회오(悔悟)할 때를 기다렸던 것이다. 그러나 보복치 않고 가만히 있었음을 성공으로 보았던지 날이 가고 달이 갈수록 더욱 심하여 군사준비에 큰 방해가 있었다(중략).

그 증거와 사실을 보아서 국무원에 보고함에 이른 것이다. 국민회에서도 북부에서는 그 회장이던 박(朴)모가 군무부의 위임으로 임시정부 군무도독부(軍務都督府)를 하는 중이며, 기타에도 작은 단체가 많으므로 국민회의 현상으로는 대표적 기관이 될 수 없도다.

그런고로 본 대표가 국무원에 청한 바는 정부에서 간도를 중하게 보거든, 쌍방의 말만 듣지 말고, 위원을 보내어 실제를 보아서 처리하여 달라고 하였다. 어느 일방의 말만 거신(據信)하다가는 간도 시국을 수습하지 못할 지경도 있지 아니하리라고는 믿기 어렵다 하겠다.

그리고 위원 될 자에 대한 요구도 있었다. 그 요구는 다음과 같다.

1. 무종교인(국민회에서 종교 시비하는 까닭으로)
2. 군정서나 국민회에 무관한 사람
3. 명석한 두뇌와 공정한 심지(心志)를 가진 사람
4. 사리와 법리에 밝은 사람
5. 신망이 있고 더욱 군사상 지식이 있는 사람

아직 당국의 확답이 없음.

대한민국 원년 3월 26일

대한군정서 대표 김성(金星)

申請書(제2호)

대한민국 2년 2월 29일

大韓軍政署 總裁 徐一

國務總理 李東輝 閣下

國民會에 對한 件

본서는 그 유래가 초원(稍遠)하여 국치 이후에 곧 중광단의 명의로써 동지를 암결(暗結)하여 일향 비밀과 정신(靜愼)으로써 진행하다가 독립선언 이후에 다시 대한정의단으로 개칭하고, 4대 강령을 포명(佈明)하여 각 구에 분단 또는 지단을 나누어 설치하였나이다. 그러나 이곳은 적들의 세력이 창궐·무비하므로 더욱 기밀을 갈무리하여 다만 처녀의 자세만 취하다가 급기야 모우(毛羽)가 약풍(略豊)하고, 우리 굴(窟)이 대개 구비함에 정극필동(靜極必動)의 기(機)로 군정회(軍政會)를 조직하고, 창의격문(倡義檄文)을 천하에 성포하였노라. 본서는 민족상 통일을 도모하여 대동무편(大同無偏)의 행복을 기도(期圖)하므로 군정기관을 조립한 날에 곧 우리의 일반 신뢰하는 바 임시정부에 보달(報達), 또는 신청하여 국무원 제205호로써 가납함을 승인받고, 군정부(軍政府)는 군정서로 명에 의하여 개칭하고, 이 뜻을 곧 전문으로 전달, 또는 복달(覆達)하였던 것이다.

본서는 군정을 주비(籌備) 실시하면서부터 편견타파와 통련(統聯)일치로써 취지를 선포하고, 다시 성의로써 민간에 선유(宣諭)하여 안과 밖으로 일반 동포의 성기구응(聲氣求應)하므로 군자(軍資)가 대략 구비하고, 군물을 조판(粗辦)하여 오직 이도응변(利導應變)의 기연(機緣)을 기다리더니, 요량밖에 북간도에 있는 국민회가 소위 고유문(告諭文)을 발표하여 군정부 또는 각 단체 파괴의 뜻으로 인민을 분기하라 선동하며(중략), 그러나 본서는 이것으로써 피차 대질하지 아니함은 한갓 혁장어모(鬩墻禦貌: 집안싸움의 모욕을 막아냄)를 생각하여 백번 참음으로써 그의 한번 뉘우침을 기다렸던 것이다. 그러므로 본서 개칭한 날에도 다시 호의로써 국민회에 통함(通函)하였으되, 한마디 반사(返辭)도 없었고, 마침내 이 고유문으로써 독립신문 제68호에 게재하여 무구날조(誣構揑造)로써 스스로의 사쾌(私快)를 취하였던 것이다.

그의 말이 연합을 권하되 종내 듣지 않더라 함은 더욱 해괴하다. 천하 무슨 일이든지 명의(名義)가 선후에 목적이 있고, 취지가 정한 후에 실행이 있나니, 민사(民事)의 성질만 있는 국민회와 군사 성질만 있는 군정회가 무엇으로써 같이 합하겠는가. 그러므로 북간도에 대하여 민사에 관한 것은 국민회로, 동 군사에 관한 것은 군정부로 하여 군민(軍民) 두 가지 업무로 하여금 병행불패(竝行不悖)하자 하되, 자가불청(自家不聽)하고 도리어 듣기 좋게 꾸며서 널리 밝히려(飾辭佈明)함은 국민회의 성질과 명의를 알지 못함이로다.(중략). 개전 이전에 동실조과(同室操戈)를 사난(思難)하여 이에 사실을 들어 앙청하오니, 사조명변(査照明辯)하시와 해 국민회로 하여금 본서에 대한 명예 위신 및 군자금의 손해를 환상(還償)케 하여 군정을 엄숙하며 독립을 속성케 하심을 천만 반망(盼望: 바람)하나이다. (제68호 1920. 4. 22)

24. 郭山 獨立示威 運動記

작년(1919) 3월 6일 하오 2시에 관주면(觀舟面) 사립 영창(永昌)학교 교원 강훈채(姜熏採)외 4인의 지도로 254명의 학생과 백여명 동민이 각자 국기를 들고 '대한독립만세'라 큰 글씨를 쓴 깃발을 앞에 세우고 행진을 시작하였다. 위기(威氣) 늠름한 행렬은 바로 곽산 시가에 들어가서 독립만세를 크게 외치니, 시민 최정륜(崔正倫)외 52인, 농민 김성해(金聲海) 씨외 58인, 예수교 신자 강제근(姜濟根) 씨외 남녀 57인, 천도교 신자 김경함(金庚咸) 외 32인 및 어린이(走童群兒)들이 합하여 더욱 높이 만세를 불렀다. 6백여의 입으로 나오는 우렁찬 만세 소리는 산천을 움직였다. 그들의 요구가 무엇인가. 자유와 독립이다. 그들의 믿는 바가 무엇인가. 맨손이라 오직 만세이다. 아아, 지극히 선한 대한의 독립군의 무기는 오직 이것이었던 것이다.

적이란 적은 총출동하였다. 적의 경찰은 칼을 빼어들고, 적의 상인은 쇠갈고리(鐵鉤)를 가지고, 적중(敵衆)은 찌르고 때리며 가진 독살을 부린 것이다. 선두에 인도하던 오민석(吳敏錫) 씨는 머리가 찔려 기절 혼도함에 유신(維新)병원 주인 우명범(禹命範) 씨가 데리고 가서 시술했다. 군중은 더욱 전진했다. 마침내 이때 왜인의 소관 보통학교 학생 전부가 뛰쳐나와 상응하여 적의 관사 및 학교의 담장 모퉁이와 처마 끝에 태극기를 꽂았던 것이다.

욱일상풍(旭日祥風)에 태극기가 휘날림에 시내는 일시에 태극기 세계를 이루었다. 왜경은 분악(憤惡)이 발발하여 총검과 쇠갈고리로 좌충우돌하며 찔러대니 수족과 두개 기타의 피상으로 생명의 위험에 이른 자 수십에 달하였다. 이들도 역시 병원으로 호송되었고 오후 4시에 잠시 휴식했다. 기자 일찍 왜 서장으로 더불어 공사 간의 분의(分誼)가 있었으므로 내용을 탐득키 위하여 왜서에 가보니 남자 10인, 여자 4인을 포박하여 옥에 가두고 있었다. 차례로 신문하는데 악형의 종류는 대개 여섯으로 나눌 수 있겠다. 1) 야구봉으로 어깨와 퇴골(腿骨)을 강타하며, 2) 사람을 나무상자에 넣어 앉을 수 없게 하고 시체에 대렴(大斂) 모양으로 하며, 3) 사람의 머리를 대들보에 매달아 발가락이 땅에 닿을락말락하게 한 후 곤봉으로 무수히 난타하며, 4) 엄지손가락을 천장에 매달고 아카시아 나무막대기와 철 막대기로 격타하며, 5) 어깨와 넓적다리를 꽉 묶어놓고 목을 뒤로 잦힌 후 콧구멍에 냉수를 주입하며, 6) 격검용 곤봉으로 전신을 난타하며, 구둣발로 면상을 걷어차기도 했다.

이리하여 코가 부서지고 다리가 부러지며 머리가 깨진 자가 10여 명에 이르렀는데, 선혈이 홍건히 흘러내리면서 하늘을 향하여 어머니를 부르는 소리는 차마 듣고 보지 못하겠다. 곧 물러나와 각지로 쫓아다니면서 동지들에게 당일의 참경을 일일이 설명하고, 최후 승리의 목적을 달성하기로 밀약하고, 3월 10일 저녁에 곽산으로 돌아왔는데, 적의 경찰서에서 김성해 외 4인, 여자 2인을 신의주 감옥으로 압송하여 2년, 1년의 징역에 처했다.

3월 15일에 왜경 4인이 떼지어 마을로 출동하여 왜 헌병보조원 김윤서(金允瑞)·송기현(宋基賢) 두 놈이 안흥면(安興面) 안의리(安義里) 50여 세의 노옹 박지협(朴志協) 씨를 타살하였다. 4월 2일 오전 11시에 천도교인 153인, 예수교인 52인, 상농민 180여 인이 다시 의거하여 왜관(倭官)이 관할하는 임해(臨海)·안흥(安興)·관주(觀舟) 3 면사무소를 불태워 버렸는데, 전기형(全基亨)·이청수(李靑守)는 방화범이라고 12년의 징역에 처하고, 전치범(全致範) 외 7인을 체포하여 6형법(刑法)에 1형을 더해서 신의주로 압송하려 하는데, 6인은 반 주검이므로 석방해서 돌아가게 했으나, 한 발짝도 떼어 놓지 못해서 가족을 청하여 치료비를 주겠다고 속이고 병원에 이송 치료 조치하다가 혹은 살아나고 혹은 죽었고, 전신 불수자도 생겼다 한다.

4월 7일 밤에 왜경 왜상이 예수교회당을 불태워버렸는데, 손해가 1만6천원에 달하고, 4월 14일에 왜경 13인이 왜상과 합하여 각 마을로 횡행하면서 청년을 몰수 체포하였는데, 관삽구(觀揷舊)에서 54인, 시내에서 47인이다. 백여 인은 정주(定州) 헌병대에 이송되어 악형을 당하여 죽은 자가 반이오, 반은 징역에 처해졌다. (제68호 1920. 4. 22)

25. 時評一束 時事新報

민원식(閔元植)은 시사신보를 발행하여 패륜의 광폐(狂吠)를 감히 하고 있다. 감히 입을 열어 한·일의 합병은 한족의 동의에서 나왔다 하며, 합병 당시에는 왜 죽지 못하고 있다가 지금 와서 독립운동을 하느냐 하여 독립운동을 '불평한배(不平漢輩)의 망동'이라고 까지 하였다. 아아, 이것이 날짐승의 마음인가 길짐승의 마음인가.

이러한 악한의 생명을 금일까지 계속케 함은 아아, 이 무슨 수치인가. 한토(韓土)에 혈성(血性) 있는 남녀가 있는가 없는가. 시사신보의 기자가 되거나 판매자가 되는 것은 물론 민의 개와 동류이지마는 해 신보에 광고를 게재하거나 이를 구독하는 자는 간접으로 이 매국노를 원조함이니 동포여, 주의하실 지어다. 아아, 한토의 남녀 중에 이놈의 수명(獸命)을 쾌단(快斷)하는 자가 없는가 있는가.

道郡 參事

이번 직접으로 통행하기가 무서워 목포로 돌아 경성을 더럽힌 왜장 사이토(齋藤實)는 왜지 경성일보에 말하여 가로되 "이번 행차에 도군 참사를 많이 만나 의견을 징수하였으나 별 의견도 없는 것을 보니 나의 의견이 즉 조선인 일반의 의견인 듯하다"하였으니 과연 우준자(愚蠢者)의 망상이 아니면 간교자(姦狡者)의 궤설(詭說)이 아닐 수 없다. 도군 참사의 출처가 무엇인가. 적이 한인 중에서 가장 정신없고 왜노에게 평신저두(平身低頭)하여 납미헌첨(納媚獻諂)하는 추류 중에서 임명한 자가 아닌가. 이러한 무리 중에서 '별의견'이 나온다 하면 그야말로 괴변(怪變)일 것이다.

그러나 왜적은 왜적이거니와 한토(韓土)의 우로(雨露) 중에서 생장한 자인 도군 참사의 무리는 어찌 그리 미련하고 요망한가. 너의 악몽을 깰 것은 오직 폭발탄과 육혈포뿐이다.

사업이란 핑계

근래에 각종 회사와 신문잡지가 비온 뒤 버섯과 같이 일어나고 있다. 축하할까 통곡할까. 각종의 회사가 국민의 부력을 증진하고 각종의 신문과 잡지가 국민의 지능을 계발한다 하면 크게 축하할 일이다. 원컨대 더욱 왕성할지어다.

그러나 "우리는 원대한 계획을 하노라" 하여 사업이란 핑계 밑에서 독립운동 - 이미 수만의 형제와 자매의 피의 자본을 들인 - 을 냉안시하고 가로되 "내게는 말을 말라. 나는 이 사업을 경영하니 독립운동에 참여할 수 없노라" 하여 금전도 지혜도 신체도 아니 내어놓는 자는 이 역시 매국적이다. 만일 이 독립운동이 아주 실패된다 하면 경등의 소위 원대한 계획을 무엇에 쓰려하는가. 지혜로운 체하는 자여 반성할지어다.

有害無益의 文字

근래에 잡지열이 성행하면서 유해무익의 문자가 3천 리에 횡행하고 있다. 무슨 맹렬한 불로 이러한 추한 문자를 다 태워버리랴. 무슨 날카로운 칼로 이러한 추한 문자를 끼적이고 앉아있는 추한 손을 잘라버리랴.

이 책을 보아도 연애소설, 저 책을 보아도 연애소설, 연애소설이라도 천박, 유치, 유약(柔弱), 퇴폐하고, 글조차 되지못한 구역나는 연애소설. 아아, 태평시대로다. 칼을 갈고 총을 닦을 때에 한담이 무슨 한담인가. 이러한 소설을 쓰는 자가 20세 내외의 청년들인 것을 생각할 때에 더욱 흉억(胸臆)이 터지려 하도다.

하나쯤 알고 반쯤 깨닫는(一知半解) 요계적(澆季的: 세상 인정·풍속이 부패) 일본 직수입의 예술론은 잠깐 집어치우고 소설을 쓰려거든 좀 국민을 흥하게 하는 기상이 있는 힘 있고 열 있고 생명 있는 소설을 쓸지어다. 아아 청년문사들아! 네가 앉은 땅이 어디며, 네가 선 때가 어느 때며, 네 동포가 무엇을 바라고 하는 중인가를 생각하라. 네가 만일 민감한 문사(文士)여든 가슴을 치며 통곡할지어다. (제70호 1920. 4. 27)

26. 滿洲通信, 七可殺의 實施가 急務

전일 귀지에 '칠가살'이란 한 글월이 게재된 후 국내 각지에서는 청천벽력과 같이 실행됩니다. 다수의 왜견(倭犬)과 적의 창귀(倀鬼)가 떨었습니다. 그러나 우리의 칼은 용도를 넓혀야 하겠습니다. 수전노, 조그만치 무엇을 안다고 적에게 아첨하는 자 등을 차례로 없애야 하겠습니다.

더구나 만주 일대에서 횡행하는 적의 개떼들은 태평을 구가합니다. 국내보다 활동이 용이한 이곳에 있어서 오히려 적의 무리로

하여금 태평을 부르게 함은 어찌된 일인가요?

봉천(奉天: 현 瀋陽)에 있는 손덕순(孫德淳), 정병조(鄭炳朝), 정민화(鄭民和), 정필화(鄭必和), 박창식(朴昌植), 장우근(張宇根), 배정자(裵貞子) 등의 밀고로 체포된 자 수십 명이외다. 배정자는 작년 하얼빈에서 다수의 동포를 적에게 잡아주고, 협잡을 하고 봉천으로 도망하여 와서 봉천 동포의 사정을 적 영사관에 고하여 동포의 받는 곤란이 막심하다. 아아, 이 죽여야 할 요녀 배정자로서 "나는 만주에 있는 백만의 조선인의 어머니라" 합니다. 아아, 언제까지나 저 요녀의 목숨을 그대로 두겠습니까.

장춘(長春)에 거주하는 동포가 60여 호 300여 명이다. 작년 정월에 적 영사관은 소위 민회(民會)를 조직케 하고 회장으로 이방협(李邦協), 부회장 엄형인(嚴亨仁), 의사장 이홍주(李鴻周) 등을 정하였습니다. 만주 안에 선인회(鮮人會)라 이름한 자는 다 적 영사관, 경찰서의 기관이다. 이방협·엄형인·이홍주 3인은 밤낮을 가리지 않고 동포의 사정을 적에게 고하기에 분주합니다. 일전에도 길림(吉林)으로부터 온 모씨와 송경혁(宋景赫) 씨를 암살대라 무고하여 양씨는 체포되어, 모씨는 본국으로 압송되고, 송씨는 방면되었습니다. 동포중 이 3인에게 향하여 힐문한즉, 그들은 "하면 어찌해?" 합니다. 이 말을 들은 3,40명 동포는 분기충천하였습니다. 그러나 어찌하리까. 배후의 적을 믿고 있음이야. 오직 남모르는 한 발의 탄환이 있을 뿐이다.

상해에 다녀온 석찬근(石讚根) 군은 임시정부에서 왔다 밀고하여 퇴거를 당하고, 변규석(邊圭錫)·피병철(皮秉哲)·윤예섭(尹禮燮) 3씨는 배일파라 하여 퇴거를 당하였습니다. 동포의 분개는 극에 달하였습니다.

일간 적 영사관은 그 창귀를 부려서 소위 선만식산(鮮滿殖産)주식회사를 설립하는 중이다. 적은 장춘에 있는 동포를 향하여 그 주권(株券)을 사지 아니하면 퇴거시키겠다고 위협합니다. 선만식산 주식회사는 선인회와 함께 적 영사관 부속 정탐부(偵探部)이다.

하얼빈에 거주하는 동포가 70여 호 500명 내외이다. 원래 적은 아령(俄領)에 있는 동포를 주목하므로 그 경로인 이곳의 경계가 심하였으나, 작년 독립운동 이후로는 적탐(敵探)이 부지기수이다. 고등정탐이라는 무라카미(村上), 정봉진(鄭奉晋), 왜 헌병의 개 이두형(李斗衡)이가 더욱 동포에게 심한 해를 끼칩니다. 적 영사관에서는 이곳에서도 선인회를 조직하며, 같은 성질로 소위 선인청년회, 구락부, 부인회 등을 설립하려고 획책중이다.

적견(敵犬)의 횡행은 실로 비상합니다. 적의 개는 하루라도 속히 소탕하여야 하겠습니다. 그리하여 동포의 행동이 자유로워야 하겠습니다. 그 길은 오직 태평을 구가하는 적에게 따끔한 맛을 보임에 있습니다. 칠가살을 실행함에 있습니다. 만주 들판의 청년들아. (민국 2년 4월 30일) (제74호 1920. 5. 8)

27. 安東縣 事件

사태가 중대

해항(海蔘威)사건의 여신(餘燼)이 아직 다 꺼지기 전에 우리는 다시 안동현사건 - 상세히 말하면 홍통구(弘通溝)사건이나 이륭양행(怡隆洋行)[26] 포위사건과 합하여 이렇게 칭함 - 을 들었다. 적

26) 이륭양행(怡隆洋行). 아일랜드계 영국인 쇼우(G. L. Show)는 일본을 거쳐 만주 안동현(현 丹東市)에 정착하면서 중국 대고선폭공사(大古船幅公司) 대리점으로 이륭양행을 설립, 무역업을 개시했는데, 한국독립운동을 적극 지원했다. 1919년 5월 임정 연통제(聯通制)를 실시하면서 이륭양행에 임시교통지부를 설치했다. 1919년 10월 17일 교통부(交通部)는 임시안동교통부로 개편하면서, 이륭양행 상선(岳州號)을 이용, 국내로 통신연락, 군자금 모집활동과 송달, 독립운동자 이동, 무기운반

의 신문지가 이 사건에 대하여 절대로 침묵함을 보건대, 적은 또 다시 무슨 악계를 품고 있는 것 같다. 이 사건에 관하여는 별항 기사란에 상세히 기재되어 있으므로 다시 지꺼리지 아니하거니와 기자는 여기 대강 이번 사건이 어떠한 의미를 가진 것과 얼마나 중대한 것인가를 고찰하고자 한다.

1. 敵의 恐惶. 독립운동 개시 이래로 적이 압록강 국경에 대하여 해온 방비는 심히 대규모이니, 먼저 여행권을 실시하고, 다음에 경찰을 증가하여 여객의 신체 수색을 강행하고, 또 군대를 증파하여 강변에 산병선(散兵線)을 지으며, 중국 관리를 매수하며, 밀정을 국경 밖으로 파견하는 등 죽을 힘을 다하였으니, 그동안 이에 허비한 경비만 하더라도, 이에 희생한 생명만 하더라도 팽대(膨大)한 수에 달하였을 것이다.

그러나 적의 전시 계엄령보다도 더 혹독한 시위경계(示威警戒)는 이번의 사건으로 그 극에 달하였으리라 하노니, 즉 1중대의 병력으로 영국인의 상회(怡隆洋行)를 포위하며, 병선 4척을 파견하여 압록강의 골짜기를 지키게 한 것이다. 영국이 아일랜드 독립당을 진압키 위하여 무제한의 병력을 파견한다는 전보에 놀란 자는, 하구 5리 내외되는 압록천(鴨綠川)에 병선 4척이 포구(砲口)를 열고 경계한다는 보도를 들으면 놀라 죽을 것이다.

2. 적(敵)의 학독(虐毒). 적의 학독 잔인함은 작년 3월 이래로 너무나 귀에 듣고 눈에 익어 이제는 심상하게 되었다. 그러나 우리는 다시 적의 포학(暴虐)을 말하지 않을 수 없다. 무고한 청년을 습격

등 연락업무를 담당함으로써 한국 항일독립운동에 지대한 공헌을 했다. 1920년 1월 안동 교통국 사무장 홍성익(洪成益)이 왜경에 체포됨에, 양준명(梁濬明)이 후임 사무장이 되어 재건에 진력하였으나, 오영수(吳榮洙)·지응진(池應晋) 등도 잇따라 체포되었다. 1920년 7월 11일 신의주에 들어갔다가 마침내 쇼우 씨는 왜경에 체포되어 내란죄로 기소되었지만, 1924년 3월 7일 공소 취소되어 자유의 몸이 되었다.

하되 아무 반항이 없거늘 총탄을 난사하여 사상자를 내게 하며, 포승에 묶인 자를 난타하여 실신에 이르게 하니, 그 무법함과 포학함이 어불성설이다. 이리하여 우리의 골수에 사무친 것은 사건이 있을 때마다 더욱 격동될 뿐이었나니, 이번의 이 사건도 또한 과거의 일본이 우리에게 행한 죄악사에 한 페이지를 더하는 것이다.

3. 우리의 민심(民心). 먼저 4월 5일 해항(海港)사건(해삼위사건)이 있어서 게을러가는 우리 민심을 격발하며 청년의 피를 끓게 하더니, 이제 다시 이번의 사건이 발생한 것이다. 적의 군사시위가 굉장하므로 사태가 얼마나 중대한가 하는 의식과 동지의 순사(殉死)와 학독한 적의 행동을 생각할 때에 뉘라서 분한 마음을 발하지 아니하리오. 이하에 말하는 동포의 고생을 생각하면 더욱 그러하리라.

4. 동지의 고초. 국경 방면에서 활동하는 동지의 참담한 고심은 우리가 모르는 바 아니로대, 정세에 의하여 한 번도 보도된 것을 보지 못하였다. 이번 사건의 당사자 이유필(李裕弼) 씨의 말에 의하면, 씨는 적수(敵手)를 피하여 5일간 밤낮으로 야영하였다 하니 그밖에 수십 청년도 같은 모양 혹은 그 이상의 고초를 겪었으리라. 적에게 체포되어 당하는 악형이야 말해서 무엇 하리오. 한 가지 일로써 족히 전반을 추측할 수 있나니, 우리는 이와 같은 고초를 감수하면서 국가를 위하여 분투하는 그 방면 청년의 의기와 용기에 한번 탄복하고 한번 감사하며, 다시 사지(死地)에서 같이 괴로워하지 못함을 스스로 부끄러워한다.

적 군함 4척이 압록강을 지키고 전장과 흡사한 적 경찰의 내습광경. 무관한 이륭양행을 수색하려다가 못하고, 압록강의 연락선(聯絡線)을 차단코자 사력을 다했다. 왜적은 인제야 한인이 무서운 줄을 깨달은 것이다. 우리의 중요인물은 모모 지방으로 피신중이고, 적은 재습격할 우려가 있다.

안동현사건(安東縣事件) 상보(詳報)

안동 홍통구(弘通溝)사건은 이미 보도하였거니와 그 전후하여 적의 경찰은 안동을 중심삼고 한인을 체포하기 위하여 폭력으로써 횡행하여 일대 활극을 이루고 있다. 이제 그 상보를 듣건대, 영국인의 상선과 상회(이륭양행)를 수색코자 2백 명의 군대와 무수한 작은 배로 포위한 것이다.

요사이 한인의 활동이 각지에 극렬함에 따라 적은 심중에 매우 황겁하며, 더욱 적 경찰과 밀탐(密探)의 피살자가 날로 증가함에 더욱 초조하여 근간에 폭력으로서 일기(一氣)에 한인을 엄습할 계획이 있었다. 그러자 안동 영국인 상회 이륭양행에 상선 계림(桂林)이 도착함에, 이에 일본 영사는 그들 소위 불령선인(不逞鮮人)이 승선하였다 빙자하고, 작은 선박 수십 척으로 계림을 둘러싸고, 일변 배의 수색을 강요하나, 상회 주인 쇼우(G. L. Show) 씨는 강경히 거절함에 수색하지 못하고 계림은 무사히 회항하였다. 적은 다시 1중대 가량의 군병을 풀어 이륭양행을 포위하고, 이륭양행 사무실을 강제 수색코자 하는데, 이와 전후하여 안동현에서 큰 불이 발생하고, 영국 영사가 스스로 출동하여 일본 영사와 교섭하는 등 인심이 자못 흉흉하게 되었다. 일시 폭력으로써 수색을 강행할 뜻을 보였던 적도 그들의 오보임을 깨달았는지 강제수색을 그만두고 철병하고 말았다.

군함 4척이 압록강 수비. 아군의 연락기관(臨時 安東交通局)은 근근히 유지하고 있다. 압록강을 사이에 두고 근일 아군의 활동의 맹렬함이 날로 도를 더하는지라, 일군은 극력 그 근거지를 색출코자 하였으나, 색출할 수 없어서 애간장을 태우는 중이더니, 이번 폭력으로 안동 부근을 수색코자 할 임시에 어느 방면으로인지 군함 4척을 파견하여 압록강을 수비케 하였는데, 지금까지 강위에 정박하여 아군의 연락을 방해하며 시위하는 중이다. 적이 얼마나 우리의 형세에 황겁하였는가 알 수 있다.

1920년 4월 16일 오후 대거 홍통구(弘通溝)에 잔인한 적은 탄환을 난사하였는데, 적중에 한인 3명이 있었다. 안동현에서 실패한 적은 15일 동지를 출발하여 16일 오후에 관전현(寬甸縣) 홍통구(弘通溝)에 습격해 왔다. 이날 동지에 있었던 한인 약 30명 중에 적의 경찰을 발견하고 도피하다가 적이 무법적으로 난사하는 탄환에 혹은 상하고 혹은 체포되었는데, 이미 보도된 바와 같이 성석은(成錫殷) 군은 귀밑 하부로부터 입술 상부에 관통상으로 마침내 운명하고, 앙병찬(安秉瓚)·박예옥(朴禮玉)·오능조(吳能祚)·양윤모(梁允模)·김응칠(金應七) 등 5명은 체포되고 말았다. 내습한 적 경찰은 17명인데, 그중에는 한복을 입은 자 3명(金秉崙도 그중에 있었다), 중국 순경 3,4 인이 포함되어 있다.

적이 발사한 탄환은 약 백여 발이오, 우리의 거처 불명자는 2인이오, 난타를 당한 이가 10여 인이며, 김두만(金斗滿)·김시점(金時漸)·김승만(金承萬) 기타 제씨는 안전하여 모지로 향하였으며, ○○○·○○○ 양씨는 ○○로 피하였다. 적 경찰은 포박된 5인을 싣고 18일에 관전으로 돌아갔다.

내습의 비보(飛報)와 안 씨의 방담(放膽). 전장의 광경을 드러낸 아적(我敵)의 함성포성(喊聲砲聲). 이유필(李裕弼)씨 담(談). 당일 그곳에 있다가 천신만고 끝에 적을 피하여 일전 ○○에 내도한 이유필씨는 당일의 광경에 관하여 다음과 같이 진술했다.

홍통현(弘通縣)은 안동에서 100리쯤 되는 지역인데, 우리 청년이 많이 있던 곳이오. 나는 거기서 맡은 일을 마치고 16일 아침 일찍에 안동으로 나오려 하였더니, 16일 오전 10시경에 적 경찰이 내습한다는 비보(飛報)를 듣고, 즉시 청년 30여 명과 ○○들은 산위로 피할세, 나도 의복 등을 싸가지고 양 청년과 동반하여 산 정상에 올라갔더니, 오후 2시경에 초안(稍安)의 통지를 받고 하산하였으나, 각자의 말이 일치하지 않아 김승만 군은 적이 임박함을 주장하나, 안병찬 군은 코웃음과 골계담(滑稽談)으로 시간을 천연하는 고로, 나와 김군이 같이 피하기를 권하는 중에 적의 선봉 3인이 홀연히 우리를 목표하고 질주해 오고 있었다.

그때 재산자(在山者)와 재야자(在野者)가 서로 모이게 되었는데 우리 일동은 급히 산위로 피하려 하였소. 일동은 동산을 향하고 나는 서산을 향하였소. 내가 산 정상에 도달할 즈음에 적의 본대가 이미 서산아래에 도달한 고로 방향을 돌려 남산을 향하면서 멀리 바라본즉, 안군은 동쪽 기슭에서 포박당하고, 그 나머지는 온산을 덮어 올라오는데, 적은 이제야 탄환을 난사하면서 급박(急迫)하고 있었다. 나는 천명만 믿고 좌우에 떨어지는 탄환 속으로 질주하여 산밑 함(咸)군 집 뒤 수풀에 이르러 기력이 다하여 거꾸러졌다. 산위를 바라보니 적의 포성은 은은하고, 함성이 진동하여 일대 전쟁 장면이 벌어졌다.

위기일발 적수(敵手)를 면했다. 노영(露營) 5주야를 보냈다. 적은 안군을 포박하고 함군 집에 와서 단총으로 집안사람을 협박하며, 나의 거취를 묻는데, 나는 이를 귀로 들으면서도 기운이 없어서 뛰지도 못하고 누어있었는데, 다행히 무사하게 되었다. 김승만·양윤모 양군은 근거리에서 적의 급사격을 받았으나 다행히 부상당하지는 않았다(단 양군은 체포되었음).

이날 밤 9시에 동지의 안위를 탐문하기 위하여 위험을 무릅쓰고 인가로 내려가 친구 집과 각 식구 주인을 역방하되, 한 사람도 못 만났고 길에서 한 우인을 만나 산 정상에 노숙하고, 다음 날은 중국인 집에 하루 숙박비 5원을 주마하여도 황겁하여 석양에 이르러야 가라 하므로 부득이 또 노영(露營)하였소. 18일 밤에 이○○군이 와서 동행하자 하므로 모지로 가있다가, 19일에는 사람을 파견하여 홍통구 사정을 탐지케 하고 그날도 산위에서 지냈소.

20일 아침 일찍 파송인의 회보를 듣고 변복으로 안동을 향하는데, 당일도 해가 진후 노숙하였소. 이같이 전후 5주야를 산상과 들에서 노영(露營)을 하다가 21일에야 안동에 도착하여 즉시 이리로 향하여 왔소.

서류는 무사하나 금전은 강탈되었다. 서류 일체는 미리 처치하였음으로 조금도 피해됨이 없었으니, 천만 다행이다. 단 함군이 휴대하였던 현금 480원과 노리개 등은 적이 빼앗아 달아났다 하오. 강도의 행위와 다름이 없소. 우리의 중요한 인물은 다 지금 각지에 산재중이나 미구에 다시 활동을 개시하겠고, 물론 피착된 여러 청년의 곤욕은 무쌍하리라 하나, 불행 중 다행으로 5,6인에 불과하니 공채모집 기타 사무에는 조금도 지장이 없습니다.

안동에서는 한 걸음도 외출하지 못하겠고, 위화면(威化面) 근방에서는 개 한 마리가 총살을 당한 때문에 적의 발악은 더 심하여 교통이 곤란하고, 적 경찰은 미구에 다시 내습할 염려가 있다하여 우리는 엄중히 경계중이라 하오. (제80호 1920. 5. 29)

28. 東亞에 在한 美日 兩國의 爭鬪(1)

일본의 동아정책은 정의를 무시하고 미국의 이익과 세계평화를 파괴한다.

새크라멘토 삐(Sacramento), 주필 매클래치(B. S. McClatchie)씨

본편은 작년(1919) 봄에 동양에 내도하여 한국 중국 및 일본에 체류하면서 동아문제에 관한 상세한 연구를 하고, 귀국한 새크라멘토 삐(캘리포니아 주 배일신문) 주필 매클래치 씨가 동년 4월 5일부터 18일까지 동 지상에 연재한 장편 논문인데, 여기에 번역한

것은 그 전편 즉 '일본의 동아정책'을 공격한 것이다. 그 중에는 중국에 있는 미·일 충돌에 관한 연구가 주가 되었으며, 또 제7장에는 한국독립운동에 관한 취미 있는 관찰도 있으므로 우리로서는 불가불 일람의 필요가 있다 할 것이다. 이 논문의 제2편은 일본의 대미 이민정책에 관한 논란인데, 이는 또한 기회가 있는 대로 독자에게 소개코자 한다. 맥 씨는 3월 초순 독립운동 발발 당시에 부인과 같이 경성에 있으면서 그 광경을 목도하였으며 독립선언서를 미주로 가지고 간 최초의 사람이다.(원저자의 서문은 약함)

제1장 東洋의 德國(獨逸), 해마다 증가하는 이민, 일본인의 국민성

보통의 관광자가 아니고 외국의 풍속 혹은 정치 및 경제적 상태의 관찰연구에 흥미를 가진 자는 일본에 잠깐만 체류할지라도 일본 국민성이 경탄할 만한 국민인 것을 깨달을 것이다.

일본 국민은 미국인에 떨어지지 않는 가지가지의 장처(長處)를 가졌고, 그 장처로 말미암아 50년간에 서양 문명을 수입하고 세계 강국의 대오에 대진보를 이룩하였다.

일본인은 극히 부지런하고 번성하는 민족이다. 어릴 때부터 교양을 받아 상장(上長)에 대하여 공순하고 법률과 권세에 순복(順服)할 줄 안다. 부랑자와 태타자(怠惰者)가 적다.

일본인의 교육보급은 미국보다 앞선다. 소학교와 신문과 보통지식정도를 일본은 자랑삼고 있다. 인력거부 노동자까지도 다 문자를 보고 쓴다. 세계에서 가장 힘이 들다는 일본문을. 일본신문의 발행부수는 막대하다. 일본인은 포부가 크고, 한 순간의 시간도 허송하지 아니하고 스스로 개량진취하기에 급급하고 있다.

일본인은 친절하다. 외국인이 생소한 그 나라에 가서 말도 못하고 풍속에도 서투를 때에는 일본 평민 중에서라도 영어를 아는 자는 와서 안내하여 준다. 경도(京都)에서(이는 舊都이오 外港과 같

이 외국인의 족적으로 흐리지 않는 땅) 우리는 어떤 부호에게서 초대를 받아 그 안뜰까지 구경할 수 있었다. 그 집의 주부가 우리를 맞아들이고, 인력거부가 소개인 겸 안내인 노릇을 하는데 침착하고 예의 있는 태도로 접대하며 또 놀랄 만한 것은 천연적인 애교(愛嬌)를 가지고 함이다.

한국 한 열차 안에서 나의 부인이 자리를 잡기위하여 한 일본 군인이 버티고 있는 벗은 발을 치워달라고 요구치 아니치 못한 것은 사실이다. 일본 군대는 독일을 많이 모방하였다. 독일 군인이 베를린의 좁은 거리에서 부인을 밀치고 다니는 것은 상사(常事)였다. 이를 본받은 일본군인은 오만하고 스스로 교만하다. 그러나 일본의 상류계급인들은 미국을 따라 부인을 존경하는 풍속을 채용하는 중이다.

일본인은 내가 보기에는 다른 민족보다 체질도 우수하다. 이는 일부는 그의 단순한 음식과 교외생활의 결과이겠으며, 대부분은 학교의 체육의 결과라 하겠다. 2주일간을 일본인 군중 사이에 산책하면서 나는 파리한 소년을 둘밖에 못 보았다. 유아들도 다 건강하고 보기 좋다.

이상의 관찰을 한 그 사람이 다시 길을 떠나 원동 다른 지방, 한국, 만주, 중국지방에 가서 관찰과 연구를 할 기회를 얻는다 하면, 그는 즉시 일본이 동양의 독일임을 깨달을 것이니, 즉 일본은 독일과 동일한 야심을 동아에 국한하여 가짐을 볼 것이오, 그의 정책은 독일과 같이 잔인하고 무도함을 알 것이다. (제74호 1920. 5. 8)

동아에 재한 미일 양국의 쟁투(2)

제1장 동양의 독일(속)

일본은 대전의 기회를 교묘히 이용하였다. 그러나 독일이 결코 패하지 않을 줄 알았던 일본은 휴전소리에 깜짝 놀랐다. 전란 중에는 전력을 유럽에 집중하여 아시아의 진전을 돌아보지 않던 세계는 다시 일본의 동아정책에 대항하여 장차 일본으로 하여금 그 야심의 중요부분을 변경하게 될 형세가 되었다.

미국이 가장 동아의 형세를 잘 안다 칭한다. 이를 아는 자는 세계로 하여금 알게 하는 의무가 있다. 태평양 연안에 있는 3개주는 이미 일본인과 그 성격을 아는 고로 준비를 개을리 하지 않으리라. 그러나 기타 우리나라 각주 인민은 워싱턴에 있는 관헌 몇 개 외에는 일본의 야심을 모른다. 그네들이 여태까지 들어온 소식은 일본의 선전하에 교묘히 전파된 무해무독의 개설이나 친절을 가장한 보증으로 우리 국민의 이목을 가리고 의심을 달래기 위한 것뿐이다.

이런 소식의 출처는 단지 직업적 일본선전가 기타 일본인에게 이용되는 미일 협회 등 뿐 아니라 국민의 숭앙을 받는 고명한 인사 중에도 있으니 그들은 부지중에 일인의 조종하는바 되고 있다.

강철상 케리 부부는 일본에 가서 굉장한 환영을 받고 왔다. 돌아와서는 그를 접대하던 일본의 전하던 그대로 동아의 형세를 미국인에게 소개하였다. 물론 이는 전혀 불공평한 것이었다. 뉴욕 은행가 야꼽 쉬프 씨는 일본의 동아 점유를 미국은 환영하여 된다 하였다. 그 이유는 일본이 동아를 가져야 미국인의 이익이 보호되리라 함이다. 그의 서술한 바에 의하건대 이 관찰은 13년 전에 일본 갔을 때 얻은 것이라 한다. 기타에도 각가지 인사들이 일본을 여행하여 대접과 찬양을 받고는, 혹은 일본 관헌에게 훈장깨나 얻어 가지고는 아무 연구 없이 일본인이 불러주는 대로 동아 형세에 대한 설명을 받아 넣고 있다.

이런 사람들은 이하에 쓰려는 사실에 비기면(그 사실은 동아와 밀접한 관계가 있는 회사가 외교가가 아니면 모르는 것인데) 일종의 죄악을 범함이니, 즉 그들은 이 국가존망지추에 있어서 그네를 믿고 의심하지 않는(信之無疑) 국민을 속이는 자이다.

동양 친구들은 캘리포니아 사람(加州人)을 생각할 때에 일본에 대하여 편견을 가진 자라 한다. 그러나 신문기자는 다소간 연구성이 있는 자이다. 그러므로 나는 정확한 사실을 알기위하여 중국 한국을 지나 일본으로 돌아오는 길에 일본의 의견을 대표하는 일본 관헌 및 서양인과 회견하여 나의 관찰에 그릇된 점이 있으면 지적하기를 요구하였다. 그뿐 아니라 나는 전술한 바와 같이 일본 민족의 장처와 공적을 인정하는 사람이다.

이렇게 접견한 사람 중의 한 사람은 스모토라 하는 일본 일대 신문기자도 있었는데, 이는 윌슨의 주위에 하우스라는 대령이 있는 모양으로 일본정부에 중요한 관계가 있는 이다. 나는 씨와 동경구락부에서 두 시간 회담했는데, 씨는 식견이 있고 세계인사와 많이 접촉하였고, 또 영어가 유창하다. 나와 씨의 회담은 공표치 않기로 약속한 후 씨는 나의 질문에 대답하여 자유롭게 일본의 정책을 비난하고 그 과오를 지시하였다.

나는 또 같은 방법으로 동아에 있는 미국 모 상회의 지배인과 같이 여러 가지 사건을 토론하였는데, 그이는 동아 형편에 정통한 이다. 나는 이런 회담의 결과로 나의 관찰이 정당함을 알았다. 그런 고로 이하에 서술하는 사실은 나의 의견 그것보다 사실 그 물건의 힘으로 여러분의 가슴을 찌르리라.

일본의 과거의 죄악과 현금의 정책을 변호하는 자는 항상 일본이 국가적 부득이한 필요로 나옴이라는 구실을 말한다. 거기도 일리가 있으나 나는 먼저 그것부터 설명하리라.

일본의 인구증가율은 한인(韓人)을 내놓고는 세계 어느 민족보다도 빠르다. 과거의 기록에 의하면 일본 인구는 50년만에는 배로 증가하겠다. 내가 확신하기는 이 증가율은 위생제도가 완비함에 따라(2백만 인구가 있는 동경에도 아직 하수도의 설비가 없다) 증진될 것이오, 생활수준의 향상과 부인권리의 증가, 부인의 참정에 의하여 감소되리라.

하여간 일본 인구는 매년 70만 이상씩 증가한다. 문제는 이 인구를 어디다 둘 것인가 함이니, 일본 인구는 이미 밀식된 까닭이다. 매년 6,70만의 일본인은 혹은 북해도(北海道)로 간다. 이는 북방이지마는 일본인은 그 기후에 순응할 수 있다. 또 혹은 만주로, 시베리아로, 남아메리카로 간다. 남미의 몇 개 나라는 일본인의 노동을 환영하여 그 입국을 허락한다.

일본은 이상의 식민(殖民)을 부족하다 하여 그래도 과잉되는 인구 때문에 중국을 향하여 평화적 침략을 시도함은 만부득이함이라 한다. 그런데 나에게 말한 사람들의 일치 주장한 바는 일본이 결코 중국에서 특수한 권리를 요구함이 아니요, 다른 모든 열강과 동일한 은택을 요구할 뿐이라 한다. 이것이 듣기에는 매우 좋다. 그러나 실인즉 일본은 중국에서 특수한 권리를 요구하였고, 획득하려고 노력함이 분명하다. 또 일본은 현재에도 이 탐욕적 정책을 실행중이니 일본이 그 야심을 베풀고 있는 지방에는 다른 외국인이 발을 들여놓았다가는 중일전쟁을 예기치 아니치 못할 형세며, 그 계획이 성공되는 날은 미국의 재중(在中)이권은 죄다 위태롭게 되고 세계의 평화는 다시 교란되리라.

일본이 이미 실행중인 동아정책은 비단 독일의 재래(再來)와 찬미를 의미할 뿐 아니라 일본은 연합국에 대하여 불의(不義)의 행동을 취하였나니, 깊은 계획하에 연합국의 이익을 횡탈하고 이것은 침해치 않는다고 성명하던 그 권리를 침해하는 중이다. 이러한 사실을 연합국이 명확히 깨달을 것 같으면 연합국이 일본을 도와 일본으로 하여금 이와 같이 동아에 독수(毒手)를 펴지 않고도 그 증가하는 인구를 처치할 방법을 얻게 함은 불가능이 아닐 것이다.

본 편에 기재된 각종 사실을 면밀히 상고(詳考)하면 미국의 동아정책에 대한 2대 제의에 대한 근본적 해결을 발견할 수 있으리라.

그 하나는 즉 일본의 요구에 응하여 일본과 협동하여 평화적으로 중국을 침략함이니, 그 결과로는 지금 중국이 일본을 자기의 파괴자로 아는데 반하여 우리나라를 힘 있고 이해관계를 떠난 우호국으로 알고 있는 그 위대(威大)한 명성을 잃을 것뿐이다. 일본의 속마음은 미국의 세력을 멸케 하거나 그렇지 않으면 횡리(橫利)를 함유하고자 함이다.

둘째 제의는 장래의 분란을 방지키 위하여 동아 전국(全局)을 일본 수하에 버리자 함이니, 이는 마치 러시아 평원을 다니는 설마(雪馬)에서 이리를 만날 때에 안전을 위하여 어린 아이를 이리에게 던져주는 것과 같은 방법이니, 던져줄 아이가 부족치 않으면 승객의 생명은 구할 수가 있겠다. 그러나 동양의 독일인 일본의 앞에는 그 희생이 무제한이다. 일시적 평화는 있다 하더라도 먼 장래에는 이 희생으로 배부른 일본은 다시 더 쉽게 다른 미국의 권리를 강탈하려 들리라. 또 이런 정책으로 인하여 현시에 잃는 미국의 손해는 너무 막대하다. 허다한 좋은 일을 하고 약간의 실수를 한 윌슨 대통령이 3월 5일 뉴욕에서 국제연맹에 관한 회의가 있었을 때에 공개와 음모에 관하여 이같이 말하였다.

국제연맹이 감시하고자하는 한 가지 일은 즉 음모이니, 음모는 공개외교 앞에 거꾸러지리라. 국제연맹이 위대한 민주적 단결인 이상은 이 음모를 멸하여야 하리라. 이 단결의 약속의 하나는 즉 세계 어느 지방을 물론하고 세계평화를 교란하는 사건이 발생할 때 각국은 세계를 향하여 경고함이 그 우호적 권리라 함이다.

대통령은 이런 의미에 있어서 나의 논문을 추찬(推讚)하고 전시 검열이(아직 시행된다 하더라도) 이 원고를 통과하면 나의 만족은 더 없겠노라. 왜 그러냐하면 국제연맹 이전에는 그런 음모를 노출함은 미국의 불호의적 행동이 되었을 것이다. 정부는 이하 사실을 이미 알리라. 그러나 대통령이 누차 국민의 의견이 일정하기 전에는 국제적 문제를 해결하기를 불긍하는 태도를 취한 이상, 이와 같은 중대한 문제는 미국 국민이 다 알아야할 필요가 있다. 왜 그런고 하니 일반 국민이 그 의견을 일치케 하자면 그 사실의 진상을 먼저 알아야 할 것이다. (제75호 1920. 5. 11)

동아에 재한 미일 양국의 쟁투(3)

제2장 일본의 야심, 군국주의적 국가 불충불성(不忠不誠)의 우국(友國)

일본이 동양의 독일인 것은 본래부터 일본은 사무라이(武士)의 나라였음이 증거한다. 일본을 구하고 지지한 무사계급은 일본역사의 주인공이다. 또 근년 일본이 세계 각국 간에 항오(行伍)하여 강국의 대오에 있음도 그 군대의 힘임을 묻지도 않을 바다.

쇄국에서 벗어나 서양문명으로 나아가려할 때에도, 일본은 그의 취할 모범으로 독일을 취하여 독일 정체(政體)를 그의 요구에 가장 적합한 것으로 택하였다. 독일식 사상과 독일식 제도가 채용되었고, 군대는 독일식으로 조직되고, 독일식으로 교육되고, 경찰과 정탐제도도 독일식이오, 문무관들은 영어보다 독일어를 더 잘 알며, 기타 중요한 모든 제도로부터 세말(細末)까지 죄다 독일식이오, 학교에서는 군대식 훈련을 주며, 학교 제모(制帽)는 독일식으로 학급을 구별하는 군모이다.

일본은 동아에 있는 나라이다. 그러나 일본제국은 멀리 독일에서 건설되었다. 일본은 과거에 일시도 군벌정치 하에 있지 않은 때가 없었다. 또 현재도 그러며 장래도 얼마간 그러하리라. 군벌을 배척하고 전쟁이외에 그 세력이 나오지 못하게 하는 문제가 국민간에 일어나지 않음이 아니나, 군벌의 세력은 너무나 강하고 그 성곽은 너무나 굳건하여 용이하게 무너지지 않는다.

일본이 동아를 지배하려는 야심을 실행할 때에 전혀 전쟁 이전에 하던 독일식 방략을 좇았다. 그러나 일본은 독일이 전쟁의 결과 당한 운명을 보고도 주저하는 기색이 없으며, 또 일본의 동아정책이 세계에 판명되는 날에라도 여하한 외교사령(辭令)에 의하여도 그 정책을 변경할 기색이 보이지 않는다.

세계가 다 아는 바이거니와, 일본은 전란 간에도 결코 독일의 야심과 제도에 대한 충심적(衷心的) 원수(怨讐)가 아니었다. 일본은 다만 2,3의 조약에 얽매어 마지못해 선전(宣戰)하였고, 전쟁을 이용하여 자가의 사리(私利)를 도모하는 큰 기회로 삼았다.

일본은 적국인 동맹측을 학대하지 않았다. 동맹측 인민은 표면적으로는 권리를 피탈하였으나 이면은 그렇지 않았다. 나는 일본에서 적국인으로 처벌을 당한 독일인을 하나만 보았다. 일본은 그에게 3백원 벌금을 과하였다. 그러나 벌금을 내지 않고 퇴국(退國)함을 허하였다. 일본정부가 독일이 결코 패하지 않을 줄로 믿었던 것도 주지의 사실이니, 이 신념이 족히 일본의 정략을 설명하리라.

또 드러난 사실은 일본이 연합국의 충실한 동맹을 아니 지킨 것이다. 일본은 동맹국의 고경(苦境)을 이용하여 동아에 있는 자가(自家)의 이익을 도모하기에 급급하였나니, 때로는 이를 위하여 동맹국을 해친 일도 많았다. 전쟁이 불의에 일본에게는 종료됨에 일본은 심히 난처한 입지에 섰다. 일본의 야심은 아직 완전히 성공되지 못하였는데, 그 계획은 이미 발로되어 세계는 일본에게 설명과 판상(辦償)을 요구하게 되었다. 이는 외교문서에 있는 말은 아니되 냉혹한 사실이다.

일면으로 보면 전쟁의 희생은 인류에게 그 값을 주었다 하리니, 만일 이번 전쟁이 없어 일본의 무신(無信)이 폭로되지 않았던들 세계는, 그 중에도 정직한 미국은 일본의 보증을 믿다가 종당에 큰 낭패를 보았으리라.

일본 상인과 상업가는 상업상 신용의 가치를 깨닫기 시작하였다. 그러나 불행히 일본 군벌이 이미 외교상으로 국가의 명예와 신용을 훼손하여 버렸도다. 만일 일본이 이미 그 야심을 성수한지 오래다 하면 일본은 세계여론을 고려(顧慮)할 필요가 없으리라. 그러나 아직 그렇지 않으니, 지금 일본의 정책을 변경케 하는데 큰 도움을 주는 것은 여론의 압박이다.

대전 발발 이후로 일본은 쉴새 없이 중국에게 협박과 회뢰와 폭력으로 연합국의 이익을 유린하고, 여러 가지 특권을 늑탈하며, 또 폭력과 위협으로 이를 비밀에 붙였다. 21개조의 요구[27]가 늑체(勒締)될 때에 일본은 영미 기타 이에 이해관계가 많은 나라에 있는 일본의 대사들로 하여금 이를 절대로 부인케 하여 신용상 대죄악을 범하였다.

청도(靑島)를 중국에 환부키 위하여 독일에서 빼앗은 일본이 처음에는 통째 삼키려하다가, 다음에는 철도 기타의 이권과 바꿀 뜻을 보였다. 지금은 4년간의 일본 행정이 산동(山東)에서 모든 중국인과 외국인의 세력을 내쫓고 인제는 명의상은 누가 청도를 가지

27) 21개조의 요구. 제1차 세계대전 중 1915년 1월 18일 일본이 중국에 대하여 권익확대를 위하여 제출한 요구. 일본은 1914년 8월 23일 독일에 선전포고하면서 독일 조차지 교주만(膠州灣)을 점령, 산동반도에 있는 독일 이권을 접수한 후 중국에 대하여 21개조의 요구서를 제출했다. 산동성의 구 독일 이권계승 및 철도부설권 요구, 남만주 및 동부 내몽고에서의 일본의 특수권익의 승인 등을 요구했다. 중국은 일본의 위협과 압박에 못 이겨 결국 5월 9일 이를 승인했다. 이로 인해 중국에서 반일운동이 거세게 일어나, 5·4운동의 발단이 되었다. 그러나 21개조 요구는 1922년 워싱턴회의에서 파기되고 말았다.

든지 실지상으로는 일본의 소유가 되게 만들었다.[28]

일본은 파리 평화회의에서 중국의 대변자가 되려하였다. 고·왕(顧·王) 양 대표가 충실히 모든 사실을 발표할 때에 이를 막으려 하였고, 오바타(小幡)[29]공사로 하여금 북경정부를 위협하여 중일간의 모든 비밀조약 - 그 중에는 연합국에 해되는 조항을 함유하였고, 평화회의가 이를 보기를 원하는 - 전쟁 중에 약탈한 이권의 모든 비밀이 폭로됨을 방지하려 하였다.

이상은 일본의 무신을 증명하는 몇 가지 사례에 불과하다. 기타의 것은 아직 공개되지 않았으되 열강 각 외교관청에는 기타 모든 죄상이 열록(列錄)되어 있을 줄 안다. 이를 세계에 반포함이 일본으로 하여금 회개케 하는데 유효하리라.

과거 4,5년간의 일본의 주요한 노력은 중국을 지배하려는데 있었다. 동경제대 총장 야마가와(山川健次郎)[30]는 동경일일(東京日日)에 이같이 말하였다. "만일 일본이 팽창정책을 버리면 중국은 일본을 다시 의심치 아니하리라. 그러나 일본은 이리할 수 없나니 대개 이는 일본의 사활문제이다. 일본의 중국에 대한 발전은 언제든지 경제적이었다. 경제적 발전을 계속함이 무엇이 불가하단 말인가."

만일 일본이 제 마음대로 중국을 먹었으면 가장 일이 평안히 되겠다고 하였더라면 더 진리였을 것을….

또 항상 듣는 말로 일본은 결코 중국에서 특수한 이익은 요구함이 아니요, 열국과 균등한 기회를 구할 뿐이라 한다. 일견(一見)이에서 더 정대(正大)한 사실의 말이 없다. 그러나 사실은 이와 반

28) 워싱턴 회의(1921. 11~1922. 2). 일명 태평양회의. 산동반도 반환에 관한 중일 간 조약이 체결되고, 일본의 대중 21개조 요구는 폐기되었다.

29) 오바타 유우기치(小幡酉吉, 1873~1947). 천진영사를 거쳐 1918년 중국공사에 부임, 대중 압박외교를 강행했다.

30) 야마가와 겐지로(山川健次郎, 1854~1931). 동경제대 총장(1901), 국가주의적인 교화(敎化)운동에 헌신했다.

대이니 일본은 병력으로써 중국에게 이권양여를 요구하며, 중국의 재정과 국방과 상권을 지배코자 하며, 그 군대를 지휘하고, 광산을 점령하여 일보일보 중국을 질식케 하고, 외국 이익을 방축하려 한다. 구미 각국이 국가의 운명과 정의를 위하여 전투하는 동안에 그 동맹국인 일본은 냉혹한 태도로 동아에 있는 그네의 상권을 도적질 하는 불신적 행동을 취하였다. 일본은 독일이 그의 정책으로 유럽에서 승리를 얻는 동시에 일본도 그 정책으로 동아에서 승리를 얻으리라는 신념을 가졌었다.

일본은 그 야심, 중국을 지배하려는 계획을 성수키 위하여 이하와 같은 일을 하였다.

1. 선전방법의 확장 - 미국과 중국 양국에서 발간되는 신문, 고명한 여객(旅客)의 접대, 외교관의 연설과 담화, 미일 협회의 이용, 일본은 아유(阿諛)에 잘 넘어가는 명사를 이용하여 성공하였다.
2. 일본은 다년간 일본서 출입하는 보도를 마음대로 채색하여 선전에 이용하였다.
3. 일본은 중국에서 출입하는 보도도 그와 같이 하려고 계획 중이다.
4. 일본은 차관 기타의 방법으로 중국내의 신문보도기관 - 전신전화를 지배하려 한다.
5. 일본은 같은 모양의 방법으로 중국의 철도, 광산을 점유하고 원료품을 지배하고자 한다.
6. 일본은 그 승낙 없이 중국이 외국에게 차관, 조약 체결함을 금하며 중국군대는 사실상 일본 수하에 있다.
7. 일본은 군대의 세력을 잡기 위하여 내란을 선동하였다. 남북의 쟁단(爭端)도 일본의 소위(所爲)다. 일본은 북방군대를 유지하기 위하여 차관에 응하였다. 전하는 바에 의하면 남북화의를 깨뜨린 자도 일본이라 한다.
8. 일본은 중국 안에 봉급을 주어서 선동가와 평화교란 전문가를

두어 남북의 통일을 방해하며, 기타 일본의 야심에 저촉되는 일이 생기지 못하게 한다.

9. 이상 모든 일은 세계로 하여금 동아의 진상을 모르게 하는 것과, 일본과 반대할 열강간의 분열과, 중국 및 동아의 교란과 및 미국의 교란을 목적하고 있다.

전쟁 중 일본은 하고 싶은 대로 다 하였다. 휴전과 동시에 일본은 고경(苦境)에 들어갔다. 일본은 시베리아 철도의 지배를 예기하였다. 평화회의에는 민족차별철폐를 제기하여 미·호·캐나다에 이민의 길을 열리라 하였다. 참전의 보수로 청도(靑島)를 얻었고, 중국에 우월권을 잡으리라 하였다.

그러나 진상이 폭로되면 될 수록 그에게 대한 세계의 신용이 날로 떨어져감이 판명되었다. 국내의 자유사상가와 정객은 일본의 군벌정책이 도리어 일본을 파멸에 인도함을 경고하였다. 그 정책을 그치지 않으면 오늘의 우방국인 세계가 그를 향하여 일률(一率) 공격할 것을 경고하였다.

시베리아의 일본군의 행동은 동맹국의 우의를 더욱 잃게 하였다. 일본은 1만2천의 출병을 성명하고 실은 7만3천을 출병했다. 영·미·불 각국 병사의 독립행동은 종종의 충돌이 발생했다. 영국 장관이 포박된 일도 있고, 프랑스 관좌관(官佐官)의 심사를 받은 일도 있다. 이런 일은 다 비밀이다. 일본 정객은 이 형세를 우려한다. 그러나 일본이 군벌의 지배하에 있는 이상 이는 일본군의 행동이라 인정될 수밖에 없다. (제76호 1920. 5. 15)

동아에 재한 미일 양국의 쟁투(4)

제3장 중국과 미국, 일본의 중상과 음모

중국 영토보존의 효과를 미국의 이익과 세계평화 유지상으로 보아 일본의 이에 대한 정책을 이해하려면, 또 이 이해를 일본이 교묘히 제조한 위증을 근거삼지 않고 틀림없이 지적된 사실에 의하여 하자면, 전에 미국 공중에 반포되지 못한 이하 몇 가지 사실을 들어야 하겠다. 이는 각처에 질문하여 확증을 얻은 것이다.

제1로 말할 것은 중국의 대미 감정이다. 나는 광동(廣東), 홍콩(香港), 상해(上海), 북경(北京) 등지의 각 계급 중국 인사와 혹은 직접 혹은 통역을 매개로 하여 대미 의견을 들었다. 그 중에는 광동 대상회에 속한 건축청부업자도 있었고, 1천5백년 묵은 대불상과 고대의 파고다가 있는 대사원에 나를 초청한 승려도 있었고, 부자, 학생, 노동자, 전문가, 대심원 판사, 철로선에 집무하는 의사, 신문기자, 서양식 두뇌와 계획을 가진 신문경영자 등이 있었다. 또 그 중에는 미국서 교육받은 자, 혹은 옥스퍼드, 혹은 홍콩, 심지어 일본서 교육 받은 자까지 있었다. 그러나 백번이면 백번 다 미국인에 대하여 친절과 열심을 보였다.

모든 사람이 미국을 사랑하고 과거의 행동에 의하여 이를 신뢰한다. 그리하여 이해관계를 가지지 않는 우의에 대한 신임과 또 장래에 중국의 주권에 대한 위험에서 구출할 친절한 인도자로 미국을 앙모한다.

이런 감정은 나의 아는 한에서는 역사상 어떤 동맹국간에서도 있지 못한 우정이다. 미국에 대한 절대 신임이 중국에게 손해를 줄 적까지 있다. 어떤 미국인은 기관차회사를 사칭하고 중국 관헌에게서 다수의 돈을 속인 일도 있다. 또 한 가지 이 우정의 예는 중국인이 미국 적십자사에 기부하는 것을 보아도 알겠다. 한 농부는 30리를 걸어서 1원의 돈을 미국으로 부쳤다. 미국에 오래 거주한 미국인에게 듣건대 이 감정은 전국 일치라 한다.

세계 풍조가 깊지 못한 내지로 들어가면 더욱 그렇다 한다. 이 감정을 상업상으로 생각하여 보라. 중국의 인구는 4억이라 하니 그 인구가 친절한 교도와 보조로써 생활정도가 진보되면 그 인구의 구매력은 전 세계 어떤 다른 민족의 구매력보다도 많으리라.

중국의 상권은 공정한 태도와 지혜로운 지도를 중국에 가하므로, 또 타국의 권리를 침해치 않고 상업도덕을 범하지 않는 범위 안에서 전혀 우리들이 자유로울 수 있는 것이다. 우리는 그 권리를 구하느냐, 또 이를 유지하기를 원하는가. 이는 강권을 믿고 중국을 침략하는 일본에게 정의의 문제로 대함과 또 다른 문제이다.

또 일본이 중국을 지배하려는 야심, 혹 중국을 병탄하려는 야심 외에 미국의 신용을 타락케 하여 중국의 민심을 미국에서 떠나게 하려하는 이유도 명백하게 되었다. 만일 미국이 이런 목적으로 사용되는 일본의 선전을 없이하고 동아와 미국 간에 충분한 이해가 생기게 하면 장래 일본의 그와 같은 야심은 달하지 못하리라. 대전의 결과는 참혹의 극에 달하였지마는 원동(遠東)으로 하여금 해당 지방의 가장 주의할 점이 이런 대충돌을 방비함이라는 교훈을 주었다.

독일이 승리하리라, 전쟁은 오래 끌리라 하는 신념을 가진 일본은 연합국의 선취이권을 엿보면서 아무 교활한 수단을 취하지 않고 정면으로 협박하여 그 희생될 국민에게 강박하여 영구히 모든 이권을 빼앗으려 하였다. 그러다가 이 계획이 다 성공되기 전에 휴전은 청천의 벽력으로 왔다. 지금 일본은 나간 걸음에 동양의 독일로 자처하고 잔인하게 강경하게 무슨 수단에 호소하여서라도 그 야심을 달하고자 한다.

한국과 만주에 대하여 한 것, 이것이 일본이 중국에 대하여 하고자 하는 것이다. 일본이 아무리 항의할지라도 사실이 이에 반한다. 일본은 한국의 독립을 위한다 하여 청국과 전쟁했다. 러일전쟁도 러시아가 한국의 독립을 위협한다는 이유하에 발생한 것이다. 그러던 일본이 1910년에는 한국을 합병하였다. 아마 한국의 독립을 보존키 위하여.

만주에서 일본은 표면상 평화적 이권을 얻는다 하였다. 그러나 일본은 그 군대의 힘으로 점차 이를 점령하여 지금은 독일식 군대의 잔인한 지배하에 동아의 천지가 일본에 들어가려 한다. 일본 전권 마키노(牧野)[31]가 발한 성명은 혹 사실에 대하여는 전혀 침묵을 취하고 대담하게도 일본의 죄는 유럽 각국의 죄보다 더하지 않다고 자백하였다. 일본은 청일전쟁의 결과 획득한 요동(遼東)반도를 구주 열강에게 빼앗기고,[32] 그 반대로 러시아가 요동을 점령하고, 영국이 위해위(威海衛)를 점령했음을 지적하였다. 요동은 러일전쟁의 결과 다시 일본의 소유가 되었다. 마키노는 일본이 1909년 안봉선(安奉線)을 중국의 항의를 무시하고 강점한 사실을 모른 체하였다. 그후 대전 중에 일본은 안봉선 사용기한을 1923년에서 2002년으로 늘였다. 일본이 중국에 환부한다고 독일에서 탈취한 청도(靑島)와 교주만(膠州灣)에 대한 태도를 보더라도 기타는 추지하리라.

이상의 진술에 의하여 일본이 무슨 까닭으로 중국침략에 미국의 가입을 요구하는가를 알리라. 현금 일본의 야심이 폭로됨에 따라 중국에는 맹렬한 배일(排日)감정이 있다. 만일 미국이 일본과 조합하면 중국인의 대미호감은 없어지리니, 따라서 일본은 대중상업에 미국보다 불리함이 아무 것도 없어지리라. 그래도 호감이나마 있다하면 그 이익은 일본도 획득할 수 있을 것이다. 그때는 중국이 일본의 독수에서 벗어날 희망이 없어지는 날이오, 미국은 일본에게 모든 이익을 빼앗기리니, 일본은 일찍이 지나간 적에(曾前) 그

31) 마키노 노부아키(牧野伸顯, 1861~1949). 마키노는 베르사유 강화회의(1919. 6. 2)시 차석전권으로 참석했다. 군부의 대두와 더불어 '친영미・현상유지파'의 비난을 받아 실각했다.

32) 三國干涉(1895). 러・독・불 3국이 간섭하여 일본이 청일전쟁 결과 얻은 遼東半島를 청에 반환케 함.

연합자에게 이익을 끼친 일이 한 번도 없었던 것이다.

이상의 말한 바에 의하여 또 미국은 요동에 관계가 없으니 일본의 마음대로 하게하여 종래의 난을 피하려 하는 의견에 대한 답변도 얻으리라. 미국은 지금 혼자만 살 수 없다. 외국시장을 구하여야 하겠다. 그런데 중국과 같은 유리한 시장을 포기할 수 없다. 또 미국의 안전과 세계의 평화를 위하여 일본의 야심, 대전 종료와 동시에 폭로된 그 계획의 저지를 시도치 않을 수 없는 것이다. (제80호 1920. 5. 29)

동아에 재한 미일 양국의 쟁투(5)

제4장 日本의 선전, 전신·해신(海信)의 농단(壟斷)

일본은 다년간 교묘한 선전의 기관을 이용하여 서양 각국에게 사실의 진상을 은폐하고 그 이권을 서서히 잠식하여 왔으며, 또 그 도적행위를 감추고 동아에 관계된 서양 각국으로 서로 믿고 의심하지 않케(信之無疑) 하여 우호관계를 지속하는데 고심하여 왔다. 미국은 동아에 대하여 초연한 태도를 취해온 결과, 특별히 중국에서, 일본의 선전에 의하여 미국의 명성은 땅에 떨어졌다.

전장에 기자는 이 선전방법으로 여러 가지 방법이 채용됨을 말하였거니와 그 중에는 일본에서 일본인에게 사건의 한 방면만 설명을 듣고 열심으로 무지한 선전가가 되는 미국인도 있으며, 혹 미·일 양국인으로 성립된 미일협회 등이 많은 선전가를 고용하여 양국의 이익과 친선이란 미명하에 여러 악선전에 이용되는 일이 있다.

통신기관에 관계된 자는 의아하되 어찌하여 동아의 소식이 이렇게 적은가, 어찌하여 일본에 불리한 소식은 도무지 안 오는가, 혹 하나둘 있더라도 당장에 부인되고 설명되어 소멸되고 마는가. 동아를 여행한 자는 미국소식이 또 이와 같이 단절됨을 보고 놀란다. 간혹 있다하면 동아에는 아무 상관없는 것이다.

이는 무슨 까닭이냐 하면 동아통신은 전혀 영국인의 로이터(Reuter)통신과 일본인의 손으로 지배되는 연고이다. 이 둘은 서로 연락이 있다. 전쟁 전에는 울프회사와 그 지사되는 로이드사가 독일의 이익을 대표하였던 것이다.

금년 몇 개월간 정보국에서 보낸 전보 외에 다른 모든 정보는 로이터를 통하여 발송되었다. 뉴욕에서 영국인의 손으로 발하여 런던에서 영국인의 검사와 개작을 받고, 상해에서 또 영국인의 검열을 받은 후 발표되었다. 상해는 영·미의 감정이 가장 현격한 곳이다.

전쟁 초기 1년간 미국이 아직 중립을 지키고 있는 동안 이 전보는 전혀 배미(排美)감정을 격발하게 채색되었었다. 로이터사는 영국인의 수하에 있어서 차별적 대우를 한다. 미국 통신원이 논쟁을 하여도 무용이다. 또 우리의 연합통신사(AP)는 국내만 목적할 뿐이었다. 그러나 근일에는 남미에 통신을 보내기 시작하였다.

로이터는 연전에 일본에서 퇴출하였다. 이는 일본정부의 기관인 국제통신에게 양여함이니 그 후부터 국제통신은 로이터 전보를 다 받아서 이를 일본의 견지(見地)로 다시 개작하여 반포한다. 로이터 전보로 나오는 일본소식은 죄다 국제통신의 허가를 받은 것이다.

이 통신기관 독점의 결과 이런 일이 있다. 휴전이 되려할 때에 세계는 1주 이상 전부터 이를 예지하였었다. 독일이 패전에 이르리라고는 1개월 전부터 알았었다. 그런데 일본에서는 이 전보가 국제통신의 손에 눌리어 있었다. 휴전조인의 보도가 벽력같이 내렸다. 1주일간에 일본의 받은 손해가 1억 원에 달한다 한다.

미국의 연합통신과 기타 소수의 신문은 원동에 특파원이 있으되, 그들이 상당한 통신을 지속하기에는 태평양 해저전신은 너무 비싸고 또 불규칙하다. 전시에는 태평양을 횡단하는데 전보가 10

일에서 14일이 걸렸다.

일본은 자국내 뿐 아니라 중국의 내외전보를 지배한다. 일본은 대도회의 신문지를 매수하며, 혹 영자보(英字報)도 가졌으니 상해에도 두개가 있다. 광동에는 중국신문이 없더니 이번에 일본인의 신문이 창간되었다.

일본이 발간하는 한자보(漢字報)는 일본영사의 허가를 맡아 치외법권을 가졌다. 그러므로 그 신문은 중상과 명예훼손에 대하여 배상을 물 염려가 없다. 이 무기로 그는 일본을 반항하는 중국지사를 침묵케 한다.

또 일본은 중국 안에 동방통신(東方通信)이란 기관을 가졌다. 이는 영사관의 후원으로 중국신문에 재료를 공급하는 것인데, 대개 일본의 선전재료뿐이다. 중국민중에게 반일본적 기사를 보지 못하게 하기위하여 채색하고 수정한다. 근년에 와서 일본은 이 권리를 배미(排美)선전에 사용하였다.

전시에 미국은 해저선과 무선전을 이용하여 괌도 혹 필리핀에 전보를 발하였다. 이것이 상해, 북경 등지로 퍼졌다. 이것이 정보위원회의 사업이었다. 혹 이르쿠츠크를 경유하여 간 전보도 있었다. 그러나 이는 전시에만 일이요 전후에는 또 소멸되려 한다.

미국의 재원동(在遠東) 상권은 또 외교상 지위는 정확한 보도의 교환이 있기 전에는 유지할 수 없다. 중국인도 통신기관을 요구한다. 중국인은 일본의 선전에 대항하기 위하여 영자신문까지 계획한다. (본장은 생략한 부분이 많음 - 역자) (제81호 1920. 6. 1)

동아에 재한 미일 양국의 쟁투(6)

제5장 일본의 밀계(密計), 휴전으로 일시 중절의 상태

금년 1919년 2월에 나는 홍콩·광동·상해·북경 등지에 있어서 표면의 사실보다 좀 더 깊이 들어가 연구하였다. 그 연구의 결과 나는 당시 일본이 중국에 대한 이익과 호의에 관하여 세계에 한 보증에 대한 완전한 답안을 얻었다. 이것은 중국 안에서 되는 사실을 완전히 아는 자만 이해하는 것이다. 나는 2월에 있었던 중국의 현상을 사실대로 서술하려한다. 이 현상은 일본의 4년간 행한 정책의 결과이다.

이상에 서술한 또 이하에 서술할 사실을 미국인이 자세히 모르는 까닭은 동아의 보도가 부정확한 까닭이 아니오, 상술한 일본인의 선전이 맹렬한 까닭이다.

2월에 중국 구 국회는 광동에서 회의를 개최하고 있었다. 이 국회는 북경정부가 일본의 무력의 후원으로 무리하게 해산케 한 것이다. 신국회는 북경에서 일본의 세력하에 개회되었다. 남북 평화회의는 상해에서 개최되었다. 이는 영미 각국의 권고에 의함이다. 서수쟁(徐樹錚)은 일본인의 금력을 믿고 군대 교련을 실시하고 있다. 이 군대는 북방파에 속한 것이다.[33] 남방에는 소수의 해군이 남방정부를 도와 주고 있다. 파리에서는 고·왕(顧·王)[34] 등 대표가 일본의 침략을 호소하고 있다.

이 모든 사건은 다 일본의 조작이요 영·미와 구주(유럽)가 그 위험을 깨닫기 전에 야심을 성수하려는 일본의 음모이다. 남북분쟁[35]은 일본인의 음모와 원조로 시작된 것이오, 그에 관계한 중국

---

33) 1916년 6월 원세개(袁世凱)사망으로 안휘파(安徽派, 북방파)와 직례파(直隸派, 남방파)간 대립했는데, 안휘파의 단기서(段祺瑞)가 실권을 장악, 국무총리가 되어 독군단(督軍團)의 무력과 일본의 원조를 배경으로 하여 무력에 의한 남방통일을 주장했다. 결국 1920년 7월 안직전쟁(安直戰爭)에서 직례파에 패해 몰락했다.

34) 고유균(顧維鈞, 1888~?). 1915년 주미공사를 거쳐 1919년 파리 강화회의, 1921~22년 워싱턴 회의(태평양회의)에서 중국 전권대표로 활약, 친영미 반일 외교를 폈쳤다.

35) 일본은 안휘파(북방파)에 거액의 차관을 제공, 직례파(남방파)와 대결

군벌은 거의 다 일본에서 교육받은 자들이다.

일본은 남방에 향하여는 너의 주장이 옳다 일본국민은 너에게 동정한다 칭하면서, 북방에 차관을 주며 군대양성비를 준다. 그리하고 무력압박이 제일이라 선동한다. 이렇게 하여 그 야심을 달하는데 일보일보 가까이 간다. 중국 대통령은 국민의 애국심을 인정하지 않음이 아니나 일본의 증회(贈賄)정책아래 거꾸러진다. 북경정부에는 교통대신 조여림(曹汝霖), 육군중장 서수쟁 이하 5,6인의 매국노가 있다. 공정한 마음을 가진 관리도 공포에 못 이겨 회의석상에서 바른 말을 못한다 한다. 지방장관 중에도 매국노가 있다. 산동성장(山東省長)은 일본 계집과 결혼하므로 공격받는 것은 공연한 사실이다.

상해 남북 평화회의는 실패되었다. 남방은 북방이 군사행동을 정지하기를 요구하였다. 그러나 일본의 항의 한마디에 회의는 와해되었다. 국회는 중국군대를 해산하자는 의안을 통과하려 하였다. 이는 경제상으로도 크게 필요한 것이다. 그러나 일본의 최후통첩이 이를 못하게 하였다. 일본은 군대 양성비로 4천만 원을 지출하였다. 대통령과 공정한 관헌은 모 철도에 대한 일본의 차관을 거절케 하고자 힘쓴다. 일본은 장래에 철도권을 가지기 위하여 차관을 강제하려한다. 내가 떠나기 까지는 결과가 나지 않았다. 3월에 한 미국상인이 중국에 갔다. 그 목적은 미국을 중심으로 한 경제적 차관을 짓고자 함이다. 이리되면 일본의 세력은 감손될 수 있겠다.

파리에서 일본은 중국의 대언자(代言者)가 되려하였다. 고·왕 양 대표의 항의에 부딪쳐 각색 방법으로 위협하여 그 목적을 달하고자 하였다. 랜싱-이시이 협정[36]에서 미국은 일본에게 일종 막연

케 하는 분열작전을 구사했다.

36) 랜싱-이시이 협정(Lancing-Ishii Agreement, 1917. 11). 일본 특명전권 이시이(石井菊次郎)와 미국 국무장관 랜싱 간에 교환된 미일 공동

한 대(對)중국 우월권을 인정했다. 윌슨 대통령은 이에 관하여 아직 어떠한 설명이 없다. 일본인은 이 협약을 구실로 삼고 중국의 지배권을 요구하며, 이를 파리 화회(和會)에서 주장하였다.

미국 대통령이 중국 대통령의 생일에 축전을 보냈을 때 일본은 랜싱-이시이 협정에 위반된다고 항의하였다. 상해에 있는 일본인의 세력하에 영자신문(멜키리)도 이런 항의를 발표하였다.

일본은 21개조의 밀약을 부인하였었다. 일본은 중국 관헌을 위협하여 발표의 길을 막으려 하였다. 그러나 고·왕 양 대표는 이를 평화회의에 발표하려 하였다. 그 고본(稿本)은 일본을 통과할 때에 도적맞았다. 그러나 원하면 무선전신으로 가져올 수 있었다. 일본은 중국대표를 침묵케 하려고 애를 썼다. 또 북경 있는 공사로 하여금 엄중한 교섭과 위협을 시험케 하였다. 일시 중국이 패할 듯하였다.

이때에 중국을 구하는 방침은 공표하는 것밖에 없다. 마치 금일 가장 민첩하고 정확한 사실의 공표가 중국을 일본의 독수에서 구원하는 첩경인 것같이 중국 남방정부와 또 일반 민중은 고·왕 양 대표에게 칼과 대항하여 맞서기를 전보하였다. 이 형세가 중국 국회로 하여금 고·왕 양 대표를 소환하는 태도를 취하지 못하게 하였다. 일본의 위협에 불구하고.

중국이 이런 상태에 인하여서 일본을 배척하고 미국을 환영함은 놀랄 것이 없다. 밖으로 미국의 우호적 원조가 있고, 안으로 일본의 선동을 축출하면 중국은 다시 통일될 희망이 있다. (제82호 1920. 6. 5)

선언. 이 협정에서 미국은 중국 특히 만주에서의 일본의 특수권익을 인정하고, 일본은 중국에서의 미국의 기회균등·문호개방주의를 승인했다. 그러나 1923년 4월 워싱턴회의에서 이 협정은 폐기되고 말았다.

동아에 재한 미일 양국의 쟁투(7)

제6장 일본의 죄악, 한·만·산동에 대한 일본의 과거 죄상(罪狀)

일본은 외교문서와 미일협회, 기타 미국 상인을 이용하는 교묘한 선전방법으로 일본이 중국에 대하여 영토적 야심을 가지거나 혹 조차권(租借權)이나 또는 타국이 가지지 않는 특권을 요구하지 않는다고 주장한다. 그러나 과거의 일본의 행위는 넉넉히 이 주장을 반박함에 족하니, 세계에 대하여서는 다행하게 일본이 대전쟁간에 호기회가 오리라 하여 한 행동은 명명백백하여 다만 공표를 기다릴 뿐이다.

일본은 그 공표를 방지하려고 애를 썼다. 일본은 청일·러일 양 전쟁을 외면상으로 한국의 독립을 위하여 싸운다 하였다. 그 후에 일본은 한국을 점유하였다. 그 구실은 한국은 일본에 매우 접속되어 일본의 적에게 이용될 염려가 있다 함이다. 그는 뒤에 다시 한국의 안전을 보호하기 위하여 남만주를 요구하였다. 그리하고는 독일식 강포로 이를 점령하였다. 그리고는 또다시 남만주의 안전을 위하여 북만주를 요구하였다. 이렇게 나아가면 마지막에는 아마 전 중국, 혹은 전 아시아주를 요구하리라.

남만주는 일본군대 세력하에 있다. 영국인 기타 각국인은 그 세력하에 비상한 모욕을 감수하지 않을 수 없다. 모 중대사건이 발생되었을 때에 일본영사는 아래와 같은 성명을 발표한 일이 있다. "일본정부의 의견에 의하면 제군은 일본 영토하에 있으므로 원동의 지배자인 일본의 명령하에 복종함이 가하다" 하였다. 시베리아를 향하여 만주를 통과하던 이탈리아 군대는 일인의 손에 방해를 당하였다. 당연히 주권을 가진 중국인이 이탈리아 병을 초대하는 것까지 금지되었다.

일본 인민은 우장(牛莊)과 대련(大連)의 미국영사를 습격하였고, 봉천(奉天) 영사부인을 습격하였다. 21개조의 요구가 강박될 제는 일병은 봉천 시가 안으로 진입하여(그런 권리는 전무함에도 불구하고) 미국 총영사관 앞에서 15분간 시위하였다.

일본은 중국의 항의에도 불구하고 제남(濟南)과 양자강 연안 등지에 무선전신을 설치하고, 수비대를 두었다. 이는 명백히 중국 주권의 침해이다. 그 무선전신은 심히 효력이 큰 것으로 영·미 군함이 장강(長江)에서 서로 통신을 못하게 한다. 또 일본은 청도(青島, 중국에 환부한다고 독일에서 취하여 아직 환부하지 않고 있는)에도 무선전신을 설치하였다. 대련에 있는 관동(關東)무선전신은 확실히 태평양상의 선박과 하는 통신을 방해하는 행동을 한다. 태평양 우선회사는 때때로 그 선박과 통신을 못하게 된다.

청도 및 부속지인 교주만(膠州灣)에 관한 사실은 일본의 신의 여하를 증거하는 좋은 표본이 된다. 원래 이 항구는 독일이 2명의 선교사의 피살을 구실삼아 중국에서 빼앗은 것이다. 독일은 이런 흉정은 몇 번이라도 하려할 것이다. 독일은 이 항구에 종종의 개량을 가하였다. 1914년에 일본이 독일에게 해당 영토포기를 요구하였을 때에 독일은 그동안 해온 개량의 보상금(補償金)을 주면 내어 놓겠다 하였다. 그러나 일본은 이로 만족하지 않았다. 그리하고 중국에 환부하는 목적으로 이를 교여(交與)하라는 최후통첩을 발하였다. 미국이 일본의 대청도(對青島) 태도를 질문하였을 때에도 일본은 여전히 대답하였다.

그러나 일본은 청도를 전획물시(戰獲物視)하였다. 연합국에 대한 공로의 보수로 이를 요구하였다. 일본은 중국과 밀약을 강제하여 청도의 점유를 확고케 하였다. 그는 밀약의 한 조건으로 청도를 중국에 환부할 때에는 일본 전영(專營)의 조계를 설치하되 일본정부의 지정한 장소에 하고, 다음에 다른 외국이 원하거든 국제적 조계를 설치하기로 하였다. 그리고 독일인의 재산은 중·일 양정부의 상호 협의에 맡기기로 했다. 중·일의 상호 협의가 어떠한 결과를 지을는지는 명백하다. 일본은 이미 전관조계(專管租界)의 지역을 택정하였다. '저팬 크로니클'(Japan Chronicle, 神戶)에 의하면, "그 조계는 항구의 가장 중요한 부분을 포함하였으니 항구와 정거장과 기타 세입을 거둘 만한 모든 지방이다."

차별적 과세와 규정에 인하여 중국인 기타 외국인은 청도에서 축출된다. 전에 시의 개량에 사용되던 세입은 다 일본 상인에게 팔리었다. 어떤 프랑스인은 그 정구장의 매도요구를 받았으나 거절하였는데, 그 후 일본은 강제로 수용하려 하다가 영·불의 항의를 받았다. 그러나 마침내 일본은 차별적 과세로 이를 몰수하였다. 청도를 중국에 환부하는데 대하여 일본은 4년간 침묵을 지켰다. 휴전이 된 뒤에 일본은 철도 및 거류지 등을 보상으로 하여 이를 중국에 돌리기를 성명하였다.

이리하여 과거에 일본이 강제로 체결한 밀약이 폭로되었다. 현금의 상태로는 청도가 중국의 소유가 되더라도 일본인의 지배를 받을 터이오, 중국이 이에 반항하면 일본은 전쟁이라도 불사할 모양이다.

일본은 과거 4년간을 이용하여 거기서 모든 중국인과 외국인의 이권을 축출하였다. 남은 문제는 강화회의가 이를 승인할까 아니할까이다. 일본은 이렇게 부식(扶植)한 과거의 세력을 빙자하고, 전 산동반도의 지배권을 얻으려 한다. 그 핑계는 이리함이 청도의 안전에 필요하다 함이다. 일본은 밀약책으로 중국에게 "산동반도에 조약 기타에 관하여 독일의 소유가 되었던 모든 것에 대하여 일본이 독일과 규정하는 모든 조건에 동의하기"를 강요하였다.

또 다른 밀약(1918년에 주일공사가 체결하려다가 중국정부의 비준을 못 얻은 밀약)에는 일본은 산동성의 철도를 무조건 무기한으로 점유한다 하였다. 이 밀약 제6조에 파리 강화회의에서 이 철도에 관하여 여하한 의론이 나올지라도 그 결정은 중·일 양국 간의 교섭에 의한다 하였다. 일본공사의 말에 의지하면, 이는 전혀 '상업상 조약'이니까 북경정부의 비준이 불필요하다고. 일본은 작년 가을에 경한(京漢)철도 연장허락의 보수로 2천만 원을 북경정부에 제공하였다. 그 돈이 다 어디로 갔는지 모르나 대개는 남북집쟁(南北執爭)에 소용되었으리니 북방군대 양성비로 들어갔으리라. 이 밀약이 파리회의에 일본의 위협에 불구하고 중국인이 폭로시킨 것을 보면, 거기 무슨 부정당한 것이 있음을 알리라.

일본 대표 마키노(牧野伸顯)는 2월에 강화회의에서의 일본의 행동에 대한 변호를 발표하였다. 이에 의하면 그 밀약의 일부는 아직 모 사업의 준비로 인하여 된 것이므로 아직 발표되지 않았다 한다. 그러나 마키노는 명백히 말하여 이 밀약이 결코 중국 영토의 전단적(專斷的) 무리한 통치를 요구함은 아니다 하였다. 이 밀약의 어떤 부분은 그리 중대하게 보이지 않는다. 동등의 지위와 신용이 있는 나라 사이라면, 그러나 중국에 대하여 이는 무엇을 의미하는가. 이는 일본이 과거에 하여온 실적에 의하여 볼 수밖에 없다. 과거의 일본의 죄악은 명백하다.

'동양의 독일'이란 명칭에서 더 적합한 명칭이 없다. 군대의 지배하에 있는 철도와 일본의 복심인 중국 관헌의 손으로 산동은 만주와 같은 운명에 빠지려 한다. 이러한 책략은 독일의 산물이다. 일본은 출중한 그의 제자이다. (제83호 1920. 6. 10)

동아에 재한 미일 양국의 쟁투(8)

제7장 한국 독립운동, 일본은 한국의 國語·歷史·國民性을 撲滅

특수한 입지에서 동양 사정을 깊이 연구한 사람 이외에는 동아에서 진행되는 사건은 과거 수년간 깊은 장막 속에 숨어 있었다. 이는 하나는 일본의 교활이 원인이오. 하나는 세계가 다른 일에 골몰한 까닭이다. 또 한 가지 물질적 곤란의 원인이 있었으니 즉 해저전신의 혼란으로 아무리 급한 전보라도 태평양을 횡단하는데 10일에서 14일이 걸렸고, 무선전신은 전혀 정부의 소유가 되어 정부는 가혹한 검열을 행하는 고로 사전(私電)과 신문통신은 거의 불가능하였다. 이렇게 깊은 장막 속으로 동아의 사정을 보므로 우리는 거의 아무것도 모르는 상태에 있었다. 안다 하여도 며칠 안 되어 잊어버린다.

이리하여 서양인은 3월 1일에 일어난 한국 독립운동 - 조직적이요 규율적인 소극적 반항으로 세계적 이상을 달하려는 운동의 진정한 뜻과 사실을 알지 못한다. 아직 예언하기는 이르나, 이 소극적 운동이 장래 일본의 동아정책과 동아의 국면에 신생면(新生面)을 주리라 한다. 일본은 우열(愚劣)하게 진상의 발표를 금하고 세계로 하여금 한국의 운동을 정당히 해석하지 못하게 하기 위하여 신문지상에 과장과 허위의 보도를 하였다. 한 예를 들면 일본은 한국 독립선언서가 외국에 발포됨을 금하였다. 그 선언서는 광명정대하고 유려한 문장으로 되었으며, 결코 책임의 전가를 목적하지 않고 한인 자신을 책려(策勵)하는 동시에 부정과 폭력으로 빼앗긴(被奪) 조국의 광복을 선언하였다.

거기 가로되 일본은 한국의 독립을 승인함으로 세계의 신임을 얻을 것이오, 동양 평화의 공고를 기하리라 하였다. 이 선언서 한 장도 외국에 나옴을 금하였다. 집집마다 수색을 당했다. 내가 아는 선교사 2인도 청년회에 관계가 있어 그 서류를 가진 혐의로 가택수색을 당하였다. 내가 아는 범위로는 외국에 제일 먼저 나온 이 선언서의 정확한 번역은 내가 가지고 나와 일본 애드버타이저(Japan Advertiser)와 연합통신사(AP)에 준 것인 줄 안다. 일본정부는 그 발행을 금하였다. 또 미주에 처음으로 가져온 것도 상항(桑港)으로 가지고 와서 연합통신에 주어 발포케 한 것인 줄 안다. 하와이(布哇)에서도 한국사건에 대한 보도가 부정확하다. 하와이에 내리는 이는 우편물을 반드시 검열을 당한다. 나의 우인은 한국통신을 가지고 왔었으나 검열받기를 거절하므로 발송하지 못하였다.

나도 북경공사에게 하는 편지를 검열을 당하였다. 나는 나의 아내와 같이 경성에 2일 반 동안 있으면서 시위운동을 목격하였고, 또 오래 한국에 있어서 한인의 신임을 받으며, 또 운동을 목도한 구미인과 담화하여 독립운동에 대한 명확한 지식을 얻었다. 이틀 반 동안 우리는 인력거를 타고 자유롭게 사람 많은 거리를 다니면서 사진을 박았다.

2인의 사복형사가 우리를 따라다니며 우리 행동을 주시하였다. 우리는 한인과는 조금도 이야기하기를 피하였다. 우리는 안동(安東, 현 丹東)에서 경성까지, 다시 경성에서 부산까지 여행하였다. 차중에서 미국 선교사도 보았고, 또 금광에서 일보는 캘리포니아주 새크라멘토 인까지 보았다. 또 부산에서는 일본인에게서 독립운동에 관한 재료를 얻었다. 이 기차여행은 3월 3일 및 3월 6일이다. 이하는 독립운동의 이야기이다.

3월 3일은 고 광무제의 장례일이다. 광무제의 죽음은 일반적으로 황태자(영친왕)의 일본 여자와의 결혼함을 방지하려고 자살함이라 하여 국민의 숭배를 받게 되었다. 한인은 고제(故帝)를 한국식으로 장사지내려 하였으나 일본 통치자는 이를 거절하였다. 많은 한인이 장례에 참예하기 위하여 각 지방으로부터 상경하였다. 경성의 이 같은 잡답(雜沓)은 유사 이래 처음이란다. 홀연히 3월 1일 오후 2시에 일본인도 모르고 외국인도 모르게 일대 시위운동이 전국 각 도회에서 일어났다. 2천만의 자유와 국권광복을 위한 평화적 반항운동이다. 이 운동은 내가 요코하마를 떠나는 3월 16일까지도 한국 각 지방에서 계속되었다. 이때는 이미 동아 국면을 가리운 막이 떨어지고 사건의 진상이 서양 각국에 판명하게 된 때이었다.

경성의 시위운동은 공원(탑골)에서 선언서를 낭독한데서 시작하여 수만의 백의 한인이 만세를 부르며 행진하였다. 각 학교 학생도 이에 참여하고, 당일 오후에 150명의 피착자(被捉者)가 생겼다. 처음에 경관과 헌병이 군중을 막지 못하므로 군대가 사용되었다. 군대는 창과 검으로 사람을 찔러 부상자가 많이 발생했다. 계속하여 가엾은 사람이 검거되었는데 그 중에는 여학생들도 포함되었다. 시위는 월요일과 수요일에도 계속되었다. 기타 지방에서도 이와 같은 순서로 되었다. 한인을 검거하는 동시에 가지각색의 악행이 있었다.

목격자의 말에 의하면, 여학생이 일본 쿨리(苦力)에게 쇠갈고리(鐵鉤)로 맞고 잡혀서 비끄러매어 끌려감을 보았다 한다. 내가 떠나는 6일 까지는 아직 포화(砲火)는 사용되지 않았으므로 죽은 사람은 나지 않았다. 가장 놀랄 만한 일은 선언서의 명령과 인도자의 지휘에 인하여 한인측에는 아무 폭행이나, 재산의 위험을 끼치는 일이 없었음이니, 일병과 헌병의 폭행이 심한 곳에도 역시 그러하였다. 포교 당초에 많은 선교사가 한인의 격렬한 군중에게 죽은 사실(병인박해, 1866)과 대조하면 더욱 이상하다. 처음 1주일간쯤 동경 각 신문은 경성과 기타 지방에서 한인이 일인을 공격하고 일본 군대와 경찰을 습격하며, 일인의 재산을 위협한다는 통신을 게재하였다.

내가 떠나는 3월 6일까지 경성에서는 그런 종류의 일은 하나도 없었다. 또 타지방에도 그런 일은 없었으리라는 확신이 있다. 이 사실의 확증은 일본 체신대신 노다(野田)의 담화로 볼 수 있나니, 노다는 장례식에 참렬하려 경성에 5일까지 있다온 사람인데, 신문

기자를 대하여 한인은 아무 폭행도 없었다 하였다. 우리가 떠나는 날 아침에 시위운동이 시작된 지 5일 만에 다시 일개의 선언서가 발표되었다.

한인은 그 많은 희생에도 불구하고 다시 이를 향하여 만세를 불렀다. 그리하여 최후의 한사람까지 이를 위해 싸울 결심을 보였다. 해당 글에 다시 폭행을 금했다. "만일 폭행을 하는 자는 우리의 적(賊)이오 우리들의 진로를 해하는 것이라" 하였다. 지방에서는 이 형세가 좀 다르게 되었다. 일본 신문지의 주장에 의하면 몇 군데에서 1,2개의 헌병이 죽었다. 동시에 한인의 부상자는 5,60을 산(算)하였다. 아마 그런 곳에서는 일병은 포화를 연 모양이다. 한인에게는 돌과 몽둥이 밖에 없다. 이윽고 한인은 반항운동으로 학생의 동맹 파과(罷課)와 각 공장 등의 동맹 파공(罷工)을 하였다.

정부는 4천 명의 한인을 체포하였다. 공포에 의하면, 3월말부터 그 예심이 시작되리라 한다. 이 예심이란 것은 연전 음모사건(百五人事件 · 데라우치 암살, 1910) 때에 악형으로 허위의 자백을 강제하는데 쓰던 것인데, 당시 106명의 피고가 악형으로 인하여 죄목을 지고 수형하게 된 것을 미 · 영 각 공사의 항의로 다시 심리하여 98명은 무죄선고를 받았다. 그 악형의 결과 옥중에서 죽은 자까지 있으며, 그 혹독한 상처를 목도한 자도 있었다. 이번 독립운동에 잡힌 이도 그 흑막을 자백하라고 이같이 악형을 사용하리라는 말도 있으나, 내 생각건대는 이미 세계가 일본을 주시하는 이상 그런 짓을 못하리라 한다. 일본 안에서도 무단정치에 대한 반대의 소리가 많다.

선언서에는 33인의 각 교파 대표자가 서명되었으니 이는 전 국민 일치를 표시키 위함이다. 맨 처음에 서명한 이는 천도교주 손병희(孫秉熙) 씨다. 천도교는 원래 유불선(儒佛仙) 각교를 종합하여 만들었다는 것이니, 일인은 야소교(기독교) 박멸책으로 이를 이용하여 현금 교도류가 3백만에 달한다 한다. 야소교는 그 민주주의적 특색으로 인하여 한국 민심에 불합한 고로, 우선 천도교로써 이를 대신하고, 그 후에 천도교에서 한국의 역사숭배를 없애버리면 능히 한인을 동화(同化)하리라 함이다.

그러나 일단 이 천도교가 일어남에 일인은 청천의 벽력으로 놀랐다. 과거 수년간 그 밀정(密偵) 제도하에 있어서 조금도 기색을 보이지 않고, 때가 무르익을 때까지 일본에 공순(恭順)의 뜻을 표하고 있었음이다. 동경에서도 3월 1일 전에 학생들이 일어나 선언서를 발표하고(2·8 독립선언) 피착한 일이 있었다. 천도교의 궐기는 학생보다 좀더 난처하리라. 한국 독립운동의 원인 중 내가 모를 것이 많은 줄 아나, 한 가지 확신하기는 이 운동이 전쟁의 결과로 민주주의의 대조류에 응하여 일어난 것이라 함이니, 한인은 윌슨이 선포하고 파리 평화회의에서 2,3 처리에 적용된 민족자결주의가 즉시 한국에도 적용될 줄 알고, 그들이 독립의 의사만 발표하면 일본은 할 수 없이 내어놓으리라 잘못 믿게 되었다.

내가 만나본 몇 사람의 한인이 이런 사상을 가진 것을 보았다. 그들이 감정적 행동을 저지하고, 폭행을 금하여 세계의 호감을 손상치 않으려한 것도 이 의사에서 나온 것이다. 왕자(영친왕)와 일본 여자와의 결혼, 고제(광무황제)가 이를 막기 위하여 자살하였다는 풍설 등이 이 열정을 더욱 뜨겁게 함이 운동에 호기운을 준 것도 사실이다. 일본은 한국을 친하고 싶은 대신에 적을 만들었다. 예를 들면 몇 해 후이면 각 학교에서 절대로 한국어를 사용치 못하게 작정되었다.

그밖에 여러 가지로 독일이 그 정복한 땅에 실시하는 방법을 따라 일본 주권유지에 아무 필요 없는 정책을 사용하여 한인의 감정과 자부를 파괴하였다. 한인은 모든 관청에서 쫓겨나고 심지어 면장까지 일인 손에 들어갔다. 한인 인력거부는 돈 벌기에도 부자유하고 한국 여행객은 일인 차장과 평민에게 개같이 대접받는다. 일본이 무력과 포학의 군정을 폐하고 민정을 실시하여 한국의 상태를 개량하는 동시에 한국인의 민족적 자부와 포부를 훼손하는 태도를 취하지 않았던들, 한인의 온순(溫順)한 성질은 능히 일인과 합병하여 생존할 수 있었으리라고 보는 사람이 많다.

일본이 물론 한국의 정치를 약간 개량하였다. 한인은 과거 제국정치하에서보다 더욱 발전과 행복의 기회가 있게 되었다. 일본의 그런 학정하에서라도 이전에는 남자의 부속물이던 한국 부인이 현금은 약간의 권리를 얻었다. 낡은 제도하에서는 한인은 겁쟁이니 도적밖에 될 것이 없었다. 이런 상태는 개선되었다. 또 일인은 철도를 놓고 도로를 쌓았다. 교육제도를 세우고 벌거숭이산을 푸르게 하였다. 그러나 자유라는 것은 아무 것도 없다.

지금은 자유가 유일의 문제이다. 한국인은 이 모든 개량 때문에 40퍼센트나 되는 높은 세금을 낸다. 그러나 이것도 구시대의 관리의 토색(討索: 금품을 억지로 빼앗음)에 비교하면 아직 낫다. 일본은 이 운동에 어떻게 대처하였는가. 물론 일본은 한인의 평화적 운동에 낭패하였다. 세계적 견지를 보아 한인이 그 '친우 윌슨 군'의 민족자결주의의 실시를 요구하는 정대한 요구와 청원에 대하여 폭력으로 대할 수 없었다. 한인이 폭행을 사용하였다는 신문기자는 일본 대관 2명의 입으로 단순히 부인되었다. 미국 선교사의 선동 운운도 일본 관헌과 회견한 결과 부인되었다.

일본 국회는 군정에 대하여 강경한 질문을 하여 장래에 민정시행을 요구하였다. 모 일인이 나에게 한 진술에 의하면, 한국운동은 일인에게, 무엇을 하여야 되겠다는 자각을 주었다 한다. 총독은 미구에 갈리리라 한다. 그러나 이도 한국민의 요구에 져서 하는 것으로 아니 보이기 위하여 차차 사건이 진정된 뒤에 물론 독립은 일인의 불긍(不肯)하는 바다. 무엇이 된다하면 정치의 개량이 있을 뿐이다. 그리하여 한인으로 하여금 속국민(屬國民)이라는 감정을 조금씩 융화케 할 뿐이다. 들은 바가 틀리지 않으면 일인은 만일 한인이 독립 이외에 다른 개량을 구하면 일인은 경청(傾聽)코자 한다고.

이상의 한국 독립운동은 즉 일본의 군벌을 경동케 하는 모든 사건의 실증 중의 오직 한 예가 될 뿐이다. (제84호 1920. 6. 17)

29. 間島事變과 獨立運動 將來의 方針(1)

10월 4일 훈춘(琿春)의 변이 일어나고 동 6일에 일본의 간도출병을 성언함으로부터 지금까지 약 2개월간에 간도 일대는 수라의 장으로 화하여 적의 학살을 당한 동포의 수가 3,469명에 이르고, 동포의 주택의 소실됨이 3,209호며, 학교와 교회당의 소실된 것이 50에 달한다고 한다(외무부 발표). 기타 곡물과 집물(什物)이 회신(灰燼)에 돌아간 것이 얼마인지는 알 수 없거니와, 간도지방으로서 오는 동포의 말과 통신을 보면 간도 동포는 임진왜란 이래의 미증유한 참상 중에 있는 듯하도다.

적의 무정의(無正義) 몰인도한 만행은 금일에 비롯한 것이 아니다. 30년 이래로 이를 대만(臺灣)에 시행하여 수백만의 대만인을 도륙하였으며, 10여 년 전 국내에 의병이 일어났을 때에 강원도 황해도 일대에서도 적은 그 장기(長技)인 방화와 학살을 자행하여 수만의 무고한 동포를 어육(魚肉)으로 만들었나니, 이번 적이 간도에서 한 만행은 다만 그들의 관용(慣用)수단을 재연함에 불과하다.

적 육군성의 발표라는 것을 보건대, "야소교회는 그들 불령선인(不逞鮮人)의 소굴이므로 부득이 이것을 소각한 것이오, 또 국풍(國風)에 의하여 적도(賊徒)를 화장에 붙이게 한 것을 전촌(全村)의 소각이라고 잘못 전해졌으며, 신탄(薪炭)이 부족하여 매장한 것이거늘 전촌을 갱살(坑殺)하였다 칭하여 우리 군대가 잔학무도한 것처럼 선전함은 불령선인단(不逞鮮人團) 및 일본에 적의를 가진 자의 날조"라 하였으니, 적은 교묘히 변명하노라는 것이 도리어 방화, 소살(燒殺), 매살(埋殺)의 세 가지 사실을 승인하는 것이 되었으며, 겸하여 살육을 행한 것은 결코 독립군인에 대하여 한 것이 아니요, 무고한 농민에 대하여 한 것임을 승인한 것이다. 사실상 이번 간도사변에 전투에 참가한 독립군인의 사상은 2,30인에 불과한 모양이오, 적에게 희생을 당한 3천여의 동포는 거의 전부가 전투에는 아무 상관이 없는 농민이다.

이러한 참보(慘報)를 들을 때에 우리는 동포를 위한 통곡과 무도한 적에게 대한 원한이 격발함을 금치 못하거니와 지금은 통곡하고 원한할 때가 아니라, 냉정하게 장래의 운동방침을 고려할 때이니, 다만 일시의 격분으로 구원한 이해를 불계하고 맹진(盲進)함은 결코 대사를 경영하는 민족의 취할 바 아니다.

이에 독립운동의 지도자 중에 금후의 방침에 관하여 양론으로 나뉘니, 하나는 이때에 일대 혈전(血戰)을 결하자 함이오, 하나는 이때 일수록에 더욱 냉정침착하게 장래의 대혈전을 준비하자 함이다. 얼마 전 이동휘(李東輝) 국무총리께서 의정원 의원을 초대하였을 때와, 그로부터 수일 후에 의정원 의원 기타 각 단체의 대표 및 유력인사를 초대한 석상에서도 이 같은 양론이 각출(各出)하였으며, 다수는 급진론에 공명하는 모양이오, 이 국무총리의 의견도 '어서 나가자'는 편에 찬성하시는 모양이다. 그 밖에도 간도방면으로서 오는 인사는 과반이나 급진론에 편들어 동의(左袒)하는 듯하다.

물론 분한 생각으로는 당장에 맨주먹으로라도 몰려나가 원한의 적의 살멱이라도 물고 늘어지려 함이 대한인 된 자의 정일지나, 이것이 어찌 금일에 비롯된 것이리까. 15년 이래로 이러한 원한 중에 은인하여온 우리이니, 그처럼 은인(隱忍)한 이유는 오직 우리에게 실력과 기회가 없었기 때문이다.

과거 15년간에도 항상 이 급진론과 실력준비론이 갈리어 급진론을 가지는 지도자는 날마다 해마다 '나간다, 나간다' 하여 왔고, 해외에 있는 - 그 중에도 아령(俄領)에 있는 동포들은 이 급진론에 공명하여 인재와 금전과 단결 3대 실력을 준비하자는 지도자의 지도를 받지 아니하였던 것이다. 그리하여 국치 후 10년이 경과하도록 대사를 경영할 인재도 금전도 준비함이 없었고, 민족적 대운동의 핵심이 될 만한 공고한 단결도 이룩함이 없어서, 작년 3월 1일 독립을 선언한 이래로도 지리분열(支離分裂)한 상태를 계속하였고, 이 북간도의 참변을 당하고도 통쾌(痛快)한 복수의 의거에 나올 실력이 없게 되었던 것이다.

지금 소위 급진론자는 다만 입으로만 급진론이니, 인재를 내고 금전을 내고, 조직적이요 공고한 독립당을 내놓기 전에는 아무리 급진을 외친다 하더라도 앉은뱅이 더러 달음박질하라고 재촉(催促)함과 같다. 군인도 없이, 군비도 없이, 무기도 없이, 어찌 대부대적 전쟁을 하리오. 이는 지난달 27일 우리 민단 강연회에서 진술한 안도산(安島山)의 연설에 가장 잘 설명되었던 것이다.

그러면 우리의 독립운동은 금후에 어떠한 침로(針路)를 취할까. 동포여, 냉정하게 고려하자.

우리의 목적은 독립이다. 독립의 유일한 방법은 독립전쟁이다. 그러므로 우리의 의무는 독립을 회복할 능력을 가진 독립전쟁이 생기도록 한마음으로 노력함이다. 그런데 독립전쟁은 군인과 군비와 기회가 있어야 한다. 그러므로 군인을 양성하고 군비를 저축하면서도 기회를 기다리는 것이 우리의 근본주의가 될 것이니, 정부나 각 단체나 인민이 이로부터 한마음으로 노력할 것은 이 주의를 실현하는 일이다.

이에 대하여 안도산은 전기의 연설에서 "우리는 이로부터 국민을 모집하자" 하고 절규하였나니, 이것은 실로 금후 우리의 표어가 될 것이다. 독립운동의 자금이 될 세금을 바치고, 독립전쟁의 군인이 될 병역을 당한 국민을 모집하자함이니, 이것은 15년 전부터, 10년 전부터 하였어야 할 일이요. 작년 3월 1일부터 하였어야 될 일이다. 그러나 우리 민족에게 그만한 자각이 없었고, 우리의 지도자에게도 그만한 식견을 가진 자가 적었던 것이다.

러시아 혁명에는 러시아의 혁명당이 있었고, 중국의 혁명에는 중국 혁명당이 있었으며, 체코 민족에게는 체코 독립당이 있었고, 유태에는 유태 독립당, 애란(愛蘭)에는 아일랜드 독립당이 있었던 것이다. 이러한 당들은 그 범위가 전 민족적이오 겸하여 그 단결이 심히 공고하여 남이 그 민족의 국가의 독립을 승인하기 전에 그 당이 완전한 하나의 국가를 형성하였나니, 그 당원들은 세금을 납부하고 생명을 납부하였던 것이다.

가령 지금 아일랜드의 신 페인당[37]을 보라. 비밀결사이므로 그 당의 회원수와 내막을 자세히 규지할 수 없거니와 아일랜드 내지(內地)는 물론하고 영국 본국과 미국에 산재한 수십만의 해 당원들은 수십 년 이래로 다수의 인재를 양성하고, 자금을 저축하여 왔으며, 따라서 그 단체의 실력과 신용이 족히 전 아일랜드 민족을 지배할 만하니, 그러므로 애란의 독립운동은 선전하는 한조각 종이와 시위하는 한발의 총탄이 어느 것이나 신 페인당의 이름으로 되지 아니함이 없는지라, 이로써 힘이 있고, 힘이 있으므로 강대한 영국으로 하여금 정부나 의회나 군대나 국민이 전부로 이를

37) 신 페인(Sinn Fein)당. 아일랜드의 완전 독립을 목적으로 1905년 창시한 당파이다. 1918년 총선거에서 자치를 목표로 하는 국민당을 압도하고 대승하였으나, 신 페인당의 의원은 영국의회에 출석하지 않고 별도로 아일랜드 의회를 조직, 아일랜드 독립을 선언하였다. 로이드 조지 내각은 얼스터와 남부 아일랜드를 분리하여 각각 자치령의 지위를 주자는 안을 제의한 바, 신 페인당이 이를 수락, 1921년 아일랜드 자유국이 수립되었다.

우구(憂懼)하며, 이에 대하여 항상 양보의 태도를 취하여 의회에서도 혹은 자치안을 제출하네, 혹은 영·애(英·愛)강화안을 제출하네 하게하도록 위대한 세력을 얻었던 것이다. 이것을 우리 운동의 심히 무력하여 일본의 정부, 의회, 민간, 기타 언론기관으로 하여금 한 지방의 소요에 불과 하는 듯이 경멸의 태도를 취케 함에 비하여 어떠하겠는가.

돌아보라, 우리에게 무슨 독립당이 있었던가. 내 일찍 아령 국민의회의 대표로 파리에 전왕하였던 고창일(高昌一)군을 대하여 우리 독립운동에 주력될 만한 단체가 없음을 한탄함에, 군은 깜짝 놀라며 "왜 우리에게 2백만 인의 독립당이 있지 아니한가" 하더라. 군의 이 같은 말은 작년 3월 상해에서 파리 강화회의의 각 대표에게 발송한 독립선언 통보 중, "2백만으로 된 한국 독립연합회를 대표한 손병희(孫秉熙) 기타의 연명(聯名)으로 한국의 독립이 선언되었다" 하는 구절을 의거함이니, 이에 2백만으로 된 '한국 독립연합회'라 함은, 천도교인 백만, 야소교인 50만, 기타 학생 지식계급 50만을 개산(概算)한 것이요. 일찍 그러한 조직된 단체가 존재한 것은 아니다. 이 전문(電文)을 초한 사람은 독립운동에 주력단체가 있음이 필요하다함을 인식하고 이렇게 기술한 것이다.

그러면 우리에게 무슨 단체가 있나. 신민회(新民會), 아령에 국민의회(國民議會), 북간도에 국민회, 정의군정서(正義軍政署), 서간도에 한족총회(韓族總會), 독립단(獨立團), 국내에 청년단, 연합회, 애국부인회, 대동단(大同團), 미국에 대한인국민회, 대략 이러하다.

나는 이러한 각 단체를 개개로 비평하기를 꺼리거니와, 통틀어 조직이 불완전하고 인재의 결핍으로 사업의 방침이 그 의(宜)를 얻지 못하여 당연히 얻을 좋은 성적을 얻지 못하였을 뿐더러, 이상의 각 단체가 상호 시기하며 배제하여 도리어 국민의 진로를 그릇되게 함이 적지 아니하며, 그 중에도 가장 통탄할 바는 독립운동의 최고 중심인 임시정부에 대하여 충성을 표한 자가 적었고, 혹은 대립, 심하면 반항의 태도를 취하여 이러한 대사업에 생명이 되는 실력의 집중과 방침의 일치를 방해함이 다대하였던 것이다. 그 중에 시종이 여일하게 대의를 가진 이는 미국의 대한인 국민회이니, 불과 천여 명의 노동하는 동포를 회원으로 하는 해당 회에서는 기관신문(신한민보) 기타로 내외에 선전의 사업을 행하였을 뿐더러 임시정부의 비용의 거의 반액을 담당하여 왔던 것이다.

이러한 형편인즉 현존의 단체로는 도저히 독립운동을 감당하기 불능하니 불가불 전 민족의 중심이 되고, 전 운동의 주력이 될 '대독립당'을 건설하여야 할 것이다. 이 독립당은 반드시 임시정부를 수뇌로 하고 중심으로 하는 것이어야 할 것이다. 이러한 대단결이 생겨 현존한 우리의 인력과 재력이 집중이 되고, 아울러 새 인력과 재력을 준비함으로써 이 단체자신이 완전한 한 국가의 이름(名)과 실(實)을 구비하여야 할지니, 이러한 뒤에야 전 민족을 지배도 할 것이오, 열국의 원조를 얻기도 할 것이다. 동포가 무엇을 향하고 취합하고 복종하며, 열국이 누구로 더불어 원조하랴. 원조할 것을 의론이나 하랴.

그러므로 우리의 - 정부나 각 단체나 일반 동포나 - 금후의 방침은 이 대단체를 현출케 함에 있나니, 독립전쟁은 그날에야 사실로 현출할 것이다. 혹 이를 지난한 사업이라 하고 오활(迂闊)한 책(策)이라 할지나 이것이 유일한 길임을 어찌하랴.

또 이것이 지난(至難)이라하고 불가능이라 하면 독립사업은 더욱 지난이요 불가능일 것이다. 나는 금후의 본 지상에 이 대단결 조직의 구체적 방침에 관하여 비견(卑見)을 진술하려니와 간도 동포의 참상에 흐르는 통곡의 눈물을 움키고 이 동포를 건지기 위하여 '국민을 모집하자'는 절규로 붓을 놓겠다. (第87호 1920. 12. 18)

간도사변과 독립운동 장래의 방침(2)

독립전쟁의 인력과 재력을 준비코저 개병개납(皆兵皆納)의 대독립당(大獨立黨)을 조직하라.

나는 본지 전호에 우리 독립운동 장래의 근본방침이 전 민족적인 대독립당의 건설에 있다고 주장하였고, 그리하는 구체적 방침에 관하여 비견을 개진하기로 예약하였다. 그러나 그보다 먼저 현재 우리 독립운동 각 단체의 사업에 대하여 한마디의 평을 가함이 논술을 펴나가기에 편할 듯하다.

풍설과 적의 신문지의 보도를 의거하건대, 시베리아의 국민의회는 지금 러시아의 노농(勞農)정부에서 자금을 얻어 군대의 양성에 전력(全力)하며, 20세 이상 35세 이하의 동포에게 징병령을 발하였다하니 들음에 매우 통쾌한 일이며, 또 그 회의 기관지 되는 '자유보(自由報)'의 논조를 보더라도 '어서 나가자'를 주장하는 모양이니, 현재 대한인의 공분(公憤)의 소발(所發)이라 실로 당연한 일이거니와 나의 소견으로는 다소간 찬성치 못하는 점이 있다.

국민의회가 얼마나 노농정부에게 자금을 얻었는지 모르되, 또 어떠한 사업을 한다는 조건으로 얻었는지도 모르되, 만일 그 자금을 우리의 근본적 독립운동에 충용(充用)할 것이라 하면, 방금에 군대를 건설하고 무기를 준비하기에 그 돈을 쓰는 것보다 일변 토지를 개간하여 다수 유리(流離)하는 동포에게 산업의 기초를 주며, 무의무업(無依無業)한 해내외 청년의 교육을 위하여 적당한 교육기관을 설치함이 더욱 긴요할지니, 대개 동포의 산업에서는 무진장의 독립 전비(戰費)가 나올지오, 청년의 교육에는 무진장의 군인과 기타의 인물이 나올 것이다.

북간도의 국민회와 군정서(軍政署)의 과거의 시설에 대하여서도 같은 모양의 유감이 없지 못하니, 즉 무관학교라, 병영의 건축이라, 무기의 구입이라 하여 일변으로는 일반 동포의 부담을 과중하게 하고, 일변으로는 적의 주의를 야기함으로써 이번의 참변을 초치(招致)한 것은 결코 책(策)을 얻은 것이 아니다. 차라리 공고구원(鞏固久遠)한 단결을 이룩하여 적더라도 해마다 일정한 수입을 얻을 재원을 만들고, 소리 없이 청년을 교양하고 동포를 계발함으로써 장구히 독립운동을 계속할 뿐더러 차차 여력을 축적하여 장래에 큰 힘을 발할 준비에 노력함이 지혜로운 일이었을 것이다.

서간도의 한족총회(韓族總會)도 그러하니 군대의 양성, 무기의 구입으로 재정을 쓰는 것보다 일변 동포의 산업을 진흥하고 보통교육을 확장하여 장래 대전쟁의 확고한 재원과 인재의 양성에 전력을 다함이 구원의 계책이었을 것이오. 수만의 회원을 확보한 대한청년단 연합회[38]도 급격한 성공을 구하지 말고 우선 그 회원을 공고히 단속하여 과대치 아니한 회비제도로 매년 일정한 금전의 수입을 도모하고, 소리 없이 민간에 선전을 행하여 일변 회원의 증가를 도모하고, 일변 국민의 각성을 촉구하여 구원한 계획을 세웠어야 할 것이다.

미주의 대한인국민회에서 매인 5달러의 의무금과 21예(例)의 애국금만 잘 실행하고 동포의 부담을 과대케 함이 없이 도리어 동포 각개인의 부력을 축적하도록 장려하기를 바라노라.

최후에 임시정부에 대하여서도 또한 같은 모양의 유감이 없지 못하니 될 수 있는 대로 용원용비(冗員冗費)를 절약하고, 그 수입

38) 대한청년단 연합회(大韓靑年團聯合會, 西間島). 1919년 3·1운동 이후 각지에서 청년운동이 활발히 전개되었는데, 신의주 안병찬(安秉瓚) 김찬성(金燦星) 김승만(金承萬) 등이 주동자가 되어 각지에 산재한 청년운동단체를 통일하여 남만주 안동현에서 청년단연합회를 조직하고 각 청년회를 지도하면서 독립군과 연락을 취하는 중추기관으로 조직되었다.

되는 재전(財錢)을 구원한 재원의 계발(啓發)에 사용하였더라면 과거 1년 반의 세월에도 적지 않은 성공을 얻었을 것이거늘 계책이 이에서 나오지 아니하고 한갓 목전의 작은 일과 고식적 계획에만 급급하여 온 듯하다. 상해에서 소모된 경비의 대부분과 구미위원부39)에서 소모된 경비의 대부분은 이를 내외에 대한 선전과 대독립당 건설비에 전용(轉用)할 수 있었던 것이니, 만일 그리하였더라면 금일에는 우리 운동을 구원히 유지할 만한 실력의 기초가 생겼을 것이다.

한마디로 말하면 우리의 이번의 독립운동은 철두철미로 고식적(姑息的)이라 "금년에 다 해버리고 말자", "이달에 다 해버리고 말자" 하여 명년의 경영도 오활(迂闊)하게 생각하는 극단의 고식적 운동이었던 것이다. 원래 우리 민족은 근대 몇 백년 민기(民氣)가 타락하고 대사업을 경영해본 경험이 없어서 '원대한 계획'이라는 것을 이해할 줄 모르고 만사에 고식적 성품을 이루어 한 그루의 나무를 심기보다는 이미 있는 것을 꺾어 먹으려하나니 이 성질로는 도저히 대사업을 감당하지 못할 것이다.

이러한 고식성(姑息性)이 있고, 10년 아니면 백년이라는 원대한 계획을 모르며, 독립운동 같은 대사업을 경영함에도 마치 투기업자가 요행을 바라는 심사로써 하니 이러하고야 어찌 성공을 기하리오. 대사업을 경영하는 자의 정신에는 결코 요행이나 고식이나 기공(奇功)과 기득(奇得)의 서식함을 불허하나니, 만사에 항상 원대한 계획을 세우고 정경대도(正經大道)로 용왕매진하는 대기백을 지녀야 할 것이다.

그러하거늘 이렇게 요행과 고식으로 초조하는 유치한 민족을 거

---

39) 구미위원부(歐美委員部). 1919년 5월 이승만(李承晩)이 국내로부터 한성정부 조직의 소식을 받고, 워싱턴에 집정관 총재 사무소를 설치한 후 동년 8월 25일에 '한국위원회'를 조직하였다. 동 9월에 그 명칭을 구미위원부로 개칭하였다.

느리고 독립의 대업을 경영하는 우리 지도자들이 또한 원대한 계획과 정경대도로 민족을 통솔 지도할 줄을 모르고 한갓 그네의 심리를 이용하고, 이에 영합하기를 시도(是圖)하니 만일 이제 지도자와 일반 동포가 갑자기 깨닫고(翻然) 구습을 타파하고 새 길로 향함이 아니면 우리의 전도는 일보일보 암담에서 암담으로 나아갈 뿐이오, 결코 광명의 날이 오지 못할 것이다.

그러므로 우리가 우리 독립운동의 전도방침을 의론할 때를 당하여 먼저 절규할 것은,

대한인아, 요행심과 고식성을 버리라, 초조를 말고 냉정을 하라. 원대한 계획을 하고 정경대도로 나아가라. 금일의 작은 공을 도모하지 말고 장래의 대업을 위하여 인재와 금력과 단결력을 준비하라. 이리하기 위하여 임시정부를 수뇌로 하는 대독립당(大獨立黨)을 조직하라. 이것이 독립완성의 근본방침이오 대한인의 의무니라.

"대한인아, 요행심과 고식성을 버려라" 함과, 이로부터는 만사에 "대한인아, 원대한 계획을 세우고 정경대도로 나아가라." 함이다.

이로부터 본론에 들어가 독립운동 금후의 방침 중에 근본방침인 대독립당의 건설에 대한 비견을 진술하려 한다. (제88호 1920. 12. 25)

간도사변과 독립운동 장래의 방침(3)

국민아, 금전과 생명을 가지고 임시정부의 기치 앞으로 모여 들어 임시정부를 수뇌요 중심으로 하는 전 민족적 대독립당을 조직하자

대독립당 건설계획

나는 전전호에 독립운동의 근본방침이 구원한 계획 하에 공고히

조직되어 그 당원이 납세와 병역의 의무를 부담할 만한 전 민족적 대독립당을 건설함에 있다고 논하고, 또 전호에 현재의 우리 독립운동 각 단체의 조직이 불완전하고 주의와 방침이 그 의(宜)를 얻지 못하여, 도저히 우리 독립운동의 대업을 감당할 만한 실력이 없음을 논하고, 한 번 더 반복하여 전 민족적 대독립당의 조직이 유일한 진로임을 주장하고, 이로부터 그 조직의 구체적 방침에 관한 비견(卑見)을 진술하기를 기약하였던 것이다.

나는 전 민족적 대독립당의 조직에 대하여 세 가지 안을 제공하려 하노니, 즉 제1. 민적안(民籍案), 제2. 현존 독립운동 각 단체 연합안, 및 제3. 신당 조직안이다. 이상 세 가지 안은 각기 일장일단이 있거니와 3안이 다 충분히 연구 고려할 가치가 있을 것이오. 또 이 세 가지 안을 제외한 외에는 다른 방도가 없으리라 하노라.

그런데 이 3안에 공통하여야할 원칙이 또한 세 가지 있으니, 즉

1. 임시정부를 수뇌요 중심으로 할 것.
2. 당원은 납세의 의무를 질 것.
3. 당원은 병역의 의무를 질 것.

이렇게 되는 독립당은 어떠한 계획, 어떠한 조직으로 되더라도 이 3원칙을 의거할 것은 절대로 필요하다.

운동에는 그 역점인 중심이 필요하니 모든 힘이 각각 같은 마음한 중심으로 집합하여야 비로소 큰 힘을 이룰 것이다. 더욱이 우리 독립운동과 같이 원래 허약한 실력을 가지고 하는 대운동에는 힘의 집중이 절대로 필요할 것이니, 힘을 집중함에는 그 중심을 확정함이 필요한 일이다. 저 중국은 금력과 인재의 힘이 그리 결핍함이 아니로되 그가 내치에나 국제적 절충에서나 항상 권위를 상실함은 실로 분열에 원인한 것이다.

우리도 독립운동 이래로 모든 힘이 동일한 중심으로 통합되었던

들 현상 이상의 대활동을 하였을 것이니, 아령(俄領)의 국민의회, 길림(吉林)의 군정사(軍政司)[40], 북간도의 국민회[41]와 정의군정서(正義軍政署), 서간도의 한족총회와 독립단, 국내에도 무슨 단체 무슨 단체가 각각 독립한 기치를 세우고 금전을 따로 모으며, 인재를 따로 모집하고, 민심에 부정당한 분야를 계획하여 통일의 기초를 파괴하고 상호 배치하는 정책으로 피차의 활동력을 상쇄하였나니, 일개의 독립운동이어야 할 것이 10수개의 독립운동을 이룩하여 효력이 강대한 대사업을 경영할 귀중한 재력과 인력을 무익한 작은 일에 허비하고 말았던 것이다.

과거의 통한한 이 과실이 우리의 실력의 태반을 소모하여 버렸거니와 민족의 실력은 유기적이라, 적당한 배양의 방법을 강구하면 소모한 것을 다시 보충함을 얻을지니, 금후에 생긴 실력은 한 땀이라도 허비함이 없이 집중하여야 할지요, 그리하려면 실력이 집중될 중심을 확정하여야 할 것이다.

만일 우리에게 아직 민족적 중심이요 수뇌가 될 만한 기관이 없다하면 새로이 이를 형성하여야 할지요, 만일 이미 형성된 것이 있다 하면 이를 향하고 모여들어야 할지니, 이미 형성된 것을 버리고 새로 형성한다 하면 이는 편협한 자기 본위의 이기심이 아니면 어리석은 자의 심사일 것이다.

---

40) 대한정의군정사(大韓正義軍政司). 경술국치 후 구한국 군인과 의병들은 압록강 두만강을 넘어 만주 안도현(安圖縣) 내도산(內島山)으로 들어가 포수(砲手)생활로 재거의 날을 기대하던 중 3·1운동을 계기로 대한정의군정사를 조직하게 되었다. 총재에 이규(李圭), 부총재에 강희(姜熹), 비서과장에 홍우찬(洪祐贊)을 선출했다. 전 병력이 8,9백 명이었다.

41) 북간도 국민회(北間島 國民會). 3·1운동 이후 연길(延吉) 화룡(和龍) 왕청(汪淸) 등 3현 대표가 모여 북간도 국민회를 조직하였는데, 3현을 5구로 나누고 52개 지회를 두었다. 북간도 재류동포의 자치기관으로서 활동하였으며, 그뒤 훈춘(琿春) 대한 국민회와 합류하여 80여 개의 지회를 두었는데 회장은 구춘선(具春先)이다.

우리 임시정부는 실로 독립운동과 함께 발생하였고, 또 민족 33인으로 대표된 대한민족의 주권의 정통(正統)을 계승하였으며, 성립 이래 2개년에 안으로 국민에게와 밖으로 열국에게 항상 대한의 국가를 대표하였나니, 우리 민족의 국민적 생존의 중심이 이에 존재할 것은 극히 당연한 일이다. 오직 초창기에 아직 실력이 충실치 못함이 한(恨)이거니와 임시정부는 결코 어떤 개인이나 혹은 어떤 개인의 집합의 소유가 아니오, 대한국민의 공기(公器)이다. 대한국민이 실력을 내면 실력이 있게 되고 아니 내면 없게 될지니, 실로 임시정부를 유력하게 하고 무력하게 함이 전혀 대한국민의 자유에 있는 것이다.

지금이 실로 대한국민이 그 애국심과 실력을 시험할 때니, 지금 2천만의 동포가 임시정부 밑으로 모여들면 우리에게 독립이 있고, 그렇지 아니하면 우리에게 노예의 멍에가 있을 뿐이다. 무슨 이유로든지 금일에 있어서 임시정부로 돌아오지 않는 자는 비국민적이라는 꾸지람(責)을 면치 못할 것이다. 이것이 나의 말하는 제일 원칙인 임시정부를 중심이요 수뇌로 하자는 이유이다.

임시정부에게 실력을 있게 하려하면 그에게 재력과 병력을 주어야할지니, 그리하는 유일한 방법은 전 국민이 금전과 생명을 가지고 임시정부의 기치 앞으로 모여 드는 것, 즉 전 국민의 납세의 의무와 병역의 의무를 균담(均擔)함이다. 그러나 금일의 처지에 있어서는 전 국민의 통일을 기하기 어려우니 이에 국민 중 특별히 애국심이 열렬한 자를 모집하여 대독립당을 건설하자 함이니, 이것이 곧 '국민을 모집하자'함이다. 그러나 우리 국민은 흔히 '마음만 있으면 그만이라'하여 애국도 마음만으로 하려하고 독립운동을 돕는 것도 마음만으로 하려하고, 임시정부를 애대(愛戴)하는 것도 마음만으로 하려하며, 혹 심히 애국하노라 하는 충정을 발표할 때에는 '나는 생명을 내어 놓겠노라'하고 있다.

마음을 내고 생명을 내는 것도 좋거니와 마음이 있거든 그 마음을 물질로 표현하여야 비로소 효과를 낼 것이오, 생명을 내려면 생명을 쓰게 할 준비가 필요할 것이니, 여기 쓸 것은 금전이다. 마음을 내놓고 생명을 내어놓으되 금전을 내어놓지 아니하는 국민으로는 영원히 국가의 대업을 경영하지 못할 것이다. 국민아, 만일 네게 국가를 위하는 마음이 있고, 또 국가를 위하여 네 생명을 내어놓았거든, 앉아서 그 생명을 희생할 날을 기다리지 말고, 그 생명으로 힘써 일하여 금전을 만들어 네 생명을 희생할 날이 오도록 하라. 생명을 내어놓는 것만이 네 의무가 아니오, 생명과 금전을 같이 내는 것이 네 의무이니, 그러므로 우선 매삭에 어떤 식으로라도 금전을 내기를 부담하고, 그 다음에는 일단 국가가 부르는 때에 생명을 가지고 나서기를 허락하여야 할 것이다. 이리하여 우리 독립운동은 매년에 일정한 금전의 수입을 얻고 기회만 있으면 움직일 수 있는 확실한 군적에 등록된 군인을 얻게 될지니, 이것이 진실로 독립전쟁의 근본적이고 가장 확실한 준비며 따라서 국가독립의 요체(要諦)이다.

내게 얼마쯤 금력의 근거나 있고야 남에게 차관이라도 아니하는가. 내게 몇 만의 군인이나 있고야 남에게 청병(請兵)이라도 아니하는가. 납세와 병역의 의무를 부담하기로 정식으로 허락하고 서약한 일개인의 국민도 없는 금일의 우리 독립운동은 실로 아무 근거도 없는 환영(幻影)이라 할 것이다.

이러므로 나는 전 민족적 대독립당을 조직하기를 절규하고, 조직하되 임시정부를 그 중심으로 하고 납세와 병역의 의무를 지기로 허락하고 서약하는 자로 하자 함이다. 이로부터 나는 제1안, 제2안, 제3안에 대하여 논하려 하는 바이다. (제90호 1921. 1. 15)

간도사변과 독립운동 장래의 방침(4)

국민아, 금전과 생명을 가지고 임시정부의 기치 앞으로 모여들어 임시정부를 수뇌요 중심으로 하는 전 민족적 대독립당을 조직하자.

민적안(民籍案)

나는 3회에 연속하여 우리 독립완성의 기초로, 독립전쟁 실현의 유일한 계제(階梯)로 전 민족적 대독립당 건설의 필요를 논하였고, 그 방법은 민적안, 기존 독립운동 여러 단체의 통일, 및 신단체의 조직의 3종임과, 이 3안 중에 어느 것을 택하든지, 다 같이 준거하여야할 3원칙이라 하여, 1) 임시정부를 수뇌요 중심으로 할 것. 2) 당원은 납세의 의무를 질 것. 3) 당원은 병역의 의무를 질 것, 등을 열거하였던 것이다.

이제 그 제1안 되는 민적안을 논하건대, 이는 3안 중에 가장 합리하고 당연한 안이니, 병합 당시에 곧 착수하였어야 할 것이오, 적더라도 민국 원년 독립선언 시에 곧 착수하였어야 할 것이다. 외국에 대하여 선전을 계획하기 전에, 군대를 교련하며 무기를 준비하기 전에, 제1착으로 하였어야 할 일이니, 대개 이 일이 대외선전이나 군사행동의 기초를 이룩하는 금력과 인력을 얻는 유일한 방법일 것이다.

지금까지 우리 독립운동의 지도자 중에 대외선전과 군사행동을 역설한 이는 많았으되, 그 모든 일의 기초가 되는 국민의 모집 즉 민적의 실시를 주장하는 것은 별로 들어보지 못하였으니, 이것은 실로 본말(本末)과 종시(終始)를 전도함이라 할 것이다.

혹은 말하기를 정부에서 직접으로 민적을 실시한 일은 없었으나 각종 독립운동 단체가 정부를 대신하여 이에 상당한 사업을 시행하였다 하리라. 그러나 이는 크게 그렇지 않으니, 1) 각종 단체는 태반 기관뿐이오, 회원이 없었고, 따라서 단체사업의 생명인 일정한 금전의 수입과 아울러 독립전쟁의 기초인 군인의 등록이 없었으며, 2) 그뿐더러 이 각종 단체가 혹은 징발적(徵發的)으로 혹 의연적(義捐的)으로 각각 일부의 동포에게서 다소의 일시적 금전을 모집하였으나, 이것을 통일한 목적하에 사용하도록 집중하지 못하였고, 3) 이것을 따라 이러한 각종 단체의 기관과 및 그 회원이라 칭할 만한 몇 개 분야에 구획된 동포의 정신도 통일되지 못하였나니, 이상 세 가지 이유로 보아도 현존 독립운동 각 단체의 사업이 결코 민적을 대신하지 못할 것이 분명하다. 그러므로 정부에 통일적으로 민적을 실시함은 근본적 긴요사라 할 것이다.

그러면 그 방법이 어떠할까. 이에 민적실시의 3원칙을 세우니 가로되,

1. 권유, 2. 모집, 3. 조직이다.

권유라 함은 혹 선전이라고 칭할 수도 있나니 일반 동포에게 독립운동과 민적과의 관계를 자각케 함이다. 이는 중요치 아니한 듯싶으면서도 그 실은 근본적으로 중요한 일이니, 국민에게 민적을 해야 되겠다는 절실한 자각이 없고는 아무리 민적을 실시하려 하여도 얻지못할 것이다. 그러므로 민적실시 2,3개월 전부터 권유를 시행하여 국민의 자각을 환기한 후에 모집에 착수하여야 하고, 모집 중에도 이 권유사업은 계속 진행하여야 할지니, 혹은 신문으로 혹은 전단(傳單)으로 혹은 연설로 일반적 고취를 행하는 동시에 혹은 서간으로 혹은 호별방문으로 각개 권유를 행하여야 하나니 이 양자가 함께 필요하되, 전자는 그 분위기를 만드는데 유력하고, 후자는 그 결실을 맺는데 필요조건이다. 특히 각 지방마다 그 지방인민의 중심이 될 계급, 즉 그 지방 민적운동의 핵심이 될 계급을 얻기에는 서간과 호별방문이 절대로 필요한 것이다.

이렇게 권유한 결과로 몇 개 지방에(각 지방이 아니요 몇 개 지방이다. 대개 예정한 권유 기간 안에 권유를 행함을 얻은 지방을 지칭함이니, 대개 일시에 동포의 거주하는 각 지방을 포함치 못하더라도 바둑 돌 놓듯이 점점 벌이는 것이 지혜로운 일인 까닭이다) 그 지방 민적운동의 중심이 될 계급이 생기고 일반 민심에 민적에 대한 자각이 생기면 이에 모집운동을 개시할지니, 이리함에도 그 지방 인민 전부를 망라하기만 바라지 말고 아래 기록한 원칙에 비추어 보아야할 것이다.

1. 회원 모집 방법을 적용하되 수를 탐하지 말 것.
2. 그 지방에 중심될 자(즉 의무를 끝까지 행할 확고한 결심이 있는 자)를 먼저 모집하여 결속하여 그 지방 민적운동의 전 책임을 지게 할 것.
3. 호별 단위로 말고 의무를 행할 개인 단위로 할 것, 따라서 남녀와 노유의 구별이 없을 것.
4. 모집된 인민은 성책(成冊)을 행하고 의무를 여행할 것.

이리하여 어느 지방에 몇 십 명이나 몇 백 명이나 또는 몇 천 명이 모집되거든 편의한 지방 및 인수로 자치체를 조직함으로써 납세·병역의 의무의 이행과 및 교육, 산업, 위생, 토목 등의 사업을 행하게 할지니, 이러함으로써 능히 독립운동의 2대 요업(要業)인 금전과 군사를 얻는 동시에 민력의 함양을 도모할 수 있을 것이다.

이에 한 가지 필요한 것은 당원의 종별이니 혹 납세는 할 수 있으되 병역의 의무를 감당치 못할 자도 있으므로, 당원을 제1종 제2종의 양종으로 나누어 납세·병역의 양 의무를 모두 부담하는 자를 제1종, 납세의 의무만 부담하는 자를 제2종으로 함이 가할 것이다.

그러면 그 당원은 독립당원이라 할 수도 있고 국민이라 할 수도 있나니, 그네에게만 선거권과 피선거권과 공직에 당하는 권리를 부여하여 임시의정원으로 이러한 인민의 호선(互選)으로 성립케 하며, 임시정부 기타 각 자치체의 직원을 이러한 인민 중에서 임용하게 하면 인민은 인민으로 직접 국정에 참여하게 되어 납세·병역의 양 의무의 이행과 아울러 진정한 책임 있는 애국심을 함양하게 될 것이다. 의정원 의원이나 임시정부 기타의 직원도 흥미와 책임의 생각을 더하게 될 것이다. 이리하여 단결은 더욱 공고하여지고 정부의 기초와 세력은 더욱 확대하여 가며, 따라서 전 민족의 힘의 중심이 확립하여 흔들어도 움직이지 못할 독립운동의 주력(主力)이 형성될 것이다.

이리하여야 국내 국외에 일반 동포도 독립운동에 대하여 신뢰의 생각을 발하게 되고, 해외 각국도 우리의 운동을 신임하게 되리니 국민아, 이것이 독립운동의 근본이 아니고 무엇이겠는가.

더욱 구체적인 방침에 대하여는 기회를 보아 다시 논하려니와 이상으로써 민적의 대강령을 기술한 줄로 믿는다. 그런데 다른 2안은 이 민적안의 부본(副本)에 불과한 것이니, 그러므로 전 민족적 대독립당 조직의 원리원칙은 민적안을 논하기에 다 말하였다 할 것이다. 그러나 이하에 다시 민적안의 난점을 들고 따라서 다른 2안에 대한 의견을 기술하려 한다. (제91호 1921. 1. 21)

간도사변과 독립운동 장래의 방침(5)

국민아, 금전과 생명을 가지고 임시정부의 기치 앞으로 모여들어 임시정부를 수뇌요 중심으로 하는 전 민족적 대독립당을 조직하자

민적안에 대한 난점

나는 전회에 민적안에 관한 대강을 기술하였거니와 이에 대하여

아직 찬부(贊否)에 양단간 아무런 의견의 표시가 없지마는, 몇 가지의 비난과 및 실시상의 곤란을 상상할 수 있나니, 이러한 예상적(預想的) 비난과 곤란에 대하여 미리 한마디의 변명이 있음이 필요하리라.

민적안에 대한 제1의 비난은 민적 불합리론일지니, 논자는 주장하되 2천만 민족이 도무지 대한의 국민이니 민적을 실시한다 하면, 2천만에게 다 하여야 할 것이거늘 국토를 적의 수중에 둔 오늘날에는 이는 불가능에 속한 일이다. 만일 민적을 실시할 수 있는 해외의 교민에게만 이를 행한다 하면 본토의 인민은 민적 외로 제거함이 되는 불합리에 빠지리라 함이다.

제2의 비난은 민적 무용론일지니, 논자는 주장하되 지금 언제 그러한 완만책(緩慢策)으로 세월을 보내랴. 어서 폭탄 한개, 단총 한 자루라도 예비하여 왜병 한명씩이라도 없애는 것이 상책이다. 그러므로 임시정부나 독립운동의 여러 단체가 금일에 전력(專力)을 다할 것은 파괴사업의 진행이라 함이니, 이것이 소위 급진론자로 동포 중에 가장 다수의 공명자를 가진 듯하도다.

제3의 비난은 민적 불가능론이니, 가로되 오늘날에 있어서는 아무리 민적이 필요하더라도 그 실시는 불가능에 속하니 어찌하리오. 국토를 적의 수중에 둔 오늘날에 2천만 전체의 민적이 불가능함은 논할 필요도 없거니와, 우선 적의 세력 범위 이외인 재외 교민(僑民)에 한한다 하더라도 아래와 같은 불가능의 사정이 있으니 즉,

1. 러시아(俄領) 50만 동포는 국민의회의 기치 하에 있으므로 국민의회가 그 존재를 유지하는 동안 결코 임시정부의 민적에 응하지 아니할 것이오.
2. 서북 간도(西北間島)는 이번의 참상을 당한 후로 인민이 안도를 상실한 중이며 겸하여 적의 조아(爪牙)가 각지에 편만하여 동포

의 일동일정을 엄밀히 감시하고 정탐하는 중이니, 도저히 민적을 실시하기는 불가능한 일이다.

3. 가장 민적실시의 가능성이 큰 곳은 북미와 하와이(布哇)에 재류하는 동포들이나, 동포의 전수가 1만에도 미치지 못할 뿐더러 미국과 멕시코 양국과 하와이의 일부에 재류하는 동포는 이미 대한인국민회의 자치체 안에서 민적과 납세를 행하는 중이니, 새삼스럽게 민적을 실시한다 하더라도 무슨 현저한 효과가 없을 것이다.

이러한 이유는 민적안의 불가능을 논하는 사람 외에 또 한 논자는,

1. 정부에 민적안을 실시할 만한 재력과 인력이 없고,
2. 재외 교민 중에 정부를 복종하는 자의 수가 적고,
3. 과거 2개년간의 독립운동에 민심이 적이 권태하고 이산하여 민적에 응할 열이 없을 것이오,
4. 한 지방의 수령으로 자처하는 지도자들에게 공심(公心)이 부족하여 정신의 통일이 없고 각각 자기의 명리(名利)와 세력만 시도(是圖)하므로 정부의 민적안 실시에 방해를 가하리라.

하는 이유로 민적안의 불가능을 논하는 자도 있을 것이니, 이상 열거한 제론(諸論)은 아직 발표된 것은 없다 할지라도 동포의 심중에 일어날 개연성이 있는 것이며, 그뿐더러 각각 일리가 있는 논리이다.

특히 최후에 거론한 불가능론은 가장 확실한 근거를 가진 것이니 대개 이 논리의 근거는 비교적 확실한 사실에 있는 것이다. 그러나 나의 주장하는 바 민적안이 어떠한 성질의 것인 줄을 명지하면, 이것이 결코 불가능에 속한 것이 아님을 알게 될 것이다.

제1론, 즉 민적 불합리론은 얼른 듣기에 이론상 근저(根柢)가 있는 듯하나, 전 국민에게 일시에 민적을 실시하지 못하리라 하여 아주 민적을 부당하게 여김은 더욱 불합리한 일이다. 우리는 우선

가능한 부분으로 우리 민적을 실시하여 점진적으로 전 국민에게 미칠지니, 해외 교민 2백만이 납세와 병역의 의무를 지는 국민이 되어야 우리가 능히 본국을 적수(敵手)에서 만회하는 실력이 생길 것이다. 그 실력이 생기어 압록강·두만강으로 장구(長驅) 전진하는 쪽쪽 평안북도, 평안남도, 함경북도, 함경남도, 황해도, 강원도, 이러한 순서로 민적의 범위를 넓혀서 마침내 13도 2천만에 미칠 것이니, 우선 해외 교민의 일부에만 민적을 실시한다고 결코 불합리 됨이 없을 것이다. 또 논하기를 만일 납세와 병역의 의무를 지는 수만 수십만이 1단이 되어 임시정부와 임시의정원을 유지하고, 아울러 이에 대한 선거권 및 피선거권을 향유케 되면 아직 민적에 가입하지 못한 대다수의 동포는 일종 불쾌한 감정을 품고, 그 정부와 그 의정원에 복종하는 마음이 엷어지리라 하나 누구나 대한인이면 민적에 들어갈 수 있고, 민적에 들어가는 날로부터 참정권을 향유할 터인즉, 이는 실로 기우에 불과할 것이다.

하물며 민적에 편입된 국민의 수가 증가할수록 정부의 세력은 증대하고, 정부의 세력이 증대할수록 위신과 사업이 함께 진작되어 인민의 돌아옴이 물이 밑으로 흐르는 것과 같은 것이다.

제2론, 즉 민적 불필요론에 대하여는 나의 이 논문 전체가 그 답이 될 것이므로 이에 요론(要論)할 필요도 없거니와, 다만 한마디 말을 요할 것은 폭탄·단총 운동이 독립운동의 중요한 부문의 하나인 것을 인정함은 결코 저 소위 급진론자의 전매론(專賣論)이 아니요 나도 주장하는 바이다. 이에 그 주장하는 이유를 거론할 필요가 없으되, 한마디로써 급진론자에게 묻고자하는 바는, 그 폭탄과 단총은 무엇으로 구득(購得)하며, 이것을 사용할 인물은 어디에서 얻느냐 함이다.

급진론자가 날마다 급진을 규호(叫號)하되 아직도 나아가지 못하는 것은 실로 나아갈 실력이 없음이니, 이 실력을 얻는 방법도 또한 민적에 있을 뿐이다. 해마다 일정한 수입이 생긴 후에 그 수입 중에서 폭탄·단총운동의 1년간 경비를 예산케 되고, 군적에 편입된 군인 중으로서 매년에 이 운동을 행할 인재를 선정케 되어야 이 사업이 조직적으로 부단하게 진행될 것이 아니겠는가. 저 광복군과 기타 공사(公私)의 여러 모험단 활동을 성대히 못함도 실로 자금과 인재의 결핍에 인한 것이 아니겠는가.

제3론, 즉 민적 불가능론은 위에도 한마디 언급한 바와 같이 피상으로 보면 불가능인 듯하지마는 실상으로 보면 오직 곤란의 정도의 문제에 불과한 것이다.

(一) 아령 50만 동포가 국민의회의 기치 하에 있다함은 국민의회 견지에서 본 형식론이다. 아령 50만 동포 중에 "나는 국민의회의 인민이라"고 자처한 자가 과연 몇 사람이나 되랴. 국민의회의 명령하에 납세와 병역의 의무를 담부(擔負)하는 자가 과연 몇 사람이나 되랴. 민국 원년 이래로 임시정부의 위정자가 국민의회라는 하나의 환영(幻影)에 현혹하고 외겁(畏怯)하여 이와 타협하기 시도(是圖)하였고, 직접 인민에게 접하려 하는 용기를 결하였음은 실로 유감된 일이니, 그러므로 지금이라도 만일 인민 중에 들어가서 민적운동을 행하면 반드시 상당한 좋은 결과를 거둘 것이다. 하물며 반드시 50만이면 50만 전부가 일시에 민적에 편입되는 것이 유일한 목적이 아니다.

(二) 서북 간도도 비록 지난번의 참상을 당하고 현재도 적의 계엄이 심하다하나 그 주민 전부를 반드시 목적함이 아니요, 가능한 범위 안에서 점진적으로 행함에는 용이와 곤란의 관계는 있을지언정 결코 불가능한 일은 아니다.

(三) 미주와 하와이에 대하여는 오직 대한인국민회와 협의하면 그만이다. 그러므로 불가능론 제1자의 말은 두려워할 바가 아니며, 비교적 논거가 확실하다할 만한 제2자의 불가능론도 불가능이라

하기보다는 차라리 곤란의 정도문제라 함에 돌아갈 것이다.

1) 만일 정부에 민적안을 실시할 만한 재력과 인력이 없다 하면, 하필 민적의 실시랴. 아무 일도 못하게 될지니 이는 우리 독립운동의 몰락을 의미하는 것이며, 또 정부가 민적의 실시의 능력이 없도록 궁경에 빠졌다고는 볼 수 없으며,

2) 재외 교민 중에 정부를 복종하는 자의 수가 적은가 많은가는 아직 숫자적으로 조사한 일도 없었고, 겸하여 복종 불복종이 표현될 기회가 없었나니, 민적이야말로 다수 동포의 정부와 및 독립운동에 대한 의향을 시험할 기회이다. 모지(某地)로 오는 자가 "모지 동포는 전부 임시정부에 반대라" 하는 말은 아무 근거 없는 말이다. 다수 동포 중에는 응당 독립이나 정부를 반대하는 자도 있을 것이요 찬성하는 자도 있을 것이니, 권유로써 찬성하는 자의 수를 증가케 하고, 찬성하는 자를 민적에 편입하면 그만일 것이다. 그 수가 많을가 적을가는 전력을 다하여 힘써본 뒤에 그 결과를 보고 판단할 것이지 결코 일반전표적(一斑全豹的: 얼룩무늬 한 점으로 전체의 모양) 추측으로 단정할 수 없는 것이다. 그러나 만일 추측을 허락한다 하면 나 개인의 생각에는 성공의 희망이 크다 하노라.

3) 동포들이 독립운동에 권태하여 민적에 응할 열심이 없으리라 하면 독립운동은 이에 종언을 고한 것이다. 독립을 예기치 아니하는 인민으로 무슨 독립운동을 할 수 있으리오. 그러나 아직 권태한 동포도 있는 동시에 열렬한 동포도 있을 것이니, 생명을 걸고 독립을 절규하던 열정과 부조(父祖)를 학살한 적에게 대한 통한이 그렇게 일조일석에 냉각할 리는 없다. 그러므로 일변 열심 있는 자를 성책(成冊)하며, 일변 없는 자에게 열심을 고취함은 다만 민적을 위하여서만이 아니요 독립 자체를 위하여 근본적으로 필요한 일이 아니겠는가.

4) 한 지방의 수령으로 자처하는 공심(公心) 없는 지도자들의 방해, 혹은 그 한 지도자가 거느리고 있는 한 단체의 방해가 있을 것은 예상할 일이거니와 강한 일본을 대적으로 하여 독립을 운동하는 자가 작은 간사배(幺麽奸輩)를 두려워하여 민적을 못하랴. 만일 그러한 간사배가 있거든 적을 위하여 예비한 폭탄과 단총은 먼저 이들 무리의 머리를 파쇄하기에 사용할 것이다.

이상 약술한 바로 나는 예상할 만한 반대론의 거의 전부에게 해답을 준 줄로 자신하거니와 이제 한 가지 민적 실시에 대한 최대 난관은 의정원·임시정부 기타에 있는 독립운동 간부의 자각과 결심과 성의 여하이다. 그네에게 만일 민적을 실시하여 대독립당을 건설하는 것이 독립운동의 근본방침이라는 명확한 자각과, 기어코 이를 행하도록 육력협동(戮力協働)하리라는 결심과 성의만 있으면 이 사업은 반드시 성공하리라 하겠다.

그러나 그네의 자각과 성의에 절대의 신임을 두지 못할 점이 보이므로 이에 제2안, 제3안이 생기는 것이니, 이는 실로 정부가(5행 판독 곤란). (제92호 1921. 1. 27)

간도사변과 독립운동 장래의 방침(6)

정부의 성의와 민적안(民籍案)

나는 전호에 약속하기를 이번에는 임시정부의 성의 여하에 대하여 한마디 비평을 가하리라 하였다. 그러나 다시 생각한즉 이때를 당하여 냉정한 비평을 가함보다 온정의 충언을 올림이 옳을 것이다. 원컨대 나의 충곡(衷曲)의 고언을 나의 경애하는 임시정부 당국과 독립운동의 여러 단체 및 지도자 제위의 큰일(大事)을 경영하심에 만분의 일의 자격(刺激)이 되기를 바란다.

내가 5회에 연속하여 여러 번 기술함과 같이 민적의 실시는 실로 우리 독립운동의 근본방침이니, 이것이 있으면 독립운동이 있고, 이것이 없으면 독립운동이 없을 그러한 중대문제이다. 지금 우리 독립운동이 일대 전기를 만들어야할 위급의 때(秋) - 그러하도다. 진실로 위급의 때를 당하여 이 위급의 지경에서 한줄기의 생로(生路)로 나아갈 유일의 도경(途徑)인 민적의 실시에 대하여는 마땅히 정부나 각 단체나, 각 개인이 마음을 하나로 하고 힘을 하나로 하여 전 국민 총동원의 기개(槪)로 분진(奮進)하여야 할지니, 주저할 바도 못되고 곤란이 있다고 좌절할 바도 못되는 바이다.

정부 부내의 각원은 파선의 위경을 당한 선원의 심사로 모든 의견이나 감정의 차이를 버리고, 담장 안에서 서로 싸우는 시기(猜忌)의 마음을 버리고 독립운동의 기초공사인 민적의 실시, 즉 대독립당의 건설에 정성과 힘을 다하여야 할지며, 서간도, 북간도, 아령, 북미주, 하와이(布哇), 국내의 각 단체들도 전 국민의 이 사활이 관두(關頭)한 이 대독립당 건설의 근본문제에 대하여는 한마음이 되고 한 몸이 되어야 사생(死生)을 걸고 성공을 기하여야 할지며, 한 지방의 두령이 된 여러 지사네들은 물론이오, 일반 국민도 남녀와 노유를 물론하고 이 대독립당의 건설을 위하여는 서로 몸이 되고 서로 사지(四肢)가 되어야 할 것이다.

우선 정부에서 무용한 형식론으로 황금 같은 세월을 허비치 말고 하루라도 속히 이 안(案)의 실시를 결의하고, 결의한 후에는 대통령 이하 각원은 각각 이 사업의 실현을 자기 소임으로 삼아 양(陽)으로만 말고 음(陰)으로 더욱, 혀끝으로만 말고 실행으로 더욱, 각각으로 말고 서로 팔다리와 몸통(肢體)이 되어 하되 성의로써 각 단체 및 일반 국민에게 이 뜻을 선전하고 아울러 그네의 협력을 구하여야 할 것이다.

그러하는 날, 각 단체나 개인들은 과거의 모든 시비(是非)를 버리고 정부의 뜻을 받들어 이것과 힘을 합하여 혼연한 일체가 되어

이 대사업의 성취를 기하여야 할 것이다.

이에 한마디 할 것은 정부와 힘을 합한다고 각 단체가 그 독립한 개성을 잃을 이유는 없나니, 단체는 단체대로 그 독립의 존재를 계속하면서 민적사업에 대하여서만 연합적 노력을 하면 족할 것이다. 또한 이렇게 하여 민적사업이 진보되므로 다만 일반적 독립운동의 실력이 증진될 뿐더러 또한 각 단체의 신용과 위엄과 사업도 증진될 것이다.

만일 일이 이에서 나오지 아니하여 독립운동의 일반적 기초가 공고하게 되지못하면 파멸할 자는 다만 정부뿐이 아니오, 각 단체도 그러 할지며 따라서 우리 독립운동 전체가 비참한 실패로 돌아갈 것이다. 그런데 만일 각 단체가 정부를 받들어 협력하여 나오기를 불긍한다 하면 세부득이 정부는 직접 인민의 규합에 착수할지니, 이러한 경우에는 이를 불긍하는 각 단체는 독립의 적이요 국가의 적으로 인정할 것이다.

아아, 임시정부 당국자에게 이러한 자각과 결심이 있는가. 아아, 임시정부 당국자 제위에게 과연 이러한 자각과 결심이 있는가. 그리고 각 단체의 일반 국민에게 이러한 자각과 결심이 있는가. 만일 임시정부에 이만한 자각과 결심이 없다하면 어찌하랴. 우리는 불가불 제2안인 각 단체 연합안으로 나아가야 할지요, 각 단체에게 만일 이러한 자각과 결심이 없다 하면 우리는 제3안으로 나아가서 직접으로 충량한 동포를 규합함으로써 대독립당 건설의 대업을 시도하여야 할 것이다. (제93호 1921. 2. 5)

30. 韓·中·俄 三國이 聯合하여 日本을 驅逐하리라, 美國 通信員의 預言

유명한 미국 통신원 프레이저 헌트씨는 일본과 한국과 시베리아와 및 중국 각 지방을 순차로 순력한 후에 미국 '시카고 트리뷴'(Chicago Tribune)지에 아래와 같은 기사를 게재하였다.

일본은 만일 시베리아에서 철퇴를 하지 아니하면 비단 러시아의 총공격을 받을 뿐 아니라 한국의 혁명은 끊이지 아니 할지며, 또한 아마 중국과도 전쟁을 피하지 못하게 되리라.

원동의 전운은 현금 극도로 농후에 달하였다. 극도의 분노로 다만 호기를 고대중인 중국과 독립운동에 열중하고 있는 한국과 및 여하한 희생을 다하여서라도 기어이 섬나라 종자(島種, 일본)를 구축하고야 말리라하는 러시아, 이 3국은 현금 연합하여 일본을 대항하려 한다.

나(헌트)는 시베리아 정부당국자에게서 적확(的確)한 보도를 접하였거니와, 이에 의하면 러시아는 며칠 안으로 일본에 최후통첩을 보내어 철퇴·개전 양단간에 태도를 확정하기를 강요하리라 한다. 그러므로 현금 해삼위(海蔘威) 신정부는 개전의 준비로 신영지(新領地, 沿海州)의 전쟁준비를 공고케 하며, 노농군(勞農軍)[42]을 동병(動兵)하며 중요한 지점에 군대를 배치하며 및 시베리아 동방에 있는 이전 콜차크[43]의 영지 정리완성에 분망 중이라 한다.

오늘날 시베리아에 있어서의 일본의 지위는 극도의 곤경에 빠졌다. 러시아인은 1918년 8월 일본의 제1 파견병이 올 때부터 일본

---

42) 노농적군(Krasnaya Armiya, 勞農赤軍). 러시아 10월 혁명의 진행 중에 생긴 소련의 군대이다. 이미 1917년 10월에는 군대내의 전권은 병사 소비에트에로 옮겨지고, 12월 제정 러시아의 구군대는 해체되어졌고, 1918년 1월 의용병에 의한 노농적군이 창설되었다. 2월 23일 나르바와 프스코프에서 독일의 간섭군을 격파하여 소련의 권력을 확립했다.

43) 콜차크(A. V. Kolchak, 1873~1920). 1917년 10월 혁명을 맞이하여 반혁명군을 조직하여 혁명군과 항전했다. 1918년 영국의 지지를 얻어서 옴스크에 반혁명정부를 수립했다. 1919년 봄에는 볼가 강 부근 까지 진격하였으나, 프룬제(Frunze)가 지휘하는 적군에 패하고, 11월에 옴스크도 적군에 함락되어 1920년 1월 이르쿠츠크로 도망하였으나 체포되어 총살당하였다.

의 출병의 동기를 회의의 눈으로 보았다.[44] 이 회의(懷疑)는 현금은 일변하여 원수로 여기는(仇視) 공포가 되었다. 그러므로 일본은 현금 사면초가의 적 가운데에 있다.

최근의 조사에 의하면 일본은 시베리아에서 참으로 형언할 수 없는 수다한 폭행을 자행하였다. 그러므로 일인의 이르는 곳에 인민이 안도하여 생활할 생각은 꿈도 꾸지 말라 한다. 뿐더러 나도 수백인의 러시아인에게서 친히 들은 바이거니와 저들은 일본이 시베리아에 잔류하는 것을 보느니 차라리 전쟁을 하다가 죽기를 원한다 한다.

이같이 배일열(排日熱)이 극도에 달하였으므로 러시아인은, 이전의 내란문제는 다 망각한 듯하다. 그러나 시베리아 러시아인 다수는 일본은 어디까지든지 시베리아를 철퇴하지 아니하려 함을 믿는 고로 현금 저들은 구축책(驅逐策)을 강구하는 중이다.

그러므로 오늘날 누구나 다 일본은 필경에는 구축을 당하고 말리라는 것 밖에는 단정을 할 수 없게 되었다. 지난번 해삼위에 혁명이 폭발되었을 때에 일본은 반(反)콜차크파[45]를 저어(抵禦)치 못하였다. 그러므로 블라디보스토크가 시베리아 혁명군의 수중에 함락되는 순간 일본은 대 타격을 당하게 되었다.

그리하여 오늘날 일본 군벌파는 대곤경에 빠지게 되었다. 저들은

---

44) 일본정부. 1918년 8월 2일 시베리아 출병을 선언하면서, 8월 3일 시베리아 출병에 관한 미·일간 양해가 성립되었고, 미국은 시베리아에 있어서의 미·일 공동 행동을 선언하였다. 8월 12일 일본군 제12사단이 블라디보스토크에 상륙을 개시했다.

45) 반 콜차크파란 곧 러시아 적군을 의미한다. 콜차크의 옴스크 정부 반혁명군은 적군에 밀리자 적군과 공동 항전을 위해 1919년 7월 18일 이르쿠츠크 이서에 일본군 2개사단의 병력을 증파해줄 것을 요청했고, 10월 1일에도 재차 일본군의 증파를 요청했지만, 일본정부는 이를 거절하고 말았다. 적군은 11월 13일 옴스크를 점령함으로써 1920년 1월 5일 옴스크정부는 사실상 몰락했다.

현금 도저히 유지책이 없게 되었다. 어떤 방면으로 관찰하더라도 일본은 그 책략을 그르친 것이 사실이다. 며칠 안에 저들은 더욱 곤경에 빠지게 되리라. 그리하여 필경에는 철퇴를 당하든지 그렇지 않으면 전쟁을 하든지 이 양단 밖에는 취할 길이 없게 되리라.

그러나 일본도 일반의 여론은 러시아에 대한 간섭을 더 계속하기를 반대하며, 정부 각원들 중에도 육군대신을 제외하고는 철퇴를 찬성치 아니하는 자가 한 사람도 없다 한다. 더욱 일인 중에도 진보적 사상을 가진 자는 모두 이에 반대를 표하지 아니하는 자가 없다 한다. 그러므로 비록 금일까지는 일본의 군벌파가 아직 폭위를 뽐낸다 하더라도 이 시베리아 사건이 저들 군벌파에게는 이용할 수 있는 최후의 기회임을 기억하지 아니하여서는 안 된다. 왜 그러냐하면 이미 저들의 시대는 경과한지가 오래였다.

하여간 현금 시베리아에서 민주주의와 및 정의를 적대하고 전투 중인 일본의 제국주의적 군벌파적 군대의 꼴이야말로 참으로 가련하기가 짝이 없다.

일본 장교들 중에도 다수는 '민주주의'란 무엇인지 민자(民字)도 똑똑히 쓸 줄도 모른다. 그러나 저들은 토벌과 촌락 소각을 잘 한다. 이것은 저들이 실지로 늘 하는 것이니까.

다수인의 관찰에 의하면 일본은 시베리아의 본부에서는 비록 철퇴를 한다 하더라도 북만주를 통하는 동청(東淸)철도를 점거하여 해삼위와 및 시베리아 횡단철도 간의 직접 연락을 만주에서 취하리라 한다. 일본은 과거 오래 동안 이 동청철도로 인하여 무쌍한 이권을 탐하여 왔다. 그러나 오늘날 일본은 과거에 마치 남만주의 이권을 독점한 것과 같이 또한 이 동청철도를 점거하여 북만주의 이권을 한 손에 독점하려 한다.

아마 일본은 세계를 향하여 변호하여 가로되, 일본은 과격파의 세력의 남하를 방지하려는 것 밖에는 아무 다른 뜻이 없었다고 하리라. 그러나 이는 마치 저들이 남만주를 점령하는 본의가 호열자의 일본 국경침입을 예방하기 위함이라 하면 가소롭기 짝이 없는 모양으로 실로 가소하기가 짝이 없는 구실이다.

과거 미국이 시베리아에 원정대를 파견한 그 진의는 일본의 시베리아 이권침해를 방지하기 위함이었다. 미국은 이에 성공하였다. 그러므로 우리 미국은 철퇴하여도 무방할 듯하다. 그러나 적어도 이후 6개월간은 감시하지 아니치 못할 동청철도가 아직 남아 있다. (제70호 1920. 4. 27)

31. 學生에게 對한 希望(1)

이 글은 북경대학교 교수 호적(胡適), 시사신문(時事新聞) 주필 장몽린(蔣夢麟) 양씨가 과거 1년간의 중국 학생운동을 비평하고, 또한 장래에 대한 희망을 개진한 것이다. 학생운동에 대한 중국 사상계의 거두의 관찰로 이를 소개하는 바이다.

오늘이 5월 4일이다.[46] 회상컨대 작년 오늘에 우리들 양인은 상해에 있어서 두위(杜威)박사를 환영하였다. 5월 6일에 이르러 비로소 5월 4일의 북경사건을 알았다. 세월의 감이 과연 빠르다. 어느덧 1년이 다 지났도다.

---

46) 오사운동(五四運動). 1919년 5월 4일 반제국주의 운동. 제1차 세계대전 초기 독일 영유 산동반도를 빼앗은 일본은 원세개(袁世凱)정부에 21개조 요구를 강요하여 승인을 받아냈다. 이 운동은 러시아 혁명의 영향을 받아 민중의 배일열(排日熱)의 풍조로 격화, 베르사유 강화회의에서 독일권익의 반환을 주장하는 중국대표의 요구가 묵살되자, 북경대학 학생들이 21개조 조약의 조인 책임자 조여림(曹汝霖)집을 급습, 조와 함께 동석한 주일공사 장종상(章宗祥)을 구타하는 등 시위운동을 벌였다.

작년 오늘에 우리들의 마음속에는 오직 두위(杜威) 선생이 중국에 있어서 교육철학을 강연한다는 생각으로 찼었다. 사상 방면으로는 실험적 태도와 과학적 정신을 제창하고, 교육 방면으로는 새로운 교육학설을 수입하며 국인(國人)의 각오를 인기(引起)하여 근본적 교육개혁을 수행하자 - 이것이 우리들의 작년 금일의 희망이었었다. 어찌 사세의 변화가 이다지 우리들의 생각 밖으로 나올 줄을 헤아렸으랴. 1년 이래의 교육계의 풍조는 한 달 동안도 평정(平靜)한 적이 없었다. 풍조 요양(擾攘)한 속에서 1년을 보내었다.

이 1년간의 학생운동은 원대한 점으로 보면 과연 몇 십년 이래의 일대 사건이다. 그 이면으로부터 발생한 좋은 효과가 적지 않다. 학생의 자동정신을 인기함이 하나이오, 학생의 사회 국가에 대한 흥취를 인기함이 둘째요, 학생의 작문연설의 능력과 조직적으로 일을 처리할 능력을 발휘케 함이 셋째요, 학생으로 하여금 단체생활의 경험을 증가케 함이 넷째요, 허다한 학생의 지식적 욕망을 인기함이 다섯째이다. 이는 다 옛날의 과당(課堂: 서당공부)생활로는 얻지 못할 것이니 우리들은 학생운동의 중요한 공헌을 인식하지 않을 수 없다.

사회가 만일 능히 수평선 이상의 정도를 보지(保持)할진대 일체 정치상의 고취와 시설, 제도상의 평판과 혁신은 모두 성년인(成年人)의 요리할 바다. 미성년인(학생시의 남녀)는 오직 안심 구학(求學)할 권리를 가졌다. 사회는 그들에게 학교생활 이외의 활동을 요구하지 아닐 할 것이다. 그러나 불행히 우리들은 현금 변태(變態)사회 안에 있다. 저 상태(常態)사회 안에서 누리는 모든 복락을 가지지 못하였다.

우리의 사회의 허다한 일은 일반 성년인 또는 노년인(老年人)의 괴란(壞亂)한 바다. 그러나 다른 아무 계급도 이에 간섭·규정(糾正)하려 하지 아니한다. 이에 있어서 이 간섭·규정하는 책임은 드디어 일반 미성년 남녀학생의 어깨위에 떨어졌다. 이는 이러한 변태적 사회에서는 면치 못할 현상이다.

사람들은 흔히 말하기를 학생은 정치에 간예(干預)할 것이 아니라 한다. 많은 이는 학생자신이 하고 싶어 하는 것이 아니다. 사회와 정부가 시키는 것이다. 만일 사회국가의 행위가 도무지 학생의 간섭·규정을 받을 필요가 없다하면, 만일 학생으로서 강렬한 외계(外界)의 자극과 양심상 독책(督責)이 없이 능히 안심 구학하는 행복을 누릴 수 있다하면 그들은 왜 구태여 보귀(寶貴)의 광음을 허비하며 생명의 위험을 무릅쓰고 학생운동을 행할까.

변태적 사회국가라 함은 무엇인가. 간단히 말하면 정부가 너무 비열하고 부패하였다. 국민에게 정식의 규정(糾正)기관(민의를 대표하는 국회류)이 없다 함이다. 이런 시기를 당하여 정치운동에 간예하는 자는 오직 청년학생이다. 한말(漢末)의 태학생(太學生), 송(宋)대의 태학생, 명(明)말의 결사(結社), 무술정변[47] 이전의 공거상서(公車上書)[48], 신해혁명[49] 이전의 유학생 혁명당, 러시아 혁명전의 혁명당, 독일 혁명전의 학생운동, 현재의 인도 및 조선의 독립운동(3·1운동), 작년 중국의 5·4 및 6·3운동 - 이는 다 동일한 도리로 발생의 이유가 있는 것이다.

다만 우리의 망각치 못할 것은 이러한 운동은 다 비상한 일이요, 변태사회의 부득이한 일이요, 또 불경제(不經濟: 經世濟民을 하지 않음) 불행한 일이라 함이다. 부득이를 인함인 고로 이것의 발생을 양해하여야 하고, 불경제 불행한 일인 고로 이 같은 종류의

---

47) 무술정변(戊戌政變). 청일전쟁 패배로 정치체제의 개혁과 부국강병책을 강구하기 위하여 변법자강(變法自疆)운동을 일으켰으니, 광서제는 1898년 6월 혁신파의 영수 강유위(康有爲)·양계초(梁啓超)등을 기용, 관청의 정리, 과거제도와 학교제도의 개혁 등을 시행하였다.

48) 공거(公車). 천하의 상서 및 징소(徵召)를 맡아보는 관서임.

49) 신해혁명(辛亥革命, 1911~1912). 청을 뒤엎고 중화민국을 수립한 혁명.

운동은 잠시의 구급판법(救急辦法)이오 장구히 존재케 하지 못할 것이다.

황당한 중년 노년인은 그들을 매도한다. 미성년의 학생이 학업을 포기하고 광음을 황폐하고 구정(救正)에 간섭함은 천하의 가장 불경제의 일이다. 현금의 중국 학생운동은 더욱 불경제(세상을 다스리고 백성을 구제하지 않음)이다. 왜 그러냐하면 한말(漢末)이래의 학생운동을 보라. 러시아・독일・인도・조선의 학생운동을 보라. 언제 한번이나 동맹휴학(罷課)으로 무기를 만든 적이 있었던가. 작년의 5・4 및 6・3운동의 성적은 다만 파과로 무기를 만들어 얻은 것인가. 오직 파과로써 무기를 만듦은 가장 불경제의 방법이요 최하책이다. 이를 습용함은 학생운동 파산의 표현이라 한다.

파과는 적에게는 무손(無損)하나 자기에게는 대손실임은 사람들 각자가 공지하는 바이다. 우리들이 보건대 파과로 무기를 만듦은 정신상의 최대 손실이다. (제77호 1920. 5. 18)

학생에게 대한 희망(2)

우리들은 학생운동에 관하여 다음 세 가지 해점(害點)을 발견한다.

(一) 양성의뢰군중적악심리(養成依賴群衆的 惡心理). 현재의 학생은 거의 자기 개인의 할 일이 많은 것을 잊었다. 그들은 전체가 파과(罷課)치 아니하면 할 일이 없는 것같이 생각한다. 개인 자기는 희생하기를 즐겨아니하며 일을 하려고 아니하면서 오직 전체로 파과해야만 된다고 떠든다. 이러한 군중을 의뢰하는 심리는 마땅히 나부(懦夫)의 가질 바다.

(二) 양성 도학적(逃學的) 악습관. 현재 파과한 학생 중에 참으

로 일을 하는 자가 몇 명이나 되느냐. 그 나머지의 무수한 학생은 일도 하는 것 없고 공부도 아니 한다. 무슨 까닭에 파과하였는가. 그들은 이에 대답하기를 '의분(義憤)'의 표시라 한다. 의분에 격하여 부득이 이것으로써 무기를 함이라 한다. 이것이 오래면 학생은 파과를 한 평상사(平常事)로 여긴다. 다수의 학생이 파과로써 평상사로 여김은 배움을 기피하는(逃學) 습관이 양성된 증거이다.

(三) 양성 무의식적 행위적 악습관. 무의식의 행위라 함은 무슨 까닭으로 하는지 자기도 모르면서 하는 행위를 이름이다. 지금은 학생만이 파과로써 평상사로 여길 뿐 아니라 사회가 학생의 파과로써 평상사로 여긴다. 한 크게 중대한 일이 변하여 아주 평상한 일이 되고 말았다. 이리하므로 무슨 공효(功效)가 있겠는가. 아무 공효도 없을 것은 명백한 일이다. 오직 무의식으로 하였다. 무의식으로 맹종하였다. 이러한 심리의 양성은 안전(眼前)과 장래의 가장 비관할 현상이다.

이상에 말한 것이 우리들의 학생운동에 대한 관찰이다. 우리들의 학생에게 대한 희망은 간단히 말하면 다음 한 구절에 표현되고 있다. "우리들은 지금으로부터 이후 학생이 강당 안에, 자수실(自修室) 안에, 운동장 위에 주중(注重)하기를 희망한다. 과여(課餘)시간의 학생활동 - 이 학생활동이야 말로 능히 지구(持久)하고 또 가장 공효 있는 학생운동이다."

이런 학생활동은 세 가지 중요한 부분으로 나눌 수가 있다.

1. 학문적 생활. 2. 단체생활. 3. 사회 복무적 생활.

제1. 학문생활. 지난 1년 이래로 우리의 기꺼워하는 일종 좋은 현상은 허다 학생의 지식학문에 대한 홍취가 점점 증가함이다. 새로 나오는 출판물의 인쇄부수 증가는 이 학생의 지식을 구하는 홍취의 증가를 말한다. 우리들의 희망하기는 현금 학생이 충분히 이 새로이 발생하는 홍취를 길러서 학문생활에 주중(注重)하여 사회

국가의 대문제는 학문이 아니고는 해결하지 못함을 아는 것이다. 우리들의 말하는 '학문적 생활'은 이전의 강의 필기의 생활만을 가리킴이 아니다. 우리들의 학생에게 희망하는 바는 - 중학 대학을 물론하고 - 아래에 열거한 몇 가지 조목에 주중하라 함이다.

가. 주중 외국문(注重 外國文). 현재 중문(中文)의 출판물로는 우리의 지식을 구하는 욕망을 만족시키기 불가능함은 사실이다. 신지식을 구하는 길은 외국문에 있다. 학생마다 적더라도 한 가지의 외국어 서적은 보아야 하겠다.

나. 주중 관찰사실 및 조사사실. 이것이 과학훈련의 제1보이다. 학교에서 학습한 과학은 실험이 필요하다. 본토의 인구, 풍속, 출산, 식물, 아편연관(阿片煙館: 아편 피우는 집) 등 무엇이나 계통적 관찰과 조사의 답안이 있어야 한다. 현금 학생은 날마다 '21개조'를 말한다. 그러나 21개조가 무엇인지를 명백히 아는 자가 몇이나 될까. 날마다 '고서제순(高徐濟順)'을 말한다. 그러나 고서제순이 어디서 어디로 가는 선로라고 적확히 말할 자가 몇이나 될까. 이러한 사실에 주중치 아니하는 습관은 타파하여야 한다. 이러한 습관을 타파하는 유일한 방법은 관찰조사의 습관을 양성함이다.

다. 학교개량의 건설적 촉진. 현재의 학교과정과 교원은 여러 가지 점으로 학생의 구학(求學)하는 욕망을 만족케 하기 불능하다. 우리들은 학생에게 다만 파괴적 공격을 희망할 뿐 아니라, 건설의 정신으로 학교의 개량을 촉진하기를 바란다. 고시(考試)의 폐지를 제창함은 고시의 개량을 제창함만 못하다. 교장의 박물표본을 사지 아니함을 공격함은 학생 자신이 표본을 채집함만 못하다. 이러한 건설적 촉진은 교육부나 교육청의 명령의 공효보다 크다.

라. 주중자수(注重自修). 주입적 지식학문은 큰 소용이 없다. 진정한 학문을 얻는 유일조건은 자수의 능력을 양성함이다. 자수함에 당하여 주중할 일은 1. 독서의 능력. 2. 학교의 참고서적 구비

(購備)를 요구할 것, 대자전(大字典), 사전, 중요한 대부서(大部書) 등. 3. 같은 학생이 결합하여 각종 서적잡지를 윤독(輪讀)하는 것. 4. 교원에게 자수의 입문, 자수의 방법 등을 지도하기를 요구하는 것 등이다. (제78호 1920. 5. 22)

학생에게 대한 희망(3)

제2. 단체적 생활. 5·4운동 이래로 여러 학생의 단체생활의 경험은 많이 증가되었다. 그러나 현재의 학생단체는 두 가지 큰 결점이 있다. 첫째는 그 내용이 너무 불충실한 것이오, 둘째는 그 조직이 너무 불완비한 것이다. 내용의 불충실을 보구(補救)함에는 아래에 적은 각 방면으로 '구분병진(俱分竝進)'하도록 주의하여야 하겠다.

가. 학술적 단체생활. 학술연구회, 강연회와 같은 류, 자동적 조사, 보고, 시험, 강연에 주중할 것.

나. 체육적 단체생활. 족구, 운동회, 동자군(童子軍), 야외 막사생활, 가기유행(假期遊行) 등.

다. 유예적(遊藝的) 생활. 음악, 도화, 희극 등.

라. 사회적 단체생활. 동학다회(同學茶會), 가인(家人)간담회, 사생(師生)간친회, 동향회 등.

마. 조직적 단체생활. 각 학교 학생회, 자치회, 각 학교 연합회, 학생연합총회의 류.

조직의 불완전을 보구함에는 세계의 통행하는 의회법규의 중요한 조건에 주중하여야 할지니 간단히 말하면 적더라도 아래에 열거한 몇 개 조건을 주의하여야 한다.

가. 법정개회인수. 이것이 폐해를 방지하는 요건이다.

나. 동의 수정의안의 수속. 이는 의회법규의 가장 번잡하고 또

가장 중요한 1항이다.

다. 발언순서. 이는 질서를 유지하는 요건이다.

라. 표결방법. 1) 모종 의안은 전체의 몇 분의 몇으로 가결되며, 모종 의안은 참가인수의 몇 분의 몇으로 가결되며, 모종 의안은 과반수로 가결됨을 규정하며, 2) 모종 중요한 의안은 무기명 투표로 하며, 모종은 유기명 투표를 하며, 모종은 거수로 표결할 것을 규정할 것.

마. 대표제로 된 연합회에는 - 교내 교외를 물론하고 - 다 복결제(複決制)를 사용하여 중대한 사건으로 대표회의의 의결안은 다시 회원의 총투표를 경과하게 하며, 총회의 결의안은 다시 분회의 복결을 경과케 할 것.

바. 의안제출 후에는 규정한 토론시간이 있고 또 각인의 발언시와 차수(次數)를 제한할 것.

현재한 여러 학생회의 장정은 다만 직원의 분배에 주중하고 이러한 가장 긴요한 조건에는 주중치 아니한다. 이것이 학생단체의 실패한 일대 원인이다.

이 밖에도 단체생활을 함에 극히 주의하여야 할 두 가지 정신이 있다.

가. 반대당의 의견을 용납할 것. 현재의 학생회의의 회장상에서 군중의 심리에 영합치 않은 언론을 하면 군중은 거의 위압의 표시를 한다. 이는 폭민전제(暴民專制)이다. 민치(民治)의 정신이 아니다. 민치주의의 첫째 조건은 각 방면의 의견으로 하여금 의견을 자유로 발표케 함에 있다.

나. 사람마다 이 책임을 질 것. 천하의 허다한 일은 모두 책임지기를 싫어하는 '호인(好人)'의 그릇한 것이다. 집안에 있어서는 탄식을 발하다가도 회의장상에 있어서는 희롱을 한다. 천하의 일이 이리하여 패괴(敗壞)되는 것이다. 머리를 내밀고 책임을 지려하지

아니하는 사람은 단체의 죄인이다. 민치국가의 국민이 아니다. 민치주의의 둘째 조건은 자기의 주장을 존중하며 정당한 방법으로 자기의 주장을 전파함에 있다.

제3. 사회 복무적 생활. 학생운동은 학생이 사회국가의 이해에 대하여 흥취를 발생한 표시이다. 각처에 평민야학(平民夜學)이 설시(設施)되고 평민강연이 발기됨은 이 때문이다. 우리들은 금후로 학생이 더욱 이런 사회복무적 사업을 추광(推廣)하기를 희망한다. 이런 사업은 첫째는 구국의 근본판법(辦法)이오, 둘째는 학생의 능력을 양성하는 것이오, 셋째는 학생자신의 학문과 재간을 발전케 하는 것이오, 넷째는 학생의 대인접물(待人接物)하는 경험을 훈련하는 것이다. 우리들은 학생이 이하 각점에 주의하기를 희망한다.

가. 평민 야학교. 본토의 수요에 주중하여 위생, 직업, 공민 등의 상식을 함양할 것.

나. 통속강연. 현재 학생들의 "동포여, 쾌성(快醒)하라. 나라가 망한다. 매국적을 죽이라", "애국은 인생의 의무라" 등 공허한 말의 강연은 오래가지 못한다. 두세 번만 거듭 말하면 다시 말할 것이 없어진다. 우리들은 학생이 풍속개량이나 미신타파 등 과학적 상식의 강연에 주중하기를 희망한다. 가령 오늘은 '하우(下雨)' 라는 제목으로 비가 어찌하여 공중에서 땅위로 떨어지는 것을 말한다. 그러면 이 연설을 듣는 사람은 비가 용왕보살(龍王菩薩)이 뿌리는 것도 아니요, 도사화상(道士和尙)이 주는 것도 아닌 줄을 알게 된다. 이튿날은 '종전(種田)에 어찌하여 석회비료를 쓰느냐' 라는 제목으로 석회의 화학 설명을 한다. 듣는 사람은 비로소 비료의 이유를 안다. 이런 강연은 사람에게 유익할 뿐 아니라 자기의 유익이 크다.

다. 타파미신. 우리들은 학생이 다만 과학의 도리로 본지의 여러 가지 미신을 해석하는 외에 미신타파의 사업을 실행하기를 희망한다. 구선방(求仙方), 방염구(放焰口), 풍수(風水) 등 미신은 다 파제(破除)할 것이다. 학생이 미신을 파제치 아니하면 미신은 영원히 파제될 날이 없으리라.

라. 풍속개량. 우리들은 학생이 풍속 개량사업에 용력하기를 희망한다. 여자의 전족(纏足)과 같은 것은 지금도 각처에서 성행한다. 학생은 천족회(天足會)를 조직하며 서로 작은 다리(小脚)의 여자에게 장가들지 않도록 경계하여야 한다. 너의 자매의 작은 다리를 해방치 못하거든 '여자해방'이란 말을 하지 말라. 아편(鴉片) 가비(咖啡, 커피)의 흡용(吸用)도 전보다 덜하지 않다. 학생은 조사대 정집대(偵輯隊)를 조직하여 혹은 관부에 보고하며, 혹은 자동적으로 연간(煙間) 커피점을 파괴함이 가하다. 네가 너의 동리의 아편 커피에 간섭치 못하거든 국가의 대사에 간예하려 하지 말라. 이상에 말한 것이 우리들의 학생에게 대한 희망이다.

학생운동이 이미 발생되었다. 이는 청년의 일종 활동력이 표현한 일종 좋은 현상이다. 결코 압박치 못할 것이다. 우리들은 교육자를 향하여 이러한 충고를 하려한다. "학생운동을 압제하기를 몽상치 말라, 학조(學潮)의 구제는 오직 한 가지 방법이 있다. 그것은 학생을 유익유용한 길로 인도하여 활동케 함이다."

학생운동은 현금 사면으로 공격을 받는다. 5·4의 후원이 없다. 6·3의 후원이 없다. 우리들의 학생에게 대한 충고는 이것이다. "단지 파과(罷課: 동맹휴학)로 무기를 만듦은 최하책이니 결코 답습할 것이 아니다. 학생운동이 만일 5·4와 6·3의 영예를 보존하려하면 다만 한 가지 방법이 있다. 그것은 활동의 방면을 변개함이다. 5·4와 6·3의 정신으로 교내 교외의 유익한 학생활동을 힘쓰는 것이다."

우리들의 강화는 아주 솔직하다. 이것이 우리들의 충정을 피력함이다. (제80호 1920. 5. 29)

32. 캐나다(加奈多)의 排日(1)

이는 모 일본인이 본 캐나다의 배일(排日)운동의 대세(大勢)이니 일본신문지상에 발표된 것인데 그중 요점을 초역하노라.

대체 앵글로색슨 민족은 종족을 보존하는 본능이 강렬하다. 일본민족도 이 점에는 쉽게 양보할 수 없는 듯하다. 이들 양자가 백병전을 맹렬하게 교쟁한 것이 현금에는 먼저 태평양안의 미국과 캐나다 양지에 존재한다고 말할 수 있겠다. 인종적 편견을 능동적으로 움직이게 하는 힘을 고집하는 정도는 백인종편이 낫다. 백인이 인종적 편견을 가지는 것은 인종평등의 제창이 평화회의에서 현출(現出)할 때에 미국과 캐나다의 백인이 거의 열광적으로 부인한 사실이었던 의미로 이를 증명하고 있다. 동양인 배척을 인종적 편견으로부터 나온 줄로 견식(見識)케 하는 것은 아마 듣기에 불편하리라.

배일의 이유로는 동화(同化)치 않는다든가 혹은 경제 문제로 인함이라고, 여러 가지로 열거한다. 또한 열거되어본즉 얼마는 적중하는 개조(個條)도 일본인 측에 있을듯하다. 다 그러하다 말함은 아니나 또한 역시 절무(絶無)라고는 단언할 수 없을는지도 알 수 없다. 단 경제문제를 운운할 여지는 일본인 측에도 노력하여 해마다 뿌리가 없게 하였다. 공공을 위하는 노력에 이르러서도 캐나다 재류 일본인은 힘을 다해 다소간 유식의 백인 측에서는 크게 양해케 되었다.

약언하면 배일을 부르짖게 하는 여지는 해마다 감소해가는 경향이 확실하다. 재료가 정 없게 되면 인종적 편견 외에는 주장할 것이 없을 것이다. 여하히 후안(厚顏)인 사람이라도 이 같은 편견적 주장을 정면으로 표방하고 오지도 못하리니, 그러면 배척주장에 족한 재료가 없어지기 전에 조금이라도 더 고통케 하고자, 소위 발전을 저지케 하고자, 장해를 하고자 하는 것이 아마 그들의 심저의 본음(本音)이 아닌가. 지난번 비 씨주[50]의 버넌에서 주(州)의 백인의 과물재배업자대회가 개최되었을 때 그들은 중앙정부에 교섭하여 동양인의 비 씨주에 있는 토지소유 및 차지(借地)에 대제한을 가하자는 결의를 통과하였다.

그리하여 영일동맹 등 같은 것에도 언급하였다. 심히 불온한 관료정치이며 중우(衆愚)의 결의이니 일고의 가치도 없다고 거절하였을지도 모르나, 캐나다 같은 나라에는 다수의 민의 즉 정치의 결의는 일편의 결의가 아니고, 결의를 하는 일이 큰 실행인 나라의 국풍(國風)에는 중앙정부가 이에 견제되는 것이 괴이할 것 없다 하리라. 오직 1개소와 2개소의 결의면 무관하지만 이것이 이곳과 저곳이 서로 경쟁하여 배척결의 등을 제출하게 되어서는 심히 신세에 극(極)한 문제이다.

최근 캐나다 밴쿠버(晩香坡) 상업회의소의 주최로 밴쿠버에서 비 씨주의 각 상업회의소 연합회가 최초로 개최되어 더욱 항구적 단체를 만들어 전후의 한 개전(開展)으로 주의를 야기하고 있다. 의사(議事)는 항만, 철도, 도로, 수력전기 기타 각 전반에 걸쳐 결의를 하고 그들 각 단체의 의사든지 희망을 공표하였는데, 이 연합협의회에서도 나중에 동양인 문제가 제기되었다. 이 문제의 제출자는 주 내지방면의 사람들이었는데 문제가 백인 일반에 공명점이 크든지 작든지 존재한 것이오, 제일 변설을 호기(好嗜)하는 그들이오, 또 한 단체라도 대표하여 나온 사람들인 고로 변구(辯口)가 도는 대로 떠들었다. 우리들은 잠깐 이 주장점을 규시하려한다.

---

50) 비 씨주(BC州). 캐나다의 브리티시 컬럼비아(British Columbia)주로서 주도는 빅토리아임.

버넌으로부터 온 벌란스는 동양인 이민이 농업에 대한 처지를 지적하여 가로되, "워카나간, 발레가 동양인에 의하여 지배되려고 하는 위험은 사실 절박하였다. 백인 남녀로부터 된 번영적 동 지방은 불원간 동양인의 소유로 돌아가리라. 중국인을 이웃 사람으로 하는 것은 더욱이 재미적다. 그들은 동 방면의 각지에 점거(占居)하여 인접의 토지와 가격을 가지려 한다. 이 같은 병환을 제거하기에는 하등 수술 즉 입법을 요한다. 동양인은 군거하는 고로 이 위험한 이민을 억압할 강경의 수단을 채용하지 않으면 그들은 곧 고수(高手)로써 우리에게 박래(迫來)할 것이다." 라고 연설하여 박수를 얻은 다음에는 휴스가 일어서서, "정부는 적당의 입법에 의하여 되겠다. 동양인의 생활방법은 백인종에게는 공세적이고 불쾌한 것이다." 라 하였다.

심프슨은 가로되,

"그들 동양인이 워카나간, 발레 방면의 각처에 농지를 구입하는 일은 근린 지소에 손해를 준다. 그리하고 동양인에 대하여 고가에 매각하기 위하여 백인으로 토지를 동양인에 양도하는 자 있는 것은 유감천만이다. 이는 입법에 의하여 방지를 강구치 아니하면 안 되리라."고 주장하고 지 오브케난은 가로되, "점점 동양인의 손으로 돌아가려하는 이들 지방의 농지는 귀환병에게 양여함이 좋으며, 병원(兵員)정주하는 일을 앙장(鞅掌: 일이 번거롭고 바쁨)하는 당국은 편의하게 본건을 처리하야야 할일이 아닌가."고 주장하였다.

알렉산더 필립스는 '사건은 국제적 일이라'고 주창하면서 결의문을 작성하기 위하여 5명의 위원을 선거하기를 청하고 동의(動議) 성립으로 결국 이것이 용납되었다. 오히려 다른 한둘의 변사의 소설을 들어보면 버넌의 맥도날드는 영일조약이 기한 만료될 것을 지적하여 동양인 이민문제에 하등 방책을 채용할 시는 지금이 꼭 흡적(恰適)한 시기다. 신조약에 하등 규정을 삽입하기는 가능한 일이라고 했다. 케로나의 사사란트는 당국의 백인생활 방식에 조화할 만한 더 좋은 지위에 이민해 두기 위하여 교육시험을 과할 일의 입법은 더 좋은 계급의 동양인만 입국케 하는 고로 문제해결에 도움을 줄 것이라고 진술하고, 에프제, 켈라웨는 동양인 입국의 급거 금지라 하는 거의 편협적 맹렬한 설을 진술하였다.

요컨대 당일은 결의문 기초위원 5명이 의장 지명으로 뽑혔다. 결의위원이 결정되었다는 소문을 알고 밴쿠버의 일본 영사는 정식의 항의를 제출하였다. 그리하고 이에 의하여 그 실은 결의도 얼마쯤 완화되어 당초 그들이 기대하고 있던 것과는 형세가 좀 달라졌다. (제79호 1920. 5. 27)

캐나다의 배일(2)

일본 총영사 항의의 요지는 캐·일(加日) 양국 현재의 우의를 박약케 하는 등 행위를 하지 않기를 요구하고, 또 비 씨주 기타 캐나다 재주의 일본인은 시민으로 동화함에 예의(銳意)하고 법률을 준수하고 농부로는 선량의 생산자다. 게다가 또 일본은 노동자의 입국을 계속하는 것이 아니라고 운운했다. 격별기이(格別奇異)한 소설(所說)이 아니고 내용 그것이 너무 우리의 주의를 야기치는 아니하나, 다만 총영사가 그 자격에 의하여 이 같은 한통의 서찰을 던진 것이 그들의 결의를 견제하여 완화하기에 효능이 있었다는 것이 다소 주목할 가치가 있다할 것이다. 환언하면 이곳 지방의 배일논의는 일본 총영사의 항의가 대소간 효과가 미칠 정도에 있다 함이다.

그리하여 다음날 회의에서 위원장 물레 씨의 보고를 들었다. 물레 씨는 결의문 그것은 완화하였으나 그 보고연설은 날카로웠

다. 이르되,

동양인 증가의 중대한 협위(脅威)는 중앙정부에서 이를 대항하려고 유효한 수단을 채용치 아니하면 수년 후에는 좋은 땅 전부와 무역과 생산이 동양인의 수중으로 들어가기 쉬울 것이다. 백인은 그들에게 구축을 당하든지 또는 불쾌한 사정하에 생존하는 것밖에는 어찌할 수 없을 것이다. 이 같은 이유에 의하여 "본 대회는 유효하게 현상을 처리할 급속행동을 채용함이 필요할 것을 중앙정부에 대하여 극력 주장함. 그리하여 우리는 본 문제를 조사하고 광구책(匡救策)을 강구하기 위하여 특히 동양인 및 원치 않는 외국인이 캐나다에 있어서 차지(借地) 또는 토지지배를 불가능하게 하기 위하여 중앙정부가 특별위원을 선정할 것을 주장함."이라고 결의하기로 결정하였다.

그러하더라도 이들 위원의 일은 용이치 못하다. 또 문제의 대다수는 원견(遠見)이 없는 정책과 태만 혹은 졸악한 당국의 태도인 결과인 고로 이것이 광구되기는 진실로 어려운 일이다. 당주 몇 개 지방의 상태를 일별하면 우리는 캘리포니아에 많은 분요를 야기한 것과 동일한 형세이다. 그리하여 캘리포니아에는 실로 대공화국과 동양의 국가와 직접의 충돌까지라도 이를 듯한 형세에 우리도 역시 면접하여 있는 것을 인정하기 어렵지 않다. 당주에 있는 동양인은 수효에 대하여 캘리포니아보다 비례적으로 많다.

우리는 과거에 대오류를 하였다. 문제의 처리는 무효였다. 그 한 이유는 문제의 중요함을 중앙정부로 각성케 하기에 곤란이 있었기 때문이다. 그런고로 본 결의는 중앙정부로 하여금 요해(了解)를 재촉함에 있다. 더욱 우리는 비 씨주 선출 대의사 등의 원조도 기대할 것이다. 결의 중에 '원치 않는 외국인'이라고 한 것은 외국으로부터 캐나다의 공적 부담이 될 만한 자, 평화를 교란하는 자 또는 특이한 이유에 의하여 자기들끼리만 군거하여 밀접한 사회를 이룩하고 자국의 습관 풍속을 고수하여 진짜 캐나다인과 동화하기를 억지하는 등 사람을 지적함이다. 그리하여 결의의 주요한 목적은 급거히 토지를 지배하고 백인을 구축하여 가는 동양인이 점차 증가하는 문제를 처리하려 함에 있음은 갱론할 바 아니다.

물론 또 이와 같은 것을 말할 수도 있다. 즉 정의와 자유를 위하여 하는 최근의 대전에 있어서 우리의 우방, 맹방에 현출된 많은 선량한 자질을 승인함에 비 씨주는 타인에게 양보할 것이 아니다. 그러하지만 우리는 캐나다의 일부로 우리들 시민을 위하여 비 씨주 개발에 노력하는 것이고, 우리는 정부에 요구하여 광구책의 실행을 촉진하고, 또 일본 및 중국의 국민과 우리 사이에 현존하는 우정을 유지하려고 희망하는 바이다. 왜 그러냐하면 우리로써 이를 게을리 할 시에는 종국에 불쾌한 결과를 초치하리라. 그것은 급속히 적당한 규정을 설시함에 의하여 피함을 얻을 줄로 인정하는 까닭이다.

이와 같이 하여 위의 결의는 만장일치로 통과하였다.

비 씨주의 다소간 배일론(排日論)이 들린 이상 목하 개회중인 주의회에도 반드시 하등 논의가 열릴 줄은 예기하던 바이더니 사우스, 워커나칸 선출의 지욘쓰 라하는 보수당 대의사(반대당)가 정부시정의 공격연설을 하는데 겹쳐서 배일을 주장하였다. 그 요지를 이에 적기로 한다.

그는 비 씨주에 있는 일본인의 부의 증가를 말하고 일본인이 토지소유에 대하여 혹독한 방법을 취하고 또 관개사업지배를 위하여 하는 일인의 활동을 말하고 있다. 그는 태평양 연안 여러 지방에 거류하는 일본인의 발전을 말하여 예증(例證)을 들고, 비 씨주에도 일인의 소유지가 비상히 많으며 이 주에 주거하는 일본인은 1만4

천을 계산하는데, 이 수는 과거 10개년 동안에 배가한 것이라고 하며, 그 다음에는 일본인의 토지소유를 들고 있다. (제80호 1920. 5. 29)

33. 國務院 布告 제1호

2천만 대한민족이 일심일체가 되어 죽느냐 자유냐의 독립 대전쟁의 제1년이 되는 대한민국 2년의 신춘을 맞이하여 대한민국 임시정부는 우리 독립전쟁의 중견이 될 러·중 양 영토의 2백만 동포에게 고하노라.

대개 우리 대한나라는 성조 단군(檀君)께옵서 억만세 무궁의 국기(國基)를 처음으로 세움(肇)으로부터 이래 반만년 간 열성조의 충의와 용감으로 능히 안으로는 우수한 문화를 건설하고, 밖으로는 동서의 강적을 징어(懲禦)하여 독립국 자유민의 영예로운 역사를 향유하였더니, 슬프다 동쪽 이웃나라 왜적이 창궐하고 국내에 난신(亂臣)이 횡행하여 지금부터 11년 전에 신성한 우리 역사에는 씻지 못할 오점을 찍고, 영광 있는 단조(檀祖)의 혈손은 저 왜노(倭奴)의 노예가 되었도다. 그러나 자유의 민족은 마침내 자유의 민족이다.

수당(隋唐)의 백만 대군과 한왜(猂倭)의 8년 혈전(임진왜란)으로도 오히려 건드리지 못한 우리 대한민족의 화염 같은 자유의 정신을 뉘가 능히 막으며 무엇으로 능히 누르랴. 차라리 자유민으로 전장에서 백골을 포쇄(曝)할지언정 결코 살아서 노예의 수치를 받지 아니하리라 함이 우리 대한민족의 정신이요 기백이니라.

이에 우리 국민은 작년 3월 1일 대한독립을 선언하고 인하여 임시정부를 건설하며 공약 3장의 본지에 준(遵)하여 안과 밖으로 평화로운 수단으로 가능한 온갖 운동을 실행하여 이제야 세계 만국으로 하여금 우리 국민의 의사와 결심과 능력을 이해케 하였도다.

그러나 탐욕하고 우준(愚蠢)한 저 왜적은 개전(改悛)하는 기색이 호무(毫無)할 뿐더러 우리 민의의 소재와 세계의 대세를 무시하고 한갓 보잘 것 없는(幺麽) 병력을 믿고 충의로운 우리 동포를 학살하며, 경애하는 우리 지사를 모욕하며, 군경을 함부로 증가하여 마침내 우리 2천만 대한국민을 섬멸하고야 말려 하도다. 아! 신성한 단조와 용감한 조선(祖先)의 피를 받은 대한국민아, 장차 어찌하려 하느냐. 노예의 생을 택하랴 자유의 죽음을 택하랴.

미루어보건대, 국치 이래로 와신상담(臥薪嘗膽)하여 10년이 하루같이 나라의 원수(國讐)를 쾌설하고 자유를 광복하기로써 자기 임무를 삼던 사랑하는 우리 러·중(俄中) 양 영토의 충의 동포는 반드시 자유의 죽음을 택하여 용감히 열혈로 일전을 쾌히 시험하려할 줄 확신하노라. 진실로 사기(事機)가 이에 이르러서는 아무나 우물쭈물(逡巡)할 것도 없고 아무 걱정(顧慮)할 것도 없나니, 오직 2천만 일심일체의 최후의 대혈전으로써 대한민족 억만년의 명운을 결할 뿐이로다.

독립전쟁이 우리의 기정의 행동이라 하면 이에 대하여 가장 중대한 책임을 진 자 - 누구인가. 오직 우리 사랑하는 러·중 양령의 2백만 동포로다. 전쟁을 준비하고 진행할 지리(地理)에 처한 점으로도 그러하고, 10년간 서로 고취하고 서로 함양한 애국심과 나라를 위하여 일신을 바치는(爲國獻身) 의기로도 그러하고, 2백만이라는 신뢰할 만한 수로도 그러하도다. 그러나 이상 모든 것보다도 본국 1천8백만 부로(父老)와 형제와 자매가 대한의 독립과 대한민족의 자유를 위하여, 혹은 적의 칼끝에 피를 흘리며 혹은 적의 차가운 감옥에서 고초를 당할 때에 자유로운 천지에 처하게 되어 모국 동포를 도탄과 노예 중에서 구출할 기회와 의무를 가진 점으로 더욱 그러하도다. 아아 동포여, 고개를 숙이어 조국의 강산과 동포를 생각할지어다. 여러분은 피눈물이 방타(滂沱)하고 흉억(胸臆)이 파열하리라. 동포여, 일어날지어다. 이때가 그때니라.

그러나 동포여, 적은 강하도다. 그는 수백만의 정병과 신예한 무기와 수백만 톤의 함정과 기타 문명의 온갖 이기를 가졌나니, 결코 적을 경시치 말지어다. 무기 없던 대한국민으로써 이러한 강적을 당하려하니 우리들의 유일한 무기는 일심일체로 단합함이로다 통일함이로다. 먼저는 아령(俄領)의 백만 동포가 하나이 되고, 다음에는 러·중 양령의 2백만 동포가 하나이 되고, 마지막에는 전 대한 2천만의 남녀와 노유가 하나이 됨이로다. 이렇게 하나이 되어 저들이 10만으로써 오거든 나는 백만으로써 나아가고, 저들이 백만으로써 오거든 나는 천만으로써 나아가, 마지막에는 2천만의 최후 한사람까지 동일한 주의와 동일한 명령 하에서 나아감이로다.

처음에 러·중 양령의 2백만 동포가 남김없이 모두 독립전쟁의 군인이 되고 마지막에는 전 대한의 2천만 동포가 남김없이 모두 독립전쟁의 군인이 되는 것이다. 처음에 러·중 양령의 2백만 동포가 남김없이 모두 독립전쟁의 군비(軍費)를 위하여 있는 것을 다 바치고, 마지막에는 전 대한의 2천만 동포가 남김없이 모두 독립전쟁의 군비를 위하여 있는 것을 다 바침이로다. 전 대한 2천만 국민에게 가진 바 생명과 재물과 지혜와 충성을 한데 모와(모아) 일심일체로 국가의 원수요 우리들의 원수요 선조의 원수요 억만대 자손의 원수인 왜적을 당함이로다. 동포여, 우리가 하나이 되면 독립전쟁이 있고 자유가 있고 생명이 있으려니와, 하나이 못되면 우리에게 올 것은 오직 노예요 수치요 멸망뿐이니라.

그러하거늘 우리에게 아직 합함이 부족하도다. 비록 모두다 독립의 대의를 위함이요 일호(一毫) 사심이 없다 하더라도 개인과 개인, 단체와 단체가 각각 자기의 주견을 고집하여 각각 자기의 방향으로 나아가는 현상이 아직도 우리 중에서 절멸되지 아니하도다. 아아 이에서 더 통심(痛心)할 한사(恨事)가 있으랴. 국가의 흥망과 민족의 사활이 관두(關頭)한 이 시기를 당하여 대동일치로 나라의 원수인 강적을 대하려는 이 시기를 당하여 사소한 감정이 무엇이며 사견(私見)이 무엇이며 세쇄(細瑣)한 시비와 이론이 무엇인가. 만일 국가를 위하여 생명을 희생하려는 충성과 의기가 있을진대 먼저 모든 감정과 사견과 시비와 이론을 희생하고 생사와 영고(榮枯)를 영원히 같이할 대한인 끼리 악수하고 포옹하고 복종하여 충(忠)과 애愛)와 신(信)으로써 굳게 단결된 대한민족이라는 큰 덩어리를 이루어야 할지니, 만일 이를 방해하고 서로 나뉘면서 서로 다투는 자는 독립에 지장을 주는 자라 아니할 수 없도다.

이미 우리의 독립운동은 일부 지사나 일부 인민의 행동이 아니요 엄연한 국가적 행위이다. 우리 운동의 목적이 이미 국가적 생활을 광복하려 함에 있거니와 우리 운동의 격식도 이미 국가적이었고 장래에는 더욱이 국가적이라야 하리로다. 하물며 독립전쟁이리오. 일개인이나 일단체의 명의와 실력으로 능히 안으로는 전 국민을 호령하며, 밖으로는 세계만방과 교제하여 독립의 승인을 청할까. 임시정부의 건설은 실로 이를 위함이니 즉 우리 대한의 독립국임과 우리 운동의 국가적임을 표시하고 아울러 실현하려 함이다. 그러므로 임시정부는 대한민국의 주권이 행사되는 최고기관이며 동시에 독립운동의 모획(謀劃)과 명령의 중앙본부이다.

이는 결코 현 정부 당국 제인(諸人)의 정부가 아니요 오직 대한국가와 국민의 공기(公器)이니, 당국의 여러분은 일시 국민의 위탁에 의하며 국민의 의사에 따라야 국가의 주권행사와 독립운동의 지휘의 권능을 부여한 바 - 된 공복(公僕)이다. 국(局)에 당한 자연인은 변경도 할지언정 대한민국의 정부는 신성하여 영원히 이를 반항함을 허락하지 못할지니, 대개 대한민국의 정부를 반항함은 대한민국의 국가를 반항함이오. 대한민국의 국가를 반항하는 자는 대한민국의 국민 되기 불가능하다. 독립의 완성이란 무엇을 의미함인가. 세계 열국이 우리 임시정부를 승인함이 아닌가. 독립운동의 실패란 무엇을 의미함인가. 우리 임시정부가 붕궤(崩潰)함이 아닌가. 만일 대한의 독립을 바라는 자여든 임시정부에 복종하여 이를 옹호할지니라.

임시정부의 권위가 증가할수록 독립운동의 권위가 증가할 것이다. 독립운동의 권위가 증가할수록 독립완성의 시기가 가까울지니, 임시정부의 권위를 증가할 자는 임시정부 자신이 아니요 국민이며, 감할 자도 임시정부 자신이 아니요 국민이니, 전 국민이 임시정부를 애대(愛戴)하여 인물과 재물과 지혜와 권력을 임시정부로 집중한 후에 그의 명령에 복종하면 임시정부의 권위는 날로 증가하여 마침내 그 의사와 행동은 대한 2천만의 의사와 행동을 대표하게 되어 이에 완전한 국가의 실질을 구비할 것이다. 만일 임시정부 건설 이래 10여 개월에 러·중 양령 2백만 동포와 기타 내외 동포가 이러한 정신과 실행을 더 가졌던들 우리 임시정부는 이제야 댓 갑절(倍蓰)하는 위권(威權)을 증가하였을 것이다. 따라서 이미 우리의 목적을 달성하였을는지도 모르리로다.

피와 눈물로써 원하노라. 사랑하는 우리 2백만 러·중 양령 동포들아, 우리의 처한 때와 땅을 돌아보아 모든 사견(私見)과 사정(私情)을 다 버리고 하나이 될지어다. 그러하되 대한민국의 정부를 중심으로 하고 하나이 될지어다. 대한민국이 영광 있는 독립전쟁을 선언할 날은, 즉 대한국민이 정부의 명령하에 통일된 날이니라. 하루 동안 통일이 지연되면 하루 동안 2천만 동포의 노예의 수치와 고초가 연장되는 것이다. 독립전쟁이 속하고 더딤은 실로 여러분에게 달렸느니라.

아아, 애국심이 치열하고 용기 있고 신성한 대한의 국토를 적의 수중에서 광복하며 2천만 동족을 노예의 기반(羈絆)에서 해방할 의무와 정신과 기백과 힘을 가진 사랑하는 우리 러·중 양령의 2백만 동포여, 통일할지어다, 분기할지어다.

대한민국 2년 1월 일(1920. 1)

국무총리 이동휘(李東輝)
내무총장 이동녕(李東寧)
외무총장 박용만(朴容萬)
군무총장 노백린(盧伯麟)
법무총장 신규식(申圭植)
학무총장 김규식(金奎植)
재무총장 이시영(李始榮)
교통총장 대리 김철(金澈)
노동국 총판 안창호(安昌浩) (제43호 1920. 2. 5)

국무원 포고 제2호

대한민국 임시정부 각원 일동은 아령(俄領) 교민 백만 동포에게 고하노라.

여러분은 대한 사람의 피를 받은 대한 국민이시니 응당 대한 나라를 사랑하는 끓는 정이 있을지요, 대한을 사랑하는 끓는 정이 있으므로 대한의 원수를 미워하는 끓는 정이 있으리라. 대한의 원수가 뉘뇨, 저 일본이로다. 2천년 이래로 우리나라에 도적하고 우리 동포를 살해한 원수가 일본이며, 3백년 전에 8년의 긴 동안 3백만의 동포를 학살하고 귀한 우리의 문명과 재산을 파괴한 원수가 일본이오. 10년 전에 5천년 우리 민족이 피로 지켜오던 우리나라를 없이하고, 2천만 신성한 민족을 노예로 삼으며, 많은 애국자와 지사를 학살한 원수가 일본이오. 작년 3월부터 지금까지 무도한 총과 칼로 우리의 부모와 형제와 자매를 학살하는 원수가 일본이니, 이를 생각할 때에 대한 산천의 초목과 금수까지도 언제나 이 원수의 피를 빨아 위로는 조상의 원통하심을 씻고, 아래로는 자손의 부끄러움을 벗겨줄까 하여 가슴을 뚜드리고 이를 갈거든 하물며 사람이랴, 대한의 사람이랴.

대한의 사람으로서 이 망극한 원수에게 대하여 죽더라도 네 살을 찢고 뼈를 갈리라는 생각이 없는 자를 사람이라 하랴, 짐승이라 하랴. 하물며 국내에는 사랑하는 형제와 자매가 대한의 독립을 위하여 원수의 손에 피를 흘리고, 갖은 고초를 당하는 이때에 만일 어느 누가 감히 원수를 친히 하고 원수에게 붙으려한다 하면 이를 사람이라 하랴. 대한 2천만의 분노는 이러한 극흉극악한 역적을 위하여 끓어오를지니 의인의 손에 든 날카로운 칼이 반드시 이 의리 없는 무리의 가슴을 욱일 것이다.

특별히 아령의 50만 동포는 자래로 애국심이 많고 나라의 원수를 갚을 결심이 굳기로 자랑을 삼아 우금 십수년의 빛난 역사를 가졌나니, "우리가 아니고 뉘라서 우리의 나라를 광복하랴" 함이 아령 50만 동포의 밤낮으로 부르짖던 바다. 그러하거늘 슬프다, 뉘 생각하였으리오, 이러하던 아령 동포 중에서 원수를 친히 하고 원수의 세력을 빙자하여 우리의 독립운동을 방해하는 무리가 생길 줄이야 뉘라서 꿈이나 꾸었으리오. 해삼위(海蔘威) 신한촌(新韓村)에 원수의 세력을 빙자하는 민단(民團)이 생긴다 하며, 어디어디서는 원수의 군대에 보호를 청한다 하며, 누구누구는 원수에게 복종하기를 맹세한다 하거늘 예서 더한 가슴이 터지고 피눈물이 솟을 일이 어디 있으랴.

더구나 아령의 50만 동포는 50년 이래로 아라사(러시아) 나라의 땅에서 의식을 얻고, 그 나라의 법률의 보호를 받았으며, 겸하여 혁명 이래로 아라사 국민이 우리 민족을 사랑하기를 동족과 같이 하며, 우리의 독립운동을 보기를 자가의 일과 같이 보아 심력을 다(盡心力)하여 우리를 도와주려 하거늘, 이러한 은인에게 대하여 감사함을 표하고 그 은혜에 보답하기를 힘쓰기는 고사하고 도리어 그 은인의 이를 갈고 싸우려는 원수 일본에게 붙으려하니 아아 이것이 사람의 일이랴.

아라사 사람이 과거에나 현재에 우리를 사랑하고 동정함은 실로 우리가 나라를 잃고 죽더라도 그 잃은 나라를 회복하리라고 결심한 인민인줄 앎이니, 우리를 이러한 의로운 민족으로 안지라, 우리를 존경하고 사랑하였거니와, 우리가 이렇게 제 나라에 대한 의리도 모르고, 은인에게 대한 의리도 모르는 비열한 민족으로 알았던들 그네는 벌써 우리를 발길로 차고 배척하였을 것이다. 아아 동포여, 무슨 낯으로 하늘을 바라보며, 무슨 낯으로 아라사의 국민을 대하랴. 여러분의 이번에 가증한 태도를 볼 때에 아라사 국민의 가슴에는 분노의 불길이 일어났을 것이오. 전 세계 인류가 우리 민족을 향하여 침을 뱉았을 것이다. 우리 대한민족은 이렇게 의리를 모르는 자가 아니러니라. 우리의 조상은 나라와 은인에게 대한 의리를 위하여 용감히 자기의 피를 흘리던 백성이러니라. 동포여, 가슴 아프게 뉘우칠지어다.

무론 이렇게 의리를 잊고 원수에게 붙는 행위는 아령 동포 전체의 의사가 아니오. 그 중에 소수 불량 무뢰배의 소위(所爲)일지며, 원수의 세력을 두려워하여 다수의 순량한 동포가 아직 잠자코 있음일지나, 그러나 50만의 용장한 동포가, 이토(伊藤)를 죽이고 이완용(李完用)을 찌르고 사이토(齋藤)의 수레에 폭탄을 던지던 용사의 동족 50만이, 몇 개 안되는 이러한 악류를 살려두어 우리 전 민족의 빛나는 명예를 더럽히게 하며, 만고에 대사업인 독립운동을 방해케 하도록 내버려둠은 곧 아령 50만 동포 전체의 책임이라 할지니, 대개 몇 개 악류가 나라와 은인에게 대한 의리를 버리고 나라와 은인의 원수의 개가 되므로 전 아령 50만 동포가 다 그 누명을 쓰고, 따라서 전 대한 2천만 국민이 함께 그 수욕(羞辱)을 당하나니, 벌써 이 일을 아는 세계 인류는 "아아, 망국민이로다. 한국의 인민은 나라도 모르고 은인도 모르는 의리 없는 백성이로다" 하는 치소(嗤笑)와 저주의 소리가 들리는도다.

우리는 아령 동포의 의리를 믿고, 애국심을 믿고, 용기를 믿노라. 불의를 보고 매국적(賣國賊)을 볼 때에 내 목숨을 없이 하더라도 이를 징벌하지 아니하고는 견디지 못하는 기개를 믿으며, 5천년의 나라의 은혜와 50년 동안의 아라사의 은혜를 깊이깊이 기억하여 뜨거운 피로써 이를 갚고야 말리라는 씩씩한 의기를 믿노라. 이를 믿는지라, 이에 사랑하고 깊이 믿는 아령 50만 동포에게 뜨거운 정성을 기울여 이 글을 보내노니 의기로운 대한의 동포여, 분발할지어다. 의기를 발할지어다.(본 포고문은 한글전용이고 띄어쓰기를 했다) (제87호 1920. 12. 18)

34. 북간도(北墾島)에 있는 우리 독립군(獨立軍)의 전투 정보

11월 12일 군무부(軍務部) 발표

삼둔자(三屯子) 부근의 전투

一. 전투 전 피아(彼我)의 형세

적은 아군의 도강습격을 방어하기 위하여 두만강 연안에 방어(경계)선을 배열하였다. 아군은 현재 전투를 목적하지 않고 전쟁준비를 목적함으로써 중국 길림성(吉林省) 연길(延吉) 화룡(和龍) 왕청(汪淸) 훈춘(琿春), 각 지방에서 모집훈련 중이었으나 우리나라 국내에서 활동할 필요가 있으므로 아군의 기습대와 전령대(傳令隊)는 끊임없이 도강 왕래하므로 적의 경찰대를 격파하게 되었다.

二. 전투 경과의 상황

대한민국 2년 3월 1일 이래로 6월 초까지 32회의 소전투를 하였는데 아군의 기습대와 전령대는 협동하여 도강할 때마다 그 임무를 진행하는 중 왜적(倭敵)의 순경대 왜 정탐을 격살하며 왜 관서 및 순사파출소를 파괴한 것이 34이다. 6월 4일 오전 5시에 아군 1소대는 회룡현 월신강(月新江) 삼둔자에서 출발하여 종성군(鍾城郡) 북방 약 5리 되는 동군 강양동(江陽洞) 상류로 도섭하여 그곳 왜적의 보초장 헌병군조(福江三太郎)의 인솔한 적병(헌병 순사 병정) 약 1소대를 격파하였고, 그후 해가 저물어(日暮) 강을 건너 돌아와서 적의 동정을 경계하던 중 왜적 남양(南陽)수비대장(新美二郎) 보병중위는 화룡현 전패의 보고를 듣고 즉시 그 부하 1중대병과 헌병순사 10여 명을 인솔하고 복수전주의로 도강하여 아군을 향하고 전진할세 우리의 수색병은 이를 발견하고 즉시 본대에 경보하니 아군의 사령관 최진동(崔振東)은 그 부하 1소대를 삼둔자 서남방 은폐지에 은폐케 한 후 약간의 병력을 내어 거짓공격(佯擊)하다가 거짓으로 후퇴함에 왜적은 추격행동을 취하여 은복(隱伏)한 우리 부대 전방에 도착할 때(6일 오후 10시)에 급사격으로 적의 부대를 격멸하니 그 패잔병은 삼둔자 북방으로 패주하고, 왜적의 제39사단장은 전패의 급보를 듣고 안천(安川) 소좌에게 출동명령을 내렸다. 우리 소수의 병력으로 적의 다수의 군을 백전백파한 것이 반드시 적의 대병을 움직이게 한 도전의 원인이 된 줄을 예기하고 차라리 퇴각하여 작전요지를 점함이 가하다 하여 약간의 후방병을 청하여 부대 후미를 경계케 하며 안산(安山) 북쪽으로 퇴각하여 안산 촌락 후방 한 고지에서 수세를 취하였다. 그때 왜적 안천 소좌는 그 부하 1대대를 인솔하고 안산 방면으로 아군을 향하여 전진 중이었다. 왜적 신미(新美) 중위는 그 부하 패잔군과 보충병으로 1개 소대를 편성하여 인솔하고 봉오동(鳳梧洞)으로 전진하는 중이다.

6월 6일 오후 3시 반에 적의 전위중대가 전방 약 3백 미터 지점에 도착하자 급사격으로 맹렬히 공격하여 일거에 타파하였다. 지형이 불리하므로 적의 본대는 감히 전개응전하지 못하고 그 촌락 후방에 은폐하고, 봉오동으로 전진하려던 적의 신미(新美)소대는 이 급보를 듣고 와서 응원이 되었으나 또 전투에 불리하여 퇴각하였다.

三. 피아(彼我)의 손해

적의 사망자 120여 명이오, 아군의 사망자 1명, 부상자 2명이다. 이상 전투에서 소수의 아군이 다수의 적을 격파한 것이 지형도 유리하거니와 아군의 사기가 왕성하며 선제수단을 취함에 있음.

봉오동(鳳梧洞) 부근의 전쟁

一. 전투 전 피아의 형세

적은 봉오동을 아군의 책원지(策源地)라 하여 포위공격을 하려 하고, 적의 보병 약 1대대는 보병을 선두로 하여 고려령(高麗嶺) 방면으로 전진 중이며, 따라서 아군은 작전계획을 다음과 같이 하였다.

제1연대를 봉오동 상촌(上村) 부근에 있는 연병장에 집합하고 작전명령을 내려 각 부대의 전투구역 및 그 임무를 정할세, 제1중대장 이천오(李千五)는 부하 중대를 인솔하고 봉오동 상촌 서북단에, 제2중대장 강상모(姜尙模)는 동산(東山)에, 제3중대장 강시범(姜時範)은 북산(北山)에, 제4중대장 조권식(曺權植)은 서산 남단에, 연대장 홍범도(洪範圖)는 2개 중대를 인솔하고 서산중 북단에 점위(占位)하고, 각기 엄밀한 전투 준비를 하였다가 적이 내도할 시에 그 전위를 동구로 통과케 한 후에 적의 본대가 아군의 잠복한 포위 중에 들어왔을 때에 호령에 의하여 사격하게 하고, 연대부 장교 이원(李園)은 본부 및 잔여중대를 영솔하고 서북산간에 점위하여 병원(兵員) 증원과 탄약보충 양향급양(糧餉給養)을 맡게 하고, 특히 제2중대 3소대 제1분대장 이화일(李化日)로 그 부하 1

분대를 인솔하고 고려령 북쪽 약 1,200m 되는 고지와 그 동북쪽 촌락 전단에 약간 병력을 나누어 잠복하였다가 적이 내도하거든 전진을 지체케 하다가 봉오동 방면으로 거짓 패하여 퇴각하게 하고 사령관 최진동(崔振東) 부관 안무(安武)는 동북산 서간 최고봉 독립수 밑에 있으면서 지휘하게 하였다.

二. 전투의 상황

적의 보병 대대는 보병을 선두로 한 종대(縱隊)가 7월 7일 오전 6시 30분에 고려령 서편 약 1,500m 지점에 도착하던 때에 이화일(李化日)분대는 서면에 잠복하였다가 적의 전위중대가 접근하기를 기다렸다가 급사격으로 적의 전위중대를 전멸하였으나, 그때 지형이 적에게 대불리하므로 그 본대가 미처 전개(展開)응원하지 못하므로 도리어 아군의 거짓 전투하는 소부대가 의외로 대승리를 거두고, 본대로 돌아와 합했고, 적은 비파동(琵琶洞)을 지나 유원진(柔遠鎭) 대안으로 퇴각하여 그 부대를 정돈하여 가지고 다시 동일 오전 11시 30분에 동지를 출발하여 봉오동을 향하고 전진할세, 동일 오후 약 1시에 적의 첨병은 봉오동 상촌에 도착함에 아군은 더욱 은폐하여 잠복·부동하니, 적의 전위가 통과하고 그 뒤에 적의 본대가 아군 잠복한 3면 포위 중에 들어오는지라, 이때에 사령관의 지휘호령에 의하여 맹렬한 급사격을 하니 적은 망지소조(罔知所措)하며, 사망자 사상자가 넘어지며 생자는 혼란하여 사산(四散) 분주할세, 제2중대장 강상모(姜尙模)는 그 부하를 인솔하고 맹렬 추격하여 적군 1백여 명을 사살하고, 그 지점에 부하 중대를 잠복하였다가 적의 응원대가 내도할 때에 약간발의 사격을 하다가 교묘히 가만히 퇴각하니, 양 길로 진격해오던 적은 서로 난사하여 적화(敵火)로 적을 사살케 하였다. 대패한 적군 약간은 온성(穩城) 유원진 대안을 향하여 퇴각하였다.

三. 피아의 손해수

적군의 사망자 157명, 중상자 200여 명, 경상자 100여 명이오.

아군의 사망자 장교 1인, 병원 3인, 중상자 2인이며, 적의 유기물은 많았으나 아군의 치중(輜重) 예비 태마(駄馬)가 없고, 또 전투를 목적으로 한 계획전이 아니요, 불우전(不虞戰: 뜻밖의 전쟁)이 되므로 이를 노획하기 위하여 힘을 쓸 여지가 없으므로 보병총 약간 몇 자루만 수취한 것이다.

四. 아군은 목하 전투

전투를 목적으로 하지 아니하였으므로 안전지대로 퇴각하고 적은 패잔병을 수습하여 가지고 다음날 도강하여 우리 국내로 패퇴했던 것이다.

청산리(靑山里) 부근의 전투

一. 전투 전 피아의 형세

적은 훈춘 왜 영사관이 마적(馬賊)에게 소타(燒打)된 사건을 빙자하여 많은 군대를 내어 우리의 전쟁준비를 목적하고 우리의 군사기관을 파괴하려고 우선 적의 보병 1대대, 기병 2중대, 포병 1중대가 두도구(頭道溝)로부터 진로를 양 방향으로 나누어 적의 본대는 청산리 동북방 40리 되는 충신장(忠信場) 가도로, 그 지대(支隊)는 이도구(二道溝)로, 어랑촌(漁郎村)을 지나 봉미구(鳳尾溝)로 전진중이다. 아군은 목하 전투를 목적하지 않고 전쟁준비 중에 있을 뿐더러 국제상 관계를 고려하여 봉오동에서도 불우의 전쟁을 야기하여 부득이 전투한 결과는 하였으나, 오히려 피전책(避戰策)을 주로 하여 왕청현 양증(養甑)산맥 대삼림 중 신흥평(新興坪)으로 물러나서 육군무관학교(陸軍武官學校) 제1회 졸업식을 행하고, 중국 관헌의 교섭으로 인하여 한 지방에 영구히 주둔하기 불가능하여 무관학도 졸업생 300명 안에서 150명으로 지방시찰여행대를 편성하고, 그 나머지는 새로 모집한 병원과 편합(編合)하여 3개연대를 편성하고, 기관총대 1개 중대는 제1연대에 부속케 한 후에 그날 출발하여 왕청현 대감자(大坎子)를 지나 화룡현 삼도구 청산리에 도착 주군(駐軍)했다. 10월 19일에 적의 대종대는 기병을 선두로 하여 봉미구를 지나 전진하고 있다는 정보를 듣고 아군은 동 20일 오전 약 6시에 청산리 촌락을 떠나 전(全) 촌락 후방 삼림을 점령하여 아군의 동작을 엄폐하고, 약간의 척후를 내어 적의 행동을 정찰할세, 동일 오후 약 3시에 적의 종대(縱隊)는 기병을 선두로 하여 청산리 촌락으로 집중하고 있었다.

아군은 결정한 바 피전책(전쟁을 피하는 전략)을 주로 하여 여행대로 후위를 맡기고 본대는 서서히 이도구를 향하여 진군하며, 후위는 그 후병으로 적의 진행하는 애로의 요점에 점위하고, 적의 전진을 지체케 했다. 그때 적은 아군이 퇴각하는 줄로 알고 동 21일 상오 8시경에 청산리를 출발하여 아군을 진격하려 하므로 부득이 아군도 항전하기로 하고 작전계획을 다음과 같이 하였다.

제1연대장 홍범도는 그 부하 연대(6중대원)를 인솔하고 완루구(完樓溝) 중앙 산록에 점위하게 하고, 제2연대장 김좌진(金佐鎭)은 그 부하 연대(2대대원)를 이도구 왼편 고지에 점위하게 하고, 제3연대장 최진동은 그 부하 연대(6중대원)를 인솔하고 이도구 오른편 고지에 점위하여 은폐·잠복하였다가 우리 후병이 항전하다가 거짓 패하여 퇴각하면 적은 반드시 교오(驕傲)한 태도로 추격할 수단을 취하려니 이 기회를 놓치지 말고 사격전을 하라 했다.

二. 전투의 상황

전위보병중대가 우리 후병이 잠복한 지점 10미터 되는 근거리에 이르도록 적은 안심하였다가 우리의 후병은 이에 이르기까지 자약부동(自若不動)하다가 충분한 호기를 맞이하여 맹렬한 급사격을 행한지 약 20여 분 간에 한 사람도 남김없이 적의 전위중대를 전멸하니, 그 수는 약 200여 명이다. 그 후방에 추진해오던 적의 본대는 창황실조하여 미처 전개원전(展開援戰: 밀집대형에서 전투대형으로 산개하면서 전투를 도와줌)하지 못하고 혼란 상태에 빠지고 말았다. 적은 황겁한 행동으로 산포 기관총으로 난사하나 조준과 방향목표가 부적한 중 천연적 지물(地物)이 유리하여 아군의 해는 거의 없고, 오히려 아군의 사기(志氣)는 왕성하게 되었다. 이때에 적은 보병 2개 중대 기병 약간을 붙인 1부대는 장백산(長白山) 동북지맥으로 우회하여 동지에 있는 삼림을 점령하여 아군의 측면날개(翼側)를 포위하였다. 적의 본대는 지형이 불리할 뿐더러 아군의 사격군 군기가 자약(自若) 치밀하므로 직전개진(直前開進)치 못하고 4,5백 미터를 퇴각하여 부대를 정돈하여 가지고 아군의 정면 및 측익(側翼)을 포위하고, 산포기관총으로 난사하는지라 아군의 점령한 지점은 고지이며 엄폐 안전할 뿐더러 적은 아군의 감제사격(瞰制射擊: 내려다보고 사격)을 받게 됨에 적의 사격은 조금도 효과가 없으므로 아군의 사기는 더욱 왕성하고, 적은 날이 저묾을 걱정하여 숙영지(宿營地)로 퇴각하는 행동을 취하나 아군은 원래 전투를 목적하지 아니한 불우전이므로 급량(給糧)준비가 충족하지 못할 뿐 아니라 전혀 번열증과 기갈이 막심한지라 적을 용맹 추격의 수단을 취하지 못하고 반대로 이도구로 향해 진격하여 적과 격리하여 떨어지려할세, 먼저 전위를 나와 봉미구 적의 포위선을 돌파하고, 이를 탈출하는 동시에 후위를 내어 적의 추격을 막으며 강행군으로 밤새 행군하여 날이 새기 전에 새물둔지 동북방 약 10리허에 있는 이도구 와룡구(臥龍溝)에 도착하였다. 이때에 적의 지대(보병 1대대, 기관총 2중대)는 양쪽 길로 나누어 하나는 남완루구(南完樓溝)로 하나는 북완루구 서쪽으로 향하여 아군 제1연대를 포위공격하려 하는 중, 아군의 동 연대는 정찰척후의 경보를 듣고 이미 배치하였던 저항선에서 포화전(砲火戰)을 시작하는 동시에 우리의 예비대는 삼림 중에 은폐잠복하고 있다가 우회하여 적의 측익을 돌연히 사격하는 중이다. 완루로 진격하던 적의 1대는 오히려 아군이 중앙고지에 있으면서 자기의 우군과 교전하는 줄로 잘못 인식하고 적이 적군을 맹렬히 사격하니 아군과 적군에게 포위공격을 받은 적의 1대는 전멸에 빠졌는데 그 수는 약 400여 명이다.

三. 피아의 손해

적의 사망자 600여 명이고 아군의 사상자는 없다. 노획한 총은 30정이다. 이 전투는 전후 절무한 기전(奇戰)이라고 평가된다.

새물둔지의 전투

一. 전투 전 피아의 형세

적은 여단 이상의 병력을 출동하여 점점 증가된바 북간도 전 지방에 편만케 되는데 적의 보병 3개 중대, 기병 1개 중대, 포병 1중대는 새물둔지를 향하여 전진 중이었는데 척후의 보고를 접한즉 적의 수색 기병 1소대는 새물둔지 동북단 집합가옥 뒤에서 숙영 중이오, 동 촌락 동쪽 약 5리허 어랑촌에는 적의 보병 3개 중대, 기병 1중대, 포병 1중대가 주둔하고 있다. 여행대는 새물둔지에 숙영하고 있는 적의 기병부대를 기습케 하고 보병 제2연대는 어랑촌 후방 고지를 점령하여 적의 추진할 길을 차단케 하고, 제3연대는 동 고지 북방 최고표고에 점위하여 원대(援隊)에 임하였다.

二. 전투의 상황

우리의 여행대(旅行隊)는 명을 받은 후 즉시 새물둔지에 전왕하여 숙영하는 적의 기병부대를 포위 습격하여 전멸한지라 때는 11월 22일 상오 4시경이다. 날이 막 밝을 무렵이므로 적은 방심 휴식 중이었다. 그 중에 적의 1기(騎)가 포위선을 탈출하여 어랑촌에 주둔한 적의 본대에 경보한지라 이에 적은 즉시 출동하여 전개 전진할세, 어랑촌 전방 약 3리허 아군의 은폐 잠복한 고지에서 약 2백 미터 되는 산골짜기에 그 본대가 도착하자 좌우 고지에서 아군은 맹렬한 감제(瞰制: 내려다보면서 제압)사격을 시작하니 적은 망지소조하여 앞선 사람이 죽음에 뒤에 있는 사람이 넘어지면서 시체가 산더미처럼 쌓여 언덕을 이루었다. 사격을 시작한지 약 20분간에 적의 사망자 3백여 명이다. 적은 이미 자기의 병력이 많다는 것만 믿고 아군을 대항할세, 적의 기병중대(1소대원)는 아군의 측익(側翼)을 위협하고 보병·포병은 소총 기관총으로 효과 없는 사격을 아군의 정면에서 맹렬히 하여 위협적 행동을 하나 천연적 지형이 유리하므로 아군은 조금도 피해가 없으니, 사기왕성하여 좌우 전방으로 침습하는 적을 대항할세, 측익에서 무익한 동작을 하려는 적의 기병을 격퇴하며 정면에 있는 다수 완강한 적을 맹렬 과감히 대항하니 통쾌비참한 대전투가 되었다. 그때에 적은 지형이 불리하여 우리의 감제사격을 받는 중에 피아의 거리는 불과 2백 미터이다. 적은 각 방면에 산재하였던 부대가 집중 증가하여 최종에는 아군 다섯 배 이상의 병력이 된지라 그러나 우리의 여행대는 적의 수색 기병부대를 격멸한 후 우리 본대에 집합하고 아군 제2연대도 예비로 점위한 최고표고로 물러나 합쳐서 일제히 맹렬한 집중사격을 행하니 적은 황겁한 중에 분개하여 산포기관총으로 효과 없는 사격을 위협적으로 맹렬히 가했으나 아군의 피해는 없었다. (제88호 1920. 12. 25)

35. 過去 1년간 우리의 獨立運動

과거 1년간 우리 독립운동의 경과를 기록하여 회고의 자료로 제공하고자 함.

1. 정부의 진행

1920년 1월 1일 신년축하회 석상에서 각원 안창호(安昌浩)씨가 신년의 실행 여섯 가지 일을 연설하니 군사, 외교, 교육, 사법, 재정, 통일로 정부의 계획과 국민의 각오임을 제성(提醒)하였다.

대통령 이승만(李承晩) 박사는 미국인 와일더홀드씨를 대동하고 미주 각계에 순회하여 우리의 실력과 일인의 만행을 환등과 연설로 선전하여 다수의 한국독립 후원회원을 모집하여 얻을 수 있었다.

2월 7일에 야소교 동양선교대회가 중국 북경에 모이거늘 정부로 현순(玄楯) 손정도(孫貞道) 두 사람을 파견하여 한국 교회의 일인에게 받고 있는 학살과 한족의 독립의 자격이 확실히 있음을 상세하게 선전하였다.

군무총장 노백린(盧伯麟)씨의 보고를 접하니 미주 상항(桑港) 비행학교에서 우리 청년 한장호(韓章鎬)·이용근(李用根)·이초(李超)·이용선(李用善)·오림하(吳林河)·장병선(張炳善) 등 6인이 항공술을 졸업하였으며, 캘리포니아주 윌로우스 지방에 노 총장의 주선으로 한인 비행학교를 창설하고 서양인 교사를 고빙하여 교수하는바 입학하는 청년이 다수이다.

3월 16일에 국무원 제2호로 외지 거류민단 자치제를 공포하였다.

대한 임시정부 구미주차위원부(歐美駐箚委員部)[51]에서 시무하는 정한경(鄭翰景)씨는 미주 각지로 유세하는데, 씨는 30미만 호개(好個) 청년이라 도처에 국제적 인물이라는 대찬양을 얻고 있으며, 네브래스카주 지사와 부지사, 서기, 재무, 사법, 재판장 및 대학 총장, 1천여 명의 연서(連署)를 받아 상원의원 노리쓰 씨에게 한국의 독립을 원조하자는 청원서를 제출하였던 것이다.

가을 8월에 미국으로부터 동양시찰단 일행이 상해에 도착한지라, 정부와 민단측에서 해 위원단을 방문하고 예물을 진정하였다.

임시정부 주차구미위원부 부장재(副掌財) 학사 송헌주(宋憲澍)

---

51) 구미위원부(歐美委員部). 1919년 5월에 이승만이 국내로부터 한성정부 조직의 소식을 듣고 워싱턴에 집정관 총재 사무소를 설치한 후 동년 8월 25일에 '한국위원회'를 조직하였다가 동 9월에 그 명칭을 '구미위원부'라고 개칭하였다. 구미 외교사무를 집행하는 기관이다.

씨는 해임되고 학사 정한경 씨가 임명되었다.

가을 8월에 국무원 결의로 모지에 대한광복군영(大韓光復軍營)을 설치하고 사령장(司令長) 이하 여러 부 의원을 설치하여 토벌에 종사케 하니 사령장은 조맹선(趙孟善)씨이다. 교통총장 남형우(南亨祐)씨가 취임 시무하였다.

임시정부 법률고문 미국인 돌프 씨의 보고를 접하니 1919년 3월부터 1920년 9월 말일까지 대한 문제로 미국 각 신문지에 게재된 것이 90번 이상이요, 국회에 제출된 의안이 두 번이며, 일본이 한국에 폭행한 상태를 수집하여 구미위원부에서 출판하여 무료우편물로 미국 인민에게 반포한 것이 8만 부 이상에 달하였음은 순전한 외국문제에 전무한 성적인 것이다.

군무부(軍務部) 설립 무관학교(武官學校)에서 두 차례 졸업식을 행하니 사관 졸업생이 전후 42인이다. 대통령 환영회를 개최하다.

2. 의정원의 회의

1920년 2월 하순에 임시의정원이 제6회로 개회되어 한 달간 토의한 결과 중요안의 통과는 정부측으로 제출된 공채(公債)관리국과 임시법례잠행장정과 교통사무국장정 이상 3건의 사후 승낙과 의정원에서 제출한 정무조사특별위원회 설치와 군사에 관한 건의안이다.

가을 8월에 미국 상하의원이 동양 시찰로 한국을 통과케 된지라 의정원 각 의원의 명의로 환영문을 해 시찰단에 제정하다.

3. 우리 독립군의 전투

1919년 연말부터 북간도에 주둔한 우리 독립군이 적병으로 더불어 누차 교전이 간혹 있었던바, 6월 7일에는 홍범도(洪範圖)·최명록(崔明錄) 양 장군이 7백의 의군을 거느리고 삼둔자(三屯子)에서 왜병 157명을 격살하고 2백여 명을 중상한 후 소총 160여 정, 기관총 3문, 권총 여럿을 획득하였다.

가을(1920) 7월에 연대장 홍범도, 김좌진(金佐鎭), 최진동(崔振

東)이 부하병을 거느리고 봉오동(鳳梧洞)에서 왜병 157명을 섬멸하였다.

겨울 10월에 훈춘사건(琿春事件)으로 적이 많은 무리의 군대를 북간도에 출병, 청산리(靑山里)부근으로 오는지라 홍범도·김좌진·최진동 3장군이 격전하여 왜병 6백여 명을 사살하였다.

겨울 11월에 적이 또 1개 여단 이상 병력을 출병, 북간도 전 지역에 편만케 하는지라 우리 독립군이 샘물둔지에서 요격하여 왜병 5백여 명을 사살하였다.

겨울 10월에 함북 구평리(溝平里)에서 아군이 왜병과 격전하여 왜병 사상자 다수이다.

구성(龜城)에서 독립군 김태성(金泰成)이 왜병과 전투하다가 사로잡히고 말았다.

적의 경리(警吏)로 대의를 장(仗)하여 우리 독립군으로 반정(反正)한 한상준(韓尙俊)씨는 회령(會寧)에서 왜병과 교전하다가 사로잡히고 말았다.

경성일보(京城日報)를 접하니 1919년 12월 13일에 우리 독립군이 북간도 육도구(六道溝)에서 왜병과 교전하여 왜병 중위 고교(高橋)와 적병 18명을 사살하고 또 35명을 중상시켰다.

4. 광복군(光復軍) 토벌대(討伐隊)의 성적

3월에 토별대 4인이 선천(宣川) 태산면(台山面) 사무소에 직입하여 적의 세금 8백원을 압수하고, 면장 김병준(金炳駿)과 그의 조카 서기된 자 2인을 국문하여 반역의 7대죄를 선언하고 7발포로 사형에 처했다. 의주(義州)에서는 평안북도 왜 수의(獸醫) 에구치(江口)를 포살하고 무기를 압수했다. 안주(安州)에서는 왜견(倭犬) 오광운(吳光雲)을 사형에 처했다.

삭주(朔州) 왜견 김태영(金泰永)과 고병근(高秉根)의 처첩 여아 4인을 사형에 처했다. 왜견을 성토하는 포성이 사방에 은은하니 각 군청 경찰서 면사무소는 뭇새가 새매를 만난 듯(群鳥逢鸇)하여 선천·철산·용천·의주·구성·삭주 각 군의 면·동장이 육속 사면(辭免)하였다. 독립군 결사대는 왜놈의 은율(殷栗)군수 최병학(崔炳學)을 잡아 포형(砲刑)에 처했다. 광복군이 의주 고관면(古館面) 왜 순사 고(高)모를 포형에 처했다.

4월에 독립군이 창성군(昌城郡) 헌병보좌원 1인을 포형에 처했다.

6월에 삭주 구곡면(九曲面) 순사주재소를 파괴하고 순사 1인을 포형에 처했다. 철산군 여한면(餘閑面) 면사무소를 방화했다. 강계(江界) 문옥면(文玉面) 면사무소에 들어가 공금 7백원을 압수하고, 벽동(碧潼) 송서면(松西面) 면사무소에 들어가 공금 7백원을 압수했다. 창성군 대창(大昌)면장을 포형에 처했다. 위원군(渭原郡) 지장면에서 공금 8백원을 압수했다. 벽동 관하면(鸛下面) 면사무소를 불태워버렸다. 강계 문옥면에서 재차 공금 25원을 압수했다. 왜놈의 사냥개로 후창(厚昌)군수인 계응규(桂膺奎)를 포형에 처했다. 선천(宣川) 수청면(水淸面) 왜 경찰서를 불태워버렸다. 창성 왜견 김정과 왜 소장 1인과 면장 1인 합 3인을 사형집행했다.

5. 만세성의 지속

춘3월에 경성 단성사(團成社) 불교강연회에서 장도빈(張道斌)씨 연설에 한 절뚝발이(跛足) 청년의 우렁찬 목소리로 1,500명 회중이 만세를 열창하였으며, 영흥군(永興郡)에서는 학생단 주최로 대대적 시위운동이 있었고, 송화군(松禾郡)은 수만인의 군중이 집합하여 독립선언일 기념 만세를 불렀다.

함경북도 미점(美占)에서는 독립군이 왜경 주재소를 공격하며 융융한 총성 중에 만세를 서로 불러 왕사(王師)의 거동을 표시하고, 회령(會寧)에서도 3천여 명 인민이 회집하여 집집마다 태극기를 난만히 게양하며 만세를 불렀다.

1920년 4월 14일은 강우규(姜宇奎)[52]의사의 적 재판정에서 공판이 있는 날이다. 평양 숭실(崇實)학교 교사 양성하(梁成河) 씨의 책동으로 강 의사에게 경의를 표할세, 시내 상점은 전부 철폐하고 신학교도 동맹휴학하였으며, 서문통에서 대동문까지 남문통에서 관전(館前)까지 인산인해의 충남의녀(忠男義女)들이 만세를 크게 불렀다.

1919년 3월 1일 독립선언 기념축하식에 상해 한인 7백여 명과 화인(華人) 백여 명이 회집하여 만세를 크게 불렀다. 이날 경성 배재학당(培材學堂) 학생 일동이 기념만세를 열창하므로 적에게 체포되니 교장 아펜젤러 씨 이에 분격 사직했다.

해삼위(海蔘威)는 한인 2만여 명과 러·중 양국의 신문기자와 실업가들이 회동하여 기념만세를 부를세, 러시아 혁명군이 보호하므로 일인은 황겁부동(惶怯不動)하였다 한다.

북간도에서는 중국 관리에 교섭하여 각 도시에 한·중 국기를 교차(交叉)하고 기념만세를 불렀다. 단 용정(龍井)에서는 교사 학생 60여 인이 왜경에게 체포되고 말았다.

북미주 뉴욕에서 기념식을 거행할세, 미국인이 많이 참석하여 독립원조회를 조직하였다. 캘리포니아에서도 기념만세를 부를세, 우리 비행학교 졸업생 두 사람이 비행기로 날아와 회의에 참가했다.

선천(宣川) 청년여학교 교사 강기일(姜基一) 주최로 수백 명 부녀를 거느리고 만세를 불렀으며, 김성건(金誠虔) 여사는 4주야를

52) 강우규(姜宇奎)의 총독저격사건. 1919년 3월 1일 거족적인 독립운동이 발생하자, 5월 3일 무단정치를 강행하던 하세가와(長谷川好道) 총독이 사임하고, 해군대장 사이토(齋藤實)가 신임 총독에 임명되었다. 그당시 블라디보스토크에서 독립시위운동을 주도하던 강우규가 사이토를 토멸하기 위하여 상경, 1919년 9월 2일 남대문역에서 마차를 타려는 순간 수류탄을 던졌으나 사이토는 무사하고 신문기자와 수행원 37명에게 중경상을 입혔다. 강우규 의사는 장익규(張翊奎)·임승화(林昇華)의 집으로 숨어 다녔으나, 왜견 김태석(金泰錫)에게 붙잡히고 말았다. 1920년 11월 29일 사형집행되었다.

금식하고 연설하다가 강기일(姜基一) 이하 여러 사람이 적에게 체포되었다.

평양 진남포(鎭南浦) 등지에서도 전부 철시하고 용천(龍川)에서도 기념만세를 불렀다. 평양 숭덕(崇德) 남녀학교에서 파과하고, 만세를 불렀으므로 왜 총독이 교장 모의리(牟義理) 부부의 교장인가장을 취소하였다.

겨울 10월에 목포 정명(貞明)여학교에서 학생 전원이 국기를 날리며 시가로 유행(遊行)하여 만세를 부르므로 교사 이겸량(李謙良)·김봉원(金鳳源) 여러 사람이 체포되었다.

6. 국제의 문제

미국 상원에서 영국은 애란(愛蘭, 아일랜드)의 독립을 승인케 하고 일본은 한국의 독립을 승인케 하여 한국으로 국제연맹의 일원이 되게 하자는 의안이 제출되어 한국안은 34 대 46표, 12표의 차이로 부결되었으나 상보를 들은즉 부편(否便) 의원 중 9인과 기권의원 16인은 한인에게 말하기를 애란안과 같지 아님을 반대하려든 의견뿐이라 하였으니, 즉 한국문제에 동정을 표한 자는 34, 9, 16 합 59인이다. (이하 5행 판독 불가능)

벨기에(白耳義) 수도 브뤼셀에 회집한 만국사회당 본부는 국제연맹과 및 열강에게 대한민국정부와 독립국임을 승인하라고 요구하다.

영국 노동당에서는 한국문제를 국회에 제출하여 영국은 정식으로써 한국 대표가 일본의 한국통치에 대한 고소를 국제연맹에 제출하려함을 원조하자 하였다.

11월 13일에 미주로부터 호외가 왔는데, 에스토니아 공화국은 대전란 끝에 독립된 나라인바 이·프·일 기타 열국이 승인한 나라이다. 그 나라 국회에서 대한민국의 독립을 정식으로 승인하자는 의결안이 제출되었던 것이다.

중화 전국 각계 연합회에서 운남(雲南) 대표 여지이(呂志伊)씨가 동양이 화평하려면 성의로 한국독립을 원조하자는 의안을 제출하여 일치 통과되므로 전국 인민에게 통고문을 발하였다.

영국 하원의원 매견시(梅堅施)씨가 영국 안에 한국 우인공회(友人公會)를 조직하자는 의안을 하원에 제출하였다.

7. 각 단체의 활동

국내 각 지방 청년단을 일치 보조로 병진하기 위하여 유지인사의 발기로 각 단의 대표를 총집합하여 일대 연합회를 조직하고, 대한청년단연합회(大韓青年團聯合會)라 명명하고 총 간부직원을 선정하였으며, 원단(元旦)에 대한청년보(大韓青年報)를 창간하여 내외에 선전하였다.

여름 4월에 대한청년단연합총회 제1회로 모지에서 개회하고 전국 대표 2백 명이 집합하여 직원을 개선(開選)하니, 총재 안병찬(安秉瓚), 부총재 김찬성(金燦星), 총무 김승만(金承萬), 그밖에 서기 서무 재무 교육 통신 편집 등 여러 직원을 택하였으며, 진행의 방침은 정부애대(政府愛戴)와 의용단(義勇團) 조직과 적견토벌(敵犬討伐)과 선전과 교통과 단체연락과 중국관리 교섭과 단규(團規) 실행 등 제건이었다.

미국 윌로우스 비행양성소[53]는 군무총장 노백린(盧伯麟)씨 성심으로 설립되어 가을 8월경에는 3척 비행기를 무득(貿得)하여 매일 윌로우스 전경을 비행하는 바 각국인에게 큰 치하를 얻었다.

대한애국부인회[54]는 미국 상하 의원 동양시찰단에게 '비단에 수

---

53) 한인 비행사 양성소. 1920년 2월 20일 캘리포니아주 윌로우쓰 지방에 우스(Willows) 대한민국 임시정부 군무총장 노백린(盧伯麟)과 미주교포 김종림(金鍾林)의 발기로 한인 비행양성소를 설립, 동년 5월에 비행기 2대를 매득하고 미국인 기술자 1인과 한인 비행사 6명으로 교수진을 조직하고 학생 19명을 비행사로 육성했다.

54) 대한여자애국단. 미주 부인회 합동 결의안에 의해 1919년 8월 5일 대한여자애국단을 설립하고 대한인 국민회 중앙총회의 인준을 받고 출범했다. 조국독립운동을 위해 후원금 판비(辦備)를 설립목적으로 표방하고 있다.

놓은 태극기(錦繡太極旗)'를 봉정하여 환영을 표하고, 또 애원서(哀寃書)를 제정했다.

경산(慶山) 인민 일동은 국화유지단(國貨維持團)을 조직하여 일화(日貨)를 저제(抵制)했다. 소년보국단(少年報國團) 박태홍(朴泰興)·서진국(徐鎭國) 등의 비밀운동이 적에게 발각되어 박태홍 이하 9인이 체포되었다.

동제사(同濟社)[55]에서는 중국 남북 정부에 청원서를 제출하되 임진왜란(壬辰倭亂) 보장의 공과 갑오상패(甲午喪敗, 청일전쟁 패배)의 치욕과 을미·기해 양차 조약[56]을 기억하여 우리의 독립을 승인하라 하였고, 법무총장 예관(睨觀) 신규식(申圭植)선생이 군정부(軍政府) 총재 손중산(孫中山)에게도 치서하여 한국의 독립을 찬조하라 했다.

전국 각도 130개소 청년회가 연합회로 조직하는 헌장을 통과하니 의사·집행 양부를 설치하고 오상근(吳祥根)·장덕수(張德秀) 이외 16인을 위원으로 선출하여 분무(分務) 진행했다.

8. 국민의 의무

구성(龜城)인사 장재한(張載翰)이 정부를 애대하는 열성으로 식구 3인이 동맹하고 매 한사람분 인구세(人口稅) 매삭 1원씩 합 3원을 정부설립한 달부터 모두 36원과 작년 영업상 소득 십일조금(十一條) 금화 백원(百元)을 재무총장에게 납상하며, 독립완성일까지 이 뜻을 결행하겠다는 서신을 아울러 제정하였다.

의주(義州)의 한 농부는 어느 날밤 꿈에 노인 세분이 와서 말하기를 임시정부에 인구세로 8원을 헌납하라 하므로 기이히 생각하

---

55) 동제사(同濟社). 1911년 상해에서 신규식(申圭植)이 국권회복을 목적으로 조직한 독립운동단체이다. 독일식 탐정법으로 단원 상호간 절대 비밀을 엄수케 하는 비밀결사단체로서 한국독립운동의 근거지가 되었다.

56) 1895년 4월 17일 청일간 마관조약(馬關條約)과 1899년 9월 11일 한청통상조약 체결을 말함.

더니 과연 다음날 아침에 징세원이 오는지라 백방분주하여 8원을 판납하니 이웃 사람이 듣고 독립의 이조(異兆)라 하여 20여호가 자원 납세하였다.

미주에 있는 지사 김종림(金鍾林) 씨는 우리 비행학교에 경비 예산액 3만불을 전담하였다.

평산(平山) 김부인은 여자의 약질이나마 몸과 재물을 광복에 바치기 위하여 주야로 갈력하므로 그의 남편에게 감동되어 오히려 통신사무에 더욱 정성을 다하며, 금가락지 은장도 등 50원 가치되는 것을 우리 정부에 기납(寄納)하였다.

대구 경서(警署)에서 형사로 다니든 박춘영(朴春永)씨는 이종정 지사와 공모하여 독립운동비 2만8천원을 모집하여 임시정부로 보내었는데, 왜놈에게 파면을 당하고, 씨는 말하기를 파면은 말고 죽인다 할지라도 나의 직분은 다하였다고 기뻐하였다.

9. 열사(烈士)의 순국과 피포(被捕)

초산군(楚山郡) 천도교구장 이덕흡(李德洽)이 왜옥에서 병보석되어 순국했다. 의주 지사 승봉현(承鳳顯)이 왜옥에서 순국했다. 안동현(安東縣) 거주 청년단원 차진하(車鎭夏)는 왜경의 난총에 순국했다. 6년간 왜 감옥에서 복역하고 겨우 잔명으로 출옥한 국사 안태국(安泰國)은 상해에서 형독이 갱발하여 순국했다. 함흥(咸興) 왜 법원에서 지사 최륜기(崔崙琪)는 징역 1년, 강보구(姜甫求)는 징역 4년 구형되었다.

여름 5월에 임시정부 재무총장 최재형(崔在亨)과 지사 김리직(金理直), 민단장 엄주필(嚴周必), 실업가 황경섭(黃景燮) 4인이 소왕영(蘇王營)에서 왜로(倭虜)에게 체포되어 순국했다.

함흥에서 선언서 출판하므로 지사 이명도(李明道)는 징역 1년반, 한상봉(韓相鳳)은 징역 1년으로 왜 법원에서 판결되었다. 청년단원 김기순(金基順)·박리준(朴履俊)·선우관(鮮于寬)·계재섭(桂在

爕)·박일구(朴日球)는 폭발탄을 운반하다가 평양에서 적에게 체포되었다.

여름 5월에 왜경 등이 관전현(寬甸縣) 한인 부락을 내습하여 청년단 출판부장 함석은(咸錫殷)에게 총상을 입히고 청년단 총재 안병찬(安秉瓚), 단원 박예옥(朴禮玉)·오능조(吳能祚)·양윤모(梁允模)·김응칠(金應七) 등 5인을 포박하여 독약을 강제로 마시게 하며 콧구멍에도 독약을 주입하였으나, 약을 토하고 죽지아니하므로 중국 경서에 압송한 것을 중국 관리가 의거에 감복하여 몇 개월 후에 방환했다.

모험단원 이현수(李賢洙)는 안악(安岳)의 지사라, 폭탄을 제조하여 적을 멸하고자 하다가 발각되어 심문할 시에 통탄하여 가로되 목적을 이루지 못하였으니 일대 유한이라 하더라.

청년단원 박병익(朴炳翼)·김경두(金景斗)·박근명(朴根蓂)·엄승도(嚴承道)·이원함(李元咸) 이하 70여 인이 선천(宣川) 적경에게 체포되니 적이 만형(蠻刑)을 가하여 대나무침으로 손가락끝에 삽입하여 양 마디로 통과하도록 하며 콧구멍에 끓는 물을 부어넣었다는 것이다.

독립총단원 최호일(崔浩日)이 삼수군(三水郡)에서 왜경에게 체포되었더니, 틈을 타서 왜경을 때려눕히고 압록강으로 도주하여 건너갔으나 검독(劍毒)이 온몸에 퍼져 순국하고 말았다.

여름 4월에 독립단 부총재 고 유의암(柳毅庵)·고제호(高弟號)를 온당(溫堂)선생 백삼규(白三圭), 그 문도 김덕모(金德謨)로 더불어 중국 환인현(桓仁縣)에서 왜병에게 체포되어 순국했다.

중국 유하현(柳河縣)에서 지사 안동식(安東植)·방기전(方基甸)·김창간(金昌艮)·김재봉(金在鳳) 이하 남녀 3백여 명과 대의사 이진산(李震山) 정부특파원 조상섭(趙尙爕)등이 적에게 체포되었다.

대한청년외교단(大韓青年外交團)과 애국부인단(愛國婦人團)의 의 남지녀(義男志女)들이 대구 왜경에게 체포되어 김마리아(金瑪利亞)와 황애시덕(黃愛施德)은 3년 징역에 처해지고, 안재홍(安在鴻) 이외 10여 인은 처역(處役) 5년으로 구형했다.

경성독립단(京城獨立團) 박인석(朴仁錫) 이외 8인이 적에게 체포되었다. 음악단원 최윤정(崔允鼎) 이외 6인이 함남에서 왜경에게 체포되었다. 독립군 김동호(金東浩)는 부여군(扶餘郡) 왜경에게 체포되었다.

청년단 공영팔(孔永八) 이외 10인이 벽동(碧潼) 왜경에게 체포되었는데, 공영팔은 당직 왜병의 깊은 잠을 틈타서 그의 칼을 빼앗아 찔러죽이고 도망코자하다가 동지 3인만 도망했고, 공영팔은 왜적의 몽둥이에 맞아 순국했다.

독립시위운동의 주모인으로 체포된 수원 장안(長安)면장 김헌묵 이외 26명 지사는 경성고등법원에서 왜로에게 무리판결을 받았다.

가을 9월에는 원산(元山)에서는 시위운동이 학생단(學生團)으로 시작하여 수천여 명이 만세를 부르며 일인의 경서와 은행지사 척식(拓殖)지사와 우편국을 습격 파괴하였는데 6백여 명이 적에게 체포되었다.

봉천(奉天)에서 의용단원 김명재(金明哉)는 왜경에게 체포되어 신문할제, 왼쪽 어깨가 절단되었으며, 알몸으로 침전상(針氈上)에 구르게 해도 굽히지 아니하니 적이 마침내 끓는 물을 콧구멍에 부어넣어 혼졸 중 사정을 실토함으로써 의용단(義勇團) 총무 김석황(金錫璜)을 탐문 체포할제, 김총무가 왜경을 사격하다가 탄알이 다해 체포되고 말았다.

열사 박재혁(朴在赫)은 작탄(炸彈)을 휴대하고 부산 왜 경서에 들어가 서장 하시모토(橋本秀平)를 습격하다가 단지 종지뼈를 분쇄하며 옥우를 파쇄하다가 인하여 체포되고 말았다.

세계 공적(公賊) 즉 한국의 공적(共敵) 사이토(齋藤實)를 토멸하려든 대한의사 강우규(姜宇奎)선생은 11월 29일에 왜옥에서 순국했다. 지사 최효인(崔孝仁)은 황해도에서 대한독립군단을 편성하다가 적에게 체포되어 옥중에서 13일을 절식하여 순국했다.

강원도 철원(鐵原)에서 애국단원 전도사 박연서(朴淵瑞) 이외 45인이 적에게 체포되었다. 평원군(平原郡) 목사 이용린(李用麟)등 여러 사람이 청년전도회를 조직하므로 적에게 체포되었다. 지사 김자복(金自福)은 일인 사타사토(北里甚治)와 공모하여 일본 복도현(福島縣) 고천(古川)탄광 화약고를 파괴하다가 왜경에게 체포되었다. 강동(江東)농민단원 이치한(李致漢) 이외 5인은 작탄으로 왜경서를 파괴하다가 왜경에게 체포되었다.

평강군(平康郡) 한인 순사 2인은 독립운동을 극력 찬조하다가 적에게 체포되었다. 용천(龍川) 용암포(龍巖浦) 독립단원 이광한(李光漢) 이외 4인이 군자금을 모집하다가 적에게 체포되었다.

함흥(咸興) 신민단(新民團) 연대장 김덕선(金德善) 이외 6인이 무기를 몰래 무장하고 일군의 경계선에 내왕하다가 적에게 체포되었다. 임시정부 연통제사건(聯通制事件)으로 함북 지사 윤태선(尹台善)등 이외 30여인이 왜에게 체포되어 역형(役刑)을 받았다. 성진(城津) 이용석(李容石), 단천(端川) 조학길(趙學吉), 의주(義州) 오일홍(吳一興) 세 사람이 폭탄화약을 수입하다가 적에게 체포되었다.

압록강 연안에서 독립당 영수 홍식(洪植)·김태가(金泰嘉)·고봉준(高鳳俊)·백의범(白義範)·정찬전(鄭贊篆) 등 5인이 적 탄환에 순국하고 그 나머지는 체포되었다. 독립당원 김인준(金仁俊)이 한성(漢城)에서 군자금을 모집하다가 일경이 내습하거늘 즉시 용감히 수창(手槍)을 발하여 왜견(倭犬) 1인을 즉사하고 일경은 중상하였으나 끝내 체포되었다. 안동현(安東縣) 영국상인 소지열(蘇之悅, 쇼우, Show)씨는 우리 독립을 찬조하므로 왜놈에게 체포되어 4개월간 옥고를 받았다.

철산인(鐵山人) 정원범(鄭元範)씨는 숭의단장(崇義團長)으로 결사동지 몇사람과 함께 군자금을 모집하다가 적 탄환에 순국했다. 수안군(遂安郡) 임계당(林桂當)씨는 청년회를 조직하고 회가(會歌)를 지어 독립을 고취하다가 적에게 체포되었다. 구국단(救國團) 단장 이하 다섯 임원이 경성 적경에 체포되었다.

가을 8월 진주군(晋州郡) 독립당 2백여 명이 적에게 체포되었다. 청년단원 의주 황사민(黃思敏)·홍범균(洪範均) 이외 15인이 왜놈에게 체포되어 황사민 씨는 악형을 당하여 10여 차례 현사재생(眩死再生)하였으며, 삭주(朔州)지사 한덕용(韓德鎔)·이준희(李俊禧)·이문창(李文昌)·(金仁濟), 이지백(李之白)의 아들과 탁성룡(卓成龍) 김인제씨의 동생, 이상 7인이 왜놈에게 총탄에 맞아(中丸) 순국했다.

손병희(孫秉熙) 이하 47인은 공판을 끝내고 8인은 방면되고 그 나머지는 3년 이하의 역형으로 무리 판결되었다. 대한 구성군(龜城郡) 참사(參事) 박찬계(朴燦桂)씨는 독립단 본부로 오는 길에서 왜놈을 만나 총탄에 맞아 순국했다. 창성군(昌城郡) 지사 최모는 독립군을 잘 대접하다가 왜놈에게 구타당해 순국하고 370명 지사가 체포되었다.

독립단원 박운석(朴云錫)·임문용(林文瑢)·한병기(韓炳基)·최경화(崔敬化)·장형도(張亨道)·강만년(姜萬年)·최제홍(崔濟弘) 등 여러 사람이 압록강 연안에서 왜놈에게 총탄에 맞아 순국하고, 김낙주(金樂胄)·전형락(田亨洛)·전주찬(田周燦) 등 440명 지사가 체포되었다.

서간도 왕청문(汪淸門) 지사 이근진(李根眞) 등 장로 6인과 김도준(金道俊)·이봉규(李鳳奎)·이시항(李時恒)·지하영(池夏榮)·최형구(崔亨球)·전계도(田啓道)·임관호(林寬浩) 이외 합 50여 인이 왜놈에게 총탄에 맞아 순국했다.

10. 대한의 국수적(國粹的) 신문

4월 1일부터 동아일보(東亞日報)가 창간되니 필법이 삼엄정직

(森嚴正直)하여 춘추의 대의를 천명함에 거국 남녀 일치 환영하여 비단 국수적 신문이라 모두 경세(警世)의 종(鐘)임을 상찬하더니, 괴라궂은(乖愎) 왜 총독에게 반년이 못되어 강제로 정간되었다.

신한민보(新韓民報)는 1905년부터 미국 상항에서 우리 동포들이 발행한지 여러 해가 된 이래로 '절대의 자유'를 불러 재외동포의 목탁이 되었으며,57) 한미보(韓美報)는 미령(美領) 하와이에서 1920년부터 간행된 것인데 국내와 해외에 대환영을 받고 있으며, 우리 독립신문(獨立新聞)은 독립단원 전반의 열성으로 임시정부의 반관보(半官報) 성질을 포함하여 내외 사정을 세계에 공포하는 중 누차 왜적의 장해를 받았으나 죽어도 부활하는 신능(神能)의 음조(陰助)를 감사하나이다.

11. 창귀배(倀鬼輩)

봉천(奉天) 있는 정민화(鄭民和)는 왜 총독의 금 1만원을 받아 상무회(商務會)를 조직하고, 홍긍섭(洪肯爕)·이중혁(李重赫)은 대동사문회(大東斯文會)를 조직하고, 봉천에 있는 김린(金麟)은 왜 총독의 금 5천원을 받아서 청년회를 조직하고, 봉천에 있는 장우근(張宇根)·박창식(朴昌植)은 왜 총독의 금 각 1만원씩 받아서 육영(育英)학교와 수산장(授産場)을 조직하였다.

민원식(閔元植)은 왜 총독의 명령으로 시사신보(時事新報)를 간행하였는데, 상기 7견(犬)은 대한의 독립을 반항하는 공적(公賊)이라 하니 의인의 부월(斧鉞)이 아직도 더딤을 유감으로 과세하였도다.

---

57) 신한민보(新韓民報). 안창호(安昌浩)는 이강(李剛)·송석준(宋錫俊)·정재관(鄭在寬)·임준기(林俊基)등과 함께 1905년 4월 5일 공립협회(共立協會)를 창립, 초대회장에 안창호가 취임하면서 동년 11월 22일 공립신보(共立新報)를 창간했다. 1909년 2월 1일 미주 한인 공립협회와 하와이 한인합성협회가 통합, 국민회(國民會)를 발족하면서 동년 2월 10일 신한민보(新韓民報, The New Korea)를 발행하기 시작했다. 1910년 2월 10일 국민회는 대동보국회(大同保國會)를 흡수 통합, 대한인국민회(大韓人國民會)가 되었다.

12. 왜로(倭虜)의 만행

겨울 10월에 우리 빈민 동포 150여인이 유리하여 북간도 용정(龍井)에서 먹을 것을 구하다가 우연히 한인의 왜견(倭犬)된 자와 충돌되어, 왜견이 왜군을 청함에 왜군들이 우리 피난동포를 포위하고 무기로 행학하여, 혹 어깨를 꺾으며 혹은 눈을 빼어버리며 코를 까발리며 전부를 때려 행동하지 못하게 하고 두목 20여인은 결박하여 갔으며, 왜놈들이 우리 독립군에게 대패함을 분해서 북간도 일대에 있는 우리 노농동포에게 악독을 행할세, 훈춘·왕청·화룡·연길과 서간도 유하(柳河)·홍경(興京)·관전(寬甸)에서 남녀노약을 도륙하였는데, 혹은 총살 혹은 매살(埋殺: 구덩이에 묻어 죽임) 혹은 소살(燒殺) 혹은 팽살(烹殺: 삶아 죽임) 혹은 익살(溺殺: 물에 빠져 죽임) 혹은 참살(斬殺: 목 베어 죽임) 혹은 장살(杖殺: 매 쳐서 죽임) 혹은 박살(縛殺: 밧줄에 묶어 죽임) 혹은 척살(踢殺: 발로 차서 죽임)한 바, 혹 부자를 혹 형제를 혹 조손을 혹 모자를 병살(竝殺)한 자 169인이라 한다. (이하 2행 판독불가능)

(제89호 1921. 1. 1)

36. 國務院 佈告 제3호

간도 동포에게

본직(本職) 등은 우리 국민과 및 국민의 정부를 대표하여 조국을 위하여 지난 10월 초승 이래로 용감히 싸우는 독립군과 및 무도한 적의 폭행에 생명과 집과 양식을 잃은 1백만 간도 동포에게 감사하고 위로하는 뜻을 표하며, 아울러 장래에 더욱 일심(一心)하고 더욱 분발하여 최후의 1인 최후의 일각까지 우리 조국의 독립과 민족의 자유를 광복하고야 말자는 첫날의 결심을 더욱 굳게 하시기를 바라나이다.

이 바람 차고 눈 쌓인 만주의 벌판에 말할 수 없는 고초를 당하시는 동포 제위의 정경(情景)을 생각할 때에, 본직 등은 2천만 국민으로 더불어 피눈물이 솟음을 금치 못하오나 이것도 사랑하는 조국을 위하여 그리함이니 충용하신 동포 제위는 이러한 경우에 처할수록 응당 더욱이 애국의 피를 끓이고, 무도한 적국을 향하여 한 번 더 죽기로써 자웅을 결단할 새 결심을 발하실 줄 믿나이다.

아직 우리의 준비함이 차지 못하여 가슴속에 넘치는 울분을 한 번 싸워 쾌히 씻지 못함이 원통하거니와 일은 오직 시간문제라, 최후의 승리가 우리에게 있을 것은 밤과 낮이 분명함과 같이 분명한 일이니 오직 있어야 할 것은 우리의 오래 참는 용기와 일심하여 힘써 일함이다. 이제 만일 우리의 용기가 꺾여지고 소망이 떨어지면 우리는 영원히 다시 일어날 날이 없을 것이다. 이 더욱 분발하고 더욱 일심하여 2천만 최후 혈전의 준비에 힘쓰면 우리에게는 불원(不遠)에 독립과 자유의 영광이 이를 것이로소이다.

일심은 어느 때에야 필요치 아니 하리오마는 오늘날 앞에 강한 적을 둔 우리는 더욱이 한 마음과 한 뜻으로 바위 같이 쇠와 같이 굳게 단합함이 필요하고, 전력을 다하여 일함이 어느 때에야 필요치 아니 하리오마는 오늘날은 없던 힘에서 새 힘을 만들어 큰 힘을 가진 적국을 대적하려는 우리는 남녀와 노소를 물을 것 없이 모두 있는 힘을 합하여 써 바라던 목적의 대혈전의 날이 하루라도 속하기를 기약하여야할 것이다.

아아, 저 수없는 충혼을 무엇으로 위로하며, 유리하는 동포를 무엇으로 안위하리까. 오직 독립의 대혈전에 적의 목을 베어 대한의 독립문에 높이 닮이 있을 뿐이니 대한의 아들과 딸들은 지금이 한 마음으로 하나이 되었나이다. 아아, 독립혈전에 용장한 선봉이 되신 충의로운 간도 백만의 동포여, 2천만의 형제자매와 그네의 임시정부는 일심하여 제위의 뒤를 따르나니 행여나 일시의 고초에 낙심하심이 있을세라, 옛 조상의 크신 정신을 돌아보고 앞날 천만대 자손의 자유와 복락을 내다보아 더욱 분발하고 더욱 인내 하소서.

우리 독립운동의 근본방침은 오직 혈전에 있는지라 과거 1년 넘어 힘써온 모든 일은 실로 이를 준비하기 위함이거니와 이로부터 더욱 전체 국민으로 힘을 함께하여 적극적으로 진행하기에 노력할지며, 또 안으로 국민의 결심과 밖으로 열국의 동정이 우리에게로 향하니 점점 우리의 경영은 완실(完實)하게 될 것이다. 그러나 정부는 국민의 정부라, 정부의 경영이 이루고 못 이룸은 오직 국민이 일심하여 정부에게 힘을 주고 아니 줌에 있나니, 원컨대 동포 제위는 더욱 일심하여 본직 등으로 더불어 죽기로써 우리의 최후의 큰 목적을 달하기를 맹약하사이다. (제90호 1921. 1. 15)

37. 故 洪成益 선생의 略歷

중병 중에 적경(敵警)의 독수에 걸려 피금 2일 만에 서거하고 국민의 애도의 혈루로 장례를 지낸 고 홍성익[58] 선생의 약력.

선생은 평북 곽산군(郭山郡) 사람으로 20년 전에 기독교에 입교

58) 홍성익(洪成益, 1883~1920). 1883년 평북 정주군(定州郡) 곽산(郭山)에서 태어난 선생은 평양 숭실중학과 숭실전문학교를 졸업, 신민회(新民會)에 가입하여 국권회복운동을 벌이다가 1911년 105인사건에 연루되어 1년간 서대문 감옥에서 고초를 당했다. 출옥 후 신성중학 교사로 재직 중 3·1운동을 주도하다가 일경의 추격을 피하여 상해로 망명했다. 1919년 상해 대한민국 임시정부의 특수임무를 띠고 안동현에 파견되어 오동진(吳東振)·김승만(金承萬)·기시점(金時漸)·주석환(朱錫煥) 등과 함께 안동임시의사회(安東臨時議事會)를 조직했다. 같은 해 상해 임시정부 교통부(交通部) 안동지부 사무국장에 임명되어 광범위한 활동을 벌이다가 병원에 입원 중 일경에 체포되어 1920년 1월 24일 옥중에서 참살되었다.

하여 평양 숭실(崇實)중학을 고학으로 졸업하고 동 대학 재학중 철산(鐵山) 응산(鷹山)학교 교원으로 부임하였다.

때는 반도에 문화운동이 처음으로 발생되어 청년계의 서양 문명 수입열이 바야흐로 왕성할 때다. 선생은 계속하여 선천(宣川) 신성중학(信聖中學)의 강사로 있으면서 학교 및 교회내 청년에게 활동사상의 고취에 전력할세, 이미 악독한 적경의 주목하는바 되었다. 이윽고 소위 총독암살 음모사건이 발생됨에 선생은 동료 후배 수십인과 함께 사로잡히게(被擒) 되었다.

그후 일인의 간계가 속속 발로됨에 이르러 선생은 무죄 백방되어 동교 사무를 계속하였다. 또 평양 장로교신학교에 수학하며 교회 안에서 활동하였다.

3월 1일 독립시위운동이 발생됨에 선생은 또한 주동자의 한 사람이었다. 같은 날 선생은 제반 준비를 정제한 후 태연한 안색으로 동교 기도회 석상에 임하였다. 그러나 성경을 낭독하는 선생의 안면에는 뜨거운 눈물이 넘쳐흐름을 이기지 못하여 얼굴빛은 심홍색을 띠었다.

이윽고 선생은 여성질호(勵聲疾呼)하여 가로되, "학생들아, 우리는 죽으면 다 죽고 살면 다 살자. 오늘이 독립을 선언하는 날이니 금일이 실로 우리의 사는 날이다." 하고 오른쪽 무명지를 깨물어 '大韓獨立萬歲'라 큰 글씨로 쓰니(이 혈서는 아직도 임시정부에 보관중이다), 이에 전교가 향응하여 시가로 나와 시민의 성원으로 3일간 대시위운동을 장렬히 계속하였다. 선생의 암중비약은 군내(郡內)뿐 아니라 부근 몇 고을에 미쳐 각지에 시위운동이 일어났다.

그후 선생이 교내에서 왜경의 수색을 당함에 헌옷을 둘러 입고 쿨리(苦力)로 변장하고 교정을 소제하여 독수(毒手)를 면했다. 이와 같이 약 1개월간을 밀행(密行) 분주하다가 위험이 임박하자 여러 친우의 강권으로 인해 3월 하순 상해에 내도하였다. 선생은 평북 대의원으로 피선하였으나 미구에 사양하고 만주 안동(安東)으로 향하였다. 동년 10월말에 임시정부 안동 교통사무국장의 임명을 접하고 위험을 무릅쓰고 동지 3인과 같이 교통 및 통신사무에 종사할세, 혹은 우중에 암혈에서 두세 밤을 지낸 일도 있었고, 혹은 중국 경찰에게 붙들려 독립당(獨立黨)됨을 대담히 선언하고 석방된 일도 있었다.

주야를 가리지 않은 분망은 마침내 선생에게 중병을 가져왔다. 극도의 신경쇠약으로 정신에 이상을 일으켜 헛소리(譫語)를 계속 내는데 섬어(헛소리) 중에라도 광복사업과 교통사무에 관한 획책을 잊지 못하였다.

지난달에 이르러는 병세가 아주 위급하므로 마지못하여 동지(安東) 태성당(泰城堂)병원에 입원중이라가 탐견(探犬, 밀정) 김극일(金極一)에게 밀탐되어 피착의 불행을 보았다. 동지 3인은 왜경이 발송한 위조서신을 믿고 병이 위중한 동지를 찾아오다가 역시 체포되고 말았다.

1월 30일, 피금 2일 만에 선생은 옥중에서 장서하니 향년이 38세이다. 선생은 당상(堂上)의 노모를 모셨고 정익(貞益)이란 영형(令兄)이 있으며 또 슬하에는 2남 3녀가 있다. (제47호 1920. 2. 17)

38. 國語學者 故 李奎榮 君 追悼會

군의 열렬한 애국심은 군으로 하여금 국어옹호의 용사가 되게 하다.

지난 2월 14일 토요일 하오 2시 반에 상해민단(上海民團)내에 유호(留滬)동지의 주최로 국어학자 고 이규영 군의 추도회[59]를 개

59) 국어학자 이규영(1890~1920)의 추도회는 南亨祐·金枓奉·李光洙·

최하니, 추도회 참석자는 20여인이다. 식장의 정면에는 '검돌 스승을 울음'이라는 흰 비단폭을 걸고, 식의 순서도 전부 국어로 썼다.

조완구(趙琬九) 씨 사회로 고인의 동문 김두봉(金枓奉) 씨의 '섧글(애도문)', 신익희 씨의 '악애(歷史)', 최창식 씨의 '섧노래(애도가)' 및 본사 이광수 씨의' 느끼말(감상문)'로 순서는 필하고, 고인의 문인 박민호(朴敏浩)·엄항섭(嚴恒燮)등 제씨의 애도의 연설이 있은 후 일동이 촬영하고 폐회하였으며 만사(輓詞)와 애도가 애도문 등은 각각 고인의 유족에게 송부했다.

김두봉 씨의 간절한 애도문의 낭독이 있은 후 신익희 씨는 고인의 역사를 말하여, "이규영 군은 단기 4223년 경인(1890)에 경성 연동(蓮洞) 본제에서 태어났으며 7세에 한학을 수학하여 재명(才名)을 넓혔고, 성격이 과언근엄(寡言謹嚴)하여 동배의 경외를 받았다. 4242년 기유(1909)에 보통중학교에 입학하고 동시에 주시경(周時經)선생의 국어강습소에 입학하였으며, 다음해 경술(1910)에 서북협성학교(西北協成學校)로 전학하여 4244년 신해(1911)에 동교 및 국어강습소를 필업하고, 1년간 안동(安東) 모학교에 교사로 연빙(延聘)되었다가 다음해에 사직 상경하여 같은 해 함흥(咸興) 하기 강습소에 국어를 교수하고, 계축(1913) 가을에 최남선(崔南善) 씨의 경영인 조선광문회(朝鮮光文會)에 들어가 말모이(국어사전)의 편찬에 종사하고, 익년 갑인(1914) 가을에 오성(五星)학교 및 국어강습소의 강사가 되었다가 다음해 1915년에 중앙(中央)학교 강사로 전임(專任)되어 오늘에 이르고 있다.

1919년 독립운동 개시 이래 군은 암중(暗中)에 동지의 연락 기타의 모의에 참여하였음은 물론이다. 이러한 인격의 인학자(人學者)의 인으로 31세의 장령(壯齡)으로 올해 1월 3일 유행성 감모(感冒)로 영면하였다."

崔昌植·申翼熙 공동발기로 1920년 2월 14일에 개최했다.

다음에 이광수 씨는 이러한 국가적 인물의 추도회에 회중이 이렇게 영성(零星)함은 우리 국민이 아낄 만한 사람을 아낄 줄 모르는 까닭이라는 분개를 모두로 하여, “이규영 군은 인격의 사람이었소. 그의 온후하고도 과언근엄한 인격은 과연 동배의 외경을 받았고, 청년의 모범이 될 만하였소. 인격의 사람은 민족의 보물이오. 더욱이 우리와 같이 인격의 사람이 귀한 민족이 이만한 인격의 사람을 잃은 것은 큰 손실이오. 동시에 군은 유위(有爲)의 인물이오. 유위라 함은 ‘한 가지를 할 줄 안다’는 뜻이오. 군은 국어학자이었소. 우리와 같이 유위의 인물이 결핍한 민족이 군을 잃음은 더욱 애도할 만한 손실이오. 더구나 군은 국어학자이었소. 법학이나 의학은 배울 편의도 많고, 배운 후에는 금전과 명예도 오지마는 과거 10년간 우리나라에서는 국어는 배울 편의도 많고 배운 후에는 금전과 명예도 오지마는 과거 10년간 우리나라에서는 국어는 배울 편의도 적었고, 배운 후에 받을 것은 적의 핍박뿐이오. 그러하거늘 군은 이 국어학으로 10년(10년이라면 그의 일생이오)을 보내었소. 이것은 오직 군의 열렬한 애국심에서 나온 것이오.

한 민족의 가장 중요한 연쇄요 특징이 국어이다. 적은 우리의 국어를 파괴하기에 전력을 다하였소. 그리고 어리석은 우리 동포는 이것을 보존하려고 육력(戮力)할 줄을 모를 때에 군은 2천만을 대표하여 용사와 같이 국어의 수호에 몸을 바쳤소. 이것이 열렬한 애국심이 아니고 무엇인가요. 혹은 그가 1919년 3월부터 독립운동에 참가하였다 하지마는 나는 그가 10년 전 국어학에 헌신하던 날이 곧 독립운동에 참가하던 날이라 하오.”하고 격절(激切)한 어조로 우리 민족이 군 같은 인물을 존경하고 기억하여야 할 것을 논하였다. (제47호 1920. 2. 17)

39. 軍事演說會, 上海 大韓青年團 主催

3월 9일 오후 7시 반에 상해 대한청년단 주최로 시국에 대한 연설회가 있었다. 군무차장 김의선(金義善) 씨는 '군사에 대한 담'이란 문제로,

"군사에 관한 지식은 상식으로도 필요하거늘, 하물며 대전을 준비하는 우리 청년이리요. 조선왕조 5백년 문약의 폐는 금일 우리 민족을 망국의 참상에 떨어뜨렸도다. 일본 사이고우 타카모리(西鄕隆盛)가 소위 정한론(征韓論)을 주장할 때에 어떻게 말하였는가. '조선은 옛날의 조선이 아니다' 하였도다. 옳은 말이다. 고려시대까지는 우리나라는 무사의 나라이었나니, 일본 사무라이(武士)의 풍(風)은 우리 민족에서 전한 것이다. 광복사업은 위력(威力)없이 성공할 수 없나니 위력은 즉 총과 칼이요, 또 우리의 뜨거운 피다. 이러므로 나는 국민개병(皆兵)을 주장하노라.

군인은 무엇이냐. 군사행동은 무엇이냐. 군인은 사람을 살리는 자라, 나라를 살리고 동포를 살리는 자이다. 군사행동, 즉 전투는 참담한 것이다. 특히 우리의 독립전쟁은 더욱 참담하리라. 그러나 참담하다고 여러분은 이를 버리려 하는가. 아니다 국가를 위하는 여러분은 그 속으로 용맹히 나아갈지어다.

계속하여 신한청년당[60] 단장 여운형(呂運亨)은 '나와 사회의 관계'라는 문제로,

"사막을 지나가는 낙타의 발자취를 메우려 모래가 모여들면 지구의 형상이 변하였다 하리니, 일개인의 일동일정은 사회에 큰 영

---

60) 신한청년당(新韓青年黨). 1919년 1월 상해에서 조선 독립의 목적을 달성하기 위하여 조직된 것이다. 呂運亨 · 金九 · 鮮于爀 · 徐丙浩 · 李光洙 · 韓鎭教 · 韓元昌 · 金順愛 · 安定根 · 趙東祜 등 50명이었다.

향을 끼치는 것이다. 나는 무엇인가. 나는 전지전능하니라. 나는 발전에 따라 전지전능에 이를 자이니라. 내가 선하면 사회가 선하고, 내가 악하면 사회가 악하니라.

우리는 지금 열패(劣敗)한 지위에 있다. 낙오하였다. 금일은 스스로 반성하여 신기원(新紀元)을 열고 분투적 생활에 들어갈 금일이다.

우리의 혁명은 일본의 압제에서 벗어남이라. 우리의 군비는 무엇인가. 즉 정신적 군비이니, 우리는 다 군인되는 자각과 실천이 있어야 하리라."

다음에는 ○○○○교관 도인권(都寅權)이 '시국에 대한 담'이란 제목으로,

"우리의 군비는 별다른 것이 아니다. 남자는 농기, 여자는 다듬이 방망이 모조리 군기가 될 수 있나니 어찌 총과 대포만으로 싸우리오.

○○에 있는 우리 국민은 다 갑종 군인에 응모할 의무가 있나니 우리로써 갑종에 응모치 않으면 장차 독립군에 지휘와 교련을 행할 자 누구겠는가. 나는 등록성적이 양호함을 바라는 동시에 특히 갑종 군인이 많기를 바라노라."하였다. (제53호 1920. 3. 13)

40. 美國 上院에 韓國獨立承認案[61]

(워싱턴 특전 3월 24일 임시정부 착)

금일(일자 미상) 상원의원 토마스 및 쉴즈 양 의원은 상원에 다

---

61) 1920년 3월 16일 상원의원 토마스(Charles S. Thomas)·쉴즈는 한국과 아일랜드의 정치적 독립과 국제연맹가입에 관한 수정안을 상원에 상정했으나 보류되었고, 이어 3월 18일 재차 수정안을 제출하였다. 제2차 수정안은 한국문제와 아일랜드를 분리하는 것이었다. 한국독립과 국제연맹 가입안은 이날 오후에 상정, 투표 결과 찬성 34표, 반대 46표로 부결되고 말았다. 한편 아일랜드 민족자결주의와 자유권에 대한 수정안은 38표 대 33표로 통과되었다.

음과 같은 결의안을 제출하였다.

일본과 영국에 대하여 일본은 한국의 독립을, 영국은 아일랜드(愛蘭)의 독립을 승인하게 하며 한국과 및 아일랜드로 하여금 각각 국제연맹의 일원이 되게 하기를 우리 상원은 절망(切望)하노라(號外 재록).

(주). 토마스 의원은 콜로라도 선출, 쉴즈 의원은 펜실베이니아 선출이오. 같이 민주당의 유력한 정치가이다. 특히 토마스는 콜로라도주 전 주지사이다. 작년 이래로 스펜서(Spencer)·노리스(Norris) 양 의원의 손으로 양차 한국독립에 관한 의안이 제출되었으나 이번과 같이 구체적 결정적 안이 제출되기는 처음이다. 특히 화약비준(和約批准, 제1차 세계대전 강화조약)의 최종결정이 불원할 때를 당하여 국제연맹 규약중의 한 수정안과 같이 이 결의안이 제출된 것과, 과거의 양안은 다 현 정부의 반대당인 공화당의 제출한 바이던 것이 이번에는 민주당의 손으로 됨이니, 이에 미국의 상하 양원과 민주·공화 양당에서 공히 한국 독립문제를 취하게 된 것이다. (제58호 1920. 3. 25)

41. 美國 上院에 韓國獨立에 관한 兩 提議案

1안은 22표를 얻었으나 부결, 1안은 토론을 연기

16일 전(電). 강화조약에 관한 토의 중 새로 한국독립 및 아일랜드 독립요구를 논의함으로 강화조약에 대한 최후의 투표를 행할 기일을 확정하기 어렵게 되었다.

17일 뉴욕 전. 토마스 의원은 금일 상원 10조 보류안중에 한국독립을 일본으로 승인케 하고 한국을 국제연맹의 일원되게 하자는 수정안을 제출하였다(전호 소보 워싱턴 특전과 동일한 것인 듯하다).

17일 워싱턴 전. 미국 상원은 한국, 이집트(埃及), 아일랜드, 필리핀, 하와이(布哇)의 자유해방을 요구하는 수정안을 포함한 강화조약 보류안을 54대 22표로 부결하였다.

17일 워싱턴 전. 상원은 강화조약에 대하여 최후의 행동을 취하기 위하여, 성패트릭 축일[62]로부터 아일랜드 독립안의 토의를 중지하였다. 그밖에 토론연기된 것 중에는 토마스 의원의 한국독립안 및 킹 의원의 필리핀, 푸에르토 리코(Puerto Rico), 바덴(Baden), 하와이 해방안이 있다. (제59호 1920. 3. 30)

42. 토마스 의원이 다시 韓國獨立案을 提出하여 否決됨, 34 대 46표

17일 뉴욕 전. 한국독립안이 토마스 의원으로부터 미국 상원에 제출되었다. 본안은 영국의 대(對) 이집트(對埃) 및 태도에 관한 유보안(留保案)과 아일랜드의 독립을 승인하려는 오우엔(Owen)의원의 유보안을 수정한 쉴즈 의원의 유보안을 다시 수정한 것인데 그 요점은 다음과 같다.

"미국은 민족자결의 대주의를 완전히 실현하기 위하여 영국이 속히 아일랜드 민족의 정치적 독립을 승인하고, 또 일본이 조선의 정치적 독립을 승인할 줄 아노라(전호 소재 토론 무기연기된 토마스안)."

워싱턴 전(電). 3월 18일. 민주당 의원 게리(Gerry)는 아일랜드 독립안을 제출하고 이에 관하여 민주당 토마스 의원은 "미국은 민족자결주의를 고지(固持)하여 조선 민족의 구 왕국 회복과 일본의 학정에서 해방코자 하는 갈망에 동정을 표하며, 상기 목적을 성공할 때는 직시(直時) 국제연맹의 일원됨을 허한다."는 수정안을 제

62) 성패트릭 축일(Saint Patrick's Day)은 아일랜드의 수호성인을 기념하는 날로서 3월 17일이다.

출하였다. 이에 관하여 의원 중에서 전날 무기연기된 수정안(영국 및 일본이 아일랜드 및 한국의 독립을 승인하기를 切望한다는 주지)과 비슷하므로 이미 처리된 것으로 인정한다는 설이 있었으나, 의장은 본 유보안 및 수정안을 의제에 붙이게 되었다. 게리 의원은 먼저 한국독립안을 무기연기하자고 동의하였으나, 34 대 34의 동점표로 미결되어 의론이 백출하였다. 공화당원 켈로그(Kellogg) 의원은 아일랜드 독립안의 무기연기를 동의하여 28 대 51로 부결되므로 결국 양안을 다 표결에 붙였다. 장시간의 토론이 있은 후 한국독립에 관한 수정안은 34 대 46표로 부결되고,[63] 아일랜드 독립안은 38 대 36표로 가결되었다.

전호 소보(所報)와 이상의 양 전보가 심히 착잡하여 분별하기 어려우나 이를 종합할진대 먼저 강화조약 비준에 관한 보류안(保留案)으로 민족자결주의에 관한 피압박국 해방안이 제출된 것이 3월 16일의 형세이다. 이로 인하여 강화조약에 대한 최후의 투표를 행할 기일을 확정하기 불가능에 이른 것이다. 3월 17일에 한국을 포함한 아일랜드, 이집트 기타의 해방안이 부결된 후 민주당원 토마스 의원은 한국독립안을 분리 제출하여 무기연기 되었다.

기타 원 보류안에 대한 수정안이 많이 나와서 연기되었다. 3월 18일 게리 의원의 "민족자결주의를 고지(固持)하여 운운"의 보류안의 수정안으로 토마스 의원은 다시 한국독립안을 제출하여 토론

---

63) "Korea and Peace Treaty in U. S. Senate," *Korea Review,* April, 1920.

3월 18일 한국독립안을 표결에 붙인 결과 찬성표를 던진 찬성의원 34명은 다음과 같다.

Ashurst, Borah, Brandegee, Capper, Colt, Curtis, Dillingham, Fernald, France, Frelinghuysen, Gore, Gronna, Hitchcock, Johnson(Calif.), Johnson(S. D.), Jones(Wash.), Kenyon, Kirby, La Follette, Lodge, McKellar, McNary, Moses, New, Norris, Page, Phelan, Reed, Sheppard, Smoot, Spencer, Sutherland, Walsh(Mass.), Wolcert.

에 붙여 수시간 논의 후에 결의안을 채택하여 표결하여 34표의 동의를 얻었으나, 12표의 차로 불행히 부결된 것이다. 이상이 그 경과의 대요인 듯하다.

인기(因記). 강화조약 비준안이 상원에서 부결됨은 이미 보도한 바와 같다. (제60호 1920. 4. 1)

43. 崔在亨씨 외 3씨 被殺, 蘇王營 日兵의 暴虐

4월 7일 소왕영에서 적군에게 4씨는 다 여러 해 동안 아령(俄領)에 있어서 동포에 대한 공헌이 심히 많았다.

잔인하고도 무법한 적병(敵兵)

4월 4일 이래의 일군의 해삼위(海蔘威) 폭행이 있은 후 해삼위 소왕영 부근에 있는 한인은 다수가 체포되고 살상됨을 전하였으나, 아직까지 사정이 막연하더니 지난 5월 6일에 적의 신문지는 최재형, 김이직(金理直), 엄주필(嚴柱必), 황경섭(黃景燮) 4씨의 피살함을 보도하였고, 함께 날조한 사살(射殺)의 진상을 발표하였다. 그곳 재류동포들도 4씨가 피포(被捕)하였음을 눈으로 보았을 뿐이오, 피포(被捕) 후의 사정은 전연 알지 못하였던바 이제야 적의 신문을 보고 비로소 4씨의 조변(遭變)은 벌써 수십일 전의 일이었음을 알고 경악했다.

4씨의 약력

최재형. 씨는 함경북도 경원인(慶源人)이니 금년 62세이다. 민국원년(1919)에 재정총장에 피임되었다. 씨는 12세에 러시아로 건너왔으니 지금부터 50년 전이다. 씨는 처음에 노우기에프스크(煙秋)에 정착하면서 ○○회(同義會)를 조직하고, 모종 사업을 획책하다가 상업을 경영하여 다소의 재산을 얻은 후 곧 교육의 진흥에 진력하였다. 아령(俄領)에 있는 한인의 교육은 처음 씨의 편달을 받아 일어난 것이다. 씨가 살고 있는 연추는 아령의 한인 거류지 중 제일 먼저 러시아어문(俄文)교육을 받았다. 씨는 10년간을 연추의 도헌(都憲, 우리나라 면장이나 그보다 지역이 넓고 권한이 큼)으로 있으면서 동포에게 공헌한 바가 심대하며, 러시아인 간에도 명망이 높아 두 번이나 러시아 수도 상트 페테르부르크(彼得堡)에 가서 제정 러시아 황제를 알현하였으며, 러시아 황제가 수여한 훈장만도 5개나 된다.

씨가 '연추 도헌'이었을 때에 매년 3천원의 봉급은 전부를 은행에 맡기고 그 이식으로 매년 한 사람씩 유학생을 보내었으며, 그 밖에는 씨가 학비를 담당하여 상트 페테르부르크 등지에 유학한 자 많았다. 씨는 실로 아령에 있는 한인사회의 개척자이다. 연추에 거주하는 동포는 더욱 씨의 애호를 많이 받았다. 씨의 현직은 군(郡)자치회 부회장이다. 장자 최운학(崔雲鶴)은 현금 러시아군 사관(士官)의 직에 있고, 차자도 러시아군에 복무하고 있다.

김이직. 씨는 평양인이니 금년 46세이다. 13년 전에 두만강을 도강하였다. 씨는 소왕영 한인민단의 제1회 단장이다. 씨의 동포에게 대한 공헌은 은연히 많아 간곤(艱困)한 동포에게 밥을 먹이며, 의복을 입히며, 잠재우며, 노자 주기를 10년을 하루같이 하였다. 씨가 러시아로 건너 온지 10여 년에 한 푼의 저축이 없었음은 그 소득을 모두 교육·구제 등 자선사업에 헌납했기 때문이다.

엄주필. 씨는 함북인이다. 10여년 전에 러시아로 건너와서 상업을 경영하였다. 씨는 여러 해 일반 청년의 발전을 위하여 진췌(盡悴)하였으며, 재작년에 제3회 민단장에 선출되었다.

황경섭. 씨는 9세시에 러시아로 건너와서 상업을 경영하여 현금 한인중의 유일 대실업가이다. 러시아인의 은행상업가의 신용이 컸다. 씨는 어릴 때부터 러시아인과 접촉하여 10년 전까지도 한국어를 이해하지 못하며 한인과의 상종도 드물었다.

가증한 적의 날조진상(捏造眞相)

도주가 무엇이며 저항이 무엇이요, 최근 아령으로부터 온 모씨의 담.

적 육군성이 발표한 4씨 사살의 진상중에, "…대부분은 즉시 방환하고 니콜스크 방면에서 인계 유치한 자는 76명 중 엄주필·황경섭·김이박(金利朴, 金理直의 오서인 듯 – 기자)·최재형 등 4명에 불과하다. 이들 4명은 모두 배일선인단(排日鮮人團)의 유력자로 4월 4,5일사건(4월 참변)에 제(際)하여도 무기를 소지하고 우리 일본군에 반항한 것은 명료하므로, 본 조사를 계속하던 중 4월 7일 우리 헌병분대 숙사 이전과 함께 압송도중 호송자의 허술한 경비를 틈타 도주하였으므로 체포하려 한즉 그들의 저항이 심하므로 부득이 사격한 것이다."라고 함에 대하여 최근 아령으로부터 온 모씨는 이와 같은 허무한 날조를 감행하는 적의 누열흉악(陋劣凶惡)한 심사(心事)를 분개하며 말하기를,

"김이직은 4월 4일 시가전이 시작하기 바로 몇 분 전에 피포(被捕)하고 그 외의 3씨는 시가전 다음날에 피포하였소. 피포한 다음날 적 헌병대에 가서 붙잡힌 후의 소식을 물어보았소. 5일 후에, 10일 후에 물어보아도 대답을 애매히 하였소. 황경섭의 계씨(季氏)는 해삼위(海蔘威)로 압송하였다는 말을 듣고 해삼위 까지 가보았소. 이제 본즉 4씨는 잡힌 후 3일 만에 총살을 당하였으니, 적이 대답을 불분명하게 할 때는 벌써 일이 끝난 뒤였소. 저항이오? 저항이 무엇이오. 맨손으로 무슨 저항을 하겠소. 하물며 최재형은 60노인으로 피포할 때에 피하라 하여도 피하지 아니하였소. 도주라니요? 쇠사슬로 묶여서 자동차에 실어 가는데 도주란 무슨 말이오. 적의 이전한 숙사와 구 숙사와는 거리가 퍽 가까울 뿐만 아니라 대시가가 연달아 있소. 이 시가 안으로 압송해가는 길에 도주

하여 다시 체포하려다가 부득이 총격하였다 하면 그 많은 사람 중에 어찌해서 이 사실을 아는 사람이 하나도 없단 말이오. 적은 악이 나서 때리며 찌르며 잡아가지고 심문도 잘 안하고 때리며 차다가 사살한 모양이오." 하고 적의 잔인무도가 그 극에 달함을 구술하고 절치분개하였다. 상해 재류동포는 4씨를 위하여 일간에 추도회를 열리라고 한다.

유방(油房)을 탈취하려고, 황경섭 총살의 진인(眞因)

황경섭은 어릴 때에 러시아로 건너와서 러시아 이름으로 '까삐단'이라 칭하고 상업을 경영하는 중간 혹 일인과의 상업상 관계도 있었는데, 재작년 과격파 침입 시에 그 사유재산이 몰수될까 하여 착유기(搾油機)와 그 건축물 수천원 가격품을 씨의 숙지하는 일인 지쿠바(筑波)는 사진업자요 蘇王營 일인 民會長)의 이름으로 소유를 이전하였다. 황 씨는 원래 적이 '불령(不逞)'이라 인정할 일이 호무(毫無)한데 이제 3씨와 함께 피살함은 일인 지꾸바가 이곳 유방을 절취하려 하는 간책에서 나온 것이오. 적 헌병대와도 모종 묵계가 있었던 모양이라고 모씨는 말했다. (제76호 1920. 5. 15)

44. 大韓靑年團 聯合會 總會

4월 19일 모지에서 개최하다, 출석자 108인, 방청인 수백 명, 총재 안병찬(安秉讚) 씨의 진행방침의 연설

예정한 바와 같이 대한청년단 연합회 제2회 총회가 지난달 4월 19일 ○○○(남만주 安東縣)에서 개최되었다. 출석한 대표자 총수 108명이오, 방청인이 수백 명이다. 의장 안병찬의 사회하에 개회하여 상오 10시에서 하오 1시까지, 동 2시 반부터 7시 반까지 계속하였다. 회중에 각부 보고가 있었고, 재정에 관한 사항과 각종 제

의안은 다 비밀회의에 넘겼다. 동회 총재 안병찬은 동회의 진행방침 연설을 장시간에 걸쳐 행한 후에 내빈 중에서 독립단원 윤창수(尹昌洙), 새배달 사장 이시열(李時說) 양 선생의 축사 등이 있었다. 개선된 임원의 명단은 다음과 같다.

총재 안병찬(安秉讚), 부총재 김찬성(金贊成)

총무 김승만(金承萬) 차경신(車敬信)

서기 오능조(吳能祚) 유건혁(柳健爀) 이애시(李愛시)

각부장 서무(신설) 최지화(崔志化)

재무 김시점(金時漸), 교육 이탁(李鐸)

통신 오학수(吳學洙), 교제(신설) 김두만(金斗萬)

편집 박춘근(朴春根), 경호(신설) 여순근(呂淳根) 이상

총재의 연설

석상에서 행한 안병찬 총재의 진행방침 연설의 대략은 다음과 같다.

이는 일개인의 의사가 아니오, 본회의 규칙과 의결에 의한 범위내에서 작정한 방침이니 각 지방단이 다 일치 합력하여 성공할 것이다.

제1, 다섯 가지 이유에 의하여 임시정부를 애대(愛戴)·옹호·복종함.

1. 통치의 기관이 없으면 인민이 생활을 할 수 없나니 정부설립의 필요와 국민이 그 정부에 복종할 의무가 있으므로.
2. 10년의 적의 학정에서 벗어나 2천만이 한 뜻으로 거룩하게 세운 임시정부이므로.
3. 부분적 행동을 버리고 조직적 통일적으로 행동하기 위하여.
4. 교전(交戰) 단체의 승인은 최고 주권자가 있은 뒤에야 얻을 수 있으므로.

5. 국가를 대표하여 외교함에는 정부가 필요하므로.

제2, 각 지방단에서 의용단(義勇團)을 조직케 하고 그 대표 1인 이상을 본단에 모아 도의(導議)함.

제3, 대규모의 독립전은 정부의 명령을 기다릴지나 우선 적의 창귀(倀鬼)와 관공리, 적에게 아유(阿諛)하는 재산가 등을 토벌하기 위하여 상당한 수단을 강구함.

제4, 국내 선전에 관하여 기관보 '大韓靑年報'를 발간하여 세계의 대세, 민국의 국시(國是), 임시정부의 방침, 본회의 주의 등을 선전하며, 또한 폭탄의 굉성(轟聲) 등도 크게 선전에 유효하리라 함.

제5, 교통기관은 불완전하나마 정부로서 이미 주밀히 조직된지라, 일시 교통사무국(交通事務局)이 적의 피해를 입은 후 본단에서 임시 처리하였으며, 그후 본단 직원 이하 모모씨는 정부의 서임(敍任)으로 계속 시무중이다.

제6, 각 단체에 본단 대표자를 보내어 의사소통과 연락을 도모하였음.

제7, 중국 관헌이 근래에 우리 인사를 종종 포착하여 일인에게 넘겨주는 일이 있는지라, 본단은 평북 독판부(督辦部)와 협의하여 교섭코자 하는 중이다.

제8, 단원은 일절 행동을 삼가며 품격을 단련하여 국민의 모범과 중추가 되자는 본단 주지(主旨)를 실천할 것.

그 밖의 세목은 비밀에 붙이므로 공개 석상에서 말할 수 없음이 유감이로다. (제76호 1920. 5. 15)

45. 大韓獨立團의 略歷(1)

서간도(西間島)에 본부를 두고 각 방면으로 널리 활동하여 많은 효과를 거둔 대한독립단에 대하여 우리 일반이 크게 감심(感心)하는 바, 이제 대한독립단의 한 간부원으로부터 대한독립단의 약력을 기록하여 본사에 보내왔으므로 아래에 기재하노라.

민국 원년(1919) 3월 1일에 33현(賢)이 독립을 선언하고 공약을 반포한 후 3월 13일에 중국 봉천성(奉天省) ○○縣 ○○浦에서 유지인사들이 회집하여 한 단체를 조직하니 이름을 대한독립단이라 하고, 위치는 ○○浦 ○○斜에 임시로 정하니 그중의 중요한 인원은 지난 을사조약 후 의병(義旅)을 창기(唱起)하여 광복사업에 서사역도(誓死力圖)하던 조맹선(趙孟善)·최영호(崔永鎬) 양씨와 윤덕배(尹德培)·김원섭(金元燮) 등 10여 명이다.[64]

본단의 목적은 본국에 들어가 혈전(血戰)을 단행하기를 기도(期圖)하며, 외지에 있어서는 자치를 시행하기를 요망하여 남만(南滿) 각지에 지방단을 차례로 조직하였는데, 중앙본부의 직원으로 피선된 이는 단장에 조맹선, 부단장에 최영호, 참의장(參議長)에 윤덕배, 총무에 김원섭 등 제씨요, 지방 지부의 직원으로 피선된 이는 통화(通化)에 ○○○, ○○○, 흥경(興京)에 ○○○, ○○○, 임강(臨江)에 ○○○, ○○○, 집안(輯安)에 ○○○, ○○○, 환인(桓仁)에 ○○○, ○○○, 관전(寬甸)에 ○○○, 박추모(朴秋模) 등 제씨이다.[65]

중앙에서는 내외 각지에서 의연금을 모집하며 청년 중으로부터 독립군을 모집하고 지방에서는 100호 이상으로 구(區)를 정하여 매구에 구관(句管)을 설치하고 10구에 단장을 두어 자치의 행정을 시설하며, 각구에 건장한 청년으로 검찰대(檢察隊)를 편성하여 혈

64) 대한독립단은 1919년 3월 13일 奉天省 柳河縣 三源堡 西溝大花斜에서 조국의 독립을 기필코 완성하자는 취지로 조직되었다. 都總裁 朴長浩, 부총재 白三圭, 咨議部長 朴治毅,, 司翰長 金起漢, 참모장 尹德培, 총단장 趙孟善, 부단장 金元燮·崔永鎬, 총무부장 金平植, 사법부장 李雄海, 교통부장 梁甚瑕, 선전부장 邊昌根.

65) 여기서 지명 및 인명을 밝히지 않은 것은 보안상 이유이다.

전의 후원을 준비케 하고, 매호에 1원50전 금전을 배렴(排斂)하여 해당 지방의 경상비로 지출하며 연말에 이르러는 이를 청산케 하였다.

1919년 4월경에 이르러는 내외 각지에서 독립군에 참가하기 위하여 오는 청년이 날마다 100명이나 되어 급작스럽게 일대 군영(軍營)을 이룩하였는데, 경용(經用)의 불부(不敷)와 무장의 난판(難辦)에 실제상 곤란을 부르짖는 중 길림(吉林)에 살고 있는 지사 ○○○ 등 제씨의 소개로 아령(俄領) 하얼빈에 있는 러시아 구당(舊黨) 군영에서 출영케 된 우리 군인이 700명이 있었는데, 거기서 선후(善後)의 방침이 양호치 못한 사실이 있어서 많은 사람이 각각 흩어지는 지경에 이르렀다.

이러한 기회를 살핀 본단에서는 동 6월경에 최영호·윤덕배 양씨를 급히 출장시켜 러시아 군영 제대한 군인들을 아령 강동(江東)지방으로 다시 집합케 하여 거기 유주(留駐)케 하였던 것이다. (제101호 1921. 4. 2)

대한독립단의 약력(2)

원년(1919) 7월경에 이르러 중앙에 회집된 단원 청년의 수가 또 300여 명에 달한지라 1중대를 편성하고, 그중에 학과(學科)를 설치하여 군사지식을 가성적(可成的) 교수케 되었고, 환인(桓仁)과 관전(寬甸) 등지에 유림(儒林)의 주창으로 설립되었던 향약(鄕約)의 전체로 더불어 통일이 되었던 것이다.

9월에 이르러 최영호 씨로부터 군인 증파의 통지를 접하였으므로 2소대를 아령으로 파견하였고, 12월경에 적의 방해로 위치가 동요될 사실이 생겨 연습 중에 있는 군인은 각 지방으로 배치하고, 중앙 위치를 집안(輯安) ○○○川 지방으로 이정(移定)하니, 이는 위와 같은 사실만 있을 뿐 아니라 본단의 주의가 급진책이 지구책(持久策)보다 나은 점이 많고, 또 내지에 조직한 각 도군면단(道郡面團)에서 급속 토벌하자는 보고가 연속하므로 동원촉진의 상태를 함유한 계획인 것이다.

1920년 2월에 이르러 아령에 출주出駐)하였던 최영호 씨와 그 부원 김교순(金敎淳) 씨 등이 적의 정탐에게 해를 당했다는 보도가 있어서 급히 임시총회를 개최하고 회의한 결과 조맹선 단장이 아령 군사사무를 담임케 되어 동지로 출장하고, 모모 직원은 각 기관 ○○○위치로 출장되어 내지의 계획을 주비(籌備)케 하였던 것이다.

모 지방기관으로 경유하여 내지로 들어간 토벌대장 이명서(李明瑞)씨와 대원 이건영(李建榮)·고두환(高斗煥)·민양기(閔良基)·주리환(朱利煥)·원사현(元士玄)·이지포(李芝苞)·박치헌(朴致憲) 등 제씨가 평안 남북도에서 다소의 적을 토벌하고, 황해도로 곧바로 들어가 은율군(殷栗郡)에 살고 있는 고 의사 홍원택(洪元澤) 씨로 더불어 동군의 군수를 죽이고, 다른 지방으로 출동하다가 적병 수백 명에게 포위되어 4,5시간을 격전을 벌인 결과 적에게 다수의 살상을 주었으나 종내 중과부적으로 인하여 전부 순국하였다.

또 모 지방기관으로부터 출동된 토벌대장 주○○씨 이하 1소대는 전국 안을 통하여 토벌하기로 계획을 정하고 출동한 바, 삭주군(朔州郡)에서 적군과 개장(開仗)하여 몇 개의 적을 참하고 다소의 승리를 거두었으나 종군하였던 이선찬(李善贊)·문남규(文南奎) 양씨가 순국하였다.

관전(寬甸) 지방단 검찰원으로 재직 근무하던 이인규(李仁奎) 씨는 적병이 단내에 침입함을 보고 단총을 휴대하고 단신으로 돌출하여 사격을 행하였으나, 적병 수십명은 장총으로써 맹사격하므로 불행히 탄환에 맞아 붙잡혀 마차에 실려 해 현성뒤로 들어갈 때에 적에 대하여 노매부절(怒罵不絶)하다가 그날을 넘기지 못하고 순국하였는데 운명할 때에 대한독립만세를 소리 높이 불렀던 것이다.

동 지방에서 부총재 백삼규(白三圭) 씨와 그 부하 김득신(金得臣) 씨가 적에게 붙잡혀 환인(桓仁) 지방으로 압거(押去)하다가 중로에서 총에 맞아 순국하였고, 집안(輯安) 모 기관에서 근무하던 박운석(朴云錫)·감창락(金昌洛)·한병기(韓炳基) 제씨가 적병에게 붙잡혀 순국하고, 통화(通化) 지방 모 기관에서 윤덕배(尹德培) 씨가 적의 응견(鷹犬)이 된 소위 보민회(保民會)[66]의 방해로 순국하였다(이하 생략). (제102호 1921. 4. 9)

46. 尹致昊 씨의 誓約書

이때에 죽기를 기약(期約)

신한민보(新韓民報) 8월 16일호 경성통신은 윤치호 사건에 관한 다음과 같은 기사를 게재하였다.[67]

…나(통신인)는 윤치호사건에 대하여 씨를 아주 없애기로 결심하고 심야에 잠입하여 회견하였는데, 씨는 서약서를 작제(作製)하여 나에게 주고 진정(眞情)을 설파하기로 귀환하여 독립당(獨立黨) 본부에 보고하였던 것이다.

---

66) 保民會. 1919년 3·1운동 직후 재만 일본영사관이 재만 한인의 생명 재산을 보호한다는 미명하에 조직한 한국독립운동 사찰기관이다. 일제의 앞잡이 崔晶圭(昌圭)를 회장에 임명, 독립투사를 정탐하였다. 본부를 처음에는 興京縣에 두었다가 奉天으로 옮겼다.

67)『新韓民報』(1919. 8. 16), '윤치호 씨의 맹세한 글.'
3·1 운동이 거족적으로 일어났지만 독립에 실패하자, 윤치호는 '독립운동무용론'을 주장했다가 친일파라는 규탄을 받았다.

서약서

일인은 한인의 원수라, 한인이 되고야 어찌 우리의 원수와 부동(扶同)될 수 있으리오. 일인이 나의 이름을 빙자(憑藉)하여 글을 만들어 사면에 광포(廣布)함은 우리 독립운동을 무매(誣罵)하고자 함에 불과하는 정책이니, 우리 동포가 이를 믿는다 하면 이는 윤치호의 장차를 알지 못하는 것이다. 나는 이 시기에 죽기를 기약하였으나 일인이 나를 방치·보호하고, 나의 말이라 하여 내외에 전파하여 우리 민족의 목적을 박멸하려 하니 토혈자결(吐血自決)할 일이다. 나는 병든 지 한 달여라 일인이 나를 잡아가 죽이든지 나의 동포에게 죽던지 하기 전에 신병으로 죽을 듯하니, 슬프다 나의 애국동지들이여, 한족이 최후 한 사람까지 몰사(沒死)하면 할 뿐이지 금일의 기회를 잃으면 다시 여망(餘望)이 없도다. 애국 동지는 나의 아직 사람 있음을 용사(容赦)하고, 내가 죽은 후이라도 나의 이름을 지옥으로 보내지 말면 나의 혼이라도 동족과 함께 있으리라 - 7월 4일 윤치호는 애국 동지에게 부치노라. (제16호 1919. 10. 2)

47. 第二回 獨立示威運動

적경(敵警)과 필사적인 백병전(白兵戰)을 연출(演)하고 10월 말일 경성·평양 기타에서 활동개시

각지에 있는 제2회 독립 대시위운동은 이미 몇 달 전부터 계획을 세우고 시기를 기다리던바 지난 10월 31일 일본 천장절(天長節)을 기하여 일거(一擧)에 적의 심담(心膽)을 서늘케 하려고 착착 준비 중이러니, 이에 앞서 경성 기타 각지에서 가지가지 풍문이 낭자한지라. 이제야 낭패한 적경은 이 같은 형세에 대항하기 위하여 무수한 청년 남녀를 이유 없이 포박구류하며 독립운동 간부와 적경 간에 은연중 백병전의 형세를 드러내 보임에 10월 27일에는 경성합동

(京城蛤洞) 이하영(李夏榮) 집 대문에 '大韓獨立萬歲'의 여섯 글자를 큰 글씨로 써 놓았으며, 잇달아 별보와 같이 고보생(高普生)의 동맹휴학(罷課)과 동시에 일대 시위운동을 일으킴에 적경 전부가 각반(脚絆)으로 출동하여 해산을 강제하며, 또한 자동차 시위운동이 있다는 풍설을 잘못 믿고 당일 경성 시내 자동차 전부를 적경에 압수당하는 등의 진풍경이 있었다. 우리의 운동은 31일 오후로 막을 열었다. 적에게 체포되는 자 시시각각 증가하는 중이다(경성).

평양의 시위운동

10월 31일 평양 장현(章現)교회에서 모씨의 결혼식이 있었다. 예식이 끝나고 민중은 예식장 앞 큰 길에 집합하여 태극기를 분배하고 선언서를 돌리면서 만세시위운동을 행할세, 홀연히 적병이 출동하여 격투(格鬪)를 연출하고 수명의 청년을 포박하여 간지라 인심의 흥분이 극도에 달하여 대사(大事)의 돌출이 예기되었다(평양).

평북 각지에 만세성.

확실한 보도에 의하건대 평북 의주·선천·정주·영변 등지에서는 31일에 규모와 질서가 있게 만세시위운동을 행하였다는데, 상세한 보도는 후보를 기다리는 중이다. 이하는 이번 운동에 선포된 '선언서'이다.

선언서

3월 1일에 우리 대한의 독립을 선언함으로부터 우리 2천만 민족은 마음과 소리를 합하여 거짓 없는 우리의 의사를 세계에 선명(宣明)하되 엄정한 질서와 평화로운 수단으로써 하였도다. 이래 8개월을 지날세 일본은 귀중한 우리 민족의 의사를 무시하고 신성한 우리 민족의 운동을 폭동이라 속이며 군경을 남용하여 우리 민족의 선도자인 지사와 자유를 규호(叫號)하는 우리 형제와 자매를 능욕하고 구타하고 학살하여 마침내 2만여의 사상자와 6만여의 투옥자를 내기에 이르렀도다.

평화로운 우리의 촌읍(村邑)은 분훼(焚毁)되고 학살된 자 - 얼마이며 - 사랑하는 우리의 처녀(妻女)의 능욕(凌辱)된 자-얼마뇨. 실로 우리는 학살되고 능욕된 자의 형이오 아우요 아비요 아들이며 지아비요 처로다. 우리의 원한이 이미 골수에 사무쳤고, 우리의 증오와 비분이 이미 가슴이 찢어지려하건 마는 우리는 3월 1일의 초지(初志)를 중히 하고 인도와 정의를 위하여 한번 더 마음속으로 참고(隱忍) 한번 더 평화로운 만세소리로 우리 대한민국의 독립국이요 우리 대한국민의 자유민임을 일본과 및 세계만국 앞에 선언하노라.

대한민국 원년 3월 1일에 이미 우리 민족의 자유민임을 선언하고 인하여 금년 4월 10일에 임시의정원과 임시국무원이 성립되니 이에 우리 민족은 우리 민족의 일치 화협(和協)한 의사와 희망에서 발족한 대한민국의 국민이 된지라. 일본이 아직 무력으로써 우리 3천리 민국토(民國土)를 점령하였거니와 이는 벨기에의 국토가 일찍 독일의 무력하에 점령되었음과 같은지라.

우리 민족은 대한민국의 국민이오 우리 민족을 통치하는 자는 대한민국의 임시정부이니 우리 민족은 영원히 다시 일본의 지배를 받지 아니할지라. 일본이 무력으로 우리 민족을 포로로 함은 가능하려니와 일각이라도 우리 민족을 일본의 신민(臣民)으로 하지 못할지며, 따라서 우리 민족은 지금토록 강제로 당하여 오던 일본국가에 대한 모든 의무를 폐기하고 일본정부에게 대하여 조선총독부와 거기 소속된 모든 관청과 및 육해군을 철거하고 우리 대한민국의 완전한 독립을 확인하기를 요구하노라.

일본이 근래에 다소 자가의 잘못(非)을 뉘우치어 깨닫고(悔悟) 조선 통치의 개혁을 운운하나 이는 우리 민족이 상관할바 아니다. 우리 민족의 요구는 하나이오, 오직 하나이니 즉 완전코 절대적 독립이 있을 뿐이다.

만일 일본이 여전히 한일 양 민족의 구원한 이익과 세계 인류의 자유와 평화를 무시하고 우리 대한민국의 영토의 점유(占有)를 계속할진대 우리 민족에게는 오직 최후의 혈전(血戰)이 있을 뿐이니, 3월 1일의 공약의 제3조를 지켜 최후의 한 사람까지 싸울 것을 불사할지며, 아울러 이는 자유와 생명의 전쟁임에 최후의 목적을 위하여는 수단과 방법을 택하지 아니 하기를 이에 성명하노라.

공약삼장

Ⅰ. 질서를 엄수하여 난폭한 행동이 없을 것

Ⅰ. 부득이 자위(自衛)의 행동에 나서더라도 부인 소아 및 노병자(老病者)에게는 절대로 해를 가하지 말 것.

Ⅰ. 전 국민 일치로 독립의 요구를 강하게 표현하되 최후의 한 사람까지 할 것

대한민국 원년 10월 31일 (1919. 10. 31)

대한민족대표

박은식(朴殷植) 박환(朴桓) 박세충(朴世忠) 안정근(安定根) 안종술(安宗述) 조의홍(趙宜弘) 오능조(吳能祚) 허완(許玩) 최정식(崔正植) 최지화(崔志化) 도인권(都寅權) 정운시(鄭雲時) 연병우(延秉祐) 신태화(申泰和) 한우삼(韓于三) 고일청(高一淸) 이상로(李相老) 이락순(李洛淳) 이병덕(李秉德) 이종간(李鍾旰) 이화숙(李華淑) 이근영(李根英) 명제세(明濟世) 김구(金龜) 김희선(金羲善) 김경하(金景河) 김찬성(金燦星) 김가준(金可俊) 김기창(金基昶) 김철(金哲)

(제27호 1919. 11. 11)

48. 독립 후원회의 선언서

본 문서는 미국 펜실베이니아(費府)에 본부를 두고 서재필(徐載弼) 박사의 주관하에 미국 여러 명사를 회원으로 망라하고 독립후

원회의 선언서이다.

한국은 과거 4천여 년간 절대독립을 향유하였으며 한국의 완전한 주권은 만국이 승인한 바다. 한국은 오랜 역사와 특수한 언어, 문학, 문명 및 표준적 도덕을 가진 국가이다.

약 40년 전 한국이 외국과 통상을 개시한 후로 세계열강은 한국과 조약을 체결함으로써 한국이 독립국임을 승인하였으며, 또한 각국은 수호조약을 체결하여 우의를 표시하였다. 그 중에도 미국은 1882년에 한미조약을 체결하여 만일 타국이 한국에게 압박을 가하거나 부정당한 행동을 행하는 시는 원조해주겠다는(good offices, 거중조정, 從中善爲調處) 것을 굳게 서약하였다.

한국은 미국 선교사를 영접하되 온갖 예절을 다하였으며 현금 한국에는 미국 각 교회에서 파견한 선교사가 남녀 합하여 3백인 이상이며, 각 선교사의 노심(勞心)한 결과 과거 20년 간에 기독교도의 수가 거진 백만에 달하였으며 이외에 천주교에 입교한 자도 약 2백만이나 되도다.

1910년 일본은 불법수단으로 한국의 주권을 침해하고 합병을 늑행(勒行)하였다. 합병 후 일본은 한국인민에게 대하여 온갖 불의패도(不義悖道)한 행동을 자행했다.

지난 3월 1일 전 한국인은 분기하여 독립을 선언하고 공화정부를 조직한 바, 이에 참열(參列)한 자의 다수는 고상한 성격과 학식을 구비한 기독교도이다. (제23호 1919. 10. 28)

49. 일군폭력하(日軍暴力下)로 돌아간 해삼위(海蔘威)의 비참한 광경(光景)

신한촌(新韓村)은 불에 타고 한인 380명이 잡히다.

일군이 해삼위를 점령함은 이미 보도한 바와 같거니와 근착한 여러 정보를 종합한 당시의 상황을 보건대 4월 4,5일 양일간에 돌출된 일군의 행동은 그동안 일군이 시베리아 각지에서 행한 각종 폭행 중에 가장 학독(虐毒)한 악행인데, 일군은 소총 기관총 대포를 사용하여 시가지를 파괴하였다. 사건의 시작은 일군이 먼저 고의로 러시아 군의 보초선을 건드림이라 하며, 이 사건에 관하여 러시아인의 분노는 극도에 달하였다.

난전(亂戰) 중에 2명의 체코군이 죽고 많은 러시아 병사와 러시아 시민이 잡히고 상했다.

한인촌(韓人村)의 학교와 신문사 및 사택이 많이 불에 탔다. 4월 4일 밤중에 일군은 한인촌을 습격하여 허다한 부녀와 어린 아이가 침상에서 잡히어 결박을 당하여 일군의 계엄하에 시가지를 통과하는 것이 보였다. 한인 중에 사상자의 수효는 알 수 없고 피포자(被捕者)도 미상한데, 380명이라는 보도도 있다. 그중에 20명의 동자군(童子軍)이 섞여 있다. 또 어떤 이는 영국 군복을 입은 러시아 병사와 한인이 함께 포박되어 끌려가는 것을 보았다 한다. 소학교와 신문사는 대낮에 일병의 손으로 방화되고, 또 일병에게 잡히어 가장 악형을 받은 이 중에는 신문주필 전일(田일?) 씨가 있다. 아침에 보니 많은 한인이 불에 타 재가 된 집터에 모여 무엇을 찾을까 들추는 광경이 심히 비참하다. 이번 일군 폭행에 가장 해를 받은 자는 한인이라 한다.

일군수하(日軍手下)의 해항(海港)

러일 양군 개전 후 러시아군은 중과부적으로 패퇴하고, 일군은 승승장구하는 중 소련군의 불평을 고려하여 감히 횡행하지는 못하나 때로 한러 인민에 대하여 시위의 수단을 행했다. 외교단 소식에 의거한즉 현하 시베리아 및 연해주(沿海州) 등처의 실권은 일본인에게 돌아가고 러시아군은 실패한 후 지휘의 힘을 이미 상실하고 각처에 흩어져 숨었으며, 경관은 무장은 하였으나 역시 일군의 감독을 받고 있다. 화를 입은 각처의 인민은 외롭고 고달퍼서 고하는 바가 없고 산 위에서 노숙하며, 농사는 그치고 밭은 거칠어 처량 참담하다. 한인은 무고히 독타(毒打)와 체포와 참살(慘殺)을 당하며, 도피코자하나 돌아갈 곳이 없으니 정상(情狀)이 더욱 가련하다. 일군이 해항 시가에 고시(告示)를 많이 내걸었는데 그 글에 속이고 업신여기며 모욕(欺凌侮辱)의 어구가 많다. 체코병 및 러시아 부인은 이에 대하여 분개하며 첩지(貼紙)를 파손하다가 일군에게 붙잡혀 구타를 당하는 자 적지 않았으며, 기타 이와 같은 정형(情形)은 이어 기술하기 불가능하다. 최근 일인은 또 국중(國中)에 정예 약 2개 사단을 골라온다 하여 러시아 인민은 공황중이다. 체코군이 동정하여 일군과 사전(死戰)을 결하기를 극히 바라며, 또 미군이 내도하여 진압하기를 희망(盼望・반망)하는 중인데 미국 군함이 불일간 해항에 내도한다는 설도 있다고 한다(民國日報).

해항(海港) 점령의 결과

일군의 소득이 무엇인가. 일군이 이번에 해삼위를 점령한 후 얻은 바 성적에 대하여 세인은 다음과 같이 평하고 있다.

1. 협약국의 회의와 항의
2. 체코군은 원수로 여김(仇視)
3. 중국의 주권과 영토를 파괴하려는 야심 폭로.
4. 러시아 인민의 더욱 심한 악감과 한인의 극렬한 원수를 갚을 마음(報仇心) (제67호 1920. 4. 20)

50. 뉴욕(紐育)에 있는 한인의 활동상황

선언기념 축하회에 관한 상보

재류하는 동포가 남녀 합하여 49명

이미 보도한 바와 같이 북미 뉴욕에 있는 한인은 3월 1일 축하 후 동 4일에 미국 인사를 청하여 성대한 기념식을 행하고 따라서 독립원조회가 발기되었는데, 이날 저녁의 필기록이 도착하였으므로 아래에 초재(抄載)하노라.

개회선언서 낭독

서재필(徐載弼) 박사 개회를 선언하고 기도 주악이 있은 후 한미 양국의 국가(國歌)를 합창하였다. 서 박사가 독립선언서를 낭독한 후 묵도 반분간. 이어 각 명사의 연설이 있고 그 사이에 커디쓰양의 독창이 있었다. 또 이승만 대통령 기타에게서 온 축전이 낭독되었다.

불의자는 갚음을 받는다. 보스턴 대학교장 멀린 씨 등단

지금 사회가 낭독한 한국독립선언서에는 털끝만큼도 복수적 어조(語調)가 없고 온순하고 당당합니다. 나의 일생의 친우 중에는 일본인이 많습니다. 나는 한국을 생각하는 이보다 일본을 위하여 더 많이 생각합니다. 그러나 전에 한 시인이 "모든 행위는 행한 자에게 돌아간다."한 그 법칙은 지금토록 진리를 가졌습니다. 불의를 행한 자는 어느 때 어디서든지 갚음을 받지 않을 수 없습니다. 역사가 이를 증명합니다. 세계대전은 유럽 열강이 그 부정(不正)의 갚음을 받음이외다(중략).

일본을 구원키 위하여

나는 미일협회(美日協會)의 일원이므로 나는 회에 이 같은 질문을 발하였으나 아직 대답을 듣지 못하였소이다. 핑계와 변명은 들었으나 명료한 답변은 못 들었습니다. 그 질문은,

(1) 한국국민이 4천년간 독립을 누리고 일본과 조약을 맺어 온 것이 사실이 아니냐.

(2) 러일전쟁이 개시될 때에 일본은 한국의 영토주권을 보증한 것이 사실이 아니냐.

(3) 일본이 전승의 결과 스스로 자랑하고 과시(自誇)하여 독일의 군국주의를 모방하여 이 신성한 조약을 무시하고, 폭력으로 한국을 점유(占有)함이 사실이 아니냐.

(4) 이것이 다 사실이면 과연 그런 것이 다 정당할까. 이런 정책을 가지고 귀국이 능히 번영하리라 하느냐.

독일이 당한 말로를 보시오. 천제(天帝)는 아직 세상을 주관하십니다. 세계 어떤 나라가 능히 한국민과 같이 그런 포학한 압박 하에서 그처럼 당당하고 침착하게 자기 의사를 발표할 자 있습니까. 그러나 3만 2천의 한인은 이 정당한 항의 때문에 옥에 들어가고 1만여 명의 남녀 노유가 죽고 상하며 아직도 그 참극이 끝나지 않았습니다. "나는 일본을 구원키 위하여 빕니다. 그들이 종당에 하나님의 진노를 받지 않기를 바람으로…"

정의가 최후 승리자

필라델피아 성마테 교회 목사 엣윈 델크 씨는 인도주의는 날로 진보합니다. 노예는 해방되고 부인도 속박에서 벗어났습니다. 압박하에 있는 모든 약소국도 자유를 얻을 때가 왔습니다. 뉴욕 전도총회의 보고에 의하면 한국 내의 참극은 형언할 수 없습니다. 물론 일본은 물질적으로 한국에서 발전하였지요. 그러나 그들은 한국 국민을 멸망케 하려 합니다. 그 사실을 보시오.

(1) 일본은 한인에게서 정치 및 경제상 모든 권리를 빼앗았소.

(2) 일본은 한국역사를 가르치지 아니했소.

(3) 일본은 한국의 정신을 멸하기에 전력하였소.

(4) 일본은 한국 안의 기독교를 멸하려 하였소.

일본은 불가능의 일을 해 보려 합니다. 종말에는 독일과 같이 망할 것이외다. 혹은 묻되 "한국 독립은 불가능하다 하면서 왜 이를 찬동하느냐" 그러나 모든 물질적 이익도 정신적 자유에 승(勝)하지 못합니다. (중략) 나는 일본의 친우외다. 그러나 문명한 세계로는 용사(容赦)치 못할 그 한국정책을 비난하지 않을 수 없습니다. 압박의 시대는 지나갔다.

목사 스미드 씨

나는 미국의 이상주의로써 동아의 운명을 통찰할 때 한국 독립을 확신합니다. 미국이 한국 문제에 밀접한 관계가 있는 점은,

(1) 기독교적 미국은 세계상 모든 약소국의 분투에 관계합니다. 지금은 약소국의 시대가 이르렀습니다.

(2) 기독교국은 모든 압박 하에 있는 국민을 동정합니다. 국제연맹은 이 모든 약소국의 권리가 확립된 후에라야 가능하리라 합니다.

(3) 한국은 전도유망한 나라이외다. 4천년의 역사를 가진 이 나라는 장래를 바라보고 나아갑니다. 그는 당당한 약소국의 정의가 그를 원조합니다. 강대국이 약소국을 압박하던 시대는 지나갔습니다.(후략)

자유 그렇지 않으면 죽음

길모어 피수 등단. 먼저 한국의 문화와 일본의 그 문화 박멸책을 술하고 한국의 모든 애국자와 순국자여, 네가 일본 앞에 굴하거나 이와 싸우는 두 길을 택하라. 독립선언은 아직 선언에 지나지 못하도다.

한국의 현상은 그렇게 절망적이 아닙니다. 터키 지배하의 그리스는 그보다 더 하였습니다. 오스트리아 지배하의 실레지아(Silesia)는 그보다 더 하였습니다. 한국에는 아직 맛치니(Mazzini) 가리발디(Garibaldi, 1807~82: 이탈리아 통일 애국자)가 나지 않았지마는 그 운동은 서서히 견고하여 가고 진취됩니다. 한국은 독립을 위하여 분투 중이오. 우리는 우리 조상이 자유를 위하여 싸운 것을 잊지 맙시다. 한국은 문명을 가진 나라였소. 한국은 병합을 반대하였소. 한국은 지금 민족자결의 정의에 의하여 일어났소. 한국은 한 장의

선언서로서 일어났소. 그러나 그 대업이 성취되려면 군사상 전투가 있어야 하겠습니다. 한국이 일본과 선전한다면 냉소할 사람이 있겠지오마는 내가 한인이 되었다면 “자유를 다고 그렇지 않으면 죽음을 다고”하고 절규하겠습니다.

죽는 날까지 참으라

원조는 뜻하지 않았던 곳에서 오리라 합니다. 만주, 몽고, 러시아에 몇 백만의 한인이 있습니다. 러시아 혁명당은 일본을 배제합니다. 한러 양국의 연합도 가능합니다. 일본 국내에는 자유주의운동이 성합니다. 물론 영・프・독・러가 다 부정한 일을 하였겠지오. 그렇다고 일본의 부정(不正)이 정의가 될 수는 없습니다.

미국 성시(城市)마다 선교부를 조직하시오. 국내의 두령을 지지하시오. 세계에 원조를 청하시오. 인도와 정의를 믿으시오. 죽는 날까지 참으시오. 하나님의 계획은 장구하나 틀림이 없습니다.

교수는 더욱 일본의 기독교 압박정책과 대륙정책 등을 통론(痛論)하고 또 미국의 한국에 대한 책임을 논한 후 결론하여 가로되,

의분(義憤)에 급히 일어서는(崛起) 미국

우리는 미국에 정의와 인도를 위하여 열렬한 여론을 일으켜야 하겠소. 비인도를 위하여 싸우는 전사가 날로 증가해야 하겠소. 한국의 부녀가 어떻게 어느 때 능욕(凌辱)을 당하고 학대를 받은 정확한 사실을 전파하여야 하겠소. 선교사들은 항의할 것이오. 항의하다가 쫓겨나면 그대로 보고할 것이오. 우리는 의분에 불타는 여론을 전국에 일으킬 것이오. 미국의 열렬한 진노가 한국민을 위하여 일어나는 날까지 정확하고 진실한 사실로서 전국에 전파하게 하시오.

축도가 있고 산회하였다.

동시(同市) 재류동포(在留同胞)

국민회(國民會)와 독립단(獨立團)

동지에 재류하는 우리나라 동포의 현황을 동지 국민회의 통신에 의하건대 동 수효는 남 35, 여 9 (그 중 백인 4), 아동 6, 합하여 49인이며, 단체로는 천세헌(千世憲) 씨를 회장으로 하는 국민회와 신한회(新韓會)의 후신인 독립단이 있는데, 전자는 26, 후자는 6의 회원을 가지고 있다. (제73호 1920. 5. 6)

제4편 인터뷰 · 演說文

1. 不可避의 最後手段

하와이(布哇)에서 渡來하신 모씨는 전날 밤 모처에서 다음과 같은 연설을 시도하다

하와이(布哇)의 한인. 재 하와이 한인 6천 명은 국민회(國民會)의 이름으로 정치적 단결을 견고히 지었다. 남녀 120명의 학생을 가진 국어학교는 재산이 3만 불, 1년 경비가 1만 불인 바, 그 반은 한인의 자판(自辦)이다. 한인 선생 2명, 백인 6명이며 교회는 미이미파(美以美派: 감리교)인데, 한인의 자치이다. 국민회의 재정은 집 한 채와 기타 적립한 금액이 2만여 불이요, 의무금(義務金)은 학생 이외 18세 이상 남자는 모두 부담하였으며, 1,200명의 부인은 부인회를 조직하여 하와이에 총부를 두고, 1년 경비가 약 7천 불이다. 학생계는 매년에 34명의 졸업생이 나오며 한인의 생산율은 양호하다.

독립운동. 작년 11월에 미주와 합동하여 대표를 파리에 파송코자 하였나니 하와이 대표로는 이승만 박사가 선정되었고, 당시의 생각은 다만 우리의 사정이라도 진술하여 후일을 기하려는 작은 목적에 지나지 못하다가 3월 9일에 상해 전보로 본국 운동(3·1 운동)을 들은 후로는 눈물로 세월을 보내고 있다. 다만 본국 목적의 유혈을 무효로 돌리지 않기만 바람으로 견고히 결심하였었다. 하와이에서 나서 생장하여 본국 형편을 도무지 모르는 소학생들도 신문을 보고 두세 시간을 교실에서 통곡하므로 백인교사들까지 따라 운 일이 2,3차가 아니다(박수).

독립운동을 위하여 기도회를 개최함에 불신자까지 참석하였다(박수). 재정모집에 관하여 곳곳의 동지들은 활동 중이다. 5월에서

8월까지 7만5천 불을 모금하기로 한 바, 8월 13일까지 약 4만 불이 모집되었다. 부인은 10불 이상, 남자는 15불 이상씩 의무적으로 납금하며, 부자들은 모든 재산을 자기 사사 것으로 알지 않고 있다.

의혹(疑惑)의 빙해(氷解). 열심의 극에 달하였던 인심이 일시는 조금 고식된 일이 있었으니 즉 원동(遠東)과 통신의 불완전으로 충분한 이해가 없었다. 5월 15일 이후로 현순(玄楯)의 보도(報道) 끊어진 후 각종의 보도가 오착이 심하였다. 그런고로 일면으로는 상해정부의 기초가 견고치 못한 듯 하고 일면으로는 어떤 보도도 신용할 수 없게 되었다. 그러므로 모집된 재정은 다 워싱턴으로 보내고 인심의 동요가 부득이하다. 오늘 나는 상해에 이르러 제반 사정을 알고 보니 실로 상쾌한지라 이로부터 피차가 요해(了解)가 원만하여 단합의 실을 거둘 수 있으리라.

미인의 동정. 하와이 섬 인구 30만 중 일인이 14만이므로 종래의 일인의 세력이 깊었다. 그러나 금일은 14만의 일인의 세력이 6천의 한인의 세력만 못하다(박수). 단 두 가지의 영문보(英文報)는 일제히 제1면에 대서특서하여 한국문제를 기재하며, 한인을 위하여 판조(辦助)하고 있다. 한국 이번 운동은 세계 역사상에 없는 신운동 즉 실지로 생명과 나라를 바꾸는 정신의 발로라 칭찬한다(박수).

하와이 도왕(島王) 백년제(百年祭)에는 한인도 독립국의 자격으로 참가하였다. 모씨는 '大韓獨立'이라 쓴 기를 들고 나갔더니 일인이 보고 논란타가 도리어 백인에게 여기가 너희 나라냐고 망신하였다.

이전에는 미주에서는 한국 이름도 모르는 자가 많았다. 이번에는 위로는 정부 국회로, 아래로는 노동계급까지 한국문제를 논란치 않는 이가 없다. 캘리포니아 노동회는 대한독립 승인을 청원하자고 의론된 일도 있었다. 펜실베이니아(費府)에서는 독립관을 빌려 주었으며, 워싱턴에는 독립원조회가 생겨 회장은 전 해군제독이오. 재정을 모집하여 ○○○○의 사업을 진행 중이다. 미국 상원에서 이미 여섯 차례의 언론이 있었다. "애란(愛蘭)은 원조하고 한국은 원조치 않음은 한인은 투표권 없다고 그러느냐," "한인을 금일에 도와주지 않으면 한인을 망하는 자는 월슨이다." 하는 등의 의론까지 일어나고 있다.

다만 우리의 힘. 이와 같이 우리에게 대한 동정이 다대하거늘 우리 자신은 무엇을 하는가. 우리들이 힘쓰지 아니하면 외부의 큰 힘은 수축될지니, 그러므로 하와이 동포는 이전에 있던 구별 버리고 지금은 다 하나이 되어 다만 우리 정부에 바치기로 깊이 결심하였도다(박수). (제7호 1919. 9. 9)

2. 俄領의 韓人, 50만 이상 100만 이하, 大戰이 自覺을 주다

誠齋先生談

이미 보도한 바와 같이 성재 이동휘(李東輝) 선생은 9월 22일에 본사를 내방하시다. 오후 4시에 국무총리께서 오신다는 보도를 듣고 사원 일동은 마음에 기대하고 있었다. 3시 반이 조금 넘어 본 기자가 편집을 마침 끝내려 할 즈음에 선생의 웅자가 편집실에 나타났다. 첫 인상이 기자의 상상하던 바와 판이하다. 기자는 장구형안(長軀炯眼)의 노신사를 머리에 그렸더니, 실로 선생을 접견함에 풍융(豊隆)한 체격, 늠름한 태도, 다정한 목소리, 명철한 어조가 흡사히 친아버지를 대함과 같다. "일전에는 총총히 만나 만족히 담화치 못하였노라." 인사를 마친 후에 선생이 먼저 입을 연다.

신문사의 개황설명을 들으신 후 발송 등에 대한 주의가 있었다. 선생은 기자의 물음에 답하여 아령의 사정을 아래와 같이 진술하였다.

아령의 한인은 백만으로 계산하나니 적어도 50만 아래는 아닌지라. 근래에는 농업 이외에 상업계에서도 발전하여 소왕영(蘇王營)에는 한인 상업시가를 이루니라. 교육현황은 자세한 조사가 없으나 한인 50호에 1교씩은 있으며, 금년에 교육방침을 확립코자 하다가 독립선포 후에 약간 지연되니라. 우랄 이서에 있는 한인이 약 2만이오, 그간 대전에 출전한 이가 1만8천이라. 지금은 다 귀환하다…

선생은 더욱 계속하여 "금번 대전 이후로 아령에 있는 한인이 부지중에 큰 자각을 하였도다. 대전에 참가하여 각색 문명이기를 실견한 후로 문명에 대한 자각이 있었고, 다음에 혁명이 일어나자 각 민족이 제각기 민족자결에 의하여 단합할 때에 한인도 자결의 결심이 생기지 않을 수 없었다. 한국 사람은 한국 사람끼리 살아야 하겠다는 큰 자각이 이로써 발하였도다."

선생은 형형한 눈을 열심으로 빛내면서 수건을 내어 이마의 땀을 씻는다. "아령에 대한 오해? 아령에서 신래자(新來者)를 환영치 않아! 제 행실 잘못하면 대접을 잘 받지 못할 것이요, 행실만 잘하면 우대받을 것이다. 제가 잘못하여 몸 못 붙이고 와서 험담하는 말을 믿음은 불가다. 3월 이후에 수백 명의 인사가 입거(入去)하였으되 굶은 사람은 하나도 없다. 먹여주고 입혀주고 땔감까지 주는데 게서 더한 대접 어디 있겠는가. 지식계급에 있는 인사는 마땅히 해 지방의 소박한 풍속을 이해하고 입거하기를 원하노라."

마침 일인이 2대대를 한국에 증파한다는 보도를 보임에 선생은 가로되, "그들이 암만 군대를 더 파송하면 무슨 소용이뇨? 인제야 집집이 파수(把守)를 세우면 어떠리오. 모두 예기한 바가 아니뇨." 초추의 잔서가 차차 심할세, 선생의 담화는 끊일 줄을 모른다. (제13호 1919. 9. 25)

3. 방황하지 말라(勿彷徨), 安昌浩의 연설

만일 가능할진대 나는 이 말을 천애지단(天涯地端)의 한족(韓族)에게 까지 전하려 하오. 가로되 대한의 남자와 여자여, 이때는 방황할 때가 아니오 전진할 때라고. 우리 대업의 성불성(成不成)은 전혀 우리 민족의 방황여부에 달렸소. 그러므로 우리가 각각 먼저 판단할 것은 "나는 방황하는 자가 아닌가." 함이외다. 우리가 방황하면 우리의 독립에 대하여 세계도 방황하고 일본도 방황하고 따라서 우리의 자유와 독립도 방황할 것이외다.

3월 1일 이래로 우리는 방황하지 아니하고 전진하였소. 만일 지금 와서 방황하면 우리에게 올 것은 죽음뿐이외다. 우리는 배수의 진을 친 자이니 성공이 가까워도 나아가야하고 멀어도 나아가야하며, 살아도 나아가야 하려니와 죽더라도 나아가야 하오. 독립이 완성하는 날까지, 그렇지 아니하면 우리가 다 죽는 날까지 전진하여야 하오.

우리 중에 혹 비관하는 자가 있는 듯하나 그것은 잘못이니 대한민족은 낙관할 것이외다. 혹 우리의 실력이 남만 못한 것을 의심하여 비관을 생하는 지자(知者)가 있소. 그는 말하되 우리에게는 병기도 무장(武將)도 숙련한 군사도 없으니 무엇으로 전쟁을 하며, 외교의 양재(良才)가 없으니 무엇으로 외교를 하랴 하여, 혹 퇴은(退隱)하려는 자도 있거니와 이는 잘못이니 동포는 낙관하라.

미국이 독립을 운동할 때에 미국의 지도자는 런던의 외교가만도 못하였을지오. 미국의 인민도 수로나 질로나 부(富)로나 영 본국의 인민만 못하였을 것이오. 학자도 그러하고 군비도 그러할 것이외다. 만일 당시 미국 인민이 영·미의 실력을 교계(較計)하고 방황하였던들 미국은 독립하지 못하였을 것이외다. 그러나 미국 인민은 자유가 아니면 죽음이라는 결심으로 혈전 8년에 마침내 독립을 얻었소. 그러므로 우리도 방황하면 독립을 얻지 못하고 전진만 하면 독립은 자연 얻을 것이외다.

과거의 지사들은 10년간 수천인이라도 일시에 일어나기를 도모하였으나 얻지 못하였는데, 3월 1일에는 전 국민이 일어나지 아니하였습니까. 이는 실로 반만년 역사 중에 극히 영광스러운 일이외다. 과거에는 우리가 세계에 대하여 우리를 존경하기를 청하여도 얻지를 못하였거늘 지금은 세계가 우리를 존경하지 아니합니까. 처음 임시정부를 설립할 제는 각지의 두령이 취회(聚會)하기를 바랐거늘 지금은 완취(完聚)하여 그 열성과 화합하는 상태는 실로 흔열(欣悅)을 불감(不堪)하게 되었으며, 과거에는 내지 동포의 사상과 행동이 통일되기를 바라거늘 지금은 통일되었소. 그러고 본즉 대한민족이 금일의 행운을 당하여 필요한 것은 오직 인사(人事)뿐이외다.

각인이 결심하고 전진하면 우리 일은 성공할 것이오. 각인이 할까 말까하고 방황하여 실제에 무엇이나 하는 일이 없으면 우리 일은 갈 것이외다. '하겠다' 하시오. '할 것'이 무엇이냐. 물론 결국은 피를 흘리는 것이지요. 생명을 희생하는 것이지요. 그렇지마는 금일에 우선 할 것은 돈을 만들거나 몸으로 사역(使役)을 하거나 무엇이나 하는 것이 있어야 할 것이오. "너는 무엇을 하느냐" 하고 물을 때에 대답 못하는 자는 큰 죄인이라 하오.

작은 감정(感情)으로 큰 분(分)을 해치지 말라

작은 손으로 눈을 가리우면 태산과 대양을 보지 못함과 같이 심두(心頭)의 작은 감정은 대분(大分)을 잊게 하는 것이오. 개인 간의 소감정을 일체 삼제하시오. 사사로운 투쟁에 겁(怯)내고 공전(公戰)에는 용감하시오. 이승만 대통령에 불평이 있거든 버리라.

가인(嘉仁, 大正)에게 대한 불평이 감하리다. 완전한 자유국민이 된 뒤에 자유로 논평도 하고 탄핵하시오. 미국에서도 전쟁 전과 전후에는 윌슨을 자유로 공격하였으나 전쟁하는 동안에는 그를 공격한 자가 없을 뿐더러 집집마다 그의 사진을 걸고, 혹은 아버지라 하며, 혹은 형이라 불러 그를 존경하였소. 만일 이동휘 총리에게 허물이 있거든 그 허물을 내가 쓰고 가인(嘉仁)과 하라(原敬)를 적으로 합시다. 오직 일본만 적으로 하고 상쟁함이 없게 합시다. 허물없는 사람이 없으니 모든 것을 다 용서하시오.

小를 大, 虛를 實

세상이 흔히 상해에는 편당(偏黨)이 있네, 결렬(決裂)이 있네, 그러니까 망했네 하오. 설사 상해 전체가 다 결렬된다 한들 2천만 인민이 다 결렬될 리야 있겠소. 가령 여운형(呂運亨)사건으로 보더라도 양방이 의견이 상이할 뿐이오, 누가 옳고 누가 그르다는 것이 아니외다. 일해 가는데 의견의 불합(不合)이 있음은 피치 못할 일이거늘 조금이라도 의견이 불합하면 문득 말하기를, "저놈들도 또 싸우네" 하며, "독립 다 되었다" 하오. 이리하여 말로 글로 있지도 아니한 파당이나 결렬이 있는 듯이 떠들어서 적이 수백만을 들여서라도 하려는 악 프로퍼갠더(선전)를 하는 구려.

개조 승인문제에 관하여서도 양방에 다소의 의견이 있으므로 고려 토의할 필요가 있다하여 범 5차 회의하였을 뿐이거늘 세력 싸움을 하네 지위 싸움을 하네 하여 인심을 교란하오.

통일의 방법

전진하려면 힘이 있어야 하오. 만사는 힘에서 나오는 것이오. 우리에게는 힘이 있소. 다만 실현이 아니 되었을 뿐이오. 그런데 어찌하면 힘이 실현될까. 여러 가지 조건이 있지마는 통일이 으뜸이오. 즉 우리가 큰 힘을 얻으려하면 전 국민이 통일을 규호(叫號)하여야 하겠소. 무력도 통일하고 금력과 지력도 통일하여야 하겠소.

그러면 통일의 방법은 무엇이오. 첫째는 각지 각 단체의 의사를 소통하여 동일한 목적하에 동일한 각오를 가지게 함이니, 우리는 과거의 모든 악한 생각을 회개하고 하나이 될 결심을 하여야 되겠소. 내 의견으로 보건대 이미 성립된 정부에 복종하는 것이 으뜸되는 통일책이라 하오. 혹 말하기를 정부가 인민을 통일해야지 정부가 무능력하니까 하지마는 정부가 능력이 없다는 까닭에 정부에 능력이 없는 것이오. 자기의 모든 힘을 다 정부에 바치면 정부는 능력 있게 될 것이외다.

합하여 그치지 말고 오래 참아 나가라. 저마다 나아가면 악이 아니 생기리다. 과거 일은 다 잊어버리시오. 위임통치니 자치니 하던 문제도 다 잊어버립시다. 우리는 과거에 사는 자가 아니라 미래에 살 자외다. (民團강연회 석상에서 12월 7일) (제33호 1919. 12. 27)

4. 우리 國民이 斷定코 實行할 六大事(1)

신년축하회 석상의 연설, 안창호

병이 있어 말하기가 어렵소. 금일은 우리 국민이 단정코 실행할 6대사가 있소. 그것은 1) 군사, 2) 외교, 3) 교육, 4) 사법, 5) 재정, 6) 통일이오. 본제에 들어가기 전에 딴말 몇 마디 할 필요가 있소.

가) 정부 직원과 인민의 관계

오늘날 우리나라에는 황제가 없나요? 있소. 대한 나라에 과거에는 황제가 한 사람밖에 없었지마는 금일에는 2천만 국민이 모두 황제요, 제군도 다 황제요. 제군의 소좌(所坐)는 다 옥좌(玉座: 임금자리)이며, 쓴 것은(所戴) 다 면류관(冕旒冠)이외다. 황제란 무엇이오. 주권자를 이름이니 과거의 주권자는 유일이었으나 지금은 제군이 다 주권자외다.

과거에 주권자가 1인이었을 때에는 국가의 흥망은 한 사람에 있었지마는 금일은 인민 전체에 있는 것이오. 정부 직원은 노복(奴僕)이니 이는 정말 노복이오. 대통령이나 국무총리나 다 제군의 노복이외다. 그러므로 군주인 인민은 그 노복을 잘 어거(御)하는 방법을 연구하여야 하고, 노복인 정부 직원은 군주인 인민을 잘 섬기는(事) 방법을 연구하여야 하오.

정부 직원은 인민의 노복이지마는 결코 인민 각개의 노복이 아니오. 인민 전체의 공복(公僕)이오. 그러므로 정부 직원은 인민 전체의 명령은 복종하려니와 개인의 명령을 따라 마당을 쓰는 노복은 아닐 것이오(笑聲 박수). 그러니까 정부의 직원으로써 사우(私友)나 사복(私僕)을 삼으려 하지 마시오. 그러지 말고 공복을 삼으시오. 나는 여러 사람이 국무원을 방문하고 사정(私情)을 논하며 사사(私事)를 부탁하는 것을 보았소. 이는 크게 불가한 일이니 공사(公事)를 맡은 자와는 결코 한담(閑談)을 마시오. 이것이 심상한 일인 듯하지마는 기실 큰일이오. 금일은 정부 직원은 아들이라도 아들로 알지 말고 사우(私友)라도 사우로 알지 마시오. 사우를 위하여 공사를 소홀히 함은 죄오.

황제인 제군은 신복(臣僕)인 직원을 부리는 법을 알아야 하오. 노복은 명령과 초책(誚責)으로만 부리지 못하나니 얼러 추어주어야 하오. 미국 어떤 동양사람 많이 부려본 부인의 말에 일인은 매사에 일일이 간섭을 하여야하고, 중국인은 간섭하면 골을 내며 무엇을 맡기고는 뒤로만 슬슬 보살펴야 하고, 한인은 다만 칭찬만 하여주면 죽을지 살지 모르고 일을 한다 하오. 칭찬 받고 좋아하는 것은 못난이의 일이지마는 잘난 이도 칭찬하면 좋아하는 법이오(소성). 그러니까 여러분도 당국자를 공격만 말고 칭찬도 하여주시오(박수).

나) 합즉명령자(合則命令者) 분즉복종자(分則服從者)

또 하나 황제 되는 여러분의 주의할 것은 여러분이 나뉘어지면 개인이 되어 생존권을 상실하고, 합하면 국민이 되어 주권을 향유하는 것이외다. 그러므로 여러분은 합하면 명령을 발하는 자가 되고, 나뉘어지면 명령에 복종하는 자가 되는 것이오.

다) 직임(職任)을 존경하라

또 하나 여러분 중에 각 총장들이 총장인 체함을 시비하는 이도 있거니와 총장이 총장인 체하는 것이 어찌하여 그르오. 국민의 위탁한 영직(榮職)을 영광으로 알고 자존자중 함은 당연한 일이오. 만일 총장 기타 정부 직원이나 독립운동의 여러 부문에서 일하는 이들이 자기의 직임을 경시하고, 자존자중 함이 없다 하면 이는 국가를 무시하는 교만한 사람이오.

라) 국무원의 내막

또 하나 국무원의 내막을 말하리다. 옛 것만도 안 되고 새로운 것만도 안 될 때에 옛것도 있고 새로운 것도 있소. 또 반신(半新) 반구(半舊)도 있어 이를 조화하오. 노(老)도 있고 소(少)도 있는데, 또 중노(中老)도 있어 이를 조화하오. 적재(適材)로 말하면 문(文)도 있고 무(武)도 있소. 각지에 있던 인재가 모이기 때문에 각지의 사정을 다 잘 아오. 성격으로 논하건대 첫째 여우를 앞에 놓고 그것을 먹으려고 눈을 부릅뜬 범 같은 이도 있소. 언젠가 여러분이 탄핵 비슷한 일을 할 때에 그는 "너희들 암만 그래도 나는 왜놈을 다 죽이고야 나가겠다." 하였소. 또 예수의 사도 같이 온후한 이도 있소. 평생에 소리가 없는듯하나 속으로 꾹꾹 일하는 이, 또 도서관 같은 이, 또 천치 같이 울면서도 심부름하고 일해 가는 이도 있소. 만일 이 종들이 불만하여서 다른 종이 필요하거든 다 내쫓고 새 종을 갈아 대시오 마는 만일 쓸 만하거든 부족하나마 얼러추어가면서 부리시오.

나는 단언하오. 장래에는 모르지마는 현금에 이 이상 내각은 얻기 어렵소. 이혼 못할 아내여든 분이라도 더 발라놓고 귀애 하시오(소성 박수).

본 론

一. 군 사

이제부터 본론에 들어가려 하오. 이 6대사는 가장 중요한 것이오. 이것을 단행하려면 지성스러운 연구가 있어야 하나니, 그런 후에야 명확한 판단이 생기는 것이오. 우리의 사업은 강포한 일본을 파괴하고 잃었던 국가를 회복하려 함이니, 이러한 대사업에 어찌 심각한 연구가 필요하지 아니하겠소. 묻노니 제군은 매일 몇 번씩이나 국가를 위하여 생각하나요. 우리는 날마다 시간마다 생각하고 연구하여야 할 것이외다. 혹 말하기를 저마다 생각하면 기견(奇見)이 백출(百出)하리라 하나, 지성(至誠)으로 연구한 경험이 있는 자는 결코 기견을 세우지 아니하오. 모르는 자가 흔히 생각 없이 있다가 남이 무슨 말을 하면 "아니오 아니오" 하오.

전쟁밖에 없소

우리의 당면의 대문제는 우리 독립운동을 평화적으로 계속하랴, 방침을 고쳐 전쟁하랴 함이오. 평화수단을 주장하는 이나 전쟁을 주장하는 이나 그 성충(誠忠)은 하나이오.

평화론자는 가로되, 우리들은 의사를 발표할 뿐이니 피아(彼我)의 형세를 비교하건대 전쟁은 계란으로 바위를 치는 격이라 차라리 전혀 세계의 여론에 호소함만 같지 못하다 하오.

주전파(主戰派)는 가로되, 한인이 전쟁을 선언한다고 결코 과격파의 혐의를 받음이 없으리라. 남은 남의 독립을 위하여서도 싸우거든, 제가 제 독립을 위하여 싸움은 당연한 일이 아닌가. 또 피아의 세력을 비교함은 우론(愚論)이니 우리는 승리와 실패를 고려할 바 아니라 내 동포를 죽이고 태우고 모욕함을 보고 죽음을 결(決)함은 당연한 일이니, 우리는 의리로나 인정으로나 아니 싸우지는 못하리다(박수 熱呼). 또 일본의 현상은 일본 유사 이래로 가장 허약한 지위에 처하였나니 외원내홍(外怨內訌)의 격렬함이 금일에 극하였다. 그러므로 우리는 싸우면 승리하리라 - 이렇게 말하오(옳소 박수).

진실로 우리는 시기(時機)로 보던지 의리로 보던지 아니 싸우지 못할 때라고 단정하시오(갈채 박수).

전쟁에는 준비가 필요

그러나 함부로 나갈까 준비를 이룬 후에 나갈까. 혹 말하기를 혁명사업은 타산적으로 할 수 없나니 준비를 기다릴 수 없다 하오. 그러나 준비는 필요하오. 물론 나의 준비라 함은 결코 적의 역량에 비할 만한 준비를 칭함이 아니나, 그래도 절대로 준비는 필요하오. 편싸움에도 노랑이 빨강이 모여서 작전계획에 부심하나니 준비 없이 나가려함은 독립전쟁을 너무 경시함이라 하오. 군사 매 한사람에 1일 20전이라 하여도 1만 명을 먹이려면 1개월에 6만원이나 되오. 준비 없이 개전하면 적에게 죽기 전에 굶어(飢餓) 죽을 것이오. 그러므로 만일 전쟁을 찬성하거든 절대로 준비가 필요한 줄을 자각하시오. 혹 말하기를 준비를 말하지 말라 과거 10년간에 준비하노라고 아무 것도 못하지 아니 하였나냐 하지마는 과거 10년간에 못나간 것은 준비한다 하여 못나간 것이 아니오. 나간다 나간다 하면서 준비 아니하기 때문에 못나간 것이오. 만일 나간다 나간다 하는 대신에 준비한다 준비한다 하였던들 벌써 나가게 되었을 줄 믿소(박수).

통일적 행동

대포 소총 비행기 여러 가지로 준비할 것 많거니와 먼저 준비할 것은 제국시대의 군인이나 의병이나 기타 군사의 지식경험 있는 자를 조사 통일하여야 할 것이오(박수). 없던 군대를 새로 만들어 싸우려하니 군사에 관계있는 자들이 다 모여서 작전을 계획할 필요가 있소. 나는 서북(西北) 간도(間島)의 장사(壯士)더러 묻노니 네가 능히 혼자 힘으로 일본을 당하겠느냐. 진실로 네가 일본과 싸우려거든 합하여라. 혹 정부의 무력함을 비웃거니와 합하면 너의 정부는 유력하리라. 우리 민족 전체가 합하고 나도 오히려 외국의 힘까지 끌어와야 하겠거든 하물며 대한인 끼리도 합하지 아니하고 무슨 일이 되리요. 만일 그네가 진실로 독립전쟁을 주장할진대 반드시 일제히 이동휘(李東輝)의 명령을 복종하여야 하오(갈채 박수).

훈련과 국민 개병주의(皆兵主義)

다음에는 훈련이요. 용기 있는 이들은 되는 대로 들고 나간다 하오. 정말 그런 생각이 있거든 배우시오. 훈련은 절대로 필요하오. 전술을 배우시오. 그러나 정신적 훈련이 더욱 필요하오. 아무리 좋은 무기를 가졌다 할지라도 정신상 단결이 필요하거든 하물며 우리리오. 이 정신을 실시하려거든 국민개병주의라야 하오. 독립전쟁이 공상이 아니오. 사실이 되려면 대한의 2천만 남녀가 다 군인이 되어야 하오(갈채 박수). 그 방법이 어떠한가요. 선전을 잘함이오. 각지에 다니면서 입으로 붓으로 국민개병주의를 선전하고, 또 실시하여야 하오. 그러나 글보다도 입보다도 가장 유력한 것은 몸으로 하는 선전이오. 그러면 우리는 다 군사교련을 받읍시다. 매일 한 시간씩이라도 배웁시다(박수).

나도 결심하오. 다만 30분씩이라도 군사학을 배우면 대한인이오. 그렇지 아니하면 대한인이 아니오(갈채). 배우려면 배울 수 있소(갈채). 여자들도 배워야 하오(갈채). 군사적 훈련을 아니 받는 자는 국민개병주의에 반대하는 자오. 국민개병주의에 반대하는 자는 독립전쟁에 반대하는 자오. 독립전쟁에 반대하는 자는 독립에 반대하는 자요(갈채 박수). 명일부터 각각 등록하게 하시오(박수).

지금 내 건강이 못 견디겠으니 죄송하나 오는 월요일 오후 7시에 다시 모여 주시겠소. 일동이 거수로 승낙(이상 1월 3일 저녁, 이하 1월 5일 저녁).

그저께 밤에는 매우 분하였소. 말하다가 기운이 다하여 중단하기는 이것이 처음이오. 남의 나라는 남의 나라를 위하여 싸우거든 우리는 우리 자신을 위하여 싸우는 것이 마땅하지 아니하오. 우리는 의리로든지 인정으로든지 싸워야 하오. 나는 전일에 이러한 말을 들었소.

우리가 흔히 어서 독립을 완성하고 한성(漢城)에 들어가기를 말하오. 이것이 대단히 기쁜 일이지마는 대한의 독립을 아니 보리라는 결심이 있어야 독립을 볼 수 있을 것이오. 저마다 '죽겠다'하지마는 정말 죽을 때에는 생명이 아까울는지 모르겠소. 그러나 만일 노예의 수치를 절실히 깨달을진대 죽음을 무서워하지 아니할 것이오(박수). 살아서 독립의 영광을 보려하지 말고 죽어서 독립의 거름이 되자. 입으로 독립군이 되지 말고 몸으로 독립군이 되어라. 그리하여 아무리 하여서라도 독립전쟁을 기성(期成)하기를 결심하여야 하오.

평화적 전쟁과 전투적 전쟁

전투적 전쟁을 오게 하기 위하여는 평화적 전쟁을 계속하여야 하오. 평화적 전쟁이란 무엇이오. 만세운동도 그 하나이오. 물론 만세로만 독립될 것 아니지마는 그 만세의 힘은 심히 위대하여서 안으로는 전 국민을 움직였고, 밖으로는 전 세계를 움직였소. 과거에는 미국 인민이 우리를 위하여 정부를 책려(策勵)하더니 지금은 도리어 의원(議院)과 정부가 인민을 격려하오. 나는 상원에서 우리를 위하여 소책자를 돌리는 것도 보았소. 이 역시 평화적 전쟁의 효과가 아닙니까. 대한 동포로써 적의 관리된 자를 퇴직할 것도 다 평화적 전쟁이오. 일반 국민으로 하여금 적에게 납세를 거절하고 대한민국정부에 납세케 할 것, 일본의 기장(旗章)을 사용치 말고 대한민국의 기장을 사용할 것, 가급적 일화(日貨)를 배척할 것, 일본 관청에 송사 기타의 교섭을 단절할 것 - 이런 것도 다 평화적 전쟁이오. 이것도 힘 있는 전쟁이 아닙니까. 국민 전부는 말고 일부만 이렇게 한다하더라도 효력이 어떠하겠소. 혹 이것으로만 아니 된다하나 대전이 개시하기 까지는 그것을 계속하여야 하오. 이러한 평화적 전쟁에도 수십만의 생명을 희생하여야 하오. 이것도 독립전쟁이외다(박수). (제35호 1920. 1. 8)

우리 국민이 단정코 실행할 6대사(2) 국민개병, 국민개납, 국민개업

(군사 · 외교 · 교육 · 사법 · 재정 · 통일), 안창호 연설(1월 5일)

二. 外 交

외교의 필요

첫째, 금일에 외교를 논함이 가(可)하냐 부(否)하냐가 문제요. 혹은 세계의 동정이 필요하니 외교가 필요하다 하고, 또 혹은 우리나라는 외교로 망하였다 하여 외교를 부인하오. 외교를 부인하는 이의 심사는 외교를 외교로 알지 아니하고 외국에 의뢰하는 것으로 아는 것이오. 대한제국시대의 우리 외교는 과연 그러하였소. 그러나 그것도 영국이나 미국의 원조를 싫어함은 아니요. 외교론자는 이에 대하여 우리 외교는 결코 대한제국 시대의 외교가 아니오. 독립정신을 가지고 열국의 동정을 내게 끌려함이라 하오.

내가 외교를 중시하는 이유는 독립전쟁의 준비를 위함이오. 평시에도 그러하지마는 전시에는 비록 한 나라라도 내 편에 더 넣으려하오. 이번 대전에 영·불 양국이 미국의 각계에 향하여 거의 애걸복걸로 외교하던 양을 보시오. 독일이 터키 같은 나라라도 애써 끌어넣은 것을 보시오. 그러므로 진정한 독립전쟁의 의사가 있거든 외교를 중시하여야 할지니, 군사에 대하여 지성을 다함과 같이 외교에 대하여서도 지성을 다하여야 하오.

우리 외교와 세계의 형세

혹 말하기를 영·미·불·이 여러 나라는 일본이나 다름없이 남의 땅을 빼앗고 인민을 노예로 하는 도적놈들이니, 그네와 외교를 한다 해도 아무 효과가 없으리라 하나 나는 확답하오. 우리는 대한제국 시대의 외교를 벗어나야 평등의 외교를 하는 것이오. 이것으로 우리는 열국의 동정을 끌어올 수 있다 하오.

영일동맹[1] 은 러시아의 남침을 두려워서 함이오. 그러나 지금은 러시아는 침략정책을 버리기도 하였고 행하지 못하게도 되었으니, 지금 영국이 꺼리는 것은 오직 일본뿐이오. 호주와 인도는 늘 일본의 위협하에 있소. 또 이번 대전에 영·불 양국은 병력상 경제상 대타격을 받았지마는, 일본은 그동안에 참전하였다 칭하고 썩은 총을 러시아에 팔고 신예한 무기를 더 제조하여서 졸부졸강(猝富猝强)이 되었소. 그러므로 영국의 주의(主意)는 일본의 강대화를 꺾으려 함이겠고, 프랑스는 그중에도 더욱 피폐하여서 영국과 친선관계를 유지하고 동일한 보조를 취할 필요가 있소. 지금 사실상 영불동맹이 성립된 것이 이 때문이오.

그러면 혹은 영·미·불·이는 화협(和協)하리라. 그러나 독일이 무섭다. 아마 복수적으로 독·러·일 동맹을 만드리라하나 이는 대세를 모르는 자의 말이오. 독일 국민의 다수는 이미 제국주의를 포기하고 침략주의의 사상은 거의 일소하였으니, 그는 혹 경제적으로 부활한다 하더라도 군국주의로 부활하여 유치한 일본을 신뢰하지 아니하리라. 또 금후의 세계의 대세는 사회주의적으로 경향할지요. 결코 군국주의적으로 역진(逆進)하지 아니하리라.

---

1) 영일동맹. 1902년 1월 30일 제1차 영일동맹 채결, 러시아의 남하세력에 대항하여 한·청 양국에 있어서 영·일 양국의 이익을 공동으로 보전한다는 것. 1905년 8월 12일 제2차 영일동맹 체결, 영국은 일본이 한국에서의 정사상 군사상 및 경제상의 탁절한 이익을 가진다고 하면서 한반도에서의 일본의 보호국 수립을 지지했다.

또 러시아로 논하면 일본은 그에게 불공대천지 원수일 것이오. 러일전쟁의 원한은 고사하고 그네가 많은 피로써 신국가를 건설하려 할때에(러시아 혁명) 제일로 방해한 자가 일본이 아닌가요. 과격파라는 이름을 누가 지었으며 연합군[2)]을 뉘가 끌어들였으며 학살을 뉘가 행하였나요. 현금 러시아의 최대의 구적(仇敵)은 일본일 것이니 우리는 러시아를 우리 편에 넣을 수 있소. 미국에 대하여는 더 말할 것이 없소. 그의(미국) 상하 양원 그의 각계 계급의 인민이 이미 우리 편 됨을 증명하지 아니하였나요. 아시아문제 태평양문제는 미국 금후의 정치와 경제와 따라서 군사의 중심문제가 될 것이오. 그가 대육군 대해군을 건설하는 가상적이 누군지를 생각하면 알 것이오.

또 아직 세계에는 인도주의는 없다하지마는 이는 곡설(曲說)이오. 거짓 인도주의를 쓰는 자도 있지마는 참으로 인도주의를 주창하고 실행하는 자도 있는 것도 사실이오. 미국의 참전에 비록 여러 가지 동기가 있다 하더라도 인도주의가 그 주요한 동기 중의 하나인 것도 사실이요. 어느 점으로 보던지 열국의 동정은 일본에게로 가지 아니하고 우리에게로 올 것이 명확하니 다만 우리가 힘쓰고 아니 쓰기에 달렸소.

그밖에 제일 중요한 것은 대화(對華) 대(對)러 및 대(對)몽고 외교요. 중국이나 몽고도 일본에 대적할 것은 현재의 사실이 증명하오. 이에 우리는 이번 독립전쟁에 선봉이 되어 이웃 나라를 끌어야 할 것이오.

대화외고(對華外交)는 매우 곤란하오. 현금 북경정부는 반드시 중국을 대표하는 중앙정부가 아니며, 또 일본의 정부인지 중국인의 정부인지도 분명치 아니하오. 또 각 성의 성장(省長)이나 독군

---

2) 제1차 세계대전은 독일 오스트리아 이탈리아 3국간에 체결된 삼국동맹(1882~1915)과 영국 프랑스 러시아 3국이 연합한 삼국협상(1907)간의 전쟁이었다.

(督軍)도 그 성에는 왕이나 서로 일치하지는 아니하오. 그러나 소위 21개조 요구로 전 중화 4억 인구가 일제히 배일(排日)의 격렬한 감정을 가지게 됨은 하늘이 우리를 다행케 한 것이오. 그러므로 우리는 각성 기타 각 부분을 떼어서 외교함으로써 전부는 몰라도 몇 개성을 얻을 수는 있소.

대러외교(對俄外交)는 극히 용이하오. 기밀이라 다 말할 수 없거니와 힘만 쓰면 될 것이오. 그리하면 가인(嘉仁)이 소거백마(素車白馬)로 내항(來降)하고야말 것이오(갈채 박수).

만일 우리가 세계의 동정을 전부 잃는다 하더라도 우리 2천만 남녀는 다 나가 죽어야 하오. 그만큼 세계에다 최후의 한 사람 최후의 일각이라고 까지 성명해 놓고 노예로 더 살아감은 더 심한 수치요(갈채박수).

선전과 외교

각각 적재(適材)를 택하여 각국에 선전하여야 하오. 대한민족의 독립을 요구하는 의사와 독립국민이 될 만한 자격과 대한의 독립이 열국의 이익 및 세계의 평화에 유조할 것을 선전하여야 하오. 지금 각국은 여론정치니까 민중의 여론만 얻으면 그 정부를 움직일 수 있소. 각국에 상당한 대표자를 보내어 국제연맹에 대다수의 내 편을 얻어야 하오. 나를 외교 만능주의자라 함은 무근지설이오(중략). 일본도 사면초가임을 보고 여운형(呂運亨)선생을 청하여다가 빌어본 것이오(박수).

일반 국민이 주의할 것은 외교는 정부만이 하는 것이 아니요. 전 국민이 다해야 함이오. 각각 자기를 만나는 외국인으로 하여금 대한인을 애경할 사람이라 하게 하시오. 비록 인력거 끄는 쿨리(苦力)에게 까지라도.

三. 교 육

독립운동 기간에 우리는 교육을 힘씀이 마땅할까요. 나는 단언하오. 독립운동 기간일수록 더 교육에 힘써야 하고, 죽고 살고 노예 되고 독립됨이 판단되는 것은 지력(知力)과 금력(金力)으로요. 우리는 아무리 하여도 이 약속을 벗어나지 못하오. 우리 청년이 하루 동안 학업을 폐하면 그만큼 국가에 해가 되는 것이오. 본국에는 아직 우리의 힘으로 교육을 실시하지 못하지마는 기회 있는 대로 공부를 해야 되고 시켜야 되오. 독립을 위하여 공부를 게을리 아니하면 이야말로 독립의 정신을 잃지 아니하오. 정부와 국가를 위하여 독립을 위하여 시간이 있는 대로 힘써 공부하시오.

또 국민에게 좋은 지식과 사상을 주고 애국의 정신을 격발(激發)하기 위하여 좋은 서적을 많이 간행하여 이 시기에 적합한 특수한 교육도 하여야 하고, 학교도 세우고 교과서도 편찬하여 해외에 있는 아동에게도 가급적 교육을 실시하여야 하오.

四. 사 법

독립운동 기간에 법을 지킴이 마땅하냐 아니하냐. 나는 아직 법복(法服)을 잡(雜)하게 함은 반대하오 마는 이때일수록 더욱 우리의 법을 복종하여야 하오. 비록 간단하지마는 우리의 법은 절대로 복종하여야 하오. 내가 반대하는 것은 오직 현금에 앉아서 법의 이론을 일삼는(爲事) 것이외다.

우리가 국가를 새로 건설할 때에는 대한의 법률을 신성하게 최고하게 알아 전 국민이 이에 복종하여야 하오.

임시헌법이 의정원(議政院)에서 토의될 때에 여운형 기타 여러 분은 훈장 기타의 영전(榮典)에 반대하여 마침내 삭제되고 말았거니와, 독립운동에 특수한 공로가 있는 개인에게는 국가가 사의를 표할 의무가 있소. 비록 국가를 위하는 것이 국민의 의무라 하더라도 의무를 다하지 못하는 여러 동포 중에서 특히 의무를 다한 자에게 장상(奬賞)이 있는 것은 당연한 일이오. 독립운동 기간에는 특히 의로운 남녀가 많이 일어나야 하겠으니 장상이 있어야 하오. 비록 그네가 상을 위하여 함은 아니라 하더라도 상이 장려가 됨은 인정이며, 또 상할 데 상함은 국가의 의무요. 이렇게 상이 필요한 동시에 또 벌이 필요하니 이에 사법문제가 생기는 것이오.

민원식(閔元植) 같은 자와 적의 응견(鷹犬)이 된 자를 그저 두랴. 독립운동에 참가하기를 싫어하여 가구(家口)를 이끌고 적국으로 피난 가는 자를 그냥 두랴. 자치나 참정권을 운동하는 자도 역적이니 다 죽여야 하오. 우리 민국헌법에 사형이 없지마는 무슨 법을 임시로 정하여서라도 죽일 자는 죽여야 하오. 이리하여 신성한 기강을 세워야 하오.

그러나 법은 악인에게만 적용할 것이 아니니 정부의 직원이나 인민이나 무릇 대한민국의 국민 된 자는 대한민국의 법에 복종하여야 하오. 이렇게 함으로써 사법제도의 확립이 필요한 것이오.

五. 재 정

국인(國人)의 경제관념

아마 재정에 관한 말이 여러분에게 흥미를 끌지 못하리다. 우리 국민은 경제관념이 극히 박약하오. 오래 동안 쇄국주의의 정치하에 있어서 경제적 경쟁의 생활을 못한 것과 유교의 영향으로 재물을 천하게 여기던 것이 우리 국민에게서 경제적 관념을 일소하였소. 근년에 와서 다소간 경제를 중시하게 되었지마는 아직도 모든 생활과 사업에 경제가 어떻게 중한 것인 줄을 깊이 깨닫지 못하였소. 그러므로 독립운동 개시 이래로도 죽자죽자 하기만 하고 자금에 대하여서는 별로 고려하지 아니하는 듯하오. 3월 1일에 자금의 준비를 경시하였고, 상해에서 임시정부가 발표될 때에도 이 문제는 거의 도외시하였소. 또 제군도 금력판비(金力辦備)에 관하여서는 지성한 고려가 없소.

우리 국민은 돈을 위해서 힘쓰는 자를 낮추오. 이번 세계대전에 수공(首功)이 된 자는 돈을 많이 내었거나 내게 한 자인 줄을 우리 국민은 모르는 것 같소.

재정책＝국민개납주의(國民皆納主義)

여러분, 독립전쟁을 하자하자 하지만 말고 독립전쟁에 필요한 금전을 준비하시오. 정부의 발행하는 공채(公債) 인구세(人口稅) 소득세(所得稅) 동포들의 애국열성으로 내는 원납금(願納金) 혹은 외국에 대한 차관 등이 우리의 재원이 될 것이오.

과거의 재정상태를 나는 말하지 아니하려 하오. 현재의 임시정부의 재정상태도 나는 차라리 말하지 아니하려하오. 장래의 재정방침에 대하여서는 비밀이기 때문에 다 말하지 못하거니와 그중에 하나는 국민개병주의와 같이 국민개납주의요. 어느 부자를 끌어오자 하지 말고 독립운동 기간에는 남녀를 물론하고 1전 2전씩이라도 내어야 할 것이오. 금액의 다소를 논할 것이 아니외다(갈채).

누구나 먹고 살기는 할지니 밥을 반 그릇을 덜어서라도 각각 내는 동시에는 수백만원 수천만원의 거액을 내일 재산가도 있을 것이오. 재산가를 위협하는 육혈포는 결코 돈을 나오게 하는 육혈포가 아니오. 못나오게 하는 육혈포외다. 그러므로 근본적 재정방침은 오직 국민개납주의라야 하오(박수 갈채). 일찍 구국월연금(救國月捐金)의 발기가 있어서 혹은 10원 혹은 5원씩 적었으나 인해 소식이 없음은 웬 일이오. 돈 없는 것보다도 그 정성으로 독립할 자격이 없을까 두려워하오.

내가 말하는 중에 제일 요지는 국민개병주의와 국민개납주의요. 먼데서 구하지 말고 우선 상해에 발붙인 이는 적으면 적을지언정 매삭 돈 내는데 빠지지 말도록 하시오. 그리하여 중·아령(中俄領) 동포와 본국 동포에게 까지 미치게 하시오(박수).

어떤 사람은 말하기를 일만 하면 돈이 있다 하며, 또 말하기를 일만 잘하면 나도 돈을 주겠다하오. 이는 마치 시장한 사람더러 네가 배만 부르면 밥을 주겠다함과 다름없소. 돈이 있어야 일을 하지 아니하오.

혹은 부자들이 마음이 좋지 못하여 돈이 없다 하며, 혹은 협잡배가 많고 애국금 수합위원(收合委員)을 믿을 수가 없어서 돈이 아니 온다 하지마는, 실상 돈이 안 나오는 이유는 우리 국민은 돈이 없어도 일이 되는 줄 아는 까닭이라 하오(박수). 그래서 독립도 글자나 말만으로 되는 줄 아오.

대한의 독립군은 먼저 돈을 많이 모으는 사업에 힘을 써야 하오. 첫째 제 것을 다 내어놓으시오.

국민 개업주의(皆業主義)

나는 또 국민개업주의를 주창하오. 대한의 남녀는 다 자기의 직업에 힘을 쓰시오. 노는 것이 독립운동이 아니오. 정부나 신문이나 기타 각 단체에서 일을 하거나 그렇지 않거든 무슨 업을 하여 다만 각인이 매일 4,5전씩이라도 2,3전씩이라도 국가를 위하여 내게 하시요(박수). 대전 중에 부강한 미・독・영 여러 나라도 부인까지 일하였소. 놀고 돌아다니면 아무 일도 아니오.

평시에 30원씩 썼거든 가족끼리 의론하여 5,6원씩이라도 검약(儉約)하여 바치게 하시오. 나도 주막이라도 하나 경영하여 내 생활비를 얻어 쓰려하였소.

여러분은 다 일하시오. 여기서 할 일이 없거든 서북 간도에 가서 농사를 하시요. 독립운동 하노라 하면서 노는 자는 독립의 적(賊)이오. 특히 ○○에 있는 이는 개병・개납・개업의 모범이 되어야 하오(박수).

우리 사업은 거의 다 사람사람이 다 배우고 일해야만 오래 계속하게 될 것이오. 내가 ○○에 온 후로 4차의 연설(환영회 청년단 민단) 및 이번이 다 같은 주지(主旨)외다. 다시 말하노니 경제에 힘 쓰시오.

六. 통 일

내 입으로도 통일이란 말을 많이 하였소. 이제는 심상한 말이 되어 버렸소. 군사나 외교나 무엇무엇 모든 것을 다한다 하더라도 재전(財錢)과 통일이 없이는 아니 되오. 인구와 금력과 지력이 아무리 많더라도 통일이 부족하면 망하는 것은 다 알지요. 우리의 지력이나 금력이 얼마나 있소. 그런데도 10년간 남의 노예로 있던 자가 아직도 완전히 통일이 못되었다 하면 어찌된 일이오. 무엇보다도 먼저 대한민족은 통일되어야 할 것이외다(박수).

한족은 통일된 민족

만일 통일이 못되면 어찌 될 것이오(兪政根씨에게 기립하기를 청하고). 이제 유정근[3] 씨의 사지가 떨어지면 힘이 있으랴. 제가 잘 낳다 제가 옳다 하고 다 달아난다 하면 그놈들은 어디 가서 살려는가. 대한이 망한다 하면 그놈들은 혼자 살겠는가(박수). 우리는 실지로 통일하도록 결심이 있고 실행이 있어야 하오.

혹 통일은 좋지마는 우리 민족은 통일하지 못할 민족이라 하는 자가 있나니, 이러한 자야말로 통일을 방해하는 자외다. 우리 국민은 본래 통일된 민족이오. 인종상 혈통상으로 보아 우리는 잡종이 아니요, 순수한 통일민족이오. 혹 이민족의 피가 섞인 일이 있다 하더라도 이는 모두 단족화(檀族化)하였소. 또 언어도 하나이오, 문자나 습관도 하나이오. 예의도 그러하고 정치적으로도 중앙집권이 있고, 결코 중국 모양으로 주권이 여러 지방 혹은 부분으로 나뉜 일이 없었소. 그러면 우리 국민은 통일한 국민이오. 그런데 왜

3) 유정근(兪政根, 1888~1969). 충남 천원 출신으로 상해 임시정부의 재정위원으로 활약 중, 군자금 모집의 임무를 띠고 국내에 잠입하여 자금모집운동을 벌이다가 일경에 체포되어 3년 징역형을 받고 옥고를 치렀다.

통일을 말하나요.

지방열(地方熱)은 없소

혹이 가로되, 지방열 때문에 통일이 아니 된다 하오. 그러나 나는 말을 꾸미는 것이 아니요. 사실상 우리나라에는 지방열이 없다고 단언하오. 내 말하리다.

다른 나라에는 지방열이 있소. 가령 미국으로 보면 한 지방에 이(利)되는 것이 다른 지방에 해되는 수가 있나니, 미국이 아직 전국이 단행하기 전에 어떤 한 주(州)가 금주를 단행하려 한다면 양주업(釀酒業)이 많은 다른 한 주는 이것에 반대하여 피차에 싸울 것이니 이것이 지방열이오. 그러나 우리나라에 과거나 현재에 정치적으로나 경제적으로나 지방과 지방이 경쟁한 일이 없었소. 현재 우리 독립운동에는 물론이지마는 미래에도 없으리라 하오. 원래 지방열이란 지방이 광대한 나라에 있을 것이오. 우리나라 같은 지방이 작은 나라에는 있을 수 없는 것이외다.

혹 선배 노인들이 지방열을 만들었다 하나 기실은 일부 청년들이 이름을 지은 것이오. 가령 이동휘(李東輝) 국무총리로 봅시다. 그는 서울 사람을 대할 때에 '서울 깍쟁이'라고 책하고, 평양 사람을 보고는 이 '평양 쌍놈'이라 하고, 개성 사람을 대해서는 '개성 놈의 자식'이라 하였소. 이것을 보고 옳지 그는 지방열이 있는 자라 하오. 그러나 그의 설립한 90여의 학교가 함경도에 있지 아니하고 대부분이 개성·강화외다. 개성·강화는 기호(畿湖)가 아닙니까.

또 이동녕(李東寧) 내무총장과 이시영(李始榮) 재무총장으로 말하더라도 우선 그의 용모를 보시오. 그네에게 무슨 야심이 있겠나. 그네가 지방열 있는 것을 걱정은 할지언정 자기가 창도할 리야 있겠소. 자기네가 누구를 배척하니 받은 이는 홀로 될 것이오. 그리 해놓고는 말하기를 누구는 지방열이 있다 하오.

그러면 신규식(申圭植)총장에게 지방열이 있겠소. 그 어른이 해외 10년에 동포 간에 절규한 것이 '대동단결'이외다. 그가 주재하던 동제사(同濟社)는 대한의 독립을 광복하려하는 대한인의 단체이지 결코 어느 한 지방 사람의 단체는 아니었소.

또 안창호(安昌浩)가 서도(西道)를 위하여서만 일 하였다하니 그만해도 고맙기는 고맙소마는 우리나라가 얼마나 커서 황해도 평안도를 가리겠소. 내가 혹 국가주의를 초월한 세계주의를 포회(抱懷)하였다 하는 초책(誚責: 질책)은 받을지언정 그런 지방열이야 있겠소. 또 가사 내게 지방열이 있다 합시다. 그러나 안창호에게 지방열이 있으면 있었지 모든 노인에게 있는 것은 아니요. 그러면 내가 지금 말하는 통일은 무엇을 가리키는 것이냐. 결코 지방의 통일을 의미함이 아니요. 오직 전 국민을 조직적으로 통일한다는 말이오.

우리 통일의 진의(眞意)

비록 유정근 씨의 사지(四肢)가 떨어지지 아니하고 붙어 있더라도 내부의 신경과 혈맥이 관통치 아니하면 아니 될지니, 내가 말하는 통일은 이 신경과 혈맥의 장애를 제거한다는 뜻이오.

조금 무엇을 안다는 사람 중에 두 가지 병이 있으니, 하나는 국가를 위하여 단결하기보다 사정적(私情的) 의형제적 통일을 이루려 하오. 그래서 매양 조그마한 일에도 저 사람이 나를 믿나 잘 대접하나 하고 주의하여 살피오. 그리하다가 걸핏하면 싸움이 났네 결렬이 되었네 하오. 국민이 다 통일이 된다고 남의 아내와 제 아내와를 같이 사랑할 수 없는 것이니, 만일 그리한다 하면 그는 괴이한 놈일 것이오. 사정의 친구는 주의(主義)보다도 성정(性情)으로 되는 것이니 모(某)가 모와 친하다고 그것을 편당(偏黨)이라 할 수는 없는 것이오. 다만 주의만 같으면 동지가 아닙니까(박수). 내가 가령 이동녕 · 이시영 두 분과 저녁을 같이 먹는 것을 보면 얼굴을 찡그리며 말하기를 저놈들이 이동휘 씨를 따돌린다 하고, 그와 반대로 내가 만일 이동휘 총리와 밥을 같이 먹으면 내무·재무양 총장을 따돌린다 하오(笑聲). 세상이 이러하니까 우리는 자연 근신하게 되어 자유로 의견발표나 교유(交遊)하기를 꺼리게 되오.

여러분, 공과 사를 가르시오. 2천만이 모두 동지로 통일하더라도 모두 사우(私友)나 의형제는 못될 것이니 사우를 편당이라 하면 영원히 편당 없어질 날이 없을 것이외다(박수).

통일에 공적 통일과 사적 통일을 명확히 하면 곧 통일이 될 것이다.

불통일(不統一)의 이유

서북 간도나 아령이 통일 못됨은 어떤 이유냐. 결코 지방열도 아니오. 편당심도 아니오. 오직 그중에서 일하는 자 몇 사람이 남의 하풍(下風: 질 낮음)에 서기를 싫어하는 까닭이오. 그네들도 가 물어보면 통일해야 된다고 하오. 그러고 통일 못되는 것은 다 남의 탓인 듯이 말하오. 남의 하풍에 아니 서려니까 자기 부하에 일단(一團)을 둘 필요가 있소. 그 일단을 만드는 방법은 이러하오.

여러 사람을 모아 놓고 "이런 걱정이 있나" 하고 분개하게 말하오. '왜요' 하고 물으면, "꼭 통일을 해야 될 터인데 모야(某也)가 악하여 통일이 안 된다." 하오. 그러면 통일을 바라는 여러 동포들은 대단히 분개하여 그 사람을 복종하여 그 모야(某也)를 공격하고 배척하오. 이리하여 그의 야심은 성공되고 통일은 파괴되오(박수).

통일하려면 복종하라

통일의 최후요 최대한 요건은 복종이오. 대한민족아, 대한민족끼리 복종하여라. 대한민족이 통일한 후에야 자유도 있고 독립도 있다. 정부 직원이 인민의 명령을 복종치 아니하면 역적이거니와 국민 각 개인이 정부의 명령을 복종치 아니함도 역적이오(박수 갈채).

국민의 명령이란 결코 민단(民團)이나 청년단(靑年團)이나 기타 어느 일개 단체의 명령이 아니오. 국민이 정부를 명령하는 기관은 오직 의정원(議政院)이 있을 뿐이오. 정부가 의정원을 통한 국민의 명령을 받아 일단 인민에게 발포한 이상 인민은 절대로 이에 복종할 것이오.

정부는 개인인 인민의 집합의 중심이오. 또 주권자인 국민의 주권행사의 기관이외다. 당초에 정부를 설립하는 본의(本義)가 절대로 이에 복종할 것을 예상함이니, 혁명의 본의도 또한 정부를 절대로 복종하는 주지에서 나온 것이오. 불량한 자연인을 집어내고 선량한 자연인을 대입(代入)함이 혁명이오. 그러므로 자연인인 정부직원이 국민의 명령을 불복함도 역적이지만 정부라는 기관의 명령을 불복하는 인민도 역적이오.

직원이니 인민이니 하는 말을 사용해 왔소마는 독립운동을 하는 점으로 보면 우리의 독립을 위하여 나선 자는 다 동지가 아니냐. 같이 죽을 자가 아니냐. 정부는 어떤 의미로 보면 독립운동의 본부이니 우리 모든 동지가 그 아래로 모이면 통일이 될 것이오.

나는 진정으로 말하거니와 이 대통령과 이 국무총리를 충성으로 복종하오. 나는 두 어른의 결점을 가장 잘 아오. 아마 나만큼 잘 아는 자가 없으리다. 그러나 나는 충성으로 그네를 복종하오. 누구를 갖다놓던지 우리 주권자에게 복종하여야 하오. 우리 끼리 복종하지 아니하면 가인(嘉仁)의 복종에서 떠날 날이 없으리다(박수).

복종 아니 하려하는 자는 대개 자기가 두령이 되려는 생각이 있소. 그러나 우리 중에는 결코 혼자 힘으로 독립할 자는 하나도 없소. 통일하면 독립하고 아니하면 못하오. 우리는 모든 일중에 급하고 긴한 것이 통일이오. 구할 것이 통일이외다. 우리 민족 중 구태여 인격과 역량이 위대한 자를 찾지 마시오. 그런 인물을 찾는 자는 혹 동경 있는 적조(敵曹, 적의 조정) 중으로 가기 쉬우리다. 가인(嘉仁)이나 하라(原敬)는 비록 인격이 천층만층이라 하더라도 눌러야 한다. 우리 동포끼리는 고개를 숙이고 복종하여야 한다. 독립은 독립이지마는 내가 네 밑으로야 가랴하는 생각을 버리시오.

이동휘가 왜와 통하는 일이 있거든 나와 함께 그를 죽이자. 그러나 오늘날은 나와 함께 그의 명령에 복종하자. 국가에는 복종하되 자연인에야 복종하랴 하지마는 국가는 정부를 통하여 자연인을 통하여 비로소 명령을 발하는 것이니 주권을 위탁한 자연인을 복종함이 국가를 복종함이니라. 저마다 자유 자유하면 망하나니라. 지금은 무슨 명령이나 복종하여라. 무슨 명령이나 '예'하여라. 대전중 미국의 식량총감이 사탕과 맥분(麥粉) 절용(節用)의 명령을 발하였을 때에 미국인은 두 말 없이 복종하였다. 개업한 의사에게 정부가 종군하기를 명할 때에 그네는 두말없이 문을 잠가 놓고 나서 프랑스 전선으로 갔다. 만일 그렇지 아니하였던들 미국은 망하였을 것이다(박수). (第36호 1920. 1. 10)

5. 大韓民國 2년 新元의 나의 빌음, 安昌浩

1월 5일 저녁의 연설에 계속하여 낭독한 원고

一. 통일의 완성

대한국민은 속임과 시의와 투기를 다 버리고 서로 사랑하고 복종하여 정신으로 단결하며, 또한 부분적 단독적 행위를 버리고 조직적으로 중앙기관에 연락하여 2천만 몸이 한 몸이 되어 동일한 보조로 광복사업을 이루게끔 완전한 통일이 이루게 하여 지이다.

대한의 남자야 여자야, 우리는 적국을 파괴하고 조국을 재건하는 대업을 담책(擔責)하였나니 응당 큰 힘을 만들기 위하여 무엇보다도 통일단결을 먼저 힘쓰리라.

二. 혈전의 결심

대한국민은 나라를 광복하는 대업의 성취가 오직 의로운 피를 뿌림에 있음을 절실하게 각오하고, 독립전쟁을 단행하기로 결심하여 지이다.

三. 장사(壯士)의 모임

각처에 산재한 대한 군인은 대한민국의 원수(元首)의 앞에 모여들어 원수를 보좌하여 작전사위(作戰事爲)를 주비(籌備)하며, 제반 직무를 분담하여 성충으로 노력을 다하여 큰일을 들게 하여지이다.

대한의 장사야, 대한의 장사야, 너희가 대한 장사의 혼이 있나니 응당 먼저 대한의 장사로 더불어 뭉치리라.

四. 국민은 다 군사(軍士)

대한의 청년과 장년은 하나도 빠짐없이 독립군 명부에 등록하고, 산이나 들에나 저자이나 어디 있던지 각각 그 처지대로 가능한 방편을 만들어 군사의 훈련을 간단없이 받게 하여 지이다.

五. 대대적으로 싸움

의를 위하여 죽기로 결심한 용맹 있는 대한 남자는 적으로 더불어 싸우되, 무통일 무조직 무의식적인 임시적 행동을 취하지 말고, 기율 있게 질서 있게 대대적으로 일어나 최후 승리를 얻기까지 분투하여 지이다.

대한의 남자야 여자야, 우리는 자유를 위하여 정의를 위하여 죽는 것이 노예로써 사는 것보다 도리어 쾌함을 각오하였나니 응당 죽음에 나아가기를 서슴지 아니하리라.

六. 국민마다 돈을 다 바침

대한국민 된 자는 부하거나 가난하거나 일치하게 독립공채권을 살 것이며, 인두세를 바칠지며, 각각 소득에서 먼저 몇 분(分)의 얼마를 덜어 바칠지며, 애국의연(愛國義捐)을 바칠 힘이 적으면 1전이라도 한 사람도 빠짐없이 정부에 금전을 공헌케 하여 지이다.

생명을 희생하기로 결심한 대한 남녀야, 우리는 만사에 금력(金力)이 없으면 공상뿐임을 알지 않느냐. 우리의 독립이 공상이 되지 않게 하려는 대한국민은 응당 생명을 바치기 전에 먼저 금전을 아끼지 아니하리라.

七. 국민은 다 직업

대한국민은 독립운동 하는 기간에 평시보다 더욱더욱 직업에 집착하여 배울 자는 배움에, 벌이할 자는 벌이에 성충과 노력을 다하여 광복사업의 원력(原力)이 더욱 충실케 하여 지이다.

八. 외국에 친선

대한국민은 어떠한 외국 사람에게든지 믿음으로 대하며, 사랑으로 접대하며, 우리 민족의 독립정신과 문명한 품격을 실현하며, 우리의 주의(主義)를 선전하여 우리 각개인의 행동으로 말미암아 세계만방의 친선과 동정이 있게 하여 지이다.

九. 적인(敵人)을 거절

대한국민은 갇힘을 당하거나 죽임을 당하거나 어떠한 경우를 당하든지 일치하게 결심하고, 적인(敵人)의 관리가 되지 말지며, 적인에게 세금을 주지 말지며, 소송과 교섭을 끊을 지며, 적인의 기장(旗章)을 달지 말고, 연호(年號)를 쓰지 말지며, 적인의 물건을 사지 말아서 우리 민족의 근본적 주의정신을 원만히 실현케 하여 지이다. 대한의 형제야 자매야, 적인의 감옥에 앞서 갇힌 형제자매만 홀로 있게 하지 말고 너도나도 다 같이 나아가 그 감옥이 얼마나 너른가 시험하여 보리로다.

十. 청년의 활동

대한국민 중에 특별히 담력(膽力) 있고 용기 있는 충의남녀는 국민의 의사가 일치케 하기 위하여 우리의 만반 경영을 실시케 하기 위하여 각방면(各方)의 위험을 뚫고 들어가 일반 국민에게 금일에 각오할 바를 선전하기 위하여 활동케 하여 지이다. 오늘의 대한 남녀는 국가가 우리에게 무엇을 요구하든지 '아니오' 하지 않고 '예' 하겠습니다 하리라.

육대사(六大事)에 관하여

나의 연설은 독립운동 진행방침의 정신과 대의(大意)를 말하였음에 불과하오. 구체적 계획은 비밀을 요하니까 현금의 처지로는 도저히 발표키 불능하오. 이는 유감이지마는 어쩔 수 없는 일이요. 그러나 머지않아 하나씩 하나씩 실현되는 것을 보아 알 것이오. 나는 일반 동포가 이 정신을 체현(體現)하여 일치 협력하기를 간청하오. (제37호 1920. 1. 13)

6. 까이다 將軍 訪問記

시베리아의 용사로 체코 건국[4] 원훈의 한 사람으로 영명(令名)이 세계에 드날린 까닭이다. 장군은 해삼위(海蔘威) 혁명사건[5]에 실각하여 횡포한 콜차크[6] 제독에게 원한과 증오의 일예(一睨: 한 번 흘겨봄)를 주고 갱생(更生)한 고국으로 향하는 길에 상해에 들러 수개월간 애스터 여관에 체재하다가 일전 출발, 귀국의 길에 올랐다. 기자는 작년 12월 중순 까이다 장군이 상해에 왔다는 소식을 듣고 곧 서신을 올리면서 면회를 청하였더니 3일 후에 호의로써 승낙하는 회신을 받았다.

---

4) 체코슬로바키아 공화국. 신한청년당 여운형은 3·1운동 직전(2월초) 해삼위를 방문, 체코 군단장 까이다(Radola Gajda)를 만나 한국독립운동 지지를 받았다. 1920년 1월 이광수는 인터뷰에서 까이다는 "한국독립 달성의 날은 머지 않다"고 예언하면서 북로군정서(총사령관 김좌진)에 무기 수천정을 제공, 1920년 10월 청산리 대첩을 거두었다.

5) 해삼위(海蔘威, 블라디보스토크) 혁명사건. 1917년 러시아 혁명이 일어나자, 1918년 봄에 영 · 미 · 일 3국은 공동 출병했고, 6월에 체코군단의 원조로 극동 혁명정권을 타도했다.

6) 콜차크(Kolchak, 1873~1920). 1917년 10월 러시아 혁명이 발생, 레닌이 정권을 장악하자, 콜차크는 영국의 지지를 얻어 1918년 옴스크에 반혁명정부를 수립했다. 1919년 볼가 부근까지 진출했으나 프룬제가 지휘하는 적로군(赤露軍)에 패하고, 11월에 옴스크도 적로군에 함락되어 1920년 1월 이르쿠츠크로 도망하였다가 체포되어 총살되고 말았다.

약속한 날에 장군을 여관에 방문한즉, 용모 단아한 한 청년장관(將官)이 미소로써 기자의 손을 잡으니 실로 일면여구다. 들은즉 장군은 지금 28세의 청년이다. 육군소위로 출정하였다가 1918년에 시베리아군의 사령관이 되고, 인하여 갱생한 조국 체코 공화국의 육군총장이 되었다.

한훤(寒喧: 인사말)이 필함에 장군은 극히 열성 있는 태도로 다음과 같은 담화를 우리나라에 붙이다.

아아, 나의 조국도 수백년 노예의 치욕을 당하다가 지금 부활하였소. 작년 3월에 귀국이 독립을 선언하고, 역사에 유례를 찾아볼 수 없는 용기와 애국심을 발휘함을 볼 때에 세계가 다 놀라고, 칭찬하였겠지마는 그중에 가장 깊은 감동을 받은 자는 아마 우리(체코) 국민이었을 것이오. 그때로부터 나는 귀국 독립운동의 진행을 동정과 기도로써 주목하였더니 오늘 여기서 한국인을 만나니 어찌 반가운지 모르겠소.

나는 귀국의 전도(前途)를 혁혁한 희망으로 보오. 지금은 비록 일본이 귀국을 압박할지나 세계의 대세는 이미 일본의 군국주의를 용납할 시기가 지내였소. 그러니까 귀 국민이 통일과 인내와 용전으로써 나아가면 독립을 완성할 날이 머지않으리라 하오.

나는 가장 친하여야할 우국(友國)의 한 사람으로 귀 국민에게 고하려 하오. 그것은 안으로 굳게 결속하고, 밖으로 힘 있게 선전하여 용장한 최후의 일전을 준비하라 함이오.

장군은 그 청랑한 음성으로 한 시간이상이나 담화하다가 그중에는 발표키 어려운 구절도 있거니와 최후에, "나는 구라파에 가서 필설(筆舌)로 귀국의 독립운동을 선전하겠소. 같이 부활하는 국민의 정의(情誼)로 인도와 자유를 위하여 인류의 의무로. 원컨대 나를 귀 국민의 동지로 알으시오. 내 호의를 귀 동지에게 전하여 주시오." 하고 다시 만날 때에는 피차에 영광 있는 독립국민으로 하기를 약속하고 길게 악수하였다.

다음 날에 안창호(安昌浩) 총판과 장군과의 장시간의 담화가 있었고, 여운형(呂運亨) 씨와도 양차 회견하여 간담이 있었다.

출발 시 부두에서 여운형 씨가 오는 것을 보고 통역을 따라 배에서 내려와 "성탄절에 주신 선물은 영원히 기념하고, 내 국인(國人)에게 자랑하겠소." 하며 다시금 우리의 끝까지 건투하기와 자기는 우리의 동지로 구주에서 힘쓸 것을 약속하였다. (제37호 1920. 1. 13)

7. 六大事: 우리 國民의 進路(安昌浩)

1월 3일 저녁 상해 대한민단(大韓民團) 신년축하회 석상에서 한 노동국 총판 안창호(安昌浩)씨의 연설「우리 국민이 단정코 실행할 6대사」는 다만 독립운동 개시 이래의 대연설일 뿐더러 실로 대한국민의 전도를 명시한 대연설이라 할 것이다. 도산(島山) 자신이 성언하는 바와 같이 이것을 임시정부의 국무회의에 결정된 독립운동 진행방침의 정신과 및 비밀 아닌 일부의 대강(大綱)을 설(說)함이오. 반드시 도산 개인의 의견만이 아니라 할지라도 이 때문에 도산의 연설은 가치를 감소할 것이 아니다. 도리어 이 때문에 그 가치를 증가할 것이니, 대개 우리 국민에게는 도산 개인의 의견보다 임시정부의 의견이 더 귀중함과 및 도산의 명쾌하고 열정적인 연설로 하여 일반 국민이 정부의 대방침을 확실 · 명료하게 이해할 뿐더러 열렬한 정의(情意)로써 동감하게 된 것이다.

본지의 그 연설 필기가 속기록 못됨이 한(恨)이거니와 불완전하나마 본지 35 · 36 양호에 연재한 필기로만 하여도 독자 여러분은 응당 이는 우리 국민의 앞길을 명시하는 대연설이라 하여 박수갈채함을 금치 못하였을지며, 더욱 이것이 도산 개인의 의견뿐이 아니오, 우리 정부의 대방침의 정신이오, 대강령인 줄을 앎에 나와 함께 흔희(欣喜)함을 말지 아니 하였으리라 하노라.

또 내가 이를 대연설이라, 국민의 전도를 명시한 대연설이라 함은 반드시 그 연설의 내용이나 주지(主旨)가 전혀 국민이 상도(想到)치 못하던 일종 신기적(神奇的) 독창적임을 지칭함이 아니오, 도리어 전 국민이 혹은 단편적으로 생각하되 계통(系統)을 만들지 못하던 바, 혹은 말하고 싶었으나 말하지 못하던 바, 혹은 어렴풋한 생각이 있으되 분명히 밝히지 못하던 바를 분명히 확실·명료하게 말하고, 계통을 세워서 집대성하였음에 있으니 실로 이 연설로 하여 10년 이래, 특히 독립운동 개시 이래 우리 국민이 발한 정신과 및 독립운동의 모든 방침이 정연한 계통 중에 형체를 갖추고 생명을 얻게 되었음이 마치 무수한 돌덩이로 하나의 큰 탑을 형성함과 같으니, 신민국 국민의 국민적 정신과 의사가 이에 처음 구체화 하였다 할 것이다.

일찍 독일의 명철(名哲) 피히테[7]가 베를린 대학에서 한 '국민에게 고하노라' 하는 대강연이 독일 국민의 대전쟁 전까지의 진로를 명시하였음과 같이 '6대사'는 우리 국민의 금후의 진로를 명시한 것이다.

위에도 말하였거니와 이는 결코 그 6대사가 우리의 상도(想到)하지 못하던 것이라는 의미가 아니오, 우리 국민이 저마다 생각하던 바를 총합하여 적당한 이름을 주고 체계를 주고 표현을 주었음이니, 만일 그렇지 아니하였던들 - 이것이 우리 국민의 공통한 정

---

7) 피히테(J. G. Fichte, 1762~1814). 독일 예나대학 교수 피히테는 계시비판시론(啓示批判試論)으로 칸트의 인정을 받았고(1792), 1807년 침입한 프랑스군의 감시하에 '독일 국민에게 고함'이란 연설로 독일 국민의 도덕적 분기(奮起)를 촉구했다.

신이 아니오, 어떤 개인 뿐의 의사이었던들 그것은 우리 국민과 아무 상관이 없는 것이니, 대개 우리 국민은 결코 어느 개인의 전제군주적 의사에 복종할 자가 아닌 연고이다.

물론 이 6대사는 우리 국가의 구원한 이상은 아니오. 독립의 목적을 달성하기까지의 정신과 방침이니, 이는 그 연설의 주의(主意)가 독립운동 진행방침인 것을 보아 알 것이다. 그러므로 독립완성의 기간이 1년이라 하면 1년 동안, 2년이라 하면 2년 동안에 유효할 것이니, 이 1년 2년이 비록 기간은 짧지마는 우리 국가와 민족의 명운이 판정되는 점으로 보면 1백년 2백년에 상당하게 중요한 시기이다. 독립완성 후에는 스스로 건설의 이상과 방침이 있을 것이오. 건설 완성 후에는 스스로 수성(守成)과 발전의 이상과 방침이 있으려니와, 독립 완성까지 우리 국민의 심력과 금력과 피와 생명을 집주(集注)할 데는 오직 독립완성뿐이다. 그러므로 독립완성의 주의(主義)와 방침이 확립함은 실로 만사의 근본이니 어찌 중요하지 아니하리까.

홀로 유감 됨은 그 대방침 전체의 내용을 규지하지 못함이나 이는 도저히 발표할 성질이 못되는 것이니, 다만 그 정신과 대강령을 앎으로써 만족하고 국민 각각이 연구함으로써 정부를 도울 수 밖에 없도다.

군사와 외교와 교육과 사법과 재정과 통일. 독립을 위하여 우리의 할일은 이미 전쟁밖에 없다. 대한의 남자와 여자는 모두 병법을 배우고 군사가 되어 대원수(大元帥)의 명령하에서 통일적으로 대혈전(大血戰)을 결행하자. 그리하기 위하여 외국에게서 동정과 군비와 군수품을 얻기 위하여 선전과 외교에 힘쓰자.

그리하되 독립전쟁이 오래 끌 것을 예비하기 위하여 전쟁외교 및 국내의 운동과 연계해 후계자가 될 인재를 양성하자. 독립운동의 정연한 규율을 유지하고 적자(賊子)를 징판(懲辦)하기 위하여

법강(法綱)을 분명히 하자. 독립전쟁이 유력한 독립전쟁이 되기 위하여 2천만인이 많거나 적거나 있는 것과 버는 것을 다 내어 군비를 준비하자. 독립운동의 각 단체와 각 개인이 가장 유력하게 독립전쟁을 하자는 주의와 목적하에서 정부를 중심으로 하고 하나가 되자.

이것이 독립운동의 6대 강령이니 나는 이에 일일이 비평하지 아니하거니와 독립운동의 요의(要義)는 실로 이에 다한 것이다. 이 대강령을 만들고 나서 다시 구체적 자세한 절목(節目)이 이미 확정되었다 하니, 그 내용이 얼마나 완전하고 적절한지는 모르거니와 이러한 방침의 확정 자신이 이미 대사업이라 할 수 있다.

금후의 문제는 오직 실행이니 이제부터는 정부나 국민이나 토론을 종결하고 1조 1조씩, 1항 1항씩, 1장 1장씩 실현하기에 전력을 다할 것이다. 그러나 입안(立案)은 1,2 개인, 혹 수개인이 한다 할지라도 이를 실행함에는 임시정부가 전 국민 일치의 협력과 후원과 복종을 얻음이 필요하리니, 정부와 국민은 이 때와 처지와 송구스러운 대의무를 위하여 경건하고 지성된 화협(和協)과 신뢰와 육력(戮力)으로써 용왕(勇往)할지이다. (제39호 1920. 1. 22)

8. 本國 同志의 私信

금일 오후 4시경에 돌연히 반연(攀緣: 속된 인연)을 얻어 ○○○ 모 외국인의 사저에서 상해 영자신문 기자 모씨와 면회하고, 10년 이래 일본의 우리에 대한 포학을 일일이 진술하며, 또 금년 독립운동 후의 일본관리가 비인도적인 폭행 학살한 실례를 설명하려 하였으나, 언어불통한 장애로 만분지일도 설명하지 못하고 이 좋은 기회와 좋은 사람을 잃게 되었소이다.

이 사람의 회편(回便)에는 무엇이든지 우리 형에게 기여하여야 하겠는데, 물질 방면은 미처 준비한 바가 없는 고로 다만 몇 줄 소식만 붙이오니, 이것 역시 부득이한 사세외다. 8시 반에 퇴출하여 모 친구의 두실(斗室: 작은 방)중에서 이 붓대를 잡자하니 흥분한 신경과 전긍한 심상은 능히 계통과 순서와 조리와 맥락 있는 사실 문구는 도저히 포장(鋪張)할 수 없사외다.

신문상에 발포된 사실은 지금에 적을 필요가 없거니와 세간에 전하지 않은 기기괴괴한 만 가지 내용도 빠짐없이 다 적을 시간이 없사외다. 적은 관제를 개혁하고 두목을 경질하여 민심 진무(鎭撫)에 전력을 경주하나 민심은 털끝만큼도 완화치 아니했다. 그러나 경찰원 수를 이전보다 배가하여 계림팔역(鷄林八域)은 한번 벌인 경찰망(警察網)과 그 수를 알 수 없는 정탐대(偵探隊)로 포용하였던 것이다. 그런고로 신비의 술(術)을 연구하기 전에는 많은 사람의 공동활동은 지극히 어렵게 되었던 것이다. 최근에 이르러는 중국의 산동(山東)문제가 실패되고, 가정부(임정)의 해산설이 전하므로 소위 지식계급의 태도는 좀 냉담하고, 구식파(舊式派) 및 하급사회는 자못 실망한듯하며, 매국당 민원식(閔元植)파[8]는 감히 대두하며, 선전도 시작하는 중이외다.

그러나 중견인 청년 중 또는 학생계의 일부는 의연 불변 불굴하고, 암중 활동을 계속하는 현상이며, 그 위대한 희생은 성언욕루(成言欲淚)외다. 그동안 자금의 모집은 여러 가지 폐단이 발생할 뿐 아니라 부호의 수전근성과 그들의 감시단속이 삼엄하여 지금부터 물질을 얻기는 심히 곤란할 줄 생각합니다. 그러나 금년 교남

8) 민원식(閔元植, ?~1921). 친일파. 1908년 친일파 거두 이지용(李址鎔)과 함께 친일단체 대한실업협회를 조직했고, 1920년 신일본주의를 표방하는 국민협회(國民協會)를 조직하여 시사신문(時事新聞)을 발행하여 민족지 동아일보에 대항했다. 1921년 동경에서 민족주의자 양근환(梁槿煥)에게 살해되었다.

(嶠南)의 농작은 가위 전에 없는 대풍작이요, 쌀값은 다달이 치솟아 지주의 품속은 매우 윤택하며, 각지 화류계 요리점은 만고 미증유의 성황을 드러내 보이며, 이와 동시에 기업열도 더욱 왕성하여 바로 지금 경남 각 군에서 발기 설립중인 은행의 공칭(公稱)자본만 하여도 총계 1천1백만 원이외다.

나는 그동안에 비교적 냉정한 태도로써 우리 동포의 거동을 숙시하였는데, 3월 이후 조선 13도의 방방곡곡에 이르기까지 흉인독포(凶刃毒砲)를 피하지 않고 독립만세를 절규함은 실로 유사이래의 대성적이요. 이로 인하여 자못 인의(人意)를 강하게 하였으니, 그 반면에는 민족적 자각이 아직 불충분하고 민지(民智)가 너무 유치하고, 현대생활에는 짐독(鴆毒)되는 유교사상이 오히려 세력이 있어서 쇄혈포골(灑血曝骨)하는 우리 지사네의 배경이 너무 충실치 못함은 통한불이(痛恨不已)외다.

이번 만세성은 우리 민족의 독립 종자를 파종(播種)하였으니 방화미과(芳花美果)를 반드시 볼 수 있다는 것을 믿어 의심치 않으나, 그 시간인즉 결코 속성을 기하지 못할 것이다. 나는 이로부터 일의전심(一意專心)하여 후손의 교육에 헌신하며, 종교에 입적(入籍)하여 우리 민족의 정신개척과 자각촉진에 순사할 결심이나, 일세(一世) 인사가 이 근본문제에 등한하여 성원 역조(力助)하는 자 - 심히 적고 사신곡복(絲身穀腹: 먹는 것과 입는 것)에만 몰두하는 경향이 있음은 실로 유감천만이외다.

상해 간부 중에는 사상의 신구가 있고 지방적 시투(猜妬)가 있어서 어떤 때에는 빈축할 추태를 연출한다는 풍설이 전하니, 과연 그러한가요? 혈통이 신성하고 산하가 웅위하거늘 하늘이 우리 민족에게 인물을 빌려줌에 어찌 이다지 인색한가. 비부(悲夫)로다. 그러나 천하대세는 현상타파와 인류해방이 실현되지 아니치 못할 것이니, 노력하고 계속하시요. 대개 목적의 도달은 계속의 산물이외다.

모씨 모씨는 수삼차 가택수색의 화를 입었으나 하행실증(何幸實證)이 없었으므로 현상을 유지하오나, 간접 직접의 영향이야 일의 형세가 면하기 어렵다. 기독교는 점차 흥왕할 조징(兆徵)이 있습니다. 교인의 감사한 노력이야 어찌 다 말하오리까. 촛불(短燭)은 꺼지려(將盡)하고 갈길(去便)은 촉박(立促)합니다. 부득이 각필(擱筆)합니다. 출발 즈음에 개봉할 여지도 없습니다. 다만 바라오니 무궁한 정사(情思)는 언외에 구하시기를! (제41호 1920. 1. 31)

9. 美國은 積極的으로 韓國을 援助하리라

상당한 시기(時機)를 기다려 국민과 정부가 일제히

일전 우리 정부의 모 각원은 미국으로부터 동아 사정시찰의 임무를 띠고 상해에 내도한 유력한 신문기자(미국내 19개 대신문의 통신원)와 회견하였다.

미국 인민 및 정부의 한국에 대한 태도를 질문함에 해 기자(이유 있어서 성명은 비밀로 匿名함)는 다음과 같이 대답했다.

미국 인민 및 정부의 한국에 대한 동정은 일찍 벨기에에 대한 것 이상이다. 아직 적극적으로 원조치 아니함은 사세(事勢)와 시기(時機)를 위함이니 미국은 불원간에 한국을 원조할 시기가 내도하기를 예상하고 있다.

이번 산동(山東)문제에 대한 보류도 그 이면의 원인은 한국문제이니 만일 한국의 독립운동이 아니었던들 미국은 이 문제를 간과하였을는지도 모르리라. 이번 한국독립운동은 일본이 동양의 화원(禍源)됨과 일본이 개조된 세계의 문명국에 참렬(參列)치 못할 군국주의적 비인도적 국가임을 세계에 폭로하였나니, 일본의 국가적 신용은 이미 세계에서 완전 상실하였고, 특히 미국 인민은 독일이 일찍 미국의 적이던 것과 같이 미국의 장래의 적은 일본이라고 확신하게 되었나니, 유럽전선(제1차 세계대전)에 참전하였던 미국의 용사는 머지않아 동아의 전선에 참전하여 세계 최후의 야심국(일본)과 전쟁할 각오가 되어 있다.

러일전쟁 당시 및 이후에는 일본은 세계의 신임을 얻었나니, 세계는 일본으로써 동양 여러 민족을 신문명으로 인도할 자인 줄로 기대하였던 것이다. 근년까지도 미국의 태평양 연안 여러 주(州)의 배일(排日)운동이 격렬함에도 불구하고 중부 및 동부 여러 주에서는 여전히 일본을 신임하였고, 제1차 세계대전 중에도 허스터계의 제신문(허스터씨가 경영하는 신문이니 범 20여 종)은 격렬히 일본을 신임치 못할 것과 동양 및 세계평화에 화원 되기에는 일본이 독일 이상임을 논하므로, 다수 미국인의 반감을 야기하였으되, 작년 미국 동양 전도국(傳道局)에 재(在)한국 선교사의 보고한 한국독립운동의 진상이 발표됨으로부터 중부 동부의 친일적 경향이 있었던 인민까지도 일본이 독일 이상 흉악한 제2 독일임을 인식하게 되어 지금에는 전 미국에 배일(排日)의 사상이 미만하였다.

미국인은 정의의 생각이 강한 민족이니 한국 및 중국에 대한 일본의 횡포·무도함을 보고는 결코 오래 참지 못하리라. 하물며 일본의 동아 대륙(시베리아, 만주 및 중국 본부를 포함하여)과 태평양의 이권을 독점하려함은 미국뿐 아니라 세계 각국의 이해에 관계됨이리오.

하고 '상당한 시기'라는 말에 특히 힘을 주었다. (제44호 1920. 2. 7)

10. 金義善 씨 연설(軍務次長)

2월 7일 靑年團에서

새로 상해에 온 김의선 씨는 청년단 주최로 다음과 같이 열변을 토했다.

내 일찍 불전(佛典)을 보니 세상은 고해(苦海)라고. 이 세상은 과연 풍파 많은 바다이오. 북쪽 대륙에는 볼셰비키 혁명파(波)가 흉흉하고, 서쪽 바다에는 데모크라시 파도가 용용하오. 우리는 이 광란노파(狂瀾怒波)를 노저어갈 때 어떻게 주의를 쓸 것인가요? 참치(參差)한 암초가 널려 있어 선복(船腹)에 위험을 줄 것도 있을 것이고, 짙은 안개가 몽롱하여 항행에 회미(晦迷)할 때도 있을 것이오.

보시오. 현금 일본인이 우리 한인에게 대하여 여하한 수단으로써 그 정신을 미혹케 하려는가. 예산을 1억 원으로 증가하여 우리 독립운동을 대항하려 하고, 상해에는 한인의 내왕을 엄금하여 재정의 유출을 불능케 하며, 남북 만주에는 금융기관을 많이 설치하여 한인에게 편익을 준다하며 유용한 인물을 매수하기에 급급하오.

우리의 장래는 과연 어떠한가요? 우리는 나아가되 일신을 생각하지 맙시다. 공자(孔子)는 이르되 제 몸을 죽여 의(義)를 이룬다 하고, 석가(釋迦)는 말하되 '나(我)'가 없다고. 그러면 '우리'의 일은 잊을지언정 '나'의 일은 없을 것이오. 일찍 국사를 펼쳐보니 우리 조선(祖先)들은 그 자손을 대하여 권하되, '출정하여 성공한 후 돌아오라(出征成功而歸)'고 하였소. 그러나 조선왕조 이후에는 이 사상이 소멸되었소. 그것은 이왕가 자기네만 영구히 왕되고자 함이오. 원세개(袁世凱)는 4억을 위하지 않고 자기 일신만 위하였소. 모두 다 그 말로의 여하를 생각하여 보시오.

그러나 우리는 각기 자신을 귀중히 함이 가하오. 무슨 까닭이냐고? 각자 일신은 자신 개체의 소유가 아니라 '우리'의 소유 즉 우리 국가의 소유인 까닭이오. 그런즉 우리에게는 체육이 크게 필요하오. 나는 일찍 허약한 체력이 힘씀으로 말미암아 건전하여짐을 경험하였고, 체질의 수약(瘦弱)으로 인하여 제 때가 아닌(非時) 비운에 빠짐을 목도하였소(그 예는 약함). 체육에 힘씁시다. 체육이 발달되는 동시에 정신도 발양(發養)하오. 제군은 청년이오. 당당한 청년이오. 그리하여 태극기를 높이 들고 압록강을 건너가기(渡江)를 기약합시다.

김의선 씨가 연설을 마치고 안주(安州) 독립운동의 경과를 약술한 후 단에서 내려오자 민단장(民團長) 여운형(呂運亨)씨가 등단하여 씨의 연설을 치하하면서 일설을 덧붙이니 대요가 다음과 같다.

제군은 화약이오, 김의선 씨는 불이오. 불이 화약에 닿으면 마땅히 폭발할 것이오.

며칠 전에 중국 전사(專使) 왕정정(王正廷)이 자국 청년을 향하여 말하되, 벨기에는 작은 나라이오. 누구나 그 나라를 대할 때에 경멸의 태도를 가지오. 그러나 눈 아래에 천하가 없는 카이저(독일 황제 빌헬름 2세, 재위 1888~1918) 같은 영걸도 벨기에의 경계에 한걸음 들어가 본 후에 크게 놀랐소. 무슨 때문일까요? 첫째는 그 국민의 체육이 크게 발달됨이오, 둘째는 사격을 잘한다는 까닭이라고.

우리의 과거 생활이 과연 어떠하였소. 우리는 언제까지나 이 생활을 계속하려 하오. 신이 우리에게 생명과 체력을 아울러 주심이 우연함이 아니오.

우리는 작년 3월부터 대전투를 시작하여 왔소. 그러나 금일까지 한 것은 후일준비에 불과하오. 제군! 이때가 어느 때오? 동아 천지에 장차 일대 폭풍운이 휘감겨 일어날 것을 생각하지 못하오? 눈을 씻고 귀를 기울이시오. 이때는 마땅히 정신 차릴 때이오.

보불(普佛)전쟁(프로이센-프랑스 전쟁) 전에 독일 탐정(사관) 한 사람이 프랑스 경내로 들어가 프랑스군의 군사 대연습을 구경하다가 그 규율이 심히 엄정(嚴整)함을 보고 경악하였소. 그러나 연습을 마치고 돌아갈 때에 4,5병졸이 해태(懈怠)한 태도로 무기를 가로 메고 가는 것을 보고 크게 기뻐하며 자부하였소. 독일군은 비록 가정에 있어서도 결코 이와 같은 나태(懶態)를 아니 가지는 까닭이오.

제군! 이때가 어느 때인데 태양이 중천에 떠오르도록 토하였던 공기를 다시 마시며 늦잠이나 자고, 추잡한 방면으로 규율 없는 행동을 하겠소. 우리는 군인이 되었거나 말았거나 군인생활을 함이 가하오. 급하오! 중국에는 멀지 않은 장래에 여하한 폭발이 있을는지 모르고, 러시아의 질풍신뢰(疾風迅雷)의 세(勢)는 극동에 장차 여하한 변국(變局)을 발생케 하려는지 모르겠거늘, 제군은 강잉(强仍)하여 눈을 감고 귀를 막으려 하오? 김의선 씨의 불이 제군의 화약에 접촉함에 마땅히 폭발이 있을 것을 자기(自期)하오.
(제46호 1920. 2. 14)

11. 俄國 第一革命의 勇士, 포타포브 將軍의 談話와 略歷

나는 大韓民族의 獨立運動에 대하여 全心力을 다하리라

작년(1919) 2월에 '거적(巨敵)'이라는 혐의로 콜차크 정부의 추방을 당하고, 동년 12월에 제국의 치안을 방해한다는 이유로 일본으로부터 추방을 당하여 그때부터 상해에 머물면서 조국의 형세를 관망하고 있는 대붕(大鵬), 러시아 제1혁명[9]의 친위대장으로 차르

9) 러시아 3월혁명. 1917년 3월 러시아 3월혁명을 제1혁명이라 하고, 공화정을 타도하고 볼셰비키 정권을 성립시킨 10월혁명을 제2혁명이라

의 전제정치에 최후의 일수(一手)를 내린 백전의 용사 포타포브 장군을 그 여관으로 방문했다.

"나는 1903년부터 1904년까지 주한러시아 공사관부 무관으로 귀국 경성에서 경성주재 각국 군대의 고급 지휘관의 직임에 있었고, 그동안 광무황제 폐하와는 누차의 정식 알현과 별입시(別入侍)가 있었으며, 또 당시 귀국정부의 각 대신 기타 귀족과 친밀히 교제하여 러·일 개전 2일전 경성 철퇴에 이르렀다.

그 바로 전에 나는 러·일 충돌이 면치 못할 것과, 따라서 한국의 독립이 위태하여짐을 깨닫고, 당시 친위대장(侍從武官長)이던 이근택(李根澤) 씨의 주장으로 한국의 영세중립의 보장을 청하기 위하여 구주에 파견하려던 대사단 조직의 의론에 간참(干參)했다.

나는 작년 2월 콜차크 정부의 방축(放逐)을 당하여 일본에 교우(僑寓)하였으나, 일본정부는 나의 체류가 제국치안에 위험을 가함이라 하여 또 나를 방축하였다."하고 쾌활히 한번 웃고 난 후에 다시 정색하고 열정 있는 어조로,

"내가 귀국에 체류할 때에 일본에게 강탈을 당하는 한국의 독립을 위하여 전력을 다하였다 하면, 그리고 항차 민족자결 민족평등의 대세 중에 처한 러시아 혁명당의 영수로 대한민족의 장래에 대하여 어찌 수수방관할 수 있으리오." 하고 어세를 높혀,

"나는 귀국의 독립운동에 참가하기를 약속하노라. 나는 귀국민이 일본정부의 철쇄를 끊고 자유를 얻으려는 대운동을 위하여 전심력(全心力)을 경주하여 원조하기를 약속하노라" 할 때에는 두 눈에 전광이 번득이는 듯하다. 최후에 포 장군은 기자의 손을 잡으며, "이 뜻을 나의 경애하는 귀국민에게 고하기를 희망하노라."

포타포브 장군의 약력

한다. 3월혁명으로 로마노프 왕조의 최후의 황제 니콜라이 2세는 퇴위당하고, 임시정부가 수립됨으로써 제정 러시아의 차르 체제는 붕괴되었다.

장군의 본명은 알렉시스 포타포브이니, 메멜(Memel, 클라이페다)전승을 기념하여 세인이 메멜스키라고도 칭하며, 같은 모양의 이유로 미룸스키라고도 하며 레트국의 국민군을 조직하고 지도한 공로로 레티슈스키라 함을 보아도 그의 인물과 공적의 일반(一斑)을 추지할 수 있다.

장군은 1872년 러시아 군항 크론슈타트(브라쇼브)시의 가난한 가정에서 생장하여 의용병으로 편입되었다가 육군사관학교 육군대학 등에서 배웠으며, 이래로 혹은 각지에서 군대의 조직과 교련에 종사하며, 혹은 관전무관(觀戰武官)으로 남미 아프리카 등지를 역유(歷遊)하고 러·일 개전 당시에는 주한러시아 공사관부 무관으로 경성에 내주하여 광무제의 신임을 얻었고, 러·일 및 제1차 세계대전에도 전선에 서서 다대한 공훈을 세우므로 러시아 황제에게 최고훈장을 얻었으며, 다년 참모본부에 재직하다가 제1혁명 당시에는 친위대 제1연대장으로 솔선하여 병을 일으켜 차르 정부를 전복하고, 공화국 건설의 원훈의 영광된 이름을 널리 알렸고, 그 후에도 항상 각종 민주주의적 운동에 참여하여 거의 러시아 국민 중에 장군의 이름을 모르는 자가 없는 형편이다.

장군은 일시 상해에 잠복하였거니와 불원간에 시베리아에 장군의 웅자가 포효할 날이 나타나리라. (제49호 1920. 3. 1)

12. 李東輝 總理의 施政方針 演說

국민아, 정부를 도와 실현케 하라

3월 2일 의정원(議政院)에서 국무총리 이동휘 씨의 시정방침의 연설이 있었다. 이는 민국성립 이래 초유의 일일 뿐더러 실로 우리나라 유사 이래 처음 있는 일이다. 우리는 이 연설을 시도한 이 국무총리로 더불어 우리 국민에게 금일이 있게 한 것을 흔행(欣

幸)으로 하는 바이다.

이번의 시정방침은 다른 나라나 다른 시대의 그것과 비교할 바 아니니, 대개 금일 우리나라의 시정방침은 내정 외교가 전혀 독립운동의 진행방침일 것이다. 이제 이 총리의 연설한 바 8항의 방침을 보건대, 최후의 교육 사법 및 노동국에 관한 조항은 그렇게 직접으로 독립운동에 관계된 것이 아닌즉, 여기 평론치 아니하거니와 그 나머지의 5항, 즉 내정, 외교, 재정, 군사 및 교통에 관한 방침(물론 이는 대강령뿐이오, 상세한 내용에 언급함이 없으되)은 시의(時宜)에 적합하다 할지니, 가령 내정의 중심을 내외 국민의 통일에 두었으며, 외교의 주지를 독립전쟁의 후원을 얻는 것에 두어서, 그 방침으로의 대외선전의 주지를 세 가지로 나누어 한국의 독립이 동양 및 세계의 평화에 필요함과, 일본의 통치하에서는 한족은 도저히 생존번영을 향락치 못할 것과, 한족에게 독립국민이 될 자격이 있음을 선전하여 세계로 하여금 한국의 독립전쟁을 원조케 하도록 한다 함 등 모두 철저하게 긍경(肯綮: 사물의 가장 긴요한 요점)에 적중하였다 할 것이다.

기타 재정 교통에 관하여서도 정부는 이의 세밀한 진행방침까지도 확정하였다 하니 이제 국민이 정부에게 요구할 것은 이를 축조(逐條)하여 실현함이다. 아무리 명안묘책이라 하더라도 실현이 없으면 무슨 이익이 있으리오.

이 총리는 내정의 요체가 국민의 통일에 있다 하고, 통일하는 방침으로 (1) 국내 국외에 세밀한 연통제(聯通制)를 실시하여 민심의 추향(趨向)을 귀일케 하며, (2) 내외 각지의 단체를 조사하고 규합하여 그네로 하여금 정부와 행동을 일치케 함을 들고 있다. 이는 실로 평범한듯하면서도 가장 확적(確的)한 명안이다. 그러나 이를 실현하는 방침이 어떠한가. 이미 착수하였는가. 장차 착수하려는가. 또 이미 착수하였다 하면 과거의 성적은 어떠하며, 장래의 예상은 어떠한가. 구체적으로 논하면 연통제는 얼마나한 정도까지 실시되었으며, 민심의 추향을 귀일케 하는 방법이 어떠한가. 이 사업을 위하여 금년도에 인원은 몇 사람이나 사용하고 금전은 몇 원이나 사용하려 하며, 시설완료의 예정기간은 몇 개월이나 되는가.

또 외교에, 세계 열국으로 하여금 한국의 독립이 동양 및 세계의 평화에 필요조건임과, 한족이 일본의 치하에서는 생존번영을 향수치 못할 것과, 한족에게 독립국민의 자격이 있음을 선전한다 함도 과연 금일 우리나라 외교의 대지(大旨)일 것은 의심하지 않지마는 이 목적을 달성하기 위하여 어떠한 방법, 얼마나한 금전, 얼마나한 인재로써 어떤 사업을 얼마나 실행하려 하는가. 가령 중요 각국에 대표자를 파견하려는가. 한다하면 어느 나라, 어느 나라에? 또 가령 한족에게 독립국민이 될 자격이 있음을 세계에 증명한다 하면 무슨 방법으로?

또 군사에, 일변 군사의 지식을 보급하고, 의용병을 모집하며, 전략상에 필요한 모모 지점에 군사적 시설을 한다하니 그것은 어떠한 방법으로, 얼마의 기간에, 얼마의 금전으로, 의용병 수의 예정은 얼마?

또 이 모든 사업을 일관하는 근본적 사업은 선전(宣傳)이니 국민을 통일하기도 근본은 선전에 있고, 외국의 원조를 얻음도 근본은 선전에 있고, 의용병을 모집하거나 공채(公債) 국채(國債)를 모집함도 근본은 선전에 있는 것이다. 영·미 같은 완성되고 훈련있는 국민을 가진 국가에서도 이러한 대사업을 경영할 때에는 선전에 전력을 다하거든 하물며 우리와 같이 초창기에 있어서 안으로는 국민의 통일이 불완전하고, 밖으로는 열국의 신임이 박약한 임시정부로서 이러한 대사업을 경영할 때에 어찌 선전에 전력을 다하지 아니하고 가능하리오.

이 국무총리의 시정방침 중에 마땅히 있어야할 선전의 조항을 결함은 심히 의아하는 바거니와 역시 정부는 선전에 주력을 집주하기를 믿고자 하노니, 그럴진대 그것은 여하한 방법으로 얼마나한 또한 어떠한 인원, 얼마나한 금전을 사용하여, 얼마나한 범위, 얼마나한 기간을 예정하고 실행하려는가. 또는 이미 착수하였는가. 하였거든 과거의 성적은 얼마나 하며, 아니하였거든 언제나 착수하려 하는가. 그보다도 선전을 중시하느냐 아니하느냐이다.

나는 이 중에 대부분이 비밀에 속한 줄을 잘 안다. 그러므로 나는 이 모든 질문에 대하여 혹은 의정원에서, 혹은 연설로, 혹은 신문지상으로 일일이 답변하기를 정부에 강요하지 아니하거니와 제일 강요하는 것은 정부 자신이, 당국자 자신이 이러한 여러 질문에 대하여 명확하고 상세한 답변을 가지고, 아울러 용감 과단한 실행이 있기를 바랄 뿐이다.

그러나 비밀 비밀하여 너무 비밀만 지키면 민심의 추향을 귀일케 한다는 종지(宗旨)에 위반될지니, 국민이 정부의 방침의 대강령과 실현방법 및 그 성적의 몇 부분을 알지 못하면 국민은 정부에 복종할 길을 모를 것이다. 또 국민이 정부를 신뢰할 근거가 없을지니 국민의 신뢰와 복종이 없이 무슨 일을 하리오. 다만 "내가 잘 하니 너희는 말없이 나를 따라라" 함은 현대에 처하여서는 불가능한 일이다. 그러므로 가능한 대로 정부의 의사와 현재 실행의 형편과 및 과거의 성적을 알림이 정부 자신의 신임상에도 필요하거니와 국민의 진로를 지시하고, 결심을 확고히 함에 유조할 것이다.

우리의 희망대로 말하면 적이 알아서 아니 될 장래의 계획은 절대로 비밀히 함이 가하되, 과거의 성적은 그것이 크거나 작거나, 성공이거나 실패이거나, 국민이 듣고 유쾌할 것이거나 실망할 것이거나, 분명히 공개함이 국민과 정부를 밀접하게 하여 정부로 더불어 그 기쁨과 슬픔을 같이 하고, 결심과 노력을 같이하기에 가장 유리하다 하노니, 이 국무총리가 좀 더 상세하게 좀 더 구체적으로 의정원에서 시정방침을 설명하기를 바라고, 또 과거 1년간의 독립운동의 실적을 공개하기를 바라는 바이다.

아무려나 적에 알리는 것이 무서워 국민에도 알리지 아니함은 위에서 말한 바와 같이 어느 정도까지는 필요하다 하더라도, 즉 장래의 계획에 관계할 때에는 필요하다 하더라도 과거의 약점의 현출(現出)을 두려워함이라 하면, 이는 심히 용기를 결함일 뿐더러 공명정대의 정신에 위반되는 것이니 우리 독립운동의 실력, 우리 정부의 실력, 즉 인재, 재정, 통일, 외교 같은 실력을 사실대로 국민에 공개함이, 만일 그 실력이 허약하다 하면, 일시 국민에 실망도 주려니와 동시에 국민에게 경고(警告)와 격려를 주게 되어 허약하던 것을 충실케 할 가망이 있으되, 약점을 늘 은폐한다 하면 이렇게 충실할 기회조차 없을 뿐더러 도리어 국민의 의혹을 살 것이다. 허약한 것을 슬퍼할 자도 국민이오, 허약한 것을 충실할 자도 국민이 아니겠는가.

우리는 발표한 한도의 시정방침에 대하여 쌍수를 들어 환영하노라. 독립운동의 진행방침이 확정되었다는 것을 환영하고, 또 그 대강령이 시의時宜)에 적합한 것을 환영하노라. 그러나 그 구체적 방침의 내용과 실행의 결심과 능력에 대하여 더 알기를 원하노니, 우리는 국민으로 더불어 정부에 대하여 가급한 범위 내에서, 한두가지 실례(實例)라도 들어 구체적 방침이 확립하였음을 실증하고 아울러 이미 착수한 사업의 성적의 실적을 예시하기를 바라노라.

끝으로 우리는 동포에게 한마디 부칠 필요를 느끼노니, 동포여, 이미 우리 임시정부는 독립운동 진행에 관한 시정방침을 확정하였고, 또 그 대강령을 정식으로 임시의정원에 설명하였은즉, 이는 우리 정부가 처음으로 그 확정한 방침을 국민에 보인 것이다. 그러나 이 방침의 실현 여부는 정부의 능력에 달렸다 하기보다 국민의 하고 안하고(爲不爲)에 달린 것이니, 아무리 정부가 통일을 부르짖은들 국민이 듣지 아니하면 무슨 소용이 있으며, 아무리 정부가 독립전쟁을 계획한들, 아무리 재정방침을 세운들, 국민이 이에 응하지 아니하면 무슨 소용이 있으며, 아무리 훌륭한 외교방침을 수립한들 국민의 신임과 피와 금전의 후원이 없으면 무슨 소용이 있으리오.

그 내정, 외교, 군사, 재정, 교통 등 독립운동 기간을 일관할 대방침이 확립되었나니, 이를 확립한 정부에 대하여 우리는 그 성의와 역량을 감사하고, 동시에 이를 실현하기를 독려하려니와 우리 2천만 대한 남녀는 정부와 일심일체가 되어 이 대방침을 한사코 실행할 의무를 자각하여야 하리로다. 이 대방침을 실현하는 것밖에는 우리의 목적을 달성할 길이 없으므로. (제51호 1920. 3. 6)

13. 十年을 하루같이 光復을 위하여 育英에 헌신한 尹琦燮선생이 西間島 議員으로 議政院에

서간도 합니하(哈泥河) 신흥(新興)강습소에서 10년간 육영사업에 헌신하던 윤기섭 선생은 서간도 선출 의정원 의원으로 일전 ○○에 내도하였다.

서간도에 한번 족적을 찍은 이는 웅당 여준(呂準)선생의 이름과 함께 윤기섭 선생의 이름을 들었으리라. 다수의 지사들은 왔다가는 가고, 이것을 하다가는 저것으로 변하되, 선생은 국치를 곡하고 표연히 고국을 떠나 서간도에 들어간 후로부터 10년의 금일까지 정말 기한(飢寒)과 갖은 고초와 분투하면서 대한민족 증제(拯濟)사업의 근본이요 기초되는 육영사업에 정신을 쏟고 힘을 다했다.

이러한 헌신적 노력의 결과로 다수의 건전한 애국청년을 양성하여 30만 서간도 동포의 중추(中樞)를 만들었고, 그 여가에 일반 동포를 설하여 애국심과 단결력을 고취하여 동포의 경행(敬行)을 받았고,

특히 수년전부터 혈전(血戰)의 준비의 필요함을 역설하여 다수의 청년에게 군대훈련과 모험의 정신을 고취한 공적은 대서특필할 일이다.

지난겨울에 선생이 마적(馬賊)의 포로가 되어 살해를 당하였다는 소문까지 들리더니 천행으로 우리 열성의 지사를 다사다난한 시기에 처한 우리 민족에게 돌려보낸 것이다.

선생은 파주인(坡州人)이니 융희 연간에 보성(普成)중학교의 제1회를 수석으로 졸업하고, 정주(定州) 오산(五山)학교애 와서 동료와 학생의 진정의 신뢰와 애경을 받았다가 국치 후에 육영의 목적으로 서간도에 갔다.

선생은 지금 37,8세의 장년으로 과언근엄(寡言謹嚴)하여 장자(長者)의 풍이 있으면서도 성품이 온후하여 우의에 돈독하며 열성의 사람이요 의지의 사람이면서 두뇌 명석하다. 특히 선생은 애국심의 화신이니 그의 과거는 오직 애국이다. 그에게 집도 재산도 명예도 없고 10년의 생애가 오직 국가를 위함이니 그는 진실로 국민의 성사(盛謝)할 지도자요 숭앙할 모범이다. (제51호 1920. 3. 6)

14. 동양 전도에 헌신하는 서양 선교사에게

이는 임시의정원 의장 목사 손정도(孫貞道) 씨가 지난번 2월 7일부터 북경에서 열린 '동양선교사대회'에서 행한 연설의 초고이니, 이 영역(英譯)은 참회자(參會者)의 청구에 의하여 수 백부를 인쇄하여 반포하였고, 처음에 다소 냉담한 태도를 취하던 회중은 이 연설의 결과로 다대한 감동을 얻어 각각 최선의 노력을 다하기를 언약하였다고.

금일 한국이 독립하는 것이 정의와 인도에 합하고 동양평화 및 세계평화에 추요(樞要)하며, 더욱 동양 기독교 발전에 큰 영향이 있을 것은 제군의 양심상에 이미 판단이 있을 줄 믿노라.

불쌍한 자를 불쌍히 여기시는 하나님의 사명을 받아 동양의 불쌍한 사람을 건지기에 노력하시는 제군은 금일 한국의 불쌍한 민족을 건질 마음이 간절할 줄 믿노라.

제군은 선교의 신성한 책임을 가지고온고로 동양의 정치에는 직접으로 간섭함이 없었고, 이 앞에도 없을 줄 알거니와 지금 비참한 중에 빠진 한국인을 건져 자유를 누리도록 도와줌은 결코 정치상 간섭이라 할 수 없고, 불쌍한 자를 불쌍히 여기는 종교적 및 인도적 의무라 하리니, 지난번 미국에서 불쌍한 벨기에를 건진 것이 정치적 군사적으로 많은 재정과 생명을 희생하여서 한 것이거니와, 이는 다만 표면에 드러난 사실에 불과하고 진실로 미국으로 이 일을 하게한 근본적 원인은 미국 각 예배당의 목사와 목사들이 하나님의 뜻을 체현(體現)하여 종교적 인도적으로 노력한 결과이다. 일찍이 미국이 흑인 노예를 해방함도 그 진짜 원인은 예배당의 교단에서 발한 것이다. 그런즉 제군은 흑인 노예를 불쌍히 여기든 마음과 벨기에인을 불쌍히 여기든 마음으로 대한인도 불쌍히 여기소서.

다른 민족의 불의한 압박하에 신음하는 2천만 민족을 건져내어 천부(天賦)의 자유를 누리도록 원조함이 인도와 정의에 합한 것은 물론이거니와 한국의 독립과 동양평화와의 관계가 어떻게 밀접한 것은 특히 주의할 일이다. 동양평화의 화원(禍源)은 일본의 침략주의에 있나니, 일변 동양 대륙을 침략하고 일변 태평양 이권을 독점하려하여 이 목적을 위해서는 어떠한 비인도적 횡포수단이라도 가릴 리 없는 것이다. 동 아시아 여러 민족이 불평과 우구(憂懼)로써 이를 대하여 동아에 참극이 그칠 날이 없나니, 동아의 교란은 연(延)하여 세계의 평화에 파급할 것은 명백한지라, 이 점으로 보아 한국의 독립으로써 일본의 야심의 조아(爪牙)를 끊는다함은 다만 동양 평화에 대하여만 추요할 뿐 아니라 세계의 평화에 대하여도 그러하다고 확언하는 것이다.

또 종교적으로 보건대 한국 안에 있는 과거의 기독교 교회의 전에 없는 발달은 동아 여러 민족에게 비상한 감동과 모범을 주었나니, 이는 제군이 공지하고 항상 말하는 바이다. 그러므로 한국이 비기독교적인 일본의 통치를 벗어나 한국의 기독교로 하여금 영원히 자유발전의 기회를 향유하게 함은 동아 선교상에 대이익이 될 것도 확실한 일이다.

그런즉 한국 독립문제는 다만 한국인 자신만 복리문제만이 아니오, 실로 동아 제민족 및 세계 전 인류의 문제라 하노라.

그러므로 불쌍한 자를 불쌍히 여기기로 천직(天職)을 삼는 제군은 한국인을 불쌍히 여기는 동시에 동아 제민족과 또한 세계 전 인류의 장래의 화를 막기 위하여 한국의 자유와 독립을 위하는 분투에 동정의 원조를 아끼지 아니할 줄을 믿는다.

나는 이제 제군에게 제군이 어떻게 우리를 도와주실 것을 말하려 한다. 우리가 제군에게 청하는 구원은 총이나 칼을 가지고 우리를 도와 전쟁하여 달라는 것도 아니요, 많은 금전을 달라는 것도 아니요, 또 일본정부를 향하여 정치상 간섭을 하여달라는 것도 아니요, 다만 제군이 동양에 와서 친히 듣고 목도한 일본의 비인도적 행위와 한국의 불쌍한 사정과 한국이 독립하여야 마땅할 이유를 세계에 밝히 알려 달라 함이로다.

상술한 바와 같이 이번 사망에 빠졌던 벨기에가 그 중에서 살아나와 다시 자유를 누리게 된 것은 미국 국민이 생명과 재산을 희생하여 원조한 때문이다. 미국이 그와 같이 하게 된 것은 미국 국민이 정의와 인도를 위하여 독일에 대하여는 적개심이 발하고, 벨기에에 대하여는 동정심이 발한 때문이며, 미국 국민에게 이 적개심과 동정심이 발함은 그네가 벨기에의 사정을 분명히 알았음이니, 지금 세계가 한국의 사정을 자세히 모르는 것과 같이 그때 미국 인민이 벨기에의 사정을 알지 못하였더라면 그네에게 아무리 정의 인도의 생각과 박애의 정신이 방박(磅礴: 混同)하였다 한들 어찌 이 적개심과 동정심이 발하였으리요. 그리하고 미국 인민으로 이러한 정신을 격발케 한 것은 실로 미국내 각 예배당 목사들이 일치하여 인민에게 일변 벨기에의 사정을 알리며, 일변 정의와 인도를 고취한 결과이다.

이와 같이 제군이 한국의 사정을 세계에 전포(傳佈)하는 날 세계의 한국에 대한 동정은 벨기에에 대한 것에서 밑돌지 아니할 줄을 확신한다. 나는 짐짓 제군에게 특히 큰 책임을 지우려 함이 아니나 대한 2천만인을 사망에서 구출하여 천부(天賦)의 자유를 누리게 하고 못 누리게 함이 제군이 세계에 대한에 대한 동정심을 발(發)케 하고 아니함에 달렸나니, 불쌍한 자를 불쌍히 여기기로 천직을 삼는 선교사 제군이여, 깊이 생각할지어다. (제52호 1920. 3. 11)

15. 韓族의 獨立國民될 資格

임시의정원 孫貞道 의장이 2월 7일부터 北京에서의 선교사대회에서 행한 연설

(중략) 나는 이제 한족에게 독립의 자격이 있음을 증명하려 하노라.

(一) '한족은 순일(純一)한 민족'이니 언어, 습관, 전통, 이상이 순수하고 민족적 자존심과 단결성이 강렬하여 앞뒤로 강적을 두고도 4253년간 독립국민의 생활을 계속하고 있다. 한족의 피는 순일하니 어떤 때에는 이민족의 침입과 이주가 있었다 하더라도 그것은 극히 소수여서 전혀 한족에게 흡수되고 말았다.

그러므로 1천여 년전 왕씨(王氏)가 전 반도를 통일함으로부터

(고려왕조) 한족 간에는 소계급의 분쟁을 제외하고는 내부의 분열이나 갈등이 없었다.

더구나 일본에게 수치를 당함으로부터는 민족적 단결심과 애국심이 격발되어 한족은 더욱이 의식적으로 동족의 단결을 강하게 하게 되었나니, 이번 독립운동에 귀족이나 노동자나 남자나 여자나 공동한 국가를 위하여는 모두다 한마음으로 분투하는 것을 보아도 알 것이다. 민족적 통일이 독립국가의 주요한 요건이 아닌가. 일인과 및 일인의 선전을 믿는 외국인은 한족에게 사대성(事大性) 의뢰심이 많음을 책하나니, 과연 구한말(舊韓末)의 외교는 이러한 책망을 받을 만하다. 그러나 이는 과거의 일이다. 한족은 자각하였다. 이번 독립운동에, 일인은 말하되, 한족은 미국의 선동을 받았다는 것이다. 윌슨 대통령의 세력을 의뢰함이라 하나 이는 사실무근의 무설(誣說)이다.

한족은 이번에 상제(上帝)는 의뢰하였을지언정, 인류의 양심은 의뢰하였을지언정, 어느 1개국이나 1개인을 의뢰한 사실도 절무(絶無)하거니와 그러한 사상도 없나니, 만일 있었으면 왜 피를 흘렸으랴. 더 흘리려 하랴. 한족은 여러분에게 명언하되 "우리의 일은 우리의 일이라" 하리라. 다만 정당한 동정과 원조를 청함이야 인류 공존동영(共存同榮)의 의(誼)가 아닌가.

(二) '한족의 통치력 및 조직력'은 독립국민이 되기에 족하다. 전후의 강적이 누차 침입이 있었건마는 한족은 내치와 외교와 군사로 능히 이를 방어하였고, 42세기간 독립국민의 생활을 계속하였나니, 1910년에 한국이 일본에게 합병된 것은 한족에게 통치력이나 조직력이 부족함에 기인함이 아니다. 한족이 일본보다 소총과 대포와 독가스와 침략주의의 문명이 열등함과, 당시 한국정부가 한족 중의 우수계급으로 된 것이 아니고, 부패한 계급으로 되어 있었음에 기인함이니, 당시 각성된 한족 간에 이 부패한 정부를

전복하고 신문명의 원칙상에 한족의 정부라고 칭할 만한 신정부를 건설하려는 다수의 계획이 있었다가 누차 외국의 간섭으로 실패된 것을 보더라도 알 것이다.

갑신년(1884) 김옥균(金玉均) 박영효(朴泳孝)등 선각의 인사가 혁명을 도모하다가(甲申政變), 부패한 당시의 귀족들(閔氏戚族)이 국왕을 옹(擁)하고 원세개(袁世凱)의 군대를 끌어들여 실패하였고, 을미년(1895)에도 서재필(徐載弼) 이승만(李承晩) 등을 중심으로 독립협회(獨立協會)가 일어나 국정의 혁신을 도모하다가, 역시 부패한 귀족이 부상파(負商派: 褓負商)를 지시하고 부추김(指嗾)으로써 실패하였고, 을사 신조약(1905) 늑결 후 경술합병(1910)에 이르는 동안에도 같은 모양의 목적으로 여러 가지 유력한 결사(結社)와 운동이 있었으나, 어떤 결사(新民會)는 족히 한 나라의 통치를 전담할 만한 정당(政黨)의 소질도 갖추었으나, 일본의 폭력적 간섭(長谷川 사령부의 軍法과, 統監府의 保安法)으로 강제 해산의 비운을 당하였고, 그 지도자들은 혹은 체포 혹은 방축(放逐)되었나니, 이로보아도 한족 중의 자각한 계급, 건전한 계급이 국가를 부지하려고 어떻게 분투하였음을 알 수 있다.

그러나 모두 일본의 폭압으로 실패되었나니 일본은 한족의 각성이 점점 가공하게 됨을 봄에 "단연히 최후의 화원(禍源)을 제거하기" 위하여 병합을 단행한 것이다. 그 화원이란 무엇인가. 한족의 자각과 실력의 증진이다. 만일 을미년에 또는 그후에 이 한족 중에 건전한 계급이 정권을 장악하였던들 한국의 역사는 지금과 방향을 달리 하였으리라.

일본인은 세계에 대하여 열심으로 한족의 지능이 자기네보다 열등함을 말하도다. 물론 지금 한국에는 윌슨도 없으리라. 로이드 조오지(L. George)도 없으리라. 그러나 이러한 인물은 일본에도 없지 아니한가. 혹 영미인은 우리에게 하라 다카시(原敬) 오쿠마 시게노부(大隈重信)만큼도 지명(知名)의 인사가 없으므로 우리에게 통치의 능력이 없다 하리라. 그러나 언제 우리 지도자의 명성이 세계에 알려질 기회가 있었던가. 언제 우리 민족이 대능력을 발휘할 기회가 있었던가. 일본의 압제하에 있는 동안 우리 민족 중에서는 한 사람도 그러한 인물이 나올 기회가 없었던 것이다.

또 혹 서양인은 말하기를, 한족이 서양 문화에 접촉한 시일이 너무 짧고 대학의 학위를 가진 자가 적음으로써 국가의 기관을 운전할 인재가 없으리라 할지나, 이것은 큰 오류이니 원래 아무 문화도 가지지 못하였던 우매한 야만일진대 문화수입의 연한이 그 민족의 능력의 척도가 되려니와, 한족은 수천년간 고등한 문화를 지녀온 민족이다. 서양 문화가 들어오기 전에도 정치가도 있었고, 경제가도, 교육가도, 학자도 있었나니, 이러한 인물은 한번 신문화에 접촉하여 이를 이해하기 용이하니, 마치 천주교의 신도가 신교의 신도가 되려면, 개종만 하면 교리의 전체를 다 이해함과 같은 것이다.

그러므로 현재 한족의 지도자와 지식계급 중에 두 가지 종류의 인물이 있나니, 하나는 구문화의 교육을 받은 자로서 신문화로 개종한 자, 및 국내 혹 국외에서 계통적으로 신교육을 받은 자이니, 이번 독립운동의 중심인물 중에도 분명히 이 두 가지 종류의 인물의 활약과 및 조화를 볼 수 있다.

(三) '경제력'으로도 한국은 자립할 자격이 있다. 일본은 1919년도부터 조선의 재정을 독립케 하기를 성언하였다. 만일 한국이 독립되면 금일 한국에 있는 일본의 무용(無用)한 군대와 헌병과 정탐과 관리를 제거하면 더욱 재정은 유족(裕足)하리라. 한국이 지금 가난한 것은 사실이로되 대부분 농민이오, 또 재산의 분배가 비교적 평균되므로 무의무가(無依無家)한 자는 적고, 거의 전부 유실유가(有室有家)하여 독립한 생활을 경영하나니, 상당한 제도의 개선과 산업의 장려만 있으면 풍부한 천연자원과 합하여 족히 부국을

이룩할 것이다.

세상이 흔히 한족의 나태(懶怠)함을 책하거니와 이는 소위 양반이라는 유민(遊民)계급만 보고 하는 말이다. 과연 한족 중에는 유교(儒教)의 승려계급이라고 할 만한 유민계급이 있지마는, 이는 전민족의 1백분의 1,2에 불과하다. 그 밖의 인민은 사시(四時)와 주야를 물론하고 근면하다. 오늘의 가난은 실로 조선왕조 5백년 이래의 유교의 해독이니, 당시의 인민은 생산업에 종사하기를 더구나 필요 이상의 부를 축적하기를 일종의 천업(賤業)이요 수치로 알던 결과이다.

고려(高麗), 삼국(三國)시대에는 한족은 그 찬란한 문화로 더불어 극히 은부(殷富)하였나니, 1천3백년 전 신라(新羅) 서울에 호수 17만, 동서 40리의 대시가에 초가집(茅屋)을 보지 못하였다 하고, 고구려(高句麗)의 서울은 더욱 그러하였으며, 신라의 서울이던 경주의 궁전과 사원의 건축의 유적을 보더라도, 당시 한족의 미술과 공예의 발달에 경탄하는 동시에 그 부력이 어떻게 컸음을 추상할지니, 이로 보아도 한족에게 결코 생산력이 결핍하지 아니함을 알리라.

또 현재의 사실로 보더라도 맨손으로 미령(美領) 하와이와 서북간도 및 시베리아 등지에 이주한 한인들은 모두 상당한 생산업의 근저를 삼고, 도처에 교회와 학교를 설립하며, 독립운동의 자금과 적십자회의 기금을 기부하고 있다. 이제 하와이에서도 5천의 한인 중에 8만 불의 자유공채에 응모하였고, 이는 여담이나 2백여 명이 미군에 입대하여 프랑스 전선에 출정하였으며, 시베리아의 한인도 대혁명 당시에는 5백여 개의 학교를 가졌고, 러시아 전시공채에도 다수 응모하였으며, 1만2천여 명이 러시아군에 입대하여 유럽전선에 출정하였고, 지금도 러시아군 중에는 모스크바의 최(崔)군단장 이하 다수의 장교와 병졸이 있다.

그러므로 한족으로 하여금 구한국(舊韓國)시대의 부패한 귀족

전제와 현재의 일본의 이기적 늑탈(勒奪)정책을 벗어나야 자유로 그 실력을 발전케 하면 그네의 선인(先人)시대의 부를 회복할 수 있으리라.

(四) '국방'으로도 한족은 독립국민 되기에 부족한 것이 없나니, 지금 한국 안에 주둔하고 있는 2개 사단의 일본군은 한인을 대적하기 위하여 존재한 것이다.

한족에게는 일본을 제외하고는 적이 없다. 러시아나 중국은 다시 한국을 침략할 야심을 가질 이유가 없고, 미국이나 영국이 한국에 원정(遠征)하리라고 우려할 미치광이가 없나니, 한국 자신이 타국에 대하여 침략정책을 취하지 않는 이상 한국은 국내의 평화를 유지할 만한 군비를 둠으로써 족하다 할 것이다.

또 한번 이제 한국이 독립된 후에는 다시 어느 나라도 그의 독립을 건드리지 못하리니, 대개 2천만 인민을 몰살함은 아무리 강한 국가로도 용이치 아니한 사업일 것이다.

역사적으로 보더라도 한족은 누차 이민족의 침략을 받았으나 일찍 그네에게 정복된 일이 없다. 신라가 일시 당(唐)의 정삭(正朔)을 받든(奉) 것은 고구려와 백제를 대항하는 한 외교수단(陋劣하지 마는)에 불과하였으며, 수당(隋唐)의 백만 대군은 수차 격퇴되었으며, 임진왜란에도 8년의 전쟁, 2백만의 피로 마침내 적을 격퇴하였고, 병자호란(丙子胡亂)에 남한산성의 치욕이 있었으나, 그역시 왕실과 왕실간의 하나의 형식적 관계이다. 한국의 통치는 의연히 한족이 하였던 것이다.

합병 당시에는 일인은 이미 한족에게서 모든 무기를 빼앗아버렸고, 언론기관조차 억압하여 비밀리에 만사가 종언하였으므로 인민이 사건의 진상을 몰랐던 것과, 또 당시 한족은 다소간 일본의 금석맹약에 대한 신의와 호의(好誼)를 신뢰하도록 우직(愚直)하였다. 그러나 사건의 진상이 알려지자 말자 이래 10년간 무수한 애국의 비극이 간단없이 현출하였고, 특히 독립을 선언한 금일에 이르러는 한족 전부는 금일의 그들의 처지와, 이 처지에 행하여야할 일을 분명히 자각하고 결심하였다. 이제 한족은 일본의 노예가 되는 것보다 차라리 한번 죽음을 결하려하다.

(五) '한족의 결심.' 이제 와서는 혈전은 아무도 막지 못하리라. 이제 대한의 전 민족은 일제히 혈전을 규호(叫號)한다. 작년 이래로 한족의 독립운동은 평화롭기로 유명하였거니와 대한의 자녀의 2천만 가슴속에 비등하는 뜨거운 피를 뉘라서 억지하랴. 과거에는 정부가 전력으로 억지하였거니와 만일 얼마 더 억지하면 마침내 난전(亂戰)이 발생하리라.

이러한 사정으로 한국은 일본에게 향하여 전쟁을 선언하기로 결정하였다. 정부와 국민은 일심일체가 되어 최후의 혈전(血戰)을 개시하리라. 흥하거나 망하거나 죽거나 살거나 일의 성불성(成不成)은 오직 상제(上帝)와 문명세계의 양심에 맡길 따름이로다.

나는 2천만의 우리 동포로 더불어 이상에서 진술한 우리의 사정을 널리 세계에 전파하여 주시기를, 불쌍한 자를 불쌍히 여기기를 천직을 삼는 선교사 제위에게 청하노라. (제54호 1920. 3. 16)

16. 安昌浩 總辦의 國民議會事件 顚末 演說

국민의회 문제

3월 23일 2시 개회. 정부에서 이동녕(李東寧) 내무총장, 이시영(李始榮) 재무총장, 안창호(安昌浩) 노동국총판, 김의선(金義善) 군무차장, 윤현규(尹玄揆) 재무차장, 김 비서장 등이 출석, 아령(俄領)문제에 대한 선후책에 대하여 토의를 시작했다.

오윤환(吳倫煥): 아령 불통일의 원인과, 원인을 안 후에 정부의 방침은 여하?

안총판: 국민의회가 즉 아령이 아니니 국민의회가 전 아령을 통할함이 아닌 고로 국민의회 해산 후에 정부에서는 거류민단 군사기관 등을 설치하려 하였더니, 이제 국민의회 복설(復設)이라는 일을 듣고 깊이 원려(遠慮)중이다. 의원 여러분도 의견이 있으면 정부에 주기를 바란다.

안총판의 국민의회사건 전말연설

의원 중에서 과거의 국민의회사건에 대한 전말을 듣기 원함에, 안총판이 등단하여 연설하기 시작했다.

아령 국민의회가 어찌해서 불평을 품게 되었느냐. 이를 한마디로 단언하면 무슨 까닭으로 우리를 무시하였느냐 함에 있다. 그 무시한 사실로는 당초에 상해에서 정부를 조직할 때에 아령에서는 몰랐다. 그런즉 우리는 임시정부에 복종하지 아니하고 국민의회로 나가겠다. 이래서 소위 타협문제가 일어났다. 나는 이 사건을 위하여 국민의회에서 파송하여 온 사람에게 말하기를 어느 때 어느 나라이든지 혁명시에 처해서 법리상 완전무결한 정부를 조직하지 못할 것은 사실인즉, 우리의 대사(大事)를 위하여 이런 문제를 일으키지 아니하기를 바란다 하였다. 그도 대답하되 자기 역시 동감이로다. 그러나 이는 나 일개인의 일이 아니오, 아령 민심이 이러한즉, 통일을 위하여 이리하는 것이라 하였다.

그리하여 일시는 정부는 이곳에 두고 의정원(議政院)은 아령에 둘가 까지 생각하였었다. 이와 같이 여러 가지로 생각하던 끝에 현순(玄楯), 김성겸(金聖謙) 양씨를 정부에서 파견하게 된 것이다. 그런데 금일 국민의회가 말하는 정부가 속였다하는 사실은 한성정부(漢城政府)를 승인 또는 봉대(奉戴)하자 하고, 기실은 개조(改造)를 하였다 함이다. 이에 대하여 나는 당시 사정의 진상을 여러분에게 말하려 한다.

그때 이곳에서 정부를 다시 조직하려 하는 오직 한 가지 요점은 이승만(李承晩)박사를 대통령으로 삼자함에 있었다. 이것은 무슨 까닭이 있는가하면 각처에서 조직된 정부 중에 혹은 국무총리라 혹은 집정관총재(執政官總裁)라 하여 일정하지 아니하므로 대외행동에 여러 가지 지장이 있은즉, 불가불 그 명의를 확정하여야할 형세에 임박하였고, 공채(公債)발행에 대하여 대통령의 명의로 하는 것이 좋겠다는 이유도 있었고, 또 김규식(金奎植) 씨에게서도 이 박사를 대통령으로 선거하는 것이 대외행동에 유리하겠다는 서신이 있었다.

그리하여 정부에서는 약 2주일간을 숙의에 숙의를 거듭한 결과 마지막 귀착되기를 국무총리거나 집정관 총재거나 대통령이거나 그 최고 주권행사를 함에는 동일하다 하여 한성에서 조직된 정부의 집정관총재라는 것을 대통령으로 고쳐 의정원(議政院)에 제출하였고, 또 이 한성정부를 옮겨오므로 중·아령(中·俄領)의 동포들도 이전 불평이 다 없어지리라 하여 일거양득으로 생각하였었다.

한성정부를 가져올 때에 한 가지 유감으로 여긴 것은 재무총장 최재형(崔在亨)씨가 빠지게 되었는 고로 김규식 씨를 대사로 하고, 이시영(李始榮)씨를 학무총장으로 하고, 최재형 씨를 그대로 재무총장으로 하자는 의론도 있었다. 현순·김성겸 양씨를 파송한 것은 바로 이때이다. 그때까지 이곳에서 체류하던 원세훈(元世勳) 씨를 가보고 이 의견을 말한즉 그의 대답은 최재형 하나 들어오지 아니 할지라도 통일에 방해될 것이 없겠다 하였다.

이상의 사실을 볼지라도 그때의 정신이 개조(改造)에 있었던 것이 분명하다. 현순·김성겸 양씨를 보낼 적에 한 말은 오직 이곳에서 조직된 정부를 희생하고, 한성에서 조직된 정부를 가져다가 다시 만들 터인즉, 너희도 없애라 하였고, 승인이라 개조라 하는 말은 하지도 아니했다. 정부에서 이 문제를 가지고 의론할 때에 내가 승인이란 말을 한 일이 있다한즉 여러 각원(閣員)의 말은 한성에서 구성된 정부가 있을진대 승인할 수가 있겠지마는 각원의 이름을 발표만 하였을 뿐이요, 정부 그것이 구성된 것이 없은즉, 승인하겠다고 이 정부를 없애면 없앨 것뿐이라 해서 개조안(改造案)대로 제출한 것이다.

그후 양씨가 돌아와서 전하는 말에 자기네도 합하여야 될 것을 생각하여 한성정부를 옹호하자 하려하였던 터이라 하고 쾌락하였다 하므로 우리들은 미칠 듯이 기뻐하였다. 그리하였더니 문창범(文昌範) 교통총장이 와서는 왜 개조를 하였느냐 하고 취임을 아니 하겠다 하므로 양씨를 불러 물어본즉 승인 · 개조는 생각도 아니 하였다 한다. 그후 이 문제는 해결하기 어려운 큰 문제가 되었다.

양씨가 말하였다 하는 '의정원 해산'이라는 것은 정부로는 입 밖에 내지도 못한 것이오, 또 위에 말한 바와 같이 그때의 정신은 한성정부를 옮겨다가 지어놓겠다는 것이었고, 승인이라 개조라 하는 술어는 염두에도 없었다. 당시 이 일을 상의하던 원세훈 씨도 말하기를 이와 같은 통일책을 주어서도 합하지 아니하면 자기도 국민의회에서 탈퇴하겠노라 하고 정부에서도 이 안이 성립되지 아니하면 총사직을 하려 하였었다.

사실 이러한즉 내가 생각하는 선후책은 오직 하나 밖에 없다. 우리를 무시하고 우리를 사기하였다 하니, 그 무시하고 사기하던 각원(閣員)을 없애버리고 당신네의 신임하는 정부를 조직하라 하는 것밖에 방책이 없다. 현금 세계는 한국문제를 극히 주목하는 중이오, 각국 통신원들은 어떤 적은 일이든지 빼지 않고 자기 나라에 보도한다. 일전에도 모 외국신문 기자가 나에게 말하기를 국토가 있어도 이와 같이 불통일하면 안 될 터인데 하물며 한 치의 국토가 없으면서 이같이 갈라지니 너희가 무엇으로 독립을 하겠다

하느냐 하고, "애당초에 독립전쟁이란 소리는 하지도 말라"할 때에 나의 등에 땀이 흘렀노라.

안창호가 죽어서 한국이 통일된다 하면 죽으리라. 이 문제의 원인을 찾아보면 말을 잘못하였거나 마음을 잘못 먹었거나 하여간 책임 있는 나를 처치하는 것밖에 다른 방책이 없다. 혹 의원 중에 의정원 해산을 단행하면 통일이 될 터인데 왜 못하느냐 하여 정부의 무능력을 꾸짖지마는 의정원 해산이란 말은 정부 되어서는 입밖에 내지도 못할 말이다. 선후책은 오직 책임자 물러가는 것밖에 없나니 무능력이니 무성의니 하여 악(惡) 프로퍼갠더(선전)를 하지 말기를 바라노라.

연설이 끝나고 이 문제는 더 논의치 아니하기로 하고 4시 40분에 해산. (제58호 1920. 3. 25)

17. 鄭翰景[10]氏의 美洲遊說

10) 정한경(鄭翰景, 미국명 Henry Chung). 정한경은 1905년 2월 박용만(朴容萬)과 함께 미국유학을 위해 도미, 네브래스카주 커니에 정착했다. 1908년 5월 박용만과 함께 한인 소년병학교를 설립, 한인 청소년의 군사훈련을 실시했다. 1918년 11월 대한인국민회 중앙총회장 안창호(安昌浩)는 이승만·민찬호(閔燦鎬)·정한경 등 한인대표 3명을 1919년 1월 18일 개최예정인 파리 평화회의에 파견했다. 정한경은 「윌슨 대통령에게 드리는 청원서」를 휴대하고 백악관을 방문, 청원서를 제출하고, 국무부에 여권발급을 신청했으나, 국무부는 한국인은 법적으로 일본국민이기에 일본대사관에서 여권발급을 받아야 한다고 거절하였다. 이로 인해 파리행은 좌절되었고, 그 대안으로 이승만·정한경 양인이 서명한 「위임통치 청원서」(1919. 2. 25)를 윌슨 대통령에 제출했다. 한국을 국제연맹의 위임통치하에 두자는 청원서였다. 1919년 3·1운동이 일어나자 서재필은 1919년 4월 14일, 필라델피아에서 제1회 한인회의를 개최, 미주에서의 한인 대표 140명이 참석한 가운데 독립운동을 일으켰다. 정한경은 한인회의에 참석, 「대한민국 임시정부에 보내는 메시지」라는 제목으로 연설한 후 「대한민국 임시정부 승인탄원서」를 작성, 미국정부와 파리 평화회의에 제출하였다. 1919년 9월 재

그 연설은 도처에서 갈채를 받다. 미국인은 씨를 국제적 인물로 찬양하다. 씨의 노력으로 제출된 1천여 명의 서명의 대청원「정의와 인도를 한국에」

작년 봄에 대한인국민회 북미 지방총회를 대표하여 파리로 향하려다가 가지 못하고 워싱턴에 있어서 선전에 종사하던 학사 정한경 씨는 그후 국민회와 관계를 끊은 후 단신으로 유세의 길을 떠나 현재 네브래스카주에 머물고 있다.

씨는 공중연설과 상하의원에게 한국문제로 권유하는 모 사업에 분망 중이다. 씨의 재(在) 네브래스카 운동은 거의 종결되었으므로 미구에 콜로라도주로 가리라 한다.

씨의 연설은 도처에서 환영을 받았는데, 특히 금년 1월 1일 네브래스카주 콜라웨시 국민구락부에서 한 연설 같은 데는 성황을 극하였다. 동주 신문지는 이날의 성황을 형용하여 연전 당시 대통령이던 태프트 씨가 연설한 이후로는 처음으로 성대하였다 한다. 또 씨의 전기를 게재하여 씨로써 '한국의 코지우스코'라 하며(코지우스코는 폴란드 독립당 수령), 씨의 저술인『미국의 동아정책』이 워싱턴, 런던, 동경에서 환영을 받았음을 기록하고 있다. 또는 30세에 차지 못한 청년으로서 국제적 인물로 인정되었다 하여 그 인격을 찬양하였다. 1월 8일에는 동지 감리교회에서 강연하여 갈채를 받았다.

미 교포의 애국성금 30만 달러를 모금하여 상해 임시정부에 보내어 독립운동을 도왔다. 1921년 워싱턴회의가 개최되자 대한인국민회는 위원장 아승만, 부위원장 서재필, 서기 정한경을 파견, 한국독립을 호소하기도 했다. 정한경은 영문 저서『미국의 동아정책』(Henry Chung, The Oriental Policy of the United States, New York: Fleming H. Revell Company, 1919),『한국의 사정』(The Case of Korea, New York: Fleming H. Revell Company, 1921)등 한국독립운동에 관한 저서를 남겼다. 1962년 대한민국 건국 공로훈장 단장이 수여되었다.

또 씨는 모교인 주립 사범학교에서 한국문제로 장시간에 걸쳐 강연하였다(전문 기재된 신문이 있으나 약함). 씨는 또 개인 간에 활동하여 여러 사람의 지명인사로 하여금 국회의원에게 한국문제 찬성을 권유케 하는데 이미 다수 사람을 확보하는 데 성공을 거두었으며 그 일예를 이에 게재하노라.

상원의원 히치코크(Hitchcock)씨에게

(전략) 인도의 이름으로 미국정부가 한국에 관하여 항의를 제출할 때가 왔습니다. 물론 이와 같은 항의는 직접 한국의 독립을 획득하지는 못하겠지마는 이로써 일본에게 도덕적 압박을 가할 수 있을 줄 압니다. 그런고로 나는 귀하가 상원에 미국정부로 하여금 자유를 위하여 싸우는 한국민을 원조하는 결의안을 제출하기를 바랍니다. 나는 개인적으로 한국에 이해(利害)가 없으나, 그러나 정의로써(후략).

野牛商會, 1920년 1월 13일

1천여 명의 네브래스카주 시민의 서명이 있는 청원서가 3월 29일에 주지사 맥켈빗 씨의 손으로 상원의원 노리스 씨에 송치되었다. 이 청원서에 서명한 이는 주지사를 비롯하여 부지사, 서기, 재무 등 유력한 관리의 거의 전부와 동주 사법기관의 직원(재판장 이하) 전부, 또 방면을 달리한 대학 총장 교수 등이 다수이다.

이 청원서에 가로되, "한국에 정의와 인도를 회복하는 데 필요한 어떤 수단을 취하기를"이라 하였으니 즉 미국으로 하여금 전쟁에 호소하여 한국을 원조케 함이다. 또 이 청원은 평화조약 혹 국제연맹 문제와 독립한 것으로 제출된 것이다. 이 청원이 현출하기까지에 정한경 씨의 노력이 컸음은 명백하다. (제73호 1920. 5. 6)

18. 헐버트 박사의 연설: 한국독립과 미국

중국은 세계적 상업발전지

이는 2월 18일 미국 인디애나주 사우스 벤드(South Bend) 만찬회 석상에서 한 연설인데, 그 만찬회의 주석은 헐버트 교수를 소개하되, 이는 합중국 국내의 원동(遠東)문제에 관한 전문가의 한사람이라 하고 당지 각 신문은 이 만찬회에서 여러 청중이 크게 감탄된 말을 보도하되, 그 회가 생긴 후 또는 그 성시(城市)가 생긴 이후에 처음 듣는 굉장히 큰 연설이라 하고, 또한 원동에서 행하는 일본의 행동을 처음으로 직접 들어본다 하였다.

일본의 포학

한국과 만주와 중국내 여러 지방에 정의를 실시하라. 거기서 일인이 범하는 포학에 비하면 벨기에 안에서 행한 독일의 포학은 아직 이도 나지 아니하였도다.

일인의 손에 한인이 당하는 악형을 생각하여 보라. 한국은 원동의 벨기에니라. 여러 곳에서 내가 목도한 정형(情形)을 생각만 하여도 몸에 소름이 끼치도다. 일인은 정부의 지주(指嗾: 지시하고 부추김)으로 살인, 강도, 겁간 등 죄를 범하는 것이 전국 안에 항다반사이다.

이는 결코 편견이 아니니 붉은 피가 있는 미국 인사 중에는 내가 본 것을 보고 도저히 압박당하는 한인의 분투를 돕지 아니하는 사람은 없으리라.

한국은 중국의 은감(殷鑑)이다. 한국을 보면 일본이 중국에 대하여 무슨 짓을 할런지 알 수 있고 만일 일본에게 그런 기회만 주면 전 세계에 대하여 무슨 짓을 할 것을 알 수 있으리라.

일본과 미국

일본은 꼭 이길 줄 알기 전에는 솔선하여 미국에 향하여 전쟁을 개시하지 아니하리니, 저들은 그같이 겁나(怯懦)하다. 1853년에 페리(M. C. Perry) 해군중장은 군함 1척만 가지고 군기 구경만 시키고도 일본과 합중국간에 조약을 체결하게 만들었으니, 그때에 일본은 많은 강한 군사가 있었으나 모두 겁내어 묵묵히 있었다. 이 일은 일본이 폭력으로 한국을 위협하여 늑약(勒約)을 하려하던 행동에 비하면 크게 의미 있고 이상한 일이다. 일본이 승리의 확증을 미리 보지 못하였다면 1904년에 러시아와 개전하지 못하였으리라.

1890년 이후 지금까지에 한인의 일본의 위해에 대한 반항은 세계 애국사상 제일 신기한 기록이 되고 있다. 민주정치를 위하여 세계를 안전케 하는 주의를 실행하는 금일 일본 관할하에 있는 한국과 다른 여러 영토를 보라. 거기는 살육과 강탈과 겁간과 세상에 제일 흉포한 악형이 지금 진행 중이다.

추악을 엄폐

그리하여 일인은 자기의 여러 가지 포학을 세계의 이목에 은휘(隱諱)하려하니 곧 일인과 한인 간에는 여러 천 번의 작은 전쟁이 있었으나, 한번도 신문지상에 발표하지 아니하였던 것이다. 산동(山東)에 있는 예수교 선교회 감독 한 사람은 증언하되, 일인들은 적당(賊黨)을 그곳에 수입하여 제독과 기타 고등관들을 잡아가고는 1만불 내지 5만불의 속금(贖金)을 요구한다 하며, 한인들은 미국역사를 한번 읽기만 하던지 그런 책자를 집에 두기만 하여도 그 죄는 5년 이상 10년 이하의 징역에 조율(照律)하나니, 일본이 태평양 바다 속으로 쑥 빠져들어가면 한인들은 이 세상이 천당이 될 줄로 생각하리라.

일본이 한국에 침입하던 이야기를 하리라. 나는 그곳에서 10여 년간 풍상을 겪으면서 그 여러 가지를 목도도 하고 관계도 하였다. 1884년부터 1894년까지 그동안에 일본은 한국 내에 온갖 세력을 다투었으니 일인이 한국 황후를 암시(暗弑)하고(1895년 민비시해사건), 일본 법정에서 그 일의 증거가 현로된 후에 한국 애국당들이 거의(擧義)까지 하였도다(중략).[11]

미국의 간섭

그후에 일본정부는 한국의 '7개 매국적'을 매수하고 황제를 폐수(閉囚)한지라 만여 명의 인사가 일어나 황제를 해방시키니, 그 당시 이 사건에 언더우드(元杜尤) 목사와 자기(헐버트) 두 사람이 현장에 있었다.[12]

일인의 무리한 침해를 받았던 한인들은 미국 사람을 크게 신뢰하여 그들의 재산을 보호하기 위하여 자기들의 토지와 가옥을 5문(五文)짜리 동전 한 푼씩으로 가격을 정하여 나(헐버트)에게 매도한다는 형식상 문서를 작성하고, 그 부동산을 합중국인 보호 하에 두었다가 후일에 본가(本價)로 다시 무르기(還退)로 하니, 일시는 그 같은 문서가 한 섬 되는 멱서리에 가득하게 되었다. 그 부동산을 내가 임시로 영유(領有)하여 합중국 공민(公民)의 이름으로 '헐버트'란 명패만 붙여놓으면 일인들은 이 부동산이 미국인의 명의하에 있는 줄 아는 때까지는 감히 침범하지 못하였다.

미국정부는 일본의 음계(陰計)를 알면서 자기가 체결한 한미조약을 무시한 직접의 책임자이니, 합중국은 한국과 맹약하되 만일

---

11) 한국 애국당의 거의란 곧 1895년 11월 28일 정동구락부의 국왕구출거사, 즉 춘생문사건과 1896년 2월 11일 아관파천을 일컫고 있다.

12) 칠적(七賊). 통감 이토(伊藤博文)는 헤이그(海牙)밀사사건의 책임을 물어, 고종을 협박하여 세자에 양위케 하고 국권을 일본에 넘겨주는 이른바 정미칠조약(丁未七條約, 1907년 7월 24일)을 늑결했다. 이들 매국노를 칠적이라 하는데, 총리대신 李完用, 내부대신 任善準, 법부대신 趙重應, 농상공부대신 宋秉畯, 학부대신 李載崑, 군부대신 李秉武, 탁지부대신 高永喜. 헐버트와 언더우드는 정미 7조약(1907)때 현장에 있었던 게 아니고 춘생문 사건(1895)때 고종을 파수해서 국왕의 신변을 경호했다.

어느 제3국이 한국을 불공평하게 대우하는 경우에는 외교상 원조를 해주마 하였던 것이다.13)

미국의 책임

1907년에 자기는 한국 황제의 특사14)로 워싱턴에 왔더니 일본의 세력 때문에 나의 말을 청허(聽許)치 아니하니 그때 대통령이나 국무장관은 다 한국내의 일본의 보호를 허락하기 전까지는 합중국의 조약국인 한국을 위하려하는 나의 호소를 듣지 아니했다.

그러나 한국과 일본 간의 관계는 1924년에 가서야 그 극도와 종결점에 달할 줄로 확실히 예언하노니, 그때에는 합중국과 일본 간의 면치 못할 충돌(미일전쟁)이 결말될 줄로 생각하는 까닭이다.

한국은 동방의 예수교 중심지이다. 일본은 자기의 야욕을 성취하려는 도정(道程)에 예수교보다 더 장애물 되는 것이 없는 줄로 생각하는 터이다.

원동에 대한 미래의 상업상으로 말하면 중국영토의 전체는 아메리카의 전 세계상 상업발전에 최대의 기회와 지위를 공급하나니, 중국 부원(富源)의 가치와 그 재산의 수효가 합중국만 못하지 아니하도다(그 국내의 대부분은 빈민이지만). 그 나라의 인구와 그 한량없는 재산은 그 나라로 하여금 남아메리카와 기타 일부 발전된 어느 지구상 표면보다 훨씬 나은 시장이 되도록 하는 것이다.

(제67호 1920. 4. 20)

---

13) 미국은 한미조약(1882. 5. 22) 제1조에 거중조정(居中調停, good offices, 從中善爲調處)를 공약했다.

14) 헐버트(Homer B. Hulbert, 紇法, 1863~1949). 헐버트는 네덜란드 헤이그에서 만국평화의가 개최됨에(1907. 6. 15) 고종에게 밀사(李儁·李相卨·李瑋鍾)파견을 건의하는 한편 자신도 고종의 특사로 미국 워싱턴을 거쳐 한국 대표단보다 먼저 헤이그에 도착, 당지 회의시보(Courier de la Conference)에 한국 주권회복을 호소하는 글을 게재하였다.

19. 倭敵에게 大虐殺 받은 間島 同胞 救濟

안창호 씨의 비창한 설명, 6백원의 지성껏 연보(捐補)

대한의 독립군을 소탕할 계획으로 왜놈들이 중국정부의 항의를 불고하고, 다수의 군병을 훈춘(琿春)에 출병시켜, 독립군과 여러 차례 접전에 왜놈들이 연패하였다 함은 각 신문에 기재되었거니와, 왜놈들이 패전한 앙분으로 북간도 일대에 거류하는 우리 동포에게 대학살을 행하였다는, 우리 임시정부 통신원의 보도가 온고로 상해에 있는 한인구제회에서 협의한 결과, 금월 21일 일요일에 상해 프랑스 조계(法界) 강령리 한인 예배당에서 공중에게 연설하고, 구제책을 연구하기를 결의한 바, 이날 저녁 하오 6시 반은 일반교인들이 회동하여 먼저 규례대로 한 시간 광복기도회를 마치고, 동 7시30분 정각에 북간도 동포구제 연설회가 열렸던 것이다.

먼저는 김순애[15] 김태연[16] 양씨의 합창하는 슬픈 노래가 있었고, 이어 안창호 씨가 등단하여 참담한 얼굴에 비창한 어조로 통신원의 보도를 설명할세, 우리가 훈춘사건에 대하여 대한 남녀 누구를 물론하고, 모두 절통하여 차마 말할 수도 없고 여러 말을 할

---

15) 김순애(金淳愛, 1889~1970). 황해도 장연(長淵) 출신으로 김규식(金奎植)과 결혼, 몽양 여운형(呂運亨)이 주도하여 조직한 신한청년당(新韓青年黨) 이사로 활약했다. 1920년 상해에서 대한애국부인회를 조직하여 회장으로 취임했고. 대한적십자회가 창설되자, 이사로 취임 간호학교를 설립하여 상해 임시정부를 도왔다.

16) 김태연(金泰淵, 1893~?). 평북 삭주(朔州)출신으로서 3·1운동에 가담한 바, 일경의 추적을 피해 만주로 피신했다. 統軍府(統義府)에서는 1921년 워싱턴회의(태평양회의)에서 한인이 일제의 지배를 절대 반대한다는 여론을 환기시키기 위하여 독립투사를 국내로 파견하게 되었는데 김태연은 7월 25일 국내 파견대장으로서 국내에 잠입, 삭주 대관(大館)주재소를 급습, 일경을 사살하고 무기를 탈취하였다.

것도 없소. 나는 다만 통신원이 한곳에서만 자기의 힘 미치는 대로 살펴보고 한 것을 말하리다.

이달 초 2,3 두 날에 일인들은 우리 동포에게 대학살을 행하였는데, 우리의 예배당과 학교를 불사른 것이 31개소요, 촌락을 불사른 것이 21개 동리이다. 우리 동포를 총살한 것이 590인이며, 부녀자들을 강간한 일도 많이 있었다. 용정(龍井)에서 40리 거리 되는 한인촌에서는 1동(洞) 전부가 왜놈의 총에 학살되었는데, 학살한 후에는 중국 사람과 혹 한국 사람을 억지로 구박하여 장작을 모아 쌓고, 시체를 옮겨다가 장작더미 위에 쌓아서 불에 태운 후에는, 또 그 남은 재까지 쓸어 담아 강에 던지게 하며, 촌락에 불 질러 가옥이 불 구덩이 될 때에는 우리 동포를 발가벗기고 수족을 결박하여 불속에 던지는데, 한집에 두 사람이 있는 것을 둘 다 결박하여 불에 던짐에 늙은 아버지는 너무 기가 막혀서 같이 불속으로 뛰어 들어가 부자 3인이 일시에 타 죽었으며, 늙은이의 자식 잃고 통곡하는 소리와 아이들의 부모 잃고 어미 찾는 소리와 연약한 부녀들의 남편 죽고 능욕(凌辱)을 당하며, 부르짖는 울음은 천지가 진동한다 하며, 혹 가옥은 불 놓지 않을지라도 의복과 양식은 몰수해 불사르고, 사람뿐 내어 몰아 우마(牛馬)같이 때려서 계견(鷄犬)처럼 쫓으니, 갈 곳이 어디며 머물 곳이 어디던가.

비위(脾胃)를 무릅쓰고 중국인의 집으로 형님 같이 믿고 가나 겁 많은 중국인은 도리어 문을 굳게 닫고 접면(接面)도 않는지라, 칼같이 불어오는 시베리아 찬바람은 부드러운 적자(赤子)의 살을 점점이 저며 내고, 산같이 쌓여 있는 만주들의 깊은 눈은 말라가는 늙은이의 뼈를 깎을 듯한데, 서로 붙들고 서로 안고 무디(무더기) 무디 모여앉아 얼어 죽고 굶어죽는 비참한 형상은 실로 통신원의 세상에 생겨난 후 처음으로 가슴 아프고 차마 볼 수 없고, 차마 견딜 수 없는 일이라 하니, 우리가 이러한 비보를 듣고 진시

(진작) 구제의 방책을 생각하지 않는 것이 너무나 냉정한 인물이 아닌가.

우리 상해에 있는 일반 동포들도 상당한 생활이 없고 경제곤란으로 비상한 고통에 빠진 자도 적지 않을 줄 아나, 저 북만주(北滿洲) 동포들의 가려해도 갈데없고, 한집안 식구가 전부 참살을 당함보다는 오히려 나 혼자라. 슬프다 대한의 피를 가진 나의 형제와 자매야, 나의 동포는 내가 구원할 것이다. 누두든지 이 의무를 긴급히 깨닫고 1원 이상으로 연보하려는 이는 일어서라 하니, 회중이 도합 250여 명 가량이나 되는데, 일어서는 사람이 전부가 되었다.

혹은 외투를 혹은 내복까지 혹은 시계를 혹은 모자를 닥치는 대로 연보할세, 장병설 지사의 1백원 연보에서부터 어린 아이의 엽전 7푼까지 총계 6백여 원을 연보하여 북만주 동포의 주린 창자를 만일(萬一)이나 돕게 되었던 것이다.

이날 저녁에 합창한 노래는 아래와 같다.

一. 늦은 가을 밝은 달은
동창에 다 물들이고
나는 기러기 울어 잇(잇는다)고
부는 바람 쓸쓸한데
북편으로 오는 소식
원수에게 학살 받아
죽고 상한 나의 동포
호소하는 소리로다
二. 늙은 부모 자녀 잃고
애통하는 그의 정형(情形)
어린 아해(兒孩) 부모 잃고

울며 찾는 그의 형상
생각사록 끝이 없고
뜻할 사록 아득하다
흉악한 저 원수게서
구원할 자 그 뉘런가

三. 추운 하늘 쌓인 눈 속
집을 잃고 떠는 아해
주린 창자 움켜쥐고
원수 칼을 막는 부로(父老)
피와 눈물 뿌린 속서
구원할 자 그 뉘런가
오늘 모인 내 동포야
자지 말고 일어나라 (제87호 1920. 12. 18)

20. 前途方針에 對하여

11월 27일 하오 7시 반 우리 민단 사무소에서 안창호 선생의 연설

진정하고 명확한 진로를 취하라

금일 나의 연설은 정부직원의 자격으로 공표함이 아니요, 개인의 사견(私見)을 발표함이니 그 책임은 자기가 자부(自負)하오. 바로 지금 내지나 서북 간도에서 온갖 고초를 당하는 동포에게 충심의 동정을 표하는 동시에 당지에 재류하는 동포에게도 무한한 동정을 표합니다. 혹은 당지 재류 동포를 평하여 사치와 안일에 흐른다 하나 제군도 일찍 독립운동에 힘쓰다가 당지에 온 후로 경제상 곤란도 있었을 뿐더러 광복사업의 지연함으로 인하여 정신상 고통도 많이 당하는 줄 아오. 제군이 이미 애국의 적성(赤誠)으로

독립운동에 몸을 허락한 이상에는 비록 여하한 고난이 있더라도 낙심치 말고 굳은 결심으로써 전진할지며, 전진하는 데는 반드시 진정하고 명확한 방침을 정할 필요가 있습니다.

의사와 권력을 정부에 제공하라

언필칭 우리 임시정부가 과거 1년간 무슨 특수한 정치적 실적(政績)이 없다하여 그 무능력함을 비난하니, 1년을 경험한 후에 그 무능력함을 책함은 용혹무괴거니와 정부가 설립되기 전부터 미리 장래를 위하여 비난함은 억하심의(抑何心意)가 아닌가. 설혹 정부 설립된 이후로 말하더라도 민간으로부터 상당한 의사와 권력을 정부에 제공하여 정부가 짐짓 이를 천행(踐行)하지 않으면 그때에 당하여 책함도 가하고 평함도 가하오. 비유컨대 말과 수레를 주지 않고 그 잘 어거(御車)치 못함을 책함은 어리석음이 심한 것이오. 나도 각원 중 한 사람으로서 그 직책을 극진히 못함에 대하여는 실로 황공하여 땀이 등에 나옴을 깨닫지 못하나, 또한 제군과 같이 한 평민의 자격으로써 민간의 불선(不善)한 책을 동부(同負)하기를 주저치 않소.

의사는 공통적이 필요하니라

그런즉 의사를 제공하라 함은 무엇을 이름인가. 이것은 개인 개인이 각원을 방문하여 각개의 의견을 진술함을 이름이 아니오. 민간에서 공통적 원만한 의사를 정한 후 이를 정부에 제출하여 채용케 하고 계속하여 힘으로써 도와주면 정부는 자연 유력하여질지니, 정부가 무력함은 국민이 무력한 증적(證迹)이오. 미국의 대통령이 아무리 위인이라 하되 일반국민이 그 의사와 힘으로써 원조하지 않으면 아무 능력이 없소. 공연히 비평만 하면 유해무익하오. 우리는 잃었던 국토와 자유를 회복하려는 처지에 서서 의사가 없으면 어찌 행함이 있으리오. 한 개의 소매상을 경영하되 상당한 의사가 없으면 출점(出店)키 불능하오. 그런즉 지자(智者)는 지혜로울 것, 우자(愚者)는 어리석으나마, 가능한 데까지 획책하여 2천만인 뇌리(腦裏) 중에 공통적 계책이 있은 후에야 가히 대사를 이루리라 하오.

정부의 허약은 국민의 죄니라

나는 지금 소견과 의사로써 은휘(隱諱)치 않고 공중에게 고하려 하오. 우리가 일찍 정부의 내정(內情)을 공중에게 속히 표시치 아니함은 우리 정부 내정의 허약을 외인(外人)과 적으로 하여금 알게 함이 불리할까 함이니, 전기 의회 시에도 정부의 예산과 결산안을 제시치 못함은 실로 이런 연고였소. 그러나 고식적으로 은휘하여 가다가는 종당 사실로 현로(現露)될 줄 아는 고로 차라리 미리 공표하여 국민으로 하여금 각오케 하여 선후책(善後策)을 강구케 함이 가한 줄 아오. 정부의 유지비는 실로 성산(成算)이 없다. 정부유지의 책임은 우리 국민 전반에게 있으니 자기가 먼저 그 의무를 다하고 타인을 권하여 동제(同濟)케 하는 것이 득책이라 하오.

우리의 전도는 험난하고 장원(長遠)하다

사상이 유치한 자는 매사의 속성(速成)을 기뻐하고 완성(緩成)을 싫어하나니, 우리의 전도는 근이(近易)하지 않고 실로 험난하고 장원하외다. 이러한 험하고 먼 길을 진행하는 자의 요할 바는 오직 내구력(耐久力)이오. 또한 우리 전도는 절로 성취될 바 아니오. 오직 스스로 행하여서만 될지니, 적으로 더불어 전쟁하는 것과 외교를 동론(同論)하는 자 있으나, 요행을 바라는 외교로써 나의 피와 땀으로 싸울 전쟁과 동론함은 도저히 불가한 일이오. 또한 전쟁이라 함은 공담(空談)으로 하는 것이 아니요, 전쟁을 가능하게 하여야 될지니, 작년부터 전쟁을 주창하나, 금일까지 예비의 전쟁을 개시치 못함은 이 무슨 연고인가. 이것이 곧 구설(口舌)로만 전쟁을 못하고 전쟁할 준비를 못한 연고이다.

전쟁에는 무기? 무술? 군인? 군비?

그러면 이 전쟁을 가능케 하는 것은 무엇인가. 곧 무기와 무술이오. 또한 무기와 무술보다도 더 한층 필수한 것은 무기를 사용할 군인과 무술을 응용할 군자금이외다. 군비가 있고 군인이 있은 후에야 비로소 작전계획이 있나니, 군인 없는 무기를 뉘가 사용하며, 군자(軍資) 없는 전술을 무엇으로 활용하리오. 이제 이러한 이유를 누가 모르리오 반문할지나, 알기만 하고 연구와 준비가 없으면 이는 모르는 것과 일반이오. 혹자는 말하되 러시아령(俄領) 중국령에 있는 몇 백만 명이 모두가 우리 군인이 아닌 자 없다. 러시아 미국에 있는 금전이 모두 우리의 군자가 아닌 것이 없다하니, 이는 공론(空論)에 불과하오. 어느 어느 사람이 군인이라는 지명(指名)이 없이 통틀어 군인이라 하는 말과, 나의 자립의 정신이 없이 타국의 힘을 의뢰하는 것이 너무나 범망(汎妄)하외다.

독립의 자격은 조직적 자립에 있나니라

국제연맹이나 미국만 의지하고 믿는 것은 스스로 독립할 자격이 없음을 자백함이니, 자력을 믿고 먼저 자립적이고 조직적 국가를 성립한 후에야 자력(自力)이 있고 외원(外援)이 있는 법이오. 나는 차관(借款)이나 청병請兵)이 절대로 불가하다 함이 아니오. 내가 먼저 자립한 후에야 차관도 가하고 청병도 가하다 함이오.

작년 3월 이래로 정부에 대하여 성충과 의무를 다한 이가 모두 몇 사람이나 되는가. 성충과 의무를 다한 자이면 모두 군적(軍籍)에 등록하고 정부에 납세하였을 터인데, 나는 그 등록과 납세의 성적이 양호하다는 말을 듣지 못하였소. 정부는 민력에 의하여 가히 설수 있는데, 국민이 국민된 직무를 다하지 않으면 정부가 어찌 자립하겠소.

자립의 요소는 정령순종(政令順從)에 있나니라

혹이 말하되, 현금의 정부는 완성된 정부가 아니오, 일개 혁명당 정부에 불과하니, 다른 날 독립이 완성된 후에 정부에게 의무를 다 하겠다 하니, 이는 모르는 말이오. 설혹 혁명당 간부라도 당무를 다하는 당원이 없으면 당이 되지못하오. 우리 독립의 자격은 조직적 자립체(自立體)의 존재에 있고, 조직체의 자립은 정령순종에 있나니 우리 정부 자래(自來)의 유지가 국민 일반적 의무에 의하지 않고 부분적 헌성(獻誠)에 의하였음을 유감으로 생각합니다. 내지 동포는 적의 속박하에 있으므로 의무를 다하기 불능하나 외지에 있는 자야 어찌 의무를 다하지 못하리오.

우리의 순복(順服)할 자는 가인(嘉仁)? 재등(齋藤)? 승만(承晩)? 동휘(東輝)?

우리는 가인이나 재등의 명을 복종하는 것보다, 이승만(李承晩)이나 이동휘(李東輝)의 명을 열복(悅服)하지 않으면 안 되겠소. 가인이나 재등은 아무리 곱고 처사를 잘 하나 우리의 적이니 반항하여야 가하고, 이승만이나 이동휘는 아무리 밉고 처사를 잘못하되 우리 수령이니 복종하여야 가하외다. 나의 이 말은 수령의 노예가 되라 함이 아니오. 나도 또한 각원 중 한 사람이니, 나를 순복(順服)하여 달라 함이 아니오. 나도 제군과 같이 평민이 되어 이 주의를 절규하고 싶소. 정부의 징병령(徵兵令)과 납세령(納稅令)을 잘 순종하여 개병(皆兵)과 개납(皆納)주의를 실시하되 오히려 부족함이 있을 때에는 비로소 외국의 원조를 청하는 것이 당연하외다.

의식적 동작이 없으면 사체(死體)와 같으니라

어느 외국인이 나에게 묻기를 그대네 정부에 금전이 있는가. 가로되 없노라. 2천만이 각각 1원씩 내어도 2천만 원이 있을 터인데 어찌 없다 하는가. 금전이 일본의 속박하에 있으므로 마음대로 내올 수 없음이로다. 그러나 외지에 있는 한인만도 수백만 명인데 어찌 수백만 원의 금전을 얻을 수 없겠소. 어떤 사람이 의식적 동작이 없으면 죽은 몸이 됨과 같이 우리 국민도 자립적 또는 조직적으로 활동치 않으면 독립의 자격을 인정받기 불가능 하외다. 혹이 말하되 미일·러일 전쟁이 되는 날이면 무기도 있고 금전도 있다하니 무기를 주면 뉘가 사용하겠소. 우리가 먼저 무기 사용할 사람도 준비한 후에 요구하여야 공급할 자도 있고 사용할 자도 있으리라 하오.

준비는 적극적으로 함이 필요하니라

준비하는 책임은 정부에만 있지 않고 민간에 더욱 있나니, 개병주의와 개납주의를 실현함도 민간에서 먼저 이 주의를 널리 선전하여 일반국민이 찬동할 각오가 생기지 않으면 정부의 힘으로만은 도저히 불가능하오. 이 주의에 적응하는 국민이 백만 명이 못되면 10만 명, 만 명, 단 천 명이라도 먼저 조직적 동작을 취한 후에 다시 승진하되, 1년에 못되면 5년, 5년에 못되면 내지 10년, 20년이라도 결과가 있기까지 하여야 되겠소. 본국이나 미주를 바라보고 금전이 올까하고 고대하는 것은 불가하외다. 그런고로 누구든지 방황주저하지 말고 배울 자는 배우고 사업할 자는 사업하되, 그 사업에 취(就)함을 독립운동의 정지(停止)로 알지 말고 이리 함이 독립운동을 충실히 하는 방침이 되는 줄 알기 바랍니다.

여섯 가지 할 일

대한 사람은 남자나 여자나 한사람도 빠지지 말고 우리나라의 독립을 위하여,

1. 달마다 얼마씩 돈을 내시오.
2. 돈을 내기 위하여 반드시 한 가지 직업을 가지고 부지런히 돈을 벌으시오.
3. 날마다 한 사람씩 당신과 같이 돈을 낼 사람을 얻으시오.
4. 나라 일을 위하여 몸을 바친 이를 돕고 그의 가족을 도우시오.
5. 당신이 청년이어든 곧 학교에 들어가시오. 학교에 갈 처지가 못 되거든 통신교수를 받던지 기타의 방법으로 힘 있는 국민이 되기 위하여 공부를 시작 하시오.
6. 당신이 애국자여든 대독립당을 세우기 위하여 힘쓰시오 - 머리로 말로 손으로 돈으로. (제88호 1920. 12. 25)

21. 우리의 처음 맞는 李承晩 大統領의 演說, 환영회석상에서

나는 과거를 소고(溯考)하면 국가와 민족에게 대하여 조그마한 공로도 없는 사람인고로 이와 같은 환영석을 당할 때마다 참괴(慙愧)하오.

그러나 나의 자랑할 것은 나라에 유익한 일이라면 이해를 따지지 않고(不計利害) 시험해보는 것과 또는 끝까지 끌어 나아가며 불변하는 것은 자랑하며 청년에게 표준이 되리라고 하오. 독립협회 당시부터 맹세한 결심이 오늘까지 쉬지 아니한 몇몇 친구도 지금까지 산재하여 있습니다. 이 석상에도 안창호 총판, 이동휘 총리 양씨의 만겁풍상(萬劫風霜)으로 지금까지 나옴을 보았소. 일찍이 지나간 적에 내무총장 이동녕(李東寧)씨와 같은 감옥에 있을 때에 오늘이 있을 줄은 생각하지 못하였소이다. 금일 내가 이곳으로 옴에 많은 금전이나 대정략(大政略)을 가지고 온 것이 아니라 재미동포의 이곳에서 일하시는 여러분에게 감사하고자 하는 소식을 가지고 온 것입니다. 그러나 와본즉 내외 각처 동포의 학살당함과 각양(各樣)이 신산(辛酸)함에 대하여는 자못 참담하외다. 그러나 장래가 잘 될 것을 예신(預信)하므로 다만 세인의 우리에게 동정하는 것을 간단히 언급하여 여러분으로 하여금 외래(外來)의 사정을 대략 알게 하리이다.

(一) 영광의 민족

작년 3월 1일 독립선언이 있은 후 세계가 우리를 영광의 민족이라 합니다. 금일 우리 국가와 민족의 광영 됨은 이만하고 그만 둔다 하더라도 대영광이라 하오. 운동의 결과로 민족의 영귀(榮貴)를 환구(環球: 전 세계)에 발표하였소. 어폐가 될지 모르거니와 나의 마음 아픈 것은 나라 망한 것도 제2라, 왜인들이 세상을 향하여 우리 민족을 미개한 자와 토종(土種) 비슷하게 선전함에 대하여 제일 고통을 받는 바올시다.

우리 독립운동이 있기 전에 서양인들이 나더러 종종 묻기를 그대가 중국인이냐 일본인이냐 할 때에 나는 한국인이라 대답하면, 그네들의 말이 한국이란 말은 금시초문이라 하더니, 3월 이후 동서인을 막론하고 상봉하는대로 너희가 한인이냐 하고 악수하며 중국인과 일본인들보다 나은 사람이라 하오. 그런고로 내외지에서 작년부터 금일까지 흘린 피는 한 방울이라도 헛되이 흘린 것은 없다하오. 이전에 평화회의를 개시코자 할때, 대한인국민회 중앙총회의 명을 받아 필라델피아 신문에 우리 한족도 평화회의에 전권대사를 파견, 독립을 운동코자 하니 그 뜻을 게재하여 달라한즉 근저(根底)가 미상하니 기재할 수 없다하고 집어던졌소.

그후 해 신문에서 평화회의를 평하노라고 기재하기를, 근일 파리에서 평화회의를 개최한다는데 그 물건이 마치 고려인(高麗人)이 큰 갓 쓰고 긴 담뱃대 물고 4천년전 고사(古史)를 꿈꾸는 것과 같은 모양이라고 하였을 뿐이었소. 그러하던 사람들이 지금은 각처에서 한국에 관한 신문이라든지 잡지라든지 모조록 사보고 왕인(王仁)의 사적까지 알아 일본문명의 주인은 한국이라 하며, 뉴욕 도서관에 있는 고물(古物)을 지금 다시 상고(詳考)하면서 상고(上古)의 미술과 과학은 과연 한국으로부터 시작하였다 합니다.

(二) 담력(膽力)이 있는 민족

전에 게일(James S. Gale, 奇一) 목사는 한인을 겁많은 사람(怯人)이라 하고, 헐버트(Homer B. Hulbert, 紇法)목사는 담 큰(膽大) 민족이라고 논전(論戰)한 적이 있다는데, 독립선언 후 게일 목사가 헐버트 씨에게 자복(自服)하였다 하오. 경인년사(庚寅年事)를 예로 들어 말해보면,[17] 영국 군함이 일본에 입항한즉 곧 송구하여 통상을 허락하였으나, 그후 강화(江華)에 내착해본즉 화승총군 5백 명이 최후의 한사람까지 저항하였으니,[18] 한국을 천하의 강국이라고 영국 모 대장은 본국에 보고하였다 하오.

현금 세계가 말하기를 한족은 벨기에 보다 강하다 하오. 전 벨기에 왕 알베르가 미국에 올 때에 인민이 다 말하기를 그들 왕은 적병이 성을 함락하여도 겁내지 않고 적을 항거한 강력한 왕이라고 환영의 소리가 진동하였으나, 그들 벨기에는 영·불 등 나라의 후원 하에서 그와 같이 하였으니 칭찬을 크게 받을 것 없으나, 한인은 적수공권으로 악독한 왜를 저적(抵敵)한다하며 또 선교사 1인은 작년 3월에 경성(京城) 있을 때에 남대문에서 학생들이 만세를 부르는데 적의 경찰이 학생의 깃발을 휘두르는 것을 타도하고 기를 빼앗으려 한즉, 다른 학생이 이어 기를 집어 들고 만세를 부르며, 또 타도하면 또 다른 학생이 집어 들어, 이와 같은 풍파 중에도 기는 항상 학생의 손으로 돌아가고, 빼앗기지 아니하는 것을 보았노라고 워싱턴에서 연설할 때에 미국 인사들이 이 말을 듣고 너무나 장하게 여기며 불쌍히(矜惻) 여겨 눈물을 뿌리고 정신을 차리지 못하였소. 각처에서 이 말 듣기를 원하는 자 아주 많으므로 그 연설을 출판하여 미주 각 지방에 선전함에 저들이 말하기를 한인들이 이렇게 만세를 부르는 것은

---

17) 영일조약이 체결된 것은 경인년이 아니라 을묘년(1855)이다. 1855년 9월 7일 영국 동인도함대 사령장관 스터링(James Stirling, 1791~1865)이 일본 근해에 이르러 러시아 함대를 발견하고 이를 포착하기 위하여 본국정부의 명을 받아 기함 윈체스타호 등 군함 4척을 이끌고 나가사키(長崎)에 입항, 막부(幕府)와 절충, 10월 14일 영일 7조약을 체결, 長崎와 函館 2항을 개항했다.

18) 1871년 미국 아시아함대 사령관 로저스 제독의 조선원정(신미양요). 미군은 강화도상륙작전으로 조선군 350명이 광성보전투에서 희생되었으나, 미국의 조선개항은 대원군의 강력한 쇄국양이정책에 부딪쳐 좌절되고 말았다.

구차히 살지 말고 죽어도 자유를 찾고야 말겠다는 표시라고 하였소.

(三) 견인성(堅忍性)이 있는 민족

서양인이 매양 한인의 열심(熱心)은 조수같이 나가다가 곧 퇴축(退縮)하는 사람이라고 의심하였더니, 독립선언 후로는 백절불굴의 성(性)이 있다고 하며, 지금은 말하기를 어떻게 하여야 사람이 적게 죽고 독립이 될 까고 말합니다. 또 처음에 교회가 다 타락되리라고 일반 선교사는 염려하였더니 수원(水原) 제암리(堤巖里) 교인을 태워 죽인 예배당을 더 굉장히 건축한다 하며, 모페트(Samuel H. Moffett, 馬布三悅)박사는 한국교회를 말하여 가로되, 세계에 교회가 다 없어져도 한국에 있는 교회만 가지고도 세계를 다시 기독교로 지을 수 있다하고, 기타 여러 박사들의 말을 들은즉 한국내 불교, 천도교, 기타 각 단체가 다 국가를 위하여 견인성과 대동력(大動力)이 있다하고 유학생은 배진(倍進)한다 칭찬하더이다.

(四) 단합력(團合力)이 있는 민족

단합력이 제일 귀하다. 금일 중국이 분리하며 아일랜드가 아직 목적을 달성하지 못한 것은 불합(不合)한 까닭이다. 구미 인사의 말이 한인 중 교파는 각각이나 독립운동에는 일파라, 2천만이 하나이 되었으니 총과 칼도 그만 두고 그냥 나서기만 하여도 일본에 다 총을 쏘았고 동경이 전부 화약고일지라도 당치 못하리라 하니 우리가 단합하였었기만이야 못하겠소. 해외에 다니든 자들의 여간 불합이라 함은 매를 덜 맞은 까닭이오. 내지 동포들은 많은 매를 맞아 하나이 되었소이다. 그러면 우리는 이제부터 더욱 단결하여 동포가 죽어도 갇혀도 낙심 말고 서서히 나아가며 희관(喜觀)으로 희망이 풍부한 태도를 가지고 일합시다.

선교사들이 우리의 기쁨을 같이 할 때에 나는 대답하기를, 위에 천부(天父)가 있고 아래 이러한 동족이 있다 하였나이다. 현금 일본의 말이 한국에 독립을 주려하되 아직 준비가 못되어 주지 못한다 하오. 금일 미국 같은 나라로 말하면 필리핀을 있는 힘을 다해 교육하여 독립을 주려고 생각하오. 그러나 일본은 점점 멸족(滅族)할 계책이오. 일본이 세상에 발언하기를, 한인을 살해하거나 그 가옥을 소각한 사실은 없다고, 하다 못하여 엄폐할 수 없어서 지금은 좀 죽였다 방화(放火)하였다고 하오. 거짓말 잘하는 일본의 선전을 들은 우리 친구 회원들은 반대하기를, 4천여 년 역사 가진 국가가 이 어찌 정치상 준비가 없겠는가.

전국에 군병을 다수히 배치하고 또 전국에 이주시킨 30만 일인이 모두 내용상 군인이므로 부자형제간에도 통정(通情)키 어려운 중에서 일시에 3백여 곳에서 동일한 시각에 동일 서류를 가지고 선언하였으니 어찌 조직이 없다 하리오. 또 서양인의 가옥까지 수색하여 등사한 서류를 금하는 중에서도 독립신문은 나날이 전국에 유행하니 어찌 자치할 자격이 없다 하리오 하더이다.

총괄적으로 여러분에게 부탁하는 것은 현금 세상이 우리를 영예의 민족이라 한즉 그 이름에 합하게 하여 동양인 중에 제일(第一)이라는 것을 표시합시다. 서른 날에 아홉끼니 밥(三旬九食)을 먹을지라도 정신이 발동하여 한인의 신성(神聖)이라는 것을 발현(發現)하며, 공부를 하든지 무엇을 하든지 한국의 광영을 위하여 굶어죽더라도 왜정(倭偵)이 되지 말기로 옷을 벗더라도 왜화(倭貨)는 불매하기로 결심합시다.

세상이 우리를 담량(膽量) 있는 민족이라는 찬송을 받은 것은 경과한 사업이 증명하였소. 나 이 칭찬이 헛되지 않도록 용력할지니 그러면 우리들은 사사로운 투쟁에 겁내고, 공전(公戰)에 용감하여 일본을 접촉하는데 마다 저항하고 국가를 위하여 생사를 결(決)합시다. 구차하게 하루라도 더 살지 말고 옳게 살기를 공부합시다.

견인의 성(性)이 있다는 칭예(稱譽)를 받은 우리니 우리의 목적을 달할 때까지 인내하여 정부에서 급히 일 아니한다고 과히 책망맙시다. 독립은 너무 귀한 물건인 고로 가치 없이 시간(時干) 적게 될 수 없소. 우리도 가치 없는 독립 하여본 적이 있었소. 그러나 며칠을 향유치 못하였소. 영국 한 친구의 말이 한국의 독립은 시간과 인내에 있다 하였소. 우리는 인내하고 준비합시다. 기회가 오리다. 러시아의 풍운도, 미·일의 좋지 않은 형편도, 영일동맹의 단명하여가는 것도, 오스트리아와 기타 각국이 배일(排日)하는 것도, 다 우리 사업의 기회의 하나인줄 아오.

내가 금일 신문을 보니 어떤 악흉(惡凶)한 일인의 모양을 그리고, 그 곁에 쓰기를, "세상에 나 사랑하는 사람은 하나도 없다." 하였더이다. 내가 여기 올 때에 선중에서 한 영국인을 만나보니 신문기자인데, 동양을 시찰하러 오는 모양이오. 말하기를 현금 영국 정탐의 일본에 있는 것이 제일 많다 하니, 그러면 영·일이 동맹이니 악수이니 하여도 그 내용은 다른 의미가 포함하였소. 미구에 기회가 옵니다. 표면으로 무엇 없는 것같이 하고 각각 사업하며, 비밀히 예비하여 작은 칼과 소총 1개씩이라도 사두었다가 적어도 두 놈은 죽이고야 죽겠다는 결심을 가집시다.

세상이 우리를 단합적 민족이라 하니 기쁘외다. 단합에 견고를 가하여 더 맺어도 한결같이, 일어나도 한결같이 하여 향진(向進)합시다. 만일 우리 몸의 사지를 각개로 분할할 수 있다하면 어찌 임의의 동작을 할 수 있으리오. 그런고로 우리도 단결되지 못하면 안 됩니다. 왜정(倭偵)과 이완용을 제하고는 다 한 지체(肢體)인데 한 사람이라도 불합(不合)이라 하면 우리 사업에 그만치 해가 있다 합니다. 어느 곳에서 작정(作定)하고 동원령을 내릴 날이 있을 것이다. (제90호 1921. 1. 15)

22. 大統領府 訪問記[19](一記者)

춘풍난일(春風暖日) 같은 대통령실, 열정을 기울이는 귀한 담화

본 기자는 우리 원수(元首)의 기거(起居)와 고견(高見)을 우러러 받들어 본지(本紙)로써 국민에게 소개하고자 한지 이미 오래되었으나 일상 중요하지 않은 사무(冗務)의 번극(繁劇)함을 인하여 이를 이루지 못하였다가 본일(1월 29일)은 단연히 붓을 놓고 대통령부(大統領府)를 방문하였다.

一. 문구(門口)에서 실내까지

정무(政務) 근려(勤勵)의 우리 원수(元首)

기자는 너무 일찍 감을 싫어하여 상오 10시를 기다려 아침의 찬 기운을 헤치고 대통령부를 방문했다.

김 시종원(侍從員)을 향하여 각하의 등청하신 여부를 물음에 군은 대답하되 각하는 매일 상오 9시에 등청하셨다가 하오 5시에 귀저(歸邸)하시는 터이므로 벌써 오신지 오래다 한다.

밝은지 얼마 안 되어 9시가 되는 겨울 날씨에도 불구하고 매일 상오 9시에 어김없이 출석하시고 또한 날이 저문 하오 5시가 넘어서야 퇴사(退仕)하시는 것을 보면 각하의 일반 각원으로 더불어

---

19)『梨花莊所藏 雩南李承晩文書』(연세대 현대한국학연구소, 1998), 권17(簡札 2), p.452, 李光洙→李承晩(1921. 1. 29). 독립신문사 사장 이광수는 이승만 임정 대통령에게 방문 인터뷰를 요청하는 서한을 발송해서 대통령을 방문한 것이다. “경애하옵는 대통령각하. 각하 방문기를 본지에 게재하여 동포로 하여금 우리 원수(元首)의 기거(起居)와 국민에게 대한 정을 알게 하옵고자 이에 본사 기자 차리석(車利錫) 씨를 보내오니 만기공총(萬機倥傯) 하신 중에라도 수분의 면알(面謁)과 담화의 기(機)를 사(賜)하시면 실로 본사의 광영이 되겠나이다. 각하의 건강을 비옵고. 독립신문사장 이광수. 대한민국 3년 1월 29일.”

만기(萬機)를 통람(統攬)하시기에 얼마나 용심(用心)하시고 근면하심을 가이 알겠다.

만면 화기의 우리 원수

기자는 먼저 명함을 통한 후 인도원(안내인)을 따라 각하의 방에 들어가니 각하는 만면의 화기로써 빙그레 웃으면서 일어나 악수하고 정다이 귀신다(맞이한다).

기자는 이에 이러한 느낌을 금치 못하였다.

과거 10년간 우리가 이민족인 적의 치하에서 통애(痛哀)의 치욕은 얼마나 있었으며 남들이 자기의 원수를 각자 추대하고 즐거워하는 것을 볼 때에 우리가 얼마나 부러워하였던고! 우리가 금일이 있기도 얼마나 기원(祈願)하였으며 우리에게 만일 원수가 생기면 얼마나 귀하게 가지겠다 하였던고! 함이다.

二. 본보 주지(主旨)에 대하여

기자는 먼저 본보에 대하여 각하의 의향을 물음에 각하는 이렇게 대답하신다.

나는 본래 신문 사업을 좋아하던 바이오, 금후라도 만일 경우가 허하면 신문 사업을 하기 원합니다.

신문의 주지는 공정과 보편

신문의 기사는 모쪼록 모당과 모측에 편중하지 않고 공통을 요하며 또한 국부(局部)에 한하지 않고 보편적임을 요하는 것이며, 허장(虛張)을 피하고 사실에 주중(注重)하여 공정을 위주함이 가함은 설명을 요할 여지가 없소. 침소봉대(針小棒大)의 기사는 도리어 실제에 손상되는 점이 있는 터인데 귀보는 무론 이상과 같은 결함이 없는 줄 인정합니다.

외인(外人)의 대아동정(對我同情)을 상보(詳報)

각 외국 신문에 우리에게 대한 동정의 기사가 거의 없는 적이 없소. 이것을 간명(簡明)히 역재(譯載)하여 국민으로 하여금 외인의 우리 한국에 대한 동정이 어떠한 것을 알게 하여 그의 신념을 확고케 하고 동시에 국민으로 하여금 거기 맞게 자체의 공려(攻勵)에 용력하게 함이 필요하다 합니다. 대세를 보건대 우리가 우리의 일을 갈가리 찢고 허물(自裂自毀)지만 않아도 우리의 독립은 자연히 될 형편이오.

三. 우리 전도(前途)에 대하여

공화(共和)에는 영웅이 무용(無用)

공화라 함은 인민 전체가 공히 화한 의미이니 독특한 수완을 가진 자를 요하지 않소. 만일 공화가 못되고 서로 싸우다가 분열(自相爭裂)되면 그때에는 불가불 우월한 수완을 가진 인물 즉 소위 영웅이 나와 모두 정벌하고 머리를 들지 못하게 할 필요가 비로소 생기오. 공화제의 취결(取決)하는 본지(本旨)가 한 가지 일을 결정하기 전에는 각자의 의견을 주장하여 논쟁하다가 한번 종다수(從多數) 취결이 된 후에는 아무 이론(異論)이 없이 복종하는 법이오.

다른 나라에서는 대통령 선거에 대하여 선거 전에는 격렬한 선거전을 시험하다가 일단 선거가 결선(決選)된 후에는 다만 복종할 뿐이오. 결선된 후에도 만일 복종하지 않으면 그때에는 중의(衆意)에 반하는 적(賊)이 됩니다. 우리는 이 점에 대하여 깊이 주의하기를 바라오.

국민에게 묻는 질의

나는 국민에게 이러한 의제(疑題)를 물으려 하오.

1. 우리의 독립이 명일에 있다하면 어찌 하려느냐.
2. 미 · 일의 개전(開戰)이 명일에 된다 하면 어찌 하려느냐.
3. 미국이 명일에 총기(銃器) 2백만 정(挺)을 우리에게 준다하면 어찌 하려느냐.
4. 왜적(倭敵)이 명일에 전부 철귀(撤歸)한다 하면 어찌 하려느냐.

혹자는 이르되 이러한 일은 족히 논제가 되지 않고 명일이라도 어서 우리에게 이러한 일이 있기만 하면 그만이라고 하리라. 그러나 이것은 데면데면(泛泛)히 간과할 문제가 아니요, 오직 근저(根底)에 들어가 깊이 연구할 바라 하오.

내 일은 내가 하여야

각하는 다시 이렇게 말씀하시다.

1. 스스로 서지 못하는 자에게 남이 집어주는 독립은 완구(完久)하지 않소.
2. 스스로 뭉치지 않는 자에게는 외원(外援)이 쓸데없소.
3. 나의 피로 찾지 않은 자유는 가치가 없소.

간단하나마 의의깊은 이러한 말씀을 하신 후 최종의 말씀이 "내가 나 할 도리만 하고 있으면 우리의 독립은 시간문제이오."라 하시다. (그 외에도 많은 말씀이 있었으나 이에 생략함).

四. 귀로(歸路)에 임하여

각하의 건강은 어떠하신가

각하를 사거(辭去)하고 물러나오면서 이번 미주로부터 각하와 동반하여 와서 각하를 보좌하는 임병직(林炳稷) 군을 별실에 방문하니 군은 30 내외의 유위한 청년재사이다.

잠시 대입(對入) 접화(接話)하는 사이에라도 그의 친절한 정애(情愛)와 영혜(穎慧)한 기상(氣相)이 미우(眉宇)에 나타난다. 기자는 군에게 향하여 대통령 각하의 건강을 물으니 군은 이렇게 대답하였다.

"각하는 대개 건강하시나 아침부터 저녁 까지 정무(政務)에 공총(倥傯)하여 운동이 적으신 고로 금후로는 건강을 손상할 염려가 없지 않소. 운동은 각하의 가장 좋아하시는 바이지마는. 식사로 말하면 조석은 사저에서 양식을 들고 오찬은 공당(公堂)에서 본국식을 사용하시는데 대개는 식사를 잘하십니다."고 하였다. 기자는 이로써 본일의 방문을 마치고 돌아오니 때는 동 11시 30분이다.

(제93호 1921. 2. 5)

23. 군무총장(軍務總長) 노백린(盧伯麟)[20]의 연설, 환영회 석상에서

여러 형제자매들을 오늘날 이 땅에서 이렇게 만나보게 되니 이것을 기쁘다고 할는지, 슬프다고 할는지 나는 모르겠소. 내가 이렇게 여러분의 환영 속에서 만나게 됨은 대단히 기쁘나 우리 식구가 이뿐이 아닌 것을 생각하면 도리어 비회(悲懷)가 많습니다.

내가 미주에서 떠나고자한 후 4백여 일을 지내면서 여러 형제자매들을 기쁘게 만날 때에 무슨 말할 것을 많이 생각하였으나, 4백여일 동안 긴 시간을 두고 너무도 바라고 생각하던 가운데 오늘날 바라던 여러분을 만나 대하게 됨에 이미 생각하였던 모든 것이 문득 다 잊어버려졌소. 그래서 어떻게 무엇으로 여러분께 드릴지 알 수 없소.

내가 북미주에 있을 때에 비행장에서 부르던 노래를 이제 여러분께 불러 드리겠습니다. "나가라 싸우라 맨 끝에 피 방울을 떨어뜨릴 때까지, 싸우러 나가라"(박수). 이 노래는 상해에서 어떤 청년이 가지고 온 것인데 나는 그때에 이 노래의 "나가라 싸우라, 싸우러 나가라"라는 '라'자의 대신에 '자'자로 고쳐 "나가자, 싸우자, 싸우러 나가자"라고 불렀습니다.(박수)

이것은 여러분이 다 아는 바와 같이 지금은 남만 하라는 '라'자를 쓰지 않고 함께하자는 '자'자로써 함께 모여 일할 때외다. 우리

---

20) 노백린(盧伯麟, 1875~1926) 황해도 풍천(豊川) 출신.
일본 경응의숙(慶應義塾) 보통과 졸업후, 일본 육군사군학교를 졸업, 귀국후 정령(正領)에 임명, 관립무관학교 교장을 지내고, 1907년 안창호와 함께 신민회를 조직, 국권회복운동을 전개했다. 1914년 하와이로 건너가 박용만(朴容萬)과 함께 국민군단을 창설, 한일청년의 군사훈련에 진력했다. 재미사업가 김종림(金鍾林)과 함께 한인 비행사 양성소를 설립, 한인 비행사 양성을 이룩한 후, 상해 대한민국 임시정부에 동참했다.

는 함께 먹고, 함께 입고, 함께 살자 함이니, 이를 위하여 싸울 때에 여러분만 혼자 나가 싸우라고 하지 않고, 나부터 앞서 나갈 터이외다. 어떻게 되었든지 여러분이 부재(不才)인 나에게 군무총장의 직임을 맡겼으니 나는 이것을 사거(辭去)할 수는 없는 사정이외다.

나는 이미 군사(軍事)를 맡은 사람이 되었으니 군사(軍士)의 다소를 상관치 않고 시기가 이르면 단 10명이나 20명이나 있는대로 함께 나아가 싸울 것밖에 없소. 우리가 독립과 자유를 원하는 이상에는 남녀를 불문하고 우리의 뼈와 피가 다하도록 싸워야만 되겠소.(박수) 국가는 어느 일개인의 것이 아니요. 많은 왼(온) 백성의 것이외다. 그러면 우리는 한국의 임자인 백성이니 우리 국가를 위하여 최종까지 싸워야 하겠소. 우리 인구를 적의 인구와 비교하면 우리 1인이 2인 반의 적을 죽여야 되겠소.

소년과 장년은 먼저 나아가 싸우고 그래도 부족하면 남아있는 노쇠(老衰)와 유약(幼弱)이 후군이 되어 끝까지 싸워야만 되겠소. 늙은이도 능히 싸울 수 있고, 5,6세 된 어린 아해(兒孩)도 능히 싸울 수 있는 것이오. 어린 아해일수록 나무 위에라도 올라가 적의 형세를 정찰하기가 좋소. (放笑)

여러분이 다 아는 바와 같이 간도(間島)에 있는 청년은 다 싸워 죽고 맞아 죽었소이다. 다만 남은 것은 약한 부녀와 아동과 노쇠뿐이외다. 그 참담 비통한 것을 생각할 때에는 당장이라도 다 나아가 싸워야만 될 것 같소. 상해에 있는 여러분이나, 북경에 있는이나, 어디 있는 이나, 다 싸움할 이를 모아서 당장이라도 원한을 풀고 설치보복(雪恥報復)을 하고 싶소.

그러나 아무리 조급할지라도 싸움할 수 있도록 그 싸움하는 방법을 연습하고 준비하여야 되겠소. 배우고 길러서 싸울 수 있게 실력을 얻은 연후에야 비로소 여러분의 분(忿)과 원(怨)을 풀 수 있고, 원(願)을 달성할 수 있는 것이오. 우리는 무엇보다도 싸울 수 있게 기르며 배워야 되겠소.

지금 미주에 있는 청년들은 여러 가지 곤란과 위험을 불고하고 싸우는 재조(才操) 비행술(飛行術)을 배우고 있소. 또한 하와이에 있는 동포들 중에는 낮에는 노동하고 밤에는 국민군(國民軍)에 편입되어 싸움 공부하는 이가 2개 중대나 되오. 그뿐 아니라 미주 전체 어느 곳에든지 곳곳에 있는 우리 청년들은 싸우기를 대단히 기뻐하고 크게 원합니다.

미주에 있을 때에 나와 친한 노인 한분이 나더러 말하기를 "우리가 어떻게 하면 왜놈이 제일 무서워할 수 있을까요"하였소. 그때에 나는 말하되 "내가 벌써 당신의 말하는 뜻을 알았노라"한즉 그래 그 노인이 그만 다시 그 뜻을 말하지 않았소. 그러면 그것은 무엇이오니까.

우리의 단결이외다. 무엇보다도 우리가 단결을 잘하면 왜놈이 두려워하고, 세계가 두려워할 것이며, 따라서 우리의 사업도 이룰 것이외다. 그런데 이러한 힘 있는 단결도 해이(解弛)케 될 수 있소. 그것은 곧 양반과 쌍(常)놈 서울 놈과 시골 놈의 분별과 계급과 세력다툼의 감정이외다. 이것이 성하면 우리 사업은 분리되어 영영토록 망국노(亡國奴)의 멍에를 벗지 못할 것이외다.

송병준(宋秉畯)과 이완용(李完用)이 어찌하여 그렇게 되었소. 그도 역시 양반과 쌍놈의 계급과 세력의 다툼에서 나와 나중에 한일합병을 감인(甘認)하고 매국노(賣國奴)의 누명(陋名)을 얻은 것이오.

우리는 누구든지 피차에 서로 분당(分黨)을 지어 소곤소곤하는 귓속말(耳語的) 태도를 취하여서는 안 되겠소. 멀리 임진왜란 전일을 생각합시다. 그때 율곡(栗谷) 이이(李珥) 선생이 총명한 관찰로 정국(政局)과 대세를 살피고 조정에 나아가 군사 20만을 정예하게 양성하라고 역설하였습니다(十萬養兵說). 그때 조정에서는 “흥! 미친 놈 태평한 시절에 병정이 다 무엇이란 말이냐”하고 코웃음으로 배척하며 양반 싸움만 하였습니다.

그후 마침내 왜병이 크게 일어나 우리나라 왼 땅을 유린하고 남녀노유를 물론하고 살육하며 또한 강간과 약탈 등 실로 차마 생각지 못할 비참한 일을 당하였소. 아! 그때에 율곡 선생의 말을 좇아 이순신(李舜臣) 신립(申砬)과 같은 장사(將士)들을 많이 양성하였던들 그러한 비참한 혹화(酷禍)를 당치 않았을 것이외다. 그때에 신 장군과 같은 웅걸에게도 겨우 백여 명의 약졸을 주어 마침내 그 무궁한 군략(軍略)을 마음대로 펴지 못하고 탄금대(彈琴臺)의 회토(灰土)와 같이 스러지고 말게 하였습니다.[21]

그러면 이것이 다 왜 이렇게 되었습니까. 조정에서나 민간에서나 피차에 반상귀천(班常貴賤)을 가리는 큰 악(大惡)에서 나온 것이외다. 우리는 다만 양반과 쌍(常)놈을 가리고, 서울과 시골을 갈라, 각각 분당적으로 사업을 한다는 그자들의 머리에는 각각 한 자루의 몽둥이를 가할 것밖에 없소.(방소)

그러면 우리는 다 누구를 물론하고 싸울 때 싸워야 되겠으니, 반상과 경향(京鄕)을 물론하고 다 하나이 되어 맨 나중의 피 방울이 떨어질 때까지 나아가 힘 있게 싸웁시다. (박수) (제95호 1921. 2. 25)

24. 윤병구(尹炳求)씨 대시국(對時局) 의견

재미 대한인국민회 중앙총회장 윤병구씨는 아래와 같은 행정에 대한 의견을 상항(桑港) 신한민보를 통하여 발표하였다.(원문에는 尹炳奎라 오기되어 있다.)

21) 신립은 이곳 탄금대에서 왜장 고니시(小西行長)와 싸워 전사했다.

(1) 재미 대한인국민회 중앙총회 관하 각 지방에 거류하는 동포의 혈성과 힘을 통일하여 임시정부를 도와 우리 독립과 강토를 회복하는 날까지 협력할 일.

정부는 국가 전체 민족을 위하여 일하는 본부(本府)오. 국민회 중앙총회는 한 정치사회의 본부이다. 그런고로 정부를 돕는 일은 할 수 있으되 정부를 대신할 수는 없는 것이니, 작금 이후로는 정부를 도울 일에 진력할 것이오. 또한 국민회는 거류민회의 자격과 성질을 겸한 회(會)이다. 그런고로 본회가 국가사업에 도움을 바치는 것으로만 책임을 다하였다 할 수 없고, 거류민을 보호하며 거류민의 단체를 유지하여 국가를 장구히 돕는 원동력 중에 하나가 되는 본의(本意)를 지켜야 책임을 다하였다 할지니, 간단히 말하자면 정부 관원들은 왔다 갔다 할지라도 국민들은 변동할 수 없나니, 국민회 회원과 임원들은 국민회를 유지치 아니치 못할 것이다.

(2) 본 국민회 중앙총회는 내지 동포를 구제함에 진력할 일.

3월 1일 이후로 저 원수의 손에 잡혀 옥중에서 악형을 당하는 동지와 선생들의 부모와 처자는 집이 불타 없어짐에 산과 들에서 밤을 지내고, 식물(食物)이 없어서 굶어 죽을 지경에 이르렀으므로 풀뿌리와 고사리를 캐어 연명하다가 슬픔과 주림과 고초를 견디지 못하여 마침내 죽는 이가 허다한 바, 대한인국민회는 만일(萬一)의 힘이라도 저 아사지경(餓死之境)에 든 동포를 구제하기에 진력할 것이오. 구제를 원만히 하려면 국민회중앙총회가 하와이와 미주와 멕시코에 있는 내외국 자선가들의 성의와 재력을 통일하여야 될 것이다.

(3) 청년의 학술을 장려할 일.

우리 독립과 강토를 회복하려고 내지에서 이미 전체 동포가 싸움을 시작하였으니 생명을 희생하고 고초를 당하는 동지 저들의 대의(大義)와 공은 천추만세에 유전이 되려니와, 대저 싸움은 장구한 세월과 극진한 준비를 요구하는 싸움이다. 이 싸움에 대하여 아직은 형세를 따라 평화적 항거를 하지만은 필경은 대포와 칼과 최근 전술 전략과 기계를 요구할 터인바, 만일 우리 청년들이 미리 배우지 아니하면 장차 목 말라 우물파듯 하겠고, 설혹 외국사람에게 기계를 사서 사용한다 할지라도 남에게 배운 학술과 기계를 검사할 만한 지식이라도 우리 청년들이 배워가지고 있어야 남에게 속는 폐단과 큰 재정을 허비하는 경우를 면할 것이고, 위험을 면할 것이다. 그런고로 국민회중앙총회는 미국과 하와이와 멕시코에 거류하는 청년들 중에 자격을 가진 자들을 장려하여 우선 비행기 제조학과, 무선 전신학과, 최근 전술전략을 배우도록 힘써 볼 일이오. 여자들은 간호부과를 배우도록 장려하여야 되리로다.

(4) 우리 동포의 경제개량을 장려할 일.

마른 나무에 진액(津液)이 날 수 없는 것이오. 빈 주머니에서 황금을 끄집어 낼 수 없나니 국가사업에 재정을 많이 바치도록 하려면 먼저 우리 동포의 경제 개선을 이룸이 가하고, 경제 개선을 이루려면 미국과 하와이와 멕시코에서 소자본을 가지고 각자도생(各自圖生)으로 근근히 사업에 착수코자하는 동포를 권장하여 자본을 합하여 가지고 큰 돈을 들여 큰 이익을 만들만한 실업을 하도록 힘씀이 가하리로다.

(5) 민주정치의 요소와 정신될 만한 서적을 출판할 일.

민주정책은 여러 가지 정치 중에 제일 발달된 정치이다. 그런고로 이 정치를 쓰는 나라 백성의 지식이 발달하기를 원만히 하여 민주정치의 빚어내는 행복을 누리는 것이오. 만일 상당한 지식이 없으면 백성은 의무와 권리를 잘 알지 못하여 정치에 대한 행동과 사상이 마치 바람에 불리우는 갈대와 같이 이리저리 휘둘리게 되어 종종 위험한 지경에 빠지나니, 백성이 무식한 멕시코와 러시아를 보면 가히 알 일이다. 우리는 러시아와 멕시코 사람보다 낫다고 할지나 그러나 사실을 깊이 연구하면 우리 동포의 뇌수(腦髓)와 및 후생(後生)에게 민주정치에 적당한 학술을 똑바로 속히 넣어주기를 시작함이 필요한 바이다. 그러나 지금 형편에는 남들과 같이 학교를 설립하고 교육할 수도 없고 대강이라도 민주정치사상을 전파하려면 가급적으로 서적 발간 같은 것이라도 하여야 되리로다.

(6) 국제 외교는 정부에 맡기고 민간외교는 여전히 할 일.

이상에 진술한 여러 가지는 대한인국민회 중앙총회에서 하는 것이 마땅하나 그러나 제일 어려운 문제는 재정이니, 재정이 어디서 나서 정부를 도우며 그 다음 일을 할까 함이다.

대저 우리의 형편을 스스로를 돌아보면 남과 같이 인구소도 많지 못할 뿐 아니라 또한 가난하여 일에 당하면 낙심할 것밖에 보이는 것이 없는지라. 그러나 가난을 겸한 소수를 한탄하는데 세월을 보내지 말고, 8,9천 동포(재미한인)가 한 덩어리가 되어야 일하며 살기를 진력하면, 그 결과는 단합지 못한 8,90만이 이루지 못할 일을 8,9천명이 이룰 수 있나니 광복(光復)을 위하여는 우리 동포는 한 덩어리가 되기를 진력할지로다.

우리 광복사업을 위하여 싸우기는 내지와 원동(遠東)에서 제일 하거니와 외국과 운동하는 일은 태평양 서편에서 많이 한 즉 술자(述者)의 우견(愚見)에는 우리 국민회에서 태평양 서편에 우거하는 백성에게 국회협조회(國會協助會)를 조직할 권한을 주어 이 협조회로써 국회와 일을 상의케 하여 집정관들과 외국에 관한 일을 협성(協成)케 함이 좋을지니, 대한민국 국회(國會)는 이 문제를 잘 해결하기를 바라노라. (제30호 1919. 11. 27)

25. 상해 거류민단(上海居留民團) 주최 어천절(御天節) 축하식의 성황

영광스럽게 살 때는 조상을 잊지 아니한 때요
욕되게 살 때는 잊은 때라.
위대한 단조(檀祖)의 덕(德)과 은(恩)을
느끼는 회중(會衆)

상해 거류민단은 지난 음력 3월 15일(양 5월 3일) 오후 3시에 어천절(단군이 하늘에 오른 날) 축하식을 그 사무실 안에서 거행하였다. 내회자(內會者) 2백 여, 좌석의 부족으로 수십 여인은 앞마당에 섰다.

당내는 만국기로 교식(交飾)하고 정면에 화환으로 두른 어진(御眞)을 모시고 그 상면에 가로로 '한배검', 하면에 '오르신 날'이라 써 놓고 있다. 좌우로 '검 나리사, 누리 밝다' '가미고이(높은 은덕), 도가오소(길이 사모)'와 '임 사모하는 글, 거룩하시사 다 맡으신 사람 내시사 삼신 한배님 나라 세우사 배달 임검님(임금) 위에 오르사 도로 하나님 오고 가시사 늘 우리님 오르신 날 배달씨(배달 민족)들은 삼가히 올림' 등 첩(帖)을 걸었다.

하오 3시 20분에 김가진(金嘉鎭)옹이 노구를 일으켜 개식을 선언하고 일동이 어진을 향하여 경례한 후 신규식(申圭植) 선생이 기념사를 낭독하였다.

기념사(시)(현대철자법으로 고침)

검이신 우리 한배, 배달 뫼 나리시사, 두온열입곱해(217년), 가르치고 보이시니, 눈에 보임 뿐일가, 마음 밭(心田: 정신) 더욱 빛나, 동녘 모든 겨레, 비로사(비로소) 환하도다, 오신 자리 돌아가심, 이치로 깨우시니, 아스(아스라히) 달 밝은 달에, 빛구름 자욱하도다, 뜻 못 받은 저의 무리, 많은 틀림 까닭으로, 이짐(잊음)이 얼마인지, 생각할 사록 두렵도다, 괴롬 끝에 지치여서, 뿌리 찾는 돌린 맘, 떠라시며(뜨다) 길이 바람, 늘 흰 뫼가 서리 오니, 어찌 다만 새 기운이랴, 끼치 옵심 더욱 밝다, 따듯하고 시원하며, 아름답고 기름진 땅, 세우(세게)차고 씩씩하며, 착하고 어진 버릇, 어떤 것 아니 주심인가, 부러워할 이 그 얼만고, 한배시며 스승이며, 예나 이제 임검(임금)이시니, 공경하고 사모함이, 어느 때에 없을 손가, 하물며 저스스로 다스리게, 모든 더 나리맡기심가, 저의 비록 미련하나, 그 고이(사랑)를 잊으리까, 얼마 못된 정성이나, 한데 모아 기념하니, 아름다운 꽃무들기(꽃무더기), 얻은 때 자랑하며, 즐검(즐거움)을 차지랴는, 우리 터 꾸미었도다, 우에(위에) 계신 우리 한 검(하느님: 한울님), 기쁨으로 보옵소서.[22)]

백암(白巖) 박은식(朴殷植) 선생이 역사를 술(述)했다.

오늘은 우리 한배검께서 세상에 계신지 217세만에 오신 곳으로 돌아가신 날이오. 우리는 오랫동안 이 날을 잊었소. 오늘에 이르러 우리는 과거에 잘못한 것을 깨달아야 하겠소. 민족은 그 조상의 내력을 잘 알아야 잘 생존하오. 만일 그 조

---

22) 춘원은 단군을 신화상의 인물이 아니라 역사적 실재성을 인식하면서 어천절 기념식에서 배달민족에게 국가생활과 문화생활을 베푼 단군의 은덕(恩德)을 길이 찬양한 단군 한배검 찬미가를 노래하고 있다. 특히 3국시대 이전의 고조선어(古朝鮮語)를 복원하였으니, 가미고이(높은 은덕) 도가오소(길이 사모하다)를 복구했다. 한 온(100) 두 온(200)으로 '두온열일곱해(217년)'를 고증했다. 이는 최초의 건국시조(建國始祖) 단군 한배검 찬송가이다.

상의 내력을 알지 못하는 민족이면 용이히 타민족에게 멸망을 탕하는 것이오. 하은주(夏殷周) 삼대시(三代時)에 우리 민족은 크게 융성하였소. 산동(山東) 지방은 우리 사람이 사는 곳이 었었소. 그러나 그네들은 그 조상을 잊어버린 까닭에 마침내 한족(漢族)에게 동화(同化) 되었소. 지금까지 오는 동안 동화된 그네들의 자손이 1억이라 하면 우리는 1억이란 동포를 잃은 것이오. 만일 그네들이 잘 그네의 조상을 기억하였던들 우리는 지금 이와 같이 2천만이란 적은 수효가 아니었을 것이오.

독립운동이 없었다면 단군(檀君)의 자손은 하나도 없어질 것이외다. 우리는 오늘 과거의 죄를 깨닫고 신성한 조상의 역사를 끝까지 잊지 맙시다.

이화숙(李華淑) 양이 신덕가(神德歌)를 독창하고 조완구(趙琬九) 선생의 감상연설이 있었다.

우리는 과거에 영광스럽게 남의 뒤에서 살았소. 그때는 우리가 단조(檀祖)를 잊지 아니한 때요. 근년에 우리는 욕스럽게 부끄럽게 살았소. 이때는 우리가 단조를 잊은 때외다. 우리 한배검이 남보다 얼마나 신검(영검)합니까. 남보다 얼마나 먼저 입니까. 우리가 무슨 이름을 한배검께 올리겠습니까. 지극히 높고, 옳고, 밝은 칭호가 있다하면 그는 오직 우리 한배검께만 올릴 것이외다. 그러나 우리는 한배검의 그 위대한 덕(德)과 은(恩)을 알지 못하였소. 알려고도 하지 아니하였소. 그 심한 예는 소위 좀 점잖다는 사람으로는 단군의 사적(事蹟)은 입에 담지도 아니하였소. 우리는 이제부터 한배검을 잘 알아서 예전 것을 찾아야 하겠소. 예전 것 찾지도 못하고 새

것에게 말살(抹殺)되는 것이 많소. 제 것을 제가 세우지 못하면 남의 것도 얻어오지 못할 것이오. 나는 한배검을 느끼는 마음이 작년과 금년이 다릅니다. 작년 이 날은 마침 임시정부가 발표된다하여 모두 기뻐하였소. 근년 이 날에 이르러 더욱 느낌이 깊습니다.

일동은 애국가를 합창하고 4시 20분에 폐식하였다.

「가미고이 도가오소」

국민이 오래 잊었던 이 날

예관(睨觀) 신규식(申圭植) 선생 담

식이 필한 후 예관 선생을 대하여 어천절의 유래를 물음에,

금일 즉 3월 15일은 한배검이 승천(昇天)하여 오신 곳으로 다시 돌아간 날이오. 개천절(開天節 10월 3일)은 즉 세상에 내려 오신 날을 기념함이니 이 두가지 명절은 삼국시대까지는 만한(滿韓)에 산재한 한배의 자손들이 팔관재계(八關齋戒), 동맹(東盟 고구려), 무천(舞天 濊國), 천군제(天君祭, 하늘에 제사지내는 의식), 대단(大檀) 등의 이름으로 성대히 모여 축하하고 기념하였습니다. 그렇지마는 조선시대에 이르러서는 불행히 민간에서는 전혀 이 날을 망각하고 아무 의미 모르고 아들 점지하여 주는 신을 위한다하여 이 날 제사한 일이 있고, 겨우 왕실에서 평양(平壤) 숭명전(崇明殿)에 해마다 제사한 일이 있었을 뿐이오…

이에 선생은 벽상에 걸린 단군의 어진을 가리키면서

"이것이 즉 숭명전에 있던 어진을 모사(模寫)한 것이외다. 좌우에 있는 글은 단군의 덕을 찬송하는 고대화(古代話)이니 '가미고

이'는 높은 은덕(恩德)이란 말이오, '도가오소'는 길이 사모(思慕)한다는 뜻이외다. (제73호 1920. 5. 6)

제5편 時事短評

1. 人口調查 拒絶

서간도(西間島) 모지의 동포는 적경(敵警)의 우리 동포 인구조사를 거절하였다. 가로되 만일 우리의 인구를 조사하려거든 우리 정부의 명령을 가지고 오라고.

아아, 우리 국민의 결심은 마땅히 이만하여야 할 것이다. 내 생명을 끊으라. 그러나 내 조국에 대한 정신은 건드리지 못하리라.

동포여, 제위(諸位)는 이러한 결심을 가졌는가 안 가졌는가.

(제43호 1920. 2. 5)

2. 홍성익(洪成益) 씨를 애도함

지사 홍성익 씨와 및 그 동지 3인은 적의 궤계(詭計)에 빠져 붙잡혔고, 중병 중의 홍씨는 적의 병영 중에서 서거했다. 우리는 홍 지사의 과거의 공적과 비참한 종국을 생각하고 애도와 피눈물을 금치 못하거니와 국사에 번거롭고 바빠(鞅掌)하다가 시체를 말가죽에 싸는 것이 또한 애국남아의 본색이다. 하물며 뒤에 그 뜻을 계승하는 2천만 동지가 있으니 지사는 눈을 감아야하고 그 유족은 안심하여야 할 것이다. 오직 얄미웁도록 죽여야 할 것은 적에게 지사의 소재를 밀고한 자와 지사의 체포에 창귀(倀鬼)가 된 김극일(金極一)류이니, 혈성(血性)있는 동포여, 우리 불행한 동지를 위하여 복수를 지연치 아니함이 우리의 의무가 아닌가. 쾌살(快殺)하라, 쾌살하라. (제43호 1920. 2. 5)

3. 이해할 수 없는(不可解) 정안립(鄭安立)

혹은 길림(吉林)에서 한족 생계회(生計會)를 조직한다하며, 혹 광동(廣東)에서 남방정부와 접근한다하며, 혹 만주에서 독립을 계획한다하며, 혹 대고려국 건설의 기초로 고사연구회를 조직한다하여, 혹은 지사도 같고 혹은 친일파도 같고, 혹은 협잡꾼도 같이 변환무상하는 정안립의 본성은 참말 알 수 없도다. 그는 시작함에 매양 소리가 굉장히 크면서 처음부터 하나도 끝이 없음이 특색이라, 이번의 소리는 몇날이나 가며 무슨 결과를 맺을는고. 떠들고만 돌아다니는 것이야 무슨 죄가 되랴마는 만주(滿洲) 독립 운운으로 적에게 이용되어 중국의 우리 한국에 대한 감정을 해치게 함은 용서치 못할 죄라 하며, 적인 수야(水野)·완용(李完用)과 결합함이리오. 정안립된 자 속히 반성할지어다. (제43호 1920. 2. 5)

4. 해삼위 함락(海蔘威 陷落)

지난 겨울 옴스크의 함락을 비롯하여 잇달아 이르쿠츠크에서 코제독이 혁명군의 손에 들어가며(일설에 의하면 부지거처) 이후 반(反)콜착 열은 방방곡곡에 퍼져 치타 니콜스크 등 동 시베리아 중요도시가 차례로 반코군의 점령한 바 되더니, 얼마 안 되어 연해주(沿海州)의 인후인 해삼위 항이 사회혁명당의 손에 들어갔다는 쾌보가 왔다.

미병은 이미 철퇴를 단행코자하니 금후 일본 혹은 체코군의 행동에 의하여 시베리아의 형세의 안정을 얻기까지는 아직 시일을 요할지나, 그 결국은 사방에서 발기하는 혁명당의 세력을 막을 수 없을 것이다. 일병 또한 국내의 반대와 국제상의 요구로 철병을 마지 못하게 된다하면 혁명의 지배하에서 나올 시베리아는 발랄한 신자치국을 형성할 것은 명약관화이다. 그와 동시에 우리 민족의 활동의 범위와 기세는 이 '자유스러운 시베리아'에서 더욱 광활하고 위대한 신무대를 얻을 것이다. 그런고로 해삼위 함락은 동아의 급박한 국면에 신생면(新生面)을 줌이라 하노라. (제43호 1920. 2. 5)

5. 同胞의 恩人 피 博士

상해 재류 미국 선교사 피치(S. A. Fitch) 노(老)박사는 금번 단독으로 상해 재류 우리 동포를 위하여 다수의 의복과 침구와 구제금을 모집하다.

박사는 수년전부터 우리 동포를 애호하였으며, 그 교회당을 빌려 한인의 예배 처소를 공급하는 등 기타 여러 가지로 우리 동포에게 친절한 원조를 주어온 은인이다.

박사는 고희(古稀)의 노령으로도 심히 확삭(矍鑠: 늙어도 기력이 정정함)하다. 전도 사업에 앙장(鞅掌: 일이 매우 바쁘고 번거로워 儀容을 차리지 못한 모양)하며, 금번 구제회(救濟會)에도 친히 이사가 되어 이번 중국에 있는 각 교파의 선교사를 움직여 구제회를 위하여 활동케 함도 실로 박사의 진력한 바다.

박사의 영식(令息) 조지 피치 씨는 상해 중국 기독교청년회 명예총무로 중국인 간에는 물론이거니와 당지 미국인 사회에도 지도자의 지위에 처한 인물이다. 역시 우리 동포에 친절함이 박사에 못지아니하여 상해에 재류하는 우리 동포는 박사 부자에게 대하여 무한한 감사를 품고 있다.

원컨대 우리 은인 노박사는 신혼(身魂)이 내내 강건하여 사도(使徒)의 성직을 다하실 지어다. (제44호 1920. 2. 7)

6. 돈! 돈!

애국자야, 돈을 내며 돈을 모으라. 독립전쟁의 성부(成否)는 오직 돈에 달렸나니 국민아, 돈이 있으면 자유민(自由民)이 되고, 돈이 없으면 노예를 면치 못하리라.

자유를 원하느냐, 돈을 내어라. 독립을 원하느냐, 돈을 내어라. 생명을 내기 전에 먼저 돈을 내어라.

전 국민은 저마다 다소를 물론하고 낼지니, 이것이 신성한 너희 의무이니라. 너희는 돈과 피를 바침이 없이 독립국 자유민이 되리라 하느냐.

상해와 북경과 남경과 기타 각지에 있는 애국자들아, 네가 독립전쟁을 바라거든 공상공담(空想空談)만 말고 본국에 모험하여 돈을 거두어라.

국내외에 있는 각 단체도 금일부터 전력을 다해 거두어라. 큰 욕심 내지 말고 1원씩 1원씩, 그리하되 거둘 때에도 정부의 이름으로, 거둔 뒤에는 정부의 금고에 모으라. 이리하여야 독립전쟁도 되고 독립도 되리라. (제44호 1920. 2. 7)

7. 時哉 時哉

시베리아는 과군(過軍: 러시아 과도정부군)의 수중에 들어갔다. 과군은 일본과 싸우려한다. 러시아는 대한의 독립을 승인하였고, 대한의 독립을 원조하기를 성언(聲言)하였다.

중국은 일어나려 한다. 산동(山東)문제와 한국 독립원조문제를 제기하고 일어나려한다.

미국은 산동문제로 일본을 저제(抵制)하고 한국 독립운동을 원조하라는 소리는 상원에, 하원에, 보지(報紙)에, 교회에, 연설회에 미만(彌滿)하였다.

시재 시재라, 하늘이 주신 때(時)로다. 뉘라서 이러한 좋은 시기(時機) 이렇게 속히 내도할 줄을 예상하였던고.

독립군을 편성하자, 국민아 나서거라. 태극기(太極旗)를 날리는 비행기가 삼각산(三角山) 한 모퉁이로 돌아들 날이 멀지 아니하다.

아아, 대한의 남녀야, 일어나거라 나서거라. (제44호 1920. 2. 7)

8. 젊은 大韓

재(在)상해 동경 출신 학생 30명이 2월 8일 선언기념(1919년 2·8 독립선언) 축하를 행하다. 식장 내에 창일한 기세를 보건대 애애(靄靄)한 화기(和氣)중에 가득한 패기(覇氣)가 있다.

중국 모 청년 정치가는 말하기를 신시대 정신운동의 주인공은 응당 한국인이 되리라고. 국내에서는 청년지도자의 중진 장덕수(張德秀) 군이 평양 청년구락부의 초청으로 2일간의 대연설을 행하여 3천명의 청중을 열광케 하였다고.

신시대의 주인공인 대한 청년아, 그 포부와 그 용기와, 그 자부심과 그 충성을 잃지 말아라. 동아의 운명이 네 손에 달렸음을 알거든. (제45호 1920. 2. 12)

9. 獨立의 資格

일인 농법학자 니토베(新渡戶稻造)[1]는 동경 영문보(英文報)에

---

1) 니토베 이나조우(新渡戶稻造, 1862~1933). 일본 東京帝大 교수. 퀘이커 교도로서 국제평화를 주창하는 농법학자이다. 그는 전쟁을 반대하고 국제분쟁을 평화적 중재에 의해 해결할 것을 역설하기도 했다. 그는

글을 기고하여 일본의 식민정책의 성공을 자긍(自矜)하는 중에 한인에게 과거에는 독립의 역사가 없고, 현재에도 독립은 고사하고 자치의 실력조차 없다 하여 한국독립운동의 불가함을 말하고, 최종에 일본은 장차 한인을 동화(同化)하여 영국의 웨일스나 아일랜드와 같이 할 것이니, 보아라 하고 호언하고 있다.

우리 한족에게 독립의 실력이 있는지 없는지, 일본의 비열하고 탐욕한 야심의 조아(爪牙)를 분지르고, 정의와 인도를 가르치던 1600년 전에 왕인(王仁)[2]의 몽매한 만족(蠻族)이던 니토베의 선조에게 천지현황(天地玄黃)을 가르치던 역사를 반복(反覆)할 실력이 있는지 없는지는 하회(下回)를 보아야 알 것이다. 한족에게는 격려의 편달이 되려니와 일본의 현세(現勢)는 여하, 귀족원과 중의원 양원의 추태는 여하, 그 외교는 여하, 일본 내의 통치는 여하. 통치하지 못할 남을 통치한다고 무익한 쟁론으로 세월을 허비하기 전에 먼저 일본 자신의 통치나 생각함이 여하.

니토베 라는 자는 우선 자기 나라를 위하여 제사삼사(再思三思)함이 가하도다. (제45호 1920. 2. 12)

10. 장덕수(張德秀) 군

평양 청년구락부 주최의 장덕수 군의 대연설, '자유가 없으면 죽는다'하고 3천의 청중의 양쪽 빰에 뜨거운 눈물이 흐르게 하던 대연설! 이것은 당연한 것이다. 장덕수 군이 어떠한 인물인 것을 우

일생을 국제평화를 위해 헌신했음에도 불구하고 한국의 독립운동을 전면 부정적인 시각으로 논단하고 있다.

2) 왕인(王仁). 백제의 박사로서 285년 일본의 초빙을 받고 千字文과 論語 10권을 가지고 도일, 일본에 한자문화를 전수했고, 오오진(應神) 천황의 황태자의 사부가 되었고, 그 자손은 대대로 황실의 기적(記籍)을 담당하였다.

리가 아는 고로.

저 동경의 적중(敵衆)을 보라. 반복무상하여 덕의(德義)도 신의(信義)도 없는 하라(原敬) 도코나미(床次) 등이며, 귀·중 양원의 어두귀면지졸(魚頭鬼面之卒), 그 비열하고 천박하고 철없고 종작(宗的은 오식)없는 광규난폐(狂叫亂吠), 아아 그 추태 그 훤효(喧囂)! 이것이 외람(猥濫)되이 한국 통치를 운운하는 대일본제국의 수뇌인물이 아닌가.

적은 한족의 독립의 실력 없음을 지껄이지마는 이제 보라. 한국이 그 피로써 그 굴레(羈絆)를 벗어나는 날, 어떠한 인물이 배출하는가. 장래 동양의 사상계를 지배할 자는 한인이라 함은 무슨 점으로 관찰하든지 참이리니, 당장 일본의 폭압하에 몇 백 몇 천의 천재와 영걸이 늘어 있음을 잘 기억하라. (45호 1920. 2. 12)

11. 獄中 同志의 苦楚

적의 악형과 기한(飢寒)과 병으로 고초하는 옥중의 동지! 수족지(手足指)가 떨어지고 전신이 얼어 썩어지는 동지! 병이 듦에 간호하는 자도 없이 꾸부리고 얼어 죽는 동지!

대한인아, 소리를 놓아 통곡할지어다! 피와 눈물이 있거든 한번 죽음으로써 저 가련한 동지의 원수(怨讐)를 갚고, 저 가련한 동지의 뜻을 달성하기 위하여 궐연(蹶然)히 일어나고 분연히 일어날지어다.

저 가련한 동지를 구할 길이 무엇이며, 저 가련한 동지의 원수를 갚을 길이 무엇이며, 그네를 위로할 길이 무엇인가. 오직 독립전쟁이 아닌가. 국민아, 더 무슨 고려(顧慮)가 있으며 주저가 있으랴. 일어나 독립군의 군적(軍籍)에 이름을 둘지어다. (제46호 1920. 2. 14)

12. 國士를 待함이 當如此

2월 1일 고 지사 홍성익(洪成益) 씨 장의에 신의주 및 선천의 시민은 근 천원의 부의(賻儀)를 갹출(醵出)하였고, 연도의 동포는 뜨거운 눈물과 화환으로 지사의 영령을 조상하였다 하니 이는 당연한 일이다.

의인의 분묘를 황무케 하고 의인의 자녀를 기한(飢寒)케 함은 민족의 수치요 죄악이니, 3월 1일 이래의 의인 지사의 유족에게 대하여 동포는 심력과 금력을 다하여 이를 구조하고 위로함이 가할지요. 또 적의 옥중에서 고초를 당하는 지사에게도 사정이 허하는대로 간절한 언사와 맛 나는 음식으로 이를 위로함이 가할지라. 그러나 중요한 인물이 적에게 피금(被擒)할 때에는 그 밀고자와 체포자를 엄벌함이 가장 긴요한 일임을 잊지 말지어다. (제46호 1920. 2. 14)

13. 敵國 製鐵所의 大罷工

팔번(八幡)제철소는 그 장관(長官)을 친임 대우로 하는 그러한 중요한 적의 국가사업이다. 그 제철소의 3만의 직공이 연맹 파공을 행하고, 가옥과 기계를 파쇄하여 군대까지 출동하게 되고 이미 다수의 사상자가 발생하였던 것이다.

적의 신문에 보도하되, 흰옷(白衣) 입은 한인(韓人)과 상해로서 잠입한 중요한 한인이 내부에서 활약한다고. 혹 그러리라, 혹 그렇지 아니하리라. 수만의 적국 안에 학대 받는 한인 노동자가 대한을 위하여 응분의 의무를 다함은 당연한 일이 아닌가.

명일에는 오사카(大阪)의 포병공창, 또 명일에 동경의 포병공창,

또 명일에는 요코스카(橫須賀)의 조선창(造船廠), 또 명일에 군함의 폭동, 또 명일에는 근위대(近衛隊)의 반란, 이렇게 일본의 혁명은 예정의 프로그램을 따라 진행하리니 그 날이 한 달 뒤냐 1년 뒤냐. (제46호 1920. 2. 14)

14. 軍籍에 入하라

그대는 이미 군적에 들었는가. 아니 하였거든 오늘에 하라. 두만강(豆滿江) 강변에는 이미 풍운이 일어났도다. 대한인아, 속히 일어나 저 2천의 용사의 뒤를 따르라.

마을(村)마다 면(面)마다 의용대를 조직함으로써 선전(宣戰)의 날, 대동원령(大動員令)의 날을 기다려라. 그 날이 목전에 박두하였느니라.

대한인으로, 남자나 여자나, 독립군이 아니 되는 자는 죄인이니라. 국가의 죄인이오, 선조의 죄인이오, 자손의 죄인이오, 세계의 죄인이니라.

너의 선조의 분묘가 적의 말발굽에 밟힘을 네가 본다. 너의 형제와 자매가 적의 포학하에 우는 소리를 네가 듣는다. 적이 너의 천만대 후손을 노예의 철쇄로 결박하려함을 보다. 다시 오래 끌(長提) 필요가 있으랴. 이만하면 너희가 절치액완(切齒扼腕)하고 분연히 일어나 피와 목숨으로써 적과 사생을 결단하리라는 결심이 나리라. 하물며 악독과 야심의 화신(化身)인 일본을 깨뜨림이 세계의 자유와 평화를 위하는 위업(偉業)임이랴.

일어날지어다. 대한의 남자야 여자야, 일어나 독립군인이 될지어다. (제47호 1920. 2. 17)

15. 在美 國民大會

지난 12월 말에 소집된 미주 동포 국민대회는 원만한 결의로써 21조 납금, 교과서 출판, 각원에게 감하장(感賀狀)을 제정(提呈)할 것, 사회당대회에 제출할 안건 등을 통과하였다고.

독립운동 발발 후 일반 해외 동포의 결심과 각오가 굳어짐은 물론이거니와 그 중에도 미주 국민의 일체 침묵하에서 선전과 자금 모집에 전심(專心)함은 실로 찬양할 만한 일이다. 헛되이(徒然) 법리(法理)를 캐고 쓸데없는 발언을 요구하는 자의 크게 보고 맹성할 바다. 만일 전 국민이 이와 같이 입을 닫히고 다만 일에만 성력하면 우리의 사업은 그만큼 더 확대하고 속성할 줄 아노라. (제47호 1920. 2. 17)

16. 技能 없이는 愛國 못 한다

아무리 흉강(胸腔)에 애국의 열성이 펄펄 끓는다 하더라도 한 가지 내어놓을 기능이 없으면 무엇으로 나라 일을 하리오. 그러한 이는 오직 동서로 돌아다니고 남북으로 지껄일 뿐이로다. 하는 일은 없이 불평만 일으키는 무리는 다 이러한 자이니라.

그러나 이제는 아무 기능이 없는 자라도 한 가지 기능을 낼 때가 되었도다. 네게 피가 있으니 피를 흘리라. 네게 목숨이 있으니 목숨을 버리라. 네가 먼저 군복을 입고 총을 메고 독립군의 선봉이 되라. 이 기능까지도 내지 못하면 너는 다시 애국자라는 말을 말지어다. (제47호 1920. 2. 17)

17. 姜義士의 壯言

강 의사(姜宇奎)는 적의 법정에서 당돌하게 소리질러 외치기를 "천도(天道)를 어긴 사이토를 죽이기 전에는 나는 결코 사형(死刑)에 굴복하지 않겠다"하며 적의 재판장을 향하여 엄연히 대한독립의 정리(正理)를 말함은, 그 기개가 마치 신라 정신(廷臣) 박제상(朴堤上)이 왜국에 사행(使行)하였다가 잡혀 적들에게 혹독한 형벌을 받으면서 대의(大義)를 소리높이 외친 그 풍기에 지지 않도다. 적들이여 기억하라. 네가 능히 육신을 참하고 육체를 죽이되 그 기백과 그 정신은 추호도 건드리지 못함을. (제48호. 1920. 2. 26)

18. 규운(糾雲)!

검은 두루마기에 작은 성경 한권을 들고 10원 못되는 노비(路費)를 차고 입동(立冬) 찬바람에 포플러 잎이 다 떨어지는 10년 전 어느 날 석양에, 표연히 서천(西天)을 향하고 떠나가던 규운!

나라는 회복하여야 하리라, 그리하려면 사람부터 만들어야 된다하여 단신으로 쌀쌀한 압록강을 건널 때 군의 흉중은 어떠하였던가.

그러나 군은 군의 조국과 동족에게 대하여 귀한 노력을 하였고 귀한 공헌을 하였다. 한번 작정한 다음에는 끝까지 나가고야마는 군은 10년이 하루같이 군의 조국에 대한 약속을 지켜 수백의 청년을 교육하였다. 10년에 군은 빈손으로 갔거니와 지금은 조국에 대한 많은 선물을 주었다. 규운아, 저마다 이 의무를 자각하고 실행하는 줄로 생각하지 말아라. 군 같은 이는 우리의 근본이다. 조국이 요구하는 귀중한 아들이다.

군은 부허(浮虛)한 명리(名利)를 몰랐고, 일신·일가의 쾌락을 몰랐고, 공중에 누각을 지었다 헐었다 하는 공상과 공담(空談)을 몰랐고, 신기묘산(神機妙算)으로 천하를 석권하고 만백성(萬姓)을 지휘하려는 헛된 야심을 몰랐다. 군은 오직 한 짐씩, 한 짐씩 땀을 흘리며 흙을 져다가 새 나라의 기초를 쌓았다. 남이 모르는 동안에, 헛되이 떠들고만 돌아다니는 동안에, 그러한 10년 동안에, 허위에 찬 우리 족속 중에서 어떻게 군과 같은 진인(眞人)이 났느냐. 아아, 경애할 만하고 모범할 만한 규운이여, 옛 벗의 진정의 감상을 들으라. (虯雲은 尹琦燮선생의 號) (제51호 1920. 3. 6)

19. 일본노동운동실패(日本勞動運動失敗)

일본 팔번(八幡) 제철소 동맹파업이 다시 일어났으나 실패로 돌아갔다. 대판(大阪)제철, 동경전차, 멀리 거슬러 올라가 생각해보면 신문파공, 족미(足尾) 광산 파공 등 다 노동측의 실패로 돌아갔다. 이는 무슨 까닭인가. 그 많은 수효와 그와 같은 사회의 원조와, 그와 같은 사상의 조류를 이기고서 어찌 이 같이 실패에 실패만 거듭할까. 다름 아니라, 그 단결의 불공고함과, 물질상 실력이 부족함이다. 즉 동맹 파공의 결과로 자본가의 파면정책에 조우할 때에 파공중의 몇 천 몇 만의 노동자의 생활비를 공급할 만한 능력이 없으므로, 기아에 급한 노동자는 다시 잔혹한 조건하에 노동에 복구케 되는 것이다. '공고한 단결'과 '충분한 실력' 이 두 가지가 있는 때에만 승리는 노동계급에 돌아갈 것이다. (제51호 1920. 3. 6)

20. 敵京 學友活動

한 달 전부터 적의 서울에 재류하는 학우 중에서 암중(暗中)의 계획이 활발함을 여러 번 전해 들었다. 오늘 보도를 듣건대 적경 유학 학우 일동은 3월 1일을 기하여 시위운동을 거행하고, 최승만(崔承萬)·박승철(朴勝喆) 이하 20여명이 현금 옥중에 있다 한다. 피금중인 이 중에는 여자의전 재학중인 현덕신(玄德信) 여사 이하 6명의 부인도 있다 한다. 부인의 활동이 그 중에도 여학생 제군의 활동이 작년 이래로 독립운동을 일으키고 계속하는데 큰 힘을 줌은 누구나 인정하는 바이거니와, 적경 학우 중에서도 황에스터·김마리아 양씨 이하 수명은 지난번 애국부인회 간부로 체포되어 아직도 수감 중이다. 그런데 이번의 시위운동이 또한 상술한바와 같이 여학생 제군을 분기케 함은 실로 다대의 의미가 있다 하겠다.

적경의 중심에서 일어난 이번의 시위는 적의 면전에 시퍼런 칼날을 겨누고, 망각하려하는 불의를 홀연히 상기케 함이니, 응당 적의 심담(心膽)이 서늘하였을 것이다. 또 본국 내의 소식은 적의 가혹한 은폐책(隱蔽策)으로 인하여 아직 상보(詳報)를 접하지 못 하였으나 적 신문기자의 전보압수, 기사정지를 가지고 불평을 울리는 자 있음을 보건대, 적의 소위 '무사평온'은 의심점이 없지 않다. 이는 실로 폭풍전야의 정적이 아닌가. 듣는 바와 같건대 적경이나, 본국으로, 약육(躍肉)의 쾌보가 올 날이 멀지 않을 줄 안다. (제54호 1920. 3. 16)

21. 慘劇 중의 참극

의주(義州) 왜탐(倭探) 김명옥(金明玉)은 지난 달 어느 날 암야에 그의 일가족 8인이 몰살을 당하였다. 동족을 팔고 동포를 먹는 그의 생전은 가증하고도 비참하거늘, 그가 아무리 극악무뢰의 짐승이라 할지라도 외적(外敵)의 목을 베일 칼로 먼저 동족의 피를 흘리지 아니치 못하게 되니 비참 중에도 비참이로다. 더군다나 그의 극악의 죄가 넘치어 무고의 일족이 한 칼 아래 원혼을 지으니, 세상에 비극 중에 이에서 더한 비극이 다시 있으랴. 그러나 열혈 청년의 비분이 뿜는 곳에 이와 같은 참극에 이르지 않으면 멎을 수 없나니, 또한 장쾌하다 하리로다. 내외의 대소 창귀(倀鬼)는 이를 보고 전율할지어다. (제57호 1920. 3. 23)

22. 時事短評

一. 영국은 미국에 향하여 다시 거액의 차관을 청구하였으나 미국 상원에서 이를 공격하여 가로되, 이미 빌려간 금액의 변리(邊利)도 상환치 못하면서 무슨 패권(覇權)을 모획(謀劃)하노라고, 무슨 염치로 다시 차관을 청구하나 하였으니 영국 국고 철궤(鐵櫃)의 바닥이 드러난 지 오랜 모양이로군.

二. 미국에서는 영국에서 받아올 변리가 1억4천4백만원이오, 기타 구주 각국에서 받아올 변리가 3억2천5백만원이라고. 변리만 하여도 4억7천만원이나 되니 그 원금은 얼마나 많을까. 대금업(貸金業)하고는 실로 거대하도다. 미국이 일단에 채권(債權)을 독촉하는 날이면 거의 세계가 다 살려달라고 애걸할 밖에 없겠지.

三. 미국 해군은 금년 7월 1일까지 완성할 전투력이 독일과 선전(宣戰)할 당시보다 3배가 증가되는데 함정수가 940척이오, 그중 29척은 특별히 공중전투를 설비하여 그 함상에서 비행선이 용이하게 발착(發着)된다 하였으니 가위 세계의 무적이로다.

四. 윌로우스에 설립된 우리 비행학교3)에서는 에드우드 비행학

3) 상해 임시정부 군무총장 노백린(盧伯麟)이 도미, 쩰리밴 농장을 경영하는 재산가 金鍾林과 발기, 1920년 2월 20일 한인비행사양성소(The School of Aviation)를 설립했다. 총재에 김종림, 총무에 노백린, 서기 강영문, 재무에 李在洙·申光熙, 감독에 곽림대(郭林大), 간사에 진영규·윤응호·양순진·林致浩·리암·馬春奉·리운경·함성준·李振燮.

교에서 우수한 성적으로 필업한 여섯 청년과 기타 서양인 비행대가들이 열심 교습중이니 우리나라에도 비행가가 퍽 많아지겠다. 태극기(太極旗) 날리면서 고국으로 돌아오는 길에 동경 대판(大阪)에 불세례 줄 날이 머지않으리니 그리하기 전에 미리 회개할지어다.

五. 멕시코에 재류하는 동포들은 그 학대와 곤란 중에서도 조국정신이 열렬하여 국민회를 조직하고 '단계(檀界)'라는 월보(月報)를 발간하면서 조국광복사업에 다대한 공헌이 있으니 이러하고야 하사불성(何事不成). (제72호 1920. 5. 1)

비행연습장은 뗄리밴 윌로우스(Willows)의 넓은 농장에 설치하고, 비행기 2대를 구입하고 미국인 비행기술자 1인을 고빙하고 한인 비행사 6인을 교수진으로 편성했다. 운영 경비는 대한인국민회 중앙총회의 임시 재무 김종림이 전담, 매월 3,000달러를 헌금했다. 한인 비행사 19명을 배출하는 성과를 거두었다.

제6편 改造論

1. 宣傳 改造(1)(長白山人)[1)]

一. '實'(1)

우리 민족은 개조되어야 하겠소. 망국하던 민족이 흥국(興國)하는 민족이 되려하니 개조되어야 하겠고. 열약(劣弱)하던 민족이 우승한 민족이 되려하니 개조되어야 하겠고. 가난하던 민족이 부(富)하게, 어리석은 민족이 지혜롭게, 천하던 민족이 귀하게 되려하니 개조되어야 하겠소. 결코 우리 민족의 우수함을 자긍치 마시오. 남들도 우리만큼 우수하외다.

우리 민족의 역사의 구원(久遠)함을 자긍치 마시오. 남들도 그만한 역사가 있소이다. 오직 우리 민족은 남에게 지지 않는 영광 있는 역사와 문화와 소질을 가진 것을 기억하고, 현재에는 남들보다 열약하여졌음을 통회하여 발분(發奮) 한 번에 스스로 개조하기를 결(決)하여야 할 것이요. 거듭 말하노니 현재의 우리 민족은 덕(德)으로나 지(知)로나 체(體)로나 부(富)로나 강(强)으로나 문화로

---

1) 『개벽』 제23호(1922년 5월호), pp.18~72; 『獨立』창간호(1919. 8. 21), 창간사 및 선전 개조; 김윤식, 『이광수와 그의 시대』Ⅱ, p.17, pp.40~47. 춘원은 1921년 4월초 육당(3·1선언서)을 비롯한 3·1운동 지도자가 옥중에 감금되어있는 가운데, 불구속 자유의 몸으로 귀국했다 해서 '귀순변절자'라는 비난을 받게 되었다. 1922년 5월 '민족개조론'을 발표했다. 김윤식은 '악명 높은 민족개조론'이라 단죄하면서, "합법적 민족운동의 하나의 가능한 최대치의 세계관이 '민족개조론'의 의미일 것이다. 민족 개조론은 독립초기의 투항주의이고 민족생존권의 하나인 것이다."라고 민족개조론 집필로 일제에 투항했으며, 이로써 춘원 친일의 원죄인양 단죄하고 있다. 그러나 춘원은 독립신문 창간사에서 민족을 개조해서 부활한 '신국민'으로 거듭 태어날 것을 창도하면서 '선전 개조'를 18회 연재했다. 따라서 민족개조론의 밑그림은 이때 이미 그려졌고, 다만 귀국 후 이를 바탕으로 하여 종합정리하여 민족개존론을 집필했다는 점에서 김윤식의 '투항론'은 한갓 모략적 허구일 뿐이다.

나 명예로나 모두 다 남만 못한 것을 따끔하게 각오하여 신국민의 신생활을 번쩍하게 경영할 수 있는 자격과 능력이 있도록 민족 자체의 개조를 결행(決行)하여야 할 것이오.

개조의 중추(中樞)이오 출발점을 나는 '실(實)'로 정하였소. 이제 '실자(實字)' 달린 명사를 조사하면, "實地 · 實狀 · 實情 · 實業 · 實務 · 實속 · 實行 · 實景." 일본인의 말에는, "實父 · 實母 · 實果 · 實驗 · 眞實 · 事實 · 名實 · 充實…" 사전이 아니니 매거(枚擧)할 필요도 없거니와 '口實 實없음'을 제한 외에 '실자(實字)' 달린 말은 다 인류가 귀중하는 바요. '실'의 대(對)는 '허(虛)'니 이제 '허자(虛字)' 달린 말의 예를 들어보면, '허'의 대장(大將)이요 종가인 "虛言 · 虛飾 · 虛張聲勢"의 3형제를 머리로 하고, "虛汗 · 虛事 · 虛度 · 虛報 · 虛名 · 虛禮 · 虛囊." 무릇…'허실(虛實)'자 달린 말은 모두 인류의 증오하는 바외다. 그러나 '실'은 '실'을 증오 하고, 허식으로만 '허'를 증오하는 개인도 있고 민족도 있나니, 이 '허실' 두 글자야말로 개인과 민족의 운명이 나뉘는 묘기(妙機)라 할 것이다. 그러나 '허'자는 신통한 매력이 있는 양하여 여간해서 떼어내지를 못하나니 '허'를 숭상하는 고금 양 이웃 간에 선 우리 민족도 허하기로 제3위 이하에는 내리지 아니할 듯하외다.

제군은 나로 더불어 1일의 생활을 회상합시다. 당일에 발한 천언만어(千言萬語)에 실언(實言)이 몇 마디나 되며, 당일에 당한 천행만동(千行萬動)에 실행이 몇 가지나 되는가. 친하지 아니한 사람을 대하여 친한 듯하며 맛없는 음식의 대접을 받고 맛나게 잘 먹었노라 하는 등은 허는 허라 하더라도 오히려 해독은 없거니와. 알지 못하는 일을 안다고 하며 착한 사람을 악인이라 하고. 허위(虛僞)를 사실이라 하며 사실을 허위라 함에는 대해독(大害毒)이 있는 것이오. 개인 간의 충돌의 10의 9는 사실에서 생기기보다 거짓말(虛言)에서 생기며, 사실의 실패의 10의 9는 사실에서 생기기보다 허위에서 생기는 것이오.

상인이 거짓 가격(虛價)을 요구(要)하므로, 고객이 상인을 의심하고, 애국자가 거짓말로 나라 사람(國人)에게 고하므로 나라 사람이 애국자를 의심하고, 친구가 실정(實情)을 고하지 아니하므로 친구가 서로 의심(狐疑)하나니, 허하므로 의심하고, 의심하므로 미쁨(믿음성)이 없고, 미쁨 없으므로 서로 신뢰하지(賴) 못하고, 신뢰하지 못하므로 화협(和協)치 못하고, 화협치 못하므로 단결을 만들지 못하고, 단결을 만들지 못하므로 대사(大事)를 이루지 못하나니, 전 민족의 대동단결을 긴요(緊要)로 하는 우리는 심중(心中)에 축적한 '허'를 쾌히 씻어내고 '실'로만 채워야 할 것이다.

'허'의 효력은 마치 컨플 주사와 같아서 일시의 효과는 있다하더라도 즉시 더한 쇠약이 오나니 이는 소생치 못할 줄로 결정된 병자의 유언이나 듣고자 하여 최후의 수단으로 행하는 것이외다. 주(周) 유왕(幽王)과 달기(妲己)의 실례는 누구나 아는 바거니와 허로써 일시의 인심을 수람(收攬)하려 함은 가장 열악한 우책(愚策)이외다. 어디까지라도 실. 어떻게라도 실. 현재로 보더라도 우리 민족은 실하여야 하겠소. 안으로는 민심을 통일하고 격려하기에도 오직 실하여야 하겠고, 세계 열국의 여론과 동정을 환기하는데도 오직 실하여야 하겠으며, 장차 열국에 신임하는 국가와 국민 되기에도 오직 실하여야 되겠소. 일단 국민과 세계에게 믿음(信)을 잃는 날 우리의 운명은 나락(奈落)이외다. 오직 '실'이요 오직 '실'이외다. (제1호 1919. 8. 21)

선전 개조(2)

一. '實'(2)

전항에는 위실(僞實)이라 하는 의미로 실을 설하였거니와 본항에는 실지(實地)라 허사(虛事)라 하는 의미로 실을 설하려 하오.

인생이 허하냐 실하냐 그것부터 문제이겠지요. 그러나 이는 무용한 공담(空談)이외다. "여기에 내가 존재한다." 하는 것이 이미 부정할 수 없는 사실이니, 이를 긍정하고 생존하는 동안 인생은 실이외다. 1분 1각이라도 실된 행동을 하는 것이 실(實)인 인생의 본무라 하오.

우리 역사가 4천년이라 하고 40년을 1대(代)라 하고 1대의 평균 인구를 1천만이라 하면 1천대 동안에 생존한 우리 민족의 수는 1조외다. 1조의 사람이 일생에 흙 한 짐씩을 진다하더라도 백두산 하나는 이룩하였을 것이요. 새끼 한 발(一把)씩을 꼬았다 하더라도 전 지구를 종횡으로 결박할 수가 있을 것이외다.

그런데 우리에 남은 것이 무엇인가. 일인의 통계대로 국내의 우리 인구가 16,970,000명이라 하고, 매년 1인이 1원씩 저축한다하면 10년간에는 1억6천9백70만원이 될 것이오. 해외에 교거(僑居)하는 동포가 1백만이라 치고 한 사람이 매년에 1원씩만 갹금(醵金)하면 매년 1백만원을 얻을 것이다. 조금 분발하여 2원씩만 갹금하면 2백만원이 될 것이다. 만일 아령(俄領), 중령(中領), 미주 하와이(布哇)를 합하여 2백만 명이 된다하면 매년 4백만원의 돈을 얻을지니, 이로써 독립완성도 할 수 있고 교육실업도 될 수 있고. 또 이것을 5년만 적치하여 1천만원을 이룬다면 남미주 등지에 수천리방(里方)의 토지를 매입해서 4,5백만의 이민으로 일대 신국가라도 건설하려면 하겠소.

실지로 일하는 힘이 이렇게 위대하오. 우리 민족은 한족(漢族)에서 생하여 한족은 지배하지 못하는 공리공론의 유교의 영향을 입어 실에 힘쓰지 아니하였소. 독립운동을 하기에도 떠들기만 좋아하고 실지에 힘 감이 적었소. 만일 우리 민족이 통일 있는 조직하에 '실'에 힘썼던들 지금보다 훨씬 이상의 성적을 얻었으리라 하오.

실이란 무엇이요. 나는 반드시 군사준비만을 실이라고도 아니하고 모험맹진(冒險猛進)만을 실이라고도 아니하오. 실이란 각인이 자기의 역량에 맞는대로 매일 무엇이나 작위(作爲)함을 가리킴이요. 하나이 하나씩, 날마다 하나씩 이것이 실이요.

굼벵이도 기는 재주 있소. 사람으로 생겨나서 한 가지의 기예(技藝)가 왜 없겠소. 그가 만일 한족의 자손이요 한토(韓土)의 우로(雨露)에 생장한 것을 기억하는 자이면 이때를 당하여 무엇이나 한 가지씩은 할 것이요.

사람의 신체(身體)에 모든 기관이 다 제 기능을 다하여 부절(不絶)히 활동하여야 그 인체가 건강함과, 국가도 그 국민의 각 분자가 한 사람도 헛되게 지내는 자가 없이 하나이 하나씩, 날마다 하나씩 제 직무를 다하여야 번창할 것이오. 이러므로 각인은 개인의 생활을 위하여서든지 국민의 한 분자인 의무를 위하여서든지 하나이 하나씩 학술이나 기예를 닦아야 할 것이오. 고등한 학술기예를 닦을 처지가 못 되면 목수(木手)도 좋고, 불공(佛工, 원문에는 '不工'임), 대장(大匠), 자동차 운전수, 직공 무엇도 좋소. 제 손으로 제 의식을 벌고 나서 국가에 다소라도 공헌이 있을 직업이면 무엇이나 좋소. 실. 실. 실. (제2호 1919. 8. 26)

선전 개조(3)

미쁨(1)

미쁨(믿음성)은 사회생활에는 제일가는 요건이외다. 마치 떡반죽을 할 때에는 떡가루 외에 물이 필요함과 같이 단체를 지어 사회생활을 하는 데는 개인 외에 미쁨이 필요하외다. 미쁨이란 물로, 개인이란 가루를 잘 반죽한 것이 완전한 사회이니 물이 부족하면 떡반죽이 퍼슬퍼슬함과 같이 미쁨이 부족하면 그 사회의 기초는 극히 취약하외다.

우리 사회는 미쁨이 넉넉한 사회라 할 수 없소. 남의 말은 으레 에누리하여 듣고 여간한 연설이나 언론은 형식으로만 생각하오. 시간은 으레 안 지킬 것, 규칙은 으레 범할 것, 약속과 허락을 파(破)하여도 수치로도 알지 아니하오. 사회의 풍기(風氣)가 그러하기 때문에 우리의 미쁨에 대한 양심은 마비되었소. 서양인들은 시간과 약속 지킴과 거짓말 아니 하기를 사회도덕의 중심이라 하여 이를 범하기를 큰 죄악이요 수치로 안다고 하오. 믿을 수 없는 사람이라 함에서 더 큰 욕이 없음은 동서고금이 한결 같은 모양(一樣)이지오 마는 실상은 믿을 수 있는 사람이 참 드물지요.

그러하기 때문에 우리 사회에서는 만인이 일체가 되어 대사업을 경영하기가 극히 어렵다. 개인은 믿을 수 없으니, 믿을 수 없는 개인으로 조성(組成)된 단체도 믿을 수 없소. 실례를 들어보건대, 우리 두목 되는 어른들에게 대하여 우리가 얼마나한 신용을 둡니까. 우리는 그네의 일언일행(一言一行)을 반드시 이면과 측면으로 곡관곡해(曲觀曲解)하여 정면의 의미와는 정반대의 의미를 발견한 후에야 만족하오. 이는 미쁨 없는 사회에 자란 까닭이오. 또 종래 우리나라의 단체 중에 국민의 신임을 받은 단체가 어디 있소.

교육으로 언론으로 종교로 자성자수(自省自修)로 전 국민의 각 개인이 모두 미쁘게 되고, 생기는 각 단체가 다 미쁘게 되고, 대한 민족이라는 전 민족이 세계 인류에게 대하여 미쁠 민족이 되어야 할 것이외다. 사기와 궤휼(詭譎)로 다소의 성공을 거둔 일본의 현상(現狀)을 보시오. 일본이 이미 상실한 신용을 회복하여 미쁠 일본이 되려면 금후 4,50년은 허비하여야 할 것이외다. 우리는 안으로 국민에게 대하여서나 밖으로 세계를 대하여서나 결코 일시의 편의를 위하여 영원한 가치를 가진 민족의 미쁨을 실추하여서는

아니 되오. (제5호 1919. 9. 4)

선전 개조(4)

미쁨(2)

미쁨이란 개념을 분석하면 참됨과 불변함과의 두 요소를 얻을 수 있소. 갑이 미쁜 사람이라 하면 먼저 거짓(僞)이 없고, 둘째 한 번 정한 것은 변치 아니함을 요하오. 이 두 요소 중에 하나만 결(缺)하여도 미쁜 사람은 되지못하오. 참된 사람이면서도 심지(心志)가 고정치 못하므로 믿을 수 없는 자도 있고, 의지는 강고하면서도 허위되어 믿을 수 없는 자도 있소.

그러나 이 두 종류의 사람은 미쁘게 될 여망(餘望)이나 많으되 참되지도 못하고 할 줄도 모르는 자, 다시 말하면 거짓되고 잘 변하는 자는 미쁘게 되기가 극히 어려울 것이외다.

지금에 철석 같이 맹약한 두 사람이 있다고 가정합시다. 그들이 만일 맹약할 때에 진심진정으로 하였고, 또 양자가 다 변치 아니하는 자라 하면 그 맹약하던 목적이 달성하거나 또 생명이 끝나는 날까지 그 맹약을 지킬지니, 역사를 대조해보면(對史), 유관장(劉關張)[2] 3인 같은 이는 미쁨이라 할 것이외다. 미쁜지라 후세까지 전하여 찬양을 받고 있는 것이외다.

나는 신라(新羅)라는 나라의 국민이라 하고 한번 허한 후에는 부귀로써 유혹하더라도 도탄(塗炭)으로써 위협하더라도 사지를 끊고 발부(髮膚)를 참하더라도 차라리 신라의 개가 될지언정 일본의 노예는 아니 되리라 하고 조용히 죽음에 나아가던 박제상(朴堤上)은 미쁜 어른이오. 내 한번 박제상의 처로 마음과 몸을

---

2) 촉(蜀)나라 유비(劉備)·관우(關羽)·장비(張飛)가 결의형제를 맹약한 도원결의(桃園結義)를 가리킴.

허한지라 제상 외에 지아비가 없으니 제상이 죽은지라 누구의 처가 될 바에야 차라리 죽어서 박제상을 따르리라 하고 몸은 망부(望夫)의 돌이 되어 박제상이 떠나간 가부(家夫)를 바라보고 혼은 망부의 새가 되어 밤낮으로 제상을 부르던 망부인(望夫人)은 미쁜 어른이외다. 미쁜 어른이라 천천(千千)의 아래에 미쁘지 못한 아이들까지 두 어른의 미쁨을 경앙하고 찬탄하는 것이외다.[3)]

한번 애국자로 허하였고 한번 독립운동에 동지로 허한 후에 독립의 목적이 완성하거나 몸이 죽기까지에는 항상 애국자요 독립운동의 동지로 있는 이는 미쁜 어른이외다. 우리 애국 동지사(同志士)요 지도자 여러 어른들은 식견으로나 능력으로 보아 불만한 점이 혹 있다 하더라도 그가 10년이 하루와 같이 탕화부추(湯火斧鎚: 끓는 물과 뜨거운 불, 도끼와 쇠망치) 중에서 용하게도 애국자의 고절(苦節)을 지킨 것만 하더라도 우리의 숭앙을 받을 가치가 넉넉하다 하오.

일언일행(一言一行)이 다 참된 사람. 어떠한 큰 이익이 있더라도 참되다는 절개를 변동치 아니하는 사람. 한번 애국자인 후에는 10년을 가더라도 백년을 가더라도 애국자인 사람. 내 재산과 처녀(妻女)까지 내 생명까지라도 안심하고 위탁할 만한 미쁜 사람. 이것이 신흥하려는 대한 민족의 구하는 사람이 아니겠습니까. (제6호 1919. 9. 6)

---

3) 신라 눌지왕(訥祇王)때 왕의 명을 받들고 박제상이 왜 나라에 볼모로 잡혀있는 미사흔(未斯欣) 왕자를 구출하고, 박제상 자신은 일본왕이 왜의 신(臣)이 되면 중록(重祿)을 주리라고 설득하자, "차라리 계림(鷄林)의 개돼지가 될지언정 왜국의 신자(臣子)는 되지 아니할 것이오, 차라리 계림의 매를 맞을지언정 왜국의 작록(爵祿)은 받지 아니하리라." 이에 박제상은 목도(木島)에서 불태워 죽임을 당했다. 박제상의 아내는 치술령(鵄述嶺, 수리재)에서 동해를 바라보며 남편을 기다리다 망부석이 되었다.

선전 개조(5)

미쁨(3)

분한 일이 많은 중에 무엇이 가장 분합니까. 믿던 자의 두 마음을 발견한 때처럼 더 분한 일이 있으리까. “한국의 독립을 보장한다” 하고 열 번 스무 번 신서(信誓)하던 일본이 보호조약을 강청할 때에 한인의 분함이 어떠하였으며, 실력이 충실하기를 기다려 완전한 독립을 승인한다고 맹세한 일본이 병합을 청할 때에 한민(韓民)의 분함이 어떠하였으랴. 배신의 일인이 퇴위를 강박할 때에, 광무 황제께서 책상을 치고 통곡하심이 실로 이를 위함이외다.

한국을 위하여 전쟁하노라 칭하고, 한국을 위하여 일생을 바치노라 칭하던 이토(伊藤博文)가 일단 한국의 실권을 장악한 후에는 한인의 이익과 행복과 권리를 빼앗아 일인에게 주기에만 급급한 것을 볼 때에, 그의 배신에 대한 한인의 분함이 어떠하였으랴. 하얼빈 역두의 방포(放砲)는 실로 한인의 이 분심(忿心)을 대표한 것이외다. 맹약을 말지언정 철석(鐵石)같은 맹약을 한 후에 이를 식언(食言)하고, 위반한 자에게 대한 분노를 백인일섬(白刃一閃)으로 그의 생명을 끊는 것 외에 무엇으로 쾌창(快暢)하리오.

몸이 국민이 되어 그 국토의 우로(雨露)를 받고 그 국가에 대하여 충성을 맹세한 자가 이국(異國) 이민족의 백성이라 자칭하고 모국에게 반역적 행위를 하는 자처럼 배신 중에 더 큰 배신이 어디 있으랴. 하물며 그 국가의 국민이 된 것 외에 그 군주의 신하가 되어 주(主)라 칭하고 신(臣)이라 칭하던 자가 그 임금을 속이고 팔았다하면 이는 국가에 대하여 반역을 행한 것 외에 군주에게 대하여도 반역을 행한 이외다. 이들 반역자에게 대한 국민이 분함이야 무엇에 비기리까.

이완용(李完用) · 송병준(宋秉畯) · 윤덕영(尹德榮). 죽은 조중응(趙重應)은 말을 맙시다. 나는 그들이 국가를 망케 하므로 분하기보다 그들이 국민에게 반역하고 선조에게 반역하고 군주에게 반역한 그 불신(不信)함을 분해하고, 불신한(不信漢)을 낳게 한 우리 민족을 슬퍼합니다. 그보다도 이러한 금수와 같고 요귀(妖鬼)와 같은 추류(醜類)를 10년 동안이나 신성한 단군(檀君)의 강토 위에 접족(接足)케 하고 신성한 단군의 혈손으로 더불어 집을 이웃하게하고 어깨를 나란히 하게하였음을 분하게 여깁니다.

조중응 같은 추류를 와석종신케 한 우리는 두 마음의 분하고 배신(忿背信)의 분함을 모르는 자라 합니다. 송병준으로 광폐(狂吠)[4]를 계속케 하고 민원식(閔元植) 같은 삽살 강아지로 천일(天日)을 보게 하는 2천만 민족의 의기를 의심합니다. 남대문 앞 한방의 우렛소리가 일본의 배신에 대한 천벌의 한 조각이거니와 사귀요괴(邪鬼妖怪)가 횡행활보하는 금일 한국 땅에는 뇌정벽력(雷霆霹靂)과 상인열혈(霜刃熱血)의 대진탕(大振盪) 대세례를 가함으로써 의로움의 소재와 미쁨(信)의 소재를 알려야 하겠소. 순결한 충의사의 한 웅큼의 뜨거운 피로, 더럽힌 강산을 한꺼번에 씻어내야 하겠소. 나라를 배신한 국민, 임금을 배신한 적신(賊臣). 전 민족의 독립운동을 방해하는 주구(走狗). 동지를 배신하는 애국자. 모두 씻어버려야 하겠소. 불살라버려야 하겠소. 정결하여진 강산에 자유의 천복이 내리리다. (제8호 1919. 9. 13)

---

4) 송병준은 3천리 강토와 2천만의 인구를 일본제국에게 양도하는 대가로 1억5천만엔을 조선통감 이토와 가쓰라(桂太郎) 총리에게 요구했다. 그러나 병합에 3,000만엔 밖에 들지 않았다. 송병준은 합방 후 100만엔을 추가로 요구하였으나 거절당했다.

선전 개조(6)

십년생취 십년교훈(十年生聚 十年教訓)(1)

'십년생취 십년교훈'[5]은 오왕(吳王) 부차(夫差)에게 회계(會稽)의 치욕을 당한 월왕(越王) 구천(句踐)이 정말 와신상담(臥薪嘗膽)하면서 취한 정책이외다. 구천은 10년간 군비를 저축하고 10년간 군대를 양성하여 마침내 쾌히 회계의 치욕을 설치하였습니다. 구천의 성공은 결코 와신상담에 있지 아니하고, '십년생취 십년교훈'에 있는 것이거늘 세인은 흔히 구천에게서 와신상담은 배우되 '십년생취 십년교훈'을 경시합니다. 물론 와신상담도 있어야겠지요. 그러나 '십년생취 십년교훈' 없는 와신상담은 다만 형용만 고고(枯槁: 초목이 말라죽음)케 할 뿐인가 하오.

경술국치 이래로 지금토록 10년에 우리 민족 중에는 와신도 상담도 할 줄 모르는 자도 있었거니와 소위 애국자요 지사라는 이들도 또 그네의 조직한 무수한 단체도 오직 와신상담만 하고 '생취·교훈'을 행한 자는 적으오. 혹 국가의 망함을 보고 당장에 생명을 끊어 차라리 대한 국민으로 귀신이 될지언정 왜노(倭奴)의 신부민(新附民)으로 노예는 아니 되리라 한 여러 열사는 그 송죽 같은 절개나 추앙할지나, 또 북받쳐 오르는 의분의 맹염(猛焰)을 억제할

---

5) 오왕 부차(夫差)에게 나라를 빼앗기고 10년간 포로생활을 한 후 본국으로 돌아온 월왕 구천(句踐)은 와신상담(臥薪嘗膽)한 교훈을 거울삼아 10년간 생취(生聚: 백성을 길러, 군사를 강화하고 나라를 부강하게 함)하여 마침내 오왕 부차에 복수함으로써 나라를 되찾은 것이다. 춘원은 이 같은 고사(故事)를 본따서 와신상담 대신에 '十年生聚 十年教訓'이란 고사성구(故事成句)를 창조하였다. 이에 춘원은 한일합방으로 나라를 잃고 난지 10년이 되어 '생취·교훈' 즉 '민족의 힘'을 길러 독립전쟁을 일으켜 잃어버린 나라를 되찾자고 호소하고 있다.

길이 없어 일신을 던져 쾌히 나라의 원수를 벤 여러 의사는 그 열렬한 애국심과 발발한 의기나 추앙할지나, 이도저도 못하고 오직 비분의 눈물 강개(慷慨)의 노래로 앉아서 실낱같은 목숨을 이어감을 한하며, 시기가 오기를 기대하던 여러 지사에게 대하여는 나는 한마디의 초책(誚責)과 원차(怨嗟)를 드릴 수밖에 없소이다.

무슨 말로? "왜 돈을 벌지 아니하고 인재를 양성하지 아니 하였던가"고. 부질없이 누워 익은 감이 떨어지기를 고대하며, 혹은 다만 성공만 급해 하여 혹 의(義) 아닌 수단으로 기리(奇利)와 기승(奇勝)을 잡으려하며, 혹 준비 없고 승산 없는 계획으로 일시의 울분을 쾌창하려 함이 비록 전혀 애국의 단단(丹丹)한 열성에서 나왔고, 털끝만큼의 사사로운 의사가 없어서 그 동기와 목적에는 한 점의 흠이 없다 하더라도 그 수단과 방법을 그르친 까닭에 첫째, 국민의 진로를 오시(誤示)함과 둘째, 인재와 시간과 재정을 허비한 손해로운 결과를 생하였고, 그보다 더 크게는 그동안 옳게 하였더라면 얻었을 이익을 잃어버렸나니 그 책임은 과거 10년간의 우리 선배지사 여러분의 면치 못할 것인가 합니다.

대저 무슨 사업의 성공은 그 사업에 필요한 실력의 준비가 있어야 하나니 하물며 광복(光復)사업이리오. 건국사업이리오. 옛날에는 무력과 군비만 얻으면 혹 구천(句踐)과 같이 광복도 하였고, 진시황(秦始皇)과 같이 천하도 취하였거니와 금일 우리 민족의 경우는 첫째, 일본으로 하여금 대한의 국토를 토(吐)하지 아니치 못하게 할 실력이 있어야 할지요. 둘째, 세계 열방(列邦)으로 하여금 대한의 독립을 승인케 하기에 족한 실력을 구비하여야 할지니, 이는 우리가 보기 싫더라도 보아야할 냉혹한 사실이다. 우리에게 이만한 실력이 있으면 우리의 사업은 성공될지오 없으면 실패될지니, 만일 불행히 실패한다 하면 우리의 성공할 기회는 이 소요(所要)의 실력을 우리가 소유케 되는 날일 것이다. 세계에는 더구나 문명한 세계에는 결코 우연이나 요행이 있는 법이 없으며, 또 이를 희망함은 당당한 대민족의 수치로 할 바외다. (제10호 1919. 9. 18)

선전 개조(7)

십년생취 십년교훈(2)

우리가 금년 3월 1일에 독립을 선언함은 결코 일인의 곡해하는 바와 같이 윌슨이나 미국이나 평화회의의 자선적 행동을 믿고 함이 아니외다. 또는 "되나 아니 되나 한번 하여 보자. 요행 될는지 아나." 하는 생각으로 함이 아니외다. 우리는 10년간 적의 압박 하에서라도 축적한 실력이 있기 때문에 일인의 일인 되라고 교육한 지식을 대한국민 되기에 응용할 확신이 있기 때문에, 국비(國費) 군졸(窘拙)로 적의 가혹한 채무(債務)를 졌다가 망한 한국이 그 비싸고 무용한 다수의 일인관리를 사축(飼畜)하고도 금년부터는 족히 재정독립을 할 수 있기 때문에, 10년간 일인의 통치를 방관함에 각성된 신대한국민도 그만한 통치는 할 실력이 있다는 자신이 있기 때문에, 10년간에 각성된 우리 민족의 애국심과 열렬한 민족의식과 은연중에 일인이 모르게 된 민족적 단결력은 무장만 하면 족히 외적(外敵)에게 대하여 족히 독립과 자유를 자위(自衛)하리라 하는 자신이 있기 때문에, 공론으로써 세계의 안전에서 일본과 다툴 때에 우리는 족히 일본을 설파하리라는 자신이 있기 때문에, 또 만일 공론으로 아니 되고 일본이 폭력으로써 우리의 정당한 요구를 억압하는 날 우리는 혈전으로써 무강(武强)을 자시(自恃)하는 일본을 응징하리라는 자신이 있기 때문에, 3월 1일 오후 1시에 우리 민족은 일본·세계에 대하여 대한의 독립을 선언하고 자유의 만세를 고창(高唱)하였나니, 이 만세 일성은 실로 우리 민족의 절대독립과 자유를 요구하는 의사의 표시가 되는 동시에 우리 민족의 민족적 부활과 국민적 실력을 자각하는 법열(法悅: 설법을 듣고 마음 속 기쁨)의 발로라 할 것이다.

우리는 과거 10년간에 축적한 실력으로 성공의 확신을 가지고 지금토록 분투하여 왔고 지금도 분투하는 중이오. 또 장래도 분투하려니와 일에 임하여 매양 군핍(窘乏)함을 감각하나니 즉 인재와 금전이다. 비록 수만의 신지식이요 또 용사인 신국민을 적의 포로로 맡기고 전 재산은 물론이요 처자까지도 적의 점령 하에 둔 연유라 하더라도 과거 10년간에 우리 선배지사의 생취·교훈(生聚·教訓)이 풍부하였던들 금일 이상의 장쾌 활발한 활동을 하였을 것을 하는 원망과 탄식(怨嗟)이 간절하다.

우연히 살아남은 몇 사람이 우연히 굴러 나온 금전으로써 감히 세계 5대 강국의 하나라는 일본을 대수(對手)로 하여 자웅을 다투는 우리의 처지는 혈혈(孑孑)하다 하면 혈혈하되, 비장함도 그지없는가 하오. 게다가 적은 전력하다 못하여 장차 5천의 동류를 더 수입하여 다가 우리의 인재를 한 사람이라도 더 줄이도록, 우리의 재산을 조금이라도 더 줄도록, 우리의 활동의 자유를 1촌이라도 더 위축(萎縮)하도록, 교지(狡智)와 궤계(詭計)를 아니 쓰는 것이 없소이다. "그러나 하여보자 네가 죽든지 내가 죽든지 둘 사이에 하나가 죽기까지 하여보자."

그러나 그럴 수록에 우리에게는 준비가 필요하외다. 생취와 교훈이 필요하외다. 아래 말을 들으소서. (제11호 1919. 9. 20)

선전 개조(8)

십년생취 십년교훈(3)

지금은 우리의 약점을 폭로하기가 가장 아픈 때요. 적은 나를 홀시(忽視)할지요 나는 낙심하기 쉬운 까닭에. 그러나 자기의 약점의 소재를 모르고 있거나 또는 알고도 모른 체함은 다만 어리석은 자의 일일 뿐더러 한 집안이나 한 국가의 작전계획을 그르쳐 실패를 당할 우려가 있소.

위에서도 말하였거니와 문명한 세상에는 우연도 요행도 없소. 성공에는 반드시 성공의 원인인 실력의 충실이 있고, 실패에는 반드시 실패의 원인인 실력의 결핍이 있소. 우리에게 비록 상술한 실력의 자신이 있다 하더라도 우리는 가장 분명하게 용기롭게 우리의 약점의 소재를 사핵(査覈)하여 가장 지혜롭게 이를 충실할 방편을 취하여야 할 것이외다.

설혹 우리의 이번의 운동이 예상대로 속히 성공된다 해도 만반의 신건설에는 실력이 필요하고, 만일 불행히 이번의 운동이 실패한다하면 더구나 재기(再起)의 실력이 필요하오. 실패라는 상서롭지 못한 어구를 사용한다고 꾸짖지 마시오. 성공 후의 준비를 하는 동시에 만일의 실패 후의 준비를 함은 지자(知者)의 일이라 하오. 그러면 그 실력이란 무엇인가. 이를테면 인재와 금전이외다. 인재와 금전의 집적(集積). 이것이 우리의 장래의 독립과 자유와 행복과 번영의 절대요건인 것이다.

인재는 교육으로 얻고 금전은 산업으로 얻습니다. 러시아의 표트르(彼得)대제는 자국의 인재 결핍함을 한하여 다른 나라 인재를 꾸어왔고, 이전 구한국에서도 인재가 부족하여 미국 일본 등지에서 고문(顧問)이라는 명칭으로 인재를 꾸어왔고, 지금 중국도 그러하오. 그러나 아무리 융숭한 대우와 후한 녹(祿)을 주더라도 꾸어온 외국인은 역시 외국인이외다. 인재를 꾸어 쓰다가 성공한 자는 아마 표트르 대제뿐이겠지요.

더구나 민족주의가 격렬한 금일에는 외국인을 꾸어다 쓰는 것은 심히 위험하다. 이러한 위험을 무릅쓰고도 부득이 인재를 꾸어오나니 인재의 중함이 대개 이러하다. 우리는 지금의 일에 인재의 부족을 탄식하여 죽은 말뼈(死馬骨)를 5백금에 산 자의 애타는 심사(心事)를 경험합니다. 영국이나 미국에는 우리가 필요로 알 만한 인물이 많이 굴겠지요. 그러나 썩어지게 많다 하더라도 내 것 아니니 소용없소이다. 내 사람 이외에 누가 내 일을 하여주랴. 누가 나를 위하여 피를 흘려주고 생명을 버려주랴.

지금 이 급한 통에 내 인재가 많았으면 얼마나 쓰기 좋으랴. 얼마나 일이 잘 되랴. 우리에게 지금 있는 인재의 3배만 되더라도 얼마나 우리 독립운동 소리가 더 크고 세계의 칭찬을 더 받고 성공이 빨랐으랴. 벌써 경성(京城)에 들어가 앉았을 것을. 지금 인재의 4배만 되었더라면 더구나 좋지 않았으랴.

나는 반드시 영웅을 바라지 아니합니다. 이 세상에는 그렇게 영웅이 필요하지 아니합니다. 사회 모든 기관을 착실히 운전할 만한 기능을 가진 자만 있으면 됩니다. 비유하면 발명가 보다 발명된 각종 기계를 설비하고 사용할 기사(技師)나 기수(技手)가 필요하외다.

영웅은 인력으로 못한다 하더라도 이러한 기사나 기수 같은 인물은 양성만 하면 천만이라도 얻을 수 있습니다. 우리의 결핍한 인물, 따라서 요구하는 인물은 영웅이 아니요 실로 기사와 기수입니다. (제12호 1919. 9. 23)

선전 개조(9)

십년생취 십년교훈(4)

그러므로 이들 기사(技師)와 기수(技手)를 많이 얻기 위하여 나는 유학생 양성을 절규합니다. 꽤 오활(迂闊)한 소리지오. 그러나 불에 머리를 태우고 이마를 그슬린다는 초두난액(焦頭爛額)한 후에도 곡돌사신(曲突徙薪: 화를 미연에 방지함)은 하여야 하겠고, 갈

증이 나고서야 우물을 파는 것도 단번에는 예비가 되지 아니하는가. 일에 임하여 인재의 결핍을 한탄하는 때에 후일의 한탄을 예방하기 위하여 지금부터 인재의 양성을 힘씀이 지자(知者)의 일이 아닌가요. 나는 우리 정부의 수입의 반액은 유학생 양성비에 충당할 것을 주장하오.

만일 예상과 같이 2천만원의 공채(公債)가 성공된다 하면 그 중의 1천만원은 교육기관 설치와 유학생 양성에 사용하여야 할 것이다. 불행히 그 반액인 1천만원만 성공한다 하면 그 중의 5백만원은 인재 양성비에 충당하기를 주장하오. 보통교육에 관한 설비는 국토 광복 후에 유유히 할 바이라 하더라도 광복 후의 급격한 제반 건설에 수용(需用)할 인물은 시급히 양성하여야 하겠소. 그러므로 5백만원 중의 1백만원은 해외에 교유(僑留)하는 동포의 자녀의 교육기관 설치에 쓰고, 남은 4백만원은 순전히 해외 유학생의 비용으로 할 것이오.

내 유학생 계획은 이러하오. 상세한 말은 말고 대강만 말하면, 전문학교 정도의 졸업생 중에서 될 수 있는대로 후보자를 택하되 수가 부족하면 이를 제1종생(第一種生)이라하고, 중등 정도 학교출신을 제2종생(第二種生)으로 하여, 제1종생은 8개년, 제2종생은 10개년으로 유학기간을 작정하고, 매인 매년 평균 1천원의 학비를 지급한다 하면 4백 명 내지 5백 명의 유학생을 양성하리니, 적어도(미국의 학위를 예로하면) 마스터의 학위를 얻어야 할지오. 제1종생은 반드시 박사의 학위를 얻어야 할 것이다.

그리하되 유학생을 선발할 때에 반드시 이수할 학과를 예정하여 국가의 요구할 만반 학술을 고르게 다 연구케 하되 다수할 자는 다수, 소수할 자는 소수, 비례에 맞게 양성하여야 할지니 만일 명년 9월 신학기를 제1기 유학생을 파견한다 하면 민국 10년 내지 12년에는 그들 유학생은 본국에 돌아와 건설의 중요한 재목이 될 것이다.

이리하여 5백 명 신학자 기술가가 구미로부터 돌아오는 10년 내지 12,3년간에 본국과 일본에서 전문 학술 기예의 교육을 받은 자도 줄잡아 매년 2백 명 치고 2천 내지 3천에 달할지니, 이 보물은 족히 신대한민국의 만년의 기초를 이룰 것이다. 이만한 인재의 양성이 있은 후에야 비로소 완전한 충실한 일국민의 자격이 확립하여 흔들어도 움직이지 아니하고, 일본 따위가 모욕하려 해도 모욕하지 못할 것이다.

이것이 없고는, 이러한 인재의 양성이 없고는 만사가 다 바람이나 그림자를 잡는 포풍착영(捕風捉影)이니 이는 결코 오활한 언론이 아니다. 정부가 못하면 인민이라도 하여야 할 일이니 계(契)도 묶고 회(會)도 조직하여 학자 기술가를 양성함이 국가독립 기초되는 대사업이라 합니다. (제13호 1919. 9. 25)

선전 개조(10)

십년생취 십년교훈(5)

이리하여 5백 명의 신인재를 양성하되, 특히 주의할 것은 그들로 하여금 참된 사람 미쁜 사람이 되게 함이다. 하늘을 말아 나팔을 부는 재주가 있더라도 참되고 믿지 아니한 사람은 쓸모없는 사람이다. 그들은 실로 민족개조(民族改造)라는 대종교(大宗教)의 사도(使徒)가 되기에 족한 인격을 구비하여야 할 것이다.

아무러한 짓을 하여서라도 인재양성하여야 할지니 인재양성이 없이 나라를 세우려함이 진실로 연목구어(緣木求魚)라 합니다. 내 손에 금력을 가진 자는 힘이 자라는대로 한 사람이나 두 사람씩이라도 교육하시오. 이러할 실력이 없는 자여든 마음으로라도 늘 생각하고, 사람을 만나면 즉각 인재양성이라 하시오. 이리하여 전 국민이 인재양성이 어떻게 중요하고 긴급한 것을 깨닫게 될 때면 이는 실현될지니, 우리는 인재양성으로 민족적 공동 요구를 삼아야 하겠소. 국시(國是)를 삼아야 하겠소이다.

인재양성 다음에 우리의 국시될 것은 산업의 진흥이외다. 2천만 한족(韓族)으로 하여금 의식(衣食)이 족하게 함이외다. 그 낮고 좁고 더러운 오막살이를 모두 버리고 그 자리에 번적한 벽돌 대리석 집을 짓게 함이다. 기갈(飢渴)이 영원히 한토(韓土)에서 자취를 끊어버리고 2천만이 모두다 충분한 자양과 수양과 오락을 취하여 혈색 좋고 점잖은 백성이 되도록 함이외다.

왜 런던과 뉴욕에 한인의 회사와 은행이 없습니까. 왜 태평양 대서양에 태극기를 날리는 윤선(輪船)이 없고, 그것은 다 못하더라도 왜 동양 상업의 중심인 상해의 황포탄(黃浦灘) 남경로(南京路)에 한인의 대상(大商) 하나가 없이 아편 밀수인으로서 한인의 상업을 대표케 되었습니까. 왜 전 국민의 일치한 독립운동에 재정의 군핍(窘乏)을 한탄하게 합니까. 우리는 부유하여야 하겠소. 아는(知) 동시에 부(富)하여야 하겠소이다.

이리함에는 두 길이 있으니, 즉 생산의 증식과 분배의 평균이다. 국내의 부원(富源)을 개발할 수 있는 대로 개발하고, 자연력을 이용할 수 있는 대로 이용하고, 이원(利源)의 외국의 유출함을 방지할 수 있는 대로 방지하여, 수입초과의 계단에서 자작자급(自作自給)의 계단에, 자작자급의 계단에서 수출초과의 계단으로 이행(移行)하기를 기하여야 할 것이다.

다음에는 분배의 균형이니 아무리 생산이 많다 하더라도 과거의 자본주의의 제도로는 도저히 국내에서 빈궁의 자취를 없앨 수 없을 것이다. 오늘날 노동문제가 세계개조의 중심문제가 됨을 보아도 알지니 우리나라에도 토지문제 노동문제는 장차 신국가의 중심문제가 될 것이다. 또한 되어야 할 것이다. 그러나 이들 문제보다도 더욱 긴요한 것은 2천만인 중에 한 사람도 놀고먹는 유민(遊民)이 없어야 합니다.

부국의 제일 요도(要道)는 나라에 유민이 없음(國無遊民)에 있을 것이다. 현재 우리 처지에서 절규할 것도 1인 1업으로 유민이 없게 함이다. 불행히 만일에 우리의 광복사업이 수년을 격하게 된다 하면, 더구나 해외에 있는 동포는 근면으로써 저축을 힘써 매년 적어도 60만원의 재력을 구취(鳩聚)하도록 힘써야 할 것이다. 산업에 대하여는 유학생 파견과 같이 간단히 말하기 어렵거니와 인재양성 산업진흥이 우리의 2대 국시일 것은 동포의 깊이 기억할 바이라 합니다. (제14호 1919. 9. 27)

선전 개조(11)

원려(遠慮)(1)

눈앞의 작은 이익을 탐하지 아니하고 백년의 대계(大計)를 세우는 것을 원려(遠慮)라 하지 아니합니까. 절제(節制)라, 공부라, 저축이라, 희생이라 하는 덕(德)은 원려에서 나온 것이 아닙니까. 장래 일을 생각하여 눈앞의 소리소욕(小利小慾)을 버린다 - 이것이 원려가 아닙니까.

야만 초매(草昧)한 시대의 인류에게는 아직 원려라는 사상이 발달되지 못하였으리라. 아침에 일어나서 그날 먹을 것을 벌면 그만이지요. 그러나 사람이 가정을 조성하게 된 때부터 원려가 생겼을 것이다. 자식을 낳아서 아무데나 내어버리지 아니하고 내 자식을 내 자식이라고 부르기 시작할 때부터는 자기 일신에 대한 원려 외에 종족에게 대한 원려가 생깁니다. 사랑하는 자녀에게 안락한 생활을 줄 양으로 근면과 검약으로 재산을 만들지 아니합니까. 극히 부랑(浮浪)한 자를 제외한 것 외에는 적어도 자기의 자녀를 위한 원려는 다 가지겠지요.

그러나 인민이 더욱 발달하여 각 개인이 자기의 책임범위를 가족의 범위를 벗어나 민족이나 국가에로 옮기게 되면 원려도 자기의 가족 이상으로 확대하여 전 민족 전 국가를 대상으로 삼게 됩니다. 민족관념 국가관념이 전무 혹은 박약한 자는 일신 및 일가의 장래 이외에 생각할 줄을 모르나니, 민족을 자기의 가족같이 생각하게 되고 전 민족의 후손을 자기의 자손과 같이 생각하게 되려면 옛날이면 인인군자(仁人君子)나 오늘날이면 문명민족이 되어야 합니다.

이번 우리 독립운동에 수백만 동포가 자기 일신 및 일가에는 직접으로 이해의 영향이 없는 일이었건만 - 구식 사상으로 보기에 - 생명과 재산과 행복을 용감히 희생한 것은 우리 민족 중에 민족을 가족으로, 전 민족의 후손을 자기 개인의 후손으로 생각하리만큼 민족관념이 발달된 표징(標徵)인 것이다. 이 발달이야말로 무엇보다도 귀중한 것이니 우리의 민족적 생명이 실로 이 한 점에 있는 것이다. 일본이 감히 우리나라에 군현(郡縣)을 설치하여 우리 민족을 전혀 일본민족에게 흡수해 버리고 말겠다고 생각하는 것으로 보아도 참 미련한 일이다.

이러한 민족을 자기의 가족으로 생각하고 민족 전체의 장래를 위하여 자기의 생명까지 희생하려하는 생각을 자각한 것을 애국심이라 합니다. 그런데 지금 우리 민족에게는 이렇게 자각한 애국심이 시시각각으로 화염같이 일어납니다. 그 애국심이 태극기가 되고 만세가 되고 총검을 두려워하지 않는 용기가 되는 것이다.

그런데 이렇게 강렬한 민족관념과 자각한 애국심이 일어날 시기에 가장 계신(戒愼)할 것이 무엇일까요. 여러분 생각하셨나요. 자꾸 애국심을 일으키고 자꾸 나라를 위해 헌신하는(爲國獻身) 사상을 고취할 때에 무슨 계신할 것이 없으리까.

애국심은 최고의 덕이요 최고 신성한 정신이다. 그러나 남녀의 사랑이 흔히 맹목적임과 같이 국가에 대한 순결한, 새로 각성하는 국민의 사랑도 또한 맹목적이기 쉬우니, 오직 열렬하고 아무 사의(私意)없는 애국심에서 나오는 행동이 흔히 행동자의 지적 판단의 오류로 하여 도리어 국가에게 해를 끼치는 수가 있습니다. 그러므로 진정하고 완전한 애국자가 되려면 열화 같은 애국의 열정 외에 냉정한 지적 판단을 구비하여야 하나니 이 지적 판단의 표준 되는 것이 지금 말하려는 '원려'이다. (제15호 1919. 9. 29)

선전 개조(12)

원려(2)

새로 각성되는 민족은 마치 혈기 방성(方盛)한 청년과 같아서 용맹, 전진, 전쟁 등 급격한 변화와 사업을 좋아합니다. "다 그만두고 나가 죽자," "그저 폭발탄 한 개라도 던져라," "왜놈 하나라도 죽여라," "외교니 원려니 그런 미온적 행위는 싫어." 우리 새로 각성된 한족, 그중에도 애국심과 용기 많은 청년의 사상인가 합니다. 프랑스 대혁명 시에 이러하였고, 러시아 혁명 시에 또한 이러하였으며, 일본 명치유신 초에도 이러하였습니다. 그네에게는 색깔이면 당홍(唐紅), 온도이면 백열(白熱)이다. 천리마, 청룡도, 폭발탄, 비행기, 육혈포, 적기(赤旗), 죽이는 비수(匕首), 맨손(赤手)으로의 돌격, 화염 중의 적진(敵陣) - 이런 것이라야 비로소 만족을 줄 그러한 정신상태에 있습니다.

외교, 선전, 준비, 은인(隱忍), 원려 등은 그네에게는 질리고 구역나는 잠꼬대에 지나지 못합니다. 독한 고량주에 취한 눈에는 화염을 날리며 무지개 같은 장검을 들어 끓는 선혈을 솟구치는 것이라야 비로소 그네의 적막을 깨뜨릴 만합니다. 아아, 장하고 찬양하리로다. 부활하는 국민의 발발(勃勃)한 기백(氣魄)이여, 이것이 있기에 족히 강한 원수를 습복(慴伏)하고, 이것이 있기에 족히 타면(惰眠)한 국민을 경성(警醒)케 하고, 이것이 있기에 난신적자(亂臣賊子)의 간담을 서늘케 하며, 이 기백이 있기에 근본적 대파괴와 대건설을 할 수 있는 것이다.

쇠약하던 한토(韓土)에 애써 기다리던 것이 무엇입니까. 적의 노예이던 2천만이 하늘을 우러러 절규한 것이 무엇입니까. 이 애국심과 이 기백이 아닙니까. 3월 초하룻날 오후 1시를 기약하여 지축이 진동하도록 폭발한 것이 애국심과 이 기백이오. 천하로 하여금 대한민족의 부활을 축하하게 한 것이 이 애국심과 기백이다. 이것은 점점 강렬하고 점점 농후하여 써 억만년의 대한민족의 강성・번영과 함께 끝날 줄을 모를 것이다.

그러나 기쁨에 깃드는 슬픔을 잊지 말라. 계신(戒愼)은 아무 때에나 잊지 못할 것이다. 특히 우리 경우는 엄중한 계신을 필요로 하나니, 즉 냉정한 두뇌로 심모원려(深謀遠慮)하여 써 경거망동의 질책(誚責)이 없어야 할 것이다.

비록 애국심이 좋은 것이라 하더라도 자기 개인의 애국심만 만족하려 함은 역시 사의(私意)이니, 통일 없는 애국심의 발동은 혹 남의 칭찬하는 기행(奇行)을 만들 수는 있더라도 도리어 국가에게 큰 해를 끼치는 수가 있나니, 지금 우리의 요구하는 바는 실로 이 통일인 것이다. 결코 한 때의 쾌락함을 탐내어 각각 자기의 마음대로 활동하지 말고 중심기관의 명령을 복종하여 비수일섬(匕首一閃), 폭탄 한발, 만세 일성이 모두 다 통일된 민족의사의 발현(發現)이라야 하나니, 만일 정부에서는 갑을 주장하고 계획할 때에 어떤 개인이나 단체가 그와 반대인 을 행동을 할 때에는 정부는 그만큼 신용과 실력을 잃고, 따라서 우리 독립운동은 지리멸렬하게 될 것이다.

남대문의 일개 폭탄은 결코 이를 던진 일개인의 소위(所爲)라 아니하고 대한민족의 소위라고 해석하며, 또한 그 효과가 역시 민족적이니 이(利)를 받아도 전 민족, 해를 받아도 전 민족인 것이다. 혈비육약(血沸肉躍)하는 우리 독립군의 용사는 이 묘기(妙機)를 잘 양해하여 비록 자기의 의견이라도 중심기관을 통하여 중심기관의 의견으로 화(化)해가지고 그 중심기관의 명의로 실행하여야 하나니 이것이 가장 계신할 바이라, 전 민족의 대사에 대한 원려를 요할 바라 합니다. (제16호 1919. 10. 2)

선전 개조(13)

원려(3)

원려의 반대를 임시로 근려(近慮)라 하면 우리들에게는 근려의 피가 흐릅니다. 남북 만여 리의 대제국을 건설할 시대의 부여(扶餘)민족은 원려가 있었겠지요. 원려가 있었기에 산을 뚫어 길도 내고 논밭도 개간하며 성곽도 쌓고 법제(法制)도 만들었지요. 그러나 현금의 반도를 보시오. 헐벗은 대머리 산, 메마른 강하는 무엇을 의미하며, 허물어진 담장 낮고 조그마한 집은 무엇을 의미하며, 또 공부를 시작하는 자는 많되 업(業)을 이룬 자는 없음은 무엇을 의미하며, 또 국치 10년에 독립운동의 대단결을 이루지 못하였음은 무엇을 의미하나요.

모두 원려의 정신을 잃고 눈앞의 고식(姑息)의 계책에만 급급한 결과가 아닌가요. 한 그루의 나무를 심기보다 이미 있는 한 그루의 나무를 찍어다 쓰는 것이 상책인가요. 대준비 대합동의 대단결을 만들기보다 우선 개인 혹은 2,3인의 작은 당의 의사를 만족함이 상책이라 함이 근대 우리 민족의 퇴화(退化)한 정신이 아닙니까.

그러나 최근 10년간에 우리 민족은 다른 방면으로 각성함과 같이 다소 원려의 정신도 많이 발달한 모양이지마는 아직도 어립니다. 이번 3월 1일 사건에도 각 소단체는 3월 1일을 기다리기를 오활(迂闊)하다 하여 각각 독립행동을 하려하는 것을 가까스로 눌렀다 하니 이것도 아직도 전체, 통일, 준비 등 원려의 정신이 부족한 소치(所致)가 아닙니까. 혹 모처에 몇 천 명의 결사대가 출동한다 하며, 모처에서는 몇 십 명의 단체가 단독으로 모종의 행동을 하며, 모모는 몇 만원의 금전으로 모종의 사업을 경영한다 함이 모두 원려의 정신을 결(缺)한 소치가 아닙니까.

3월 1일 이래로 이렇게 불통일하게 무준비하게 각 개인이나 각 소단체가 각각 눈앞의 욕망만 추구하기 때문에 입은(被) 인물, 정력, 금전, 시간 및 형세의 손실이 얼마나 큰지 서로 생각해볼 일이다.

또 일시 인심을 격동하기 위하여 거짓말을 하며, 일시 금전을 얻기 위하여 사기의 수단을 강구하며, 혹 일시 외국인의 칭찬과 동정을 얻기 위하여 사실을 위조하거나 과장함이, 요행으로 눈앞의 작은 효과를 얻는다 하더라도 오래잖아 신용을 잃어, 주(周)나라 유왕(幽王)의 봉화(烽火)의 실패[6]를 당할 것이 명약관화가 아닙니까. 납가새(蒺藜)에서 어찌 포도를 따리요. 악한 인연에서 어찌 좋은 과보(善果)를 찾으리오. 건국의 신성한 사업은 상제(上帝)를 섬기는 경건과 재계(齋戒)와 충성으로써 할지요, 결코 더러운 사기나 궤휼(詭譎)로써 할 것이 아니다.

공리(功利) 방면으로 보아도 일시적 이익을 위하는 부정한 수단이 도리어 영구한 손해를 초래함에 불과하거니와 정신적으로 보면 더욱 그러하다. 우리는 결코 죄악의 기초 위에 신국가를 건설하기를 원하지 않노니, 비록 사업의 성공이 늦어지더라도 안과 밖에 대하여 정정당당한 행위를 함이 지당한 것이다.

---

6) 주나라 유왕이 총희 포사(褒似)를 웃게 하기 위하여 평시에도 종종 봉화를 올려 제후를 모이게 하다가 신용을 잃어 외척인 신후(申侯)에게 죽임을 당했다.

그러므로 눈앞에 작은 해가 있더라도 항상 구원의 의리와 이익을 안중에 두어야 개인이나 일시의 이해로써 전국(全局) 또는 전 민족의 구원한 전도(前途)를 그르침이 없어야 할지니, 만일 우리 민족에게 이러한 원려의 정신이 있다 하면 대통일도 입성(立成)할 것이다. 인재와 재전(財錢)의 대준비도 입성할 것이다. 내외에 대한 신임도 확고부동하게 될 것이다. 구원한 이상과 계획을 확립하고 2천만이 일심일체가 되어 건전하게 착실하게 당당하게 진행할 때에 어떤 강자라도 꺾지 못하며, 어떤 일이라도 이루지 못하랴. 나를 버리고 공론에 따를지어다. 고식(姑息)을 버리고 원려에 나아갈지어다. (제17호 1919. 10. 4)

선전 개조(14)

團合(1)

갑진(1904) 을사(1905)경에 우리 선배지사들이 애국의 붓으로 혀로써 가장 강하게 절규한 것은 단합이다. 연설에도 단합, 신문잡지의 논설에도 단합, 창가(唱歌)에도 단합. 우리 2천만이 단합만 하면 일인의 절제를 아니 받고 당당한 독립을 유지할 수 있다 함이 당시 지사의 소신(所信)이었습니다.

그러나 마침내 예기의 단합은 못되고 말았나니 대개 단합이 되려면 각 개인에게 단합의 필요가 절실히 감오(感悟)됨을 요함이다. 단합의 맛과 이익과 방법을 모르던 인민에게 이를 알게 함은 결코 용이한 사업이 아니다. 외계(外界)의 참독(慘毒)한 압박과 중심의 침통한 자각과 선각자의 끊임없는 절규가 있은 뒤에야 비로소 아프게 단합의 요(要)를 깨달을 것이다. 3월 1일의 대단합은 실로 과거 10년간의 신산(辛酸)한 경험의 값비싼 값어치로 산 것이다.

구미 민족의 무서운 단합력은 수십세기 간의 격렬한 생존경쟁에서 나온 것이니, 유럽은 고양이 낯짝만한 땅덩어리에 수십개 민족이 국가를 이루어 전쟁이 끊이지 아니하므로 자존상(自存上) 자연 민족의 단합이 견고하게 된 것이다. 지난번 구주대전(제1차 세계대전)에는 각 민족의 단합력이 극도에 달하여 거의 국민 전체가 빠짐없이 전선에 나서는 위관(偉觀)을 보인 것이다. 특히 유명한 세르비아 체코슬로바키아 등 민족은 거의 전 민족 반수의 전사자를 내는 놀라운 단합력을 보였고, 영·프·미 등의 자유주의 개인주의가 극도로 발달되어 평시에는 국가의 간섭에 대하여 도리어 반항의 태도를 취하던 민족들도, 지난번 전쟁에는 마치 개인과 자유를 전혀 망각한 듯이 사회의 고등한 지위와 명예와 재산과 화락한 가정과 모든 행복을 다 집어던지고 단순한 한 병정이 되어 지옥과 길이 통한 참호 속으로 흔연(欣然)히 나갔습니다. 과연 그네의 지난번에 나타낸 단합력은 인류 역사상의 위관인 것이다.

전쟁 중 뿐 아니라 전후에도 그네는 만사를 국가 중심으로 보고 생각하고 행하여 수천만 수만의 국민의 각 구성원이 마치 일대 기계의 각 부분 모양으로 동일한 목적을 향하여 동일한 의식을 하면서 일보일보 건전한 민족적 활동을 계속합니다. 아아, 우리 민족의 근본이 여기 있습니다.

단합하라. 이것이 금일의 우리의 표어가 아닙니까. 비록 3월 1일 이래로 놀라운 단합력을 표현하였다 하더라도 그것으로 족하리이까. 비상한 때에 군중심리적으로 하는 단합이 반드시 심각한 자각에서 나온 단합과 같지 아니합니다. 진정한 단합은 유사(有事)한 때보다 무사한 때에 드러나는 것이니, 전선의 단합은 강제력이 배후에 있는지라 용이하되, 평시 강제력이 없는 때의 단합이야말로 진정한 단합이다.

나는 이제 우리 민족의 단합의 상태를 해부하고 나아가서 단합의 원리와 방법을 말하려 합니다.

원수의 대포가 아무리 커도
우리의 단합력 못 깨뜨려
하나이 되자 하나이 되자
2천만 누이 오라비 하나이 되자. (제18호 1919. 10. 7)

선전 개조(15)

단합(2)

동물 중에는 각개 생활을 하는 자와 집합생활을 하는 자와의 2종이 있소. 호랑이 사자 같은 것은 전자의 예요, 벌 개미 같은 것은 후자의 예이다. 인류는 벌 개미와 같이 집합생활을 하는 동물이니, 집합생활 중에 가장 발달한 것이 인류사회요, 인류사회 중에 가장 발달하고 완전하게 된 것이 국가이다.

다수가 집합하였다고 반드시 사회가 아니니 되는 대로 집합한 다수를 군중이라 칭하고 법으로 통일된 군중을 사회라 합니다. 그러므로 사회의 완전 불완전은 오직 통일의 완전 불완전에 있고, 통일의 완전 불완전은 법의 완전한 행불행(行不行)에 있는 것이다. 그런데 법의 발생에 두 길이 있으니 신(神)이나 황제 같은 최고 권력의 명령으로 되는 것과 사회를 조성(組成)한 인원의 동의로 되는 것과 두 가지이다. 과거의 전제국가의 법과 근대의 민주국가의 법을 보면 알 것이다.

민주국가의 법의 발생의 상태를 살펴보건대, 국민 또는 국민의 대표자가 회집하여 종다수(從多數)로 결정한 것을 국가의 의사로 하나니, 일단 국가의 의사가 결정된 때에는 결정할 때에 반대한 자도 찬성한 자와 다름없이 그 결정에 복종할 의무가 생깁니다. 다시 여론을 일으키고 합법의 절차를 밟아서 그 결정을 개정하기 전에는 이를 위반함은 죄악이요 반역이다. 이러한 자에게 국가는 사형 이하 여러 형벌을 가하는 것이다.

이에 우리는 사회생활을 영위하는데 두 가지 원리를 발견합니다. 즉 다수의 의견으로 결정할 것, 한번 결정하여 그 사회의 명의로 공포한 이상 이를 개정하기 전에는 결정시의 찬성 불찬성을 불문하고 그 사회의 인원은 절대로 이를 복종할 것, 또 이에 우리는 사회생활의 두 가지 대덕(大德)을 발견하나니 즉 양보와 복종이다. 다수의 의견을 구성할 때에는 각개인의 천차만별한 의견 중에서 소이(小異)를 버리고 또 버려 반수 이상의 공통하는 한 의견을 발견함이 필요하니, 이렇게 하여 생긴 의견은 그 의견의 구성에 참여한 갑이나 을이나 병의 의견도 아니오, 갑을병정 등의 특수한 의견을 뭉친 것도 아니요, 그 여러 특수한 의견 중에 공통한 요소를 발췌하여 이룩한 일종 특별한 의견인 것이다.

그러므로 이러한 의견을 생기게 하기 위해서는 각개인은 자기의 의견에 관하여 각기 상당한 양보가 필요하니, 이 양보가 없으면 10년을 다투어도 도저히 합일한 의견을 얻기 불가능할 것이다. 또 일단 결정한 후에 이 결정이 뜻에 불만하다 하여 각기 한 기치를 세운다 하면 사회는 수십 당(黨) 수백 파(派)로 분열하여 마침내 사회가 파멸되고 말 것이니, 그러므로 일단 결정된 이상은 이를 합법하게 개정하기 까지는 비록 자기의 뜻에 불만하더라도 절대로 복종하여야 할 것이다.

사회의 각 구성원에게 이 두 가지 덕이 없으면 그 사회의 운명은 멸망이다. 우리가 지금 말하는 단합은 결코 일제히 만세를 부르는 것만이 아니요, 일시에 나가 죽는 것만을 이름이 아니니 이것이 단합이 아님이 아니나, 이는 아직 초등의 단합이라, 미개한 인종과 벌 개미(蜂蟻)같은 동물도 하는 바다. 우리의 요구하는 단합은 실로 도덕과 법과 지식으로 된 고등하고 복잡한 단합인 것이다.

이러한 단합의 능력을 가진 뒤에야 비로소 문명한 국가를 경영

하는 국민이 될 것이다. 그런데 우리의 현상(現狀)은 어떠합니까. (제19호 1919. 10. 11)

선전 개조(16)

단합(3)

자고로 우리 중의 단합의 종류를 들자면, 예수교 천도교 등의 종교적 단합, 김씨 이씨 등의 혈족적 체합(體合), 노론소론(老論少論) 등의 계급적 단합, 신민회(新民會) 광복회(光復會) 등의 독립운동을 목적하는 단합 등이니, 종교적 단합은 그 범위가 너무 광범하여 전 인류를 포함하는 것임에 엄정한 의미의 단합이라 칭하기 불가능하고, 더욱이 민족이나 국가를 목적한 단합은 아니며, 혈족적 단합은 다만 자연의 약속에 의하여 생긴 것이니 아무 주의(主義) 주견(主見)을 가진 것이 아니요, 계급적 단합도 혈족적 단합과 상이할 것이 없으며, 근년에 발생한 여러 가지 애국단체도 다만 독립이라는 광범한 목적을 가질 뿐이오, 독립이라는 대목적 이외 및 이하의 주의로 단결된 단합은 없습니다. 목적이 너무 광범된 단합은 단합력이 박약할 뿐더러 또 사회에 미치는 그 영향도 심히 희박합니다.

대한인은 대한의 독립을 목적삼고 2천만의 대동단결을 지어야 할 것은 물론이지마는 그 독립의 목적을 달성되었던 주의와 어떤 방법으로 달할까 하는데 대하여는 자연히 여러 가지 의견이 있을 것이다.

혹 외교를 위주하는 자도 있을 것이오, 혹 전쟁을 위주하는 자도 있을 것이오, 혹 암살이나 학살을 위주하는 자도 있을 것이오, 같이 외교를 위주한다 하더라도 혹은 미국에 주력을 향하자는 자, 혹은 영국과 프랑스에, 또 혹은 중국이나 러시아에, 또 혹은 일본에 주력을 향하자는 자등 각각 주견(主見)이 있을 것이다.

그뿐더러 혹은 금일의 운동은 금일의 운동대로 하여가되, 지금부터 구원한 장래의 준비를 하자는 자도 있을 것이다. 그러한 자 중에도 혹은 모처 모처에 다수의 건장한 청년을 모아 군대교련을 실시함으로써 장래의 준비를 삼는 자도 있으며, 혹은 만사의 원동력은 금전이니 무슨 방법으로든지 금전을 모집하여 적치(積置)함으로써 장래의 준비를 삼는 자도 있을 것이다. 또 혹은 만사의 근본인 국민의 각성과 개조와 훈련에 있다 하여 필설(筆舌)로 행동으로 민족을 개조함으로써 장래의 준비를 삼는 자도 있을 것이다. 또 기타에도 혹은 평민주의, 혹은 철인주의(哲人主義: 국가 사회의 통일은 철인의 노력으로 이룩된다는 주의) 혹은 국가사회 혹은 공산주의를 하여, 여러 가지 주의를 가진 자도 있을 것이다.

이렇게 여러 가지 주의를 따라 자연 여러 가지 단합이 생길지니 이러한 단합은 있을수록 좋고 있어야만 할 것이다.

실로 우리의 단합은 상술한 바와 같은 주의의 단합이라야 합니다. 감정이나 지방이나 천박한 이해를 중심으로 하는 단합은 극히 유치하고 또 해되는 단합이다. 불행히 아직 우리 사회에는 주의(主義)의 단합이 많지 아니한 모양이라, 이는 과거 10년간 일인 악정에도 원인할지나 또 우리 사회의 문화정도의 유치함을 한(恨)하지 않을 수 없습니다. 다음번에는 단합의 성립되는 순서와 단합과 국가와의 관계를 말하려 합니다. (제21호 1919. 10. 16)

선전 개조(17)

단합(4)

주의(主義)를 기초로 하는 단합의 발생하는 순서는 아래와 같습니다.

처음에 한 사람이 있어서 그의 정신 가운데 한 가지의 새로운 사상의 맹아(萌芽)가 생깁니다. 그는 그 사상을 함양하고 발달시켜 한개 계통적 사상을 만듭니다. 그러한 뒤에 그는 이 사상을 세상에 실현하려는 강렬한 욕구가 생깁니다. 그 사상은 혹 종교일 수도 있고, 철학일 수도 있고, 사회나 도덕의 개량일 수도 있습니다. 그런데 이 사상 실현의 제일 요건이 동지의 규합 즉 세상에 대한 자기의 사상의 선전(宣傳)이다.

그는 처음에 가장 친한 친구 한 사람을 밀실에 청하여 가장 신중히 자기의 사상을 전할 제, 반대와 변명과 설유(說諭)와 온갖 난관을 통하여 비로소 그 친구로 하여금 동지의 첫 번째 사람이 되게 하나니, 한 개의 사상을 두 사람이 공유하게 되면 이에 단합의 기초가 생김이 마치 기하학상(幾何學上)에 두 점(點)만 있으면 한 선을 얻을 수 있음과 같습니다. 기초의 한 선을 얻은 후에는 다시 한 점을 얻으면 면(面)을 만들 수 있고, 다시 한 점을 얻으면 부피(體積)를 만들 수 있나니, 무궁한 우주도 실로 4점으로 결정되는 것이다.

이와 같이 두 사람으로서 세 사람이 되고 네 사람이 된 후에는 기하급수적으로 증식(增殖)될 것이다. 이리하여 백인 천인의 단합을 만든다 하면 그 백인 천인이야말로 진정한 의미의 동지이다. 이러한 동지로 된 단합이라야 진정한 의미의 단합이니, 초대 그리스도교의 단합이나 역사상 모든 혁명의 단합이 실로 이러한 단합인 것이다. 이리하여 그 단합이 상당한 실력을 갖추고 기회를 얻으면 이에 비로소 그 기회를 이용하고, 그 실력을 발휘하여 그 주의를 세상에 실현함을 얻을 수 있는 것이다. 혹 속히 되는 것도 있고 혹 10년 백년의 장시일을 요할 것도 있고, 혹 수천년을 요할 것도 있나니 예수교의 이상(理想) 같은 것은 2천년에 가까우면서도 아직 달성치 못한 것이 뚜렷한 예이다.

그러나 아무리 오랜 세월을 요하더라도 진정의 주의에 기초한 자각으로 된 단합일진대 결코 변하지 아니 하리라. 하물며 위대한 이상일수록 달성할 시일이 더욱 장구함이리오. 한 자 정도(盈尺)의 풀은 당년에 자라는 것이로되 높이 운소(雲霄)를 넘는 거수(巨樹)는 수 백 년 수 천 년을 자라는 것이다.

인류에게는 선입견이라는 일변 이익도 주지마는 일변 큰 해도 주는 천성이 있으므로 신사상이 현출할 때에는 반드시 이에 반대합니다. 그 사상의 새로운 정도가 심할수록 세상의 반대도 더욱 심할 것이며, 특히 부패하고 타락한 인류를 구제할 만한 근본적 개조의 대이상 같은 것은 더욱 세상의 격렬한 반대를 받을지니, 순교자는 결코 초대 예수교에만 있는 것이 아니라 세상의 탁류를 헤치고 사상의 실현을 위하여 용왕매진하는 자는 누구나 다 순교자일 것이다. 아무러한 핍박과 고난이 나를 포위하고 압박하더라도 이 주의는 버리지 못하리라 하여 동지가 서로 포옹하고 피 흐르는 다리를 끌면서 요원한 이상의 광명을 추구하는 것이 진정한 단합인 것이다.

우리가 보기에 저 문명한 왕성한 여러 민족들도 우리네와 같이 밤낮 눈앞의 작은 일(瑣事)에만 골몰하고, 천박한 이해관계로만 서로 모이고 흩어지는(聚散)듯 하나 기실 저들의 이면에는 여러 가지 주의의 단합이 있어서 그 민족의 정신의 주류가 되고 생명이 되는 것이다. 현대의 건전한 국가는 건합(健合)한 단합의 기초위에 건설되는 것이다. (제22호 1919. 10. 25)

선전 개조(18)

단합(5)

이렇게 동일한 주의하에 다수의 동지가 모이(聚會)면 제일 먼저 일어나는 것은 조직문제이다. 주의는 좋고 동지도 많으면서도 조직방법이 불완전하면 소기의 효과를 얻기 어렵다. 만일 그리스도교가 현재와 같이 완비한 조직이 없었던들 금일과 같은 융성을 얻지 못하였을 것이다. 이번의 우리 독립운동도 조직방법이 그 마땅함을 얻지(得其宜) 못하였다면 이만한 발전을 보지 못하였을 것이다. 어찌 보면 문명은 즉 조직이라 할 수 있으니 금일의 국가 및 기타 사회의 정연한 조직을 보시오.

완비한 조직의 다음에 일어날 것은 조직의 활용문제이다. 아무리 조직이 완비하더라도 이를 잘 활용하지 못하면 좋은 기계를 두고도 쓰지 아니하는 것과 같이 아무 효용이 없을 것이다. 그러므로 완전한 기관(機關)을 조직하고 그 기관을 잘 활용함이 단합의 요체(要諦)이니 이에 요하는 것은 인재와 금전인 것이다.

첫째, 그 단합의 주의를 실현하기에 가장 적당한 방침을 확립하는 자. 그 방침에 기초하여 가장 적당한 기관을 조직하는 자, 이미 조직된 기관을 하나도 놀리지 아니하고 최선의 능률이 나오도록 활용하는 자 등의 인재가 있어야 할지니, 방침의 확립과 기관의 조직은 한두 사람의 인재로도 능히 할지나, 이 기관을 활용하는 데는 단합의 대소와 사업의 번다함과 간략함(煩簡)을 따라 차이가 있다 하더라도 좌우간 다수의 인재를 요구할 것이다.

둘째, 아무리 완비한 기관과 인재가 있다 하더라도 금전이 없이는 예정한 사업을 진행하지 못할 것이다.

이제 혁명이나 개혁을 목적하는 한 단합이 있다 하고 그 단합이 완전한 단합이 되려면 무엇 무엇이 있어야 할 것을 가정해 봅시다.

첫째, 그 단합으로 말미암아 생기는 근본주의를 창도하고 실행하는 중심인물. 둘째, 그를 잘 이해하고 설명하고 애호하는 보좌자(補佐者) 즉 수제자도 되고 부관(副官)도 될 자. 셋째, 그 주의를 몸받을(體) 힘 있는 실행가. 넷째, 그 주의를 잘 선전하는 문사 및 연설가. 다섯째, 사무의 재간이 있는 자. 여섯째, 재산가 및 이재가

(理財家). 일곱째, 외교에 능한 자. 여덟째, 외국어문을 잘 하는 자. 이상 8종의 인물은 실로 없어서 아니 될 요소이니 이러한 인물이 많을수록 그 단합의 세력은 커지고, 이러한 인물이 없으면 비록 어떻게 좋은 주의라도 수천만의 군중이 모였다 하더라도 아무 효과가 없을 것이다.

그런데 현금 우리 민족 중에 다수한 단합에는 혹 중심주의가 분명치 못하거나 중심인물이 없는 자. 혹 조직이 불비한 자. 혹 조직이 있더라도 한갓 남만 모방하고 그 정신을 이해치 못하는 자. 조직은 있었어도 인재와 금력이 부족하여 그 조직된 기관을 활용치 못하는 자가 많습니다.

그러므로 용두사미가 되기 쉽고, 유명무실 되기 쉽고, 심지어 그 단체의 일원이면서도 그 단체의 주의와 성질을 모르며, 그 단체의 직원이면서 자기의 직무가 무엇인지를 모르는 기현상을 현출하게 됩니다. 이리하여 무수한 단합들이 조생모사(朝生暮死)하고 공연히 알력(軋轢)하여 세월과 금전만 낭비하는 참상을 보이는 것이다.

깊은 자각이 있고 분명한 주장이 있는 것이 아니라 혹은 일시의 뜬생각으로 혹은 친구의 농담 삼은 권유로 욱하고 모여서 규칙위원(規則委員)을 뽑고, 임원선거 투표를 하고나서 무슨 영문인줄은 자기도 모르는 그러한 단합이 부진(不振)하는 것을 한하는 이가 도리어 어리석지 아니 합니까. (제23호 1919. 10. 28)

2. 追　懷(송아지)

답답하고 가슴을 누르는 듯한 무거운 공기가 일종의 공포와 같이 온 시(市)를 점령하고 있었다. 각처에서 매일 전하여오는 비참한 사건의 보도와 또한 눈앞에 보는 갖가지 사건이 이와 같은 공기를 빚어 내입니다. 어떤 때는 수십 명의 부상자가 이리저리 굶은 밧줄에 결박되어 소달구지에 실려 수십 리 밖에서 관립병원으로 운반되었다. 길이 나쁜 데를 만날 때마다 차체가 심히 요동하였다. 요동할 때마다 부상자 중에서 고통의 신음이 발하였다. 그러나 어떤 이는 과도의 유혈로 인하여 시체나 다름없었다. 길 위에 시커먼 핏덩어리가 점점이 떨어졌다.

또 어떤 때는 골목골목마다 영악(獰惡)한 얼굴의 일본 병정들이 총에 창을 꽂아 들고 사정없이 연약한 남녀 어린이를 때리고 찼다. 또 혹시는 검사국(檢事局) 문밖으로 들것(擔架)에 담은 타살(打殺)시체가 나아 왔다. 온 몸이 푸릇푸릇하게 된 70 노인의 시신의 참상은 차마 볼 수 없었다.

이러한 불쾌한 감정의 퇴적(堆積)을 헤치기 위하여 하루는 반 십 리나 되는 교외로 나가 보았다. 여기서는 성내보다 공포의 상태가 더 심했다. 산꼭대기에 땔나무(薪)를 태운 재가 남아 있다. 성내에서 대시위운동이 일어난 그날, 밤을 새워가면서 산위에서 불을 피우고 목이 터지도록 만세를 부르고, 연설을 하였다 한다. 그 이튿날 어디로서든지 일본 병정 10수명이 와서 집집마다 수색을 하며 예배당을 부수고 밤중에 사람을 잡으러 요란하게 문을 두드리고 있다.

촌민(村民)은 강아지 짖는 소리에도 놀래어 잠을 깨었다. 하 어둠 속에서 절렁거리는 칼 소리, 구두소리, 포악한 손에 끌리어 다니는 남녀의 발자취가 촌민의 귀를 찔렀다. 이런 일이 대개 5,6일간 연속하였다. 인제는 남자란 남자는 거의 다 없어졌다. 잡히거나 도망하였을 것이고 그 나머지는 그들의 젊은 아내와 늙은 모친이 날마다 비탄(悲歎)에 사무치고 있을 뿐이다. 최초의 한 날은 그들에게 광희(狂喜)의 날이었다. 그러나 지금은 앞길에 아무 광명도 없다. 이제부터 어떻게 될는지 도무지 예상도 할 수 없었다. 현재의 비탄과 공포가 그들에게는 과히 크고 아팠다. 그러나 그들은 비통한 결심을 가졌다. 그들은 입을 다물었다. '독립만세'의 한 소리는 그들에게 희열과 공포가 섞인 이상한 감동을 주었다. 그러나 마침내는 희열이 공포를 이겨 그들은 미친 듯이 만세를 부르고 날뛰었다. 그 뒤에는 다시 칼과 구둣발 소리가 온 마을을 놀라게 하였다.

산 위에서 보면 사방 10리 만한 평야가 발아래로 펴졌다. 벌판 한가운데 혹은 먼 산기슭으로 조그마한 촌락들이 벌어졌다. 마을마다 제각기 아름다운 위치와 형태를 가졌다. 그중에 하나도 저 카키색 복장을 입은 야만한 헌병대의 유린을 받지 않은 곳은 없다 한다. 조그마한 시내가 평야를 끼고 외로이 흘러갔다. 그 먼 하류가 태양을 반사하여 비늘 같이 번득인다. 나는 산을 내려서 집으로 돌아왔다. 형사의 괴상한 눈이 내 뒤에서 번득였다. (제17호 1919. 10. 4)

3. 크리스마스의 祈禱(春園)

주여, 당신은 인류를 죄에서 구원하여 영생의 천국에 인도하시러 오셨습니다. 죄! 과연 인류는 아편에 중독한 모양으로 죄에 중독하였습니다. 아편에 중독한 자가 아편을 아니 먹고 못 배기는 모양으로 인류는 죄를 아니 짓고는 못 배기는 모양이외다. 독립운동 같이 신성한 운동을 하는 자들도 시랑(豺狼)의 앞에 쫓기는 양의 무리 같은 자(者)끼리도 서로 다투고 질시(疾視)하고 무함(誣陷)합니다 그려.

주여, 십자가에 흘리신 피로 이 모든 죄를 씻어 주시옵소서.

주의 전구자(前驅者)인 세례 요한도 "회개하라"고 외쳤고, 주께서 항상 회개하라고 외치셨습니다. 두드리지 않는 자에게 어떻게 문이 열리며, 구하지 않는 자에게 어떻게 줌이 있겠습니까. 회개하지 않는 자에게 어떻게 용서함이 있으며 용서받지 아니한 자에게 어떻게 새 천복(天福)이 내리겠습니까. 그러하오니 주여, 주의 권능으로 인류의 - 그 중에도 가장 연약하고 불쌍한 한족(韓族)에게 통곡으로써 회개하도록 감동하게 하여 줍시오.

그네가 국가와 자유를 잃고 이방(異邦)사람의 노예가 된 것이 죄의 응보(應報)인 것과 장래에 국가와 자유를 회복하는 것이 전죄(前罪)를 회개하고 불로 재생한 후일 것을 깨닫게 하여 성화같이 회개의 눈물로 온 몸과 마음을 깨끗이 씻게 해줍시오.

주여, 당신의 가르치신 천국의 길이 오직 사랑이 아닙니까. 형제와 다투지 말아라, 형제를 미워하지 말아라, 형제가 죄를 짓거든 490번이라도 용서 하여라 - 이것이 당신의 가르치신 천언만어(千言萬語)의 주지(主旨)가 아닙니까. 당신이 보내신 33년의 일생의 주지가 아닙니까. 그러하건만 이 평범하고도 분명한 이 가르침을 세계는 깨닫지 못하고 꼭 그 반대로만 나갑니다 그려. 이러한 결과가 사후의 지옥이나 말일(末日)의 심판은 고사하고도 현세에 있어서 집을 파괴하고 나라를 망하고 현세에 처하여 지옥의 징벌을 받지 않습니까.

주여, 당신은 사랑의 극치를 자기의 희생이라 하셨습니다. 그래서 당신은 죄 많은 동포를 위하여 십자가에 피를 흘리셨습니다. 당신이 감람산(橄欖山)에 앉으셔서 죄 많은 고국 도성인 예루살렘을 내려다보시고 눈물을 흘려 한탄하셨고, 그가 완악(頑惡)하여 품에 들지 아니할 때에 그 인자하신 마음으로도 마침내 저주를 발함을 금치 못하셨습니다. 얼마나 가슴이 아프셨으면 당신의 입으로서 저주가 나왔겠습니까. 당신이 일생에 저주하신 것이 둘밖에 없지요. 잎사귀만 많이 피고 열매 없는 무화과(無花果) 나무와 죄만 짓고 회개할 줄 모르는 예루살렘과.

주여, 지금에인들 그러한 무화과와 예루살렘이 얼마나 많겠어요. 그러나 주는 지금토록 그 저주를 계속하십니까. 아니오. 주의 너르신 사랑이 인류의 모든 죄를 용서하셨습니다. 주와 함께 십자가에 달리던 도적까지 용서하셨고, 주를 십자가에 달던 완악한 무리까지도 용서하셨습니다. 그리고는 그 저주받을 동포를 위하셔서 갖은 고난을 다 받으시고 마침내는 지극히 고통된 방법으로 몸까지 희생하셨습니다. 이것이 당신께서 본보기를 보이신 세상으로써 천국을 만드는 방법이지요. "사랑하라", "사랑하니까 용서하라", "사랑하거든 그네를 위하여 생명을 희생하라."

주여, 나로 하여금 주의 뒤를 따르게 하여 줍시오. 주와 같이 세계 인류를 사랑하게 해 주시고, 주와 같이 세계 인류를 위하여 생명을 희생하게 해 주시오. 그보다도 먼저 주의 앞에 내 죄를 통회(痛悔)하게 해 줍시오. 그러고 세계를 사랑하는 계단으로, 또 대표로 제가 그 속에 나고 제가 그 말과 마음, 또 그의 불쌍함을 잘 아는 2천만 한족을 사랑하고 위하여 생명까지 희생하고 그네에게 회개하라, 그리하여 멸망에서 벗어나라 하는 소리를 외치는 권력을 줍시오.

주께서 처음 세상에 오시던 오늘이 이미 2천회나 가까이 지나갔으되 세상에는 여전히 죄가 많습니다. 주여, 이제 몇 번이나 더 지나면 이 세상에 약속하신 천국이 임합니까. 세계 인류가 주께서 축복하시던 어린 아이와 같이 순진한 마음으로써 서로 포옹하고 즐거운 찬미와 춤으로 생활할 날이 언제 옵니까. (제33호 1919. 12. 27)

4. 祖　國(송아지)

위대할사, 나의 조국아, 나의 어린 시절의 추억이 지금 나의 단꿈을 네게로 이끌어간다. 마음을 녹이는 온대(溫帶)의 봄바람에 안기어 복숭아나무 그늘에서. 그 위대한 역사를 읽고 눈물지던 그때 - 그 눈물의 즐거움 - 그 같은 낙(樂)이 지금은 다시 맛볼 수 없게 되었다. 너는 나와 너무 가까이 있어서 심상(尋常)하여졌다.

그러나 위대할사, 나의 조국아, 환난(患難)과 상심(傷心)의 날에 네 이름이 나의 위로가 되며 용기가 된다.

네가 낳은 모든 영웅, 대동(大同)·압록(鴨綠)의 물가에 네의 무용을 빛내던 장수들, 계립(鷄林) 수풀에 김해(金海) 물가에 건국의 신화를 빚어낸 너의 그림자. 또 네가 길러낸 방국(邦國), 민중 – 어느 때 나는 배달 부여(夫餘)의 광채 가득한 사기(史記)를 보고 가슴이 흥분으로 떨림을 깨달았다. 모든 낡은 꿈들이 조국이란 이름 아래 새 생명을 가지고 내 피를 끓게 하였다.

위대할사, 나의 조국아, 나의 조국 아름다운 선혈(鮮血)에 화장(花裝)된 조국아.

조국아, 옛날에 너의 땅에서 사람을 낳았었다. 지금 그 인물은 다 어디 갔느냐. 네 앞에 네 위에 문화의 꽃이 피었었다. 부(富)와 미(美)를 가졌던 옛 도읍들아, 지금은 묵은 무덤 위에 추상(追想)의 꽃조차 시들었다.

그러나 위대할사, 나의 조국아, 세계를 놀래던 너의 생활력이 물결치는 고동이 지금 너의 폐허에서 나온 나의 가슴에도 놀(바다의 사나운 큰 물결) 뛰려 한다.

위대할사, 나의 조국아, 고통과 영광으로 부활한 조국아, 너의 침용(沈勇)과 열혈(熱血)로, 정의의 소리로, 길고긴 밤을 헤치고 일어났다.

소와 같은 나의 조국아 세계는 너의 달아남을, 너의 부르짖는 고함소리를 경탄으로 보고 있다.

달아나라! 그리하여 승리에까지 앞에 너의 느린 걸음을 비웃던 자를 길 밖으로 헤치고, 너의 넓은 발굽이 밟는 대로 끝없는 문화의 도정(道程)으로.

위대할사, 나의 조국아, 나의 자랑이오, 평안한 품이 되는 너는,

또 나의 유일의 희망이오, 기쁨이 된다. 들으라, 그의 처량한 부르짖음이 밝아오는 새벽하늘에 기운차게 울리어 감을…. (제81호 1920. 6. 1)

5. 獄中의 친구에게

이 편지를 써야 보지는 못하겠지요. 그러나 간절한 생각에 아니 쓸 수 없소이다. 형님, 형님은 비록 못 보시더라도 형님을 위해 몸을 바치신 동포들이 보겠지요. 보고서 한 번 더 형님을 생각하겠지요. 그만하더라도 이 편지를 아니 쓴 것보다는 낫지 아니합니까.

나는 적의 세력 밖의 안전지대에서 목침상(木寢牀)이나마 침상 위에서 자고 있습니다. 비록 내 생활이 궁곤(窮困)하다 하더라도 형님의 겪으시는 옥중생활보다는 안락하겠지요. 요사이는 악형이나 아니 당하시는지, 아마 기소된 후에는 무지한 간수들의 뺨따귀 개(個) 이외에 매 맞기는 면하시는 줄 아옵니다. 형님 자친께서 경찰서로서 나온 피 묻은 옷을 보고 한참이나 낙루(落淚)하실 때에 나도 울었지마는 마침내(나라 일이니 어찌하랴) 하실 때에 나는 몸이 찌르르 하도록 감격하였습니다. 부인께서 가르쳐 주심인지 어린 경섭(敬燮)이와 경순(敬順)이도 “우리 아버지는 독립 찾으러 갔어” 하고 자랑하나이다.

형님. 그러나 나는 이렇게 소소한 인정으로 형님을 그리워함이 아니외다. 평생 가까이할 기회도 없었고 또 어떤 때는 밉기까지 생각할 형님이언마는 일에 임할 때마다 간절히도 형님이 그리습데다. 형님이 계셨더라면 이 일도 할 것을, 형님이 계셨더라면 저 일도 걱정이 없었을 것을 하고, 혼자 애를 태우는 나의 정은 옥중에 계신 형님도 상상하셨으리라.

형님은 나보다 훨씬 어른이지마는 나 같은 이야 아직 어린 아이가 아니야요. 제 딴은 마음고생 몸 고생을 하였다 하더라도 마치 장난감을 잃어버린 아이들 고생에서 더할 것이 있겠어요. 그러하던 것이 독립운동 이래로는 비록 중요하지는 아니하더라도 책임 있는 지위에 서게 되었구려. 나의 잘잘못이 다소라도 직접 간접으로 국사(國事)에 영향이 있게 되고 보니, 내가 제법 어른이 되었다 하는 으쓱하는 기쁨도 없지 아니하지마는, 마치 어린 신랑이 초례석(醮禮席)에 선 것 같아서 어쩔 줄을 모르겠어요. 이러할 때에도 흉허물 없이 동기(同氣)나 다름없는 형님이 계셨으면 하여집니다.

허물이 있을 때에는 책망하는 형님, 잘못이 있을 때에는 칭찬하는(별로 칭찬해 주신 일은 없지마는) 형님, 어떤 어른(그 어른은 형님의 평생 崇敬하시던 그 어른이오)은 날더러 “자네 좀 자중하게, 어른스럽게” 하십니다. 당장에는 나도 그럴 듯하게 생각해서 거기서 나와서 한 시간 동안은 참 점잔을 떼어보지마는 역시 초례석에 섰던 어린 신랑 같아서 자꾸 장난하고 놀고만 싶습니다.

형님. 그래도 제법 저 맡은 일은 합니다. 아침부터 저녁까지 게으르게 놀지 아니합니다. 형님네 뒤를 따라 옥중의 고초도 받지 아니하고 안락한 자유의 생활을 하면서 어찌 차마 놀기야 하겠어요. 세상에 남았으니 만일이라도 형님네 뜻을 이어 형님네 하실 일을 하여볼까 하고 애는 쓰지요. 다만 역량이 부족하고 또 어른스럽지 못해서 일에 효력이 적단 말씀입니다.

대사(大事)가 많지 아니합니까. 시각마다 더 많아지는데 왜 형님 같은 큰 일꾼을 잃어버리고, 길마도 안장(鞍裝)도 견디지 못할 이 망아지만 남았을까 하면 당장 폭발탄이라도 들고 들어가서 옥문을 깨뜨리고 형님을 끌어내고 싶습니다. 그러나 그래서는 안 되겠지요. 가만히 있어서 되나 안 되나 내 힘껏 하여가려 하나이다. 잠깐만 기다리시오. 형님의 옥문은 내가 열어 드리리다. 총총(怱怱)하와 이만. (제16호 1919. 10. 2)

제7편 譯　述

1. 朝鮮統治에 關한 最小限度의 要求(1)

吉野作造

이 글은 일본 법학박사 요시하라(吉野作造)가 금년 6월 25일 여명회(黎明會) 제6회 조선문제 강연회에서 강연한 것인데, 이 연설이 우리에게 큰 해독을 끼치는 동정을 얻고자 함인지 모르나, 천박한 일인의 제창으로는 가관할 점이 없지 않은 것이다. 물론 그도 일본인이니 우리 민족의 근본적 요구와 같이는 말을 하지 아니하였을 것은 기정의 사실이다. 자각 있는 우리 민족으로 어떠한 감언유설(甘言誘說)에 기망되지 않을 것이며, 다만 일인의 사조(思潮) 여하를 볼 것이다. 요시하라 박사 가로되, "조선 통치는 우리들의 학문연구 하는 입장으로 볼지라도 개혁이 필요하다. 하루라도 등한에 붙일 수 없으며 국민 전체의 문제로 연구하고 또 당국에 향하여 급무(急務) 되는 까닭(所以)을 경착(警捉)시켜야 할 것이다.

4개월 전에 우리들은 개혁이 필요하다는 생각이 있었다. 다행히 소동(3·1 운동)을 병력으로써 진정하였으나. 그것이 완전할는지는 모르겠고, 당국에서도 물론 상당한 연구가 있을지나, 국외(局外)의 눈으로 보아 느끼기에는 아주 명백히 정한 것이 없고, 2,3일전에도 신정회(新政會)라 하는 정당의 정객이 하라(原敬) 수상을 방문하여 다른 시국의 의론이 있었으나, 조선 문제에 이르러서는 토론이 없었다 하니, 그래도 천하 정당이라 하면서 조선 문제를 등한시함은 실로 놀라운 일이다.

조선과 일본과의 수천여 년의 관계를 설하여 볼까하고 조선인에게 호소하면 하등 해결의 길이 있을지라하여 극히 낙관적 설을 창도하는 자도 있었으나, 그 문제에 일본인도 수천년 이래 한일 역사에 의해 반성을 구할 필요가 있도다. 일본은 조선인의 언론을 듣지 아니하고 한갓 그들을 함부로 꾸짖기만(慢罵) 하니 우리는 다들 사실이다. 이번 소동은 비상한 대사건이라 반성과 연구는 아니 하며 한갓 몹시 꾸짖기만(罵倒)할뿐 아니라 물론 그들은 폭란(暴亂)하였으니 매도함도 좋으나 나는 반성하는 소리는 듣지 못하였노라.

최근의 큰 문제는 곧 수원사건(水原事件)이라 외인(外人)이 직접 목도한 기사도 있으며 우리도 우인에게 진정한 보도를 접수하였다. 이번 동란은 유감이나 일인의 야만성을 표함이 적지 않다. 물론 조선인도 참혹히 순사와 헌병을 살해함에 대하여는 문책할 점이 많으나 이번 동란에 소방부를 사용하였으며 경찰서에 체포되어 온 조선인에게 길가 잡화점 점원 등이 야구 방망이로 구타하여도 순사헌병은 한결같이 묻지도 아니하였다한다. 일인은 다분 야만성을 발함은 외인이 이미 말한 바이나 일인의 양심에 호소하여 묵시할 수 없으며 또한 인도 문제의 가치가 있도다. (제1호 1919. 8. 21)

조선 통치에 관한 최소 한도의 요구(2)

중국 무순탄갱(撫順炭坑)에 중국인을 대우함과 같이 한인(韓人)도 여하히 할지라도 무관하다 하나 일시동인(一視同仁)의 주의를 취하지 않으면 식민통치는 성공하기 불가능한 것이다. 나는 제군 앞에 조선에 대한 문제를 나 일개인의 의견으로 최소한도의 4문제를 제출코자 한다.

지금 우리는 국민과 당국에 향하여 희망하는 것은 조선인은 자치를 희망하는가 독립을 구하는가, 혹은 조선에 독립국회를 설치하는가, 혹은 제국의회(帝國議會)에 조선의 대표자를 뽑아 보낼까이다.

이상 여러 문제를 연구할 필요가 있으니, 이 점에 있어서는 조선통치책의 연구회 혹은 조사회를 설치하여 연구할 것이다. 어찌 하든지 개량할 필요가 있으니 최소한도의 4문제를 열거하고자 한다.

제1은 조선인에 대한 차별대우의 철폐이다. 내가 가장 유감으로 생각하는 것은 조선인의 능력을 발휘할 만큼 내지인과 균등의 기회를 주지 아니함이다. 또 교육의 불평등이라든가 그 의미를 밝히기 위하여 두세 가지 예를 들어 보겠다.

제일 조선에는 조선인을 위하여 학교수가 적으니 조선 전체의 소학교는 일본의 제일 작은 현(縣)보다도 적을 줄 생각한다. 당국에 물어본즉 학교는 다수 설치하였지만 학교의 정원이 못됨이라 하나 실로 그렇지 않으니, 어찌하든지 조선에는 소학교가 희소하고 중학교는 거의 없다. 소학교는 보통학교요, 중학교는 고등보통학교이다.

고등보통학교가 조선 전체에 남녀 학교 합해서 45개에 불과하나, 그 정도는 비상히 저하(低下)하여 소학교 4년, 중학교 4년이라, 합하여 8년인데, 이것은 일본 고등소학교의 졸업생과 같은 모양이다. 과목도 일본 중학교에 비하면 대단히 저감(低減)될 뿐더러 영어는 수의과목(隨意科目)이다. 중학교 소학교에는 상업과 농업에 관한 것뿐이다. 조선에 공・농・의(工農醫) 학교가 있으나 비상히 그 수가 적을 뿐더러 정도도 낮아 조선인은 고등교육을 받지 못하며, 일본으로 와야 고등학교로부터 제국대학에 입학하는 사람도 있으나 이것은 도저히 불편한 일이다.

일본에 유학하는 자도 당국은 될 수 있도록 방지하고 있다. 나의 말을 인정하지 못하는지는 알 수 없으나 사실은 명백하다. 조선인에게 이와 같은 불평등으로 하나 일본인은 조선에도 도처에 소학교가 있고, 한 곳에 학령아동이 10인 이상이 되면, 학교조합을 만들고 총독부에서 연액 6백원의 보조를 얻고, 부족한 때에는 더 청구하여 일본 내지의 소학교 선생을 한두 사람 고용하여 아동의 교육의 길을 열지마는 조선인에게는 이와 같은 특전이 없다. (제2호 1919. 8. 26)

조선 통치에 관한 최소 한도의 요구(3)

일인의 학교조합에는 조선인 학동(學童) 입학을 불허한다. 전년에 조선인이 일인의 영림창(營林廠)에 근무하여 그 아동도 일인 아동과 상종하므로 조선어는 전혀 이해하지 못하게 되어 일인 학교에 입학하려 한즉 학교 관리자는 완명(頑冥)히 불긍(不肯)하였다. 이미 동화한 아동을 학교에 용납하지 아니함은 실로 모순이다. 일선인(日鮮人) 부부간에 출생한 아동도 '조선 냄새(朝鮮臭)'라 하여 학교에 불용(不容)하나 조선에 있어서 일하는 일인의 아동은 또한 조선에서 생활할 것인데, 어릴 적부터 차별의 교육을 설치하였으니 원만한 성공을 할 수 없을지며, 또한 도저히 조선인을 동화(同化)할 수 없을 것이다. 조선인 관리로 말하면 다분 사용하나 고급의 지위를 주지 아니함은 하나의 불문법이다. 또한 회유책으로 도장관·군수에 조선인을 사용하나 지방의 명망가뿐으로 발탁(拔擢)하여 임명하고, 고등관으로는 내가 아는 범위로는 15,6인에 불과하고, 판사는 소수가 있으나 검사는 없는 모양이다. 내가 1916년 봄에 조선에 여행하여 여러 가지 재료를 채집하여 동년 '중앙공론(中央公論)'에 발포하였더니, 그때 총독부 당국자가 변박서(辯駁書)를 기송(寄送)한 것 중에 조선인의 고등관이 287인이라 하나, 그 대부분은 중추원(中樞院) 경학원(經學院)에 사용하는 자뿐이요, 실지의 의미로는 12,3인에 불과하다.

대학이나 전문학교를 필업한 자도 기수(技手)는 되나 기사(技師)는 못된다. 최근의 정세를 들으면 월급 35원에 오르면 유지면직(諭旨免職)하는 사례가 있다. 조선인 양가 자제는 전도를 비관하고 지식 있어 쓸데없다 하고 문관은 군서기요 무관은 순사로다 하는 노래를 부른다한다. 동경에 유학하여 능력을 발휘하는 학생도 졸업 후 귀국하여는 자포자기하여 비애에 빠진다는 서신을 나에게 기송한 자도 있는데, 이 점으로 보아 조선인이 불평을 울림이 억지로 무리가 아니다. 혹 관리가 되더라도 동일의 지위에 일선인(日鮮人) 간의 봉급의 차별은 대단히 현수(懸殊)한 것이다. 조선인은 일인 봉급보다 3분의 1이다. 지방에 출장하면 일인은 상좌에 조선인은 노예 같은 것이다. 동포 간에서는 일본정부의 밥을 먹는다는 조소를 받는다 한다. 연전에 경성 변호사회 회장 개선이 있을 때에 조선인이 회장에 당선됨에 조선총독부는 조선인이 일본인의 위에 섰다는 것을 꺼려(忌) 이를 부인하고 압박을 가하여 일인을 재선하게 하였더니, 그 임기가 차서 개선될 때에는 또 조선인이 임선(任選)될까 두려워 비상한 압박을 가하여 분요(紛擾)를 생기게 한 것이다. 나도 차중에서 목격한 일이거니와 일선인 아동이 유희할 시에 일인 아동이 조선인 아동을 학대하며 '바가(馬鹿, 바보)'라 하여 어릴 적부터 자격이 상위함을 배운다. (제3호 1919. 8. 29)

조선 통치에 관한 최소 한도의 요구(4)

제2문제는 무인정치의 철폐이다. 조선을 통치하는 자는 군인이 아니면 안 된다는 이유는 없으니, 이는 계엄령을 내린 때의 일이다. 조선 총독에 군인을 임명하고 조선 통치 그것은 일체 문관의 지위를 인정하지 아니하여 각부 장관에 문관이 있으나 가식에 불과하다. 문관이 자기의 지위에 허하는 권한에 기초하여 무엇을 획책한즉 군인이 뒤에 와서 파괴하며, 무관의 세력이 확장된 결과 전연 개혁할 수 없다. 금번 조선 소동은 외국 선교사의 선동이라 하나 이것은 무관 계통인의 말이다. 문관은 일체 부인하나니 우좌미(宇佐美)가 선교사를 회집하고 의견을 채토(採討)하며, 제군에게 취체(取締)한다는 풍설이 있으나, 결코 이와 같은 일은 없을지니 안심하라 하였는데, 그 다음날에 경찰서에서 외인(外人) 가택수색을 행하여 외인은 조선총독에게 속았다고(見欺) 비상히 분개하였다. 문무관의 사이에 연락이 없고 문관은 전연 세력이 없어서 통치의 실재권(實在權)은 헌병에 있는 것이다.

헌병 한 사람이 1천호(千戶)쯤 치리(治理)하여 갖가지 돌비(突飛)의 사건이 발생하니 지난 해 조선 식물연구로 학교장 등이 식물채집안을 총독부에 체출하니, 거대한 금액이 입용(入用)되므로 헌병 등에게 맡겨 채취케 하자니, 식물채집은 풀 뜯는 것이 아니라 헌병들은 자기의 생각으로 정치하는 것처럼 이상한 일도 많다. 또한 호적을 조사함에 대단히 난폭하게 하여 모자를 부부로 신고하고, 항의를 제기한 즉시 이혼청원을 하라하여 갖가지 폐해가 많으며, 헌병의 보조원은 조선인이나, 여우가 호랑이의 위력을 빌어 방자한 행동을 자행하는(狐假虎威) 등 다분 폐해가 있어서 이 헌병정치(憲兵政治)의 비상한 폐해는 조선인 뿐 아니라 내지인도 곤란을 당하고 있다.

총독 출행(出行) 시는 왕복에 공히 소학교 학생이 전부 전별(餞別)하며, 도장관도 오연(傲然)히 칼을 짚고 속관(屬官)은 공순히 칼을 받들어 경례하고 있다. 조선의 회사원은 월급 이외에 보너스를 얻어 풍족한 생활을 영위하며, 요즘은 어떠한지 모르겠으나 이전에는 상금 기타 갖가지의 명의로 다대한 금액을 취하였으며, 여학교 교사가 칼을 차고 있음은 실로 웃기는 일(滑稽事)이다.

조선의 도로의 예가 있으니 조선에는 훌륭한 도로가 도처에 있으나 돈을 내어 산 땅은 경성에 한두 곳밖에 없고, 경성 이외에는 돈을 내어 사는 곳은 1개 처도 없고 다 기부한 것이다. 도로를 수축할 시에 인부는 무료로 14일간을 자기 땅의 마을로부터 30리 밖에 소집하여 사용하고 흙구덩이 안에 침박(寢泊)하여 1주일간을 자취(自炊)하며 그 공사를 필한 후에 귀가케 하였다. (제5호 1919. 9. 4)

조선 통치에 관한 최소 한도의 요구(5)

제3의 문제는 동화정책(同化政策)이다. 먼저 동화라 운하는 문자의 의미를 알 수 없도다. 조선인에 대하여 장구의 역사를 경래(經來)한 일체의 전통을 잊어버리고 일본사람 되라함은 불가능의 요구다. 최근의 정형(情形)을 보더라도 선인(鮮人)은 실로 민족적 독립의 기상이 풍부하고 이것이 혹 된다 하더라도 일본사람이 되어온 자를 너는 조선 사람이니 이 학교에는 불용(不容)한다 하니 도저히 동화의 목적을 달치 못할지요. 대우의 차별을 실시하는 것을 보면 도리어 동화코자 아니하리라. 나의 견지에 의하면 조선 통치의 근본 방침은 일본 민족과 조선 민족과의 동양의 평화에 대한 공동의 사명 혹은 일본과 조선이 충분 융합하여 그 위에 하나의 대 목적을 정하여 일본 민족은 일본족(日本族)으로써 조선 민족은 각기 특징에 따라 공헌의 길을 강구함에 있다하오니, 곧 하나의 원대한 목적을 위하여 각각 다른 자는 협동하여 동작하는 태도상에 일본과 조선의 관계를 확립할지니, 이에 비로소 조선과 일본이 원대한 목적을 위하여 동화융합하고 제휴협동함이 가능하다 하노라. 그러나 금일까지 온 동화정책은 방법의 착오이니 재래의 방법은 다 폐기할지니라.

헌병정치를 폐하라 함은 일본인도 요구하는 바라. 언론의 자유가 없으므로 신문이라고는 조선어로 '매일신보'뿐이라. 조선인이 발간하는 '청춘(靑春)' 잡지가 있으니, 이는 문학에 관한 언론뿐이로되 원고로 정부 검열을 받는다. 검열계(檢閱係)는 발행기일이 며칠인가 상관 아니 하며 몇 개월이 경과하더라도 검열하여 주지 않는다.

이전에 미국에서 조선어로 타이프라이터를 만들어서 조선 어떤 청년회에 운반해왔더니, 인쇄기계라 하여 관변에서 압수하였도다. 요컨대 (1)조선인에게 차별적 대우를 철폐할 것. (2)무인(武人)정치를 폐할 것. (3)통치의 방침에 동화정책을 포기할 것. (4)언론의 자유를 부여할 것. 이들 네 가지 문제가 우리들의 최소한도의 요구이다. 하루라도 속히 단연 개혁할지로다. 금번 혹 소동(3·1운동)에 조선인이 2천인이 3천인이며 살상되었다하니 용이히 두 번 소동은 일어나지 아니할지라. 정부에서는 총독을 변경한다하나 적의(適宜)한 방법인지 알 수 없다. 조선 문제는 인도문제요 또는 본 의미에 일본 국민이 대륙발전에 능력 있느냐 없느냐 함이 문제라. 이 같은 큰 문제에 대하여 제군의 신중한 고려를 요하노라.(제6호 1919. 9. 6)

2. 美國 上院의 韓國問題, 韓國事情報告書(1)

韓國事情報告書, 美國 上院 제66회 議事錄에서 譯出

이 보고서는 미국 기독교 연합회의 결의로 상원에 제출하여 상원위원 맥코믹(McCormic)씨의 동의(動議), 만장일치의 가결로 미국 상원 제66회 의사록(7월 17일)에 기재된 바이니, 이를 보면 북미 합중국이 우리의 독립운동에 대하여 여하히 심후(深厚)한 동정을 표함을 추측할지며 아울러 감사함을 이기지 못할 것이다.

서언(緖言)

3월초 상해 천진으로부터 오는 전보는 한국에 독립운동이 성대히 발기(勃起)됨과 및 이에 대하여 일본정부는 폭압적 수단을 취한다는 소식을 전하고 있다. 또 4월에 이르러서는 이 전보가 적확(的確)한 사실임과 중대한 진상을 기록한 서신이 각처에서 내달

(來達)하였다.

이들 서신과 보고는 일인의 엄밀한 검열을 면하기 위하여 외국 전도국(傳道局) 간사의 이름으로 비밀 전송되었다. 기타 한국 선교사에게서 미국에 있는 친우 친척 간에 보내는 서신도 역시 이 전도국 간사의 손을 거쳐 전달된 바, 모두 이구동성으로 한국인을 현금 일인의 폭행과 학대에서 구출하는 데는 미국의 진력이 필요함을 역설하였다.

4월 중순에는 캐나다 장로교 외국 전도국 간사 암스트롱(Armstrong) 목사가 현상을 목격하고 한국에서 곧바로 뉴욕에 도착하였다. 그는 이 전도국 상황을 시찰하기 위하여 중국 만주 한국 및 일본에 10개월간 체재한 후 귀국차로 요코하마(橫濱)로 오던 도중에 급히 한국에 다시 오라는 전보를 받고 즉시 3월 6일 경성(京城)에 도착하여 3일간 이 지방에서 체재하면서 각종 단체를 심방하여 십분 적확한 상황을 탐문(探聞)하고 왔던 것이다.

그는 뉴욕에 도래(渡來)한 후 즉시 브라운(A. J. Brown) 박사(미국 북장로교 외국전도국 간사), 노드(North) 박사(미국 감리교 외국 전도국 간사), 헵번(J. C. Hepburn) 박사(미국 성서공회 간사)등과 상의한 결과 사건이 중대하므로 해 외국전도국에서 미국 기독교 연합회에 위탁하여 본 사건을 처결하기로 했다.

4월 16일 연합회(聯合會) 동양사무국의 명의로 한 회(會)가 소집되었다. 그 후에도 누차 한국문제의 연구와 및 이에 대한 적당한 처리방침을 토의하기 위하여 회의가 소집되었다. 이때 2차에 걸쳐 유력한 일인 일단(一團)이 청요(請邀)를 받았으며, 또 이들 일인을 경유하여 일본에 상세한 전보를 급히 보낸 것이다. 본국(東洋事務局)에서는 이들 온건한 우의적 방법으로써 본 사건의 진정한 해결을 얻으려 했다.

그리하고 날로 한국에서 전하여오는 각종 재료를 일간 신보에 연재하기 전 우선 일인과 본 사건을 상의함이 공정한 태도라 인정하고 이를 실행하였다. 그러나 금일에 이르러서는 본국(本局)에서 접수한 십분 적확한 보도를 이에 공포할 필요가 생겼다.

본국은 아래의 기사를 충분히 신빙하노니 무슨 까닭이냐 하면 30인 이상의 영·미인이 이 기사를 담임하였다는 것이다. 즉 기사의 몇 부분은 본 국원의 신중한 주의하에 된 보고서류이며, 기타는 개인의 서신 및 목격자의 날장(捺章)이 있는 기술이다. 만일 본국에서 접수한 재료 전부를 인쇄에 붙인다하면 그 종이 수 약 1천쪽에 달하리라.

어떤 보고 하나는 잔글씨로 쓴 것이 114쪽이나 된다. 목하 세계 각국에 수다한 소동과 정치적 동란이 발발되는 이때 실증이 없는 기술은 열람자의 다대한 주의를 요한다. 여러 가지 사실이 흔히 침소봉대적(針小棒大的)으로 과장되어 전파되는 고로. 그러나 아래에 기술한 사실을 보는 이는 진짜와 가짜(眞假)를 스스로 판단할 줄 믿는다.

그런데 본 기사를 공포하는 중요한 이유는 두 가지이다. 제1은 한국 인민을 일인의 불의와 학대에서 구하기 위하여 보호에 전력(全力)하기를 희망함이며, 제2는 공명정대한 여론 즉 일본의 진보적 반군국주의자를 고무하여 일본으로 하여금 한국에 공명정대한 행동을 취하게 할 만한 여론을 미국에 환기할 필요가 있다는 것이다. (제6호 1919. 9. 6)

미국 상원의 한국문제, 한국사정보고서(2)

事實報告書 緖言續

본국(本局)은 단체로는 한국 독립운동에 관한 정치상 문제에 관계가 없음을 이에 명언한다. 한국 독립승인의 가부도 본국의 판단할 바 아니다. (譯者曰 이는 종교적 단체인 연고라) 그러나 본국은 폭행, 악형, 학대, 종교핍박, 학살 등에 대하여는 모든 의로운 이들과 같이 어디까지든지 항거를 계속하려 하노라. 듣건대 한국 전토에는 현금 이와 같은 만행이 일반으로 유행되는 증적(證迹)이 명확하다.

현 시국(한일 문제를 말함)을 해결함에는 공정한 여론 즉 일본을 비평함에 당하여 한편 보수 군국주의자와 다른 한편 자유적 진보주의자의 사상상 차이가 여하함을 넉넉히 식별할 만한 공정한 여론이 필요하다. 건전·공평한 비평은 군국주의가 여하한 재란(災亂)을 전 세계에 입혔는지 알리라. 일본도 군국주의에 빠졌다. 그러나 일본에도 역시 타국처럼 인정 있고 진보·자유사상을 가진 반군국주의자가 있다.

우리들은 믿노라. 저들도 미국에 재류하는 저들의 친우가 한국 현상(現狀)에 관하여 동정을 표하는 것과 같을 정도로 한인의 고통을 추안(推案)할 줄을.

처음으로 평민 수상을 모신 일본 현 내각은 비록 자유당이나, 기실은 저 흉악한 무단정치와 전 내각 시정방침을 답습함에 불과하다(중략). 한국인은 덕의상(德義上)으로 일본의 진보적 반군국주의적 운동자에 대하여 성대한 원조를 할 의무가 있다.

상술함과 같이 우리들은 특히 이때에 이를 행할 수 있다. 그러나 우리들은 일본의 정부와 인민을 전부 비난하려고 하지 아니한다. 다만 자고로 오래 동안 일본의 정치와 정치가를 지배하여 오던 보수 전제주의와 현금 발아중인 일본의 신자유주의 정책을 명확히 판별하여, 전자에 대하여는 어디 까지든지 항거를 마지아니하려 하며, 또한 후자에 대하여는 어디 까지든지 후원을 아끼지 아니하려 할 뿐이다.

한국의 희망은 참으로 중국과 전 세계의 희망(타국에서도 그렇거니와)은 길게 일본의 군국주의를 근본적으로 파괴하고 한민(韓民)에게 확고한 권리와 자유를 허여(許與)함에 있다.

미국 기독교 연합회 동양사무국 윌리암(偉利) 아이헤임은
동 간사 씨든이 예일굴익 공식(共識) (제7호 1919. 9. 9)

미국 상원의 한국문제, 한국사정보고서(3)

이상이 보고서의 서문이다. 해 보고서는 큰판(大版) 세자(細字) 21쪽으로 이루어졌으니 이를 역재(譯載)함에는 시일이 많이 걸릴 것이다. 우선 그 대요를 초술(抄述)하고 추후하여 전부 번역하여 게재하고자 하노라. 보고서의 장별(章別)이 34이다.

제1장은 독립운동의 원인(遠因)을 서술하여 일본의 군국적 식민정책을 논하고, 후반에 이르러 모씨의 공함(公函)에 의하여 3월 1일 이후 수일간의 활극을 상술하였으며, 각 지방의 시위운동의 상황도 될 수 있는 대로 상술하였다. 제1장에 있어서 이미 일본의 만행에 대한 저주의 어조가 빈출(頻出)하며, 경찰 및 감옥 안의 악형에 대하여도 언급하였다.

제2장은 조사위원회의 보고이다. 같은 모양의 사실을 초략(稍略)하게 계통적으로 서술하였으며, 천도교(天道敎)에 대한 해석 등이 있다.

제3장은 일본 언론에 대한 관찰이다. 선교사에게 대한 비난의 예를 매거(枚擧)하고 있다.

제4장은 함흥통신(咸興通信)이다. 해 지방에서 일어난 시위운동 및 일인의 폭행을 서술하고 있다.

제5장은 유명한 수안(遂安) 맹산(孟山) 양 학살사건 기타 반석(斑石) 안주(安州) 강서(江西) 등지 상황을 목도한 선교사의 통신이다.

제6장은 강경(江景)지방에서 수금(囚禁)되었던 모 선교사의 진

술이다.

제7장은 세브란스 병원에서 치료받은 한인 부상인의 진술을 기재한 것이다. 72세의 노인을 비롯하여 19세의 청년에 이르기까지 22명의 담화가 기재된 바, 그들은 다만 자유를 위하여 만세를 부른 연고로 혹 그 중에는 아무 연고도 없이 군중 사이에 서있었던 죄로, 혹은 등으로 탄환을 받고, 혹은 어깨와 다리를 칼에 찍히고 있다.

제8장도 같은 모양의 기사이니 이는 개인 방문에서 얻은 사실이다. 4월 1일부터 5일간에 채집한 사실이다.

제9장은 구락서(具樂書)씨 순사(殉死)의 전말을 기재하고 있다.

제10장에는 일인이 세브란스 병원 환자를 강제로 검거한 사건을 기재하고 있다.

제11장은 신문(訊問)중에 갖은 악형을 받은 모 여학생의 진술로 가득 메웠다. (제8호 1919. 9. 13)

미국 상원의 한국문제, 한국사정보고서(4)

제12장에는 출옥한 여학생의 담화, 만형(蠻刑)의 실상이 직절(直截)하게 게재되었다.

제13장은 대구(大邱)의 만행이다. 4월 중순경 통신이다.

제14장 서울 프레스(Seoul Press)의 선교사를 무함한 글을 등재하고 있다.

제15장 동창(東倉)? 시위운동 시에 많은 노인 부녀가 일병의 학대를 받은 사실의 보고이다.

제16장 평양 선교사 가택수색의 광경이다. 일인의 무지한 광경이 요연(瞭然)하다. 모리스[1]씨 피착(被捉)의 광경도 이에 포함되어 있다.

1) 모리스(Charles D. Morris). 1901년에 미국 북감리교 선교부의 파견으로 내한, 평양 이북지방을 담당하면서 안주 · 영변 · 희천 · 운산 등지

제17장에는 에비슨(O. R. Avison, 芮斐信)의사의 보고이다. 세브란스 병원에서 환자를 신문인치(訊問引致)한 사건이다.

제18장 강제 개시(開市)에 관한 한 상인의 진술이다.

제19장 일본의 포학을 비난하고 한인의 참상을 서술한 모 캐나다 선교사 게일(James S. Gale, 奇一)의 사신(私信)이다.

제20장 수원(水原)학살사건, 촌민과 한 문답을 상술하고 있다.

제21장 수원사건, 저팬 애드버타이저(Japan Advertiser) 기사 등재.

제22장 수원사건, 6절로 된 가장 상세한 기사.

제23장 황해도 지방 모 교회당 파괴사건.

제24장 난타(亂打)를 당한 한 소녀의 담화.

제25장 곽산(郭山) 정주(定州) 교회 방화.

제26장 압박 만행에 관한 더욱 상세한 한 선교사의 보고.

제27장에서 제31장까지 각지에서 받은 사신, 갖가지의 재미있는 사실이 산견됨.

제32장 모 영국인의 통신. 「조선에 있어서의 일본 제국주의의 실패」. 일본인의 행정상 실책을 들어 논란함.

제33장 일인이 조사한 독립운동의 원인.

제34장 선천(宣川)의 만행, 5월중에 일어난 사실. (다음 호부터 상기 보고서 중 우리의 미지의 것을 초출 역재하고자 한다) (제9호 1919. 9. 16)

미국 상원의 한국문제, 한국사정보고서(5)

제1장 한국의 운동

1919년 4월 21일. 현금의 한국은 프라이스 씨 조사위원회의 중

까지 선교사업을 확장했다.

요한 조사의 대상이다. 왜 그러냐하면 신시대의 동요는 한국에까지 미쳐 3월 1일 이래로 일본 군대가 행한 갖은 프로이센 주의(Prussianism, 군국주의)의 수하에서 한국을 해방하여야 할 때가 이른 것이다. 벨기에에서 일어난 만행보다 몇 배나한 만행이 한국에서 일어나고 있다. 한 신문에 의하건대 6천의 한인이 옥중에 있다는 것이다. 이 숫자는 물론 사실이겠고 운동은 전국에 퍼지고 있다. 그 인도자는 각 종교 신도, 각 학교(관사립을 물론하고)학생으로 성립되었으며, 법률과 질서의 명목하에 인도(人道)에 대한 죄악이 날로 범행되고 있다.

일본의 식민정책

보호시대 병합시대를 통틀어 일본이 얼마간의 개량을 한국에 실시하였음은 사실이다. 그러나 일본은 한국의 민심을 획득하지 못하였다. 일본은 그 정책에 영국식을 버리고 독일을 모범으로 하여 칼로써 통치의 표상(表象)을 삼고 있다. 한인의 향유하는 권리는 불평등이며, 한국어는 한국 안에서 박멸되려하며, 특별히 일인은 남방(南方)의 한인을 압박하여 만주(滿洲) 방면으로 유리(流離)케 하려하고 있다.

한국 시위운동의 시초

한국운동의 도화선은 강화회의와 민족자결주의이다. 조선총독부 우사미(宇佐美)장관이 선교사회에서 한 담화 중에 아래와 같은 한 구절이 있다. "모 한국학생이 윌슨 대통령을 보고 한국문제가 강화회의에 제출되겠느냐 한즉 대통령은 전쟁에 관계없는 문제는 할 수 없다 함에, 또 묻기를 그러면 한국 안에서 일본에 반대하는 큰 운동이 일어나면 어떻게 하겠느냐 한즉, 그럴 때는 혹 문제가 될지도 모른다 하였다."

1월 21일에 전 태황제가 붕어함에 허다한 풍설이 경향에 산포되었다. 형세는 급박하였다. 3월 1일에 경성(京城)을 중심으로 하여 급거 대시위운동이 개시되었다. 경찰은 될 수 있는 대로 많은 사람을 검거하였다. 군중은 조금도 폭행을 하지 아니했다. 학교는 폐색(閉塞)되었다.

3월 2일에는 경성에서는 시위운동이 없었으나, 3월 5일에는 거의 학생만으로 된 대시위운동이 남대문 부근에서 일어났으며, 이로부터 경성 및 각 지방에서 맹렬한 운동이 계속되고, 직공의 파업이 이에 연속했다. 일인은 모든 악형과 만행을 자행하니 그 사실의 실황이 아래와 같다. (제10호 1919. 9. 18)

미국 상원의 한국문제, 한국사정보고서(6)

제1장 한국의 운동(속)

관헌의 포학

한국 안의 일본 경찰은 난타(亂打)와 고형(拷刑)을 항상 사용한다. 피체자(被逮者)는 반드시 손으로 맞고 발로 채였다. 3월 5일에 한 청년이 한 소녀를 구원하려다가 수명의 순사에게 잡혀 난타를 당하고, 3주일이 되도록 옥에서 나오지를 못하였다. 평복한 일인이 경관 보는 앞에서 한인을 포박하고 만행을 가하는 일도 없지 아니하였다. 이와 같은 예는 경성뿐 아니라 평양 기타 지방에서도 보도된 바 있다.

출옥한 이의 받은 고초담(苦楚談)이 산적하다. 모 학생은 주모자를 자백케 하기 위하여 손발을 잡아 떼였다. 어떤 이는 손끝을 불에 지지였다. 어떤 이는 기계로 압착(壓搾)을 당하였다. 철선으로 손가락을 매어 발이 땅에 닿지 않게 매달았다. 여학생은 더 심한 고초를 겪었다. 출옥한 여학생의 담화에 의하건대, 며칠 동안은 경찰서에 가두더니 하루는 한 경관이 와 신문하는데, 얼굴과 어깨 다리를 함부로 쳤다. 그 다음날에 다시 다른 경관이 와서 그와 같이 하더니, 3일만에는 경관은 무수한 욕설을 퍼부으면서 가로되, 성경에 죄 없는 사람은 벌거벗은 몸으로 있었다니 너도 의복을 벗으라 한다. 여학생의 규호(叫號)가 겨우 이 같은 모욕에서 구하였다.

수 없는 악형 중 한 예를 들면, 마루방에 무릎을 꿇고 무거운 판자를 팔에 들고 한 시간이나 버려두었다는 것이다. 팔이 조금이라도 움직이면 또 구타를 가한다. 제5일만에 이 여학생 등은 서대문 감옥으로 끌려갔다. 먼저 두 소녀를 들여보내고 전기(前記) 여학생은 밖에서 기다리라 하더니, 이윽고 먼저 들어간 소녀들이 나오는데 발가벗긴 알몸(赤裸)이요 머리를 풀어 헤쳤다. 다음에 이 여학생도 불려 들어가 본즉 경관 1인과 일인 간호부 1인이 있었다. 신문 후에 의복을 벗기려 한다. 이 소녀는 항거타 못해 위협에 못 이겨 그리하였다.

간호부가 머리를 풀어 내린다. 이런 만행의 목적은 다만 소녀를 모욕하는 의사에서 나온 것이다. 이윽고 이 소녀는 발가벗은 채로 감방에 끌려갔다. 도중에는 감옥에서 일보는 남자가 많았다. 그 다음날에 다시 끌려 나가니 한 청년 의사(일인)가 신체를 검사하겠다고 다시 옷을 벗겼다. 한참동안 다투다가 겨우 몸만 가리게 하였다. 의사는 소녀를 성희롱만 하고 검사도 없이 도로 옥으로 보냈다. 며칠 후에 고급 경관이 다시 와서 허리와 가슴을 검사하였다. 그후에 이 여학생 중 몇 사람은 출옥하였다. 갖은 악형의 소문이 자꾸 퍼질 때에 '서울 프레스'는 논설을 발표하여 한인이 허위를 잘한다. 당국자는 결코 악형을 가함이 없다 역설하고 있다. 모 선교사가 이를 힐난한즉 기자의 대답이 무론 악형이 없지 아니하나 그 글을 쓸 때는 공식으로 말하므로 그렇게 말하였노라 하였다.

선교사에게 대한 비례(非禮) (차항은 약함) (제11호 1919. 9. 20)

미국 상원의 한국문제, 한국사정보고서(7)

제2장 示威運動 槪觀

태황제의 붕어와 민족자결주의의 풍조가 한국을 일어나게 함에 힘이 되었다. 그 33인의 대표자 중에 절반은 천도교도이요, 절반은 기독교 교인, 그 중에는 평양 길선주(吉善宙)목사, 선천(宣川) 양전백(梁甸伯)목사 같은 이도 있다. 그 밖에 불교도 등이 포함되어 있다.

3월 1일 대표자들은 서울에 모여 독립을 선언하고 시위운동을 개시하였다. 이날 같은 시각에 지방 각 대도회에도 일어났다. 시위운동의 계획은 극히 비밀하여 우리들 선교사는 물론이요 총독부 정탐도 이를 몰랐다. 시위운동을 진압하기 위하여는 야만되고 참혹한 방법이 시행되었다. 남녀노유가 맞고 채이고 찔리고 쪼이고 했다.

물론 교회 학교도 처음부터 이 운동에 참가하여 많은 청년남녀가 열심으로 운동을 지지하였다. 현금 까지 학교는 폐색(閉塞)되었으니 이는 교사 학생 대다수가 체포되었기 때문이다. 관청에서는 개교하기를 강요하고 그렇지 않으면 폐교를 명하려 하니 과연 그렇다면 큰 문제이다. 관립학교는 의식(儀式)으로 만으로도 개교하고, 매일 한번씩 교원들이 모였다 간다 한다. 기독교 교도의 운동이 격심하므로 선교사에게 죄가 돌아간다. 각 신문은 선교사의 선동을 운운하고 있다.

북경에서 모모 선교사에게 전한 원고는 중국에서는 발표되지 않기를 원하였으나 이미 「북경・천진 타임스」, 「노드 차이나 스타」 등 대륙보(大陸報) 등에 게재되었다. 해 기사 중에 있는 만행은 다 사실 그대로이다. 금일 우리들은 오해를 피하기 위하여 여행도 하지 않고 칩거중이다. 교회의 인도자는 말하여 가로되, 금일 우리의 운동은 하나님의 명령이라고.

일본의 대책으로 하는 바는 천도교의 박멸과 기독교에 대타격을 가함이라 한다. 북한 지방 교회는 다수가 일병의 손에 파손되었다. 현재 일인은 표면으로 전에 한 말을 취소하고 선교사를 의심치 않노라 하지마는, 출옥한 이의 보도로 보건대 그들은 선교사를 중상(中傷)하는 여하한 증거라도 잡으려고 고형(拷刑)을 가하고 있다.

우리는 직무상 결코 정치에 간여하고자 아니 하노라. 그렇지만 아무 죄 없는 남녀가 각지에서 학살되고 폭행을 받음을 볼 때에는 실로 몸이 미칠 같도다. (제12호 1919. 9. 23)

미국 상원의 한국문제, 한국사정보고서(8)

제4장 咸興事件(모씨의 진술, 전역)

3월 2일 한밤중에서 3일 새벽(黎明)까지에 함흥시에서 교회학교 학생 수명과 교사 1명이 체포되었다. 이때까지 함흥에는 아무 운동도 없었다.

3월 3일 일요일에 관헌은 철시(撤市)를 명하였다. 이로 인하여 많은 군중이 시가에 회집하였다. 누가 나팔을 불었다. 이를 따라 군중은 '대한독립만세'를 3창하고 태극기를 내둘렀다. 군중 중에 있었던 각 학교 학생이 다수 포박되었다. 이날 소방부들이 소화용 쇠갈고리(鐵鉤)를 가지고 출동하였으나 중상자는 없었다.

3월 4일 영시 30분에 재3차 대시위운동이 개시되었다. 이제야 일본 소방대는 철봉, 소화구(消火鉤), 목추(木椎), 가래(鍬), 도끼 등을 가지고 군중 가운데로 돌입하여 여기저기서 한인의 머리를 찌르고 때려서 잠시 동안에 중상자가 많이 발생했다. 소방부들은 얼굴에서 피가 흘러내리는 한인을 경찰서로 끌어갔다.

부상자 중에 최규서 라는 한 청년이 있었으니 학생이요 그의 형은 순사이다. 이 청년은 왼편 머리가 상하여 그 편으로 머리를 숙이고 피를 흘리면서 고통을 이기지 못하여 끌려가면서 소리 내어 울었다. 그는 수일 전에 위험한 상태 속에 풀려 나왔다.

또 한 사람이 소방부에게 끌려가는데 머리에 쇠갈고리로 뚫린 자리와 얼굴에도 중상을 입어서 알아보지 못하게 되었는데, 유혈이 낭자하다. 또 그의 왼편 발도 상하여 고통의 신음을 발하였다. 이 사람은 50세 노인이요 교인이다. 이름은 채학성(蔡學聖) 씨이다.

경찰서로 끌려간 사람 중에 박이진 이라는 모 학교(교회 외)학생이 있었으니, 그는 두골이 몹시 파쇄되어 수일 후에 거의 죽을 상태로 그 우인의 집으로 방송되었다. 이날 적어도 7명의 남녀가 위와 같은 상태로 경찰에 인치(引致)되었다. 이때에 경관과 헌병은 직접 인민을 포박하지 않고 다만 소방대를 감독하여 소방부로 하여금 포박하게 하였다.

한인은 일언일동(一言一動)의 반항도 없었다. 돌 하나 던지지 않고 막대기 하나 두르지 아니했다. 일인에게 향하여 욕 한마디 하는 이도 없었다. 3월 6일까지에도 함흥 전시가 개시(開市)되지 아니했다. 이로 인하여 시가는 군중으로 찼는데, 우시장(牛市場) 근처에서 다시 시위운동이 일어나니 또 소방대가 돌입하여 다수의 부상자를 내었다. 부상자중 한 사람 변응관(邊應觀) 씨는 후두골을 갈고리로 맞아 죽은 사람같이 끌려갔는데, 경찰은 수일 후에 아무 치료도 가하지 않고 방송하였다. 이날에도 한인은 투석 곤봉 욕설 중 하나도 발하지 아니했다.

수일 후에 믿을 만한 보도에 의하건대, 함흥에서 3,4리 밖 쯤 되는 시장에서 만세를 불렀는데 부른 후에 경관이 효유(曉諭) 해산하였고, 신흥(新興)에서는 3월 13일에 만세를 불렀는데, 경관이 발포하여 사상자가 많이 발생하였는데 그중 물 길러가던 한 여자도 참사하였고, 이것이 한인을 격동시켜 헌병대에 투석하였다 하며, 숭덕(崇德)지방에서는 4명의 한인이 사망하였다.

그동안에 다수의 한인이 체포되었으니, 그 중에 교인이 다수이다. 이상이 3월 15일까지의 사건을 간략히 서술한 것이다. 나는 3월 4일의 광경을 목격한 자이다. (제13호 1919. 9. 25)

미국 상원의 한국문제, 한국사정보고서(9)

제5장 日人의 蠻行(전역, 모씨 서명)

수안읍(遂安邑)에서

3월 시위운동 초기에 황해도 수안읍에서 일어난 시민들이 헌병대에 밀려가 한국이 독립을 선언하였으므로 물러가기를 청함에 헌병대에서는 물론 그러하려니와 서울에서 명령이 와야 되겠다함에 군중이 흩어져 돌아왔다. 두 시간쯤 후에 다시 다른 1대가 와서 또 퇴거를 요구함에 이때에는 헌병대가 이들에 발포하여 5명을 살해하고 기타 부상자가 다수 발생하고, 또한 투옥된 자도 다수이다.

한 노인이 이 같은 만행을 항의하러 갔다가 피살되고 말았다. 그의 처가 이를 발견하고 남편 곁에 앉아서 통곡함에 헌병이 울지 말라 명하나 듣지 않으므로 또한 창으로 찔러 죽였다. 그 다음날에 헌병대로 찾아간 두 낭자도 칼로 찔리고 말았다. 부상자들은 이틀씩 감옥에 있었다. 그동안에 밥만 조금 주고 물을 안주므로 어찌 목이 말랐던지 소변까지 마셨다고 한다.

2일후에 다시 헌병대로 넘어왔다가 그중 몇 사람은 광산병원으로 갔는데 그들의 상처는 치료를 가하지 아니하므로 괴저(壞疽)가 발생하였다 한다. 한 사람은 넓적다리가 심히 다쳤는데 물크러졌으며, 또 한 사람은 팔을 절단하지 않을 수 없게 되니, 옥중에서 상처를 간호치 않는 까닭이다. 병원으로 간 사람은 39세인과 60세 노인 2인이다.

맹산사건(孟山事件)

3월 초순 이곳에서도 시위운동이 있은 뒤에 헌병대에서 56명의 촌민을 불러 갔다. 헌병대에 도착한즉 헌병대 구내에 가두고 담장 위에서 사격하여 전부 총살하고 말았다. 아직도 살아남은 자는 다시 창으로 찔렀다. 53명은 사망하고 3명은 겨우 기어 나왔는데, 그 후 이들 3인의 생사는 모른다는 것이다. 신용할 만한 한 교회부인이 아침 여러 리(里)를 걸어와 선교사에게 이 같은 소식을 보고하였다. 물론 이는 사실이다.

안주(安州)에서

3월 밤중 촌민들이 아무 폭행 없이 만세운동을 행할세, 경찰은 이에 발포하여 6명의 사망자를 내고 다수의 부상자가 발생했다. 부상자는 당지 병원에 수용되었다. 운동 후에 경찰은 집집이 수색하여 목적자(目的者)를 구하지 못하면 부녀자를 구타하고 그 머리채를 잡아 끌어내었다. 한 부인은 이빨 7개가 파쇄되었다. 한 부상자의 모친이 경찰에게 우리 아들이 죽으면 원수를 갚는다 하였다고, 그 경관은 다시 그 집을 찾아가 누어있는 아들을 칼로 찔러버렸다.

반석사건(斑石事件)

3월 29일 나는 반석을 방문하였다. 이는 50여호 되는 마을이다. 교회와 학교가 있다. 지난 7일에 한 시위운동이 있었다. 군대가 와서 교회종을 깨뜨려 버렸다. 등을 파괴하고 성경과 찬미가를 다 찢어버렸다. 남자 5명 여자 1명은 의복을 벗기고 총과 쇠갈고리로 난타를 당하였다. 한 남자는 불에 태워 죽였다. 학교 교장의 집이 파괴되고, 의복궤가 파괴되고 의복은 불태워졌다. 피포자 수명, 5,60세 되는 한 노인은 평양으로 잡혀가 난타 치사하니, 3월 26일의 사건이다.

3월 24일에 한대의 병정이 와서 교회 장로를 찾다가 없음에 그 부인과 유아(2세)를 부근 묘지로 끌고 가서 장로의 행방을 물으니 모른다고 함에(실상 그 부인은 남편의 피한 곳을 모른다) 부인을 벗기고 사정없이 난타하였다. 이날 나는 이 부인과 담화하였다. 부인은 아직도 고통이 없어지지 아니하였다.

강서사건(江西事件)

3월 30일 목사 모씨와 모 부인은 강서에 출장했다. 이곳은 두 분의 말대로 '비참의 극'이었다. 촌민은 선교사의 도착하기를 기다리지 못하고 아침 11시에 주일학교만 모였다. 아침에 한 50명이 마침 기도할 때에 병정이 들어와 개머리판으로 창을 부수고 회당 주인과 기타 남녀 3,4명을 포박하였다. 교회 직원은 이미 다 체포되었거나 혹은 피신하였다. (제14호 1919. 9. 27)

미국 상원의 한국문제, 한국사정보고서(10)

제6장 宣教師 亂打(모씨 진술)

3월 19일 수요일에 나는 강경(江景) 있는 한인 목사에게 그 다음날 그곳에 간다고 전보하니, 나의 목적은 동양 선교회의 소유물을 검사하기 위함이다.

그 다음날 오후 3시경에 나는 일본어에 능통한 조수(助手)와 함께 강경에 도착하여 일본여관에서 휴식하고 저녁을 먹었다. 그곳 한인 목사는 이미 우리들이 올 것을 관헌에 통지하였다 한다.

오후 4시에 목사의 주택과 교회를 검사한 후 교회 소속 대지(垈地)를 조사하려고 밖으로 나왔는데, 마침 5,6인의 소년이 태극기 깃발을 두르며 만세를 부르면서 산비탈로 내려와 어디론가 사라졌다. 나는 이 같은 일을 더 고려하지도 않고 있노라니 이윽고 총 가진 일병 4명이 순사와 함께 달려오더니, 우리를 잡고 때리고 사정없이 차고 하더니 다시 설명도 들으려 아니하고 경찰서로 끌고 가는지라, 길에서 나는 나를 잡은 순사에게 3월 17일 경성발행의 여행권을 보여주었더니, 순사는 보지도 않고 땅에 내어던지는 것이었다. 나는 이를 집으려 하였다. 순사는 나를 차고 머리를 때렸다. 한일인(韓日人)이 다수 집합한 군중 가운데서 한 일인이 나와 곤봉으로 나를 때렸다.

나의 조수 한인은 참혹히 난타 당하였다. 한 사람은 얼굴에 유혈까지 낭자했다. 경찰서에 도착하여서도 우리 두 사람은 다시 난타되었다. 나는 한 방으로 홀로 착거(捉去)되었다. 한 한인 순사를 보고 나의 여행권을 찾아 달라 하였더니 미구에 가져왔다. 이윽고 서장(일인)이 옴에 한인의 통역으로 대화를 했다. 그는 나에게 몇 가지 질문을 했다. 질문 끝에 나더러 대단히 잘못하였노라 하고 여관으로 돌아가라 했다. 나는 이를 거절하였다. 한인 순사는 나에게 대하여 소년 4명은 취조되었으나 그들은 이 강경시에 선교사가 온 줄도 몰랐다고 대답하였다 한다.

여관에서 행리(行李)를 가져다가 저녁을 먹은 뒤에 서장은 다시 와서 사죄하노라 하고 서류 2장에 서명을 하고, 출서(出署)하라는지라, 나는 이 서류(日文)의 내용을 모르는 고로 이를 거절하였다. 조금 지나서 한인 조수 두 사람이 오더니 자기네는 이미 서명하였으니, 나도 서명하라 하나 나는 시종 거절하였다. 8시 30분에 기차가 떠나므로 일인은 인력거 두 채를 가져다 경관 2명을 붙여서 나를 정거장에 모셔다가 대전행(大田行) 열차에 실었다. 나는 대전에서 그날 밤을 지냈다. (제15호 1919. 9. 30)

미국 상원의 한국문제, 한국사정보고서(11)

제7장 病床追憶談(3월 29일)

1. 이인옥(李仁玉), 안주(安州)학생, 19세. 씨는 왼쪽 발이 탄환에

상했다. 안주에서는 3월 2일 4천 명 가량이 회집, 시위하였다. 7명의 헌병 사관이 발포하여 8명이 죽었고, 20명의 부상자를 내었다 한다.

2. 노정윤(盧正允), 안주 성외의 농민, 61세. 씨도 동일 동시에 오른쪽 발을 부상했다. 씨의 진술도 상기와 같다. 단 양인은 별도로 문답했다.

3. 김남산, 27세. 파주(坡州)의 같은 상인과 함께 장에 갔다가 독립운동에 참가했다. 약 1천명이 회집하였다. 6명의 일본 헌병과 2명의 보조원이 나타날세, 일인만 총을 가지고 군중을 사격하니, 씨의 아는 범위에서만 4명이 죽고 3명이 부상했다. 한인은 아무 폭행이 없었다. 씨는 어깨를 상했다.

4. 고면만(高冕滿), 25세, 황해도. 3월 23일 해주(海州)에 가서 관청 앞에서 만세운동을 할세, 일본 헌병순사가 칼, 갈고리, 총을 들고 나와 군중을 찌르고 사격하니 죽은 자가 적어도 3명 부상자가 20명 이상이다.

5. 이돌(李突)사, 뚝섬(?), 23세. 저녁 무렵에 3백 명 촌민이 시위운동을 시작하였는데, 헌병대 앞에 가서 아무 폭행 없이 만세를 부르고 깃발을 두름에 헌병대에서 해산하라고 교섭하는 중에 경성(京城)서 자동차가 내려오더니, 그 중에서 헌병 15명이 홀연히 내려 군중에게 발포한 것이다. 죽은 자 1명 부상자 12명(씨의 아는 범위에서). 그 군중은 거의 다 노동계급임. 씨는 발에 부상을 입고 다음날 아침(26일) 경성 세브란스 병원으로 왔다. 이상 5인은 아무 종교에도 관계없음.

6. 이개똥, 27세. 거주 상동. 씨의 진술도 이상과 상이 없음. 발(足部) 부상.

7. 염(廉)독창(昌), 거주 상동, 35세. 같은 진술. 팔과 허리 부상. 무종교.

8. 송영(宋榮)박, 21세, 동상 거주. 상순(上脣)이 상함. 상동 진술. 무종교.

9. 강용례(康容禮), 36세. 동상의 진술. 족부가 파열되고 무섭게 부상함.

10. 두부에 중상을 입은 사람. 아무 진술도 못하고 반의식상태에 있음.

11. 차(車)오견, 36세, 고양군(高陽郡). 왼쪽 팔 부상.

씨의 거주하는 마을은 철시를 하였는데, 헌병대에서 개시(開市)하라 하여도 듣지 않고 다음날에는 70명의 노유가 뒷산에 올라가 독립만세를 불렀다. 이에 1명의 일본 헌병과 1명의 보조원이 나와 일인은 발포하여 수인을 상하게 하였다. 한인은 국기 2,3개 이외에 아무 것도 가지지 않았고 아무 폭행도 없었다.

12. 안동(安東)안, 54세, 고양군(高陽郡). 씨는 팔을 칼에 맞아 넘어진 후 다시 쇠갈고리로 맞았다. 시위운동은 약 5백 명이 행하였는데 헌병대를 둘러싸고 만세를 불렀다. 한 사관(士官)이 처음에 단총으로 위협하여도 해산하지 않음에 5명의 기마 순사와 무장한 헌병 5명, 사복순사 15명 가량이 군중에 돌입하였다. 한인은 아무 폭행도 하지 아니했다. (제17호 1919. 10. 4)

미국 상원의 한국문제, 한국사정보고서(12)

제7장 병상의 추억담(속)

13. 김광(金光)언, 72세, 안악(安岳). 김광언은 안악장에서 5,6백 명의 만세운동에 참여했다. 헌병대장이 군중을 난타하고 욕설을 가하여 가는 길(過去)을 강제하려 할세, 군중은 헌병대를 에워싸고 왜 사람을 때리는가 힐문하고 포박한 자를 방송하라 하였다. 군중은 해산코자 아니하므로 헌병이 나와서 발포하여 3명을 살

해하고, 20명가량을 부상케 했다. 이에 격동한 군중은 헌병대에 돌을 던지고 헌병은 담 뒤에서 사격을 계속하여 일대 활극을 연출하였다. 이 사람은 어깨를 상하여 경성으로 올라오려다가 진남포(鎭南浦)와 재령(載寧)에서 일인에게 잡혀 고생했다. 장로교인이다.

14. 송윤복(宋尹福), 뚝섬(?), 21세. 얼굴을 탄환에 상했다. 상조골(上腺骨) 뒤쪽에서 탄편이 나왔다.

15. 구락서(具樂書). 비참히 난자되었다. 병원에 온지 두 시간 만에 죽었다. 아무 진술도 없다.

16. 이남(李南)기, 22세, 파주(波州). 쇠갈고리로 심하게 상하여 아무 담화도 하지 못하였다. 3월 29일에 들어와 다음날 오후에 죽었다.

17. 성(成)영, 16세. 3월 23일 밤 10시경에 노유(老幼)가 합하여 만세운동을 행할세, 20명 가량의 병정이 이를 해산할 차로 나왔다. 군중이 흩어질 때에 제일 앞선 병정에게 총으로 손을 상하고, 둘째 병정은 달려 나와 그의 복부를 찔렀다. 상처는 복부에 4,5촌 가량이다.

18. 이(李)한돌, 32세, 동소문(東小門)안. 3월 22일경 수백 명이 모여 만세를 부를세, 물론 한인은 돌이나 곤봉을 가지지 아니했다. 병정이 나와 그를 쏘았다. 그는 아마 한 눈을 잃었으리라.

19. 이선명(李善明), 33세, 미장이. 4명의 헌병이 5백 명의 시위중에 나와 발포, 사망자 1명, 부상자 8명. 기독교 천도교 등에 관계가 없음. 한 개의 탄환이 양 다리를 뚫었다.

20. 정영희(鄭永熙), 34세, 의주인(義州人). 3월 28일 오후 1시, 4백 명의 만세운동. 헌병이 발포, 사망자 8명. 한인은 아무 폭행도 하지 아니했다. 돌질도 없었다. 탄환은 동씨의 목을 뚫었다.

21. 유영(永)건, 42세, 파주(坡州)지방 신산리 교회 장로. 약 1천

의 군중이 맨손으로 만세를 불렀다. 헌병의 사격에 쫓길세, 씨는 불행히 탄환에 명중되었다. 죽은 자 3명. 씨는 목을 상했다.

22. 구(具)전면, 농민, 34세. 광주읍(廣州邑)에서 5,6백 명이 4월 27일 오후 1시에 모였다. 헌병이 발포하여 씨는 목을 맞아 거의 전부가 없어졌다. 사망자 3명. (제19호 1919. 10. 11)

미국 상원의 한국문제, 한국사정보고서(13)

제8장 12인의 담화(4월1일~5일)

1. 송시웅(宋始雄), 보천(寶川), 47세. 상기 진술과 같음(전장 제16 참조). 두개골 정상이 탄환에 상함. 무종교.

2. 성명리(成明理), 득산, 32세. 다리 부상. 의식이 없으므로 어떤 진술도 없음. 무종교.

3. 신선남(辛善南), 27세, 보천 산면 선달리(先達里). 장날에 2백 명의 만세운동에 참가하였다. 헌병이 나와 금지하되 듣지 아니함에 발포하였다. 한인 헌병은 공중을 향하여 발사하였다. 사망자 9명, 부상자 무수. 씨는 다리에 부상함. 무종교.

4. 박(朴)운락(樂), 25세, 고양군(高陽郡), 사면(四面) 교회신도. 3월 말에 각 촌민이 모여 만세를 부르며 아무 폭행 없이 행진하였다. 경성에서 기마헌병이 내려와 해산케 하였다. 5일 후에 헌병이 다시 와서 집집마다 다니며 다수의 인민을 포박하여 경성으로 올라갔다. 총독부(감옥이 아님)에서 난타를 당하였다. 나는 그 상처를 보았다. 씨는 정오에 30, 오후 2시에 30, 합하여 60도의 태(笞)를 맞았다. 기타 다수의 인민이 이와 같은 대우를 받았다. 아래 기록한 3청년은 이상과 여합부절(如合符節)의 증언을 했다.

5. 정흥봉(鄭興鳳).

6. 이전(李田)새.

7. 장(張)우상(相).

8. 박차(朴車)고, 41세, 이천읍(伊川邑). 4월 3일 경부(頸部)에 중상을 입고 세브란스 병원에 와서 응급치료하여 생명은 보존하였다. 씨는 장날에 시위에 참가하였는데 인원이 심히 많았으나 아무 폭행이 없었다. 헌병의 공격에 사상자가 많이 발생했다. 씨는 부상으로 인하여 담화가 곤란하다.

9. 김(金)금동(童), 15세의 소년. 충청도 부친에게 업히어 병원에 입원하였다. 그는 턱과 전완(前腕)을 상하였다. 그의 부친의 진술에 의하면, 4월 1일 시위가 시작되어 밤이 되자 불을 피우고 만세를 불렀다는 것이다. 헌병이 갑자기 나타나더니 발포하여 사망자 1명, 부상자 13명을 내었다.

10. 방준호(方準浩), 25세, 거주 상동. 같은 모양으로 진술. 다리 부분이 부상.

11. 박성균(朴聖均), 44세. 상동. 각처 타박상.

12. 이복윤(李福潤), 26세, 수원(水原). 몇 개 마을 인민이 합하여 3백 명 내지 350명의 군중이 행렬을 지어 면소에 이를세, 면장이 행렬에 참가하여 경찰서로 향하였다. 한 사람의 한인 경관이 나와서 절규하기를, "나는 경관의 복장을 입은 고로 여러 분에게 참가하지 못하노라. 그러나 나의 마음은 여러분과 통하나니 가라. 여러분이여, 만세를 불러라. 우리는 최후의 독립을 찾을 수 있다." 더욱 진행할세, 3명의 일본 병정이 나와 발포하여 2명을 상하게 했다. 일시 해산한 군중 중에서 2명의 사상자가 나옴을 보고 4,50명이 다시 취집하였다. 일병은 이를 다 묶어 갔다. 씨는 확증하여 인민은 아무 폭행도 하지 않고 다만 깃발을 두르고 만세를 부를 뿐이었다고. (제21호 1919. 10. 16)

미국 상원의 한국문제, 한국사정보고서(14)

제9장 具洛書 씨의 慘死

3월 27일 오후 9시경에 경성(京城) 안동(安洞)에서 다수한 청년으로 된 군중이 만세를 불렀다. 수 분간 만세가 계속될 시에 홀연히 다수의 헌병·순사가 나타나 이를 해산시켰다. 청년들은 산산이 평화스럽게 귀가할세, 그중 상기한 청년 구락서 씨도 있었다. 어떤 좁고 더러운 작은 골목에 당도함에 홀연히 뒤에서 누구인지 씨를 와락 밀쳐 넘어뜨리게 하니, 이 짓을 행한 사람은 1명의 순사이다. 다수한 군중에서 구 씨를 주목하여 뒤를 따라 적당한 장소까지 따라온 자이다. 땅바닥에 넘어뜨린 후에는 나무 막대기로 떡갈나무를 찍는 것같이 날카로운 칼로 사정없이 마구 찍었다. 씨의 두개(頭蓋)는 세로로 끊겨 뇌장(腦漿)이 현출되었다. 이것은 적어도 동일한 부위를 세 번이나 내리친 결과이다. 손도 비참히 절단한바 되었으며 왼쪽 손목의 상처도 골격까지 미쳤다.

시체를 목도한 자는 말하기를, 20군데나 찍힌바 되었다 하나 사진에는 10군데만 노설(露洩)되었다. 무장하지 않은 빈손의 청년을 넘어뜨려 칼로 무수히 찍어버린 순사가 도주한지 몇 분 못되어 청년은 고통을 못 이겨 마침내 절명되고 말았다. 지나가던 대한 사람이 이것을 보고 가장 가까운 병원(國濟)으로 호송, 간호하였으나 충분치 못하므로 들것(擔架)에 메고 세브란스 의학교로 출발하니, 대개 생명은 구원할 듯 생각했다. 가는 중로에서 본정(本町) 경찰서의 한 순사가 위협적으로 외국병원에 가는 것을 금지하는지라, 호송하는 이들은 항변하여 일본병원이 여기서 너무 먼 고로 불행히 목숨을 잘못 잃게 되었다고 했다.

일인은 이와 같은 사건을 외국인에게 폭로치 않고자 함이다. 드디어 세브란스 병원에 이르러 진찰함에 인명은 벌써 황천의 객이 되었다. 사망한 정확한 시각은 알 수 없다. 씨의 시체는 참혹의 극치이다. 아아, 이 광경은 결코 잊지 못할 것이로다. 그의 머리와 손은 무수한 칼날에 찍혔고, 그의 의복은 피로 물들였다. 이튿날은 그의 종매(從妹)가 시체방에서 시체를 간수하였다. 그는 아무리 말하여도 그의 사랑하는 이에게서 떨어지려 하지 않았다. 대한의 자유를 위하여 한 청년의 생명이 희생되었다. "우리는 지대하신 하느님이 우리의 가련한 정형(情形)을 보시고 정의와 공도(公道)로 판단하여 주실 줄 믿습니다."

(附) 지금까지 순사자(殉死者)가 1천여 인이며, 재감자 6천여인(在監者 수는 단 검사의 체포장에만 의한 수, 역자)이다. 대한 민족은 일봉단검(一棒單劍)도 없는지라. 그러나 하나님이 공의와 정도로 통찰하시는 줄 아는 모든 백성은 그들의 공수(空手)를 높이 들고 하나님을 부르고 있다. (제22호 1919. 10. 25)

미국 상원의 한국문제, 한국사정보고서(15)

제10장 생략

제11장 一少女의 獄中苦楚談

5월 5일에 나는 몇몇 친우와 더불어 모국의 자유를 절규하는 시위행렬을 남대문에서 참가하여 종로로 향하여 행진하면서 만세를 환호하였다. 행진이 덕수궁에 당도하자 일인 순사가 갑자기 나타나서 나의 머리채를 잡아 넘어뜨리고 무정한 구둣발로 마구 참에 나는 거의 기절하였다. 머리채를 끌리어 종로 경찰서에 구인(拘引)되고 말았다. 경찰서 입구에 열립(列立)한 20여 명의 순사에게 어떻게나 발로 채이고 칼로 맞고 빰을 맞았던지 거의 혼절되어, 어떤 때에는 내가 매를 맞는지 혹 타인이 매를 맞는 것인지 분별치 못하였다. 참으로 이와 같은 만행을 나는 참고 견디지 못하였다. 나의 수족은 유혈이 되고 전신은 푸른 멍으로 편만했다.

나는 한 방에 피수(被囚)되어 이곳에서도 여전히 폭행의 먹이가 되었다. 그들은 나를 질질 끌기도 하고 빰도 치고 칼로 때리기도 하다가 한쪽 구석진 방에 처박히게 되었다. 이후의 형편은 기억할 수 없으니 기절되었던 것이 분명하다. 다시 눈을 들어 봄에 청년 남녀로 가득 찬 한 방에 누워있음을 알게 되었다. 얼마 뒤에 우리는 한 사람씩 신문을 받았다. 그들의 소위 신문하는 방법을 일일이 또 명료하게 기술하기 불가능하다. 양 다리를 묶어 꿇어앉게 한 후 문답은 으레 빰따귀를 치고 얼굴에 침을 뱉는 등 심지어 "매음한 처녀귀신이 애기를 배었다"(매음여귀 회임처녀·賣淫女鬼懷妊處女)라는 등 온갖 욕설패담(辱說悖談)을 거침없이 하였다. 유방을 노출하라는 명령을 불응함에 그들은 나의 상의를 찢어버리고는 사람의 입으로는 차마 말하지 못할 언사로 조롱하였다.

나의 손가락을 결박하고 확확 잡아당김에 기진하여 엎어지고 넘어지자 신문하던 관리는 성난 목소리로 소리 높이 외치면서(吼號) 전과같이 꿇어앉으라 하고 달려들어 유방을 꽉 쥐고 난타하였다. 이 같은 폭행은 다시 어디 있을까! "이년 독립을 원해! 망상(妄想)이다. 감옥에서 독립을 좀 해보랴? 너의 생명은 한 칼에 없어지리라"하고 머리채를 잡고 어지럽게 뒤흔들며 귀를 꺼들어다가 그래도 만족치 못한지 큰 몽둥이로 머리를 난타한 후에는 양손을 펴게 하고 무거운 의자를 들게 하며, 만일 힘이 다해 떨어뜨리면 큰 몽둥이로 양 팔꿈치를 사정없이 구타하였다. 그리하고는 창앞에 꿇어앉게 한 후 여전히 의자를 들게 하고 의자가 내려오던지 혹 치에 닿던지 하면 또 난타하였다.

이와 같이 한 시간 나머지를 지난 후 사다리(樓梯)를 내려오라 한다. 기갈역진(飢渴力盡)하여 촌보도 옮기지 못하게 되어 기어서 사다리에 당도하여 억지로 일어나 한걸음을 내딛고 내려가려 할 때 피곤이 지나치게 겹쳐 그만 사다리 채 굴러 떨어지고 말았다. 다시 혼절되었다. 정신을 차림에 또 다른 방으로 기어가게 되었다. 그 방에 있는 일인 순사는 나의 기어가는 모양이 매우 재미스럽게 여기며 박장대소하였다. 나는 이때에 기도하였다. 예수께서 은연중에 나타 나사 나에게 무한한 안위를 주셨다. 나는 그 은혜를 감사해 마지아니한다.

경찰서에서 이와 같이 닷새를 지난 후 서대문감옥으로 압송되었다. 그곳에서는 의복을 전부 벗기게 하고 다수의 남자가 보는 가운데에 한 작은 감방으로 피수(被囚)될 때에 당한 조소는 이루 형언하기 어렵다. 이 감방에는 나와 같은 이 16명이 있었다. 방이 작아 기색(氣塞)되었다. 돼지 굴 같이 뒷간도 방안에 있다. 아니 너무 더러워서 돼지도 있지 못하겠다. 먹으라고 주는 것은 콩과 소금이다. 그것도 '개돼지'라는 욕과 같이 먹는다. 이날에는 감옥 의사와 그 밖의 몇 사람이 와서 알몸으로 나의 체중을 단다. 그들도 조소와 얼굴에 침 뱉기(唾面)를 그치지 않았다. 공판이 머지않아 있다는 간수의 말을 듣고 나는 그날을 가뭄 비(旱雨)와 같이 기다렸다. 대개 나의 원정(冤情)을 호소할 기회가 있을까 함이다. 그러나 슬프다 며칠 후에 심문도 죄목도 없이 방출되었다. (제24호 1919. 11. 1)

미국 상원의 한국문제, 한국사정보고서(16)

제12장 出獄한 一女學生의 談

3월 3일 나는 평양에서 피착되어 경찰서로 구인되니 이미 먼저 들어간 남녀가 많았다. 적은 우리들에게 음주흡연 여부와 신교(信敎) 유무를 신문한 후 감리교인 여자 12명과 장로교 신자 2명, 천도교 신자 여자 1명 외에는 다 경형(輕刑)을 가하여 방송하였다. 감리교인중 3명은 매서인(賣書人)이다.

다수한 남자 중에서 우리들 10여 명 여자를 옷을 벗게 하고 신문할세, 우리들의 죄목은 다만 길에서 만세를 불렀다는 것뿐이다. 적은 나의 전신이 땀에 젖도록 난타한 후 "더우냐" 냉수 하면서 냉수를 끼얹었다. 다시 양 팔뚝을 뒤로 바싹 결박하고 재차 난타하여 전신에 땀이 젖게 하며, 냉수를 끼얹으며 "대단히 차지" 하며, 또는 담뱃불로 사정없이 지졌다(인두로 지진 일도 있다). 난타의 결과 혼절된 이도 적지 않다. 월경 중에 있는 한 소녀는 옷 벗기를 불응하다가 의복을 찢기고 난타를 당했다.

이와 같이 4일을 경과한 후 감옥으로 압송되니 남녀를 한 방으로 몰아넣었다. 옥중에서 한 노인은 매에 못 견뎌 죽고 말았는데, 같은 방의 한 여자(賣書人)는 전감(轉監)을 요구하였으나 철야 시체를 수직(守直)케 하였다. 한 여자는 양 손이 결박되고 양발은 차꼬(足枷)로 채움을 당했다. 적은 성경을 빼앗아 갔고 기도를 금지하며 온갖 악구비언(惡口誹言)을 퍼부었다. 이와 같은 만행은 다 일인의 소위(所爲)오, 조선 순사는 하지 않았다. 적은 예수를 모욕하며 외국인 선교사가 무슨 말을 하더냐고 힐문하였다. 교회학교에서 수학(受學)한 자와 선교사와 교제가 있는 자에게는 폭행을 더욱 가하였다. 매로 인하여 형용을 몰라보게 된 자도 있다. 상술한 여자 중 한 사람은 옥사했다.

제13장 大邱 蠻行

3월 8일 시위 시에 제3교회 조사(助事)의 아들 김용해(金鎔海) 씨를 일인이 잡아 넘어뜨리고 두부와 목뒤를 사정없이 차서 유혈이 낭자케 하여 구인하였으나 이는 목도자의 입증이다. 이 청년은 2주일간 재감 중 옥문 큰 철륜(鐵輪)으로 두부를 맞아 방출된 지 수일에 이 청년은 머리의 고통이 격심하여(머리 한편이 없는 것

같다) 울부짖다가 인해 정신착란이 되더니 10일 만에 죽고 말았다. 임종 시에 "나는 무죄거늘 이 어찌된 벌이뇨" 하고 연속 호소하였다. 간치의(看治醫)는 사망의 원인이 두부의 타상이라 증언하였다. 이 사람의 시체는 기자가 목도하였는데 두개와 목뒤에 퍼런 멍이 편만하였다.

씨는 대구에 유명한 신사요 그의 부친도 역시 재감중이며 가족중 한 사람도 빈사(瀕死)에 있었다.

모 시에서는 시위운동 시에 3인은 총에 맞아 죽고 중상자가 다수이며, 4,50명의 피착자를 내었는데 중상자중 한 사람의 담화는 아래와 같다.

시위운동이 있었던 밤늦게 나는 약 15인과 함께 한 주막 앞에 서있었다. 나와 같이 서있었던 자중 몇 사람은 그날 부상을 입었다. 일병 3명과 순사 8인이 와서 해산하기를 요구하는데 우리 형이 무죄한 양민을 살상함을 힐난하였는데, 대답은 없이 총으로 때리는지라 내가 다시 그 무법함을 책망하니, 일병은 홀연히 사격하여 탄환이 나의 허리를 관통한지라, 상한 입에서 붉은 피가 용솟음치나 나는 더욱 항힐(抗詰)을 그치지 않음에 목 부분에 다시 한 방을 받으니, 이 제2탄은 당지 한 일인 상인이 쏜 것이다.

그날 군중을 살상한 것은 두 일본 평민의 짓이다. 일인은 사상자수를 공포하되 비상히 주려서 발표함에 상세한 사망자 및 암매자의 수는 알 도리가 없다.

4월 10일 나는 법정에서 70여 명의 기독교도의 재판을 방청하였다. 그중 몇 사람은 시위행렬에 수행할 뿐이요 만세도 부르지 아니했음에도 불구하고 6개월 징역에 처하였다. 일인은 법률을 여하히 해석하는지 알지 못하겠다. (제26호 1919. 11. 8)

미국 상원의 한국문제, 한국사정보고서(17)

제14장 생략

제15장 동창(東昌) 示威運動

동창은 3백여 호를 가진 한 마을이다. 3월 29일 장날을 당하여 몇 아동의 선동(先動)으로 시위운동이 일어났다. 결과는 다수가 체포되었는데 그중 여자 5인이 있었다. 항례(恒例)의 '여자 나체심문'의 소문이 전파됨에 5백여 명의 군중이 회집하여 경찰서를 처부수자 하였으나, 그곳 예수교회 조사(助事)의 권고로 폭거(暴擧)로 나오지 않고 대표 2인을 선거하여 여자의 의복을 벗기게 함의 불법함을 항의하니, 경찰서장이 대답하기를, "너희들이 오해로다. 일본 법률은 이(여자 나체심문)를 허락하노라" 그러면 남자와 늙은 여자의 옷은 벗기지 않고 청년 여자에게만 이 같은 만행을 함은 무슨 까닭이요 하고 힐문함에 서장은 소답(所答)을 알지 못하였다.

대표의 항의는 점점 강경해지고 군중의 형세는 더욱 위험해짐에 서장은 필경 4인만 남겨두고 그 나머지는 다 석방하기로 동의했다. 그러나 군중의 분노는 가라앉지 않아 위험지경에 들어가려 할세, 조사와 그 외 몇 사람의 충고로 간신히 해산하고 집으로 돌아왔다. 미구에 시위운동이 다시 일어나 몇 사람이 피살되고 다수가 부상을 입었다.

제16장 일본의 경찰방법(警察方法)

본 장은 평양 선교사 가택 수색과 모리스(감리교 선교사)목사의 체포된 전말이다. 우리가 잘 아는 사실이므로 생략함.

제17장 제중원장(濟衆院長) 에비슨 박사의 보고

4월 10일 오전에 이노우에(井上)라고 하는 헌병부장이 병원에 와서 재원한 병자 중 심문할 자 몇 사람이 있은즉 이 사람들을 대화정(大和町) 헌병대로 즉송하라 하였다. 이는 외과의 류들로 박사의 허락이 있어야하겠다 하고 해 박사에게 물어본즉 대답하기를, "이들을 다른 곳으로 옮기는 것은 병자에게 해가 되므로 원내에서 심문하는 것이 좋다"함에 이노우에는 동의하고 심문을 비밀히 하겠고, 한 사람마다 1시간씩을 요구하겠다 하였다.

그날 오후에 나가세(長瀨) 헌병부장이 9명의 헌병을 거느리고 와서 심문할 7인의 명단을 제출하였다. 류들로 박사가 동반하여 병상을 옮기지 못할 병자를 지적하여 병상에 있는 그대로 심문하게 했다. 심문은 예상외로 신속하게 5시반경에 종료되었다. 동 부장은 7인중 5인은 재심문을 요구하므로 끌고 가겠고, 나머지 2인은 퇴원전 24시간에 경찰서로 통고하라 했다.

류들로 박사를 불러 해 병자들의 이원여부를 물어보니 류들로 박사 말하기를, "이들 병자들은 치료를 더 요구한즉 이원함이 불가하다"함에 부장은 헌병대에도 의사가 있은즉 상당한 치료를 행하겠다 하였다. 류들로 박사는 그중 특별히 3인의 이원은 절대로 반대하였다. 필경은 2인만 남겨두고 하기 3인은 끌고 갔다.

廉明석 배와 팔뚝에 총탄상

宋영福 얼굴에 총상, 탄환 취출(取出)

李明지 허리와 다리에 총탄상

그밖에 4인은 병원감독 에스텝 양에게 위탁하여 퇴원전 24시간에 경찰서로 통고케 하였다. 그 명단은 다음과 같다.

李개동 오른쪽 허리와 왼쪽 무릎에 총탄상

康容이 허리에 총탄상, 일부가 열락(裂落)

金일남 허리와 뺨에 총탄상

柳순明 양 허리에 총탄상 (제28호 1919. 11. 15)

미국 상원의 한국문제, 한국사정보고서(18)

제18장, 19장 생략

제20장, 21장, 22장은 수원 학살사건을 상술

제23장 신계사건(新溪事件)

4월 20일(일요일) 오후에 황해도 신계군 용덕촌(龍德村)에서 하기의 사건이 일어났다. 면장(일인)이 2인의 순사와 함께 와서 해지방 전도사 송창식(宋昌植) 씨의 가택을 수색하였다. 송씨와 송씨부인은 마침 다른 마을 교회로 가다 순사가 송 씨의 노모를 난타하고 어린 아이를 공하(恐嚇)하고 물독과 기명과 세간을 파쇄하고 서적을 훼분(毁焚)하였다.

또 그곳 교회목사는 훌륭한 청년으로 가산도 넉넉하고 경성 성경학원을 필업하였다. 3월 1일 송 씨는 다른 곳에서 체포되었다. 순사가 송 씨의 집으로 가서 송 씨의 조부를 난타한 결과 두부에 심한 흠집을 남겼다. 또한 학교교사를 구타하고 예수교인의 세간을 다 부수었다. 그래도 부족하여 교당과 창・등・난로 모두 파쇄하고, 강단・성경・찬송가책 등을 뜰에다 내놓고 불사르고 말았다. "예수교인과 같이 누천(陋賤)한 사람은 이 땅에서 생활할 권리가 없고 다 축출하겠다."고 그들은 말하였다.

이 마을에서는 시위운동도 없었다. 다른 마을 시위운동에도 참가한 사람이 없다. 수일 전 면(面)에서 비교인들이 시위운동을 행하여 6인은 즉사하고 다수가 중상을 입었다.

제24장 관립학교 소녀의 담

3월 1일 하오 2시에 우리는 탑골공원(塔洞公園)에서 출발하여 대한문, 광화문, 서문, 프랑스・미국 양 영사관을 통과하여 다시 대한문으로 와서 2시반 정동(貞洞)을 향하면서 만세를 실컷 불렀다. 헌병들이 나와 행렬을 막으나 그냥 밀고 나가 총독부를 향할 세, 한 고등관이 칼을 빼어들고 군중 가운데로 돌입하여 난자하였다. 나는 등에 칼로 찔려 넘어짐에 적은 머리를 마구 쳐서 약 20분간 혼절이 되었다. 다시 정신을 차리고 보니 이는 빠지고 코와 입술은 찢어지고 온 몸은 핏덩이가 되었다. 어깨에는 세치의 칼 상처가 있고 두 다리는 퍼런 멍이 편만하였다.

제25장 곽산(郭山) 정주(定州)

곽산 교당은 어제(4월 25일) 피소(被燒)되었다. 불을 끄려는 교인들의 접근을 불허하였다. 정주에서 체포된 자에게 행한 만행은 아프리카 만인도 차마 못하리라. (제31호 1919. 12. 2)

미국 상원의 한국문제, 한국사정보고서(19)

제26장~제29장은 생략함

제30장 모 미국인의 사신(私信)

부주전(父主前)

이곳의 근상(近狀)을 대략 아뢰고자 하나이다. 금번 독립운동에 선교사의 참섭(參涉)이 있었다함은 전연 근거 없는 유언(流言)이올시다. 주동자 중에 목사가 많이 있다 하므로 선교사가 선동함이라 하나 운동이 시작되기 까지 우리 선교사들은 전연 알지 못했습니다. 모모 목사의 참가가 최대한 영향이 있었는데, 관헌은 도리어 선교사를 의심합니다. 금번 운동은 그 방법, 처변(處辨), 정신이 순한인식(純韓人式)이요, 또 그들의 특성을 표시합니다.

가장 유력한 목사와 장로와 학생과 교인의 다수가 지금 옥중에 있음을 보면 그들의 평시 영향이 한인 간에 어떠하였던 것을 알 수 있습니다. 그러나 그들은 선교사를 암흑 중에 있게 하고 가장 친근한 자에게도 터럭 끝만큼의 눈치를 보이지 아니하였습니다.

한 자루의 총이나 칼도 없이, 재정의 후원도 없이, 이용할 우방(友邦)도 없이, 세계의 최강군국(最强軍國)을 항박(抗駁)하려 드는 자신과 용기가 우리 선교사 중에는 한 사람도 없는 줄로 알고 있습니다. 한인은 현상대로 지내는 것보다 차라리 죽으리라는 결심이 확실합니다. '민족자결 아니면 민족자멸'이 이번 운동의 정신인가 봅니다.

시위운동은 밤낮으로 계속됩니다. 특히 수백 수천이 회합되는 장날을 많이 이용합니다. 전국을 통하여 학생이 동맹휴학(罷學)하였고, 혹 몇 사람이 강제 상학(上學)을 하나, 글(학과)에는 마음이 없으며, 상인은 파시(罷市)하여 매일 총과 창 아래의 강박이 있으므로, 혹 개시(開市)한 자도 있습니다. 교통이 두절되어 고을 간의 형편은 상세히 알 수 없으나 시위운동이 2개월간을 계속하고, 이제까지도 정지되지 않음을 보면 마을마다 시위를 모두 행하였나 봅니다.

전국 어느 곳을 물론하고 시위운동이 거행되지 않은 곳이 없으며 빈부귀천 예수교 불교 유교 교회학교 공립학교 분별없이 독립만세를 소리 높이 부르지 않은 한인이 없습니다. 그들은 사망과 피착(被捉)과 구타를 무서워하지 않고 다만 그들의 원성(怨聲)이 인자하신 하느님(天神)께 도달하며 자유와 정의의 원호(援護)가 있기를 바라나이다.

그러나 이를 진압하는 방법은 잔인무도합니다. 사실상 진정시키기는커녕 도리어 불길에 기름을 붓는 격이 되었습니다. 체포는 반드시 곤봉, 총검, 주먹, 채찍이 동반하며, 유죄무죄를 가리지 않고 군중을 향하여 난사하며 부녀 · 노유에게도 폭행이 혹렬(酷烈)하며, 예수교인은 만세를 부르고 안 부르고(呼不呼)를 상관없이 악행의 먹이가 됩니다.

다수의 교당이 소실되었습니다. 2주일 전 모처에서는 수십 인을 교당으로 초래한 후 학살을 난행하고 교당을 불태워버렸다 합니다. 옷을 벗는 것은 한인 여자의 가장 금기(禁忌)하는 바라, 일인은 '나체심문'을 자행하므로 이를 유일의 오락을 삼나이다.(중략)

일인이 한국에 물질상 발전을 주었다 하나 한인은 자유라고는 조금도 없습니다. 사신(私信)의 비밀도 없고 상업은 일인과 정당히 경쟁하기 불가능하며, 학교의 수는 극소한데다 교과서까지 변작(變作)하여 한국의 언어 역사는 가르치지 않고 다만 일본을 찬양할 뿐이올시다. 한인 부형은 자기의 자제를 일본학교에 보내어 가장 꺼리는 일본어로 무용무근(無用無根)한 사실을 배우게 할 때에는 액완요두(扼腕搖頭: 분해서 주먹을 불끈 쥐고 머리를 흔듬)를 말지 아니하나이다.

성경은 교회학교에서도 교수함을 불허합니다. 한인은 고등학식을 연구하지 못하게 하느라고 한국 안에는 고등 정도의 학교가 결핍(乏絶)하고, 일본 동경에 몇 백의 학생 외에는 외국유학을 절대로 엄금합니다. 신작로가 좋기는 하나 경작에 분망한 농부를 무상(無償)으로 강제 사역함이니, 그 이해가 어떠할까. 동일한 일을 하면서도 한인은 일인 동급 관리의 받는 바의 반액을 받습니다. 그러나 납세자는 한인이올시다. 한인도 상당한 권리 없는 납세의 의무는 인정하지 않는 바이올시다.

1919년 4월 30일. (제32호 1919. 12. 25)

3. 韓國人에게 대한 日本 藝術家의 使命(讀賣新聞)

일본 미술가 야나기(柳宗悅)[2], 예술가는 이렇게 말한다.

2) 야나기 무네요시(柳宗悅, 1889~1961). 야나기는 미술연구에 몰두, 민예(民藝)운동을 제창, 동경에 민예관을 설립했다. 한국 민속예술의 우수성을 찬양하는 여러 편의 글을 남겼다. 특히 일제가 경복궁 광화문을

최근 한국에 독립사건이 발생한 후 나는 이에 관한 일본 식자의 언론에 항상 주목하여 왔다. 그러나 불행히 한 사람도 한국문제에 관하여 진정한 이해와 동정을 가진 자를 발견하지 못하였노라. 나는 한국의 예술에 의하여 한인의 충심기원(衷心祈願)이 무엇임을 알므로 한인에게 심후한 동정을 표함에 주저치 아니한다.

일본은 한국에 재정을 보내다가 군대와 정치가를 보내었다. 그러나 어떤 예술가가 한인과 악수한 적이 있는가. 어떤 종교가가 한인의 심령을 구원하러 갔는가. 나는 단언하노라. 한인은 결코 금전을 바라지 않고 총독부를 바라지 아니함을. 한국 역사에는 황금시대가 있었다. 한국 신라(新羅)시대의 융성은 동아의 일대 기관(奇觀)이었다. 그러나 북으로 중국의 횡포와 동으로 일본의 입침(入侵)은 유시(有時)로 한인의 생활을 안정한 데 두지 않았다. 아시카가(足利)막부 시대에 일본은 한국 고래의 예술품(회화 건축 조각 등)을 다수히 파열(破裂)하였다. 중국은 종교와 예술을 한국에 주었으나 일본 사무라히(武士)들은 이를 파열하였다.

인생은 짧으나 예술의 생명은 길다. 전승의 일본 무사와 한국 예술의 고적이 어느 편이 더 인류의 애모의 염(念)을 끌고 있나. 장래에 보면 알리라. 한국에 대하여 진정한 동정을 표한 나라는 하나도 없다. 횡포한 중국의 세력이 한국을 떠나자 러시아의 손이 왔다. 다시 일본이 왔다. 한인의 독립과 자유를 빼앗았다. 일본은 한인에게 내부적 생명을 주려한 적은 한 번도 없다. 타인의 지위는 탈취할 수 있어도 의지를 탈취할 수는 없는 것이다.

일인의 한인 교육방침은 전혀 한인의 요구 즉 한인의 역사와 사상을 무시한 것이었다. 일본인은 일어를 강제로 사용시킨다. 일본인의 덕과 일본 황실에 대한 충성을 강제로 요구(强求)하고 있다.

헐고 그 자리에 조선총독부 청사를 건축할 때에 야나기는 적극적으로 반대하면서 한국 민예물을 옹호함으로써 일본 당국의 요시찰인물이 되기도 했다. 그는 1924년 경성에 조선민족미술관을 개설했다.

만일 우리가 이웃나라와 영구한 평화를 도모하려 하면 먼저 애정과 동정으로 우리 자신의 마음을 청결케 하지 아니하면 아니 된다. 불행히 일본은 한국에 칼을 심어왔다. 목하 한국 전 국민은 공고한 배일열(排日熱)을 가졌다, 원한을 가졌다. 저들을 일본에서 분리하기를 원하고 있다. 독립이 저들의 이상이다. 또한 이것은 당연한 일이다.

한국인이여, 나는 경등(卿等)에게 관하여 아무 지식도 없고 아무 경험도 없다. 그러나 나는 경등의 예술을 알므로 경등의 충정을 살피노라. 나는 경등의 장구한 비운의 역사를 알므로 경등에게 대하여 무한한 동정을 금치 못한다. 나는 지금 나의 귓가에 경등이 오래 동안 예술에 무엇을 탐구하여 왔으며 또한 무엇을 기원하여 왔음을 듣는 듯하다.

한국인은 비록 전 일본 식자가 다 경등을 멸시한다 할지라도 이 글을 쓴 한 사람이 있음을 기억할지어다. (제11호 1919. 9. 20)

4. 韓國民의 勇氣(奇一 박사의 논문의 概略) (1)

수십 년 전 우리나라에 와서 전도 사업에 종사하던 게일(James S. Gale, 奇一) 박사는 언더우드(Horace G. Underwood, 元杜尤) 박사와 함께 우리 국민의 은인으로 기억하는 바요. 또 합병 이후에 한인의 무기력을 개탄하여 한족의 열등민족임을 필설로 역설함으로써 우리 국민의 원망(怨尤)을 초래한 것이 게일 박사이던 것도 누구나 기억하는 바다. 박사는 3월 1일 이래의 우리 국민의 행동과 일본의 포학을 목격하고 분연히 한 자루 붓을 감추고 영국에 건너갈세, 이 논문은 재미 이대위(李大爲) 선생에게 보이니, 이것은 박사의 저작중인 한국문제의 일부분이다.[3] 전문을 간행치 말라

3) 게일(James S. Gale)은 *History of the Korean People*(韓國民族史)를

는 구약(口約)이 있으므로 그 중의 몇 절만 초역하노라(기자).

한족을 아는 외국인은 한족을 용기 없는 민족으로 생각하고 있다. 그가 혹 강압의 아래에서 광포(狂暴)한 행동을 할는지 몰라도 어떤 위해(危害)에 대하여서든지 미소로써 이를 대하는 태연자약한 용기가 있으리라고는 아무도 믿지 못한다. 그러나 기념할 과거의 두 달 동안 한족은 이 용기를 보였나니, 그동안에 한족은 공포라는 것을 몰랐으며 전장에 임한 대장과 같이 냉정하고 전후를 헤아리는 용기를 보였던 것이다.

한족은 과거에 이미 일인이 어떻게 세세한 무수 법령을 만들어 그네의 수족을 속박하였으며, 어떻게 다수의 정탐(偵探)을 배치하여 낮에 하는 말은 새가 듣고 밤에 하는 말은 쥐가 들어 경무총감부(警務總監部)로 한인의 일동일정을 보고케 하였으며, 어떻게 그네의 애국자를 모욕하고 악형하였으며, 어떻게 포학하게 한인의 남녀노유를 구타하며 학살하였는지를 잘 알고 있다. 10년 동안 한국은 하루도 자기를 움켜 죽인 식인귀(食人鬼)가, 누구나 일어나 감히 입을 벌리는 자면 다 없이하고 말리라는 위협을 감각치 않고 지낸 날이 없었던 것이다.

이런 줄을 알면서도. 이런 것을 다 무릅쓰고 3월 1일에 33인의 지도자를 선두로 용감하게 각지에 일어날 용기를 가졌다. 전국의 군대를 희생하여 수백만의 독일군에 항거하던 벨기에는 용감하다. 그러나 우리는 무기가 없다. 전쟁할 힘이 없다. 상제(上帝) 외에 호소할 데도 없고 우리를 구원할 자도 없다. 우리의 육체도 우리 것이 아니니 오직 우리의 정신이. 오직 우리의 정신은 결코 굴함이 없으리라 할 때에 한족은 더욱 용감하였던 것이다. 이 말을 하며 그네는 용왕매진하였다. 온갖 복락을 웃는 얼굴로 다 내어던지

1927년에 출간했다.

고 조용히 포박(捕縛)애 나아가 반항 없이 끌려갔다. 옥문이 한번 닫힌 뒤에 영영 그네의 소식은 끊기고 다만 죽을 뻔한 고통의 기별이 들릴 뿐이되, 집에 있는 그의 처는 태연한 안색으로 "근심 없어요, 나라 일이니." 하였다.

나와 같이 이 광경을 목도한 자는 누구나 이것이 최상급의 용기인줄을 알지니, 16세기에 나 같은 순교자(殉教者)의 용기도 이에 더치지는 못하리라.

첫날은 혹 어찌 될 줄을 모르고 그리 하였다 했다. 그날 저녁이 되기 전에 군중은 군도로 찍히고 소방대용의 쇠갈고리로 끌리고, 방망이로 얻어맞고, 총으로 쏘이고, 발에 밟히고 말발에 채였던 것이다. 아마 그때에 한국을 지배하는 악마는 사량(思量)하되, 이 우준(愚蠢)한 무리에게 한 교훈을 주었으니, 다시는 여간해서 일본에 반항하여 일어날 생각을 아니하리라 하였을지나 그는 잘못 알았던 것이다. 한인의 시위운동은 금일(4월 30일)까지 그치지 아니하고 곳곳에서 밤낮으로 마치 신병(神兵)이 홀출홀몰(忽出忽沒)하는 모양으로 모여서 대한만세! 독립만세를 외치고 있다. (제11호 1919. 9. 20)

한국민의 용기(奇一 박사의 논문의 개략) (2)

한인은 한 번도 일본을 저주하거나 원차(怨嗟)하는 언사를 발한 적이 없었다. 동포의 학살과 구타를 당하는 모양을 보고, 또 어차피 옥중에서 심한 악형을 당할 줄을 아니하려고만 하면 몽둥이나 도끼나 돌멩이나 되는 대로 들고 지방에 산재한 일본인을 학살할 수도 있었으며, 경성의 전 시가를 태워버릴 수도 있었을 것이다. 그리하고라도 입으로 자유를 절규한 죄보다 가볍게 악형을 당하였을 것이언마는 현금의 한족은 결코 그리할 민족이 아니다. "아무도 상하지 말라. 폭행을 말고 다만 우리의 의사만 표시하여라. 이것이 옳으니라."

일본인은 총과 칼로 확실히 한인을 진압하리라고 자신하고 있다. 그러나 1단이 진압되면 다른 1단이 대신 일어났다. 특히 한족의 용기로운 특색이 청년 여자로 하여금 표현되고 있다. 그들은 채이고 맞고 마침내 옥에 들어가 가장 용장(勇壯)한 남자라도 견디기 어려운 악형을 당할 줄 알면서도 깃발을 두르고 만세를 불렀다.

3월 5일에 잡혀간 여학생 중 한 학생의 서간에, "우리는 그 추운 밤에 발가 벗기어 일인 남자의 앞에 오래 섰나이다. 어떤 형사부의 순사가 나더러, '고양이 모양으로 네 발로 기어 저 거울 앞으로 지내가거라. 허 참 네 모양이 어여쁘기도 하다.' 하더이다. 그러나 비록 저들이 나를 발가벗기고 흉악한 악형을 다 한다 하더라도 조금도 마음에 원통치 아니하오니, 이것도 다 내 나라를 위하여 하는 것임에 달게 받을 뿐이로소이다." 하였다.

상류가정에서 귀엽게 자라난 어떤 서양 젊은 부인네나 다름없이 체면을 중히 여기는 처녀들이 웃는 낯으로 이러한 고초를 당하였던 것이다. 일전에 경찰이 애써 포박하려는 한 처녀를 대하여 조심하고 아무 일도 말라 하였더니 그는 태연히 웃으면서 후의(厚意)만은 감사하고 또 나갔던 것이다.

한족이 용기 있는 민족인 표는 무식한 농민에게도 드러나고 있다. 그네는 농가에 묻혀 인생의 대문제에 접촉할 기회가 없건마는 그네는 각성하였다. 인제는 모두 자유의 권리를 가진 것을 자각하고 90도의 흉악한 태형(笞刑)을 당할 줄 알면서도 밭 갈기를 중지하고 나가 자유를 부르짖었다. 어제 나를 방문하였던 증경(曾經) 도(道)장관에게 어찌하여 시골 인민들이 저러한 혹형을 당하면서도 계속 일어나느냐고 물었더니, 그는 "자기네의 하는 일은 의(義)다. 의는 마침내 이기리라 하는 확고한 신념이 신기하게 전 인민의 마음에 박혔음이라." 하였다.

게일 박사는 한족의 용기를 증거하는 실례를 혹은 어린이 혹은 상인 혹은 귀족 등 각 계급에서 인용한 후에 결론하여 가로되,

한족은 무기도 없고, 전쟁할 시기(時機)도 없고, 일본 외에 호소할 곳도 없건마는 그 일본이 한족에 대하여 불신실(不信實) 불공정하다. 한인은 묻고 말하되, "하고 싶은 포학(暴虐)이란 다 하여라, 죽이겠거든 죽이고 욕 보이겠거든 욕 보여라. 우리는 다만 하나님께 호소하리라. 아직도 세상에 공정한 사람이 남았거든 그에게 호소하리라." 하였다.

일찍 우리는 한족을 겁나(怯懦)한 민족으로 알았으나 현대의 한족은 세계의 역사상에 거의 유례없는 용기와 자제력을 가졌음을 실증하고 있다. (제12호 1919. 9. 23)

5. 背約 又 背約, 日人의 信用은 國際的으로 失墜되었다

10월 27일 영문(英文) '호보(滬報)'에 기재된 제임스 에디슨(James Edison)씨의 논설 중에서

일본의 정치가들과 선전운동자들은 과거 6개월간 연속해 변명하기를 일본은 결코 맹약을 파괴한 적이 없다 한다. 이같이 일본이 변명에 전력을 다하는 까닭에 극동 정형(情形)에 어두운 서양인들은 흔히 이에 중상(中傷)을 당한다. 그러므로 나는 이에 일본의 변명이 어느 정도까지 참인지, 환언하면 과연 일본은 자기네들이 변명하는 바와 같이 항상 맹약을 굳게 지켜왔는지 어디 한번 조사하여 보려한다.

나는 절대적으로 공정한 조사를 하기 위하여 조사할 빙거물(憑據物)은 전(專)혀 일본정부 당국자나 혹은 기타 공식으로 정부의 명령을 받은 일본인의 손에서 된 공문서를 사용하였다. 혹은 이같

이 전혀 공문서에만 의지하여 판단을 내리우는 것이 혹 어떤 의미로는 조사가 불공정하게 될는지 모르겠다. 왜 그런고 하니 어느 국민을 물론하고 자기의 죄악을 전부 공중(公衆)에 자백하는 국민은 없는 고로. 그러나 어쨌든 이리하는 것이 일본에게 대하여는 공평할 줄 안다.

제일 일본이 한국에 대하여 한 소위 맹약이라는 것을 조사하여 보자.

1894년 8월 26일 한일공수동맹(韓日攻守同盟, 韓日兩國盟約) 조약이 체결된 바, 그 제1조에 가로되, "본 맹약의 목적은 조선국의 독립자주를 공고케 하기 위함이라" 하였고, 또 1898년 4월 25일에 체결된 러일협약(俄日協約)[4] 제1조에는 가로되, "러·일 양 제국은 조선의 주권 및 완전한 독립을 확인하며, 조선의 내정(內政)에 직접으로 간섭치 아니하기를 상약(相約)하노라." 하였다. 또 그후 4년 뒤 1902년 1월 30일에 된 제1차 영일동맹(英日同盟) 제1조에는 "영일 양 체맹국(締盟國)은 청국과 한국의 독립을 상호 승인하며 침략에 추향(趨向)함을 부득(不得)함" 이라 성언하였다.[5]

그러나 일본은 이 조약이 체결된 지 겨우 8년 후에 한국을 전연 병탄하였다. 이같이 일본이 한국에 대하여 최후적 행동을 취함에 대한 예비적 수단의 필요로 일본은 1904년 2월 23일 한국에게 의정6조(議定六條, 韓日議定書)를 체결케 할세, 그 제1조에 가로되, "…대한제국은 일본을 확신하고 시정개선(施政改善)에 관하여 일본의 충고를 받을 것이라" 하였다. 그러나 동 조약 제3조에 가서

---

4) 니시-로젠협정(Nishi-Rosen Protocol). 일본 외무대신 니시(西德二郞)와 러시아 특명전권 로젠(Roman R. Rosen)간에 1898년 4월 25일 동경에서 체결한 '조선문제에 관한 의정서'이다.

5) 朝日條規(1876. 2. 26); 日本의 對淸 宣戰詔勅(1894. 8. 1); 韓日 兩國盟約(韓日攻守同盟, 1894. 8. 29); 下關(馬關)條約(1895. 4. 17); 니시(西)-로젠協定(1898. 4. 25); 英日同盟(1902. 1. 30); 韓日議定書(1904. 2. 23). 이상 국제조약에서 일본은 시종일관 한국의 '절대독립'을 맹약하고 있다.

는 역시 일본은 "대일본정부는 대한제국의 독립 및 영토보전을 확보할 것"이란 구절을 명백하게 쓰고 있다.

이 같은 보증이 있었음에도 불구하고 일본은 1905년 8월 12일에 체결한 제2차 영일동맹조약에 "일본은 한국에 있어서 정치상 군사상 및 경제상의 초월(超越)한 이익을 가진 고로… 대영국은 일본국이…한국에서 적당하다고 생각하는바 조치를 시행할 권리를 승인함"이란 조목을 삽입하였다.[6] 또 1905년 11월 17일에 늑체(勒締)된 보호조약(乙巳條約)의 제1조에는 "본국 정부는…금후 한국의 외교관계 및 사무에 대하여 전연 감리(監理) 및 지휘를 자행(自行)함이 가함…" 이라 하였고, 또 1907년 7월 24일에 조인된 정미칠조약(丁未七條約) 제1조 및 제5조에는 한 걸음 더 나아가서 "한국정부는 시정개선에 관하여 통감(統監)의 지휘를 받을 것", "한국정부는 통감이 추천한 일본인이어든 누구(誰某)를 물론하고 한국 관리를 임명할 것"이란 규약을 정하였다.

그리하고 다음해 1908년에 가서는 공작(公爵) 이토(伊藤博文)통감은 세계에 성명하여 가로되, 일본은 한국을 병합할 야심이 추호도 없다 하였다. 그러나 아아, 그러나 일본은 1910년 8월 22일 드디어 공식으로 한일합병(韓日合倂)을 선언했다. 이것이 소위 일본이 한국에 대하여 맹약을 지켰다는 것이다.

기타 일본의 소위 문호개방주의(門戶開放主義)를 보라(상론은 이에 생략함 역자). 일본의 소위 중국의 독립 및 영토보전에 대한 성명을 보라. 교주만(膠州灣) 처분을 보라. 어디 어느 것 하나이 일본이 과거에 국제간 맹약을 신용 있게 지킨 증거가 되는가. 그러므로 나는 결론하노라. 국제적 신용을 무시하는 점에 있어서는 일본은 결코 프로이센(독일)의 뒤에 서지 아니하리라고. (제24호

6) 제2차 영일동맹에서 일본은 영국의 인도 식민 통치를 지지했고, 영국은 일본의 한국에서의 보호국 수립을 지지했다.

1919. 11. 1)

6. 韓國 獨立運動에 關하여(1)

前 大韓帝國 學部顧問, 現 獨立後援會 會員, 헐버트(Homer B. Hulbert, 紇法) 교수의 論說

日人의 侵略暴虐과 韓國 上下의 反抗

나는 이에 일본의 압제(壓制)에서 해탈코자 하는 한국인의 요구에 관하여 몇 가지 사실을 우리 미국 국민에게 고하려 한다. 한국 독립요구는 지난 3월 1일 수백만 한인이 순전한 평화적 방법으로 절규한 것인데, 일인은 이에 대하여 온갖 압박 온갖 잔혹을 다 가하였다. 이리하여 수 천명 한인이 구타를 당하며 악형을 받으며 상해(傷害)를 입었다. 또한 수다한 여자가 능욕(凌辱)을 당하였다.

이 놀랄 만한 도덕적 애국적 운동의 유래 즉 한국인들은 이 같은 요구를 함으로 말미암아 장래 저들의 전도에 여하한 곤고(困苦)가 임할 것도 다 명확히 예측하면서도, 오히려 살아 이민족의 손에 노예가 되는 것보다 차라리 죽어 '자유의 혼'이 되겠다고 분기한 한국 독립운동의 역사를 진술하기 전에 우선 과거 한국에서의 일인의 정책을 약술하고자 한다.

기원전 6세기로부터 20세기에 이르기까지 일본은 한시라도 한인과 한국정부를 대하여 적대적 침략적 행동을 그친 적이 없었다. 1319년 한국 한 장수가 일본의 해적(倭寇)을 격파하여 다시 입구(入寇)를 계속하지 못하리만큼 일인에게 타격을 가하기 전까지는 일인은 과거 2천여 년간 한국에 대하여 온갖 약탈(掠奪) 온갖 횡포를 자행한 것이다. 이후 일인은 얼마동안 침략을 하지 못했다. 그러나 일본은 1592년 또다시 거대한 군대를 거느리고 한국을 침략하였다(壬辰倭亂). 이 전역은 7년 만에야 비로소 겨우 조명(朝明)연합군에게 말미암아 평정한바 되었다. 이때 한국인이 학살을 당한 자 전 인구의 2할이나 된다 한다. 이후에는 한(限) 3백년간 일인은 침략을 정지하였다.

1882년경 한국이 외국과 통상을 개시하자(한미조약 체결), 일본은 또 즉시 독수를 가하려 들었다. 1884년 일본은 한국에 모반을 일으키며(甲申政變) 병력으로 후원까지 하여 주었으나, 이 일은 필경 성공되지 못하고 가련한 당시 한국 내각대신들만 참형을 당하였다. 청일전쟁이 끝난 후 1895년 일본은 비록 형식상으로는 한국의 독립을 승인하였으나, 경제상 상업상 및 기타 각종 이권을 무리하게 요구하는 고로, 당시 한국 황후 명성황후(閔妃)는 이를 준절하게 거절(峻拒)하다가 이에 분노를 품은 당시 한국 주차 일본공사(三浦梧樓)는 즉시 '노가다(浪人輩)' 깡패 무리들을 대궐에 들여보내어 황후를 시해하여 화형에 처하였다. 후에 가본즉 손 적은 가락지 하나 밖에는 아무 것도 남은 것이 없었다 한다.

그러나 일인은 이로써 만족하지 아니하고 다음에는 한국 황제를 위협하여 '역적내각(친일내각)'을 조직케 한 후 황제는 감금에 처하게 되었다. 그리하여 일인은 이 종(친일내각)들을 이용하여 황제를 위협하여 소위 폐후의 조칙(閔妃廢庶人 詔勅)이라는 것을 발표하게 하니 이는 일인이 타국 황실의 신성을 침범한 좋은 표본이 되고 있다.

혹 독자 여러분 중에는 어찌하여 한인들은 일인의 손에서 서양인물 수입하기를 힘쓰지 아니하였나 의심할 이가 있을 것이다. 그러나 러일전쟁 전까지 말하면 한국은 될 수만 있으면 일본을 멀리하려하였다.

러일전쟁이 개시되자 일본은 한국과 한국독립을 영구히 보장한다는 조약을 체결하였다.[7] 이와 같은 조약으로 말하면, 본래 그

동기가 불성실에서 나왔음은 물론이거니와 최초부터 일인은 이것을 이행하려고는 하지 아니하였다. 이 사실은 이 조약이 체결된지 얼마 안 되어 곧 발로(發露)된 것이다. 즉 일본은 자기의 신민(臣民)이 한국 내에서 약탈을 행하며 횡포를 마음대로 하는 것을 보고도 아무 제재(制裁) 한번 가한 적이 없다. 일본의 소위 맹약이라는 것은 참으로 한조각의 종이쪽지에 불과하였다.

이때 한국 황제는 한미조약에 만일 한국이 위기를 당할 시에는 미국은 이에 상당한 원조를 주겠다는 맹약이 있었으므로[8] 즉시 이 사실(일본의 압박)을 들어 우리 미국에 고하며 원조를 청하였다. 다음에 게재할 것은 당시 한국 황제가 미국정부에 보낸 친서이다. (제27호 1919. 11. 11)

한국 독립운동에 관하여(2)

美政府에 보낸 韓國 皇帝의 親書

귀국은 1882년 이래의 우리나라와의 수호조약국이다. 이래로 귀국 정부 및 인민은 우리나라에 대하여 막대한 호의와 동정을 표하여 왔다. 귀국 대표자들은 항상 우리나라의 복리와 진보 발전을 위하여 진력하였으며, 또한 귀국에서 파견한 여러 교육가들은 다대한 노력으로 우리나라 인민을 교도(教導)하여 왔다.

그러나 우리나라에는 귀국이 기대(冀待)하는 바와 같이 현저한 진보발전이 없었나니, 이는 제1은 여러 열강의 정치적 간계(奸計)에 기인함이며, 제2는 우리나라 자신의 과실에 있다. 러일전쟁 초

7) 1904년 2월 23일 체결된 한일의정서에서 일본은 "한국의 독립과 영토를 확실히 보장한다."고 공약했다.

8) 1882년 5월 22일 체결된 한미조약 제1조에서 미국은 거중조정(居中調停, good offices, 從中善爲調處)을 공약했다.

에 일본정부는 우리나라를 향하여 동맹(공수동맹)체결을 요구하며, 육해군 운송의 편의를 얻기 위하여 우리나라의 영토 항만을 군용지로 차용(借用)하기와 및 군수품 공급하기를 청구할세, 일본은 우리나라의 독립과 황실의 존엄 및 안전·강녕을 확실히 담보하였던 것이다. 이 요구를 응낙한 우리나라는 의무를 충실히 이행하였고, 이 때문에 만일 러시아가 승리를 얻었더라면 우리나라는 일본을 원조한 혐의로 러시아에게 병탄(併呑)을 당할 뻔했다. 우리나라는 일본을 위하여 이와 같은 모험까지 사양하지 아니하였던 것이다.

그러나 배신적 일인은 지금에 이르러야 조약을 파기(破棄)하며, 또한 1904년 조약(議定六條, 한일의정서)에 규정된 맹약을 무시하고, 우리나라를 보호국으로 하려했다. 그러나 이와 같은 행동은 아래 기록한 몇 가지의 이유로 도저히 불가한 것이다.

제1은 일본은 이로 말미암아 배신자가 될지며, 따라서 소위 공법(公法)을 준행(遵行)한다는 국가의 위신을 손상할지며.

제2는 과거 2년간 일본의 행동을 보건대, 일본은 결코 우리나라에 선정을 행하지 아니할 것이 명백한 것이다. 과거 일인이 우리나라 사람에게 대하여 행한 횡포는 여간이 아니나, 일본은 이에 대하여 한 번도 제재(制裁)를 가한 적이 없고, 일본 때문에 우리나라의 재정상태는 여간 문란 중에 빠지지 아니한 것이 없다. 과거 일본이 우리나라 교육의 진보 및 문화의 발달에 공헌한 것은 하나도 없으니, 한마디로 말하면 일본의 행동은 어느 것 하나라도 이 이기심에서 나오지 아니함이 없었다.

이제 만일 우리나라의 독립이 일본에게 횡탈(横奪)되고 보면, 우리나라의 손상은 비상할 것이다. 왜 그러냐하면 이로부터 일인은 더욱 자유로이 우리나라 사람을 학대할지며 압박을 가할 터이기 때문이다.

물론 짐(朕)도 여러 가지 개혁이 필요함을 아노라. 그러므로 짐은 일인의 고문(顧問)을 환영하며, 또한 즐겨 저들의 충고를 채용하려 하노라. 짐도 과거의 과실을 모르는 바가 아니다. 그러나 이 글로 말하면 결코 짐 자신을 위하여 함이 아니요, 온전히 우리나라 인민을 위하여 보내는 것이다.

러일전쟁 초 우리나라는 신개혁과 신행운을 기대(冀待)하고 일인을 기뻐 환영하였다. 그러나 일본은 최초부터 진정한 의미의 개혁을 행하려하지 아니하였음이 명백하니, 가련한 우리나라 사람만 일인의 간책(奸策)에 빠진 것이다.

우리나라가 일본에게 합병을 당하므로 말미암아 생길 손해는 한두 가지가 아니나, 그중 제일 큰 손해는 이로 말미암아 우리나라 사람이 진보발전의 자격물(刺激物)을 잃게 됨이다. 이로부터 우리나라 사람의 뇌리에는 다시 독립이 가능하다는 희망이 절멸될 듯하며, 진보발전에는 한 국민이라는 국민적 의식이 필요하나니, 만일 일본에게 합병을 당하여 우리나라 국민의 국민성(國民性)이 몰각되는 날에는 우리나라 국민이 당할 것은 절망(絶望)밖에 없을 것이다. 다만 일이 되는 날에는 일본에 순종하여 충성을 다 하기는 고사하고, 자고로 우리나라 사람이 일본에 대하여 마음속에 품어오던 질시심(嫉視心)은 더욱 증가될지오, 회의와 증오는 더욱 조장될 것이다.

혹자는 말하기를 이와 같은 중대사건을 처결함에 당하여는 감정적 태도를 가져서는 아니 된다 하였다. 그러나 짐이 사유(思惟)하기는 감정은 인류계 모든 동작의 원동력이며, 또한 우의(友誼)의 동정과 의협심은 아직도 각개인 간 및 국민 간에 소멸되지 아니하였음을 확신하는 바이다.

삼가 귀국이 본 문제에 대하여 여전히 의협적(義俠的) 정신과 온건한 판단을 내리기를 바라며, 또한 본 사건을 고사(考査)한 후 위급의 추(秋)를 당한 우리나라에게 적당한 원조를 주기를 절망

(切望)하노라. 어명(御名) 어새(御璽) (제28호 1919. 11. 15)

7. 절대독립(絶對獨立) 주장

파리 우리 대사관에서 일본의 소위 통치개혁에 대하여 서기 황기환(黃玘煥)[9] 씨가 선언서를 발표하여 절대독립을 주장함은 기보한 바와 같거니와 다음에 그 전문을 역재(譯載)한다.

선언서

일본정부는 한국에 문관정치와 평민경찰과 여러 가지 일본 신민(臣民)된 권리를 주겠다 예약(預約)하였으나, 한인들의 금일 분투하는 것은 문관정부를 위함도 아니요 일인의 소위 동등권을 얻고자 함도 아니다.

한인들이 피를 뿌리며 분투하고 혈전하는 목적은 오직 한국의 절대적 독립이니 이는 한인의 자력(自力)으로 반드시 성공될 것이다. 또한 한인의 이익만을 위한 것이라 수만 명 한인이 생명을 희생한 것은 이 국가생활상 없지 못할 요소를 위함이거늘 이미 독립정부를 가진 한국에 일인이 내정상 개량을 도모함은 하등의 망동(妄動)이 아닌가.

일본정부의 제창하는 소위 정치개량을 우리는 결코 승낙치 아니하노라. 우리는 최후의 한 사람이 죽기까지는 우리의 전투를 결코 정지하지 아니하리니, 일본이 우리 민족의 국가를 즉시 해방하여

---

9) 巴黎 通信局,『歐洲의 우리 事業』p.17;『독립운동사』(독립운동사편찬위원회, 1972), 권 4(임시정부사), pp.329~330. 1919년 2월 신한청년당(新韓青年黨)에서 김규식(金奎植)을 파리에 파견했다. 김규식은 동년 3월 12일 파리에 도착하여 파리 중앙 샤토당 가 36호에 '한국민 대표관'을 개설하고 또 통신국을 부설했다. 그는 미국인 헐버트의 도움을 받으며 스위스에 유학중인 이관용(李灌鎔)을 초청하고 독일에 있던 황기환(黃玘煥)을 불러 서기로 같이 일했던 것이다.

우리 민족으로 하여금 스스로 화복(禍福)의 주인이 되게 하는 날까지 우리는 만족을 표하지 아니하리라. 일본이 과거 10년간 잔학한 강력(强力)으로 한인에게 소위 동화정책(同化政策)을 시험하였으나, 이는 도리어 한반도 전 민족의 뇌수(腦髓)에 일층 더 격렬한 국가적 정신을 부어넣어 독립운동을 폭발케 한 결과를 이룩했을 뿐이었다. 우리는 우리요, 결코 어느 나라에든지 동화(同化)될 우리가 아니다.

42세기 간 장구한 역사적 독립국가와 통일적 국어를 가진 우리인지라 어찌 다른 민족에게 동화될 수 있으리오. 지금에 일본 황제의 소위 조칙(詔勅) 중 1절을 보건대, 조선의 안녕과 행복을 보장하며 그 영역 신민에게도 내지 백성들과 동일한 공평한 대우를 주어 인종적 차별을 철폐하려고 나는 항상 많은 힘을 썼노라 하였으니, 일인의 압제하에 존재한 한국의 현상은 전 세계가 다 아는 바다.

일인들이 얼마 안되는 분량의 대가도 없이 한국을 강탈한 후로 그 인민을 이미 죽음의 경지에 빠뜨렸으며, 교회당과 마을을 불태우고 예수교도를 학대하면서도 언필칭 일본정부는 한인의 안녕과 행복을 위하며 노력하였노라고 허위를 주장하니, 이는 실로 독일·벨기에 양국 간에 존재하던 사실 - 즉 1918년에 악랄한 독일 군벌과 제국주의적 위정가의 언동보다도 더욱 심한 것이다.

한국이 일본과 화합할 유일무이의 방법은 곧 한국의 독립을 허락하여 친밀한 이웃나라(隣邦)의 우의를 생기게 하는 날이다. 어느 때든지 일본이 한국을 일본의 부용국(附庸國)으로 인정하고 고집하는 날까지는 한·일 양국의 평화는 도저히 실현치 못할 것이다. 그런고로 만국의 눈앞에서 양방(兩方)의 공통한 복리를 성취하기 위하여 일본정부는 마땅히 대한민국정부를 빨리 승인할 의무가 있다. (제27호 1919. 11. 11)

8. 韓國委員會錄(1)

지난 8월 30일에 한국문제를 위하여 워싱턴에 위원회가 개최되었는데, 그 회의록을 여기 역재(譯載)함

개 회

대한민국 원년(1919) 8월 30일에 대한국(大韓國) 위원회(韓國委員部)[10]가 워싱턴에서 개회되었다. 서기가 본회의 주지(主旨)를 표명하여 가로되, "본회는 임시 대통령의 임석한 자리에서 대한 독립에 관한 선언과 요구를 협의코자 함이다." 라고 서기가 출석인원에 보고하니, 임시대통령 이승만(李承晩) 각하, 본회 회장 김규식(金奎植) 각하, 회원 이대위(李大爲)·임병직(林炳稷) 제씨 및 대한민국 고문 돌프(F. A. Dolph) 씨 등이다.

축 사

회장이 개회를 선포하고, 이 대통령의 요구로 이대위 목사가 기도를 다음과 같이 올렸다.

생명과 사랑과 자유의 우리 주재(主宰)시여, 다만 주(主)로 말미암아 우리들이 인류가 다 형제 되는 것을 찾았나이다. 우리는 주(主)의 안에서 기뻐하옵나니, 다만 개인뿐이 아니옵고, 이 세상 모든 국민들이 다 주로 말미암아 살며 동작하나이다. 지금 우리들의 원하는 것을 허락하시기를 주의 앞에서 기도하옵나이다. 주께서 주의 뽑은 이스라엘 백성을 건져 내인 것과 같이 주께서 바빌론에

---

10) 임시정부 대통령 이승만은 1919년 5월에 워싱턴에 한성(漢城)임시정부 집정관(執政官) 총재 사무소를 개설했다가, 8월 30일 한국위원부(韓國委員部)를 설치했다. 그러나 설치 한 달만인 동 9월에 그 명칭을 구미위원부(歐美委員部)로 개칭하였다.

사로잡힌 것보다 더 심한 지경에 있는 우리들을 건져 주옵소서. 우리가 주께 이것을 비옵는 것은 나라를 세운 후에 교만하고 침략주의를 쓰려고 함이 아니옵고, 우리의 자유를 얻어 주를 경배하며 주의 진실된 이치로 우리 이웃 사람들에게 빛이 되고자 하옵니다. 우리가 형벌 받을 자 있는 줄 자복(自服)하오며, 주께 비옵나니 우리는 주의 손에 있어서 주의 구원하시며 회복하여 주시는 자비하신 은혜 중에 정당한 책벌(責罰)을 좇고자 하나이다.

우리만 위하여 기도함이 아니옵고, 또한 형벌 받을 사람들을 위하여 기도하옵나니, 그들에게 인류의 가격(價格)을 가르쳐 주시오며, 그들이 빛을 보고 빛으로 오게 하시옵소서……이 세상 모든 나라들과 민족에게 복을 주시오며, 의(義)로움이 승득(勝得)케 하시오며, 진실한 것이 그런 것을 없이 하게 하시오며, 평화를 주시와 전쟁이 다시없게 하시오며, 주의 아들의 깃발 아래 이 세상 모든 나라와 민족이 장차 영구한 형제의(兄弟誼)를 발견하게 하시오며, 우리가 주의 이름을 영구히 찬양케 하시옵소서. 아멘. (제28호 1919. 11. 15)

한국위원회록(2)

선언서

돌프 씨가 완전히 작성된 선언서를 제출하고, 회장이 이를 낭독하였다(갈채).

이대위 씨의 동의(動議)와 임병직 씨의 재청(再請)으로 아래와 같은 결의문을 통과하였다. “회장 김규식 각하와 임시정부 대통령 이승만 각하가 연서(連署)하여 이 선언서를 집행할 일.” 이 결의에 의하여 대통령 및 회장이 선언서에 서명하였다.

이 대통령은 선언서가 공식적으로 서명되었음을 선언하고 잇달아 주의하여 가로되, "고문관 돌프 씨는 등본을 작성하여 서명 후 미국 국무부, 상원 외교위원회, 하원 외교위원회, 상원 의장, 하원 의장, 미국 상하 의원 각 의원, 워싱턴에 주재하고 있는 모든 각국 외교관, 파리에 있는 평화회의 회장 등에게 발송하며, 1부는 파리에 주재한 한국위원에게 보내어 프랑스어로 번역하게 하고, 또한 그 선언서를 연합통신사(AP)와 외국 신문과 잡지사에 보내기를 요구하노라."

이승만 박사의 연설

위와 같은 선언서 서명이 있은 후 계속하여 이 대통령의 연설이 있었다.

대한민국 국민과 친구들아, 오늘 저녁에 통과하고 성명한 선언서는 오늘날 우리나라의 독립을 위하여 일본과 싸우는 2천만 한인들의 마음을 흔드는 자유정신으로 정성되고 진실한 성명입니다. 이것이 곧 금년 3월 1일에 경성에서 선포한 독립선언서에 서명한 33현(賢) 대표자들을 위하여 말하는 것이며, 이것이 여러 천만 명 한인 남녀노소가 기념될 거룩한 3월 1일에 일어나 패트릭 헨리(Patrick Henry)와 같이 선포하기를 "나에게 자유를 주거나 그렇지 않으면 주검을 주시오."한 것을 위하여 말하는 것이며, 이것이 한국의 수천만 민족을 위하여 일본의 감옥 중에서 악형을 당하며 도륙(屠戮)받던 이를 위하여 말하는 것이며, 이것이 경성병원(京城病院)에서 충의열사들의 몸이 27곳씩이나 창검에 찔리어 마지막 숨을 지울 때에 그 주검이 그의 사랑하고 한인 전체가 사랑하는 한국독립을 도와줄 줄을 바라던 것을 위하여 말하는 것이외다.

우리가 이 선언서를 만든 것은 다만 내지(內地)에서 나라의 자유를 위하여 싸우며 곤란 당하는 백성의 사정을 말하는 것이외다. 나는 믿기를 이 사정이 세상 제일 큰 공화국 곧 합중국 안에서 자유를 사랑하는 이에게 소고(訴告)될 줄 압니다. 한국 13도 인민이 이 주의(主義)를 가지고 오늘날 싸우는 것이 아메리카 13주(13식민지) 백성들이 150년 전에 싸우던 일과 같소이다. 달리 말하자면, 이 같은 정신 곧 미국혁명을 일으켰던 조선(祖先)을 감동시키던 정신이 지금 한국 독립운동 하는 인도자들을 감동시켰나이다. 한인들이 지금 자결주의(自決主義)를 위하여 싸우는 것이 곧 미국 군인들이 구주 대전란에 가서 이 세상 민주를 위하여 싸우던 것 같소이다.

한국이 이 큰 세계에 한 부분이나 그러나 아직까지 민주안전(民主安全)을 얻을 날이 멀었습니다. 한인들이 그들의 아름다운 일을 위하여 제일 전제(專制)와 제일 제국주의를 가진 일본정부를 항거하여 자유와 민주를 안전케 하기를 다른 민주국들과 같이 하려함이외다. 우리 일이 정당함에 이 일이 장차 성공되고야말 줄로 진실로 믿습니다.

이 한인들의 운동이 그들이 능히 외국의 군사적 원조를 받지는 아니하고, 스스로 일본통치권을 벗어버릴 능력이 있는 것을 이 세상에 증거코자 합니다. 그러하나 지금 해육군(海陸軍)으로 이 큰 도덕적 혁명을 진압합니다. 이 큰 전쟁 중에 우리가 믿으며 우리 백성들이 믿기를 미국 사람들의 동정과 도덕상 원조를 받는 줄로 압니다. (제29호 1919. 11. 20)

한국위원회록(3)

헐버트 교수의 연설

여러분이여, 나는 본회에서 말할 권리가 없습니다. 이곳에는 한인의 음성만 들린 것이옵니다. 그러나 나는 반한인(半韓人)이라 합니다. 내가 미국 인민이 된 바에 나의 권리를 능히 나눌 수 없으나, 그러나 사랑이라 하는 것은 물리학설에 이른바 두 물건이 일시 한 자리를 점령치 못하는 것과 같다 합니다. 그러므로 자기의 나라를 사랑하는 동시에는 또한 다른 이의 것도 사랑할 수 있습니다. 이 원리에 의지하여 이 시간에 감히 한 마디 말을 하려고 합니다.

자유는 인심(人心)을 고동(鼓動)하는 요소

자유라는 말을 어디서 하든지 시베리아 찬바람에서나 아메리카 대평원 초당(草堂)에서나, 한국 고즈넉하던 두던(둔덕)에서나, 물론 어느 곳에서든지 인심을 제일 격동시키며 이 세상에 제일 마음을 상하게 하는 것은 자유 잃은 것이외다. 사랑하는 이가 죽는 때에는 우리가 그의 침상 곁에서 밤을 새워보고 그를 정다이 조상하며 평생에 기념하지마는, 만일 한 나라의 자유가 남에게 죽인바 되면 그 나라를 사랑하는 이들은 불가불 한량없는 밤을 그 사람 죽은 집에서 지내게 됩니다.

자유가 죽을 법이 어디 있나

나는 그 자유라 하는 것이 언제든지 죽지 아니할 줄 아옵니다. 나는 곤충들이 추운 겨울에는 속령경 줄기 속에 들어가 춘풍화기 봄날을 기다리는 것이 자연의 일인 것과 같이 자유도 어려운 지경이 있어서 능히 출현치 못하게 되면 사람의 마음가운데에 들어가 피란한다 합니다.

한국이 이와 같습니다. 5천년 동안을 자유가 한국을 짝하여 왔으나, 혹 어떤 때에는 그 부인(나라를 가리킴)이 그 남편(자유)을 잊을 때가 있지마는 잠을 깨어 본즉 그 남편이 없어졌으므로 그 부인은 눈물을 흘리며 찾았습니다. 그 부인이 우리 미국인 문(門)에 와서 묻기를 혹 그 남편을 보았는가 할 때에 우리는 반면(反面)하며 그 부인이 피를 흘리는 손으로 헤이그(海牙府) 교만한 궁궐문(평화회의)을 힘써 밀어 보았으나 아무 대답도 들어보지 못하였소이다.

그 부인이 할 수 없어 귀가하여 거친 베옷(麤布)을 둘러 입고 영마루에 앉았습니다. 다만 14년 동안 몽상(蒙喪)한 후 그 잃었던 정든 이를 그 부인의 영혼의 비밀리에서 찾았습니다. 그 부인이 비방과 포학을 상관치 아니하고 물불의 곤란을 능히 참고 악형과 수욕(羞辱)을 상관치 않고, 그 남자를 인도하여 내이는데 그 부인이 자기의 사원(祠院)에 서서 그 남자 찾는 것을 세상에 광포(廣布)하였습니다.

역사상에 이보다 더 큰 결투는 없겠소이다. 승전고를 울리며 민주의 기장(旗章)은 원수의 지붕 위에 꾲았나이다. 포학한 시대는 죽고 새롭고 좋은 시대가 온 것을 선언하였습니다. 이러할 즈음에 한국이 일어나 결투하여 그 부인의 말을 증거하며, 노부인이 감히 그 광명한 목적지로 바로 갈 여부를 증명하며, 혹 그 부인이 피곤하여 반 잃을 쯤하고 말는지를 증명코자 합니다.

일본은 보기(寶器)를 도적한 강도범

옛날 에리고가 이스라엘에게 패주할 시에 한 사람이 금괴를 그의 장막 속에 감추었습니다. 그 보물은 본시 무슨 소리를 내지 못하나 그 일이 하늘에까지 미쳤으므로 그 사람이 찾으며 그 금을 발견할 때까지 이스라엘이 실패하였습니다. 지금 우리 승전한 군병 중에 한국인이 장막 중에 금괴를 감추었으니, 그 군인은 일인이요 그 보물은 우리가 사랑하며 우리가 지금 고소하는 한국 강산이외다.

이것이 침략하는 원수를 항거하여 자기 나라를 위하여 싸우는 것이 귀하지마는 그러나 그보다 더 귀한 것이 있으니, 그는 우리편에 서서 싸우던 사람, 우리와 같이 먹던 사람, 우리와 같이 악수하던 사람 중에서 원수 되는 자를 우리 문안에서 찾는 것이외다. 승전하는 대(代)에 우리가 낙명(落名)을 당하며, 칭찬하는 때에 군중(軍中)의 원망을 들으며, 우리의 정결한 의복이 패역자(悖逆者)

에게 더럽힌바 되었습니다. 이것이 곧 사람의 영혼에 증거할지며 한국이 우리로 하여금 증거케 함이니, 이것이 우리가 능히 그 요구를 요동할 수 없습니다.

금수(禁囚) 중에 있는 이의 가련한 정상(情狀)

나는 승전 가운데서 돌아와 비추는 것을 보며, 나는 금철(金鐵)의 울리는 소리를 듣는 동시에 나는 그 넓은 기장(旗章)에 쓴바 모든 포로 된 자를 시킨다 하는 것을 보았는데, 그 포로 장관(將官) 중에 한 사람이 성곽에 도달하였습니다. 나는 한 작은 유리창을 봅니다. 그 막은 뒤에 창백색이 된 사람이 있는데 거의 다 부러진 팔은 그 철장(鐵杖)사이에 압축되고, 살 한 점 없이 시들어진 손가락으로 그 기장을 가리키며 슬픈 소리로 부르짖는 소리가 들리는 것은 "맨 마지막에 내가 장차 자유를 얻을 터이다."합니다. (제31호 1919. 12. 2)

9. 女學生의 愛國精神

한국에서 상해로 돌아온 서양 여선교사 담

바로 지금 한국의 상황은 엄연히 전(前) 암흑시대를 회상케 한다. 미덕(美德)이 있고 지식이 고상한 방년(芳年) 여자가 연방 투옥을 당하여 형용치 못할 학대를 받는 중이다. 얼마나 악형을 하는지 심신상 불구가 된 자도 수다하다. 그러나 한인의 독립사상은 거의 극도에 달하여 백절불요(百折不撓). 저들은 비록 죽을지라도 자유민이 되겠다한다. 현금 한인은 일병(日兵)이나 일경(日警)을 조금도 외구(畏懼)하지 아니한다. 저들의 눈 아래에는 다만 조국의 자유가 있을 뿐이다. 독립이 있을 뿐이다.

일인들은 매양 비평하기를 금번 한국 독립운동은 외국 선교사의 사주(使嗾)에서 나왔다 한다. 그러나 이는 추호도 근거가 없는 말이요. 이는 다만 전 세계 국민이 독립을 요구한다는 명백한 사실을 엄폐(掩蔽)하려 하는 일인의 간계에 불과하다.

나는 한국에 머무는 동안 수다한 여학생과 접할 기회를 얻었는데, 저들을 봄에 매우 사랑스럽고 귀여웠다. 혹 어떤 여자 중에는 영문(英文)으로 논문을 넉넉히 초하는 이도 있었다.

그러나 지금 저들은 맨손(赤手)으로 만세 한번 부른 죄로, '한국독립만세' 한번 부른 죄로. 아아, 가련한 한국 여자들은 지금 일인에게 형언치 못할 악형과 모욕을 받는 중이다. 여자로 옷을 벌겻게 벗기우고 태형(笞刑)을 당하고, 온종일 천장에 매어달리고 죽침(竹針)을 맞고…아 형언할 말이 없다.

어떤 여학생 하나는 법정에서 이같이 답변을 하였다.

일관(日官): 너는 언제부터 독립사상을 품었어?

여학생: 독립사상은 늘 있었지요.

일　관: 너는 어찌하여 여자로 남자들과 같이 독립운동에 참가하였어?

여학생: 세계 어떤 일이 남녀의 협력을 기다리지 않고 된 일이 있소? 즐거운 가정을 이루려면 우선 부부의 협력이 있어야 되지 않소? 이같이 국가를 건설하는데도 남녀의 협력이 없어서는 안 되지요.

일　관: 왜 독립을 하겠다해? 이유는 무엇이야?

여학생: 저는 한국 사람이니까요.

일　관: 그러나 너는 교육을 받은 자이니까 다른 특별한 이유가 있겠지, 이유가 무엇이야?

여학생: 다 아니 말하겠습니다.

일　관: 너 합병(合併)을 어떻게 생각해? 총독부 정치에 대하여 감상이 무엇이야?

여학생: 합병 아니 되었더면 좋을 뻔하였지요. 총독부 정치에 대

한 감상 말이요? 당신들은 우리들에게 차별적 대우를 하여 왔지요. 우리들을 동화(同化)시키려고 하였지요. 일본말을 강제로 시켰지요. 우리말과 우리 역사를 엄금하였지요. 당신들은 우리들을 독일이 자기의 식민지에서 행한 것과 같이 꼭 그 모양으로 우리들을 대우하여 왔지요.

일 관: 그러면 이유는 그뿐이야. 독립을 희망하는 또 다른 이유는 무엇이야?

여학생: 이유는 세 가지 있습니다. 첫째는 한국의 행복을 위함이요, 둘째는 일본의 행복을 위함이요, 셋째는 세계의 평화를 위함이올시다.

일 관: 어디 다 설명해 보아.

여학생: 제1. 한국은 일본과 역사도 다르고 언어, 풍속, 습관이 전혀 다르지요. 그러므로 '동화'라는 것은 전혀 불가능하지요. 뿐만 아니라 합병으로 말하면 이는 우리 황상께서도 원하시지 아니하신 것이요. 또한 우리 인민들도 희망치 아니한 것이지요. 전에 우리 황상께서 합병조약에 조인하신 것으로 말하면, 전혀 당신네들이 무력으로 위협하여 받은 것이지요. 과거 10년간 우리 동포들이 얼마나 합병정치에 저항을 하여 왔는지 당신네들은 왜 다 잘 아시지요. 과거 10년간 우리 동포가 얼마나 많이 생명을 빼앗기고, 얼마나 많이 고통을 받고, 얼마나 많이 핍박을 받아 왔는지 당신네들은 잘 아시겠지요. 한인으로 독립을 희망치 않는 자 어디 있겠습니까. 남녀노유를 물론하고 당신네들이 잘 신용하는 한인 정탐(偵探)까지라도 진정한 고백을 하라하여 보시오. 속마음에는 다 독립을 원한다 하지 아니하나.

제2. 우리가 독립을 바라는 것은 비단 우리나라를 위하여 뿐 아니라 일본을 위하여서도 역시 이것이 옳지요. 우리나라 사람들도 국민성이라는 것이 있으니까 당신네들이 암만 동화를 시키려고 애써도 안 되지요. 밤낮 반동(反動)만 일어날 것이지요. 우리는 결코 일본제국의 충량한 신민(臣民)은 되지 아니해요. 그러니까 당신네들에게는 항상 염려꺼리가 되지요.

제3. 이렇게 두 나라 사람들이 밤낮 쟁투만 일삼고 보면 동양에는 어느 때나 평화 올 때가 없지요. 만일 동양이 평화를 못 얻고 보면 전 세계는 밤낮 불온한 상태에 있을 수밖에 없지요. 그러므로 세계의 평화를 위하여서도 역시 한국의 독립이 필요하지요.

일 관: 나는 선지자(先知者)가 아니니까 글쎄 독립이 될지 안 될지는 모르겠다.

여학생: 저 하나 좀 물어볼까요?

일 관: 무슨 말이냐.

여학생: 당신네들이 우리를 합병한 것은 당신네들의 이익만 위하여 한 것일까요.

일 관: 아, 그것이야 두 나라의 인민을 위하여 한 것이지.

여학생: 만일 그렇다 하면 우리 한국 사람들은 비록 우리는 당신네들의 정치하에서 다대한 이익을 받았다 하더라도 우리나라는 우리가 다스려 가려고 해요. 또한 일본으로 말하여도 그렇지요. 만일 일본이 한국을 합병함으로 인하여 이익을 얻었다 하면 정의와 인도를 위하여서는 이 같은 이익은 희생하여도 무방하지요. 나는 한국이 비록 작고 아무 가치가 없는 나라라 하더라도 한국의 자녀는 될지언정 결코 일본제국의 신민은 되지 아니하여요.

또 어떤 여자 하나는 너 어떻게 독립사상을 품게 되었

나 하는 일관의 엄문(嚴問)에 이렇게 대답하였다 한다.

일 관: 너 누가 독립사상을 넣어 주어서…선생이 시키더냐? 그렇지 않으면 서양 사람들이 시키더냐?

여학생: 시키기는 누가 시켜요. 누구를 어린 아이로 압니까. 그럼 닭이 누가 시켜서 새벽 때가 되면 울고 하나요. 독립할 때가 되었으니까 저절로 독립만세 소리가 나왔지요.

일 관: 그러면 왜 독립을 요구해? 독립할 필요는 무엇이야?

여학생: 그것이야 각 국민의 권리니까 독립을 요구하지요.

한국은 부활하였도다. 또한 이 한국 부흥운동에 표현된 한국 여자의 용장(勇壯)한 기개는 참 누구나 보는 자 탄복의 소리를 발하지 아니할 이 없으리라. "자유 그렇지 않으면 죽음" 이것이 현금 한국 여자계의 표어이다.

이 보도는 '대륙보(大陸報)'[11]에 양일 연속하여 대서특필로 게재된 것이며, 또한 중국 각 신문에도 여러 차례 역재(譯載)된 것이나, 단 지면이 허락지 아니하므로 말미암아 이에 간단히 초역하기로 하였나이다. 역자. (제29호 1919. 11. 20)

10. 俄羅斯革命記(1)(天才譯述)

금후의 세계의 정신적 지배자는 러시아(아라사)이다. 금후의 사상의 세계, 쟁투의 세계는 전혀 러시아의 것이다. 우리는 '아라사주의'의 승리를 확신하거니와 이 새 시대의 개막인 3월 대혁명기[12]를 역출함에 임하여 더욱 그 감개를 이기지 못한다.

---

11) 그 당시 상해에는 영자신문이 두 가지 발행하고 있었으니, 미국계의 "China Press", 영국계의 "North China Daily News"이다.

12) 러시아의 3월혁명. 1917년 3월, 제1차 세계대전에서의 패배, 그로 인

一. 혁명의 예조(豫兆)

러시아는 세계상에 다시없는 전제국으로 칭하였다. 로마노프 왕조의 독재정치는 영원무궁하여 쇠할 날이 없을 것 같았다. 그러나 청천의 벽력과 같은 1917년 3월혁명은 하루아침에 차르(Czar) 제권(帝權)을 전복하였다. 그러나 혁명운동은 하루아침에 발생한 것이 아니요, 그 원유(原由)는 찾을수록 멀고 깊다.

생각컨대 차르의 전제정치는 알렉산드르 2세 시대에 조금 완화한 모양이 있어서 농노해방이라는 대사업을 성취한 일이 있었으나, 알렉산드르 3세 즉위함에 임하여 그 반동정책은 전보다도 더 엄준가혹(嚴峻苛酷)한 정치를 가져옴(持來)에 지금까지 건전히 발달되던 민권사상은 이 부자연한 압박을 만나, 또한 이에 반동적으로 급거의 진출을 피치 못하였다. 그리하여 그 자유주의의 조류는 두 파로 나누어 맹렬한 세력으로 국민전반에 만연된 것이다. 즉 하나는 노동자, 학생 간에 일어난 사회주의적 계급적 운동이며, 하나는 소 러시아(小俄), 폴란드, 핀란드, 라트비아, 아르메니아, 코카서스 등 모든 민족의 민족운동이다.

러일전쟁이 발발되어 동해(일본해) 해전에서 발틱함대 대패의 보도가 러시아 수도 상트 페테르부르크에 도착함에 각지의 농민

한 경제적 피폐, 부패한 차르정부 타도를 위하여 자연발생적으로 일어난 파업과 폭동으로 혁명 열기는 절정에 달했다. 3월 12일 정국수습을 위하여 소비에트 집행위원회를 조직하고 3월 14일에는 르보프(G. E. Lvov)를 수반으로 하는 임시정부를 조직하였다. 3월 17일 3백년간(1613~1917) 계속되어온 로마노프 왕조는 막을 내리고 러시아 공화국 임시정부가 수립되었다. 3월혁명은 부르주아 민주주의 혁명이다. 임시정부 요원들이 부르주아 출신이고 그들의 정치노선은 군주제의 폐지에 국한하고, 사회주의 혁명을 반대했기 때문이다. 임시정부는 로마노프 왕가를 차르스코 셀로에 있는 하궁(夏宮, 에카테리나 궁전)에 감금하고, 소비에트는 니콜라이 2세와 황후를 체포, 시베리아로 유배조치를 단행했다.

및 노동자 병정의 폭동이 일어나 마침내 러시아 수도에 노병회(勞兵會)가 조직되었으며,13) 혁명운동은 러시아 전체로 파급하여 동년 10월 러시아 전국 동맹파업이 일어났다. 혁명진압의 명을 받은 트레포프 장군의 "탄환을 아끼지 말라"는 엄명도 효과를 이루지 못하고, 10월 30일 러시아 황제는 민권자유의회 개설을 보장하는 '10월 조칙'을 발표하지 않을 수 없게 되었다.14)

그러나 이는 일시적 완화정책에 불과하고 그후 정부의 고압책은 조금도 변하지 않을 뿐더러 더욱 혹렬을 극하게 되었다. 따라서 이에 전후하여 암살이 성행하며 정부의 체포, 사형, 유형이 날로 많아질세, 일시 이 같은 고압정책은 공(功)을 주(奏)하여 1903년에는 사회당이 분열하여 레닌 등 다수의 극단파는 볼셰비키라는 이름을 짓게 되고 소수파는 멘셰비키라 칭했다.15)

1904년에 이르러 혁명운동은 일시 병식(屛息)하여 그후 7년간 평화에 취한 관료는 화산상(火山上)의 태평한 꿈을 꾸었다.

1914년에 이르러 일시 침식(沈息)하였던 혁명운동은 다시 맹렬

---

13) 러일전쟁 패전이 곧 러시아 혁명발생의 원인이 되었다. 사회혁명당은 '토지는 농민에게'라는 슬로건을 내걸고 혁명을 주도했다. 이리하여 1905년 1월 22일 일요일 14만 명의 노동자들이 눈 덮인 동궁(冬宮, 현 에르미타지 미술관)앞 광장에 모여 반정부 시위를 벌였다. 황제는 도망치고 군경이 시위군중에게 무차별 발포하여 수백 명의 사상자를 내었다 해서 이를 '피의 일요일' 사건이라 한다. 동년 10월 소비에트(Soviet, 노병(勞兵)평의회)를 결성하고, 트로츠키가 초대 의장이 되었다.

14) 1905년 10월에 멘셰비키 주도하에 전국 총파업을 단행하고 니콜라이 2세는 동년 10월 17일 '10월선언'을 발표함으로써 헌법제정, 인신불가침과 언론·결사·집회의 자유 보장, 의회구성 등을 단행했다.

15) 1903년 러시아 민주 노동당의 분열 때, 레닌이 인솔한 일파이다. 다수파인 볼셰비키(Bolsheviki)는 1907년에 런던대회에서 소수파인 멘셰비키(Mensheviki, 소수파) 와 분열한 후 독자적인 당임을 선언했다. 1917년 3월혁명 때 소비에트 내에서 극소수파에 속했으나, 동년 8월 코르닐로프 반란을 계기로 당원이 팽창, 11월 혁명의 주체세력으로 부상했다.

한 세력을 가지고 재발하였다. 동년 7월 제1차 세계대전쟁이 발발하여 러시아는 이에 참전할세, 전운(戰運)이 부진하고 이에 더하여 내각의 동요 태심하고 궁중암흑의 힘은 발호를 극하는지라, '내각의 동요', '암흑의 세력'이라는 것은 무엇을 가리킴인가. 러시아는 10월혁명 이래로 국회가 설치되었으나 거의 무용에 가깝고 내각은 내각의장의 이름이 있으나 기실 총리의 실권은 황제가 가지니, 이것은 즉 '황제의 내각'이다. 이로 인하여 내각은 생기는 것마다 분열내각이 되어 우유부단, 황제에게 직속한 각 대신은 내홍(內訌)을 일삼으니, 국정은 통일을 결하여 국민의 마음의 안정은 일각도 유지하지 못했던 것이다. 이리하여 일방으로는 관후인자한 듯하고도, 일방으로는 사회당을 사갈(蛇蝎)같이 미워하여 가장 학독(虐毒)한 수단으로 압박에 종사하는 모순한 성격을 가진 니콜라이 2세의 결단성이 없는 행정은 그후에 숨은 암흑의 힘과 합하여 혁명의 기운을 날로 촉성하였다.

러시아 수도 남방 50리, 하궁(夏宮)의 이름으로 유명한 차르스코셀로 궁리(宮裏) 깊은 곳에 새 막을 고하는 암탉, 러시아 황후 알렉산드르. 신경과민하고 히스테리성이 풍부한 독일 황실의 피를 받은 괴뢰사(傀儡師), 그 위에 더하여 괴승(怪僧)의 칭이 있는 라스프틴과 같은 괴괴(怪怪)의 흑막이 궁중에서 일종 암흑한 절대세력이 팽일(澎溢)했다.[16] 내각의 경질, 인물의 등용, 국정의 일동일정이 이 같은 세력의 영향을 받지 아님이 없었다.

라스프틴은 본시 일개 문맹(文盲)한 어부의 아들이다. 정치적 수완이 있을 리가 없건마는 방랑의 끝에 수도승이 되어 황태자의 병(病)기도로 궁중에 출입하기 시작하여, 처음에는 사교상에 세력

---

16) 러시아 니콜라이 2세의 황후 알렉산드르(독일계)는 차르스코 셀로에 있는 하궁(에카테리나 궁전)에서 괴승 라스프틴의 마수에 묶여 매관매직과 군수품 투기 등에 혈안이 되어 부정부패가 극심했다. 이것이 1917년 3월 혁명 발발의 원인이 되었다.

을 펴더니 소인(小人)이 나와 이 괴승을 정치상에 이용함에 이르러 다시 고치지 못할 악증(惡症)을 러시아 주권상에 만연시켰다.
(제36호 1920. 1. 10)

러시아 혁명기(2)

一. 革命의 豫兆(속)

이 소위 '황제의 내각'의 빈번한 경질과 불통일은 어지러운 시국을 더욱 난마와 같이 하여 1916년에서 1917년 연두에 걸쳐 정계 혼돈(混沌), 정책모순, 암흑의 힘에 대한 반감은 마침내 1916년 12월에 괴물 라스프틴의 시체가 네바강 하반에 나타나게 되었지마는 역대의 내각은 의연히 이 같은 암흑력의 숭배자 혹은 대표자로 조직되며, 완명한 반동정책의 극은 독일과 단독강화를 음모하게 되었다.

이때에 혁명 기분은 단지 혁명당원뿐 아니라 타우리츠 궁에 있는 의회로 퍼져서는 밀류코프(제1혁명 내각에 외상의 지위를 획득한 이, 입헌민주당)[17] 슈리킨 등의 열변을 자아내었다. 부중(府中) 궁중에 들어가서는 전기 라스프틴의 암살사건을 이룩했으며, 군대 사령부 안에까지 황실에 대한 반감이 현저하게 되었다. 외교계에도 탐욕한 영국 같은 자가 한사코 암흑의 힘을 배제하여 전쟁을 계속, 최후승리 운운하며 관철하고자 했다.

그러나 이상의 사실은 아직 대폭발을 유도하기에는 만족하지 못했다. 이 혼돈한 정계에 있어서 점차로 깊이 들어가는 일반 국민의 병의 뿌리야 말로 혁명의 도화선이 될지니, 3년간의 전쟁의 여

---

17) 밀류코프(Milyukov). 러시아 역사가 정치가로서 제1차 러시아 혁명 때에 입헌민주당을 조직하여 의회에서 자유주의를 지도하였고, 1917년 3월혁명에는 르보프의 임시정부의 외무장관이 되었으나 11월 혁명 이후 반혁명운동에 가담, 파리에 망명하여 반소비에트 운동을 전개했다.

화(餘禍)로 농촌에는 빈민의 곤비(困憊) 더욱 심하고 도회의 노동자 또한 식량부족으로 전쟁을 저주하지 않는 자 없는 형편이다.

식량 결핍의 원인으로는 전쟁으로 인한 생산력 수송력의 감소이라든지, 내각의 무질서로 인한 정책의 모순, 혹은 내각 불통일로 인한 권력싸움에 식량배급을 이용함이라든지, 여러 가지를 들 수 있겠거니와 그런 종류의 원인 탐색은 잠시 그만두고, 그 참혹한 실황을 보라. 러시아 수도 페테르부르크에는 빵공장(麵包房) 있는 곳마다 행렬을 이루어 야반에 일어나 수삼시간을 서서 기다리지 아니하면 한 덩이 빵도 얻을 수 없었다. 이는 실로 1917년 1월 2일의 일이다. 때때로는 그 빵떡 한조각도 없어지기도 하며, 빵떡 장사가 가루가 없어서 빵을 굽지 못하는 일도 종종 있었다. 사세가 이에 이름에 혹 빵집을 때려 부수는 일도 생기고, 혹 남녀가 열을 지어 '빵을 달라'는 시위운동을 개시하는 자도 있었다. 공장에는 동맹파업이 빈번히 일어나고, 대담한 사회당 혁명당들은 그들의 이상을 실현할 시기가 왔다 하여 소재(所在)의 획책을 힘썼다.

1917년 2월 중순 국회(두마)의 재개일이 근접함에, 유언비어가 도처에 유포되며, 인심은 갈수록 험악하여지더니, 동 2월 22일 러시아 수도군 사령관 하바로프 장군은 페테르부르크 노동자를 향하여 엄격한 훈령을 공포하였다. 그 결구(結句)에 가로되, "페테르부르크의 노동자여, 나는 여러분의 명예와 양심에 호소하노라. 여러분은 결코 음모에 유인코자 하는 선동자에게 귀를 기울이지 말라.(중략) 나의 포고를 듣지 않는 자에게 경고하노니, 계엄중인 페테르부르크에서 관헌에게 폭력으로 반항하려는 일체의 기도는 즉시 무력으로써 정지시키리라."

다음날 아침의 러시아 수도의 각 신문은 입헌민주당의 수령 밀류코프의 공개서를 게재하니 그 1절에 가로되, "이런 권유를 좇음은 적을 위하여 꾀함이니…청컨대 2월 27일 개원일은 시위운동에 참여치 말고 고요히 이 날을 보낼지어다. 정숙을 지킴은 즉 적의 음모를 파괴함이라 운운."

이상에 의하여 당시 러시아 수도의 노동자 사이에 동요와 혁명의 조류가 어디 까지 이르렀던가를 가히 알리라. 의회 개회 당일 즉 2월 27일은 뜻밖에 무사히 경과하므로 관료배들은 잠깐 긴 숨을 내쉬었다.

그러나 뉘라서 알리오. 3월에 들어가자 말자 공전(空前)의 대혁명이 발발하여 겨우 2주일 후에 동일한 하바로프 장군은 수감 중의 인물이 되고, 밀류코프 자신은 노동자와 병정에게 떠들리어 혁명의 와중에 들어가게 될 줄이야.

혁명이라 함은 피하려야 피치 못할 최후의 막에서 시작하는, 인력으로써 할 수 없는 혁명적 폭발이다. 사세가 이에 이르자 이를 예지한다 한들 무슨 소용이 있으리오. (제38호 1920. 1. 17)

러시아 혁명기(3)

二. 革命의 洪水

국민의회의 집정→제1회 노병(勞兵)대회→임시정부 성립→러시아 황제 퇴위(退位)

2월 하순에서 3월 초에 걸쳐 러시아 수도에서 일어난 식량요구 시위운동은 3월 중순에 이르러야 마침내 폭발하여 공전(空前)의 대혁명을 이루었다.

3월 9,10 양일 노동자의 파공(罷工) 동맹에 가담하는 자 속출하고, 그 단원 중에는 학생 및 혁명당의 활약이 비상하였다.

3월 10일 시내 각 곳에서 헌병과 파업자가 충돌하여 사상자가 발생했다. 다음날은 3월 11일, 이날부터 1주일간은 대혁명사중 특필할 '혁명주간'이다.

3월 11일. 정오 다수의 파공노동자단이 각 방면에서 중앙 인네브스키 대로로 집합하여 소란은 더욱 대규모로 되었다. 군대는 기관총을 난사하여 다수의 사망자가 발생했다. 이 같은 보도가 대본영(大本營)에 도달함에 러시아 황제는 소란의 근원이 국민의회에 있다 하여 의회 정회(停會)의 칙령을 내렸다. 이때에 충군애국의 인사로 이름이 나있던 의회 의장 로쟝코[18] 이하의 격앙 분개 태심하여 칙령반대의 결의를 단행했다. 만일 러시아 황제가 이 칙령 대신에 책임내각 조직의 책을 수립하였던들 국민의회의 간부로 하여금 케렌스키 일파 사회당과 악수하기에 이르지 아니하였을 것을, 실로 국회정회의 칙령은 로마노프 왕조의 운명을 결정한 칙령이었다. 이때를 당하여 군대 중에 이미 혁명당화(化)하는 자 속출하며, 정국의 중심은 국민의회로 옮기고 러시아 수도는 전연 무정부 무경찰의 상태에 빠졌다.

3월 12일. 국민의회의 반정부 태도가 판명됨에 러시아 수도 주재중의 각 연대 또한 혁명군에 가입하여 총수 2만5천을 헤아리게 되었다. 오후 2시 다수의 군대는 국민의회 소재지인 타우리다 궁전 앞에 집합하여 국민의회를 갈채하고, 의원 치헤제(사회민주당) 케렌스키(노동당) 등은 이들을 맞아 열변을 토하였다. 이날 밤 사회당의 획책으로 노병회(勞兵會, 노동자 병정회(兵丁會))가 조직되어 치헤제를 의장으로, 케렌스키・스코베레브(사회민주당) 양씨를 부의장으로 선임되었다. 이로부터 노병회가 혁명의 중심이 되었다. 이날 내각 의장 꼬리친이 사직했다.

3월 13일. 아침 일찍 노병회는 격문을 발표하였다. 그 1절에 이르기를, "구정부는 국가를 파멸에 빠뜨렸다. 우리의 인내는 마침내 한도를 넘어 페테르부르크의 시민은 그 불평을 호소하기 위하여

18) 로쟝코(Rodzanko). 제정 러시아의 최후 국회 의장을 지냈으며, 3월혁명 때에는 입헌군주제를 요구하고, 의회 임시위원회를 조직하여 니콜라이 2세의 퇴위를 권고했다.

거리에 나왔다. 그러하거늘 정부는 국민에게 주되 양식으로 하지 않고 연(鉛, 탄환)으로 하였다.…구정부는 근저까지 전복하지 않으면 안된다.…시민은 모두 우리 노병회의 주위에 모여 일치협력하여 구정부를 전복하고 다시 보통선거에 의한 헌법회의를 열기에 매진하여야 한다.”

이날 러시아 수도 페테르부르크 주둔군 전부 혁명에 참여했다. 페테르부르크 요새사령관도 혁명군에 참가함으로써 혁명군은 동 요새를 본부로 삼았다. 또 이날 전 수상 법무상 기타 고등관이 차례로 체포되고, 외교단은 하원의장과 교섭을 개시하니 이에 관료정부는 완전히 도괴(倒壞)되고 말았다. 하원은 정치를 대리하는 위원(代政委員)을 임명했다.

3월 14일. 구정부의 난공불락의 굳은 성 동궁(冬宮· 현 에르미타지 미술관)이 함락하고 각 대신들이 체포되었다. 모스크바도 혁명군의 수중에 떨어졌다. 황족 중에 하원의장에게 이르러 혁명 찬동의 뜻을 표하는 자도 있었다. 차르의 말운은 참담함을 극했던 것이다.

3월 15일. 3월 14일에 구정부가 전혀 실추되었으므로 이날 밤 철야 노병회와 집행위원회 간에 임시정부 조직의 논의가 진행하여 3월 15일 날이 밝기 전에 발표되니, 그 중견은 온화파인 입헌민주당이다.

이날 이른 아침 신 육해상 구치코프(Guchkov)와 하원 집행위원 슈리킨은 신정부의 위탁을 받아 대본영에서 귀환중인 러시아 황제 니콜라이 2세를 푸스코브 시에서 회견하여 양위(讓位)의 칙서를 받아 왔다. 러시아 황제는 그후 유폐의 몸이 되어 전전하다가 폭민에게 살해를 당했다.

3월 16일. 러시아 황제의 양위조칙에 의하여 제위를 이어받을 니콜라이 2세의 동생 미하일(Mikhail) 대공은 케렌스키 파의 반대에 의하여 부득이 즉위 사퇴령을 발하게 되고, 국체(國體)문제는 헌법회의 개최 후에 결정하기로 했다. (이 갈망하던 헌법회의는 그후 제2혁명에 의하여 소멸되었다.)

이때에 표면상 정권은 임시정부로(임시정부 소재지는 마리아궁) 옮겼으나, 일방에 혁명당의 본부인 노병회가 엄존하고 있었고, 이에 국민의회의 집행위원회를 더하건대, 혁명 후 러시아의 주권은 3분한 형세를 이루었다. (제39호 1920. 1. 22)

러시아 혁명기(5)[19]

三. 두 가지 潮流(속)

노병회(勞兵會)의 활약-국체(國體)문제-화전(和戰)문제-임시정부의 불철저

새로 성립된 임시정부 각원을 관찰하면 노병회의 세력은 다만 일개 케렌스키 법무장관으로 대표되었을 뿐이다. 그러나 이 '명사(名士)내각'도 끝내 혁명의 주인공인 노병회의 세력하에 압박될 것은 정리(定理)이다. 이미 노병회는 임시정부의 시설에 불만을 표하고 향후 '정부의 감독자'되기를 선언하였다. 정부가 먼저 니콜라이 2세의 양위의 칙령을 획득하여 미하일 대공을 제위에 오르게 하고자 하였으나, 노병회의 강경한 항의로 다시 미하일 공의 사퇴서를 발하게 함은 이미 기술한 바와 같다. 케렌스키 법상은 취임하자마자 '사형전폐'를 단행하였으며, 체포된 구 대신도 노병회의 요구로 법상 장중에 돌아갔으며, 노동자는 1일 8시간 노동제에 승리하며, 병졸은 사관(士官)과 동등의 권리를 얻는 등, '차르의 러시아'가 일변하여 '노동자와 병정의 러시아'가 되었다.

그 세력의 증감이 이상과 같은지라, 과연 국체문제에 하나의 파란을 일으켰다. 처음에 임시정부 및 국민의회의 다수를 점한 입헌

19) 아라사혁명기(4)는 독립신문 제40호의 결호관계로 누락되었음.

민주당이 군주제를 채용하고자 하였음은 사실이다. 로쟝코·밀리코프 등의 혁명목적은 다만 니콜라이 2세 및 구 관료내각을 타도함에 그칠 뿐이다. 그러나 혁명의 홍수는 점차로 세를 돋우어 마침내 그들의 신변을 침입하게 되었나니, 즉 각원 중에서는 노병회를 등진 케렌스키 법무장관이 공화제를 주장하고, 밖으로는 사회당의 선전과 압박이 더욱 심하여 각원의 다수 또한 공화제의 합리적임을 인정하게 되고, 밀리코프 휘하의 입헌민주당까지 그 예비총회에서 공화제를 가결함에 이르렀다. 그러므로 문제는 한 걸음 나아가서 철저한 공화주의와 보수 공화주의의 집쟁(執爭)을 이루게 되었다.

이리하여 국체문제는 대세가 이미 결정되었다 할지나, 한 가지 문제에 이르러, 즉 평화냐 전쟁이냐 하는 문제에서는 정부와 노병회의 주장이 전혀 상반하여 도저히 타협의 방도가 없는 처지이다. 노병회가 3월 27일 그 대회에서 결의한 전 세계 인민에게 주는 격서에 이르기를, "…우리는 독일·오스트리아의 동지, 그 중에도 독일 노동자에게 고하노니, 여러분은 당초부터 군주전제국인 러시아를 토멸함이 아시아의 전제주의에서 유럽의 문명을 구출함이라는 변해(辯解)를 들었으리라. 그러나 지금 그 이유는 이미 소멸하였다. 민주적 러시아는 이미 자유와 문명의 위하(威嚇)가 아니다.…" 또 이르기를, "…각국의 노동계급아, 우리는 동포의 주검과 무고(無辜)의 피와 눈물의 강과 황폐한 촌락과 파멸한 문명의 보산(寶山)을 넘어 손을 벌려 국제적 합동의 재흥을 여러분에게 권고하노라. 이는 실로 우리 장래의 승리와 완전한 인류의 해방을 보증함으로써 입니다."

이와 같은 고상한 이상으로써 비전론(非戰論)을 주장하는 노병회도 일변에 약간의 의구가 없지 아니하니, 이는 즉 야심 많은 독일군벌이 이 기회를 편승하여 러시아 수도를 점령하고, 구 제정

(帝政)을 부흥시키지 않을까 함이다. 하더니 의외로 3월 26일 독일 의회에서 한 독일 수상 호르웨히의 연설은 구 제정 러시아 정부를 공격하고, 신정부에 동정을 표하며, "영광 있는 근저 위에 평화극복을 원한다"는 주지로 되어있다. 사회당은 이를 베를린에서 오는 춘풍이라 하여 평화갈망의 소리가 더욱 높았다. 사회당은 이미 강화의 구체적 조건으로 비병합, 비배상주의를 성명하였다.

그렇거늘 한편 임시정부의 중견으로 러시아의 형식상 행정자인 입헌민주당 즉 국민의회 일파는 당초에 혁명에 가담하기를 구 황실의 단독강화음모에 대한 반항으로 시작함이었다. 더구나 연합 여러 나라의 암약에 압박을 느낀 임시정부가 군핍(窘乏)의 극에 임한 군대를 가지고 춘계 총공격준비를 본의가 아니면서도 강행코자 함은 어찌 보면 가련하다고도 할까.

요컨대 혁명 후 제1회의 내각은 재산가(부르주아) 내각이다. 국내 일반 인민 즉 노농병(勞農兵)계급의 이해(利害)에는 박하고 쓸데없이 구 제정내각의 외교정책을 인계하는 데만 급급하여 연합국의 소위 '최후의 승리'를 설명하기를 마지않았다. 그러나 한편 노병회의 세력 또한 위대할 뿐더러 그 창도하는 이상론은 혁명시대의 인심을 지도함이 족하며, 대세 또한 어느 편으로나 평화로 향하지 않을 수 없는 것이다. 그러나 임시정부는 의연히 영·미의 비식(鼻息)을 엿보고 결단에 땀을 빼는 지경이다. 이에 5월 초에 이르러 외무상 밀류코프 배척의 소동이 일어나 자본가 내각의 근저가 멸락(滅落)하고 소위 연립내각을 이루게 되었다. (제41호 1920. 1. 31)

러시아 혁명기(6)

四. 자본가 계급(부르주아)의 쇠운(衰運)

5월혁명-연립내각 - 급전(急轉)하여 가는 혁명의 중심

혁명 후 러시아는 즉시 자본가 내각이 성립되고, 이에 대한 제4계급의 근저가 노병회에 있고, 이 양자가 화전(和戰)문제에 이르러 대충돌을 생함은 전술과 같다.

내정(內政)문제에 관하여서는 사회당의 정당한 주장에 굴복하던 임시정부도 화전문제에 이르러는 영·프의 압박을 두려워 우유부단하였다. 노병회는 이에 대한 대항운동으로 5월 1일 만국노동축일을 이용하여 비병합강화(非倂合講和)의 시위운동을 일으켰다. 그러하거늘 악몽에서 깨어나지 못한 임시정부는 다음날 5월 2일에 연합국 측에 통첩을 발하여, "동맹조약을 확수(確守)하여 최후승리를 얻기까지 싸우겠다."고 성명하였다. 이에 열화와 같이 분격한 사회당원은 그날밤 간부회를 개최하고, 다음날 아침 일찍부터 노동자와 병사의 다수가 마리아궁 앞에 집합하여 시위를 개시할세, 앞머리에는 '밀류코프(외상)를 배척하라', '정부를 파괴하라'는 등의 적기(赤旗)를 높이 들었다.[20)]

5월 4일에는 무장한 노동자(赤衛兵)의 시위행렬과 정부군과 네보스키 큰 거리에서 충돌하여 사상자를 내어 러시아 수도는 다시 혼란상태로 들어갔다. 이를 '5월혁명'이라 한다. 노병회와 임시정부는 5월 3,4 양일간 철야 협의를 열었으나, 종내 결정을 보지 못하고 5월 4일에 이르러야 노병회는 정부반대의 결의문을 발표하였다. 단 시위운동은 노병회의 금지로 종식되어 일단 질서는 회복되었으나 이미 임시정부의 세력은 땅에 추락하였다.

5월 10일 국민의회 창설기념일을 이용하여 자본계급의 퇴세 만

---

20) 4월 테제(April Theses). 레닌은 귀국 전부터 임시정부 타도와 모든 권력을 즉시 소비에트에 이양할 것을 역설하였다. 1917년 귀국 후 레닌은 4월에 볼셰비키 중앙위원회에서 '프롤레타리아의 임무에 관하여'라는 연설을 하였는데, 이것이 이른바 4월 테제이다. 그 핵심은 전쟁포기, 평화·자유·빵·토지와 같은 근본문제의 해결과 볼셰비키 혁명정권의 수립이다.

회책으로 개최한 의원대회 또한 실패로 돌아가고 입헌민주당의 명운도 이미 결정되었다.

이때를 당하여 구 제국에 희생이 된 일반 민중의 생활상태의 위급은 아직 회복되지 못하고, 이상적 평화론에 마음을 움직인 전선의 군사는 성(盛)히 독일병과 교환(交驩)하여 사실상 휴전상태에 임하며, 한마(騂馬)와 같은 사회당은 이제 그 철저한 주장을 가지고 맹진하였던 것이다.

과격사회당의 거두(擧頭)는 영・프 자본가의 기피하는 바다. 그러므로 사회당의 주장이 철저하면 할수록 국제적으로 본 세력이 추락된다고 관찰하는 자 있으나, 이는 단견에 불과하니, 곧 그 정리(正理)의 주장의 뒤에는 대다수 민중의 세력이 있었던 것이다.

5월 18일 밤 입헌민주당을 거느리고 있는 밀류코프파는 사회당대신(大臣) 6명이 입각하여 연립내각이 성립함에 이르러 정계에서 몰락하니 어시호 정권의 중심은 명실 공히 좌전(左轉)되기에 이르렀다.

신내각은 사회당 대신 6명, 자본계급 대신 9명이나, 기실 육해・농・법・우정・노동・식료 등 중요한 지위는 다 신입한 사회당의 손으로 돌아가므로 연립은 이름뿐이요 사실은 사회당 내각이다. 사회민주당에서 입각한 노동상 스코벨레프(동당 영수로 전에 황제암살음모죄로 流謫을 당하다. 변설에 뛰어남), 우정상 채레테리(노병회 부회장), 농무상 티에르노프(지주의 사유지를 무상으로 압수하여 분배하자는 논자), 신설 식료상 페세호노프 (씨의 일생의 역사는 가택수색과 옥중생활의 연속이다), 법무상 페레웰세프(케렌스키의 친우) 등 모두다 노병회의 간부요 사회주의의 실행자이다.

시국은 확실히 좌익으로 회전하였다 - 유럽의 의회에서는 관례로 보주파(保主派, 보수주의 우파)가 의회장의 오른 쪽 반을 점하고, 진보파(좌파)가 왼 쪽 반을 차지하는 고로 진보주의로 향하는 것을 좌전한다 좌경(左傾)한다라고 칭하며, 또 보수 혹은 진보 등 주의의 극단한 자를 극우당 극좌당 등으로 부른다.

그러나 도저히 여기서 머물지는 않을 것 같다. 새로 나타나는 철저사회당 즉 볼셰비키, 아나키스트(무정부당)의 세력은 날로 불어만 갔다. 타협파 사회당(멘셰비키)이 연립내각에 들어와 자본가와 악수함에 이르러 볼셰비키의 반항은 홀연 맹렬의 도를 더하여 강화체결, 토지분배의 즉결을 고창하며 정권 전부를 노병회의 손에 돌리기를 주장하였다. 볼셰비키는 현재 노병회에 250의 당원을 가지고 있고, 멘셰비키가 우경(右傾)하면 할수록 볼셰비키의 세력은 왕성하여 갔다. 혁명국민의 전도 아직 억측을 허하지 못한다. (제43호 1920. 2. 5)

러시아 혁명기(7)

五. 온화사회당(穩和社會黨)

노병대회-시위운동-갈리시아 패전-7월 혁명

6월 16일. 제2 국회해산기념일로 전국 노병대회 개회식을 거행하였다. 회원 약 8백 명 중 멘셰비키(치헤제 등 온화파) 3백, 사회혁명당(케렌스키 일파) 3백, 볼셰비키(레닌·트로츠키의 사회민주당) 2백, 기타 등이다.

개회 벽두, 러시아 수도 노병회장 치헤제는 "10년 전 금일 제2 국회 해산 시에 수감되어 이래 10여 성상 시베리아의 유적지(流謫地)에 있었던 당년의 자유지사가 여기 와있다." 하고 우정상 채레테프를 안고 입을 맞춤에 만장이 일시에 기립하여 박수갈채 하였다. 이 찰나의 광경은 회중에게 육약골동(肉躍骨動)하는 감을 주었다.

대세는 온화 사회당의 손에 있었다. 그리고 이 노병대회는 헌법회의가 열리기까지의 의회의 책임(責)을 가진 자이므로, 이제야 러시아의 실권은 치헤제·체레테프 등의 손에 있었다. 회중의 풍모를 보건대, 거친 옷과 거친 모자, 수염이 더부룩하며, 머리를 풀고 붉은 띠를 맨 농부의 형상이 태반이다. 사회당의 득의는 상상할 수 있다.

7월 1일은 노병회(勞兵會)의 시위운동의 날이다. 이 시위운동은 국내의 반동세력과 국외의 주전론에 대한 시위이다. 사방으로부터 '마른조' 드을(혁명 희생자의 묘지)로 모여든 시위행렬은 대오를 지어 혁명가를 높이 부르며 무수한 적기를 들고 행진하였다. 그 적기에 나타난 표어를 보건대, "국민의회와 국무원을 폐하라! 빵과 평화와 자유를 다오! 10인의 자본가 대신을 제거하라! 정권 전부를 노병회로 거두라! 즉시 각 정면의 휴전을 단행하라!" 등이다.

한편 임시정부는 이에 반하여 국내의 요구를 무시하고, 혹은 위압하기 위하여 무리무책의 공세를 취하였다. 7월 2일 작은 첩보를 접한 밀류코프 일파의 친영파(親英派)가 행렬을 지어 시위적 축하를 계획하였으나, 도리어 늙은 머리의 추한 몸만 거리에 폭로함에 불과하였다.

이에 앞서 7월 중순의 과격파 사회당의 거사가 있어서 연립내각이 무너졌다. 7월 15일 외상 테레시첸코프, 우정상 체레테리, 소러시아(小俄)와 타협조약(소 러시아는 혁명 발발시부터 민족자결주의에 의하여 독립을 선언하였음)을 체결하여 돌아감에 입헌당의 3대신 사직했다. 같은 날 볼셰비키의 수령 트로츠키는 공세반대의 대연설을 병정과 노동자의 앞에서 명쾌히 하였다.

7월 16일에 군대 중 볼셰비키에 투항하는 자 많고, 다음날 17일은 적위병(赤衛兵)과 정부군 사이에 대충돌이 발생하여 시가전의 참극을 나타냈다. 18일에는 노병회 간부(온화파)가 반군(叛軍) 고압수단을 정부에게 허함으로써 참극은 더 확장하여 기관총의 난사에 사상자 1천명에 달하였다. 21일에 이르러 전선에서 도착한 군대의 힘으로 난이 진정되니 이것이 소위 7월혁명이다.

온화파 사회당은 볼셰비키의 거사를 교묘히 이용하여 일변 내각을 위협하여 르보프(Lvov) 수상을 축출하고 자당의 케렌스키로 내각을 조직케 하며, 일변으로 오래 동안 위엄을 잃었던 왕당과 코사크 병[21]으로써 과격파를 압박하였다. 케렌스키는 과격파의 힘으로 자본급 대신 배척에 성공하면서 군대를 이용하여 과격파를 매국노의 허명(虛名)하에 포박·감금하였다. 이리하여 혁명의 사나운 말(悍馬)은 자연 한쪽 발을 잃은 형세에 이르게 되었다.

사회당을 근거로 하고 정권을 장악하면서 사회당 중의 가장 분투적 세력이 왕성한 볼셰비키를 눌러 제거(壓除)함은 자가당착이다. 마침내 과격파와 입헌당파의 협격(挾擊)을 면치 못하게 되었다. 이윽고 갈리시아 대패의 보도가 이름에 제1차 케렌스키 내각은 열흘을 넘기지 못하고 8월 3일에 와해함에 이르렀다.

갈리시아 대패의 원인은 여러 가지를 들 수 있으나 그 가장 큰 것은 즉 이상적 평화론, 비전론의 침입이니, 주전론자에게 말하게 하면 즉 사기의 퇴폐가 이것이다. (제44호 1920. 2. 7)

러시아 혁명기(8)

五. 온화사회당(속)

케렌스키 시대-모스크바 회의-리가 패전-코르닐로프의 변-케렌스키의 쇠운(衰運)

7월 혁명의 과격당 거사는 실패되었으나 그 결과로 자본가계급의 6대신을 방축하고 이로부터 혁명후의 러시아는 케렌스키 시대

21) 코사크(카자흐, Kazakh)족은 16세기 이래 1917년 까지는 특수부대 역할을 수행했다.

로 들어갔다.

신 수상 케렌스키는 열렬한 혁명지사로 주의를 위하여는 아무것도 사양하지 않는 용기가 있었으나, 한편으로는 원전활탈(圓轉滑脫: 변화의 자유로움)의 소기(小技)와 투기적 호걸주의를 가졌으므로 마침내 스스로의 재기(才氣)에 화가 되어 일신과 국정(國政)을 그르치게 되었다.

그는 과격당의 7월혁명을 이용하여 내각을 뒤집어엎고 스스로 수상의 지위를 점하면서, 갈리시아 패배의 책임을 과격당에 전가하여 매국노의 허명하에 과격당을 압박하였다. 7월말, 패전의 보도가 육속 도착함에 내각은 다시 동요하여 극도로 어려운 시국을 형성함에 그는 즉시 사표를 제출하고 은신하였다. 이 일장연극은 즉효(卽效)를 이루어 8월 3일 각 정당의 대표자는 그에게 내각조직의 전권을 위임하였다.

이에 그는 의기양양하게 동궁(케 내각본부)으로 돌아가 소위 독재수상의 지위를 점하였다. 제1회 케 내각의 외형을 보건대, 대부분의 중요한 지위는 케 씨 일파의 사회혁명당이 점하고, 사회민주당의 세력은 거의 추방되어 체레테리와 같은 이는 다시 노병회에 몸을 감추게 되는 동시에 '전쟁 계속'의 성명으로 입헌민주당의 환심을 사는 등 타협적 색채가 여간 농후치 아니하였다. 이같이 하고 능히 정부와 노병회의 화합이 원만할까.

케렌스키는 당년 37세의 소년 정객이다. 법조계에서 출신하여 국회의원이 되어 노동당을 거느리고 구 정부에게 징역선고를 받은 일 까지 있었다. 혁명 당시에는 노병회 회장 치헤제와 같이 진두에 서서 혁명의 지도자가 되었으나, 종내에 소책(小策)을 농하여 입헌민주당에 한 다리를 걸치고 소위 '무능정치'를 현출함으로 제2혁명의 참극을 낳게 했다.

위태하도다 케 수상의 행동이여. 법상, 육상 시대에는 항상 그의 지반인 사회혁명당을 근거 삼던 그가 수상이 되자 우당(右黨)으로 전신(轉身)하는 기색을 보였다. 그는 과연 좌우 양파를 통합하여 타협내각의 기초를 닦기를 몽상하였던가. 만일 그렇다 하면 그 어리석음이야말로 가소롭도다. 과연 그의 소기교가 마침내 모스크바 회의에서 대실패를 만났다.

모스크바 회의는 케 수상 일생의 지혜로 개최된 것인데, 8월 25일부터 4일간 계속하였다. 개회에 앞서 좌우 양극파의 작전이 맹렬하였으나, 다행히 회의는 무사히 끝났다. 그러나 수상의 두 시간의 장연설도 불철저의 극인 양다리 걸치기(兩股)주의에 입각한 무리(無理)의 절충을 강구(强求)할 뿐이다. 마침내 좌우 양당에 다 만족을 주지 못하고 케 내각의 운명도 또한 며칠 가지 못할 형세이다.

9월 1일 급보가 있기를, 독일군이 리가(라트비아 공화국 수도)시를 공격하였다는 것이다. 이윽고 동 4일 공보(公報)에는 2개년 간 고심의 결과인 리가의 요새가 함락되었음을 보도하고 있다. 아무리 독재자 수상 케렌스키가 공세, 진출을 절규하여도 비전론(非戰論)이 성행하는 혁명의 러시아는 무의미한 전쟁의 계속을 원치 않았다. 이것이 케 수상 실패의 제1보이다.

9월 중순 또다시 청천의 벽력과 같이 총사령관 코르닐로프가 대군을 거느리고 정권을 강박하려는 사건이 일어났다. 다행히 코 장군의 군은 즉시 평정되었으나 그 내막이라고 전하는 바에 의하건대, 케렌스키는 코 장군과 결탁하여 사회당을 모두 소탕코자 음모하다가 사회당의 위협에 간담이 조려, 코 장군을 모반인으로 처형함이라 한다. 이 사실이 폭로되자 케 수상은 좌우 양당에게 다 같이 신임을 잃어버렸다. 이제야 내각은 또 동요하기 시작하여 케 수상은 일시 독단으로 연립내각을 조직코자 하였으나 노병회의 대반대로 여의치 못했고, 일시적으로 소위 '5두 내각'을 조직하고 연립내각의 가부를 국민대회에 제출키로 하였다.

케 수상의 지위는 땅에 떨어지는 동시에 그 반동으로 노병회 안에는 볼셰비키가 다수를 점하여 치헤제 일파의 간부는 불신임안을 만나 물러나고, 이에 대신하여 레닌·트로츠키 일파가 세를 얻으니, 이에 러시아의 국면(局面)은 다시 한번 좌전(左轉)할 기세를 이루었다. (제45호 1920. 2. 12)

러시아 혁명기(9)

六. 第二革命

대행의회(代行議會)의 희극 - 11월혁명-소비에트 정부 성립

케렌스키는 7월혁명 시에 과격당을 이용하여 내각을 독점한 후 몰의(沒義)하게 레닌 일파[22]를 압박하였다. 케렌스키는 다시 코르닐로프와 공모하여 노병회(소비에트)를 섬멸하려고 하다가 도리어 노병회에게 기선을 제압당해 '혁명의 정화(精華)'인 노동자에게 무기를 주어 '적위군'을 편성하여 코 군을 토멸하였다. 이리하여 무기를 얻은 노병회는 러시아 수도의 주인이 되었다. 그 노병회는 케렌스키의 무능정치가 원인이 되어 점차로 과격화되었다. 러시아 수도 페테르부르크 노병회는 만장일치로 "정권 전부를 노병회의 손으로 거두게 하자"는 결의(동회가 누차 부결한 과격당의 제안)를 통과하였다. 케렌스키는 이번에도 이 형세를 강압할 성산(成算)과 용기가 있을까.

케렌스키가 리가 패전 이후의 난국을 수습하기 위하여 소집한

22) 레닌(Lenin). 레닌은 스위스로 망명 중 러시아 3월혁명 소식을 듣고, 1917년 4월 16일 페테르부르크로 돌아와 1905년 10월에 결성된 소비에트(Soviet, 勞兵會)를 지지하면서 전쟁을 반대하고 프롤레타리아 혁명을 역설한 4월테제를 주도했다.

국민대회는 1주일간에 걸친 장광설, 현하와 같은 열변의 소란, 노호(怒號) 후의 결의안 채택에 들어갈세, 연립내각안이 일시 득승하였으나, 입헌민주당 입각이 부결됨에 입헌민주당을 제외한 연립내각은 불가능이라 하여 이전의 의결이 다시 부결되고 말았다. 이에 케 수상은 놀라서 어찌할 바를 모르다가 낭패한다는 주장낭패(周章狼狽)로 소조(所措)를 몰랐다. 국민대회에 실패한 케렌스키는 다시 국민대회 출석원 중에서 위원을 선정하여 대행의회라는 물건을 제조하였다.

그럭저럭하는 동안에 이름뿐인 연립내각은 발표되었으나 사회당은 명백히 반대의 기치를 보이며, 소위 대행의회는 볼셰비키 일파의 번롱(翻弄)하는 바 되어 마침내 케렌스키의 몰락의 활극을 현출하였다.

대행의회라는 것은 요컨대 케렌스키의 반대파 압박책이다. 개회 벽두 볼셰비키의 수령 트로츠키가 돌연히 연단에 출현하여 "우리는 국민을 배반한 정부와 반혁명적 의회와 같이 하기를 원하지 않는다."고 절규하고, 케렌스키 일파를 조롱하면서 일당을 거느리고 퇴장함에 이르러 취약하게도 와해하여 버림은 실로 가소할만하다.

대행의회의 희극의 1막이 내리자마자 11월 제2혁명이 발발하여 일대의 괴웅(怪雄) 케렌스키는 간호부복을 입고 도주하는 추태를 연출하였다.

11월 4일. 노병회는 군사혁명위원회를 개설했다.

11월 5일. 군사혁명위원회와 군사령부 간에 갈등이 더욱 심하였다.

11월 6일. 밤이 되자 시내 각처에 총소리가 울렸다. 혁명위원회의 활약이 비상하다.

11월 7일. 러시아 수도 주둔군 전부가 군사혁명위원회에 투항하고 정부의 일루의 명(命)인 코사크병도 케렌스키를 기피하여 중립을 선언했다. 군사혁명위원회는 정거장, 전화교환소, 전신국, 국립은행 등을 점령하였다. 이날 케렌스키는 간호부복을 입고 여자로 변장 도주하였다.

같은 날 노병회 본부에는 볼셰비키의 수령 레닌이 오래간만에 출석하여 장내가 무너지듯한 박수갈채를 받으며 사회혁명의 개시를 선언하고, 노동자 농민정부(약하여 勞農政府) 즉 소비에트 정부 조직과, 전쟁중지, 자본가 토벌, 토지압수, 생산 감독을 절규하며 신정부의 정강으로 (1) 즉시 각 교전국에게 민주적이요 공평한 강화제의를 할 것, (2) 지주의 토지소유권을 폐지하고 토지를 공유로 함, (3) 생산업과 생산품의 배급에 관하여 노동자에게 감독권을 줄 것, (4) 은행을 국민의 감독하에 국유로 할 것 등을 발표했다.

이와 같이 과격파는 전광석화로 4일의 단시간, 한 명의 병사도 잃지 않고 혁명을 수행하였음은 7월혁명의 실패를 거울삼았기 때문이다. 그후 케렌스키는 11월 13일 약간의 코사크 병과 공모하여 재거(再擧)코자 하다가 실패함에 수병복을 입고 국외로 도망가고 말았다.

11월 7일은 제2회 노병대회의 날이다. 회의석상에서 레닌을 총리로 하고 트로츠키(Trotskey)를 외무장관으로 한 내각이 조직되어 러시아 '국민집정내각'이라 명명하였다. (제46호 1920. 2. 14)

러시아 혁명기(10)

七. 볼셰비키와 레닌 및 그 시정(施政)

제2혁명의 의의 - 혁명의 기세(氣勢) - 주의(主義)의 인(人) - 헌법회의 파기(破棄) - 제4계급의 집권

프랑스 대혁명이 귀족계급에 대한 서민계급의 반항과 승리라 하면 러시아 대혁명은 자본가계급에 대한 노동계급의 반항과 승리이다. 사회민주당의 이상인 '제4계급전제(階級專制)'는, 즉 사회상의

민주주의를 수립하기 위하여 그 도정(道程)으로 자본전제(資本專制)를 변하여 '노동전제'를 창도함이니, 11월혁명은 실로 러시아 자본주의의 전멸과 노농전제(勞農專制)의 성립을 의미함이니, 이로써 신시대의 기원을 획하였다. 그 영향의 미치는 곳은 심히 넓고 커서, 이윽고 독일의 혁명과 영·미·프의 노동운동을 야기하며, 멀리는 극동의 섬나라 일본에 까지 미치며 레닌·트로츠키는 인류의 구세주로 지칭함에 이르렀다.

니콜라이 레닌은 본명을 블라디미르 일리위치 울랴노프(Vladimir Ilich Ulyanov, 1870~1924)라 하며, 1870년 신빌스크에서 출생했다. 1887년 그의 형 알렉산드르가 알렉산드르 3세 암살음모에 관계하여 사형을 받음을 보고 당시 17세이던 그와 그의 동창들은 마침내 차르 제정을 저주하고, 사회혁명의 열화를 품게 되었다. 그후 25세의 청년으로 그는 러시아 수도에서 '노동계급 해방동맹'을 조직하고, 그 수령이 되었다. 같은 해 12월 그는 사회혁명 선동의 죄로 2개년 징역을 받은 후 시베리아로 추방을 당하였다.

시베리아 유형(流刑)기간 만기 후에는 서방 유럽으로 가 열렬한 붓으로 많은 저술을 출판하였다. 1905년 그는 고국에 돌아와 만반의 획책에 분주하였으나 실패로 돌아가고 다시 망명하여 만국 사회당 본부에 몸을 들이게 되었다. 제1차 세계대전이 발발함에 그는 러·독·프 각국어로 비전론(非戰論)을 주창하고 사회당의 미온적 태도를 공격하여 명성을 드날렸다. 러시아 혁명이 돌발함에 이르러 스위스의 산간에 몸을 죽치고(跼蹐) 있었던 혁명주의자가 광활한 러시아 중앙에 숙석(宿昔)의 이상을 수립함을 얻으니 그 유쾌야말로 상상밖의 일이다.

연합국측은 오래 동안 레닌 등을 가리켜 독일 탐정이라 매국노라 중상하여 왔다. 그러나 그에게는 독일도 없고 연합국측도 없다. 그의 과거와 현재는 다만 그가 포회(抱懷)한 주의가 있을 뿐이다.

주의(主義) 때문에는 아무 것에도 굴하지 않는다. 사회당 중에 가장 분투적인 위인으로 실로 세계사회주의의 지도자이다.

레닌이 한번 천하를 잡아 노농정부를 세우며, 그가 가는 곳에 모든 구폐(舊弊))와 타협은 일격에 분쇄되었다. 평화촉진, 토지 국유화, 노동자의 공업감독권 및 8시간제, 민족자결 등의 선언은 착실히 실시되었다.

제1혁명과 동시에 소집에 착수한 '헌법회의'는 12월 초에 이르러 개회하였으나 자본당과 사회당의 집쟁(執爭)으로 유야무야간에 해를 바꾸게 되었다. 1918년 1월 18일 재개된 헌법회의는 야반에 이르러 사회당 전부 퇴장하고, 다음날 오전 4시경에 이르러 "수위병(守衛兵)의 피로가 심하므로" 폐회한 후 다시 영원히 개회치 못하였다. 이로부터 노병회가 의사권을 독점했다.

1918년 1월 23일 제3회 노병대회가 개최되었다. 24일 동회 석상에서 한 레닌의 연설은 '노동계급의 독재정치'를 고창한 것으로 신러시아의 이상과 포부를 아울러 알 수 있다. 그 1절을 번역해 보건대,

우리는 사회주의가 접시에 담겨져 올 줄로 생각하지 말자. 우리는 우리 힘으로 이를 빼앗아야만 한다. 우리는 자본계급에 대한 압제(壓制)를 주창한다. 계급전쟁은 우연이 아니오 필연의 세이다. …노농정부(勞農政府)의 정략(政略)은 어떠한가. 군대의 민주화, 재판소의 폐지, 은행국유, 노동자의 감독권 등 모두다 민중의 힘으로 기성(旣成)한 사실을 승인할 뿐이다. "볼 지어다, 새로운 신사회주의가 도처에 장생(長生)함을. 우리의 어깨에는 사회혁명의 전위인 명예를 졌도다. 우리는 양언(揚言)하리라." 러시아 사람은 혁명을 창시하고 독·프·영 사람은 이를 완성한다고 운운.

그 말이 헛된 것으로 돌아가지 아니하고 몇 개월을 가지 못하여 러시아의 노동자와 농민이 시작한 사업을 전 세계의 노동자와 농민이 향응(響應)하여 일어났다. (제47호 1920. 2. 17)

러시아 혁명기(11)

八. 파괴에서 건설로

강화교섭 - 모스크바 천도(遷都) - 독일혁명 - 세계적 사회혁명

1917년 12월 22일 브레스트 리토프스크에서 러시아 대 독일・오스트리아・터키・불가리아 간에 강화회의가 개최되었다. 독・오측은 러시아 측의 제출안인 민족자결, 비병합, 비배상주의와 경제적 압박정책 배척을 전부 승낙했다.[23] 평화의 보도가 러시아 수도에 이르자 전 노병(勞兵)계급은 12월 30일을 기하여 성대한 축하행렬 가두행진을 행했다. 맑게 갠 하늘아래 펄럭이는 적색기(赤色旗)의 표어를 보건대, "민주적 전반 평화만세, 만국 노력(勞力)혁명 만세, 제국주의를 깨뜨리라, 제3인터내셔날 만세, 세계 각국의 노동자와 병정들아 곧 평화극복을 요구하라." 등이고, 기타 노병회(勞兵會)를 절대 신임하는 구절이 많았다.

---

23) 브레스트 리토프스크 조약(Treaty of Brest-Litovsk, 1918. 3. 3). 1917년 11월 혁명에 성공한 볼셰비키는 11월 8일 동맹국 측에 무배상・무병합・민족자결 등을 기초로 하는 강화를 제의 승낙을 받아냈다. 이리하여 양측 간 정전협정이 체결되어 휴전 후 강화조건을 토의하면서 독일의 요구조건이 너무나 가혹해서 이의 수락여부를 둘러싸고 볼셰비키 당내의 의견이 대립했다. 그러나 독일군이 러시아 수도로 진격해옴에 레닌은 1918년 3월 3일 '무조약 종전'을 주장하는 트로츠키를 물리치고 다액의 배상금을 러시아에 부과하는 강화조약을 성립시켰다. 그러나 이 강화조약은 1919년 베르사유조약에서 폐기되었다. 강화조약 체결직후 러시아 노농정부는 볼셰비키를 공산당으로 개칭하였다. 7월에 소비에트 공화국 헌법이 가결되고 소비에트사회주의 공화국연방(蘇聯)이 탄생했다.

독・오의 군벌이 러시아의 민족자결, 비병합, 비배상을 승낙함에 소위 연합국 측, 그중에도 영・프의 외교군사가는 혼비백산하게 놀랐다. 하여간 독・오의 내심에는 딴 궁리가 있었을 것은 상상할 수 있다. 이에 대하여 노농정부는 독・오의 사회혁명으로 군벌파를 위협하였다. 신년(1918)에 들어서서 과연 독・오측에서는 여러 가지 어려운 문제를 제기하여 그 가면리(假面裏)에 숨겨있었던 본성을 드러내고 있었다. 이에 노농정부는 "우리는 세계적 사회혁명의 큰 불을 일으키기 위하여 방화하였다. 세계 각국의 노농계급은 우리와 같이, 우리와 힘을 합하여, 각기 자기 나라의 지배계급에 선전(宣戰)하라"는 대담한 선언을 발표하였다.

2월 10일. 노농정부는 돌연 교전정지를 선언하여 세계의 이목을 용동(聳動)케 했다. 이어 강화위원장 트로츠키의 탈전(脫戰)선언(무조약 종전)이 발표되어 노농정부는 교전국의 노동계급과 직접 교섭이 아니면 아무런 강화조약도 승인치 않는다 하였다. 레닌은 이 선언에 대하여 어떤 이의 질문에 대답하기를, "금후는 독일의 사회혁명이 있을 뿐"이라 호언했다.

2월 18일. 독일 장군 힌덴부르크(Hindenburg)는 대군을 이끌고 러시아 수도를 공격하기 시작했다. 이 보도가 페테르부르크에 도달함에 연합국 측의 거류민 및 대사단이 창황히 도주한 것은 희극 중에도 희극이다. 독일군은 근근 4일간에 아무 저항도 받지 않고 러시아 수도 정면의 프레스코프 선(線)을 점령하였다. 그러나 독일군 중에 이미 혁명사상에 감염된 자 속출하고 또 독일의 야심은 도리어 서부전선에 있으므로 평화를 재촉하는 기맥이 보였다. 그러므로 노농정부는 3월 3일 브레스트 리토프스크(폴란드)에서 강화조약에 조인하는 동시에 모스크바로 천도하여 노병농회(勞兵農會)대회를 열고 조약 자순(諮詢)결의를 했다. 이로부터 혁명의 러시아는 건설기에 들어가니 동당의 한 수령 보로다르스키는 "우리는 파괴의 시험에 급제하였다. 금후 우리는 창업의 시험을 받으리라" 함은 공담(空談)이 아니었다.

일시 노농정부의 모스크바 천도로써 동 정부의 쇠운을 재촉함이라는 논자가 많았으나 이는 후에 사실상으로 오해이었음이 판명되었다.

레닌이 "금후는 독일의 사회혁명이 있을 뿐"이라 장담한지 반년이 못되어 과연 야심국의 가면은 벗겨지고 괴웅 카이저는 화란의 한 구석으로 몰래 도주하게 되고,[24] 따라서 5년간의 대전란이 종식되고 소위 연합국의 어두귀면지졸(魚頭鬼面之卒)이 파리 근방에 모여서 전에 독일이 러시아에 대하여 하던 그같은 혹독한 조건으로써 강화조약을 체결함은 세인이 이미 다 아는 사실이다(베르사유 조약, 1919. 6. 28).

제1차 세계대전의 유일한 소득이 러시아 혁명이라 하면 금후의 세계의 모든 조류를 지배하는 것도 또한 그것이다. 1919년 간에 각국을 풍미하는 노동운동은 모두 노농정부를 동정하고 또는 그 영향을 입지 않은 것이 없다. 영국의 탄공 및 철도 대파공(大罷工), 프랑스의 신문파공, 이탈리아의 사회당 승리, 오스트리아의 적화(赤化), 미국의 철도 파공, 심지어 일본의 혁명 열기에 이르기까지 러시아 혁명이 그 도화선 됨이 아니라 하지 못하겠다. 노농정부의 '세계적 대혁명'의 조짐은 날로 격렬하여 감이 분명하다.

그후의 노농정부는 일방 국내 국외의 반동운동과 압박과 분투하면서, 일방으로는 이상적 건설 사업을 대성하기 위하여 신생의 고민을 거치는 중이다. 작년 말부터 금년에 걸쳐, 시베리아와 남 러

---

24) 독일 11월 혁명(1918). 1918년 가을에는 서부전선에서의 대패를 계기로 11월 3일 키일 군항의 수병이 적기를 게양하고 반란을 일으켰다. 이로 인해 전쟁종식과 황제 퇴위를 요구하는 노병(勞兵)의 반정부운동이 확산되어 마침내 카이저는 네덜란드로 도피하고 공화제를 선언했다.

시아 등지를 점거하던, 콜차크[25] 데니킨[26] 등이 차례로 몰락하고, 신흥한 핀란드·에스토니아 등과의 평화도 성립되어 점차로 순탄한 경지로 들어가는 모양이다. 따라서 동 정부압박을 도모하던 영·미·프 등 강대국도 이를 승인하려는 기색을 보이게 되었다. 더군다나 금년은 노농정부 하에 있는 러시아는 대풍년을 만났다. 과격파의 전도는 양양한 관(觀)이 있다. (제48호 1920. 2. 26)

11. 倭 上下院에 韓國問題 및 呂運亨事件(1)

지난달 1920년 1월 23일부터 본회의에 들어간 일본 상하 양원에는 개회벽두로부터 한국문제와 여운형 문제에 관한 질문이 속출하여 각 대신은 사실의 만착(瞞着: 속임)에 분주하여 파란이 일어났는데 그 요목을 초출(抄出)하노라.

1월 23일 귀족원(貴族院)에서

高橋作衛. 조선폭동의 근원되는 조선독립당의 한 사람인 여운형이란 자가 작년에 내조(來朝)하여 정부요로의 여러 인물과 회견하고, 또한 조선독립을 선전하였다.[27] 우리 사법관헌은 무슨 까닭으

---

25) 콜차크(Kolchak). 1917녀 11월 러시혁명 후, 볼셰비키 노농정부에 대한 반항운동을 전개하더니, 1918년 영국의 지지를 얻고 옴스크에 반혁명정부를 수립했다. 그러나 프룬제가 지휘하는 적군(赤軍)에 패배, 옴스크 마저 적군에 함락됨에 콜차크는 이르쿠츠크로 도망, 총살되었다.

26) 데니킨(Denikin). 1917년 3월혁명 후 코르닐로프의 반란에 연좌되어 구금되었으나 탈출하여 코르닐로프 알렉세에프 등과 함께 반혁명군을 조직, 최고사령관이 되어 반혁명전쟁을 지휘했다. 1919년 여름 모스크바 공격을 단행했으나, 적군에 패퇴, 영국으로 망명했다.

27) 여운형사건. 여운형은 1918년 8월 상해에서 조선독립을 달성하기 위하여 신한청년당(新韓青年黨)을 결성하였는데, 呂運亨·張德秀·鮮于爀·金澈·趙東祜·韓鎭敎등이다. 1919년 1월 이광수가 상해에 도착, 徐丙浩·金九·韓元昌·金順愛·安定根·李光洙 등이 이에 가담했다. 여운형은 신한청년당 당수로 활약했다. 1918년 12월 여운형은 王廷庭

로 폭동의 장본인인 여운형을 체포하지 않았는가? 유력한 관헌의 초치(招致)에 의하여 온 자이므로 방치하였다 하면 사법권의 독립은 어디 있는가.

原敬 首相. 여운형문제는 극히 간단한 문제이다. 그가 공연히 선전을 행하였다 하나 오직 여관 안 한 방에서 2,3인과 회견함에 불과하고, 결코 공개적 연설을 함이 아니고 법률상으로나 정치상으로 곧 처분할 것이 아니다.

1월 26일 귀족원에서

阪本釤之助. 전일 高橋박사의 질문에 대하여 수상은 呂가 여관 한방에서 신문기자와 담화하였다고 특별한 것이 아닌 듯이 답변하였으나, 그가 신문기자를 회견하고 제도(帝都)의 중앙에서 조선독립을 고창하였으니, 과연 그는 조정의 법규(朝憲) 문란자가 아니고 무엇인가. 또한 하물며 적판이궁(赤坂離宮) 국화배관(菊花拜觀)에 고가(古賀) 장관이 안내자가 됨은 실로 어불성설이다.

原敬 首相. 여운형문제는 논자가 항상 呂를 곧 체포할 자라고 논하나 여를 과연 체포할 죄인으로 간주할까 아닐까에 관하여는 사법당국도 충분히 조사하였다.

1월 27일 귀족원에서

床次竹二郞 內相(전일의 답변). 呂가 제국호텔에 있으면서 古賀 척식국(拓殖局) 장관과 두 번 면회하고 나도 두 번 방문을 받았으며, 그밖에 呂는 野田 遞相과 田中 陸相도 방문하였다. 또한 적판이궁을 배관케 한 것도 사실이다. 그러나 呂는 금일 까지 상해에서나 동경에서나 형법상 소위 음모적 행위를 지은 사실이 없으며

의 소개로 윌슨 대통령의 특사 크레인을 만나, 한국독립진정서를 수교했다. 상해 재주 일본인 목사 후지타(藤田九泉)의 권유로 1919년 11월 14일 춘일환(春日丸)편으로 조선독립의 필요성을 역설하기 위하여 비서 崔謹愚·申尙玩을 동반, 동경행을 단행했는데 통역은 장덕수가 담당했다.

특히 현금은 그의 심정이 변화하였으므로(이는 倭式虛言) 그를 포박함은 마땅치 않다고 생각한다.

阪本釤之助. 床次 내상은 지금 여운형문제에 대하여 그를 죄인으로 대할 것이 아니라 하나, 그들의 상해에서 행한 일이 범죄행위가 아니라 하는가. "평화극복의 시기를 당하여 독립을 도모함은 절호의 기회이다. 우리는 싸워야 평화를 얻을까, 평화리에서 평화를 얻을까" 함은 그가 제국호텔에서 신문기자를 상대하여 한 연설의 한 구절이다. 이것이 일본에 향하여 싸워야 평화를 얻으려 함이 아니고 무엇인가?

鈴木 사법차관. 여운형에게 형법 제48,9조에 해당하는 죄가 있느냐하면 금일까지 상해에서 한 呂의 행위는 조헌(朝憲)문란이라고 인정할 것이 없다고 생각한다.

阪本. 水野 조선정무총감은 呂의 운동을 방관하였을 뿐 아니라 그와 만찬을 같이 하였다고. 그와 같이 하고도 조선통치에 폐해가 없으리라고 생각하는가? 또한 古賀 척식국장관은 어떠한 심리상태로써 그를 환영하였는가.

水野錬太郎. 내가 동경에서 그와 면회함은 呂가 회견을 청하므로 이를 승낙한 것이며(여씨 請邀에 수야도 관계함과 水野가 여씨에게 회견과 만찬을 청함은 증거가 있음), 나는 그와 접견함이 반드시 불가하다고는 생가하지 아니하오.

古賀. 여운형은 최초 나에게 면회를 청하므로 네 번 면회하였다. 그러나 나는 일체 알선의 노고를 집(執)한 일은 없소(古賀의 작년 8월부터 여 씨를 청하는 전보 10수장은 기자의 수중에 있음).

阪本. 적판이궁의 배관은 아무나 할 수 없다. 古賀 장관의 안내가 아니면 누가 궁내성에 원출(願出)했겠는가.

床次 內相. 육군대신(田中)이 배관을 신청하였다.

1월 28일. 중의원(衆議院) 예산총회에서

關和知. 작년 3월에 조선에서 의외의 불상사(3·1운동)가 발발한 원인과 그후 통치형편에 대하여 대체의 설명을 구하오.

原敬 수상. 금일도 독립을 외치는 자 없지 않으나 매우 조선인간의 요해(了解)를 얻어 대체 평온으로 돌아온 모양이오.

關和知. 현재의 평온은 무력에 의하여 압박된 혐의가 없지 않다. 조선인은 만주, 시베리아 및 상해 등지에서 단결하고 종종의 계획을 기도하므로 방심할 수 없다.

原敬 수상. 조선 이외의 지방에 있는 불령선인(不逞鮮人) 중에는 조선 내지의 불령선인과 연락을 취하는 자 없지 않으나 조선인의 다수는 신제도를 이해하고 있는 모양이다.

關和知. 여기에 요해하기 어려운 한 가지 일은 정부가 불령선인의 근거인 상해에서 소위 독립정부의 요위(要位)를 점한 여운형을 일본 내지(內地)로 초치한 사건이다.

原敬 수상. 상해 독립정부라 하면 대단한 듯하나, 기실은 몇 사람의 패거리(輩)가 회합한 것에 불과하다. 해외에 있는 조선인 중에는 일본통치에 불만을 품고 있는 자 적지 아니하므로 이들 패거리와 간담(懇談)을 서로 나누면서 일본의 진의를 요해케 함은 조선 통치책으로 하여 적절한 처치라 할 것이다. 이와 같은 문제를 일부러 크게 만듦은 국가를 위하여 도리어 불이익하다 하노라.

關和知. 상해 독립정부가 수상의 말과 같이 아이 놀음(兒戲)과 유사한 것이라 하면 육군성의 공표에 '상해는 독립운동의 책원지(策源地)'라 함은 허위의 보고일까요. 만약 또 육군성의 보고가 사실이라 하면 수상의 대단한 것 아니라함은 둔사(遁辭)에 불외(不外)할 것이다. 여운형으로 하여금 도하 각 신문에 대하여 독립선전을 하게 할 필요는 어디 있는가. 呂일행이 동경에 오게 한 경비는 어디서 났으며 체경비용 8百元은 척식국 지출이라 하니 이것이 呂를 청함이 아니고 무엇인가.

原敬 수상. 상해가 선인(鮮人) 음모의 책원지임은 사실이나 가정부(임시정부) 책임자는 그처럼 대단한 자 아니며, 따라서 육군성의 보고와 모순되는 바 없으며 또 일본정부가 여운형을 초치한 일은 도무지 없다. (하략)

귀족원의 형세(形勢)

1월 29일에 귀족원에서도 江木千之의 여운형사건에 대한 질문과 原敬의 답변이 있었다.

1월 30일에 이르러는 귀족의 공기가 더욱 험악하여짐으로 정부에서는 같은 날 밤 총리관저에서 각의를 열고, 1월 31일 오전 9시 귀족원 내 총리대신실에서 정부당국과 귀족원 각파 대표자와 교섭회를 열고, 原敬 수상은 여운형 씨의 운동경과 및 그 후에 대한 전말을 보고하고, "원래 이 문제를 누누이 회의장에서 논의함은 조선 통치상에 악영향이 대단할 터이니, 이후에는 본 문제의 논의는 중지하여 달라" 하였으나, 그후 각파는 누차 각 사무소에 긴급 총회를 열고 태도를 결정한 후 사상(事相)을 밝히기 까지는 정부에 대하여 극력 맹습(猛襲)하기로 결정하였다. 그러나 정부에서는 이것이 귀족원의 일부 관료계가 재야 정부 반대당과 통모(通謀)하고 일종 정쟁을 도발하고자 함이라고 의연 강경한 태도를 취하기로 하였다. 본 문제는 종국 여하히 해결될는지 괄목(刮目)하고 기다려 볼 가치가 있다고 왜지(倭紙)는 보도하였다. (제44호 1920. 2. 7)

왜 상하원에 한국문제 및 여운형사건(2)

2월 2일. 중의원(衆議院) 예산분과회에서

松永. 시베리아, 만주, 기타 각지에서 외국인 선교사 등이 배일적(排日的) 선동을 하는 사실에 대하여 일본정부는 여하한 처치를 취하려하며, 시베리아, 만주 등지에 있는 조선인의 운동에 대하여는 정부의 처치는 어떠한가요.

埴原 외무차관. 시베리아, 만주에 있는 조선인의 과격운동과 독립운동에 관하여는 중국정부와 교섭하고 각각 진압책을 강구하나, 외국 영토 안에서 발생하는 일이므로 완전한 진압을 할 수 없음은 유감이며, 외국인 선교사의 배일선동문제는 확실한 증적(證迹)이 있는 자에게 대하여는 그 소속국 및 소재지국과 각각 교섭하여 대책을 강구하는 중이다.

松永. 만주, 시베리아에 있는 조선인 1백만의 국적이 여하오.

埴原 외무차관. 이들 조선인의 국적 여하는 아직 결정할 문제 아니다. 정부는 오직 그들이 과격사상을 전파할 뿐 아니라 조선독립에 관계있으므로 경계할 필요가 있다 할 것이다.

松永. 외조(外調)는 군사행동으로써 이를 취체한다 하니 이는 타국내의 타국인을 취체하는 기현상이 아니며, 대(對)과격파 불간섭의 방침과 모순이 아닌가.

埴原. 이들 문제는 중대한 문제이니 아직 상세하게 말하기 불가능하다.

山道. 장덕수(張德秀) 내경(來京)[28]에 대하여 그 이면에 육군 측의 활동이 있었다는 혐의는 용납할 수 없다. 여운형의 독립정부에 제출한 건백서(建白書)의 내용을 보건대, 일본정부에 외교원을 파견하여 조선독립을 요구하자는 조항이 있다. 여운형이 일본에 도래함은 이 건백서에 기초하여 일본정부의 초치(招致)를 이용한 것이다. 原敬내각의 포도책(抱導策)은 도리어 그들에게 기회를 준 대

28) 1919년 3월 신한청년당은 대한민국임시정부를 수립하기 위하여 각계 인사와 연락을 취하기 위해 만주·시베리아·국내·일본 등지에 파견했는데, 장덕수는 국내로 들어오다가 인천에서 왜경에 체포되고 말았다. 조선총독부 경무국은 장덕수를 석방, 1919년 11월 신한청년당(新韓靑年黨) 대표 여운형의 동경행에 통역으로 수행하게 했다. 장덕수는 동경에서의 임무를 완수하고 같은 해 12월 7일 경성으로 귀국했다.

실책이라고 평할 수밖에 없다. 듣건대 여운형 초치의 의론은 장덕수의 건의에 기초한 것이라고. 이상 사실에 대하여 총독의 설명을 구한다.

齋藤實 조선총독. 여운형의 제국호텔에서 한 연설이 신문게재와 같다하면 불온하다 인정한다. 그러나 이런 불온한 언동이 있으면 내지 관헌이 취체하리라 믿었고, 이에 대하여 특별히 내지 관헌에게 취체를 요구할 일은 없다.

2월 3일. 동회에서

山崎克. 작년 소요 이래 조선에는 독립파의 세력이 점차 증가하였다. 그동안 정부의 방책이 그릇되므로 인하여 도리어 그 세력을 조장한 관(觀)이 있나니 조선통치의 방침이 어떠한가.

齋藤實 조선총독. 독립파가 우세임은 사실이다. 이에 대하여 총독부에서는 착착 계획을 진행 중이므로 써 금후의 성적에 징(徵)함이 가하다. 자치제에 관하여는 목하 심의중이며, 그 실시를 기하는 바이다. 도(道) 이하의 자치제도에 대하여는 본방(本邦)에서와 같이 선거법을 곧 실시하기 불가능이라 생각하나, 이 점은 충분히 조사 중이나 참정권(參政權)에 관하여는 아직 준다고도 안준다고도 명언할 수 없다.

2월 6일. 동회에서

鈴木梅四郎. 조선인의 동화정책(同化政策)은 종래와 같이 하여 관계없다고 사유하는가.

齋藤實 조선총독. 조선인의 동화는 내지와 융화(融和)함이 제일이라고 믿는다. 구체적 동화정책은 교육의 개량과 그 방침의 개선이 주요하며, 종교는 공자교(孔子敎)를 장려하고 동시에 일본 국가의 관념을 설시(說示)하려 한다(하략).

귀족원에서는 소위 여운형 금원(禁苑)관람문제에 관하여 수상 原敬, 床次 내상의 전에 한 말을 취소하고 사죄함으로 일단 낙착이 되었고. 각파는 다시 여운형 유치(誘致)문제로 정부 공격에 구(具)하리라고. (제46호 1920. 2. 14)

왜 상하원에 한국문제 및 여운형사건(3)

2월 18일. 귀족원에서

江木翼. 이미 식민지를 내지와 분리하여 통치할 것이라 하면 그 중앙금융기관인 조선은행을 무슨 까닭으로 총독의 감독하에 두지 않으며, 조선의 철도는 흡사 일종 신경계통과 같은 것이니 이것 또한 총독이 이를 장악함이 당연한 일이다. 그런데 기괴한 것은 근래 1억5천만원으로써 조선철도를 남만주철도회사에 병합한다는 설이 있으니, 이는 조선통치상 마음 편하게(恬然) 두지 못할 대사이다. 만일 사실이라 하면 의회의 협찬을 구할 것인가 아니할 것인가.

공지하는바 조선은 3천년 역사를 가지고, 일종의 사회적 제도와 별개의 국어와 정치적 반독립의 제도를 유지하여온 것이다. 따라서 조선인은 조선의 국수(國粹)를 가졌나니 이를 하루아침에 파괴하기 지극히 어려움은 식민지 통치상 여러 선진국이 누누이 쓰라린 경험을 맛본 바이다. 소위 동화(同化)라는 것은 백년이나 2백년의 짧은 세월로는 도저히 불가능한 것이다. 그런데 종래 조선통치방침은 소위 동화주의를 채용하여 왕년 스페인 국민이 이탈리아 국민에게 대함과 같이 조선인의 구관습과 국어를 존중히 여기지 않고, 한갓 일본어의 보급을 도모하여 공식문서까지도 일본의 언어문장을 사용하므로 통치자인 일본인과 피통치자인 조선인과의 사이에는 하등 서로 이해가 통(相通了解)하는 것이 없었다.

이것이 지난번 소요의 대원인일지니, 현 내각은 조선의 지방자치를 허가할 의사가 없는가. 또한 작금에 전하는 바 소위 불령선인(不逞鮮人)의 일에 관하여 일본과 조선에서는 이것을 자세히 알기 불가능하나, 해외에 있어서는 각 신문지 등에 명기되나니, 원래 불령선인의 존재는 금일에 비롯한 것이 아니라 전에는 외무성 고문 스티븐스[29], 후에는 伊藤公의 암살이 있었다.[30] 이래 이러한 종류의 불령선인의 운동은 결코 종식되지 않고 있다. 불령 아닌 자에게는 자치라도 허락함이 가하나 불령배(不逞輩)에게 대하여는 준엄한 수단을 취할 필요가 있다하겠다.

작년 대소요(3·1운동)후 4월에 이르러 불령선인들은 상해에 대한민국(大韓民國) 독립정부를 조직하였다가 그 후에 직접 군사행동을 취하기 위하여 군정부(軍政府)로 개조하였다. 대저 일국의 치안을 해치는 계획이 타국에서 기행(企行)되는 경우에는 이를 배제하기 위하여 항의를 제출함은 당연한 일이다. 이를 만일 당연한 일이라 하면 외무대신은 여하한 수속을 취하였는가. 정부는 과연 철저한 수단을 취할 의사가 있는가 없는가.

內田康哉 외상. 조선인중 불령의 패거리가 시베리아, 만주, 상해, 북미 등지에서 제국에 대하여 불령(不逞)계획을 획책함에 대하여 정부당국은 가능한 수단을 취할 것이며, 또 각국 정부에 향하여서도 교섭을 중히 하여 취체의 방도를 강구하겠다. 그러나 각국의 채취(採取)하는 수단방법의 여하에 있어서는 공개석상에서 이를 답술(答述)하기 어렵다.

齋藤實 조선총독. 조선은행은 총독부에서 법규에 의하여 감독하며, 조선철도는 아직 결정치 못한 사건이므로 여기서 명언하기 어렵다. 조선인의 대우에 관하여는 江木翼 군과 동감이다. 예산이 통과되면 교육상에도 유감없이 종종 개량을 가하려하며, 관리의 조

---

29) 장인환(張仁煥)의 샌프란시스코에서의 통감부 외교고문 친일 매국노 스티븐스(Durham W. Stevens, 須知分) 사살의거(1908. 3. 23).

30) 안중근(安重根)의사의 하얼빈에서의 伊藤博文 사살의거(1909. 10. 26).

선어 습득에 관하여서도 상당한 수단을 다하겠다. 지방자치에 대하여는 아직 본안으로 발표하기 불가능하다. (제52호 1920. 3. 11)

12. 陳獨秀 씨와 學生運動

4월 21일 중국 공학(公學)에서 강연회를 열고 진독수 씨를 청하여 강연하였는데 연제는 「오사운동(五四運動)의 정신이 무엇인가」이니 해씨의 강연한 대요는 다음과 같다.

누가 5·4운동의 정신이 무엇인가 물으면 대개는 답하기를 애국·구국이라 하리라. 그러나 나는 5·4운동의 발생이 일본과 본국정부의 압박을 받아 일어났다 하노라. 그런즉 자연히 애국운동은 애국운동이다. 다만 우리의 애국운동은 먼 역사는 그만두고 근대로 논하여도 전 청(淸)말년에 일찍 애국운동이 일어나서 상해에 애국학사(愛國學社)와 애국여학교가 있어서 10년 전에도 애국주의를 표방한 근거(根據)운동이 있었다. 그런데 어찌하여 사회에서 5·4운동에 대하여는 무론 찬미하는 논의가 없는가. 이는 5·4운동의 특유한 정신이 있었기 때문이니, 그 정신은 1) 직접행동 2) 희생적 정신이다.

직접행동은 인민이 사회국가의 흑암(黑闇)에 대하여 직접 행동으로 제재를 가하고 법률에 호소하거나 특수의 권세를 이용하거나 대표를 의뢰하지 아니함이니, 법률은 강권(强權)의 호부(護符)요, 특수한 세력은 민권(民權)의 구적(仇敵)이오, 대의원은 기편자(欺騙者, 欺人騙財: 남의 재물을 속여 빼앗음)이다. 결코 공중의 의견을 대표치 못한다. 청말(淸末) 혁명시에 사람마다 이로부터 안녕할 줄로 알았다. 그러나 원세개(袁世凱)가 정권을 장악한 후로 결과가 도리어 좋지 못하였으며, 원이 죽은 후에 사람들 각자가 또 이로부터는 안녕하리라 하였다. 그러나 현재 서가(徐哥)가 집정한 후로 국사는 더욱 좋아지지 아니하여 인민의 각 방면에 대한 실망은 앉아서 죽음을 기다리는(坐以待斃) 현상에 이르게 되었다.

독일이 크게 패하고 러시아 혁명 이후로 세인의 사상은 일변하여 중국인도 양개 교훈을 받았으니, 하나는 남북을 무론하고 군벌은 존재치 못하게 할 것, 또 하나는 인민이 직접 행동의 희망이 있음이니, 5·4운동은 이 같은 운(運)에 응하여 발생한 것이다. 그런고로 일반 공상계(工商界)가 학생을 신앙하고 5·4운동에 대하여 신구(新舊) 애국운동과 동일하지 않은 감상을 둔다. 이는 학생운동이 직접행동이오, 세력이나 대의원을 의뢰한 비열운동이 아닌 까닭이다.

중국인의 최대 병근(病根)은 사람마다 적은 희생을 이용하여 큰 효과를 얻고자 하는 것이니, 이 병을 고치지 아니하면 중국은 영원히 희망이 없다. 사회가 5·4운동과 이전 애국운동에 대하여 부동(不同)한 감상을 두는 것은 희생적 정신의 유무에 인하는 까닭이다. 그러나 나는 5·4운동의 결과가 양호치 못하다 하노니, 희생이 작고 결과가 큰 것은 좋은 현상이 아니다. 청년의 정신상으로 말하면 반드시 희생이 크고 결과가 작아야만 좋은 현상이라 하겠다.

이때 학생의 희생적 정신이 지난해만 못하고 희망의 효과는 지난해에 비하여 크다 하면 더욱 좋지 못한 현상이다. 이상 두 가지 정신은 5·4운동의 중요한 정신이니 나의 제군에게 대한 희망은 이 두 가지 정신을 노력·발휘하는 것이다. 특수세력과 대의원만 불고(不靠, 依附)할 뿐 아니라 공상계도 의뢰치 말고, 공상계만 의뢰치 말뿐 아니라 학계 다른 분자 좋은 붕우라도 의뢰치 말고, 다만 자기를 의뢰하라는 것이다. (民國日報) (제69호 1920. 4. 24)

13. 在美 獨立援助會가 더욱 발전

費府(필라델피아) 會規約 細則發布, 각 지방에 신설된 원조회의 상황, 기타 한인활동

신착한 한국평론(Korea Review) 제2권 제1호에서 비부 근방 한국독립원조회[31] 규약 및 세칙은 다음과 같다.

규약

(전략) 한국 국민이 일본의 군벌정치하에 압박됨과 더욱 한국 기독교도가 부정 잔혹한 학대를 받으며, 일본 군벌정치는 무고한 재한(在韓) 우리 선교사를 무함(誣陷)하고 학대하며, 교인을 박해하며, 성경 교수를 금지하여 우리의 포교사업을 전멸케 하려함을 우리는 적확히 알고 있다. 이것이 우리가 이 회를 조직한 까닭이다.

제1조 명칭(생략)

제2조 목적

(1) 종교적 자유와 독립국가를 위하여 분투하는 한인에게 우리의 동정과 원조를 확장키 위함.

(2) 한국 국민이 현금까지 받아오는 박해와 재난을 가능하다하면 이를 방지하기 위함.

(3) 신뢰할 만한 통신에 의하여 한국 국민이 받고 있는 고통의 진황(眞況)을 널리 세계에 고하기 위함.

(4) 민족과 민족 간의 평화와 친선을 도모하여 지상에 상제(上帝)의 법을 세우기 위함.

제3조 회원

(1) 회원은 통상, 특별, 종신 3종으로 나눔.

---

31) 한국독립원조회(League of The Friends of Korea)는 이승만·서재필 주도로 1920년 1월에 조직되었다.

(2) 통상회원은 1년에 1달러(한국평론을 포함하면 3달러)를, 특별회원은 1년에 5달러 이상을, 종신회원은 100달러 이상을 납부함.

제4조 직원(생략)

제5조 집행위원회(생략)

제6조 감독국(생략)

제7조 개수(改修) (생략)

세칙(생략)

앤아버(Ann Arbor)

미시간주 앤아버 장로교회에서 2월 22일 밤에 헐버트(Homer B. Hulbert, 紇法)・베크(S. A. Beck) 양씨가 연설하고 결의안이 제출되어 만장일치로 가결되고, 이를 윌슨 대통령 이하 각 국무원에게 보내게 하였다. 동지 대학출신(미시간대학) 한국인 이(李)군(P.W. Lee)은 독립원조회 회원을 즉석에서 모집하여 300명의 회원을 확보했다.(결의문 생략)

워싱턴(Washington, D. C.)

서재필(徐載弼, Philip Jaisohn) 박사는 초대에 응하여 1월 26일 장로교회 목사회 정기회에서 연설했다. 5명의 위원이 선정되어 원조회와 연락을 취했다. 베크 목사는 워싱턴 원조회 간사로 임명되었다. 씨는 전국 한국원조회 사무에 전력(專力)하리라.

우티카 시(Utica, N. Y.)

로타리 구락부(Rotary Club)는 5명의 위원을 선정하여 한국문제를 조사케 하였다.

보스턴(Boston)

한국원조회 보스턴 지회에서는 보스턴 대학총장을 회장으로 한 간부를 조직하였다. 동 지회 회원 중에는 하버드 대학 국제법 교수 윌슨(Wilson)을 비롯하여 저명인사가 많다.

동지 시민은 1월 11일 오후 3시 반에 대회를 개최하고 한국문제를 논의하였는데 이승만(李承晩)대통령, 베크 목사 등이 연설했다. 보스턴 대학 한국 학생 양(楊, Y. C. Yang)군이 독립원조회의 취지를 설명한 후 발기회가 조직되어 90명의 회원으로 원조회가 성립되었다. 장문의 결의안이 통과되었다. (결의문 생략)

다음날 발행 크리스찬 사이언스 모니터지는 '한국은 자유를 사수'[32]라는 제하로 이승만 박사의 연설을 게재하였다. 이박사는 가로되, "현금의 한국은 정의의 힘이 점차로 승리를 얻는 중이다. 일본은 강력을 믿지 못할 것을 깨닫는 중이다."하여 정의의 적수공권과 자유의 열혈이 능히 여러 개의 총창(銃槍)을 이김을 역설하고 또 일본의 개선성명이 허위임을 증언한 후 결론을 내리기를, "대한제국은 가고 새로운 대한민국이 생겼도다. 신 공화국은 국민의 비통의 시대에 출생하였으나 자유와 독립이 완성되는 날까지 맹진하리라." (제72호 1920. 5. 1)

14. 教育(버틀란드 러셀)[33] (1)

사회개조(社會改造)의 원리(原理)에서(1)

어른에게만 응용할 수 있고 소아에게는 응용하기 불가능한 정치상 의론은 결코 타당하다 할 수 없다. 대개 의론가(議論家)라 하는 자는 아들이 없는 사람이 다수이다. 아들이 있다 하더라도 그 훤화(喧譁)를 피하여 서재 깊은 곳에 은거한다. 그들도 간혹 교육에

---

32) Syngman Rhee, President of the Provisional Republic, "Korea Clings to Hope For Freedom," *Christian Science Monitor,* January 12, 1920.

33) 러셀(Bertrand Russell, 1872~1970). 영국 수학자 교육가로서 제1차 세계대전을 반대했다. 주저 '수학원리', '교육에 관하여(on education, 1926)'라는 저술로 노벨문학상을 수상했다(1952).

관한 서책을 저술하나 그 당시에 그들이 실제의 아동을 염두에 두지 못한다. 또 유치원과 몬테소리식 교육법[34] 발명자와 같이 아동에 관한 실제적 지식이 풍부한 논자는 진보된 교수에 대하여 충분 교묘히 응용될 교육의 구극(究極)표준을 잘 이해치 못함이 보통이다.

나는 교육이나 아동에 관(就)하여 별로 아는 것이 없다. 그러기 때문에 세계교육론자의 의론의 결점을 보완하기는 불가능하다. 그러나 사회개조의 희망 중에는 정치상 한 제도인 교육에 관한 약간의 문제를 마음에 품어 왔다. 그런데 이는 보통교육론자의 사고치 않는 것이나 나의 지금 논하려하는 교육은 전혀 이러한 문제에 관하여 하고자 함이다.

교육의 힘이 우리의 성격과 사상을 형작(形作)하는데 가장 유력함은 세간에서 주지하는 사실이다. 양친과 교사의 진정한 신념은 입으로 말하지 아니하여도 거의 무의식적으로 아동의 두뇌에 인입(引入)하여진다. 그래서 그들이 성인이 되어 그 신념을 버린 후일지라도 그 일부분은 그들의 머리에 뿌리를 깊이 박혀 있다가 위급존망의 경우에는 홀연 비출(飛出)한다. 교육이라는 것은 대개 현존의 사상(事狀)에 편드는 것이요, 근본적 변혁에는 유력한 적(敵)이다.

근저가 부패한 제도라도 아직 상당한 권력을 발휘할 동안은 그 소유한 교육기관을 이용하여 자신의 가치를 청년의 유연한 심지(心地)에 교입(敎入)한다. 또 개혁자는 개혁자로 그 우승한 지위로

34) 몬테소리(Maria Montessori, 1870~1952). 이탈리아 여류 교육가로서 아동의 자발성을 존중하는 실천교육가임. 정신발달의 기초로 감관·근육의 연습에 두고, 독특한 훈련 교재 및 유희를 고안하고, 로마 빈민굴에 '아동의 집'을 설립, 자유·환경·감각을 중시하는 '몬테소리식 교육'을 개발 보급했다.

써 그에 대하여 반항한다. 그런데 아동 자신의 일은 어느 측에서도 고려치 않고 오직 어느 편으로나 끌어들일(접인, 摺引) 만한 재료로 간주할 뿐이다. 만일 아동들 자신을 진실로 고려하면 교육은 그들을 어느 측으로 인입(引入)하려는 억리(臆理)의 생각을 가지지 아니할 것이다. 다만 아동 자신의 현명한 판단에 맡겨야 어느 편에든지 자유로 거취를 결정케 할 것이다. 또 그들을 그들 자신으로 사고하게 할 것이지 교사의 사고대로 사고케 함은 불가하다.

원래 우리가 아동의 권리를 존중하면 정치적 무기로 쓰이는 교육은 존재하기 불가능하다. 우리는 아동에게 독립의 의견을 세울 만한 지식과 마음의 습관을 줄만큼 교육하지 아니하면 안 되겠다. 그러나 정치적 제도로 본 교육은 아동에게 혹종(或種)의 의견을 필연한 것이라고 생각하게 하는 등 습관과 속박된 지식을 주려고 노력한다.

사회적 개조의 요구의 대부분을 지배하는 2대원리 즉 정의와 자유는 교육세계에서는 그것뿐으로 충분한 것이라 할 수 없다. 문자대로 정의로써 평등의 권리를 가르침이라 하면 아동에게는 충분히 가능한 일 아닌 것은 분명하다. 또 자유로 말하면 먼저 그것은 전연 소극적이다. 적극적으로는 하등의 건설적 원리도 주는 바 없고 오직 그것을 막는 모든 장애물을 배척할 뿐이다. 그러나 교육이란 것은 원래 건설적이다. 행복의 생활을 하는데 필요한 적극적 개념을 요구하는 것이다.

교육은 교수(敎授)와 일치하는 범위에서 자유를 존중히 하지 아니하면 안 되겠다. 교수를 방해치 않는 정도에서 보통 용허하는 것보다도 나아가서 그 이상의 자유를 허락할 것이다. 그러나 아동에게 무엇을 가르치는 이상(以上)은 다소 자유를 속박하지 아니할 수 없다. 다만 동료 중에 우뚝하게 뛰어난(超出) 우수한 아동에게 대한 경우는 또 다를 것이다. 교사의 책임이 중대하다는 것은 다 이런 까닭이다.

아동은 다소간 그의 어른(長上)의 지도(指圖)를 받음이 필요하니 그들은 자신으로 충분히 그의 이익을 옹호치 못함이다. 또 교육상 일정의 권위를 무시하기도 불가능하나, 그러나 교육자는 어디까지 자유의 정신에 따라야 그 권위를 사용하는 방법을 고려치 아니하면 안 되겠다.

다소의 권위를 사용하는 것은 피치 못할 일이나 이에 가장 필요한 것은 존경의 생각이다. 진실로 좋은 교육을 실시하려 하는 사람과 어린이의 천분(天分)을 충분히 생장 발휘케 하려 하는 사람은 항상 철두철미하게 어린이에 대한 존경의 생각이 충만하여야만 되겠다. (제66호 1920. 4. 17)

교육(버틀란드 러셀) (2)

기계적인 완고한 제도를 좌단(左袒)하는 자의 가장 결핍한 점은 다른 사람을 존경하는 생각이 없음이다. 즉 군국주의, 자본주의, 페비안파가 만드는 등의 과학적 단체나 기타 개혁가 혹은 보수가 등의 사람의 혼을 잡아 가두려는 모든 정신적 뇌옥(牢獄)을 편들어 동의하는 자에게 이것이 결핍하다. 교육계에는 정부 당국의 발하는 법령이라든가, 형식적인 등급, 과정(課程)이라든가, 교원의 과로, 아무 변화 없는 평범한 수평준(水平準)을 짓는 것, 기타 좋지 못한 사정이 많으나, 그 중에도 가장 보편적인 결함은, 아동에게 대한 존경심이 없는 것이다.

존경에 필요한 것은 동정과 근본적 애정이다. 더욱 실지의 재능과 재력(才力)이 부족한 아동에게는 특히 동정이 필요하다. 아동은 약하고 보기에 어리석다. 교사는 강하고 보통의 의미로 보아 확실히 아동보다 지혜롭다. 그래서 존경의 생각이 없는 관리·훈도 등은 외면상 못해 보인다고 경솔히 아동을 업신여긴다.

그들은 아동을 똑 같은 형(型)을 만드는 것이 그 의무로 생각한다. 말하자면 그들은 점토(粘土)를 빚는 토기장(土器匠)과 같다. 그리하여 그들은 해를 따라 움츠러드는 일종 부자연한 성격을 아동에게 주어 그 마음을 삐뚤어지게 하고 그에게 정신적 불만을 가지게 하여 마침내 아동으로 하여금 잔인하고 질투 깊은 것이 되게 한다. 그 결과 그 아동이 커서는 또 같은 모양의 부자연(不自然)을 다른 사람에게 강제함이 그 의무라 생각하게 된다.

참으로 타인에게 존경의 생각을 가진 자는, 어린 사람을 자기와 같은 형(型)에 들이박는 것을 자기의무라 하지 않는다. 그들은 모든 생명에 대하여, 더욱 인류에 대하여, 또 가장 아동에게 대하여, 어떤 신성한 형언할 수 없는 것 - 가장 고귀한 개성적인 생명의 생장원리를, 또는 만물의 속에서 소리 없이 활동하는 힘의 체현(體現)을 감각한다. 그들은 눈앞에 아동을 대하면 스스로 무한의 겸손을 깨달으니 이는 이론으로는 도저히 억제치 못할 것이오, 부모, 선생 등의 안가(安價)한 자신(自信)보다 더 깊이 지혜적인 것이다.

그들은 따라서 아동이 외면상으로 대단히 약해보이고 또 다른 사람에게 의지하려하는 요구를 보고 깊이 책임의 감을 가진다. 그는 그 깊은 동정을 가지고 아동을 어떻게 교육하여야 될까, 그 충동(감정)을 어떻게 발전시키고 어떻게 눌러야 될까, 어찌해서 그 희망이 시들어 생명이 위축하는 등 일이 생기는가, 또 어떻게 하여야 그 의뢰심을 깨뜨리고, 반사적 욕망을 굴러 사려 깊은 의지로 인도할 수 있을까 하는 것을 이해할 수 있다.

이런 것들이 생명발전의 전투에 있어서 참으로 아동을 도와주고자 하는 열망을 그에게 주고 그들로 하여금 더욱 그 열망을 강하게 하고, 또 그를 위하여 준비케 한다. 그러나 이는 국가 기타의 비인격적인 권력의 강요에 의한 외면적 목적을 위하여야 함이 아니오, 아동 자신의 영혼이 암암리에 요구하는 목적에 의하여야 하는 것이다. 그러므로 이런 이는 자유의 원칙을 범하지 않고 능히 교육자의 권위를 사용할 수 있는 것이다.

국가나 교회 또 거기 속한 여러 단체가 행하는 교육은 결코 존경의 생각을 가지고 되지 않는다. 금일의 교육은 소년 소녀, 청년 남녀 자신이 일은 생각하지 않고 다만 어떤 형식으로든지 기존의 질서라는 것을 지지하기에만 급급한다. 만일 개인을 안중에 두는 때가 있다하면 그는 다만 배외적(排外的)으로 세간적 성공 - 돈을 번다든가 지위를 얻는다든가 하는 점으로 할뿐이다. 금일의 청년을 교육하는 목적은 다만 그들로 보통인이 되라, 벌어먹을 만한 재주나 배우라 하는 것뿐이다. 물론 현재의 제도를 파괴하려는 충분히 강한 어떤 신념을 가진 특별한 선생이 있을 때는 그렇지 않겠다.

거의 모든 교육은 어떤 정치적 동기가 포함되었다. 그들은 경쟁적 입지에서 어떤 단체 - 국민적, 종교적, 또는 사회적 단체 - 를 유세(有勢)케 하려한다. 이런 동기로 인하여 가르칠 과목, 못 가르칠 과목, 이 지식은 주고, 저 지식은 주지말자는 등이 결정되고, 또 생도에게 주려는 정신적 습관까지 일정케 된다. 지식과 정신의 내부적 발육을 조장하는 것은 거의 불문에 붙인다. 그 결과 가장 교육 있는 자가 도리어 정신생활이 위축되어, 충동이 소실됨이 상례(常例)이다. 또 그들은 생기 있는 사상을 가지지 못하고 어떤 기계적인 순응성을 가질 뿐이다. (제67호 1920. 4. 20)

교육(버틀란드 러셀) (3)

금일 교육으로 얻는 것은 장래에도 어떤 문명국에서나 교육으로 얻을 것이어야 하겠다. 가령 모든 아동은 먼저 쓰고 보는 것을 배워야 한다. 또 의학이라든가 법률 공학 같은 전문에 속하는 지식도 배워야 알 수 있다. 또 과학에 적합한 자는 과학에, 예술에 적합한 자는 예술로 일종 고등교육이 필요하다. 역사 종교 기타 비슷한 것을 제외하면 금일의 실제적 교수(敎授)는 합당치는 않으나 적극적으로 유해하지는 않다. 그런 교수라 할지라도 일층 자유스런 정신으로 가르침을 주어야 하겠고, 또 더 일층 그 구극(究極)의 효과를 보여야 한다. 실상 그 모든 교수도 대부분은 인습적이요 생명이 없다. 그러나 이상 몇 가지는 대개는 필요하고 이후에라도 교육의 일부분이 될 수 있는 것이다.

실제적 교수가 적극적으로 해를 주는 것은 역사 종교 기타 논의의 여지가 있는 과목(課目)에 있다. 이런 과목은 학교를 유지하는 까닭(所以)의 이해에 관계되는 것으로, 이런 과목에 대하여 어떤 고정한 견해를 주입하기 위하여 학교가 유지되는 바다. 어떤 나라에서든지 역사는 자기 나라(自國)를 위대하다 하게 가르친다. 그 결과 아동은 자기 나라는 언제든지 정도(正道)를 밟아 항상 승리를 취해 왔으므로 위인이란 위인은 거의 다 제나라에서 낳고, 모든 점에 자기나라는 타국보다 우승하다는 것을 믿게 된다. 그리하고 이 신념은 심히 영합적(迎合的)인고로 길이 소년의 마음을 잡아, 후일에 정확한 지식이 이를 제거하려하여도 할 수 없게 된다.

단순 평범한 예를 들자면, 워털루 전쟁[35]에 관한 사실은 세목까지 상세히 아는 것인데, 초등학교에서 가르치기는 프랑스 영국 독일을 따라 다 다르다. 보통 영국 소년은 프로이센군은 아무 것도 하지 않는 것처럼 생각하고, 독일 소년은 영국군은 기실 패전하였는데, 프로이센군이 와서 구원한 것이라 생각한다.[36] 이 양국에서

35) 워털루 전쟁(Battle of Waterloo, 1815. 6. 18). 나폴레옹과 대불(對佛) 동맹군(영・프로이센・오스트리아・러시아)과의 싸움. 나폴레옹은 워털루에서 웰링턴 군에 패배, 세인트 헬레나 섬에 유배되었다.

36) 나폴레옹군은 1815년 6월 16일 리니에서 프로이센의 블뤼허 군을 격

만일 사실을 정확히 가르쳤다면 국민의 자부심이 동일 정도로 양성되는 일은 없었으리라. 따라서 국민이 전쟁하면 꼭 이길 줄 알거나 전쟁을 환영하는 마음은 없었으리라.

우리가 극력 배척하지 않으면 안될 것은 역사 교수에 수반하는 이러한 결과이다. 어떤 나라이든지 국민적 자부심을 높이려 하지마는 공평한 역사를 가지고는 되지 않을 것을 의식한다. 그리하여 무사기(無邪氣)한 소년 등은 견강부회(牽强附會)와 강제와 유혹으로 가르침을 받는다. 만일 국가간의 친목을 바란다하면 먼저 역사 교수를 국제적 임무로 함이 필요하다. 그리하면 자연히 금일 도처에서 요구되는 애국적 편협을 이탈한 중립적 교과서가 생기리라.

꼭 같은 사실을 종교에도 적용할 수 있다. 초등학교는 실상 언제든지 어떤 종교단체 또는 종교에 대하여 일정한 태도를 가지는 국가의 손으로 경영된다. 어떤 종교단체가 존속하려면 그 단체의 각원(各員)이 어떤 종류의 일에 대하여는 모두 일정한 신념을 가지고 있음이 필요조건이다. 그 어떤 것이라는 것은 진상(眞相)이 드러나서는 재미없을 류(類)의 것이다. 종교단체가 경영하는 학교에서는 천성상(天性上) 천착(穿鑿)을 좋아하는 소년을 주의 깊이 감독하여 소위 일정의 신념이 다른 이성적 사람에게는 반대 받는 성질의 것인 것을 소년들로 하여금 발견치 못하게 하려한다. 또 판단력이 예민한 사람은 소위 일정의 신념이 정당하다 증거할 충분한 이유를 인정하지 않는다는 사실도 소년에게 알아지지 않게 하려 힘쓴다.

프랑스와 같이 비종교적 교육제도를 시행하는 나라에서는 국립학교나 교회학교나 다 같이 독단적이다(프랑스 초등학교에서는 절대로 '神'이란 말을 입에 붙이지 못하는 것을 내가 안다). 이런

퇴하고, 18일 워털루에서 영국의 웰링턴 군을 공격하였으나, 프로이센의 블뤼허 군의 기습공격으로 형세가 역전되어 패배했다.

예에서도 결과는 동일하다. 즉 모든 자유연구는 저해되고 소년들은 세계의 가장 중요한 것에 관하여는 독단과 침묵을 조우할 뿐이다.

이 같은 폐해는 초등교육에 뿐만 있지 않다. 일층 고등한 교육에서도 이런 것이 더 교활한 형상을 가지고 극력 스스로 엄폐코자 한다. 그러나 명백히 폭로되고 만다. 이튼이나 옥스퍼드 대학에서는 제수이트파(Jesuitism, 예수회)의 대학과 같이 인심에 일종 특징을 주는 의식적 목적이 있다고는 할 수 없으나, 거기에는 밝히 드러내놓은 것보다 더 유력한 일종의 목적이 확실히 있다. 즉 이 학교에서 배우는 자는 다만 폼(form, 좋은 예법)을 숭상하게 되나니 이는 중세기의 교회와 마찬가지로 생명과 사상을 파괴하는 물건이다.

'좋은 예법'은 표면적 허심탄회(虛心坦懷)와 같은 것이니 주위의 시청에 대한 일종 준비요 또 상대인에게 대한 허례(虛禮)이다. 그러나 이는 근본적 허심탄회와는 같지 않다. 또 외면상으로 침착을 보이는 내부적 준비와도 다르다. 그 근본 뜻은 인생에게 가장 중요한 것은 일종의 몸가지기, 즉 동배간의 불화를 경감하고 또 스스로 미숙을 의식하는 손아랫사람에게는 친절한 인상을 주는 태도라 하는 가정(假定)이다. 신사벌(紳士閥) 민주주의로 부자계급의 특권을 유지하려는 정책에는 실로 이것만큼 편한 것이겠고, 또 강렬한 신념도 없고 특수한 욕망도 없는 부자들에게 일종 유쾌한 사교적 환경을 주는 수단으로는 꽤 유효할 것이다. 그 밖에 다른 점으로 보면 한 푼 가치도 없다.

곧 '폼'(좋은 예법)의 폐해는 두 가지 근원이 있는데, 그 하나는 그 물건이 전혀 바르다 오신(誤信)하는 것이오, 하나는 예법 바른 것을 지식보다 예술적 창작보다 생명력 보다 기타 세계진보의 근원이 되는 모든 것보다 더 원하는 신념이다. 예법의 가치를 과신

(過信)하는 것은 그것만으로도 정신적 진보를 파괴하기에 족하다. 더욱이나 그의 조야(粗野)한 태도(위대한 정신력을 가진 자에게는 으레 있다시피 하는 것)에 대한 모멸이 가할 때는 그것이 거기 닿는 모든 사람의 참된 생활을 파괴하는 원인이 된다.

'좋은 예법'은 그 자신 죽음이오, 생장불능의 것이다. 그러므로 보통인에 대한 태도에 인하여는 그들의 생명의 신장(伸張)을 마르게 한다. 돈 있는 영국인에게, 또 자력으로 유복계급의 주목을 끌 만한 지경에 이르는 자에게 이 '굿 폼(good form)'이 준 해독은 실로 측량할 수 없다. (제68호 1920. 4. 22)

교육(버틀란드 러셀) (4)

현대의 교육의 목적은 사상을 주는 것보다 신조(信條)를 주는 것이다. 교육은 청년에게 충분한 의심스러운 것에 대하여 적극적 견해를 강요한다. 그런 의심을 감각하도록 인도하지 안할 뿐더러 정신적 독립성을 강하게 하려고도 아니한다. 이런 일이 영속하는 동안 자유연구에 저해(沮害)는 도저히 면할 수 없는 것이다.

교육의 참된 목적은 어떤 신조가 진리로다 하는 신념을 주는데 있지 않고, 진리에 대한 욕망을 기르는데 있다. 그러나 투쟁적인 여러 단체 즉 교회, 국가, 정당 등에 사람이 모이는 것은 신조가 있기 때문이다. 즉 쟁투에 승리를 얻으려하면 의심함이 가장 합리적일 일에 대하여 가장 강한 신념을 가짐이 필요하다. 이 능률과 신념을 짓기 위하여 신이상의 발생에 장애될 것을 배양하고, 그로써 소년의 자연성을 굽게 하며, 그 자유한 관찰을 막는다.

그 결과로 정신력이 활발하지 못한 자는 편견을 가지게 되고, 또 전연 사상력(思想力)이 멸진(滅盡)치 않는 사람을 조세적(嘲世的)으로 한다. 이 조세적이라 함은 일종 지적 절망을 의미하고 파괴적 비평을 가리킴이니, 모든 활동적인 것을 다 우물시(愚物視)하고 타인의 창조적 충동을 파괴하며, 자신은 아무 창조충동도 제공하지 못하는 것이다.

사상의 자유를 압박하여 얻는 전쟁의 성공은 실로 가치 없는 물건이다. 길게 두고 보면 정신적 원기가 성공의 근본이오, 행복된 생활의 근본이다. 조련(操鍊)의 한 형식으로, 또 노예적 일치를 만드는 한 수단으로 교육을 봄이 보통이나, 그것은 전(專)혀 승리를 얻는다는 입지에서 옹호되는 것이다. 형식적 균일을 원하는 자는 고대 역사에 스파르타가 아테네를 격파한 예를 들어 그 도덕을 추장(推奬)한다. 그러나 인류의 사상을 정복한 자는 아테네요 스파르타가 아니다. 누구나 그 시대에 또 한번 태어난다 하면 스파르타보다 도리어 아테네에 나기를 바랄 것이다.

근세에서도 모든 실지상 사건이 다대한 지식을 요구하는 이상, 외면적 승리라도 또한 복종보다 지혜로써 얻을 때가 많다. 경신(輕信)을 강요하는 교육은 사람에게 조신(早信)의 습관을 주어 정신적 쇠퇴를 초래한다. 다만 자유연구의 정신을 보전함으로써 필요한 일정의 진보를 얻을 수 있다.

어떤 정신적 습관을 일반적으로 교육에 종사하는 이들이 주입한다. 즉 복종기율(服從紀律)이라든가, 세간적(世間的) 성공을 다투는 무정(無情)단체생활에 반항하는 자에 대한 모멸, 무비평적 경신, 교사의 사상의 수동적 승인 등이다. 이런 습관은 죄다 생명의 신장(伸張)을 해하는 것이다.

우리는 복종심과 훈련 대신에 독립심과 충동을 보존하기를 힘써야 하겠다. 교육은 무정의 마음을 짓는 대신에 정의의 정신을 조장하기에 힘써야 하겠다. 모멸심을 없이하고 존경의 생각과 타인을 이해하고자 하는 정신을 주입하여야 하겠다. 타인의 의견에 대할 때는 이것이 가장 필요한 것이니, 부득이하여 동의함이 아니고,

반대할 만한 이유를 충분 이해 인식하는 설(說)에는 어디 까지든지 공평히 주의하는 태도를 가져야 하겠다.

또 사물을 경신(輕信)하게 하는 것은 합당치 못하다. 소년의 마음을 마땅히 건설적인 의혹심으로 인도하고, 또 정신적 모험을 사랑하게 하여야 하겠다. 대개 인심을 정복하는 것은 사상상의 모험과 대담인 까닭이다. 현상(現狀)에 안재(安在)하는 것이나, 생도의 개성을 정치적 목적에 굴복케 하는 것은 그들로 하여금 정신적 문제에 냉담케 하고, 모든 폐해에 직접 원인을 짓는 것이다.

그러나 이런 원인 외에 그 근저에 박힌 근본적 폐해는, 교육을 생도를 지배하고 좌우하는 무기로 보고, 생도의 생장을 조장하는 방법을 고구(考究)하지 않는 데 있다. 이것만 보아도 존경의 생각이 결여함을 알겠는데 그 근본적 개조는 더 깊은 존경을 가지고야 달성할 수 있겠다.

어떤 계급의 질서를 유지하거나, 또 무엇이든지 교수(教授)라는 것을 하는 이상은 복종과 훈련은 불가피라 생각한다. 어떤 정도까지는 그렇거니와 그 어떤 정도라는 것은 복종과 훈련이 필요하다 생각하는 그네들의 보는 바 보다는 대단히 적은 정도이다. 복종, 즉 사람의 마음을 외부의 지휘에 맡기는 것은 권력의 반면(反面)이다. 복종이나 권력이 어떤 때는 필요할지도 모른다. 예컨대 고집센 아이, 광인, 죄인에는 권력이 필요하고 복종을 강요해야 될지도 모르겠다.

그러나 이것이 필요하다 함은 일종의 불행이다. 참으로 바랄 것은 모든 간섭을 떠나 자유로 제 목적을 선택하는 지경(地境)이다. 교육상 개혁자는 과거에 사람들이 알던 것보다도 더 극히 용이하게 이것이 가능하다는 것을 보인다. (몬테소리 부인이 복종과 훈련을 될 수 있는 대로 적게 하므로 교육의 효과가 현저히 높아진 것은 놀랄 만한 사실이다.) (제69호 1920. 4. 24)

교육(버틀란드 러셀) (5)

학교에는 복종이라는 것이 필요하다고 인식하게 됨은 인민의 다수 계급과 피로한 교사들이 부정당한 경제적 압박을 입는 연고이다. 교사의 경험이 도무지 없는 자는 진정으로 생기 있는 교수(教授)를 하는 데는 얼마만한 정신력이 소모되는지를 상상치 못한다. 그네들은 교사가 은행서기와 동일한 시간노동 하는 것을 아무 괴이치 않는 당연의 일이라 생각한다. 그 결과 교사들은 심히 피로하고 신경이 어지러워지고, 교수는 기계적으로 하는 수밖에 없어진다. 그리고 기계적 교수를 하자면 생도의 절대복종이 없이는 않되겠다.

만일 우리가 교육이라는 것을 엄숙히 생각하며 또 가령 전쟁에 승리를 얻기 위하여 아동의 정신을 활기만만하게 함이 필요하다 생각하면, 우리는 전혀 교육방침을 변경하여야 하겠다. 우리가 이 목적을 달성하기 위해서는 교육비용이 현재의 백 배가 들어도 무방하다.

보통으로는 교수의 분량이 적은 것이 유쾌하고 또 그런 편이 단련(鍛錬)의 필요 없이 생도에게 흥미 있고 신선한 자미(滋味: 자양분 많고 맛있는 음식)와 생명을 줄 수 있다. 그래도 흥미를 느끼지 못하는 생도에게는 따로 떼어 종류가 다른 교수를 하면 되겠다. 교사에게는 참으로 적당한 이상의 교수시간을 과하지 말라. 그리하여 교사는 진정으로 유쾌를 가지고 아동의 정신적 요구를 참으로 이해할 수 있으리라.

그 결과 생도와 선생 간에 충분 친밀함도 생길 터이오, 서로 적대시하는 일도 없어지리라. 또 생도들에게는 교육이란 것이 단지 외부로부터 지식을 틀어막는 것도 아니오, 그들의 생명을 신장하게 하는 것임과, 또는 유희를 방해하거나 오래 동안 요동 못하게 안 치우는 것이 아님을 깨닫게 할 수 있다. 이것을 달성하는 데 가장 필요한 것은, 많은 비용을 써서 교사에게 시간의 여유와, 교육을 유쾌히 생각하는 마음을 주는 것이다.

금일 학교에서 실시하는 단련은 해(害)만 많지마는 혹종의 단련은 모든 성공에 반드시 필요한 것이다. 놀랍게도 그 가치는 종래의 인습적 외면적인 단련에 대한 보수적 반항자는 충분 해득(解得)치 못하리라. 참으로 가치 있는 단련은 내부적 단련이니, 사람으로 하여금 모든 곤란을 배제하고 착실히 원대한 목적을 추구하는 힘을 주는 성질의 단련이다. 그 힘은 가치가 없는 충동을 의지(즉 어떤 때에라도 강성한 창조적 욕망을 대신하여 행위를 지도하는 힘)에 굴복케 하는 등의 것이다. 이 힘이 없으면 선악 간에 대소망(大所望)의 달성은 불가능이오, 시종 일관의 목적 실현도 불가능이다.

이런 단련은 심히 중요한 것인데 이는 졸연히 도달하지 못할 목적에 대한 강렬한 욕망에서 생긴다. 또는 금일에는 전혀 행하지 않는 교육, 즉 그런 욕망을 기를 수 있는 교육으로야만 생긴다. 이런 단련은 모두 자신의 의지에 의하여 되는 것이오, 외부적 권력으로 될 것이 아니다. 금일 학교에서 하는 단련은 이런 것이 아니오, 또 내가 유해(有害)하다 하는 단련도 이것 외의 것이다.

상술한 바와 같이 금일의 초등교육은 수동적 복종을 주안으로 하는 실로 좋지 못한 단련을 한다. 현재의 교육은 견실한 자기지도의 도덕적 단련을 주지 않는다. 그러나 인습적인 고등교육에서 하는 중에 일종 정신적 단련을 볼 수 있나니, 이는 마땅히 사고(思考)하여야 될 일에 대하여는 다른 일이나 불쾌나 지적 곤란을 배제하고 일의(一意)로 우리의 전 정신을 집주케 하는 일종 단련이다. 이런 단련은 그리 내부적으로 큰 가치는 없으나, 일종의 방법, 기술로는 크게 정신적 능률을 높이게 하는 것이다.

변호사가 현저한 사건의 정밀한 조항에 걸쳐 시원시원히 시말(始末)을 하는 것도 이 방법에 의하는 것이오(물론 재판이 지나가면 다 잊어버릴지나). 또 관리가 여러 가지의 행정상 문제를, 하나씩 급속히 처리하여가는 것도 이 방법에 의하는 것이다. 또한 우리가 사무 간에는 일신상 문제를 잊는 것도 이 까닭이다.

복잡한 사회에서 머리를 쓰는 일을 하는 자에게는 대단히 필요한 것이다. 정신적 단련상의 이 성공은 종래의 고등교육의 주된 효과이다. 그러하고 나는 이 단련이 명령된 사무에 대하여 적극적 주의를 강요하는 방법을 아니가지고 다른 방법으로 달성될까를 의심한다. 이미 소년기를 지난 자에게 대하여 몬테소리 부인의 응용하는 방법을 취함이 가당치 않다는 이유가 여기 있다.

동 부인의 교육법의 진수(眞髓)는, 소년에게 대하여 상당히 다 취미 있을 과목 중에서 다시 소년에게 자유선택하게 하는데, 동시에 모두 교육적이 된다는 점에 입각하였다. 소년의 주의는 유희와 마찬가지로 자연적이오, 또 그렇게 하여 지식 얻기를 즐기고, 원치 않는 지식은 배우지 않는다. 그런고로 나는 소아의 교육법으로 몬테소리 부인의 법이 최선하다고 믿는다. 그 방법은 소년으로 하여금 자연 딴 생각을 아니하게 한다. 그러나 이 방법을 가지고 능히 의지로써 주의를 지배하는 점에 사람을 교도(教導)할 수 있을까 의문이다. (제70호 1920. 4. 27)

교육(버틀란드 러셀) (6)

불가불 생각해야 될 일은 대개 흥미가 적은 것이오, 가사 처음에는 흥미가 있었던 것이라도 필요하리만큼 생각하기 전에 그 흥미는 없어지고 싫게 됨이 상사(常事)이다. 오래 한 가지 일에 대하여 주의를 계속하는 것은 자못 중요한 일이나, 이는 처음에 외부적 강제로 습관성이 되지 않으면 얻기 힘든 성질의 것이다. 실상 자기의 자유의사로 필요한 모든 것을 감인(甘忍)하리만큼 충분히 강렬한 지욕(知慾)을 가진 아동은 드물다. 대개 보통으로는 어떤 일을 아동으로 하여금 철저하게 회득(會得)케 함에는 일정한 외부적 유도(誘導)가 필요하다.

지식에 대한 자연적이요 순일(純一)한 욕망은 청년에게 보통 있는 것이다. 그러므로 그 잠재한 요구를 깨우치기는 극히 쉬운 일이다. 하거늘 그 욕망은 시험, 졸업장, 학급등(學級等) 밖에 염두에 없는 교사들로 인하여 무정하게 저해되고 말도다. 재능이 있는 아동들도 최초 학교라는데 다니기 시작한 때부터 대학을 나오기까지 생각하는 시간도 없고 지적 홍미의 만족을 받는 시간도 없다.

학업의 시초부터 끝까지 다만 시험이나 점수나 교과서의 과목을 위하여야 하는 장구한 고생이 있을 뿐이오, 그 밖에는 아무 것도 없다. 그 결과 두뇌가 심히 명석한 자라도 종당에는 공부라는 것이 싫어져서 어서 다 잊어버리고 실세상(實世上)으로 도망하기를 바라게만 된다. 그러나 실세상에서는 또 경제기관이 그들을 부로(俘虜: 포로)로 하여 그들이 천품으로 타고난 모든 욕망이 상해(傷害)되고 저지되어 버린다.

시험제도 및 생활적 교육은 청년으로 하여금 지식을 전연 공리적(功利的)인 입지에서 생각하게 한다. 즉 지식을 지혜의 문으로 생각하지 않고, 다만 돈 벌기의 수단으로 생각한다. 더욱이나 지적 홍미가 가장 강성한 자에게 그러함은 불행이다.

지적 재능이 우수한 자는 물론이오, 그렇지 않은 자에게라도 교육을 받는 것은 다른 사람보다 잘 나기위한 수단으로 생각한다.

그 생각은 경쟁상의 냉혹과 사회적 불평등의 찬미로 더욱 전염한다. 자유롭게 공평하게 생각하면 불평등은 유토피아(理想鄕)에라도 없지 않겠다. 그러나 현시의 불평등은 거의 다 정의의 적이다. 그러나 금일의 교육제도는 모든 사람에게 이 부정의를 가리우고자 한다.

단지 교사의 생각을 수동적으로 받아들이는 것은 보통의 아동이 극히 쉽게 하는 것이다. 그리하는 데는 독립적으로 생각하는 노력도 불필요하고, 또 교사는 생도보다 아는 것이 많은 고로 그 하는 것이 이치에 맞는 듯이 보이는 연고이다. 또 그런 모양으로 지나면 교사의 환심을 사기도 쉬운 점이 있었다. 그러나 수동적으로 모든 것을 받기만 하는 습관은 장래 생활에 대하여 더 없는 화(禍)이다. 그 결과는 항상 지휘자가 있어야 하고 또 지휘자에게 절대적 맹종(盲從)을 하게 된다.

그리하여 교회, 국가, 정당의 흑막회의(黑幕會議) 등과 기타 모든 단체의 권력이 생기고, 그로 인하여 보통 사람을 오도하여 국민과 개인에게 유해한 구제도(舊制度)를 유지하게 된다. 교육으로 사상의 독립성을 조장함은 전력을 하더라도 달성하기 어려운 일이나, 현재보다는 효과가 확실히 더 있으리라. 어떤 문제에 관하여 아동에게 일정의 결론을 가르치지 말고, 그것을 아동 자신이 생각하게 하려면 현금의 교육방법을 전연 변경하여야 하겠다. 즉 교수를 적게 하고 논의를 많이 하며, 아동을 자격(刺激)하여 그의 사상을 발표할 기회를 많이 하는 동시에 아동들이 흥미를 느끼는 사실을 많이 사용하여야 할 것이다.

특히 정신적 모험을 사랑하는 마음을 환기하고 격려하는 노력이 필요하다. 우리가 살고 있는 세계는 극히 복잡하고 또 경이할 만한 것으로 일견 평범한 일이라도 생각하면 할수록 어려워지는 법이오, 또 아무리 생각하여도 진상(眞相)이 불가해(不可解)인 것 같은 것이라도 천재(天才)와 노력으로 충분히 밝히 알 수 있는 일이 있다. 사상의 힘은 상당히 밝은 세계를 지배할 수 있으나 그보다 더 희미(熹微)하게 보이는, 일층 넓은 세계가 속사(俗事)를 초월한 자들의 앞에는 놀랄 만한 풍부한 내용을 보여 번쇄(煩瑣)한 일상 생활의 평범과 울적을 탈피하게 한다. 이로 인하여 그 생활은 환희로 충만하게 되고 평범의 뇌옥(牢獄)이 그 앞에 깨어지는 것이다. (제71호 1920. 4. 29)

교육(버틀란드 러셀) (7)

이리하여 사람으로 남극탐험에 향함과 같은 모험심, 또는 전쟁까지라도 환영하는 힘내기를 기뻐하는 그 감정이 창조적 사상에 낭비적이 아니요 잔혹하지도 않는 일종의 출구(出口)를 발견하리라. 그로 인하여 인생의 존엄을 증가하고 그 영혼이 불가지(不可知)의 세계에서 가져오는 일종 장엄한 광휘로 생활을 둘러싸리라. 다소를 불구하고 인생에게 이런 기쁨을 주는 것이 정신교육을 값있게 하는 바 목적이다.

혹은 이렇게 말하리라. 정신적 모험의 환희를 느끼는 예는 극히 드물고, 또 그 기쁨을 이해하는 자도 많지 못하니, 보통의 교육에 그런 귀족적 행복을 안중에 둘 수 없다고. 나는 이를 믿지 않는다. 정신적 모험의 환희는 젊은이들에게는(성인보다) 더욱 보통적이요 많이 찾을 수 있는 사실이다. 더욱이나 소년에게는 극히 보통의 일이요 다소 세상을 알고 공상을 그리는 시대부터 자연적으로 생기는 것이다. 생장 후에 그런 정신이 없어짐은 교육이 이를 감살(減殺)하는 까닭이다.

사람은 세계상에 다른 무엇보다도 패퇴(敗頹)와 죽음보다도 사상을 더 두려워한다. 왜 그러냐하면 사상은 모반적이요 혁명적이요 파괴적이요 과격적인 까닭이다. 사상은 특권, 기성제도, 안락한 습관 등도 용사(容赦)함이 없는 까닭이다. 또 사상은 무정부적이요 무법률적이요, 또 권위에 대하여 냉담하고 시대에 공(功)있는 지혜에도 무관심한 까닭이다. 사상은 두려움 없이 지옥의 속을 탐구한다. 사상은 위대하고 신속하고 자유스럽고 세계의 빛이 되며 인류의 광영이 된다.

만일 사상이 소수자의 특권이 아니 되고 다수자의 소유로 돌아간다 하면 우리는 일종의 공포를 아니가질 수 없다. 그 공포는 즉 주저준순(躊躇逡巡)하는 것이다. 즉 그들이 가진 신념이 착오임이 폭로되지 않을까 하는 공포, 그들의 생활을 통어(統御)하는 제도가 유해(有害)라 인정되지 않을까 하는 공포, 또 스스로 매우 높은 줄 알고 자과(自誇)하던 것이 일종 망상에 불과함이 나타나지 않을까 하는 공포이다.

"노동자는 재산에 대하여 자유롭게 생각하여야 된다 하는가. 그러면 우리 부자계급은 어찌 되는가. 청년남녀는 성(性)에 관하여 자유로 생각하여야 된다 하는가. 그러면 도덕이란 것은 어떻게 되는가. 군인은 전쟁에 대하여 자유로 생각하여야 된다 하는가. 그러면 군사훈련은 어떻게 되는가. 물러갈지어다, 사상이여. 재산, 도덕, 전쟁이 없어지지 않기 위하여는 편견의 뒤로 숨으라. 착한 사람은 자유사상을 가진 자보다 우둔나타(愚鈍懶惰)하고, 피압제적(被壓制的)인 자로다. 사상이 자유스러우면 그네들은 우리가 생각하는 대로 생각하지 않게 되는 것이다. 어떻게 하여서라도 이 재난은 제거하여야 되겠다."

이와 같이 사상을 싫어하는 자들은 속으로 부르짖을지 모른다. 그들은 학교, 교회에서 그대로 시행한다.

그러나 공포가 없이는 유지하지 못할 제도는 도저히 우리의 생활을 증진하지 못한다. 인생의 창조의 근원은 희망에 있고 공포에 있지 아니하다. 인류를 위대하게 하는 것은 모두 선(善)을 가져오려는 노력에서 생기는 것이오, 다만 악을 엎(顚)으려는 데서는 생기지 못하는 것이다. 근세의 교육이 거진 무력한 것은 위대한 희망으로 이를 고무함이 없는 연고이다.

금일 청년을 교육하는 자들은 미래를 창조하려는 희망보다 도리어 과거를 유지하려는 희망에 지배된다. 그러나 교육은 죽은 사실의 수동적 승인을 목적하여서는 아니 되겠다. 교육은 인생의 활동력을 우리의 노력으로 창조할 수 있는 세계로 인도하여야 하겠다. 그리스와 르네상스(문예부흥) 시대에 소실한 미(美)를 추구함보다 장차 올 세계를 빛낼 이상을 추구함으로써 힘을 얻어야 하겠다. 장차 올 시대에 있어서 사상이 첩득(捷得)할 승리의 희망과 우리의 세계 관찰의 힘의 수평선을 높이는 노력으로 힘을 얻어야 하겠다.

이런 정신으로 교육 받는 자는 생명과 환희에 충만할 수 있다. 또 영광과 복락은 인생의 노력으로 창조할 수 있는 것이다 하는 신념으로 인류의 미래를 과거보다 일층 더 활기 있고 생기 있게 할 수 있다. (제72호 1920. 5. 1)

15. 한인(韓人)의 천품(天稟)

워싱턴 선전부(宣傳部)[37]에서 영문으로 반포한 글을 한글로 번역

미국 신문지상에 한인의 발명 및 그 천품에 관하여 많이 기재되었으나 아직 완전히 소개되지 못하였다. 통상 게재되는 사실은 멀

37) 1920년 워싱턴 구미위원부 선전부를 말한다. 1919년 5월 이승만은 한성정부로부터 집정관(執政官) 총재에 임명되었고, 워싱턴에 집정관 총재 사무소를 개설하면서 8월 25일 한국위원회를 조직하였다가, 9월에 그 명칭을 구미위원부(歐美委員部)로 개칭하였다. 구미 각국에 대한 외교업무를 총괄하는 임무를 수행했다.

리 1597년에 한인이 일본에 대하여 철갑선을 사용하였다[38]는 것과 또 주제활자(鑄製活字)의 발명[39]이다.

서력 기원전 200년에 화약이 발명됨을 말하는 자도 별로 없고 따라서 아는 자가 많지 못하다. 이 발명은 서양에서 최초의 발명자라는 독일 승려가 공식(公式)을 발견한 때보다 앞서기가 1,400년이나 된다.

신라시대의 천문학자들은 혹성(惑星) 계통의 조직과 운행을 상출(想出)하고 일식(日蝕)의 일시(日時)를 정확히 산출하였다.[40] 지금으로부터 수세기전에 과학자들이 이미 그 발견을 시인하였다. 또 그 시대에 자석과 나침판이 발견되었으며, 당시의 관측소가 지금도 남한 지방에 남아 있다.

현시의 공예 중에 한국의 발명에서 비롯된 것이 적지 않다. 한인은 도자기 제조용의 원반(圓盤)을 발명하고 또 유약(釉藥)을 발명하였다. 일황(日皇)이 마시는 차배(茶盃)는 이 최초의 제출(製出)된 자기이다.[41]

일본의 유명한 정치가 오쿠마 시게노부(大隈重信)는 그 저서에서 직조, 목공, 건축술을 일본에 가르친 자는 한인이라 하였다. 그는 또 한국에서 일곱 줄 악기(七線絃樂器)가 전래한 것을 말하였는데 그 7음은 근대 음악의 기초가 되는 음율(音律)이다. 또 그 밖에 피리(笛), 북(鼓) 등을 한인이 사용한 것으로 쓰고 있다.

---

38) 1597년 9월 16일 이순신(李舜臣)은 철갑선(거북선)으로 명량(鳴梁)해전에서 일본 수군을 대파하였다.

39) 세계 최고의 고려 금속활자. 1377년 충청도 청주 밖 홍덕사(興德寺)에서 금속활자로 인쇄된 직지심체요절(白雲和尙抄錄佛祖 直指心體要節, 현 프랑스 국립도서관 소장)은 세계 최초의 금속활자로 된 인쇄본임을 공인받고 있다. 이로써 직지심체요절은 1450년 구텐베르크의 서양 근대적 활판인쇄술 발명보다 73년 앞서고 있다.

40) 신라 선덕여왕(632~647)대에 첨성대(瞻星臺)를 세워 천문을 관측했다.

41) 고려청자(高麗靑瓷)의 독창성을 일컫고 있다.

서력 기원 경에 한국에는 주석(錫) 혹은 동(銅)의 주조물이 있었다. 그 유물이 아직도 남아 있다. 신라의 대종[42]은 그 형상과 용적이 모스크바의 큰 종과 같은데 물론 모스크바의 그것보다 1,100년이나 먼저 주조되었으니까 두께나 무게로는 미치지 못한다.[43] 기원전 2백년에 한국에서 주조된 동포(銅砲)가 중국에서 발견되었다.

사실(史實)의 증명에 의하면 진시황(秦始皇)의 만리장성은 한국인의 손으로 설계되고 완성된 것이다. 금일 한국 북쪽 지경에 270마일이나 남아있는 장성(長城)의 흔적은 당시의 유적일 것이다. 진시황은 황위(皇位)를 보전하기 위하여 모든 중국학자와 공인(工人) 및 그 기록을 파기하였다. 그러므로 그는 불가불 한국 기술가의 손을 빌어 그의 계획을 실행케 되었다. 후에는 한국 기술가들이 13,640명의 미희(美姬)를 두는 대궐을 지었고(阿房宮), 수은지상(水銀池上)에 자력(磁力)으로 공중에 뜨는 주상(鑄像)을 그 무덤 속에 만들어 두었다(秦始皇陵 兵馬俑).

공평하게 말하면 당시 한인의 문명이 발달됨과 동시에 중국문화도 그만큼 찬란하였으리라. 그러나 그 기록은 죄다 진시황의 독수하에 소멸되었다.

진시황에게 지지 않은 일본은 장차 세계문화에 크게 관계될 이 같은 역사적 재료와 기록 등을 파괴하기에 전력(全力)하고 있다. (제69호 1920. 4. 24)

16. 美國 上院에 제출되었던 韓國問題 討議의 經過

로지(Lodge)・히치코크(Hitchcock) 등 양당 수령 기타 중요 의원이 한

42) 신라 성덕대왕신종(聖德大王神鐘, 771)으로서 속칭 에밀레종을 말한다.
43) 에밀레종(奉德寺鐘, 聖德大王神鐘, 771)을 말한다. 현재 경주 국립박물관에 있다.

국독립에 찬성

미국 상원에 한국 독립안이 제출되었던 것은 이미 보도하였거니와 이하는 그 상세한 보고이다. 한국문제는 불행히 12표의 차로 부결되었으나 부표를 던진 의원 중 9인과 기권한 16인은 한인에게 조용히 말하기를 "이는 애란(愛蘭, 아일랜드)문제의 수정안이 제출되어 문제가 같지 아니하므로 반대함이라"하였으니, 즉 한국문제에 동정을 표한 의원은 34, 9, 16 합하여 59인이다. 신한민보(新韓民報) 소설(所說)에 의하건대 이번 부결은, "한국 독립문제가 합중국 상원에서 실패를 당한 것이 아니요, 다만 한국문제를 아일랜드 문제 끝에 달자는 것이 실패된 것이다." 하며, 따라서 "이번 실패는 실상 실패가 아니오, 승리이니 곧 미구에 합중국 상원은 한국문제를 따로 제출하고, 따로 토의한 후에 일반 한국 동정 상원 의원들의 투표로 단독 보류안을 성립할 기회를 예비함인 까닭이다." 운운.

아일랜드안(案) 제출

게리(Gerry) 의원이 제출한 평화조약에 대한 보류안을 임시의장이 서기로 낭독케 하다.

대독(對獨) 평화조약을 승인하는 일에 동의함에 대하여 합중국 정부는 민족자결의 원칙과 1919년 6월 6일에 제출하여 결의된바 아일랜드 인민이 자기들이 선택한 정부를 가지겠다는 소원에 동정하는 결의안을 주장함에 인하여 선언하되, 아일랜드가 미구에 성취될 줄로 희망하는 바와 같이 독립정부를 가지는 날에는 즉시 국제연맹 회원이 되게 할 일.

한국안(韓國案) 제출

토마스(Charles S. Thomas, Colorado)가 이 안에 대한 수정안을 제출하여 서기가 낭독하였다.

(게리안 말미에 첨가하여) 또한 합중국은 민족자결주의를 주장하여 저 상고왕국(上古王國, 한국)의 광복과 일본의 압제정치를 면하려하는 한국민족의 원한과 희망에 대한 동정을 선언하고, 또 이와 같이 성취되는 때에는 즉시 한국을 국제연맹 회원으로 인정하기를 선언함.

임시의장이 수정안에 대한 이의를 물음에,

토마스. 어제 게리 의원이 이와 유사한 의미를 가지고 제출한 안에 대하여 우리는 마땅히 잘 생각할 필요가 있다 하오. 동일한 경우에 있는 민족들에게 동일한 동정을 줌이 필요할 뿐만 아니라 특히 한국 민족에게 더욱 필요하고 정당하다고 생각하오.

민족자결(民族自決)의 범위

윌리엄즈. 그러면 왜 이것을 더 넓히어 프랑스의 속지(屬地)인 알제리와 모로코와, 이탈리아의 속지인 투리쓰와 떼도캐니쓰 제도 등을 포함하게 하지 아니하는가.

토마스. 만일 거기 이의가 있다하면 제의안을 그보다 더 연장할 수 있으니 그러면 마땅히 필리핀까지도 포함하여야 하겠소.

윌리엄즈. 물론 필리핀까지.

한국안 설명

토마스. 푸에르토 리코, 괌, 야프 섬도 있소. 그러나 내가 이에 관계하는 것은 한국뿐이오. 나는 확신하노니 한국일은 우리의 정의와 공리(公理)를 위하는 국민성에게 특별한 감촉을 줄 만한 경우에 있소. 내가 이 말을 하는 것은 조금도 여러 민족의 독립자격을 지적함이 아니요. 그 자격으로는 한국 민족보다 나은 다른 무슨 민족이 있는지도 모르겠소. 그러나 한국은 여러 다른 압제 받는 민족보다 다른 점이 있소. 그것은 곧 1882년의 우리 미국과 한국과의 조약이오(한미조약, 1882. 5. 22). 한국이 만일 지금까지 독립국일진대 이 조약도 지금까지 유효한 것일 것이오. 나는 이 조약 제1조를 들어 상원의 주의를 청하오.

"합중국 대통령과 조선 군주 사이와 두 정부의 공민(公民) 사이에 영구한 평화와 친의(親誼)가 계속될 일. 어느 제3국이 그 정부의 하나를 불공평 혹 압박(不公輕藐, deal unjustly or oppressively with either Gov.)으로 대우하는 경우에는 제2국은 그 보고를 받는 즉시로 곧 '선미(善美)한 조처'(居中調停, good offices, 從中善爲調處)를 얻을 만한 친의적(親誼的) 직책을 다하여 상호간의 교정(交情)을 표현할 것."

이 조약의 협의가 종결된 얼마 후에 일본은 한국에 대하여 야심을 품기 시작하였고, 일본의 이 욕심은 양차 전쟁(청일 · 러일전쟁)의 원인이 된 것이오. 처음에는 청국과 전쟁하여 한국의 보호권을 얻었고, 다음에 러시아와 전쟁하여 한국의 주권을 사실상 빼앗았소. 그러나 이는 모두 한국의 독립과 통일을 존중하며 공인한다는 이름으로 한 것이오.

그러나 일본은 마침내 조약을 불고(不顧)하고 한국을 일본제국의 일부로 만들었소. 그 위험시기에 한국정부는 우리와 체결한 조약에 의하여 우리 정부에게 '선량한 직무(職務, 거중조정'(한미조약의 'good offices·거중조정'을 '선량한 직무'라 직역했다)를 실행하라 청하였소. 당시의 미국 대통령은 루스벨트이다. 생전에 영예를 받고 사후에 숭배를 받는 저 굉장한 아메리카 대인물은 고초 중에 있는 한국을 위하여 자기의 '선량한 직무(good offices)'를 하기를 원치 아니하였소. 그는 한국정부를 무시하고 한국 권리를 거절하였을 뿐 아니라 고의로 일본의 주장을 찬성하여 일본의 한국병탄(absorption of the Korean Kingdom)에 동의하였소. 그러므로 우리는 우리의 정의상(情誼上) 의무로 마땅히 한국민족이 현금 독립을 위하여 애쓰는 일을 공인하고, 이 공인을 이번 평화조약 보류안의 1개 조건으로 첨부하여 우리의 의사를 한국에 보여야 하리니, 이것이 내가 개정안을 제출한 중요한 이유외다.

민주당 수령, 한국안 찬성

히치코크(네브래스카 주 선출). 콜로라도주 의원(토마스)이 제출한 보류조건 개정안에 관하여 나는 아무 반대도 하지 못하겠소. 우리는 아일랜드가 얻을 줄로 믿는 민족자결을 왜 그와 동일하게 한국도 얻겠다 믿고, 동일하게 국제연맹 회원이 되지못하리라고 믿을 수가 없소. 국제연맹회의 대표권을 가진 어떤 나라들은 한국보다 조금도 나은 자격을 가지지 못하였소. 그런 까닭으로 조금도 콜로라도 상원의원 토마스가 제출한 개정안에 반대하지 아니하오.

캘록(미네소타주 선출)·윌리엄즈·웰시(몬태나주 선출) 등 의원의 문답이 있은 후.

국제연맹(國際聯盟)과의 관계

노리스(Norris, 네브래스카주 선출). 만일 이 조약 중에 그 민족의 동의가 없이 남의 나라의 관할을 받게 된 노예민족 혹 국가들이 그 연맹에 들어옴을 얻을 기회가 있게 무슨 중재재판 설비의 규정이 있어 그들이 가서 호소하고 그들의 독립 원망(願望)을 순정공평(順正公平)하게 재판할 자리가 있게 되면 우리는 혹 이번 제출된 보류조건에 반대할 수 있겠소. 그러나 이 조약에 그러한 조문이 없소. 이 조약은 영구적이오. 설사 그런 조건이 있다 할지라도(중략) 중국과 한국을 자기 혁대에 잡아 맨 일본이 그와 같은 사건에 공평하고 신의적인 조사와 판결을 주겠는가(하략).

게리. 콜로라도 상원의원의 개정안을 본 보류제의안과 다른 제의안으로 인정하여 유안(留案)하기로 동의(動議)하오.

임시의장이 의견을 묻고 투표하니 가 34, 부 34라, 의장의 표결로 부결되다.

공화당 수령과 한국안

로지. 나는 이 개정안 유안동의에 가편(可便)으로 투표하였소. 그는 내가 한국에 대한 동정이 없어서 그러한 것이 아니요. 누구나 정의의 관념이 있는 이면 다 한국에 깊은 동정을 가질 것이오. 그러나 나는 아일랜드 문제에 관하여 다른 말을 할 것이 있었던 까닭이오.

자구수정(字句修正)

웰시(Walsh, Mass.). 나는 한국에 민족자결주의를 적용하기를 찬성하는 상원의원 중 한 사람이오. 상원은 한국문제에 대하여 상원의 신의를 발표하기를 원하오. 콜로라도 의원(토마스)의 개정안 중 일본의 악감정을 살 듯 하다고 여러 의원의 반대하는 구절은 빼고, 다만 한국에 대한 상원의 동정을 발표하는 것이 좋다하오. 우리는 결코 저 자주정부를 위하여 분투하는 인민들의 소원을 조롱할 수 없소. 마땅히 참마음에서 우러나는 동정으로 이 일을 처리하여야 하겠소. 그러므로 나는 콜로라도 의원의 제출한 개정안 중 "일본의 압제에서 벗어나기를 위하는 일"이라는 구절을 빼기를 동의하오. 우리는 지금 거대한 국제상 문제를 의론하는 자리에 그 언사가 심히 불미한 줄로 생각하오. 이 몇몇 불미한 글자를 빼면 우리는 아무 과격한 언사를 쓰지 아니하고 한국에 대한 동정을 신의적으로 발표할 수 있다 하오.

토마스. 그 개정안을 환영하오.

로지. "민족자결주의에 의하여" 라는 구절도 빼기를 동의하오.

토마스. 거기 동의(同意)하오.

웰시. "상고왕국(上古王國)"이란 구절을 물었고.

라빈손(아칸소주 선출). 합중국의 동정을 발표하느니 보다 합중국 상원의 동정을 발표함이 낫겠다하오.

토마스. 이왕에 상원에서 결의한 결의안이다. 합중국으로 썼고 상고왕국이라는 질문에 관하여는 그 구절을 빼겠소.

채결(採結)

블랜디 의원이 한국문제와 아일랜드 문제를 따로 투표하자고 동의한 후 토마스 의원의 개정안 접수 여부를 투표하여 각하(却下)하기로 가결되었다. (제81호 1920. 6. 1)

17. 朝鮮의 벗에게(1) 柳宗悅(日本)[44]

야나기 무네요시(柳宗悅)는 전에 요미우리(讀賣新聞) 지상에 '조선인을 생각함'이란 글을 발표한 일본의 한 미술가이다. 이번에 다시 '조선의 벗에게 보내는 글'이란 제목으로 「개조(改造)」 지상에 아래와 같은 글을 게재하였다. 씨의 소론(所論)이 우리의 눈으로 보아 비난할 점이 있거나, 공명할 점이 있거나, 씨가 예술적 견지로 보아 조선인의 국민성에 대한 진정한 이해를 구하는 노력은 많은 일본인의 언론 중에 이채를 띤 감이 있다.

이 점으로 보아 한번 읽어볼 가치가 없지 않다 하여 여기에 역재(譯載)하며, 회를 거듭함에 따라 이에 대한 우리의 답변을 게재할 예정이다.

---

44) 東洋大學哲學科教授 柳宗悅, 「朝鮮 벗에게 呈하는 書」『東亞日報』(1920. 4. 20). 여기서 '柳宗烈'로 잘못 표기 하고 있다. 일본의 양식 있는 지식인 야나기는 "조선은 지금 적막히 고통 받고 있다가 파문(巴紋, 太極)의 깃발은 높이 떨치지 못하고, 봄은 오지만 이화(李花)는 영원히 그 봉우리를 닫았다." 야나기는 태극기를 '파문의 기'라 했고, 이화(오얏꽃)는 조선왕실의 국화이기에 한국의 멸망을 안타까워하고 있다. 이어 '조선의 벗에게'를 발표했는데, 조선미술의 특징은 '線의 美'라 극찬하면서 한국의 국체(國體)를 인정하고 한일 양국은 정치와 군사력에 의한 한일관계를 청산해야한다고 주장했다. 정치와 군사력의 평화는 이해(利害)의 평화이므로 한일 양국은 이러한 관계를 원치 않는다고 했다. 결국 한일합병은 정치와 군사력에 의한 결과로서 그것은 '이해의 평화'에 불과하다고 통박하면서 영구한 동양 평화책은 되지 못한다고 개탄하고 있다.

(因記) 본문은 경성 '동아일보' 지상에 역재되다가 중지를 당한 것이며, 원문에도 곳곳에 말살을 당한 곳이 많아 진의를 포착하기 어려운 점은 유감이다. 따라서 일본 관헌의 협소한 심량(心量)을 민소(憫笑)치 않을 수 없다.

생산관계는 사회적 생산과정의 최종의 적대(敵對)형식이다. - 이에 적대라 함은 개인적 적대의 의미가 아니요 각 개인의 사회적 생활조건으로부터 발생한 적대의 뜻이다 - 그러나 자본가적 사회의 모태(母胎) 내에서 발달된 생산력은 동시에 이 적대를 해결할 물질적 조건을 조달한다. 이 사회조직으로써 인류사회의 전사(前史)를 끝낸다.

(1) 생산한다.

(2) 가옥의 철상층(凸上層)이니 제도라는 뜻.

〈주의〉

본 역문은 원문의 뜻을 손상할까 하여 거의 직역체를 취하였다. 또 본문은 설명적이라기보다는 결론적인즉 처음으로 본문을 접하는 독자는 놀랍게도 그 뜻을 모를듯하다. 그러나 이것을 숙독하였다가 다음 회부터 시작할 본문의 해설을 읽으면 더욱 편리하고 유익함이 결코 적지 않으리라 한다.

내가 아는, 또는 모르는 조선 붕우(朋友)에게, 진심으로 나온 이 서한을 드리노라. 정(情)의 일본은 지금 나에게 이렇게 하라고 명령한다. 나는 이에 나아와 마지못할 이 마음을 여러분에게 고하겠다. 이 말을 여러분이 받아 줄줄 나는 속으로 믿고 싶다. 만일 이 글을 통하여 두 마음이 서로 접하게 되면, 나는 기뻐하겠노라. 여러분도 적막한 침묵을 내 앞에서 터지기를 바란다. 사람은 항상 마음을 말할 만한 친구를 구한다. 특히 여러분 사이에 있어서는 인생의 사랑을 심저(心底)로부터 구하는 줄 나는 안다. 이같이 생각할 때에 어찌 이 말을 능히 참으리요. 여러분도 이 서한을 받고 나에게 대답하기를 주저치 아니할 줄 아노라. 나는 그렇게 믿고 싶다.

(一)

나는 근래 조선 문제로만 전혀 마음을 빼앗겼다. 왜 이렇게 되었는지는 내가 설명할 수가 없다. 정을 능히 통하는 충분한 언어가 어디 있을까. 여러분들의 마음과 적막을 생각할 때에 남모르게 눈물이 내 눈에 고인다(1행 결). 내 마음은 평화로울 수 없다. 마음이 여러분에게 향할 때에는(16자 결), 어떤 알지 못할 힘이 나를 부르는 것같이 생각된다. 나는 이 소리를 듣지 않을 수 없다. 이는 내 충정(衷情)에 인생의 사랑을 자각하게 하였다. 정애(情愛)는 지금 나를 굳세게 여러분에게로 이끈다. 나는 가만있을 수 없다. 어찌하여 여러분들에게 가까이 감이 불가하리오. 애친(愛親)의 피가 끓어오를 제(際), 마음과 마음이 서로 이야기하고 싶지는 아니할까. 될 수만 있으면 나는 따뜻한 손을 펴고 싶다. 이는 이 세상에 있어서 자연스런 요구라고 여러분도 믿어 줄줄 안다.

사람은 나면서 사랑을 그리워한다. 증오와 쟁투가 인생의 본지(本旨)일 리가 없다. 각종의 불순한 동기로 인하여 나라와 나라가 분별(分別)되고, 마음과 마음이 분리된다(19자 결). 그러나 영속할 수 있는 부자연이 어디 있을까. 모든 마음은 자연으로 돌아가려 하는 것이다. 모든 것이 자연에 돌아가면 사랑은 더욱 빈번히 우리 사이에 통할 것이라고 나는 생각한다(24자 결).

'서로 사랑하여라'고 가르침에 있다. 그러나 이런 가르침에 나타나기보다 먼저 인정은 천성(天性)으로 '서로 사랑하고 싶다'고 원하는 줄 나는 안다.

사랑은 성자의 가르침인 고로 깊은 것이 아니다. 인정에 기초한 고로 깊은 것이다. 사랑이 자연한 인정대로 살 수 있으면 이 세상은 얼마나 따뜻할까. 이 세상에 진실로 귀중한 것은 권력도 아니요 지식도 아니라, 다만 한 조각의 따뜻한 인정(人情)이라고 항상 생각한다. 그러나 왠지 인정의 생활은 유린되고 금력과 무력이 세상을 받드는 기둥(柱棟)이라고 알게 되었다. 이런 경향은 마치 '서로 미워하라'고 말하는 것같이 보인다.

나라와 나라와는 항상 전쟁의 용의(用意)를 개을리 하지 않는다. 그러나 인정에 어그러지는 이런 형세가 어찌 영원한 평화와 행복을 줄 수가 있으리오. 오직 이런 부자연이 만연(蔓延)하는 까닭에 마음과 마음은 원치 않는 분열을 짓는 것이다(1행 결).

(9행 결)

일찍이 어느 나라에 정을 기초로 한 정치가 있었는가. 사랑에 의한 무력이 있었는가. 쟁투에는 도덕이 없고 전쟁에는 어떠한 경우이든지 종교가 없다. 이는 진리를 아는 인민에게는 큰 고통이다. 나는 일본이 항상 바르고 따뜻한 일본이기를 희망한다. 만약 무정한 행위를 본받을 일이 있으면 그 일본은 종교의 일본일 수는 없다. 금일 불행히 나라와 나라의 관계는 아직 도덕의 경역(境域)에 도달치 못하였다. 하물며 그 새(사이)에 종교적 사랑이 있을 리가 없다(2행 결). 사랑의 대다수는 그 죄를 의심하지 않는다. 그는 피치 못할 불완전한 세상에 출현하는 현상이라 하여 심상(尋常)히 지낸다. 그러나 이런 행위로 인하여 고통을 당하는 민족이 여기 있으면 그는 일국의 치욕이오, 또 인류의 모욕이리라. 바른 일본은 이런 행위를 고치기를 꺼려서는 안 될 터이다. 우리는 항상 국가를 진리에 까지 올리기를 바란다. (제82호 1920. 6. 5)

조선의 벗에게(2)

나는 그것이 내 자신의 행위가 아니라 할지라도(1행 결) 나는 속으로 신에게 향하여 그 죄의 용서를 애걸하지 아니할 수 없다. 일본이 천국(天國)에서 죄가 크게 보임은 나의 불인(不忍)할 바다. 나는 일본의 영예를 위하여도 우리의 고국을 종교로 깊게 하겠다. 나는 목격자라고는 아니나(25자 결) 나의 마음은 아프다(30자 결). 나는 어떻게 말할 바를 모르겠다. 나는 속으로 용서를 구하면서, 이렇게 속 썩인다."(1행 결). 진실한 일본은 결코…를 하고자 하지는 아니한다. 적어도 미래의 일본은 인도(人道)의 옹호자가 되려고 희망한다."고. 여러분은 이러한 소리를 믿어 주지 않는가.

근일은 날마다 여러분과 우리는 멀어져 간다. 친근하고 싶다는 인정이 서로 떠나려는 증오에 귀환하는 것은 얼마나 부자연한 현상일까. 어떠한 마음이 여기 나아와 이러한 증오(憎惡)와 배척을 자연한 사랑(愛)으로 회복하지 아니하면 아니 되겠다(30자 결). 그러나 정(情)의 일본은 그것을 성취할 수가 없을까. 힘센 위압이 아니오, 눈물 많은 인정만이 이 세상에 평화를 가져오는(齎) 것이다. 나는 여러분이 사람의 입지(立地)로서 정에는 마음을 부드럽게 하여 줄줄 믿는다. 나는 일본이 어떤 길로 우리의 쟁투를 씻을는지 알지 못한다. 그러나 나는 다만 일개인에 불과하지마는 마음에 정애(情愛)로써 나의 마음에 끌어 오르는 여러분 중에 깊이 살 수가 없을까. 나는 다수의 일본인이 발언은 못하나, 나와 같이 정의 일본인인 것을 익히 아노라(20자 결).

이 세상에는 얼마나 용허(容許)치 못할 모순이 모순대로 실행되는가(2행 결). 진리는 보편적 진리임이 가하거늘, 때에는 한 행위가 두 이름을 얻게 된다(25자 결). 이러한 모순이 얼마나 이 세상에 많은가. 많음에 따라서 어떻게 무수한 인민들이 암흑한 그림자 밑에서 뇌고(惱苦)함을 면치 못하는가(1행 결). 나는 마음에 상처를 얻는다. 또 때에는 마음이 격하고, 어느 때에는 적막에 잠긴다(1행반 결). 여러분에게 조금이라도 평화가 있으라고 나는 내 마음에 기도하고 있다.

그러하나 나는 사람에게 아직 불붙는 희망을 가지고 있다. 언제든지 자연은 사람의 속에 바른 것을 자각케 하리라(25자 결). 이것은 어디를 물론하고, 모든 집이 가지는 이상이라야 하겠다. 나는 언제든지 진리에 의하여 일본이 지탱(支撐)될 날이 올 것을 의심치 않는다. 나는 지금 연소한 일본인들이 이 이상(理想)에 향하여 노력하고 있는 줄 안다. 여러분은 사람으로인 일본인을 거절하지 말라. 나는 바른 관찰에 의하면 개인으로 조선인을 미워하는 마음을 가진 사람은 거의 없을 줄 안다. 아니, 우리는 예술을 보고 언제든지 조선이 탁월한 국민이었었다는 것을 회상한다. 일찍이 러시아와 교전할 때에도(러일전쟁) 우리는 러시아의 위대한 사상과 문학을 날로 배웠던 터이다. 두 나라가 분열되는 것은 개인적 증시(憎視)로 인함이 아니다. 나는 정으로써 우리의 동포가 이웃나라(隣邦)의 친구를 망각하지는 아니한 것을 믿고 있다. 적어도 미래의 일본을 만들 사람들은 소리냉정(疏理冷情: 깨끗하게 정리하고 쌀쌀함)하는 일이 없을 줄 안다.

(46자 결) 나는 인생의 본질을 믿는다. 사람으로인 일본인에게 희망을 품고 있다. 사람은 부당한 일에 만족할 사람이 아니다. 비참한 일과 적적함에 냉냉할 사람은 아니다. 압박과 투쟁은 충심의 요구가 아니다. 현세는 불순한 세(勢)를 만들어서, 마음에 없는 추악한 생활을 계속하고 있다. 그러하나 터놓고 말하면 사랑에 기뻐하며 인정에 젖은 생활이 인생이 마음에 요구하는 것이라고 나는 생각한다.

이 세상에 암흑의 시대가 오더라도 그것은 인생의 본질까지 빼앗을 수가 없는 것이다. 자연은 항상 다시 사는 힘을 굳게 지지한다. 지금은 나라와 나라 사이가 격(隔)하고, 사람과 사람이 배반한다. 그러나 이방(異邦)의 사람과 서로 마음을 헤치고 말하게 되면, 얼마나 인류는 깊은 행복을 누릴 수 있을까. 모르는 사람 사이의 교정(交情)은 더욱 친근함이 깊으리라. 사람은 이 같은 행복을 구한다. 우리나 여러분들이나 이 요구에 대하여는 언제든지 동일할 줄 나는 믿는다.

여러분과 우리들은 역사적이든지 지리적이든지, 또는 인종적이든지 언어적이든지 진실로 육신(肉身)의 형제인줄 안다(2행 결). 바로 일본에 대하여 형제인 조선은 일본의 ○○이면 안 된다. 그것은 조선의 불명예뿐 아니라 일본의 치욕 중 치욕이다. 나는 내 일본이 이러한 치욕을 반성하지 않는다고 생각하지는 아니한다. 아니, 나는 미래의 일본을 믿고 있다. 정의 일본을 의심치 아니한다. 정신으로 움직이는 젊은이들은 일본을 진리에 까지 높이어야 하겠다는 임무를 깨닫는다. 여러분도 우리와 같이 그것을 믿어 주기를 원한다. 인생의 그 본질을 믿으므로 새로운 희망을 나와 같이 가지기를 원하는 바이다.

(1행반 결) 사람은 신의(神意)에 의하는 그 모순에 대하여 모든 것에 열쌔고 날랜 첩리자(捷利者)가 되지 않으면 안 된다. 그것이 안 될 것 같으면 그는 개인으로 또 국민으로 씻지 못할 치욕이 된다(1행 결). 사람의 성심에는 이와 같은 용기가 결단코 없어지지 않을 것을 나는 믿는다(32자 결). 전자에 대하여는 사람에 편드는 자가 일어날 것이오, 후자에는 반드시 자연의 형벌이 가하리라. "칼을 취하는 자는 칼로 인하여 망한다."고 예수가 말하였다. 이 세상에 영구히 있을 악의 영화는 없는 것이다.

이에 반성을 구하는 것이 하나 있다. 우리가 칼로 인하여 여러분의 피부를 조금이라도 상하게 하는 것이 절대의 죄악인 것과 같이 여러분도 유혈하는 것으로 혁명을 일으키지 말라. 서로 죽이는 것이 무엇인가. 이것이 천명(天命)에 거스르고 인륜에 위반되는 일임을 명확히 알 필요가 있다. 그는 혹독할 뿐 아니라 가장 부자연한 행위다. 그것은 결코 결코 화합하는 현명의 도리는 아니다. 살육(殺戮)이 어찌하여 평화를 가져올 수 있을까. 우리는 언제든지 자연한 인정의 소리에만 귀를 기울이지 아니하면 아니 된다. 서로 사랑하고 싶다고 그 인정은 말하지 않는가. 어쩌면 우리는 인정의 소리대로 살 수가 없을까. 자연을 거역하기 까지 함은 무슨 마음인가. 자연의 깊은 것을 잘 아는 노자(老子)는 '부쟁(不爭)의 덕'을 말하였다. (제83호 1920. 6. 10)

조선의 벗에게(3)

나는 다시 여러분에게 반성을 요구한다(1행반 결). 그것은 나라와 나라를 결합하지는 않는다. 사람과 사람을 근접하게는 하지 않는다. 예로부터 이제까지 이들의 길을 통하여 내부로 사랑한 나라와 나라가 어디 있을까. 정치와 군력(軍力)의 평화는 이해(利害)의 평화에 지나지 못한다. 그렇지 아니하면 강제의 평화에 지나지 못한다. 나는 참으로 귀국과 우리나라 사이가 이러한 관계에 그치기를 원치 않는다. 여러분도 여러분 자신의 무력과 정치에 신뢰하지 말지어다. 이와 같은 힘은 어떠한 나라에서라도 사람의 마음을 따뜻하게 할 수 없는 것이다.

한 나라의 명예를 유구케 하는 것은 무력도 아니요 정치도 아니요, 그 예술과 종교와 철학뿐이다. 만약 신임할 만한 정치가 있다 하면, 그는 플라톤과 공자(孔子)가 역설한 것 같은 정치가 아니면 안 된다. 그러나 불행히 현대는 이 같은 성현의 소리를 쓰기를 두려워한다. 그러나 우리들은 이와 같은 위대한 고인의 가르침이 우리를 속이지 않는다는 것을 믿지 아니하면 안 된다. 나는 여러분이 조선의 존재를 정신상에 안태(安泰)케 하기를 간절히 바라는 바이다. 이것은 실로 우리도 역시 견고하게 보지(保持)하지 않으면 안 될 이상이라고 나는 믿는다.

여러분은(22자 결) 인생 그것에게도 절망하셔서는 안 된다. 진정의 사랑(愛)과 평화를 구하는 마음은 그중에 아직 따뜻하게 쌓여 있다. 그것은 자연의 의지를 따라 다시 살지 아니치 못할 것이다. 어떻게 세상은 춥더라도 화초는 언제든지 땅속으로부터 싹이 나올 것이다. 가사 칼의 세력으로부터 침(針)을 받는 수가 있더라도 사랑 그것이 조선의 운명을 견고히 보호한다고 나는 확실히 믿노라. 아니, 나는 언제든지 조선은 인정에 가장 따뜻함을 받을 나라의 하나인 것을 절실히 깨닫노라.

세상이 아무리 살벌케 되더라도 인정은 이 세상으로부터 없어지지 않으리라. 여러분은 과거의 고생된 역사에 비추어 어느 사람이든지, 다시는 믿지 않는다고 하는가. 그러나 그 적막한 소리 중에서 다시 한 번 사람을 불러볼지어다. 아아, 그때 나는 여러분에게로 나가겠다. 이곳에 여러분과 악수하고 싶은 한 사람이 있다고 말하리라(35자 결). 나는 나의 성심(誠心)이, 지금까지의 일본인이 아닌 무엇을 내 면상(面上)에 나타낼 때까지, 여러분의 앞에서 물러가지 아니하리라. 나는 여러분이 참으로 사람을 그리워하는 이들인 줄 믿는다. 내에게 성심이 있기만 하면, 그는 우리들의 거리를 가깝게 할 줄 안다. 만약 가까이 할 수 없다 하면, 그는 여러분의 죄가 아니요, 아직 나의 성심이 부족한 까닭이다. 나는 다시 나를 정(淨)케 하고 나오겠다.

일본은 아직 사람 마음에 완전히 살지 못하였다(1행 결). 나는 이 같은 날이 생겨서, 조선과 일본 사이에 마음껏 우정이 교통할 시기가 올 것을 의심치 아니한다. 적어도 나는 이 기쁨을 향하고 부단의 노력을 들이 쓰겠다. 나는 악이 선을 나중껏 이길 줄 생각하지 아니한다. 나는 인생의 깊이를 믿고 진리의 힘을 믿노라. 반드시 바른 길이 최후의 첩리자(捷利者)인 것을 믿는다. 또 자연의 아름다운 의지가 언제든지 맞을 줄을 의아하지 않는다. 또 검인(劍刃)보다도 사랑이 절대(絶大)한 힘의 소유자임을 의심치 아니 한다.

또는 부드러운 인정이 평화의 굳은 수호자인 것을 믿는다. 가사 여러 가지 더러움의 세(勢)가 만연되더라도, 나는 종교가 진실로 이 우주를 지배할 힘이라고 믿는다. 또 예술이 이 세상을 정(淨)케 하고 아름답게 하는 힘이라고 믿는다. 쟁투는 본류(本流)를 만들지 못한다. 사랑에 주린 인정이 이 세상의 가정을 만드는 것이다. 인생의 심저(心底)에는 아무리 하여도 빼앗지 못하는 정애(情愛)의 요구가 있음을 나는 믿노라.

나는 거듭하여 여러분에게 나의 마음을 전달하려 하노라. 결코 현금의 무력과 정치로만 가지고, 인생을 판단하셔서는 안 된다. 인생 심리(心裏)에 숨은 깊은 성질은 이 같은 것을 넘어서, 진정으로 평화와 애정을 사모하는 것이다(18자 결). (어느 나라가 이와 같은 대담한 발언을 할 수 있을까) 그러나 이 나라에 사는 사람들은 그 본성(本性)이 슬픈 일과 죄된 일에 냉혹하지는 않다고 알아주기를 바란다. 또 사랑과 인생의 도(道)에 취(就)하여 마음을 붙이기를 잊어버리지는 않는 것을 알아주기를 바란다.

또 부정한 일에 관하여서는 부정하다는 명백한 반성이 우리들 사이에 있는 줄도 알아주기를 바란다. 인생의 바른 운명을 보지(保持)하려고 지금 우리들은 노력하는 것이다. 그 사람들은 참으로 여러분의 그 적적함과 고생에 편드는 사람이다. 이것은 내 일개인의 추량(推量)이 아니다. 내 많은 친우가 나와 같은 감상을 품고 있는 것을 나는 잘 아노라.

내가 지난해 요미우리(讀賣) 지상에 '조선인을 생각함'이라고 제목한 한편의 글을 기서(寄書)하였을 때에, 일본에 알지 못하는 여러 사람에게 얼마나 공명의 서신을 받았는지 알 수 없다. 만약 여러분 마음과 교통할 때가 있으면, 우리는 얼마나 깊고 자연한 우정을 여러분에게서 깨달을 것인가. 조선이 일본을 사랑하고, 일본이 조선을 사랑한다는 것은 어찌나 자연한 감정인가. 나는 우리들의 피가 언제든지 육신의 형제라 하는 사랑의 본능을 우리들 마음에 다시 살릴 줄 깊이 믿는다. 여러분들은 그것을 의심하는가. 그와 같이 믿으시지 아니하는가. 나는 그렇게 믿으시기를 간절히 바란다. (제84호 1920. 6. 17)

조선의 벗에게(4)

(二)

나는 조선에 관하여서는 아무 학식도 없다. 또 조선 사정에 대하여도 풍부한 경험을 가진 사람은 결코 아니다. 그러나 나에게 이 같은 주저할 바가 있지마는, 이에 나로 하여금 발언하게 하는 자격이 전혀 없음은 아니다. 나는 오래 동안 나의 이웃 나라(조선)의 예술에 대하여 마음으로 경념(敬念)과 친밀의 정을 가지고 있었다. 나는 여러분의 조선(祖先)의 예술만큼, 나의 마음을 터놓아 준 예술을 다른 데서 보지 못하였다. 또 거기 인정에 세밀한 예술을 가진 것을 다른 데에서 못 보았다.

나는 그것을 바라보고 얼마나 누누이 여러분을 정면으로 보는 감상이 있었는지. 그는 역사 이상의 마음의 말을 나에게 말해 주었다. 나는 항상 거기서 여러분의 자연과 인생에 대한 관념을 볼 수가 있다. 여러분의 아름다운 마음과 따뜻함 또는 슬픔과 호소의 마음이 언제든지 거기 포함하여 있다. 생각하면 내가 조선과 그 민족에게 억제할 수 없는 애정을 느끼게 된 것은, 그 예술로부터 충동이 생긴 까닭이다.

예술의 미(美)는 언제든지 국경을 초월한다. 그는 마음과 마음이 만나는 장소이다. 그곳에는 인생의 행복스러운 교통(交通)이 있다.

언제든지 마음에 숨김없이 말하는 소리가 들린다. 예술은 두 마음을 결합하는 것이다. 그곳은 사랑의 회당(會堂)이다. 예술에서 사람은 싸움을 모른다. 서로 자기를 믿는다. 다른 사람에게 말할 수 있는 내가 있을 뿐이다. 아름다움(美)은 사랑(愛)이다. 그중에도 조선의 민족예술은 이런 정(情)의 예술이 아닌가. 그것은 나의 마음을 이끈다. 얼마나 누누이 나는 그 곁에 앉아 그와 끊이지 않는 말을 하였던가.

나는 조선의 예술만큼 사랑을 맞는 예술은 없을 줄 안다. 그는 인정에 동경하고 사랑에 살고 싶다는 예술이었었다. 장구하고 비통한 조선의 역사는 그 예술에 사람 알지 못하는 적막과 비애를 포함시켰다. 거기는 언제든지 슬픔(悲)의 아름다움(美)이 있다. 눈물 넘치는 적막이 있다. 나는 그것을 바라볼 때에 흉중에 맺히는 감정을 억제할 수 없다. 이러한 비애의 아름다움이 다시 있을까. 그는 사람을 가까이 부른다. 따뜻한 마음을 기다린다. 여러분의 과거의 운명과 또 사상은 어떠하였는가. 그 지리(地理)와 이웃나라(隣邦)와의 관계로 피할 수 없는 환경으로 인하여 따뜻한 평화의 역사는 오래 보옹(保擁)하기가 어려웠던 것이다.

또한 동양의 고요한 피가 흐르고 불타(佛陀)의 교육을 받은 마음에는 땅의 생활이 얼마나 무상하게 생각되었을까. 여러분은 조용(從容)한 삼림 가운데에와 인리(人里)가 드문 깊은 산속(深山)에 마음의 사원(寺院)을 세웠다. 그것은 진실로 수도하기에 좋은 곳이었다. 적막뿐이 적막을 위로한다. 소리 없이 조용하게 저립(佇立)한 비모(悲母)의 관음(觀音)은 여러분의 사랑한 자태였었다.

고려(高麗)의 도자기는 사람의 마음에 친하고 싶은 데서 생긴 그릇이었다. 고대에 있어서 뿐 아니라, 조선(李朝)시대에 미쳐서도 일상의 용품에 이르기까지 그 마음을 깊이 물들였었다. 하는 일과 행하는 일에, 보는 것과 자촉(刺觸: 가시처럼 찌름)되는 일에, 여러분은 그 고즈넉하고 적막한 마음을 반영시켰다. 날로 눈에 보이는 그 기구(器具)의 적적한 자태는 반드시 여러분의 마음의 친구였으리라. 서로 위로를 주고받으면서 날을 보내었으리라. 그는 정에 부드러운 작품이었다.

나는 지금 그 작품들을 역력하게 마음에 생각을 한다. 흐르는 것같이 길게 그은 곡선(曲線)은 연연(連連)하게 무한히 호소하는 마음의 상징이다. 말하기 어려운 여러 가지의 원한과 비애와 적적(寂寂)한 것과 그리운 것이 얼마나 가만히 그 선을 전하여 흘러오는가. 그 민족은 민족답게도 선(線)의 밀의(密意)에 마음의 표현을 붙였도다. 형상(形)도 아니요 색깔(色)도 아닌 선이야말로 그 정을 호소하기에 족한 가장 적당한 길이었다. 사람은 이 선의 비사(秘事)를 해득(解得)하지 못할 동안, 조선의 마음에 들어갈 수는 없다.

선에는 인생에 대한 비애의 생각과 고민의 역사가 분명히 기록하여 있다. 그 고요한 가운데 포함한 숨은 미에는 조선의 마음이 지금까지 전하여온다. 나는 내 책상(机上)에 있는 자기를 볼 적마다 외로운 눈물이 고요한 신약(神藥) 중에 떠도는 것같이 생각된다.

누누이 이들 작품은 나에게 이렇게 말한다. "인생은 언제든지 적적하고 조용하게 보인다. 오래 동안 나들은(出入: 드나들다) 민족은 괴로운 역사를 연속하여 왔노라. 그러나 아무도 그 번민의 마음을 알아주지 않는도다. 또 어디든지 우리들의 마음을 터놓을 만한 친우가 없도다. 우리들은 이런 기구에나마 우리의 정을 나타내었노라. 이것만은 우리를 속이지 않는 일상의 친구로다. 뒤에 오는 사람들이여, 바라건대 이것을 가까이 두라. 이는 소리는 없으나 항상 인정을 그리워한다. 이를 사랑하여 우리의 마음을 데워줄지어다(덥게하다). 데움을 받기 위하여 우리는 이것을 만들었노라."

오오, 나는 이 같은 소리가 그 기저(器底)로부터 나아올 때, 어떻게 내 손을 거기 대이지 않을 수 있을까. 어느 때 그 적적한 형상은 망령과 같이 부출(浮出)하여 나에게 이렇게 고하였다. "타국 사람들이여, 어찌하여 그러한 일을 우리 민족에게 하는가. 우리들의…운명이, 여러분의 환락(歡樂)이 되느냐." 나는 이같이 부르짖는 소리를 들을 때에 참으로 단장(斷腸)의 감이 있다. (제85호 1920. 6. 22)

조선의 벗에게(5)

"왜 우리에게 애정을 주지 아니하는가" 하고 나에게 묻는 것이 있다. "이렇게 인정에 목마른 우리에게 대답할 인정은 없는가" 하는 영탄(詠嘆)의 소리가 들린다. "그 중에도 피가 가까운 일본인이여, 형제의 사랑으로 서로 맺고자 왜 하지 않는가. 우리는 같은 모친의 품에서 자고, 같은 전설에 생장한 옛날을 회상하지 않는가. 일찍이 우리의 승려는 경권(經卷)을 가지고 불구(佛軀)를 기증하여 사원의 기초를 나라(奈良) 서울에 두었다. 종교로 빛나고 예술로 장식한 추고(推古: 옛일을 미루어 생각함)의 문명은 우리들의 충심의 선물(善物)이었다. 이것들은 지금도 오히려 예전 모습(樣子)이 남아 있다. 그런데 어찌하여 한 번도 아니고(12자 결) 두터운 우정을 배반코자 하는가. 이 같은 일이 일본의 명예라고 누가 하겠는가." 나는 이렇게 직접 한 호소를 받을 때 실로 대답할 말이 없다.

나도 그 그릇을 외로이 볼 때, 그 자태는 언제든지 묵도(默禱)하는 듯하다. "신이여, 우리가 우리 마음을 멀리 당신의 보좌(寶座)에 까지 맺기를 허락하소서. 아지 못하는 방에 계시는 당신만은, 우리를 위로하기를 잊지 아니하시리라. 당신의 가슴에만 우리의 쉴 베개가 있소이다." 아름다운 가늘고 길게 그은 선은 이렇게 기도하는 듯하다. 이런 소리를 들으면서 어찌 그 작품을 나의 곁에서 떠나게 하리오. 아아, 나는 그것을 따뜻하게 하려고, 자연히 손을 거기 댄다.

4년 전 내가 조선을 방문한 이래 다만 일시라도 그 작품이 내 실내에서 떠난 적이 없다. 그것은 언제든지 나에게 말을 하고 싶어 하는 듯하다. 나는 그것을 차고 어두운 곳에 차마 오래 두지 못하겠다. 내가 그것을 책상 위에 둘 때에 그것은 기뻐하는 듯 생각된다. 그것은 언제든지 나를 기다리고 있다. 나는 그것에게 가까이 아니 갈 수 없다. 더욱이나 그 아름다운 태도는 내 마음을 끈다. 그것을 바라보고 거기 손을 댈 적에 나에게는 마음과 마음이 서로 닿는 듯이 생각이 된다. 그것은 언제든지 나의 정애(情愛)의 벗이다. 나도 역시 그들의 친한 벗이다. 그것이 적막하고 슬픈 듯이 보일 때에 나도 적막하고 슬픈 생각이 습래(襲來)한다. 그것이 나의 곁에 있어서 기뻐하는 듯이 생각될 때, 나도 마음에 즐거워한다. 그리하여 두 사람은 언제든지 같이 슬픔과 기쁨의 세계를 걸어간다.

그것은 친절의 작품이다. 사랑을 그리워하는 작품이다. 그것은 항상 사람의 마음을 부른다. 사람의 정을 기다린다. 어찌 내가 그것을 만나보지 않을 수 있을까. 여기 내가 있노라고, 나는 언제든지 마음에 속 썩인다. 그 작자(作者)여, 안심하라고 나는 생각한다. 이리하여 그것이 내 방에 있을 동안 우리는 언제든지 둘이서 산다. 고독하지 않다. 그 작품도 고독하지 않는 듯하다. 고독의 적막을 참지 못하여 그것들은 지음(作)을 받은 것이 아닌가. 나는 그것을 고독하게 하여서는 안 되겠다. 나는 조선의 예술보다 더 친하고 더 아름다움을 가진 작품을 다른 곳에서 알지 못한다. (제86호 1920. 6. 24)

18. 歐美委員部 法律顧問의 報告

구미위원장 金奎植씨에게

우리 정부의 구미위원부 법률고문으로 있던 돌프(F. A. Dolph) 씨는 재작년(1919) 3월부터 우리의 정부를 대표하며 우리의 민족을 대표하여 낮에는 밥 먹는 것을 잊고 밤에는 잠자는 것을 폐하고 일생의 정력을 다하여 미국의 상하원과 민간 각계에 우리의 독립을 위하여 노심초사함을 우리 민족의 명사불이(銘謝不已: 마음속 깊이 고마움을 사례함)할 바이다. 돌프는 재작년 3월 1일부터 작년 9월 상순까지 과거 18개월간 일한 한국문제로써 미주에서 진행된 전말의 보고가 우리 임시정부 특파 구미위원부장 김규식 씨로부터 우리 정부에 도달한 것이다.

김규식은 대한연감(大韓年鑑)이라는 정식의 상보(詳報)를 준비하는 중인 고로 아직 예비적으로 대강(大綱)을 보도하는 바이다. 본지는 다시 그 대요를 초재(抄載)하여 일반 동포에게 소개코자 하노라.

본인(돌프)은 각하의 지령에 응하여 한국 독립문제에 관한 어떠한 사정이든지 우리는 그 사정을 인민에게 광포(廣布)하는 것과 국회(미 의회)로 하여금 동정을 표하게 하며, 행정부에 제의하여 마침내 행정부로 확정한 결의를 행사케 함에 진력한 바, 미국 신문들은 매우 친절하였나이다. 아무 보상도 없었으며 아무 동기도 없이 다만 정의의 각성으로 대한의 사정을 광포하여 주었습니다.

1919년 3월로부터 1920년 9월 1일까지 18개월 동안에 대한문제에 관하여 9천 번 이상의 신문기사, 논설, 특별기술 등이 미국 신문 잡지에 기재되었고, 그중에 친일적(親日的) 기술은 50번에 불과하였나이다.

미국 국민 중에서 대한문제와 사건을 연구하기 위하여 무수한 단체가 성립되어 대한에 대하여 동정을 표하며 정의의 신심(信心)을 발하는 의안을 통과하고, 해의안(該議案)을 자기들의 하원 의원들과 상원 의원들에게와 행정 각부에까지 제출하였나이다.

국회에서는 대한문제의 관계로 의안 두 번을 상원에서 제출하였는데, 한번은 미주리주 상원 의원 스펜서(S. P. Spencer) 씨로 말미암아 제출되고, 또 한 번은 캘리포니아주 상원 의원 펠란(Phelan) 씨로 말미암아 제출되었으며, 하원에서도 일리노이주 하원 의원 메이슨(William Mason) 씨가 상세한 헌의안(獻議案)을 제출하였는데, 상원에서 제출된 의안은 상원 외교위원에게 위임되고, 하원에서 제출된 의안은 하원 외교위원에게 위임되었나이다.

일본의 압박과 폭행의 각종 상태에 관한 증거를 국회위원 등이 수집하여 국회 의사록에 출판하고, 국회 위원부의 명령으로 재간(再刊)하여 미국 국민에게 8만부를 우세(郵稅) 없이 반포하였나이다.

상원 의원 18인과 하원 의원 3인이 대한문제로 각각 연설하였으며, 네브래스카주 상원 의원 리드(George W. Reed) 씨는 오후 의회시간 전부를 대한문제에 관하여 연설하였나이다.

상원에서는 대한문제에 대한 감정이 분발하여 독일로 더불어 강화조약을 승인하기 전에 대한을 국제연맹회에 참입(參入)케 하여 1개 회우국(會友國)으로 승인하자고 콜로라도주 상원 의원 토마스(Charles S. Thomas) 씨가 제의하여 상원 의원 34인의 확정한 가편투표(可便投票)가 있었는데, 실제 통과에는 다만 3개 투표가 부족하였나이다.

미국 국회의사록에 대한문제에 관한 사실을 기재한 것이 64쪽이나 된 것을 보면 미국 사람의 주의가 대한문제에 대하여 어디까지 경향(傾向)됨을 가히 추측하겠나이다.

상원은 귀국 문제에 동정이 더욱 돈독하여 본인의 대한 사정에 관한 진정서를 상원 의사록의 부분으로 출판하였으니 과연 장쾌한 일이라 할만 하외다.

대한문제에 향응(響應)하는 주의(注意)와 사교가 널리 일어남은 순전한 외국문제 중에 전무한 사실이오. 아일랜드 문제에 대하여는 비록 아일랜드 사람의 자손이 합중국 안에 한인 한 사람에 대하여 수천인의 비례로 살고 있을지라도 그렇게 희망할 수가 없나이다.

여러분은 미국에서 확정한 결의(結議)가 일어나기를 기다리지 아니할 수 없나이다. 미국 사람은 현금 자국의 혼잡한 문제(금주안, 여자 참정권문제, 자본가와 노동자 간에 충돌되는 문제, 국제연맹 參入 與否 문제)로 요뇌(橈腦: 머리가 어지러움)한 이때에 여러분은 불가사의의 진보를 얻었음을 통량(通亮)하시옵소서.

과거 1년간에 본인이 국회위원에게 제출한 요령서(要領書)와 진정서를 수정한 외에 아래 기록한 3종의 특별한 소논문을 저술하였나이다.

(1) 대한에 대한 일본의 재정책임(財政責任)

이 문제의 내용은 대한의 경제와 재정상태를 포함하였고, 이들 범위에서 한일의 최후 조약이 어떻게 된 비고(備考)도 있는데 이 단편에 기재된 보고사항이 종국문제를 준비함에 편집되기를 바라나이다.

(2) 만주문제(滿洲問題)

이 문제의 내용도 일본의 탐략(貪掠)을 증거하기에 부수적으로 필요하나이다.

(3) 원동(遠東)의 데치작(大差的) 결산(決算)

이 문제의 내용은 일본이 차관한 금전으로 한국과 만주 및 중국 내지에서 국외적(局外的) 사업을 집행함에 어떻게 소비한 것을 일일이 들어 이 사실의 확신을 일으키는 것이니, 일본은 거액의 재정상 손실이 있으므로 재정상 압박이 오는 때에는 일본은 대한과 이상에 지명한 국가에서 물러가지 아니할 수 없는 바, 이는 다만 시간의 문제가 될 뿐이로소이다. 결론에 임하여 몇 가지의 권고를 올리나이다.

1. 미국에서 과거와 현재의 진행하는 사실과 정책을 우리의 재능을 다하여 계속할 것이로소이다. 국회의 다음 회집은 12월에 될 터인데 그때에는 대통령 선거도 필행(畢行)하였겠으며, 인민은 자기의 투표로 국제연맹의 참입여부(參入與否)를 지정하였겠으며, 현금 우리 정치가들을 노심케 하는 각종 문제에 대하여도 의견표시가 다 되었겠나이다.

그러면 국세(局勢)가 정돈되며 국회는 대한문제와 같은 국외적(局外的) 문제에 대하여 주의를 더욱 공헌하였으니, 우리는 오는 기회(期會)에 다대한 확신과 성공의 희망을 가지고 사업진행에 일층 주력할 것이로소이다.

2. 영국에도 가급적으로 동일한 사업과 정책을 채용할지니, 각하께서도 응당 관찰하였으려니와 영국에서 최근에 온 보고를 의거한즉 그 나라에서 대한문제의 선동이 미국에서 비롯하고, 미국이 후원한다는 인상이 파급된다 하오니 이 사실은 우리 사업에 이롭지 아니하므로, 이 같은 인상을 없이하려면 영국에서도 사업진행을 속히 착수하여 대한문제의 선동이 대한으로 좇아오는 것이오. 미국 사람은 다만 전심(專心)으로 동정을 표하는 것을 영국 사람으로 하여금 각득(覺得)케 할 것이로소이다.

3. 또한 기타 열국에는 어떠한 사업을 진행하여야할지 본인이 바라기는 미국에서 활동한 것과 같이 온 세계로 하여금 대한 문제를 널리 알게 할 것이로소이다.

4. 이상 여러 문제 외에 여러분은 통일을 보전하소서. 대한을 위하여 한 목적과 한 문제를 가지고 협심동력(協心同力)하여 사역

(使役)하소서. 국가의 행복을 위하여 사사의견을 버리소서. 이 위기를 당하여 통일적 정신의 부족이 여러분의 유일한 위험되는 것을 본인은 확실하게 알고 의심치 아니하나이다(중략).

5. 통일문제에 접근한 또 다른 필요한 것은 사무를 질서 있게 진행함이니 여러분의 사업과 같이 위대한 사업에는 부서(部署)도 설치할 것이며, 관리와 위원을 임명하여 일정한 지위에서 일정한 사무집행하기를 지정할 것이로소이다.

일정한 지역에서 일정한 사무를 집행하기 위하여 관리와 위원을 임명지정한 때에는 저들은 지정한 지역에서 지정한 사무를 집행함에 책임을 전담(全擔)할 것이오. 다른 사람은 아무 간섭도 못할 것이며 비록 상관이라도 간섭하지 못할 것이로소이다.

만일 상관의 의견이 불합(不合)한 사건이 있으면 상관은 부관으로 더불어 협의할 것이오. 불만족한 사건이 계속되는 때에는 부관을 해임할 것이며, 상관은 부관의 담책(擔責)한 세밀한 사건에 사의(私意)의 간섭을 결코 못할 것이로소이다.

이런 방법이 조직상 제일 필요하오니 변론의 필요는 없으나 재삼 주의할 것이로소이다. 이러한 방법으로 중첩한 사무를 폐하여 상호간 충돌이 되지 말게 할지니 그렇지 아니하면 질서의 충돌을 면하기 어렵다.

우리의 원수(寃讐)와 벗이 아울러 우리를 주목하는 것을 재념재고(再念再顧)하소서. 분열이나 통일의 부족을 보인다든지 조직에 대한 지략(智略)과 위신의 부족을 보일 것 같으면 원수에게는 기회가 되고 벗에게는 난처(難處)와 실망이 되겠나이다.

6. 국제연맹에 관하여는 본인은 이를 죽은 기관으로 판단하나이다. 연맹으로는 아무 것도 성취하지 못할 것이오. 본인의 추량(推量)은 미국은 결코 연맹에 참입하지 아니할 것이오. 연맹은 근근 유지되다가 자멸할 것뿐이로소이다. 그러나 본인은 자기의 주견

(主見)만 고집하지 아니하나이다.

이 사건에 대하여 아무 준비도 없이 변경되기를 기다릴 수 없으니 본인의 의견에는 각하께서 그곳에 전왕(專往)하여 그곳의 사업을 창시하며 영국에 대하여 각하의 개인적 활동을 공헌하고 동시에 연맹회에는 대표의 자격으로 위원을 겸대(兼帶)하시며, 필요하면 제네바에 사무소를 설립하고 서기생이나 혹 대변인 1인을 두시옵소서.

만약 연맹이 유효케 활동되면 대한문제는 물론 1 회우국(會友國)으로 제출될지니 그러면 그 일을 맡을 회우국이 누가 될지 생각하소서. 합중국은 회우국이 되지 않을지니 타국을 살펴보소서. 어떠하든지 본인은 이를 절박한 문제로 생각하지 아니하나이다.

본인의 절망(切望)하는 바는 이번에 각하께서 중국 원섭(遠涉) 중에 이곳에서 받은 보고보다 더욱 정돈되고 합중(合衆)된 중국을 득견(得見)하소서.

합중된 중국이 일본을 저항하여 자기의 정권(正權)을 위하여 일어날 것을 보면 한국 광복(光復)의 일은 따라서 속히 오리니 본인은 이 문제에 관한 직접보고를 얻기 갈망하나이다. (제90호 1921. 1. 15)

19. 반취반성(半醉半醒)의 일인(日人)

한족의 민족적 자부를 깨닫고도

아직도 일선동화(日鮮同化)를 설(說)

대판매일(大阪每日)은 9월 23일호에 "조선인은 무엇을 바라나뇨"라는 제목하에 아래와 같은 기사를 게재하였다.

일선융화(日鮮融和)는 양 민족의 충심으로 나오지 아니하면 아니될 것이다. 상호간의 우열관념을 버리고 중심으로 평등관념을 지니지 아니하면 융화는 어느 때까지 경과하여도 현출(現出)하지 못할 것이다. 폴란드 민족에 대한 독일 민족, 소 러시아 민족의 실패와 체코슬로바키아 족의 독립운동을 하는 경우 및 실력으로 보아도 민족성은 각 민족의 실력 및 시세의 여하에 의하여 그리 변동되는 것은 아니다. 즉 단순히 일시적 경우에 의하여 자기의 민족관념을 잊는 것은 아니다. 이를 잊지 않는 이상에는 여하한 민족이든지 결코 자중하는 마음(自重心)의 독립성을 잃는 것이 아니다. 그런고로 어떤 민족이 다른 민족에게 동화정책을 실시하려 해도 용이한 일이 아니다. 혹시 일시의 치안은 유지할지라도 영구히는 지속치 못할 것이다. 이를 영구히 하겠다고 바란다면 양 민족이 상호 호희로 잡혼(雜婚)하기까지 기다릴 밖에 다른 도리가 없다. 조선인의 뇌리에는 과거에 대하여 조선은 일본을 가르쳤다하여 일본인보다 용렬하지 않다는 관념이 심한 고로 정치상 사회상 평등의 지위에 나아가지 못하면 그치지 아니할 것이다. 즉 자기의 일은 자기가 처리할 능력이 있다고 깊이 자신하는 모양인데, 정부는 일본인 본위의 통치를 행하여 조선인에게 식민지의 토민(土民) 대우를 강행했기 때문에 더욱 반감을 부채질할 뿐이다. 최근의 세계사조는 조선인의 자중하는 마음(自重心) 및 독립심을 심히 자극하였다. 이런 시세에 적응하여 조선인 지식 계급의 요구하는 가장 유력한 바를 채택하여 선도하는 것이 급무이다. 즉 제일로 언론의 자유를 부여하여 어떠한 일을 여러 사람이 요구하는 것을 청취하여 행정상 및 사회제도의 개혁을 행치 아니하면 안될 것이다. 일부 조선인간의 단편적 의견을 듣고 이를 곧바로 정치상의 자료를 얻었다 함은 효과가 없을 뿐만 아니라 도리어 심한 부득책(不得策: 계책이 서지 아니함)이다. 그들의 협성구락부(協成俱樂部)와 같은 자편당(自便黨)만 비호하여 이에 반대의 의견을 가진 자에게는 극력 압박을 가한 것도 반감의 한 원인이다. 이와 같은 상태로 아무리 무차별 대우를 부르짖어도 그 덕택은 일부 친일파에게만 그칠 뿐이오, 도리어 일반의 반감은 증가할 것이다. 눈앞의 치안유지로 경관증원을 행하는 당국의 심리는 조선인의 금일의 사조 및 그 요구를 알지 못하는 틀린 견해(謬見)이니, 조선인의 정당한 요구만 허용한다면 경관은 감원하여도 족할 줄을 알지 못하는 까닭이다. 한편으로 사상 발표의 길을 가로 막아 문화에 동경하는 조선인의 눈을 멀게 하고는 아무리 헌병을 경관으로 변장하며, 경관을 평민으로 변장할지라도 조선인 자신의 진보향상은 도저히 소망이 없나니, 이는 문명사에 명시하는 바이다. 신 총독의 긴 논문과 같은 유고(諭告)로 말하여도 이는 종래의 총독이 이미 다 진술한 것이다. 사이토(齋藤實) 총독 과연 현하의 요구에 응하여 출생한 신 총독이라면 오히려 제일착으로 사상발표에 관한 실제적 개방을 속히 실행할 것이오. 그 이외의 문제에 대하여는 조선인의 요구 및 주장을 점차로 채택하여 실시할 것이니, 이런 제일의 급무를 실행치 않는 이상 일반 조선인은 신 총독을 신용치 않을 것은 당연하다. 이렇게 하고 선일융화를 바라는 것은 나무에 올라가서 고기를 구하는(緣木求魚) 것과 같다. 구원한 역사 습관을 가지고 다른 민족의 압제를 인내하여 오늘에 이른 그들의 사이에는 일시의 은인(隱忍)이 기회를 만나 폭발하려는 심성을 암암리에 양성하여 왔나니, 이것 또한 동화난(同化難)의 잠복한 사실이다. 통치상 깊이 생각할 것의 하나라 하노라. (제16호 1919. 10. 2)

20. 총독부시정강습회(總督府施政講習會)의 대실패(大失敗)

일본신문이 총독부의 우열을 조소함(2일 大阪每日報 등재)

조선총독부의 신 간부 등은 일세일대(一世一代)의 지혜의 주머니를 짜서 단행한 시정강습회도 특별한 효과가 없었고 회집한 50

여 명의 각도 대표자 등도 흐지부지한 모양으로 귀향하였다.

조선에 다소의 경험이 있는 자면 이번 강습회가 어느 정도의 효과는 고사하고 나쁜 결과만 생겼다고 단언할 것이다. 특히 민심의 동요가 극도에 달한 차제에 50여 명 중 당국의 명을 감수하여 진심으로 진력할 자가 있을까. 놀랍게도 표면은 여하튼지 간에 이면으로는 한 사람도 없다하여도 과언은 아니다. 그들은 자기의 존립상 친일파 아닌 일을 도민에게 표시하기 위하여 총독부의 결함은 말할지언정 선정(善政)은 전하지 아니 할 것은 명약관화이다. 회동(會同)의 모양도 상세하지 못하나 강화(講話)를 철저히 청취하지도 않고 한번 희망, 혹은 의견을 구함에는 50여 인의 입으로 나온 희망이 백 수십 건에 달하여, 몇 번이나 감삭(減削)하고 남은 것이 19개여 이다. 이 19조를 분해하여 보면 그 중의 수긍할 것도 있으며, 당국에서 이미 계획 중인 것도 있으나 이민을 폐지하라, 소요사건(3·1운동) 범인을 전부 특사하라, 내선인(內鮮人) 관리 반분 반분 채용하라, 한 것 등은 도저히 행치 못할 것으로 도리어 그들의 무지(無智)만 폭로할 뿐이다. 그러나 오히려 그들의 일부는 희망 의견의 연약함을 절규하는 자도 있었다. 그런 즉 백 수십 건 중에는 어떠한 것이 포함된 것인지 가히 알 것이다. 이떻든 간에 평소 포회(抱懷)를 직접 총독부 당로의 귀에 들어가게 한 것도 그들의 성공이나, 주요 목적의 총독 신시정방침의 선전은 재해(再害)가 있을 뿐이오, 한 가지 이익도 없다. 선전의 취지를 인쇄한 것 10만 매를 그들에게 주어서 도내에 배포하며, 더하여 설명하라고 명하였으나 이 인쇄물은 온돌 도배지나 되지 아니하면 다행이라 한다. 혹자는 "종래 역대의 총독이 지방 순시할 제에 우리들을 인견하고 반드시 선정을 베풀겠다고 언명한 일은 비일비재이나 그러나 우리들의 기대는 터럭 끝만큼도 달성하지 못하였다. 이번에도 의연히 선정을 파는 물건도 종래와 하등 변경된 것 없다는 것은 분명하다. 만약 우리들이 제출한 이 19조의 희망을 일일이 지적하여 이 항은 어느 해 어느 달부터, 이 항은 어느 해 후부터라고 실시 시기를 분명히 총독이나 일본 정부로부터 언명하고 보면 우리들도 기쁜 마음으로 신 시정방침의 선전에 종사할지나, 그렇지 아니하면 향당(鄕黨)에 대하여서도 공연히 아프지도 아니한 배만 쓰다듬는 어리석음이라, 이는 그만두고 오직 함묵(緘默: 함구)만 지킬 뿐이다"고 하여 다수의 찬성을 얻어 결속하였다. 조선인으로는 무리 아닌 요구이나 찬성을 얻어 결속하였다. 조선인으로 무리 아닌 요구이나 총독부는 도저히 이에 언질을 줄 용기는 없을 것이다. 그렇다면 그들도 다만 함묵을 지킬 뿐으로 1주간의 강습도 결국 실패로 돌아간 것이다. (제19호 1919. 10. 11)

21. 조선총독부(朝鮮總督府)의 3우책(三愚策)

사이토(齋藤)의 우책은 드디어 동류(同類)에게까지 조소를 받다.
(大阪每日 9月 30日)

(1) 경모(輕侮)를 초래하는 빈약한 경관의 증원
(2) 같은 굴의 여우들을 모아 시정방침을 강석(講釋)
(3) 겨냥이 서로 다른 방면을 향하여 선전.

소요(3·1운동) 이래로 일반 조선인의 사상은 점차 험악하여 최근 사이토 총독의 선일(鮮日) 무차별, 조선인 우우(優遇)의 대방침을 가지고 취임한 후 조선인의 대내지인(對內地人) 태도는 더욱 노골(露骨)이 되고 이에 더하여 각지에 배치한 임시 파견병은 점차 내지(內地)로 인양(引揚)하며, 헌병을 순사로 교대함에 조선인 우매의 무리는 조선독립의 전제라하여 더욱 내지인(日人)에 대하여 예를 결하고, 압박적 태도로 나오는 경향이 있다. 이같은 경향은 평안남북도 및 경기도를 중심으로 하여 각도에 전파하여 하루도 그 파급이 확대되고 있다. 이에 대하여는 총독부는 우선 경관의 증원을 제1책(第一策)이라 하여 날마다 수백의 경관을 차례로 전 조선 각지로 배치하여 헌병과 교대하고, 제2책으로 각도 4명씩의 유지 조선인을 경성에 소집하여 총독의 시정방침의 철저를 기하려고 이미 20일부터 강연회를 개최하였고, 제3책으로 총독부 사무관을 각도로 파견하여 총독시정방책을 선전케 하였다. 이상 3책으로 조선인의 심리상태를 복구하는데 터럭 끝만큼도 예기(豫期)와 같이 효과가 없었다. 경찰관 교대에 대하여 조선인은 더욱 배일적(排日的) 태도를 고집하고 있다. 최근 한 가지 예를 보면 경원선(京元線) 모처에서 영업하던 내지인은 조선인의 압박에 견디지 못하고 경성으로 옮겨왔으며, 평남 벽지에 살고 있던 내지인도 다 평양으로 이주하며, 벽지뿐 아니라 8만이나 있는 경성에서도 조선인 거리에 살고 있는 내지인은 야간에 소아(小兒)의 외출을 금지하는 형편에 있으니, 벽지에 살고 있는 내지인이 헌병의 존재를 희망함도 무리가 아니라 할지오. 제2책도 조선인의 치소(嗤笑)만 살뿐이다. 회집한 조선인들은 도장관이 추천한 자 혹은 군수 참사로 평소에 이미 당국의 녹(祿)을 먹고 있는 자들이니, 그들에게 시정 방침을 강석하고, 일반 조선인에게 설명하였다 함은 실로 아무런 가치도 없는 바다. 효과가 반드시 없을지라. 제3책도 관리로 선전케 함은 제2책과 같이 효과가 없을 것이다. 효과가 없으면 불령선인(不逞鮮人)을 모두 다 소탕하고 순량(純良)한 분자만 존재케 한 후 총독의 소위 덕정(德政)을 베풀어야만 썩은 살을 도려내고 환부(患部)를 치료하는 것과 같을지라 운운. (제19호 1919. 10. 11)

22. 일본인(日本人)이 본 우리 독립운동(獨立運動)(1)(釋尾春芿)

'제국의 위신'이 땅에 떨어졌다고 「조선급만주(朝鮮及滿洲)」 주필(主筆)이 대단히 분개 우려함. (동지 10월호 권두)

9월 2일 사이토 총독을 저격한 폭탄사건(姜宇奎 총독저격 의거)이 발생하여, 죄 없는 한일인(다수 내지인) 30여 명을 부상하고, 그 중 한 사람은 이미 죽었고, 생사를 모르는 자 몇 사람이나 된다. 이같이 대참사가 있은즉, 일반 조선인은 이것을 유감으로 깊이 근신을 표할 터인데도 도리어 폭탄사건에 의하여 일반 조선인에게 있는 반(反)일본사상에 기세를 더한 감이 있다. 그리하여 경성에는 백명 내외의 위험인물이 해외 방면으로 잠입하여 경성 불량학생과 부랑인과 결맹하여 불온의 음모를 제멋대로 꾸미고, 성대하게 암중 비약을 시도하며, 비밀 출판물은 의연히 성행하며, 협박장은 도처에 있어서 심인(心人)의 안정을 교란함이 심하며, 불령선인을 검거할 조선인 경관은 도리어 그들 불령도배들에게 협박되어 나서지도 못하고, 심한 자는 매수를 당하여 그들에게 이용된 바 되었다. 그들 일반 조선인은 금년 봄 소요(3·1운동) 이래로 혹은 자주 폐점(閉店)하여 독립파에게 응원해주며, 혹은 제국의 국제일(國祭日)에 전시(全市) 국기(일장기)를 게양치 아니하여 제국에 반항하는 적의(敵意)를 표시하고, 본고를 초하는 10월 1일의 조선총독부 시정기념일에 내지인은 전부 국기를 게양하여 축의(祝意)를 표하되 그들은 일치하여 국기를 게양치 아니할 뿐 아니라 국욕(國辱: 국치일) 기념일이라 칭하고 폐점하여 제국에게 적의를 표하는 상태이다. 이것이 경성의 현상만 아니라 지금 전 조선 어디든지 그렇지 아니한 데가 없다. 금년 봄 소요 당시 우리는 조선인의 제국에 대한 독립운동은 일전(一轉)하여 내지인에게 대한 반항기분으로 변화함을 염려하였더니, 과연 그들의 내지인에게 대한 반항 기분이 현저히 왕성하다. 관청이나 회사에나 그 기풍이 착착 발전하여 한일인간에 원활융화를 결하며, 전차에서든지 기차에서든지 그들 조선인은 내지인에게 좌석을 사양치 아니할 뿐 아니라 까딱하면 싸움을 하려는 기세가 있다. 또는 내지인의 부인 소아에게 대하여 내지인이라 적은 처소에서는 우롱 혹은 능욕하는 악기풍을 봄에 이르렀다. 상업거래에도 조선인이 오만하므로 거래의 원활을 결하며, 회사 사용인 개인 사용인에게까지도 아주 의기양양하여 내지인을 멸시하는 풍조를 보게 되었다.

이번의 반일본 사상은 독립운동파로부터 학생에게 전파하고, 다시 시민에게 전파하였으며, 다시 조선 전토에 팽창하게 되었다. 간과(干戈)의 투쟁 폭도의 발호도 심히 위험하나 이것은 토벌하기 쉬워도 간과를 취하지 아니하고 폭거를 기도하지 아니하고, 단지 심중에 불평을 품고 흔들어도 움직이지 아니하는 소극적 반항은 참 난처한 일이니, 이는 조선인의 관용(慣用) 수단이다. 지금 그들의 안중에는 일본제국이 없고, 그들의 안중에는 총독부가 없고, 그들의 안중에는 일본인이 없고, 독립이 있을 뿐이다. 그들에게 제국의 위신은 행치 못하고 경찰의 위력도 또한 그들에게 경모(輕侮)되어 거의 수습하지 못할 현상이다. 참으로 제국의 위신을 생각하고 조선 통치의 장래를 생각하는 자 누구라서 조선의 현상에 분개우려하지 아니하리오. (제21호 1919. 10. 16)

일본인이 본 우리 독립운동(2)

시대를 이해하지 못하는 자 조선인이냐 소위 내지인이냐

「조선급만주」 주필 석미춘잉(釋尾春芿) 노호(怒號)를 보라

※ 역자주 동방(東邦) 석미춘잉은 「조선급만주」의 사장으로서 조선병합사(1926)를 저술했다.

온화파라 칭한 것도 경우와 형세가 허하면 어느 때든지 자치파(自治派)로 전화(轉化)할 것이다. 그러므로 자치파는 독립파의 전제이니 금일 조선인의 심리상태를 갈파하면 모두 독립파 아님이 없는 현상이다. 그리하여 금년 봄의 소요(3·1운동) 당시는 독립을 부르짖음은 일부 불령선인과 일부 불평한 양반과 객기(客氣)에 내몰려 앞뒤를 돌보지 않는 학생과 청년에 그쳤으나, 지금은 정치에 대하여 전혀 몰교섭한 일반 조선인의 심리까지 지배하게 되었다. 조선의 불온 험악한 공기와 조선인의 반일본사상이 조선 전도에 팽창함은 곧 이 때문이니, 공구(恐懼)할 것은 이 점이다. 요컨대 그들 조선인의 이상은 조선을 일본으로부터 독립케 하는 동시에 조선의 일본인을 구축함에 있다. 그들 독립 주장의 무리는 가로되, 우리의 목적은 조선의 독립에 있다. 조선을 조선인의 손에 회복함에 있다. 총독정치의 개선이라든지 내선인 차별철폐 같은 것은 문제가 아니다. 조선인 일반의 심리상태를 갈파하면 이에서 나오지 아닐지라. 원래부터 일반 생업에 종사하는 농상공의 조선인에게 이르러는 자기의 생업을 버리고 이익을 돌아보지 않기까지 독립파에 가담하여 싸우겠다는 열심과 각오는 전에는 없었다. 또한 조선인의 건전한 지식계급과 현재 관도(官道)에 있는 조선인들에 이르러는 금일의 이와 같은 기도(企圖)가 성취할 것이라고는 믿지 아니하였다. 따라서 진심으로 이들 운동자에 가담하지 아니한 자도 있으나 심중으로는 독립 운동자에게 공명하여 만일의 희망을 달함을 기대한다. 이것이 근래 독립파의 기세가 더욱 은연(隱然)한 세력을 얻고 조선의 험악한 공기와 반일본적 공기가 확대한 까닭(所以)이다. (제22호 1919. 10 25)

23. 일지(日紙)의 횡설수설(橫說竪說)

한인(韓人)의 결심을 겨우 인제야 깨달았다.

무관정치(武官政治)를 문관정치(文官政治)로 고치며 민의를 참작하여 선정을 베풀려고 부임한 사이토 총독에게 괘씸한 흉행(강우규의 총독저격사건)을 한 완명불령(頑冥不靈)의 조선인… 아비의 마음을 아들이 모른다고. 그러한 총독의 고심도 완명한 일파 조선인에게는 마이동풍이다. 상해에는 대한민국 가정부(임시정부)가 있어서 어디까지든지 독립을 꿈꾼다. 그들의 배후에 외인(外人)의 흑막이 있다는 것은 물론이다. 아울러 그들의 마수는 끊임없이 조선 각지로 침입하여 선량한 조선인을 독해(毒害)한다. 조선인은 무슨 까닭으로 우리의 덕정(德政)을 기뻐하지 않는가. 이는 기뻐하지 않는 것만 아니오, 또한 깊은 원한을 품은 것도 아니오. 그들이 근일 성대히 반대적 태도를 고집한 것은 일본을 우습게 본 한 원인에 불과하다.

조선 민족이 고래로 중국 일본 사이에 접하여 있고, 또 근래는 일·청·러의 사이에 개재하여 취한 행동에 대하여서는 지금 다시 설명할 것도 없고, 병합 후 10년간 하등의 소요도 없이 지내었으나, 세계의 대전란과 시대사상의 대조류는 단순한 일부 조선인의 두뇌를 심히 교란하여 그들의 눈에는 주마등과 같이 열강의 그림자가 비치는 중 최후에 크게 영사된 것은 미국이다. 5년에 걸친 대전란을 수습한 것은 윌슨 한 사람의 힘이라고 그들의 눈에는 보였다. 이것 이외에 조선에 있는 2백 명의 미국 선교사의 입으로 성대히 무지한 조선인에게 주입한 결과 더욱 이 같은 감정(반일감)을 강하게 하였다. 미국의 그림자가 짙어질수록 일본의 그림자는 그들의 눈에 희박하게 비치었다.

현실 양계(兩界) 사상에 대한 세계적 동요의 격렬함을 따라 그들의 사상은 일변하여 소요사건(3·1운동)과 폭탄사건(강우규 총독저격사건)이 일어난 것도 그 원인이 이것에 있다. 총독정치의 변경도 일부 조선인 간에는 일본이 외교적 관계로 인하여 여의(餘儀) 없이 한 것이라 해석하기 때문에 외국으로부터 원조해주면 무슨 일이든지 되리라고 망신(妄信)하여 상해의 꿈같은 정부(임정)도 이 같은 견해로부터 나온 것이오. 파리회의에 위원을 참가하려고 한 것도 역시 동일한 견해로 한 것이다. 이와 같은 상태로 금년 봄 소요사건 이래 일파 조선인의 기분은 얼마큼 험악하여졌다. 일본인에 대한 태도는 전연히 변하여 일본을 아무 것도 아니라 생각하는 기세가 날로 증가하여 사건 이래 벽추(僻陬: 시골 벽지)의 땅에 거주하던 일본인은 만일을 염려하여 도회지로 이주하는 자 많다. 경성부 안에도 조선인 거리에 살고 있던 일본인은 중앙부의 일본인정(日本人町)으로 이전한다. 득롱망촉(得隴望蜀: 위의 사마의가 농땅을 평정한 뒤, 그 승세를 몰아 촉을 공격한다는 것, 한 가지 소원을 이룬 다음. 또 다른 소원을 이루려함을 이름)같이 적당한 장소에 그칠 줄을 모르는 것은, 그 유래가 중국인 조선인의 통유성(通有性)이다. (大阪每日) (제17호 1919. 10. 4)

찾아보기

ㅣㄴㅣ

| ㄷ |

| ㄹ |

| ㅇ |

| ㅈ |

| ㅋ |

| ㅌ |